DROITS DE TRADUCTION ET DE REPRODUCTION RÉSERVÉS

L'ART DES JARDINS

L'ART DES JARDINS

TRAITÉ GÉNÉRAL

DE LA COMPOSITION

DES

PARCS ET JARDINS

PAR

ÉDOUARD ANDRÉ

Architecte-Paysagiste,
Ancien chef de service des plantations suburbaines de la ville de Paris,
Rédacteur en chef de l'*Illustration horticole*, etc.

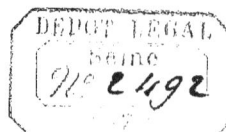

OUVRAGE ACCOMPAGNÉ

DE

Onze planches en chromolithographie et de 520 figures dans le texte

PARIS

G. MASSON, ÉDITEUR

120, BOULEVARD SAINT-GERMAIN ET RUE DE L'ÉPERON

M DCCC LXXIX

A MONSIEUR

A. ALPHAND

Inspecteur général au corps national des Ponts et Chaussées,
Directeur des travaux de Paris.

Je mets ce livre sous vos auspices bienveillants, mon illustre maître. Je vous prie de lui être favorable, comme vous l'avez été à l'auteur lui-même, lorsque vous lui avez confié une humble part dans les grands travaux qui ont entouré votre nom de popularité, d'honneur et de louange bien acquise.

ED. ANDRÉ.

PRÉFACE

L'amour des fleurs et des jardins, ce « luxe de l'agriculture », a fait de grands progrès depuis un demi-siècle. Pendant que les procédés de la culture se perfectionnaient, les plantes nouvelles d'ornement, envoyées de toutes les contrées du globe, remplissaient les collections, autrefois réduites à un petit nombre d'espèces et de variétés. Les unes, venues des régions tempérées de l'Orient et de l'Amérique du Nord, retrouvaient sur notre sol une nouvelle patrie, y introduisaient des bois précieux ou embellissaient nos jardins de plein air. D'autres, les plus nombreuses, importées des pays tropicaux pour peupler nos serres, ou pour être livrées à la pleine terre pendant la belle saison, rappelaient à nos yeux ravis les magnificences végétales de la zone torride. L'horticulture de luxe, grâce aux botanistes-collecteurs et aux horticulteurs, a subi de nos jours une complète transformation, et le goût des plantes à beau feuillage s'est ajouté, depuis peu, à celui des fleurs.

Des jardins d'agrément, si nous passons aux jardins d'utilité, nous trouverons la culture potagère s'enrichissant chaque jour de races de légumes perfectionnées, au grand profit de l'alimentation publique. L'arboriculture fruitière, à elle seule, forme une part considérable de la richesse agricole de l'hémisphère boréal, et la France, dans la production des fruits, a conquis une supériorité qui lui a valu le titre glorieux de « verger de l'Europe ». Depuis la fondation des cours d'arboriculture, le propriétaire trouve un véritable plaisir à soigner ses arbres, suivant les leçons qu'il reçoit des professeurs de cette science encore nouvelle et devenue rapidement populaire. Cette marche en avant est accélérée par les sociétés horticoles, les publications périodiques, de nombreux traités scientifiques et pratiques, des jardins-écoles, etc. Déjà, dans un grand nombre de départements, le cultivateur a remplacé les anciens fruits et légumes de qualité médiocre par des variétés nouvelles et perfectionnées.

Cette activité féconde a donc produit d'heureux résultats. Mais il ne s'ensuit pas que toutes les branches de l'horticulture contemporaine soient au même niveau. La culture, la pratique, la *science* du jardinage, ont fait de grands pas; l'*art* n'a guère progressé. La « composition des jardins », comme on l'appelait à la fin du siècle dernier, ne s'est pas perfectionnée dans la proportion de sa popularité croissante.

L'explication en est naturelle : lorsque les parcs et les jardins étaient peu nombreux, les mêmes dessins se retrouvaient sans cesse, inspirés par le style de l'époque, appliqués par un petit nombre de spécialistes, dans des situations favorables. Le reste ne comptait pas.

Il n'en est plus de même aujourd'hui. L'exemple donné par les administrations des villes, dans la création et l'ornementation des jardins publics, a été suivi par de nombreux imitateurs. Les dessinateurs de jardins se sont répandus partout. Les uns devinrent de véritables artistes; les autres, inhabiles à bien voir ou à reproduire, transportèrent mal à propos dans les campagnes les modèles des jardins publics des villes. Ils suivaient, disaient-ils, la mode, et ce mot renfermait leur excuse. Tous, d'ailleurs, manquaient de règles, marchaient au hasard, et demandaient un guide.

Après Le Nôtre, les jardins symétriques avaient eu leur code, rédigé par Le Blond et quelques-uns de ses successeurs. Vers la fin du XVIIIe siècle et au commencement du XIXe, des artistes anglais, allemands et français, poëtes ou peintres, écrivirent, à leur tour, les règles de la composition des paysages, dont on fit usage jusqu'à la publication du livre de G. Thouin, en 1819. Cet ouvrage exerça pendant de longues années une influence légitime sur l'art des jardins. Plus tard, privé de ces règles salutaires, il devint individuel, sans style prédominant, variable à l'excès, tout d'inspiration et de fantaisie. Depuis environ vingt ans, une nouvelle période a commencé en France ; elle exerce encore aujourd'hui sur la création des jardins du monde entier une influence considérable.

Les publications françaises récentes sur l'art des jardins se réduisent à un petit nombre. Elles n'embrassent pas l'ensemble de cet art, et surtout n'en développent pas suffisamment la pratique et les détails. Je m'abstiendrai de porter ici un jugement sur chacun de ces ouvrages et je me contenterai de citer les deux principaux. Le premier est une histoire illustrée des jardins, œuvre littéraire due à la plume élégante de M. A. Mangin[1], éditée avec luxe par l'un des Mécènes de l'horticulture contemporaine, M. Alfred Mame, de Tours. Le second est un monument splendide, élevé par M. Alphand à la gloire des jardins de Paris[2].

Aucun de ces livres ne tenait lieu du traité didactique de la composition des jardins, demandé depuis longtemps par les architectes, les ingénieurs, les dessinateurs de jardins, les horticulteurs, et surtout par les propriétaires désireux de diriger avec succès les travaux d'embellissement de leurs résidences.

Ce vide, j'essaye de le combler aujourd'hui en publiant un ouvrage dont le projet a été conçu dès 1860.

Dans le cours de mes travaux depuis cette époque, soit à l'Administration des Promenades et Plantations de la ville de Paris, soit dans la direction du parc de Sefton, à Liverpool (Angleterre)[3] et d'autres créations publiques et privées, j'avais réuni un grand nombre de documents sur l'art et la formation des parcs et des jardins. Mais ces

---

1. Les *Jardins,* par Arthur Mangin. In-folio. Tours, 1867.
2. Les *Promenades de Paris,* par A. Alphand, directeur des travaux de Paris. In-folio. Paris, 1868.
3. A la suite d'un concours international ouvert par la Corporation de cette ville, j'avais été lauréat du premier prix de 300 guinées (7,950 francs), en collaboration avec M. L. Hornblower, plus spécialement chargé de la section d'architecture dans cette entreprise.

notes, ne comprenant guère que les éléments de mes propres opérations, limitaient mon expérience et réduisaient mes vues artistiques à un champ restreint.

Il était nécessaire de combler ces lacunes par des voyages. D'abord, je parcourus l'Europe sur tous les points renommés pour leurs jardins. Plus récemment, une exploration dans l'Amérique du Sud, notamment dans la Nouvelle-Grenade, l'Équateur et le Pérou, me fournit l'occasion d'étudier sur place la végétation des régions intertropicales. Enfin les États-Unis m'offrirent le spectacle d'un développement rapide dans l'art des jardins, et j'ai puisé des renseignements nombreux, nouveaux et intéressants dans les grands parcs publics des cités nord-américaines.

Mes matériaux pouvaient alors être mis en œuvre. En 1866, j'avais fait connaître, par un exposé sommaire, mes principes sur l'art des jardins, dans un article publié par le *Correspondant*[1], où j'avais essayé, après une étude historique résumée, de démontrer que cet art ne repose pas sur la fantaisie ou les caprices de la mode, mais sur l'union féconde de la raison et du goût. M. A. Mangin, dans son beau livre sur l'histoire des jardins, voulut bien citer ce travail à plusieurs reprises et il en fit la base des préceptes qu'il formula comme règles de composition pour les jardins modernes[2].

Le livre que je présente au public contient le développement de ces théories. Elles ne me sont pas toutes personnelles, et j'en ai adopté plusieurs qui sont du domaine public; mais elles sont toutes l'expression, sous la forme que je leur ai donnée, de mes sentiments actuels sur l'art des jardins. Si l'on s'étonnait de me voir développer longuement des considérations esthétiques sur la théorie de la composition des jardins, je répondrais que mon but constant a été d'élever le sujet que je traite. Ce n'est pas en suivant des réalités vulgaires que l'art progresse, mais en se consacrant, avec résolution et persévérance, à la recherche de la beauté idéale.

Sans chercher à me dégager entièrement de l'influence du temps

---

[1]. *Le Correspondant,* 25 juillet 1866.
[2]. A. Mangin, *Les Jardins.* Voy. pp. 165, 166, 254, 259, 310, 313.

où j'ai vécu, c'est-à-dire dans cette période de la création des jardins publics de Paris, où l'horticulture décorative a reçu une impulsion incontestée, j'ai suivi une méthode plus éclectique et j'ai donné asile, dans ce recueil, à tout ce que mes voyages m'ont offert d'intéressant dans les autres pays. J'ai cité fréquemment les architectes-paysagistes américains et leurs travaux. Leur œuvre est considérable, originale et peu connue; il m'a semblé qu'il ne serait pas sans intérêt de parler de ces modèles, nouveaux et moins faciles à reproduire que ceux au milieu desquels nous vivons.

La mention exacte des sources où j'ai puisé a toujours accompagné, dans mon texte, les documents que j'ai empruntés à d'autres publications. Cette déclaration me dispensera d'énumérer ici une volumineuse bibliographie.

Les localités auxquelles se rapportent les figures publiées sont indiquées avec exactitude. Toutefois, lorsque les travaux, par des circonstances indépendantes de ma volonté, n'ont pu être exécutés comme ils avaient été projetés, j'ai remplacé les noms par des initiales. Dans un traité didactique, il est toujours meilleur de donner les moyens d'atteindre l'idéal que d'exposer exactement une composition dénaturée.

En de rares circonstances, des œuvres d'un goût douteux ou mauvais ont dû être citées comme autant d'écueils à éviter. Citer les noms des auteurs était un devoir que j'ai tenu à remplir, la responsabilité de mes opinions n'engageant que moi-même. J'ai pris soin de ne m'adresser qu'à l'œuvre, évitant même de juger en totalité les travaux contemporains sur l'art des jardins. Le temps seul fait justice, à son heure, des livres mal faits et des réputations usurpées. D'ailleurs l'art s'épure et se popularise, et, suivant la juste expression de Repton, « c'est au bon goût à placer la mode sous la dépendance du bon sens [1]. »

Le format de ce livre, adopté après mûr examen, m'a paru préférable à celui des in-folio ou albums, difficiles à consulter et à placer dans une bibliothèque. Il suffira d'amplifier les plans dessinés à

---

1. Good taste will make fashion subservient to good sense.

une petite échelle, pour en détailler les parties à étudier de plus près.

Dans la préparation des figures, ma constante préoccupation a été d'éclairer le texte plutôt que de multiplier l'ornement sans nécessité, d'appuyer les préceptes par des exemples, et non simplement de plaire aux yeux.

J'ai voulu écrire un livre utile, et n'ai rien dissimulé de ce qu'on a nommé les « secrets du métier ». Les renseignements, les plans, les dessins qu'il contient auraient été plus nombreux, s'il ne fallait savoir se borner et choisir. Il me serait doux de penser que mes confrères pourront rencontrer, dans ces pages, quelques-uns de ces documents indispensables dans la pratique, et qu'il est si pénible et si long de chercher, parfois sans succès, dans des recueils spéciaux, aux sources les plus diverses.

Je suis prêt à profiter des avis judicieux et des critiques sincères et justifiées qu'un travail de ce genre peut soulever. Mon but est de trouver grâce devant le public nombreux et varié auquel je m'adresse et mon plus vif désir est de contribuer à élever le goût et à faciliter la pratique de l'art et de la composition des jardins.

Édouard ANDRÉ.

Janvier 1879.

PREMIÈRE PARTIE

———

L'ART DES JARDINS

ESSAI HISTORIQUE

CHAPITRE PREMIER

LES JARDINS DANS L'ANTIQUITÉ

L'art des jardins, si l'on suit sa marche à travers les âges et les peuples, a éprouvé, comme tout ce qui remonte à une haute antiquité, des alternatives de lumière et d'obscurité, de barbarie et de progrès. Toujours il a été en honneur aux époques de civilisation avancée. Sa bonne ou sa mauvaise fortune ont constamment suivi l'état de la société où il se développait, à peine apprécié d'un petit nombre et réservé aux seuls souverains dans les temps d'oppression et de misère, florissant au contraire sous l'émancipation intellectuelle, avec le culte des beaux-arts et le bien-être général.

Cette aimable manifestation de l'esprit humain a donc son histoire, qu'il importe de rappeler à grands traits, avant d'examiner l'état des jardins dans notre société actuelle.

Aussi bien le temps est propice à cette étude. Jamais faveur plus grande n'accueillit les jardins que de nos jours. Ils sont devenus, grâce au temps et au milieu où nous vivons, non plus seulement des lieux d'utilité pour les petits et de luxe pour les puissants et les heureux d'ici-bas; dans leur expression artistique, ils se sont adaptés aux plus humbles fortunes. Durant les époques marquantes de son histoire, l'art des jardins était plutôt représenté par de grandes conceptions dues à la magnificence des princes que par un goût dominant parmi le peuple. Il n'en est plus de même aujourd'hui que la vie humaine est plus respectée, la liberté individuelle plus grande, la sécurité croissante, l'instruction plus répandue, l'esprit plus généralement ouvert aux belles choses, et aussi l'aisance générale considérablement augmentée.

De plus, les moyens d'ornementation des jardins étaient autrefois restreints à des éléments très-limités. Mais depuis que les voyageurs nous ont apporté d'innombrables végétaux de toutes les parties du monde, que l'art décoratif a varié de mille manières l'emploi de ces matériaux;

depuis que l'industrie leur prête un concours si fécond, que des hommes de progrès ont créé des sociétés d'horticulture, des échanges d'idées et de travaux par les organes périodiques et imaginé ces réunions internationales où viennent se discuter les théories horticoles ; depuis enfin qu'un entraînement universel dirige les bons esprits vers la contemplation de la nature et le délassement salutaire de la vie à la campagne, l'art et la science des jardins sont entrés dans une voie toute nouvelle, comme on le verra au cours des études qui vont suivre.

I.

RÉSUMÉ HISTORIQUE DES JARDINS DE L'ANTIQUITÉ.

Le lieu de délices par lequel Dieu avait terminé sa création et où l'homme devait prendre place était le jardin par excellence, le Paradis. L'Écriture sainte nous le dépeint sous des couleurs d'une grande magnificence. « Dieu tout-puissant, dit Bacon, planta le premier un jardin, et c'est bien en effet le plus pur des plaisirs humains. » Le premier homme et sa compagne, dans l'état ineffable de leur pureté native, passaient leur temps à le parcourir, à le cultiver, à l'admirer, à en savourer les produits, à y louer l'auteur de toutes choses. Nous verrons plus loin comment, dans la description de ce séjour enchanteur, le poëte anglais Milton donna dans sa plus noble et sa plus riante expression l'idée des jardins de la nature, qui s'est implantée peu à peu dans notre civilisation et a inspiré les plus beaux jardins de notre époque.

Les peuples orientaux ont sucessivement placé l'Éden, soit entre le Tigre et l'Euphrate, soit auprès de Damas, soit même à Ceylan. Un auteur scandinave va plus loin, dans une hypothèse qui ne saurait s'appuyer sur aucune vraisemblance : un patriotisme exagéré lui a fait écrire un livre pour prouver que le Paradis terrestre a dû être en Suède.

Les poëtes du paganisme ont aussi chanté le premier et le plus beau des jardins. Il semblerait que toutes les nations se sont entendues pour choisir un Éden comme séjour de la suprême félicité. Le vieil Homère parle des îles de Chypre et de Cythère comme de délicieuses retraites où les plantes parfumées et les plus belles fleurs produisaient un éternel printemps. Il célèbre les fontaines aux ondes argentées, les gazons émaillés de violettes et de fleurs aromatiques, les pampres fertiles de la vigne, la grotte où Calypso chantait harmonieusement auprès des ombrages épais formés par les aunes, les cyprès et les peupliers [1].

---

1. *Odyssée,* chant v.

Le jardin des Hespérides, théâtre de l'un des douze travaux d'Hercule, était planté, au dire du géographe Hylax, d'orangers dont les fruits d'or étaient gardés par le dragon légendaire, et aussi de grenadiers, d'oliviers, d'amandiers et de nombreux arbrisseaux. Cet écrivain le plaçait au pied du mont Atlas, en Afrique, ou dans la Cyrénaïque, terrains fertiles et verdoyants alors, secs et dénudés aujourd'hui.

Les jardins d'Alcinoüs, le roi philosophe, également décrits par le grand rhapsode grec, étaient célèbres chez les anciens; mais les fruits et les légumes y semblent occuper une place prépondérante comme dans le jardin que Laerte, roi d'Ithaque, père d'Ulysse, bêchait de ses mains vénérables.

Dans la riante peinture qu'Ovide nous a laissée de l'âge d'or, au temps où Saturne régnait sur le monde, le bonheur sans mélange des premiers hommes avait pour théâtre « un jardin où ils jouissaient d'un repos continuel, où la terre produisait tout sans culture, où les fraises des montagnes, les cornouilles, les mûres des buissons, les glands doux du chêne constituaient leurs repas frugaux; où de molles brises caressaient les fleurs nées sans semence et les moissons grandies sans labeur, où les fleuves roulaient des ondes de lait et de nectar et le chêne distillait un miel doré et savoureux. »

Les Champs-Élysées, où Virgile fait descendre le pieux Énée, rappellent cette peinture. Les sages s'y promènent dans des bosquets de myrtes et de lauriers, s'y livrent à des jeux variés et aux douces causeries, sans demeure fixe, ou plutôt trouvant partout une charmante retraite sous ces frais ombrages.

Dans l'extrême Orient, les plus anciennes traditions religieuses relatent la création d'un paradis créé par la divinité pour servir de séjour aux justes après leur mort; les théogonies des Hindous et des Chinois en font foi.

Plus près de nous, Mahomet n'a-t-il pas dû séduire les adeptes de sa religion nouvelle en leur promettant la jouissance future d'un jardin planté d'arbres ombreux, au milieu desquels est le *tûba* (arbre du bonheur), aux fruits énormes et délicieux, orné de rivières et de fontaines coulant sur un sable de pierreries, peuplé enfin de *houris* aux grands yeux noirs, destinées aux croyants arrivés à la suprême félicité !

Enfin, du nouveau monde, du Mexique, des traditions analogues sont parvenues jusqu'à nous. L'historien Torquémada appelle Osiris, le prophète mexicain, « un jardinier divin » qui avait créé sur la montagne de Tzatzitépec un véritable Éden, où les plus beaux fruits se mêlaient aux plus admirables fleurs. Mais Osiris aurait cherché à obtenir l'immortalité au moyen d'un breuvage offert par un mauvais esprit, et il fut chassé de son paradis, qu'il ne revit jamais.

On reste frappé, devant cette conformité dans les traditions des diverses nations, non-seulement de voir la croyance unanime à un premier jardin où l'homme jouissait du bonheur enviable par excellence, mais encore de la similitude de ces descriptions imaginaires. C'est que l'amour instinctif des beautés naturelles est puissant sur l'esprit humain et que la genèse poétique chez les hommes prend les mêmes formes à ses débuts, comme la fabrication des silex taillés est l'indice premier et uniforme de la civilisation chez les diverses races du globe.

JARDINS DE L'EXTRÊME ORIENT.

Si de ces poétiques créations nous passons à la réalité historique, c'est à l'Orient, vers l'Inde et vers la Chine, qu'il nous faut chercher les traditions, hélas! bien effacées, des premiers jardins. Il est permis de croire, d'après la description des limites affectées à ces jardins, que leur forme était régulière, symétrique. Les parcs chinois d'aspect paysager ne vinrent que postérieurement au quatrième siècle avant l'ère chrétienne, quand les autres peuples de la terre étaient à peine sortis de l'enfance. Meng-Tseu a cité le parc de Wen-Wang, qui avait sept lieues de tour. Celui de Chi-Hang-Ti, cent ans plus tard, en avait trente; Wou-Ti en fit un de cinquante, plein de palais, d'arbres rares et d'animaux. Mais préciser quelque chose en dehors de ces vagues indications serait une spéculation pure, que nul document historique ne justifierait.

JARDINS ÉGYPTIENS.

Les Égyptiens, qui prétendaient remonter à l'origine des temps, avaient donné une place importante aux jardins dans leur civilisation. Le soin qu'ils ont pris de transmettre aux âges futurs les annales de leur histoire, leurs costumes et usages, gravés sur leurs monuments, nous révèle l'intérêt qu'ils attachaient aux jardins, et quelques historiens, comme Strabon et Hérodote, ajoutent leur témoignage à ceux que nous ont fournis les hiéroglyphes déchiffrés par Champollion et ses successeurs.

Hérodote parle surtout des jardins sacrés, qui étaient pleins de magnificence, principalement ceux d'Osiris ou d'Ammon, situés dans une oasis du Sahara. Ils formaient, autour des temples affectés aux animaux *divins* et aux habitations des prêtres, de vastes enclos plantés de palmiers dattiers et de *Doums (Hyphæne thebaica)* dont les cimes, ou pennées, ou palmées, formaient de splendides masses végétales. Des sycomores *(Ficus sycomorus)* étaient plantés en avenues et produisaient d'épais ombrages jusqu'à ce que leur bois servît à fabriquer les cercueils. Les bassins de granit ou de porphyre contenaient de belles eaux où les crocodiles, les ichneumons, les ibis sacrés erraient entre les touffes de papyrus et de lotus. Les arbres étaient ceux que nous voyons encore dans le Midi : figuiers, oliviers, grenadiers, amandiers, jujubiers, myrtes, lauriers, etc. Les fleurs n'avaient pas seulement leurs parterres, mais aussi leurs appartements; et Agésilas, en visitant l'Égypte, admira beaucoup les guirlandes de fleurs de papyrus qui lui furent offertes. Memphis, au dire de Strabon, possédait de riches cultures et de beaux jardins. Il fait l'éloge de ses vignes, de ses arbres à fruits et de ses légumes, en parlant des merveilles d'une cité opulente dont il reste à peine aujourd'hui quelques vestiges dans un désert de sable.

Au moyen des documents qui nous sont restés sur l'antique civilisation égyptienne, on peut reconstruire assez facilement, par la pensée, un de ces jardins.

J'ai imaginé, comme spécimen, le dessin ci-contre, qui précisera mieux

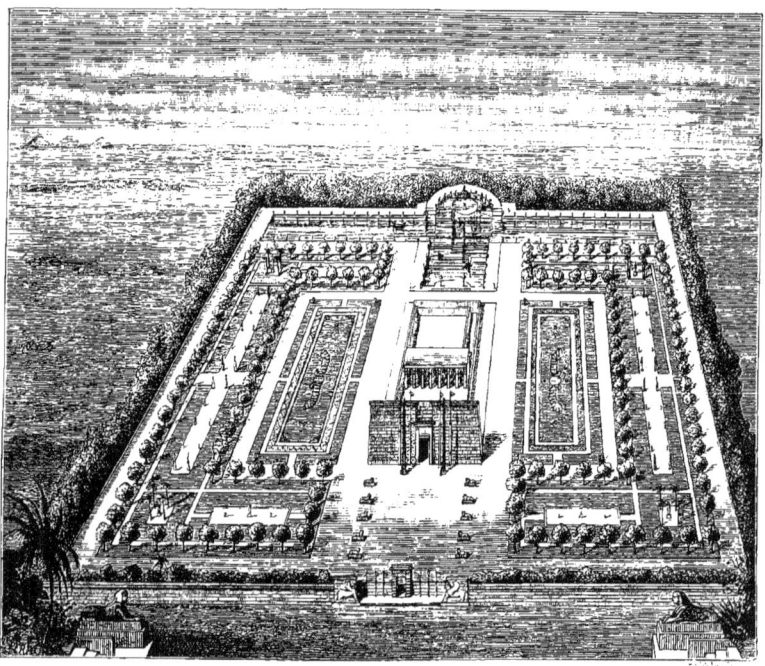

Fig. 1. — Jardin égyptien au temps des Pharaons.

que de simples descriptions ce que les Égyptiens entendaient par un jardin au temps des Pharaons.

Le terrain, de forme carrée, était entouré de palissades et bordé d'arbres. De la porte d'entrée, flanquée de deux pylônes, une avenue de sphinx, comme à Karnak, conduisait au palais, construction massive que précédaient deux obélisques. Les cours étaient vastes, les murs épais, les promenoirs intérieurs rafraîchis par des eaux abondantes qui se rendaient à une grande pièce d'eau après avoir traversé les piscines. Des barques et des oiseaux d'eau animaient ce lac bordé de pierres, et une cascade, dans l'axe de l'embarcadère, formait un fond de tableau architectural. Des avenues de figuiers sycomores et de palmiers fournissaient d'épais ombrages ; des kiosques et tonnelles, au dire de Champollion, occupaient le fond du jardin. Aux quatre coins de cette scène des dattiers formaient des oasis régulières. Quelques plates-bandes de fleurs rappelaient les ornements de l'architecture contemporaine, et la vigne, comme nous l'apprend Hérodote, suspendait aux arbres ses grappes et ses festons.

JARDINS BABYLONIENS.

Ces fameux jardins suspendus, dont la splendeur a conservé une telle réputation à travers les siècles, étaient-ils aussi somptueux que la tradition nous porte à le croire? Diodore de Sicile et Quinte-Curce nous en ont conservé la description. Selon le premier de ces historiens, ils avaient été construits postérieurement à Sémiramis par un roi syrien. La forme de ces jardins était carrée et l'aspect général des terrasses superposées était celui d'un amphithéâtre à plates-formes soutenues par d'énormes colonnes, dont la plus élevée avait cinquante coudées de haut et atteignait le sommet du mur d'enceinte. Les murs avaient vingt-deux pieds d'épaisseur. Sur les dalles des plates-formes on avait étendu une couche de bitume, puis une double rangée de briques recouvertes de lames de plomb, sur lesquelles on avait placé un lit de terre suffisamment épais pour nourrir les racines des arbres, des arbustes et des fleurs qui ornaient ces vastes terre-pleins suspendus. Des machines hydrauliques conduisaient l'eau de l'Euphrate à travers l'une des colonnes creusée à cet effet et irriguaient abondamment ces belles plantations.

On retrouve encore les traces de ces jardins aux environs de Hillé. Plusieurs voyageurs, Niebuhr, M. Guillaume Lejean[1] et autres ont vu les murs des fondations; mais les terrasses elles-mêmes ont disparu depuis longtemps, et à la place de ces gigantesques travaux, c'est encore le désert, à peine interrompu par de rares bouquets de dattiers, qui règne aujourd'hui dans sa majesté désolée.

Toutefois les mesures données par Diodore de Sicile, sur les dimensions de ces jardins, sont de nature à ramener à une juste appréciation l'idée un peu exagérée qu'on est enclin à s'en faire. « Leur forme, dit-il, était celle d'un carré dont chaque côté avait quatre plèthres de longueur. » Le plèthre étant de 30 mètres 826 de notre mesure, il s'ensuit que la superficie totale des jardins suspendus ne dépassait pas *un hectare cinquante-deux ares*. Combien les jardins des autres peuples ont dépassé depuis ces dimensions, trop amplifiées par l'imagination des auteurs !

L'époque même où ils furent établis est très-incertaine ; elle est comprise entre 2,000 ans avant J.-C. et l'an 759 (mort de Sardanapale).

---

1. *Tour du Monde*, XVI, p. 68.

JARDINS DES HÉBREUX.

Le peuple juif paraît avoir attaché une faible importance aux jardins, considérés au point de vue artistique, et à la culture des végétaux d'ornement. Des jardins dont parle la Bible, après le paradis terrestre, celui de Salomon (1,000 ans avant J.-C.) est surtout important parce qu'il contenait tous les végétaux cultivés à cette époque et que le dénombrement de ces plantes nous en fournit un inventaire complet pour cette date reculée. On sait que le jardin du grand roi était de forme carrée, entouré de murs élevés et contenait trois bassins avec de l'eau courante et des volières. Les arbres fruitiers et les plantes aromatiques y étaient cultivés en grand, comme dans tout l'Orient.

Maundrell, le voyageur anglais [1], prétend avoir retrouvé les trois bassins superposés et quadrangulaires dont parle Salomon. Ils avaient 60 mètres de long sur 30 de large et étaient très-profonds.

Au total, les Juifs étaient bergers, agriculteurs, soldats, mais peu artistes, et il ne paraît pas que les jardins aient été l'objet d'aucune recherche de leur part dans les longs siècles qu'a durés l'existence accidentée de ce peuple avant la venue du Christ.

JARDINS DES PERSES.

C'est à Xénophon que nous devons recourir pour trouver sur les anciens jardins de la Perse (environ 500 ans avant l'ère chrétienne) des notions assez exactes. On doit aux Perses d'avoir nommé les jardins *paradis*. Ils y cultivaient les végétaux d'agrément avec les plantes utiles, et leurs rois étaient fort amateurs de ces sortes de jouissances. Lorsque Lysandre trouva Cyrus dans son jardin, à Sardes, le jeune souverain lui apprit que les arbres en avaient été plantés de ses mains. Il n'était pas moins fier de ses jardins de Célènes, qui étaient plutôt un grand parc de chasse que des terrains consacrés aux arbres et aux fleurs. Pline raconte que ces jardins étaient plantés en lignes droites et tracés en figures régulières, que les violettes et les roses bordaient les allées, que les platanes et les ormes ombrageaient la promenade et conduisaient à des salles de repos, des volières et des tours, entre des bassins et des canaux d'arrosage. On retrouve encore des tours analogues, au dire du commandant Duhousset, dans la plupart des grands jardins de la Perse.

Xénophon cite encore les jardins de Bélésis, gouverneur de la Syrie, et Plutarque décrit ceux du vaillant Tissapherne.

Dans l'île de Panchéa, sur la côte d'Arabie, était situé un autre paradis qui dépendait d'un temple de *Jupiter triphylus*, selon Diodore

---

[1]. Maundrell, *Travels*, p. 88.

de Sicile. Il était traversé par une rivière à bords maçonnés, et l'on y retrouvait, comme dans les autres jardins, des gazons, des arbres et des fleurs.

Au temps de Strabon, un jardin consacré à la santé, au plaisir et à l'amour était situé sur la rivière Oronte. Il avait neuf milles de circonférence ; les cyprès et les lauriers l'ombrageaient, des ruisseaux nombreux l'arrosaient, des parfums délicats y embaumaient les airs, et le chant des oiseaux charmait l'oreille des promeneurs.

JARDINS DES GRECS.

Nous approchons d'une civilisation plus avancée, qui va bientôt atteindre les plus hauts sommets de l'art et où l'esprit va dominer la matière. Trois siècles seulement nous séparent de l'ère chrétienne.

L'idée qui présida aux premiers jardins de la Grèce fut prise évidemment en Orient, principalement en Perse, où Xénophon avait admiré à Sardes les jardins de Cyrus qu'il imita dans Athènes, à Olympie. « C'est d'après ces exemples, nous dit Diogène Laerce, qu'Épicure créa son jardin, sur la route de l'Académie, et donna à lui-même et à ses compatriotes ce plaisir délicat parmi tant d'autres moins innocents. » Mélanthe, le philosophe, avait le sien près de la statue de Minerve ; Lycurgue y fut enterré. Platon place la scène de son *Dialogue sur la beauté* près des bords ombragés de l'Ilyssus. La première églogue de Théocrite parle de la beauté d'Hélène comme égale à celle d'un « cyprès dans un jardin ». Tous les écrivains grecs indiquent que chez eux le goût des fleurs se rapprochait de celui des Orientaux. Plutarque, citant les jardins d'Athènes, montre bien ces préférences, et il nous décrit les jardins d'Académus, après leur arrangement par Cimon, comme arrosés par des ruisseaux, plantés d'oliviers, de platanes et d'ormes et ornés de promenades *philosophiques*.

C'est en peu de mots qu'on peut résumer les principes du goût qui présidait chez les Grecs à l'exécution de leurs jardins[1]. L'ombre, la fraîcheur, la brise, les parfums et le repos paraissent avoir été les principaux objets qu'ils eurent en vue. Il ne faut point s'en étonner ; l'amour des beautés pittoresques ne peut se développer qu'avec un sentiment poétique et élevé de la nature, et ce ne fut que des siècles plus tard, bien après l'architecture et la sculpture, qu'on s'avisa de songer à l'art proprement dit des jardins. Il semble que cet art soit la conséquence de la civilisation la plus avancée, suivant l'expression de Bacon, qui prétendait que les chefs-d'œuvre de l'architecture sortaient plus tôt de la main des hommes que les chefs-d'œuvre des jardins[2].

---

[1]. Voir Bœttinger, *Racemazionen zur Gartenkunst der Alten*.
[2]. « When ages grow to elegancy and civility, men come to build stately sooner than to garden finely, as if gardening were the greatest perfection. »

Pour se figurer graphiquement ce qu'était un jardin au temps d'Homère, non plus selon les visions fantastiques des Hespérides et des Champs Élyséens, il faut lire la description que le poëte nous a laissée des jardins d'Alcinoüs et dont voici le résumé : la superficie de ce jardin était de deux hectares environ; il était attenant à la maison, et une haie vive l'entourait. Les arbres fruitiers étaient le poirier, l'oranger, le pommier, le figuier, l'olivier, le grenadier, la vigne, et *en toute saison* ils portaient des fleurs et des fruits. Un autre terrain, contigu au jardin, était destiné à la culture des plantes les plus variées. De deux fontaines jaillissantes, l'une arrosait le jardin, l'autre était amenée par des canaux dans la cour de la maison, où un bassin la recevait pour l'usage des citoyens.

On voit que ces splendeurs sont modestes, et qu'il serait inexact de se faire l'idée d'un luxe quelconque dans les jardins de ce temps où les hommes vivaient sur la terre dans la simplicité naïve d'un véritable âge d'or.

Plus tard, les Grecs, même au temps de leur grandeur, n'accordèrent pas aux jardins l'importance que leur donnèrent d'autres peuples moins avancés qu'eux dans la civilisation. La cause en est surtout dans leur amour de la vie publique, dans leur mode d'enseigner en plein air, sous les ombrages de l'Académie et du Lycée, dont les gymnases et les jardins remplaçaient pour eux les charmes absents de la demeure privée, dans les expéditions guerrières lointaines qui les tenaient si souvent loin de la patrie, et aussi dans le territoire restreint dont disposait la population si dense et si laborieuse de l'Attique. Il faut arriver à Rome pour assister à la véritable expansion de l'art des jardins dans l'antiquité.

LES JARDINS DE ROME.

De la Grèce, où nous l'avons vu inférieur au développement des autres arts, le goût des jardins passe à Rome et progresse rapidement. Il ne paraît pas que dans les premiers temps de la République on s'en soit préoccupé autrement que pour l'horticulture d'utilité. C'est ainsi que les jardins de Tarquin le Superbe (500 av. J.-C.) ne nous sont guère connus que par les lis, les roses et surtout les pavots au moyen desquels le tyran donna un si terrible conseil à son fils Sextus.

Les jardins de Lucullus, au cap Misène, près de Baïes, dans la baie de Naples, étaient célèbres par leur magnificence; on nommait leur créateur le Xercès romain. Ils étaient formés de terrasses très-élevées au-dessus de la mer et de vastes pièces d'eau. Ces coûteuses compositions tiraient certainement leur origine des exemples rapportés par le général romain de ses expéditions militaires dans l'Asie orientale, et ils étaient si peu répandus alors (un demi-siècle au plus avant J.-C.), que Varron et Cicéron s'en sont agréablement moqués. Lucullus avait d'autres somptueuses villas dans diverses parties de l'Italie, dit Salluste ; il y passait quelques mois suivant les saisons de l'année, de manière à jouir d'un printemps perpétuel. On cite surtout celle dont l'emplacement est aujourd'hui occupé par la villa Médicis et une autre au-dessous de Tusculum, où l'on voit actuellement Frascati et où furent plantés les premiers cerisiers apportés en Europe.

Il est permis de croire que Cicéron avait mis plus de sobriété et de goût dans la *construction* de ses jardins, dont il a fait lui-même l'éloge dans ses lettres. A Tusculum, il avait des terrasses et des allées couvertes ; en souvenir d'Athènes il avait appelé la terrasse supérieure le *lycée*, l'inférieure l'*académie*. Sa villa d'Arpinum, lieu de sa naissance, abondait en beautés agrestes ; des collines l'entouraient et des ruisseaux coulaient au pied. C'était une sorte de parc paysager dont l'illustre écrivain vantait les beautés, lieu bien différent en cela de ses résidences de Baïes et de Pompéi, qui étaient dessinées suivant la mode architecturale du temps.

Salluste avait planté, sur le Quirinal, de beaux jardins dont parle Tacite en décrivant les allées couvertes, portiques, parterres, statues, bancs et fontaines qui les ornaient. On croit que leur emplacement est occupé aujourd'hui par la villa Ludovisi. Pompée avait aussi des jardins importants à Cumes, à Albano et à Alsium.

On voudrait trouver dans Virgile et dans Horace, les deux chantres inspirés des plaisirs champêtres, des descriptions exactes de leurs jardins ou de ceux d'Auguste, dont nous ne connaissons à peu près rien. Mais leurs immortelles poésies ne signalent que les plantes qui les avaient intéressés ou charmés, et la disposition artistique des jardins n'est indiquée nulle part.

Pline l'Ancien, Cicéron, montrent cependant la plantation quinconciale en usage à Rome. Martial attribue à Cnéus Matius, ami d'Auguste, la première idée de tondre les arbres. C'est aussi vers cette époque, peu avant la venue de Jésus-Christ, que Properce décrit les nombreuses fantaisies *jardiniques*, et les premiers jets d'eau, qui devinrent ensuite d'un emploi si général à Rome.

Mais déjà les écrivains, amenés à un plus juste sentiment des beautés naturelles, commençaient à condamner l'excès du marbre et des eaux artificielles. Juvénal les censure vivement et leur préfère les « ruisseaux de cristal frangés d'herbes des prés »[1]. Sous Néron, ce goût se développe plus nettement et reçoit un commencement d'application. Tacite raconte que deux artistes de ce temps, deux centurions, nommés Severus et Celer, dessinèrent pour l'empereur des jardins qui sont certainement le point de départ de nos jardins paysagers, que beaucoup de gens croient avoir été inconnus des anciens. « Les ornements de cette demeure, dit le grand historien, n'étaient pas des merveilles d'or et de pierres précieuses, mais des

---

1. Juv., *Sat.*, III, 18.

pelouses, des lacs, des forêts solitaires et des espaces ouverts à la vue, victoire obtenue par l'art et le génie sur une nature ingrate [1]. » C'est donc en grande partie chez les Romains qu'il faut chercher les origines de ces jardins de la nature, sur l'histoire desquels on est si peu d'accord.

Pour revenir au style architectural et se faire une idée approximative de ce qu'était un jardin urbain au temps d'Auguste, il suffit de se reporter aux emplacements que l'on peut encore étudier aujourd'hui sur les ruines de Pompéi. J'en ai vu plusieurs en 1873, en visitant ce lieu célèbre. La maison de Pansa est de ce nombre. Dans celle de Marcus Lucretius on voit encore les tuyaux de plomb qui servaient à arroser les fleurs, dans des jardinières en terrasse. Après l'*atrium*, salle carrée, ouverte au sommet, souvent entourée d'arcades et au centre de laquelle se trouvait l'*impluvium*, bassin qui recevait les eaux pluviales, on voyait un petit jardin, planté d'arbustes et de fleurs, avec des fontaines en rocailles et coquillages. Souvent, à l'intérieur des habitations, des niches étaient garnies de plantes. La salle à manger *(triclinium)* de la maison d'Auguste, à Rome, possédait une immense jardinière ovale, à étages, dont les fleurs se reflétaient dans des glaces autour de l'appartement.

Les villas de Pline au Laurentin et en Toscane paraissent ce que l'Italie ancienne a laissé de plus complet en matière de jardins. Les descriptions transmises par cet auteur sont assez fidèles pour que Félibien, en 1699, et Castell, en 1728, aient reconstitué idéalement et publié les plans de ces résidences. Pour ne prendre que sa grande villa de Toscane, on en trouvera la disposition résumée dans les détails suivants. Elle était distribuée en trois parties distinctes :

1° Les alentours immédiats de l'habitation, où se trouvait l'*hippodrome*, entouré de grandes avenues doubles de beaux arbres, et destiné aux exercices équestres. On y voyait la *gestatio*, lieu de repos où des esclaves transportaient leurs maîtres amollis par le luxe, et le *xystus*, parterre avec allées couvertes, situé près de la maison ;

2° Le *labyrinthe*, entrelacis d'allées droites et courbes, taillées dans un bois épais et embrouillées à dessein. Ces modèles ont servi plus tard à l'établissement des premiers labyrinthes français ;

3° Le *bois sacré*, correspondant au *lucus* des premiers temps de Rome, sorte de vallon-prairie, entouré de bois, arrosé par une dérivation du Tibre et peuplé de temples dédiés à toutes les divinités du paganisme, de bains d'eau froide et d'eau chaude, de statues, de *tumuli*, etc.

Une profusion de sculptures, des arbres taillés de toutes manières, des dessins en buis représentant des animaux ou des inscriptions, des eaux jaillissantes, des colonnades, de petits arcs de triomphe, tout cela conçu suivant les règles géométriques, formaient la décoration des jardins romains.

---

1. *Annal.*, livre XV, 47.

On se faisait porter en litière *(lectica)* à la *gestatio* (avenues ombragées) et l'on se promenait à pied dans le *xystus*, parterre bordé de buis, parsemé d'arbres verts taillés en formes artificielles, et orné d'œuvres d'art[1]. Ces dispositions faisaient partie du parc ou jardin d'agrément *(hortus)* cultivé par l'*hortulanus*[2] ou le *topiarius* (celui-ci chargé de la taille des bosquets), artistes distincts de l'*olitor* ou jardinier potager[3].

La *casa* n'était pas seulement une petite maison de campagne ; ce nom s'appliquait à des berceaux d'osiers et branchages couverts de vigne[4] comme on en voyait à Préneste. La *pergula* (aujourd'hui *pergola*) des Italiens n'a

Fig. 2. — *Casa* antique dans un jardin de Rome.

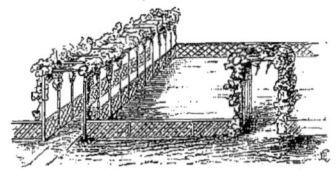
Fig. 3. — *Pergula* antique.

pas cessé d'être le berceau couvert de treilles que les anciens plantaient dans leurs vignes et jardins et qui s'est perpétué jusqu'à nos jours[5].

Parmi ces retraites d'été on connaissait encore le *trichilum* ou salle à manger placée sous un treillage couvert de plantes grimpantes.

Les villas Adriana, près de Tivoli, de Varron, à Casinum, ornée d'eaux et de volières, Laria au lac de Côme, celles de Caracalla, de Géta et plusieurs autres, sont restées célèbres parmi les plus fastueux jardins de ce temps, mais elles semblent toutes conçues d'après les mêmes principes.

Les magnifiques restes qui subsistent encore de la villa d'Adrien montrent que l'art des jardins ne marchait pas chez les Romains de pair avec l'architecture. Même en supposant qu'ils aient possédé d'autres résidences que celles dont le souvenir est venu jusqu'à nous, tout porte à croire qu'ils étaient inférieurs en ce point à ce qu'on aurait pu attendre d'une civilisation aussi raffinée. Nous avons déjà vu que, chez les Grecs, l'effort artistique en faveur des jardins n'avait pas été considérable. A Rome, bien que cet art ait tenu sa place nettement déterminée, il n'a pas marqué dans l'histoire du grand peuple comme on aurait pu s'y attendre. Ce résultat est dû à des causes multiples.

On a condamné le style des jardins des Romains comme artificiel. Mais

---

1. Pline, *Epist.*, v, 6.
2. Macrob., *Sat.*, vii, 3 ; Apul., *Mét.*, iv, p 64.
3. Colum., *De re rust.*, x, 229 ; xi, 1, 2.
4. Tibull., *Élégies*, ii, 1, 34.
5. Colum., *loc. cit.*, iv, 24, 2.

n'est-t-il pas tout simple qu'avec les magnifiques paysages qu'ils avaient partout sous les yeux, ils aient accordé aux œuvres des hommes une supériorité momentanée sur celles de la nature? D'ailleurs nous savons comment leurs écrivains ont chanté Pan et ses merveilles, et nous venons de voir qu'ils avaient un sens assez net des jardins naturels, puisque les résidences de Néron en offraient un exemple bien des siècles avant que les populations d'Occident dussent songer à les imiter. Mais ce sentiment n'alla pas jusqu'à faire naître chez ces maîtres du monde l'idée de reproduire simplement les grâces de la nature. Galatée ne leur semblait jolie que sous les saules des églogues de Virgile, et point sous ceux qui bordaient les véritables eaux du Tibre.

Tout obéit donc alors à la ligne droite, à l'architecture, à la décoration sculpturale. Un monde de terrasses, de colonnades, de portiques, de fontaines, envahit la péninsule italienne. Les arbres indigènes et très-peu d'exotiques, dont on ne se souciait guère, taillés, tourmentés, torturés sous le ciseau, firent les frais de l'ornementation végétale. D'abord formés en avenues et charmilles couvertes, ils ne tardèrent pas à prendre la figure d'animaux et de personnages et à subir à leur tour les effets de la décadence artistique et littéraire des derniers temps de l'empire. J'ai vu moi-même en Toscane, dans ces dernières années, des copies d'anciens jardins romains de ce temps qui décèlent un aussi mauvais goût que les pires de nos productions modernes.

Ce n'est donc pas dans cette période qu'il faut chercher de bons modèles des jardins de l'ancienne Italie, mais aux jours où Rome était dans sa gloire, dans cette seconde moitié du siècle d'Auguste où régnait la paix et où florissaient les arts et la poésie, c'est-à-dire à la veille du jour où le Christ allait naître dans une bourgade obscure de la Galilée.

On se figure volontiers la vie d'un riche patricien de Rome à cette brillante époque. Sa vie se partageait entre les affaires de l'État, le culte des ettres et la vie à la campagne, soit aux environs de la grande cité, à Tibur, à Veïes, à Préneste, soit à Naples, Baïes, Pœstum, Terracine. On taillait en plein drap; plusieurs de ces villas contenaient 100 ou 200 hectares. Le lieu choisi était d'ordinaire la pente d'une colline pour les terrasses, et la plaine pour les jardins d'utilité. On entourait le terrain de murs. De longues avenues ombragées conduisaient le plus souvent à une petite place *(area)* plantée en quinconce, d'où l'on pénétrait dans les jardins par une grille de bronze flanquée de pilastres massifs. Un vaste péristyle servait d'avant-corps à l'habitation, et les visiteurs attendaient là qu'on les introduisît. Du côté intérieur, les terrasses donnaient directement sur le parterre encadré d'avenues de platanes et de hautes palissades de lauriers *(Laurus nobilis)*. Sur ce fond opaque et sombre, se détachaient en clair les fleurs, les vases et les statues. Des bassins de marbre blanc et des eaux jaillissantes faisaient aussi contraste avec les parties obscures de ces jardins, généralement

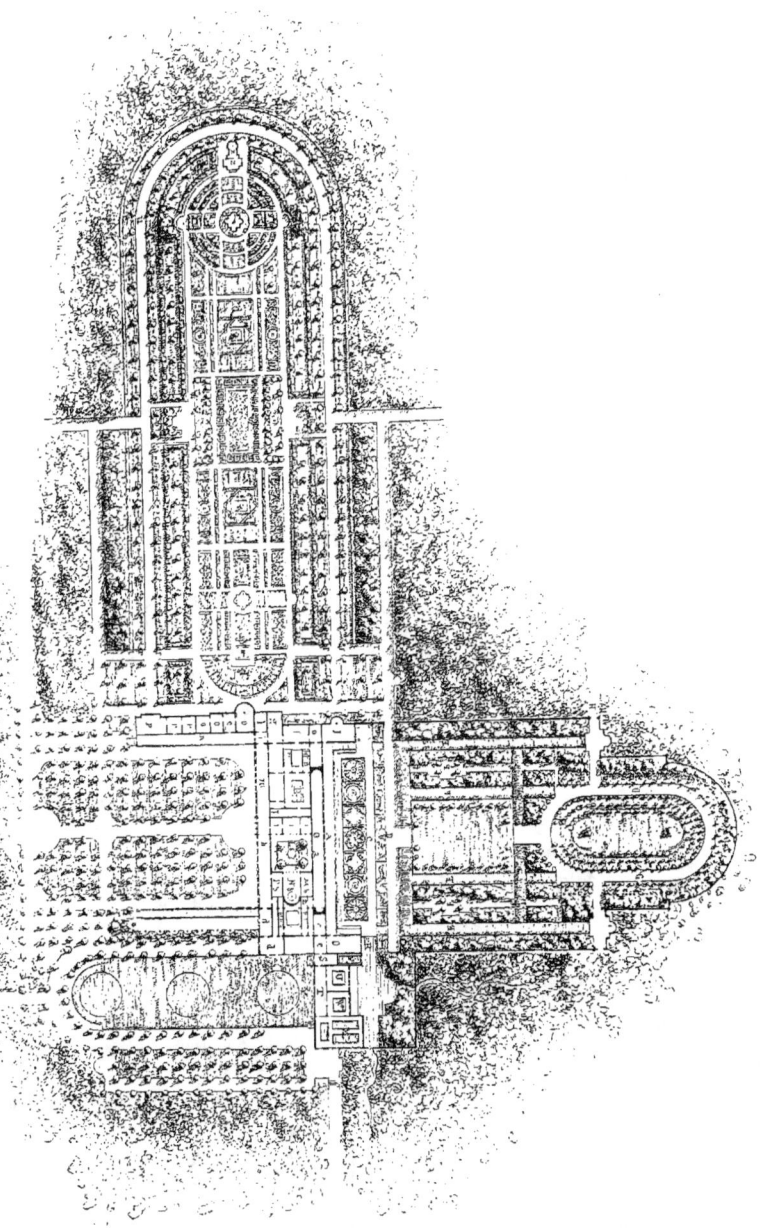

Fig. 4. — Plan de la villa de Pline le Jeune en Toscane.

situés dans une dépression du sol. On voit encore de nos jours un exemple de cette disposition dans la villa Bernardini près de Lucques ; l'idée en vient assurément des jardins de la Rome antique. L'hippodrome, pour la course à pied ou en char, les bains monumentaux, les orgues hydrauliques, le *rosarium* planté des roses de Préneste et de la Campanie, les massifs d'acanthes, les inscriptions aux grands hommes et les dessins de chasses d'animaux découpés en buis nain sur des talus de gazon, les pergoles couvertes de vignes *(jugatio compluviata)*, les pavillons de pierre et d'ifs taillés, les portiques de verdure, constituaient les traits principaux de ces résidences, variées non dans le style, mais dans les détails et la relation des diverses parties.

Le dessin de la villa et des jardins de Pline en Toscane, figuré ci-contre d'après le plan imaginé en 1728 par Castell, sur les documents anciens et reproduit par Meyer[1], est celui d'une résidence luxueuse. On ne doit pas plus le considérer comme un spécimen de la moyenne des jardins de l'ancienne Rome qu'on ne doit prendre de nos jours le parc princier du duc de Devonshire pour le modèle des jardins de l'Angleterre. Mais il donne une idée fidèle de la manière dont les Romains entendaient la vie opulente à la campagne. Une légende explicative fera saisir d'un coup d'œil l'aspect et la distribution des parties principales de la villa :

A. Péristyle ou colonnade d'entrée.
B. Cour.
C. Xystus.
D. Talus avec dessins d'animaux en buis.
E. Plantation d'acanthes.
F. Promenade.
G. Bains.
H. Boulevard.
I. Salle à manger.
K. Bosquet de l'hippodrome.
L. Cour ombragée de quatre platanes.
M. Chambre à coucher.
N. Salle à manger.
O. Second péristyle.
P. Salle avec sculptures de marbre.
Q. Grande salle.
R. Bassin de marbre.
S. Étuve.
T. Vestiaire.
U. Bain chaud.
V. Réservoir d'eau chaude.
W. Salle des bains tempérés.
X. Salle des bains chauds.
Y. Jeu de boules.
Z. Escaliers.

a. Vestibule des étages supérieurs.
b, c, d. Trois appartements.
e. Chambre avec vue sur l'hippodrome.
f. Chambre exposée au soleil d'hiver.
g, l, o, o, o. Appartement communiquant avec l'hippodrome.
h. Vestibule destiné aux appartements d'été.
i. Salle à manger.
k. Escalier de la cuisine au rez-de-chaussée.
l. Chambre à l'extrémité du vestibule.
m. Vestibule inférieur.
n. Péristyle.
o, p. Deux appartements.
q. Hippodrome.
r. Platanes entourant l'hippodrome.
s. Buis en arbre entre les platanes.
t. Palissade de laurier.
u. Hémicycle terminant l'hippodrome.
v. Rosarium.
w. Parterre à dessins.
y. Salle de repos et de festins.
z. Salle de repos.
z'. Petit cabinet.

[1]. Meyer, *Lehrbuch der schönen Gartenkunst,* pl. IV-V.

Cette villa, dont Pline a complaisamment énuméré les beautés[1], était située au pied des Apennins, dans de ravissantes campagnes arrosées par le Tibre. Devant le portique, des figures d'animaux étaient dessinées en buis et entremêlées de pieds d'acanthe flexible[2] « doux au pied comme une rosée ». De grands arbres, tondus par le *topiarius*, formaient un cirque et des allées de promenade. Des murailles, doublées d'une haie de buis à l'intérieur, fermaient l'enclos. L'hippodrome était bordé de platanes au tronc couvert de lierre et qui alternaient avec des buis et des lauriers; l'extrémité circulaire était plantée en cyprès. Des colonnettes de marbre carystien soutenaient des festons de vignes. Partout, des tuyaux répandaient, avec l'eau, la fraîcheur et la vie, et formaient des jets d'eau au milieu des bassins. Plusieurs pavillons, dont l'un était de marbre, servaient de lieux de repos et constituaient de charmantes retraites au milieu des bosquets. Dans les parterres, le nom du maître ou même du jardinier se lisait dans les découpures des buis nains.

Ces parterres élégants étaient ornés d'un petit nombre de plantes. Il ne paraît pas que les conquérants, dans leurs voyages en Orient, se soient préoccupés d'introduire, soit à Athènes, soit à Rome, les plantes d'ornement qu'ils rencontraient sous leurs pas. A peine parle-t-on des pêchers et des cerisiers que Lucullus avait rapportés d'Asie. C'était aux roses, aux narcisses, aux lis, jacinthes, amarantes, bluets, cyclamens, au lierre, à la vigne, au mûrier, au laurier, au myrte, à l'acanthe, au buis, qu'on revenait sans cesse à défaut d'une plus grande variété.

Par contre, l'architecture et la sculpture jouaient un grand rôle dans la décoration des jardins. Les allées et les péristyles étaient pavés de mosaïques couvertes de dessins mythologiques. Le marbre, le porphyre, la nacre, la pierre ponce, l'ivoire, les bois précieux, formaient les revêtements des pavillons de repos et des constructions légères dans lesquels des esclaves venaient servir aux hôtes du logis les gâteaux et les fruits sur des plats d'une riche orfèvrerie, et le falerne dans des coupes d'or. Des orgues hydrauliques faisaient entendre de douces mélodies. Les volières, pleines d'oiseaux rares, comme celles de Lucullus et de Varron, les vases et les statues étaient répandus à profusion, et les produits les plus raffinés des arts suffisaient à peine pour orner ces somptueuses résidences.

Cet apogée du luxe appliqué aux jardins comme à toutes choses devait être promptement suivi de décadence. L'Italie fut bientôt trop petite pour contenir les vainqueurs des nations et les nourrir, eux et leurs esclaves. Les grandes cultures, reléguées dans les régions conquises, firent place

---

1. Pline, *Epist.*, v, 6.
2. Cet acanthe ne paraît pas être l'*Acanthus mollis,* plante vivace, non grimpante, qui a inspiré à Callimaque l'ornement du chapiteau corinthien.

aux cités, aux villas, aux palais, aux jardins où la richesse n'apportait pas toujours le bon goût.

Tout allait disparaître à la fois dans Rome agonisante : la force, la prépondérance, la science, les arts, et jusqu'aux jardins où une aristocratie avilie avait entassé sans raison des ornements sans grâce. La péninsule entière se peupla de monuments, et ses collines, ses prairies, ses bois et ses champs firent place aux avenues, aux colonnades, aux charmilles taillées des innombrables villas dont nous voyons encore les vestiges.

Bien plus, l'imitation sur une échelle réduite dégénéra en un goût pitoyable, et ce qui avait encore sa raison d'être avec des proportions grandioses devint ridicule sur de petits espaces.

Cette belle terre d'Italie, avec ses horizons enchanteurs et son climat béni, donna donc naissance à cette violation flagrante des lois de la nature, que les poëtes et les écrivains ne paraissent pas avoir jamais admirée pour elle-même. Ce qui nous reste des descriptions de Spartien, de Pline le Jeune, de Sénèque, de Virgile, de Catulle, ne contient pas une peinture fidèle du pittoresque des sites et des beautés naturelles du pays où ils vivaient.

L'invasion des Barbares précipita toute cette civilisation dans la ruine. Sous le règne de l'épée et du désordre, pendant ces temps néfastes et terribles où le christianisme jetait peu à peu les fondements de la société nouvelle dans un mystérieux et sublime enfantement, l'art des jardins, qui demande comme tous les autres à se développer dans le calme et la sécurité, fut enseveli sous les ruines de l'empire romain.

Il y resta de longs siècles. Mais ce fut pour en sortir avec une force renouvelée, qui cette fois ne s'arrêta plus guère en chemin. Il devait donner le spectacle des transformations les plus complètes et des progrès les plus saisissants, se plier au génie des diverses nations qui l'adoptaient et s'accroître de toutes les découvertes qui ont conduit progressivement le monde des ténèbres de la barbarie aux vives clartés de la civilisation moderne.

CHAPITRE II

LES JARDINS DEPUIS LA CHUTE DE L'EMPIRE ROMAIN

JUSQU'AU XVIIᵉ SIÈCLE

De Rome détruite, la civilisation passa dans l'empire grec. Toutefois les arts procédèrent plutôt du génie oriental, dans les œuvres des Justins et des Porphyrogénètes, que des leçons de l'ancienne Italie. On parle à peine des jardins de Justinien et de Justin II à Byzance. C'est à Constantin VII qu'il faut arriver, pour se faire quelque idée du luxe qui présidait à la décoration des palais byzantins. On croit que les jardins actuels du sérail sont situés sur l'ancien emplacement de ceux du célèbre Porphyrogénète, mais rien ne le prouve. Lui-même les a décrits en détaillant les colonnes, avenues, parterres, bassins et fontaines qui les ornaient, mais sans dire un mot du merveilleux paysage du Bosphore et de la côte d'Asie, qui leur servait de cadre et n'a pas varié avec le temps.

Dans l'Occident, les traditions des jardins antiques ne s'effacèrent jamais complétement, même aux temps les plus sombres du moyen âge. En Italie, en Espagne et en France, elles furent toujours en honneur dans les nombreux monastères qui les conservaient pieusement et ne les appliquaient qu'en les modifiant pour leurs besoins et leurs agréments personnels. Ce n'est pas du reste, on le sait, la seule obligation que l'on ait à la patience, à l'esprit d'ordre et à l'amour de l'étude des religieux du moyen âge. Que de résurrections inespérées des chefs-d'œuvre antiques ne leur doit-on pas ! Et que seraient aujourd'hui la plupart des découvertes scientifiques et littéraires qui font notre gloire, s'ils n'avaient travaillé pour nous pendant de longs siècles à la régénération d'un monde qui en recueille maintenant les fruits avec trop peu de gratitude?

Les moines de Saint-Basile et de Saint-Benoît fertilisèrent des régions entières de l'Italie, de la France méridionale et de l'Espagne, qui avaient été ravagées par les Goths et les Sarrasins, et qu'on avait abandonnées depuis sans culture. L'activité de ces pieux travailleurs se découvre jusque dans la colonie qu'il fondèrent à l'île d'Iona, l'une des Hébrides, et dans bien d'autres pays.

On trouve, dans les nombreux cartulaires du moyen âge, des traces fréquentes du rôle bienfaisant joué par ces amis du jardinage dans la transmission des souvenirs antiques. Pour n'en citer qu'un exemple, j'ai entré les mains une sorte de poëme intitulé *Canticum botanicum*, écrit, pour la plus grande gloire de Dieu, sur le modèle de l'hymne *Lauda, Sion*, dont le rhythme et la mesure ont été reproduits dans un fort bon latin. L'auteur y chante, sur un ton dithyrambique, les vertus et les beautés des plantes.

Pour des hommes le plus souvent confinés dans d'étroits espaces entourés de murs, sans horizon, sans agrément, on comprend que le dessin des jardins était du superflu. Le principal pour eux était le produit : les légumes et les arbres fruitiers. Aussi est-ce en France — ce verger de l'Europe — que parurent les premiers traités de la culture des arbres à fruits. L'histoire de l'arboriculture rattache ses commencements à Merlet, à Cl. Mollet au XVIe siècle, puis à la célèbre pépinière que les Chartreux fondèrent au Luxembourg, et qui florissait au XVIIe siècle, sous la direction du P. François.

C'est ainsi que les capitulaires de Charlemagne ne parlaient que de ses plantations, de ses vergers, de ses vignes et contenaient une énumération des plantes cultivées dans ses jardins. La maison de campagne qu'il possédait sur le Rhin, à Nieder Ingelheim, ne paraît pas avoir été accompagnée de jardins d'agrément bien dignes de remarque, si l'on excepte la décoration en colonnes de marbre dont Nigellius a décrit le grandiose aspect.

A peine trouve-t-on, à ces époques, dans le midi de la France, notamment dans la province de Narbonne et près de Nimes, les traces des travaux de quelques seigneurs qui avaient conservé des villas romaines avec les ornements contemporains de l'occupation des Gaules.

Sous la féodalité, les mêmes obstacles s'opposèrent au développement des jardins. Les « hauts et puissants barons », renfermés dans leurs châteaux à murailles crénelées, songeant perpétuellement à attaquer leurs voisins ou à se défendre, quand ils ne couraient point les mers vers la Terre sainte, n'avaient guère de loisirs pour l'embellissement de leurs propriétés. Quant au peuple, écrasé sous les impôts et la toute-puissance de ses maîtres, il était condamné à rester longtemps encore dans les ténèbres de l'ignorance et de la misère.

Si l'on cherche à préciser les conditions dans lesquelles étaient dessinés les jardins à cette époque, les documents font le plus souvent défaut. Mais on sait pourtant que, dans les monastères, les enclos consacrés à la culture des légumes, des arbres à fruits et des plantes médicinales, étaient tracés en compartiments réguliers et peu compliqués. Les murs étaient couverts d'espaliers. Quelques vignes en treillages, — réminiscence de la *pergula* antique, — des bassins carrés ou de longs canaux dans lesquels on entretenait, pour la consommation et la vente, le poisson pêché dans les étangs des communautés, quelques berceaux de verdure taillés, formaient les principaux traits de ces jardins. Dans les abbayes riches et puissantes, comme à Saint-Gall en Suisse et au Mont-Cassin en Italie, les cultures d'utilité étaient accompagnées du « jardin des simples » où des collections de plantes indigènes, réunies dans un but d'études pratiques plutôt que scientifiques, donnèrent l'idée première des jardins botaniques.

Les rois de France avaient bien des résidences de campagne à quelque distance de Paris, comme Chilpéric à Nogent et saint Louis à Vincennes, mais ils s'y adonnaient plus au plaisir de la chasse qu'au jardinage. Notre vieil historien Sauval lui-même ne nous a transmis aucune description détaillée de ces retraites.

Dans Paris même, on trouvait cependant, au moyen âge, des spécimens de l'art naissant des jardins. Ceux du roi Childebert et de la reine Ultrogothe, célébrés par Fortunat, qui a décrit les fleurs, les treilles, les pommiers greffés par le roi lui-même, les terrains arrosés par l'eau amenée d'Arcueil, étaient probablement situés sur l'emplacement occupé aujourd'hui par les restes du palais des Thermes. Ceux de saint Louis occupaient la pointe de la Cité, à l'endroit qui fait face aujourd'hui au palais de Justice ; mais ces créations si vantées étaient d'une simplicité biblique et ne méritent guère d'arrêter longtemps nos regards.

Plusieurs siècles se passèrent ainsi sans que rien fût changé aux mœurs et aux habitudes, et nous ne voyons que le Pré aux Clercs, situé en face du Louvre et s'étendant jusqu'à Saint-Germain des Prés, qui puisse être cité à cette date parmi les jardins de plaisance.

Du XIIIe au XVe siècle, tout jardin se réduisait, dit Sauval, « à des haies couvertes de treilles enlacées et couchées en manière de lozange, qui sont les tonnelles, et ces tonnelles tenaient par les deux bouts à des pavillons faits de même qu'elles ; et non-seulement à chaque coin des jardins et des préaux il y avait des pavillons, mais encore au milieu, et même d'autres tonnelles qui les traversoient et les divisoient en compartiments ».

Le jardin de l'hôtel Saint-Paul était le plus remarquable de ce temps. Sa surface était de vingt arpents ; il était divisé en carrés. Charles V y avait accumulé les ornements : à ceux qui viennent d'être indiqués s'ajoutaient des viviers ou *sauvoirs*, cages, volières pour les perroquets « où s'esbaudissoient les *papegais* (perroquets) » des animaux domestiques et sauvages, etc. Le jardinier chef se nommait Philippot Persant, et ses appointements — ô temps de l'âge d'or! — étaient de « soixante écus » par an.

Les plantes qui meublaient ces jardins, en outre des arbres forestiers et fruitiers, étaient surtout des rosiers blancs et des romarins. Sauval parle avec admiration d'une plantation de « 5,913 ormes, à quatre livres parisis le cent, qu'on amena par eau au port de l'École ».

Le *lai de l'Oiselet* décrit un jardin entouré de canaux, planté d'un verger, de roses et de plantes aromatiques, d'arbres taillés régulièrement, et orné d'une jolie fontaine. Dans le *Roman de la Rose* se trouve la peinture d'un jardin où trône « *Déduict* » et sa cour, et dont l'auteur énumère complaisamment les « buissons bien sentans, les violettes, *parvanches* nouvelles, girofle, réglisse, anis, canelle, lauriers, haults pins, oliviers, cyprès, ormes, chênes, fruits variés, oiseaux et gibier ».

René d'Anjou fit faire à la Baumette, près d'Angers, en souvenir de la sainte Baume, des jardins situés sur un terrain accidenté. Ils étaient différents de ceux-ci, et probablement modelés sur ceux de sa *Bastide* de Provence. Leur emplacement ne m'a montré aucune trace de l'ancien dessin quand je l'ai visité, il y a vingt ans.

On cite encore les jardins que Philippe le Bon, père de Charles le Téméraire, fit faire en Flandre, à Hesdin, et dans lesquels il avait formé cette célèbre « galerie aux joyeulsetés » où toutes sortes de mystifications puériles étaient imposées aux visiteurs.

Cette énumération est pauvre. La France ne jouait pas alors, dans le développement intellectuel et dans ses applications aux jardins, un rôle en rapport avec celui qu'elle prit à la Renaissance et qui commençait à se dessiner déjà dans d'autres nations de l'Europe.

ANCIENS JARDINS DE L'EUROPE.

JARDINS ESPAGNOLS.

Les Mores avaient envahi l'Espagne au VIIIe siècle et y avaient établ un puissant empire où les sciences, les arts et les lettres de l'Orient prirent rapidement faveur et profitèrent à toutes les nations occidentales. Jusqu'au XVe siècle leur puissance ne réussit à se soutenir que par des luttes continuelles ; mais, pendant cette longue période, les cités arabes de l'Espagne, Séville, Ségovie, Cordoue, Grenade, Tolède, furent ornées de toutes les richesses architecturales que les conquérants avaient introduites de leur pays natal.

Les jardins de la Ziza, à Palerme, avaient reçu d'eux des embellissements, sous forme de pavillons à coupoles dorées et à riches mosaïques, de portiques, de vastes pièces d'eau, dont les traces subsistaient encore au XVIe siècle.

Au Xe siècle, furent créées les célèbres *huertas* ou jardins potagers de Valence, si fertiles encore de nos jours.

Vers 1270, Mohammed-Abn-el-Hamer commença l'Alhambra (ou plus correctement l'Alhâmra) de Grenade, et il en enrichit le palais et les jardins avec une somptuosité inconnue jusque-là. L'achèvement de cette résidence royale n'eut lieu qu'en 1348. C'est de toutes les créations de ce genre la seule qui ait conservé jusqu'à nos jours son aspect d'autrefois, ainsi qu'en font foi les descriptions des voyageurs. Les jardins suspendus, les oasis charmantes dans un paysage desséché, les eaux abondantes provenant d'un bras du Darro détourné, faisaient de ce lieu un séjour enchanteur. On admirait surtout le *Generalife*, dont Théophile Gautier nous a laissé une si charmante description, avec ses avenues de cèdres, de lauriers roses *(Nerium oleander)*, de myrtes, de chênes verts, de pistachiers, de cistes énormes et d'orangers embaumés. La *casa de campo*, ou pavillon champêtre, y était entourée de magnifiques eaux courantes. Le *patio de los arrayanes*, ainsi nommé à cause des myrtes taillés qui l'entouraient, et le *patio de la Alberca* en sont encore deux vestiges curieux.

D'autres palais en Espagne, comme l'Alcazar de Séville et celui de la Galiana, près de Tolède, avaient aussi de superbes jardins, sur lesquels nous avons des notions moins précises.

On sait seulement que l'Alcazar, dont les jardins avaient été tracés par les Mores, était coupé d'allées pavées de marbre, orné de parterres, d'arbustes toujours verts et ombragé par des orangers, et que des bassins avec des eaux jaillissantes y rappelaient le goût arabe.

Pendant le XVIIe siècle, les jardins de l'Escurial, à Madrid, créés par Philippe IV, ceux de Ildefonso ou de La Granja, près de cette capitale, ceux d'Aranjuez, dans les environs de Tolède, dont Lagasca nous a donné les descriptions, *el Retiro*, près de Malaga, dessiné dans le style moresque, les jardins de Tarragone, enfin les jardins publics ou Alamédas de Madrid *(el Prado)*, de Ronda, de Grenade, de Séville, furent, en Espagne, les théâtres de splendeurs dont on chercherait vainement les traces de nos jours.

En Portugal, on cite principalement les anciens jardins de Bélem, conçus dans le style géométrique et sans caractère particulier.

Tous les dessins de ces jardins étaient symétriques et tracés à la manière orientale, suivant les traditions asiatiques qui n'avaient point passé par Rome et s'étaient conservées à Byzance. Il ne paraît pas que des formes nouvelles, à l'exception des détails, fouillés et variés à l'infini, s'y soient manifestées, et surtout que la culture des arbres et des plantes d'ornement ait été enrichie par des introductions d'espèces exotiques nouvelles. Cette pauvreté relative dans les ornements végétaux des jardins subsista encore pendant plusieurs siècles après les Mores d'Espagne.

JARDINS ITALIENS.

Ce n'est qu'au XIVe siècle que nous trouvons le premier livre traitant avec quelque détail des jardins et de leur composition. Il était dû à la plume d'un sénateur de Bologne, nommé Pietro de Crescenzi *(Petrus de Crescentiis)*. Cet ouvrage, composé vers 1305, imprimé pour la première fois en 1471, est intitulé *Opus ruralium commodorum, libri* XII; il avait été traduit en français en 1373, d'après les ordres du roi de France Charles V. Dans la huitième partie de son traité, l'auteur divise les jardins de plaisir en trois classes, suivant la fortune des propriétaires, et indique le mode d'ornementation de chaque partie. Tous doivent être ornés de gazons, arbustes, fleurs aromatiques, et les jardins royaux comprennent une ménagerie et une volière. On voit que l'idée du premier jardin d'agrément au moyen âge était une sorte de parc zoologique.

Les bons conseils de Crescenzi n'eurent guère d'effet. En Italie, les Goths et leurs successeurs immédiats s'enfermèrent dans des forteresses, et les couvents étaient eux-mêmes autant de citadelles où le jardinage orné ne pouvait guère s'établir. On pourrait peut-être, au moyen de quelques descriptions de ces temps demi-barbares, reconstituer par la pensée le dessin de ces jardins de prison. Un grand seigneur fantaisiste a même cherché à les imiter à Wilhelmshœhe, près Cassel, dans la partie du parc qu'il a nommée *Lœwenburg*, et que je décrirai plus loin *de visu*. M. Meyer a voulu à son tour reconstituer un jardin gothique d'autrefois[1], mais son idée est conjecturale et n'offre d'ailleurs qu'un intérêt archéologique fort restreint, les matériaux puisés à des sources authentiques manquant presque complétement.

C'est à Florence qu'il faut chercher la renaissance de l'art des jardins, — vers la fin du xve et au commencement du xvie siècle. Laurent de Médicis, surnommé le Magnifique, le protecteur de Michel-Ange, le rénovateur des arts, voulut avoir de superbes jardins. Ses créations ont aujourd'hui disparu en partie sous les transformations dont la *città dei fiori* a été l'objet, mais on en retrouve assez de traces pour démontrer qu'elles avaient été inspirées par les souvenirs des villas de la Rome antique. Le genre symétrique et architectural fut donc mis en honneur. On dit même que le goût d'orner les jardins de statues vint par hasard du cardinal d'Este, qui ayant à former des jardins sur le site de l'ancienne villa Adriana, voulut utiliser les nombreuses statues et les ruines qu'il y rencontra. Quant au rôle des plantes dans les jardins de cette époque, il était encore très-effacé. On en pourra juger par l'estampe suivante, publiée en 1617 par G.-B. Andréini, de Florence, dans un poëme intitulé l'*Adamo*[2]. On y voit l'image du paradis, où croissent des arbres à fruits, des bois remplis de fleurs, de petits parterres et des arbres taillés en colonnes, avec un portique fleuri, un jet d'eau, et des animaux vivant dans la plus touchante intimité (fig. 5).

Dès le xve siècle, les jardins d'Italie avaient fait de grands progrès

---

1. Meyer, *Lehrbuch der sch. Gartenkunst*, pl. xiv.
2. Loudon, *Encyclop. of Gard.*, p. 28 (éd. 1860).

et acquis une célébrité européenne. C'est de cette époque que datent les villas Médicis, Doria, d'Este, Borghèse, Colonna, Mondragone, Aldobrandini, etc., qui rappelaient les noms des plus grandes familles italiennes, protectrices des arts et des lettres.

Florence prit une part prépondérante dans ce mouvement, et les jardins, chez elle, suivirent le progrès des autres arts. En 1440, Luca Pitti fit bâtir par Brunelleschi, l'immortel auteur du dôme de la cathédrale florentine, le palais qui porte son nom et où naquit Marie de Médicis en 1573. Les jardins Boboli, que l'on admire encore derrière ce palais, furent tracés sous Cosme Ier par le Tribolo et Buontalenti.

De ce temps datent les jardins Doria, à Gênes, construits sur les plans

Fig. 5 — Le Paradis terrestre, d'après Andréini (xve siècle).

de l'architecte romain Montorsoli, et dont l'étendue médiocre, ainsi que j'ai pu le constater *de visu*, n'est pas en rapport avec les descriptions emphatiques qui en ont été faites.

D'autres villas furent encore créées en Italie, mais toujours on y vit préférer les ornements empruntés à l'architecture et à la statuaire et accorder peu d'importance à la décoration végétale.

Il fallait, pour obtenir ce résultat et entrer dans une voie où désormais on ne s'arrêterait plus, qu'il se produisit un fait qui eut en Europe les plus grandes conséquences : la création des jardins botaniques.

C'est en 1544 ou 1546, à Padoue, que le sénat de Venise fonda le premier jardin botanique, où deux siècles et demi plus tard, Gœthe conçut sa théorie de la métamorphose des organes végétaux. Immédiatement après le jardin de Padoue, fut planté celui de Pise; celui de Bologne suivit de près. Les établissements analogues de Leyde et de Leipsig datent, le premier de 1577, le second de 1579.

Bientôt les facultés de médecine de Paris, dont plusieurs étaient dès lors célèbres, reconnurent l'utilité de ces institutions. Le jardin des plantes de Montpellier fut créé en 1593 par les soins du savant Richer de Belleval, qui y consacra la plus grande partie de sa fortune et de sa vie. En 1605 la ville de Giessen, en 1620 celle de Strasbourg, puis Alfort en 1625, Iéna en 1629, furent l'objet de créations analogues. A ces époques reculées, Paris ne possédait encore que le jardin planté par l'apothicaire Robin en 1570, sous le nom de « jardin des simples », et où il enseignait la science des plantes à quelques élèves. Ce ne fut qu'en 1626 que le *jardin royal des plantes médicinales* — aujourd'hui Muséum d'histoire naturelle — fut fondé par Guy de la Brosse et devint le berceau glorieux du grand établissement illustré par les Buffon, les Lamarck et les Jussieu.

Déjà Clusius, d'Arras, puis Mathias de L'Obel imprimaient à la description des plantes et à leur culture une direction salutaire : la botanique était véritablement créée. L'art des jardins devait se modifier considérablement avec les ressources qu'allaient mettre à sa disposition les horticulteurs européens et les explorateurs des régions inconnues de la terre.

LES JARDINS FRANÇAIS.

La France n'attendit pas la renaissance italienne pour se livrer à la culture et au dessin des jardins. Dans la période qui s'étend entre la mort de Charlemagne (814) et le commencement du xvie siècle, on trouve la trace d'un jardinage peu développé sans doute, mais dénotant une certaine recherche. Déjà il existait des *curieux*, — c'était le nom des amateurs de jardins d'agrément ou de *propreté*. Le soin des jardins potagers, la connaissance et la culture des *simples*, — comme on appelait alors les plantes médicinales, — tenaient une place importante dans les travaux des résidences rurales.

Ce ne fut pas, — comme on l'a dit, — de l'Orient, de l'empire byzantin que nous vint cette préface de la Renaissance, mais simplement du réveil naturel qui se faisait de toutes parts dans l'esprit humain et auquel les jardins ne pouvaient rester étrangers. Vers le xiiie siècle les ruines faites par l'écroulement de l'empire romain commencèrent à se relever, et en moins de deux cents ans on passa des ténèbres de la barbarie à une civilisation qui marchait à pas de géant. Colomb découvrait l'Amérique et Vasco de Gama la route des Indes ; Gutenberg inventait l'imprimerie ; le premier livre sur l'histoire naturelle paraissait [1] ; l'astrolabe était appliquée à la navigation, de même que la boussole, et la conquête du monde était désormais assurée. C'est encore vers le xv° siècle que la canne à sucre commença à se répandre, que la houille fut plus généralement employée, et que l'industrie prit son premier essor. La médecine et la science étaient encore entre les mains des alchimistes, mais déjà l'anatomie, fondée par Mondini et Guy de Chauliac, avait fait de rapides progrès. Dans les arts du moyen âge, après les admirables cathédrales gothiques, de nouveaux monuments, la statuaire, les fresques et les miniatures attestaient le génie des architectes, des sculpteurs et des peintres religieux de ce temps. Dante et Pétrarque avaient déjà laissé dans les lettres leur trace lumineuse, Giotto et le Ghirlandajo annonçaient au monde Michel-Ange et Raphaël.

Pour rester dans l'art plus modeste des jardins, on peut dire que si c'est au xv° siècle que remonte en Italie sa véritable restauration, le même mouvement se produisit également en France, quoique sur une moins grande échelle. Tout d'abord ce fut par les jardins médicinaux et par quelques publications sur le jardinage d'utilité que le goût se répandit. On a vu plus haut que les premiers jardins botaniques avaient été créés à Pise et à Padoue, vers la moitié du xvi° siècle.

Ch. Estienne avait publié en 1554 son *Prædium rusticum*, traduit dix ans plus tard par son gendre Liébault sous le titre de *Maison rustique;* Merlet donnait l'*Abrégé des bons fruits* en 1575, et Bernard de Palissy, en 1580, mettait au jour sa longue description du *jardin délectable,* comme il l'avait imaginé dans sa naïveté ingénieuse.

Mais déjà le règne de François Ier avait jeté sur la France un grand renom artistique. C'est de ce temps que commence véritablement chez nous l'art des jardins.

La sécurité croissante avait fait jeter bas nombre de murailles et de forteresses; on se prenait à aimer l'air libre, la campagne; on respirait enfin, après avoir étouffé dans des donjons pendant de longs siècles. Le roi donnait l'exemple : il réparait Fontainebleau et construisait Chambord. Pour cela, il avait appelé à sa cour, à grands frais, les premiers artistes de l'Italie : Benvenuto Cellini, Andréa del Sarto, Rosso, le Primatice, Léonard de Vinci, Vignole, pendant que les Pierre Lescot, Philibert Delorme, Jean Goujon et autres architectes, peintres et sculpteurs français marchaient sur les traces de ces génies venus de l'autre côté des Alpes.

Les historiens ne parlent des jardins de Chambord que pour citer la belle ordonnance de la forêt qui entourait le château et où avaient lieu de magnifiques chasses.

Fontainebleau, au contraire, subit évidemment, dans les embellisse-

---

[1]. *Le Livre de la nature,* en allemand. Augsbourg, 1478.

ments de ses avenues et de ses parterres, l'influence du goût italien, qui procédait de l'antiquité, et qu'appliquaient le Rosso et le Primatice, artistes décorateurs par excellence. A cette époque, les jardins, en Italie, inspirés par les souvenirs de l'ancienne Rome, se composaient d'une infinité de carrés exigus, à périmètre à peu près identique, et à dessins intérieurs variés. Castellan a fait remarquer que ces jardins cadraient à peu près avec la description que Pline le Jeune nous a laissée de ses villas. A voir les plans de Fontainebleau qui nous ont été transmis par Androuet-Ducerceau[1], on reconnaît que les petits parterres tourmentés, les allées symétriques et peu arges, les bordures de gros buis, de jolies et nombreuses statues, des bassins et des volières, des eaux abondantes, en faisaient tous les frais. On y voyait le « jardin des Pins », le « jardin des Buis », les « douze carrés des Ifs », tout près du château, les « carrés des jeux de paume », etc., le tout coupé en divisions mesquines, mais entretenu avec soin et planté avec goût. Saint-Germain, Madrid près de Paris, Blois, Villers-Cotterets reçurent des embellissements analogues, dont les traces ne sont pas venues jusqu'à nous, mais qui étaient évidemment conçus dans le même style.

Fontainebleau resta en cet état jusqu'à Henri IV. Le roi gascon y apporta des modifications capitales, et chargea un ingénieur italien, nommé Francini, de l'exécution de ses plans. Il modifia le jardin des Buis, remplacé par celui *de l'Orangerie*, fit construire un réservoir voûté, une immense volière et le grand canal du parc, planter de belles allées d'arbres, etc. Les parterres reçurent des améliorations importantes; l'ancien *jardin du roy* s'appela *jardin du Tibre*.

C'est à ce moment qu'apparaît pour la première fois un nom qui a joué un grand rôle dans l'art des jardins en France, celui des Mollet.

Le jardinier du duc d'Aumale, à Anet, en Normandie, fut le premier en date dans cette petite dynastie horticole. Son maître l'avait en haute estime Vers la fin du XVIe siècle, les jardins d'Anet étaient considérés comme les plus beaux de France, par leur bonne tenue et le nombre des fleurs qu'on y cultivait. Le second jardinier, Claude Mollet, élevé auprès de lui dans la pratique du jardinage, fut nommé ensuite jardinier du roi Henri IV. Il créa en France les parterres *à broderie*, et dans un livre un peu naïf qu'il écrivit en 1614, il publia les dessins de ceux qu'il avait exécutés, à Fontainebleau d'abord, puis à Saint-Germain-en-Laye, en 1595. Ses trois fils, qu'il paraît avoir fait instruire plus qu'il ne l'avait été lui-même, l'aidèrent à réaliser ses conceptions. Dans l'édition de ses œuvres que je possède[2], on voit qu'il réunit les anciens parterres morcelés et en forma des dessins

---

1. *Des plus excellents bâtiments de France*, par J. Androuet-Ducerceau. 2 vol. in-4°, 1576-1579.

2. Cl. Mollet. *Théâtre des plans et jardinages*. Paris, in-4°, 1663.

plus homogènes, divisant généralement le jardin en quatre parties principales avec compartiments *berlongs et oblongs de diverses inventions*, et plaçant une fontaine au milieu. Il fit planter au jardin des Tuileries des palissades de cyprès par les soins d'un habile jardinier nommé Guillaume Moisy, qui lui avait été donné par le roi lui-même ; mais ces plantations furent détruites par l'hiver de 1608 et remplacées par des haies de buis, (*Buxus sempervirens*, L.) qui ont prévalu depuis ce temps dans le centre et le nord de la France.

Le trait caractéristique des créations de Claude Mollet est d'avoir élargi

Fig. 6. — Parterre de broderie (Renaissance française).

le cadre et le tracé des jardins de son temps, et d'avoir ainsi préparé l'avénement de ce style grandiose de Le Nôtre qui n'empruntait à l'Italie que les formes, non les proportions.

« Le temps passé, dit Claude Mollet, il y a environ quarante ou cinquante ans qu'il ne se faisoit que des petits Compartiments dans chacun quarré d'un Jardin de diverses sortes de Desseins, qui se représentent encores à présent au livre de la *Maison rustique*... Depuis que j'ay eu l'honneur de recevoir les instructions de très illustre personnage, le feu sieur du Pérac, grand Architecte du Roy, lequel après son retour d'Italie, qui fut en l'année 1582, Monseigneur le Duc d'Aumalle, grand amateur de braves hommes, retint icelui Sieur de Pérac pour son Architecte et lui donna commandement sur tous ses Chasteaux et Maisons, particulièrement en son Chasteau d'Annet, lequel estoit en ce temps-là le plus beau Chasteau de France; de sorte qu'iceluy Sieur du Pérac prit la peine luy-mesme de faire des Desseins et des Pourtraicts de Compartimens, pour me montrer comme il falloit faire de beaux Jardins; de telle manière qu'un seul Jardin n'estoit, et ne faisoit qu'un seul Compartiment my-party par grandes roiales. Si bien que telles inventions paroissoient bien davantage que ce que feu mon père et les autres Jardiniers avoient accoustumé de faire : Ce sont les premiers Parterres et Compartimens en Broderie qui ayent esté faits en France, c'est pourquoy j'ay tousjours continué depuis de faire des grands volumes, parce que l'expérience monstre la vérité... [1] »

Claude Mollet avait encore dessiné, en 1595, les jardins de Monceaux et le parterre qui avoisine l'étang de Fontainebleau; il avait établi un labyrinthe dans le goût de l'Italie et de l'antiquité, et de plus planté de nombreux arbres fruitiers dont il traite amplement dans son ouvrage et dont les descriptions sont surtout précieuses pour les pomologues.

De ses trois fils, l'un, André Mollet, lui succéda comme intendant des jardins du roi de France, sous Louis XIII, puis devint jardinier du roi Jacques Ier d'Angleterre. Il a laissé plusieurs ouvrages, parmi lesquels on compte le *Jardin de plaisir*, etc.

Après lui, Boyceau de la Baraudière fut nommé intendant des jardins des maisons royales. Dans un petit livre intitulé *Traité du jardinage* et imprimé à Paris en 1698, il fixe pour la première fois les dimensions des voies de promenade. Les allées couvertes doivent être moins larges que les découvertes, « afin de trouver cette grâce agréable qui s'y doit rencontrer ». Dans les allées à palissades, celles-ci doivent avoir les deux tiers de la largeur du chemin.

Les routes et allées longues de plus de trois ou quatre cents toises [2] seront larges de sept à huit toises, et plantées d'un double rang d'arbres.

Les allées de jardin de deux cents toises de long auront cinq toises de large; celles de cent cinquante, quatre toises, celles de cent, trois et demie; celles de cinquante, trois toises, celles de trente, deux toises ainsi que pour le tour du jardin et les promenoirs en berceaux ou treillages. Les autres allées de l'intérieur du jardin, plus courtes, doivent diminuer de largeur.

Parmi les autres préceptes contenus dans le livre de Boyceau, on remarque le mode de décorer les parterres avec des « compartiments, feuillages et passements moresques, arabesques, grotesques, guillochés, rosettes, gloires, targes, écussons d'arbres, chiffres et devises [3] ». Puis une étude

---

1. *Loc. cit.*, p. 199-201.
2. La toise est égale à 1 mètre 94904 (presque 2 mètres).
3. On voit que les éléments de l'ornementation orientale avaient déjà pénétré en France.

spéciale est consacrée aux eaux plates et jaillissantes. Une autre s'applique aux volières et surtout aux grottes qui doivent être « faites de pierres spongieuses et concaves, de rochers, de cailloux bizarres, de congélations et pétrifications étranges, et de diverses sortes de coquillages qui, par leurs formes et leurs couleurs bien ordonnées, font de beaux enrichissements ».

D'autres jardins, au dire de Ducerceau et divers auteurs, étaient célèbres en France vers cette époque : Blois, avec ses vignes et ses avenues d'ormes; Chenonceaux, avec son beau parterre de Diane, dont on a retrouvé le dessin; Vallery, près de Fontainebleau, entouré de vignes, de vergers, orné d'une « héronnerie » et d'une longue galerie; Beauregard et Bury, avec leurs carrés subdivisés et leurs beaux pavillons; Montargis, avec ses lierres; Verneuil et Gaillon, dans la vallée de la Seine.

Presque à la même époque, en 1580, Bernard Palissy avait mis au jour son traité *De la nature des eaux et fontaines, des métaux, des terres, des émaux*, dans lequel il jetait les bases de la géologie moderne. Un long chapitre était consacré, dans sa forme habituelle de dialogue, à son projet d'un « autant beau iardin qu'il en fut iamais sous le ciel, hormis le iardin du paradis terrestre ». Il plaçait ce lieu idéal au pied d'une montagne où se trouverait une source, pour la « faire dilater à ses plaisirs par toutes les parties du iardin ». Il le divisait en quatre parties égales et apportait surtout une grande attention aux huit cabinets de dessins divers et à l'amphithéâtre qu'il proposait pour ces carrés.

Les quatre premiers cabinets de Palissy, situés aux quatre angles du jardin, étaient des grottes dont la première comportait des colonnes architecturales, émaillées et colorées de diverses manières, avec un grand luxe; la seconde était ornée de statues, de dieux termes à la place des colonnes; la troisième présentait un rocher artificiel, avec des ornements d'émail blanc et moucheté de diverses couleurs à l'intérieur; la quatrième était une véritable grotte de rocailles naturelles. Des eaux s'échappaient des fissures de ces grottes et allaient aussi rafraîchir les quatre autres cabinets, faits de verdure, entourés d'ormeaux taillés, pourvus en dedans de siéges et tables à manger et ornés de ces « rustiques figulines » qui ont rendu le nom de l'artiste si célèbre. Au centre du jardin était un neuvième cabinet, entouré d'eau, formé par des peupliers plantés en rond et dont les pointes étaient rassemblées au sommet de manière à simuler un toit conique, au-dessus duquel l'artiste plaçait une sorte de musique composée de « flaiols » que le vent devait faire « sonner ».

Cette conception étrange, et qui heureusement ne semble pas avoir reçu d'autre application qu'une certaine fontaine exécutée par Palissy à Chenonceaux, avec l'aide de Philibert Delorme et par ordre de Catherine de Médicis, n'a pas laissé de traces ni fait naître d'imitateurs.

Quelques années après, en 1604, paraissait le *Théâtre de l'agriculture et mesnage des champs* du « père de l'agriculture française », Olivier de Serres.

Cet ouvrage, remarquable à tous égards, fruit de quarante années d'observation, écrit dans un style naïf et noble à la fois et résumant de main de maître l'état de l'horticulture à cette époque, ne nous a rien apporté de vraiment neuf sur l'art des jardins proprement dit. Mais on y trouve une liste détaillée des arbres et arbustes employés à cette date à la plantation des jardins, et ces documents sont précieux pour marquer l'une des étapes de l'horticulture française. Il faut lire ces expressions admiratives sur les orangers, les plantes pour bordures, surtout le *bouis*, ressource suprême pour faire des « dessins, devises, chiffres, armoiries, cadrans, édifices, navires, bateaux, gestes des hommes et bestes, etc. ».

Le jardin du Luxembourg, à Paris, avait été « dessigné », en 1612, par de Camp, maître jardinier, qui y traça des parterres, boulingrins, etc., ainsi qu'il appert d'un manuscrit de Marie de Médicis contenant ses comptes de dépenses et conservé à la Bibliothèque nationale. Ce jardin, après les embellissements qu'y apporta Jacques Desbrosses, était bordé de deux murs en terrasse, de hauteurs inégales, avec des plates-bandes de fleurs, des jets d'eau, bassins et rigoles, des ifs et des buis. Une partie de ce parterre subsiste encore près du palais.

Parmi les arbres et arbustes le plus fréquemment employés à l'époque des Mollet et jusqu'à la fin du xvie siècle, on compte les ormes, chênes, charmes, hêtres, pour les avenues et les berceaux ; les tamarix, romarins, lilas, seringats, boules de neige, chèvrefeuilles, gatiliers *(Vitex Agnus castus)*, cyprès, ifs, buis, rhododendrons, sureaux, arbres de Judée, daphnés mézéréons, genêts d'Espagne, cytises faux-ébéniers, rosiers de provins, centfeuilles, musqués, jaunes, etc. Dans les arbustes d'orangerie on notait les nérions (lauriers-roses), les myrtes et les jasmins. On faisait aussi grande consommation d'herbes aromatiques : thym, hyssope, marjolaine, fenouil, sarriette, lavande, sauge, ruë, absinthe.

Parmi les fleurs, on cultivait surtout les roses trémières (passe-roses), belles de nuit, muguet, soucis, amarantes, soleils, œillets d'Inde, œillets ordinaires à fleurs doubles, pensées, violettes, pâquerettes, armérias, giroflées, auricules, primevères, camomille, pieds d'alouette, ancolies, pavots, pivoines, iris, et un grand nombre de plantes bulbeuses, jacinthes, tulipes, narcisses, anémones, renoncules, couronne impériale, etc.

Mais le style *français* proprement dit n'était pas encore créé.

Il allait paraître et se développer, sous le règne de Louis XIV, par la main d'André le Nôtre, une de nos gloires artistiques, que Loudon lui-même appelle « le plus grand jardinier français qui ait jamais existé ». Le Nôtre était né à Paris en 1613. Son père, surintendant des jardins du roi, le voyant passionné pour les arts, l'envoya étudier dans l'atelier du peintre Simon Vouet. On rapporte que l'élève a laissé quelques beaux paysages, mais on ne sait ce qu'ils sont devenus. Toujours est-il qu'André le Nôtre abandonna bientôt la peinture pour s'occuper d'horticulture, jusqu'à ce qu'il obtînt la survivance de l'emploi de son père et pût donner libre carrière à son génie créateur, dans les nouveaux jardins du roi et des grands seigneurs de France.

On dit que c'est à Gaillon, et dans les jardins que Richelieu avait plantés à Rueil et qui surpassaient tous ceux d'alors, que ce grand artiste puisa ses premières idées sur les jardins.

Le caractère distinctif des ouvrages de Le Nôtre, bien qu'il rapportât tout à la ligne droite, au dessin régulier, à la symétrie, était la grandeur, la majesté. Il lui fallait de grands espaces où il pût se développer en toute liberté. Sous son inspiration les résidences royales furent entourées par des cadres somptueux, ornées de vastes terrasses comme à Saint-Germain, d'escaliers monumentaux comme à Versailles, et d'une profusion de statues, de fontaines, de bassins, de jets d'eau, d'arcs de triomphe, de cascades, de charmilles, d'avenues en arcades, de parterres de broderie, qui dans leur proportion calculée et leur tenue irréprochable faisaient sentir l'influence du grand roi jusque sur les objets naturels qui l'entouraient.

De tous les jardins de Le Nôtre : Vaux, Trianon, Clagny, Marly, Meudon, Saint-Cloud, Sceaux, Chantilly, Fontainebleau, Versailles, ce dernier est un chef-d'œuvre qui commande l'attention même de ses détracteurs. On peut, en effet, ne pas en aimer le style et le trouver monotone, même ennuyeux, mais qui oserait refuser au parc de Versailles une largeur de conception en rapport avec les lignes monumentales des bâtiments qu'il accompagne et avec l'éclat des costumes et l'élégance de la cour contemporaine?

Le Nôtre avait commencé à être connu après le coup d'éclat qui suivit l'inauguration du château de Vaux, dont il avait tracé les jardins pour le surintendant Fouquet. Après la disgrâce de celui-ci, le roi fit demander au grand artiste des plans pour Versailles et il en commença sans retard l'exécution, qu'il poursuivit sans regarder à la dépense. Ce parc immense est tellement connu qu'il serait superflu d'en donner ici une description qui reste présente à toutes les mémoires.

Cet éminent artiste fut comblé d'honneurs et de dignités. Il eut la gloire de voir adopter partout, de son vivant, le genre qu'il avait créé. L'Angleterre, à Greenwich et à Saint-James, la Suède, l'Allemagne, l'Espagne voulurent avoir des jardins dessinés par lui. Il fit même en 1678 un voyage dans cette Italie qu'il avait entendu vanter comme le berceau de son art et où le pape, Innocent XI, l'appelait pour lui demander des conseils. Il n'y trouva, — dit-on, — que peu de choses dignes de son attention, et revint après avoir tracé les plans de deux belles résidences de ce temps-là, les villas Pamphili et Ludovisi.

Le Nôtre sut faire adopter ses théories par ses contemporains et releva le jardinage par le charme et la distinction de sa personne. Les grands seigneurs de son temps, dont il était devenu l'égal depuis que le

LES JARDINS CLASSIQUES

Un grand labyrinthe avec cabinets et fontaines, d'après Le Blond.

Fig. 7.

roi l'avait anobli, en 1665[1], avaient accueilli avec empressement ses nouvelles créations. Il avait répandu partout l'amour des jardins. Saint-Simon raconte sur lui de nombreuses et spirituelles anecdotes. Boileau lui demanda plus d'une fois des conseils pour son jardin d'Auteuil; Lamoignon l'emmenait à Baville; Bossuet lui-même causait volontiers avec lui et se mettait pour un moment à aimer les plantes. On peut s'en étonner si l'on songe que le jardinier du grand évêque de Meaux disait un jour à son maître : « Si je plantais des saint Augustin et des saint Chrysostome, vous les viendriez voir, mais pour vos arbres, vous ne vous en souciez guère. »

On a beaucoup parlé de la magnificence des compositions de Le Nôtre. Elles ont été louées et critiquées outre mesure, pendant sa vie et après sa mort, arrivée en 1700. Ce genre tout artificiel, mais qui se rapportait si bien au faste qu'aimait Louis XIV, à cette cour brillante et passionnée pour les grandes fêtes auxquelles les jardins faisaient le plus somptueux des cadres, fut l'objet d'un engouement excessif, parce que les imitations qui en furent faites copiaient les procédés seulement, sans avoir pour excuse le génie du grand homme. Le dénigrement le plus injuste les attaqua aussi. Au siècle suivant, on déclara ces jardins mortellement ennuyeux parce qu'ils étaient en opposition avec ce naturalisme de convention que J.-J. Rousseau devait mettre si fort à la mode. L'Allemand Hirschfeld, dans la première section de sa *Théorie de l'art des jardins*, ramassis de descriptions indigestes en cinq gros volumes qu'il mit cinq années à laborieusement compiler, s'élève contre ces jardins d'un « raffinement outré et déplacé où il régnait quelque goût, mais du mauvais ». Le marquis de Girardin, le créateur d'Ermenonville, déclare[2] tout net que Le Nôtre acheva de *massacrer* la nature en assujettissant tout au compas de l'architecte.

Ces tristes attaques n'ont point touché à la gloire de Le Nôtre, qui restera comme la personnification la plus éclatante de l'art des jardins du grand siècle; elles n'ont amoindri que leurs auteurs.

En quoi consistaient les dispositions principales des jardins sous Louis XIV ? On les a trop souvent discutées vaguement, à grand renfort de littérature et de poésie déclamatoire; examinons avec Le Blond, au point de vue technique et pratique, d'après quelles lois ils étaient établis.

Après avoir choisi l'emplacement, qui devait être dans une plaine, ou mieux à mi-côte, afin de placer l'habitation au dessus, et à l'exposition du midi ou du levant, on avait à considérer quatre points fondamentaux :

1° Ne pas trop faire céder l'art à la nature[3], c'est-à-dire ne pas enclore le jardin de hautes murailles, ne pas l'encombrer de fontaines trop déco-

---

1. Louis XIV lui avait accordé en même temps la croix de Saint-Michel. Le Nôtre disait en riant que ses armes étaient « trois limaçons couronnés d'une pomme de chou ».
2. *Composition des paysages*. Paris, 1777.
3. Règle démentie à chaque instant dans les jardins du temps.

rées, de portiques, de treillages exagérés, de nombreux escaliers de pierre, mais au contraire y multiplier les pelouses, les escaliers de gazon, placer les pièces d'eau en bas, pour qu'elles paraissent naturelles, et ainsi du reste ;

2° Ne pas rendre les jardins tristes et sombres, par trop de plantations élevées, mais découvrir les parterres et n'y planter que des arbustes bas et taillés ;

3° Ne pas tomber dans l'excès opposé, qui est de laisser un jardin absolument nu et sans ombrages, au moins dans certaines parties, de manière à tout laisser voir d'un coup d'œil dès le vestibule des bâtiments ;

4° Faire croire à une étendue plus grande que la réalité en arrêtant habilement le regard par des palissades, allées, plantations, surtout en lisière, le long des murs, pour les cacher.

La proportion ordinaire des jardins était : un tiers ou moitié plus longs que larges, afin que les pièces fussent *barlongues* et plus gracieuses à l'œil.

On devait encore suivre les dispositions générales suivantes :

Descendre de l'habitation dans le jardin par un perron de trois marches au moins.

Le parterre devait être la partie la plus proche de l'habitation. Il fallait le creuser en boulingrin pour lui donner du relief et n'obstruer la vue par aucune plantation arborescente, ni haies ni palissades. On pouvait tout au plus le border sur son pourtour, s'il y avait à cacher une vue désagréable.

Les bosquets étaient destinés à faire valoir les autres parties des jardins. Ils accompagnaient les parterres par des compartiments, quinconces, salles vertes avec boulingrins, treillages et futaies au milieu ; ils donnaient de l'ombre et de la fraîcheur. On devait en planter quelques-uns en végétaux à feuilles persistantes pour jouir de leur verdure pendant l'hiver.

L'extrémité d'un parterre devait être ornée de bassins ou pièces d'eau et se terminer par une forme circulaire de palissades percées en patte d'oie conduisant à de grandes allées. L'espace compris entre le bassin et la palissade était occupé par des pièces de gazon garnies d'ifs, de caisses et de pots de fleurs.

Dans les jardins disposés en terrasses successives on ne terminait pas la vue par des palissades, mais on la laissait libre et occupée par une succession de parterres d'autant plus richement décorés qu'ils étaient plus près de l'habitation.

La principale allée était en face des bâtiments, et coupée à angle droit par une autre allée, toutes deux très-larges et avec leurs extrémités terminées sur les murs par des grilles, afin de prolonger la vue.

Dans les compartiments formés par ces allées on pratiquait divers dessins : quinconces, cloîtres, galeries, salles vertes, cabinets, labyrinthes, boulingrins, amphithéâtres ou fontaines, canaux, statues, etc.

Il fallait varier les emplacements et ne pas mettre tous les bois, cabinets et parterres d'un seul côté, mais les disperser dans les différentes parties du jardin.

On ne répétait les mêmes pièces des deux côtés que dans les endroits découverts, où l'œil pouvait les comparer et devait les trouver identiques.

On évitait les dessins mesquins. « Il vaut mieux, — dit avec raison un auteur du temps, — n'avoir que deux ou trois dessins un peu grands qu'une dizaine de petits, qui sont de vrais colifichets. »

Avant d'exécuter un dessin de jardin, on devait songer à ce qu'il deviendrait vingt ou trente ans après, et non à son aspect présent, « qui peut être petit sans le paraître tout d'abord ».

Quand les allées se croisaient, il fallait abattre les angles aigus, d'un mauvais effet, et traiter les carrefours en pans coupés.

On avait trois sortes de jardins : les jardins plans ou de niveau, les jardins en pente et les jardins en terrasse.

Les jardins de niveau étaient préférés aux deux autres.

Les jardins en pente, où l'on monte et descend toujours sans trouver de repos, étaient les plus désagréables.

On préférait les jardins à terrasses, d'où la vue est belle et les scènes variées, et qui donnaient libre carrière à l'artiste pour exercer son talent.

A ces règles théoriques, j'ajouterai l'énoncé des caractères principaux qui distinguaient les jardins symétriques du XVIIe siècle, dérogeant pour une fois à la loi que je me suis faite d'esquisser très-brièvement cet aperçu historique. Je trouve, en effet, qu'on a trop souvent traité l'histoire des jardins au point de vue poétique, pittoresque, anecdotique et trop rarement au point de vue technique et descriptif. Dans un ouvrage de la nature de celui-ci, il faut accorder plus de place aux faits qu'aux hommes, à l'œuvre qu'à l'ouvrier, et le lecteur aimera mieux connaître la manière dont se faisait un jardin que de savoir comment vivait son auteur.

THÉORIE DES JARDINS FRANÇAIS AU XVIIe SIÈCLE.

DES PARTERRES.

Les dessins des parterres étaient empruntés à la géométrie. On en reconnaissait quatre espèces :

Les parterres *de broderie*, plantés de buis nain formant des contours comme les broderies sur étoffe. On sablait le fond et on remplissait les enroulements de mâchefer ou de sable noir (fig. 9);

Les parterres *à compartiments*, différant des précédents par la symétrie du dessin des quatre côtés. On les entremêlait de massifs et pièces de gazon, on les brodait aussi en buis, mais modérément; le fond était façonné, le dedans des enroulements sablé, et le petit sentier entre les compartiments cimenté ;

Les parterres *à l'anglaise*, très-simples, se composaient d'une seule pièce de gazon, quelquefois découpée et entourée d'une plate-bande de fleurs séparée de l'herbe par un sentier sablé. On avait apporté cette mode d'Angleterre, sous Louis XIV (fig. 8);

Les parterres *découpés* n'avaient ni gazon ni broderie, mais ils étaient formés de petites plates-bandes bordées de buis, plantés de fleurs, très-morcelés et séparés par des sentiers sablés. Ils avaient été importés d'Italie et tombaient

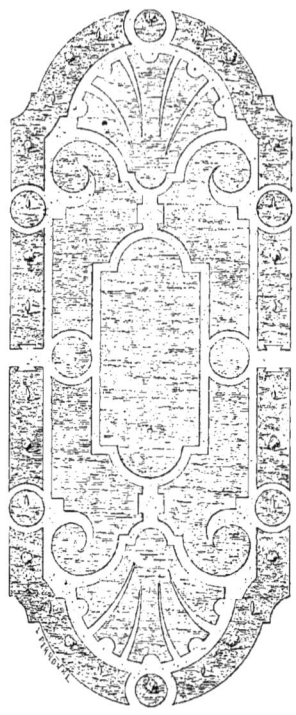

Fig. 8. — Parterre à l'anglaise, sous Louis XIV.

en désuétude depuis Claude Mollet. On les appelait aussi parterres *fleuristes*.

La largeur d'un parterre devait être égale à la façade du bâtiment devant lequel il se trouvait, s'il n'y avait pas d'allée au milieu. Sa longueur pouvait être de deux ou trois fois sa largeur.

Dans les grandes pièces du parterre en broderie, on coupait le dessin par des rinceaux, des cartouches, des massifs et coquilles de gazon pour interrompre la longueur, et quand les principaux traits étaient indiqués, on

remplissait le reste par des « *nilles,* agrafes, graines et culots » adossés entre les plates-bandes et cartouches, de manière à ne laisser de grands vides nulle part.

Les ifs étaient placés isolément sur les plates-bandes, à des intervalles éloignés, et on les taillait à trois ou quatre pieds de hauteur, de peur de masquer les murs.

On connaissait quatre sortes de plates-bandes :

La première, de forme bombée, entourant tout le parterre, garnie de fleurs, d'arbrisseaux et d'ifs ;

La seconde, découpée en compartiments et séparée par de petits sentiers;

La troisième, en gazon tout uni, parfois avec des vases et des ifs, et séparée du parterre par un sentier sablé ;

La quatrième, avec espace sablé entre deux lignes de buis, et où prenaient place symétriquement les caisses d'arbustes sortant de l'orangerie.

Parfois on trouvait des plates-bandes entourées de petites bordures de bois peint en vert.

Les quelques figures ci-jointes (fig. 8, 9, 15) donnent d'ailleurs de bonnes indications pour la composition de ces parterres, dont le dessin pouvait charger à l'infini, sans que leur effet dans le jardin variât beaucoup.

DES ALLÉES ET DES PALISSADES.

On distinguait plusieurs sortes d'allées : les couvertes et les découvertes, les simples et les doubles, les allées blanches et les allées vertes.

Les allées *couvertes* étaient formées par des arbres taillés qui se rejoignaient par le haut; elles devaient être moins larges que les autres, pour être ombragées plus rapidement.

Les allées *découvertes* se divisaient en allées de parterres et de boulingrins, formées par les bordures et les ifs des plates-bandes, et allées de palissade et de futaie, dont les arbres ne se joignaient pas par le haut.

Les principales allées devaient être découvertes, pour ne pas cacher la façade des bâtiments. L'allée des Tuileries était alors considérée comme défectueuse sous ce rapport.

Les allées *simples* étaient composées seulement de deux rangs d'arbres en palissades.

Les allées *doubles* avaient quatre rangs d'arbres et formaient trois allées dont les latérales, simples et plus étroites, se nommaient contre-allées. Les deux rangs d'arbres du milieu étaient en arbres isolés et libres par le pied, les deux autres rangs extérieurs pouvaient avoir le pied engagé dans une palissade de charmes ou d'arbustes toujours verts taillés en haie.

Les allées *blanches* étaient entièrement sablées.

Les allées *vertes* étaient gazonnées au milieu, avec les deux contre-allées sablées.

Les allées étaient dénommées : allées *droites*, *parallèles*, de *traverse*, *tournantes*, *diagonales*, de *niveau*, en *rampe*, suivant leur forme ou leur situation.

Les allées en *pente douce* étaient bombées au milieu pour rejeter les eaux sur les côtés, et celles de *niveau* étaient planes, avec des puisards d'assainissement au milieu, de distance en distance.

La largeur des allées devait être proportionnée à leur longueur. Les meilleures dimensions étaient les suivantes :

Allées de 400 mètres (200 toises) de long, 14-16 mètres de large.
— 600 — 18-20 —
— 800 — 20-24 —

Pour les allées doubles, la meilleure proportion était de donner à la voie du milieu la moitié de la largeur générale et de diviser l'autre moitié en deux pour les contre-allées.

Les allées du pourtour du parc et des bosquets éloignés pouvaient être moins larges.

Le meilleur sol pour les allées était un solide fond de gravois bien battu, sur lequel on répandait du sable. Quand le gravier était rare, il fallait battre fortement le sol après l'avoir bien uni, et y répandre une épaisseur de sable de quelques centimètres. Le sable de rivière un peu gros passé à la claie était préféré au sable *de terre*.

Les palissades servaient à couvrir les murs de clôture, cacher certaines

Fig. 9. — Vue perspective d'un parterre dans le style du xviie siècle, conservé à Castres (Tarn).

vues désagréables, corriger les biais et coudes des limites, border les carrés de forêt et séparer les diverses parties du jardin. C'étaient des murailles ou *tapisseries* vertes, garnies du pied, peu épaisses, bien tondues, et généralement faites de charmes, de buis ou d'ifs. On les nommait aussi *éventails* ou *rideaux* quand elles étaient très-élevées, et *banquettes* quand elles étaient à hauteur d'appui et laissaient la vue passer au-dessus d'elles.

On y pratiquait souvent des niches ou enfoncements pour placer des bancs, statues, vases ou fontaines, qui ressortaient mieux sur leur fond de verdure opaque.

DES BOIS ET BOSQUETS.

On les considérait comme la partie essentielle d'un jardin, et avec raison, car les ombrages sont une des nécessités de la vie à la campagne.

Fig. 10. — Bois de moyenne futaie, avec étoile et cabinets, sous Louis XIV.

Les bois et les bosquets étaient le « relief » des jardins et servaient à faire valoir les pièces plates, parterres et boulingrins.

La principale règle était de percer le plus d'allées possible dans les bois.

Les figures formées par ces allées et leurs dessins étaient l'étoile, la croix de Saint-André, la patte d'oie. On y ajoutait les cloîtres, labyrinthes, quinconces, boulingrins, cabinets, chapelets, guillochis, salles de comédie, salles couvertes, berceaux, fontaines, îles, cascades, galeries d'eau et de verdure.

On distinguait six espèces de bois : les bois de haute futaie, les bois taillis, les bosquets (de l'italien *boschetto*) à hautes palissades, les bosquets découverts à compartiments, les bosquets en quinconce et les bois toujours verts.

Les bois de *haute futaie* étaient propres seulement aux très-grands parcs; ils étaient laissés dans leur état naturel, et seulement percés d'allées;

Les bois *taillis* étaient aménagés en coupes de neuf ans et les ordonnances du temps obligeaient à laisser à chaque coupe 16 baliveaux par arpent (environ 50 ares);

Les bois de *moyenne futaie,* appelés aussi les bois *marmanteaux* ou de *touche,* avaient leurs allées bordées de palissades de verdure et étaient ornés de salles, cabinets, galeries, fontaines, etc. (fig. 10);

Les bosquets étaient découverts et parfois à compartiments appelés *bosquets parés.* On ne plantait pas le milieu des carrés, mais seulement les bords des nombreuses allées, avec une haie d'un mètre de haut dans les lignes

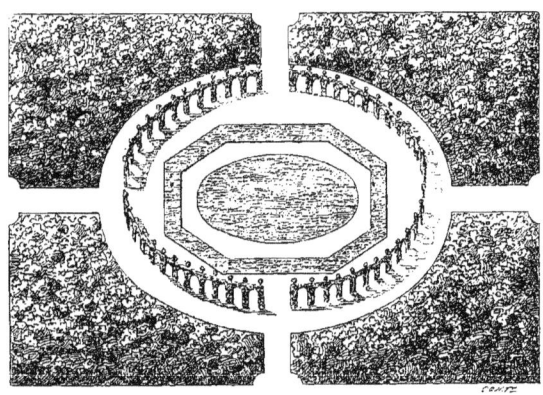

Fig. 11. — Boulingrin avec palissade à arcades, sous Louis XIV.

d'arbres, de manière à laisser la vue libre au-dessus. Dans les carrés se trouvaient des salles de verdure et des bassins. Les bosquets couverts étaient les plus recherchés. Les labyrinthes, très à la mode pendant un certain temps, tombèrent en désuétude. Ils étaient plantés de charmilles taillées et formaient des dessins inextricables, ingénieusement compliqués (fig. 7).

Les bosquets *en quinconce* étaient formés de rangées d'arbres disposés comme le *cinq de cartes à jouer.* Le dessous était gazonné et coupé d'allées sablées. Ils différaient du quinconce des anciens, décrit par Vitruve, en ce qu'on supprimait le cinquième arbre, que les Romains plaçaient au milieu des quatre.

Les bois *toujours verts* étaient fort appréciés, mais la croissance lente des arbres à feuilles persistantes les faisait rarement employer.

DES BOULINGRINS.

Nom formé de deux mots anglais (*bowling green,* pelouse pour jeu de boules). C'est l'origine du *croquet ground,* si répandu en Angleterre, et qui ne date pas d'hier, comme l'on voit.

En France, on donna au mot boulingrin une autre acception, en le réservant aux pièces de gazon enfoncées avec glacis, qui se plaçaient au milieu des parterres ou dans les salles vertes des bosquets.

On en distinguait deux espèces : les boulingrins *simples*, tout de gazon, sans aucun ornement, et les boulingrins *composés*, découpés en compartiments, quelquefois mêlés de broderie, avec des sentiers et des plates-bandes ornés d'ifs et d'arbrisseaux à fleurs, de bassins et vases, « pour réveiller leur grande verdure » (fig. 12).

Certaines règles étaient suivies pour leur construction.

Ils ne devaient pas être enfoncés de plus de 0^m,50 pour les petits, et de 0^m,65 pour les grands. Les talus devaient mesurer 2 mètres à 2^m,30

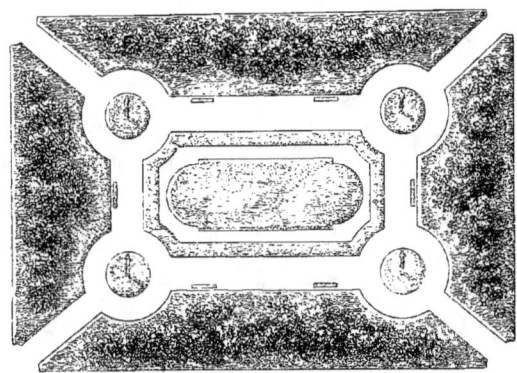

Fig. 12. — Boulingrin simple, de gazon, sous Louis XIV.

de large dans le premier cas et 2^m,60 à 3 mètres dans le second ; les grands avaient un sentier sablé au bas du talus.

Le talus était plus « roide » que le glacis qui « devait être très-doux et imperceptible à la vue ».

On semait les parties planes et on plaquait celles en pente. Les soins recommandés pour ces deux opérations par les auteurs contemporains[1] sont si parfaits qu'on ne fait guère mieux aujourd'hui, sinon de cultiver des graines plus pures.

DES PORTIQUES, BERCEAUX, CABINETS, VASES ET ORNEMENTS DIVERS.

Le goût des treillages n'était déjà plus si répandu sous Louis XIV qu'au siècle précédent. On ne l'employait que dans les jardins de grand luxe. C'étaient des « dépenses Roïales, qu'il n'est permis qu'aux Princes, qu'aux Ministres d'Estat, et aux personnes de cette volée d'entreprendre ». Les

---

[1]. Al. Le Blond, Dezallier d'Argenville, etc.

treillages de l'hôtel de Condé, par exemple, avaient coûté vingt mille écus, ce qui ne les empêcha pas de pourrir en quelques années.

Les berceaux, cabinets ou portiques se divisaient en artificiels et naturels. Les artificiels étaient construits en treilles.

Les *berceaux* étaient formés d'une longue voûte en forme de galerie.

Les *cabinets* prenaient une forme carrée, circulaire ou à pans, et le plus souvent formaient deux salons aux extrémités d'un berceau.

Les *portiques* étaient dessinés sur la face extérieure des cabinets, ou à l'extrémité d'une allée, l'entrée d'un bois, une perspective. Ils comportaient une architecture plus étudiée que les ornements précédents et l'on recon-

Fig. 13. — Grand portique de treillage, sous Louis XIV.

naissait l'ordre ionique comme le plus agréable et le plus facile à exécuter en treillage. On vantait à cette époque les colonnes ioniques de Clagny, près Versailles (fig. 13).

Les treillageurs de ce temps étaient fort habiles, et plusieurs de leurs compositions, dont nous avons les dessins, montrent que l'architecture en était très-étudiée. Ils reproduisaient, en baguettes de bois et dessins à jour, des portiques, galeries, cabinets, salons, niches et coquilles, qu'ils ornaient de colonnes, pilastres, corniches, frontons, montants, panneaux, vases, consoles, couronnements, dômes, lanternes, etc. Tout était relié solidement par du fer, puis peint en vert et orné de plantes grimpantes.

Les berceaux *naturels* ou de *verdure*, qu'on appelait aussi berceaux *champêtres*, étaient formés de branches d'arbres entrelacées et palissées sur de gros treillages, cerceaux et fils de fer. On leur donnait l'aspect des treillages avec moins de variété, et sans laisser voir autre chose que des feuillages. C'est à Marly que l'on voyait les plus beaux exemples de cette architecture de verdure, notamment une colonnade qui est restée longtemps célèbre.

Parmi les autres ornements des jardins, se plaçaient au premier rang les eaux. Dès qu'un jardin était en pente, on y construisait des cascades et ce qu'on appelait des « buffets d'eau », à plusieurs nappes avec bouillons et jets.

On les disposait dans les endroits le plus en vue, et parfois aussi au fond des cabinets de verdure où elles répandaient une agréable fraîcheur.

Quand on pouvait créer des pièces d'eau, on les ornait de gondoles dorées ou peintes de diverses couleurs, on les animait par des cygnes et des canards et on y entretenait du poisson en abondance.

Les chutes d'eau à l'entrée des bassins et les bords étaient ornés de sculptures dites maritimes, rocailles, dauphins, tritons, etc. Elles n'étaient pas toujours traitées comme à Versailles, à Saint-Germain, à Vaux, où le luxe de ces ornements avait été porté au suprême degré, mais cependant avec

Fig. 14. — Palissade d'arbres taillés à Chantilly (xviie siècle).

toutes les ressources que les propriétaires d'alors pouvaient emprunter à leur fortune particulière.

Les terrasses étaient d'un usage très-général, toutes les fois que les niveaux du sol les motivaient. On sait quelle réputation avaient celles de Meudon, de Versailles et de Saint-Germain. Elles étaient entourées de balustrades de pierre, surmontées çà et là de vases ou de statues, et le dessous était le plus souvent occupé par des orangeries où l'on rentrait l'hiver les arbres en caisses, orangers, myrtes, lauriers, etc. On y pratiquait parfois aussi des voûtes, des grottes et des cascades, avec force statues; le tout traité suivant l'architecture classique.

Les vases étaient de marbre, de pierre, de fonte, de plomb, de terre cuite et de stuc. On les plaçait dans les pans coupés des parterres et parfois au milieu, sur des piédestaux ornés, ainsi que sur les tablettes des balustrades. Dans les encoignures des bosquets, les statues étaient généralement des *termes*, figures à mi-corps posées sur des piédestaux, gaînes, piédouches ou socles.

Les groupes composés étaient surtout destinés aux bassins et cascades.

Toutes ces statues représentaient des divinités païennes, naïades, fleuves, tritons, près des eaux; sylvains, faunes, dryades, dans les bosquets. On les logeait aussi dans les enfoncements des palissades, à l'extrémité

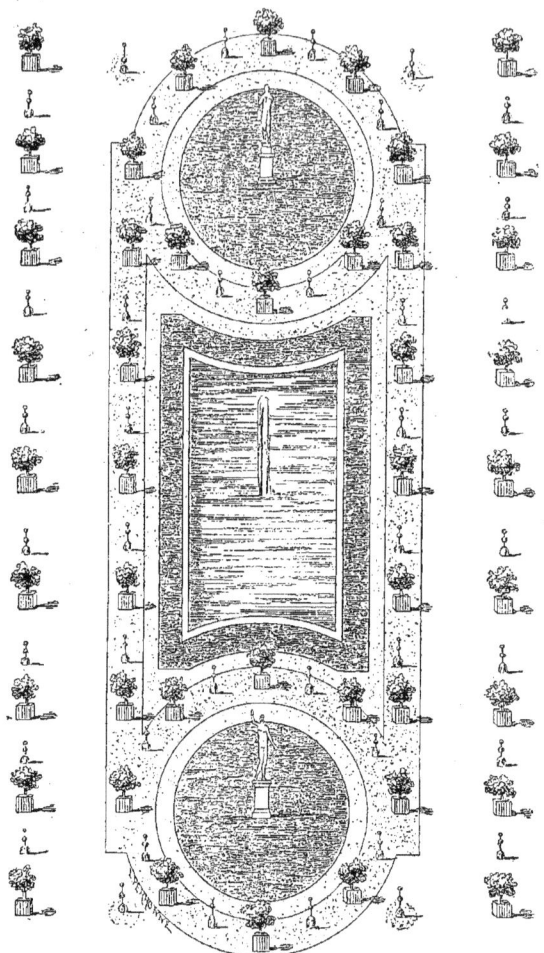

Fig. 15. — Parterre, avec caisses et vases d'orangerie, sous Louis XIV.

des allées, au milieu des parterres sous bois, dans les berceaux en treillage, dans les carrefours, etc.

Les belvédères ou pavillons points de vue (de l'italien *bel vedere*) servaient de repos après la promenade et se plaçaient sur les points élevés d'où l'on avait une belle perspective.

Les grottes tombaient déjà en désuétude. Les perspectives formaient l'extrémité des allées et représentaient des paysages peints en trompe-l'œil. On citait celle de Rueil, si naturelle que les oiseaux venaient, — dit-on, — se briser la tête sur la muraille où l'on avait peint un ciel d'une étonnante vérité.

Les grottes, mises à la mode par Bernard Palissy, offraient l'inconvénient de trop d'humidité, d'une fraîcheur malsaine; on y renonça assez vite.

Nous avons dit que les grilles étaient réservées à l'extrémité des allées pour laisser la vue dépasser la limite du jardin. Elles servaient aussi d'entrée et étaient l'objet de fins travaux de serrurerie.

A cette époque on avait déjà imaginé le *ha-ha*, qui est devenu plus tard le *saut-de-loup*, et qui a joui d'une si grande faveur en Angleterre.

On distribuait de nombreux bancs dans les jardins, pour l'ornement autant que pour le repos. Ils avaient des places judicieusement indiquées : enfoncements symétriques dans les cabinets de verdure, niches dans les palissades, extrémité des avenues ou enfilades, colonnades, etc. Dans les parties les plus en vue, on les faisait fixes, en pierre ou en marbre; ailleurs ils étaient mobiles, en bois, avec ou sans dossier, et on les rentrait l'hiver pour les préserver des intempéries.

Les caisses d'orangers, myrtes, lauriers, grenadiers, jasmins, étaient placées l'été symétriquement dans les parterres dits *d'orangerie*, le long des terrasses ou des parterres de broderie, etc. Des plantes semblables, mais plus petites, étaient cultivées dans des vases de faïence, que l'on intercalait entre les orangers, et qui venaient orner le dessus des balustrades et les descentes des escaliers.

DES PLANTATIONS.

Nous avons vu quels étaient les principaux végétaux employés dans la période précédente de l'art des jardins, caractérisée par l'influence de C. Mollet et de ses fils. Sous Louis XIV, la liste s'augmente lentement. On est surpris de voir combien les voyageurs de ce temps introduisaient peu d'espèces nouvelles dans un pays où le luxe des jardins avait déjà pris une telle faveur.

Parmi les arbres d'ornement et d'avenue, on comptait les suivants :

Marronnier *(Œsculus Hippocastanum)*.
Tilleul (tillot) *(Tilia Europæa)*.
Orme (hommeau) *(Ulmus campestris)*.
Hêtre (fouteau) *(Fagus sylvatica)*.
Châtaignier *(Castanea vesca)*.
Charme *(Carpinus Betulus)*.
Chêne *(Quercus robur)*.

Sycomore *(Acer pseudo-platanus)*.
Érable plane *(Acer platanoïdes)*.
Frêne *(Fraxinus excelsior)*.
Bouleau *(Betula alba)*.
Épicea *(Abies Picea)*.
Sapin *(Abies pectinata)*.
Pin *(Pinus sylvestris)*.

Les arbustes comprenaient les :

Romarin *(Romarinus officinalis)*.
Baguenaudier *(Colutea arborescens)*.

Trifolium *(Cytisus trifolium)*.
Troesne *(Ligustrum vulgare)*.

Chèvrefeuille *(Lonicera caprifolium)*.
Seringat (seringal) *(Philadelphus coronarius)*.
Althéa (guimauve roïale) *(Hibiscus Syriacus)*.
Genêt d'Espagne *(Spartium junceum)*.
Lilas *(Syringa vulgaris)*.
Rosiers *(Rosa Gallica, Damascena, moschata, etc.)*
Boule de neige (rose de Gueldres) *(Viburnum opulus)*.
Arbre de Judée *(Cercis siliquastrum)*.

Coronille émérus *(Coronilla emerus)*.
Buisson ardent *(Cratægus pyracantha)*.
Laurier-cerise *(Prunus lauro-cerasus)*.
Laurier d'Alexandrie *(Ruscus racemosus)*.
Laurier-tin *(Viburnum Tinus)*.
Jasmin jonquille *(Jasminum fruticans)*.
Cytise *(Cytisus sessilifolius)*.
Laurier franc *(Laurus nobilis)*.
Lilas de Perse *(Syringa persica)*.
Jasmin de Virginie *(Tecoma scandens)*.

Les catalogues des plantes herbacées cultivées à cette époque, et qui s'appliquent plutôt à l'ornementation qu'à la création proprement dite des jardins, ne s'étaient pas beaucoup plus augmentés que ceux des plantes ligneuses, mais on cultivait déjà mieux. On semait sur couche au printemps, pour être transplantées dans les parterres, les espèces suivantes :

Giroflée double *(Cheiranthus incanus)*.
Rose d'Inde *(Tagetes erecta)*.
OEillet d'Inde *(Tagetes patula)*.
Belle-de-nuit ou merveille du Pérou *(Mirabilis Jalapa)*.
Amaranthe *(Celosia cristata)*.
Chrysanthème grande pâquerette *(Chrysanthemum coronarium)*.
Volubilis ou liseron *(Ipomœa purpurea)*.
Passe-velours ou queue-de-renard *(Amaranthus caudatus)*.

Sainfoin d'Espagne *(Hedysarum coronarium)*.
Balsamine *(Impatiens Balsamina)*.
Stramoine ou pomme épineuse *(Datura Stramonium)*.
Ricin ou Palma-Christi *(Ricinus communis)*.
Basilic *(Ocymum Basilicum)*.
Ambrette ou chardon bénit *(Centaurea moschata)*.
Capucine ou cresson d'Inde *(Tropœolum majus)*.

Étaient semés en place les :

Pied-d'alouette *(Delphinium Ajacis)*.
Pavot double *(Papaver somniferum)*.
Thlaspi (talaspic) annuel *(Iberis amara)*.
Souci double *(Calendula officinalis)*.

Muscipula ou attrape-mouche *(Silene Armeria)*.
Coquelicot double *(Papaver Rhœas)*.
Immortelle *(Helichrysum — ?)*

Dans les parterres, on plantait à demeure les plantes dont les noms suivent :

Gueule-de-loup ou mufle-de-lion *Antirrhinum majus)*.
Giroflée jaune *(Cheiranthus Cheirii)*.

Thlaspi (talaspic) vivace *(Iberis sempervirens)*.
Oculus christi *(Aster Amellus)*.

Rose trémière (*Alcea rosea*).
Muguet (*Convallaria maialis*).
Camomille (*Anthemis nobilis*).
Campanelles ou clochettes (*Campanula* variés).
Violette de mars (*Viola odorata*).
Pensée (*Viola tricolor*).
Oreille-d'ours (*Primula auricula*).
Pois des Indes (phaséole) (*Lathyrus latifolius*).
Grenadille (fleur de la Passion) (*Passiflora cœrulea*).
Marguerites ou plaquettes (*Bellis perennis*).
Soleil ou héliotrope (*Helianthus multiflorus*).
Croix de Jérusalem ou de Malte (*Lychnis Chalcedonica*).
Geranium couronné (*Geranium pratense*).
Julienne (*Hesperis matronalis*).
OEil-de-bœuf ou Buphthalmon (*Anthemis tinctoria*).
OEillet d'Espagne (*Dianthus Hispanicus*).
Mignardise (*Dianthus plumarius*).
OEillet ou jacinthe des poëtes (*Dianthus barbatus*).
OEillet simple ou double (*D. coronarius*).
Staticé (*Statice Armeria*).
Sainfoin d'Espagne (*Hedysarum coronarium*).
Hépatique (*Anemone Hepatica*).
Primevère (*Primula elatior*, etc.).
Ancolie (*Aquilegia vulgaris*).
Matricaire (*Matricaria parthenioïdes*).
Véronique (*Veronica spicata*).
Valériane (valérienne) (*Centranthus ruber*).

Les plantes bulbeuses étaient en grande faveur. Morin avait déjà consacré un traité spécial aux tulipes.

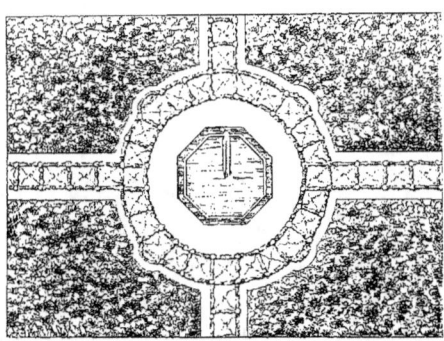

Fig. 16. — Salle ou cloître de verdure, sous Louis XIV.

Les amateurs de bulbes (non *curieux*, c'est-à-dire non excessifs) cultivaient surtout les espèces suivantes et leurs variétés :

Tulipes printanières (*Tulipa Oculus solis*, *T. præcox*, *T. suaveolens*).
Tulipe tardive (*T. Gesneriana*).
Narcisses (*Narcissus poeticus*, *N. pseudo-narcissus*, *N. bicolor*, *N. Tazetta*, etc.).
Jonquille (*Narcissus jonquilla*).
Lis flamme (*Lilium croceum*).
Lis blanc (*Lilium candidum*).

Hémérocalles *(Hemerocallis flava* et *H. fulva).*
Anémones *(Anemone hortensis, A. coronaria, A. stellata,* etc.).
Renoncule de Tripoli *(Ranunculus Asiaticus).*
Iris bulbeux *(Iris xyphion, I. xyphioïdes).*
Couronne impériale *(Fritillaria imperialis).*

Jacinthe *(Hyacinthus orientalis).*
Martagon *(Lilium Martagon).*
Tubéreuse *(Polyanthus tuberosus).*
Crocus ou Safrans *(Crocus vernus, C. sativus,* etc.).
Cyclamen (pain de pourceau) *(Cyclamen Europæum).*
Boutons d'or ou Bassinets *(Ranunculus acris flore pleno, R. bulbosus,* etc.).
Pivoine ou péone *(Pæonia officinalis).*

LES JARDINS FLAMANDS ET HOLLANDAIS.

Pendant que les jardins, en Italie et en France, faisaient de rapides progrès sous le rapport du goût et du style, ceux des Pays-Bas étaient déjà célèbres par la culture, quoique inférieurs au point de vue du dessin. Dès le le commencement du XVIe siècle, les oignons à fleurs, jacinthes, tulipes, etc., y étaient en grande faveur. Dans un petit livre anonyme, publié à Paris en 1778 et intitulé *Traité des Tulipes,* on lit, page 68, que depuis longtemps ces plantes sont très-recherchées en Hollande, où l'on voulait, en 1637, les « faire entrer en commerce, comme les diamants et les perles », mais que les États le défendirent par raison publique, de sorte qu'on en fut réduit à organiser des échanges, qui étaient dirigés par une confrérie placée sous l'invocation de sainte Dorothée.

Il est donc certain que bien avant cette époque les tulipes étaient en faveur dans les Pays-Bas, et que leur emploi ornemental dans les jardins fut l'origine de ces parterres dits hollandais qui se répandirent dans tout le nord de l'Europe. Ces dessins de jardins ne procédaient ni des parterres français, ni de ceux d'Italie, mais les entrelacements et les découpures qu'ils présentaient étaient bien l'indice d'un genre particulier. On en peut voir un assez curieux exemple dans un livre flamand devenu assez rare[1] et qui donne 24 planches gravées sur bois contenant 136 modèles divers de parterres à fleurs; les figures 17 et 18 en reproduisent deux. Je me suis assuré que bon nombre de dessins prétendus originaux, publiés en Allemagne et en Angleterre, n'ont été que les copies des dessins de parterres donnés par Van der Groen en 1670.

A cette époque, Le Nôtre était très-connu, sinon célèbre; il n'avait pas encore effectué son voyage en Italie, mais l'influence de son style se faisait déjà sentir dans les jardins du prince d'Orange, de Ryswyck, de Honsholredyk, du Bosch, près La Haye, etc., dont les dessins nous ont été conservés

---

[1]. *Den nederlandtsen Hovenier,* door J. van der Groen, Hovenier den H. Prinz van Orangien. — Amsterdam, 1670.

et qui dénoncent clairement l'imitation du style français dans la période qui s'étend de Claude Mollet à Le Nôtre. Les parterres du Bosch surtout rappelaient à s'y méprendre ceux que Claude Mollet avait dessinés à Saint-Germain du temps de Henri IV. Toutefois, un trait caractéristique des parterres hollandais de cette époque, c'est la propension aux cercles sectionnés. Ces lignes ne se trouvent pas dans les parterres français, tous carrés, ou formés de polygones fractionnés, et plutôt ornés d'arabesques d'aspect oriental que de compartiments rectilignes et curvilignes très-divisés.

Une particularité des jardins de ce temps en Hollande, c'est la perfection de la culture appliquée à certains végétaux. La vigne, par exemple, donnait d'excellents fruits en plein air (voir l'ouvrage de van der Groen, déjà cité, pl. 11), et il n'est pas étonnant qu'on retrouve aujourd'hui cette culture, pratiquée par les *Vermoosiers* ou maraîchers de la province néerlandaise nommée le Westland.

Quant aux ornements des jardins autres que les plantes, les livres du

Fig. 17.   Fig. 18.

Parterre hollandais (xve siècle).

temps indiquent un mauvais goût ridicule, principalement dans les décorations en treillage et dans les végétaux taillés. On cite une chasse au cerf tout entière, qui avait été découpée dans une charmille aux environs de Haarlem.

La plus grande partie des jardins hollandais, au xvie et au xviie siècle, étaient entourés d'eau, ou pourvus de grands canaux ou bassins comme on en rencontre à chaque instant dans les Pays-Bas. Dans le sol sableux que le fond du lac de Haarlem a fourni aux industrieux horticulteurs de ce pays, se cultivent ces admirables oignons à fleurs qui passionnaient si fort autrefois les tulipomanes. Nous ne sommes plus au temps où l'amateur effréné aurait vendu sa chemise, sa maison, son bœuf ou sa servante pour une tulipe. Cette fièvre allait jusqu'au délire. Plutôt que de laisser une plante unique passer entre les mains d'un autre, un de ces fous en écrasa l'oignon sous son pied. La culture en était tenue secrète. Dans le petit livre dont je parlais plus haut, l'auteur déclare que savoir bien cultiver les tulipes est aussi difficile que trouver la pierre philosophale et que, s'il veut bien donner au public les recettes vulgaires, il garde les secrets pour lui seul, car, dit-il :

« Point n'a plu au Créateur céleste
L'horticulture être à tous manifeste. »

Un autre va jusqu'à dire : « La tulipe est la plus belle de *toutes* les fleurs ; elle était sans doute le plus bel ornement du paradis terrestre ; on la pourrait dire le *chef-d'œuvre de Dieu*. S'il y avait eu du temps en Dieu pour créer les plantes, on pourrait croire qu'elle aurait été la première créée, puisqu'elle est la plus belle et la première en dignité. » Partant de ces douces folies, on s'explique assez bien le singulier engouement qui des tulipes passa aux jacinthes et, heureusement, n'alla pas plus loin, car depuis bien longtemps ces excentricités ont cessé, et les oignons à fleurs d'aujourd'hui, cent fois plus beaux que ceux d'autrefois, sont aussi beaucoup moins coûteux.

Sous le règne de Guillaume III d'Orange, stathouder de Hollande, les jardins de Loo jouissaient d'une grande réputation. C'était vers la fin du xviie siècle. Marie II d'Angleterre les avait créés en 1690, et Guillaume les compléta pendant la guerre de Sept ans. On vantait leur magnificence, même en les comparant à ceux de Versailles. Ils étaient situés dans la Gueldre, à douze lieues d'Utrecht. Les eaux y étaient fort belles, et l'on y remarquait six étangs à poisson, se déversant les uns dans les autres. Les noms de Marot ou de Marais, qui paraissent dans la description de ces travaux comme ceux des architectes, indiquent assez l'origine française du style qui fut mis en pratique à Loo.

Un autre exemple des jardins hollandais de ce temps est fourni par ceux du comte de Nassau, dont Le Rouge, dans sa *Collection de dessins*, nous a laissé une belle vue perspective. On remarquait aussi ceux de la Haye, résidence royale dont van der Groen donne une vue complète.

Plus tard, on citait les jardins de Broeck et d'Alkmaar, comme ayant conservé la pureté des anciens dessins hollandais, mais les plans n'en ont pas été publiés, que je sache. Les jardins de M. Smetz, près d'Anvers, présentaient encore, vers le milieu du xviiie siècle, des avenues d'arbres verts taillés, des perspectives, des canaux, des lacs, des jets d'eau à surprise, etc. Ces décorations ont depuis longtemps disparu. La Hollande et la Belgique ont suivi d'autres errements, et nous verrons ces provinces, au siècle suivant, prendre le rang le plus élevé dans l'horticulture européenne.

LES JARDINS ALLEMANDS.

C'est dans la volumineuse compilation d'Hirschfeld qu'il faut chercher l'histoire des jardins en Allemagne jusqu'à la fin du xviii° siècle. Il ne paraît pas qu'ils aient présenté des caractères propres à ce pays jusqu'à l'introduction du style français, qui n'y pénétra qu'au xvii° siècle.

Salomon de Caus, le célèbre ingénieur hydraulicien français, qui vivait sous Louis XIII et que l'électeur palatin avait pris à son service, fut chargé de la création des jardins d'Heidelberg, dans lesquels il appliqua des règles inspirées par les données géométriques. Il publia une description de ces jardins[1], tracés à la manière des terrasses de l'ancienne Rome. Un terre-plein de « 200 pieds carrés » fut établi à 100 mètres au-dessus de la ville et du cours pittoresque du Neckar, au moyen des travaux les plus coûteux et en faisant sauter d'énormes rochers. Les bordures des jardins étaient en pierre de taille; 430 orangers en files symétriques garnissaient les plates-bandes; un « parterre d'eau », orné de tritons et de naïades, formait l'un des principaux ornements. Le parterre, long de 460 pieds sur 200 de large, était divisé au milieu en quatre compartiments pour les quatre saisons de l'année, et à son extrémité était placé un grand pavillon (*Sommerhaus*), que la guerre de Bohême empêcha de terminer. A un étage inférieur, des parterres de broderie rappelaient ceux de Fontainebleau. De nombreuses fontaines, une vaste grotte, longue de 70 pieds sur 32 de largeur, et dont la porte était ornée d'animaux sculptés, une galerie de pilastres rustiques, des rocailles variées, sont encore détaillés dans l'œuvre de Salomon de Caus.

En 1696, les jardins de Schœnbrunn, en Autriche, furent dessinés par l'architecte Fischer, d'Erlach, dans le style français qui déjà était partout en faveur dans les pays allemands. Un hollandais nommé Steckhoven, les modifia considérablement de 1775 à 1780. Ils présentaient, comme on peut le voir encore, une immense plaine ou avenue découverte devant la longue façade du palais, d'où la vue s'étendait vers le sommet d'une colline surmontée depuis par « la Gloriette ». La plus grande partie des jardins était située sur un terrain plan. Les parterres étaient exclusivement réservés à la famille impériale. Des ruines romaines, un obélisque, une belle fontaine architecturale (d'où le nom de Schœnbrunn), rappelaient les villas de l'Italie ancienne.

---

1. *Hortus palatinus, Heidelbergœ exstructus*, Francfort, 1620.

Le Prater, grand parc public de Vienne, fut établi en 1766 par l'empereur Joseph II. Il se composait de cinq avenues rayonnant d'une étoile centrale (*Praterstern*), toutes rectilignes, bordées d'arbres, et dont les intervalles étaient occupés, soit par des prairies avec des arbres isolés, soit par quelques taillis.

Le beau parc de Laxenbourg, objet des préférences de l'empereur Joseph II, est beaucoup plus nouveau, conçu dans le genre paysager, et j'en ferai l'objet d'une description ultérieure.

En Prusse, l'histoire des jardins est presque négative jusqu'au temps de Frédéric II, qui embellit Postdam et créa Sans-Souci, d'abord dans le style régulier, puis selon les préceptes venus d'Angleterre et qui ont prévalu depuis. Les premières lignes indiquaient l'influence française par leur régularité. Les avenues de cette époque s'y voient encore, ainsi que la série des terrasses curvilignes, plutôt étranges que belles, que surmonte le château. Hirschfeld disait en 1785[1] : « D'après les dernières nouvelles de Prusse, le goût des jardins n'a pas encore atteint la perfection dans ce pays. Un auteur vantait récemment le palais champêtre qui présente autant de fenêtres qu'il y a de jours dans l'année ; il loue les hautes palissades, buttes de pervenches, grottes artificielles, jets d'eau et dessins tracés dans une plaine. »

Le Thier-Garten, parc public de Berlin, coupé d'avenues droites, planté d'arbres épais recouvrant quelques bassins irréguliers d'eaux noires et dormantes, est situé sur un terrain plat au bout de l'allée des Tilleuls (*unter den Linden*) et sert de « bois de Boulogne » à la capitale de la Prusse.

Ce goût s'épura sans doute au moment où les jardins anglais firent sentir leur influence dans les arrangements de Charlottenbourg, commencés par Frédéric II, et exécutés principalement sous le règne de Guillaume II. Mais ce ne fut guère qu'avec le siècle où nous vivons qu'un véritable art des jardins s'implanta en Prusse, après que Skell et le prince Pückler-Muskau en eurent donné l'idée. Il en résulta un certain nombre de parcs et de jardins où la recherche fut parfois alliée à la grandeur et au talent et qui seront examinés dans un autre chapitre.

Le goût des arts existe depuis des siècles en Bavière. Les jardins devaient y tenir une place importante. Dès le commencement du XVIIe siècle, en 1614, Maximilien Ier avait planté un parc à la française dans la ville de Munich. Les jardins du palais d'Anspach furent créés en 1713 avec les constructions du palais et embellis depuis 1769 par les margraves de Baireuth. Ils étaient célèbres par le dessin régulier de leurs avenues et parterres, par leur orangerie immense et par la perfection de leur entretien.

Le style symétrique régna longtemps en Bavière, où l'amour de l'anti-

---

[1]. *Théorie des jardins* (traduct. franç.), t. V, p. 366.

quité prévaut encore dans les arts, et il ne fallut pas moins que le talent du paysagiste Louis Skell (né en 1750, mort en 1823) pour réformer ces tendances et donner à la postérité les beaux parcs de Nymphenbourg et de Bogenhausen et le jardin public (*Englischer garten*) de Munich, qui eurent une si grande influence sur les modernes jardins bavarois.

Dans le Wurtemberg, Ludwigsbourg, fondé par le duc Éverard-Louis au commencement du xviiie siècle et embelli par le duc Charles, possédait aussi son parc à grands dessins réguliers, couvrant plus de 100 hectares et qui est devenu un vaste et beau paysage d'aspect anglais.

Une autre résidence de ce pays offre l'exemple de la plus grande extravagance; c'est *Solitude*, près de Stuttgart, fantaisie de l'archiduc Charles, qui bâtit le palais et créa les jardins de 1763 à 1767, avec des dépenses si considérables qu'il dut s'arrêter avant de mener l'œuvre à bout. On retrouve à peine la trace aujourd'hui de ces constructions de mauvais goût, des avenues droites et des taillis morcelés qui surmontaient ce vaste plateau, des parterres découpés à l'excès, des eaux tourmentées, des nombreux petits jardins « dans ce grand jardin », qui font de *Solitude* un synonyme d'ennui.

L'un des parcs symétriques de l'Allemagne qui doit un instant arrêter notre attention, est celui de Schwetzingen, près de Heidelberg. Dessinés vers le milieu du xviiie siècle par l'électeur palatin Charles-Théodore (né en 1724, mort en 1799), ces jardins ont été conservés jusqu'ici presque dans leur intégrité et montrent jusqu'à quel point ce style mal compris peut faire naître une fatigante monotonie, malgré tous les éloges que Kraft leur a décernés.

La surface est de 120 hectares et le sol est entièrement plat. Quelques accidents artificiels de terrain n'ont pu réussir à en varier l'aspect général. Le château, vu du côté du parc, le seul dont j'aie à m'occuper, est d'un style simple et nu, sans ornements. Dès qu'on a dépassé le porche, un grand parterre circulaire, découpé en compartiments, est occupé au centre par une fontaine *a*, à laquelle quatre rectangles de gazon, avec des bassins plus petits *b*, et des statues, font un accompagnement symétrique. En *c* quatre urnes entourent la fontaine. Des plates-bandes et bordures de fleurs et de buis et des caisses d'orangers alignées complètent le dessin de ce parterre, dont le diamètre se prolonge en une longue pelouse encadrée par des avenues d'arbres et allant jusqu'au lac du fond.

En A sont deux vastes bosquets taillés et percés en étoile. B est la salle à manger et le salon de jeu, et C l'orangerie. Ces deux bâtiments font deux ailes courbes flanquant le palais. En D est le théâtre. E est la pépinière; en F sont les serres. Dans l'un des bosquets, le temple d'Apollon G, est accompagné d'un bizarre tracé de jardin avec terrasses de gazon et de terre. I est la salle des bains, H la perspective, et K le temple de la botanique, auprès d'un bassin. Des ruines romaines se trouvent en L J, et en M la machine hydraulique. Le bâtiment N était autrefois une caserne. Dans un petit bosquet à allées sinueuses, on rencontre le temple de Mercure O, en P une mosquée, en Q le temple de Minerve et Pan sur un rocher R. Les serres de culture sont situées en S ; l'école des arbres fruitiers en T ; en U, V, W, les écoles dendrologiques. Une quantité de statues, de vases, de pierres sculptées, sont répandus dans ce parc, que j'ai visité

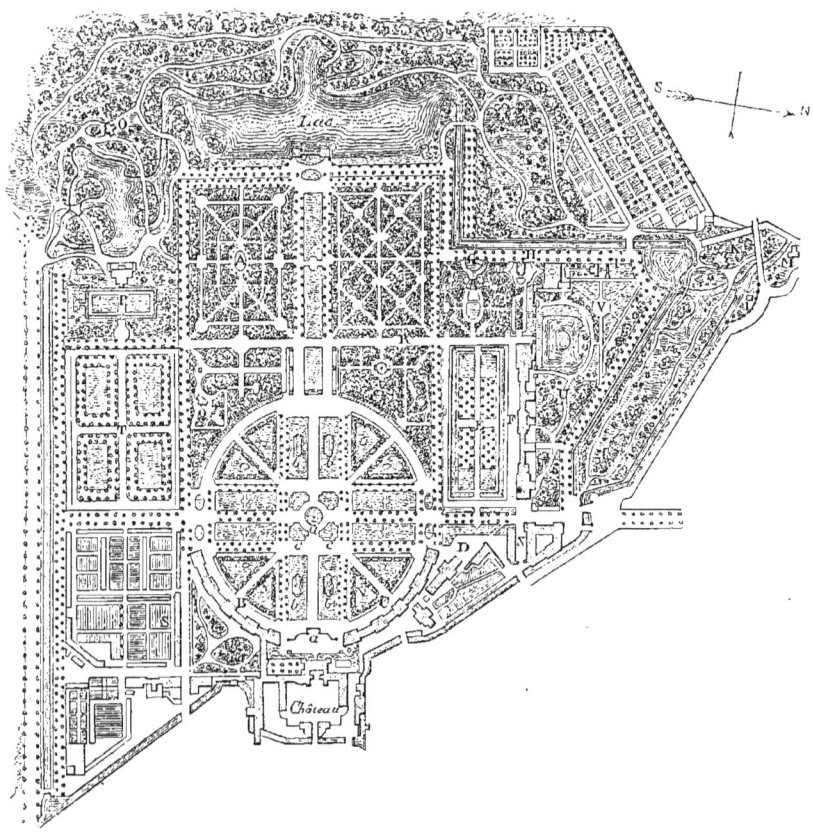

Fig. 19. — Les Jardins de Schwetzingen.

il y a quelques années et où j'ai trouvé que l'ennui et le mauvais goût régnaient souverainement. C'est là qu'est mort le célèbre voyageur-botaniste Hartweg.

Carlsruhe est un autre exemple de l'exagération dans les meilleures choses. Ici, ce n'est pas seulement le parc, c'est aussi le palais et la ville entière qui sont tracés sur un modèle d'une uniformité désespérante. D'un point central occupé par une haute tour d'où la vue s'étend sur la forêt Noire et jusqu'en Alsace, tout rayonne avec régularité vers une circonférence qui forme un grand boulevard de ceinture. Cette gigantesque étoile est cause que les ailes du palais sont obliques, que les angles sont aigus, et que le promeneur erre dans ces voies qui se ressemblent toutes comme s'il était perdu dans un labyrinthe. Cette conception fatigante est due à un architecte français, Berceau, qui l'exécuta en 1715.

Dans le voisinage de Cassel, se trouve le parc de Wilhemshœhe, l'un des plus beaux, sinon le plus beau de l'Allemagne du Nord. Il est situé sur le flanc d'une colline abrupte que domine un énorme château d'eau surmonté d'un Hercule colossal. Les effets d'eau y sont remarquables, notamment le *reisenschloss* (grande cascade) et le grand jet d'eau de 63 mètres de haut. La végétation est splendide, notamment dans la forêt de hêtres du sommet. C'est au landgrave Charles de Hesse, mort en 1730, que l'on doit les plantations, qui furent reprises trois quarts de siècle plus tard par l'électeur Guillaume Ier. J'ai visité, en 1869, ce parc célèbre, que ses aménagements derniers font rentrer dans les parcs paysagers proprement dits.

A Wœrlitz, dans l'ancien duché d'Anhalt, les jardins avaient une grande réputation, et le prince de Ligne les considérait comme les plus beaux de l'Allemagne. Établis par le prince Léopold d'Anhalt (1740-1817), ces jardins étaient remplis des scènes les plus variées, qui ne témoignaient pas toujours du goût le plus pur. La maison gothique en formait le plus curieux ornement. On y trouvait des grottes artificielles, un labyrinthe à devises allégoriques, plusieurs châteaux, tombeaux, temples, grottes, le panthéon, la caverne égyptienne, l'île des pierres et le « volcan ». Cette seule énumération fait juger du goût qui avait présidé à ces jardins trop vantés.

La résidence des margraves de Culmbach, dans le Wurtenberg, les jardins du duc de Nassau et bien d'autres propriétés royales ou princières en Allemagne, pourraient être cités comme appartenant à cette époque, sans que leur style présente de caractère original et paraisse affranchi du goût français qui régissait alors l'Europe. Ce n'est que dans le XIXe siècle qu'il faut chercher une émancipation qui suivit l'importation des jardins paysagers venus d'Angleterre et de France.

LES JARDINS DANOIS ET SUÉDOIS.

Pendant une longue période, les jardins du Danemark furent copiés sur ceux de la Hollande et réduits aux dimensions des parterres floraux. On cite Marienlust, Ashberg et surtout Friederiksberg comme de belles résidences. Celle-ci avait d'abord été dessinée suivant la méthode hollandaise, et ce n'est qu'au commencement de ce siècle qu'elle fût remaniée comme elle est aujourd'hui. On ne voit plus de traces de son ancien dessin, pas plus qu'à Rosenberg, près Copenhague, où il ne reste des jardins qu'une avenue droite et un long canal rectiligne.

Un exemple de style français existe encore à Elseneur, dans la partie basse du jardin d'Hamlet, qui est ornée de très-beaux arbres.

En Suède, l'art des jardins aurait pénétré vers 1620, ainsi que l'atteste Hermand dans son *Regnum Sueciæ*[1]. Il décrit les palais, les jardins, les viviers, les ménageries créés par Gustave-Adolphe. Charles XII demanda ensuite des plans à Le Nôtre et l'on assure que les arbres pour planter le parc furent envoyés de Paris.

On cite également les jardins de Haga, dessinés vers le milieu du XVIIIe siècle dans le style même franco-anglais, par Marestier, d'après les ordres du roi Gustave III.

Les jardins d'Upsal, établis depuis 1657, et si célèbres par le souvenir de l'immortel Linné, n'ont jamais présenté qu'un intérêt scientifique et l'art de l'ornémentation n'y a joué qu'un rôle assez effacé.

LES JARDINS RUSSES ET POLONAIS.

C'est à Pierre le Grand que commence l'art des jardins en Russie. En 1714, ce prince essaya pour la première fois d'établir un jardin sur les bords de la Néva. Il était tout naturel que le charpentier de Saardam se souvînt de la Hollande, qu'il avait habitée; aussi le dessin des parterres ressembla-t-il à ceux des Pays-Bas. Mais quand la capitale du Nord fut fondée par lui, des jardins furent taillés sur une vaste échelle. Versailles était resté dans ses rêves; Péterhof fut créé. Un élève de Le Nôtre, Alexandre Le Blond, fut appelé; des sommes considérables furent mises à sa disposition, un terrain immense fut choisi. De ces travaux, continués pendant le règne de Pierre le Grand, puis par Catherine II, il est résulté un ensemble imposant dont le seul défaut est de manquer d'harmonie. J'ai visité ces jardins en 1869 et je résumerais volontiers mon impression[2] en disant qu'ils sont plutôt une *grosse* qu'une *grande* chose.

La situation de Péterhof est belle. Le panorama du golfe de Finlande et de Cronstadt est du plus grand aspect. Devant le palais, dans la partie supérieure du terrain, des promenades, des pelouses et des parterres et un large bassin décoré de statues ornent le plateau. Des avenues de tilleuls, un peu étroites, rayonnent de cette place. Depuis le revers du palais jusqu'à la mer, une pente est occupée par la grande cascade, qui descend entre deux bordures d'épicéas, et dont l'effet est vraiment grandiose.

Les autres embellissements de Péterhof, conçus dans le style paysager,

---

1. Hermand, *Regnum Sueciæ*, 1671.
2. Éd. André. *Un Mois en Russie*, p. 97 et suiv.

comme la maison de campagne nommée Montplaisir, l'Ermitage, seront l'objet d'une dissertation spéciale lorsque je les décrirai comme ils sont aujourd'hui.

A Tsarskoé-Sélo, résidence favorite de Catherine II, le premier grand essai de parc anglais fut tenté vers 1774, sous la conduite de John Busch. En 1780 Paulowsky fut planté d'après des plans que le célèbre anglais Brown aurait envoyés à l'impératrice. C'est de cette période que datent les fameux jardins du prince Potemkin, l'un nommé « la Tauride », à Saint-Pétersbourg, et les autres dans ses terres de l'Ukraine.

Dans l'ancienne capitale des czars, Moscou, on conserva plus longtemps l'habitude des jardins réguliers. La résidence du comte Razumowski, nommée Pétrowka, en offrait un remarquable exemple, avec ses longues avenues et ses haies d'épicéas taillés, ses bassins, son labyrinthe et son théâtre de gazon sur lequel le propriétaire faisait représenter ses propres opéras par ses vassaux. Les bâtiments étaient dessinés à l'italienne par Camporézi.

Près de Moscou, les parcs de Pétrowskoyé, Astanina, Kurskowo, Tzaritzine, Otrada, furent tous conçus dans le style moderne, sans présenter les traits saillants des conceptions d'autrefois.

En Crimée, les jardins tatares de Bucktéséraï furent longtemps célèbres, mais il n'en reste plus grand'chose et c'est aux résidences somptueuses de Nikita, propriété impériale, et d'Aloupka, éden du prince Woronzoff, qu'il faut demander aujourd'hui de beaux spécimens des parcs modernes dans le sud de la Russie.

En Pologne, ce furent les rois-électeurs qui introduisirent l'art des jardins vers la fin du XVIIe siècle. Le troisième électeur, Stanislas-Auguste, fit établir à Varsovie, sur l'emplacement d'un ancien marais, le palais et les jardins de Lazienki. Les travaux furent commencés en 1764 sur les dessins de Camsitzer, architecte allemand. Ces jardins n'étaient pas très-spacieux; ils consistaient en allées vertes coupées à angle droit, en sentiers couverts conduisant à des salles de verdure destinées à la danse; deux pavillons reliés par une galerie treillagée et garnie de plantes grimpantes servaient de salles de repos pour l'été.

Canaletti nous a laissé une superbe vue des jardins de Villanow, au comte Stanislas Potocki, près de Varsovie. A Cracovie, on a pu remarquer longtemps un jardin géométrique, dessiné par London, gouverneur autrichien de cette ville. Dans le sud, et spécialement en Galicie, on voyait autrefois de beaux jardins réguliers autour des couvents et maisons religieuses.

La princesse Isabelle Czartoriska, qui avait habité l'Angleterre, en ramena un habile jardinier nommé Savage, et de 1780 à 1784, avec l'assistance de Vogel et Frey, de Varsovie, elle créa Pulhawa, sur les bords de la Vistule, parc enchanteur que Delille a célébré dans son poëme des *Jardins*.

A ces exceptions près, on trouve peu de créations assez vastes ou originales en Pologne pour servir à l'histoire des jardins, en dehors de quelques propriétés modernes dessinées dans le style paysager.

LES JARDINS ANGLAIS.

La première mention qui fut faite des jardins de l'antique Bretagne remonte au premier siècle de l'ère chrétienne. Strabon en parle à un point de vue « négatif ». Tacite note au passage la fertilité du sol et le climat propre à tous les arbres, moins la vigne et l'olivier [1]. Cependant la vigne y fut cultivée plus tard, sous l'empereur Probus. Béde, au commencement du VIIIe siècle, mentionne plusieurs vignobles, et l'on se souvient que William de Malmsbury parlait avec éloges, quatre siècles plus tard, des vins de Glocester [2]. Mais il n'est rien dit du dessin proprement dit des jardins, et il faut supposer que, pendant toute la période du moyen âge, cet art resta dans une complète obscurité en Angleterre.

A peine au XIIe siècle, sous Henry Ier, le troisième roi après Guillaume le Conquérant, indique-t-on le parc de Woodstok, qui entourait la magnifique villa romaine qu'on a vue depuis appartenir au duc de Marlborough, sous le nom si célèbre de Blenheim.

A la fin du XIIe siècle, Fitzstephen nous apprend que les citoyens de Londres avaient déjà leurs habitations entourées de beaux jardins plantés d'arbres. Sous le règne de Henri III, on voit que toutes les villas dont Ducerceau a publié les plans étaient pourvues de jardins (1219-1272).

Depuis cette époque jusqu'en 1300, la culture des jardins prend faveur, puis décline pendant les guerres d'York et de Lancastre, jusqu'au temps d'Élisabeth. Sous le règne d'Édouard III, on cite le manoir de Mendham dans le Suffolk, avec ses trois jardins « entretenus par *un seul* jardinier » (1359). Cinquante ans plus tard, on parlait des jardins du château de Windsor, où le roi Jacques Ier d'Écosse resta prisonnier pendant plusieurs années, puis, vers la fin du XVe siècle, de ceux de Wresehill-Castle, dans le Yorkshire, et de Morli, dans le Derbyshire. Ils étaient couverts d'arbres taillés à la mode romaine, notamment des ifs.

A Piddleton, résidence de lady Orford, se voyaient encore, au temps de Walpole, treize jardins en enfilade, d'une assez médiocre apparence.

Sous Henri VIII, le palais et le parc royal de Nonesuch (Nonpareil) furent créés avec un grand luxe. Une description détaillée qui fut donnée de ces jardins un siècle après la mort de ce prince (1547) indique bien qu'ils étaient conçus dans le style qui prévalait alors en France et que François Ier avait répandu partout, en se faisant l'instigateur de la Renaissance artistique fran-

---

[1]. *Vita Agricolæ*, cap. XII.
[2]. Loudon. *Encyclopædia of Gardening*, p. 136 et suiv.

çaise. On y voyait de grandes allées rectilignes, des compartiments formés de haies d'aubépine, des pyramides, des fontaines, des bassins de marbre entourés de lilas symétriquement placés, un boulingrin entouré d'une balustrade de pierre, sans parler de ce qu'on appelait alors un parc, c'est-à-dire un bois absolument sauvage dont on semblait goûter assez peu les agréments. La mode des arbres taillés, importée de Hollande, y avait accumulé les dessins ridicules d'animaux, d'hommes, d'armures, de devises. On y voyait l'arche de Noé en houx, un saint Joseph en buis, la reine Élisabeth en

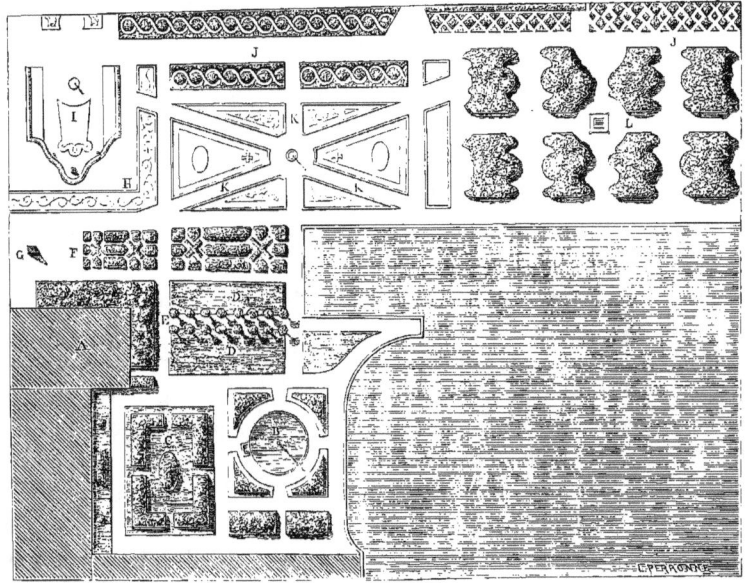

Fig. 20. — Anciens jardins de Holland-House, à Londres.

tilleul, des statues de poëtes, un porc, et autres extravagances dont Pope s'est agréablement moqué. Pendant ce règne, furent tracés les jardins de Whitehall, où l'on vit pour la première fois des jets d'eau, et ceux d'Hampton-Court, créés par le cardinal Wolsey et dont la célébrité s'est conservée jusqu'à nos jours. Mandelso, qui visitait ces jardins sous le règne de Jaques Ier, vante leur beauté et leur bon entretien. Le labyrinthe y était tellement inextricable, qu'un jardinier, monté sur une plate-forme élevée, remettait dans le bon chemin les promeneurs égarés dans ses détours.

Holland-House et Hatfield, deux autres lieux également renommés en Angleterre, furent dessinés sous le règne d'Élisabeth (1558-1603); ces jardins étaient ornés de belles avenues, d'eaux jaillissantes et de statues.

On nous a conservé (fig. 20) un ancien plan qui donne la physionomie des jardins de Holland-House. — En A était située l'habitation ; B était un grand bassin avec jet d'eau ; en C le parterre ou jardin fleuriste. Deux bandes gazonnées D encadraient une avenue d'arbres débouchant sur le promenoir E. Des plantations découpées donnaient en face d'une statue G. En H se trouvait un parterre de broderie, avec parties sablées I. Une longue allée J était entourée de plates-bandes fleuries, tout près d'un grand parterre de broderie K, différent de ceux que nous avons vus en France, et précédant les bosquets touffus plantés en L.

Sous le règne suivant, les jardins de Théobald et de Greenwich furent dessinés, toujours dans le même style. Les vergers plantés en échiquier, les jets d'eau, le parc aux daims, en étaient les principaux ornements. On vantait davantage les jardins du palais de Saint-James, qui furent depuis remaniés par Le Nôtre, et qui à cette époque présentaient des caractères assez curieux. On y avait construit une grotte faite de toute sorte d' « esquillages » (coquillages) représentant le Parnasse, et recouverte d'herbes et de fleurs. Apollon et les Muses y trônaient et, au sommet de la petite colline artificielle, se dressait le cheval Pégase en bronze doré. Au-dessous, quatre voûtes abritaient des nymphes portant des urnes et répandant de l'eau dans un bassin qui baignait le pied du monticule.

Le chancelier Bacon, né en 1560, mort en 1626, paraît avoir eu sur l'art des jardins des idées plus larges que celles de ses contemporains et en rapport avec son génie si profond et si varié. On dit qu'il avait composé, pour un prince resté inconnu, des jardins où il appliquait ses théories, nouvelles pour le temps : il voulait des fleurs pour chaque mois de l'année, des pelouses à l'entrée des jardins avec entourage de portiques en bois, des haies taillées, entremêlées de colonnes et de pyramides, un monticule au milieu, surmonté d'un pavillon « à boire ». Dans la plaine, il supposait de grands bassins très-ornés de « curiosités ». Enfin, dans le *désert*, il cherchait la sauvagerie complète, les plantes et arbustes indigènes, et se rapprochait évidemment de l'idée des jardins de la nature. Les jardins, créés par ce grand homme, étaient parmi les plus beaux qu'on pût voir en ce temps, au dire de sir Henry Wotton, qui n'en donne pas d'ailleurs de description suffisante.

Nous arrivons au temps où Charles II était sur le trône d'Angleterre. La réputation des monuments de Paris et de Versailles incita ce prince à demander à Perrault, l'immortel auteur de la colonnade du Louvre, et à Le Nôtre, de traverser la Manche pour doter l'Angleterre de quelques-unes de leurs compositions. Perrault déclina cet honneur, mais Le Nôtre accepta et planta les jardins de Greenwich et de Saint-James. Un enthousiasme général pour les jardins français se répandit alors en Angleterre ; on commença à Hampton-Court le grand hémicycle, qui ne fut jamais achevé ; le comte d'Essex et lord Capel se firent les Mécènes de l'horticulture, et le premier envoya étudier à

Versailles son jardinier Rose, qui dirigea les jardins du roi à son retour. C'est encore à cette époque que s'éleva Chatsworth, le magnifique palais du duc de Devonshire. Beaconsfield fut également dessiné par le poëte Waller, avec beaucoup d'art et surtout de dépense. Evelyn, l'auteur du beau livre intitulé *Sylva* et de plusieurs autres ouvrages sur l'horticulture, habitait vers 1652, à Wooton, dans le Surrey, la résidence de son père et contribua beaucoup à l'embellir. On lit dans les Mémoires de Bray (Londres, 1818) qu'Evelyn laissa des dessins de ces jardins, où l'on voit de longues avenues, des parterres de broderie et des bosquets assez étendus, percés en étoile. Lui-même, Evelyn, a parlé des plus beaux parcs et jardins de l'Angleterre. Ceux de lady Brook, à Hackney, de lord Craven, à Caversham, de lord Essex, à Cashiobury, de lord Pembroke, à Wilton, furent visités par lui en 1654; il en a publié de courtes descriptions. Il continua ses courses en 1662, et décrivit : Wanstead-House, à sir J. Child ; Wells, à M. Buschnell; Ditchley, Ham-House, etc.

On parlait encore de Kew, d'Althorp, de Beddington, Marden, Alburie Howards, Swallowfield, tous cités par Bray[1], et un peu plus tard des belles résidences du roi Guillaume et de la reine Marie (1689-1702). Suivant Barrington, les arbres taillés furent alors dans leur plus grande vogue, et l'on cite surtout ceux que Switzer avait formés à Leeswold, dans le Flintshire. Le roi embellit considérablement Hampton-Court, qui s'enrichit d'« alcôves », d'arches de verdure, de sculptures végétales. D'après les publications de Le Blond, Longleat, à la marquise de Bath, reçut des ornements du même genre.

En 1691, J. Gibson publia une notice sur les jardins des environs de Londres ; elle comprend la plupart de ceux qu'Evelyn avait cités, et appuie surtout sur les principaux caractères de ces résidences à la fin du XVIIe siècle : allées en terrasse, haies d'arbustes verts, arbustes tondus en vases, caisses d'orangers et de myrtes. Le parterre de Hampton-Court ressemblait, dit-il, « à une dentelle ».

C'est à ce moment que parut l'*Essai sur les jardins d'Épicure* de sir William Temple, qui les décrivit comme une succession de terrasses basses, descendant de la maison, et plantées en arbres fruitiers ou en légumes. La comtesse de Bedford voulut réaliser cette fantaisie, et les jardins qu'elle créa d'après ces données à Moor-Park, dans le Herefordshire, passaient pour les plus beaux du temps. Une vaste promenade, des escaliers de pierre, des parterres à compartiments, des fontaines, des pavillons, des portiques, avaient été inspirés par les souvenirs de la Rome antique. Les jardins de Wollaton-Hall, près de Nottingham, figurés en 1696, quatre ans seulement avant la mort de Le Nôtre et dessinés dans son style par London et Wyse, les plus célèbres pépiniéristes de ce temps, présentèrent un spec-

---

[1]. Loudon, *Encyclop. of Garden.*, p. 243.

tacle encore inconnu en Europe, celui d'une orangerie *couverte en verre*. De cette ébauche devaient naître nos serres modernes.

Le roi Guillaume avait commencé les jardins de Kensington. Ils furent terminés par la reine Anne, qui les fit dessiner par Loudon et Wyse, et leur œuvre mérita les plus grands éloges d'Addison, qui la comparait modestement à un « poëme épique ». Windsor reçut également des modifications; on y remplaça les parterres par des terrasses gazonnées. Wyse créa Blenheim en trois ans; Wanstead, dans le comté d'Essex, et Edger, dans le Herefordshire, furent les derniers travaux de London.

Bridgeman succéda à ces deux hommes habiles et instruits. Le goût s'épurait; les broderies et autres colifichets tombaient en désuétude. Sous les coups de cet artiste, les arbres sculptés disparurent. Il n'eut pas encore le courage de supprimer les allées couvertes, mais au moins il laissa les masses supérieures de leur feuillage croître en liberté.

Dans la période qui vient d'être résumée et qui s'étend de 1660 à 1713, on compte un grand nombre de belles résidences en Angleterre, parmi lesquelles plusieurs ont conservé jusqu'à nos jours une partie de leur caractère primitif. Telles sont Blenheim, Castle-Howard, Cranbourne, Busly-Park, Edger-Althorp, New-Park, Bowden, Hackwood, Wrest.

Les jardins de Kensington furent continués par la reine Caroline, sous le règne de Georges II (1727-1760), et l'étang nommé la *Serpentine*, dans Hyde-Park, fut créé en réunissant une suite de petits bassins. On arrivait peu à peu à un genre nouveau, ennemi des dessins rectilignes, et qui allait se développer bientôt avec une grande puissance. Déjà lord Bathurst avait dévié de cette inflexible ligne droite en modifiant un étang à Ryskins, près de Colnbrook, et Christophe Wren, chapelain de Charles Ier, bien longtemps auparavant, avait essayé d'augmenter le développement d'un ruisseau en le faisant serpenter dans une vallée. A la superficie primitive de Kensington, qui était de 56 acres après les travaux de Wyse, la reine Caroline avait ajouté 300 acres pris sur les terrains de Hyde-Park et en avait confié l'arrangement à Bridgeman, qui paraît avoir donné carrière, dans cette dernière conception, à des idées larges, simples et sobrement exécutées.

Peu après, en 1728, la magnifique terre du duc de Chandos fut confiée au docteur Blackwell, médecin et agriculteur, qui ne fit que copier les préceptes alors publiés dans la traduction anglaise du livre de Le Blond (*Théorie et Pratique du jardinage*).

Enfin, en 1730, le nom de Kent apparaît pour la première fois, à l'occasion des travaux du château d'Exton, dans le Rutlandshire, où il fut appelé par le comte de Gainsborough.

Tels sont les traits principaux qui caractérisent la période des jardins classiques en Angleterre, c'est-à-dire d'un art tout d'imitation auquel le génie anglais était si réfractaire, qu'il en fut réduit à l'état de copiste. Nous verrons bientôt quel large essor prit l'art des jardins dans ce pays dès qu'il eut trouvé sa véritable voie.

LES JARDINS TURCS.

Nous avons dit, au commencement de ce chapitre, que l'art des jardins avait passé de Rome à Byzance à la création de l'empire grec, mais qu'il avait procédé plutôt de la civilisation orientale que de la Grèce ou de la ville des Césars. Il se modifia peu pendant de longs siècles et n'a laissé presque aucun souvenir jusqu'au début du xviiie siècle.

Une relation intéressante des anciens jardins du sultan à Constantinople a été donnée d'abord par lady Montagu en 1717, puis par Pouqueville, qui les visita en 1798 et les décrivit avec une grande exactitude. Les portes d'entrée étaient de marbre blanc flanquées de colonnes, d'un goût assez contestable. Une galerie en treillage garnie de jasmin sambac, divisait le jardin principal et laissait quatre carrés libres, ornés de fleurs, avec deux bassins et des jets d'eau au centre. Une des extrémités de ce treillis conduisait à un superbe kiosque d'où la vue planait sur le Bosphore. Le plus grand jardin avait 120 pas de long sur 50 de large; on y cultivait surtout les plantes odoriférantes que préfèrent les Orientaux.

Les jardins du harem, de forme carrée, mal tenus, plantés de quelques julibrissins (*Acacia Julibrissin*), de lilas, de jasmins et de saules pleureurs penchés au-dessus des bassins, n'étaient pas davantage à la hauteur des descriptions brillantes de lady Montagu. Il faut rabattre beaucoup de ces splendeurs orientales qui ont été si souvent dépeintes. Kraft en a publié un dessin qui ne montre guère qu'une agglomération de bâtiments, un tracé bizarre de jardins coupés sans harmonie, et une série de formidables murs d'enceinte.

Delille a chanté les jardins de Bouyouckdéré, dont les platanes sont restés célèbres. La promenade de Dolma-Baktché à Constantinople, est encore réputée; les jardins du sultan Achmet III à Kiat-Hava, étaient conçus dans le style symétrique de Versailles; Sultanié-Baktchési possédait de superbes parcs à l'orientale et un kiosque magnifique; enfin les cimetières et les jardins des mosquées en Turquie étaient l'objet de vastes plantations de cyprès et de platanes d'un caractère particulier, imposant, dont les vestiges étonnent encore le voyageur. On remarquait principalement le grand et le petit champ des morts, à Péra, plateaux ombragés de pins, de cyprès et de figuiers sycomores, d'où l'on apercevait le sommet de l'Olympe de Bithynie.

Au Caire, les jardins qui ont précédé immédiatement ceux de Méhémet-Ali rappelaient les jardins de Constantinople, et la fameuse allée, plus moderne, des sycomores de Choubrah, a conservé jusqu'ici une grande réputation.

Si l'on suit Chardin dans ses voyages en Perse, on verra que les jardins persans suivirent longtemps les traditions antiques, et que les avenues droites, les terrasses, les fleurs odoriférantes se retrouvaient partout. Les jardins de Mazendéran en étaient la plus complète expression, et peu d'avenues au monde égalaient celle d'Ispahan, qui était longue de 3,000 mètres sur 100 de large.

En résumé, les jardins de l'Orient, même en leurs plus beaux jours, étaient loin d'égaler ceux des Mores d'Espagne et de répondre à l'idée que les poëtes des « pays du soleil » en ont fait concevoir.

LES JARDINS CHINOIS.

Ces jardins, dont j'ai cité (p. 6) quelques exemples datant du IV° siècle avant Jésus-Christ, n'avaient changé qu'en affirmant leur tendance à procéder de la nature. Au XI° siècle, on signala les jardins de Sé-ma-Kouang, qui occupaient une superficie de vingt arpents. Au milieu était une bibliothèque contenant cinq mille volumes. Un ruisseau divisé en cinq branches formait un bassin peuplé de cygnes, bordé de rochers, et dont les bords étaient plantés de beaux arbustes et semés de coquillages. La nature avait été prise ici pour modèle, et le souverain paraissait en goûter le charme poétique. Telles nous apparaissent les peintures que Chambers nous a laissées des jardins plus modernes de la Chine.

Mais ce serait une erreur de croire que le goût de la nature avait exclu du Céleste empire les jardins symétriques. Dans le parc du temple du Ciel, plusieurs voyageurs modernes, entre autres Mme de Bourboulon, ont vu des avenues droites, des ornements réguliers en pierre, des bassins, des statues, etc., qui semblent procéder des jardins de l'antiquité européenne et qu'on ne s'attendait guère à retrouver dans l'extrême Orient. Les jésuites, au XVIII° siècle, développèrent ce style dans les jardins de Youen-ming-Youen et reproduisirent les effets de ceux de Versailles. Près du palais de la Mer sereine, les jardins étaient un composé de ce genre avec le goût chinois, c'est-à-dire le mélange des lignes architecturales avec les caprices pittoresques d'une nature rapetissée et rendue grotesque à force de recherche

LES JARDINS MEXICAINS ET PÉRUVIENS.

Si d'un bond nous franchissons les mers et demandons au nouveau continent ce qu'étaient les jardins dans ces contrées lorsque les « *conquistadores* » y pénétrèrent, notre tâche sera rapidement remplie.

Dans cette Amérique tropicale et équatoriale où la nature a formé, *sponte sua*, les plus beaux jardins que l'homme puisse rêver, Christophe Colomb trouva de merveilleux éléments de décoration pour les jardins du roi d'Espagne, et, à son retour, tous les regards se portèrent vers ce *Dorado* qu'il venait de conquérir à son souverain.

A Saint-Domingue, il constata la présence de quelques jardins dessinés par les indigènes et où croissaient des plantes utiles : le manioc, l'arracacha, la batate, la colocase et quelques fleurs.

Au Mexique, où la civilisation des Aztèques était si avancée quand Cortez y pénétra, les immenses palais dont les ruines de Palenqué nous donnent encore une idée exacte, avaient certainement de superbes jardins, et sur tout le plateau de l'Anahuac on en trouvait les plus riches exemples. On sait que les jardins de Netzahuatlcoyotzin (1402-1462) étaient plantés de grands bois de cèdres *(Cupressus)* ornés de grandes volières, de fontaines, de viviers à poissons. Les jardins de Huetecpan et de Cillan étaient situés dans sa capitale, nommée Tetzcuco, et ceux de Tezcotzinco, aux escaliers de porphyre, aux vastes réservoirs, aux rochers sculptés, jouissaient aussi au loin d'une grande célébrité.

On signale encore les jardins de Mocteuczuma, à Mexico : il n'en reste rien aujourd'hui qu'un olivier sauvage. Les belles promenades de Chapultépec ont transporté d'admiration tous les voyageurs qui les ont vues, et l'on sait que Fernand Cortez fit à Charles-Quint la description la plus enthousiaste de ces merveilles.

La plupart de ces jardins formaient des terrases comme ceux de Sémiramis. Des travaux hydrauliques grandioses y amenaient des eaux abondantes et y entretenaient une éternelle fraîcheur.

Enfin il faut noter au passage les jardins flottants des Mexicains ou *chinampas,* sortes de radeaux de joncs et de broussailles sur lesquels un peu de terre permettait de cultiver des légumes et des fleurs, à l'instar de ces jardins d'Arabie, mentionnés par Diodore de Sicile, et comme on en voit encore actuellement sur les lacs du Cachemyr.

Au Pérou, les jardins « aux fleurs d'or » des Incas, à Jauja, ont été l'objet de légendes fantaisistes, et les descriptions, si souvent mensongères, de Garcilazo de la Véga, ne doivent nous inspirer qu'une médiocre confiance dans leur beauté. Les ornements d'or et de pierres précieuses y abondaient, mais on ne dit rien des cultures qui y étaient mises en pratique.

CHAPITRE III

LES JARDINS PAYSAGERS

On se rappelle qu'après la mort de Le Nôtre, qui arriva en 1700, les jardins français avaient pris une vogue incroyable. Les autres nations les avaient adoptés à l'envi, soit en demandant des conseils au maître lui-même, soit, après lui, en suivant les préceptes qui avaient présidé à ces grandes créations et qu'il avait négligé d'écrire, mais que ses successeurs, Le Blond et Dezallier d'Argenville, publièrent en détail. C'est ainsi que Catherine « le Grand » voulut avoir son Versailles à Saint-Pétersbourg, et que Le Blond lui dessina Péterhof. L'Angleterre, la Suède, l'Allemagne, l'Espagne même, en firent autant.

En France, plusieurs élèves du grand jardinier essayèrent de continuer ces traditions. L'architecte Druzé dessina Marly avec un très-grand talent. Desgodets planta Bagnolet. Les frères Mansard suivirent les plans et les idées de Le Nôtre dans plusieurs localités. Mais l'excès, qui corrompt vite les meilleures choses, ne se fit pas attendre. Les jardins des rois et des princes eurent des imitateurs au rabais : comme autrefois à Rome, chacun voulut avoir sa terrasse et son jet d'eau, voire ses statues et ses charmilles, dans un quart d'arpent. Ces parterres de broderie, où la grâce et la pureté des arabesques formaient de si charmants dessins sur les vastes terre-pleins de Versailles, se changèrent en ridicules enchevêtrements sur des espaces lilliputiens.

Les arbres et arbustes taillés, que vantait Olivier de Serres au commencement du XVIIe siècle, avaient dégénéré en ridicules fantaisies. Dans le jardin de l'abbé des Dunes, on voyait des gens d'armes en pied, taillés en buis. L'abbé de Clairmarais, à Saint-Omer, était placé au milieu d'une bande de dindons, d'oies et de grues, en if et en romarins. A Chambaudoin, en Beauce, on avait sculpté dans des arbres verts, plantés en labyrinthes, toute une collection d'instruments de musique.

Le désenchantement fut bientôt aussi grand qu'avait été l'enthousiasme. A toute force on voulut autre chose que les jardins français, à l'étranger au moins, car ils durèrent encore assez longtemps en France. On sentait venir une réaction prochaine, nécessaire.

Pour bien comprendre comment eut lieu cette paisible révolution, il est opportun de rappeler quelques dates et de reprendre les choses d'un peu plus haut.

Le sentiment des beautés naturelles existait en germe chez les anciens. Nous avons vu Tacite parler des jardins « sauvages » de Néron ; les nations de l'Orient tenaient depuis longtemps en estime les belles scènes du paysage, et les poëtes grecs et latins, Homère, Théocrite, Virgile, Horace, avaient chanté les grâces de la vie champêtre. Mais leurs descriptions étaient restées vagues et n'allaient pas jusqu'à conduire à l'imitation de la nature par les jardins.

Au XVIe siècle, on devint plus précis. Le Tasse, dans la *Jérusalem délivrée* (1575), décrivit les jardins d'Armide avec des détails enchanteurs.

Le chancelier Bacon, qui était contemporain du Tasse et connaissait ses œuvres, avait été amené à la cour de Henri III peu de temps après la publication de ce poëme, qui était d'autant plus en honneur à la cour de France, que la langue italienne, depuis François Ier et les Médicis, y était familière. Il n'est pas présomptueux de supposer qu'il prit dans ces descriptions le goût qu'il exprima plus tard en s'élevant contre les arbres taillés et les parterres de sable multicolore et recommandant d'ajouter, aux jardins symétriques, des « endroits négligés, comme spécimens de la nature sauvage ».

Mais un pas plus décisif en faveur des jardins naturels fut fait par Milton quand il mit au jour *le Paradis perdu*, en 1667. Dans sa description du jardin d'Éden, le grand poëte a vraiment imaginé un splendide jardin dont le dessin était sorti tout entier de sa puissante imagination. Voici quelques extraits de ce passage célèbre :

« Le délicieux Paradis couronne de son vert enclos, comme d'un boulevard champêtre, le sommet aplati d'une colline escarpée. Sur sa cime croissaient, à une insurmontable hauteur, les plus hautes futaies de cèdres, de pins, de sapins, de palmiers, scène sylvaine ; et comme leurs rangs superposent ombrages sur ombrages, ils forment un théâtre de forêts de l'aspect le plus majestueux. Et plus haut que cette muraille circulaire, apparaissait un cercle des arbres les meilleurs et chargés des plus beaux fruits. Les fleurs et les fruits dorés formaient un riche émail de couleurs mêlées ; le soleil y imprimait ses rayons avec plus de plaisir que dans un beau nuage du soir, ou dans l'arc humide, lorsque Dieu arrose la terre...

« Ce bienheureux Paradis était le jardin de Dieu, par lui-même planté à l'orient d'Éden... Il fit sortir de la terre féconde les arbres de la plus noble espèce, pour la vue, l'odorat et le goût... Les ruisseaux tortueux roulent sur des perles orientales et des sables d'or, sous les ombrages abaissés ; ils répandent le nectar, visitent chaque plante et nourrissent des fleurs dignes du lieu. Un art raffiné n'a point arrangé ces fleurs en couches et en bouquets curieux, mais la nature libérale les a versées avec profusion sur la colline, dans le vallon, dans la plaine, là où le soleil du matin échauffe d'abord la campagne ouverte, et là où le feuillage impénétrable rembrunit à midi les bosquets...

« Des clairières, des pelouses rares sont interposées entre ces bosquets, des troupeaux paissent l'herbe tendre, où bien des monticules plantés de palmiers s'élèvent ; le giron fleuri de quelque vallon arrosé déploie ses trésors de fleurs de toutes couleurs, et la rose sans épines paraît.

« D'un autre côté, sont des antres et des grottes ombragées qui servent de fraîches retraites ; la vigne, les enveloppant de son manteau, étale des grappes de pourpre et rampe, élégamment opulente. En même temps des eaux sonores tombent de la déclivité des collines ; elles se dispersent, ou, dans un lac qui étend son miroir de cristal à un rivage dentelé et couronné de myrtes, elles unissent leur cours...

« De l'un et l'autre côté l'acanthe et les buissons odorants et touffus élevaient un mur de verdure ; de belles fleurs, l'iris de toutes les nuances, les roses et le jasmin, dressaient leurs tiges épanouies et formaient une mosaïque. Sous les pieds, la violette, le safran, l'hyacinthe, en riche marqueterie brodaient la terre, plus colorée qu'une pierre du plus coûteux dessin...

« Champ fortuné, bocages de myrrhe, des odeurs florissantes du lacassie, du nard et du baume, désert de parfums ! Ici la nature folâtrait dans son enfance et se jouait à volonté dans ses fantaisies virginales, versant abondamment sa douceur, beauté sauvage au-dessus de la règle et de l'art[1]. »

N'y a-t-il pas dans cette poétique création, les éléments du plus magnifique jardin naturel, et peut-on dénier à Milton le mérite d'avoir élevé les esprits de son temps assez haut pour avoir donné à quelques-uns l'idée de réaliser une conception pareille ? Cependant le pauvre grand poëte mourut dans la misère, et aveugle ; son *Paradis perdu* fut vendu cinq livres sterling (125 francs), et ce chef-d'œuvre ne fut mis en lumière que lorsque Addison, dans le *Spectator*, en fit valoir les beautés, vingt-sept ans après (1694).

Ce même Addison, en 1712, commença à parler des jardins conçus selon l'idéal de Milton. Pope, en 1713, donna dans le *Guardian*, une étude sur le même sujet, et Thomson, dans son poëme des *Saisons*, chanta d'un ton plus haut les rêves agrestes de ses prédécesseurs (1726-1730).

C'est vers cette époque que commença, en Angleterre, la mise en pratique des idées sur les jardins, exprimées par ses écrivains et ses poëtes. Un jeune artiste du Yorkshire, d'abord simple peintre en voitures, puis

---

[1]. Milton, *Paradise lost*, liv. IV. Traduction de Chateaubriand.

décorateur habile, William Kent, fut patroné par lord Burlington, qui l'envoya en Italie, d'où il revint avec le goût formé. Il se mit d'abord à embellir la maison de son bienfaiteur, Burlington-House. Peu après, on le retrouve à Exton-Park, où il termine les jardins du comte Gainsborough, qu'il avait créés suivant l'ancienne méthode.

On était alors en 1730. C'est après cette date seulement que Kent modifia son style et commença ses premières créations dans le genre paysager ou naturel. Cette mode nouvelle eut tout de suite une grande vogue. Les écrivains chantèrent à l'envi la gloire de Kent et ce qu'ils appelaient son invention. Le poëte Thomas Gray[1] s'écriait : « Notre talent national dans le dessin des jardins est le seul goût qui nous soit propre, le seul talent original que nous puissions montrer dans les choses de plaisir. Ce n'est pas un mince honneur pour nous, car ni la France ni l'Italie n'en ont la moindre notion. » Walpole célébra également les nouveaux jardins de l'Angleterre, mais il reportait leur origine au temps de Néron (voy. p. 12). Mason, dans son poëme des jardins anglais (the English Garden), est plus exact lorsqu'il dit en parlant du nouvel art des jardins :

« Bacon fut le prophète, Milton le héraut, et Addison, Pope et Kent les champions du jardinage moderne et du vrai goût. »

Tout cet enthousiasme portait malheureusement à faux. Les jardins paysagers n'étaient pas nés en Angleterre, mais en France.

En plein règne de Louis XIV, avait paru un homme qui devait avoir l'honneur, sans peut-être s'en douter, d'être l'instigateur de cette paisible révolution. Son nom était Charles Rivière Dufresny. Il était né à Paris en 1648. Son grand-père était fils de la jardinière d'Anet, dite la Belle Jardinière, qui fut aimée de Henri IV. Dès sa jeunesse, Dufresny entra comme valet de chambre au service de Louis XIV, duquel son esprit et ses talents gagnèrent rapidement les bonnes grâces. Il avait beaucoup de goût pour les arts, s'entendait en peinture, en sculpture, en architecture. Il a laissé de très-jolies mélodies, et des comédies et pièces littéraires plus charmantes encore.

« Quelque séduisants que fussent pour lui ces talents, dit un de ses contemporains[2], ils ne prévaloient pas sur le goût dominant qu'il avoit pour l'art de construire des jardins. Il avoit pour cet Art un génie singulier, mais nullement susceptible de comparaison avec celui des grands Hommes que nous avons eus, et que nous avons encore dans ce genre[3]. Dufresny ne travailloit avec plaisir, et pour ainsi dire à l'aise, que sur un terrain irrégulier et inégal. Il lui falloit des obstacles à vaincre, et quand la nature ne lui en

---

1. Gray, *Life and letters*, etc.

2. Notice biographique sur Dufresny, dans ses *Œuvres complètes*, Paris, 1747, vol. I, p. 43 et suiv.

3. Allusion à Le Nôtre et à ses successeurs.

fournissoit pas, *il s'en donnoit à lui-même : c'est-à-dire que d'un emplacement régulier et d'un terrain plat il en faisoit un montueux, afin de varier,* disoit-il, *les objets en les multipliant et de garantir des vûes voisines, en leur opposant des élévations de terre qui servoient en même temps de Belvéders.* Tels étoient les jardins de Mignaux, près Poissy ; et tels sont encore ceux qu'il a faits dans le faubourg Saint-Antoine dans les dix dernières années de sa vie, dont l'un est connu sous le nom du Moulin, et l'autre qu'il appeloit le Chemin creux. Tout le monde connoît aussi la maison et les jardins de Monsieur l'Abbé Pajot, près de Vincennes, et par là l'on peut juger du goût et du génie de Dufresny dans ce genre. »

Louis XIV avait entendu parler des jardins créés par Dufresny. Il lui demanda des plans pour Versailles, et deux projets différents lui furent présentés. Le roi en fut si content qu'il les aurait mis à exécution s'il n'avait été arrêté par l'excessive dépense qu'ils auraient entraînée. Il se contenta de récompenser Dufresny en lui donnant le brevet de contrôleur des jardins royaux, et, peu de temps après le privilége de la manufacture de glaces qui est devenue depuis celle de Saint-Gobain. Mais Dufresny était dissipateur ; il vendit bientôt ces deux charges, et se créa une existence d'expédients qui a enlevé bien des sympathies à sa mémoire, malgré ses talents variés et séduisants.

Les jardins paysagers viennent donc de Dufresny, qui avait mis ses idées à exécution à peu près au moment où Milton publiait *le Paradis perdu* et lorsque Kent était encore au berceau. En effet, Dufresny (né en 1648, mort en 1724) publiait sa première comédie (*le Négligent*, 1692), lorsque Kent n'avait encore que cinq ans. De plus, Kent resta peintre jusqu'après son retour d'Italie ; ce n'est qu'après 1730 qu'il s'essaya dans le style paysager, c'est-à-dire plus de quarante ans après les créations de Dufresny à Vincennes, à Paris et à Poissy, où le parc de Mignaux montre encore aujourd'hui aux visiteurs les traces de la main de son auteur.

La France marcha lentement dans cette voie nouvelle. Les nombreux jardins faits et plantés sous le grand règne ne pouvaient se transformer du jour au lendemain. Il en coûtait beaucoup de détruire ces ornements végétaux que l'art et le temps avait formés à grand'peine et qu'un coup de hache allait abattre. Et puis les hommes manquaient pour développer un genre neuf qui n'avait de limites que la fantaisie individuelle. Ce n'est qu'en 1753 que parut le premier travail français sur le nouveau style, dans l'*Essai sur l'Architecture* de Laugier.

Pendant ce temps, l'Angleterre, quelle qu'ait été la source où elle a puisé le goût des jardins naturels, soit dans les anciens poëtes traduits et commentés par ses auteurs, soit dans les jardins créés en France par Dufresny, l'Angleterre se mit à la tête du mouvement.

C'est à Bridgeman que les Anglais attribuent les premiers essais dans cet art, parce qu'il condamnait les arbres taillés, sans cependant proscrire les lignes droites. Ses principales innovations furent la destruction des murs de clôture, qu'il remplaça par des *ha-ha*[1], puis il unit les pelouses avec le parc boisé proprement dit. Mais Kent se plaça tout de suite à un niveau bien supérieur. Il était peintre et goûtait assez les beautés du paysage pour les reproduire avec succès dans la nature. De plus, les descriptions d'Addison dans le *Spectator*, et de Pope dans le *Guardian*, lui formèrent certainement le goût, et dès lors il put jeter les bases du nouveau genre qui a motivé le nom de jardins anglais.

Le premier exemple bien caractéristique d'un jardin ou parc paysager nous est fourni par une célèbre résidence, celle de Stowe, à lord Cobham, marquis de Buckingham, dont nous avons sous les yeux la description richement illustrée[2]. Pope, vers 1714, s'occupait de mettre ses jardins de Twickenham en accord avec ses écrits, mais on n'a guère conservé le souvenir de ce qu'il en fit. A cette époque, lord Cobham confia Stowe à Bridgeman, qui lui ôta tout d'abord son ancien caractère de raideur. Kent, qui avait déjà travaillé à Claremont et à Esher, y fut appelé ensuite et peignit d'abord le « Hall » du palais, puis remodela les jardins et les bâtiments. A lire les descriptions de ce parc immense, on voit que ces prétendus jardins de la nature étaient encore bien artificiels. On cite bien çà et là un effet paysager, de beaux arbres, un ruisseau d'eau courante, mais les pompeuses peintures de l'auteur sont surtout pour les constructions d'apparat disséminées sur tous les points. L'arche corinthienne de l'entrée, les temples classiques de Vénus, de Bacchus, de la Vertu antique, de la Victoire et de la Concorde, de l'Amitié, y indiquent des réminiscences antiques dont on ne pouvait encore se défaire, tandis que des monuments érigés aux gloires nationales et à d'illustres amis avec une incroyable profusion d'inscriptions et de mauvais vers, montrent une tendance à transformer les parcs en des sortes de cimetières poétiques dont la mode prévalut jusqu'à la fin du siècle.

Dans cette période furent créés les parcs de Woburn-Farm, sorte de ferme ornée à laquelle on reprochait ses ceintures de haies; Pains-Hill, à sir Ch. Hamilton, admirablement tracé et planté; Hagley, à lord Lyttleton, qui s'y inspira de descriptions de Thomson; South-Lodge, à W. Pitt, pittoresque, mais bizarre par ses sentiers étroits; Leasowes, très-belle résidence embellie par Shenstone, mais surchargée d'ornements, d'urnes funéraires, de maisons en ruine, d'inscriptions, etc.; Claremont, arrangé dès 1710 par le comte de Clare, puis par Kent, sous le duc de Newcastle; Esher, Piercefield et autres résidences décrites par Walpole, Whately et Mason[3]. Ce dernier poëte était un grand admirateur de Kent, auquel il attribuait, nous

---

1. Le mot et la chose avaient été inventés en France avant Louis XIV, comme nous l'avons vu plus haut (p. 48).
2. J. Seeley, *Description of Stowe*. Londres, 1757.
3. Mason, *Essay on Gardening*, 1768.

l'avons vu plus haut, tout le mérite de la rénovation du goût des jardins en Angleterre. Je trouve cet enthousiasme exagéré, tout en croyant fermement à l'influence considérable de Kent sur le goût des hommes de son temps. Mais si le peintre était plein de mérite, l'horticulteur faisait défaut en lui. Aussi plusieurs propriétaires de cette époque, qui dirigèrent eux-mêmes leurs travaux après s'être inspirés de Pope[1] et d'Addison, arrivèrent à des perfectionnements remarquables en plantant mieux que Kent. C'est ainsi que l'on peut citer Shenstone[2], Morris, Pitt, Southcote, Hamilton, Lyttleton, comme des « landlords » qui se firent eux-mêmes jardiniers paysagistes et portèrent cet art à une grande perfection.

Après la mort de Kent, en 1748, Wright fut pris en grande estime. Il dessinait des paysages et donnait des croquis fort appréciés, mais il ne dirigeait pas lui-même les travaux. On admirait beaucoup sa grande pelouse à Becker, chez lord Barnington, et les scènes dont il avait fourni les dessins à Stoke, près Bristol, à Fonthill-Abbey, ainsi que la terrasse et la rivière à Oatlands.

Brown vient ensuite. Il acquit une très-grande réputation. De garçon jardinier à Woodstock, dans le Yorkshire, il devint chef de culture à Stowe, chez le duc de Cobham, qui lui trouva du goût et le recommanda au duc de Grafton, à Wakefield-Lodge, où il créa, en 1764, une grande pièce d'eau qui fut le commencement de sa renommée. Il vint ensuite à Blenheim, jeta une digue au travers d'une vallée, fit ainsi un lac immense en huit jours et s'acquit tout d'un coup une immense popularité. Tout le monde voulut recevoir ses conseils; il devint l'idole du jour et fit une fortune rapide.

Cependant on peut adresser à Brown de graves reproches. C'est lui qui inventa la plantation *en ceinture*, c'est-à-dire le massif d'arbres continu dans lequel il enserrait toute propriété, ne formant ainsi qu'un paysage *intérieur* sans y faire entrer les scènes d'alentour. De plus, on l'accuse d'avoir imaginé le groupement des massifs isolés en lignes circulaires dans les plaines. Il les nommait *clumps*. Ces « clumps » sont la plaie des parcs paysagers partout où on les rencontre, plantés par des gens qui ont suivi ce pitoyable système. De plus, Brown donnait à ses pièces d'eau des contours toujours égaux; sa manière se serait reconnue entre mille, et les formes qu'il employait étaient stéréotypées, de même que ses plantations compactes en lignes sinueuses presque régulières, qui indiquaient trop le jardinier et pas assez l'artiste. En un mot, Brown se ressentit toujours de son origine, bien inférieur en cela, malgré sa réputation, aux Kent et aux Shenstone, qui composaient un parc comme on compose un tableau, plus soucieux de l'effet d'ensemble que des détails, et du pittoresque que du joli et du maniéré.

---

1. Voir Pope, *Epistle to lord Burlington*, 1716.
2. A publié en 1764 un remarquable travail intitulé : *Unconnected thoughts*.

A ce moment (1770) parut le premier livre fondamental sur l'art des jardins paysagers, publié par Whately [1]. C'est un traité analytique traitant des matériaux, puis des scènes, et enfin des sujets du jardinage; le style en est clair et l'ordonnance parfaite. Et pour joindre l'exemple au précepte, Whately se mit à embellir avec goût la propriété de Nonesuch, qui appartenait à son frère, le révérend docteur J. Whately.

Brown, on devait s'y attendre, eut de nombreux imitateurs. La nouvelle « fashion » ne connut plus de bornes. Chambers, qui avait publié en 1772 sa description des jardins chinois [2] et qui avait donné des conseils à un grand nombre de ses compatriotes désireux de construire ou de planter « à la chinoise », dit lui-même que les jardins tombèrent alors dans des excès ridicules. La demande trop abondante fit naître une foule de fabricants de jardins de bas étage, qui, pour avoir l'air de ressembler à Brown, tirèrent à des milliers d'exemplaires le massif rond, la ceinture d'arbres et la pièce d'eau inévitable. De ce moment, vers l'année de la mort de Brown, survenue en 1783, date une véritable décadence dans l'art des jardins paysagers en Angleterre, jusqu'à ce qu'une sorte de renaissance se fît jour sous l'inspiration de plusieurs hommes d'un talent supérieur.

Mais le développement des jardins paysagers en Angleterre se relie étroitement, vers cette époque, à celui qui avait lieu en France, où nous devons retourner un peu en arrière.

Nous avons laissé les jardins en France au moment où tout était asservi à la ligne droite et à la froide symétrie, depuis les palais jusqu'aux modestes maisons de campagnes. L'excès qui résulta de cet état de choses dura assez longtemps, puisqu'il faut atteindre l'année 1763 pour trouver des traces du nouveau style dans l'*Essai sur l'Architecture*, de Laugier.

Mais déjà le sentiment de la nature se propageait en France, avec l'école philosophique dont J.-J. Rousseau fut le plus illustre représentant. Dès 1759, il avait publié *la Nouvelle Héloïse*, et la description qu'il fit des jardins de Clarens, n'avait pas peu contribué à inspirer à ses lecteurs l'idée de réaliser le rêve de celui qui s'était nommé « l'amant de la nature ». Ses *Lettres sur la botanique* et d'autres passages de ses œuvres où le philosophe génevois se révèle comme un amateur enthousiaste des beautés naturelles, augmentèrent le nombre de ses adeptes. Son ami, le marquis René de Girardin, entreprit bientôt de transformer sa propriété d'Ermenonville, près Paris, suivant les indications de Rousseau.

Ces préceptes étaient encore assez vagues, et le marquis de Girardin paraît avoir commis bien des erreurs, ainsi qu'il l'avoue lui-même dans l'introduction de son ouvrage [3], mais déjà le nouveau style qui se développait

---

1. Whately, *Observations on modern Gardening*, 1770.
2. W. Chambers, *Dissertation on oriental Gardening*, 1772.
3. *De la composition des paysages*, par R.-S. Gérardin, vicomte d'Ermenonville

en Angleterre avait fait parler de lui de ce côté de la Manche. Latapie venait de traduire (en 1771) les *Observations on modern Gardening* de Whately, et il y avait joint une préface historique très-intéressante. Certainement le marquis de Girardin connaissait cet ouvrage et avait ouï parler des nouveaux jardins de l'Angleterre; quelques passages de son livre l'indiquent clairement. Whately avait donné véritablement le premier traité didactique de la matière, et il avait appuyé ses préceptes, peut-être un peu peu trop encadrés dans des considérations métaphysiques hors de propos, par des descriptions prises dans les plus beaux jardins faits en Angleterre depuis Kent. Son ouvrage était divisé en nombreux chapitres, comprenant les terrains, les bois, les eaux, les rochers, les bâtiments, etc. Chacune de ses théories est accompagnée d'exemples pris dans les jardins déjà existants de l'Angleterre que l'auteur avait visités.

Whately avait la plus haute idée des jardins comme on les concevait alors en Angleterre. Il disait que cet art était « aussi supérieur à la peinture des paysages que la réalité est au-dessus de la représentation ».

Dans la première partie de son livre, qui traite du terrain, il distingue les situations du jardin de niveau, du jardin *concave* et du jardin *convexe*; puis le rapport des parties avec le tout, la variété, le contraste, les effets des bois sur la configuration d'un terrain, et ce qu'il appelle les effets extraordinaires, comme ceux de la colline de Ham, dans le Derbyshire, où les aspects pittoresques, autour d'une petite montagne formant le centre d'un pays très-sauvage, étaient d'un caractère exceptionnel.

Il parle ensuite des bois, sous le rapport de leurs divers effets de feuillages et du mélange des verdures, des bois grandioses, des bois pittoresques, des bois clairs, de leurs lignes extérieures ou silhouettes, de leurs parties intérieures, enfin des massifs et des arbres isolés.

Les eaux sont l'objets d'une étude détaillée, et cette partie des paysages y est traitée pour la première fois avec art. Les lacs, les rivières, les ruisseaux, les cascades, les ponts, sont autant de sujets discutés avec goût et dont les meilleurs exemples sont puisés à Blenheim, dans la célèbre propriété du duc de Marlborough, et à Wotton.

Les rochers enfin, parmi les ornements naturels, sont divisés en rochers *majestueux*, rochers *terribles* et rochers *merveilleux*, avec des descriptions prises à Middleton, Matlock, Bash, New-Weir et Dovedale. Ici l'auteur se livre à une de ces fantaisies de style qu'on a appelées plus tard romantiques et qui ne sont que ridicules dans leur exagération.

Parmi les ornements artificiels sont les bâtiments, que Whately envisage au point de vue de leur destination et de leur effet dans le paysage. Les constructions de la ferme sont l'objet de tous ses soins, de même que les

---

Genève, 1777. (Le marquis René de Girardin avait d'abord écrit Gérardin, sans doute en souvenir du nom de ses ancêtres, qui descendaient des Gherardini, de Florence.)

terrains qui les environnent, et c'est lui qui donna le premier les différents caractères de la ferme pastorale, de la ferme simple et de la ferme ornée, représentée par celle de Woburn.

La terre de Pains-Hill lui fournissait le modèle de ce qu'il appelait le parc *terminé* par un jardin, et Hagley d'un parc *mêlé avec* un jardin. Selon que le jardin environnait un enclos ou qu'il occupait tout cet enclos, comme Stowe, il différenciait encore les noms. Il avait imaginé, sous le nom de *riding*, une immense promenade pour cavaliers traversant toute l'étendue d'une grande propriété, dans ses parties les plus riantes et les plus pittoresques. Il y faisait entrer des villages et tout le pays d'alentour, effet qui ne peut guère s'obtenir que dans les immenses propriétés patrimoniales de l'Angleterre.

Enfin Whately s'était occupé pour la première fois de rédiger des lois esthétiques, que Walpole et les poëtes qui avaient déjà chanté les jardins avaient vaguement indiquées. Il considérait ce qu'il appelait des « effets d'occasion », par exemple le soleil couchant sur le temple de la Concorde à Stowe, la lumière suivant les différentes heures du jour et les saisons de l'année, comme du ressort de l'artiste qui compose les jardins. Il en était de même du rapport de l'habitation avec le jardin, des effets divers d'une scène réelle et d'un tableau, et des caractères spéciaux de chaque paysage qu'il nommait respectivement *emblématique, imitatif* ou *original*.

Sans doute il y avait bien quelque exagération dans tout cela, mais il obéissait alors à cette sorte de mode qui, à force de prendre la nature pour modèle, voulait l'imiter jusque dans ses excès. C'est ainsi qu'on a reproché à Kent d'avoir placé des arbres *morts* dans les jardins de Kensington, pour leur donner un air plus naturel, assertion cent fois répétée, dont je suspecte fort l'exactitude.

Quelques années plus tard[1] parut l'opuscule du marquis de Girardin, qui eut une très-grande vogue et fut traduit en anglais par Daniel Malthus. Sous un faible volume, l'ouvrage du créateur d'Ermenonville renfermait la substance d'un gros livre, et sans entrer dans les longues dissertations métaphysiques qui envahirent ensuite l'art des jardins en Angleterre et en Allemagne, il contenait un petit nombre de préceptes qui révélaient un esprit éclairé, plein de goût, et une main rendue habile par l'expérience.

L'art des jardins, ainsi épuré par la main d'un Français plein du sentiment du beau et du vrai, entrait dans une phase nouvelle. De cette époque datent les beaux jardins de France, composés d'après les règles tracées par Girardin. Ces règles se résument à peu près dans les lignes suivantes :

L'art des jardins a pour but d'embellir et d'enrichir la nature. Les jardins symétriques sont nés de la paresse et de la vanité; il faut donc les proscrire. Mais l'effet contraire s'est fait sentir, après que Chambers eut préco-

---

[1]. C'était en 1777; il y a juste un siècle.

nisé les jardins chinois, tourmentés à l'excès et qui ne valent pas mieux. Il faut donc, pour créer un jardin, choisir d'abord un *paysage intéressant* et chercher *l'effet pittoresque* avant tout. L'idéal est de composer, non en architecte ni en jardinier, mais en poëte et en peintre.

Avant tout, on doit se préoccuper de l'ensemble. Tout doit se lier harmonieusement; les détails viennent ensuite. La nature, la vérité, doivent être les maîtres de l'artiste et diriger son sentiment. Quand l'idée d'ensemble s'est fait jour, il faut, pour procéder à l'exécution :

1° Faire l'esquisse au crayon, chercher les masses sur le papier, bien réfléchir, puis arrêter son plan;

2° Disposer les masses de plantations en plans distincts ou *coulisses;*

3° Se rendre compte de l'effet des constructions sur le terrain par des *carcasses* simulant l'effet total de façade;

4° Figurer sur le sol le contour des eaux par de grandes bandes de toile blanche;

5° Arrêter ensuite le tracé par des piquets en courbes, reliés par un cordeau le long duquel on découpe une ligne dans le sol;

6° Pour placer les groupes et arbres isolés, planter des piquets en croix avec des écriteaux sur lesquels on marque l'essence des arbres.

Non-seulement l'ensemble de la scène doit être étudié, mais aussi ses rapports avec les objets extérieurs et tout le pays d'alentour. Pour horizons, on doit emprunter les *fonds* du pays et multiplier les plans dans les jardins pour repousser vigoureusement les lointains. Ainsi le cadre, dans les paysages, est aussi important que dans les tableaux des peintres. Pour avant-scènes, des masses vigoureuses au premier plan, puis d'autres plans étagés, plus légers, dans le désordre apparent que nous présente la nature. Mais il faut se garder des excès. Découvrir tout le pays, c'est avoir une vue géographique vague, c'est-à-dire ennuyeuse, comme sur une carte; au contraire, une vue pittoresque et bornée, sur un simple vallon bien encadré, repose et charme le regard.

L'ensemble est dicté par le *caractère du pays;* les détails par le *caractère local*. Il faut parler non-seulement à l'esprit et aux yeux, mais au cœur[1]. L'ensemble, c'est un grand tableau d'histoire; viennent ensuite les petits tableaux de chevalet; un sentier sinueux et ombragé conduisant à un bocage orné de fontaines; un bois mystérieux avec des rochers et des urnes; le bois touffu des « amants heureux »; un passage étroit découvrant tout à coup une cascade, un torrent, etc., scène supérieure se détachant en *clair-obscur;* un vallon étroit, solitaire; des bois de cèdres sur une montagne; une scène de lacs et de rochers; une métairie bien située, un verger

---

1. Delille a dit plus tard :

Je préfère un ami qui me parle du cœur.

même, tout cela bien encadré et d'un accès rendu facile par de bons chemins unis et empierrés à la manière anglaise.

Les *situations* sont presque toutes favorables, pour un homme de talent. Il y a des scènes peuplées, riches, variées, aquatiques ; une plaine même peut être arrangée avec art. On y peut avoir de beaux gazons sur lesquels paissent des chevaux en liberté, des ménageries, des cabanes rustiques, des laiteries, une maison de jardinier, un jardin fleuriste, un jardin d'hiver avec des orangers en pleine terre, etc. Sur les montagnes, on plantera des bois, des sapins, des ifs qui pourront encadrer quelque temple. Les chemins publics, qui sont le désespoir des propriétaires obligés de les garder comme servitudes, sont un ornement pour Girardin, qui les aime pour l'animation qu'ils prêtent au paysage.

Nous arrivons ici à un passage où malheureusement le goût dominant du temps fait aussi irruption dans les jardins en France, comme nous l'avons vu tout à l'heure en Angleterre. Notre auteur veut des jardins à la « convenance de tous propriétaires ». On aura, selon lui, des paysages héroïques, nobles, riches, élégants, voluptueux, solitaires, sauvages, sévères, tranquilles, frais, simples, champêtres et rustiques. Les palais des rois auront *droit* aux jardins héroïques ; ils seront plantés d'arbres majestueux ornés des trophées de la victoire, de *fabriques*[1] (monuments) de grand style, etc. Nous n'insistons pas sur ces puérilités, de peu d'importance d'ailleurs dans l'ensemble du livre. »

L'*imitation* joue un grand rôle dans les jardins, mais il ne faut imiter que la nature, ne pas chercher à copier le jardin de son voisin, et ne prendre que ce qui va au caractère du lieu. Par exemple, dit-il, n'allez pas entasser des rochers gigantesques ; « les grands objets sont comme les seigneurs ; tout ce qui est disproportionné est bientôt fatigant ; c'est avec les bonnes gens et les objets doux qu'il faut vivre.

Un chapitre important est celui des *plantations*. Un paysage se compose de divers matériaux, dont les principaux sont les plantations, les eaux et les *fabriques*[1]. Cinq considérations capitales doivent dominer dans les plantations :

1° Les disposer en plans ou coulisses pour faire valoir les fonds ;

2° Former des plans d'élévation, c'est-dire étager les arbres pour donner du relief aux terrains plats ;

3° Dissimuler les objets d'un aspect désagréable ;

4° Donner une plus grande étendue fictive aux objets intéressants, en cachant leurs extrémités dans des plantations ;

5° Donner, par les plantations, des contours agréables aux surfaces d'eau et de terrain.

---

[1]. On entend par *fabrique*, dans l'art des jardins, toute construction d'utilité ou d'agrément qui sert d'ornement au paysage.

Trois natures d'arbres sont à distinguer : les forestiers ou de grande masse, les aquatiques et les montagnards (généralement résineux). Les plus grands arbres doivent être sur le premier plan pour faire *fuir* les lointains, plantés en essences plus petites. Il faut peu s'occuper des nuances de feuillage, que la nature arrange toute seule au bout de quelque temps. Et comme il faut imiter la nature avant tout, on doit généralement proscrire les arbres exotiques, qui se relient mal au paysage.

Les *eaux* doivent être placées dans les fonds, de manière à paraître toujours naturelles, et en suivant les pentes naturelles du terrain. Il faut bien considérer les proportions d'étendue et d'espace et la situation, par exemple ne pas mettre une rivière sous bois et un ruisseau en plaine. Les eaux se divisent en cinq catégories : les cascades écumantes, qui doivent être situées de manière à produire des effets de clair-obscur et des jeux de lumière; les cascades *suaves*, aux eaux transparentes, très-éclairées; les eaux rapides, descendant de pentes escarpées; les rivières, coulant lentement dans les vallées, et les eaux calmes, lacs et étangs, traitées d'après l'effet général. Il vaut mieux n'avoir pas d'eaux que d'en avoir de laides, et, dans ce cas, s'en tenir à des effets de vallons et de prairies, sur lesquels la lumière produit aussi de très-jolis effets.

Les *fabriques* doivent être distribuées suivant les convenances locales et les convenances particulières. Elles doivent ajouter au pittoresque de l'ensemble, être étudiées suivant la distance des points de vue pour faire valoir leurs formes et leurs proportions, et indiquer clairement leur destination.

Les *heures du jour* ont une grande importance dans l'effet paysager. Les objets de grand relief veulent la lumière du matin, les eaux celle du midi, et le soir est favorable aux scènes douces, comme les arbres et les prairies. Le pouvoir du paysage sur nos sens et sur notre âme peut être assez grand si nous sommes en présence de scènes vraiment *pittoresques* et non *de convention*. Une situation *romantique* (le mot est lâché !) nous inspire un sentiment profond ; « chaque bachelette au gentil corsage me paraît une nymphe. » Là le noble marquis recommence à mêler le sentiment à la mythologie et il y réussit moins bien, il faut le dire, que dans ce qui précède.

Où nous le suivons volontiers, c'est lorsqu'il préconise les avantages de la campagne, le bien qu'on y peut répandre autour de soi, et les bienfaits qui en découlent pour ceux qui se retrempent sagement dans la vie des champs. Mais bientôt il nous apprend emphatiquement que « faire ce qu'on peut, c'est la liberté naturelle ; faire ce qu'on veut, c'est le caprice ou le despotisme ; faire ce qui nuit aux autres, c'est la licence. Il faut faire ce qu'on doit, c'est la liberté civile, le résultat du contrat de société », qui conduit au bonheur, au bien-être de tous, et a prouver « la nécessité que tout ce qui respire soit nourri ». C'est par une longue tirade philosophico-socialiste, assez étrangère en apparence à l'art des jardins, que le marquis de Girardin termine son travail. Il subissait évidemment l'influence de l'auteur du *Contrat social* et de l'*Émile*, son ami, qui mourut dans cet Ermenonville embelli sous son inspiration et où Girardin lui donna pour sépulture l'île des Peupliers, restée célèbre depuis cette époque.

Désormais l'art des jardins paysagers va marcher de pair en France et en Angleterre, et de ce temps datent des créations dont plusieurs sont restées des modèles de beauté. M. de Laborde, fermier général, voulut embellir sa terre de Méréville, en Beauce, et de même qu'il s'était trouvé des peintres et des poëtes dans la Grande-Bretagne au temps de Kent pour créer des jardins, de même le grand paysagiste français Hubert-Robert se consacra à ceux de Méréville et à plusieurs autres.

D'ailleurs, presque en même temps que l'ouvrage du marquis de Girardin, un autre livre, beaucoup plus important[1], paraissait en France sous une forme plus didactique que le premier. Son auteur s'appelait J.-M. Morel. Il était architecte à Lyon, et avait dessiné lui-même de beaux jardins, notamment ceux de Guiscard, ancien parc à la française transformé par lui en parc paysager, et Ermenonville, dont il commença mais ne termina point les travaux.

Le livre de Morel fut manifestement inspiré par la lecture de l'ouvrage anglais de Whately, et c'est pour cela qu'il offre moins d'intérêt que celui du marquis de Girardin, bien qu'il soit plus étendu et plus complet. Il montre d'ailleurs un sentiment plus vrai des beautés naturelles et proscrit ces ornements de faux goût, temples, ermitages, obélisques, inscriptions, dont Girardin avait reçu l'idée de l'Angleterre et qu'il avait imités à Ermenonville, comme Vatelet l'avait fait au Moulin-Joli, près Paris. On en voit la preuve dans la longue description de ces jardins, publiée par Hirschfeld dans son ouvrage en cinq volumes in-4°, où cet auteur se fait également l'adversaire des jardins réguliers.

Puis vint Delille, le « chantre des jardins », qui emprunta au livre de Girardin les plus beaux passages de son poëme[2] et traça en vers harmonieux les préceptes de l'art nouveau qui sont encore en vigueur aujourd'hui. Mais il rendait aussi justice à la magnificence des jardins de Le Nôtre et fit preuve d'un éclectisme véritable dans ses leçons, dont il avait d'ailleurs épuré la théorie par l'étude des plus beaux jardins de l'Angleterre, qu'il visita pendant son exil volontaire.

Malheureusement ces sages avis n'eurent guère de succès tout d'abord. Les créateurs de jardins reproduisirent plutôt le style chinois avec ses mille et un sentiers et l'exagération de ses ornements, temples, kiosques, pagodes, ponts, rochers, etc. On y voyait des autels « avec des troupes de

---

[1]. La première édition de la *Théorie des jardins*, de Morel, parut en 1776; l'ouvrage de Girardin date de 1777, mais il était prêt à être publié dès 1775.

[2]. Delille, *les Jardins*, 1782.

pantomimes qui portaient des offrandes et faisaient des sacrifices à l'antique ».

Cette manie de décoration venait de produire un nouveau travers. Tant il est vrai que le beau et le simple ne suffisent pas toujours à l'homme et que de tout temps le mieux a été l'ennemi du bien. Le genre *romantique* fit irruption dans les jardins. Les ornements simples et agrestes : chaumières, bancs de bois, bancs rustiques, ne contentèrent plus le besoin de nouveauté qui s'empara des dessinateurs. La couleur archaïque, qui dominait dans la littérature du temps, et le ferment de républicanisme qui germait dans tous les esprits, eurent de l'influence même sur l'art des jardins.

Il n'y eut bientôt plus de coin de parc sans son temple de Diane, son île de Lesbos, sa grotte de Cacus. Des tombeaux, des urnes funéraires, des inscriptions à l'amour, à l'amitié, aux grands hommes et… jusqu'à quelque chien fidèle, furent les ornements obligés de tout paysage de ce genre.

Les écrivains de l'époque donnèrent tous dans ce travers d'ornementation. Ils épousèrent chaleureusement l'allégorie du mode antique et, brochant sur le tout, enfouirent l'art des jardins dans des dissertations esthétiques auxquelles, les premiers, ils ne comprenaient rien. On ne saurait croire à quelle démence conduit une idée fausse poussée à bout.

C'est alors que furent imaginés le style *terrible* et le style *mélancolique*, les *dolmens druidiques* et les *ruines échevelées*, que devaient accompagner *des arbres déracinés levant au ciel leurs racines éplorées, comme des bras décharnés*, suivant l'expression d'un de ces visionnaires.

Le malheur fut que tout cela fut pris au sérieux, sinon dans les jardins (qui, malgré toutes ces aimables choses, ressemblèrent comme de coutume à des jardins, et non pas aux horreurs du Ténare et du Styx) au moins dans les nombreux traités qui parurent en France avant la fin du siècle dernier.

Cependant l'exagération s'appliquait surtout aux accessoires. Quelques parcs bien dessinés datent aussi de ce temps. On peut citer Bagatelle, planté, en 1779, par le comte d'Artois; Monceau (aujourd'hui le parc municipal de Monceau), dessiné par Carmontelle; le petit Trianon, si aimé de Marie-Antoinette; Méréville, en Beauce, où le fermier général, M. de Laborde, dépensa, dit-on, neuf millions, et détourna la rivière la Juine pour arroser ses jardins. Ces parcs, tracés du reste avec goût et plantés de beaux arbres, présentent des exemples frappants de l'exagération dans les ornements accessoires, conçus dans un style faux, sans grâce et sans à-propos, et mal placés dans des paysages choisis où tout devrait garder le ton de la nature.

Pendant ce temps les jardins qui, en Angleterre, étaient tombés dans le mauvais goût inspiré par une armée d'artistes au rabais que la nouvelle « fashion » faisait sortir de partout, commençaient à se relever sous l'inspiration de quelques hommes de talent, à leur tête Repton et Uvedale Price.

Repton était un dessinateur habile; il créa plusieurs centaines de parcs en Angleterre et avait retrouvé les véritables traditions de Kent et de Brown. Il avait la mémoire de ce dernier en haute estime et lui trouvait un génie créateur de premier ordre. C'est Repton qui, le premier, appliqua dans ses ouvrages [1] illustrés l'usage des *feuilles de retombe* ou *coulisses* [2], qui donnaient l'ancien aspect du lieu et qui laissaient voir, quand on les relevait, la scène transformée selon les vues de l'auteur. Il avait surtout les idées larges et vraiment naturelles et entendait les paysages en grand artiste et en praticien consommé. Les pages qu'il a écrites sur les plantations, la distribution de la lumière et ses effets dans la nature, la relation des objets entre eux, sur la vision dans les scènes naturelles, révèlent un homme d'autant plus supérieur qu'il avait mis en pratique toutes les règles qu'il invoquait et que sa théorie était le résultat du dépouillement de ses carnets *(red books)* rédigés sur le terrain.

Un seigneur artiste du temps, sir Uvedale Price, lui fit une guerre acharnée, prétendant que Repton ne prenait pas assez ses inspirations dans les peintres de tableaux, et qu'un paysage sur le terrain devait se composer comme un paysage peint. Repton lui répondit que l'imitation simple de la nature ou des règles de la peinture, n'était qu'une part de l'art des jardins, et malgré les gros volumes où Price entassa le fatras d'une érudition inopportune et de considérations artistiques le plus souvent étrangères au sujet, la victoire resta à Repton pour tous les hommes de goût, de tous les pays et de tous les temps. Loudon, le compilateur érudit qui a tant fait pour l'horticulture anglaise, se range cependant du côté de Price, mais son autorité est contestable, car bien qu'il ait aussi dessiné des jardins, on ne peut rien citer de lui qui fasse autorité dans la matière.

Si l'on jette un regard sur les principaux auteurs qui ont écrit sur l'art des jardins depuis la naissance des parcs-paysagers jusqu'au commencement de ce siècle, on trouvera qu'ils se succèdent à peu près ainsi :

1770. Whately. *Observations on modern gardening*.
1772. Mason. *The English Garden*, poëme.
1776. Morel. *Théorie des jardins*.
1777. Girardin. *Composition des paysages*.
1782. Delille. *Les Jardins*, poëme.
1784. H. Walpole. *Essay on gardening*.
1779-1785. Hirschfeld. *Théorie de l'art des jardins*.
1786. Prince de Ligne. *Coup d'œil sur Belœil*.
1792. Gilpin. *On picturesque beauty*.
1798. Weivert. *Die schöne landbaukunst*.
1800. Baumgartner. *Idées pour la décoration des jardins*.
1802. Siegel. *Description des jardins modernes*.
1803. Repton. *Theory and practice of landscape gardening*.
1807. Curten. *Essai sur les jardins*.
1806. J. Loudon. *Treatise on forming country residences*.
1810. S. Uvedale Price. *On the picturesque*.

1. *Fragments on landscape gardening*, 1795 ; — *Sketches and Hints on landscape gardening*, 1803 ; — *Theory and pratice of landscape gardening*, 1803.
2. Ce procédé était déjà employé depuis un certain temps pour l'enseignement de l'astronomie.

Pendant cette période, la Révolution française avait passé sur l'Europe, comme une grande tourmente où les beaux-arts avaient momentanément disparu. Quand ils revinrent à la lumière, sous l'Empire, les jardins eurent une assez faible place, et les ornements dont on les surchargea à cette date, ainsi que les ouvrages du temps en font foi, furent d'aussi mauvais goût que l'architecture de ce temps.

Si de rares particuliers n'avaient conservé malgré tout les bonnes traditions, et surtout si l'impératrice Joséphine, avec l'aide de Berthoud, n'eût apporté des soins aux jardins de la Malmaison, on chercherait en vain des traces de beaux parcs créés sous la République et sous l'Empire.

Jusqu'à la Restauration, nuit complète. A peine suit-on de loin, par de pâles imitations, les excellents modèles fournis par Ermenonville, par Mortefontaine et Trianon.

Il fallut le talent d'un nouvel arrivant pour rénover le style paysager dégénéré. Après avoir dessiné un grand nombre de beaux parcs, conçus pour la première fois selon des règles fixes, Gabriel Thouin publia le résultat de ses travaux, en 1819, sous le titre de *Plans raisonnés de jardins*. Ce livre avait été précédé, deux ans avant, par la *Description des nouveaux jardins de France*, où M. de Laborde avait groupé les principaux parcs, exécutés dans le genre de Méréville, à grand renfort de dépenses, sinon de talent.

L'ouvrage de Thouin eut un succès justement mérité. Il ramenait le tracé des jardins à des règles meilleures, les encadrant tous dans une allée de ceinture, coordonnant toutes les scènes comme dans les beaux parcs anglais, donnant pour la première fois une large part aux vues, et ajoutant sur les marges de ses plans des dessins d'ornements rustiques appropriés avec goût aux sites qu'ils devaient accompagner.

On lui reproche pourtant, et avec raison, l'abus des allées. Saint-Ouen, une de ses meilleures œuvres, dessiné par lui pour M*me* de Cayla, présente ce grave défaut. Les chemins trop multipliés coupent le jardin en tous sens, diminuent les pelouses et les bosquets, ôtent l'ampleur à la conception. La promenade est embrouillée et pénible; les masses de bois, trop disséminées et trop faibles, se présentent à chaque instant sans offrir de scènes tranchées, sans les contrastes qui sont la surprise et le charme des beaux sites.

A ce moment, le goût des jardins reprit faveur. On avait déjà sous les yeux de nombreux modèles; le style français avait à peu près disparu de partout et l'on n'en connaissait plus guère que les grandes reliques conservées dans les résidences opulentes. Un petit coin de Versailles, qu'on nomma « le petit jardin du roi », fut arrangé suivant la nouvelle manière.

La duchesse d'Angoulême embellit Villeneuve-l'Étang. La paix était revenue ; les propriétaires avaient acquis de nouveau des loisirs dont leurs jardins profitèrent.

MM. Doublat, à Épinal ; Ternaux, à Saint-Ouen ; l'amiral Tchitchagoff, à Sceaux ; Berthoux, à Chantilly ; Soulange-Bodin, à Fromont ; Boursault, à Paris, suivirent le mouvement et créèrent des propriétés qui devinrent célèbres sous la Restauration et sous le règne de Louis-Philippe.

Le tracé de ces jardins ne montre pas une grande amélioration dans le dessin. Le choix des sites et la richesse de la décoration végétale ou artistique en font les principaux frais. C'est ainsi que le jardin de Fromont, planté de 1814 à 1830, avec un soin persévérant, réunissait le plus grand nombre des arbres exotiques apportés de l'Amérique du Nord par notre compatriote André Michaux. Celui de M. Boursault était plutôt un établissement d'horticulture monté avec luxe, qu'un assemblage de beautés uniquement artistiques ou naturelles.

Aucun nom de talent ne se présente à l'historien pendant cette période de transition, si ce n'est Bellangé, qui planta avec beaucoup de goût le jardin de l'Élysée-Bourbon, à Paris, en 1828. Le style adopté alors fut la plus libre fantaisie et le plus souvent le goût le plus contestable. Les petits jardins foisonnèrent dans les villes. Ils présentaient, sous le nom de parterres, un assemblage confus de plates-bandes rectilignes et d'allées courbes sans grâce et sans dessin. Pendant que les Hollandais et les Anglais développaient avec talent dans leurs petits jardins de ville le genre parterre dont ils avaient déjà les modèles au temps de Le Nôtre, la France n'eut pour tout partage qu'un genre bâtard, fait de pièces et de morceaux disparates.

Les jardins publics des grandes villes n'étaient ni mieux conçus ni mieux ornés. Excepté les Tuileries et le Luxembourg, à Paris, dessinés suivant les principes de Le Nôtre, la capitale de la France n'avait aucun jardin vraiment digne d'elle.

Les grandes villes de province n'étaient pas mieux partagées. Rouen, Lyon, Reims, Nîmes, Montpellier, qui seules ou à peu près possédaient le privilége de jardins et de promenades dignes de remarque, n'offraient guère que de grandes avenues et de maigres plates-bandes, entretenues sommairement. Seuls, les jardins botaniques présentaient quelque intérêt au point de vue pittoresque ; et encore prenaient-ils leur principal attrait dans les collections des plantes exotiques dont ils étaient remplis.

C'est dans les créations particulières, de 1830 à 1850, qu'il faut chercher les traces d'une sorte de Renaissance dans le goût des jardins paysagers en France. Pendant cette période, si rien de saillant comme style ou comme proportions ne vint attirer l'attention publique, au moins trouve-t-on un certain nombre d'exemples de beaux parcs dont les principaux sont dus à MM. Joly, Duclos, Bühler et à plusieurs autres hommes de talent.

MM. Bühler dépassèrent de beaucoup leurs contemporains. Des premiers ils raisonnèrent le tracé des allées dans les parcs et tracèrent des courbes harmonieuses se liant les unes aux autres sans se heurter jamais. Jusque-là, on ne s'était guère préoccupé des allées que comme de chemins dont le tracé n'avait pour but que de conduire vers un but déterminé. Pour eux, la forme de l'allée elle-même fut un ornement, une beauté. L'art de grouper les plantations fut également perfectionné d'une manière importante.

Jusqu'à l'avénement de Napoléon III, les choses restèrent ainsi dans un état somnolent qui n'attendait qu'une vive impulsion pour se réveiller.

DÉVELOPPEMENT DU STYLE ACTUEL DES JARDINS EN FRANCE.

Le genre qui tend actuellement à se substituer en France au style classique de Le Nôtre et au style romantique de M. de Laborde, n'appartient ni à l'une ni à l'autre de ces deux formes. Il s'est créé une physionomie *sui generis*, parfaitement tranchée et qui s'écarte des usages reçus dans la première moitié de ce siècle.

A son avénement au trône, l'empereur Napoléon III fut frappé de la pénurie de jardins où étaient les grandes villes de France et surtout Paris. La transformation du bois de Boulogne fut décidée. Il indiqua en personne dans quel sens il concevait les travaux à exécuter. L'État, propriétaire du bois de Boulogne, le céda à la ville, sous la condition qu'elle y ferait des travaux d'embellissement jusqu'à concurrence d'une somme de 4 millions.

On plaça à la tête des travaux, sur la recommandation même de l'empereur, un homme qui s'était déjà révélé comme habile dessinateur de parcs et de jardins, M. Varé.

La tâche était ardue. Il fallait s'attaquer à une des plus désagréables situations qu'on pût voir. Le sol du bois de Boulogne, presque entièrement plat, ne prêtait guère au pittoresque. Sans mouvements de terrain, les vues étaient masquées par des fourrés continus, maigres, monotones; les beaux arbres étaient rares, les allées droites, avec des arbres taillés, le sol détestable pour la végétation.

De toute cette désolation sortit le plus beau parc créé en Europe dans ces dernières années.

Le projet fut ainsi conçu : choisir le point culminant du bois; creuser au pied un lac et prendre les terres pour doubler la hauteur de l'éminence; superposer le premier lac à un second, plus grand, ouvert dans une large percée qui irait se perdre dans les profondeurs du bois; du point culminant, faire diverger cinq vues grandioses sur les environs les plus pittoresques : le mont Valérien, Boulogne, Saint-Cloud, l'avenue des Princes, Auteuil; de l'extrémité du lac faire partir un ruisseau qui suivrait toutes les pentes du bois pour s'épanouir en une grande cascade au-dessus de la plaine de Longchamp et de là se perdre dans la Seine; conserver quelques-unes des plus belles avenues droites anciennes, obstruer les autres par des plantations : ouvrir enfin de vastes routes de promenades qui embrasseraient la ceinture du bois et se relieraient à toutes les allées intérieures.

Les autres parties du bois devaient former un parc immense, dessiné par de larges voies aux courbes élégantes; la plaine desséchée de Longchamp, couverte de brousailles et parsemée de constructions disgracieuses, devait se transformer en un vaste et riant hippodrome; de nombreux coins choisis seraient destinés à des embellissements particuliers comme établissements de plaisir; enfin tout un système de ruisseaux devait sillonner les taillis dans tous les sens.

Telle fut la conception première, dont l'exécution commença l'année 1855. En peu de temps les lacs furent creusés, le sol remué, les plantations commencées. On sait aujourd'hui ce qu'est devenu l'antique bois de Boulogne et si le projet a été dignement exécuté.

Au cours des travaux la direction passa des mains de M. Varé au service des Promenades et Plantations de la ville de Paris, que M. Haussmann, préfet de la Seine, venait de constituer en plaçant M. Alphand à sa tête. La faveur publique accueillit le nouveau bois avec un grand empressement. Il devint la promenade obligée de l'aristocratie et de la finance. Bientôt même il ne suffit plus à contenter le besoin de nouveauté, de distractions qu'il fit naître chez les promeneurs. Les deshérités de la fortune se prirent à regretter de ne pouvoir jouir à leur tour de semblables agréments.

C'est alors que fut décidée la création de ces jardins municipaux placés dans l'intérieur de Paris et que le public, suivant l'expression anglaise, appela bientôt des *squares*.

Successivement, chaque quartier de la capitale, même les plus dépourvus d'air et d'espace, eut son jardin de libre accès. Des gazons, des fleurs à profusion, des eaux, des ombrages firent bientôt une douce habitude aux artisans, aux ouvriers, aux hommes de loisir, de la fréquentation innocente et agréable de ces retraites. La tour Saint-Jacques, le marché des Innocents, les places des Arts-et-Métiers, du Temple, de Vintimille, de Sainte-Clotilde, furent successivement plantés. Les Champs-Élysées, composés autrefois d'avenues désertes et mal famées, se couvrirent de verdure et de fleurs. L'ancien parc de Monceau, débarrassé de ses broussailles antiques et d'une partie de ses ornements de mauvais goût, subit une rénovation complète et fort appréciée. Il devint un lieu choisi, où la perfection de la tenue, au point de vue horticole, émerveilla tout le monde. Depuis sa création, les plantes les plus belles et les plus rares des tropiques y essayèrent leur végétation estivale à la grande admiration de tous et répandirent dans le public un amour du jardinage qu'il ne se connaissait pas encore.

Dans ces jardins, entretenus toujours d'une manière brillante, le goût des plantes à feuillage prit naissance. Il se répandit avec rapidité. Une émulation féconde s'empara des horticulteurs marchands que l'exemple donné par la ville de Paris stimula d'autant plus qu'elle leur livrait volontiers ses moyens de culture et les plantes dont elle favorisait l'adoption.

L'accueil fait au bois de Boulogne par la *fashion* parisienne porta l'attention de l'édilité vers d'autres points qui pussent comporter des travaux analogues.

A l'autre extrémité de Paris, à Vincennes, de vastes espaces boisés appelaient aussi les transformations. La ville fut chargée de continuer là son œuvre, et le bois de Vincennes devint l'égal du bois de Boulogne, sinon par l'élégance de la population qui le fréquente, au moins par les travaux qu'on y exécuta. Des lacs se remplirent d'eau limpide, des plaines furent plantées, des ruisseaux coururent et se précipitèrent en cascades à travers les sentiers et les bosquets, alimentées par de puissantes machines, puisant l'eau dans la Marne à 50 mètres au-dessous; de larges avenues furent percées jusqu'au cœur de Paris pour donner au nouveau parc un accès digne de lui. On y ménagea un champ de courses qui fut bientôt célèbre; une élégante ferme donna au plateau de Gravelle une animation toute nouvelle, et la vaste plaine de Charenton, jusque-là meublée uniquement de ronces et d'épines, devint en moins d'un an un parc complet, rempli d'eaux, d'allées ombreuses, de gazons et de fleurs.

Un autre point occupa bientôt la sollicitude de l'administration : au nord-est de Paris, dans un quartier populeux, était un vaste espace inculte, occupé seulement par les exploitations souterraines de carrières à plâtre. Il présentait à sa superficie une série de petites montagnes provenant ou de bouleversements géologiques ou d'effondrements de carrières. On nommait cet endroit les buttes Chaumont. De lugubres souvenirs s'y rapportaient. C'était là autrefois qu'étaient situées les fourches patibulaires ou gibets de Montfaucon. Tout récemment encore, c'était un lieu désert, inabordable à toute espèce d'industrie, impropre à la création d'un quartier et servant de réceptacle à l'écume de la société parisienne.

La ville de Paris conçut bien vite le projet de changer cet affreux état de choses en utilisant ces dépressions naturelles de terrain pour y établir le plus pittoresque de ses parcs et appeler par ce changement inespéré une population nouvelle et plus respectable. Les travaux furent commencés en 1864, aussitôt après l'achèvement de ceux de Vincennes. Ils ont été terminés à l'occasion de l'ouverture de l'Exposition de 1867.

Le parc des buttes Chaumont est un spécimen remarquable d'un jardin créé de toutes pièces sur un terrain montagneux et absolument nu et infertile. On y a utilisé des grottes tapissées de stalactites, hautes de 20 mètres et donnant passage à des cascades qui se déversent dans le lac. De gros blocs de rochers naturels émergent comme une île gigantesque découpée à pic, dépassant le niveau du lac de près de 50 mètres. C'est à ce point élevé que se dresse un monument inspiré par le joli temple de la Sibylle, que les touristes admirent à Tivoli, près de Rome.

D'autres projets furent mis ensuite à l'étude pour la rive gauche de Paris, qui va posséder à son tour un parc accidenté sur les terrains de

Montsouris, dont les travaux avaient été arrêtés par les événements qui se sont succédé en France depuis 1870.

Aujourd'hui, le total des parcs et jardins publics de Paris dépasse quatre-vingts.

A l'instigation de la ville de Paris, les grandes villes de province voulurent aussi avoir leurs jardins publics et sortir de la routine où elles avaient dormi si longtemps. Lyon eut à son tour son bois de Boulogne, dessiné par M. Bühler, près du fort de la Tête-d'Or, dans des terrains malsains conquis sur le Rhône.

Marseille créa, autour du château Borély, près de cette admirable plage du Prado, où se presse la société phocéenne dans les belles soirées d'été, un parc étendu qui ne laisserait rien à désirer si le voisinage de la mer était moins nuisible à sa végétation.

Rouen, Montpellier, Avignon, Lille, Tours, Angers, Caen, Nantes, Strasbourg, Troyes et bien d'autres villes, furent dotés de jardins publics pour lesquels les municipalités firent hardiment des sacrifices, récompensés par le bon accueil du public.

Je ne parle pas de l'étranger, où cette influence s'est également fait sentir, et où le goût des jardins augmente de jour en jour. L'examen des principaux parcs publics et privés de l'Europe fournira plus loin l'objet d'une étude spéciale.

Cette régénération est maintenant dans toute sa force. Il est à croire qu'elle ne s'arrêtera pas là, au grand bien des populations qui en sont l'objet.

Le mode de création de tous ces parcs ou jardins découle des principes que je développerai au cours de cet ouvrage et qui, après avoir pris naissance dans les récents embellissements de Paris, ont totalement modifié les règles anciennes de la formation des jardins. Les dessinateurs de jardins modernes s'en sont inspirés, volontairement ou non, et partout, dans les créations nouvelles, on trouve des traces de l'art renouvelé dont j'aurai plus loin à examiner les caractères distinctifs.

CHAPITRE IV

ESTHÉTIQUE

« La beauté est la force active réalisant l'idée éternelle de chaque genre.

« SCHELLING. »

DE L'IDÉE DU BEAU ET DE L'ORIGINE DU GOUT.

L'âme humaine a soif du beau. C'est un appétit de notre nature morale comme le bien-être est un besoin de notre nature physique. Mais si tous les hommes cherchent la beauté, tous ne la goûtent pas de même. A l'état de nature, le sauvage en a à peine conscience ; le paysan la rapporte aux objets matériels ; l'homme cultivé en jouit d'une manière superficielle ; le philosophe seul recherche les causes et les effets du beau agissant sur notre intelligence, notre sensibilité et notre activité.

Notion et sentiment du beau. — La notion de l'existence de la beauté apparaît à la seule comparaison de deux choses inégalement belles ou dont l'une seulement est belle. Dès que cette action se produit sur notre sensibilité, il en résulte un sentiment agréable qui ne doit pas être confondu avec de simples sensations naturelles de plaisir, mais qui est d'un ordre plus élevé. Ce sentiment devient actif quand il incite à la production des belles choses ; on sait que la perception soudaine de la beauté a souvent fait naître dans une âme élevée un noble penchant pour les arts.

On a défini le beau « la splendeur du vrai », selon une expression attribuée à Platon. Il serait plus juste de l'appeler, avec M. Lévêque, « une force accomplissant sa loi avec toute sa puissance et tout son ordre ». L'existence de la beauté est à la fois objective et subjective. Toutes les parties de la création ne sont pas parfaites, mais tendent évidemment à un type de perfection qui constitue la beauté. Dieu a créé chaque espèce avec un type de perfection que tous les individus appartenant à cette espèce et engagés dans la « bataille de la vie », ne peuvent atteindre. Il y a dans chaque être vivant un idéal qui n'a pas son principe dans notre imagination et qui est doué d'une réalité objective. Cet idéal, c'est l'être dans la plénitude du développement ordonné dont le créateur l'a rendu susceptible. On peut donc dire que l'objet est beau en lui-même, indépendamment des facultés de notre âme qui peuvent le concevoir.

Mais il faut convenir que nous ne possédons la notion complète du beau que si les objets correspondent à un principe interne de notre intelligence. Dans ce cas la perception et la connaissance du beau deviennent subjectives. Pour pouvoir attribuer aux objets matériels des propriétés intrinsèques de beauté, il faudrait croire en même temps à un sens spécial pour les percevoir. S'il en était ainsi, tous les hommes dans le plein exercice de leurs fonctions physiques et intellectuelles recevraient la même impression de ces objets, de même qu'ils sont également affectés par la lumière et l'obscurité, le froid et le chaud, le blanc et le noir. Or, non-seulement cela n'a pas lieu, mais les mêmes individus peuvent avoir des perceptions différentes ou le même homme sentir diversement suivant le temps, le lieu et sa disposition intérieure.

Le beau existe donc à la fois et essentiellement dans un état objectif, et dans une forme subjective, en ce qu'il n'est goûté que par des intelligences privilégiées

Historique de l'idée du beau. — De tout temps les philosophes ont cherché la genèse de ces idées dans l'esprit humain. Socrate a jeté les fondements de l'esthétique en disant « que l'homme a une âme invisible, plus belle que le corps ; que les dieux aiment les belles âmes ; que les vrais artistes sont ceux qui produisent des êtres animés et comme doués de la faculté de penser et d'agir, et que le but du peintre et du sculpteur doit être de se servir des formes pour exprimer les actions de l'âme [1] ».

D'après Platon, l'idée du beau se fait jour en nous par le souvenir de ce que notre âme a vu en cherchant Dieu et en ne regardant les créatures que pour arriver à l'Être suprême. Mais cette définition reste vague, en ce que Platon a confondu le beau avec le bien.

Pour Aristote, qui donne une plus grande précision au sentiment de la beauté et avait, dit-on [2], écrit sur cette matière un traité spécial qui n'est pas arrivé jusqu'à nous, les formes essentielles du beau sont la symétrie, l'ordre et la détermination, qualités qui font de sa définition un modèle qui doit être conservé. Pour lui, le but de l'art était, représentant le beau, de charmer, d'élever et de régler l'âme, et la forme ne devait servir que pour exprimer l'âme invisible.

---

1. Xénophon. *Mémorables.*
2. Voir *Diogène de Laerte,* liv. IV, ch. i.

La théorie de Platon fut reprise par Plotin, qui l'étendit, sans l'éclaircir, avec des considérations dérivées d'un panthéisme et d'un mysticisme hors de propos.

Avec saint Augustin, l'idée du beau, qui procède de Platon, s'élève aux plus hauts sommets. En montrant la suprême beauté de Dieu dans l'unité et la multiplicité de ses attributs, d'où découlent toutes les autres beautés, l'auteur de la *Cité de Dieu* [1] s'écrie : « Proportion, unité, ordre, loi, voilà les caractères évidents de la beauté dans le monde. »

Cette large définition clôt le résumé des travaux dus à l'antiquité sur la question du beau.

Au moyen âge, saint Thomas définit les trois caractères de la beauté : l'intégrité, la proportion et la clarté. Après lui et jusqu'au xviiie siècle, les philosophes sont plutôt occupés aux luttes de la scholastique qu'à la métaphysique pure, aux sciences plutôt qu'aux arts, et la question du beau sommeille pour n'être reprise que par un disciple de Descartes. En 1715, Crouzas publie un traité du beau où les leçons des anciens se font sentir, mais sans présenter de formes nouvelles. Vers cette époque, Shaftesbury effleurait le même sujet. Mais c'est à Hutcheson, le philosophe qui fonda l'école écossaise, qu'il faut recourir pour voir l'idée du beau étudiée de haut. Selon lui, le beau est l'union de l'uniformité et de la variété, définition qui serait trop vague s'il ne l'avait accompagnée de nombreux éclaircissements. Il distingue le beau de l'utile et de l'agréable, lui assigne l'ordre comme qualité essentielle, croit que nous en avons l'idée innée et que cette idée ne provient pas de la coutume, de la sensation et de l'éducation. Ces distinctions sont excellentes, mais on peut reprocher à Hutcheson d'avoir confondu l'idée avec le sentiment du beau.

En 1745, parut l'*Essai sur le beau* du P. André, œuvre inspirée par les écrits de saint Augustin, qu'elle suit fidèlement en y ajoutant quelques considérations personnelles. Il distingue le beau *visible* et il y ajoute un beau *arbitraire* que l'habitude nous fait admirer dans l'art et qu'il applique au monde moral comme au monde physique. Les passages du discours du P. André sur les *Grâces*, sur ce qu'on a appelé *l'âme des fleurs*, sont pleins de charme et de vues saines, sans avoir l'autorité d'un traité didactique.

Sous le nom d'*Esthétique*, qui est resté depuis, Baumgarten publia en 1750 un traité où il cherchait à faire du beau une science distincte, sans réussir à autre chose qu'à échafauder une théorie obscure dont il ne reste que des pensées vagues.

Selon le philosophe irlandais Burke, dans son *Traité du sublime et du beau* (1767), les objets nous paraissent beaux quand ils produisent « un relâchement dans nos fibres nerveuses et une certaine langueur dans nos

---

[1]. Saint Augustin, *Cité de Dieu*, xix, 13.

pensées ». Ces mots sont le résumé d'une théorie bizarre qui a été abandonnée.

Dans son *Essai sur le goût* (1759), l'Écossais Gérard publia quelques idées élevées; mais un de ses compatriotes, Th. Reid (*Essai sur les facultés intellectuelles*, 1785) se plaça tout de suite à un niveau supérieur par ses aperçus lumineux sur la beauté. Il distingua clairement le sentiment et le jugement du beau. Il peignit avec exactitude le goût, la grandeur, le sublime, et pour définir le beau il dit qu'à « sa perception doit se joindre l'émotion et l'affirmation ».

Diderot, dans *le Neveu de Rameau*, et le P. Buffier, n'ont fait que traiter incidemment du beau dans quelques-unes de ses applications.

Nous arrivons à un trio illustre de philosophes allemands, qui ont fait une large place à l'esthétique dans leurs œuvres philosophiques : Kant, Schelling et Hégel.

Kant, dans son *Analytique du beau et du sublime*, prétend que le goût est désintéressé et indifférent à l'existence même de l'objet, que le beau plaît universellement sans concept, et qu'il n'a pour principe aucune finalité. Doctrine malheureuse, qui nie l'idéal et va de contradiction en contradiction.

Celle de Schelling était bien supérieure, plus spiritualiste, mais l'auteur touchait à un panthéisme qui en détruisit les bons effets. Selon lui, la beauté est « la force active réalisant l'idée éternelle de chaque genre », admirable définition à laquelle on n'a presque rien à redire. Il ajoute en toute raison que l'art ne doit représenter que les êtres dans la perfection de la force vivante donnant une forme à l'idéal.

Hégel, le célèbre et nébuleux auteur de *l'Identité des contraires*, suivit d'abord l'exemple de Schelling dans son *Esthétique*; il la fonda sur la psychologie spiritualiste, qui avait sur lui une influence dont il se défendait en vain, mais sa métaphysique panthéiste l'entraîna dans des considérations et des théories fausses qui n'ajoutèrent rien à la question du beau et servirent plutôt à l'obscurcir.

Pendant que la France d'abord, l'Allemagne ensuite, exerçaient l'activité de leurs philosophes sur la question du beau, les penseurs de l'Angleterre ne restaient pas oisifs. Pour avoir été maintenus plutôt dans le domaine de la psychologie que dans celui de la métaphysique, leurs travaux n'en furent pas moins utiles, en ce qu'ils s'appliquèrent surtout à la nature et aux arts, et se rapprochèrent de l'objet vers lequel tend cette étude : l'étude des paysages naturels et de l'art des jardins.

En 1790, Alison publia ses *Essays on the principles of taste*, livre qui mettait en avant la théorie de l'association des idées aux manifestations de la matière pour donner la notion du beau. Il fut suivi par Knight, Dugald Stewart, Th. Brown, Jeffrey, Uvedale Price, Gilpin et autres. Nous avons vu, dans le résumé historique de l'art des jardins, que de grands écrivains,

Bacon, Milton, Addison, Pope, Mason, Walpole, envisagèrent les premiers la science du beau dans ses rapports directs avec la composition et l'ornement des paysages.

En dehors des trois philosophes allemands dont j'ai parlé, l'esthétique a fait de grands progrès et c'est aux philosophes français qu'on les doit en grande partie. Qui ne se rappelle, parmi les hommes de la génération qui nous a précédés, les éloquentes leçons de M. Cousin en 1817, et son beau livre *Du Vrai, du Beau et du Bien*; les *Cours d'esthétique* de M. Jouffroy, les travaux de MM. Vitet, Franck, Barthélemy Saint-Hilaire, Ch. Lévêque, sans oublier les belles études d'un Génevois de distinction, M. Adolphe Pictet?

La science du beau est sortie de tous ces efforts; elle a désormais ses règles, je dirais volontiers ses lois, si les auteurs étaient d'accord sur tous les points fondamentaux.

Définition du beau, objectif et subjectif. — A mon sens, tout en adoptant la définition de Schelling : « La beauté est la force active réalisant l'idée éternelle de chaque genre, » et admettant une beauté objective, c'est-à-dire existant en partie en dehors de la perception que nous en avons, on peut attribuer une grande part à la *subjectivité* et estimer que dans beaucoup de cas le sentiment que nous avons du beau est une action réflexe.

Toute la beauté des objets matériels dépendrait ainsi — non dans son essence, mais dans sa manifestation à notre âme — des associations qui les ont mis en connexion avec les affections ou émotions ordinaires de notre nature. L'objet présenté à nos yeux nous rappelle-t-il des émotions agréables, nous le disons beau; désagréables, nous le disons laid. Pour nous rendre compte des effets de ces sentiments sur notre âme, et y trouver plus tard des applications à l'art de reproduire les paysages [1], il est bon de préciser les affections premières par lesquelles nous pensons que le sens de la beauté est produit; et en second lieu quelle est la nature de la connexion par laquelle nous supposons que les objets que nous disons beaux nous suggèrent ces affections.

L'amour de la sensation est l'appétit dominant chez l'homme. Donc tout sentiment produit par une sensation actuelle ou par un souvenir peut devenir une source de beauté dans les objets extérieurs, dès qu'ils nous rappellent ce sentiment. Ces émotions ne sont donc pas originales, mais seulement des images d'émotions intérieures.

Signes divers de la beauté. — Les objets nous paraissent beaux dans plusieurs circonstances :

1° S'ils sont les signes naturels de sensations agréables ou douces.

---

[1]. J'ai adopté, dans cette étude, une partie des théories developpées dans les ouvrages anglais d'Addison, lord Jeffrey, U. Price et Lauter, auxquels je renvoie pour plus de détails.

Par exemple, nous associons la vue et le son du rire au sentiment de la gaieté ; les larmes à la douleur ; le bruit du tonnerre à l'idée du danger ou de la puissance ; la vue d'une belle femme, à la jeunesse, à l'innocence, à la gaieté, à l'intelligence ; un paysage cultivé au bonheur de l'homme ; une scène sauvage de montagnes, au roman de la vie ; le printemps à l'amour et à la jeunesse ; l'enfance à l'innocence. La vue d'une peinture ou d'une statue nous affectera comme l'original ; celle d'une chaumière rappellera une famille de paysans ; un paysage riant, avec bétail, rivières, clocher, prairies, troupeaux, par un beau temps, sera synonyme de simplicité, santé, richesse, bonheur. C'est bien l'homme seul qui nous touche en réalité de ces choses.

2° Si les objets sont les signes arbitraires ou concomitants accidentels de sensations agréables ou douces. Par exemple, la beauté des femmes est bien différente en Tartarie et en Grèce, en Laponie et en Circassie, en Asie, en Afrique, en Océanie, et cependant chacune de ces races peut fournir des types de beauté.

3° Enfin les objets peuvent nous paraître beaux quand ils ont une analogie ou une ressemblance imaginaire avec les choses qui ont déterminé chez nous ces émotions. La musique, par exemple, est fondée sur l'analogie. Les hommes diffèrent d'avis sur les beautés musicales plus que sur la plupart des choses ; chacun doit donc trouver, dans la mélodie ou l'harmonie qui lui plaît, une association avec des sentiments dont d'autres auditeurs sont inconscients.

De même notre goût change en passant de l'enfance à l'âge d'homme, et de même aussi, quand l'esprit n'a pas été à même de s'émanciper, ce goût est toujours en rapport avec notre occupation principale.

La tendance à des émotions particulières exerce aussi une grande influence sur nos sentiments. Certains hommes mélancoliques ne voient revenir le printemps que pour prophétiser sa fuite prochaine et ne parlent de l'automne que pour dire que l'année s'en va ; d'autres voient tout en rose et restent gais dans un paysage d'hiver. Ces opinions peuvent même changer dans un seul individu suivant les dispositions occasionnelles de son esprit. George Grabbe, le poëte anglais, raconte à ce propos une charmante anecdote dans le *Voyage d'un amoureux*. Son héros chevauche par une belle matinée d'été pour aller visiter la dame de ses pensées, et parcourt une bruyère désolée, qu'il trouve pleine de beautés. A son arrivée, il apprend que sa bien-aimée est allée chez un ami où elle le convie de venir le rejoindre. Sous cette influence, il part, et trouve laid le paysage ravissant qu'il traverse. En revenant avec elle, il est si occupé de la conversation, qu'il ne voit rien autour de lui. Le lendemain enfin il revient par la bruyère, mais son cœur est ailleurs, et la scène est comme couverte d'un voile.

« C'est donc l'âme qui voit, — dit le même poëte. — L'œil extérieur présente l'objet, mais l'esprit le découvre. De là plaisir, dégoût ou indifférence. Quand nous sommes joyeux, tout ce que nous voyons autour de nous est un terrain enchanté. Sous l'influence de la maladie, tout s'attriste; et si des soins particuliers nous absorbent, notre regard est vague et ne voit pas. C'est la nature propre de nos sentiments qui s'attache aux objets. »

Notre sentiment de la beauté des choses dépend des qualités que nous observons en elles sur le moment. En voyant une belle statue ou un monument harmonieux, nous sommes attirés par une association sympathique, tandis qu'à un autre moment, ou après une longue contemplation, leur beauté artistique peut s'effacer en partie à nos yeux dès que nous pensons à leur utilité, à leurs dimensions, à leur histoire et jusqu'à la matière dont ils sont faits. Il en est de même pour la poésie et la peinture.

Parmi les circonstances susceptibles d'amoindrir l'idée de la beauté, il faut encore compter l'habitude, la familiarité, la mode, tandis que, par contre, des souvenirs particuliers peuvent augmenter l'admiration et faire concevoir la sublimité. Du premier ordre sont les objets d'art que nous voyons sans cesse à nos côtés, et du second les lieux célèbres et les souvenirs. La mémoire de Pétrarque embellit la fontaine de Vaucluse; un air militaire national émotionne les hommes d'un régiment; le souvenir ou la rareté d'un objet le rendent beau pour un antiquaire, quand il est laid pour d'autres; la Rome antique ne nous paraîtrait pas si belle, assurément, si nous ne connaissions pas son histoire.

Pour ne pas se tromper sur la nature des impressions que nous fait éprouver la beauté, il est très-important de distinguer entre la sensation et l'émotion. L'odeur d'une rose, la couleur écarlate, la saveur d'un ananas, produisent d'agréables sensations; une odeur fétide en produit une désagréable; mais ce ne sont pas là des émotions.

Certaines formes et certaines couleurs sont emblématiques; dans les arts, elles peuvent signifier la dextérité, le goût, la convenance, l'utilité. Dans la nature, des sons particuliers rappellent la paix, le danger, l'abondance, la désolation, etc. Nous obtenons aussi la connaissance morale des hommes par des signes matériels, qui peuvent signifier la puissance, la force, la sagesse, la justice, la bienveillance, la magnanimité, la tendresse, l'amour, le chagrin. Donc certaines qualités de l'esprit sont peintes par certaines qualités du corps. On va même jusqu'à appliquer par analogie ces qualités à des objets inanimés, puisqu'on dit la force du chêne, la modestie de la violette, la hardiesse d'un roc.

Les exemples d'association entre nos sensations et nos émotions ne manqueraient pas. Ainsi, pour parler du langage figuré, dont ces sortes de comparaisons sont la base, on dit qu'un brillant soleil rappelle la joie, que l'obscurité ressemble au chagrin, l'aurore à l'espérance, une couleur douce à un caractère aimable, la gracilité des formes à la délicatesse de l'esprit.

Ed. André.

Perception du beau par les sens. — Les sens qui nous font découvrir la beauté sont l'ouïe et la vue.

L'ouïe. — Les sons qui arrivent à notre oreille sont sublimes quand nous y associons une idée de danger, comme le tonnerre, l'orage, les tremblements de terre, les décharges d'artillerie. Ils signifient la puissance, dans la chute d'un torrent ou d'une cataracte, le froissement des vagues; ils représentent la majesté dans les sons de l'orgue, le chant du couvre-feu, les cloches d'une cathédrale.

Mais la force du son ne suffit pas pour nous inspirer la terreur, car le roulement d'une voiture peut ressembler au tonnerre sans nous donner d'émotion, et l'on sait que les très-jeunes enfants ne montrent aucune crainte au bruit de la foudre, tant qu'il n'est pas pour eux l'emblème d'un danger.

Le bruissement des insectes pendant l'été, la chute d'une goutte d'eau du sommet d'une voûte, le bêlement des agneaux, ne parlent pas à l'âme d'un paysan comme à celle d'un poëte, de même que les cris des animaux féroces ne nous inspirent de terreur qu'autant qu'ils nous rappellent leur puissance.

La voix humaine peut inspirer les sentiments les plus divers. Les sons qui expriment la joie, l'espoir, la mélancolie, la modestie sont beaux parce que les qualités qu'ils représentent sont des objets intéressants ou sympathiques. Mais leur signification dépend absolument de l'homme qui les profère; c'est ainsi que l'indignation serait laide chez une personne placide, la patience chez un homme irritable, l'humilité chez un bourru, etc.

La musique, produite par la relation de certains sons entre eux, est guidée par la clef, qui est à l'arrangement des sons ce que la pensée est à l'arrangement des mots. La succession des sons doit être régulière quant à la mesure, et leur série entière en relation avec la clef. Tous les musiciens sont d'accord pour reconnaître si l'expression est gaie, solennelle, mélancolique, à la seule inspection de l'allure d'un morceau. Mais on sait aussi que la musique n'est pas belle parce qu'elle est correcte; elle ne peut nous toucher qu'en raison des émotions connexes qu'elle produit, et sa valeur est nulle si elle n'éveille pas de sentiments. La musique n'a donc pas une beauté intrinsèque, mais une beauté relative ou par association.

La vue. — La vue est plus puissante que l'ouïe pour nous faire concevoir et juger la beauté dans un grand nombre d'objets.

Les qualités visibles des choses étant en grande partie les signes de leurs autres qualités, nous nous expliquons aisément, par exemple, pourquoi l'aspect de la violette et de la rose nous indique leur odeur. L'utilité d'une machine, la rapidité d'un cheval, la férocité d'un lion, même les qualités de l'esprit humain, sont exprimées par certaines apparences, parce que l'expérience nous a enseigné que ces qualités sont connexes avec ces aspects et que la présence de l'un nous suggère l'idée de l'autre.

1° *Couleur.* — Les couleurs excitent des émotions par la nature de leur association avec la nature des objets colorés d'une manière permanente. Le blanc représente la pureté, le noir toutes les tristesses, le bleu l'image du bonheur, et le vert l'espérance et la gaieté.

Parfois aussi on cherche dans les couleurs des analogies avec les affections de l'esprit. On dit : des couleurs molles ou des couleurs fortes, douces ou hardies, gaies ou tristes, crues ou chaudes, etc.

Des associations accidentelles peuvent prêter aux couleurs un sens spécial. La pourpre ou l'hermine sont associées à la majesté royale ou à la magistrature, l'écarlate aux armées, etc.

La mode elle-même exerce une influence et peut nous faire juger les couleurs suivant son goût. La nuance choisie par une personne élégante devient à la mode et nous plaît, malgré une première impression fâcheuse. Par exemple, le noir, qui emporte chez nous une idée de tristesse, est beau et agréable pour les Espagnols et les Vénitiens. Le jaune, détesté de beaucoup de gens, est en Chine la couleur favorite et sacrée.

Dans certains cas, les nuances nous paraissent belles ou laides. Le rose, si charmant dans une fleur ou une étoffe précieuse, serait affreux étalé sur la porte, la fenêtre ou le mur d'une maison. Prenez les couleurs qui vous auront plu sur la palette d'un peintre et étendez-les sur des rochers, des arbres ou des animaux, l'effet en sera horrible.

2° *Forme.* — Cependant les couleurs, malgré l'influence considérable qu'elles jouent dans notre perception du beau, n'ont pas une importance égale à celle de la *forme*. C'est à cette qualité de la matière que la beauté est le plus redevable.

La forme peut donner aux objets une beauté naturelle, une beauté relative, une beauté accidentelle.

L'idée du sublime se dégage de la forme de certains objets, par exemple des drapeaux, des canons, des armures, des arbres géants, des rochers immenses. C'est leur beauté *naturelle*.

Elle est *relative* dans l'architecture, le plus sublime des arts, qui éveille à la fois des sentiments de grandeur, d'harmonie et d'utilité.

Enfin elle devient *accidentelle* lorsqu'elle s'applique à des objets complétement insignifiants en eux-mêmes, comme le trident de Neptune ou la foudre de Jupiter, dont la représentation imaginaire faisait trembler les anciens. Par la même cause, un drap mortuaire, une robe de deuil, un char funèbre sont imposants et tristes, par l'idée qu'on associe à leur usage.

Les dimensions des choses n'indiquent pas toujours leur sublimité. Certains animaux énormes sont synonymes de douceur et de faiblesse, même aux yeux des enfants, par exemple la girafe, le chameau ; au contraire, la présence d'un lion ou d'une panthère inspire la terreur.

La forme des objets représente aussi à nos yeux des sentiments intérieurs : l'altitude d'une montagne éveille dans l'âme une idée d'élévation,

7*

la profondeur d'un gouffre rappelle le danger et cause l'épouvante, la grosseur fait penser à la stabilité et à la durée.

Pour ne pas nous éloigner du point de vue esthétique, il faudra remarquer que la matière est entourée par des lignes, qui peuvent être courbes ou anguleuses.

La ligne courbe ou serpentine, chez les animaux et les plantes, est un signe de grâce, de jeunesse, de faiblesse, de délicatesse. Nous disons d'un terrain qu'il présente de gracieuses déclivités, de douces collines. Pour dépeindre des eaux qui serpentent, on emploie les mots : chutes gracieuses, molles ondulations, courant doux, ruisseau paisible. Dans la végétation, la même idée est exprimée par la délicatesse des fleurs, des feuilles, des jeunes pousses. Il en est de même dans l'art, où la ligne onduleuse entraîne une idée ou un sentiment aimable.

Au contraire, toute ligne anguleuse, droite ou brisée, est un synonyme de dureté, de force, de durée. Les roches, les métaux sont indiqués par leurs formes heurtées. Une cascade à chutes violentes, un gouffre à parois verticales, un arbre à branches rectangulaires, donnent, par leurs lignes droites et leurs angles vifs, une idée de force.

Nous verrons les applications multiples que ces manières d'être de la forme peuvent recevoir dans les jardins.

Caractères du beau. — *Harmonie.* — Un des principaux caractères du beau est l'unité, l'harmonie de toutes les parties qui composent l'objet examiné. Je n'en veux pour preuve que l'architecture, par exemple, où ce principe domine tous les autres. Chacun des ordres adoptés par les anciens est un tout parfait en lui-même et porte avec soi des caractères distinctifs dont l'artiste ne peut s'écarter. L'ordre toscan est caractérisé par la sévérité, le dorique par sa simplicité massive, l'ionique par son élégance, le corinthien par la légèreté et l'élégance, auxquelles s'ajoutent, dans le composite, la gaieté et la richesse. Un goût consommé a présidé à leur ornementation, à tel point qu'il est impossible de transporter des ornements de l'un à l'autre ordre sans défigurer l'ensemble. La relation des parties est admirablement combinée. Dans le toscan, où l'entablement est plus lourd que le reste, la colonne et la base sont proportionnellement plus fortes. Dans le corinthien, l'entablement est plus léger, et les mêmes parties sont affaiblies à dessein. Dans le dorique et l'ionique, placés entre ces extrêmes, les forces de la colonne et de la base sont proportionnées aux poids réciproques des entablements.

Il serait facile de démontrer que ces règles sont les mêmes dans la peinture, dans la sculpture, dans tous les autres arts.

Utilité, convenance.—Nous avons un véritable plaisir à regarder des formes architecturales pures et nous les trouvons belles parce que leurs proportions nous révèlent instinctivement un emploi judicieux des matériaux ; mais que la même sécurité soit assurée au moyen de piliers en fer, d'un aspect plus grêle, notre habitude, heurtée violemment, conduira instantanément notre esprit à une impression de danger et de laideur. Cette opinion pourra se modifier avec le temps, et peut-être nos enfants, accoutumés de longue date à l'emploi du fer, ne penseront pas de même que nous ; ce qui n'empêche pas que cette première impression ne prouve combien l'idée de beauté est, à nos yeux, dépendante de l'idée de stabilité.

D'ailleurs, l'utilité, la convenance sont si intimement liées à notre sentiment un peu artificiel de la beauté des formes, qu'un médecin, un chirurgien, un anatomiste, très-pénétrés de leur profession, en arrivent à dire très-sincèrement : une belle théorie de la fièvre, un bel instrument d'opération, un beau sujet de préparation, etc.

Les formes ont donc une beauté relative, soit qu'elles s'appliquent à des objets d'art ou à des choses d'utilité. Dans l'un et l'autre cas elles nous plaisent si elles remplissent bien leur but.

Inspiration. — A la convenance, à l'utilité vient encore s'ajouter l'idée inspiratrice, le dessein de l'artiste, qui nous intéresse particulièrement si nous croyons saisir sa pensée. Ainsi, dans les périodes de l'enfance des arts, la régularité, l'uniformité prévalurent. On était alors touché par les formes reconnues pour exprimer le plus fortement l'idée et le savoir de l'ouvrier. C'est pour cette raison que l'attitude symétrique dans le corps, dans la position, dans les draperies avaient plutôt pour objet de montrer une intention que de copier la nature. Depuis les Égyptiens, dont l'art était tout emblématique, jusqu'aux peintres et sculpteurs du moyen âge, cette recherche se retrouve sans cesse dans les œuvres artistiques des premiers temps. Nous verrons plus loin qu'il en fut de même pour les jardins, et que les premiers hommes qui pensèrent à en faire un ornement, s'ingénièrent d'abord à les rendre aussi différents que possible de la nature environnante, afin de montrer leur pensée et la difficulté du travail accompli. Les pentes furent remplacées par des terrasses, les arbres furent taillés, les lignes devinrent droites, les eaux, au lieu de couler naturellement de haut en bas, s'élancèrent dans les cieux, etc.

Sans doute c'est le même principe qui donna naissance au rhythme et à la mesure en poésie, et qui explique l'immense supériorité qu'on accorda longtemps à la versification sur la prose.

Variété. — Mais quand les peintres et les sculpteurs virent qu'ils ne pouvaient dépasser un certain degré de perfection en se confinant dans ces lois artificielles, ils commencèrent à imiter les plus belles attitudes du corps humain. Puis, examinant l'influence des passions et des affections sur ce corps, ils essayèrent de reproduire l'aspect des êtres en action. Enfin ils observèrent que les formes de la vie réelle étaient souvent imparfaites ; ils cherchèrent et trouvèrent une beauté idéale. L'uniformité, généralement désertée, fut remplacée par une variété qui obtint tout de suite le succès, car les spectateurs, indépendamment du plaisir qu'ils ressentaient en admirant l'expression de ces formes additionnelles, avaient encore celui de constater un plus grand talent et une plus haute inspiration chez l'artiste.

On peut inférer de là que la variété dans l'art est l'indice d'une haute culture intellectuelle, et qu'un pays où l'uniformité prévaut, est dans un état de rudiment ou de décadence.

Du goût. — Nous avons vu que si le beau possède une réalité objective en tant qu'il est une force parfaite, agissante et ordonnée, sa perception est le résultat d'une réflexion de notre intelligence et qu'il n'y a pas de raison sérieuse pour que ces deux propositions s'excluent mutuellement.

Mais s'ensuit-il que tous les hommes d'une saine intelligence puissent comprendre également la beauté? Non, certainement. Y a-t-il un modèle, un étalon du goût? Quelques philosophes, notamment D. Stewart (*Essai sur le beau*), ont prétendu qu'il n'y avait pas de *goût*, qu'il n'y avait que *des goûts* individuels, qui sont tous justes et corrects en tant que chacun parle seulement de ses propres émotions.

Cette hérésie conduit tout droit à la négation du beau.

Oui, il existe un *criterium* du goût. C'est celui qui résulte du consentement de la majorité des esprits les plus distingués dans tous les pays et dans tous les temps. Sans doute chacun peut avoir ses goûts, ses préférences, suivant l'inclination naturelle de son esprit. On a le droit de préférer un auteur à un autre, d'aimer la musique gaie à l'exclusion des mélodies tristes ou seulement mélancoliques, d'être séduit par l'école de peinture vénitienne plutôt que par l'école flamande, d'être froid pour le genre classique et de feu pour le romantisme, etc.

Mais il est un certain nombre de manifestations du beau sur lesquelles doivent s'entendre tous les esprits éclairés, encore qu'ils ne les goûtent pas également. On n'a pas l'âme élevée si l'on reste insensible devant les sommets sourcilleux des Alpes, l'immensité de l'Océan, la luxuriante végétation des forêts vierges, la baie ensoleillée de Naples ou les verdoyantes vallées des Pyrénées. On est un cœur sec et un faible esprit si l'on n'est pas touché par la *Transfiguration* de Raphaël ou le *Moïse* de Michel-Ange, par les divines mélodies de Mozart ou la symphonie en *ut* mineur de Beethowen. Nier la beauté dans ces œuvres immortelles ou seulement la discuter, c'est montrer un niveau intellectuel inférieur et être indigne de la compagnie des esprits distingués.

Tous les goûts, bien qu'ils puissent se manifester librement en dehors de ce consentement moral universel, instructif ou raisonné, de tous les gens en possession de facultés intellectuelles bien pondérées, tous les goûts ne sont pas enviables. Le seul usage convenable qu'on doive faire de la faculté du goût, est de donner un plaisir innocent, d'aider à la culture de l'esprit et de conduire à une plus haute moralité. Si le sentiment de la beauté consiste dans l'action réflexe de nos affections et de nos sympathies, l'homme qui verra le plus de belles choses et qui les verra le mieux est celui dont les affections sont les plus vives et les plus excitées, l'inspiration la plus puissante, l'esprit le plus habitué à examiner, à étudier, à comparer les objets, et en même temps le jugement le plus calme et le cœur le plus pur. De sorte que la perception de la beauté est en raison directe du degré de sensibilité de l'homme et de ses sympathies sociales.

Mais autre chose est de sentir ou de créer, même d'interpréter, de faire connaître le beau. Entre le sentiment et la reproduction de la beauté, il y a un abîme. Aussi, dans tous les temps, le génie créateur de l'artiste a été l'objet de l'admiration des hommes et a été placé au-dessus de toutes les manifestations de l'activité humaine. Ce qu'on a appelé à juste titre les beaux-arts, l'architecture, la peinture, la sculpture, la musique, est le plus beau domaine où puisse s'exercer l'intelligence des enfants d'Adam.

Je n'ai pas à étudier de près ces hautes questions, mais à montrer seulement qu'un art plus modeste, celui des jardins, s'y rattache de près, en tire une partie de ses éléments, tout en s'inspirant directement des beautés de la nature, et peut tenir auprès des beaux-arts proprement dits une place honorable.

L'art des jardins existe, mais les artistes manquent. Il a eu sa grande époque au temps où les poètes, les écrivains, les premiers peintres de l'Angleterre et de la France ne dédaignaient pas de s'en faire à la fois les fidèles et les adeptes ou les législateurs. Depuis il a dégénéré en métier, en industrie, à de rares exceptions près. Mais il semble aujourd'hui renaître de ses cendres, se débarrasser des procédés empiriques, faire preuve d'inspiration et appeler à son aide les conquêtes scientifiques modernes.

Pour que ce mouvement s'accentue et que l'art des jardins s'épure et se perfectionne, en revenant aux idées élevées et en rompant avec les procédés de convention et les caprices de la mode, l'étude de la nature doit s'ajouter, chez les artistes en jardins, à la connaissance des principes de la composition en peinture et aux enseignements généraux de l'art. Que la théorie et la pratique de l'architecture deviennent donc familières aux jeunes gens qui se destinent à cette carrière utile et charmante à la fois; qu'ils étudient le dessin et les lois de la perspective, en même temps que les mathématiques; qu'ils se forment le goût aux chefs-d'œuvre de la peinture, de la sculpture, de la musique; que « rien de ce qui est beau ne leur soit étranger », et la génération nouvelle fournira une pépinière d'artistes dont l'influence aura vite reculé les bornes aujourd'hui fixées à l'art des jardins.

Un des moyens les plus efficaces pour obtenir ce résultat est de porter à la fois, dans une juste mesure, les études sur le beau dans la Création et dans les compositions des peintres, d'apprendre ainsi l'art de choisir, de classer, de combiner les éléments fournis par la nature et par l'art pour donner à l'homme de nobles et pures jouissances. Cette recherche fera l'objet du prochain chapitre.

CHAPITRE V

DU SENTIMENT DE LA NATURE

DE LA LITTÉRATURE DESCRIPTIVE APPLIQUÉE A LA NATURE.

Nous avons effleuré l'étude du beau dans son essence générale et dans les moyens par lesquels il pénètre l'âme humaine. Il est temps de chercher maintenant sa trace dans l'une de ses plus séduisantes manifestations, dans la nature.

Les peuples anciens — les Grecs surtout — ont laissé de fidèles descriptions des beaux paysages, mais l'émotion s'y révèle rarement. La Création parlait à leur intelligence plutôt qu'à leur cœur, et dans leurs compositions littéraires, ils considèrent surtout la nature comme un cadre, un fond de tableau devant lequel se meut l'humanité.

Hésiode chante un hymne au printemps et dépeint séchement quelques phénomènes naturels; Empédocle décrit la nature avec les images d'une rhétorique austère; Homère nous intéresse plutôt qu'il ne nous charme en décrivant les forêts du Parnasse, la grotte de Calypso et les jardins d'Alcinoüs; Pindare célèbre le printemps dans ses odes; Sophocle chante complaisamment ce village de Colone où il prit naissance. Théocrite paraît, crée l'idylle et invente la poésie pastorale; l'Anthologie nous apporte de gracieuses scènes paysagères; Platon spiritualise quelque peu la nature; Aristote en écrit l'histoire et en ébauche les lois; Longus enfin, dans *Daphnis et Chloé*, a mérité d'être comparé à notre Bernardin de Saint-Pierre. Tous ces grands esprits ont suivi la même voie; la description de la nature dans ses rapports avec l'homme.

Les Romains firent preuve d'une sensibilité moindre encore que les

Grecs, et la gravité ordinaire de leurs discours, la raison mesurée qui les rendait plus propres à saisir et à peindre la réalité des choses qu'à s'abstraire dans une poésie contemplative, se reflètent dans leurs ouvrages littéraires. Toutefois Lucrèce, dans son poëme de la nature, se montre à la fois philosophe et poëte, et trace des tableaux d'un charme naturel et vivant. Cicéron a montré souvent que les beautés de la nature le séduisaient[1], mais il n'y songeait guère qu'à sa villa champêtre d'Arpinum. Virgile a souvent décrit des paysages, mais toujours pour servir de cadre aux actions de ses héros. Horace n'a laissé que des fragments de ce genre, épars dans quelques vers bien pensés, frappés juste, mais qui ne font que passer rapidement à un autre sujet. Ovide, Tibulle, Lucain, rejettent aux second plan de leurs œuvres le tableau des beautés naturelles.

Les temps stériles de la basse latinité sont moins intéressants encore sous ce rapport. Le poëte Ausone a célébré les paysages de la Moselle dans un ouvrage sec et didactique. Quinte-Curce décrit les forêts persanes de Mazendaran; Pline l'Ancien, dont le neveu illustre a dit « que son savoir était aussi varié que la nature », a laissé de longues descriptions dans les trente-sept livres de son *Histoire naturelle*, mais l'émotion en est absente. Pline le Jeune, qui décrit par le menu ses villas du Laurentin et de Toscane, donne cependant la preuve qu'il goûtait le charme de la campagne, et il faut encore citer l'empereur Adrien, qui faisait reproduire la riante vallée du Tempé dans sa villa de Tibur.

Mais rien, chez ces écrivains, ne dévoile la trace d'un grand sentiment de la nature; on n'en connaît pas de preuve plus convaincante que le silence complet qu'ils ont gardé sur les magnifiques scènes des Alpes et des Pyrénées, que pourtant les légions romaines avaient si souvent traversées pour porter la guerre dans les Gaules.

Il faut arriver au christianisme pour trouver dans les esprits le signe d'une admiration profonde pour la nature, telle qu'elle est sortie des mains de Dieu. Le langage des Pères de l'Église, bien qu'il respire surtout le recueillement intérieur et les hautes méditations, reflète souvent un grand sentiment des beautés de la Création. Saint Basile a décrit admirablement les paysages de l'Asie Mineure. Saint Jean Chrysostome parle avec charme des environs d'Antioche. Le sentiment de la nature s'affirme de plus en plus à mesure que les siècles marchent, jusqu'aux temps où Albert le Grand et Roger Bacon délivrent les sciences des entraves qui les paralysaient et restituent à l'esprit humain sa liberté d'investigation.

Mais les différentes manières de sentir les spectacles de la nature ne dépendent pas seulement des temps ou des transformations des peuples; elles procèdent aussi de la variété des races et de leur génie particulier. Quelle diversité d'appréciations, sur ce rapport, entre les Grecs, les Hin-

---

1. *Traité des lois* et *De l'orateur*, I, 5, et *passim*.

dous, les Gaulois, les races sémitiques, les Égyptiens! Quel sentiment élevé dans la contemplation de la nature chez les Minnesinger du moyen âge! Dans les épopées naïves de ces bardes, les descriptions des montagnes et des plus beaux sites tiennent une place considérable, et il faut recourir aux *Védas*, le plus ancien monument littéraire de l'Inde, aux chants sacrés des Hébreux ou aux poëmes des Arabes, pour trouver des peintures qui atteignent à ce niveau de poésie descriptive.

Au seuil d'un monde nouveau, Dante à son tour, avec la supériorité d'un immense génie, se fait le chantre inspiré de la nature. Le *Purgatoire*, dans le premier (v. 115) et dans le cinquième livre (v. 109), en contient d'admirables exemples.

Mais combien les descriptions de la nature prirent un plus noble essor quand la grande découverte du nouveau monde eut ouvert un champ d'observation infini aux esprits et fait jaillir la source des sciences modernes! Les formes inconnues des plantes, l'immensité des forêts impénétrables, l'exubérance de la végétation déterminèrent chez les premiers explorateurs que n'attirait pas seulement la soif de l'or, une admiration que leurs écrits respirent à chaque page. Rien n'est plus touchant, en ce sens, que les lignes suivantes, détachées du journal de voyage de Colomb lorsqu'il décrit les richesses naturelles de l'île de Cuba : « L'attrait de ce nouveau pays, dit-il, dépasse de beaucoup celui de la campagne de Cordoue. Les arbres brillent d'un feuillage toujours vert et sont éternellement chargés de fruits; des herbes hautes et fleuries couvrent la surface du sol; l'air est tiède comme en Castille au mois d'avril; le rossignol chante avec une douceur qu'on ne saurait dire; dans la nuit, d'autres oiseaux plus petits chantent à leur tour; j'entends aussi le bruit de nos grillons et celui des grenouilles. Un jour, j'arrivai dans une baie profonde et fermée de toutes parts, et là, je vis ce que jamais homme n'avait vu. Du haut d'une montagne s'élançait une cascade charmante; la montagne était couverte de pins et d'autres arbres aux formes diverses, tous ornés de belles fleurs. En remontant le fleuve qui venait se jeter dans la baie, je ne pus me lasser d'admirer la fraîcheur des ombrages, la limpidité des eaux et le nombre des oiseaux qui chantaient. Il me semblait que je ne pourrais jamais quitter un tel lieu, que cent langues ne suffiraient pas à redire un pareil spectacle, que ma main enchantée se refuserait à le décrire [1]. »

Le langage vrai de la nature était trouvé : on l'admirait désormais pour elle-même. Le Tasse, l'Arioste, Camoens, Milton, lui empruntaient leurs plus beaux effets poétiques; un genre littéraire nouveau venait de naître, auquel la force et la précision de la prose descriptive donnaient autant de valeur qu'en avait autrefois la langue versifiée. Mme de Sévigné [2],

---

1. *Journal* de Chr. Colomb (traduct. de Humboldt). 1er voyage (29 oct. — 21 déc. 1492).
2. *Lettres*. Années 1671 et 1689.

Jean-Jacques Rousseau[1], Buffon[2], Bernardin de Saint-Pierre[3], Chateaubriand[4], montraient successivement que l'intérêt dramatique n'avait pas besoin d'occuper le premier plan pour que leurs compositions fussent admirées d'un public désormais acquis à l'expression des beautés naturelles.

Sans doute l'excès ne se fit pas longtemps attendre. Aux descriptions justes de la nature dans ses plus belles scènes succédèrent bientôt les peintures emphatiques des voyageurs et des écrivains mal inspirés. Au lieu de suivre le précepte arabe, qui dit que « la meilleure description est celle qui fait de l'oreille un œil », les Delille et autres poëtes ne virent dans la nature qu'un sujet de déclamation, et leurs œuvres empruntèrent un éclat artificiel à ce faux point de vue, que la critique moderne a fini par juger sévèrement.

La vérité, dans ce genre de littérature, qui ne le cède en grandeur à aucune autre, se trouve résumée dans cette belle leçon de Humboldt : « On peut donner aux descriptions de la nature des contours arrêtés et toute la rigueur de la science, sans les dépouiller du souffle vivifiant de l'imagination. Que l'observateur devine le lien qui rattache le monde intellectuel et le monde sensible, qu'il embrasse la vie universelle de la nature et sa vaste unité par delà les objets qui se bornent l'un l'autre; telle est la source de la poésie. Plus le sujet est élevé, plus l'on doit s'interdire avec soin la parure extérieure du langage. L'effet que produisent les tableaux de la nature tient aux éléments qui les composent; tout effort, toute application de la part de celui qui les trace ne peut qu'en troubler l'impression. Mais si le peintre est familier avec les grandes œuvres de l'antiquité, si, en possession assurée des ressources de sa langue, il sait rendre avec vérité et simplicité ce qu'il a éprouvé lui-même en face des scènes de la nature, l'effet alors ne fera pas défaut. On est plus sûr encore du succès, si l'on n'analyse pas ses propres dispositions, et si on laisse les autres à toute la liberté de leurs sentiments. »

DE LA NATURE EXPRIMÉE PAR LA PEINTURE.

Nous avons vu l'idée de la nature rendue sensible par des descriptions de plus en plus fidèles à mesure que l'art de bien dire progressait, et constaté qu'elle avait conquis dans les temps modernes un rang que les anciens ne lui avaient jamais accordé. Non contents de nous montrer la richesse de formes du monde physique, les écrivains ont rattaché la nature visible à nos

---

1. *Nouvelle Héloïse,* 1759.
2. *Époques de la nature,* 1778.
3. *Études de la nature,* 1784; *Paul et Virginie,* 1788.
4. *Œuvres diverses,* 1801-1811.

sentiments intérieurs, et ceux-là se sont le plus approchés de la perfection, dont les descriptions se sont montrées les plus vraies dans ce double sens.

La peinture de paysage peut également remplir ce but et atteindre cette dualité idéale : la représentation de la matière et de l'esprit, sommet le plus élevé de l'art. Les anciens ne la connaissaient pas plus que la poésie descriptive proprement dite, ou lui faisaient jouer un rôle très-effacé. Dans leurs tableaux ou leurs peintures murales, on voit, par le peu qui reste des compositions de l'antiquité grecque et romaine, que le paysage n'était qu'un ornement accidentel accompagnant les scènes animées que les artistes voulaient reproduire. Mais peu à peu cet accessoire devint le principal, à mesure que le sentiment de la nature se répandait dans les esprits. Comme on avait vu autrefois le paysage servir de fond ou de cadre muet aux représentations humaines, on vit l'homme, à son tour, devenir l'accessoire dans la peinture des beautés naturelles, qui portent en elles-mêmes le charme et la poésie.

Platon[1] a parlé de la représentation les scènes de la nature; Aristote[2] dit que les décorations du théâtre rehaussaient l'éclat des tragédies d'Eschyle et de Sophocle ; Philostrate cite des tableaux figurant des paysages, des volcans. Comme dans l'architecture et la sculpture, les Romains imitèrent les Grecs dans cet art nouveau, et l'appliquèrent, non-seulement à leurs monuments publics, mais à leurs habitations privées.

Pline attribue à un certain Ludius l'invention des peintures murales, où le paysage avait une part assez importante. Mais les artistes s'appliquèrent plutôt à représenter quelques lieux, villes, jardins, ports, villas, et à en donner la topographie fidèle, qu'à exprimer le charme pittoresque de scènes absolument sauvages.

Pendant le moyen âge, on voit encore cette coutume prévaloir. Si parfois, dans quelques missels enluminés, un paysage est traité avec soin, bien qu'en dehors de toutes les lois de la perspective, et peint avec cette netteté dans les détails qui caractérisait les miniaturistes du xve siècle, nulle part on ne sent dans ces compositions un effort pour rendre exclusivement le sentiment de la nature.

Mais aussitôt que la peinture à l'huile est inventée, qu'Antonello de Messine répand à Venise le goût de l'imitation de la nature, cet art nouveau se fait rapidement et largement place. A Florence, Ghirlandajo donne une perspective profonde à ses tableaux en distinguant les plans et graduant les teintes ; le Pinturicchio peint de véritables scènes de paysage dans le belvédère du Vatican et exerce sur Raphaël une influence qui sera salutaire au prince de la peinture. Titien, d'un seul bond de son génie,

---

1. *Critias*, 104.
2. *Poétique*, ch. iv.

s'élève dans quelques-uns de ses tableaux [1] à la plus grandiose expression de la nature.

Ces pages isolées ne constituaient pas encore un art complet du paysage ; c'est au xviie siècle qu'il s'épanouit dans toute sa gloire. La nature avait désormais des admirateurs passionnés de ses richesses et de sa variété ; les arts étaient aimés et encouragés ; les procédés d'exécution progressaient ; les esprits étaient plus disposés à goûter les charmes de l'influence du monde physique sur l'âme humaine ; l'art élargissait son empire. Claude Lorrain allait venir, inonder ses compositions d'une lumière d'or et créer ses poétiques lointains ; les deux Poussin trouvaient des appréciateurs de leurs paysages philosophiques, peut-être froids, conventionnels, mais d'un grand style ; Ruysdaël et Hobbéma atteignaient le sublime dans l'expression de la nature, ajoutée à la plus scrupuleuse vérité. Époque privilégiée de l'art du paysage, floraison merveilleuse qui n'a jamais été surpassée, disons mieux, égalée depuis, et qui restera une des gloires de ce siècle [2] !

Jusque-là, les paysagistes avaient emprunté leurs modèles à la nature des régions tempérées de l'Europe : France, Allemagne, Italie du nord. A peine quelques voyages vers le sud avaient-ils permis d'ajouter l'oranger, le pin parasol, le dattier et le laurier aux peintures des formes septentrionales de la végétation.

Lorsque les découvertes de Christophe Colomb, dans le centre de l'Amérique, de Cabral, dans le Brésil, et de Vasco de Gama, aux Indes, eurent ouvert des horizons nouveaux, et que les plantes tropicales commencèrent à être introduites et cultivées dans les serres européennes, on put espérer que les voyageurs enthousiastes de cette riche nature attireraient vers elle des peintres jaloux d'en traduire les beautés sur la toile. A quelques exceptions près, il n'en fut rien cependant. Les artistes tournèrent toujours dans le même cercle et jusqu'à nos jours ils ne se sont guère départis de cette règle. Pour eux, la représentation des scènes de nos régions suffisait à l'expression de leur talent. Les pittoresques vues des montagnes des Alpes et des Pyrénées, les eaux sous tous leurs aspects, les forêts, les prairies, les plaines mêmes avec les épisodes de la vie rurale leur offraient un champ d'études suffisamment varié. Ils ont toujours trouvé, comme Phèdre, que l'ouvrier manquerait plutôt à la besogne que la besogne à l'ouvrier [3]. Bien plus, j'ai plusieurs fois entendu des peintres de haut mérite

---

1. Par exemple le *Martyre de saint Pierre*, son chef-d'œuvre, qu'un incendie a dévoré à Venise en 1867, dans l'église Saint-Jean-et-Saint-Paul.

2. On peut ajouter à ces maîtres de la peinture de paysage de la fin du xvie au xviie siècle : Breughel (1569-1625), Cuyp (1606-1672), Salvator Rosa (1615-1672), Everdingen (1621-1675), Van de Velde (1639-1672), Karel Dujardin (1644-1687).

3. Materiæ tanta abundat copia,
Labori faber ut desit, non fabro labor. (Phædr.)

douter de la beauté d'ensemble des paysages tropicaux au point de vue *pictural*. « Les détails sont sans doute magnifiques, me disaient-ils, mais l'aspect, l'impression, l'effet général, la poésie, ce qui doit toucher avant tout l'artiste, sont-ils supérieurs ou même égaux à une belle scène de la forêt de Fontainebleau ou au grandiose panorama des Alpes? Croyez-vous que Rousseau ou Calame eussent fait d'une forêt vierge des tropiques, ou d'une vue de la Cordillère des Andes, des toiles égales en beauté à leurs chefs-d'œuvre? » Oui, répondrais-je, et cent fois plus belles! J'ai eu le bonheur de contempler la splendeur et la variété inépuisable de la végétation dans les plus riches et les plus sauvages régions de l'Amérique équatoriale, et je crois fermement que cette nature est faite pour inspirer d'admirables tableaux. Jamais le talent ne sera à la hauteur de ces merveilles, et chercher à les traduire d'une manière saisissante est un effort digne des plus grands artistes.

Quelques tentatives en ce sens ont été faites. Le Hollandais François Post, compagnon de Maurice de Nassau, dans ses voyages au Brésil, dessina, d'après nature, la végétation de quelques régions du bassin de l'Amazone. Le comte de Clarac, Bauer, Bellermann, Hildebrandt, Kiltlitz, Biard et quelques dessinateurs bien connus, libres ou attachés aux expéditions scientifiques au Brésil, ou parcourant les Indes néerlandaises, se sont essayés dans cette voie encore nouvelle. Mais quelle insuffisance dans ces études! Ce qu'il eût fallu voir, c'était un Dupré, un Diaz, un Rousseau, ne pas craindre de franchir les mers pour aller surprendre les secrets de la beauté dans la nature, comme les explorateurs sont allés fouiller ses mystères scientifiques. Au lieu de se maintenir dans les étroites limites où ils ont été confinés par une flore modeste, la connaissance des formes et des couleurs du monde tropical ferait naître chez eux des émotions nouvelles, exciterait davantage leur sensibilité, dilaterait leur âme, fournirait une abondante et substantielle nourriture à leur génie et augmenterait leur force de production. Il sortirait naturellement de là de belles pages, qui créeraient une génération nouvelle d'admirateurs et fourniraient une noble jouissance de plus aux amis des belles choses.

DE LA REPRODUCTION DE LA NATURE PAR LES JARDINS.

Après avoir admiré le beau dans la nature et analysé les émotions qu'il donne à notre âme, nous avons vu comment les sentiments qu'il inspirait aux hommes étaient traduits par les écrivains et les peintres.

Il est un troisième mode de reproduction, plus sensible que les deux autres, et qui prend également ses moyens d'action dans la nature et dans l'art. C'est celui qui fait l'objet de ce livre et que l'on peut appeler *la composition des jardins*. Au lieu de peindre à nos yeux la nature par le langage ou le dessin, c'est avec les éléments mêmes du paysage qu'il opère. Le sol est sa toile; les arbres, les fleurs et les gazons, ses couleurs. Son but est de charmer nos regards et d'émouvoir doucement notre âme en empruntant à la création ses plus agréables scènes, en ajoutant à son harmonie et à sa variété, en faisant valoir ce qu'elle a de plus beau, en supprimant ou dissimulant ses défaillances.

Une étude rapide du développement des jardins chez les différents peuples nous a montré qu'à l'exception des Chinois, il avait fallu aux hommes de longs siècles et une lente transformation du goût pour les faire renoncer à ces compositions anti-naturelles qui sont restées si longtemps en faveur.

Aussi n'est-ce point à cet art symétrique, de convention, que ce livre doit être surtout consacré. Sans doute il aura sa place lorsque j'aurai à traiter de l'union de l'architecture et des jardins dans les résidences somptueuses, où le dessin géométrique s'accorde mieux que le style paysager avec les constructions environnantes; dans les promenades publiques, où certaines convenances priment toute autre considération; auprès des habitations urbaines, et dans les jardins d'utilité, où le produit et la facilité d'exploitation sont l'objet à atteindre avant tout.

Mais l'art aimable et charmant qui consiste à embellir nos résidences de ville et de campagne en s'inspirant de la nature et nous servant des moyens qu'elle met à la disposition de l'homme de goût, voilà ce qui aura nos préférences et que nous étudierons au double point de vue théorique et pratique.

Pour arriver à ce résultat, j'examinerai ci-après les diverses manifestations du beau et du pittoresque dans les ouvrages de la Création, afin d'en tirer les conséquences qui me serviront de règle dans les applications. De plus, j'essayerai de préciser quelle doit être l'union de l'art avec la nature, et à chercher les modèles des jardins autant dans les plus belles toiles des peintres que dans les scènes choisies du monde extérieur. Par ce côté, la composition des jardins paysagers touche de près aux beaux-arts, ou plutôt elle fait partie des beaux-arts, dès que l'artiste devient digne de son sujet et le considère par son côté le plus élevé. L'idéal dans la création des jardins, pour Girardin, était — nous l'avons vu, — de les composer non en architecte et en jardinier, mais en peintre et en poëte. Je vais plus loin, et à mon sens, pour embrasser l'art des jardins dans toute son étendue, il faut être à la fois peintre, poëte, architecte et jardinier.

L'unité et la variété. — L'unité dans l'ensemble, la variété dans les détails, telle est la loi qui préside à la beauté dans la nature comme dans l'art, et qui s'applique également aux jardins.

Si dans un paysage où les lignes s'unissent et où cependant la variété se fait jour, nous ne nous sentons pas attirés, c'est que l'harmonie n'est qu'apparente et que les deux conditions ne sont pas remplies.

Au contraire, si une scène nous arrête dans un paysage, c'est que son caractère d'ensemble est en accord avec un état particulier de notre esprit, soit habituel, soit accidentel. Nous sentons ainsi la grandeur, la sauvagerie, la gaieté, la tranquillité, la mélancolie. Dès que cette première inspiration est passée, si nous cherchons pourquoi nous avons été émus, nous trouverons que chacun des détails de la scène concourt à produire cet effet, et que l'harmonie générale est le résultat de la relation des parties entre elles.

Dans la composition des jardins, il faudra tenir grand compte de ce principe, que la beauté ne consiste pas dans la réunion de beaucoup d'objets dissemblables, et que la composition sera confuse si l'on ne découvre pas un caractère d'ensemble pour relier les parties. Ce caractère est la clef de la scène qui se déroule sous nos yeux, et rien ne peut en excuser l'absence, que cette scène soit naturelle ou artificiellement créée. Je montrerai plus loin, par des exemples, combien ces disparates gâtent des compositions de parcs en apparence réussies et qui finissent par fatiguer les yeux et mécontenter l'esprit.

Quelques formes parfaites, jetées dans le paysage, ne suffiront pas à lui donner cette uniformité de caractère si désirable. Des beaux arbres, pris individuellement, peuvent même produire de mauvais résultats. De même que ce que nous aimons dans l'arbre c'est son caractère bien affirmé, la pureté de son type, de même nous détesterons un paysage dont les ornements trop multipliés, confus où mal placés, n'offrent aucun spectacle d'unité. Si ces parties sont peu nombreuses, le spectateur cherche à les supprimer par la pensée, et le paysagiste par l'art, comme un accident fâcheux, mais si elles dominent, elles nous indignent en détruisant toute impression harmonique.

La supériorité des productions de la peinture et de la sculpture sur les productions de la nature consiste justement dans le pouvoir que possède l'artiste de corriger les défauts accidentels qui éloignent ces productions de leur type original; on doit donc enlever tout ce qui interrompt l'expression générale du sujet et de la forme, et présenter, pur et sans mélange, le caractère que nous avons associé avec les objets dans la nature réelle.

Le même principe s'étend à la proportion et au nombre des parties. Par exemple, quelques buttes de terre, si élevées soient-elles, au milieu d'une plaine, n'enlèveront pas sa monotonie; quelques arbres dispersés dans un champ ne le meubleront pas. Un ravin abrupt sur de douces collines semble un trou qu'on a oublié de combler; une forme polie, une ondulation douce détonnent dans un paysage pittoresque.

L'idée dominante doit donc se faire sentir clairement; le caractère du terrain doit être approprié au caractère de la scène.

Cependant les émotions peuvent varier beaucoup suivant la prépondérance de la variété sur l'unité *et vice versa*. Une scène uniforme produira toujours une grande et solennelle impression, tandis qu'une scène variée donnera une émotion faible et agréable. Dans les formes des terrains, par exemple, on ne saurait trouver des proportions certaines d'uniformité ou de variété qui soient toujours belles : ce qui s'accorde bien avec un tableau mélancolique ne pourra s'appliquer à une scène gaie. On ne peut donc déterminer exactement la beauté de ces proportions par la composition en elle-même, mais seulement par sa relation avec la nature environnante. C'est la raison qui nous fait trouver également belles des scènes très-différentes.

La variété est nécessaire. Un terrain peut être beau, mais il ne saurait avoir le charme sans la variété, et même sans quelques contrastes. Les seuls écueils à éviter sont que la variété dégénère en inconsistance et le contraste en contradiction. La nature nous offre un fond inépuisable pour réaliser ce programme, et la variété bien employée embellit un lieu sans détruire l'effet général, chaque partie produisant une impression distincte et cependant conduisant à un but unique. C'est par une sage gradation qu'on obtient ces résultats.

On peut donc affirmer que le grand secret de l'art des jardins consiste dans la conservation du caractère de chaque scène, que ce caractère soit naturel ou créé.

Le beau et le pittoresque. — L'art des jardins doit s'inspirer des compositions des grands peintres de paysage. Si nous devons aux écrivains d'avoir fait passer sous nos yeux, des scènes réelles et bien choisies que nous n'aurions pas remarquées sans eux, ou d'avoir rendu heureusement un sentiment que nous ne saurions exprimer, c'est surtout aux peintres à frapper nos regards par les heureuses combinaisons de la nature que sans eux nous eussions méconnues.

Mais le peintre diffère du dessinateur de jardins en ce qu'il ne voit et ne traduit qu'une partie du paysage, tandis que celui-ci doit embrasser à la fois une ou plusieurs scènes dans leur beauté intrinsèque et relative. L'union des deux arts est donc désirable. Non qu'un dessinateur de jardins doive nécessairement être initié à la pratique professionnelle du peintre, mais il doit connaître et sentir la peinture de paysage et avoir présentes à l'esprit les règles de la composition.

Ces règles sont, en peinture :

L'unité de caractère ;

Le groupement des diverses parties ;

L'harmonie des tons ;

Les effets d'ombre et de lumière.

Tous ces préceptes sont applicables aux jardins, mais tous ne sont pas appliqués, tant s'en faut. Il n'existe, jusqu'à présent, aucune école de composition paysagère ; tout est abandonné à la fantaisie individuelle, agissant suivant les idées dominantes du temps et du lieu où vit l'artiste ou celui qui se décore de ce nom. Pour quelques-uns qui comprennent la nature et montrent quelque souci de s'inspirer de ses beautés, on en trouve mille dont l'idéal, en matière de jardins, est le nettoyage des productions spontanées et l'accumulation d'objets étrangers et disparates. L'objet principal, en arrivant sur le théâtre de leurs exploits, leur paraît être de couper les sous-bois, nettoyer le bord des eaux, élaguer les arbres, réparer les ruines, blanchir les maisons, polir les rochers, multiplier les allées, éparpiller les fleurs et planter des arbres d'espèces aussi variées que dans une école de botanique. Si ce système peut être toléré, — bien qu'il soit exclusif de l'art, — dans les petits jardins, je demande quel effet il doit produire dans les grands parcs, et si c'est dans cette nature ratissée que Claude le Lorrain ou Hobbéma seraient venus chercher les modèles de leurs tableaux !

Non qu'il faille tout sacrifier au pittoresque et employer des peintres de paysage à la composition des jardins. Je crois qu'ils y seraient malhabiles et que, malgré eux, ils se montreraient exclusifs. Ils feraient prévaloir leur spécialité en peinture et ne verraient que ce qui s'accorde avec leurs préférences. Il faut, au contraire, admettre sans réserve tout ce qui est beau, n'appartenir à aucune école, ou plutôt être d'un éclectisme tel qu'on puisse les admettre toutes dès qu'il s'agit de se rapprocher du type idéal de la beauté dans la nature.

J'ai écrit le mot « pittoresque ». Il se représentera bien des fois dans ces pages et il est utile d'abord de fixer ce qu'il doit peindre à notre esprit. Si l'on peut nommer beau, dans la nature visible, tout objet qui donne du plaisir aux yeux, en prenant cette définition dans son sens le plus étendu, on pourrait aussi appeler pittoresque (de l'italien *pittoresco :* capable d'être peint) tout objet qui peut être un sujet propre à être reproduit par la peinture ; c'était l'opinion de J. Reynolds. D'après Gilpin [1] les objets pittoresques sont « ceux qui plaisent par des qualités propres à être représentées par la peinture ». U. Price accordait à ce mot à peu près la même signification. Selon Lauder, « le pittoresque est ce qui provoque le peintre à déployer rapidement les qualités affectives de son art ». En Italie et en Angleterre, ces définitions ont été exactes ; elles ont cessé de l'être par l'acception qu'on leur a donnée en France et qui a généralement prévalu.

Pour qu'un objet soit pittoresque, il faut qu'il donne une impression soudaine, étrange, en même temps qu'agréable. Le pittoresque n'est pas un synonyme, ni même, comme on l'a dit, une forme de la beauté. Il peut s'allier à elle, mais son impression est distincte. Une chose peut être à la fois belle et pittoresque, mais elle peut être pittoresque seulement sans être belle. C'est ainsi qu'un temple d'une belle architecture est beau, et qu'en ruines il est pittoresque. Les ruines gothiques sont le sublime dans

---

1. *On picturesque beauty.* — 1776.

le pittoresque. Un vieux moulin, des arbres morts, nous donnent l'idée actuelle du pittoresque et en même temps de la beauté qu'ils ont possédée autrefois. Mais une chaumière couverte de mousse et à moitié croulante, un cheval de labour, un groupe de *gitanas* d'Espagne ou de mendiants romains sont incontestablement des objets pittoresques sans être beaux, et cependant ils nous intéressent et nous plaisent. La beauté produite par la seule harmonie des lignes, des couleurs, par la relation des parties, est parfois complète, comme dans les tableaux du Corrège, mais elle peut devenir ennuyeuse, comme Guido Reni nous l'a prouvé dans plusieurs de ses compositions fastidieusement belles, tandis que nous sommes charmés par celles de Salvator Rosa, le plus fougueux, le plus pittoresque des peintres.

On pourrait donc appeler pittoresque un objet ou une scène à la fois agréable et étrange, et d'un grand effet en peinture.

Les qualités du beau et du pittoresque peuvent parfois se confondre; mais souvent elles sont opposées[1]. Les unes sont fondées sur la douceur, les autres sur la rudesse. Ainsi la symétrie, qui s'accorde avec le beau, est contraire au pittoresque. Un arbre de forme régulière et dans la plénitude de son développement est beau; irrégulier, il est pittoresque. Dans les êtres vivants, tout signe de maladie est exclusif de la beauté. Cicéron l'a dit : « La beauté et la perfection du corps ne peuvent être séparées de la santé[2]. » Cependant nous savons qu'un être malade peut rester pittoresque, qu'il soit arbre ou animal.

Le pittoresque exerce sur nous une séduction que la beauté seule ne saurait produire; toujours nous avons besoin du merveilleux. Ainsi un cheval richement harnaché, un arbre suspendu au-dessus d'un abîme, une femme belle et parée d'ornements bien choisis, nous plairont davantage que s'ils restaient dans leur beauté et leur simplicité naturelles.

Le « sublime » est cette forme du beau qui comporte une certaine somme d'horreur. Il se rencontre souvent dans la nature : la mer pendant la tempête, les sommets des Alpes, les rochers suspendus sur des abîmes, présentent des spectacles remplis de terreurs et de sublimes beautés. Il est au-dessus des forces humaines de créer ou de reproduire ces scènes grandioses. Mais il est du domaine du dessinateur de jardins de les faire entrer dans un paysage et de les enfermer dans un cadre favorable, s'il n'ignore pas les ressources de son art et s'il sait diriger à propos les vues sur ces grands spectacles de la nature.

Si le sublime est hors de notre atteinte, il n'en est pas de même du pittoresque. Une école nouvelle, établie en France, en Angleterre et en Allemagne, s'est créé une sorte d'idéal de la beauté des jardins qu'on

---

1. Price, *On the picturesque*, ch. IV.
2. *De officiis*, liv. I.

ne saurait trop condamner comme étant contraire aux lois véritables du beau, dans la nature et dans l'art. Pour les adeptes de ce genre nouveau, la mollesse dans le dessin, la recherche dans les détails et dans la tenue des jardins constituent le principal, pour ne pas dire le seul résultat à obtenir. Chez les Anglais, le mélange des lignes droites et du dessin irrégulier, des terrasses et des prairies couvertes de bétail, des gazons disposés en banquettes planes et anguleuses, tondus comme des tapis de velours, et des fleurs répandues à profusion, l'immixtion à tout propos de l'architecture avec le jardinage, l'augmentation du nombre des amateurs de belles plantes faisant de leur jardin une exposition de spécimens, ont produit un style bâtard, dont la bizarrerie est la règle et où le goût est généralement absent[1].

En Allemagne, on a pris une autre voie pour arriver à des résultats analogues. Le nombre des allées courbes, étroites et heurtées y a dégénéré en un excès tel, que les jardins fruitiers et potagers sont souvent englobés dans les allées curvilignes du parc, rendant ainsi l'ensemble hétéroclite et la culture d'utilité fort difficile. Les plantations de massifs sont généralement mieux comprises qu'en Angleterre et en France, et une certaine entente des combinaisons de feuillage s'y fait voir; mais le nombre des arbres et arbustes dispersés sur les pelouses est tellement considérable et leur groupement est si confus, que nulle part on ne rencontre l'harmonie désirée. L'idée unique, le lien d'ensemble, paraît manquer à la plupart des créations de jardins modernes que j'ai observés en Allemagne et dans le centre nord de l'Europe. Quant à la disposition des fleurs, elle a peu à peu dégénéré en une recherche enfantine, en une multiplicité de dessins, arabesques ou mosaïques multicolores, dont j'ai relevé les plus curieux exemples dans les parterres-vitraux de Hambourg et dans le jardin prussien de l'Exposition universelle de Paris, en 1867.

La France a pris depuis vingt-cinq ans une autre allure dans l'arrangement de ses jardins, leur composition, exécution et décoration. Avant le second Empire, le dessin des jardins, que Thouin avait voulu ramener à des règles assez larges et à un goût plus pur que celui de ses devanciers, n'avait guère suivi les sages exemples fournis par ses *plans raisonnés*. Les dessins qui nous sont parvenus depuis la Restauration jusqu'à cette époque témoignent d'un mauvais goût général[2]. Les embellissements de Paris, commencés par ceux du bois de Boulogne, inaugurèrent une ère nouvelle

---

1. Je n'entends pas parler ici des admirables parcs anciens qui datent de la grande époque de l'art des jardins en Angleterre, ni de quelques compositions modernes qui font exception à cette règle et que je citerai plus loin. Je signale la tendance dominante actuelle dans le dessin des jardins en Angleterre.

2. Je reproduis ici la réserve que je viens de faire pour l'Angleterre, et j'ai vu en France un certain nombre de beaux jardins créés avant 1850, qui font honneur à des artistes hors ligne, dont plusieurs sont encore vivants.

dans la composition des jardins. Dès que les travaux eurent été confiés aux mains des ingénieurs de la ville de Paris, on chercha et on trouva d'autres modes de procéder. Aux allées étroites et aux courbes brisées succédèrent des voies larges et des inflexions douces et harmonieuses. Au lieu de niveler simplement la superficie des terrassements, on étudia l'art de modeler le relief du sol. Le centre des pelouses se creusa en cuvette, les massifs d'arbustes se relevèrent, les arbres isolés se détachèrent en vedette où s' « appuyèrent » les corbeilles de fleurs toujours elliptiques et légèrement exhaussées ; l'art (et le nom) du *vallonnement* fut créé. Les idées, les essais combinés par les divers chefs du service des Promenades et Plantations de Paris donnèrent naissance à ce nouveau genre, attribué depuis à un seul artiste [1] qui le perfectionna, mais ne l'inventa point. Ces procédés, qui produisaient des effets gracieux et furent tout de suite goûtés du public, devinrent des sortes de lois tacitement acceptées qui s'appliquèrent à tous les jardins et parcs entrepris par la Ville, jusqu'aux plus petits, qu'on appela improprement des *squares*, d'après la ressemblance de leur situation avec les squares de Londres.

Une faveur incroyable accueillit cette partie séduisante des embellissements de Paris. Bientôt les particuliers opulents des environs de la capitale, puis la province, et enfin l'étranger, suivirent ce mouvement. Mais là se rencontra un écueil, contre lequel le bon goût menaça de sombrer. Les copistes, qui n'avaient pris que le procédé sans le talent, ne remarquèrent pas que les règles qui doivent présider à la création des jardins publics d'une grande cité ne sauraient s'appliquer avec succès aux scènes de la nature libre et sauvage. Ils ne virent point que cet art nouveau était en grande partie de convention et qu'il détonnerait dans un autre milieu. En un mot les parcs privés furent calqués sur les bois de Boulogne, et les petits jardins de ville ressemblèrent à des *squares*. On vit des paysages entiers en pays plat, couverts de vallonnements comme le parc de Monceau, de vastes prairies tondues chaque semaine, des allées trop larges et trop nombreuses qui ne conduisaient à rien, de longues courbes régulières passant à grands frais sur des pentes abruptes, des forêts bordées d'arbres exotiques en masses arrondies et compactes, des rivières et des lacs en ciment et des rochers en pierre meulière dans les plaines de la Beauce ou sur les schistes de l'Anjou. Les ornements artificiels se multiplièrent dans une regrettable profusion et rappelèrent ce reproche du peintre Apelles à un de ses élèves qui surchargeait une *Hélène* de bijoux : « Jeune homme, lui dit-il, ne pouvant la faire belle, vous l'avez faite riche. » Les gazons constellés de corbeilles de fleurs donnèrent l'idée d'une boîte de pains à cacheter répandue sur un tapis de billard ; les plantes à grand feuillage, répandues dans le milieu de la campagne ou des

---

1. M. Barillet-Deschamps.

bois, développèrent leurs formes tropicales des plus disparates avec la végétation environnante [1]. Ce prétendu style eut bientôt un nom : on l'appela l'*horticulture décorative*.

Que nous sommes loin de l'idée de la beauté dont j'ai essayé plus haut de rappeler les lois! Où sont l'unité, l'harmonie, l'ordre qui satisfont à la fois les regards et la raison? Sous le faux prétexte que des gazons, des arbres, des eaux et des fleurs font toujours plaisir à voir, on a substitué, aux anciens jardins symétriques, un genre plus artificiel encore. Le premier au moins avouait sa tendance : montrer la main de l'homme et dompter la nature; celui-ci lui emprunte ses éléments, et, sous prétexte de l'imiter, lui fait jouer un rôle ridicule, j'allais dire efféminé.

Ce n'est pas cela — disons-le bien haut — qui constitue l'art des jardins. S'il cherche ses moyens d'action dans la nature, c'est pour les faire valoir d'une manière simple et noble. C'est dans le tact, le discernement, le jugement déployé dans la sélection et la composition des objets qui doivent produire le beau, que consiste la faculté de l'esprit nommée bon goût. C'est par une judicieuse union entre le beau et le pittoresque que l'artiste donne aux scènes l'expression, la vie, sans détruire leur unité.

Cette digression critique terminée, revenons au parallèle entre le beau et le pittoresque.

Il est nécessaire d'allier, à l'apparence douce et harmonieuse que l'on recherche dans la beauté, une certaine dose de pittoresque, disons-le, de rudesse relative. A chaque pas vous verrez cet heureux mélange dans les plus belles productions de la nature. La silhouette déchirée des rochers, les flancs escarpés des montagnes, les chutes d'un torrent, le tronc noueux des arbres, le limbe découpé des feuilles, l'éclat varié des fleurs, les couleurs ardentes de l'automne, les épines et le calice mousseux d'une rose, un buisson d'églantine en fleur, la crinière d'un lion, les bois d'un cerf, les aspérités de l'architecture gothique, l'ornement dans l'architecture grecque, le détail dans la peinture, la draperie dans la sculpture montrent la beauté alliée au pittoresque. Je ne veux pas dire que la beauté soit impossible sans cette pointe de pittoresque, mais les deux conditions réunies excitent davantage des émotions agréables et variées, sans détruire le principe d'harmonie.

La douceur des formes et des couleurs entraîne une idée de repos, apporte le pittoresque ou la rudesse l'idée de l'excitation, mais aussi de la variété et de la vie. Un paysage rempli d'ornements projetés dans tous les sens fatigue le regard, et l'on y cherche en vain le calme; tandis que les jardins trop soignés dont je viens de parler, par leurs éternelles surfaces polies, manquent d'imprévu et d'animation.

---

[1]. On comprendra que je m'abstienne de faire ici des personnalités et de citer de nombreux jardins où je pourrais indiquer des exemples de toutes ces fautes de goût.

Les grands peintres ont bien compris ces lois. Claude le Lorrain est incomparable pour l'ampleur et la noblesse de ses paysages, l'harmonie de la composition et la distribution de cette lumière chaude et dorée, dont il avait le secret à l'égal du Titien. Le pittoresque chez lui a cependant une part importante, soit dans l'opposition des couleurs des arbres auxquels il donne les nuances les plus diverses, soit dans cette tendance à représenter presque toujours les scènes colorées de l'automne, soit lorsqu'il donne un sentiment à son tableau par l'action des personnages et le choix des ornements. L'Albane, au contraire, en peignant une nature polie et fardée, est descendu du beau au joli et au prétentieux; Breughel, par la profusion des détails d'un fini excessif, a détruit toute idée de grandeur et de repos dans ses paysages. Pendant que le génie puissant de Rubens lui faisait sacrifier parfois la beauté au pittoresque, Titien, par une heureuse pondération, alliait le sentiment à l'art décoratif, la magie de la couleur à la force, et la pureté du dessin à l'unité de la composition. Chacun de ces deux grands artistes avait sa tonalité préférée : on a pu dire que la couleur de Titien était celle de l'automne et la palette de Rubens celle du printemps.

Chaque artiste peut donc conserver son originalité propre sans méconnaître les lois de la beauté et du pittoresque; sans oublier que le détail ne doit pas dominer; que la première loi d'un tableau sur la toile et d'un tableau sur le sol est d'être un tout; qu'une fleur, si belle de près, est une tache à distance; que la forme et la couleur doivent s'unir; que les caractères de l'atmosphère, de la lumière et des ombres doivent être les études préférées, et que sans principes et sans discernement, on n'atteint jamais la véritable beauté.

CHAPITRE VI

PRINCIPES GÉNÉRAUX DE LA COMPOSITION DES JARDINS

Nous avons constaté, dans le chapitre précédent, qu'on pouvait s'inspirer des principes de la composition en peinture, qui sont : l'unité de caractère, le groupement des diverses parties, l'harmonie des tons, les effets d'ombre et de lumière.

Mais ces règles ne sont pas les seules qu'on doive invoquer quand il s'agit d'ajouter le travail de l'homme aux matériaux mêmes de la nature. Il en est d'autres qui président à la composition des jardins et que nous allons successivement examiner.

Utilité ; proportion. — Lumière ; lois de la vision. — Parmi les principes généraux qui doivent gouverner l'art des jardins, il n'en est pas de plus important que ceux de *l'utilité* et de *l'échelle*. Par utilité, j'entends la convenance relative de toutes les parties d'une résidence, qui peuvent y rendre la vie facile et agréable à un propriétaire, suivant ses goûts et sa situation de fortune. Par échelle, je veux parler de la proportion comparée des objets, qui dépend du phénomène de la vision, de ce coup d'œil de l'artiste qui lui fait juger plus sûrement d'après son impression qu'au moyen des procédés mathématiques. Son rôle est de considérer les choses non comme elles sont en réalité, mais comme elles apparaissent dans l'ensemble, de manière à ce qu'il puisse les éloigner, les réunir ou les supprimer pour obtenir l'effet que lui indiquent son imagination et sa raison. Sans cette faculté de voir juste et par anticipation le résultat qu'il se propose, l'artiste en jardins n'existe pas. C'est à trente ans en avant qu'il doit reporter en esprit le terrain sur lequel il travaille, et non confiner sa pensée sur le produit immédiat des transformations qu'il va entreprendre. Les effets du paysage doivent être étudiés par l'œil du peintre avant d'être mesurés par le compas de l'architecte. Il ne faut pas oublier que les objets n'ont pas de dimensions intrinsèques, et que c'est

PRINCIPES GÉNÉRAUX DE LA COMPOSITION DES JARDINS.

la comparaison, l'échelle qui nous les fait paraître grands ou petits. C'est ainsi que les deux obélisques représentés par les figures 20 et 21, bien qu'ils soient de la même hauteur, nous paraissent cependant de dimensions très-différentes, en raison de la grandeur des personnages qui sont placés auprès et dont nous avons toujours la taille présente à l'esprit. Un moment de réflexion fait comprendre, par les proportions comparées, que l'un de ces obélisques est deux fois plus haut que l'autre. De même une statue colossale ou une colonne vue à grande distance feront paraître les arbres comme des arbustes. La conséquence à tirer de ces faits est qu'il ne faut pas exagérer, dans un paysage, les dimensions d'un objet dont les proportions naturelles nous sont connues, sous peine de diminuer fictivement celle des objets environnants.

Ce respect de la proportion ou de l'échelle est nécessaire non-seulement pour la relation des objets placés auprès les uns des autres, mais il forme la règle de tout embellissement basé sur la perspective, d'après cette loi que la dimension apparente des choses diminue en proportion de leur distance.

Fig. 21.

Fig. 22.

Ainsi, comme application à l'art des jardins, on peut conseiller de placer de petites vaches bretonnes dans une prairie, ou un pont à plusieurs arches sur une rivière artificielle pour en augmenter fictivement la surface, car de même que la distance fait paraître petit un objet grand, de même un objet petit étendra la perspective.

Les lois de l'optique ou de la vision ont des applications constantes dans l'art des jardins, et il est nécessaire d'examiner dans quelles circonstances principales elles doivent être considérées.

On sait qu'en physique on nomme axe optique principal d'un œil son axe de figure, c'est-à-dire la ligne droite par rapport à laquelle il est symétrique, ou la droite qui passe à la fois par les deux centres de la pupille et du cristallin. L'*angle optique* est produit par les axes optiques principaux des deux yeux, lorsqu'ils sont dirigés vers un point unique. On nomme angle visuel l'angle sous lequel on voit un objet, c'est-à-dire l'angle formé par les axes secondaires partant du centre optique du cristallin pour embrasser les deux extrémités opposées de l'objet. Pour une même distance, cet angle décroît avec la grandeur de l'objet, et pour un

122   L'ART DES JARDINS.

même objet il décroît avec la distance. De là l'explication de la loi indiquée plus haut, que les objets paraissent d'autant plus petits qu'ils sont plus éloignés. Par exemple, dans la figure 23, les arbres *a, b, c, d, e,* quoique de hauteurs très-diverses, paraîtront tous de la même grandeur à l'œil placé en A, parce que, malgré leur éloignement relatif, ils sont tous compris dans un même angle A, B, E.

Notre appréciation de la dimension réelle des objets peut être influencée par plusieurs causes, telles que l'angle optique et l'angle visuel, la clarté de l'atmosphère ou sa nébulosité, l'accommodation particulière de l'œil, etc., mais la correction se fait naturellement, par une éducation inconsciente que reçoivent nos yeux dès le jeune âge et par une incessante comparaison avec d'autres objets connus.

C'est donc par la grandeur apparente que nous sommes impressionnés tout d'abord et notre esprit ne perçoit les dimensions vraies que par la comparaison. Cette hauteur apparente variera par trois raisons ; l'éloigne-

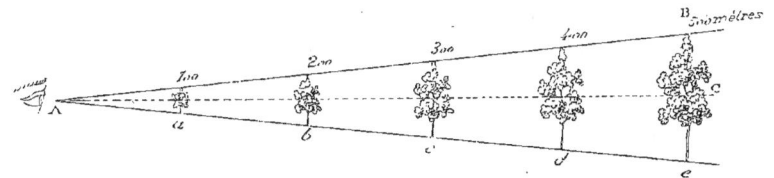

Fig. 23. — Théorie de la vision. Angle optique.

ment de l'objet, son inclinaison avec l'horizon, et la hauteur relative où est placé l'observateur.

Ainsi la hauteur apparente d'un objet perpendiculaire à l'horizon décroîtra avec la distance, si l'observateur reste immobile.

La hauteur apparente d'un objet perpendiculaire à l'horizon décroîtra avec son inclinaison sur l'horizon, l'observateur restant au même point.

La hauteur apparente d'un objet décroîtra avec l'élévation ou l'abaissement de l'observateur, la distance et l'inclinaison restant les mêmes et en supposant que l'axe optique ait été d'abord dirigé sur le milieu de l'objet.

D'où cette loi : que le point où l'œil perçoit un objet dans sa plus grande hauteur, la distance restant égale, est celui où l'axe optique tombe sur le centre de cet objet.

Ces règles peuvent être influencées par des circonstances particulières, l'état de l'atmosphère, la perspective aérienne, la netteté et la couleur des objets, la puissance de vision de chaque individu, etc., mais elles n'en dominent pas moins la matière en général, et reçoivent dans l'art des jardins de nombreuses applications.

J'ai repris l'expérience de Repton, auquel j'emprunte plusieurs faits de ce chapitre, sur l'angle de vision obtenu par le seul mouvement des yeux, en tenant la tête immobile. J'ai trouvé que, l'axe de vision étant perpendiculaire à l'horizon, je pouvais voir au-dessus de cet axe l'espace compris dans un angle de 50 degrés et au-dessous dans un angle de 60 degrés, soit 110 degrés; tandis que cette valeur est très-amoindrie chez d'autres personnes, dont les yeux sont enfoncés sous une forte arcade sourcilière. On peut faire cette observation partout; elle m'a été personnellement facilitée dans la république de l'Équateur, lorsque, à San Miguel, sur les flancs du Chimborazo, j'ai pu embrasser d'un seul regard, et sans remuer la tête, le sommet neigeux de cette montagne (6,500 mètres) et l'immense plaine basse de forêts vierges qui s'étend à quarante lieues de distance jusqu'à la côte du Pacifique. Toutefois, dans un angle aussi ouvert la perception de toutes les parties n'est pas également pure, et je n'évalue guère qu'à 90 degrés l'angle où ma propre vue peut embrasser nettement un paysage en hauteur sans mouvoir la tête [1].

On pourra dire que le mouvement de la tête est si rapide dans l'acte de la vision que la différence n'est pas sensible sur ce qu'on voit, soit qu'on change ou non de position. Mais cette objection est spécieuse, et nous ne voyons bien un objet dans ce cas que par sa relation avec ceux qui l'environnent. En effet, nous suivons aisément un ballon dans les airs quand même il n'est plus guère qu'un point noir; mais, si nous le quittons un moment du regard, nous avons peine à le retrouver dans l'espace, faute de points de comparaison pour nous guider vers lui.

Je crois qu'on peut fixer à 30 degrés environ (fig. 24) l'angle formé au-dessus de l'horizon pour percevoir un objet dans la plénitude de ses proportions, et par conséquent calculer approximativement la distance d'un objet à un spectateur, quand on sait qu'une ligne abaissée du sommet de l'objet dont la hauteur est connue forme avec l'axe optique un angle de 30 degrés.

Ces détails techniques, qu'on pourrait trouver oiseux, sont cependant d'un intérêt capital dans la composition d'un paysage. Un exemple en fournira la preuve. Lorsque nous regardons un monument élevé, d'assez près pour qu'il soit compris en entier dans l'angle de 30 degrés entre son sommet et l'axe optique, il ne nous donne qu'une impression de magnitude. Nous devons nous reculer quelque peu pour en saisir l'ensemble, les proportions et les détails, et asseoir enfin notre jugement artistique. Qui n'a été frappé de ce fait en examinant une de ces vieilles cathédrales gothiques, situées sur des places étroites?

La conséquence principale qui en résulte pour l'art des jardins est que la distance à laquelle on doit placer les éléments du paysage créé ou celle à laquelle on doit se placer soi-même, s'ils existent déjà et méritent d'être vus dans tous leurs avantages, doit être calculée suivant la loi d'optique qui

---

[1]. Repton aurait trouvé 85 degrés.

vient d'être citée. Pour les plantations destinées à masquer des objets disgracieux, cette règle fondamentale est d'une extrême importance. C'est elle qui détermine à quelle distance du point de départ de la vue doivent être placés les arbres pour former un écran effectif, sans nuire au reste du paysage.

A l'étendue du champ de la vision en hauteur vient s'ajouter l'étendue en largeur. L'espace embrassé par le regard dans le sens horizontal est beaucoup plus considérable que dans le premier cas; puisqu'il peut facilement comprendre la moitié de la circonférence, soit 180 degrés. Lorsque

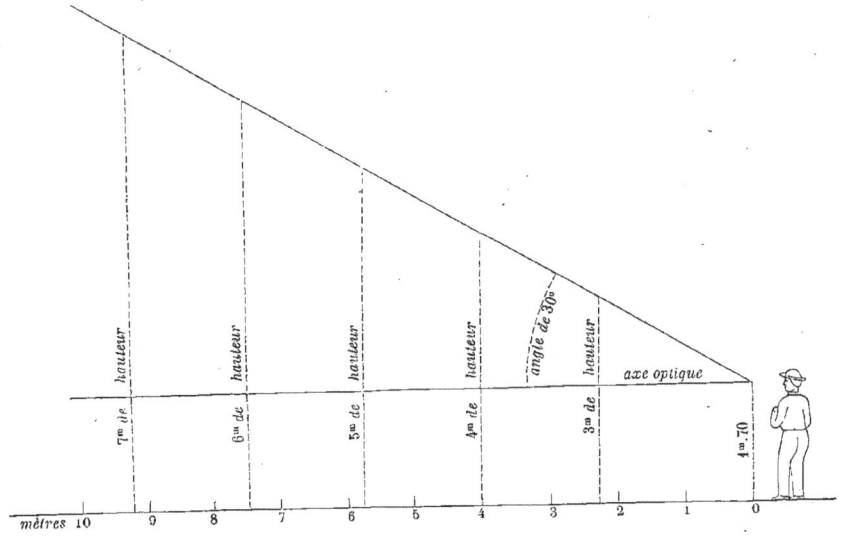

Fig. 24. — Amplitude de l'angle optique au-dessus de l'horizon.

l'observateur est placé de manière à percevoir les objets placés sur tous les points éloignés de cette demi-circonférence, comme s'il dominait l'horizon du sommet d'une montagne, la vue est dite *panoramique*.

Cette considération se place au premier rang, dans le choix de l'emplacement d'une habitation à la campagne. Les angles des vues doivent être calculés avec soin, et l'on peut dire qu'il n'y a jamais qu'*un point* où une maison puisse être *plantée* pour qu'on y jouisse à la fois de tous les avantages de la vue. Si elle est placée trop près ou trop loin de ce point, ou dans une position oblique, si l'on ne tient pas compte de la hauteur au-dessus du sol, de la distribution des pièces, de la largeur des fenêtres, de l'épaisseur des murs, on pourra éprouver de cruels désappointements.

La figure 25 représente une situation choisie avec discernement. L'avenue d'arrivée A accède par le nord à l'habitation, dont les trois autres côtés sont largement ouverts par des fenêtres et des *bow-windows*, afin de donner la plus grande somme de lumière et les angles de vue les plus ouverts; de la salle à manger, située au nord-ouest, une vaste ouverture embrasse un golfe tout entier de la mer, sans que rien ne vienne arrêter le regard, encadré seulement dans un massif de la forêt à droite et dans un groupe d'arbres isolés, B, placés près de la maison pour reculer la perspective. Le salon et la bibliothèque ont une vue également large sur des col-

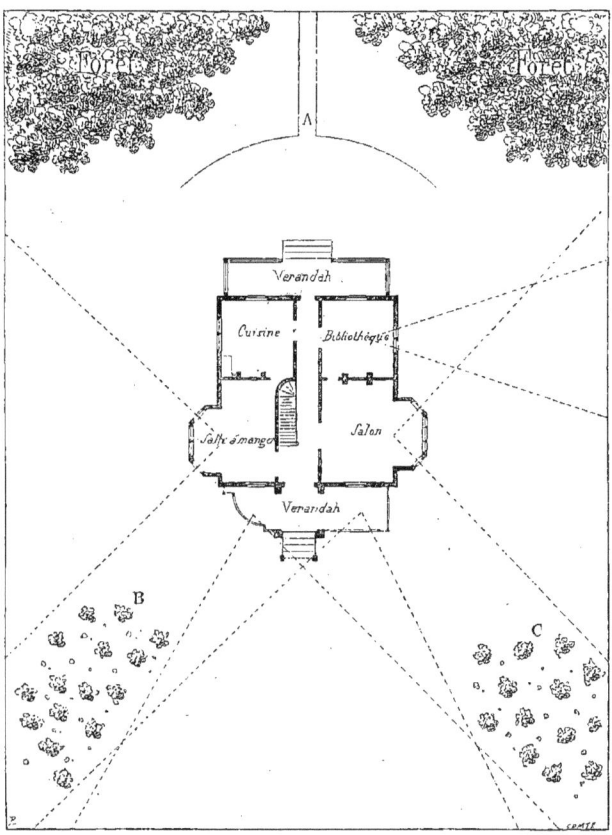

Fig. 25. — Position de l'habitation. Angles visuels bons.

lines au sud-est; tandis que de la véranda l'œil embrasse à la fois une partie du panorama de l'Océan, des prairies au sud et des collines à l'est. Les groupes d'arbres sont rares et assez forts, de manière à diviser le paysage en trois scènes reliées seulement dans leur ensemble. Du milieu même des pièces de réception, salon et salle à manger, on peut jouir de ces tableaux, encadrés, mais non coupés, par les larges baies et les ouvertures à pans coupés des *bow-windows*, ou simplement ouverts dans toute leur étendue quand on les voit de la véranda.

Si, au contraire, on plante une maison carrée au même endroit (fig. 26), sans saillies, sans vérandas, sans décrochements, on se trouvera dans une difficulté grande, et la vue sera sacrifiée. Les vues, prises de l'intérieur du salon, de la bibliothèque ou de la salle à manger, seront toutes comprises dans des angles aigus. D'aucun endroit on ne pourra percevoir l'ensemble et l'effet des scènes paysagères extérieures, à moins d'ouvrir les fenêtres

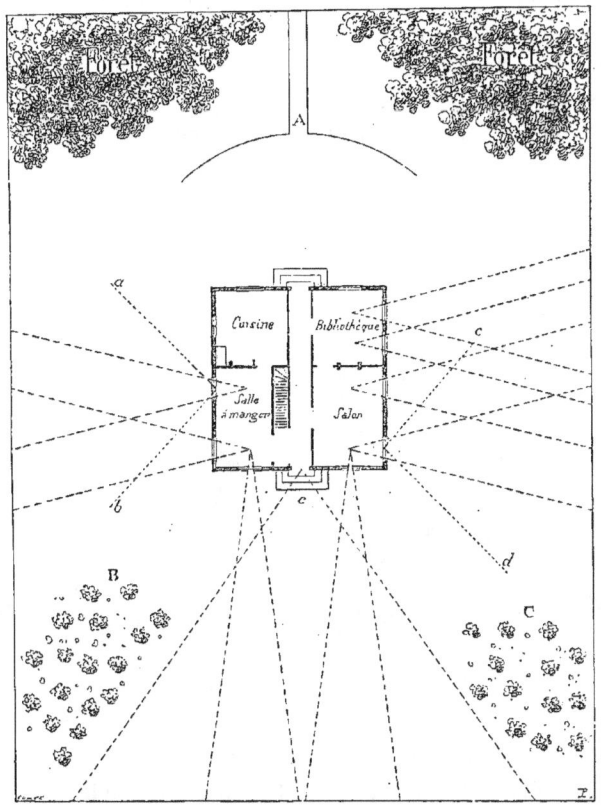

Fig. 26. — Position de l'habitation. Angles visuels mauvais.

pour obtenir les angles ouverts ab et cd. Au lieu d'une longue et large véranda qui permette, comme dans la figure précédente, d'obtenir un vaste coup d'œil, il faudra se tenir sur l'étroit perron e, pour apercevoir une scène qui restera toujours la même, puisqu'elle sera toujours vue du même angle. En descendant cette maison vers le sud-ouest, on obvierait en partie à cet inconvénient; mais, si les groupes d'arbres B et C existaient déjà sur le terrain, il faudrait les sacrifier, parce qu'ils masqueraient des portions importantes du paysage.

PRINCIPES GÉNÉRAUX DE LA COMPOSITION DES JARDINS. 127

L'angle visuel et l'angle optique, on le voit, jouent un grand rôle dans l'art des jardins. Mais la vision peut être encore considérée sous d'autres points de vue, notamment sous le rapport des modifications apparentes du relief du sol, suivant la position de l'observateur.

Un spectateur placé au pied d'une haute montagne n'aura pas l'idée de son altitude, parce que beaucoup des parties de la hauteur se masquent mutuellement dans sa ligne visuelle, tandis qu'un autre placé sur des falaises, dominant la mer, la verra s'élever d'une manière si considérable que ce spectacle si connu l'étonnera toujours. Donc une plaine peut ressembler à une colline et une colline peut ressembler à une plaine, suivant le point où est placé le spectateur.

L'observateur placé en A, dans la figure 27, est dans la meilleure situa-

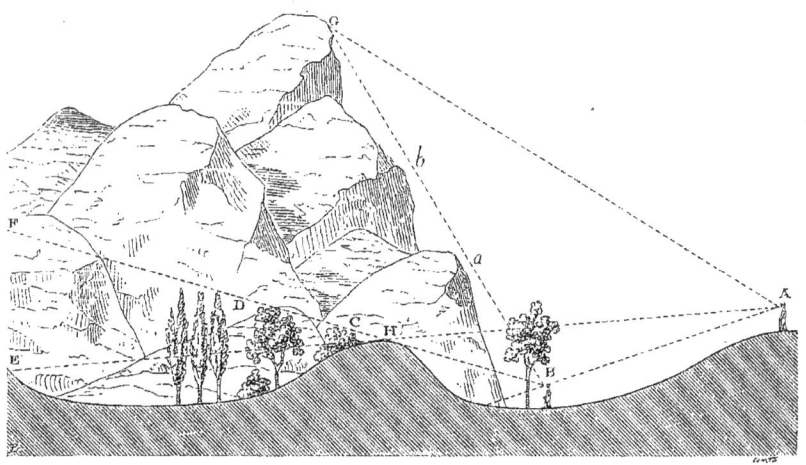

Fig. 27. — Du relief du sol par rapport à la vision.

tion pour jouir de toutes les parties du paysage. Les étages successifs de la montagne B C F se developpent devant lui dans leur ampleur et leurs détails. La colline H s'aplanit en apparence; il perçoit aisément les buissons C et une succession de plaines et de collines dans la direction de F. Au contraire, l'observateur qui se tient en B a la vue arrêtée par le relief de la colline H, qui lui paraîtra très-élevée, et il perdra tout le terrain compris derrière cette colline, sans pouvoir même apercevoir les arbustes C, ni les grands arbres D, que le spectateur placé en A voyait facilement. Si sa vue se dirige vers le sommet G de la montagne située tout près de lui, il n'en pourra saisir l'effet; les saillies $a\ b$ se projetant les unes sur les autres et lui masquant les vallées et anfractuosités qu'il lui serait nécessaire de voir.

C'est en ne perdant pas de vue ces lois de la perspective qu'on apprendra à placer les habitations et à disposer les divers objets d'un paysage, de manière à faire valoir toutes leurs dimensions. Dans l'exemple qui précède, il est évident que la maison devrait être placée en A et non en B.

Les eaux ont une très-grande part dans les effets de perspective. Nous les examinerons en détail sous ce rapport dans un chapitre spécial. Mais les considérations suivantes trouvent leur place ici.

On sait, en géométrie, que l'angle d'incidence est égal à l'angle de réflexion. Si une pièce d'eau C (fig. 28) est placée à la hauteur du terrain situé derrière elle, la réflexion de ce terrain et des arbres qui le couvrent n'aura pas lieu, et la surface de l'eau, vue du point A ne fera que réfléchir le ciel; parce que l'angle de réflexion passera par-dessus la tête des arbres H. Mais, si du même point A, l'œil descend sur un bassin E assez enfoncé dans le sol pour que l'angle de réflexion F E O' frappe les arbres eux-

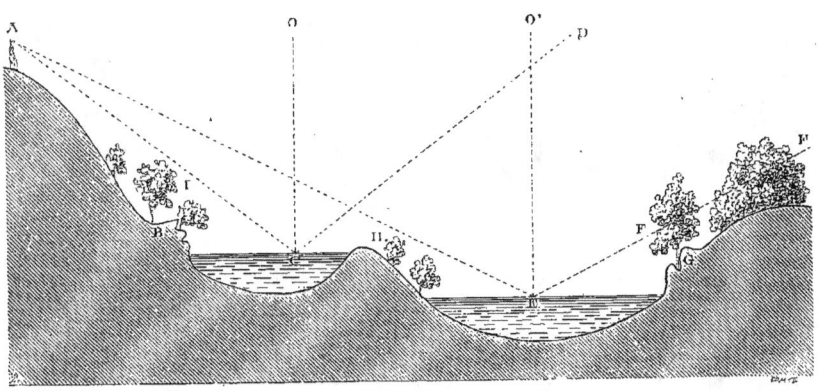

Fig. 28. — Rapports de l'angle optique avec les eaux.

mêmes et le relief du terrain avoisinant, dans leurs plus belles parties, le tout se reflétera dans l'eau avec ses effets variés suivant l'intensité de la lumière; et la partie comprise entre E le sommet commun des deux angles et le bord opposé de l'eau G restera dans l'ombre, c'est-à-dire rigoureusement reproduite sur la surface de l'eau.

Dans l'un et l'autre cas, il faut observer que l'effet de réflexion dans l'eau des arbres I et des rochers B est totalement perdu, si on ne peut les voir du point H. La conclusion à tirer de ce qui précède est d'abord de ne pas créer de pièces d'eau au niveau du sol environnant, et de ne placer des objets à faire valoir par réflexion que sur des pentes comprises dans l'angle d'incidence.

Cependant on peut conserver ou créer des bords plats, lorsqu'on veut augmenter fictivement la surface de l'eau; car, les objets sur le bord des eaux tranquilles se doublant toujours par réflexion, il est évident qu'on évitera ce résultat si les bords n'ont pas de relief et ne peuvent se refléter.

La distribution de la lumière dans le paysage, suivant l'éclat de l'atmosphère et les diverses heures du jour, est encore digne d'être examinée. L'expérience prouve que les scènes peuvent changer considérablement

Fig. 29. — Effets de la lumière. — Le matin (d'après Repton).

d'aspect, suivant qu'elles sont éclairées par le soleil levant ou par le soleil couchant. Ainsi certains objets, comme les bois, les arbres, les pelouses, les

Fig. 30. — Effets de la lumière. — Le soir (d'après Repton).

eaux, les montagnes éloignées, produisent le meilleur effet quand ils sont éclairés par derrière; tandis que les constructions diverses, les maisons, les ponts, les routes, les bateaux, les champs cultivés, les villages éloignés, sont vus plus à leur avantage quand ils sont frappés en avant par la lumière. Repton a très-bien décrit ces effets en publiant une vue de la Tamise éclairée de deux manières différentes, et que les deux gravures ci-jointes reproduisent (fig. 29 et 30).

Le matin, au soleil levant, le charme de ce paysage était dans les eaux, les bois, les lointains, avec très-peu d'ornements artificiels. La forêt offrait un repos et un ombrage solennel; l'eau était brillamment illuminée par un ciel clair, et l'œil suivait tout le cours de la rivière; le feuillage sombre des arbres contrastait fortement avec le vert gai des prairies, et l'atmosphère était si pure que les silhouettes des montagnes étaient distinctement profilées. Les objets accessoires se distinguaient à peine, mais le paysage était harmonieux par son ensemble et par le simple contraste de l'ombre avec la lumière.

Le soir, tout était changé. Le soleil avait tourné à l'ouest, et une quantité d'objets jusque-là invisibles apparurent soudain. Des nuages noirs, reflétés dans les eaux, en éteignirent l'éclat; les forêts d'en face présentèrent une teinte d'un vert foncé uniforme, relevé au sommet des rameaux par de vives touches de lumière dorée; les bateaux, les maisons, les bestiaux, les palissades, et jusqu'à la ville dans le lointain, prirent une plus grande importance dans l'ensemble.

Tels sont les exemples que peut fournir la distribution variée de la lumière, et qu'on pourrait multiplier à l'infini. L'artiste doit s'inquiéter sans cesse de ces conditions pour chaque scène qu'il est appelé à composer ou à modifier, et, par conséquent, il lui faut étudier son terrain aux diverses heures du jour, avant de prendre un parti.

Pour arriver aux applications de l'idée du beau, que nous avons examinée sous ses divers points de vue, il était nécessaire de rappeler au lecteur quelques-unes des lois physiques qui régissent le phénomène de la vision, et dont la mise en pratique est si fréquente dans l'art des jardins. Celles que je viens d'indiquer éclaireront de nombreux points des principes généraux de composition qui vont suivre.

Nous avons vu que la beauté, dans les jardins, entraînait une idée de douceur, d'unité, de proportion, qui la différenciait du pittoresque proprement dit, bien qu'elle puisse dans beaucoup de cas s'unir avec lui. L'artiste devra la chercher dans la forme ou les lignes, dans la couleur, dans la combinaison des objets ou leur séparation, dans l'harmonie ou dans le contraste.

Forme. — Dans la forme : par la douceur des contours, les molles ondulations du terrain, la longueur et l'élégante sinuosité des allées, la simplicité du dessin, la succession bien indiquée des plans, le choix peu nombreux, mais judicieux, des espèces d'arbres convenables au climat et au sol, le petit nombre des ornements, l'appropriation du style de ces ornements et des constructions accessoires à celui de l'habitation principale.

Couleur. — Dans la coloration : par l'étude des couleurs complémentaires comparées aux couleurs dissidentes et par le « contraste simultané » des nuances, suivant les règles posées par M. Chevreul; par la combinaison des feuillages divers pour l'automne; par l'accord des plantations nouvelles avec les tons généraux du paysage, par l'introduction judicieuse des arbustes à feuilles persistantes auprès des habitations pour servir de repoussoirs à l'horizon; par la teinte des ornements, des bâtiments surtout, dans leurs rapports avec les autres habitations du pays; par l'emploi modéré des touches blanches sur le bord des eaux ou sur le bord des bois, et surtout par la disposition des plantes à fleurs et à feuillage autour de l'habitation.

Combinaison ou séparation. — Dans la combinaison des objets : en reliant ensemble deux portions de bois séparées, pour donner à l'ensemble l'aspect d'un parc forestier; en réunissant plusieurs petits cours d'eau en une rivière, ou plusieurs bassins en une vaste pièce d'eau; en rapprochant dans un tout homogène plusieurs propriétés acquises pour en agrandir une autre; en supprimant les clôtures pour faire entrer le paysage d'alentour dans le parc à créer. Au contraire, on pourra chercher le beau dans la séparation des objets dont la réunion naturelle est disgracieuse, par exemple dans un bois compacte à éclaircir pour y trouver des scènes variées et en faire valoir les plus belles parties, des rochers à dégager quand ils sont enfouis, un étang marécageux à assainir en le réduisant à deux ou trois bassins petits et bien remplis, etc.

Vraisemblance. — Mais, avant toutes choses, que tout soit harmonie et vraisemblance, si l'on veut atteindre la perfection et satisfaire à la fois l'œil et la raison. Que chaque objet ait son intérêt particulier, mais que tous agissent pour l'ensemble. Que la variété des détails ne fasse jamais méconnaître le caractère général. Pas de rochers et de vallonnements exagérés dans un pays plat, de lacs artificiels dans une région sèche, de grilles monumentales et dorées dans un parc de chasse, de fleurs dans les lointains, de constructions inutiles et trop nombreuses, de surprises grotesques, d'inscriptions prétentieuses, d'arbres exotiques dans les bois indigènes. A ces fautes, que nous voyons commettre sans cesse, un homme de goût ne doit jamais se laisser entraîner.

Appropriation. — L'art d'adapter les embellissements à une situation particulière est peut-être l'œuvre la plus délicate et la plus difficile. L'idéal que conçoit l'artiste ne peut pas toujours être réalisé. Il est rare même qu'il puisse exécuter ses idées chez un autre comme il le ferait pour lui-même. Sans cesse il lui faut compter avec la question d'argent, les tendances et les exigences du propriétaire, qui a toutes les raisons du monde pour vouloir que sa propriété lui plaise, réponde à ses goûts et à ceux de sa famille et de ses amis, et soit en rapport avec sa situation sociale et son train de maison.

L'un mène une vie modeste et retirée, il préfère l'ombre des bois aux espaces découverts ; l'autre demande une tenue irréprochable dans ses jardins et le luxe dans les ornements ; celui-ci cherche avant tout le côté rural et agricole ; celui-là aime la nature sauvage, dans sa rudesse native, comme le propriétaire cité par Martial[1]. L'artiste devra peser toutes ces considérations et les avoir présentes à l'esprit pour modifier au besoin ses idées, sans pour cela renoncer à l'indépendance de son jugement ni sacrifier jamais à des suggestions de mauvais goût.

Dans le dessin du parc ou du jardin, qu'il soit grand ou petit, il faudra tenir compte du voisinage ou de l'éloignement d'un centre de population ; prévoir les modifications possibles des terrains environnants et se renseigner sur cette éventualité ; ne pas s'exposer à avoir de jolies vues masquées par des voisins mal intentionnés ou maladroits. Dans tel endroit, la sécurité est telle qu'aucune clôture n'est nécessaire pour le parc ; dans d'autres, on devra apporter une extrême attention à clore la propriété et à la protéger contre le vol et le dommage. Au bord de la mer, avant toutes choses, on se préoccupera de l'abri et du choix des rares essences qui prospèrent dans ces conditions ; dans les grandes villes, où la fumée est défavorable à la végétation, cette sélection ne sera pas moins difficile ; le climat plus ou moins rigoureux, la nature du sol seront autant de considérations de premier ordre qu'on ne saurait négliger, sans tout compromettre.

Parmi les préceptes à retenir, il en est un qui ne doit jamais être perdu de vue : c'est celui qui règle le mélange de l'art avec l'imitation de la nature. Nous avons vu combien de ressources l'artiste peut emprunter à l'étude du paysage dans la Création et chez les peintres. C'est là seulement qu'il trouvera son idéal. Mais qu'il n'oublie pas non plus que, quoi qu'il fasse, un jardin est une œuvre d'art, qui doit se rattacher à des idées d'utilité, de plaisir, de convenance, et rappeler la civilisation en même temps que la nature. Je ne suis pas de ceux qui voudraient y faire oublier la main de l'homme. Si l'on a pu dire avec vraisemblance que le grand art était de cacher l'art[2], j'admets cette recherche seulement dans les procédés, non dans les résultats. Sentir l'influence discrète de l'art, son union intime avec la nature, donne l'impression la plus agréable et la plus désirable dans la composition des jardins.

Étendue, naturelle ou fictive. — Si grand que soit un parc, il est natu-

---

1. *Rure vero barbaroque lætatur* (MARTIAL).
2. *Ars est celare artem* (CICÉRON).

rel de chercher à en augmenter fictivement l'étendue. Il est bien rare que l'artiste ait à sa disposition un espace immense, comprenant des milliers d'hectares, où son imagination puisse se donner libre carrière, et qu'il puisse traiter un pays entier comme un seul jardin. On trouvait encore d'assez nombreux exemples de situations analogues à la fin du siècle dernier, et les grands parcs anglais, comme Blenheim, ou en France ceux d'Ermenonville et de Mortefontaine, en sont de remarquables échantillons. Mais ces grandes terres deviennent de plus en plus clairsemées ; la division de la propriété s'accentue chaque jour davantage, et il ne se passe pas d'année sans que quelques-unes de ces anciennes et magnifiques créations disparaissent, morcelées et perdues pour l'art des jardins. Nous verrons plus loin quelle est la voie à suivre pour l'embellissement de ces vastes espaces.

Mais, dans le plus grand nombre de cas, il s'agira de parcs de moyenne

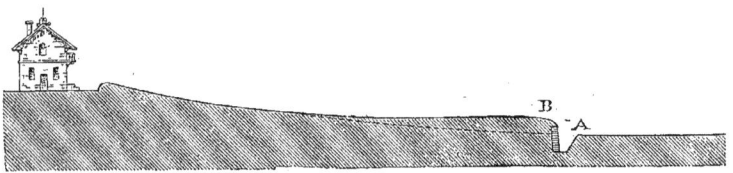

Fig. 31. — Limite cachée par un saut-de-loup. — Profil.

ou de faible étendue, où l'illusion à obtenir, en dissimulant les clôtures, est le premier objet à atteindre. Je ne parle pas ici des jardins de ville, de petites dimensions, dans lesquels l'espace doit être rempli sans se préoccuper de cette fiction paysagère.

L'étendue apparente peut s'obtenir par différents moyens agissant séparément ou simultanément. Le principal est l'effacement des limites de la propriété, de manière à faire embrasser à l'observateur l'ensemble du paysage sans aucune interruption. Si l'habitation est située sur une élévation et que la clôture soit placée de l'autre côté d'une vallée parmi des massifs d'arbres, rien de plus facile que de la faire disparaître dans le bois. Dans les endroits découverts, on emploie avec succès le saut-de-loup, représenté par un simple fossé si la distance est grande, ou par une tranchée A à bord antérieur surélevé B si l'on est près de la bordure à cacher (fig. 31). Des haies vives, mais tenues basses, des palissades placées au fond d'un fossé, des murs masqués par des arbustes ou par des lierres, mais ne laissant pas soupçonner de loin leur existence, sont les moyens généralement usités.

On ajoute considérablement à cet effet en mettant à profit les règles de la perspective que nous avons examinées au commencement de ce chapitre. Ainsi, ce n'est pas créer un paysage ou le faire entrer agréablement dans le champ de la vision que se contenter de dissimuler les clôtures qui le séparaient du parc. Pour que la scène naturelle se mêle heureusement avec la scène créée, la gradation de l'une à l'autre doit être continue. La forme et la couleur des derniers champs et des derniers arbres du parc doivent s'unir avec la forme et la couleur des premiers champs et des premiers arbres du paysage extérieur. C'est une nécessité à laquelle on doit parer d'abord, soit que le terrain en présente les moyens, soit par des procédés artificiels que nous indiquerons.

La grandeur des pelouses et leur encadrement judicieux contribuent puissamment à ce résultat. En tenant compte de l'ouverture de l'angle nécessaire pour embrasser à chaque fois une belle partie du paysage, on disposera le relief du terrain et les plantations latérales de manière à les unir avec l'extérieur. Mais ce serait une erreur de croire que de vastes espaces ouverts sans interruption donnent une idée de grandeur. C'est la

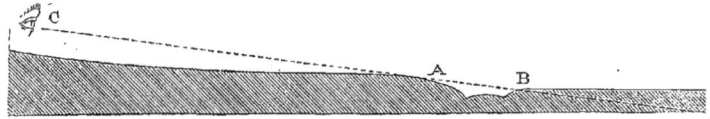

Fig. 32. — Profil d'une allée dissimulée.

comparaison des objets entre eux — nous l'avons vu — qui nous fait juger de leurs dimensions exactes ou relatives. On pourra donc, en tenant compte de la position où les objets paraîtront dans leurs plus grandes dimensions, rapprocher ou reculer les perspectives. C'est ainsi que des groupes d'arbres placés avec discernement à des distances calculées, comme des coulisses de théâtre, peuvent augmenter l'effet des lointains par la variété et la succession de la lumière sur leurs masses. La dentelure des massifs boisés qui encadrent les perspectives est aussi un moyen puissant pour unir le parc avec la scène extérieure, et l'adjonction des arbres isolés sur les bords ajoute encore à ce mélange heureux.

Le tracé et la formation des allées sont également d'une grande importance dans le feint agrandissement des parcs. Ces chemins peuvent gâter une vue en la traversant trop près du sommet de l'angle de vision, où leur surface grise ou jaune, venant barrer le paysage, produit le plus désagréable aspect. On évite cet effet en enfonçant légèrement l'allée, de manière que son bord antérieur A se projette sur le bord extérieur B, et que l'œil C ne l'aperçoive pas (fig. 32). D'ailleurs, les allées devront être le moins possible découvertes. Elles seront combinées de telle sorte que leur surface soit le plus souvent ombragée, sans chercher à en faire un prétendu ornement, et qu'elles conduisent à des objets dignes d'être vus.

Tous les éléments du paysage extérieur ne sont pas également agréables à voir, et il en est qu'il faut s'appliquer à cacher. Si une chaumière pittoresque, une ruine, un vieux pont, une ferme, des clôtures, même lorsqu'ils sont irréguliers, peuvent former dans le lointain de jolies touches de détail pour l'ensemble du tableau, on ne devra les admettre que placés à la distance convenable et les masquer impitoyablement s'ils sont trop rapprochés, eussent-ils même quelques qualités décoratives. En les laissant, on diminuerait l'étendue de la perspective, qu'il s'agit au contraire d'augmenter. Mais, comme il n'est pas souvent possible de cacher ces objets de partout à la fois, on devra au moins les dissimuler de quelques points principaux, comme des fenêtres du salon ou de la salle à manger, du milieu d'une véranda, ou du terre-plein devant l'habitation. Dans ce cas, on se souviendra des règles que j'ai rappelées précédemment, en plaçant l'écran végétal à un point assez rapproché de l'œil pour que, sous une petite dimension, il masque entièrement l'objet sans détruire l'effet d'ensemble. Un arbuste à vingt pas produira le même effet qu'un grand arbre à cent (voir fig. 23, p. 122).

Si des objets élevés, malgré qu'ils n'offrent pas en eux-mêmes une beauté marquée, sont néanmoins d'un effet pittoresque dans le paysage, comme clochers, tours, phares, ruines, sommets de montagnes, on augmentera leur éloignement et en même temps leur effet en dirigeant la vue sur eux, à travers le feuillage, par des percées étroites et habilement dirigées. Si l'on est situé sur une colline boisée, on peut même donner un aspect particulièrement agréable à ces percées en les traitant en *lunettes aériennes*, c'est-à-dire en ne les faisant pas descendre jusqu'au sol, mais les taillant irrégulièrement dans la masse du feuillage à hauteur de l'œil. Un résultat analogue, mais plus frappant encore, sera obtenu, si l'on encadre ces objets dans une ouverture de forme architecturale, dont le profil vigoureux fait l'office du cadre d'une peinture. Je citerai deux exemples de cette disposition; l'un dans le parc de Brooklyn, près New-York, où un coin de paysage vu dans le cadre circulaire de l'arche d'un pont donne la plus charmante scène et produit une illusion d'éloignement considérable; l'autre en Angleterre, à Fountains' Abbey, dans le nord du Yorkshire. Au sommet d'une colline couverte de vieux hêtres plantés en forêt compacte, on arrive brusquement le long d'une porte en bois le long de laquelle le guide vous place le visage en avant. Puis, d'un geste brusque, il écarte les deux battants, et vous avez sous les yeux, admirablement encadré, le ravissant tableau de la rivière et de ses chutes, d'une riante vallée et des ruines imposantes de la vieille abbaye.

Le traitement des premiers plans est le moyen le plus puissant pour éloigner les perspectives. Nous dirons, dans un chapitre spécial, les procédés à employer pour obtenir ce résultat, qui dépend du groupement des végétaux, du relief du sol, du choix des essences, généralement à feuillages simples et persistants, et surtout de la position des coulisses et de la division des scènes.

Les eaux viennent s'ajouter aux éléments qui précèdent pour apporter à l'illusion de l'étendue un précieux contingent. Nous avons déjà vu que, si leurs bords étaient plats, elles reflétaient plus de lumière et que les objets situés sur le bord opposé ne se doublaient dans leur miroir que si l'angle de réflexion ne passait pas au-dessus d'eux. Il en résulte que, en plantant fortement les bords accidentés situés à l'extrémité d'une pièce d'eau opposée au spectateur, on la rapprochera de lui par la vigueur des tons qui se reflètent dans l'eau; tandis que, en laissant ces bords dépourvus de plantations, ils se perdront dans le vague d'une abondante lumière et reculeront la perspective. Cet effet sera encore augmenté, si l'on établit avec soin la succession des masses de feuillage qui dirigent le regard depuis le point d'observation jusqu'à la nappe d'eau. Rien n'est plus nu qu'une vaste pelouse ininterrompue dans toute sa largeur jusqu'au bord d'un lac, tandis que quelques groupes isolés placés auprès du spectateur guident ses yeux et lui laissent l'idée d'unité, sans entraîner une impression de nudité. En dirigeant les percées obliquement, on obtiendra mieux encore l'illusion de l'étendue, la longueur de la ligne d'eau étant plus grande que par le travers du lac. Par la même raison, toutes les fois qu'il sera possible de voir le cours d'une rivière dans sa longueur, l'effet sera plus complet que dans sa largeur, la ligne d'eau étant plus étendue.

Pour ajouter à cette variété des vues dirigées sur les eaux, on aura encore le choix des essences qui reculent les distances, et nous verrons plus tard comment on peut obtenir de remarquables résultats en réservant les feuillages simples et noirs pour les premiers plans, et plantant dans les lointains des arbres à feuillage composé ou penné, ou de couleur cendrée.

DES GENRES.

Tout paysage, naturel ou modifié par la main de l'homme, a son caractère propre, sa manière d'être particulière, son *genre*, en un mot. J'ai conseillé de respecter ce caractère, et j'ajoute que tout effort pour le transformer dans son entier reste vain ou va généralement contre son but. Quand il s'agit d'un paysage d'une grande étendue, on est surpris de voir le peu d'influence que le travail humain exerce sur l'aspect général. Pour peu que l'horizon ait de développement, les plus grands mouvements artificiels du sol, les plus vastes plantations, les travaux d'art les plus compliqués n'ont qu'un effet médiocre dans l'ensemble ou plutôt n'y produisent que des disparates. On croit avoir fait un grand effort et créé — au moins pour l'avenir — des résultats grandioses en plantant des massifs de plusieurs hectares, et l'on n'aperçoit, au bout de quelques années, que quelques taches de verdure différente de celle des bois environnants et qui trahissent la main de l'ouvrier, au lieu de la cacher. Il en est de même des eaux et des rochers, qui, modifiés par artifice, ne peuvent produire que des scènes locales intéressantes sans doute, mais impuissantes à imprimer une autre apparence au pays.

Traitez donc chaque lieu suivant son genre. Ornez-le, augmentez l'attrait du tout et l'harmonie relative des parties; mais n'essayez pas de le détruire et d'en créer un autre à sa place; vous n'y réussiriez pas. Pénétré du caractère de l'ensemble, que tous vos efforts tendent à faire, du point sur lequel vous opérez, la partie la plus agréable, le noyau du paysage auquel tout viendra se rapporter. Là résident à la fois le charme à obtenir et la difficulté à vaincre. Ne tombez pas dans ces distinctions subtiles qui gâtent les meilleures choses. Caractérisez, par un dessin sûr et des traits bien tranchés, un petit nombre de genres, sans vous laisser aller à ces exagérations tout artificielles, dans lesquelles certains auteurs sont tombés. Un écrivain du siècle dernier a énuméré une kyrielle ridicule de paysages qualifiés d'héroïques, nobles, riches, élégants, voluptueux, sauvages, sévères, tranquilles, frais, simples, champêtres, rustiques, philosophiques, que sais-je encore? Ces puérilités — qui ne sont d'ailleurs que déclamation pure — doivent être évitées avec soin.

Il suffit de distinguer trois genres principaux dans les paysages :

Le genre *noble* ou *grandiose*;

Le genre *gai* ou *riant*;

Le genre *pittoresque* ou *sauvage*.

Ces trois modes sont souvent déterminés avec netteté; souvent aussi ils se mélangent dans une certaine mesure. C'est surtout dans la définition des scènes de la nature que l'expression juste est rare, que la vérité est complexe; « qu'il est difficile — comme l'a dit Sainte-Beuve[1] — de la résumer et la formuler d'un mot, sans qu'il faille y apporter aussitôt des correctifs et des explications qui l'adoucissent et la modifient. » Il faut donc s'en tenir à la note dominante, pour sentir et exprimer le genre dans lequel rentre un paysage.

Genre noble. — Le genre noble ou grandiose, qui se découvre dans les panoramas de montagnes, la vue de la mer, les futaies séculaires, les paysages semés de ruines géantes, les grands fleuves à bords pittoresques, commandent au dessinateur de jardins la plus grande sobriété dans les travaux d'art. Son but constant sera d'en respecter la grandeur et le calme. S'il est consulté sur le style à donner à l'habitation et aux communs, il conseillera des formes imposantes, à silhouettes variées et élancées, s'il s'agit d'un paysage accidenté; à lignes horizontales, simples et pures, au contraire, si le pays est plat et l'horizon très-étendu. Au lieu de varier les

---

[1]. *Nouveaux Lundis,* 22 février 1864

plantations et de déchirer les contours des massifs, ses efforts tendront à les uniformiser et à simplifier leurs masses. Il proscrira tout ornement inutile, excepté sur les premiers plans. S'il fait des plantations dans les lointains, ce sera en massifs énormes, peu nombreux, plantés d'essences indigènes, et seulement pour meubler des parties dénudées, masquer des aspects désagréables ou encadrer de belles vues. Au bord de la mer surtout, ces préceptes devront être mis en vigueur avant toute autre considération ; on n'y plantera que les groupes d'arbres indispensables pour briser les grands vents et faire valoir les perspectives, sans charger le terrain d'arbres isolés, d'un effet généralement disgracieux sur de très-grands espaces.

Auprès d'une demeure seigneuriale, du palais d'un souverain, d'une résidence somptueuse quelconque, l'alliance de l'architecture avec le jardinage produira les plus heureux effets. Les avenues rectilignes, les tracés géométriques, les terrasses, les eaux combinées avec art, les fleurs disposées en dessins réguliers et variés, un entretien soigné, seront un excellent accompagnement pour les monuments dont ils seront en quelque sorte la préface, et auprès desquels ils formeront une transition rationnelle entre le domaine de l'architecture et celui de la nature.

Genre gai. — Le genre gai ou riant diffère essentiellement du précédent. Il s'applique généralement à des scènes champêtres, pastorales, doucement animées, variées, qui constituent la grande majorité des cadres dans lesquels le talent du dessinateur est appelé à s'exercer. C'est le mode le plus recherché pour les résidences rurales : il correspond à ce genre de beauté tranquille, familière, qui plaît au plus grand nombre des hommes éclairés. Dans cette catégorie rentrent les parcs de moyenne étendue, situés au milieu de campagnes fertiles, mélangées de prairies et de bois, égayées par des eaux et possédant toutes les ressources d'agrément que la variété inépuisable de la nature peut fournir.

Ces situations ont leur caractère propre qu'il sera toujours possible de conserver. Les abords immédiats de l'habitation principale pourront recevoir des ornements distribués sans profusion ; les scènes locales différeront entre elles à chaque tournant de la promenade : tout ce qui peut augmenter le plaisir innocent de la vie à la campagne sera mis en œuvre, pourvu qu'on ne découvre nulle part la surcharge et la confusion. Là encore, les lointains seront l'objet d'une sollicitude particulière, de ce respect dont je parlais tout à l'heure, et l'intervention de l'artiste se fera sentir le moins possible dans leur union graduelle avec les premiers plans. Les lois de l'optique seront prises en considération pour la formation et la décoration de chaque scène.

Les objets pittoresques sont généralement exclus du genre riant, à peu d'exceptions près. La ligne onduleuse est sa règle ; le mélange de l'art et de la nature peut s'y laisser voir sans affectation, empruntant à l'un son aspect civilisé, à l'autre des irrégularités choisies et produisant une agréable sensation pour les yeux par leur union parfaite. Nulle exagération de couleur ni de forme dans les objets; des plantations se noyant dans les lointains avec les teintes du paysage, mais variées, coupées, égayées par quelques arbres exotiques sur les premiers plans, de beaux végétaux isolés ou groupés sur les pelouses; les tracés d'allées et les contours des eaux, doux et bien étudiés; un emploi modéré, mais nettement accusé, des plantes à beau feuillage et des fleurs ; tels seront les préceptes qui resteront toujours présents à la pensée lorsqu'on procédera à la création ou à l'embellissement de pareilles scènes. Par dessus tout, il faudra recommander le choix judicieux d'un terrain, d'une étendue modérée, en rapport avec l'état de fortune du propriétaire, et préférer de beaucoup, suivant le conseil de Palladius, un champ modeste, mais bien entretenu, à d'immenses espaces en friche [1].

Genre pittoresque. — Le genre pittoresque, qui parfois peut s'appeler genre sauvage, pour être plus fréquent que le genre noble et moins que le genre gai, n'en joue pas moins un très-grand rôle dans la composition des jardins. Bien qu'il procède directement de la nature, et qu'on ne doive jamais chercher à le créer de toutes pièces, il peut demander à l'art une aide puissante pour augmenter les effets naturels, sans laisser soupçonner une intervention étrangère.

Ici, l'artiste révélera la présence de quelques beaux arbres en les dégageant du taillis où ils étaient enfoncés et perdus; là, il enlèvera les broussailles et les herbes qui obstruent l'entrée d'une grotte naturelle, ou il mettra à nu des roches enfouies dans le sol et les herbes. Un étang, ou un cours d'eau obstrué, sera découvert en coupant à propos les roseaux qui l'envahissent. Ailleurs, des percées inattendues ouvriront de riantes perspectives; quelques travaux augmenteront la hauteur et le débit d'une cascade, créeront des repoussoirs et des coulisses par des plantations bien combinées, éclairciront des masses compactes ou rompront des lignes d'arbres monotones. Plus loin, on érigera à propos des constructions rustiques, ou l'on tirera un heureux parti de quelque ruine naturelle.

La nature, dans tout son imprévu, est ce que l'artiste doit avant tout conserver et augmenter au besoin. Point de lignes ni de symétrie; l'irrégularité est l'essence du pittoresque. Partout des angles et des contrastes, une sauvagerie variée, interrompue, des effets soudains, étranges, qui s'imposent à l'attention du spectateur; telles sont les règles de ces sortes de paysages. Mais il faut remarquer que ces scènes ne plaisent qu'autant qu'elles ne dépassent point un effet localisé et qu'elles sont diversifiées

---

[1]. *Melior est culta exiguitas, quam magnitudo neglecta* (PALLADIUS, *De re rustica*, l. I, XXXIV).

avec goût. Un pays entier ayant le caractère sauvage dans toutes ses parties, et où l'on composerait un jardin qui exagérerait encore ces effets, produirait difficilement une résidence agréable. C'est dans une moyenne aimable que se place la vie, et la modération est une loi qu'il ne faut jamais transgresser.

DES SCÈNES.

Le caractère d'ensemble étant fixé de manière à ce que rien ne vienne en détruire l'impression harmonieuse, le dessinateur peut donner libre carrière à son goût dans l'arrangement des scènes. L'ensemble, c'est la grande peinture; la scène, c'est le tableau de chevalet. Ici, tout est local et n'est à envisager que sous des points de vue restreints. Nous aurons affaire non plus aux beautés relatives, mais aux qualités intrinsèques du paysage. C'est le lieu de faire appel aux inspirations de la peinture et aux plus belles toiles des maîtres, dont les règles de composition pourront trouver occasion d'être appliquées. Si vous êtes dans un grand centre artistique où les musées vous soient ouverts, allez étudier les plus beaux paysages et surprendre les secrets de la distribution de la lumière et de l'ombre. Claude vous apprendra le groupement des arbres, le contraste des feuillages, la magie de la couleur dans les campagnes italiennes; Hubert-Robert et J. Vernet vous enseigneront l'arrangement pittoresque des rochers et des ruines; Calame vous découvrira les sublimes panoramas des Alpes et vous indiquera la place des forêts sur les montagnes; Dupré vous charmera par ses fraîches compositions pastorales et la vérité de ses prairies; Corot, par ses mares embrumées et la poésie de ses paysages. Vous devrez à Hobbéma la révélation des forêts de la Hollande; à Paul Potter ses pâturages animés et ses canaux bordés de saules; aux aquarellistes anglais, les pittoresques scènes des *highlands* et des *lochs* de l'Écosse; à Th. Rousseau la plus riche palette au service de la nature forestière, saisie à la fois dans toute sa vérité et dans toute sa poésie.

Mais que le sentiment du pittoresque soit tempéré par celui qui résulte des exigences locales de la situation. N'oubliez pas que c'est l'inspiration seule qu'il faut demander à ces grands modèles, et non des scènes à reproduire avec exactitude. Nombre d'obstacles s'y opposeraient : la convenance, l'utilité, le climat, le terrain, les ressources pécuniaires, le temps — ce tyran qui ne vient qu'à son heure et que rien ne peut arrêter ni hâter — et tant d'autres difficultés qui se rencontrent à chaque pas!

D'ailleurs il importe, là encore, de se bien pénétrer du caractère accusé ou seulement indiqué par la nature de chaque scène, avant d'y porter la main.

On peut distinguer des scènes *sylvaines* ou *forestières, pastorales, mon-*

tagnardes, aquatiques, maritimes, agricoles ou *champêtres, urbaines, tropicales.*

Scènes sylvaines. — Les scènes sylvaines ou forestières doivent être traitées avec une grande simplicité de moyens et conserver ce lien général qui satisfait à la fois les yeux et la raison. De grands et beaux effets peuvent être obtenus, quand on a la bonne fortune de choisir le site d'un parc au milieu des bois, surtout si le terrain est accidenté.

Combien il est plus facile de supprimer que d'ajouter, d'abattre que de replanter! En quelques coups de hache, de nouveaux horizons vont s'ouvrir, des clairières s'inonder de soleil, des arbres séculaires révéler leur présence. Mais nulle opération ne demande plus de discernement que celle-ci. Cet arbre, qu'un instant va détruire, a mis de longues années à croître. Il est l'œuvre du temps et a droit à notre respect. Ne l'enlevez donc qu'à bon escient et si vous vous êtes assuré, après de longues réflexions, que la scène gagnera à sa suppression.

Dans les paysages forestiers, on peut produire les plus beaux et les plus grands effets avec les moyens les plus simples. Les essences peu nombreuses de nos bois suffisent à imprimer une agréable variété à une scène sylvaine par des dispositions bien calculées. Les futaies, taillis de divers âges, groupes détachés, beaux arbres isolés, touffes en cépées placées en vedette ou en coulisses de théâtre, peuvent fournir des aspects harmonieux ou d'heureux contrastes. J'ai vu, près de Saint-Pétersbourg, dans le parc de Tzarskoé-Sélo, un remarquable exemple, que je décrirai plus loin en détail, des résultats variés qu'un habile artiste peut obtenir avec trois ou quatre essences ingénieusement mélangées, de manière à donner au spectateur l'impression d'une variété suffisante, sans dénaturer l'harmonie de l'ensemble.

Scènes pastorales. — Chaque jour, autour de nous, les scènes pastorales naturelles offrent à nos regards des modèles qu'il est relativement facile d'imiter. La prairie en constitue le fond avec toutes ses variations, les arbres à feuillages clairs en sont le principal ornement, les bestiaux et l'homme les animent.

Tout doit être ici doux et calme dans les formes et les couleurs. Que la bonne tenue des pâturages et la beauté des troupeaux indiquent la richesse; que les espaces découverts y soient vastes et bien encadrés par les arbres originaires des terrains humides, peupliers, saules, aulnes; que les végétaux exotiques n'y soient employés qu'avec modération, jamais en grandes masses, mais seulement en groupes rares et en « isolés » bien placés; que les longues files de peupliers en soient proscrites, à moins qu'il ne soit impossible de les éviter dans les pays où leur bois est un produit industriel de premier ordre. Dans ce cas, on essayera au moins d'interrompre leurs lignes dans la traversée des vues principales.

C'est principalement dans les scènes pastorales que l'étude de la lumière doit être recommandée. La forme et la direction des ombres y est d'une haute importance, et il est nécessaire de se rendre compte des effets lumineux aux diverses heures du jour.

Les eaux sont le principal ornement des scènes pastorales. Elles peuvent y revêtir de nombreux aspects, mais elles doivent toujours inspirer un sentiment de calme, de gaieté tranquille. Les contours des ruisseaux et des rivières seront allongés, adoucis, les pièces d'eau présenteront une surface nette, les plantes aquatiques y seront distribuées avec goût et mesure, loin d'envahir toute leur nappe ou d'être uniformément répandues sur leurs bords. Si des dénivellations se présentent et nécessitent des retenues d'eau, les chutes qui en naîtront devront être plutôt fréquentes que grandioses, et il vaudra mieux diviser la pente en plusieurs cascatelles que de les réunir en une seule chute importante, dont la place n'est pas dans un tel paysage.

Scènes montagnardes. — Les scènes montagnardes — qu'on me permette cet emploi d'un qualificatif que montagneux ne saurait remplacer — sont une source de perplexités pour un artiste dessinateur de jardins. S'il trouve dans leurs aspects pittoresques les plus beaux éléments de succès, il doit faire aussi appel à tout son goût et à tout son talent pour en développer les beautés. En présence de paysages grandioses, qu'il s'agit seulement d'encadrer à propos, il comprendra qu'il doit se montrer sobre de détails dans sa composition, et que là où la nature est si belle, l'art doit être particulièrement discret.

Les premiers plans doivent être traités de manière à servir de repoussoir aux lointains et faire valoir les fonds; mais si le parc est assez vaste pour contenir des portions notables de montagnes, des hauteurs abruptes et variées, il sera permis d'y ajouter des embellissements. Quelques rochers pittoresques pourront être augmentés par d'autres blocs rapportés et réunis aux premiers sans que la main de l'ouvrier se laisse voir; des plantations de plantes grimpantes ou saxatiles viendront meubler des points trop nus ou trop sauvages; des ravins d'où l'on saura extraire à propos quelques roches roulées ou brisées dont l'apparence serait brutale sans être pittoresque; quelques plantations de sapins qui augmenteront le relief des hauteurs, et des éclaircies qui ajouteront à la profondeur des vallées, sont autant de traits caractéristiques des embellissements d'une scène de montagnes.

On peut même augmenter l'importance des objets pittoresques en forçant un peu le caractère de la scène sans la défigurer. Si les rochers sont à demi-cachés dans le sol, on peut les dégager et les agrandir par des adjonctions raisonnées; si un mince filet d'eau tombe avec peine du haut d'un endroit escarpé, on pourra ajouter à ses dimensions en largeur et en hauteur par un supplément venu d'ailleurs.

Un des principaux exemples que je connaisse d'une scène dont l'art a considérablement augmenté les qualités naturelles et pittoresques, est fourni par le parc des buttes Chaumont à Paris. Je décrirai plus loin ce parc public, où il a été possible d'ajouter à l'effet des sommets et des pentes, des roches et des eaux, sans dénaturer le caractère de la scène. On ne saurait imiter cet exemple, approprié à un parc public d'une grande ville, dans la plupart des situations offertes par les parcs privés, mais on peut l'invoquer comme échantillon de l'influence de l'art des jardins sur des situations naturellement pittoresques et fortement accidentées.

Scènes aquatiques. — Les scènes aquatiques sont d'un intérêt capital dans la composition des jardins. Dans une propriété rurale, l'eau, c'est la vie. Elle anime, elle illumine le paysage plus qu'aucun autre ornement. C'est, après la vue, le premier agrément qu'on recherche dans un site.

Avant tout, l'emplacement des eaux doit être rationnel, vraisemblable, calculé d'après l'étendue de la scène et les pentes du terrain. Cette considération domine toutes les autres. L'œil ne saurait prendre de plaisir où la raison n'est pas satisfaite, et jamais un bassin placé sur une hauteur, un ruisseau dans une plaine, une rivière dans un bois n'auront l'approbation des gens de goût.

Les eaux peuvent être courantes ou calmes. Dans le premier cas, elles forment des rivières, des ruisseaux et des chutes qui peuvent varier à l'infini. Les pays accidentés en offrent de charmants exemples qu'il est bon d'étudier pour les reproduire à l'occasion. Les courbes, douces et allongées dans une rivière qui parcourt une prairie presque plane, prendront des allures brusques, heurtées, à sinuosités rapprochées, s'il s'agit d'eaux qui descendent de pentes rapides. On devra calculer les dimensions du lit destiné à contenir une masse d'eau déterminée, la forme et la proportion des pierres qui doivent augmenter l'effet des cascades et des rapides, savoir comment des roches roulées ou placées en travers du courant peuvent arrêter, diviser et éclairer les eaux bondissantes, quels sont les moyens de les utiliser comme moteur sans détruire leur caractère ornemental, et au contraire se servir des constructions qui s'y rattachent pour concourir à la décoration du paysage.

Si les eaux sont calmes, elles demandent de la sobriété dans leur arrangement et de la discrétion dans leur emploi. Avant tout, elles doivent être belles et pures. Il vaut mieux n'avoir pas d'eau qu'une mare trouble et fétide.

L'emplacement rationnel des eaux est le fond des vallées, où elles paraîtront s'être rassemblées naturellement. Ce n'est que dans un petit nombre de cas, que nous examinerons plus tard, qu'il est possible de les admettre sur des hauteurs ou sur des pentes. La distribution de la lumière, du clair-obscur, la position des massifs et la combinaison des feuillages, le traitement des bords, l'exposition partielle ou totale au soleil, le jeu des ombres aux diverses heures du jour sont autant de considérations capitales qui s'imposent à l'artiste chargé de traiter des scènes de ce genre. Un examen minutieux et prolongé des ressources du pays sera indispensable lorsqu'il n'aura pas de beaux exemples naturels à sa portée, et il devra y puiser, s'il est possible, un peu de cette inspiration qui a créé les chefs-d'œuvre des maîtres.

Scènes maritimes. — Le spectacle de la mer est le plus grandiose qu'il soit donné à l'homme de contempler. C'est dire que, dans les scènes maritimes, on ne devra donner aux jardins que des lignes et des ornements d'une grande simplicité, sous peine d'introduire des disparates choquantes parmi des paysages qui n'ont pour bornes que l'immensité. Sur les plages étendues, la nature a pris soin d'indiquer elle-même cette réserve en ne permettant la culture que de quelques essences arborescentes, capables de résister aux vents violents et salés de la mer. De grands massifs de pins, des abris de tamarix, d'arroches, de pourpiers de mer, suffiront pour les masses principales et résisteront aux tempêtes, tandis qu'à l'intérieur des jardins ainsi protégés, les arbustes à feuilles persistantes domineront dans les plantations.

Si les jardins, au contraire, sont situés sur des parties escarpées au bord de la mer, abritées en quelques endroits par des ravins profonds, on obtiendra les plus heureux effets, et la végétation sera d'autant plus riche qu'on se rapprochera davantage des côtes européennes où se fait sentir l'influence du grand courant chaud du Mexique (*Gulf-stream*).

C'est dans ces conditions que se sont développés ces délicieux jardins des îles de la Manche, qui ont fait de Jersey, Guernesey, Aurigny, Wight, des serres chaudes en plein air, où le printemps est éternel. Les scènes pittoresques se rencontrent à chaque pas dans ces charmantes résidences, dont j'aurai à parler en détail en traitant, dans un chapitre spécial, des plantations des régions maritimes, que j'ai pu étudier dans les conditions les plus variées.

Scènes agricoles. — Les scènes agricoles sont de toutes les plus fréquentes dans l'art des jardins. Les campagnes cultivées nous entourent de toutes parts. Il est bien rare qu'un parc soit renfermé dans un coin de nature sauvage qui l'isole complétement de cette vie rurale que la civilisation a répandue sur nos régions. Le plus souvent même le paysage tout entier n'est que cultures, et un parc réservé joue un rôle effacé dans l'ensemble, soit à cause de son exiguité, soit en raison du sol peu accidenté, des plantations trop rares, des goûts essentiellement agricoles du propriétaire, etc.

Ces circonstances peuvent cependant être favorables à la mise en pratique de l'art des jardins. Il n'y a pas de mauvaises situations; il n'y en a que de plus ou moins propres à développer le talent d'un véritable homme de goût. C'est à lui à se grandir à la hauteur de sa tâche. Dans les scènes agricoles, il trouvera matière à de charmants tableaux s'il est aidé par un propriétaire à l'esprit large, ne lui refusant pas les moyens d'action et disposé à faire au besoin quelques sacrifices d'utilité au profit de l'ornement.

On a parlé de la *ferme ornée*, pour laquelle une certaine école de paysagistes avait autrefois créé un genre spécial. Cette utopie consistait à envisager la totalité d'une exploitation rurale comme un parc, à tracer les chemins d'exploitation en longues courbes dont le parcours était loin de représenter « le plus court chemin d'un point à un autre », à limiter les champs de blé par des lignes sinueuses où la charrue ne pouvait se mouvoir. Ce faux genre est resté, grâce à Dieu, dans le pays des rêves, à l'exception de quelques tentatives de cerveaux brûlés qui n'ont réussi qu'à léguer à leurs descendants des paysages gâtés et de détestables fermes ou métairies.

Entre ces exagérations et l'influence salutaire que peuvent exercer les conseils d'un homme de bon sens doublé d'un artiste et versé dans la connaissance des choses agricoles, qui sait faire la part juste à l'utilité et à l'agrément et convaincre son client de la justesse des idées qu'il propose, il y a un abîme. Certainement, c'est faire preuve de goût que de savoir harmoniser un parc avec la vie champêtre, cacher à propos les endroits disgracieux d'un paysage trop exclusivement rempli de labour et de pâturages, diriger les vues sur les prairies couvertes de beaux troupeaux, faire traverser à propos les différents plans, à des distances bien calculées, par les bestiaux rentrant des champs, les charrettes chargées de récoltes, les chevaux allant à l'abreuvoir, les moutons et les bergers, les laboureurs dans les lointains. Ces tableaux respirent, avec une douce activité, la vie et la richesse, reposent des agitations de la vie des villes, adoucissent les mœurs, élèvent l'âme, rapprochent de Dieu, et font également partie de ce vaste domaine du beau, dont l'étendue et la variété sont sans bornes.

Toutes les parties d'une exploitation agricole peuvent être agréables à voir, si elles révèlent l'intelligence, l'utilité, le soin et trahissent la pensée et la main d'un esprit éclairé. Les plantations des vergers, des arbres à fruits le long des routes, le jardin potager de la ferme, le dessin des bâtiments ruraux et leur groupement pittoresque dans le paysage, l'art de masquer leurs parties désagréables à l'œil, les chemins d'exploitation bien entretenus, les clôtures de modèles bien choisis, les haies bien taillées, çà et là interrompues par quelques groupes d'arbres ; tout peut concourir à donner cette impression d'ordre, d'élégance et de bien-être, qui est une des formes de la beauté. M. de Choulot l'a dit avec raison : « Dans une société comme la nôtre, l'individu ne se juge pas seulement par les apparences personnelles, mais par l'ordre, la grâce et l'harmonie qui règnent dans tout ce qui l'entoure[1]. »

Scènes urbaines. — Les scènes urbaines, — qu'elles s'appliquent à des jardins privés ou à des promenades publiques, — procèdent d'un tout autre

---

[1]. Cte de Choulot, *L'Art des jardins*. Paris, 1863.

ordre d'idées que celles qui nous ont occupés jusqu'ici. Je n'en parlerai que sommairement, ayant à les décrire, avec un grand nombre de leurs variétés, dans un des chapitres suivants de cet ouvrage.

Les jardins de ville peuvent souvent revêtir un caractère tout artificiel et comportent une immixtion de l'art, et même de la simple fantaisie, qui ne se justifierait nulle part ailleurs. Les dessins irréguliers ou les dessins géométriques y trouveront leur place, de même que les terrasses et les parties planes tracées régulièrement, et qui sont plus en rapport avec les constructions environnantes que des lignes courbes ou des terrains ondulés. En général, les lignes doivent être simples, les allées peu nombreuses, mais spacieuses et commodes pour la promenade, les plantations généralement à feuilles persistantes, choisies parmi celles qui résistent le mieux au climat variable, à l'air et au sol viciés des cités, à la lumière diffuse, aux plus mauvaises conditions sanitaires. Les ornements pourront être multipliés, riches et de couleurs voyantes, mais d'un dessin élégant. Les siéges seront multipliés sans encombrer les allées, les gazons seront tondus proprement et souvent renouvelés, les fleurs seront abondantes, et plutôt mélangées, pour permettre la confection des bouquets, que rassemblées en corbeilles et en dessins unicolores et monotones.

Pour les jardins publics, nous verrons que les plus rationnels sont ceux où les grands arbres sont plantés en lignes régulières et donnent une ombre épaisse, où l'on a réservé de vastes espaces sablés, encadrés seulement vers l'extérieur par des gazons, des arbustes et des fleurs. Là seulement, les enfants peuvent s'ébattre en liberté. C'est la première, souvent l'unique condition à remplir.

Scènes tropicales. — Les scènes tropicales n'ont pas encore été l'objet d'un chapitre spécial dans un *Traité de l'art des jardins*. Elles ont été étudiées par quelques écrivains, Humboldt, Martius, le prince de Neuwied, au point de vue descriptif; jamais sous le rapport des reproductions qui peuvent en être faites artificiellement. Ces applications sont possibles, soit dans quelques endroits privilégiés des régions chaudes de la terre, soit encore, sous nos climats septentrionaux, dans des serres ou jardins d'hiver d'un assez grand développement. Ces deux aspects de la question méritent d'être considérés. L'art des jardins pourrait trouver, dans les scènes fournies par la nature vierge des tropiques, les éléments des plus admirables compositions qu'il ait jamais produites.

Jusqu'à présent, ce n'est guère que dans les grands jardins botaniques des pays intertropicaux que l'on peut voir des exemples de scènes paysagères créées au moyen des ressources provenant de la grande végétation du globe. Les jardins botaniques de Calcutta dans l'Inde, de Buitenzorg à Java, de Botafogo à Rio de Janeiro, de la Réunion, du Hamma à Alger, de Saint-Pierre à la Martinique, sont des modèles qu'on peut citer parmi les plus beaux du genre.

J'ai pu admirer le jardin de la Martinique; il m'a laissé une impression ineffaçable. Sa situation est charmante. Elle occupe les bords d'un ravin profond, qu'arrosent des eaux superbes, jaillissant en gerbes de cristal ou s'épanouissant en bassins frangés des plus belles plantes de la terre. Des allées de palmiers (séaforthias, oréodoxas, lataniers), dont les stipes majestueux portent, à 40 ou 50 mètres dans les airs, leurs vastes couronnes, s'y développent comme dans leurs forêts natales. Les formes arborescentes, arbustives et herbacées des régions chaudes de l'ancien et du nouveau monde, ornent ses pentes abruptes, où il semble que le contenu de toutes les serres de l'Europe a été versé dans le plus ravissant pêle-mêle.

Ce séjour enchanteur a fait naître en moi le désir de voir quelque riche propriétaire colonial entreprendre à son tour la formation d'un parc grandiose dans ces régions fortunées. Les leçons pour former ces Édens enchanteurs, la nature virginale de l'Équateur et des tropiques nous les fournit à chaque pas. Que de merveilles ne pourrait-on pas créer avec ces richesses! Il me semble que, en rassemblant ses souvenirs, il faudrait peu d'efforts à un artiste qui a vécu de la vie de l'homme libre dans les forêts vierges de l'Équateur, de la Nouvelle-Grenade, du Brésil ou du Pérou, pour réaliser ces rêves, en apparence fantastiques, de la création d'un grand jardin tropical. Je revois en esprit les scènes des terres chaudes, qui m'ont si souvent ravi et qui pourraient être imitées, sinon dans leurs détails, au moins dans leur aspect général. Cent fois je me suis trouvé arrêté, dans les douze ou quinze cents lieues que j'ai parcourues, à pied ou à dos de mulet, dans la Cordillère des Andes, par des coins délicieux de nature sauvage que rien ne saurait effacer de ma mémoire.

Dans ces immenses solitudes, j'ai vu la végétation prendre des aspects que nous ne lui connaissons pas en Europe. Son exubérance est prodigieuse. Les arbres sont plus grands et plus majestueux que dans nos forêts. Pressés les uns contre les autres, ils sont emportés par la fougue d'une croissance perpétuellement alimentée par un sol profond chargé d'humus depuis de longs siècles, par des pluies diluviennes et par un ciel de feu. Sous cette excitation permanente, leurs cimes atteignent des hauteurs vertigineuses, que dépassent encore, à 50 ou 60 mètres de hauteur, la gigantesque frondaison des palmiers.

Mais le caractère le plus frappant de la végétation arborescente est dans l'aspect que présentent les troncs couverts du haut en bas de végétaux parasites. Pas le plus petit espace dépourvu de plantes. Des lianes innombrables, fines comme des cheveux ou grosses comme la cuisse, escaladent les arbres et s'enchevêtrent de mille manières dans leur ramure, jusqu'à ce qu'elles en atteignent le sommet et y étalent majestueusement leurs fleurs brillantes. Ce sont des bauhinias, des passiflores, des aroïdées aux énormes feuilles, des fougères grimpantes, des paullinias, des poivriers, des vanilles, des bignoniacées aux corolles éclatantes. Une pluie de fleurs tombe de ces voûtes de feuillage, sans qu'on sache de quel arbre elle provient. Sur le tronc géant des figuiers à caoutchouc, des cédrèles, des acajous, des jacarandas, on voit monter à l'assaut d'innombrables légions d'épiphytes, mousses, lichens, orchidées, broméliacées, fougères, aroïdées, pipéracées, qui se collent à l'écorce, s'établissent à l'enfourchement des branches qu'elles couvrent de leurs parures vertes et fleuries, et rongent peu à peu la substance ligneuse qu'elles finissent par décomposer, jusqu'à ce que le tout s'abîme avec fracas. Même après la chute de ces géants de la forêt, cette population végétale continue de croître, de se nourrir de la substance vermoulue du vieux tronc qu'elle a vaincu, et dont elle fait le piédestal de son triomphe!

Du sommet des plus hautes branches, pendent de longues racines adventives, qui descendent comme des câbles de la voûte d'une cathédrale. En quelques semaines, elles atteignent le sol couvert d'une profusion de charmantes plantes herbacées, parmi lesquelles s'implante leur piléorhize, et voilà autant de solides haubans créés pour servir d'arcs-boutants à l'arbre mère et supporter le poids de sa tête puissante.

Quelle majesté dans ces forêts immenses! Quel silence imposant, vers le milieu du jour, sous ce couvert que ne peuvent percer les rayons du soleil! Quel concert prodigieux d'oiseaux chanteurs le matin, de perroquets et de singes hurleurs le soir, parmi lesquels la voix puissante du jaguar et du puma détache ses notes profondes dès que la nuit arrive! Quelles féeries de lumière, quand l'œil peut jouir de ce spectacle dans toute sa beauté sur le bord des fleuves et des rivières, où les cimes des arbres, le pied dans l'eau et la tête au soleil, épanouissent leurs couronnes de feuillage et leurs fleurs brillantes et embaumées!

Sans aucun doute, s'il était permis à un artiste de réaliser un pareil idéal, s'il pouvait choisir son terrain dans quelque partie fertile de la zone équinoxiale, y dessiner sans contrainte un parc à sa manière, le planter des essences qu'il emprunterait à la forêt vierge voisine et appliquer à sa composition un goût éclairé et un grand sentiment de la nature, il créerait un paradis dont la réalité laisserait bien loin en arrière les visions de Milton et de tous les poëtes.

DU STYLE.

Il ne faut pas confondre le style avec le genre. On doit entendre, par *genre*, l'expression générale d'un pays ou d'un parc, suivant l'un des trois modes dont elle affecte notre âme, et, par *scène*, le caractère local d'une partie de ce pays ou de ce parc.

Le *style*, au contraire, c'est l'empreinte donnée à la composition d'un parc ou d'un jardin par l'industrie de l'homme, soit que l'architecture et la géométrie en forment la base, soit que l'imitation des paysages naturels

l'ait inspirée, ou qu'un mélange relie ces deux modes l'un à l'autre.
On peut admettre trois styles :
Le style géométrique,
Le style paysager,
Le style composite.

Style géométrique. — Le style géométrique, régulier ou symétrique, qu'on appelle communément, — et à tort, — style français, procède des anciens jardins transmis par l'antiquité, retrouvés et reproduits grossièrement par le moyen âge, embellis par la Renaissance et portés au plus haut point de renommée dans le xviie siècle. Nous avons vu qu'à l'engouement excessif dont ces jardins avaient été l'objet pendant un temps avait succédé une passion non moins exclusive pour les jardins paysagers, qui de nos jours règnent encore en maîtres. Sous le prétexte que les jardins réguliers étaient synonymes d'ennui, on n'en voulut absolument plus à partir de la fin du xviiie siècle, où la nouvelle école philosophique fit sentir ses allures de liberté jusque dans l'art des jardins. Les adversaires des compositions de Le Nôtre, dans leur exagération sans mesure, allèrent jusqu'à dire que la symétrie était « née de la paresse et de la vanité. »

Cette proscription systématique, qui aujourd'hui encore a des instigateurs très-convaincus, est regrettable à plusieurs égards. Toutefois, depuis quelques années, on revient dans une certaine mesure et avec raison aux jardins symétriques, dans des conditions particulières que j'ai déjà indiquées en parlant des scènes urbaines.

Mais si les dessins réguliers trouvent naturellement leur place devant les palais, les résidences luxueuses, dans les promenades publiques et les jardins d'utilité, je dois cependant signaler le défaut capital qu'ils présentent dans presque tous les exemples que j'en connais.

Ils n'ont point de style.

Dès qu'il s'agit de composer quelque jardin symétrique, sous prétexte de jardin « à la française » on voit la règle et le compas de l'architecte se livrer à des caprices de tracé et à des combinaisons de lignes qui n'ont aucun rapport avec la vérité historique et l'époque architecturale représentée par le monument qu'ils doivent accompagner. Des droites et des courbes, parallèles ou coupées par une fantaisie sans frein ou d'après quelques modèles uniformes répandus partout, constituent toute la science de la plupart des dessinateurs de jardins d'aujourd'hui. Aucun d'eux ne paraît se soucier d'ouvrir un livre et de puiser de saines leçons dans les modèles qui nous ont été transmis à diverses époques, d'appliquer enfin à l'art des jardins la méthode sûre des recherches archéologiques.

Il ne serait pas sans intérêt, cependant, d'accompagner tel palais ou tel château, d'un vieux et bon style, de l'entourage qui lui convient, comme on étudie un piédestal d'après l'époque d'une statue. Les plans de Claude Mollet et de Boyceau de la Baraudière fourniraient de charmants modèles pour le style de la Renaissance française depuis François Ier jusqu'à Henri IV. Androuet Ducerceau serait consulté pour les remarquables exemples qu'il a publiés des jardins de la fin du XVIe siècle. Le Blond et Dezallier d'Argenville ont dessiné tous les détails des compositions de Le Nôtre et de ses successeurs. Divers recueils, profusément illustrés (de Groot pour la Hollande, G. B. Falda pour l'Italie, J. Loudon pour l'Angleterre), permettraient de reproduire avec fidélité les jardins qui accompagnaient es monuments de diverses époques dans ces régions, ou ceux qui s'en inspirent dans les constructions d'aujourd'hui.

Rien encore, que je sache, n'a été fait dans ce sens, à l'exception de quelques essais assez pauvres, comme le jardin gothique du Lœwenburg à Wilhelmshohe, près Cassel, et quelques dessins non exécutés qui ont été publiés dans des recueils allemands.

Mais j'ai la conviction que cette étude sera entreprise. A mesure que l'art des jardins progresse, concurremment avec la science des plantes, l'introduction des végétaux exotiques et l'amour des beaux-arts, on le fouille sous tous ses aspects, il se popularise et s'impose davantage de jour en jour. Le moment n'est pas éloigné où la composition des jardins, envisagée sous ce rapport, formera une partie sérieuse de l'enseignement supérieur de l'architecture.

Il n'est pas jusqu'aux ornements des jardins, vases, bancs, kiosques, pavillons, etc., qui ne doivent être étudiés dans le style de l'ensemble. Les fleurs mêmes, les fleurs surtout, disposées aujourd'hui dans les parterres avec la fantaisie la plus déréglée, pourraient être serties, comme des pierres précieuses, dans des dessins inspirés par les ornements de l'architecture d'une époque déterminée et satisfaire à la fois les yeux et la raison par leur arrangement. Je montrerai plus loin, par de nombreux exemples, comment on peut développer cette manière de voir.

Style paysager. — Le style paysager, qui a maintenant envahi tout l'art des jardins, n'a pas moins que celui qui l'a précédé le droit d'être considéré à un point de vue élevé. Nous avons remarqué que son objet est la combinaison de la nature sauvage avec un art qui en fasse valoir les côtés attractifs, en cache les points défectueux, y ajoute au besoin des beautés de son invention et dissimule habilement sa présence. Là, le but à remplir est toujours le même. Il n'y a ni époque à observer, ni souvenirs à garder, ni imitations anciennes à chercher. Pour peu qu'on ait su choisir un paysage intéressant, si le jardin est à créer et qu'on se maintienne dans les règles de goût que j'ai cherché à déterminer pour embellir et enrichir la nature, dès que le caractère général ou du genre et le caractère local ou de la scène seront conservés, le succès ne sera pas douteux.

Mais les jardins paysagers eux-mêmes ont leur style, qui dépend du pays où ils sont établis, du climat, des habitudes d'un peuple, et surtout de l'artiste qui leur impose son empreinte. Tout architecte-paysagiste de talent doit posséder sa manière, son style propre, qui se reconnaît généralement à la première vue. Il ne serait pas très-difficile, pour un spécialiste, de citer de prime abord l'auteur de tel ou tel parc moderne, à la seule inspection de quelques traits caractéristiques. C'est le mérite de quelques artistes distingués de ce temps-ci de laisser voir ainsi à un œil exercé la touche spéciale de leur pinceau.

Il ne faut pourtant pas confondre le style, qui appartient aux maîtres, avec le procédé, qui est le fait du manœuvre et du copiste. Un sot peut avoir aussi sa manière, se reconnaître à un détail qui se retrouvera dans tous ses travaux; il n'en sera pas moins sot pour cela. Mais l'art qui révèle, dans une variété abondante et ingénieuse, une inspiration large et qui se retrouve dans toutes les œuvres sorties du même cerveau, celui-là est digne de respect et d'admiration.

Style composite. — Le style composite ou mixte résulte d'un judicieux mélange des deux autres, dans certaines conditions favorables.

A mon avis, c'est à lui que l'avenir de l'art des jardins appartient.

C'est de l'union intime de l'art et de la nature, de l'architecture et du paysage, que naîtront les meilleures compositions de jardins que le temps nous apportera maintenant en épurant le goût public. Déjà des tentatives assez nombreuses ont eu lieu, et depuis longtemps l'Angleterre se débat dans des essais répétés de cet ordre; mais j'y vois plus de tâtonnements que de résultats, et, à quelques exceptions près, plus de mariages hétéroclites que d'unions heureuses entre les deux styles.

Les abords des palais, des châteaux, des monuments situés dans de vastes parcs, traités selon les lois de l'architecture et de la géométrie et passant graduellement aux parties éloignées où la nature spontanée reprend ses droits, voilà ce qui peut tenter les efforts des paysagistes de l'avenir. J'ai dit quelles études et quelle initiation préalable ces connaissances demandaient. Une connaissance approfondie de l'architecture, des travaux de l'ingénieur et du jardinier, le secret de discerner le style qui doit encadrer les habitations si elles ne procèdent pas nettement d'une époque déterminée, sont des qualités indispensables. Mais, de plus, il faut le goût individuel, le cachet propre de l'artiste, que l'art surtout devra guider et qui souvent aura à lutter contre les exigences de son client et sa propre tendance à laisser courir cette folle du logis si difficile à enchaîner, l'imagination.

Mais, sous ces réserves, on peut dire que rien ne sera plus agréable aux jeunes gens d'avenir que de se faire les instruments de cette paisible révolution. Déjà des esprits distingués l'avaient pressentie et annoncée. Leur voix n'a guère eu de retentissement. Mais il est bon d'en réveiller l'écho et de citer les paroles sensées de l'un de ces hommes de goût, prophète aimable, dont les leçons ne seront point perdues.

« Un jardin, a dit M. Vitet [1], est un lieu disposé pour la promenade et

---

[1]. L. Vitet, *Études sur l'histoire de l'art*, IV, p. 1 et suiv.

destiné en même temps à la récréation des yeux... Mais c'est en outre la dépendance d'une habitation à laquelle il sert d'accompagnement, d'entourage, et, dans un certain rayon, ce n'est qu'un appartement de plus, un supplément à la maison. Or, comment refuser à l'art qui fit la maison et qui la décore le droit d'intervenir dans cette autre maison extérieure?...
Le secret du goût sera de bien choisir les ornements dont on décore un jardin de transition, cette espèce de péristyle champêtre, afin de les approprier au caractère de l'habitation. Si votre façade est modeste, si vos appartements sont plus commodes que brillants, plus élégants que riches, une grande profusion de fleurs groupées en étage sur un spacieux perron, disposées en corbeilles, en massifs, en amphithéâtre, vous fournira peut-être le moyen le plus ingénieux de lier l'œuvre de l'architecture à l'œuvre du paysagiste. Mais si je vois une façade d'un style riche et orné, si je vois dans vos salons des proportions nobles et grandioses, il faut à votre édifice un vaste piédestal... Je n'en veux descendre que par de larges rampes majestueusement prolongées ; il faut que, sur mon passage, les fleurs, les arbustes, les plantes précieuses étalent l'éclat de leurs couleurs, les variétés de leurs formes, et continuent à mes yeux la richesse des ameublements... J'aime à être arrêté sur une belle terrasse que des masses d'arbres habilement groupés couronnent de leur ombrage, tandis qu'à mes pieds règne une longue bordure de balustres sur laquelle mes yeux glisseront avec plaisir comme sur les festons d'une dentelle élégante. Grâce à ces créations de l'art, vous aurez donné à votre demeure un accompagnement en harmonie avec elle et qui ajoutera à sa beauté... Les lignes sont à la nature ce que la mesure et la rime sont à la pensée ; elles l'ennoblissent, elles sont la poésie du paysage.

« Le système pittoresque tel qu'il est aujourd'hui correspond exactement à ce qu'on appelle en littérature l'école de la réalité... Mais si, sans nuire à la vérité, qui est son mérite fondamental, on découvrait le moyen d'y glisser un peu d'élévation, de poésie, d'idéal, ce serait tout profit pour le public et pour les auteurs... Gardons-nous donc dans nos jardins de n'être que naturels, soyons aussi un peu poétiques ; associons l'ordre à la liberté, sinon c'est fait de notre indépendance et nous verrons bientôt une contre-révolution fougueuse, aveugle, exclusive à son tour, bouleverser ces gracieuses imitations de la nature pour leur substituer les monotones et fastidieuses prisons du vieux jardin symétrique. »

On ne saurait mieux dire et penser plus juste. La plupart des hommes de goût s'associeront au désir exprimé par le savant académicien, qui n'a pas assez vécu pour voir mettre à exécution le rêve inspiré par ce sentiment vrai de l'art qui remplit toutes ses œuvres.

AMÉLIORATION DES RÉSIDENCES RURALES

Le sentiment et le goût de la nature, l'attrait de la vie à la campagne, dont nous avons suivi le développement à travers les temps, depuis l'indifférence où la majorité des anciens l'avait laissé jusqu'aux excès de faux sentimentalisme où il était arrivé à la fin du xviiie siècle, a revêtu dans la société moderne une forme rationnelle et poétique à la fois, qui paraît, sinon définitive, au moins très-près de le devenir.

La nature exerce une si grande influence sur notre âme, qu'il est bien peu d'hommes qui n'éprouvent pas le besoin de se retirer aux champs à une certaine période de leur existence. Tous les âges y trouvent des plaisirs. S'il faut une initiation préalable pour goûter les séductions de l'art et de la civilisation, il ne faut qu'un instant pour se complaire dans le spectacle de la nature. Chacun est touché par la grâce du printemps, la richesse de l'été, l'abondance des récoltes de l'automne, et l'hiver lui-même a des charmes, dans certaines régions, pour des organisations spéciales.

Tout esprit élevé, tout cœur sensible doit éprouver ces sentiments, auxquels s'ajoute le désir d'une existence plus libre, plus facile, plus indépendante, plus saine pour le corps et pour l'intelligence que celle des villes. L'activité dévorante qu'exige la vie des hommes agglomérés se change ici en calme et en repos. Loin d'exciter outre mesure ses facultés, l'homme y peut exercer sa vigueur physique et morale d'une manière pleine et normale, sans être tenu à cette contrainte fatigante, à cette perpétuelle observation de lui-même qui résultent de l'état de société comme nous l'a fait la civilisation moderne. Là seulement la vie de famille peut se développer avec tous ses côtés aimables; les enfants y sont plus près de leurs parents et en suivent plus aisément les leçons et les exemples : le souci des affaires, les luttes de l'ambition, les basses jalousies, la guerre des intérêts en sont exclus, si le propriétaire est un homme sage. Vivant sur son domaine, il peut répandre le bien autour de lui, se complaire dans ses travaux, améliorer les hommes en même temps que le sol, choisir ses amis, rendre tout heureux et souriant dans son entourage et traverser ainsi la vie de la manière la plus utile, la plus aimable et la plus profitable à lui-même, aux siens et à son pays.

La voix de la nature éveille chez tout homme un invincible besoin de bonheur. Ce besoin est légitime, mais sa satisfaction conduirait bientôt à des excès, s'il n'était contrebalancé par notre nature morale, faisant contre-poids à notre nature passionnelle. C'est à la raison que nous devons de connaître le devoir, qui met un frein à nos passions, le devoir auquel on ne peut manquer sans remords et dont l'accomplissement nous donne des mérites devant nous-mêmes et surtout devant Dieu.

Le bonheur terrestre serait la satisfaction de tous les besoins de l'homme résultant de l'emploi de toutes ses forces. Bien que nous ne puissions atteindre ici-bas à cette félicité si cherchée, à cette satisfaction de nos désirs qui est notre premier mobile et le but de tous nos actes, l'appétit qu'elle excite en nous est invincible.

Mais ce besoin de bonheur, si naturel, auquel nous possédons un droit indéniable s'il est tempéré par notre devoir, c'est-à-dire s'il ne porte aucun préjudice à autrui, est doublé d'un sentiment plus généreux, parce qu'il est désintéressé. Je veux parler de l'amour du bien.

Dès qu'il apparaît à notre intelligence, le bien nous séduit et nous attire avec une force croissante. Il ne nous incite à satisfaire les besoins de notre nature qu'autant que notre conscience les approuve, à ne pas nous opposer à ce que nos semblables cherchent les mêmes satisfactions que nous, enfin à sacrifier notre bien-être personnel si notre prochain doit en retirer des avantages et si nous devons concourir ainsi au bien universel. La servitude volontaire au bien nous ennoblit, parce qu'elle est le plus bel usage que nous puissions faire de notre liberté.

Nulle part nous ne rencontrerons un plus beau champ pour exercer ces vertus qu'en vivant à la campagne, où tant de circonstances nous portent naturellement aux bonnes actions.

En contemplant la nature, nous trouvons à chaque pas l'ordre, l'harmonie, les beautés qui élargissent nos facultés affectives et qui provoquent la vertu en détruisant l'égoïsme. Le champ de l'idéal s'élargit et remplit agréablement la vie, qui s'embellit encore du souvenir des autres scènes que les voyages nous ont révélées et que nous comparons à celles dont nos yeux sont quotidiennement frappés.

Le plaisir que nous procurent les arts est passager, la satisfaction que donne l'étude des sciences est mêlée de sécheresse; au contraire, la contemplation de la nature apporte une impression aussi agréable que soudaine, en même temps que durable. C'est surtout à propos de cette émotion que les Anglais ont pu dire que la vue d'une belle chose donne une joie éternelle [1].

C'est ainsi qu'en élargissant le domaine des joies pures, on augmente la somme de bonheur, dont la progression va des plaisirs des sens aux plaisirs de l'esprit et à l'amour du bien.

Chacun dans sa sphère peut goûter ce bonheur, depuis le négociant retiré à la campagne et y répandant parmi les paysans de saines notions sur le maniement des affaires, la gestion des finances, soignant les malades, et répandant plutôt l'aumône de son cœur que celle de sa bourse, jusqu'au riche propriétaire réalisant de grands travaux agricoles ou industriels, améliorant les conditions économiques de tout un district et emportant la reconnaissance des populations rurales.

---

1. *A thing of beauty is a joy for ever.*

Sous le rapport du progrès agricole comme sous celui du bien-être des habitants, cet homme sera le sujet d'éloges mérités, soit qu'il ait entrepris le reboisement d'un pays de montagnes dénudées, l'irrigation d'une vallée desséchée, le drainage et l'assainissement d'une contrée tourbeuse, la construction de fermes ou de métairies perfectionnées.

La société en général en retirera de grands biens, et les habitants des campagnes principalement. La richesse des individus fait la richesse des nations, et c'est sur l'agriculture que repose le plus solide fondement de cette abondance. En employant dans un pays un plus grand nombre d'ouvriers d'une manière régulière et augmentant proportionnellement le nombre de ses habitants, on rend service à l'État par l'accroissement de la population et des produits du sol, car une position sédentaire provoque les mariages et augmente les familles. De plus, l'influence du bon goût est contagieuse. On a remarqué que, dans les pays déserts et misérables, couverts d'ajoncs et de bruyères, comme la Sologne et les Landes, les paysans sont apathiques, sans passions, indifférents, sans affection pour la patrie comme soldats et comme citoyens. Sont-ils originaires de pays riches et bien cultivés, mais plats et uniformes comme la Beauce, on les trouve assez souvent grossiers, âpres au gain, cruels, jaloux des étrangers, accapareurs du sol, incapables de sentiments poétiques. Au contraire, on sait quel est le touchant attachement des montagnards pour les scènes accidentées de leur pays; le patriotisme des Suisses et des Savoisiens est proverbial. Il en est ainsi sur la terre tout entière.

L'influence de la nature ne produit pas seule ce résultat, et l'exemple des belles choses créées par un propriétaire éclairé sera fécond en résultats heureux sur l'élévation intellectuelle et morale de son entourage.

Tout instigateur d'un progrès réel dans une contrée agricole est aimé et admiré, — tôt ou tard, — s'il a montré du désintéressement et un véritable amour du bien des autres. Non-seulement ses voisins l'estiment et le louent, mais leur jugement est bientôt ratifié par l'opinion publique. Nul changement politique n'altérera les bienfaits qu'il a légués à l'avenir, et sa réputation grandira, même et surtout après sa mort.

Ses efforts auront d'abord pour résultat d'accroître la valeur de sa propriété, soit par un produit immédiat quand ses travaux sont essentiellement agricoles et conduits avec économie, soit pour l'avenir, en donnant une plus grande valeur vénale à sa terre, si les circonstances le forçaient à l'aliéner. Une plus grande production sur une surface donnée, la valeur forestière que prendront un jour les plantations d'ornement, un fonds de propriété connu au loin, apprécié et envié, en seront les principaux effets. J'ajoute que la plupart des embellissements d'une résidence, en ce qui concerne plus spécialement l'art des jardins, sont productifs. Les gazons font des prairies fécondes; les plantations d'arbres bien choisis fournissent des bois précieux; les eaux d'ornement peuvent servir en même temps aux irrigations, à la pisciculture, à l'action des machines; les bâtiments accessoires à des services d'utilité.

Si les avantages matériels et sociaux de la vie à la campagne sont incontestables et s'ajoutent aux satisfactions toutes morales que j'ai indiquées, il convient d'y ajouter aussi les bienfaits qu'en retirera la famille. Toutes les fois qu'il sera possible d'élever les enfants à la campagne jusqu'à l'âge où ils doivent être initiés au combat de la vie publique, on en obtiendra les meilleurs effets. Non-seulement leur développement physique sera incomparablement supérieur à celui qu'ils pourraient atteindre dans les villes, mais en vivant au milieu de la nature, leur apprentissage pratique de la vie reposera sur des bases rationnelles que toutes les théories de l'école ne sauraient leur donner. Dans l'existence artificielle que nous font l'enseignement du collège et la vie urbaine, il manque une foule de connaissances primordiales que doit posséder tout homme au début du développement de sa raison sous peine d'être incomplet, quel que soit l'emploi qui lui soit réservé dans la société. Seule la vie aux champs peut lui donner ces notions vraies et nécessaires.

Les qualités morales s'ajouteront à la vigueur physique de l'enfant et à cette éclosion normale de la raison et de la notion des choses premières de la vie. L'exemple de ses parents sera toujours présent à ses yeux; toutes ses actions seront sous un contrôle permanent sans être inquisiteur; les coupables pensées lui viendront difficilement, les mauvaises actions seront aisément évitées, la dissimulation aura moins d'occasions de se faire jour, toutes les facultés seront mieux pondérées et prêtes à fournir un vigoureux et honnête effort au moment propice.

Enfin le sentiment patriotique, qui ne fait jamais défaut à tout cœur bien né, se développe mieux dans le calme de la nature qu'au milieu des villes. Il semble, — on l'a souvent constaté, — que la patrie soit plus chère quand elle est plus intime.

Ornez donc le lieu qui fut votre berceau ou celui de vos enfants. Pensez en même temps à votre propre bonheur, au bonheur de vos proches, de ceux qui vivent à votre ombre. Sachez aussi qu'orner sa résidence, c'est ajouter à la richesse et à la beauté de son pays, en contribuant à en embellir les paysages et à les faire admirer par les autres peuples. Loués et honorés par vos concitoyens, justement réputés au loin, bénis par vos enfants, vous aurez passé en faisant le bien et en méritant qu'on applique à votre mémoire ces belles paroles que je ne croyais guère trouver un jour gravées dans un pauvre village de l'Amérique espagnole : « Le juste meurt à son tour; mais il tombe comme la fleur, en laissant dans le sol le fruit qui lui survit[1] ! »

---

[1]. « *El justo muere tambien; pero, cayendo como las flores, deja en la tierra el fruto que le sobrevive* ». (Cespédès Fornario).

DU CHOIX D'UN SITE.

Si tous les hommes sont d'accord dans leur désir de jouir de la vie rurale à un certain moment de leur existence, ils le sont moins sur le lieu qu'ils choisiront pour leur résidence. Je ne parle pas des cas, — très-nombreux, — où la transmission d'un héritage leur assigne des terres patrimoniales qu'ils sont destinés à habiter ; devoir facilité d'ailleurs par des souvenirs d'enfance, la piété filiale, le soin de leurs intérêts et toutes les sympathies qui se rattachent à cette patrie privilégiée : le champ qui nous a vus naître.

Je veux seulement m'occuper des occasions, — fréquentes aussi, — où le futur propriétaire peut choisir le siége d'une résidence permanente pour lui et les siens. Tant de considérations peuvent guider ce choix, les désirs de l'homme sont si vastes et ses goûts si divers, que rien n'est plus complexe que cette question. Elle échappera toujours aux règles qu'on cherchera à établir, parce que, en ces sortes de matières, la plupart des hommes se laisseront plutôt guider par le sentiment que par la raison, et que les meilleures résolutions préalables tomberont comme un château de cartes devant une situation qu'ils n'auront point prévue.

Il est cependant du domaine de l'art des jardins d'étudier les circonstances qui peuvent influer sur le choix d'un site, dans la majorité des cas, et d'examiner les raisons que l'expérience et le goût peuvent suggérer pour déterminer une sage résolution.

La considération qui doit primer toutes les autres, dans l'examen d'une résidence rurale, est qu'on doit la voir comme elle *sera* après les travaux d'embellissement, et non comme elle *est* au moment de la première visite. Il faut souvent un vigoureux effort de l'esprit, une puissance d'abstraction spéciale, qui ne peut être que le résultat de l'expérience, pour atteindre ce but. Un architecte-paysagiste, digne de ce nom, doit être en mesure, après avoir étudié un site, de le *voir* dans sa pensée avec trente années de plus, c'est-à-dire lorsque les plantations qu'il y projette auront acquis leur entier développement. Dans cette sorte de seconde vue, il doit comprendre non-seulement l'effet de ses propres travaux, mais celui que produiront la végétation spontanée et la croissance naturelle des arbres conservés ; de même le côté pittoresque des améliorations rurales doit rentrer dans ses prévisions. On comprend que s'il était réduit à traiter simplement un point du paysage, et si le propriétaire se réservait l'aménagement des terrains d'exploitation qui font cependant partie de l'ensemble, il pourrait se trouver, au bout de quelques années, des bâtiments de ferme, des divisions de culture, des plantations en ligne, qui pourraient gâter à jamais les lointains que l'artiste aurait combinés avec ses premiers plans.

Ces précautions préliminaires étant prises, les conditions dans lesquelles aura lieu le choix d'un site seront soumises encore à de nombreuses considérations, dont je dois énumérer les principales.

Il est bien rare qu'un choix soit libre. Le plus souvent, les situations sont imposées par des considérations financières, des intérêts divers, une occasion à saisir, des souvenirs puissants, des sentiments instinctifs ou accidentels.

Même si aucun obstacle de ce genre ne venait influencer la décision de l'acquéreur, il faudrait encore tenir compte de sa situation d'esprit, de ses goûts, de ses habitudes, de sa condition sociale. Les voyageurs qui ont parcouru les pays lointains rechercheront des situations pittoresques ; celui qui sera né dans les montagnes pourra difficilement choisir un site plan ou à légères ondulations ; un agriculteur refusera toute scène sauvage et inculte ; un financier, un grand négociant qui aura dépensé la majeure partie de sa vie dans une grande ville ne voudra pas s'en éloigner. On a cité l'exemple de cet officier de la marine anglaise, qui, s'étant fait construire une maison pour vivre à la campagne, lui donna au sommet la forme d'un banc de quart sur lequel il passait son temps à se promener comme un tigre en sa cage.

Il serait donc utile, avant de porter son choix sur telle ou telle région, de consulter les habitudes, les préférences, qui jouent un si grand rôle dans la vie, de peur que les embellissements les plus ingénieux ne soient impuissants à faire une résidence agréable d'une propriété qui ne répondrait pas dans son ensemble aux tendances instinctives de l'acquéreur.

Le goût naturel pour la campagne étant inné, il est donc utile d'analyser ses propres sentiments, de voir quel genre nous plaît le mieux, quelle région a nos sympathies, sous quel climat nous voulons vivre. Si les conditions pécuniaires ne sont qu'accessoires, il faudra rechercher si nous préférons les scènes grandioses aux paysages restreints et riants, le pittoresque à la grâce, la nature sauvage aux campagnes cultivées.

En décrivant précédemment les genres que comporte le paysage et les scènes diverses qui se présentent le plus fréquemment, j'ai classé du même coup les différentes sympathies des spectateurs, et il ne sera pas difficile de reconnaître dans ce passage les caractères qui correspondent à leurs tendances personnelles.

J'ai vu des misanthropes chercher la solitude et se complaire dans des sites sauvages, en harmonie avec l'état de leur âme. D'autres demandaient l'oubli de leurs chagrins à des scènes analogues, au milieu des grands bois, près des rocs escarpés, et trouvaient un amer plaisir à vivre au milieu d'une nature âpre comme leur cœur ulcéré.

Le fardeau de la vie publique, quand il a longtemps pesé sur un homme d'État ou un organisateur de grandes entreprises, fera naître une soif de repos qui le portera à chercher des endroits retirés du bruit et de l'activité humaine. Il enviera le *beatus vir* d'Horace. Il lui faut à la fois la vie large et facile, sans trop de travaux, sans une recherche exagérée de luxe extérieur, mais, au contraire, des campagnes douces et aimables, où tout respire le repos qui lui a manqué jusque-là. Le spectacle des travaux des champs, les distractions de la science appliquée à la nature, l'histoire naturelle, des jardins d'un aspect harmonieux plutôt que pittoresque, réunissent d'ordinaire les conditions qui agréent le mieux à cet homme, dont l'action a momentanément épuisé les forces physiques et intellectuelles.

Ces circonstances ne sont point les plus fréquentes. Pour une occasion où les conseils de l'architecte-paysagiste sont demandés dans des situations exceptionnelles, il en est cent où le site à choisir dépend de conditions plus ordinaires et plus faciles. Dans la plupart des cas, on cherche dans la vie à la campagne une distraction temporaire aux travaux des grandes villes, et la belle saison seule y est annuellement passée par la famille. On demande alors à la propriété qu'elle se pare de tous ses attraits pendant un temps qui varie entre trois à six mois. Le programme à remplir est de fournir toutes les distractions possibles aux possesseurs et aux amis de passage. Du noble duc au banquier et au négociant de toute classe, chacun veut avoir son nid. Ce sera, pour le premier, un château au milieu de vastes domaines; pour l'autre, une maison avec un parc élégant; pour le troisième, le chalet entouré du parterre obligé et du potager minuscule. La villégiature errante devient de plus en plus rare, et l'amour du chez-soi, aux champs, a envahi toutes les classes de la société.

Ces tendances sont plus que respectables, elles sont dignes de tous les éloges. Le goût de la propriété est sain à tous les degrés de l'échelle sociale : il est un frein aux passions subversives et forme le fond de la sécurité des États.

D'ailleurs les conditions de la vie ont changé du tout au tout, en Europe, depuis vingt-cinq à trente ans. Dans toutes les capitales et les centres de population, la facilité et la rapidité des communications par chemins de fer ont rendu possible le séjour prolongé à la campagne aux gens engagés dans les occupations les plus absorbantes. Chaque jour d'été, c'est par milliers que les trains de Paris et de Londres amènent et remportent les voyageurs, qui ne craignent pas de faire dix, quinze ou vingt lieues en wagon pour aller à leurs occupations et revenir à l'heure du dîner. Les affaires pouvant être continuées sans interruption, avec plaisir et profit, il en résulte un surcroît d'aisance ou de fortune, qui se dépense en grande partie dans les embellissements de la résidence rurale, devenue ainsi un superflu tout à fait nécessaire.

Les conditions d'un ordre plus spécialement matériel qui doivent être considérées dans le choix d'une résidence rurale, — soit dans son ensemble, c'est-à-dire avec une exploitation agricole ou forestière, soit au point de vue plus restreint du parc ou du jardin, sont principalement les suivantes :

1º Le paysage environnant ;
2º L'altitude et la facilité d'accès ;
3º Le climat et l'orientation ;
4º La forme et la nature du sol ;
5º Les abris, les arbres et les vues ;
6º Les eaux ;
7º Les constructions ;
8º Les ornements pittoresques ;
9º Les ressources financières.

1º PAYSAGE ENVIRONNANT.

En développant les règles qui dirigent l'art des jardins paysagers, j'ai insisté sur l'unité de caractère dans l'embellissement des scènes locales et plus encore dans les paysages entiers où l'artiste dessinateur de jardins est appelé à exercer son talent.

Pour qu'il en soit ainsi de l'ensemble quand les travaux seront terminés, il faudra qu'on ait apporté un grand soin au choix du site, si la propriété est créée de toutes pièces.

Le paysage doit posséder avant tout, dans son plus grand horizon, une note dominante sans laquelle on ne saurait obtenir des résultats heureux. Non pas que toutes ces parties doivent se ressembler. Loin de là, une désespérante monotonie en serait la conséquence. Mais les scènes de détail, aussi variées que possible, doivent se fondre dans l'harmonie de l'ensemble. Si j'avais à choisir, par exemple, une situation dans les Alpes de Savoie, dans la fertile vallée du Graisivaudan, il serait fâcheux de prendre le point juste où cesse le massif de la Grande Chartreuse pour emprunter la ligne même où commence la culture. Mieux vaudrait dessiner le parc au milieu de la scène pastorale, peu pittoresque, mais riante, avec les montagnes en arrière-plan, ou plutôt chercher un site accidenté, d'où les pentes du jardin descendraient avec grâce pour s'unir au tapis vert des prairies. Si une partie de montagne est boisée et l'autre couverte de champs simulant une étoffe rapiécée, comme je l'ai vu souvent dans le Jura, l'unité de la scène sera détruite, à moins qu'on ne réussisse à masquer ce défaut[1].

Au contraire, la vue du spectateur qui se place sur le point culminant du parc de M. Victor Masson, à la Chassagne (Côte-d'Or), embrasse la vallée de l'Ouche, le château de Mâlain, Sombernon, et quatre villages formant des scènes très-variées, tandis que les sommets de toutes les montagnes

---

1. Voir le parc d'Ébenrain, chez M. Hübner, à Sissach, près Bâle (Suisse).

sont également boisés jusqu'au plateau rocheux que les érosions ont épargné. L'ensemble du paysage, malgré cette variété, conserve ainsi une harmonie que les détails n'altèrent nulle part.

Si cette unité existe, on doit s'inquiéter de la possibilité de la voir détruire un jour. A moins qu'un chemin de fer ne soit en exploitation dans le voisinage immédiat, le premier devoir est de s'enquérir de l'éventualité d'une voie ferrée venant passer au travers du parc, auquel cas il faut, ou en connaître la place, ou renoncer à entreprendre des embellissements qui seraient faits en pure perte. Il en est de même de la construction projetée d'une route, d'un chemin vicinal, de tout établissement futur laissant pendre une expropriation pour utilité publique, comme une épée de Damoclès, sur la tête de l'acquéreur.

L'étude attentive du district apprendra si l'on doit craindre la construction prochaine de manufactures, de filatures bruyantes; le changement du régime des eaux qui embellissent le paysage; si un étang peut être desséché et supprimé, une rivière détournée, une houillère créée; si de beaux rochers sont exposés à devenir un jour une carrière en exploitation, etc.

Le voisinage d'une ville est des plus dangereux sous ce rapport. Il faut prévoir l'accroissement de la population, l'érection de longues files de maisons ouvrières dans les environs, et les fumées ou les gaz délétères, si le terrain est situé sous les vents dominants[1].

Dans les régions populeuses et riches, on doit s'attendre à des déceptions de ce genre et être circonspect dans le choix de son terrain. La propriété, dans nos régions, se morcelle de plus en plus. C'est ainsi que se détruisent les plus beaux paysages. S'il était possible de choisir sa résidence au milieu de vastes terrains entourés par quelques propriétaires seulement, d'avoir pour riverains quelques vieilles familles riches et attachées au sol, on aurait toute garantie de sécurité pour l'avenir, en raison de l'analogie des intérêts et des goûts, et l'on pourrait sans danger entreprendre des travaux.

Si la terre est considérable et occupée au milieu par l'emplacement du parc, il sera nécessaire de stipuler, dans les baux avec les fermiers ou dans l'aménagement des bois avec des tenanciers, que le propriétaire se réserve de reprendre telle partie du sol qui lui plaira, suivant un prix d'estimation basé sur une évaluation de l'hectare en location. Dans tous les cas, on devra réserver au choix du propriétaire, exclusivement, la position des bâtiments d'exploitation agricole, qui peuvent, suivant leur disposition, produire un effet ornemental ou disgracieux dans l'ensemble.

Quand un terrain est situé au bord d'une rivière, d'un grand lac ou de la mer, ou en face d'une scène de montagnes, il est très-important qu'il n'existe aucun chemin, aucun obstacle, aucune servitude entre lui et cet

---

[1]. Dans toute l'Europe occidentale, les vents qui dominent sont les vents d'ouest et de sud-ouest.

ornement capital. La vue est d'une telle importance dans ces conditions, que sur le bord des lacs de la haute Italie, par exemple les lacs Majeur, de Côme, de Lugano, la valeur des résidences est excessivement dépréciée si elles n'ont pas d'accès direct sur la nappe d'eau. Les pentes rapides permettant à la propriété située en arrière de voir par-dessus sa voisine, riveraine du lac, rendent seulement la situation supportable.

Je connais cependant une exception à cette règle, très-intelligemment créée par le consentement unanime de nombreux propriétaires. C'est à Newport, ville de bains de mer, sur la côte est des États-Unis d'Amérique. Les possesseurs des villas bordant le golfe, où le panorama est superbe, se sont mutuellement engagés à ne planter aucun arbre masquant leurs vues respectives. Ils ont même laissé libre un chemin dû, au bord de la mer, et ils voient passer sous leurs yeux le public, qui traverse ainsi les villas et ne commet aucune déprédation.

La même liberté des vues doit être recherchée lorsqu'il s'agit de parcs publics, de boulevards, de tous les endroits où le terrain avoisinant, de même que les lointains, joue un rôle important dans le paysage et exerce une influence notoire sur l'agrément de la situation et par conséquent sur la valeur de la propriété.

2° ALTITUDE ET FACILITÉ D'ACCÈS.

Par altitude, j'entends ici, non la hauteur absolue au-dessus du niveau de la mer, mais l'élévation du site de l'habitation principale — centre de la vie à la campagne — par rapport au niveau moyen habité du pays. Il est évident que si l'on choisissait sans nécessité un emplacement à une altitude telle que le climat fût trop rude pour rendre la vie agréable — comme le sommet du Righi ou du Puy-de-Dôme — ce serait une erreur dont il est inutile de tenir compte ici. Mais sans craindre ces exagérations, j'ai connu des propriétaires que l'amour de la montagne avait portés à planter leur tente à plusieurs centaines de mètres au-dessus des vallées voisines, sur des points culminants d'un accès très-difficile et battus des vents de toutes parts.

C'est à mi-côte, à une exposition chaude, à une altitude absolue qui ne dépasse pas 200 à 300 mètres au-dessus du niveau de la mer, que, dans toute l'Europe moyenne, on trouvera les plus agréables situations pour une habitation de campagne.

Cette position, plus ou moins bien choisie, peut exercer une influence décisive sur la santé des familles. Dans les régions montagneuses, une maison située au fond d'une vallée est exposée aux brouillards de la nuit : les eaux abondantes de l'hiver, les forts rayonnements nocturnes qui appellent, à l'automne et au printemps, les gelées blanches fatales aux cultures, les fièvres qui ne manquent jamais de sévir dans de telles circonstances, sont à redouter.

Le côté sanitaire est d'une telle importance dans le choix d'un emplacement, que les investigations les plus minutieuses ne sont jamais exagérées quand il s'agit d'intérêts de cet ordre.

Le terrain est-il plat, mais aéré, accessible aux brises assainissantes et abrité du nord, la situation est peu favorable aux vues, mais n'est point mauvaise, si l'on prend le soin d'exhausser l'habitation sur un soubassement.

Beaucoup d'anciennes résidences sont bâties sur le bord des eaux, ou dans les eaux mêmes, comme Chillon et Chenonceaux. Nombre de châteaux féodaux sont entourés de larges fossés ; on les respecte et on les restaure avec soin. Leur effet est souvent d'une grande beauté. Mais il est prudent de ne point reproduire ces exemples ; ils exigent une position exceptionnellement saine et des constructions spéciales si l'on veut éviter l'humidité des murs.

En principe, on doit proscrire toute idée de bâtir l'habitation sur le bord des eaux basses et dans le fond des vallées.

L'accès de la propriété peut être envisagé sous deux points de vue principaux :

1° L'accès du pays ;
2° L'accès de l'habitation.

Il est à peine utile de faire ressortir la nécessité de choisir un pays où les communications soient faciles, fréquentes et rapides. Les exigences de la vie actuelle sont devenus si impérieuses, que si vous habitez une contrée éloignée de plusieurs heures d'une voie ferrée, et que ne dessert aucune voiture publique, vous aurez créé une véritable Thébaïde, où personne n'ira vous visiter. Si la propriété est grande et belle et se trouve située près d'une station de grande ligne, elle acquerra une si grande valeur, qu'on pourra sans hésiter y mettre à exécution des projets d'embellissement, dans l'assurance qu'ils ne seront pas perdus pour le moment où il faudrait un jour s'en défaire.

Le voisinage d'un bourg bien approvisionné ou d'une petite ville est encore une condition fort désirable pour les facilités de la vie. Toutefois, il est fâcheux d'être placé au bord d'une route poudreuse, surtout si le vent rabat la poussière de votre côté, et d'être trop près des habitants du village, qui exercent ainsi une sorte d'inquisition sur les faits et gestes de votre maison.

L'église paroissiale est-elle éloignée ? La poste aux lettres est-elle proche ? Ce sont des questions importantes, mais on n'est guère le maître de les régler à sa fantaisie, et il faut accepter souvent la situation que les circonstances ont faite.

L'accès particulier de l'habitation doit être l'objet des études les mieux entendues. Dans certains pays, comme en Angleterre, où, sous le nom de *main drive* (route principale), on lui donne avec raison la plus grande importance, l'allée d'arrivée est l'objet de tous les soins.

Avant tout, elle doit être facile.

Rien n'est plus fatigant qu'une longue route mal entretenue, étroite, cahoteuse, à pentes rapides, conduisant le visiteur à sa destination d'une manière peu hospitalière. On doit donner une idée séduisante de la propriété à ses invités même avant leur entrée, et je ne saurais trop recommander de prévoir des voies d'accès spacieuses, douces pour les chevaux ou les piétons, et entretenues d'une manière irréprochable. Un propriétaire soucieux de faire sentir à son entourage l'influence d'un esprit éclairé doit entretenir à ses frais — s'il le peut — les parties défectueuses des voies publiques qui confinent à son chemin d'accès. L'impression première a tant de force sur les visiteurs, qu'il faut tout d'abord les gagner à soi avant leur arrivée.

En France, la plupart des grandes propriétés en rase campagne sont ouvertes, sans clôtures aucunes, sans que pour cela on constate plus de délits que dans les propriétés closes; l'usage des grilles et des loges d'entrée n'est pas général comme en Angleterre, en Belgique et en Allemagne. Dans ces contrées, on se préoccupe avec raison de la route d'arrivée, qui est traitée avec un soin particulier. Un garde-concierge habite, à son extrémité, dans une loge décorée avec goût, et les abords de la grille d'entrée, le sol de l'allée, sont l'objet d'un entretien minutieux.

Les abords de l'habitation n'étant pas traités autrement comme en France, où d'ordinaire une plate-forme sablée enveloppe le bâtiment tout entier, on reporte le débouché de la route d'accès au côté nord de la maison. La façade principale, sud ou sud-est autant que possible, est plongée dans le gazon et dans les fleurs, en communication seulement avec les appartements intérieurs. C'est le système du jardin strictement privé, à l'usage exclusif des maîtres. Ses inconvénients seront signalés plus loin, mais il faut avouer que ses avantages sont grands, et que l'artiste est ainsi aidé dans ses combinaisons paysagères sans être arrêté par ces grands espaces sablés, si défavorables aux effets de la verdure et des fleurs.

La pente maximum de la route principale d'accès ne doit pas dépasser 8 centimètres par mètre et rarement atteindre ce chiffre. Des rampes plus fortes sont des sources d'ennuis et de danger, et l'on doit tout faire pour les remplacer par une pente plus douce, dût-elle être d'une longueur plus grande.

Des chemins de service conduisant aux dépendances situées hors de la vue et, s'il est possible, en arrière ou sur le côté de l'habitation principale seront ménagés de manière à n'être pas devinés. Ils pourront avoir des rampes plus fortes, ou l'on chargera moins les chevaux qui montent les approvisionnements. Si des chemins dits de servitude coupent la propriété en donnant accès à des parties supérieures de l'exploitation, on devra tout essayer pour les supprimer sans craindre les sacrifices d'argent. Ces voies sont des sources d'ennuis sans fin dans les districts populeux; ils sont le désespoir des paysagistes, et il n'y a aucun moyen d'en éviter absolument les effets disgracieux dans la composition des paysages. Il s'est trouvé cependant un auteur — le marquis R. de Girardin — qui s'est fait l'apologiste des chemins publics traversant une propriété privée, sous prétexte, disait-il, qu'ils donnaient de l'animation à la scène. Il oubliait d'ajouter que ces effets, heureux peut-être à d'assez grandes distances, il ne les eût supportés à aucun prix sous les fenêtres de son château d'Ermenonville.

3° CLIMAT ET ORIENTATION.

Le climat est d'une grande importance dans le choix d'un site. Il varie suivant les régions, et ferait l'objet d'une véritable dissertation météorologique si on voulait l'envisager sous ses aspects divers et en chercher les conditions sous les diverses latitudes où l'art des jardins est en honneur. Je me contenterai d'examiner sommairement de quelle manière le climat peut affecter le choix d'un emplacement pour une résidence rurale en France.

Sur toutes les côtes occidentales de notre pays, les vents d'ouest et de sud-ouest dominent et apportent invariablement la pluie. Sans être malsains, ils sont désagréables, surtout par leur force et leur fréquence. Ils soufflent principalement aux équinoxes et sont plus violents à l'automne qu'au printemps.

Le vent du nord est le même dans toute l'Europe, c'est-à-dire glacial et dangereux pour la végétation.

Les vents d'est et nord-est, qui soufflent en France à deux ou trois périodes de l'année, sont assez variables, desséchants et pernicieux, mais ils sont rares, et d'ailleurs on peut s'en défendre assez facilement par des abris artificiels.

Le vent du sud, moins ordinaire que celui de l'ouest, est pluvieux, et il varie en fréquence et en intensité.

Dans le Languedoc, le vent d'*autan*, qui souffle à l'automne avec une violence extrême, déracine les arbres et brûle leurs feuilles. Il a fortement contribué au déboisement de cette région.

Le *mistral*, vent du nord, qui laboure la vallée du Rhône et la région nord de la Méditerranée, est aussi terrible et desséchant que le précédent et redouté de tous les habitants du Midi.

Le climat des côtes de l'Océan est doux et remarquable par la quantité de végétaux des pays chauds qui peuvent vivre sous son influence, surtout dans la partie nord-ouest de la France, arrosée par une branche du grand courant d'eau chaude du Mexique (*Gulf Stream*).

Le climat de la Loire, ou Séquano-Girondin, et celui de la partie moyenne de la France est tempéré, mais moins que celui des côtes.

Le climat provençal est sec et caractérisé par la culture de l'olivier.

Le climat vosgien ou nord-est est plus froid que le rhodanien ou sud-est ; il participe du régime climatérique du Jura et de la Suisse.

Le climat du Nord et des Flandres est doux, égal et humide ; celui des Ardennes est froid et relativement sec.

Il résulte de ces indications abrégées que, dans toute la partie ouest et centre de la France, la meilleure exposition des habitations est le sud ou le sud-est, l'est dans la Provence et le plein sud dans la région nord et la région vosgienne.

L'exposition du midi est naturellement la plus chaude, mais elle n'est guère à redouter : à midi le soleil est au zénith et il ne devient gênant l'été que lorsque ses rayons obliques sont inclinés à l'ouest. Pendant l'automne et surtout pendant l'hiver, c'est un visiteur toujours bien accueilli. En tenant compte de cette raison et de l'abri des vents, on doit protéger l'habitation du côté de l'ouest, et surtout, comme nous le verrons plus loin, ne pas placer de ce côté la salle à manger, que le soleil envahirait le soir de ses feux incommodes. L'exposition au sud-est est de toutes la meilleure, sous le climat de Paris pris comme un terme moyen.

En examinant l'orientation d'une propriété par rapport au voisinage d'une ville, on devra veiller à ce qu'elle ne soit pas sous le vent d'ouest ; il y amènerait les fumées et en ferait un séjour insupportable, à moins qu'elle ne soit située sur une assez grande hauteur. C'est au sud de la ville qu'il faut généralement chercher sa résidence ; cependant on a depuis longtemps observé que la population élégante s'avançait instinctivement vers l'ouest dans toutes les grandes villes du monde.

La pente générale du terrain d'un parc — si on le pouvait choisir — devrait être au sud-est, et la façade principale de la maison serait parallèle à cette direction. Placée à mi-côte, vers le milieu du terrain, sur une légère éminence formant un ressaut dans le talus adouci — au besoin appuyée sur un terrassement artificiel, l'habitation principale serait dans les conditions les plus favorables pour la santé, la chaleur, l'abri, la lumière ; et si l'accès pouvait avoir lieu par le côté nord, la vue du côté du soleil ne recevrait aucune interruption.

4° FORME ET NATURE DU SOL.

La forme du terrain peut se présenter sous plusieurs aspects ; elle est plane, inclinée, convexe ou concave.

Si le terrain est horizontal, je ne conseille pas d'y essayer des travaux importants de terrassement qui ne le modifieraient jamais assez pour rendre vraisemblables ces accidents du sol, et qui pourraient au contraire y créer une œuvre de mauvais goût. Des cas exceptionnels, imposés par les circonstances, peuvent seuls rendre acceptable un emplacement absolument plat.

Je recommande en ce cas de placer l'habitation, s'il est possible, vers le milieu de la propriété, afin de pouvoir mieux dissimuler les limites; d'élever cette construction, pour la faire valoir et l'assainir, non sur un tertre important, mais simplement d'une hauteur égale à des soubassements ordinaires, deux mètres ou un peu plus. On l'accompagnera, sur deux faces, de perrons à grand développement, pourvus de vastes caisses de maçonnerie à remplir de plantes à fleurs. Je dirai ultérieurement mon opinion sur le style convenable à une habitation dans de telles conditions, en traitant de l'architecture au point de vue de son effet dans les parcs et dans les jardins.

Un terrain dont le niveau général ou moyen serait presque horizontal ou en faible pente, mais qui comporterait une série d'ondulations irrégulières s'harmonisant avec le caractère du paysage tout entier, permettrait à l'art d'aider la nature pour placer l'habitation. On pourrait choisir l'une de ces éminences les plus caractérisées, celle par exemple qui permettrait la série la plus complète d'embellissements vus de ce point. On en augmenterait sensiblement la hauteur; ainsi l'œil plongerait des appartements dans les dépressions diverses du sol ondulé, où des eaux pourraient prendre place.

Les dimensions de l'habitation doivent toujours être appropriées à celles du tertre où elle sera placée. Si cette éminence est allongée suivant la pente d'une colline, la façade aura une assez grande longueur relative, et l'épaisseur du bâtiment sera diminuée. Si, au contraire, le sommet du tertre est régulier, assez étroit, et que le terrain descende également de tous les côtés, la silhouette se rapprochera de la forme carrée, avec quelques décrochements pour varier les ombres et égayer l'ensemble.

Si la façade était trop longue pour le tertre, l'espace environnant serait trop étroit; l'habitation semblerait placée sur un maigre piédestal, l'approche en serait difficile, et les proportions seraient manquées.

La forme du plan de la maison est donc motivée par la forme du terrain.

Une allée d'arrivée, tracée en montant vers l'habitation, produira un effet excellent, surtout si les ondulations du sol sont variées en restant douces, et fournissent des oppositions de lumière et d'ombre par la projection des plantations sur les pelouses.

La pente générale d'un emplacement de parc étant du nord au sud, sans aucune variation ni ressaut, il convient de l'interrompre pour y asseoir l'habitation principale et les communs. Après avoir calculé la hauteur à laquelle on se placera sur le coteau pour satisfaire à la fois aux exigences d'une route d'accès à pente douce, et choisi l'altitude suffisante pour embrasser la plus grande partie des vues sans être trop exposé aux vents, on dégagera, pour y planter la maison et ses dépendances, un terre-plein qui interrompra artificiellement la rampe de la colline et qu'il ne sera pas difficile d'arranger avec goût et d'une manière naturelle. Si la pente A D est douce, un terrassement dit de *compensation* B C, en enlevant quelques mètres d'un côté et remblayant d'autant de l'autre, permettra de former les pentes gazonnées A B, C D, sans choquer le regard ni faire craindre les éboulements (fig. 33).

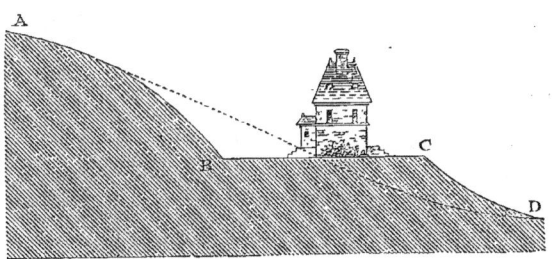

Fig. 33. — Profil des pentes douces rectifiées.

Mais si le sol est fortement incliné EI (fig. 34), on pourra le couper à pic, à une certaine distance derrière la maison, et le soutenir par des roches artificielles F G, que l'on peut rendre vraisemblables. Ces profils sont presque toujours d'un heureux aspect, surtout si l'on soutient les remblais par une terrasse H du côté de la façade antérieure.

Fig. 34. — Profil des pentes abruptes rectifiées.

Un sol convexe, ou dont la partie médiane offrirait une colline dominant tout le parc, indiquerait assez clairement le point-sommet pour l'emplacement de l'habitation. Mais il faudrait appuyer la construction par de forts groupes d'arbres s'il n'en existait pas déjà, rien n'étant plus disgracieux qu'une maison dressée, dans sa solitude et sa nudité, sur le sommet d'un tertre. Cette disposition du terrain serait d'ailleurs la plus favorable au développement des vues sur les pelouses, si le sol se creusait en cuvette et se relevait après que l'œil en a parcouru l'étendue. Cependant je ne l'approuve guère; elle montre tout d'un seul coup d'œil et ne laisse rien à deviner. Ces sortes de jardins deviennent aisément fastidieux.

La surface concave est ordinairement détestable pour la position d'une maison. L'humidité s'accumule au point bas et pourrit les fondations en rendant l'habitation malsaine; les vues, allant de bas en haut, manquent de grâce; on étouffe dans un trou sans air. On peut subir ces conditions à son corps défendant, on ne doit jamais les faire naître.

La nature du terrain joue un très-grand rôle dans le choix d'un site. Nous verrons, dans un chapitre spécial, ce qui caractérise les diverses espèces de sol en rapport avec les plantations. A première vue, on sait à quelle formation il s'agit de s'attaquer. Si le sol est calcaire, il forme d'excellentes terres à blé; pourvu qu'il ne soit pas trop maigre et ne repose pas sur ce tuf desséché, feuilleté, qui constitue les plateaux d'une grande partie du centre de la France. Les sols calcaires sont généralement jaunes, durs, séchant très-rapidement, collant au pied dès qu'ils sont mouillés, favorables d'ailleurs, quand leur sous-sol est fissuré, à la croissance des arbres et notamment des conifères.

Le sol argileux, de couleur jaune, rougeâtre ou noirâtre, quoique fertile, est souvent défavorable. Compacte et ne laissant pas écouler l'eau dans le sous-sol pendant l'hiver; dur comme la pierre pendant l'été, il est très-difficile à cultiver et doit être drainé avant tous autres travaux.

Le sol siliceux est léger et brûlant, l'été; sans consistance, l'hiver; sans pouvoir végétatif, mais facile à cultiver; agréable, parce qu'on y peut introduire des essences à croissance rapide, pins, bouleaux, etc. Il constitue de vastes propriétés sans grande valeur, dans la Sologne, les Landes, dans les plaines de diverses régions pauvres de la France.

Le sol arénacé, ou de grès décomposés, comme à Fontainebleau, peut donner de bons résultats, s'il est mêlé d'humus et si les plantations sont bien exécutées.

Un sol argilo-calcaire, mélangé d'humus et adouci par la chute des feuilles des forêts y accumulant leur terreau, est ce que le paysagiste et l'horticulteur peuvent désirer de plus favorable à leurs projets. Si le sol est un peu léger, on peut l'additionner de terre argileuse; sa porosité, ajoutée à l'emploi de l'engrais, en fait le meilleur instrument pour la végétation des plantes.

Si le sous-sol ne répond pas aux bonnes qualités du sol, c'en est fait de l'espérance de belles et durables plantations. Le gravier épais ou l'argile compacte sont de mauvais sous-sols. Les fonds de roches calcaires, à base fissurée, ou de sable, sont les meilleurs.

Je ne parle, on le comprend, que des sols envisagés au point de vue de la croissance des arbres; pour l'agriculture, le terrain léger et humeux n'aurait pas assez de consistance. Les qualités spéciales à chaque espèce de terre ne peuvent être discutées ici, et seront examinées aux chapitres des terrassements et des plantations.

5° ABRIS, ARBRES, VUES.

Les abris naturels sont une des premières conditions de la vie dans une résidence à la campagne. Ils sont de deux sortes : les mouvements de terrain et les arbres. Nous avons vu qu'en pays accidenté, l'emplacement d'une maison exposée au sud ou au sud-est était une condition favorable. Quand un épaulement de terre, un contrefort naturel de la colline ou de la montagne vient protéger l'habitation contre les vents d'ouest, la pente derrière elle la garantissant déjà de l'aquilon, on peut dire la situation excellente. Il en est de même du côté où règne le vent dominant, dans les autres régions climatériques dont j'ai parlé.

Si ces arcs-boutans de montagnes n'existent pas immédiatement auprès de l'habitation, mais n'en sont qu'à une petite distance, l'écran est sans doute moins efficace, mais il est précieux encore.

Si cette ressource manque, il n'y a plus que les arbres.

Ne devenez pas l'acquéreur d'une propriété sans arbres. Ne songez-vous qu'à préparer une résidence pour vos enfants encore très-jeunes au moment où vous plantez? Alors sachez attendre de longues années un feuillage avare. Si vous comptiez pour vous sur cette fragile espérance, le soleil torride de l'été, les bises de l'hiver vous feraient cent fois maudire votre imprudente résolution.

Les arbres sont le grand charme de la nature : ils nous touchent autant par la poésie qu'ils dégagent que par l'utilité multiple qu'ils présentent par l'abri, l'ombrage, le produit et l'ornement.

Comme abri, la présence de beaux vieux arbres du côté des vents dominants est indispensable. Ils forment des écrans contre les tempêtes, des brise-vents par excellence. Ils protégent et appuient l'habitation par leur masse imposante.

Leur ombrage est d'une valeur inestimable. Je connais des propriétés où les châtelains attendent en vain depuis bien des années que de maigres manches à balai versent leur ombre rare sur la fournaise qui entoure leur château situé sur un plateau dénudé. Aucun effort — si ce n'est la plantation de gros arbres au chariot, opération difficile à une grande distance des villes, — n'arrivera de longtemps à accompagner d'arbres ces tristes demeures, et toute une génération passera sans jouir de l'effet des jeunes plantations.

On n'a jamais trop de vieux arbres. Il est toujours facile d'en supprimer : en ajouter est un problème dont la solution se renvoie à un avenir éloigné. Ils donnent aux jardins un air d'ancienneté qui commande le respect, et fournissent à l'architecte-paysagiste la possibilité de dissimuler l'art employé à unir le nouveau parc avec l'ancien.

On a vu plus haut qu'à l'agrément apporté par les arbres vient s'ajouter le produit qu'on en retire sans peine et qui augmente notablement la valeur de la propriété.

Mais que dire de leur intérêt au point de vue ornemental? Les arbres sont le principal attrait du paysage. Ils reposent le regard, ils calment l'esprit, ils excitent l'admiration s'ils sont beaux, font valoir les vues en les encadrant et les repoussant au loin, ils dissimulent les objets disgracieux. Si le site d'un parc a de l'étendue et de la variété, il est indispensable qu'il soit déjà pourvu d'arbres au moment où on le choisit. Quand on ne les possède pas abondants et déjà bien venants, la vie à la campagne est insupportable.

La plupart des considérations que j'ai mises en avant dans les pages précédentes céderont souvent à cet argument irrésistible : placer la maison au milieu de vieux arbres. La protection contre les vents, soit par les reliefs du terrain, soit par les arbres, doit être placée au-dessus des autres conditions de l'emplacement toutes secondaires, notamment celle qui va suivre : *la vue*.

La vue est considérée généralement comme d'une importance telle, qu'elle efface souvent — et à tort — les autres considérations. Sans doute les aspects du paysage sont de premier ordre dans le séjour de la campagne, et nous avons vu qu'ils dominent tout l'art des jardins dans les théories qui ont été présentées au lecteur. Mais on est disposé volontiers à faire à la vue les plus grands sacrifices, comme le confortable et l'agrément de la vie quotidienne. Tel acheteur sera séduit par une belle perspective, et achètera, sans réfléchir, une propriété dont il ne considérera rien autre chose. Avec un peu d'étude, il aurait vu que le sol est infertile, la situation exposée, les arbres rares, laids ou petits, l'eau absente, les communications difficiles, les relations de voisinage peu attrayantes, la main-d'œuvre chère, et le reste.

L'ombrage et l'abri doivent primer la vue. On ne peut se passer des deux premiers, tandis qu'à la rigueur les aspects intérieurs d'un parc, s'ils sont rendus agréables, peuvent suffire aux plaisirs de la vie à la campagne. Repton était tellement pénétré de ce fait, qu'il a donné un jour le conseil de visiter la première fois, par un temps couvert, défavorable aux vues étendues, le site proposé pour une résidence rurale, afin que l'on ne fût pas tenté de sacrifier le confort de la vie à l'éclat trompeur d'un paysage lointain illuminé par un beau soleil d'été.

Mais si rien ne s'y oppose, il sera bon de donner aux vues la part importante à laquelle elles ont tant de droit. Les principales partiront de la maison. Dès la première visite à un site choisi, on fera bien de chercher le point d'où le coup d'œil d'ensemble est le plus varié et le plus saisissant, pour y planter l'habitation, sans oublier les autres conditions ci-dessus énoncées.

Si la propriété contient des eaux abondantes, réunies en nappes ou en rivières éloignées, on devra s'efforcer de les faire entrer dans la vue de l'habitation. J'ai fait remarquer, en traitant des lois de la vision, quelles raisons faisaient désirer que l'observateur dominât les pièces d'eau. L'angle de réflexion — toujours égal à l'angle d'incidence — donnera la perception double des objets situés au delà de la surface du miroir. Il en sera de même de l'effet de la lumière sur les pelouses, parcourues par les ombres avec tant d'effets gracieux et variés et qui deviennent autant de miroirs, aux dernières heures du jour, par leurs reflets et leurs contrastes avec la verdure des arbres.

Les vues sont donc à considérer très-sérieusement dans le choix d'un site. On s'en convaincra facilement en lisant le chapitre spécial qui leur sera consacré plus loin.

6° LES EAUX.

Les eaux sont l'âme du paysage. Elles donnent la vie à tout ce qui les entoure. La variété infinie qu'elles présentent nous charme sans cesse. Ici elles s'étalent dans la vaste étendue d'un lac au miroir éclatant, aux bords riants ou sauvages; là elles coulent avec lenteur et majesté dans le lit d'une rivière paisible ou jasent avec un bruit argentin sur les cailloux du ruisseau. Que leurs cascades mugissent ou que leur doux murmure nous appelle à la rêverie sous le couvert des bois, elles ne sont jamais déplacées et procurent un plaisir toujours nouveau.

Le rôle qu'elles jouent dans le choix d'un site est considérable; souvent même on est enclin à l'exagérer. La séduction qu'elles exercent sur notre esprit est si grande, qu'elles font reporter parfois au second plan des considérations qui devraient tout dominer, par exemple celles qui concernent le climat, l'abri, les arbres.

Elles jettent tant d'éclat sur les scènes de la nature, que leur absence est toujours regrettée. Toutes les situations leur conviennent; elles indiquent le point le plus attrayant de toute résidence, donnent de la couleur aux paysages les plus ternes, adoucissent l'âpreté d'un désert, enrichissent tous les points de vue. Leur caractère, leur style — pourrait-on dire — varie des plus grandioses compositions aux peintures les plus délicates. Partout elles sont une bonne fortune pour l'artiste et l'heureux propriétaire.

Les eaux sont le premier objet qui frappe nos yeux dans une propriété, et le dernier qui les captive. Nous sentons instinctivement qu'elles sont à la végétation ce que le sang est au règne animal : la première condition, l'élément indispensable de la vie. Sans eau, tout se flétrit et meurt; avec elle, tout s'anime et prospère. Quel plaisir d'assister, dans les pays chauds, à ce renouveau de la nature, apporté par les premières pluies, et de sentir la vie palpiter de toutes parts sous l'effort de la séve qui circule au sein des tissus végétaux!

Aussi paraît-il superflu de conseiller l'adoption d'un lieu naturellement embelli par des eaux, de préférence à un autre, si toutes les convenances sont d'ailleurs satisfaites.

J'ai déjà dit que les conditions sanitaires étaient les premières à considérer. Certains pays, où coulent des eaux superbes et abondantes, sont presque inhabitables. Tels sont les étangs de la Brenne ou de la Sologne, les prairies montagneuses du Limousin et les contrées marécageuses en général. Toutefois, dans ces régions, il se trouve de nombreux endroits sains, que l'expérience indique, que la renommée a consacrés, et qu'on peut sans crainte choisir pour résidence. Ajoutons qu'il est généralement aisé, avec quelques travaux de drainage, d'assainissement, de plantation, de transformer une contrée partiellement malsaine en un parc salubre. C'est là un des triomphes du génie agricole et de l'industrie humaine sur la nature sauvage.

Si l'habitation est déjà placée à proximité des eaux ou sur leurs bords mêmes, l'artiste ne pourra que modifier les aspects existants, au point de vue paysager, en accordant les embellissements projetés avec les conditions primordiales de salubrité, que ni lui ni le propriétaire ne devront méconnaître. S'il est possible de changer de place cette habitation et de la rebâtir sur une éminence, les conditions sanitaires seront meilleures, et ce conseil devra être donné dans presque tous les cas où l'on ne sera pas en présence de quelque ancien château d'un intérêt historique ou d'un grand caractère architectural.

Il en est autrement si l'on est maître de choisir son emplacement. Dans ce cas, plusieurs objets sont à considérer. Le premier est d'assurer l'alimentation d'eau pour l'habitation, les bâtiments de service et les jardins potagers et fleuristes. Il faut que la dépense de ces installations ne soit pas excessive. Si les eaux existent naturellement dans la propriété, et si la position des bâtiments est choisie de telle sorte qu'ils puissent être approvisionnés d'eau sans machines élévatoires, tout sera pour le mieux. C'est toujours une chose grave que de monter l'eau par des manéges, machines à vapeur, norias, moulins ou autre moteur dispendieux ou désagréable. Quand on est le maître d'asseoir l'habitation à mi-côte, sur un niveau inférieur à quelques sources faciles à diriger, on se trouve dans les meilleures conditions pour obtenir l'eau nécessaire à tous les services et aux embellissements les plus variés.

Ce point acquis, il reste encore à tenir compte de quelques considérations qui ne sont pas sans importance, et qui touchent au côté esthétique de notre sujet.

En choisissant l'emplacement d'une habitation ou même le point central d'un parc, c'est-à-dire le lieu où la plus grande somme de points de vue agréables viendra se concentrer, on pourra se rappeler ce que j'ai dit (p. 128, fig. 28) des lois de la vision appliquées à la surface des eaux. Si l'on cherche le pittoresque plutôt que l'étendue, c'est-à-dire les jeux de l'ombre et de la lumière sur des plans variés, on devra se placer dans une situation telle, que la surface des eaux reflète les images de bords abrupts, d'arbres, de rochers, d'oppositions violentes. C'est le point de vue du peintre, qui demande avant tout le *tableau*. L'amateur, au contraire, cherchera plutôt le *miroir*, c'est-à-dire des effets lumineux, riants, une vaste surface lisse, s'unissant dans les lointains avec les prairies et donnant au spectateur l'impression de l'étendue.

Pour bien juger des points de vue à chercher lorsqu'il s'agit des eaux, il faut aussi tenir compte de ce fait, que les pelouses, les bois et les eaux, sont surtout vus à leur avantage quand ils ont la lumière *derrière* eux (p. 129-130). Le soleil qui frapperait sur la surface des eaux dans la direction d'une pelouse terminée par un bois confondrait leurs effets et ne produirait pas de contrastes entre ces diverses parties. Il faudra donc, autant qu'on le pourra, prendre le point de vue à l'est ou au nord d'une plantation située entre le soleil du midi ou du couchant et une pièce d'eau placée devant l'observateur. Une vue dirigée vers le nord est généralement peu intéressante, en ce qu'elle est vague et sans contrastes ; à moins que des objets saillants, bâtiments, arbres isolés, ponts, bateaux, collines d'aspect varié, ne soient frappés par les rayons opposés du soleil.

Quand la lumière vient derrière un rideau d'arbres placé entre elle et le spectateur, on obtient le plus heureux effet en la laissant passer par une percée qui produira une charmante opposition si le soleil frappe sur les eaux.

Si les eaux répandues dans le paysage sont naturelles, on conservera facilement le caractère du paysage en les distribuant avec modération. Augmenter quelque peu, mais jamais démesurément, la largeur d'une rivière, varier les bords d'un lac d'autant plus que le relief du terrain sera plus accusé, ajouter enfin à l'effet caractéristique du lieu en évitant les lignes vagues et molles et en affirmant le caractère de la scène, tel est l'objet que l'on peut atteindre par des moyens que j'indiquerai dans le chapitre spécial au traitement des eaux.

Mais, s'il s'agit d'introduire artificiellement des effets d'eaux dans un paysage qui en est dépourvu ou n'en a que d'insignifiantes, il faudra faire preuve de la plus grande réserve. La vraisemblance est le point capital, et la grande loi d'unité, d'harmonie entre toutes les parties, trouve encore ici son application. Elle domine tout dans l'art des jardins.

Ne mettez pas d'eaux dans un paysage aride, qui n'en comporte pas, ou rendez-les si naturelles qu'on ne soupçonne pas qu'elles y ont été amenées artificiellement. Leurs proportions doivent être vastes, leurs abords simples et nobles à la fois, leur position tellement normale que jamais la raison n'hésite à les trouver bien lorsque l'œil les trouve belles.

Un paysagiste anglais disait que, si les eaux doivent former seulement des bassins dans le fond des vallées, on aurait tort cependant de se priver d'une pièce d'eau à mi-côte, quand son effet doit être agréable. Il ajoutait que souvent l'on voyait des ruisseaux descendre des montagnes, alimentés par des lacs placés sur les sommets, et qu'ainsi la nature justifiait son opinion. C'était un raisonnement spécieux et regrettable. Si le lac Blanc, au mont Cenis, et le lac d'Oo, dans les Pyrénées, sont d'un aspect charmant bien que placés sur des hauteurs, il ne faut pas oublier sur quelles proportions ils se développent, proportions qu'il n'est pas donné à l'homme de reproduire. Les exemples que nous devons emprunter à la nature ne sont pas ceux de ses exceptions, mais de ses lois ordinaires. En ne restant pas dans une moyenne raisonnable, on tombe dans l'excentricité et le mauvais goût. En quelques circonstances on peut placer des bassins sur des pentes, mais seulement pour servir de réservoirs, en masquant leurs bords et n'en faisant nulle part un prétendu ornement du paysage.

Une occasion de créer des scènes d'eaux dans un paysage où elles manquent, et qui doit influer sur le choix d'un parc, s'offre naturellement lorsque les points bas du pays sont formés de prairies marécageuses. Si l'on s'est assuré, par des sondages bien faits, qu'un ruisselet ou des sources pourraient alimenter suffisamment un étang et compenseraient l'évaporation produite à sa surface, il ne faut pas hésiter à le creuser. Avec les terres provenant des fouilles, on exhaussera les parties basses et mouillées des prairies, et l'on aura créé une belle étendue d'eau, favorable à l'élevage du poisson et donnant la vie au paysage d'alentour. On devra seulement veiller à ce qu'une vaste nappe d'eau ne soit pas située trop près de l'habitation. Elle y développerait des brouillards et une humidité qui en rendraient le séjour malsain, et présenterait aussi l'inconvénient de diminuer, par ses dimensions exagérées, l'importance relative des bâtiments.

Une autre considération, qui est le corollaire de celle-ci, défend d'asseoir une maison tout auprès d'un ruisseau sans importance, dont l'apparence médiocre serait hors de proportion avec une grande construction. Ce ruisseau doit être réservé pour les endroits éloignés, favorables à la promenade intime et paisible.

Les autres particularités relatives au traitement des eaux et de leurs abords seront détaillées plus loin, au chapitre des travaux d'exécution.

7° CONSTRUCTIONS.

La question des constructions, pour une résidence à la campagne, s'impose, pourrait-on dire, avant toutes les autres; elle eût précédé ces études si j'avais à l'envisager autrement que dans ses divers rapports avec les autres parties déjà traitées. En effet, c'est comme centre du paysage, en tant que tableau, que je dois étudier ici les habitations dans leurs acceptions diverses, c'est-à-dire en paysagiste, et non en architecte-constructeur.

On peut considérer les habitations à la campagne de deux manières, soit qu'on les trouve déjà existantes et qu'il s'agisse de les embellir avec le site qui les entoure, soit qu'on ait à les construire de toutes pièces et à choisir leur meilleur emplacement.

Les constructions anciennes seront :
1° Un vieux manoir d'intérêt historique ou architectural ;
2° Une maison de maître à agrandir et à orner avec goût ;
3° Une ferme à transformer en maison de maître.

Sous ces trois formes, les anciens bâtiments peuvent exercer une séduction plus ou moins grande sur l'esprit d'un acquéreur.

1° Voici un castel féodal, aux tourelles en poivrière, encore pourvu de ses créneaux et des vestiges de son pont-levis, placé sur un rocher comme l'aire d'un aigle, et tout rempli du souvenir des vaillants seigneurs qui l'ont habité. De telles ruines, si elles sont réparables, tenteront un propriétaire aux goûts artistiques et feront pencher la balance en leur faveur, parfois au détriment du confortable ou de la beauté de certains accessoires.

Je suis loin de déconseiller un tel parti. Parfois il m'a été donné d'exprimer mon opinion sur l'opportunité de restaurer de pareilles constructions. Mais cette opinion n'a été affirmative qu'autant que le paysage environnant offrait des ressources de beauté ou de pittoresque. Trop souvent les « hauts et puissants barons » avaient choisi, pour établir leur résidence, un repaire presque inaccessible, d'où la vue, très-étendue, permettait de dominer tout le pays et de défier les surprises et les attaques à main armée. Nul souci des points de vue ni des beautés de la nature ; à peine un jardin destiné à fournir les quelques légumes nécessaires à la vie joignait-il le château et s'abritait sous son ombre. Aussi est-il souvent impossible d'accepter de telles situations pour en faire le noyau d'un parc, et dans ce cas j'ai toujours engagé à y renoncer, estimant que, pour une vaine satisfaction temporaire d'archéologue, il était déplorable d'engager l'avenir, de rendre la vie quotidienne désagréable et de léguer à ses enfants un héritage d'ennuis et de difficultés domestiques.

Mais si un pareil manoir est situé dans un beau pays, de facile accès, au centre d'une terre seigneuriale non morcelée, appelez le secours de l'art ; qu'un Viollet-le-Duc, en France, un Gilbert Scott, en Angleterre, soient chargés des restaurations gothiques ; que les jardins entourant le castel soient rétablis dans un style de transition entre le jardin classique et le parc paysager, que tout soit noble et grandiose, et vous aurez bien mérité en choisissant un site où vous aurez tout réuni, les souvenirs du passé et les goûts du présent.

2° La tâche est plus facile quand la maison principale d'habitation, placée avec discernement au milieu d'une scène bien choisie, peut être conservée et restaurée. C'est le cas le plus fréquent. Pour une propriété à créer *ab ovo*, il en est cent qui seront achetées déjà bâties et plantées et qu'il s'agira simplement d'embellir. Cette tâche est loin d'être aisée : c'est à la fois la plus fréquente et la plus difficile; l'artiste chargé de concevoir et de diriger les améliorations a souvent les mains liées par une foule de considérations, de souvenirs, de motifs d'économie, de préjugés, de partis-pris, et pourquoi ne pas l'avouer, par un goût bizarre ou mauvais.

En de telles conjonctures, faut-il conseiller d'abattre les anciennes constructions, sous prétexte qu'elles n'ont pas de style, que les matériaux n'en sont pas bons, que la vie moderne ne saurait s'accommoder des vieilles distributions intérieures, etc. ? Je pense le contraire, pour la plupart des cas. Sans doute la tâche de l'architecte serait facilitée s'il avait ses coudées franches et bâtissait à neuf. Mais j'aime mieux le voir contraint de s'inspirer de l'irrégularité d'une antique habitation rurale, de chercher ses effets, de trouver le pittoresque pour excuser l'absence du style, en un mot de produire la diversité, la gaieté, au lieu de la maison bourgeoise, honnête, fastidieuse et sans caractère.

Les Anglais, qui entendent la vie rurale bien mieux que les peuples du continent — ayons la modestie d'en convenir — agirent en sages et en artistes en imaginant le « cottage orné » et l'étendant jusqu'aux constructions luxueuses de leur « gentry ». Ils commencèrent à tracer sur le papier, puis sur le terrain, le plan des pièces à habiter, agencées, non au point de vue architectural, mais pour les commodités de la vie. Il s'ensuivit une série sans fin de décrochements, de salles inégales, qu'il fallut ensuite relier par un grand effort d'imagination et de talent pour arriver à produire un ensemble satisfaisant. De cette nécessité est né le *style cottage*, porté en Angleterre à un si haut degré de perfection. Un grand architecte de ce pays l'a dit avec justesse : le dehors de la maison doit être le repoussé du dedans.

J'espère que des considérations analogues guideront dans l'avenir une partie des architectes français, qui commencent à entrer timidement dans cette voie, où ils trouveraient honneur et profit.

3° En d'autres circonstances, on peut avoir à élire, pour centre du parc, le foyer même de l'exploitation agricole, la ferme. C'est un lieu choisi pour l'utilité, la salubrité des gens et du bétail, la commodité des services et de l'exploitation. Les eaux y sont abondantes, les arbres fruitiers et les jardins en plein rapport, le terrain excellemment cultivé. Mais l'aspect en est vulgaire. Y portera-t-on ses pénates ?

Si le propriétaire reconnaît à la vie rurale des charmes puissants, je n'hésite pas à conseiller l'affirmative. Pour peu que le paysage d'alentour soit agréable et présente ces scènes pastorales que j'ai indiquées plus haut, que les bâtiments d'exploitation soient solides et la contrée riche, je serais d'avis d'installer là une maison d'habitation et ses dépendances, en restaurant et ornant artistement quelques bâtiments de la ferme. C'est encore une occasion offerte à l'architecte de montrer du goût, et au paysagiste de déployer les ressources de son talent, en imprimant sa marque particulière à la scène qu'il va compléter, sans détruire l'harmonie de l'ensemble et le caractère vraiment agricole du paysage.

L'art des constructions rurales est encore rudimentaire. Réduit aux besoins stricts de la pratique agricole, il est exclusif de la grâce et de la pureté des lignes, ou bien, entre les mains d'architectes trop fantaisistes et dépensiers, il devient une décoration peu appropriée aux besoins modestes de la vie des champs et à l'ornementation discrète qu'elle peut comporter. Les matériaux cependant ne manqueraient pas pour épurer un peu le goût des populations champêtres et modérer l'ardeur des artistes excessifs ; ils sont épars dans les recueils d'agriculture et peuvent être aussi relevés, çà et là, sur de nombreux points de l'Angleterre et de la France où de bons exemples seraient facilement trouvés. Ce sera probablement l'œuvre de l'avenir.

En attendant, j'appelle l'attention des propriétaires, des architectes, des paysagistes, sur l'opportunité fréquente de choisir la ferme et ses annexes comme centre d'un parc et comme siège de l'habitation du maître. C'est affaire à l'homme de goût de tirer de cette situation tout le parti possible et de créer avec ces matériaux des aspects qui ne le céderont en beauté à aucun autre.

J'arrive maintenant à un autre ordre d'idées. L'habitation principale et les communs sont à construire à neuf et à placer de la manière la plus avantageuse pour l'utilité et pour l'agrément. Dans ce cas, les coudées sont franches ; le succès peut être grand, ou la déception complète. La responsabilité pèse tout entière sur l'artiste qui a fait prévaloir son opinion.

J'ai déjà indiqué (p. 124-127) les considérations qui peuvent naître de l'étude de la perspective pour l'emplacement de l'habitation. On ne perdra pas de vue ces conditions, en ayant toujours présente à l'esprit cette idée, que la maison ne peut être judicieusement placée qu'en un point du terrain.

Cette indication précise, on ne l'obtiendra qu'en tenant compte du caractère du pays, des communications, de l'aspect du paysage, de l'altitude, des abris, du climat, toutes choses que j'ai signalées précédemment.

Mais quelles dimensions et quel style adoptera-t-on ? quelle silhouette même, à un point de vue plus général, pourra convenir à une situation déterminée ?

C'est une question que j'examinerai plus loin en détail ; mais on peut affirmer que :

Dans un pays accidenté, situé dans la région du nord, les silhouettes aiguës, variées, tourmentées, et la coloration par la brique conviendront particulièrement ;

Dans le midi, au contraire, les silhouettes massives, les toits plats, les lignes simples, classiques, les ornements peu nombreux, les tons unicolores, blancs ou jaune-pâle, s'harmoniseront avec le ciel et le climat ;

Dans les montagnes, les constructions en bois, genre chalet, seront en situation ; sur un sommet élevé, sur les bords abrupts d'un fleuve, de hautes tourelles seront bien placées et rappelleront les vieux « bergs » du Rhin ;

Aux alentours d'une vaste cité, les habitations modernes pourront être luxueusement ornées, et en rapport avec la population et la richesse environnantes.

Faute de se préoccuper de ces règles, on peut s'exposer à commettre des fautes de goût que le public ne pardonnera pas ; toute construction, privée ou publique, dès qu'elle est en vue, est justiciable de l'opinion et Dieu sait si d'ordinaire la critique est légère !

Soyons donc pleins de prudence dans le choix d'un emplacement pour l'habitation et le style de cette habitation elle-même. Nous ne contenterons pas tout le monde, mais la majorité des gens éclairés sera avec nous et leur suffrage sera une précieuse récompense de nos efforts.

8° ORNEMENTS PITTORESQUES.

Les écrivains de la fin du xviiie siècle qui ont traité de l'art des jardins appelaient *fabriques* les ornements pittoresques du paysage. Ce nom, encore employé par les peintres, tombe aujourd'hui en désuétude. Mais la chose n'en a pas moins persisté, et ces accessoires obligés de toute scène paysagère s'imposent à l'étude des dessinateurs de jardins.

Ils se classent ordinairement sous les titres suivants : *clochers, châteaux, ruines, moulins, chaumières, rochers, cascades, vieux arbres.* Les eaux d'une grande étendue, mer, lac, fleuve, les montagnes, le panorama d'une ville, ne peuvent rentrer dans les ornements pittoresques proprement dits ; ils absorbent l'attention d'une manière prépondérante dans le paysage, et les vues principales doivent les embrasser avant tout autre point de détail.

Les ornements du paysage peuvent exister déjà, ou être ajoutés.

Dans le premier cas, il est évident que le choix d'un emplacement pour établir une résidence rurale sera déterminé par le point embrassant le plus grand nombre et la plus grande variété de ces ornements, toutes les autres conditions étant d'ailleurs remplies.

Le plus souvent il est impossible de voir ensemble tous les points pittoresques d'un paysage, et d'ailleurs ce résultat n'est pas désirable, puisqu'il ne laisserait plus rien à découvrir ; il s'ensuit que le point à choisir pour le centre du parc sera celui où ces objets se présenteront avec leur maximum d'intérêt.

Si les ornements pittoresques n'existent pas et s'il s'agit de déterminer l'opportunité d'en créer d'artificiels, ils devront tous être motivés et distribués avec la plus grande circonspection. On comprend qu'il soit naturel d'utiliser les objets déjà existants, et dont la présence se justifie par quelque souvenir ou la possibilité d'un arrangement heureux; mais il est peut-être dangereux d'introduire des éléments nouveaux dans une scène de la nature, si l'on n'est pas sûr du bon effet qu'ils produiront. Les ruines « toutes neuves », par exemple, sont particulièrement choquantes, quel que soit le talent déployé pour les rendre vraisemblables. Elles font songer à ce grotesque château-fort de la villa Pallavicini, à Gênes, démantelé par les prétendus projectiles lancés par une batterie située sur la colline opposée, et près duquel se voient les tombes vides des braves qui auraient pu succomber pour sa défense!

Autant le respect des anciennes ruines, et quelques additions à leur effet pittoresque, me séduisent, autant je suis opposé à ces créations déplacées que j'ai trop souvent rencontrées dans mes voyages.

Dans un pays accidenté, quand la propriété est étendue, que le parc présente des mouvements de terrain heureux et variés, il est permis de prévoir, en fixant le lieu de sa résidence, les points où prendront place les ornements pittoresques que comporte la situation, et cette possibilité peut influer sur le choix d'un site.

Mais, si la nécessité vous impose d'habiter dans un pays plat, défiez-vous des velléités de multiplier ce genre d'ornements, et ne demandez, au contraire, qu'aux moyens les plus simples la formation des effets paysagers. Évitez de tomber dans cet excès dont j'ai trouvé un curieux exemple en Beauce, près d'Auneau, dans une propriété qu'il suffit d'indiquer pour la vouer au ridicule. Sur un terrain absolument plan, au milieu de plaines à blé, un propriétaire a fait des percées à l'extrémité desquelles il a bâti un *faux* village peint en rouge, un *faux* moulin, une *fausse* tour, une *fausse* ruine, étonnés de se trouver ainsi au milieu des champs, sans aucune raison d'utilité et dans le seul but d'être aperçus des fenêtres d'un château éloigné.

De cet abus à celui des trompe-l'œil et des décors peints, il n'y a qu'un pas. Prenons garde de le franchir et d'arriver à ces murailles-bosquets et à ces palais à la détrempe, trop fréquents en Italie et tout au plus bons à orner une guinguette ou quelque décor de théâtre.

En résumé, les ornements pittoresques doivent entrer en sérieuse considération dans le choix d'une résidence rurale; mais ils ne doivent jamais être qu'un accessoire, subordonné aux autres conditions plus importantes qui ont été préalablement discutées.

9° RESSOURCES FINANCIÈRES.

On pourrait s'étonner de voir relégué au dernier plan ce titre qui, aux yeux de bien des gens, devrait primer tous les autres.

Sans méconnaître que l'argent — le nerf de la guerre et aussi de la paix — est le premier moteur de tout grand travail matériel, et que, sans lui, les arts ne sauraient se manifester, je ne crois pas qu'il soit bon de le considérer comme devant nécessairement tout dominer.

Si le propriétaire, désireux de se constituer une résidence rurale, doit, avant toutes choses, en proportionner l'importance, l'étendue, la valeur, à sa situation de fortune et, par conséquent, savoir si tel emplacement est accessible à ses moyens, il n'en est pas de même pour l'architecte-paysagiste, chargé de l'assister de ses conseils.

Celui-ci doit être et rester un artiste. Il doit arriver à ce point d'indépendance d'esprit qu'il juge toute situation à la lumière de l'art, après avoir satisfait à la question d'utilité en se conformant aux vues économiques de son client. Consulté sur le choix d'un site, soit vierge de tous travaux, soit déjà bâti et planté de main d'homme, l'opinion qu'il exprimera sera basée non sur la possibilité d'embellir à grands frais un lieu déterminé, mais sur le meilleur parti artistique à en tirer par les moyens les plus simples et les moins dispendieux[1].

S'il peut disposer des avantages d'une grande fortune, aborder sans hésiter les grands travaux et appeler à son secours les ressources de l'industrie et du luxe appliquées aux jardins, sans doute il devra profiter de ces circonstances et faire appel à son imagination, sans s'arrêter aux difficultés d'exécution. Mais c'est à condition que le paysage naturel se prête déjà à ces embellissements, et que le résultat final soit digne des moyens employés. Un exemple : à dix lieues de Paris, sur une des routes de Normandie, un financier acheta, il y a quelques années, une propriété de médiocre étendue, couverte d'une pauvre végétation, bordée par le chemin de fer et présentant une de ces situations vulgaires que l'art le plus consommé ne saurait transformer en un parc vraiment beau. Quelques milliers de francs employés avec discernement lui eussent donné tout l'attrait qu'elle pouvait comporter. Mais ce n'était pas le compte du financier, qui voulait, avant tout, éblouir ses voisins par un luxe inusité. Il trouva un prétendu paysagiste, qui, en peu de temps, couvrit cette maigre pièce de terre de

---

1. Delille a dit :

> Ce noble emploi demande un artiste qui pense,
> Prodigue de génie et non pas de dépense.

(*Les Jardins*, chant Ier.)

mouvements de terrain, de rivières en ciment, de rochers en meulière, d'une profusion insensée d'ornements, de plantations variées comme dans un jardin botanique, et qui réussit à produire, à grand renfort de dépense, une œuvre ridicule entre toutes.

La modération et la loyauté sont donc des qualités indispensables à un véritable artiste. Quelles que soient la richesse de la situation, la beauté du site, si la question d'argent prime toute autre considération dans son esprit, il y a bien des chances pour que l'œuvre qui sortira de ses mains soit mauvaise.

Il faut bien reconnaître que ces abus deviennent de plus en plus difficiles et que les grandes propriétés à convertir en parcs immenses, comme ceux de l'Angleterre au XVIIIe siècle, ou les caprices ruineux d'un M. de Laborde, qui détourna la Juine pour l'amener dans son parc à Méréville, au prix de plusieurs millions, deviennent très-rares. L'accroissement de la fortune publique et sa diffusion dans un grand nombre de mains ont multiplié les propriétés moyennes et petites au dépens des grandes. En France, le partage des héritages entraîne l'aliénation ou la division des plus beaux domaines, qui disparaissent peu à peu. Deux générations suffisent aux fortunes, et les enfants ne peuvent plus conserver une grande terre devenue trop lourde pour un seul d'entre eux. L'Angleterre cependant, avec son droit de primogéniture et quelques autres États de l'Europe, voient la transmission des propriétés patrimoniales s'effectuer encore dans son intégrité antique.

Ce sont là des considérations d'une haute importance pour le choix d'une résidence, les dimensions à lui donner, les dépenses d'appropriation et d'entretien à faire. Un bon père de famille pourra s'accorder le plaisir de créer ou d'améliorer un parc et de bâtir une maison de campagne, sans perdre de vue l'avenir de ses enfants et la possibilité de laisser à chacun d'eux une retraite agréable quand ils seront chefs de famille à leur tour. Cette prévoyance est louable; j'en ai vu d'intéressants exemples. A plusieurs reprises, il m'a été donné de créer, d'accord avec le propriétaire, un parc qui devait grandir pour devenir la dot de son enfant; l'expérience a prouvé que le père avait vu juste.

Je parle seulement ici des grandes étendues de terrain, des parcs de cent hectares, attenant à de luxueuses résidences. Ces calculs de prudence n'ont plus leur raison d'être dès qu'on arrive à des surfaces beaucoup moindres, ce qui constitue la grande majorité des cas. Mais là encore, et toujours, l'architecte paysagiste ne doit conseiller que des embellissements motivés par le site, approuvés par la raison et combinés en vue de l'avenir.

Il n'est pas jusqu'aux parcs et jardins publics qui ne se rangent sous cette loi. Les fonds d'un État ou d'une ville sont soumis à des règles analogues à ceux des particuliers, et une sage économie doit toujours être présente à l'esprit de ceux qui les administrent.

Sans doute les grandes capitales peuvent entreprendre des travaux de luxe, et des dépenses bien entendues deviendront productives en attirant les étrangers par la séduction des belles choses et en excitant les habitants à cette lutte de l'élégance dont Paris donne l'exemple; mais c'est encore un art que de prévoir avec exactitude si cette influence s'exercera.

Nous verrons plus tard que, si certaines administrations municipales ont trouvé de grands avantages, même financiers, à créer des parcs publics donnant une énorme plus-value aux terrains avoisinants, il en est d'autres qui ont pu errer en entreprenant des tâches au-dessus de leurs forces.

C'est en Angleterre qu'il faut chercher jusqu'à présent les modèles pour le choix des sites destinés aux parcs publics et le lotissement des terrains contigus, à revendre aux particuliers pour bâtir. Toutefois, ce système a été transporté avec succès sur quelques points du continent, où il a produit des résultats remarquables.

Dans l'Amérique du Nord, les dimensions et le nombre des parcs publics dépassent de beaucoup ce que nous connaissons sous ce rapport dans l'ancien monde. C'est le seul pays du globe où quelques hommes se réunissant pour fonder une ville envisagent froidement son extension future, et se disent qu'une population actuelle de 10,000 âmes peut tracer le plan de sa ville pour le moment où elle renfermera 500,000 habitants. C'est ainsi qu'ont procédé les villes de Chicago, Saint-Louis, San-Francisco, et que continuent à agir Albany, Boston, Buffalo, Cincinnati, etc. Cette largeur de vues, dans des circonstances exceptionnelles, m'a frappé à un point extraordinaire en visitant les États-Unis, et j'ai recueilli des observations que je reproduirai dans le chapitre consacré à ces grandes entreprises.

CHAPITRE VII

DIVISION ET CLASSIFICATION DES JARDINS

Le cours méthodique de cet ouvrage nous a successivement conduits de l'histoire de l'art des jardins aux théories esthétiques que j'ai formulées sous le titre de *Principes généraux de la composition des jardins*.

Avant d'en développer en détail les applications, il est nécessaire de définir les conditions dans lesquelles elles seront appelées à se produire, c'est-à-dire de déterminer les principales sortes de jardins actuellement en usage.

Ces formes diverses rentrent dans deux grandes divisions, les parcs et les jardins.

PARCS.

Le *parc* est une vaste étendue de terrain enclos, destiné à la promenade et aux exercices du corps, hygiéniques et récréatifs.

Il se divise en deux sections, le *parc privé* et le *parc public*.

Les PARCS PRIVÉS peuvent revêtir divers caractères et se distinguent en *parcs paysagers, parcs forestiers* et *parcs agricoles*.

Le *parc paysager* est une partie de pays où les plus beaux effets naturels ont été choisis et augmentés par la main de l'homme et où les divers genres et scènes indiqués plus haut peuvent se présenter.

Son caractère principal est la grandeur. Il est l'accompagnement rationnel d'une résidence opulente, dont le château est l'objet prédominant. Ses éléments sont surtout les forêts, les prairies, les eaux, les accidents pittoresques du sol, les vues. L'utilité n'y est que secondaire, et, sans être exclue, elle joue un rôle subordonné au plaisir de la vue et à l'agrément de la promenade.

Le parc, comme l'entendaient avec raison les grands artistes de la fin du xvIII^e siècle en Angleterre et en France, se reconnaissait à première vue par les arbres de grandes proportions, dispersés sur des prairies livrées au gros gibier. Les cerfs et les daims qu'il renfermait avaient fait disparaître peu à peu le sous-bois, et le soin apporté à respecter les beaux arbres en supprimant les mauvais produisait ces admirables exemples dont plusieurs ont résisté aux atteintes du temps. Les plus beaux effets paysagers seront toujours obtenus par l'heureux mélange des beaux arbres, bien groupés, sur un fond de prairie, surtout si cette prairie est accidentée. Nous verrons plus loin de quelle variété ces effets sont susceptibles.

Les dimensions qui motivent le nom de parc sont difficiles à fixer. Son étendue peut varier depuis une dizaine jusqu'à plusieurs milliers d'hectares. En dehors des résidences des souverains ou de l'ancienne noblesse, on voit peu de parcs mesurer plus de cent hectares. Les fortunes moyennes étant les plus répandues, le grand nombre des parcs ne dépasse pas une trentaine d'hectares et beaucoup descendent jusqu'à dix. Au-dessous de ce chiffre, on arrive au jardin paysager.

Le *parc forestier* ou parc de chasse diffère du parc paysager proprement dit par un aspect plus sévère et par son caractère sylvain plus nettement déterminé. La forêt y est conservée dans son ampleur et dans sa forme presque natives. Il se mêle parfois au parc paysager dans une certaine mesure. Souvent aussi, quand le propriétaire est un fervent disciple de saint Hubert et que le pays tout entier est une vaste forêt, comme dans le Morvan, les Vosges, les Ardennes, la Forêt-Noire, le parc doit être l'objet d'un dessin particulier qui le distingue très-nettement du précédent. Le premier soin doit être d'y aménager des retraites pour l'élevage du gibier et de tracer les allées pour la chasse. Les percées y serviront à la fois de points de vue et de tirés ; les allées droites seront multipliées, commodes, étudiées selon les exigences des *laisser-courre*. Le rôle du paysagiste sera réduit à l'ouverture de quelques parties compactes, où de beaux arbres seraient cachés mal à propos ; à la variété apportée aux masses trop uniformes, à l'éclaircissement des futaies et des arbres sur le bord de la forêt, à la dentelure des lignes droites, à la suppression des haies, à l'assainissement des parties inondées et au reboisement des surfaces nues et disgracieuses.

Le *parc agricole* n'a rien de commun avec cette campagne ornée dont quelques auteurs ont parlé autrefois, et qui est heureusement restée dans le domaine de la fiction. Une véritable exploitation agricole ne saurait avoir raisonnablement l'aspect d'un parc. Sans doute le bon ordre, l'élégance même, ajoutés à la simplicité des bâtiments, l'entretien soigné des chemins, les plantations bien disposées peuvent s'allier au caractère rural et l'embellir. Mais les aspects paysagers y contrarieraient l'utilité. Un chemin de service doit être aussi direct que possible entre deux points déterminés ; il exclut les courbes et les développements sans objet pratique. Les arbres y doivent fournir des fruits ou du bois de construction et non pas des combinaisons agréables de feuillages. La rotation des cultures s'inquiète peu de la couleur des récoltes dans le paysage. Il faut donc se défier de la ferme d'opéra-comique, ne tenant pas plus lieu de parc paysager que le parc ne peut devenir un sérieux faire-valoir agricole.

Le parc agricole peut s'entendre de cette condition dans laquelle la vie de château se trouvant remplacée par une existence moins luxueuse, le parc, accompagnement d'un habitation élégante ou confortable, mais simple, doit combiner dans une juste mesure l'élément paysager avec l'élément productif. Ce cas est très-fréquent. Près de la maison de maître, une « réserve » de culture, desservie par des constructions rurales appropriées, permet au propriétaire de suivre les travaux de la campagne sur un échelle restreinte, mais sans fatigue, sans trop de soucis, en y consacrant des loisirs occupés et fructueux.

Dans cet état, le parc doit comprendre les cultures d'utilité et d'agrément, qui se feront de mutuelles concessions. Les allées seront tracées à la fois pour le service et pour la promenade ; les bâtiments de la ferme recevront une ornementation simple qui n'exclura pas le bon goût, les cultures seront combinées de manière à ne présenter aux regards ni lignes ni couleurs choquantes ; les vergers remplaceront les bocages ; les bestiaux animeront çà et là les pelouses ; les pièces d'eau serviront à la pisciculture ; les produits du sol allégeront les charges de la vie et permettront un accroissement de bien-être appliqué, si on le désire, aux embellissements du parc. L'art y sera sans prétention, peu apparent, libre d'ornements affectés ; tout indiquera l'utilité et l'économie, et tiendra le milieu entre la recherche du luxe et le négligé de la nature sauvage.

D'autres parcs peuvent encore être distingués de ceux-ci, surtout les parcs mixtes, qui tiennent des trois formes que je viens de citer, mais ils rentrent dans les genres et dans les scènes qui ont été indiqués ci-dessus, et dont les détails trouveront plus loin leur développement.

Les PARCS PUBLICS ont un autre objet en vue et sont par conséquent créés sur d'autres bases que les parcs privés. Destinés à la promenade et à la recréation de toutes les classes des habitants des villes, ils doivent exercer une attraction assez vive pour que leur fréquentation soit la source d'un plaisir honnête et toujours renaissant. Leur surface doit être aussi vaste que possible ; ils sont les poumons des cités populeuses. Leur proximité de la circulation urbaine doit être telle qu'ils soient facilement accessibles ; la proportion entre les voies macadamisées pour la promenade en voiture, à cheval ou à pied, doit être calculée de telle sorte que les effets paysagers, le principal attrait de ces promenades, soient réalisés complétement.

En général, les premiers parcs publics étaient des propriétés privées ; ils passèrent dans le domaine national ou municipal par l'abandon, la vente, le don, l'échange ou même la dépossession des possesseurs. Depuis une vingtaine d'années, trente au plus, ces moyens n'ont plus suffi. Les États et les municipalités ont compris que rien ne les rendrait plus populaires et ne serait plus profitable à l'hygiène et à la santé publique que de multiplier les parcs publics. L'exemple, venu d'Angleterre, a été suivi en France, en Allemagne et surtout dans l'Amérique du Nord.

Les variétés de parcs publics sont d'autant plus nombreuses qu'on peut les considérer sous les divers rapports de la situation, du sol, du climat et de la destination. Ils peuvent être classés sous quatre chefs principaux : les *parcs de promenade ou de jeux*, les *parcs des villes d'eaux*, les *parcs de lotissement*, les *parcs funéraires* ou cimetières.

Les *parcs publics de promenade et de jeux* se reconnaissent à des traits caractéristiques correspondant à leur destination. La vue, aussi ouverte que possible, doit être dirigée sur le paysage extérieur, ou des grandes promenades de circuit sur les scènes intérieures. La distribution des routes, des terre-pleins, des carrefours, des places de jeux, sera faite de manière qu'un nombre considérable de visiteurs soit attiré à la fois et également sur presque tous les points de la surface du parc, afin d'éviter les encombrements. A ce caractère on reconnaît facilement si le plan d'un parc public a été bien ou mal conçu. De grandes pelouses où l'on puisse laisser les promeneurs s'ébattre en liberté ; des arbres isolés ou en groupes, à tige élevée ; le moins possible de taillis opaques, excepté sur le périmètre du parc ou devant les endroits à masquer ; un terrain très-mouvementé, pour varier les aspects et former de nombreuses scènes de détail ; des moyens faciles de communication ; des plantations et ornements qui soient difficilement endommagés par les maladroits et les malveillants ; des eaux peu profondes, pour éviter les accidents ; des jeux publics nombreux, moraux, développant les forces physiques ; un entretien peu coûteux, tels sont les traits généraux qui doivent constituer les parcs publics sagement conçus.

Ces conditions varient un peu dans les *parcs publics des villes d'eaux*, où il s'agit de parer des lieux d'exercice et de récréation pour une population spéciale, composée de malades et de gens de loisir. Leur proximité des établissements sanitaires est nécessaire. Le dessin en sera difficilement pur et naturel ; avant tout, il faut de grandes voies commodes pour la promenade, un choix d'arbustes et de fleurs choisies, l'entretien de beaux gazons, des massifs, d'épais ombrages pourvus de bancs solitaires pour la lecture ; dans d'autres parties, au contraire, les espaces découverts pour l'audition de la musique, des chalets pour les jeux, pour la vente des objets de luxe ou d'utilité, en un mot toutes les distractions que peut demander une population riche et forcément oisive.

Dans quelques villes d'eaux, comme à Baden-Baden, les forêts du voisinage forment naturellement de beaux parcs qui rentrent dans la catégorie précédente des grands parcs publics.

Dans les villes, soit nouvelles, soit qui se transforment par le percement de grandes voies aérées et plantées et la création de parcs et jardins publics, le *percement* et le *lotissement* sont l'objet de travaux qui seront étudiés amplement dans ce livre et qui rentrent dans un ordre d'idées particulier. Ici le travail de l'ingénieur, de l'architecte et de l'édile se mêle à celui du paysagiste.

Cette question est l'une des plus complexes de l'art des jardins. Si un artiste avait carte blanche dans de telles conditions, si cette bonne fortune de dresser le plan d'une ville future pouvait lui échoir, je lui recommanderais l'étude d'une très-belle conception due à l'habile architecte paysagiste américain, M. F. Law Olmsted, pour la ville de Buffalo (États-Unis). Les diverses parties de la ville sont reliées dans son plan par un système ininterrompu de parcs et de voies plantées, entendus de la façon la plus grandiose et la plus judicieuse.

Malheureusement, c'est là une rare exception. La tâche qui incombe le plus souvent à un artiste est d'harmoniser la conservation d'une partie d'ancienne ville avec les exigences des percements nouveaux et l'établissement de jardins et de parcs dans une proportion variable.

Dans ces combinaisons, le grand objectif est de conserver, auprès des parties améliorées ou créées à neuf, des terrains à bâtir qui se revendront avantageusement pour former des villas et dont le prix viendra alléger les dépenses de l'administration qui a entrepris les travaux. Ce lotissement de terrains a été depuis quelque temps l'objet d'études étendues et plusieurs grandes villes l'ont appliqué avec le plus grand succès, au point de vue esthétique et financier. Nous en examinerons plus tard quelques exemples.

Les *parcs funéraires* (je comprends sous ce nom les cimetières-promenades, très-différents du cimetière espagnol ou de l'ancien *campo santo* de l'Italie) font désormais partie de l'art des jardins. On a pensé, avec raison, que le champ mortuaire pouvait être revêtu d'une certaine parure. Sans dénaturer le caractère funèbre et sacré du lieu, on a prêté à la dernière demeure des êtres aimés un peu de charme et de poésie. En France, presque rien n'a été fait jusqu'à présent sous ce rapport; je ne veux pas citer les amoncellements de pierres qui s'appellent le Père-Lachaise et Montmartre, à Paris. Le nouveau cimetière de Méry-sur-Oise est encore à l'état de projet.

En Angleterre, les cimetières sont de véritables jardins publics, bien entretenus, fleuris, ornés de loges d'entrée et de chapelles néo-gothiques, généralement d'un bon goût. Malheureusement, le tracé de ces jardins est presque toujours un mélange peu agréable de terrasses gazonnées, d'avenues et de sentiers droits mêlés d'allées courbes et entrecoupés de plantations mesquines.

Il n'en est pas de même dans l'Amérique du Nord. Ce pays nous offre en cela d'admirables modèles dus à l'initiative privée, et que la vieille Europe devra imiter un jour, sans doute prochain. J'ai vu un bon nombre de ces cimetières. New-York, Baltimore, Boston, Philadelphie, Cincinnati surtout offrent de vastes parcs, supérieurement dessinés, nécropoles touchantes où l'idée de la mort est doucement voilée par les ombrages, les gazons et les fleurs, et que la population visite comme une promenade favorite. J'ai été tellement frappé de la supériorité des Américains sous ce rapport, que j'ai recueilli sur leurs cimetières les matériaux d'une étude développée plus loin.

A la suite des diverses espèces de parcs que je viens d'énumérer, il serait peut-être opportun de parler des *parcs symétriques*, inspirés par les beaux modèles de la Renaissance et du siècle de Louis XIV et dont il existe encore de somptueux modèles de nos jours. Mais comme, dans leurs applications, ils ne formeront qu'une section des parcs publics considérée sous le rapport d'un style particulier, je renvoie au chapitre qui traitera ce sujet en détail. Une autre manière de les envisager, au point de vue archéologique, en examinant les conditions de leur restauration, trouvera sa place à la fin de cette classification des parcs et des jardins.

JARDINS.

Le *jardin* est un terrain enclos, consacré à la culture manuelle des végétaux d'utilité ou d'agrément, et destiné à la promenade et au plaisir des yeux. Il se distingue du parc par plusieurs caractères, dont le principal est l'étendue plus restreinte. On peut dire que ses dimensions varient entre le jardin paysager de dix hectares et la fenêtre-jardin.

Les effets produits dans le jardin sont plus modérés, les formes plus élégantes, les détails plus soignés, les ornements plus nombreux, l'art plus apparent. Le jardin peut varier infiniment dans son objet, dans son style, dans le genre d'intérêt, d'agrément ou d'utilité qu'il présente.

Comme les parcs, les jardins présentent deux grandes divisions : les JARDINS PRIVÉS et les JARDINS PUBLICS. Chacune de ces divisions se partage à son tour en *jardins d'agrément* et *jardins d'utilité*. Je placerai ceux-ci après les jardins d'agrément par une raison qui doit être connue. Ce livre est consacré à l'art, non à la science des jardins. La culture n'y saurait trouver place sous peine d'occuper un espace considérable et de faire double emploi avec les nombreux traités spéciaux que l'on possède déjà sur la pratique horticole. Je n'envisagerai donc les jardins d'utilité qu'au point de vue de leur tracé et de leur formation première.

Les JARDINS PRIVÉS consacrés à *l'agrément* peuvent se subdiviser en : *jardins paysagers de 1 à 10 hectares, jardins de moins de 1 hectare, jardins géométriques*, dits aussi symétriques ou parterres, *jardins urbains*, dans les espaces restreints, cours, hôtels, terrasses, *jardins au bord de la mer*, et *jardins couverts*, comprenant les serres, jardins d'hiver, salons, etc.

Le *jardin paysager de 1 à 10 hectares* est très-répandu. On le nomme souvent parc lorsqu'il se rapproche de 10 hectares. Bien qu'il soit difficile de poser des règles sur cette question un peu vague, et surtout de les faire adopter par un public de régions diverses, il est bon de conserver cette limite de 10 hectares pour indiquer la transition entre le jardin et le parc.

Des scènes analogues peuvent d'ailleurs exister dans les deux, leurs éléments procédant des mêmes causes et ne différant que par les dimensions. Cependant l'élégance, la fraîcheur, le soin dans les détails, l'absence des contrastes violents et des formes dures, remplacées par des contours doux et délicats, des ornements plus multipliés, feront du jardin un tableau de choix qui semblerait surchargé, si tous les objets avaient les mêmes proportions dans un plus grand cadre.

Les *jardins de moins de 1 hectare* de superficie sont à peine dignes du nom de paysagers. Sans doute, même sur de faibles surfaces, on peut obtenir des effets dont les modèles sont pris dans la nature, comme le jardin d'Oak-Lodge à Londres, — mais c'est l'exception. Cette sorte de jardins a été l'objet, dans ces dernières années, d'une recherche dans les détails et d'un luxe d'ornementation végétale qui n'avait jamais été atteint jusque-là. En Angleterre, cette surface s'applique à la majorité des jardins réservés et comprend le *flower-garden* ou parterre; en France, l'effet pittoresque et la décoration florale s'y mêlent étroitement; en Allemagne, ce mélange y est empreint d'une raideur tout artificielle.

Les limites dans lesquelles sont renfermés ces jardins étant assez difficiles à définir, je n'insisterai pas sur leurs caractères, qui tiennent à la fois du grand jardin paysager et du parterre, et qui seront examinés ultérieurement.

Le *jardin géométrique*, — que l'on nomme aussi jardin symétrique, parterre, jardin fleuriste, — est beaucoup plus nettement déterminé. C'est un terrain réservé exclusivement à la culture et à la disposition ornementale des plantes à beau feuillage ou à belles fleurs.

L'ancien parterre régulier était tout le jardin d'ornement. Aujourd'hui, à moins qu'il ne s'agisse de jardins de ville de très-petite surface, il ne forme qu'une des parties du jardin paysager. En France, il est rarement l'objet d'un emplacement séparé; il consiste simplement en une plus grande abondance de fleurs, éparses ou distribuées en corbeilles groupées près de l'habitation. On ne le voit guère prendre une place à part que dans les anciennes propriétés ou dans les jardins d'amateurs.

Les Anglais, au contraire, fidèles à leurs anciennes coutumes, ont conservé religieusement l'ancien parterre ou jardin-fleuriste (*flower-garden*), qu'ils ont varié à l'infini, dans la forme et dans les combinaisons des plantes destinées à l'orner. Toujours cette partie de la propriété y est distincte du parc ou du jardin paysager. Les soins dont elle est l'objet sont tels, qu'il semble que le jardin fleuriste fait plutôt partie de la maison que du jardin, et qu'on le traite comme un salon ou une serre.

En Allemagne, le *blumen-garten* procède du *flower-garden* anglais, quoique généralement moins séparé du reste des jardins, avec lesquels d'ailleurs ses dessins géométriques et tourmentés se relient assez mal.

C'est avec raison qu'on a appelé les parterres jardins géométriques. Les formes obtenues par les combinaisons régulières des lignes droites et des courbes sont les plus favorables à la division et au groupement des collections de fleurs. Pendant toute la première moitié de ce siècle, un grand nombre de parterres en France, sous prétexte de jardinage paysager, dit *anglais*, ne se composaient que d'une multitude de *tortillons* disgracieux auxquels on a bien fait de renoncer pour revenir aux formes symétriques.

Les combinaisons de lignes pour les parterres peuvent varier à l'infini. Nous verrons comment on peut les approprier au style des bâtiments qu'ils accompagnent et rendre ces jardins aussi rationnels qu'agréables à l'œil, en tenant compte des terrains sur lesquels ils seront établis, du climat plus ou moins favorable à la culture et des ressources financières qui leur seront consacrées.

Les *jardins urbains*, considérés dans leur sens le plus restreint, c'est-à-dire comme l'expression la plus réduite du jardinage d'ornement, par l'étendue et par les conditions sanitaires où se trouvent les végétaux, ne sont pas sans intérêt pour l'art. Les difficultés contre lesquelles il faut lutter pour les rendre agréables doivent exciter l'imagination et le talent des artistes, avec d'autant plus de raison que les ornements artificiels leur viennent en aide à chaque pas.

Qu'ils soient jardins de résidences privées, d'hôtels publics, cours, terrasses, balcons, façades de boulevards ou de places, tous peuvent être dessinés avec goût, plantés d'essences appropriées, ornés de productions artistiques choisies.

Leur tracé sera le plus souvent symétrique, mais si l'on dispose d'un espace assez étendu, ils rentreront dans l'une des catégories de jardins examinées précédemment.

Les *jardins au bord de la mer* ne comportent pas de style particulier, mais leur ameublement végétal est soumis à des règles qu'il serait fâcheux de transgresser. Dans la plupart des cas, le terrain sur lequel ces jardins reposent est le sable roulé des dunes, sol infertile, rebelle à la culture de la plupart des essences arborescentes et ne permettant des gazons qu'en situation un peu abritée. Nous avons rappelé, en parlant des *scènes maritimes* (p. 144), que ces abris étaient la première condition du succès. J'ajoute qu'on peut obtenir avec leur secours des résultats de culture que beaucoup de situations, en apparence meilleures, ne sauraient fournir, et j'espère démontrer que la difficulté de leur établissement et de leur entretien est loin d'être insurmontable.

Pour clore la liste sommaire des jardins d'agrément, il faut citer encore les *jardins couverts*.

On entend par jardins couverts les espaces destinés à la culture d'ornement et renfermés sous un abri vitré, c'est-à-dire les serres et jardins d'hiver. En Angleterre, où la vie intime, — le *home* — est l'objet d'une attention particulière, où d'ailleurs le climat offre si peu d'attraits, on a depuis longtemps popularisé l'adjonction du jardin couvert (*conservatory*) à la maison. Peu d'habitations, soit urbaines, soit rurales, manquent de cet accessoire obligé. La serre-salon fait partie de l'architecture ordinaire; elle est le domaine particulier et favori de la maîtresse de la maison.

Les dimensions de ces attrayantes retraites varient depuis le palais de verre d'une résidence opulente jusqu'à l'appentis vitré de l'artisan de Londres.

Cette mode s'est répandue, depuis quelques années, d'abord dans les grandes villes du reste de l'Europe, puis dans les habitations de campagne. On ne saurait trop l'encourager. Pendant l'hiver, si l'on passe toute l'année aux champs; dans les tristes journées de pluie ou de froid, si l'on rentre tardivement à la ville, le jardin d'hiver annexé à l'habitation fournit une distraction excellente.

Le dessin extérieur en sera étudié plus loin, mais l'aménagement intérieur aussi a son importance. Au lieu de ranger en longues files fastidieuses des plantes en pots, d'une médiocre végétation, il serait préférable d'essayer la reproduction, même réduite et très-imparfaite, d'une de ces scènes tropicales esquissées à la fin du chapitre dernier.

Avec quelle satisfaction se passerait la vie de famille dans ce coin de nature luxuriante, où l'atmosphère, épurée par la respiration des feuilles, verserait en abondance un oxygène bienfaisant!

J'essayerai de donner la description, le dessin et les moyens d'exécution de quelques jardins couverts comme je les comprends et d'augmenter la faveur dont ils commencent à être entourés, en présentant quelques suggestions sur leur arrangement pittoresque.

Les *jardins privés* consacrés à l'*utilité* se divisent en *jardins fruitiers, jardins potagers, jardins mixtes* et leurs subdivisions.

Le *jardin fruitier* est affecté à la culture des arbres à fruits. Il se divise en *verger* et *jardin fruitier mixte*.

Le *verger* est une plantation en lignes d'arbres fruitiers à haute tige, laissés dans une liberté de végétation à peu près complète. Sa plantation et sa conduite rentrent dans le domaine de l'arboriculture fruitière, le choix des essences qui le composent dans celui de la pomologie.

Mais sa position dans un parc n'est pas indifférente. Indépendamment des considérations d'utilité, qui sont de premier ordre, il en est d'autres qui regardent son effet dans l'ensemble et qui sont du ressort de l'architecte paysagiste. Un verger mal placé peut gâter tout un paysage. Nous examinerons ses conditions d'établissement sous diverses formes.

Il en est de même du *verger mixte*, qui tient le milieu entre le verger complanté d'arbres à haut vent, en liberté, et le jardin fruitier réservé aux seuls arbres taillés et palissés. Si le verger peut être utilisé dans la décoration générale d'un parc en masquant les tiges des arbres et n'en laissant voir que les têtes, il n'en est pas ainsi du verger mixte, caractérisé par l'introduction des pyramides, des murs et espaliers, des contre-espaliers, des gobelets, des cordons, dont les formes taillées sont difficiles à dissimuler. L'art de modifier ces aspects artificiels demande une étude particulière. On s'en est trop peu préoccupé jusqu'à présent; elle sera l'objet de paragraphes spéciaux.

Le *jardin potager*, qui a pour objet la culture des légumes, est plus facile encore à définir. On en distingue deux sortes, le *potager maraîcher* et le *potager bourgeois*.

Le *jardin potager maraîcher* est destiné à la production des légumes pour la halle. Il obéit à des règles de tracé et de culture dont nous avons peu à nous occuper ici. Son but unique étant l'exploitation avantageuse du sol, la culture intensive portée à son plus haut degré de perfection, je n'aurais rien à en dire, s'il ne devait pas jouer parfois un certain rôle dans les parcs agricoles au point de vue de son effet dans le paysage. Les moyens de le masquer aux regards ou d'en tirer parti comme point de vue, suivant la façon dont il se présente, nous occuperont en leur temps.

Le *jardin potager bourgeois* est d'un intérêt capital dans l'art des jardins. On ne lui attribue généralement pas l'importance qu'il mérite. Peu d'arrangements sont aussi difficiles à combiner que ceux qui le concernent. Voici les conditions qu'il doit remplir :

Être voisin de l'habitation et des bâtiments de service;

Être consacré à peu près exclusivement à la culture des légumes;

Avoir son chemin de service indépendant de ceux de la promenade ;

Être entouré de murs ou de clôtures efficaces qui ne fassent pas tache dans le paysage;

Présenter en lui-même un agréable coup d'œil par l'harmonie de son tracé, son mode de plantation, la proportion de ses diverses parties, l'introduction des fleurs sur ses principales plate-bandes.

Pour toutes ces raisons, le jardin potager bourgeois doit être l'objet de toute la sollicitude du dessinateur de jardins.

Le *jardin mixte* ou jardin *potager-fruitier*, est le plus répandu de tous. Il consiste dans le mélange des arbres fruitiers taillés et des légumes. On y voit les plates-bandes plantées de poiriers en pyramide, bordées de cordons de pommiers sur *paradis*, ornées de rosiers alternant avec des groseillers, le tout accompagné de légumes couvrant le sol. Cet attrayant et… mauvais système, sous prétexte de comprendre fruits et herbes, ne donne ni l'un ni l'autre, et devrait être généralement abandonné. L'ombrage et les racines des végétaux ligneux nuisent aux légumes, et la culture des plantes herbacées appauvrit le sol occupé par les arbres, dont les parties souterraines sont d'ailleurs régulièrement coupées par les outils de labour. On trouvera difficile, cependant, de faire renoncer le propriétaire au jardin mixte. Il répondra le plus souvent qu'il ne cultive pas les légumes pour le profit, qu'il consent à un peu moins de production pour avoir un agréable ensemble de beauté et de produit, etc.

Si la résistance est inutile, appelons à notre aide le talent pour tirer le meilleur parti de la situation. Que le tracé du jardin, la disposition des arbres par rapport aux légumes, que les murs, les contre-espaliers, la distribution de l'eau d'arrosage, la construction des bâtiments, châssis, serres à forcer, maison du jardinier, hangars, places aux terreaux, etc., soient l'objet d'études approfondies, appropriées au pays et au climat! Dans ces conditions, le jardin mixte peut encore donner des résultats à demi satisfaisants pour le produit, et tout à fait satisfaisants pour l'ornement.

La deuxième grande division des jardins comprend les JARDINS PUBLICS et leurs diverses applications. Leurs dimensions les distinguent des parcs publics; elles se sentent plutôt qu'elles ne se précisent, et d'ailleurs elles se rapprochent de celles que j'ai données pour les jardins privés.

On peut également diviser les jardins publics en *jardins publics d'agrément* et *jardins publics d'utilité*.

Au premier rang des jardins publics d'agrément se placent ceux qu'on a très-improprement appelés des *squares*. Le nom est venu d'un mot anglais qui veut dire carré, les premiers de ces jardins ayant été établis à Londres sur des places carrées. Depuis, on en a fait d'oblongs, de ronds, d'ovales, de triangulaires, qui sont toujours des *squares*.

On a transporté en France ce nom inexact, en même temps que la chose, en 1856. Les squares de Londres ne sont pas publics comme les nôtres. Les locataires des maisons qui ont vue sur le jardin en ont seuls la jouissance.

Il serait bon de chercher un nom meilleur à ces jardins. Je propose provisoirement celui d'*oasis*.

La première condition à remplir pour un jardin de ce genre est d'offrir un plaisir pour la vue en même temps que de vastes allées et de grands espaces sablés, destinés aux jeux des enfants. Leurs gazons ne peuvent être livrés au public, qui les endommagerait rapidement. L'ombrage doit y abonder, les bancs être nombreux, les eaux en être proscrites à moins qu'elles n'offrent aucun danger.

Leur tracé sera simple, souvent régulier quand leur périmètre l'est déjà et qu'ils accompagnent des constructions d'une certaine valeur architecturale. Ils peuvent aussi recevoir une disposition en allées courbes et en pelouses plantées et fleuries.

Les *places* proprement dites ne comportent qu'un dessin ramené aux lignes symétriques. Elles doivent être traitées dans le genre appelé *mail*, c'est-à-dire en surface sablée sur laquelle sont plantées des lignes d'arbres, généralement en quinconce. Si la place est un vaste terrain bordé par des rues, sans clôture, elle ne comporte aucun autre élément que des arbres à haute tige, les lampadaires d'éclairage, une ou plusieurs fontaines d'ornement et d'utilité, des kiosques pour la vente des jouets et des rafraîchissements, des endroits de *retraite*, etc.

Mais, si elle est entourée d'une grille, il sera bon de l'accompagner d'une bordure d'arbustes à verdure sombre et à feuilles entières et persistantes, encadrées par des bordures de gazon.

Avant toutes choses, une grande simplicité dans le dessin et l'ornementation sera la première règle à suivre.

Les *promenades-boulevards* ou voies plantées (avenues, boulevards, cours, quais) ont été portées, dans ces derniers temps, à un très-haut degré de perfection dans quelques grandes villes. Paris a pris l'initiative, et ses boulevards sont justement réputés. Londres, en retard sous ce rapport, a suivi l'exemple, et ses plantations des quais de la Tamise sont remarquables. De nombreuses villes montrent de très-belles voies de ce genre, comme les quais de Lyon et les « cours » de Bordeaux, qui offrent l'aspect le plus imposant.

Nous verrons quelles sont les règles de formation de ces sortes de promenades, et nous les examinerons surtout dans l'Amérique du Nord, où elles ont été l'objet, dans ces dernières années, de travaux qui diffèrent notablement des créations similaires en Europe.

Les *jardins des chemins de fer* méritent d'attirer notre attention. Presque partout, leur dessin serait passible d'une critique qui ne serait pas toujours favorable, si l'on envisageait avec justesse l'objet auquel ils doivent tendre. En effet, on voit généralement ces jardins coulés dans un moule uniforme. Confiés à un entrepreneur qui a copié sur toute la ligne ferrée un modèle stéréotypé, on trouve le même dessin, les mêmes plantes dans les terrains les plus divers, quelques arbustes, corbeilles de fleurs, arbres isolés, conifères dont le développement futur n'a pas été prévu, enfin un assemblage de combinaisons irrationnelles. A peine peut-on constater de meilleurs dessins, parce qu'ils se développent sur une plus vaste échelle, dans les jardins des gares des grandes villes.

Cette exagération et ce faux goût dans le tracé et l'ornementation des petits jardins des chemins de fer se retrouvent en Angleterre, où ils sont souvent laissés à la fantaisie du chef de gare ou à des employés subalternes, dont le goût est fort varié, comme on peut le penser. J'y ai vu souvent des noms de stations écrits en cailloux blancs ou en fleurs sur un talus, et autres puérilités de ce genre.

En Allemagne, les jardins des gares sont mieux conçus qu'ailleurs. Dans une notable partie de la Prusse du nord ou du centre, ils se réduisent généralement à des terre-pleins sablés, entourés de quelques arbustes verts et plantés de grands arbres qui donnent une ombre épaisse.

Cet ombrage est la première condition à demander au jardin d'une station de chemin de fer. Quelques fleurs n'y seront point déplacées; mais il faut surtout assurer un couvert pour protéger les voyageurs qui attendent le train, pendant l'été, à l'ardeur du soleil. Un libre parcours pour la circulation, les plantations combinées de sorte que les têtes des arbres n'empêchent pas de voir le mouvement des machines, l'établissement de kiosques de rafraîchissement et de vente de journaux pour l'été, un terrain assez vaste pour la promenade des voyageurs dans cette ennuyeuse attente du train, une extrême simplicité dans le dessin et l'ornement végétal, tels sont les principaux traits que doit présenter le jardin d'une gare, grande ou petite.

J'arrive maintenant à la deuxième division des jardins publics, à ceux qui ont un but déterminé *d'utilité*.

Ils sont nombreux et je n'indiquerai pas toutes leurs variétés, qui, d'ailleurs, viennent se ranger, presque sans exception, sous les titres suivants : *jardins botaniques, zoologiques, d'acclimatation, d'institutions* et de *sociétés* (jardins écoles, etc.), *d'hôpitaux* et de *fondations* diverses, *d'expositions* et *jardins gymnases*.

Le *jardin botanique* peut être divisé en plusieurs parties. Son objet principal est la culture des plantes pour l'étude. Il comprendra une école de botanique, où les plantes seront disposées le plus souvent suivant la série linéaire. Quelquefois cette série sera à la fois linéaire et concentrique, comme au jardin botanique de Bruxelles, ou basée selon les affinités naturelles, comme à celui de Liége. D'autres portions du jardin seront consacrées aux serres, aux collections variées, à *l'arboretum*, à la promenade, suivant l'extension du jardin et la richesse de son crédit d'entretien. On comprend donc que le dessin en soit soumis à des exigences variables. Mais on doit convenir qu'un grand nombre des professeurs qui plantent un jardin de ce genre soient plutôt versés dans la science que dans l'art des jardins, et que l'agencement des diverses parties soit plutôt faite pour la disposition commode et méthodique que pour la récréation des yeux. Voilà pourquoi tant de jardins botaniques ont un aspect si peu agréable, bien qu'une ou plusieurs de leurs parties soient destinées aux promeneurs et que par conséquent ils doivent, sous ce rapport, suivre la loi des jardins publics.

C'est à conserver la juste mesure entre ces diverses exigences que doit s'attacher le dessinateur de jardins, et il lui faut pour cela être assez entendu dans les choses de la botanique pour que ni la science ni la pratique ne soient sacrifiées au point de vue artistique, et réciproquement.

Les jardins médicinaux, destinés aux Écoles de médecine et de pharmacie, rentrent sous ce rapport dans la catégorie des jardins botaniques.

Les *jardins zoologiques* sont des endroits consacrés à la conservation et à la reproduction des animaux sauvages, au point de vue scientifique. Ils exigent des conditions de tracé toutes particulières. La promenade doit y être facile et agréable, mais avant tout les conditions hygiéniques pour les animaux y seront l'objet des plus grands soins. Dans la formation d'un pareil jardin, il faudra s'inspirer des créations de ce genre que l'expérience a reconnues pour des modèles, comme les jardins zoologiques d'Anvers, d'Amsterdam, de Cologne, de Hambourg. Je ne cite qu'en passant les jardins zoologiques du Muséum à Paris et de Regent's Park, à Londres, tous deux établis dans des conditions d'espace qui laissent à désirer.

Les *jardins d'acclimatation* se distinguent des jardins zoologiques proprement dits en ce qu'ils sont réservés aux seuls animaux dont la domestication et la naturalisation peuvent rendre des services à l'humanité. Sans prendre au pied de la lettre le mot « acclimatation », que Dupetit-Thouars appelait « une douce chimère », et qui peut entretenir quelques espérances exagérées chez certaines personnes disposées à trop croire ce qu'elles désirent, on ne peut nier que ces établissements rendent des services.

Ils ne peuvent être vraiment utiles, comme écoles d'élevage, que s'ils sont établis sur une vaste échelle, beaucoup plus largement que les jardins zoologiques proprement dits, et si l'union du jardin et des parcs réservés aux animaux en demi-liberté procure à la fois d'excellentes conditions sanitaires et la jouissance d'un parc pour les promeneurs. Nous examinerons les plus beaux exemples des jardins de ce genre, qui peuvent être classés dans les jardins ou dans les parcs, suivant leur étendue.

Les *jardins d'institutions* et de sociétés, jardins-écoles, etc., forment toute une classe dont on a peu étudié jusqu'ici les exigences. Il serait bien nécessaire de les voir se multiplier dans les colléges, les institutions, les séminaires, les écoles de hautes études, pour inculquer à la jeunesse, par la vue quotidienne des végétaux utiles, des connaissances qui rendent de si grands services à l'humanité.

Ces jardins, à l'exception de la partie réservée à la promenade, des cours ou *mails* plantés de grands arbres, doivent être généralement rectilignes, symétriques, de culture et d'accès faciles, assez ouverts pour que la surveillance y soit permanente, disposés de telle sorte que l'instruction y soit attrayante. Leur multiplication peut créer une source puissante de vulgarisation scientifique et de production nationale.

Les *jardins d'hospices*, d'hôpitaux, de fondations religieuses, les jardins des casernes, des usines, des grands établissements industriels, publics ou privés doivent encore attirer nos regards et peuvent inspirer quelques suggestions, développées plus loin, sur la façon normale de les concevoir, de les approprier à leur destination et de les mettre à exécution.

De ce nombre encore sont les jardins des fondations religieuses diverses, qui doivent aussi remplir certaines conditions pour répondre à leur objet d'une manière satisfaisante. On pourrait objecter que ces jardins seraient plutôt considérés comme privés que comme publics. Je répondrai qu'ils peuvent être classés dans les jardins publics, parce qu'ils correspondent à l'utilité ou à l'agrément d'êtres humains vivant en société. Cette distinction a peu d'importance d'ailleurs ; il s'agit surtout d'indiquer le meilleur mode de les dessiner.

Les *gymnases publics* sont souvent un accessoire des parcs, quand ils ne sont pas situés dans un lieu couvert. Parfois aussi, ils sont établis sur un emplacement spécial, comme je l'ai vu à Manchester et dans d'autres villes. Leur multiplication, dans les centres populeux, serait très-désirable. Les anciens savaient de quelle importance est la gymnastique pour le développement de la force physique et de la santé des citoyens ; l'axiome *mens sana in corpore sano* vient d'eux. Que ne le mettons-nous davantage en pratique dans notre société moderne ?

Si l'on considère comme faisant partie des gymnases les vastes terrains destinés aux diverses sortes de *sport*, par exemple le *cricket* en Angleterre, je renverrai au paragraphe des parcs. Mais si l'on entend les terrains situés dans les villes, par conséquent à la portée de tout le monde et d'une surface restreinte, j'en indiquerai l'aménagement, d'après plusieurs modèles déjà mis à exécution.

Les *jardins des Expositions* constituent un genre très-distinct. Ils ont pour but de grouper, dans un espace réduit, les collections de plantes comestibles ou ornementales que les cultivateurs viennent livrer au suffrage des visiteurs et d'un jury spécial. C'est un art de savoir disposer les collections de manière à ce qu'elles produisent le meilleur effet décoratif et que les objets exposés soient faciles à examiner en détail. En Angleterre, les Expositions sont faites pour l'examen des plantes plutôt que pour leur effet d'ensemble. Aussi, à l'exception des grandes exhibitions internationales de South-Kensington, voit-on rarement autre chose que des banquettes de gazon ou des tablettes de bois sur lesquelles les produits végétaux sont alignés, sans grande élégance, mais à la satisfaction des membres du jury chargés de les examiner.

En France, au contraire, on a imaginé des jardins d'Exposition dits paysagers, miniatures de parcs boursouflés, où les rivières sont en ciment, les rochers en carton, les pelouses en orge germée dans l'eau chaude, fantaisies où l'on recherche plus l'effet d'une décoration passagère que la facilité d'examen des produits et la supériorité de la culture. Je ne veux pas dire que de jolies et riches Expositions horticoles ne soient fréquentes en France ; mais je pense qu'il est bon de s'élever contre celles qui procèdent d'un faux goût, et qu'il serait facile de rendre plus simples et plus rationnelles.

Il me resterait à examiner une autre question intéressante, la *restauration des anciens jardins*. C'est le côté archéologique des jardins ; il n'est pas de talent trop grand pour l'envisager dans son ensemble et dans ses détails. Les cas où cet art peut s'exercer sont rares ; ils n'en sont pas moins intéressants, au contraire. Mais il faudrait à un artiste la science et l'art mélangés dans les plus heureuses proportions, la possession entière et le respect de l'histoire des jardins, des connaissances architecturales approfondies et une longue pratique des choses de l'horticulture. Difficile assemblage, qu'il sera peut-être donné à quelqu'un de nos successeurs de réaliser, si l'art des jardins se dégage enfin comme un idéal digne de tenter les esprits élevés.

Enfin, j'ai gardé pour la fin de ces notes sommaires sur la classification des jardins une autre section qui est restée jusqu'ici chez moi à l'état de projet. Je veux parler des *jardins dans les régions chaudes*. Qui sait? la réalisation de cette fantaisie, que j'ai esquissée sous le titre de *Scènes tropicales* (pages 146 et suiv.) n'est peut-être pas éloignée. Le goût des voyages autour du monde se vulgarise de plus en plus. Il suffirait qu'un millionnaire, enthousiasmé par l'aspect de la nature exubérante des régions du soleil, adoptât quelque jour une de ces plages bénies où, comme disait Humboldt, « la nature végétale a étalé toutes ses richesses », et se donnât le plaisir d'acquérir des terrains où il réunirait les plus beaux végétaux, non-seulement de la contrée qu'il aurait choisie pour résidence, mais encore des autres régions chaudes de la terre.

Telles sont les principales sections dans lesquelles peuvent rentrer les parcs et les jardins. Je les reprendrai plus loin en détail, en indiquant les moyens d'exécution. Il est indispensable pour cela que nous connaissions ces moyens par le menu et qu'avant de chercher des applications précises et de donner les descriptions des jardins qui servent d'exemples à nos théories, nous examinions les procédés que la pratique met à la disposition de l'art. Ce sera l'objet des chapitres qui vont suivre.

Dans le classement résumé qui précède, j'ai voulu seulement donner quelques définitions et de rapides éclaircissements sur les diverses sortes de jardins qui peuvent être exécutés. Il fallait s'entendre sur les noms et la nature des terrains variés sur lesquels nous aurons à appliquer nos idées.

Cette énumération sera rendue plus facile à saisir en la présentant sous la forme du tableau synoptique suivant, résumé des divisions indiquées, groupement des divers éléments dont l'ensemble constitue les jardins de notre temps :

TABLEAU SYNOPTIQUE

DE LA CLASSIFICATION DES JARDINS

PARCS
- privés
  - paysagers.
  - forestiers ou de chasse.
  - agricoles.
- publics
  - de promenade et de jeux.
  - des villes d'eaux.
  - de lotissement des villes.
  - funéraires (cimetières).

JARDINS
- privés
  - d'agrément
    - paysagers de 1 à 10 hectares.
    - — de moins de 1 hectare.
    - géométriques (parterres).
    - urbains (cours, hôtels, terrasses).
    - — au bord de la mer.
    - couverts (serres, jardins d'hiver).
  - d'utilité
    - fruitiers
      - vergers.
      - mixtes.
    - potagers
      - maraîchers.
      - bourgeois.
    - mixtes (potagers-fruitiers).
- publics
  - d'agrément
    - oasis (*squares*).
    - places.
    - promenades et voies plantées.
    - de chemins de fer.
  - d'utilité
    - botaniques.
    - zoologiques.
    - d'acclimatation.
    - d'institutions, jardins-écoles, etc.
    - d'hôpitaux, fondations, etc.
    - gymnases.
    - d'Expositions.

anciens (à restaurer).
des régions chaudes.

FIN DE LA PREMIÈRE PARTIE.

DEUXIÈME PARTIE

LA PRATIQUE

CHAPITRE VIII

EXAMEN DU TERRAIN. — LEVER DU PLAN

Qu'il s'agisse du parc immense d'une résidence princière ou d'un jardinet de ville, d'une vaste promenade publique ou d'un simple carrefour planté, les premières opérations, par ordre de date, sont l'examen du terrain et le lever du plan.

Je repousse, dès le début de cette étude, toute composition de jardins faite sans voir le site, toute conception basée sur des plans et documents communiqués de loin. Un jardin n'est pas un tableau ni une maison, que l'esprit puisse se représenter fidèlement par le dessin ou la gravure. Nulle abstraction ne pourra donner une idée exacte des caractères multiples d'un terrain, quelque soin qu'on apporte à le dépeindre par la parole ou par le dessin.

Supposons donc une propriété à créer ou à embellir et procédons aux opérations suivant leur ordre naturel.

Choix de l'architecte. — Le propriétaire a fait choix, pour dessiner le projet et diriger les travaux, de l'un de ces artistes dont j'ai parlé précédemment, dominés par le côté élevé de leur profession et chez lesquels le jugement, motivé par le sentiment de l'art, réglé par l'étude et par l'expérience, s'exprime avec indépendance, en se plaçant au-dessus de toute considération d'intérêt personnel.

On peut dire que presque toujours la réputation d'un architecte-paysagiste est fondée sur le mérite. Elle doit s'appuyer sur les œuvres qu'il a déjà faites et signées. Les renommées de hasard, nées de la réclame ou du charlatanisme, ne durent pas longtemps. Il est toujours préférable de rechercher les conseils d'un artiste dont les travaux, connus et appréciés, sont le meilleur éloge. Je conseille donc aux propriétaires de s'assurer, avant de fixer leur choix, que l'homme auquel ils vont s'adresser se recommande de lui-même par quelque création digne d'être visitée.

Pour les petits jardins, où l'art proprement dit tient peu de place, il n'y a pas inconvénient majeur d'en confier la direction à un entrepreneur de jardins qui dessine le projet et exécute les travaux sans intermédiaire, à forfait ou sur série de prix. Au contraire, pour les jardins d'une certaine importance et surtout pour les parcs, je ne saurais trop m'élever contre la pratique qui consiste à se passer d'architecte et à confier les travaux, plan et exécution, à un entrepreneur dont l'indépendance artistique se trouve fortement mise en échec par son intérêt pécuniaire.

J'ai d'ailleurs la conviction qu'avec le concours d'un architecte bien placé, les garanties d'économie, de bonne conduite des travaux, sans parler de l'art proprement dit, compenseront largement les honoraires qui lui seront acquis. Ces honoraires, comprenant le plan, le tracé, la surveillance personnelle des travaux et le règlement des mémoires, — mais non compris les déboursés de voyages, — sont généralement fixés de 5 à 10 pour 100 du montant des travaux et fournitures, suivant la proximité ou l'éloignement du domicile de l'architecte, et aussi suivant l'importance des travaux.

J'engage les propriétaires à renoncer à cette habitude de demander un plan à un architecte pour le faire ensuite exécuter eux-mêmes. En agissant ainsi, ils seraient certains de dénaturer la pensée de l'auteur, qui seul peut donner au terrain la forme et l'ornementation qu'il a conçues et au besoin modifier les détails de son idée première au cours des opérations. Quand on se résout à se passer ainsi de l'architecte, on confie d'ordinaire l'exécution du projet au jardinier de la maison. De deux choses l'une, ou celui-ci est intelligent, ou il ne l'est pas. Dans le premier cas, il manquera bien rarement de critiquer le plan et voudra montrer son habileté en modifiant tout à sa guise et le dénaturant. Dans le second cas, le jardinier sera peut-être docile, plein de bonne volonté, mais il lui manquera le goût, le savoir, l'expérience, et tout cela ne saurait s'apprendre en quelques semaines ou quelques mois. Il faut décidément renoncer à faire des éducations de ce genre ; elles coûtent trop cher. Chargez donc l'architecte de donner comme il l'entend la forme matérielle à sa pensée, en le plaçant à la tête des travaux nécessités pour la mise en œuvre de son plan. Qu'il ait aussi le choix du conducteur de l'atelier, habitué par lui de longue date à sa manière de voir et à la pratique des travaux sur le terrain. Tout peintre doit choisir son graveur.

Visite du terrain. — L'artiste est trouvé ; l'œuvre commence. Si le site n'est pas fixé, j'ai indiqué les considérations qui doivent en guider le choix (page 157 et suivantes). Nous n'aurons donc à considérer que l'hypothèse où cet emplacement est déjà déterminé, et à passer en revue les opérations diverses qui précéderont les travaux d'exécution. Le plan, soit qu'il existe déjà ou qu'on le dresse à neuf, les études détaillées du terrain, le dessin du projet, des profils, la rédaction des devis et contrats, sont autant d'objets compris dans ces travaux préparatoires.

LE PLAN.

Le premier document indispensable est le plan de situation, le dessin graphique en projection horizontale de l'état des lieux. Ou ce document existe déjà, ou l'architecte sera chargé de le préparer.

Plan existant. — Tout est pour le mieux quand le propriétaire a fait relever avec soin, à une échelle convenable, le plan état-des-lieux. Mais il faut avouer que c'est une exception. D'ordinaire, on ne possède que d'anciens plans incomplets, établis pour être annexés aux contrats de vente, et qui n'ont pas été modifiés quand des changements ont été apportés à la division des terrains ou aux constructions.

Plus souvent encore, en France, on est réduit aux plans du *cadastre*. Le cadastre est l'opération qui a eu pour objet d'établir les plans parcellaires des communes de France afin d'évaluer le revenu et de fixer l'impôt foncier[1]. Ces plans sont déposés à la mairie de chaque commune, où chacun a le droit de les consulter et d'en faire prendre copie.

Les échelles adoptées pour les plans du cadastre sont de 1 mètre pour 5,000 mètres $(\frac{1}{5000})$, 1 mètre pour 2,500 mètres $(\frac{1}{2500})$ et 1 mètre pour 1,250 mètres $(\frac{1}{1250})$, suivant qu'il s'agit du plan d'assemblage, du plan parcellaire ou du relevé des parties bâties. Ces échelles sont incommodes et ne sont guère usitées maintenant pour les plans nouveaux; on les choisit généralement de 1 à 2 millimètres pour 1 mètre $(\frac{1}{1000}$ ou $\frac{1}{500})$, ce qui facilite particulièrement le mesurage des longueurs sur le plan au moyen du mètre de poche divisé en décimètres, centimètres et millimètres.

Muni de la copie du plan cadastral comprenant la propriété à transformer, il faut s'assurer si des modifications ont eu lieu sur le terrain — ce qui arrive presque toujours — depuis la publication du cadastre. Ces modifications seront indiquées avec soin, soit qu'elles portent sur la division, la réunion ou le changement de culture des parcelles de terre, soit qu'elles s'appliquent à ses bâtiments ou à des chemins nouveaux, soit enfin que le régime des eaux ou des bois ait été remanié. On peut alors rapporter le tout au net, à une échelle millimétrique (1 à 2 millimètres par mètre). Quelque fastidieux que soit ce travail, je conseille de le faire. Il évitera des erreurs de cotes et rendra les opérations de mesurage plus faciles.

---

1. Le recensement cadastral fut imaginé dans les derniers temps de l'empire romain. On essaya de l'appliquer en France à la fin du xviiie siècle. Un décret de la Convention (1er décembre 1790) l'organisa d'une manière générale, mais les opérations ne commencèrent qu'en 1802 et continuèrent jusqu'en 1807 avec des procédés défectueux. Il fut repris avec activité à partir de juillet 1821, mais il n'entra dans la voie du mesurage précis qu'en 1827. Cette grande opération, conduite sur la base de la triangulation et du lever parcellaire des communes, a duré trente ans et coûté 150 millions. En 1857, on put enfin savoir, pour la première fois, que la surface de la France, sans la Corse, l'Algérie ni les colonies, était de 52,305,744 hectares.

Plan neuf. — Si l'on ne possède ni plan spécialement levé sur la propriété, ni copie du cadastre, il faut, de toute nécessité, procéder au lever du plan du terrain.

Les opérations élémentaires du lever des plans sont bien connues. Je n'aurais pas à les rappeler, si un pareil traité ne devait s'adresser à un public nombreux et varié, et pouvoir, au besoin, mettre un commençant en état de lever le plan d'une propriété, pourvu qu'il connaisse les éléments de la géométrie.

Lever du plan. — Le *lever des plans* consiste à déterminer la projection horizontale des principaux points d'une surface, afin d'arriver sur le papier à la construction d'une figure réduite, semblable et proportionnelle au terrain lui-même.

Cette opération s'effectue au moyen de divers instruments dont les principaux sont :

1° Des *jalons* (fig. 35), piquets légers, hauts de 1^m à $1^m 50$, fendus et munis d'un carré de papier au sommet et destinés à marquer (*jalonner*) des lignes droites sur le terrain.

2° La *chaîne* (fig. 36), ruban d'acier roulé marquant les mètres, décimètres et centimètres, ou — le plus souvent — cordon de gros fil de fer articulé, à chaînons longs de 20 centimètres, indiquant le mètre par un anneau de cuivre, et pourvu d'une poignée à chaque extrémité. Dix fiches piquées en terre, une par une, à chaque *chaînée*,

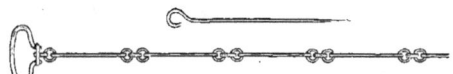

Fig. 36. — Tronçon de chaîne d'arpenteur. — Fiche.

constituent une *portée* ou 100 mètres. On emploie encore la *roulette*, ruban d'étoffe, de 10 ou 20 mètres, qui a le défaut de s'allonger par l'humidité et de manquer de précision. On ne doit s'en servir que pour prendre de petites mesures, celles des bâtiments, par exemple.

Fig. 35. Jalon.

3° La *stadia* (fig. 37), instrument peu répandu, plus exact que la chaîne,

Fig. 37. — Stadia.

fondé sur ce principe, que les dimensions respectives des objets compris dans un même angle visuel sont proportionnelles aux distances qui les séparent de l'observateur. La stadia se compose d'une lunette montée sur un pied. A l'intérieur elle contient un angle invariable et une mire graduée et divisée d'après la grandeur de cet angle. On réduit à l'horizontale les mesures prises sur un terrain incliné en multipliant la largeur mesurée par le carré du *cosinus* de l'angle fait par l'horizontale et la surface inclinée.

Ces divers instruments sont destinés à mesurer les longueurs.

Ceux qui vont suivre servent à évaluer les angles. Ce sont :

1° L'*équerre* (fig. 38), cylindre de cuivre ou prisme octogonal régulier inscrit, portant quatre fentes opposées qui forment quatre angles de 90° ou huit fentes donnant huit angles de 45°. Un fil tendu alternativement dans les fentes permet de viser l'objet avec plus de précision. L'équerre est montée sur un pied simple ou trifide. C'est l'instrument le plus usité pour mesurer les angles droits ou demi-droits.

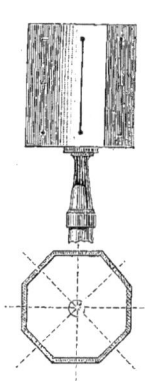

Fig. 38. — Équerre d'arpenteur.
(Élévation et coupe.)

2° La *planchette* (fig. 39), petite table de bois où l'on colle le plan même qui recevra le dessin du terrain et qui sert à reproduire sur le papier la trace d'un autre plan perpendiculaire au premier. Une règle mobile porte une lunette *(alidade-lunette)* qui pivote sur un axe parallèle au plan de la règle et perpendiculaire à sa longueur, ou une *alidade à pinnules* placée perpendiculairement au plan de la règle et pourvue de fentes et de fils parallèles à cette fente. On trace au crayon, sur le papier, les traits qu'indique la règle parallèle aux lignes observées sur le terrain.

Fig. 39. — Planchette.

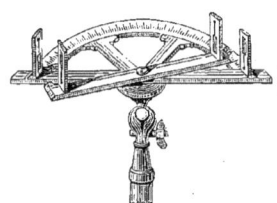
Fig. 40. — Graphomètre.

3° Le *graphomètre* (fig. 40), instrument formé d'une demi-circonférence divisée en 180° et sur laquelle une règle se meut autour d'un axe qui passe par le centre du cercle et perpendiculairement à son plan. Les lignes de visée sont prises par une alidade à deux pinnules. Un genou à coquille emmanché sur un pied triple permet de placer le limbe dans le plan de l'angle qu'on veut mesurer. Un *vernier* sert à diviser les degrés en fractions.

4° Le *pantomètre* (fig. 41), sorte d'équerre formée d'un cylindre coupé en deux, à base fixe et à moitié supérieure pivotant sur la première. Le tambour mobile est pourvu d'un vernier. En plaçant l'instrument au 0° dans la direction de l'un des côtés de l'angle et en faisant tourner le tambour supérieur jusqu'à ce que l'autre côté de l'angle soit en vue, on obtient un arc gradué qui se lit très-facilement. On reproche au pantomètre son peu de précision à cause de son petit diamètre, mais cette objection n'est pas importante dans les levers de plans n'exigeant pas une rigoureuse exactitude, et il suffit presque toujours aux architectes-paysagistes, auxquels son faible volume le recommande spécialement.

5° La *boussole* (fig. 42), aiguille aimantée suspendue sur un pivot et conservant une direction constante nord-sud. La *ligne de foi,* sur un des côtés de la boîte, correspondant au zéro de la graduation de la circonférence, on lit facilement l'arc qu'elle fait avec l'aiguille, qui garde toujours le

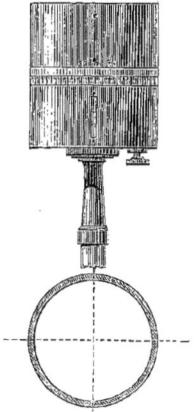

Fig. 41. — Pantomètre.
(Élévation et coupe.)

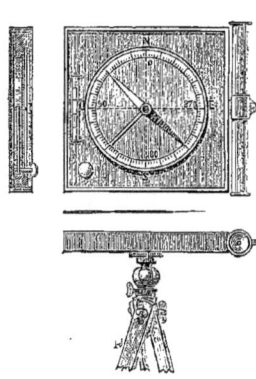

Fig. 42. — Boussole d'arpenteur.
(Vue de face et de profil.)

méridien magnétique. Avec la boussole on peut relever deux angles à la fois. Elle rend de grands services pour tracer des courbes « au jugé » dans les bois. Cependant elle est de moins en moins usitée, soit parce qu'elle ne donne pas une grande exactitude à cause de la mobilité de l'aiguille, soit parce que les métaux contenus parfois dans le sol peuvent influencer sa direction.

Nous connaissons maintenant les instruments avec lesquels opère l'arpenteur. Examinons rapidement leur mode d'emploi, en négligeant les détails minutieux, qu'un peu de pratique ou mieux quelques leçons avec un géomètre graveront dans la mémoire de l'élève.

Le meilleur moyen est de procéder par des exemples. Supposons que nous ayons à lever le plan du terrain représenté par la figure 43. Il s'agit d'une propriété composée de champs, de prés et de bois. Elle est limitée au midi par une route, au nord par d'autres prairies, à l'est et à l'ouest par des champs représentés sur le dessin par des hachures. Les lignes sinueuses qui parcourent ce dessin sont les courbes de niveau (dont je reparlerai plus tard en traitant du nivellement), et les traits ponctués indiquent les lignes d'opération qui ont servi au lever du plan.

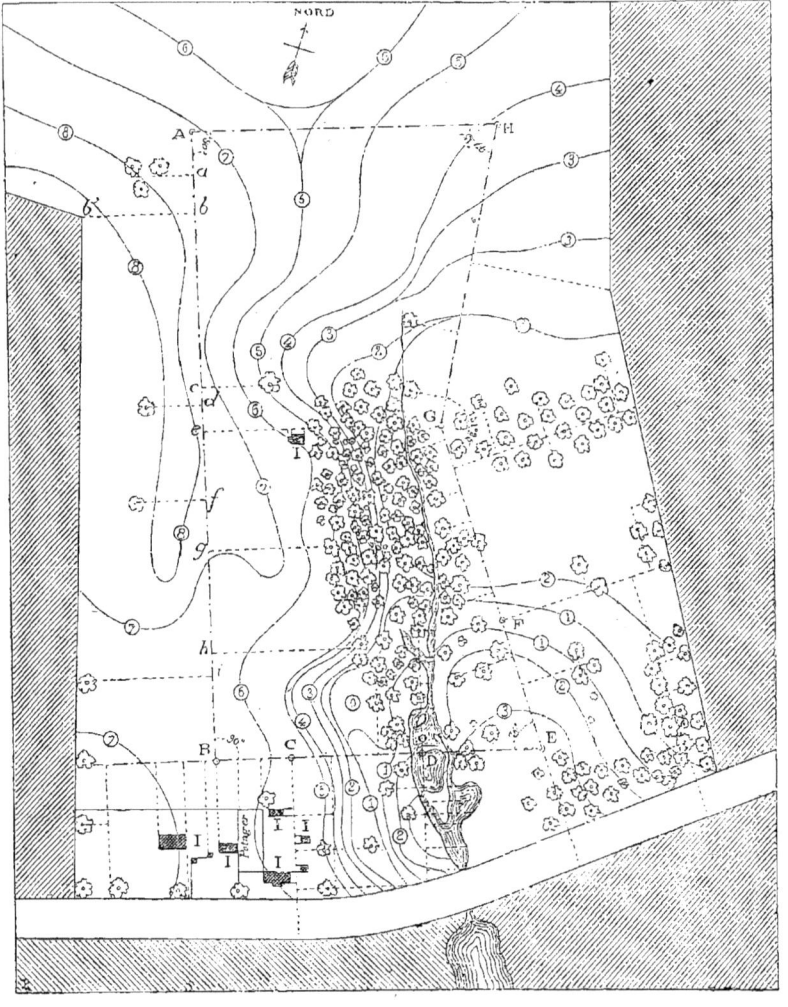

Fig. 43. — Lever du plan et nivellement d'une propriété.

On jalonnera d'abord la ligne A B, longue d'environ 380 mètres. C'est un maximum qu'il est bon de ne pas dépasser et qu'il vaut mieux ne pas atteindre, sous peine de mal voir les derniers jalons et de tracer une droite peu correcte. Si le terrain est accidenté, on devra choisir cette ligne de base dans un endroit de moins grande pente, et sur son parcours un grand nombre d'objets ou de directions pourront être vus et relevés.

En plaçant l'équerre au point A et visant la direction B on aura la direction A H donnée par les deux autres pinnules de l'instrument placées à angle droit avec les premières. On jalonnera cette ligne qu'on laissera indéterminée et qui servira seulement de ligne de vérification.

Puis, cheminant sur la ligne A B, en mesurant au moyen de la chaîne, on cherchera le point a en promenant l'équerre de telle sorte que l'un des trois arbres situés à l'ouest de ce point étant visé, il fasse angle droit avec la ligne de base a A et forme le sommet d'une perpendiculaire élevée de cette ligne. Cette perpendiculaire sera mesurée du point a aux arbres et les longueurs, de même que l'indication des lignes d'opérations, seront notées sur le croquis destiné à figurer le lever du plan. On continue à mesurer de a en b, où l'on s'arrête de nouveau pour relever la perpendiculaire et sa longueur jusqu'au coin du champ b'.

Successivement, les points c et d donneront des positions d'arbres et e l'emplacement d'une maison I, dont il sera facile de prendre le périmètre, les angles des constructions étant également droits. En f, g, h, i, de nouveaux arbres isolés ou la ligne d'un bois dans ses principales saillies seront notés par le même procédé.

On arrive alors au point B, où il convient de tracer une seconde base qui sera la ligne B C E. Un regard sur le plan montrera que de cette ligne sont élevées plusieurs nouvelles perpendiculaires qui serviront à trouver la place des constructions I, I, I, et de divers autres points, arbres, bord de la route, limite de jardin potager, etc. Conduites jusqu'au point D, en passant par le point O, les opérations permettent de relever la forme de la pièce d'eau et du ruisseau qui l'alimente et dont les bords devront être nettement déterminés.

L'opérateur étant arrivé au point E, après avoir rattaché à son croquis le lever détaillé du contour des eaux dont D est le centre et qui présente quelques légères difficultés dont je parlerai tout à l'heure, devra tracer une nouvelle base d'opérations pour cet autre côté de la vallée. Cette base sera la ligne E G.

En cet endroit, l'angle E n'étant plus droit ni demi-droit (90° ou 45°), l'équerre sera insuffisante, et l'on devra se servir, pour mesurer cet angle, de l'un des trois instruments que j'ai décrits : le graphomètre, le pantomètre ou la boussole. L'angle E étant mesuré, et trouvé égal à 74 degrés, on jalonnera la ligne E F G avec son prolongement sud destiné à relever les deux bords de la route. Puis on procédera au mesurage des fractions de cette base, sur laquelle on élèvera des perpendiculaires à mesure qu'on se trouvera auprès d'un point à noter. En F, l'une de ces perpendiculaires servira à son tour de base secondaire pour indiquer la position des masses boisées ou des arbres isolés, qui sont nombreux dans cette partie de la propriété.

En G, l'angle obtus F G H demandera encore le secours de l'un des *goniomètres* précités (fig. 41)[1], et enfin l'arpenteur, arrivé au point H, mesurera avec soin un dernier angle GHA qui lui permettra de fermer le polygone ABEGH et de vérifier la somme des angles intérieurs, en vertu de la formule bien connue qu'*il y a, dans tout polygone à angles intérieurs, autant de fois deux angles droits qu'il y a de côtés moins deux.*

Il va de soi que si d'autres points intéressants du terrain se sont rencontrés sur le parcours des bases primaires et secondaires que j'ai indiquées, ils auront été notés avec soin sur le croquis original.

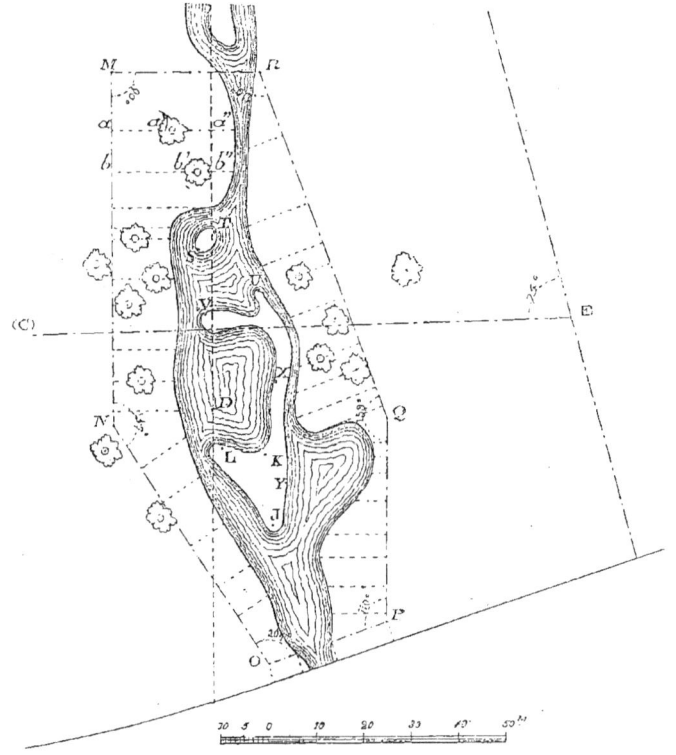

Fig. 44. — Lever détaillé du bord des eaux.

Je reviens maintenant à la surface des eaux que nous avons rencontrée autour des points O D (fig. 43). Là se présentent quelques problèmes qui se retrouvent fréquemment dans le lever des plans; les figures suivantes, dessinées à une échelle triple de la première, serviront à les résoudre. Dans la figure 44, la partie de la pièce d'eau qu'il s'agit de relever sera inscrite dans un polygone M N O P Q R, qu'il sera facile de relier à la ligne de grande base (C) E. On commencera l'opération avec l'équerre, en cherchant sur

---

1. On nomme *goniomètre* tout instrument destiné à mesurer les angles.

(C) E le pied de la perpendiculaire M N, qui fait elle-même un angle droit avec M R. Aucun des autres angles qui forment le polygone dans lequel la pièce d'eau est inscrite n'est droit; par conséquent ils seront mesurés avec soin. Sur tout le parcours de ce périmètre, on élèvera des perpendiculaires ab, dont l'extrémité touchera le bord de l'eau, et en reliant les sommets mesurés, a'', b'', on aura la figure du bord extérieur du bassin.

Les arbres $a'b'$ auront été notés au passage.

Mais une difficulté se présentera en O. La ligne O P sera interrompue entre ab (fig. 45). Le problème à résoudre, très-simple d'ailleurs, est ainsi énoncé : *prolonger une droite au delà d'un obstacle qui arrête le passage de la vue.* Pour cela, on tracera, au delà de cet obstacle, en cf, une parallèle à O P, et sur cette nouvelle base, on obtiendra les points ab par le moyen des perpendiculaires élevées en de, de sorte qu'on aura la ligne O P complète en ayant tracé à côté d'elle une ligne parallèle et semblable. Il sera donc possible de fermer ainsi le polygone M N O P Q R de la fig. 44.

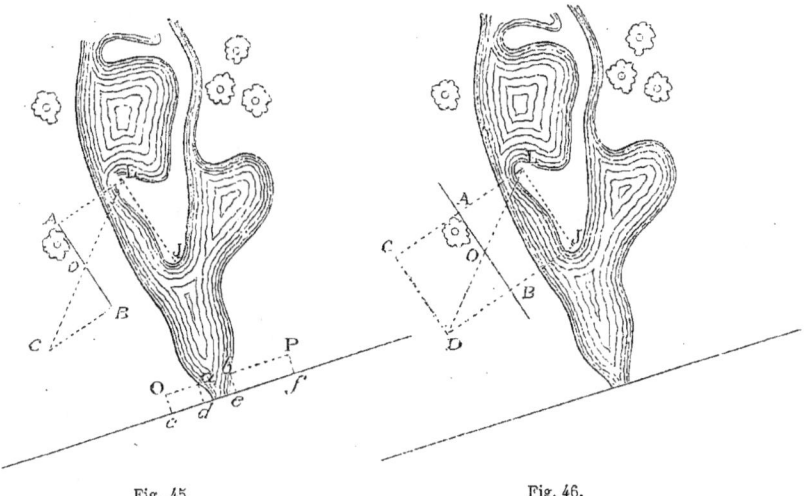

Fig. 45.   Fig. 46.

Mais au milieu de l'eau se trouvent deux îles, dont l'une présente une forme très-irrégulière. Supposons que ces îles soient inaccessibles; il faut cependant avoir leur forme et leur superficie. Nous devrons chercher, pour obtenir ce résultat, la solution de deux problèmes dont le premier s'énonce ainsi : *déterminer la distance d'un point à un autre point inaccessible.*

Étant donné le point L (fig. 45) placé dans la grande île, et inaccessible, on mesure sur cette ligne, en A, une droite A B, servant de base. Au moyen de l'équerre placée en A, on élèvera la ligne A O perpendiculaire à A L. Après avoir prolongé la ligne A O jusqu'en B d'une quantité égale à A O, on élèvera une seconde perpendiculaire B C, sur laquelle on cheminera jusqu'à son intersection avec la direction C O L. La distance cherchée est égale à C B.

Le second problème consiste à : *déterminer la distance entre deux points inaccessibles*.

Sur la figure 46, ces deux points, situés dans la même île, sont L J. On cherche en A et B le pied de deux perpendiculaires abaissées des points L J, et on les prolonge jusqu'à ce que, en cheminant, on rencontre en CD l'alignement des deux diagonales qui se croisent en O (milieu de la ligne A B) et qui forment deux angles égaux. La distance CD est égale à la distance cherchée LJ.

On relèvera de même la position des points K, X, V, U, Y, de la grande île, et les deux points S T (fig. 44).

Il existe d'autres moyens, principalement la méthode dite de cheminement, qui conduisent aux mêmes résultats pour la solution des deux problèmes qui précèdent ; mais je crois inutile de les rappeler ici, puisque le procédé que j'ai indiqué peut suffire.

Quelques autres difficultés, moindres que celles-ci, s'offrent encore dans le lever des plans, par exemple le tracé des courbes, que l'on doit considérer comme des lignes brisées et sur lesquelles on élèvera des perpendicu-

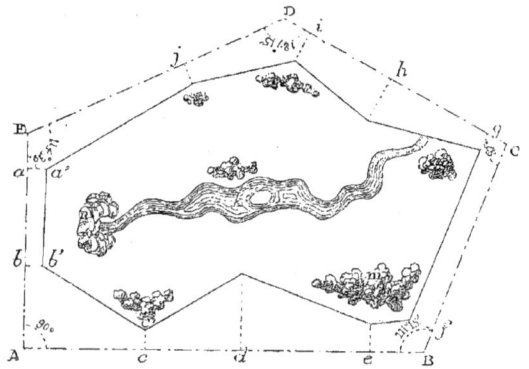

Fig. 47. — Lever d'un terrain par l'extérieur.

laires d'autant plus nombreuses qu'on désire arriver à une plus grande approximation. On a quelquefois aussi à chercher tous les points d'une circonférence dont le centre est inaccessible, à faire passer un cercle par trois points, ou à déterminer le lieu d'où deux points sur une carte ont été vus sous des angles qu'on a mesurés. Mais l'application des méthodes employées dans ces circonstances trouvera sa place plus loin, dans le dessin des parterres et des jardins réguliers.

Il est cependant un cas qu'on ne saurait passer sous silence, c'est celui où un terrain très-marécageux ou boisé, ou très-montueux, rempli de précipices, est d'un accès impossible à l'intérieur. Dans ce cas les lignes d'opération doivent être placées en dehors de la surface dont on dessine le plan. On inscrit le polygone à mesurer dans un autre polygone A B C D E (fig. 47), dont on évalue les angles et d'où l'on élève successivement les perpendiculaires *a, b*, etc., qui vont toucher les limites du terrain en *a', b'*, etc. Les parties boisées *m* et les eaux *k*, les rochers N, points inaccessibles, seront mesurés par les moyens déjà indiqués.

Dans tout ce qui précède, on n'a considéré le lever des plans que sur des surfaces horizontales, en supposant toujours que, sur une faible étendue, la sphéricité de la terre n'est pas notable. S'il s'agissait d'immenses espaces, et si cette courbure devenait appréciable, on aurait recours aux méthodes spéciales de la *géodésie*, dont nous n'avons pas à nous occuper ici.

Arpentage. — L'arpentage est cette partie du lever des plans qui a pour objet l'évaluation de la superficie ou *aire* des surfaces relevées. Le mot aire s'emploie surtout pour désigner la superficie d'une figure comparée à d'autres surfaces.

Le calcul des surfaces est généralement d'une grande simplicité. Je n'en indiquerai que les principaux éléments.

Toute figure rectiligne peut se decomposer en carrés et triangles.

Le carré, le rectangle, le parallélogramme ont pour mesure le produit de leur base par leur hauteur.

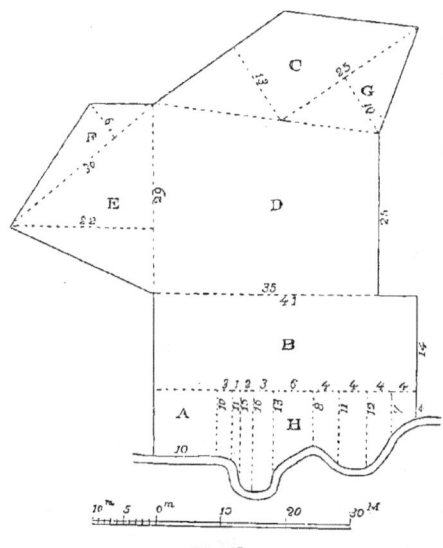

Fig. 48.

Le triangle a pour mesure la moitié du produit de sa base par sa hauteur.

Le trapèze a pour mesure le produit de la demi-somme de ses deux bases par sa hauteur.

Quand un ou plusieurs côtés du polygone à calculer sont limités par une ou plusieurs courbes, on considère ces lignes comme si elles étaient brisées en élevant sur elles, d'une base donnée, un nombre assez grand de perpendiculaires pour que chaque portion du contour soit sensiblement rectiligne. On néglige les légères erreurs ainsi commises, ou on les évalue approximativement.

La figure 48 contient des exemples de ces diverses formes polygonales. Leurs côtés étant mesurés en mètres, il est facile de donner, comme un modèle fort simple, le calcul de leurs surfaces. La partie inférieure de la figure est limitée par la courbe d'une rivière ramenée arbitrairement à une ligne brisée, au moyen de laquelle on construit neuf petits trapèzes. Le reste de la superficie se divise en sept polygones. Le total des calculs donne 2704 mètres carrés, ainsi décomposés :

EXAMEN DU TERRAIN. — LEVER DU PLAN.

	mètres.	mètres carrés.
Carré A mesure	10×10	$= 100$
Rectangle B	41×14	$= 574$
Parallélogramme C	25×13	$= 325$
Trapèze D	$\dfrac{29+25}{2} \times 35$	$= 845$
Triangle E	$\dfrac{29 \times 22}{2}$	$= 319$
— F	$\dfrac{30 \times 6}{2}$	$= 90$
— G	$\dfrac{25 \times 10}{2}$	$= 125$
9 petits trapèzes H		$= 326$
	Surface totale	$\overline{2704}$

Les polygones réguliers, pentagones, hexagones, octogones, etc., peuvent se décomposer en autant de triangles qu'ils ont de côtés. Ces triangles ont un même point pour sommet (fig. 49), et la perpendiculaire abaissée de ce sommet sur le milieu de l'un des côtés du polygone est la même pour tous. Cette perpendiculaire se nomme *apothème*, Il en résulte que *l'aire d'un polygone régulier est égale à la moitié du produit de son périmètre par son apothème*.

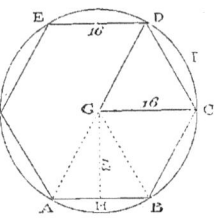

Fig. 49.

Dans la figure 49, en multipliant la longueur de l'un des côtés (16 mètres) par leur nombre total (6) on obtient 96, quantité qui, multipliée par la longueur de l'apothème (13 mètres) produit 1,248, dont la moitié est de 624. La surface de l'hexagone A B C D E sera donc de 624 mètres carrés.

L'évaluation de l'aire des figures curvilignes s'opère sur des bases un peu différentes. La plus utile à connaître est celle du cercle, dont le mesurage est très-souvent nécessaire dans la pratique. La loi est celle-ci :

La surface du cercle est égale au produit de sa circonférence par la moitié de son rayon. Pour connaître ce rapport, on a d'abord cherché celui de la circonférence au diamètre. La formule dite de Métius, généralement adoptée, donne $\frac{355}{113}$ soit 3,1415926, ou en abrégé 3,14 [1].

Par exemple, on veut évaluer la surface du cercle circonscrit (figure 49). Sachant que le rayon est égal à 16 mètres et doublant cette quantité, on obtiendra 32 mètres, qui, multipliés par 3,14, produiront $100^m 48$ ou la longueur approchante de la circonférence. Cette longueur, multipliée à son tour par 8 mètres, moitié du rayon, donnera, pour la surface du cercle, $803^m 84$.

Avec la connaissance de cette méthode de mesurage, on peut encore arriver à calculer la surface d'une portion ou *secteur* de cercle.

---

1. La formule scientifique, bien connue, est : cercle $R = 2 \pi R \dfrac{R}{2} = \pi R^2$. On a ainsi la surface du cercle sans calculer la circonférence.

L'aire d'un secteur est égale au produit de la longueur de son arc par la moitié du rayon.

Il est facile de comprendre que le secteur CGD (fig. 49) est à la surface totale du cercle comme la longueur de l'arc qui lui sert de base est à la longueur totale de la circonférence. Connaissant donc la longueur de l'arc DIC, on aura la surface du secteur en la multipliant par 8 mètres, soit la moitié du rayon.

On pourrait encore trouver de nombreuses applications des rapports de la circonférence avec le rayon, mais elles n'intéressent qu'indirectement le lever des plans, réduit ici à sa plus simple expression.

Il est cependant une circonstance que je dois signaler en passant, car elle se présente assez fréquemment dans les opérations préliminaires du tracé des jardins. C'est le cas où l'architecte n'a entre les mains qu'un plan très-imparfait et où il lui est impossible de se procurer des instruments de précision. Placé dans l'alternative de quitter la place sans avoir pris les renseignements nécessaires et d'être obligé de revenir compléter le relevé, ou bien de se passer de notes et de faire un travail plein d'erreurs, il ne lui reste qu'une ressource; son habileté doit suppléer à l'insuffisance des moyens. Prenant pour base les quelques lignes du plan existant, il mesurera les distances au pas, les alignements avec un cordeau de jardinier, les angles droits avec une équerre de maçon ou une simple feuille de carton rectangulaire, il évaluera les autres angles avec la moindre boussole de poche suspendue à sa chaîne de montre, et acquerra, avec le temps et des essais prolongés, une habitude telle qu'il pourra dresser ainsi des plans satisfaisants. En s'exerçant un peu, on arrive assez rapidement à marquer le mètre à chaque enjambée, de telle sorte qu'on peut ne pas varier de plus de 50 centimètres par 100 mètres.

Nivellement. — Le plan ne serait pas complet s'il ne portait l'indication des principales différences de niveau du terrain. Cette opération se nomme *nivellement*. Elle est, pour l'architecte-paysagiste, de la plus haute importance, en ce qu'elle doit servir de base aux modifications que les effets à chercher entraîneront dans le relief du sol.

Dans le nivellement, on considère le sphéroïde terrestre comme une surface dite *de niveau*, c'est-à-dire avec laquelle le fil à plomb forme une ligne perpendiculaire, comme la superficie d'un lac à l'état de repos.

Les appareils usités pour l'opération du nivellement sont nombreux et compliqués, si on l'applique à de grandes surfaces de pays et avec une grande exactitude. On les nomme des *niveaux*. Quelles que soient leur espèce et la précision avec laquelle ils sont construits, on se trouve toujours en présence de deux sortes d'erreurs qu'il est bon de signaler. La première consiste en ce que la ligne de visée de l'instrument n'est pas parallèle à la surface du sol, à cause de la sphéricité du globe terrestre. C'est donc le *niveau apparent* plutôt que le *niveau vrai* que donne la visée par l'instrument, erreur que l'on peut corriger, mais qui a peu d'importance dans la pratique. La seconde erreur provient de la *réfraction* du rayon visuel dans les couches plus ou moins denses de l'atmosphère, phénomène qui fait paraître le point visé plus élevé qu'il n'est réellement. On a calculé l'importance de cette réfraction et dressé une table qui permet de rectifier aisément l'erreur d'observation.

A	20 mètres, le niveau apparent au-dessus du niveau vrai est de.....			$0^m,0000$
—	40	—	—	—	$0^m,0001$
—	60	—	—	—	$0^m,0002$
—	80	—	—	—	$0^m,0004$
—	100	—	—	—	$0^m,0007$
—	120	—	—	—	$0^m,0009$
—	140	—	—	—	$0^m,0013$
—	160	—	—	—	$0^m,0017$
—	180	—	—	—	$0^m,0021$
—	200	—	—	—	$0^m,0026$
—	300	—	—	—	$0^m,0059$
—	400	—	—	—	$0^m,0106$
—	500	—	—	—	$0^m,0165$

L'instrument fondamental pour les opérations de nivellement est le *niveau d'eau* (fig. 50). Il se compose d'un tube de zinc ou mieux de cuivre recourbé aux deux extrémités et pourvu de deux fioles de verre transparent dans lesquelles le niveau de l'eau s'établit suivant la loi physique des vases communiquants. En visant le niveau de l'eau dans les deux fioles de manière à ce que l'un s'aligne avec l'autre, le troisième objet, placé plus loin, qui se trouvera dans cette ligne visuelle, sera dit de *niveau* avec la surface de l'eau dans les tubes.

On doit veiller à ce que les fioles soient exactement de même diamètre pour que l'équilibre entre les niveaux de l'eau ne varie pas quand on fait pivoter l'instrument sur son axe. Avant de s'en servir, il faut enlever les bulles d'air contenues dans le

Fig. 50. — Niveau d'eau.

tube; on obtient ce résultat en penchant l'instrument de manière à faire sortir un peu d'eau par l'un des orifices. L'eau n'est pas absolument horizontale dans les fioles; l'attraction moléculaire la fait remonter le long des parois de manière à former un *onglet* annulaire. C'est par cet onglet qu'on doit viser, en s'éloignant d'un mètre de l'instrument, distance d'où les objets paraissent comme des lignes noires assez nettes. On recommande aussi de laisser le même observateur faire toutes les visées d'un même point, deux personnes voyant rarement de la même manière. Il faut tenir compte de l'évaporation de l'eau, si le soleil frappe sur l'instrument, ou d'une grande pluie, qui pourrait augmenter le contenu des fioles, malgré le petit diamètre de leur orifice. Pour éviter la congélation pendant l'hiver, on se sert d'eau alcoolisée.

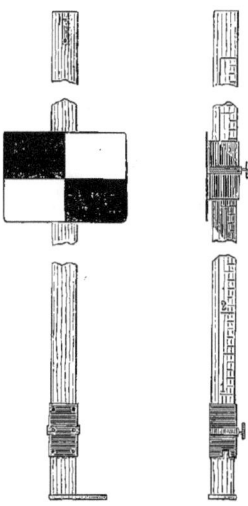

La *mire* (fig. 51) est une règle graduée sur laquelle on mesure une portion de la verticale du point dont on cherche la hauteur. La *mire à coulisse* est la plus usitée. Le long de cette règle, divisée en centimètres, on fait glisser une plaque carrée de tôle dont la face, tournée vers l'opérateur, est partagée en quatre carrés dont on vise les angles communs de contact. Cette plaque se nomme le *voyant*; elle porte des carrés peints alternativement en noir, en rouge et en blanc. Le dos du voyant porte en son milieu une petite échelle millimétrique *(vernier)* dont le zéro correspond à la ligne de foi, au point d'intersection des deux droites qui forment les quatre carrés de l'autre face. Cette petite échelle sert à diviser les centimètres en millimètres.

Fig. 51. — Portion d'une mire et son voyant. — Face et profil.

Pour se servir du niveau et de la mire, l'opérateur vise avec le niveau le milieu de la plaque que le porte-mire fait glisser jusqu'à ce que son milieu soit dans le prolongement de la ligne du niveau de l'eau des deux fioles (fig. 55). Arrivé à ce point, le porteur serre la vis qui fixe la plaque à la règle et lit la hauteur du point visé au-dessus du sol. La longueur de la règle est de 2 mètres; si le point à niveler est plus bas, cette règle se dédouble en une autre règle de 2 mètres qui glisse dans une rainure et se superpose à la première.

Pour ne pas porter la voix à de grandes distances, on est convenu que le signe de la main relevée indique qu'il faut hausser le voyant; baissée, qu'il faut la descendre; horizontale, qu'il faut serrer la vis; levée au-dessus de la tête, qu'il faut dédoubler la règle; portée à droite ou à gauche, que l'instrument penche du côté opposé et doit être redressé.

On peut se servir encore d'une autre sorte de mire nommée *mire parlante* (fig. 52), sur laquelle l'opérateur peut lire sans le secours de son porte-mire et sans se déranger à chaque coup de niveau. Les décimètres y sont écrits en chiffres, les centimètres forment des points rouges ou noirs et blancs alternativement; ils se comptent à l'œil, de même que les millimètres, qu'un peu d'ha-

Fig. 52. Mire parlante (haut et bas).

bitude fait apprécier exactement. Cette mire, que l'on recommande de plus en plus, finira probablement par remplacer l'ancienne mire à voyant.

Parmi les autres espèces de niveaux employés, on peut citer le *niveau ordinaire à bulle d'air* (fig. 53) et surtout le *niveau d'Egault* (fig. 54), excellent instrument très-employé dans le service des ponts et chaussées, et qui n'a que le défaut de coûter un peu cher. Les visées sont faites avec une lunette, et l'horizontalité absolue de l'instrument s'obtient par la bulle d'air qui oscille librement entre ses deux repères. Le *niveau de Lenoir*, également usité, diffère de celui-ci par la disposition de son axe de rotation.

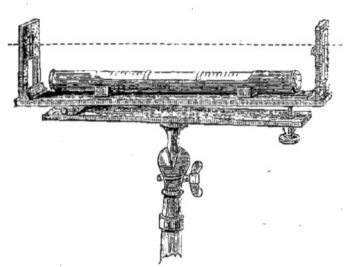

Fig. 53. — Niveau à bulle d'air.   Fig. 54. — Niveau d'Egault.

Opération. — Le *nivellement simple* consiste à observer, d'une même station, toutes les hauteurs relatives qu'on veut déterminer. L'observateur, placé en N, peut viser le point M, où se place le voyant (fig. 55). La hauteur M n' étant égale à N n, hauteur de l'instrument, c'est la quantité $n'o$ qui constituera la différence de niveau entre le point n et le point o. En se retournant, sans changer l'instrument de place, et visant par le côté a, on observera que le point H' est égal à la hauteur du niveau de l'eau des fioles moins la quantité $h\,a$. Il en sera de même des autres points qui pourront être mesurés en faisant pivoter l'instrument sur son axe. L'espace compris entre H et H' et entre M et M' indique la réfraction, dont on pourra tenir compte au moyen de la table qui précède.

Il en sera autrement si l'on doit faire un *nivellement composé*. Cette opération est une suite de nivellements qui ne peuvent

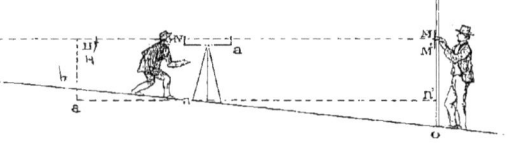

Fig. 55. — Opération du nivellement.

plus être absolus par rapport à un seul point, mais doivent se rattacher les uns aux autres par un *plan général de comparaison*.

Afin d'éviter deux catégories de cotes[1], on doit choisir ce plan au-dessus ou au-dessous de tous les points à niveler. On indique par le signe

---

[1]. On nomme *cote* le chiffre écrit sur le papier et indiquant une mesure prise.

moins (—) les quantités négatives, c'est-à-dire placées du côté du plan où il y en a le moins.

Par exemple, étant donné un terrain dont la surface présente les ondulations indiquées sur la figure 56, voici comment on procédera :

La première visée entre A et B établira la différence de niveau qui existe entre a A et b B. On en prolongera la projection sur le papier jusqu'au plan général de comparaison figuré par la ligne $a''\,g''$.

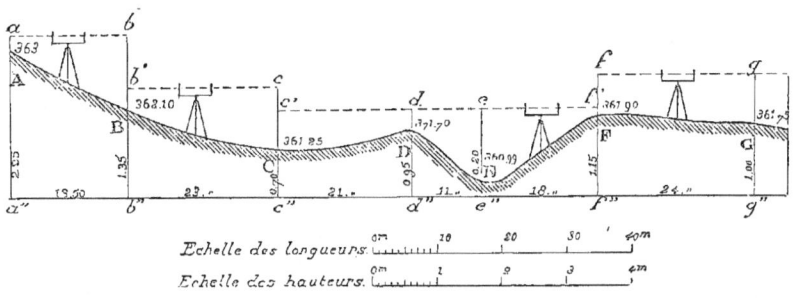

Fig. 56. — Nivellement d'un terrain ondulé.

En avançant vers les autres points à niveler, l'opérateur donnera chaque fois un coup de niveau sur le point qu'il vient de viser dans cette direction et un autre en avant. Ces visées s'appellent *coup avant* et *coup arrière*. La même opération se continue jusqu'à la fin du nivellement; par conséquent tous les coups de niveau sont reliés à celui du point de départ. Il en résulte la formule suivante :

Pour avoir la cote de l'un des points nivelés, on ajoute à la cote précédente celle du coup arrière correspondant, et l'on retranche de la somme obtenue le coup avant sur le point que l'on vise.

Le nivellement étant terminé et la connaissance des différences extrêmes étant cherchée, c'est-à-dire l'écart de niveau entre le premier et le dernier point observés, on peut exprimer ainsi l'opération :

La différence de niveau des deux points extrêmes d'un nivellement est égale à la différence entre la somme de tous les coups avant et de tous les coups arrière.

On peut considérer comme zéro initial le plan général de comparaison, et y rapporter toutes les différences données par les coups de niveau. Dans ce cas les hauteurs seront relatives et artificielles quant au plan de comparaison, qui n'est lui-même qu'une abstraction.

Parfois, au contraire, on part d'un point connu, par exemple d'une cote donnée par la carte de l'État-major, et alors les différences de tous les coups de niveau seront proportionnelles à cette cote initiale. De plus, les cotes relevées dans le nivellement partiel d'une propriété pourront servir au nivellement général d'un pays, et être utiles à la science topographique en prenant place dans les *altitudes* reconnues et publiées.

Si nous supposons que, dans la figure 56, les cotes sont artificiellement rapportées au plan de comparaison $a'' g''$, A étant élevé de 2^m25 au-dessus de a'', et B de 1^m35 seulement au-dessus de b'', la différence de niveau entre les deux points sera de 0^m90, et ainsi de suite.

Mais en partant d'une cote fixe donnée par une bonne carte orographique, le point A étant coté à 363 mètres, nous aurons successivement : pour B la cote 362^m10, pour C 361^m25, pour E 361^m70, etc.

On remarquera que, sans déplacer le niveau à chaque point observé, on a pu relever les cotes des points C, D, E, F par une seule visée entre EF. Tous les autres points ont nécessité des visées spéciales.

Carnet. — Les notes des opérations de nivellement s'inscrivent sur un tableau ou cadre préparé d'avance et que l'on nomme *cahier de nivellement* ou plus brièvement *carnet*. On peut donner diverses formes à ce carnet, mais la meilleure est celle qui permet de placer le plus grand nombre de renseignements sous la forme la plus simple et la plus claire. On emploie assez généralement le cadre suivant, qui remplit bien ces conditions :

La première colonne comprend les numéros d'ordre et abrège les désignations de la colonne 2, auxquelles on peut être renvoyé fréquemment pour revoir les points nivelés. Les autres colonnes peignent à première vue le détail et le résultat de tous les coups de niveau, avec leurs moyennes et leurs différences. Enfin la colonne d'observations, d'un grand secours, permet non-seulement de noter les circonstances particulières, mais encore de figurer par des petits croquis les endroits qui demandent des éclaircissements. A la fin de l'opération, on ne manque jamais d'indiquer, dans cette colonne, le résultat de la vérification des calculs.

Numéros.	POINTS NIVELÉS. DÉSIGNATION.	Distance du point précédent.	Coups de niveau.	MOYENNES. Arrière.	MOYENNES. Avant.	DIFFÉRENCES. en montant, à ajouter.	DIFFÉRENCES. en descendant, à retrancher.	Cotes calculées d'après celle du point de départ.	OBSERVATIONS.
1	2	3	4	5	6	7	8	9	10
1	Piquet de départ au commencement du nivellement......	0.00	1.068 / 1.054	1.061	»	»	»	363.000	Cote prise sur le repère du seuil de la mairie.
2	Piquet au coin de la bergerie, du côté sud.............	37.00	2.350 / 2.360 / 3.545 / 3.525	» / 3.535	2.355 / »	» / »	1.294 / »	361.706 / »	A. Repère fixe non compris dans les calculs.
3	Piquet près de la roche Brèche (A)........	32.20	2.920 / 2.940	2.930	»	»	1.605	360.101	Ici la ligne d'opérations change et fait un angle de 170°15' ou nord.
4	Borne kilométrique 32 Route nationale...	68.50	2.035 / 2.035 / 1.740 / 1.760	» / 1.750	2.030 / »	» / »	0.920 / »	359.181 / »	
5	Piquet à l'intersection des deux chemins.	29.40	0.193 / 0.191	»	0.192	1.558	»	360.739	Vérification des calculs : 6.346 — 4.405 = 1.941 3.819 — 1.558 = 2.261 363.000 — 359.181 = 3.819
	TOTAUX.....	167.10		6.346	4.597	1.558	3.819		

On imprime ce tableau sur le recto d'un cahier, dont le verso est destiné à recevoir le croquis du plan du terrain et toutes les observations qui peuvent aider le calcul et le travail définitif de son relevé sur le papier. On peut aussi se livrer, sur cette page blanche, aux vérifications des calculs, par exemple la comparaison des sommes des colonnes 5 et 6 avec celles des points extrêmes.

Nous avons supposé quele plan de comparaison choisi était *inférieur* à toutes les inflexions du sol à mesurer. Ce procédé est plus commode qu'en choisissant un plan idéal *supérieur*, en ce qu'il donne une représentation graphique plus simple du relief du sol. D'ailleurs ce second mode n'offre pas plus de difficulté que le premier; on se contente de retrancher les cotes au lieu de les ajouter.

REPRÉSENTATION GRAPHIQUE DU NIVELLEMENT.

Les opérations qui ont eu pour but le nivellement d'un terrain sont représentées graphiquement par deux moyens, les *profils* et les *plans cotés*.

Le *profil* de nivellement est la section perpendiculaire d'un terrain, ou ligne supérieure d'un plan vertical passant par les différents niveaux qu'on a mesurés et calculés. On distingue le profil en long et le profil en travers.

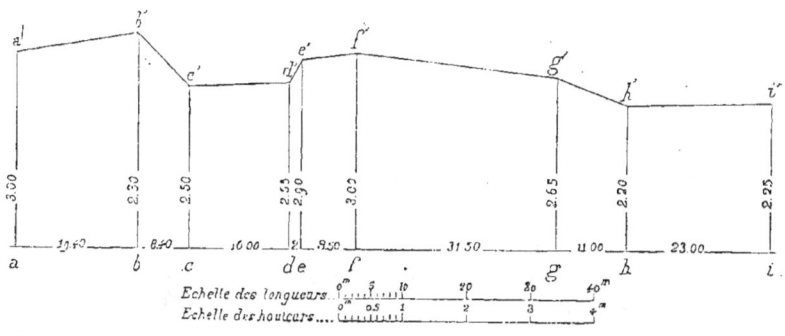

Fig. 57.

Le *profil en long* s'obtient en traçant une droite qui figure le plan général de comparaison et sur laquelle on marque d'abord, au moyen de l'échelle adoptée, les distances de toutes les stations du niveau sur la ligne d'opérations. De ces points on élève des perpendiculaires sur lesquelles on indique, à une échelle généralement plus grande que celle des longueurs, les hauteurs respectives des points nivelés. En joignant les sommets de toutes ces perpendiculaires, on a une ligne brisée représentant le relief approximatif de la ligne qu'on a parcourue en nivelant; c'est le profil en long (fig. 57).

Le *profil en travers* (fig. 58) est celui qu'on obtient en relevant, à chaque

EXAMEN DU TERRAIN. — LEVER DU PLAN.

visée, deux ou plusieurs points faisant un angle droit ou presque droit avec la ligne qui relie les coups arrière et les coups avant du profil en long.

Ainsi, la ligne qui indique les accidents de terrain de l'axe d'une route est le profil en long. Celle qui fixe la hauteur des points de chaque côté de la largeur de la route, perpendiculairement à l'axe, est le profil en travers.

Par exemple, le point a' de la figure 57 est élevé de 3 mètres au-dessus de a sur le plan général de comparaison qui forme le profil longitudinal de la ligne d'opération sur l'axe du chemin de service d'un parc. Si l'on

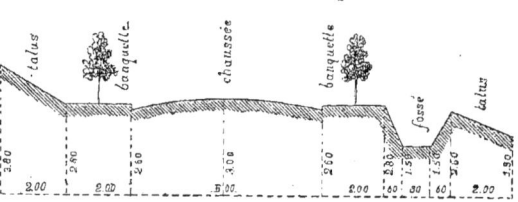

Echelle de 0,005 p. mètre
Fig. 58.

prend quelques hauteurs perpendiculaires sur cet axe, on aura un profil en travers ainsi disposé :

En a', le sommet de la chaussée ; en b, le bord du caniveau destiné à l'écoulement des eaux ; en c, le talus gazonné et planté d'arbres en avenue ; en d, le fond d'un fossé d'assainissement et de clôture ; en f, le talus d'un terrain accidenté.

La zone embrassée par un profil en travers est étroite s'il s'agit d'une route, d'une allée, d'une rivière à créer. Elle peut, au contraire, avoir de grandes proportions si l'on embrasse un parc entier. Parfois même, les profils en travers prennent l'importance des profils en long, dont ils ne sont cependant que des dépendances. L'essentiel est de garder une marche uniforme dans le lever des profils en travers, et, s'il se peut, de ne donner que des coups arrière. Au lieu de considérer comme zéro le point de départ sur la ligne d'opération du profil en long, il vaudrait mieux rattacher ce point à une cote certaine, en rapport avec le nivellement général du pays.

Le carnet dont j'ai donné plus haut le modèle porte des divisions trop nombreuses pour les profils en travers, qui s'inscriraient plus facilement sur un cadre de cette forme :

POINTS NIVELÉS		Chaî-nage.	Coups de niveau.	COTES CALCULÉES			Observations, croquis, etc.
				du plan de visée de chaque profil.	de chaque point nivelé.		
Désignation.	Numéros.				par rapport au plan général de comparaison.	à partir de zéro sur l'axe.	
1	2	3	4	5	6	7	8
Profil n° I : Point A sur l'axe (altitude 363 mètres), etc. etc.........	1	»	1.220	»	361.780	0.120	

Nous avons vu qu'en rapportant les profils sur le papier il était avantageux de choisir une échelle des hauteurs plus grande que celle des longueurs, afin d'économiser l'espace et d'accuser plus nettement les inégalités du terrain.

Plans cotés. — Les *plans cotés* constituent une autre représentation graphique des nivellements effectués sur le terrain. Cette opération consiste à inscrire sur le plan du terrain la cote de hauteur de chaque point auprès de sa projection. Ce système est souvent plus commode que celui des profils, en ce qu'il permet, avec un peu d'habitude, de lire sur un plan ainsi coté la relation directe des diverses ondulations du terrain entre elles. Pour obtenir les hauteurs à inscrire sur un plan coté, il ne suffit pas de donner des coups de niveau suivant une ou deux directions; il faut procéder *par rayonnement*, c'est-à-dire prendre un certain nombre de niveaux autour de chaque point de station, et reporter tous ces points sur le papier en les reliant à une base commune. Si l'on donne un petit nombre de coups de niveau, sur un terrain peu accidenté, l'indication des hauteurs peut se faire sur le plan même. Mais s'il s'agit d'un grand nombre de cotes, il est préférable d'indiquer simplement sur le plan les points d'observation par une lettre ou un numéro et de se servir d'un carnet divisé en colonnes pour inscrire les chiffres en détail. Ce cadre portera dans ses divisions :

1° Le numéro des stations;
2° Les points nivelés marqués par une lettre;
3° Les coups de niveau;
4° Les cotes calculées du plan de visée de chaque station;
5° Les cotes calculées de chaque point;
6° Les observations.

Quand on a rapporté sur le plan les cotes de nivellement à leurs points respectifs de projection, on relie entre elles toutes celles de même hauteur par des lignes dont le développement indique les sinuosités sur le terrain d'une série de plans horizontaux équidistants entre eux. Ces lignes s'appellent des *courbes de niveau*, dont chacune porte une cote commune à tous ces points. On écrit généralement ces cotes entre parenthèses ou dans un petit cercle placé sur la ligne. Ainsi, dans la figure 43, le tracé de chaque ligne sinueuse représente tous les points du terrain où l'on trouve le même niveau. Ces points étant chacun à 1 mètre de différence d'altitude, on aura, de mètre en mètre, depuis la cote 0 désignant la surface des eaux, le relief du terrain dont nous avons tracé le plan.

Les fractions de mètre ne sont point portées généralement sur les plans cotés qui ne comportent qu'une exactitude approchée, mais il est facile de les trouver en calculant leur distance proportionnelle entre deux points connus.

Dans les applications du nivellement aux terrassements, on peut, d'un point donné de la surface, mener une *normale* à la courbe inférieure du pied

PLANCHE I

PARC DE VILLIERS (Loiret).

M. de X....., *propriétaire*. — Ed. André, *architecte*.

Plan-étude servant à montrer l'emploi des signes conventionnels pour grouper sur le papier un grand nombre de renseignements et servir à la direction des travaux.

Ce plan comprend :
Le tracé ancien ou état des lieux.
Le tracé nouveau ou rectificatif.
Les courbes de niveau cotées.
Les lignes de vues avec indication du paysage lointain.
Les signes divers rapportés à la légende du plan.

Contenance : environ **20** hectares.

PARCS & JARDINS   PL. I.

PARC DE VILLIERS
appartenant à M. E.C.
PLAN D'ÉTUDE
Dressé par Ed. André, Architecte.

Légende
— Courbes de niveau
▨ Anciennes constructions supprimées
▨ Anciennes constructions conservées
▨ Constructions nouvelles
— Haies supprimées
— Ancien tracé
— Tracé rectifié des allées
- - - Lignes de vue
▬ Eaux
∽ Massifs d'arbres, arbustes
∘ Arbres isolés
✳ Arbres isolés conifères
○ Corbeilles de fleurs
⌢ Rocailles

Echelle
0 10 20 40 60 80 100

ED. ANDRÉ DEL.   IMP. ERHARD.

PLANCHE II

PARC DE VILLIERS (Loiret).

M. de X......, *propriétaire*. — Ed. André, *architecte.*

Plan définitif ou *Rendu*, à remettre au propriétaire avant le commencement des travaux. Ce dessin, renfermé dans le périmètre du plan précédent, indique la projection des divers tracés : eaux, allées, massifs, constructions, vues, accessoires divers, et donne une idée de la propriété après sa transformation.

Contenance : environ 20 hectares.

(Voir la légende inscrite sur le plan.)

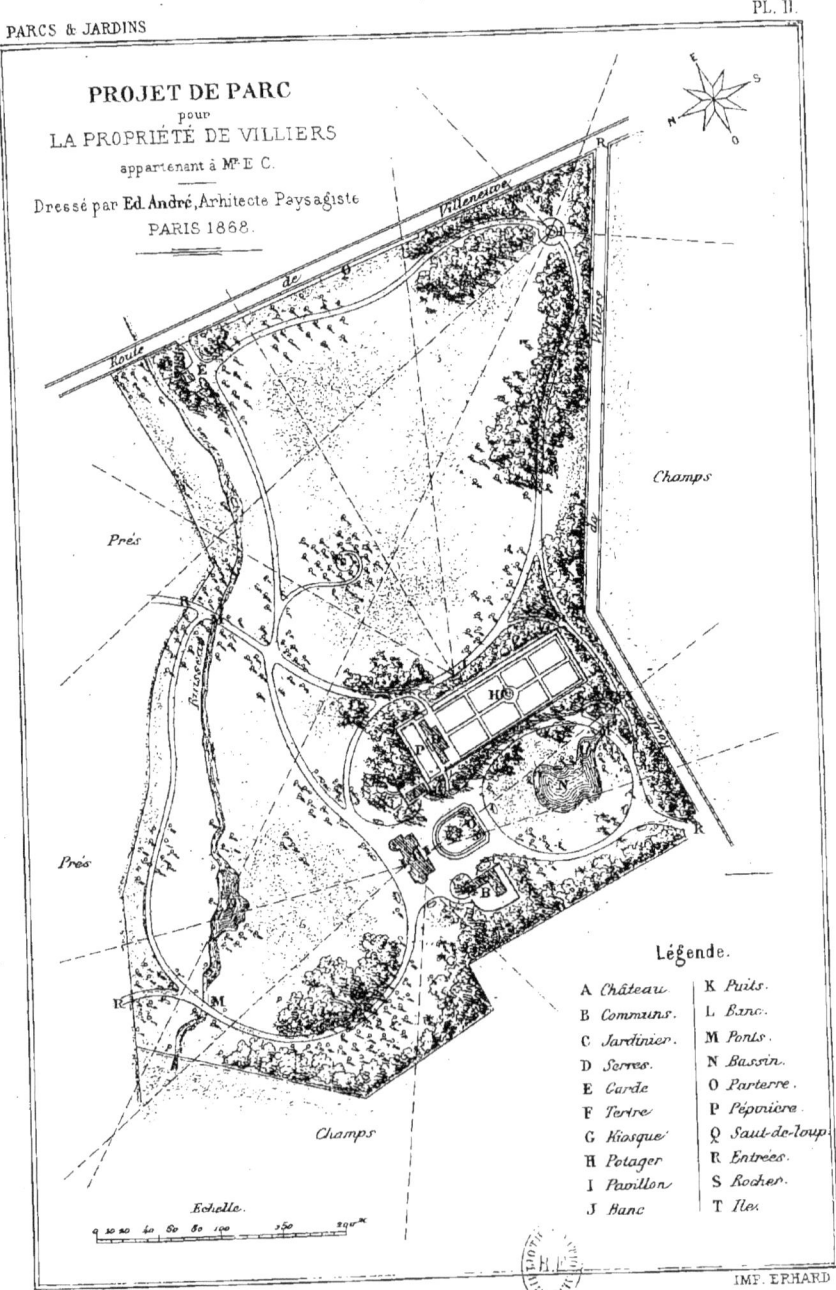

de celle-ci à la seconde, etc., et obtenir ainsi un polygone qui représente *la ligne de plus grande pente* de la surface nivelée. Les applications de cette opération sont multiples et d'une grande importance, ainsi que nous le verrons dans le chapitre consacré aux terrassements et opérations primordiales de l'exécution sur le terrain,

VISITES ET ÉTUDES PRÉPARATOIRES.

Le plan du terrain, neuf ou rectifié, est préparé, les courbes de niveau y ont été ajoutées, ou tout au moins un nombre de cotes suffisant pour préciser l'altitude des principaux points.

Le moment est venu de parcourir le terrain en compagnie du propriétaire, s'il s'agit d'une propriété privée, ou des administrateurs, si c'est un parc public qu'il faut créer. Il importe que cette première visite soit faite méthodiquement. On me permettra d'indiquer, à ce propos, le mode de procéder qui me réussit. Je ne prétends point que mes confrères n'en puissent trouver de meilleur, mais je crois que l'ordre, la méthode, dans cette promenade préparatoire, sont de puissants moyens de succès.

Il importe de connaître d'abord l'idée générale du propriétaire, s'il désire transformer en parc tout ou partie de sa propriété : ses goûts, ses habitudes de famille, les ressources financières consacrées aux travaux, etc. Si aucune de ces conditions n'est déterminée d'avance, c'est le fait de l'architecte-paysagiste d'apporter à son client une aide discrète, même dans ces questions délicates, mais il ne le pourra qu'après une inspection détaillée du lieu et une consciencieuse étude de la question sous toutes ses faces.

Ces points préliminaires établis, je conseille de jeter un coup d'œil général du centre principal de la propriété, c'est-à-dire presque toujours de l'habitation ou de son emplacement présumé. On pourra de là fixer les limites dans lesquelles le parc sera circonscrit et les indiquer sur le plan, par des croix au crayon rouge placées sur les points qu'il est facile d'identifier de loin avec les repères du dessin préparé.

De ce centre, on marquera également sur le plan la direction des vues sur les objets principaux du paysage, agréables au regard et qui doivent être conservés. Cette opération se fait en remarquant un point intermédiaire dans la direction de la vue observée, et faisant passer par ce point une droite imaginaire, partant de l'observateur.

Alors seulement on pourra commencer la *promenade circulaire*, que je considère comme indispensable d'effectuer avec le propriétaire, recevant ses indications, l'écoutant attentivement, provoquant ses explications, sans exprimer encore d'opinion et se bornant à prendre des notes. En fixant le périmètre du parc et rapportant tout ce qu'on pourra au point central, c'est-à-dire à l'habitation vers laquelle doivent converger les plus belles perspectives, on se pénétrera de tous les aspects intérieurs du parc futur et l'on pourra juger en pleine connaissance de cause. C'est ainsi qu'on devra s'enquérir de la possibilité éventuelle de réédifier des bâtiments de ferme en mauvais état en leur donnant une forme pittoresque, de transformer quelque marécage en lac ou en ruisseau, de détourner un bras de rivière ou d'y faire des prises d'eau, de boiser des terrains d'un aspect dénudé, de modifier des limites, de supprimer des servitudes, enfin d'acheter ou d'échanger des parcelles de terre formant enclave et susceptibles de détruire ou d'empêcher des effets paysagers.

Toutefois, je dois faire une réserve expresse à propos de cette dernière question. Toutes les fois qu'il n'y aura pas nécessité absolue, j'engage les propriétaires et les architectes-paysagistes à ne pas attacher une grande importance à ces additions de parcelles. Il y a presque toujours avantage à se renfermer dans une situation donnée. C'est le mérite de l'artiste et la meilleure preuve de son talent de tourner l'obstacle et de le faire servir à l'embellissement général, au lieu de le supprimer. Ces acquisitions de terrain ne s'effectuent d'ordinaire qu'à des prix exagérés, les vendeurs étant d'autant plus enclins à exagérer leurs prétentions qu'ils se sentent appuyés par les conseils de l'architecte. En sachant attendre, en combinant les travaux de manière à ne pas paraître s'occuper de l'objet gênant, on voit souvent les prétentions diminuer et les récalcitrants offrir eux-mêmes à bon compte ce qu'on n'aurait pu obtenir auparavant qu'à un taux exagéré.

A la suite de cette tournée préparatoire, l'architecte doit demander à revoir seul le terrain. C'est alors que son travail de composition va s'élaborer. Il ne doit pas quitter la propriété sans que l'idée d'ensemble qui présidera aux embellissements ne soit dégagée nette et claire dans son esprit. Placé au point central avant de reprendre la promenade, il saisira d'un coup d'œil la masse du paysage qui se déroule sous ses yeux et cherchera les modifications qu'il sera possible de lui faire subir. Cette conception première sera soumise ensuite à l'étude de détail.

L'examen portera d'abord sur les points que j'ai signalés sous le titre de « Choix d'un site » et qui sont détaillés page 160 et suivantes sous les titres de « Paysage environnant, Altitude et facilité d'accès, Climat et orientation, Forme et nature du sol, Abris, arbres et vues, Eaux, Constructions, Ornements pittoresques, Ressources financières ».

Après avoir mûrement pesé ces conditions, on devra considérer plusieurs autres points importants :

1° L'objet des travaux ;
2° Le style applicable ;
3° Les ressources naturelles ;
4° Les moyens d'exécution locaux.

L'*objet des travaux* s'entend de leur rapport avec le résultat à atteindre, c'est-à-dire que, dans une propriété à embellir ou à créer, une partie des

EXAMEN DU TERRAIN. — LEVER DU PLAN.

travaux dominera toutes les autres. Il s'agira, soit d'une surface maigre et déboisée à planter ᾱ͠ē grand en considérant le nombre d'années nécessaires à l'obtention de l'effet cherché, soit de la création d'un lac qui absorbera toutes les sources voisines et entraînera l'assainissement de la propriété, soit d'un parc agricole à établir dans les conditions que j'ai déjà signalées, ou de cultures industrielles qui n'excluront pas le point de vue ornemental.

Le *style applicable* doit être fixé au plus tôt. On saura tout de suite si le site comporte un parc symétrique, cas très-rare et le plus souvent restreint à des résidences princières ou aux parcs publics, ou bien s'il faut employer l'un des trois genres de parc ou jardin paysager indiqués page 136.

Les *ressources naturelles* qu'offre le pays sont à étudier soigneusement. N'entreprenez pas de travaux sans que ce point soit éclairci. L'abondance des matériaux de construction, la possibilité de consacrer une exploitation minière, une carrière de pierre ou de plâtre à des effets pittoresques, de conserver à un moulin son effet utile en le rendant ornemental, d'augmenter la surface des eaux et leur beauté, l'aménagement des bois mis en accord avec la nécessité de respecter les beaux arbres, etc., seront examinés avant de dresser le plan et influeront notablement sur le parti à prendre.

Les *moyens d'exécution locaux* ne sont guère moins intéressants. L'architecte doit se renseigner sur le prix ordinaire des salaires dans la contrée afin d'être à même de dresser son devis avec exactitude. Il doit s'enquérir de la possibilité de trouver des entrepreneurs experts dans la conduite des terrassements, de l'abondance des ressources industrielles et agricoles du pays, des transports, de la proximité des pépiniéristes, etc.

C'est seulement après avoir satisfait à ces diverses exigences qu'il sera en état d'exprimer sa manière de voir, prêt à dresser son projet et armé pour le défendre. Alors, la promenade dont j'ai parlé lui sera extrêmement utile. Seul ou accompagné d'un garde, d'un homme du pays qui puisse le renseigner sur des détails locaux, il notera au passage tout ce qui attirera son attention, écrivant sur un carnet les indications circonstanciées qu'il répétera sur un numéro du plan, et surtout inscrivant sur ce plan même la majeure partie de ses observations. Repton avait imaginé pour cela des carnets d'une nature particulière, que j'ai signalés plus haut et qu'il nommait *red books* (livres rouges). Il ne se contentait pas d'y inscrire des notes ; il y dessinait des coins de paysages avec leur perspective et sur la page en regard il esquissait la scène comme il la voyait embellie par son imagination. Il est évident que de pareilles indications seront de la plus grande valeur, toutes les fois que l'artiste se sentira assez de talent pour les aborder avec succès (voy. pl. I).

Pour éviter la confusion, quand le plan n'a pas été fait à une grande échelle, on peut adopter un certain nombre de signes conventionnels qui suffiront dans la plupart des cas et qu'il sera toujours facile de rapporter

228   L'ART DES JARDINS.

au carnet s'ils tenaient trop de place. Ces signes, lorsqu'on a pris l'habitude de s'en servir, constituent un langage facile à entendre. Il va de soi qu'on peut les choisir à sa guise et que chacun imaginera la clef qui lui convient. Voici celle dont je me sers habituellement, et qui me permet de grouper beaucoup de renseignements sur un petit espace :

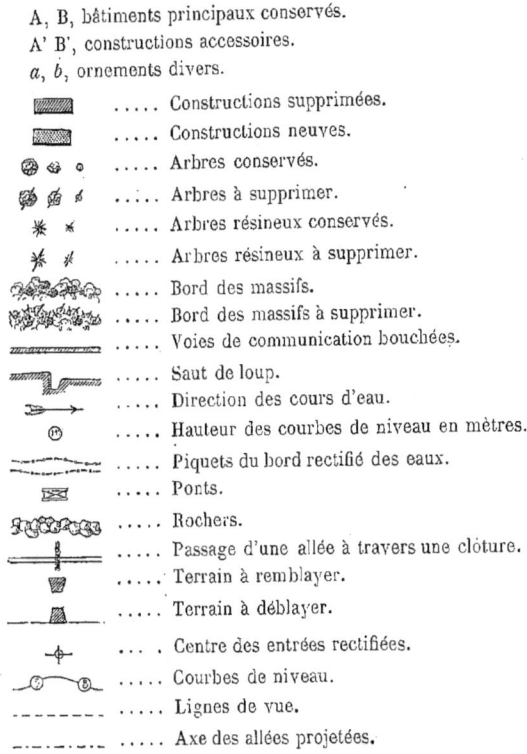

Au moyen de ce langage figuré, on pourra noter sur le plan tous les détails du terrain et du pays et rassembler les matériaux qui faciliteront le travail de cabinet.

Essayons une application de cet exemple au moyen du plan ci-joint, qui indique la marche que j'ai suivie dans la transformation de la propriété de Villiers (fig. 59). Cet exercice familiarisera le lecteur avec l'intelligence des plans dont les lignes sont souvent des hiéroglyphes pour celui qui n'a pas été initié à cette étude.

Le plan de la propriété a été d'abord levé avec soin et reporté sur le papier à l'échelle de 1 millimètre pour mètre ($\frac{1}{1000}$)[1]. On y a ajouté les courbes de niveau de mètre en mètre, en indiquant leur altitude au-dessus

---

1. Le plan ci-joint, réduit pour le format du livre, est *cinq fois* plus petit que cette échelle.

du niveau de la surface des eaux du bassin U. Ces altitudes ont été mar-

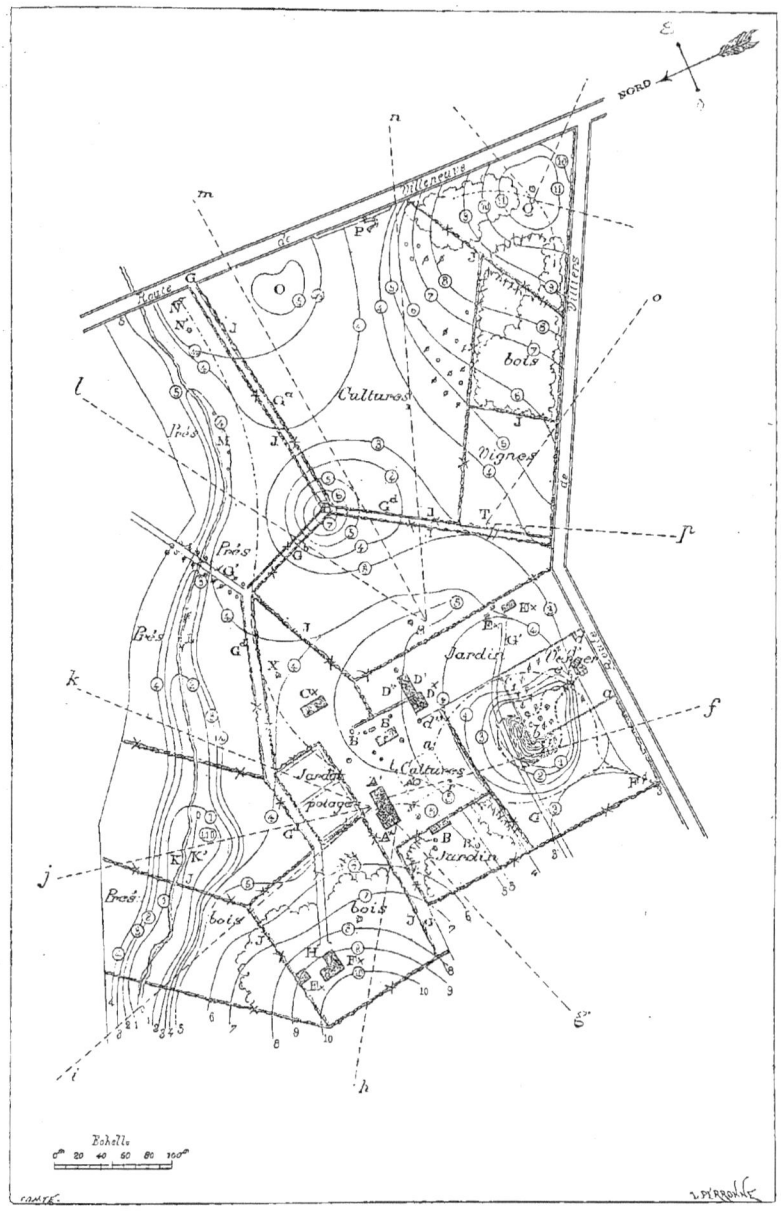

Fig. 59. — Emploi des signes conventionnels pour l'étude d'un plan.

quées par des chiffres enfermés dans de petits cercles que traverse la courbe de niveau ou placés à ses deux extrémités.

Les constructions existantes ont été figurées par des rectangles avec hachures, les haies par des zigzags bordant les clôtures des champs, les eaux par des lignes sinueuses, le bord des bois par des courbes en festons, les arbres isolés par de petits cercles dentelés, les résineux par des étoiles. Les vues principales ont été marquées par des droites sectionnées; les quatre points cardinaux ont été rapportés avec soin. Munis de ces documents, et la place du centre de l'habitation étant définitivement choisie, puisqu'il ne s'agit que d'une restauration d'anciens bâtiments, nous commencerons l'examen du terrain par le point où se placera l'entrée principale du parc. Elle sera située à l'est, au point N, sur la route de Villeneuve, communication la plus habituelle avec la station du chemin de fer. Cette entrée devra remplacer l'ouverture de l'ancien chemin G et de ses ramifications, qui desservaient les divers bâtiments d'exploitation et qui feraient double emploi avec les nouvelles allées du parc. Les branches G a, G b, G d, qui conduisaient par une montée rapide à un observatoire R, doivent être supprimées comme très-incommodes, ainsi que les arbres en bordure, qui rappelleraient les lignes droites. Ces voies seront avantageusement remplacées par une courbe douce partant du point N, centre de l'entrée rectifiée, laissant sur sa droite le pavillon du garde-concierge N', et suivant à une distance presque égale le ruisseau qui serpente au fond de la vallée et qui sera étendu et varié en M, L et K. A la rencontre de la branche G' de l'ancien chemin on conservera cette section de communication nécessaire avec les prés, et qui passera, par une courbe douce, sur un pont dont on augmentera l'élégance. A partir de ce point, l'étude du terrain indique que l'exhaussement naturel du sol exige un léger déblai en X, pour que la très-faible pente entre l'entrée et l'habitation soit uniforme. Près de là on aperçoit la métairie C, en mauvais état, et dont nous indiquerons la suppression par le signe ×.

En arrivant dans le jardin potager de l'ancienne habitation de maître, des X, placés à cheval sur les lignes de haies, signifient que celles-ci doivent disparaître. L'allée débouchera ainsi sur l'encoignure à l'est de la vieille maison, de manière à la montrer de trois quarts, c'est-à-dire sous l'aspect le plus avantageux.

Cette habitation A, qui deviendra la résidence d'une nombreuse famille, occupera spécialement notre attention. Elle se compose d'un bâtiment rectangulaire, ancienne grange d'aspect vulgaire, mais dont les murs et la charpente sont solides et peuvent recevoir toutes les modifications désirables. Nous enlèverons la partie A × et ajouterons en A' une aile entière pourvue d'une large véranda en terrasse, de vastes escaliers, et d'une tourelle qui contiendra les escaliers de service et rehaussera, par son élégance, la silhouette un peu uniforme de la construction.

Devant l'habitation, au sud, deux anciennes bergeries B B seront conservées comme *communs*. Une annexe, en B', ajoutera des remises spacieuses aux écuries voisines, et l'ensemble sera accompagné d'une cour de service à laquelle on accédera par une allée courbe, invisible du dehors. Entre ces deux grands bâtiments, entourés de massifs d'arbustes à feuilles persistantes, un terre-plein occupé par un bassin régulier indique tout naturellement l'emplacement d'un parterre qui sera inscrit entre les points r, s, t, u, et formera sur le sol comme un prolongement architectural des lignes de l'édifice principal.

L'expansion nord de l'allée d'arrivée, tournant derrière l'habitation, se transformera en une autre voie passant par le sommet boisé H d'une colline occupée par les bâtiments de ferme F x, à supprimer comme inutiles. Cette allée coupera le ruisseau K en traversant les prés et permettra au regard de s'étendre en K', sur un lac formé par un agrandissement artificiel du petit cours d'eau. On notera, sur ce parcours, par quelques signes conventionnels, le déblai à effectuer pour obtenir un joli chemin creux, les points principaux où passera le cours d'eau modifié, les voies à supprimer, les haies J J à abattre, les massifs à éclaircir ou à denteler, les arbres isolés à enlever.

Du perron principal de la maison, la vue s'étendra au sud, en passant au-dessus du parterre, sur une scène de jardin paysager qui doit être l'objet d'un soin particulier. Une grande pelouse, circonscrite par une allée de 5 mètres de largeur, conduisant à la seconde entrée principale qui donne sur la route du village de Villiers, sera occupée au centre par une pièce d'eau formée aux dépens d'une mare U alimentée naturellement par des sources. L'étude des courbes de niveau démontrera que, sans grands terrassements, on pourra obtenir une belle nappe d'eau dans cette dépression naturelle augmentée à propos. Le chemin G' qui passait auprès de cette mare sera supprimé et les constructions d'une métairie E x, E x seront abattues.

Au sud de la mare, un verger, contenant des arbres fruitiers épuisés et qui devront disparaître en grande partie, forme un rectangle $a\,b\,c\,d$ dont les fossés de clôture seront comblés et où les terres provenant de l'agrandissement de la pièce d'eau fourniront les éléments d'une butte surmontée par un kiosque d'. Au bas de cette butte, des pierres placées en e et trouvées dans le sol sur place constitueront un rocher à demi enfoui dans la végétation et d'où les eaux paraîtront sourdre naturellement.

La clôture $d\,d''$ du jardin qui deviendra le potager sera reculée et la superficie de cet enclos, réduite d'un cinquième environ, mesurera 5,500 mètres carrés, soit un demi-hectare, espace suffisant pour la consommation de légumes dans une maison de cette importance. Dans ce jardin, la maison D' sera convertie en une orangerie accompagnée de deux serres et dont la façade nord sera ornée de manière à s'accommoder avec le parterre D''. La grange D x, devenue inutile, sera démolie.

De très-forts massifs boisés entoureront les communs B B' et la butte H et donneront à la fois un ombrage épais et un abri contre les vents d'ouest.

Ainsi pourra être traitée toute la partie qui constitue les alentours immédiats de l'habitation principale.

Il restera encore à dessiner la partie la plus étendue du parc, qui occupe le côté sud-est, composée de champs, de vignes et de bois. La ramification partant de l'angle de l'habitation orné d'une tourelle s'infléchira brusquement à droite et contournera le plateau qui domine la plus large partie du paysage. Une butte légèrement augmentée par un remblai donnera de l'importance au point S, d'où trois vues se dirigeront, l'une sur les prés et sur un paysage lointain terminé par des ruines, l'autre sur un moulin à vent, la troisième sur des chaumières détachées de la lisière d'un bois. En T, un autre point de vue révélera, vers le sud, des rochers, des montagnes et un joli cottage ; puis l'allée de ceinture, traversant des vignes et des bois en supprimant les uns et rectifiant le bord des autres, conduira jusqu'au point Q où la butte naturelle deviendra le centre d'une autre série de vues rayonnantes.

De ce point, boisé avec art, la promenade, côtoyant la route de Villeneuve sans la laisser voir, tantôt sous bois, tantôt bordée par un saut de loup P dissimulé et reculant d'autant l'horizon, atteindra une légère éminence O, plantée d'arbres à haute tige et formant le dernier ornement du parc avant de se terminer en N à l'entrée principale d'où nous sommes partis. Cette longue allée, large de 4 mètres, sera mise en communication, par une autre moins large, avec la portion de parc que nous avons vue se développer entre l'habitation et le jardin potager, et dont le parcours sera maintenu constamment ombragé.

Les portions découvertes du terrain seront semées en prairies de graminées; on proscrira la grande culture labourée, le niveau général étant peu élevé au-dessus du ruisseau et l'ensemble du terrain frais, fertile et propre à la formation des prés.

Les vues, indiquées par les lignes ponctuées de f à p, auront été dirigées avec soin et l'aspect paysager des scènes qui les terminent sera reproduit sur les marges du plan et sur le carnet. Je renvoie au plan-projet chromolithographié (pl. I) pour juger de l'effet de cette disposition.

Telle est la marche que pourra suivre l'architecte-paysagiste pour dresser le croquis de son plan sur le lieu même des opérations. Les notes que j'ai indiquées, si elles sont prises exactement, suffiront à sa conception définitive. Il ne doit rien négliger de ce qui pourra lui donner une connaissance entière des circonstances locales. C'est ainsi que, aux études qui précèdent, il devra ajouter celles de la nature du terrain, du drainage naturel ou artificiel de la propriété, des productions agricoles ordinaires du pays, des essences végétales dominantes dans les bois, etc. En un mot, il devra réunir tous les renseignements sans épargner son temps ni sa peine ; cette attention sera bientôt récompensée. Toute besogne bien commencée, dit un adage latin, est à moitié faite [1].

Muni de cette récolte de précieux documents, pénétré des conseils de son client, l'ensemble du projet déjà arrêté dans son esprit, mais modifiable dans ses détails, l'artiste va procéder maintenant à deux opérations capitales, la confection définitive du plan et l'établissement du devis des travaux.

LE PLAN.

Avant de décrire les divers modes de représentation graphique du projet d'embellissement conçu par l'artiste, il importe d'esquisser les moyens pratiques d'arriver à ce résultat, c'est-à-dire de parler du dessin et du lavis.

Écartons d'abord la question d'art dans l'exécution. L'art est dans la composition, non dans l'habileté manuelle. Tel croquis imparfait venant d'un homme de talent vaudra cent fois le dessin soigné d'un habile manœuvre. Mais ne méconnaissons pas l'influence qu'exerce sur notre esprit une image bien faite, et tâchons de plaire aux yeux par la netteté du dessin et l'harmonie des couleurs toutes les fois que l'occasion le permettra.

Les instruments usités pour le dessin topographique et le lavis sont nombreux; je me contenterai d'énumérer les suivants, en insistant sur la recommandation de les choisir excellents :

La *planche*, table de bois bien plane, à bords rectangulaires; elle sera composée de plusieurs épaisseurs de bois pour l'empêcher de se contourner.

La *règle* et l'*équerre*, lames de bois minces, généralement en bois de poirier, pour tracer les lignes droites. Il est bon d'avoir ces instruments de diverses grandeurs, et sur deux équerres, d'en choisir une à 45 degrés.

Le *té*, règle en forme de T fixée perpendiculairement à une barre de bois à rainure qui glisse sur le rebord de la planche et donne des lignes dont les intersections par l'autre côté de la planche forment des angles droits.

Le *double-décimètre*, petite règle graduée en centimètres, millimètres et demi-millimètres.

Le *compas*, formé de deux branches métalliques fixes ou articulées, et destiné à prendre des distances sur le papier ou à tracer des cercles ou arcs de cercle au crayon ou à l'encre. Les compas très-fins se nomment *balustres*. On nomme *compas à verge* un instrument à règle-coulisse qui sert à tracer les cercles de grand rayon. Le *compas de réduction* sert à transporter rapidement un plan d'une échelle à une autre sur le papier.

Les *crayons*, qui peuvent être de différents numéros. Les n°s 3 et 4 ont la mine la plus dure; le n° 2 est plus commode et s'efface plus facilement avec la *gomme élastique*. Les meilleurs crayons portent les noms de Conté, Faber,

---

[1]. *Dimidium facti qui bone cœpit, habet.*

Gilbert et Walter. Les crayons rouges et bleus sont fort commodes pour marquer sur le terrain les bâtiments, les eaux, etc.

Le *tire-ligne* qui sert à tirer à l'encre les traits des dessins. Il est pourvu d'un manche, pour tracer les lignes droites, ou bien il s'adapte au compas pour les courbes.

Le *pistolet*, lame de bois découpée, commode pour tracer des courbes variées, mais dont on fera bien de se passer quand on aura pris l'habitude de tracer à la main les lignes sinueuses des plans de jardins.

Les *papiers* sont de diverses espèces :

Le *papier bulle*, rose ou jaune, excellent pour les études. Il est épais et le crayon peut être effacé souvent sur sa surface sans l'altérer.

Le *papier blanc*, qu'on peut acheter comme le précédent par rouleaux de 10 mètres sur 1^m,60 de hauteur. Il doit être de bonne qualité, épais. Si son encollage n'est pas bien fait, on peut l'améliorer en passant dessus une dissolution d'alun. Le papier Whatman est bon ; on le débite en feuilles séparées de la grandeur dite *grand-aigle*.

Le *papier à calquer*, dit aussi *papier végétal*, est très-utile par sa transparence. Il faut le choisir aussi blanc, aussi solide et en même temps aussi translucide que possible. Il se boursoufle sous le lavis, mais on peut le coller sur une autre feuille et laver ensuite dessus à l'aise.

La *toile à calquer* est plus commode, mais sa cherté en rend la vulgarisation difficile. Le corps gras qui la recouvre empêchant le lavis de prendre, on peut teinter la face inférieure du dessin, qui se voit alors par transparence. Cette toile est indispensable pour préparer les dessins à confier au conducteur des travaux ; elle ne se brise pas, même si on la plie et la déplie souvent.

Le *papier millimétrique*, dont l'emploi commence à se généraliser, est fort utile. Il se compose de feuilles entièrement *quadrillées* en centimètres et en millimètres, qui rendent ainsi superflu l'usage du double décimètre. Il est surtout commode pour la confection des profils de terrassements.

Les traits du dessin doivent être passés à l'*encre de Chine*. On recommande de ne jamais se servir d'encre ordinaire, qui déteint, ronge le papier et sur laquelle on ne peut passer de teintes pures.

Sur la *planche* citée plus haut, on colle la feuille qui recouvre le dessin. Cette opération se fait en mouillant cette feuille à l'envers avec une éponge, plus fortement au centre qu'aux bords, en enduisant ces bords avec la colle à bouche sur un centimètre de largeur et frottant avec l'ongle pour faire prendre la colle. Le papier, en séchant, se tend uniformément.

Des *godets* blancs, en faïence, serviront à délayer les couleurs dans l'eau. Ils doivent être assez grands, polis, et à large base.

Les *pinceaux* seront choisis doubles et gros pour les teintes générales. Pour les essayer, on les trempe dans l'eau et on forme leur pointe, qui doit être très-fine, en les essuyant sur le bord du vase. Les petits pinceaux ne sont destinés qu'aux retouches ou aux détails.

Les *couleurs*, en pains ou en pastilles, seront en petit nombre s'il s'agit de dessins topographiques confectionnés suivant les tons conventionnels adoptés dans les grandes administrations. Il suffira dans ce cas d'*encre de Chine*, de *carmin*, de *gomme-gutte*, de *bleu de Prusse*, de *terre de Sienne brûlée*, de *teinte neutre* et de *vermillon*; quelques autres seront nécessaires pour le cas où l'on soignerait le rendu[1] du plan comme une aquarelle.

Dans le lavis des plans topographiques, on emploie généralement les teintes suivantes :

Terres arables.... Gomme-gutte, carmin et une pointe d'encre de Chine, parfois avec des rayures plus intenses.
Terres humides... Teinte précédente avec des hachures et des pointes de bleu faible, avant que la teinte ne soit sèche.
Vignes.......... Encre de Chine, carmin, sépia, bleu de Prusse, avec des traits en S traversés d'un trait droit.
Prairies......... Bleu et gomme-gutte.
Prairies humides. Ajouter des taches bleues à cette teinte.
Bois............. Bleu et gomme-gutte. Ton vert jaune, et travail de boisé par-dessus.
Friches.......... Vert faible avec un peu de jaune et de carmin, formant une teinte jaspée.
Broussailles...... Vert et jaune faible, employés successivement avec deux pinceaux.
Bruyères........ Vert et carmin faibles, employés avec deux pinceaux, avec addition de bleu léger dans les parties humides.
Landes.......... Gomme-gutte, sépia, bleu de Prusse et encre de Chine, avec parties jaunâtres ménagées çà et là.
Sables.......... Gomme-gutte et carmin. Les dunes seront tenues plus pâles.
Vases........... Encre de Chine, carmin et sépia.
Marais.......... Vert pré, en laissant çà et là des places de bleu de Prusse pur.
Étangs.......... Bleu de Prusse et un peu d'encre de Chine. Marquer un trait de force du côté haut à gauche.
Rivières, fleuves, pièces d'eau. Bleu de Prusse.
Mers............ Bleu de Prusse, gomme-gutte et encre de Chine, pour obtenir un bleu verdâtre.
Constructions anciennes à conserver. Encre de Chine (foncé).
— — *à démolir.* Gomme-gutte (foncé).
— *à édifier.* Carmin (foncé).

Terrassements....	Pour déblai.........	Gomme-gutte.
	Pour remblai........	Rose carminé.
Parties coupées des maçonneries......	En moellons bruts.....	Rose carminé.
	En pierres de taille ...	Carmin vif.
	En briques..........	Vermillon avec une pointe d'encre de Chine, et hachures plus vives avec la même teinte.
Charpentes.......	En élévation........	Terre de Sienne brûlée pâle.
	En coupe...........	Terre de Sienne vive, avec hachures de sépia.
Fers et fontes	En élévation........	Bleu noirâtre pâle.
	En coupe...........	Bleu avec hachures plus foncées.

1. On nomme *rendu*, dans le langage usuel de l'architecture, tout dessin au net, dessiné et lavé avec assez de soin pour séduire le regard.

Bronze et cuivre.	En élévation..........	Gomme-gutte et carmin.
	En coupe............	Gomme-gutte avec hachures de terre de Sienne.
Plans des voies qui traversent des villes ou villages.	Maisons particulières..	Encre de Chine pâle, avec liséré plus vigoureux en bas et à droite.
	Édifices publics......	Encre de Chine plus noire, avec trait de force.
	Bâtiments à reculer...	Teinte jaune passée sur le gris.
	Bâtiments à avancer...	Rose pâle.

Il faut avouer que l'emploi de ces signes et teintes de convention donne des plans d'un aspect plat et sans harmonie de couleur. Son seul avantage est d'être conforme aux usages reçus dans les grandes administrations de l'État : ponts et chaussées, génie militaire et civil, etc.

Je conseille de renoncer à ces nuances dures pour la confection d'un plan de jardin soigné, ou de les éteindre par des tons neutres.

Si le plan est à une petite échelle, on peut teinter les constructions comme il vient d'être dit, par des tons uniformes d'encre de Chine, de carmin ou de jaune, en ayant soin d'ajouter du vermillon dans le carmin pour donner à la nuance plus de vivacité. Mais si l'échelle employée dépasse deux millimètres pour mètre ($\frac{1}{500}$), j'engage à figurer seulement l'épaisseur des murs des bâtiments avec leur distribution intérieure.

On reproche avec raison aux teintes formées de bleu de Prusse et de gomme-gutte de fournir des tons frais, mais un peu criards, pour les prairies et les gazons. Pour obvier à cet inconvénient et ramener le ton général du plan à l'aspect doux et harmonieux, on pourra employer le bleu d'outremer. Cette couleur, appliquée à plein pinceau, dépose d'une manière agréablement nuancée et laisse sur le papier une surface variée sur laquelle il est facile de revenir pour obtenir des effets de détail. On peut passer en même temps la couleur de fond sur les pelouses et les bois, pour les reprendre ensuite séparément.

C'est un utile procédé de passer sur toutes les parties vertes, pelouses et massifs, en ne réservant que les allées, les fleurs et les bâtiments, une teinte pâle de bleu de Prusse et de gomme-gutte servant de fond. Quand elle est sèche, on y répand une couche d'outremer pur, qui en déposant sur les pelouses laisse un grenu agréable. Les bords en haut et à gauche doivent être réservés ; on peut les éclairer par quelques touches vert-clair, dont on marbrera également les parties saillantes des gazons. On augmente l'intensité de la teinte pour les massifs, où le dépôt s'accentue et forme ce qu'on appelle des *moutons*. C'est alors qu'avec le petit pinceau on forme des lignes ou hachures arrondies, sinueuses, simulant le feuillage, et auxquelles un peu d'habitude donne rapidement une bonne apparence. Quelques touches de gouache teintée de chrome éclaireront ce feuillé à gauche, ainsi que les arbres isolés, qui seront traités de la même manière.

Les ombres portées seront faites avec la teinte neutre ou l'encre de Chine, et rappelleront la forme des objets projetés sur le sol.

Les allées et terre-pleins s'indiquent avec de la terre de Sienne très-pâle, mélangée de jaune indien ou d'ocre.

Pour éviter la confusion, il sera bon de choisir un piqueté orangé uniforme pour tous les endroits ornés de fleurs. Les mélanges de couleurs voyantes *tuent* l'aspect harmonieux du plan.

Les eaux seront figurées par de l'outremer pur, que l'on doit rayer de stries dans le sens longitudinal de la feuille; on donne plus de force à la ligne de gauche, en haut, et l'on peut obtenir des effets de lumière vive et de réflexion en rayant le bleu çà et là avec la pointe d'un canif.

L'indigo et l'encre de Chine mélangés donnent le ton des constructions vitrées, serres, châssis, jardins d'hiver, etc., en éclairant le côté gauche [1] avec des traits de gouache blanche et accusant l'ombre par un trait foncé.

Il faut tenir assez courtes les ombres des bâtiments, sous peine de faire des confusions et des superpositions désagréables.

Certains dessinateurs représentent les arbres en élévation, pour être mieux compris de leurs clients. Je ne saurais approuver ce mode de procéder. Ou bien le plan est, comme je l'ai dit en commençant, la projection horizontale, rigoureusement exacte, des objets en élévation, et alors chaque partie sera vue comme du haut d'un ballon, en supposant seulement les constructions réduites aux fondations affleurant le sol; ou bien les arbres seront pris en perspective, et tout le reste avec eux, présentant une vue à vol d'oiseau. Je conseille de figurer simplement les arbres isolés par un cercle festonné irrégulièrement et de distinguer plus spécialement les conifères par une étoile. C'est par l'ombre portée que l'on pourra reconnaître la forme verticale de l'arbre.

Les rochers seront représentés par des masses coupées irrégulièrement à angles vifs et teintées en sépia relevée de terre de Sienne.

On pourra rendre plus attrayants des kiosques, tonnelles, berceaux, etc., en s'efforçant de donner, par le dessin et la couleur, une idée de l'aspect de leur partie supérieure vue d'en haut.

Les escaliers rustiques s'indiqueront par des raies transversales, à la sépia, d'une manière irrégulière.

Au moyen de ces procédés et de ceux que l'on apprendra en tâtonnant, on obtiendra certainement une apparence harmonieuse que les teintes conventionnelles ordinaires ne sauraient donner.

Il reste à mettre le plan en état d'être *lu*. On obtient ce résultat au moyen des inscriptions, des titres, de la légende, des lettres isolées, des chiffres, de la rose des vents et de l'échelle.

Les inscriptions en toutes lettres s'appliqueront aux routes, chemins, rivières, lacs, fermes, métairies, constructions principales, en un mot à tous

---

1. On doit toujours supposer, dans un plan, que la lumière vient de haut en bas et de gauche à droite.

les objets occupant un assez grand espace sur le plan. On choisira les lettres romaines ou italiques, placées de manière à être lues de gauche à droite. Les objets secondaires seront accompagnés d'une lettre en CAPITALE pour les plus importants, en caractères romain droit, *penché* ou *italique* pour les moindres, en épuisant toute la série et reprenant ensuite celle d'un autre type s'il est nécessaire. On peut aussi employer des numéros. Ces signes ou lettres se rapporteront à une légende enfermée dans un cadre sur un des côtés du plan.

Le titre général doit être écrit en lettres simples formées de traits uniformes, et d'un modèle ancien, qui souffre plutôt la médiocrité dans l'exécution que la reproduction des caractères moulés modernes. On doit éviter les lettres à effet, composées ou ombrées, qui prennent un temps inutile et sont d'un goût douteux. Un cadre, composé d'un ou deux filets inégaux, et parfois d'un *champ* que l'on peut teinter de couleur noir-bleuâtre, doit toujours accompagner le plan. On aura soin de laver d'une teinte neutre de fond les parties du plan qui sont en dehors du tracé du parc proprement dit, de manière à ne pas laisser de grands espaces blancs dans le cadre.

La *rose des vents* est le nom, peu précis, de deux ou plusieurs lignes perpendiculaires les unes aux autres et dont les extrémités donnent exactement les directions nord, est, sud et ouest et leurs composés. Le nord est distingué par une flèche et la lettre N.

Enfin, il ne faut jamais négliger d'indiquer nettement l'*échelle du plan*, et son rapport avec le mètre; on doit l'accompagner d'un tracé graphique sur lequel on gradue les divisions nécessaires pour mesurer des longueurs sur le plan. La reproduction d'un décimètre divisé en centimètres et en millimètres constitue l'échelle dite de un millimètre pour mètre, ou de $\frac{1}{1000}$. Il en est ainsi proportionnellement des autres échelles dont le rapport est moins simple.

Si l'on veut obtenir des fractions de mètre, et chercher une plus grande exactitude, on se sert avec avantage des échelles graduées sur cuivre qui indiquent les divisions en dizièmes de millimètres. On utilise principalement ce mode de division pour les plus petites échelles, celle de $\frac{1}{5000}$ par exemple, employée dans les plans du cadastre ou dans les levés d'une grande surface de terrain.

La figure 60 donne le moyen de tracer cette échelle, dont je recommande l'emploi général.

Les échelles adoptées dans le service des ponts et chaussées sont de rapports simples, et varient entre $\frac{1}{500}$ à $\frac{1}{5000}$, à l'exception des plans de traverses des routes dans les villages qui sont à l'échelle de 5 millimètres pour mètre ou de $\frac{1}{200}$. On peut même employer l'échelle de $\frac{1}{100}$ pour des dessins d'objets d'art, de nivellements, et enfin celle de $\frac{1}{50}$ pour des détails d'exécution minutieux.

La *copie* des plans s'obtient sur le papier ou sur la toile à calquer, par

EXAMEN DU TERRAIN. — LEVER DU PLAN. 239

des procédés divers. On peut piquer directement, au moyen de l'aiguille placée dans le manche du tire-ligne, le plan à reproduire sur une feuille placée par dessous; en reliant les points entre eux au crayon, on obtient un dessin similaire. On peut encore décalquer en plaçant une feuille noircie entre les deux feuilles, la face noire du côté de la page blanche, et en suivant, avec une pointe d'ivoire, les traits du dessin qui se reproduisent ainsi fidèlement en dessous.

On obtient le même résultat, mais avec plus de travail et de lenteur, en construisant sur les deux dessins une série de carrés identiques sur lesquels on rapporte le dessin de proche en proche.

Enfin on réduit ou on amplifie les plans, soit au moyen du compas de réduction, instrument indiqué plus haut, dont l'un des côtés mesure des longueurs simultanément reproduites par l'autre avec la réduction ou l'amplification cherchées, soit avec le *pantographe*. Ce dernier instrument se compose de quatre règles égales deux à deux, d'un axe mobile, d'une pointe

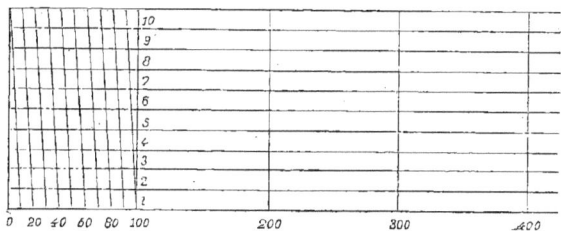

Fig. 60. — Echelle graduée au 10ᵉ de millimètre.

nommée *calqueur* et d'un crayon qui reproduit automatiquement le dessin réduit comme on le veut.

Ces détails ont eu pour objet de nous familiariser avec les matériaux et les procédés qui entrent dans la confection des plans. Nous verrons maintenant les diverses manières de représenter le dessin des jardins avant de procéder à l'exécution sur le terrain.

Plan-étude. — Le *plan-étude* sera le résultat du lever soigné qui a été effectué et sur lequel se trouvent ajoutées les notes circonstanciées relevées sur place. Le plan est arrêté dans son ensemble; l'artiste sait ce qu'il veut. Il lui reste à donner une forme à sa pensée et à combiner les détails avec harmonie.

Les principales vues vers l'extérieur sont fixées, ainsi que l'emplacement des diverses constructions d'utilité et d'ornement; les objets naturels qui peuvent prêter au pittoresque sont également notés.

Il s'agit de donner à ces divers points un accès commode, et de rendre la promenade facile et variée. Dans le tracé des allées, dont la direction principale nous est connue depuis l'étude faite sur le terrain, on n'oubliera pas ce double principe : qu'elles doivent conduire tout naturellement, sans longs détours, à l'objet vers lequel elles sont dirigées, et être aussi peu apparentes que possible dans le paysage. Nous verrons, dans une autre section de ce livre, les règles qu'on peut invoquer pour leur tracé dans diverses circonstances.

Les voies de communication et de promenade étant dessinées, on procède à la délimitation des massifs. Une considération primera tout dans la figure qui leur sera donnée : ils doivent encadrer les vues. Les lignes qui limitent ces vues seront donc tenues libres et le plan ne portera pas d'indication de plantations sur l'espace qu'elles traversent, à moins que le point en vue ne soit pris d'un sommet très-élevé qui domine beaucoup les plus hauts arbres.

Les arbres isolés se disposent suivant les mêmes règles et les vues doivent librement passer entre leurs groupes, dont la disposition suivra les indications que je donnerai plus loin.

Les bords des eaux seront moins tourmentés quand l'on aura affaire à une surface moins inclinée et ils devront, si cela est possible, être maintenus entre les courbes des niveaux similaires, pour éviter de grands terrassements.

Le tracé porté ainsi sur le plan-étude comportera tous les traits principaux du projet sans donner cependant les détails. Par exemple, les parterres, les jardins fruitiers et potagers ne seront marqués que par leurs limites et leurs voies d'accès; le dessin détaillé viendra plus tard.

Ce mode de procéder se révélera plus nettement aux yeux du lecteur par l'examen de la planche I, qui porte un certain nombre des signes conventionnels ordinaires, faciles à saisir, et se complète par la légende suivante :

A. Habitation principale.
B. Communs.
C. Jardinier, fruitiers, caves.
D. Orangerie.
E. Serres.
F. Kiosque sur butte.
G. Champignon et point de vue.
H. Pavillon et point de vue.
I. Entrée principale. Garde-concierge.
J. Ponts.
K. Banc couvert.

L. Rocher et source.
M. Cabane des oiseaux d'eau.
N. Parterre avec bassin et jet d'eau.
O. Corbeilles de fleurs.
P. Parterre de l'orangerie.
Q. Bassins du potager.
R. Deuxième entrée principale.
S. Sortie des prés.
T. Saut de loup.
a, b, c, d. Verger supprimé.

Le Rendu. — L'étude du plan étant ainsi terminée, on procède à la confection du *rendu*, feuille qui doit présenter aux yeux du propriétaire, sur une feuille convenablement dessinée et lavée, une image agréable de sa propriété transformée. J'ai déjà indiqué les moyens de donner à ce dessin un aspect plus séduisant que celui des anciens plans topographiques. La planche n° 2 présente un modèle de ces sortes de dessins, dépouillé du tracé préalable indiquant l'ancien état des lieux et le travail de l'artiste ; le plan-étude sera seulement conservé pour servir à l'exécution.

S'il est possible de consacrer un peu de temps et de dépense à la préparation de ces images, il sera bon de dessiner une vue perspective, dite à vol d'oiseau, du projet présenté. La lecture d'un plan n'est pas familière à tous les propriétaires et il vaut mieux leur offrir un tableau en élévation que provoquer de leur part un effort d'imagination pour comprendre des lignes de simple projection horizontale.

La *mise au point* d'un plan pour obtenir une vue à vol d'oiseau ne peut s'effectuer qu'en suivant les lois de la perspective géométrale et aérienne, que je ne puis développer ici. Cette opération doit se faire avec le concours d'un dessinateur expert, qui travaillera sous les yeux de l'architecte-paysagiste et facilitera singulièrement l'intelligence du plan.

Un autre procédé, excellent, mais qui demande un talent particulier de la part de l'artiste, consiste dans l'emploi des coulisses, de ces *slides* que l'anglais Repton avait mises à la mode et qui donnaient l'ancien aspect paysager du terrain en dessus, tandis qu'en les soulevant on obtenait instantanément un paysage transformé d'après les idées de l'auteur. Ce moyen rend de grands services pour la formation des groupes d'arbres.

Enfin, pour ne pas sortir des représentations graphiques, je conseille encore d'entourer le plan d'ensemble ou de préparer un album de petites vues ou scènes paysagères s'appliquant à chaque partie pittoresque du parc, à peu près dans le genre de celles figurées sur la planche I. Seulement ces vues forment les lointains naturels de la propriété qu'il suffira d'encadrer dans les plantations ; dans l'album que j'indique, on pourrait étendre ce système aux plus jolies scènes intérieures du parc.

Modelage. — Il est un autre moyen de représenter les projets de parcs et jardins : c'est le *modelage* en terre ou en plâtre, qui commence à se répandre depuis plusieurs années. L'opération consiste à dresser un plan à une échelle convenable et à le rapporter sur une couche de plâtre mou, que l'on modèle ensuite de manière à lui donner un relief semblable à celui du terrain.

On peut aussi modeler avec de la terre glaise, mais la couleur de cette matière est moins favorable pour la clarté des détails, tandis qu'en coloriant le plâtre on obtient de très-bons résultats.

J'ai employé le modelage en plâtre avec succès en Angleterre, pour figurer le plan de Sefton Park, à Liverpool. J'avais pensé que les membres du Conseil municipal (Corporation de Liverpool) qui formaient l'« Improvement Committee » et avaient dans leurs attributions le règlement financier des travaux du parc se rendraient plus facilement compte du projet par un modèle en relief que par des plans. En conséquence, je fis dresser d'abord un plan à une assez grande échelle pour que les allées principales se présentassent avec une largeur d'un centimètre environ. Une caisse de bois, haute de 0^m,20, supportée par des tréteaux et mesurant 2^m,50 environ sur son grand côté, fut remplie de plâtre gâché très-clair. Avant que la *prise* en fût tout à fait complète, j'appliquai dessus le papier calqué portant le tracé du plan et je le fixai exactement à plat sur le plâtre. Puis, avec de très-longues épingles que je fis enfoncer verticalement jusqu'à la tête dans ce plâtre encore mou, je reproduisis le tracé des allées, des massifs et des principaux objets du plan. On enleva alors le papier à calquer par lambeaux et on vit le tracé représenté sur la surface blanche par une forêt de têtes d'épingles. Avec des truelles, des gouges, et divers outils de modeleur, on creusa les parties déprimées du plan conformément aux courbes de niveau qui avaient été préalablement relevées sur un plan *ad hoc*, et il fut facile, après un travail de quelques jours, d'obtenir un relief exact du Sefton Park projeté. Quand cette surface fut bien sèche, je fis peindre les pelouses en vert, le lac et la rivière en bleu, les rochers en ton de grès, les allées en jaune, et figurer les massifs et les arbres par de petites touffes de bruyères et de mousses plantées ou collées sur le plâtre. De petites maisons sculptées en bois représentèrent les édifices ; les grilles furent figurées par des fils de fer. J'obtins ainsi un modèle qui persista jusqu'à la fin des travaux et rendit de grands services même aux agents de l'entreprise dans tous les cas douteux qui demandaient une interprétation pendant mon absence.

J'engage donc à employer le modelage toutes les fois qu'on en aura la possibilité, mais à la condition que l'échelle sera assez grande pour que tous les détails paraissent nettement. Il convient même d'augmenter un peu l'échelle des hauteurs et de la porter, par exemple, au double de celle des longueurs pour que le relief s'accentue. Cette exagération des proportions passera inaperçue.

Le papier gris non collé, souple et fort, peut encore servir aux modelages. On le mouille d'abord, on lui fait prendre toutes les ondulations que l'on désire, et on l'enduit ensuite d'une couche de colle forte qui, en l'imprégnant et en séchant, forme une surface qui se conserve exactement dans le relief qu'on lui a imprimé. Ce procédé est excellent pour prendre les moulages d'un modèle en plâtre, et son avantage principal est la grande légèreté des matériaux, qui permet d'expédier à peu de frais des maquettes précieuses pour les travaux. Appliqué à la confection des modèles de rochers, ce moyen rend de grands services.

On connaît un autre mode de figuration modelée des plans en relief, qui donne les niveaux des terrains par des superpositions de lames de carton d'épaisseur uniforme. Chaque épaisseur représente la différence de hauteur entre les courbes de niveau. On découpe sur le plan la silhouette de chacune de ces courbes, on les superpose dans leur ordre et dans leurs positions respectives, et l'on obtient une série de plans étagés ou d'escaliers qui représentent exactement la place où chaque courbe de niveau coupe le plan vertical du lieu. Ce procédé a été imaginé par M. Bardin, qui en a fait d'heureuses applications aux levers des places de guerre, des villes, aux travaux de la marine et de l'armée. La vulgarisation de cette invention est désirable.

Profils. — La représentation du relief du terrain nous conduit tout naturellement au procédé le plus usité, on peut dire le seul indispensable pour l'exécution des travaux. Je veux parler des *profils*. On a vu plus haut (p. 222) la définition des profils, le moyen de les relever, et l'exposé de leur division en profils en long et profils en travers. Cette description ne s'appliquait toutefois qu'au relevé des profils du terrain *existant*, c'est-à-dire aux documents qui serviront à établir les profils du terrain *rectifié*. Ce dernier travail suit immédiatement la préparation du plan. Il s'effectue au moyen des niveaux pris sur place et représentés graphiquement, soit sur des lignes d'opération, par exemple celles qui ont servi au lever du plan, soit sur les points d'altitude notés çà et là, marqués sur le plan côté et reliés par les courbes de tous les niveaux similaires. Après avoir représenté, au moyen des échelles de longueur et de hauteur que j'ai signalées page 222, le profil existant d'une ligne A B (voir fig. 61), et noté sur la ligne E F (que nous

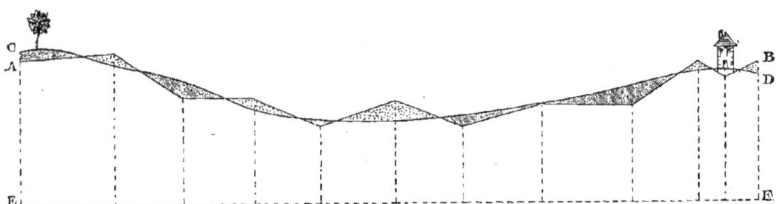

Fig. 61. — Profil naturel et profil rectifié.

avons nommée plan général de comparaison) le passage des points du nouveau tracé rencontrés sur le plan, on se pénètre du degré de hauteur comparée que ces points doivent atteindre pour obtenir l'effet cherché et on les marque sur les perpendiculaires élevées dans ce but. En reliant entre eux ces points rectifiés, de manière à donner au terrain des ondulations agréables, on obtiendra le profil rectificatif représenté par la ligne B C. Les déblais seront indiqués par des hachures, et les remblais par un pointillé. Nous savons que sur les plans coloriés les déblais sont teintés en jaune, et les remblais en rose. Je dirai, au chapitre « terrassements », les fonctions remplies par ces profils dans la pratique.

Avant de s'occuper de la rédaction du devis, il reste une opération préliminaire à terminer. C'est le plan d'exécution. Nous en possédons tous les éléments, grâce aux précautions qui ont été prises dans les travaux préparatoires que je viens de décrire. Ce plan est un simple calque sur toile sur lequel on trace *en noir* les lignes de l'état des lieux avant le travail, et *en rouge* les lignes rectificatives. La légende explicative de ce plan doit être aussi complète que possible; elle doit se rapporter à des notes inscrites sur un carnet spécial, qui sera remis au conducteur des travaux et dont l'architecte conservera un double. Les massifs n'y seront dessinés que par la ligne moyenne de la courbe festonnée qui les circonscrit de manière à former le périmètre de la surface à *défoncer*[1]. Enfin les signes conventionnels que j'ai indiqués serviront de clé à l'opérateur, sans surcharger le plan et en fournissant les éclaircissements nécessaires. On trouvera un plan élaboré sur ces bases dans le chapitre consacré au tracé sur le terrain (pl. I).

LE DEVIS.

Les plans et les profils sont adoptés, les bases des embellissements arrêtées, les moyens d'exécution entrevus. Le propriétaire est d'accord avec l'architecte sur le principe, mais il veut savoir où on le mène. C'est le moment de songer au devis.

La question peut être envisagée sous deux aspects, selon qu'on exécute les travaux « en régie » ou « à l'entreprise ».

Travaux en régie. — On nomme *travaux en régie* les opérations conduites à la journée, sous la direction de l'architecte; le propriétaire solde directement les feuilles de paye des ouvriers et les mémoires de dépenses et fournitures. Ce mode d'opérer est très-usité; il a ses avantages et ses inconvénients. Ses principaux avantages permettent d'entreprendre les travaux à volonté, de les suspendre, d'occuper les bras du pays sans augmenter les salaires, de modifier autant qu'on le veut les premières dispositions du plan si l'expérience les fait trouver défectueuses ou si des difficultés imprévues surviennent, enfin d'éviter les mal-façons dans les travaux qui échappent à un contrôle incessant, comme les défoncements de massifs, les constructions exigeant une excessive solidité (travaux d'étangs, de soutènement), l'amendement des terres, le curage des pièces d'eau, l'extraction des pierres, etc. On est ainsi maître absolu de son œuvre à chaque moment.

Les inconvénients de ce système sont nombreux. On ne peut évaluer avec certitude les travaux en régie, où l'imprévu occupe une si large place. Les journaliers, n'étant pas à leurs pièces, travaillent peu; le propriétaire est plus à leur merci que ne le serait un entrepreneur expérimenté surveillant de plus près ses intérêts et s'ingéniant à trouver les moyens économiques d'une exécution rapide; le surveillant peut s'éterniser sur les travaux, s'il s'y trouve bien, sans qu'on puisse l'accuser de lenteur, n'ayant pas de

---

[1]. On nomme *défoncement* le labour profond du sol, destiné à remuer assez profondément la couche végétale pour qu'elle puisse recevoir les plantations arborescentes.

points de comparaison. Enfin l'expérience a souvent démontré qu'un propriétaire, avec l'intention arrêtée de dépenser une faible somme, se laisse entraîner plus facilement dans les travaux en régie que dans une entreprise où tout est prévu d'avance.

Travaux à l'entreprise. — Les *travaux à l'entreprise* seraient donc les plus avantageux, si l'on avait la bonne fortune de trouver des entrepreneurs toujours consciencieux, experts dans les travaux de création des jardins, surveillant les opérations avec intelligence et assiduité, et déterminés à bien gagner leur argent, d'une manière loyale et modérée. L'espèce n'en est pas introuvable, mais un tel contractant est toujours un oiseau rare, et il n'y a qu'un moyen d'obtenir une entière tranquillité d'esprit à cet égard, c'est de préparer les devis et les cahiers des charges avec le plus grand soin.

Les travaux des parcs et jardins se divisent en trois sections principales : les terrassements, les constructions et les plantations.

Bien que ces trois divisions paraissent très-distinctes les unes des autres, il y aurait cependant intérêt à les réunir dans la même main, si un entrepreneur inspirait assez de confiance et possédait une expérience suffisante pour qu'on lui confiât le tout. Si cet homme présente assez de garantie pour se charger des opérations multiples que ces divers travaux comportent, on obtiendra une meilleure direction totale et partant un résultat plus complet. L'habitude de rassembler sous le même contrôle tout ce qui concerne une spécialité donne à la longue, à un entrepreneur sérieux, la connaissance des moyens d'action perfectionnés, des adresses de fournisseurs, des procédés économiques d'exécution, des ressources qui sont offertes par les diverses localités, de l'opportunité d'utiliser les ouvriers locaux ou de constituer des ateliers d'étrangers, en un mot un savoir qui ne se retrouve jamais chez les entrepreneurs de détail. Ce qui empêche le plus souvent d'utiliser les services de ces hommes précieux à plusieurs égards, c'est une soif de gain exagérée. D'ailleurs un plus grand obstacle, que présentent ceux qui sont parvenus à une certaine réputation, c'est leur prétention de s'intituler architectes-paysagistes, sans avoir rien qui la justifie.

Ce qui constitue l'architecte-paysagiste, indépendamment de son savoir professionnel, c'est la profession libérale et indépendante qu'il exerce, c'est qu'il ne reçoit pour rétribution que ses honoraires et qu'il refuse d'accepter les risques et aussi les profits qui constituent la situation spéciale de l'entrepreneur.

Considéré dans ses applications aux travaux publics de l'État, en France, un *projet complet* à soumettre à l'entreprise ou à l'adjudication se compose des documents suivants :

1.º Les *plans* et *profils*, dont nous venons de parler;

2.º Le *devis* ou *cahier des charges*, énumérant les conditions de l'exécution des travaux, comprenant la nature, la provenance et la qualité des matériaux, l'évaluation des travaux, et les conditions spéciales ;

3° L'*avant-métré*, estimation des travaux par anticipation pour établir la dépense probable, et calculs à l'appui ;

4° Le *bordereau des prix*, qui servira de base aux calculs d'application, et comprendra le *sous-détail* de chaque article, afin de permettre une grande exactitude dans la rédaction et la vérification des mémoires ;

5° Le *détail estimatif*, formé des quantités de travaux évalués à l'avance, avec l'application des prix adoptés et les calculs faits de manière à obtenir le total de la dépense future ;

6° Enfin le *mémoire à l'appui*, document consacré à la rédaction de toutes les considérations spéciales au travail à entreprendre.

Aucun de ces détails n'est superflu dans une grande administration, et lorsqu'il s'agit d'une comptabilité nécessairement compliquée. Dans les entreprises privées, cette méthode peut être considérablement simplifiée. Généralement, le mot *devis* comprend tout ce dont il vient d'être parlé, et même d'autres articles encore ; mais sa rédaction est variable et ne peut être encadrée dans une formule uniforme. Nous en verrons tout à l'heure plusieurs modèles.

Toutefois, il est certains usages inscrits en tête de tous les contrats de travaux donnés par l'État et qu'il est bon de signaler afin qu'on les impose à l'occasion aux entrepreneurs. Ce livre n'est pas seulement destiné aux propriétaires ruraux. Les administrations étrangères et celles de France peuvent avoir un intérêt à consulter les rédactions des devis et cahiers des charges de travaux importants, dont les dispositions sont communes à tous.

DEVIS. — DISPOSITIONS GÉNÉRALES.

1° Pour tous les travaux un cautionnement est exigé ; il est ordinairement fixé au trentième de la totalité de l'entreprise et remboursable après la réception des travaux.

2° L'entrepreneur ne peut céder tout ou partie de son entreprise qu'autorisé par l'Administration, et dans ce cas encore il demeure responsable, tant envers l'Administration qu'envers ses ouvriers et fournisseurs.

3° Les plans, profils et devis adoptés serviront de règle pour les travaux. Si des modifications sont apportées pendant le cours de l'exécution, elles devront être notifiées par écrit à l'entrepreneur et évaluées d'après le bordereau des prix.

4° L'entrepreneur doit toujours être sur les travaux ou se faire représenter par un agent capable de le remplacer. L'ingénieur ou le propriétaire ou les ayants droit peuvent exiger le renvoi des agents ou ouvriers dont ils auraient à se plaindre.

5° Une retenue peut être imposée à l'entrepreneur pour répondre des soins à donner aux ouvriers en cas d'accident, jusqu'à la fin des travaux.

6° Sont à la charge de l'entrepreneur, à moins de stipulation contraire : le matériel roulant et autres équipages, voitures, les outils de toute sorte et magasins pour les serrer, l'établissement des chemins et chantiers, les indemnités de location, le tracé des ouvrages, les piquets, jalons, frais d'éclairage, toutes les menues dépenses nécessaires pour l'exécution des travaux.

sans compter les dommages causés aux voisins par son fait ou celui de ses ouvriers, frais de poursuites en cas de délits, etc.

7° Les matériaux doivent toujours être de première qualité sauf stipulation contraire, et ne peuvent être employés qu'après avoir été vérifiés et reçus.

8° L'entrepreneur ne peut apporter de son fait aucune modification au projet, mais il peut faire des propositions avantageuses pour le succès de l'entreprise et les remettre au directeur des travaux.

9° La démolition des anciens ouvrages doit être faite avec assez de soin pour que les matériaux puissent servir au besoin.

10° Si, pour vérifier des ouvrages présumés mauvais, la démolition en est ordonnée, la reconstruction est à la charge de l'entrepreneur, mais seulement si le vice a été constaté.

11° En cas d'augmentation dans la masse de travaux, l'entrepreneur doit procéder à ce surplus jusqu'à concurrence d'un sixième en plus du montant de l'entreprise. S'il y a diminution, il ne peut demander d'indemnité que si elle dépasse le sixième de la totalité.

12° Si les prix de main-d'œuvre ou les fournitures augmentent de plus d'un sixième au cours des travaux, l'entrepreneur peut proposer la résiliation de son marché.

13° Si l'entrepreneur ne se conforme pas au devis ni aux ordres de services qui lui sont transmis, on peut le mettre en demeure d'en tenir compte ou faire exécuter les travaux en régie à ses frais, après lui avoir accordé un délai de dix jours.

14° En cas de décès ou de faillite de l'entrepreneur, le contrat est résilié de plein droit. La reprise du matériel, évalué par experts, est facultative pour l'Administration.

15° L'agent chargé de la surveillance doit prendre des *attachements* au fur et à mesure de l'avancement des travaux, c'est-à-dire faire la constatation des portions achevées, et les porter sur un carnet signé chaque fois par l'entrepreneur. Si celui-ci refuse de signer, il ne lui est accordé que dix jours pour présenter ses observations; après ce délai, les attachements sont considérés comme acceptés par lui.

16° A chaque fin de mois, une *situation mensuelle* de l'état des travaux doit être rédigée pour servir de base aux payements à effectuer à l'entrepreneur. Le décompte général n'est présenté qu'à la fin de l'entreprise; il résume les situations mensuelles. Ce document est considéré comme accepté par l'entrepreneur s'il n'a pas élevé de réclamation dans le délai de vingt jours.

17° Des payements à compte peuvent être faits tous les mois, déduction faite d'un dixième pour garantie et d'un centième pour la caisse de secours des ouvriers. Le dernier dixième ne peut être remis à l'entrepreneur qu'après réception définitive des travaux.

18° En cas de contestation entre l'Administration et l'entrepreneur, un mémoire de réclamation est présenté par celui-ci au chef de service, et si dans un délai de trois mois il n'a pas reçu de réponse, il peut saisir la juridiction contentieuse, c'est-à-dire le conseil de préfecture, avec recours au conseil d'État, suivant les dispositions de la loi du 28 pluviôse an VIII.

Telles sont les principales dispositions générales qui lient les entrepreneurs aux administrations des ponts et chaussées, des canaux, etc., et qui s'appliquent à celles des chemins de fer avec quelques variantes.

Il est encore une série d'observations qui concernent la rédaction des devis et précèdent toute application spéciale. Il est bon de faire connaître ces généralités, qui doivent toujours être présentes à la mémoire de l'architecte pour la préparation des projets :

Préparer un plan général où les accidents du terrain seront indiqués soit par des courbes de niveau, soit par des hachures, soit par des cotes entre parenthèses ou dans des cercles.

Orienter toujours les plans exactement.

Indiquer la direction des cours d'eau par des flèches.

Rapporter exactement sur le plan tous les points principaux des profils en long et les repérer. Si cela ne fait pas confusion de lignes, il vaut mieux encore rabattre les profils en long sur le plan.

Indiquer la limite du champ d'inondation dans les vallées périodiquement submergées.

Rapporter le nivellement autant que possible au niveau de la mer.

La longueur du profil en long sera celle du plan général.

L'échelle des profils en travers sera décuple de celle du profil en long.

Indiquer les cotes de longueur sur deux lignes au-dessus du profil, parallèles au bord du papier; la première ligne portant les cotes séparées, la seconde les cotes cumulées depuis le commencement. Une ligne noire représentera la coupe du terrain; une ligne rouge le profil rectificatif. Les cotes de remblai et de déblai seront inscrites en rouge, les premières au-dessus, les secondes au-dessous de la ligne du terrain. Une teinte rouge sera passée sur les surfaces de remblai, un teinte jaune sur celles de déblai.

Les ouvrages d'art seront indiqués en coupe à leur rencontre sur l'un ou l'autre profil.

Une ligne bleue, avec inscription, indiquera le niveau des hautes ou des basses eaux, et sera rattachée par une cote au plan général de comparaison.

Quand on rabat les profils en travers sur le papier, ils doivent être tous dans le même sens.

S'il s'agit de profils en travers d'un cours d'eau, on devra les répéter autant de fois que la largeur, la profondeur, et la ligne de thalweg différeront notablement.

L'échelle ordinaire des profils en travers (longueur et hauteur) est de $\frac{1}{200}$, de même que la plus petite pour les ouvrages d'art.

Marquer, par des teintes conventionnelles, ou des hachures variées, les diverses courbes de terrains traversées par les profils, avec inscription de leur nature et de leur épaisseur.

Multiplier les cotes autant que possible, sans nuire à une lecture claire des dessins, surtout sur les ouvrages d'art.

Mettre les inscriptions en caractères moulés, d'une hauteur d'au moins 2 millimètres.

Indiquer graphiquement l'échelle sur les plans mêmes.

Préparer les plans d'étude et d'exécution sur une toile à calquer, souple et forte, et les plier en paravent, ainsi que toutes les pièces écrites, suivant le format dit Tellière (de 0^m,31 de hauteur sur 0^m,21 de largeur). Placer les titres sur le premier pli, derrière le sens du dessin. Renfermer le tout dans une chemise de papier gris fort, facile à transporter sans trop se détériorer par le mauvais temps, et portant en grosses lettres le titre général des travaux.

Ces soins paraîtront d'abord minutieux, mais ils habituent a l'ordre, et l'ordre est de première nécessité dans les travaux bien entendus.

DIVISION DU DEVIS.

Le devis peut être divisé en plusieurs chapitres, qui rentrent à peu près tous dans les titres suivants :
1° Les terrassements ;
2° Le drainage ;
3° La canalisation ;
4° Les plantations ;
5° Les constructions d'ornement.

1° TERRASSEMENTS.

Le devis des terrassements est d'ordinaire la partie principale. Il est bien rare que dans un parc ou dans un jardin la surface entière du sol ne doive être remuée à une plus ou moins grande profondeur. Tantôt de gros cubes de terre devront être enlevés, s'il s'agit d'une butte à aplanir, d'une habitation à dégager, d'un saut de loup à creuser, de vallonnements à ouvrir pour dégager des vues, d'un lac à créer, d'un belvédère à surélever; tantôt le relief des massifs et les ondulations des pelouses modifieront toute la superficie sans nécessiter de longs transports; tantôt enfin il suffira d'un labour léger pour dresser le sol d'une prairie et la mettre en état de recevoir des gazons.

Avant de procéder à la rédaction du devis estimatif des travaux et fournitures, il faut savoir clairement où l'on va. En supposant que, dans l'esprit de l'architecte, les modifications principales du sol soient bien arrêtées et qu'il ait dressé ses profils conformément à une étude approfondie du terrain sur leur emplacement, comment traitera-t-il les points intermédiaires? Une variété sans cesse renouvelée est la loi des jardins paysagers. A moins d'avoir affaire au sol plat d'une prairie d'alluvion, à de vastes plateaux ou terrasses symétriques, les surfaces de jardins changent de relief à chaque instant. L'opération du calcul des terrassements serait donc extrêmement difficile pour un artiste sans expérience. Aucune science ne peut suppléer sous ce rapport à une longue pratique, et l'on peut dire qu'un devis de terrassement ne sera bien fait que par celui qui a déjà exécuté des travaux de ce genre, et fait plusieurs *écoles* à ses dépens ou plutôt, hélas! à ceux du propriétaire.

L'expérience seule donne cette sûreté grâce à laquelle, après avoir relevé quelques cotes, un véritable architecte-paysagiste calculera assez exactement les cubes de terre à remuer pour obtenir le résultat qu'il cherche et placera rapidement sur le terrain les points des hauteurs rectifiées qu'il serait fastidieux de demander à de trop nombreux profils.

Donc, une estimation sommaire d'après les profils principaux, et les raccordements évalués selon l'expérience et le goût, tels sont les deux éléments sur lesquels on basera la rédaction des premiers articles du devis des terrassements.

La considération qui domine tout dans la direction judicieuse d'un terrassement, c'est le calcul des *compensations*. Lorsqu'il s'agit d'établir une levée près d'un fleuve, une chaussée de chemin de fer, de creuser un canal, d'effectuer enfin un travail public dont le niveau fixé est immuable, nul sacrifice de cotes n'est possible. La seule économie à faire est dans la bonne organisation du travail.

Il n'en est pas de même dans les travaux de jardins, où le goût seul est souverain, où le devoir de l'architecte est de sacrifier tout ce qu'une sage économie ne rend pas incompatible avec l'art paysager. Une butte énorme couvre-t-elle l'habitation? Au lieu de l'emporter au loin, on peut en faire un remblai et une terrasse d'un bon effet, que ce surcroît de matériaux aura cependant seul motivé. Tel vallonnement, creusé à 2 mètres, serait en situation, mais il faudrait transporter ailleurs les terres à grands frais ou s'établir sur un mauvais sous-sol; sans renoncer à l'effet, diminuons la profondeur. Un mètre de fouille et 1 mètre d'exhaussement produiront une saillie totale de 2 mètres, suffisante dans bien des cas pour obtenir un agréable modelage du terrain. Ainsi, des combinaisons économiques du déblai et du remblai peuvent naître des effets dont le succès dépend entièrement du goût de l'artiste et de son expérience des travaux.

Ces prémisses établies, nous pouvons procéder à l'évaluation sommaire des terrassements et à leur libellé.

On commencera par réunir les travaux similaires. Les gros cubes attireront tout de suite l'attention. Avant de les attaquer, on devra être exactement renseigné sur la nature du sol, car, suivant la facilité ou la difficulté du travail, la dépense d'extraction et de transport du mètre cube peut varier de 1 à 4 francs.

Le terrain à fouiller peut être :

Un sol sablonneux, d'alluvions ou de dunes, le plus maniable de tous;
Une terre arable ordinaire, plus ou moins profonde;
Une argile compacte, difficile à travailler;
Un sol variable suivant la profondeur;
Une suite de bancs rocheux calcaires;
Des silex, des schistes ou des granites, roches qui nécessitent le travail le plus coûteux et le plus long;
Et enfin toutes les variétés que les diverses formations géologiques peuvent présenter.

Le transport peut se faire :

1° Par la brouette, avec relais variant de 15 à 30 mètres;

2° Par les tombereaux, lorsque le sol est solide, les pentes modérées, que les calculs ont prouvé l'économie de ce mode de transport, surtout quand la charge se fait par éboulis de gros cubes et que les distances à parcourir sont relativement considérables;

3° Par la hotte, lorsqu'il s'agit de pentes très-abruptes, d'endroits peu accessibles, ou de jardins de ville;

4° Par les wagonnets Decauville, petits véhicules en fer placés sur un chemin de fer étroit et dont l'emploi, encore peu répandu, est à conseiller dès que les travaux ont une certaine importance;

5° Par des locomotives ou des chevaux menant des trains de wagons, quand il s'agit de très-grands travaux.

En étudiant avec soin les avantages et les inconvénients de chacun de ces moyens dans ses applications à une situation donnée, et en connaissant leur prix de revient, l'architecte doit trouver celui qui est le mieux approprié, le plus rapide, le plus sûr et le plus économique.

La fouille et le transport des terres s'augmentent du *répandage*, du *régalage* sur place, sorte de règlement grossier fait après qu'un certain nombre de brouettées ou de tomberées de terre ont été déposées suivant les profils marqués sur le terrain par les points de hauteur.

Viennent ensuite d'autres opérations, dont les principales sont :

Le défrichement des bois, taillis, haies, etc.;

Le défoncement du sous-sol des massifs;

Le creusement des pièces d'eau, fossés et cours d'eau;

L'empierrement des terres-pleins et des allées;

L'apport des terres végétales pour les pelouses et les plantations;

Le dressement et le vallonnement définitif;

La préparation du sol pour les arbres isolés;

Le cylindrage et le sablage des allées;

Les hersages, ratelages, ratissages et labours d'entretien.

Les fournitures de terre, cailloux, sable, terreau, fumier, paillis, terre de bruyère, ouvriers en régie, les transports de toute nature, rentrent d'ordinaire dans l'entreprise des terrassements. On y ajoute souvent même les constructions, mais je pense qu'il ne faut entrer dans cette voie que si l'entrepreneur présente des aptitudes spéciales.

On comprend sans peine que, si les quantités calculées sont les mêmes dans tous les pays, il n'en est pas de même des prix de base. Ils varient considérablement suivant les temps et la région. Chacun sait qu'il est impossible de baser aujourd'hui les salaires sur ceux d'il y a vingt ou trente ans. D'ailleurs on manque absolument de documents en ce qui concerne les prix des travaux de jardinage. Il y a une vingtaine d'années M. Lecoq, inspecteur des plantations de la ville de Paris, publia une *série de prix* [1] qu'on a employée depuis faute de mieux, et qui est maintenant tout à fait insuffisante.

La meilleure base, pour les travaux de terrassement faits dans la région parisienne, est celle que fournit la nouvelle Série publiée par la ville de Paris et dont je reproduis ici le chapitre Terrasse. En comparant le prix de la journée à Paris et celui de quelques transports et matériaux dans diverses localités de la province et de l'étranger, on arrivera assez aisément à faire la proportion nécessaire pour établir partout un devis avec ce secours. Il faut aussi tenir compte de ce que, sur les prix de cette série, les entrepreneurs parisiens consentent parfois des rabais qui varient, suivant l'importance et la facilité des travaux, entre 5 et 20 pour 100.

Cette série de prix, établie par la direction des travaux publics de Paris, principalement pour le règlement des travaux de construction, est connue de tous les architectes et entrepreneurs, adoptée par les tribunaux, et les mémoires en litige sont réglés d'après les bases qu'elle indique. Mais elle est peu familière aux propriétaires et aux entrepreneurs de province, bien qu'elle mérite d'être plus répandue. Le chapitre « Terrasse » y est plutôt rédigé en vue de l'extraction et du transport des terres provenant des fouilles de bâtiments à ériger, que pour les grands mouvements de terre des parcs et jardins. Aussi la plupart de ces prix sont trop élevés. Mais le système employé pour la rédaction est clair, méthodique, rationnel. Avec un peu d'habitude, il est facile de l'adapter à d'autres travaux que ceux de Paris. En voici un exemple :

A Paris, la journée de trois terrassiers (un piocheur et deux chargeurs) est comptée ensemble.. 15 fr. 90
Celle d'un charretier, d'un cheval et d'un tombereau...................................... 15 fr. 45
Total............ 31 fr. 35

Avec ces éléments, la quantité de travail obtenue est telle que la série donne les prix suivants :

Numéros d'ordre des prix.	fr.
32	0.42
68	0.35
73	0.18
76	0.85
Soit le mètre cube	1.80

pour fouille, chargement, régalage et transport à 100 mètres.

Or, dans plusieurs provinces, les prix des ouvriers et des attelages baissant de moitié et plus, le prix du mètre sera de 0^{fr},90, et descendra même plus bas, tout en conservant la même méthode de groupement des éléments qui fournissent le calcul final.

---

1. *Prix de règlement* ou Tarif des travaux de jardinage, plantations, etc., par Lecoq. — Prix 3 francs, chez Barbré, libraire, 17, boulevard de Sébastopol, Paris.

PRÉFECTURE DU DÉPARTEMENT DE LA SEINE.

SÉRIE DE PRIX POUR 1877-1878[1].

TERRASSE.

PRIX ÉLÉMENTAIRES OU DE BASE.

INDICATION DES JOURNÉES ET MATÉRIAUX.	UNITÉS.	DÉBOURSÉS	Numéros d'ordre	
JOURNÉES				
Terrassier................	l'heure	0f.45	1	
Puisatier, compris fourniture des équipes nécessaires. Chef d'équipe..........	—	0.855	2	
Puisatier, compris fourniture des équipes nécessaires. Puisatier............	—	0.69	3	
Puisatier compris fourniture des équipes nécessaires. Aide.............	—	0.50	4	
Journée de voiture, compris conducteur, charrette ou tombereau à 1 cheval.....	la journée	13.00	5	
Journée de voiture, compris conducteur, charrette ou tombereau à 2 chevaux.....	—	21.00	6	
Journée de voiture, compris conducteur, charrette ou tombereau à 3 chevaux.....	—	28.00	7	
MATÉRIAUX				
Tous les prix ci-dessous comprennent le transport à pied d'œuvre.				
Salpêtre.................	le mètre cube	8.00		
Terre végétale.............	—	4.50		
Terreau.................	—	7.50		
Terre glaise..............	—	8.50		

PRIX COMPOSÉS.

OBSERVATIONS GÉNÉRALES : Les prix de règlement se composent :

1° Des déboursés pour la main-d'œuvre et pour les fournitures ;

2° Des faux frais appliqués à la main-d'œuvre seulement ;

3° Du bénéfice appliqué au prix des fournitures, de la main-d'œuvre et aux faux frais ;

---

1. Paris, Chaix et Cie, rue Bergère, 20.

4° Des intérêts d'avance de fonds et du fonds de roulement appliqués aux déboursés et aux faux frais.

Pour la terrasse, les faux frais sont fixés à. . . . . 7f.50 %
— le bénéfice à. . . . . 10f.00 %
— les intérêts d'avances de fonds à. . . . . 0f.50 %

Nota. — Les prix de règlement fixés dans la présente série sont établis pour les travaux exécutés dans Paris et calculés en tenant compte des conditions de paiement du service d'architecture de la ville de Paris, telles qu'elles sont rappelées dans les cahiers des charges de chaque adjudication.

PRIX DE RÈGLEMENT.

NATURE DU TRAVAIL et DÉTAIL DES OUVRAGES. (1) Nota. — *Les chiffres entre parenthèses rappellent les numéros des prix de base.*	PRIX d'application.	NUMÉROS d'ordre des prix.	ÉLÉMENTS DES SOUS-DÉTAILS					
			DÉBOURSÉS		Faux frais 7,50 % sur PRODUIT soit	Ensemble.	Bénéfice 10 %.	Avances de fonds 0.50 %.	Produits.
			Heure ou journée	Prix					
JOURNÉES.									
Il ne sera employé d'ouvriers à la journée au compte de l'Administration qu'exceptionnellement. — Les attachements qui constateront l'emploi de ces journées devront être dressés le jour même et énonceront le nombre d'heures employées chaque jour à ce travail.	Observ	12							
Heure de travail de jour.									
Terrassier (1).	0f.53	13	1 h. 00 à 0 f 48	0.430	0f 450 0.034	0f 484	0f 048	0f 002	0f 534
Chef d'équipe de puisatiers (2), compris fournitures des équipages nécessaires.	1.00	14	1 h. 00 à 0.855	0.855	0.855 0.064	0.919	0.092	0.005	1.016
Puisatiers (2).	0.82	15	1 h. 00 à 0.60	0.690	0.640 0.052	0.742	0.074	0.004	0 820
Aide (4).	0.60	16	1 h. 00 à 0.60	0.500	0.500 0.038	0.538	0.054	0.003	0.595
Voiture à la journée. Compris conducteur (5), charrette ou tombereau :									
A 1 cheval.	15.40	17	journée à 13.00	13 00	13.000 0.980	13.980	1.398	0.070	15.448
A 2 chevaux (6).	25.00	18	journée à 21.00	21.00	21.000 1.575	22.575	2.257	0.112	24.945
A 3 chevaux (7).	33.30	19	journée à 28.00	28.00	28.000 2.100	30.100	3.010	0.150	33.260
Travail de nuit.									
Quand à la fin de la journée réglementaire le travail se continuera sans qu'il y ait eu d'interruption, les heures supplémentaires seront payées aux mêmes prix que les heures de jour.	Observ.	20							
Quand le travail de nuit aura pu être prévu et organisé à l'avance, les heures seront payées moitié en plus des heures de jour.	Observ.	21							
Quand le travail de nuit sera fortuit et accidentel, les heures de nuit seront payées le double des heures de jour.	Observ.	22							
MATÉRIAUX.									
Les prix de règlement des matériaux pour fourniture seulement seront composés : 1° Du prix de déboursés; 2° du bénéfice de 10 %; 3° de l'avance de fonds de 0.50 %.	Observ.	23			QUANTITÉS	PRIX	PRODUITS		
OUVRAGES au MÈTRE SUPERFICIEL			Salpêtre (8).		0 k. 080	8 fr. 000	0.640		
Aire en salpêtre :			Façon (1).		2 h. 00	0 450	0.900		
			Faux frais 7.50 % sur. . . .		0.900	»	0.068		
de 0m08 d'épaisseur, compris transport et pilonnage.	1.80	24	Ensemble. . . . . . Bénéfices 10 %. . . . . . Avances de fonds 0.50 %. . .				1.608 0.161 0.008		
Chaque centimètre d'épaisseur en plus ou en moins.	0.16	25	Prix par mètre.				1 f.777		

TERRASSE. — SÉRIE DE PRIX.

NATURE DU TRAVAIL et DÉTAIL DES OUVRAGES. Nota. — *Les chiffres entre parenthèses rappellent les numéros des prix de base.*	PRIX d'application	Numéros d'ordre des prix.	ÉLÉMENTS DES SOUS-DÉTAILS Nota. — *Dans les sous-détails ci-après se rapportant à la terrasse, les heures sont divisées en centièmes, et les prix d'heures comprennent le déboursé, les faux-frais, le bénéfice et les avances de fonds.*	
Dressement et nivellement : ordinaire avec pilonnage	0f.07	26	Un terrassier pourra déblayer les aspérités d'une plate-forme jusqu'à 0m05 d'épaisseur maximum et remblayer les parties creuses avec pilonnage de 8 mètres superficiels en une heure (13).	0h.125 à 0f.53 0.666
Au rouleau à bras d'homme.	0.27	27	Terrassier (13).	0.50 à 0f.53 0.265
Régalage de terre, de sable, cailloux ou salpêtre : jusqu'à 0m05 d'épaisseur exclusivement.	0.03	28	Un terrassier pourra répandre sur 16 mètres superficiels les matériaux ci-contre en une heure. . . .	0.06 à 0f.53 0.032
Repiquage ou déblai de terre : de 0m05 jusqu'à 0m20 d'épaisseur exclusivement. . . .	0.11	29	Un terrassier fera en une heure 5 mètres superficiels de repiquage et déblai (13).	0.20 à 0f.53 0.106
Fouille de chaussée macadamisée : jusqu'à 0m25 d'épaisseur.	1.05	30	Terrassier (13).	2.00 à 0f.53 0.060
Démolition de dallage en bitume : compris rangement mais sans transport	0.11	31	Un terrassier piochera 5 mètres superficiels de bitume en une heure (13). .	0.20 à 0f.53 0.106
OUVRAGES AU MÈTRE CUBE.				
Fouille compris nivellement, dressement des faces et des fonds en excavation et déblai de 0m20 d'épaisseur et au-dessus.	0.42	32	Un terrassier piochera 12m500 cubes de terre en une journée de 10 heures ou 1m250 par heure (13) . . .	0.80 à 0f.53 0.424
Lorsque la fouille en excavation sera accessible aux tombereaux, il ne sera alloué aucun jet autre que celui du chargement au tombereau. Il en sera de même pour la fouille en abatage de rampes laissées pour faciliter l'accès des tombereaux. Sont considérées comme inaccessibles aux tombereaux, toutes fouilles dans lesquelles on ne pourrait accéder qu'au moyen de rampes de 0m10 et au-dessus.	Observ.	33		
— en rigoles, tranchées ou trous, jusqu'à 2 mètres de largeur au fond (33).	0.56	34	1/3 en plus du temps passé à la fouille en excavation.	
Les fouilles de plus de 2 mètres de largeur au fond seront payées comme fouilles en excavation ou déblai	Observ.	35		
Plus-value pour fouille : dans l'embarras des étais ou étrésillons sur le prix ci-dessus 1/4 en sus.	Observ.	36		
— dans l'eau sans embarras d'étais ou d'étrésillons 1/2 en sus.	Observ.	37		
— dans l'eau avec embarras d'étais ou d'étrésillons 3/4 en sus.	Observ.	38		
— en sous-œuvre de construction et par petites parties dans l'embarras des étais ou étrésillons : une fois en sus	Observa.	39		
— dans l'eau en sous-œuvre de construction et par petites parties dans l'embarras des étais ou étrésillons : une fois 1/2 en sus.	Observ.	40		
Ces plus-values sont également au jet, chargement de terres et à leur transport à la brouette.	Observ.	41		
Nota. — Les prix de fouille ci-dessus sont applicables à la fouille de terres ou g. avois constituant le sol de Paris	Observ.	42		
La fouille en terre glaise ainsi que le jet de ladite terre seront payés moitié en plus que les articles n° 32 à 40 . . . 1/2 en plus.	Observ.	43		
Le chargement, le montage, le transport à la brouette et au tombereau de la terre glaise seront payés, 1/5 en plus	Observ.	44		
— de roche, assise, ancienne maçonnerie, gypse	1.85	45	Terrassier (13).	3h.50 à 0f.48 1.855
Nota. — Les plus-values sous les n° 36 à 41 exclusivement ne seront allouées qu'à 1/2 pour cette nature de fouille.	Observ.	46		
Jet sur berge de terre fouillée jusqu'à 2 mètres de profondeur	0.31	47	Un terrassier en jettera 17 mètres cubes dans une journée de 10 heures (13). .	0.59 à 0f.53 0.313
— sur banquette, au-dessous de 2 mètres de d° et ainsi de suite de 2 mètres en 2 mètres, compris le temps passé à l'installation des échafauds. . . .	0.36	48	Un terrassier jettera 15 mètres de terre en une journée de 10 heures (13). . . .	0.57 à 0f.53 0.355
Ainsi les terres comprises dans la fouille des deux premiers mètres de profondeur ne seront comptées qu'avec un jet sur berge	Observ.	49		

NATURE DU TRAVAIL et DÉTAIL DES OUVRAGES. Nota. — Les chiffres entre parenthèses rappellent les numéros des prix de base.	PRIX d'application.	NUMÉROS d'ordre des prix.	ÉLÉMENTS DES SOUS-DÉTAILS Nota. — Dans les sous-détails ci-après se rapportant à la terrasse, les heures sont divisées en centièmes, et les prix d'heures comprennent le déboursé, les faux-frais, le bénéfice et les avances de fonds.	
Celles comprises dans la profondeur de 2 mètres à 4 mètres seront comptées avec un jet sur berge et un jet sur banquette; celles dans la profondeur de 4 à 6 mètres seront comptées avec un jet sur berge et deux jets sur banquette, et ainsi de suite..............	Observ.	50		
Jet horizontal jusqu'à 2 mètres de distance inclusivement	0f.18	51	Un terrassier jettera 30 mètres de terre dans une journée de dix heures, soit 3 mètres par heure (13)......	0.33 à 0f.53 0.175
La mise en cavalier, résultant des jets de pelle ou de transport en tombereau, brouette, etc., ne donnera droit à aucune plus-value................	Observ.	52		
Montage de terre avec fourniture des équipages nécessaires :				
— à la hotte par un escalier ou à l'échelle, par chaque hauteur de 3 mètres...............	0.83	53	Un terrassier fera 20 voyages en une heure avec sa hotte contenant 0m32 ou 6m400 en une journée de 10 heures (13).........	1.56 à 0f.53 0.826
— au treuil et au seau, par chaque hauteur de 3 mètres compris installation du treuil............	0.53	54	Un terrassier montera 1m3 par heure (14).......	1.00 à 1f.53 0.530
— à la corde et au seau par hauteur de 3 mètres....	0.88	55	Un terrassier montera 60 seaux à l'heure contenant 0m10 soit 6m3 en une journée de 10 heures (13)..	1.67 à 0f.53 0.885
Fouille de puits (au mètre cube) :				
— en terrain ordinaire, c'est-à-dire non mouvant, non blindé et hors de l'eau jusqu'à 30 mètres de profondeur, le treuil étant placé à l'orifice du puits sans échafaudages, les terres déposées autour du puits, la fouille descendue d'un seul jet.				
jusqu'à 10 mètres de profondeur........	5.50	56		
de ... 10m.01 à 20 mètres..........	6.00	57		
de ... 20m.01 à 30 mètres..........	6.50	58		
— en terrain ébouleux c'est-à-dire non mouvant, mais blindé de 2 mètres en 2 mètres ou goberé en plâtre et hors de l'eau, étant au surplus dans les mêmes conditions que ci-dessus.				
prix moyen jusqu'à 30 mètres de profondeur...	8.00	59		
— dans la masse moyennement dure, hors de l'eau, en place ou non :				
jusqu'à 0m.60 de hauteur de banc.........	18.00	60		
— dans la masse très-dure ou à plus de 0m.60 de hauteur de banc, hors de l'eau en place ou non......	25.00	61		
dans l'argile ou glaise :				
moitié en plus du terrain ordinaire sous nos 56, 57 et 58.	Observ.	62		
— en terrain mouvant, tels que : sables mouvants et autres qu'il faut blinder au fur et à mesure de la fouille :				
moitié en plus du terrain ordinaire sous nos 56, 57 et 58.	Observ.	63		
— dans l'eau : fouilles de toutes natures de terrains, tous les frais d'épuisement comptés à part :				
moitié en plus du terrain ordinaire sous nos 56, 57, 58	Observ.	64		
Nota. — Lorsque dans la construction des puits d'eau ou autres la maçonnerie sera faite en descendant la fouille, les prix de ces fouilles seront comptés moitié en plus.	Observ.	65		
Dans les terrains infectés ou manquant d'air, les frais d'assainissement ou de ventilation seront payés d'après convention et la valeur de la main-d'œuvre sera réglée de gré à gré.	Observ.	66		
Chargement (au mètre cube) :				
— en brouette..................	0.27	67	Un terrassier chargera 20m.03 en 1 journée de 10 heures (13)........	0.50 à 0f.53 0.260
— en tombereau.................	0.35	68	Un terrassier chargera 15m.03 en 1 journée de 10 heures (13)........	0.67 à 0f.53 0.355
— à la hotte ou au seau.............	0.53	69	Un terrassier ne chargera que 10m.03 à cause des temps d'arrêt souvent répétés (13)........	1.00 à 3f.53 0.530
Les prix de chargement comprennent le léger piochement qu'exige la reprise de la terre............	Observ.	70		

TERRASSE. — SÉRIE DE PRIX.

NATURE DU TRAVAIL et DÉTAIL DES OUVRAGES. *Nota. — Les chiffres entre parenthèses rappellent les numéros des prix de base.*	PRIX d'application.	Numéros d'ordre des prix.	ÉLÉMENTS DES SOUS-DÉTAILS *Nota. — Dans les sous-détails ci-après se rapportant à la terrasse, les heures sont divisées en centièmes, et les prix d'heures comprennent le déboursé, les faux frais, le bénéfice et les avances de fonds.*	
Pilonnage (au mètre cube) :				
de terre en rigole, trous, excavation, etc.	0.11	71	Terrassier (13).	0ʰ.20 à 0ᶠ.53 / 0.106
Reprise de terre (au mètre cube) :			Un terrassier fera 25ᵐ.03 de reprise en 1 journée de 10 heures, soit 2ᵐ.50 par heure (13) . . . . . . , . .	
avec jet pour remblai compris léger piochement . . .	0.21	72		0.40 à 0ᶠ.53 / 0.212
Régalage ou étendage (au mètre cube) :			Un terrassier fera 80ᵐ.03 de régalage de terre en 1 journée de 10 heures ou 3 mètres par heure (13) . . .	
de terre, sable, cailloux ou salpêtre de plus de 0ᵐ.05 de hauteur	0.18	73		0.83 à 0ᶠ.53 / 0.175
Transport (au mètre cube) :				
— à la brouette à un relais de 30 mètres sur chemin horizontal ou descendant et à un relais de 20 mètres sur chemin en montant de plus de 1/10, chaque relais compris le temps pour l'installation des planches nécessaires pour faciliter le roulage.	0.27	74	Terrassier (13) . . . ‟	0.50 à 0ᶠ.53 / 0.265
— à la hotte, comme ci-dessus, chaque relais 1/2 en plus (Nᵒ 74)	0.40	75		
— au tombereau à 100 mètres de distance, sur chemin droit ou en pente, compris temps perdu pour tombereau en charge et pour le déchargement.	0.85	76	Voiture à 1 cheval (17). .	0.55 à 1ᶠ.54 / 0.847
Chaque relais de 100 mètres en plus jusqu'à 500 mètres	0.17	77	Voiture à 1 cheval (17) . .	0.115 à 0ᶠ.54 / 0.170
de 100 mètres en plus des premiers 500 mètres	0.11	78	Voiture à 1 cheval (17) . .	0.07 à 1ᶠ.54 / 0.108
Les prix ci-dessus ne seront applicables qu'aux transport en tombereau faits dans l'enceinte du chantier des travaux ou en dehors, mais dans des lieux de décharge indiqués par l'administration.	Observ.	79		
— aux décharges publiques à quelque distance que ce soit, compensation faite de tout droit ou boni de décharge, sans chargement	4.05	80		
— aux décharges publiques et compris chargement . . .	4.40	81		
Tous les prix ci-dessus s'appliquent à des cubes mesurés au vide de la fouille et du déblai qui comportent un foisonnement d'un quart. Il s'ensuit que le prix de l'enlèvement aux décharges publiques d'un mètre cube de terre, compris chargement mesuré dans le tombereau, sera de 4 fr. 40 × 80 soit	3.52	82		
Les prix ci-dessus supposent des enlèvements faits par des tombereaux d'une capacité d'au moins 2 mètres cubes, laquelle est obligatoire pour l'enlèvement des terres provenant des fouilles.	Observ.	83		
Dans les cas exceptionnels, ou d'après l'autorisation formelle de l'architecte, la contenance d'un tombereau sera inférieure à 2 mètres ; on appliquera le prix ainsi qu'il est indiqué aux séries de maçonnerie et pavage, article gravois enlevés	Observ.	84		
Tous les prix de règlement ci-dessus s'appliquent à des prix qui auront employé au moins la journée d'un ouvrier.	Observ.	85		
Pour les travaux minimes qui n'auraient pas employé la journée, il sera ajouté à l'ensemble du règlement pour le dérangement de l'ouvrier le prix d'une heure de travail, sauf le cas où le travail fait aurait été compté en temps, comprenant celui du dérangement	Observ.	86		
Toutefois cette plus-value ne sera admise qu'autant que le fait aura été régulièrement constaté	Observ.	87		

2ᵒ DRAINAGE.

Immédiatement après les terrassements vient le drainage, que j'aurais réuni au précédent titre si cette opération ne demandait des connaissances spéciales et ne constituait une étude toute différente.

Ed. André.

Il serait superflu de faire valoir les avantages du drainage pour l'assainissement, l'aération et l'amélioration des terres, au point de vue de l'exploitation agricole. Mais on peut faire observer que les parcs et les jardins en retirent des bienfaits analogues et que les pelouses et les plantations ne seront prospères, dans les terrains humides, que si cette opération a été bien faite. Si l'on objecte que, près des massifs, les racines des arbres auront rapidement obstrué les drains, je répondrai qu'en plaçant les tranchées à une distance convenable des massifs, cet inconvénient ne sera à craindre que lorsque ces végétaux seront déjà très-forts et que par conséquent leur réussite — c'est-à-dire le but qu'on se proposait — est assurée. Même dans ce cas, on doit conseiller le drainage exécuté au moyen des pierres ou des fascines; l'obstruction des tuyaux n'est alors plus à craindre.

Si le plan et le nivellement du sol d'une propriété ont été faits avec soin, si les courbes horizontales sont exactement relevées, le plan du drainage sera facile à établir. J'indiquerai plus loin, au détail des opérations du drainage, comment ce plan doit être dressé, les tranchées dirigées et les drains choisis et placés.

Le devis du drainage d'un terrain doit comprendre :
1° L'établissement du plan et du tracé ;
2° L'ouverture des tranchées et leur comblement ;
3° La fourniture et la pose des tuyaux, pierres ou fascines.

Le terrassement des tranchées s'entreprend le plus souvent à forfait, au mètre courant, en basant les calculs sur les cubes de terre à remuer, la nature du sol et la plus ou moins grande quantité d'eau qui peut gêner le travail.

Le prix d'acquisition des tuyaux s'augmente de celui du transport jusqu'à pied d'œuvre. Pour faciliter le calcul et ses applications au devis, je crois devoir reproduire le tableau suivant, où Petersen a réuni un certain nombre de documents utiles :

NUMÉROS DES TUYAUX	DIAMÈTRES	SURFACES DE LA COUPE	POIDS du mille DE TUYAUX	PRIX du mille DE TUYAUX
	centimètres.	centim. carr.	quintaux.	francs.
1	2.75	5.940	12	21.45
2	3.25	8.296	15	25.70
3	3.75	11.045	18	30.00
4	4.50	15.904	25	42.85
5	5.00	19.635	30	51.45
6	5.75	25.967	35	60.00
7	6.00	28.274	40	64.30
8	8.00	50.265	50	75.00
9	9.50	70.882	60	96.45
10	10.50	86.590	70	115.70

On détermine la quantité des tuyaux par la longueur des tranchées, en calculant par dix-huit tuyaux pour 5 mètres.

Si le travail se fait en régie, ou si l'entreprise est évaluée d'après des bases de main-d'œuvre habituelle, on considère qu'un ouvrier poseur met en place 150 à 250 mètres de drains par jour, selon la difficulté.

En suivant ces données, on peut évaluer les frais du drainage d'un champ ou d'un pré entre 130 et 230 francs l'hectare, en admettant que le transport ne soit pas considérable et que la journée d'un ouvrier soit fixée à 2 francs ou 2 fr. 50.

Aux articles additionnels annexés au devis, et indiqués dans les travaux d'exécution, on pourra toujours ajouter les clauses et conditions suivantes, applicables aux travaux soignés, parcs, jardins, villes, etc. :

1° Si des raccordements ou des bouches d'égout nécessitent un travail de brique, la terre devra être soigneusement pilonnée alentour ;

2° Les tranchées de drainage, après la pose des drains, la confection des regards et les travaux divers de raccordement, devront être tenues ouvertes jusqu'à la réception des travaux ;

3° Dans les endroits où les terres s'effritent et retombent dans la tranchée, celle-ci devra être étrésillonnée par des planches et des bois placés debout ;

4° Le remblai ne devra être fait que par couches d'une épaisseur maximum de 30 centimètres à chaque fois et être fortement pilonné ;

5° La qualité des briques pour maçonnerie souterraine sera soigneusement examinée : elles devront être bien cuites et sans noyaux de chaux ni cassures, et le mortier sera composé d'un tiers de chaux hydraulique et de deux tiers de sable ;

6° Les drains doivent être garantis libres de toute obstruction ;

7° L'entrepreneur est responsable des accidents qui pourraient survenir par des chutes dans les tranchées, qu'il devra éclairer la nuit dans le voisinage des voies de communication ;

8° Les vannes d'arrêt ou de distribution, si les eaux du drainage sont destinées à l'irrigation, devront être spécifiées au devis avec le détail de leur construction.

Dans le calcul des longueurs du plan ci-joint (fig. 62), qui s'applique à l'établissement d'un parc où le drainage peut être effectué par de simples tranchées dont le fond est garni de plâtras, de moellons ou de branchages, il sera facile de lire la direction de l'écoulement des eaux.

Deux drains collecteurs amènent toutes ces eaux à l'étang situé de l'autre côté de la route. Le premier de ces drains part de la maison du jardinier, au nord, traverse le jardin potager, recueille sur son passage les eaux des écuries et des serres, puis celles de tous les terrains avoisinant le château, et, passant à l'ouest de la pièce d'eau, traverse la route et se jette dans l'étang. Le second commence au poulailler, draine la ferme, le verger et les pelouses avoisinantes et récolte toutes les eaux à l'est de la propriété.

Cette opération n'est pas coûteuse et, si elle est bien ordonnée, elle produira une végétation superbe et régulière, qui compensera largement les sacrifices faits. On trouvera plus loin l'indication des divers procédés usités pour ces drainages économiques.

3° CONSTRUCTIONS.

Le devis des travaux d'un parc ou d'un jardin comprend presque toujours des constructions. Si, à la première vue, il est naturel de reporter un certain nombre d'entre elles à l'industrie du bâtiment proprement dite, une grande partie peut rentrer cependant sous la direction de l'architecte-paysagiste. J'ai déjà fait remarquer que cet art si complexe doit s'harmoniser avec toutes les parties des œuvres qu'il produit. Les constructions accessoires d'un parc n'échappent pas à cette loi. Si plusieurs artistes dirigent l'ensemble, l'unité disparaîtra et le résultat sera inévitablement mauvais. De deux choses l'une : ou l'architecte qui sera substitué au paysagiste dans ces travaux aura un talent personnel qu'il voudra faire prévaloir aux dépens des idées de son collègue, où il manquera de goût et son influence sera pire encore. L'idéal serait de voir l'architecte de bâtiments et l'architecte-paysagiste travailler dans une union parfaite; mais il faut compter avec la faiblesse humaine et souvent ce rêve est irréalisable. Dans cet état de choses, c'est au paysagiste à doubler son savoir professionnel de celui de l'architecte proprement dit et d'être en état de donner au moins la direction artistique aux travaux accessoires de construction des parcs et jardins.

La même série de prix de la ville de Paris peut servir de base aux évaluations de travaux de ce genre, en lui faisant subir les réductions ou augmentations proportionnelles aux prix usités dans la région où l'on opère. Dans quelques départements de France, les chefs-lieux de préfecture possèdent des séries de prix analogues reconnues par les architectes et les entrepreneurs du pays. L'usage devrait en être plus répandu; il éviterait bien des contestations et des malentendus.

Ce sujet comporterait de longs développements. Il suffira d'indiquer ici les principaux travaux de construction qui peuvent être soumis à un architecte-paysagiste, et entrer dans les devis qu'il doit préparer :

1° Des murs de soutènement, pour digues, éboulements, sauts de loup, etc., sont fréquemment nécessaires. Ils doivent être évalués suivant les prix de grosse maçonnerie du pays, en y ajoutant, au besoin, une plus-value pour exécution soignée;

2° Les vannes de décharge des étangs comprennent les murs d'appui, le canal exutoire, les vannes elles-mêmes, l'établissement de radiers qui demandent un soin particulier et ne peuvent être construits que sur les mesures et après l'autorisation donnée par le service des ponts et chaussées ;

3° Les terrasses et leurs abords, dans les jardins symétriques, sont du domaine des jardins et touchent par leurs proportions, leur ornementation,

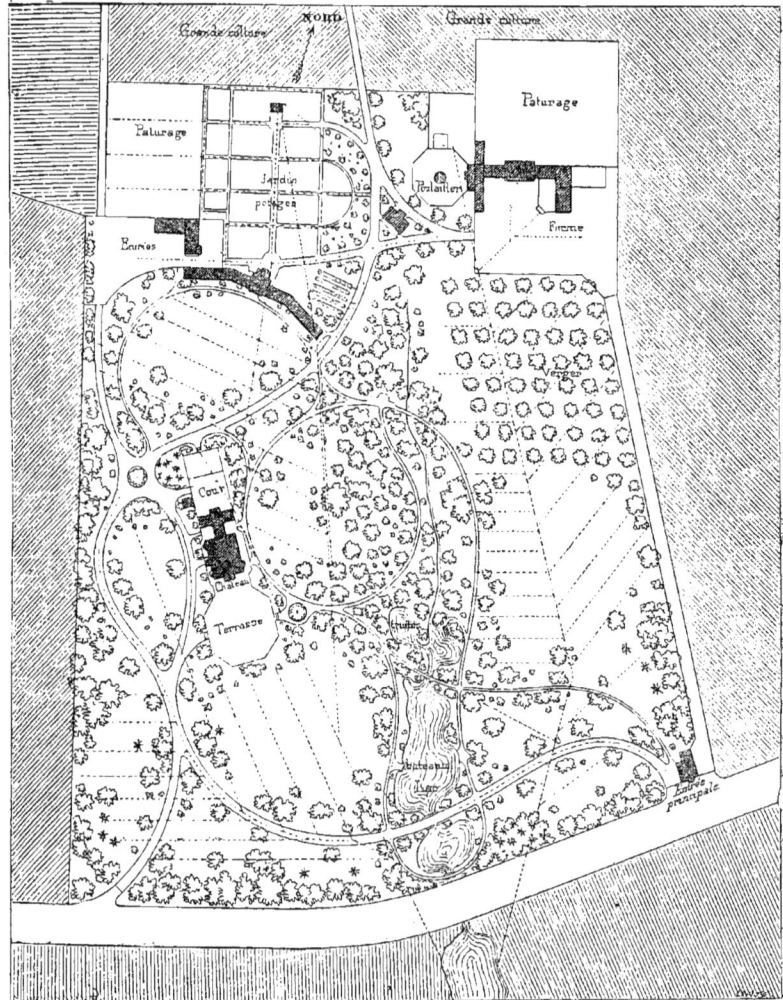

Fig. 62. — Plan du drainage de la propriété de Masquetux, d'après Weidenmann.

l'arrangement des balustres et des escaliers, à de véritables questions d'art architectural qui réclament un goût épuré et un travail attentif ;

4° Les entrées des parcs et jardins peuvent être monumentales, simplement pittoresques, ou rustiques, et doivent toujours s'approprier au site, à l'importance et au style de la propriété. Le devis doit comprendre la maçonnerie des pilastres, le poids et le prix du fer pour travaux de serrurerie, ou du travail de charpente s'il s'agit d'une porte en bois, sans négliger la peinture et les accessoires ;

5° Les ponts, ponceaux, caniveaux, aqueducs en pierre, seront encore portés au devis après que leur dessin aura été soigneusement étudié. Quant aux ponts, soit en bois de charpente ou en bois rustique, ils rentrent à plus forte raison dans l'architecture paysagère ;

6° Les bassins, rivières, ruisseaux, pièces d'eau, s'ils nécessitent un fond de béton ou de maçonnerie pour être étanches, sont encore à porter au devis, avec spécification détaillée ;

7° Il en est de même des rochers, qui seront l'objet d'un chapitre important de ce livre ;

8° Les kiosques, pavillons, tonnelles, volières, constructions d'ornement, les serres, les murs d'espalier dans les potagers, sont autant d'accessoires du même genre que je ne fais qu'indiquer au passage ;

9° Enfin nous verrons, au chapitre « communs, fermes, dépendances diverses, maisons de garde et de jardinier », que l'art des jardins doit exercer une influence prépondérante sur ces constructions, si on désire qu'elles soient appropriées à l'ensemble.

4° CANALISATION.

Grâce aux perfectionnements récents de la science hydraulique, on a popularisé les moyens d'établir un arrosage facile et abondant pour les propriétés d'agrément. Un grand nombre de parcs et de jardins possèdent un système de canalisation souterraine qui permet de pouvoir compter toujours sur la provision d'eau nécessaire à l'arrosage des légumes, des fleurs et des pelouses, et à l'entretien des pièces d'eau. Cet approvisionnement est aujourd'hui un point capital. Dans l'étude du projet d'ensemble et par conséquent du devis, il tiendra une place considérable, digne de toute notre attention.

Les prises d'eau peuvent se faire de plusieurs manières :

1° Par une *emprise* libre sur le cours d'une rivière ou d'un ruisseau ou le trop-plein d'un étang, et conduisant la dérivation à un réservoir général. Dans ce cas, le devis doit prévoir la construction de la prise et les tuyaux de conduite, en maçonnerie, en terre cuite ou en fonte, et l'établissement du réservoir avec chambre isolante pour les dépôts alluviaux, etc.;

2° Par des captations de sources, dont je parlerai plus tard avec détail. Cette opération comprend les canaux de recherche des sources, des murs étanches et des conduits à faible pente réunissant les eaux dans une citerne d'autant plus vaste que l'afflux habituel des sources est moins considérable ;

3° Par un bélier hydraulique, si l'on possède une chute d'eau régulière d'au moins 80 centimètres de hauteur. L'effet utile d'un bélier est peu considérable, son prix d'établissement est relativement élevé; mais comme il fonctionne ensuite sans dépense et presque sans entretien, on doit en recommander l'usage comme moteur économique. Le devis devra considérer, pour établir un bélier, la maçonnerie de la chute et de la batterie, la petite construction qui protégera l'appareil des accidents du dehors, la colonne d'ascension en fonte, le réservoir et la distribution de l'eau, etc. ;

4° Par moulins à vent. Ces appareils, peu recommandables jusqu'à ces derniers temps à cause des fréquentes dislocations qu'ils recevaient, étaient rarement employés ; mais une invention nouvelle, celle de la *turbine éolienne* de M. B...., du Mans, est aujourd'hui jugée excellente. Ce moulin à vent, entièrement construit en métal, se règle automatiquement, fonctionne à merveille et son inventeur le place à forfait en garantissant la réussite, pourvu qu'il soit placé dans un endroit découvert. Son seul inconvénient est le prix, qui reste encore élevé ;

5° La roue hydraulique, s'il existe une chute d'eau assez régulière, est un excellent moteur. Elle se compose de quelque ancien moulin dont la machinerie est encore en état de service, et alors des réparations seulement sont nécessaires ; ou bien elle nécessite une construction spéciale et des études qui sont du domaine de l'ingénieur. Ce moteur emploie l'eau même de la rivière pour la monter au point voulu, ou il fait mouvoir des corps de pompe situés dans un puits voisin, si le cours d'eau ne peut être entraîné. Dans ce cas, la colonne d'ascension, le réservoir et la distribution suivent les règles que j'ai indiquées plus haut ;

6° Le manége et ses diverses variétés viennent ensuite. Il se compose de plusieurs corps de pompe en rapport avec une roue horizontale engrenée sur les pignons nécessaires et mue par un cheval ou un âne, etc. C'est le procédé employé par les maraîchers de Paris. Le devis comprend l'établissement du manége, la construction du puits, la canalisation, le réservoir, etc.

Dans le Midi, ce manège est remplacé par la *noria*, chaîne à godets qui monte l'eau par un mouvement analogue au précédent et qui rend aussi de signalés services ;

7° Enfin une méthode qu'il ne faut indiquer que pour mémoire est celle des pompes à main, de modèles très-divers, employées à remplir les tonneaux d'arrosage communiquant entre eux des petits jardins. Ce procédé est le moins coûteux par ses frais d'établissement, mais il est onéreux par la main-d'œuvre incessante.

L'eau étant aspirée, il faut l'emmagasiner et la distribuer.

Le devis doit comporter la construction d'une tour qui supportera le réservoir si l'on ne possède pas de quoi le placer à la hauteur nécessaire. Le minimum de hauteur où il doit reposer sera de 5 mètres environ, afin que la pression soit suffisante pour un bon arrosage.

Le réservoir est généralement fait en tôle, d'une épaisseur de 2 à 4 millimètres, suivant la quantité d'eau à contenir. On ne doit pas faire ces réservoirs d'une contenance moindre de 10 mètres cubes, si l'on veut se garer contre l'éventualité d'une sécheresse prolongée. Le réservoir sera muni d'un tuyau de trop-plein et d'un autre de vidange.

Les conduites de distribution des eaux *forcées* doivent être en fonte, à emboîtements et brides. Il en existe plusieurs modèles recommandables. On doit conseiller généralement de ne pas choisir des tuyaux trop petits, sous le prétexte d'une économie mal entendue, de peur qu'ils ne soient insuffisants si l'on voulait augmenter ultérieurement la surface à arroser. La conduite de distribution principale ne doit jamais avoir moins de $0^m 060$ de diamètre, et les plus petites moins de $0^m 021$. Des raccords en tuyaux de plomb mettent ces derniers tuyaux en communication avec les robinets et bouches d'arrosage.

Le devis doit comprendre encore : les coudes, manchons, robinets, bouches d'arrosage, tuyaux en cuir montés sur chariot, cols de cygne, chariots à pluie, clés, etc., qui se trouvent chez les entrepreneurs de travaux de canalisation.

La construction des bassins d'arrosage, depuis le tonneau goudronné des potagers, ou la cuvelle en brique et en ciment cerclé de fer, jusqu'aux vastes récipients en pierre taillée ou en marbre, avec gerbes et jets d'eau, ornements des jardins symétriques de grand style, rentre dans l'industrie du bâtiment et sera traitée en son lieu et place.

Le creusement des tranchées à 50 centimètres de profondeur minimum, pour éviter l'action des gelées, les regards pour visiter les robinets, les installations intérieures des conduits, sont autant de points que le devis doit prévoir avec soin.

5° LES PLANTATIONS.

Le devis des plantations demande des connaissances spéciales auxquelles rien ne peut suppléer, si le rédacteur n'a pas été de longue date versé dans la pratique de la culture des arbres de pépinière. Un grand nombre de parcs et jardins, abandonnés à la fantaisie d'un fournisseur ignorant, sont déplorablement plantés.

Lorsque les essences ont été choisies suivant le style, le genre et les scènes, la nature du terrain, l'étendue de la propriété, le climat, etc., la rédaction du devis doit s'établir ainsi :

1° Relever sur le plan, ou plutôt sur le terrain même, la surface des massifs à planter. Comme les périmètres de ces figures sont très-irréguliers, il faut une certaine habitude pour arriver à des évaluations exactes;

2° La surface étant connue, évaluer la quantité d'arbres et d'arbustes nécessaires, suivant qu'il s'agit de massifs forestiers, de parcs d'ornement, de jardins plus ou moins étendus. La table ci-jointe, indiquant les quantités à planter par hectare suivant certaines distances, facilitera ce travail.

Il donnera le moyen de faire les réductions proportionnelles pour les petites surfaces.

NOMBRE D'ARBRES A PLANTER A L'HECTARE
A DES DISTANCES VARIANT ENTRE 0^m,50 ET 10 MÈTRES.

à 0^m,50	40.000	à 4^m,00	625
à 1^m,00	10.000	à 4^m,50	493
à 1^m,50	4.436	à 5^m,00	400
à 2^m,00	2.500	à 6^m,00	276
à 2^m,50	1.600	à 7^m,00	204
à 3^m,00	1.090	à 8^m,00	156
à 3^m,50	812	à 10^m,00	100

Ces chiffres seront augmentés si les massifs bordent des allées, près desquelles les plantations devront être plus rapprochées. On trouvera plus loin des applications de cette méthode de planter.

Quand le numéro des massifs et leur contenance sont portés au devis, on procède à la spécification des essences et à l'indication de la force des sujets. Les termes employés dans les pépinières françaises sont :

    Arbres à haute tige;
    — à demi-tige ou baliveaux;
    Arbustes ou touffes à feuilles caduques;
    — — à feuilles persistantes;
    Conifères, de hauteurs variables;
    Arbres isolés de choix, de tailles et prix variables;
    Arbustes sarmenteux ou grimpants;
    — de terre de bruyère;
    Plantes vivaces de pleine terre;
    Plants forestiers, repiqués d'une ou plusieurs années;
    — d'arbres et d'arbustes d'ornement, au cent ou au mille;
    Arbres fruitiers à haute tige;
    — — pyramides;
    — — nains ou d'un « bourgeon »;
    — — formés, avec taille préparatoire.

Enfin les sujets très-forts non *marchands*, suivant l'expression consacrée, doivent être vendus de gré à gré et ne rentrent pas dans les évaluations des devis ordinaires.

Les fournitures d'arbres sont effectuées à pied d'œuvre ou sur le lieu de la pépinière, en comptant le transport en plus. Dans ce cas, les évaluations doivent être faites en conséquence. Mais il est préférable, dans un devis, de considérer le prix des marchandises fournies toujours à pied d'œuvre, emballage compris, et d'augmenter à cet effet de 10 pour 100 le prix de l'unité.

Au prix d'achat s'ajoutera celui de la mise en place, mais dans un article à part. On devra, à cet effet, laisser une marge assez grande aux évaluations et, s'il est possible, confier cette opération à des jardiniers à la journée, car elle est d'ordinaire assez mal exécutée. C'est une dépense sur laquelle il n'y a point à chercher d'économies.

Le prix des arbres varie beaucoup suivant les divers pays, et même dans une seule localité. On peut se les procurer généralement à meilleur marché dans les grands centres de pépinières, comme Angers et Orléans en France, Boskoop et Gand en Belgique, etc. Mais l'éloignement, le prix élevé du transport sont souvent des obstacles, soit par l'augmentation des prix, soit parce que les arbres sont mutilés par de longs transports. Ces diverses considérations doivent être mûrement pesées par l'architecte avant de faire ses commandes.

Il est utile de transmettre au pépiniériste la copie de l'état des plantations distribuées par massifs au moyen de numéros d'ordre, et de faire livrer les plantes rassemblées par paquets composés et numérotés suivant cette distribution. Sans doute, c'est un surcroît de travail pour l'horticulteur marchand, qui aimerait mieux rassembler les divers sujets d'une même espèce destinés à plusieurs massifs et en faire un unique ballot. Mais outre que cette précaution est indispensable pour éviter les erreurs de l'ouvrier planteur, elle permet de varier les forces des arbres et des arbustes au moyen d'observations faites sur le devis même et dont le pépiniériste tiendra forcément compte.

Pour avoir une idée des prix moyens des arbres et arbustes livrables dans la plus grande partie de la France, on pourra se reporter à la partie concernant les plantations, dans les modèles de devis qui vont suivre. Cependant, je dois faire remarquer que ces prix ne sont pas ceux des pépiniéristes des environs de Paris, généralement plus élevés en raison de la cherté de la main-d'œuvre et des loyers. On pourra se rappeler que les prix des arbres et arbustes d'ornement sont plus élevés dans le nord, l'est de la France et la Normandie que dans le centre et la vallée de la Loire ; à Orléans ils sont modérés, mais les sujets sont souvent faibles ; à Angers les collections sont riches, les sujets beaux et vigoureux, mais d'une reprise parfois difficile ; à Paris les arbres fruitiers formés dans quelques établissements ont une grande supériorité ; le Calvados, l'Orléanais, le Forez, sont renommés pour l'énorme production des jeunes plants de conifères et d'autres végétaux ; la Brie est surnommée la terre des roses, Lyon et Paris lui disputent cette gloire ; enfin la grande production des arbres fruitiers communs est en Anjou.

Il me serait facile de citer des noms d'établissements recommandables, mais tout ce qui peut ressembler de près ou de loin à une réclame doit être rigoureusement exclu de ce livre.

La transplantation des gros arbres, en motte ou à racines nues, a été l'objet d'une grande faveur depuis vingt-cinq ans. Cette opération était connue depuis la plus haute antiquité, mais elle n'a reçu en France une vive impulsion qu'à l'occasion des embellissements du nouveau Paris. Un service spécial a été créé avec un personnel habile et un matériel considérable de chariots et accessoires, destiné à orner les promenades publiques de ces vieux arbres ; ils ont fourni un ombrage immédiat et ont très-bien réussi, à de rares exceptions près.

Le succès dépend des essences employées. On trouvera, dans un chapitre spécial, des indications sur ce sujet.

Le devis de ces grosses plantations peut s'établir facilement, depuis que la ville de Paris loue ses chariots aux conditions suivantes :

CHARIOTS.	LONGUEUR du chariot.	DIAMÈTRE de la motte.	CIRCONFÉRENCE de l'arbre.	PRIX PAR JOUR.
N° 4	$2^m,00$	$1^m,80$	$1^m,15$	10^f
N° 7	$1^m,60$	$1^m,50$	$0^m,60$ à $0^m,70$	5
N° 8	$1^m,60$	$1^m,50$	id.	5
N° 9	$1^m,50$	$1^m,40$	$0^m,50$	5

Pour obtenir la location d'un de ces chariots, il suffit d'adresser une demande à M. le Directeur des travaux de Paris, à l'Hôtel de Ville.

Dans ces derniers temps, un entrepreneur de Paris se chargeait à forfait de ces sortes de plantations, d'après une série de prix qu'il est bon de reproduire. Ces chiffres ne comprenaient pas le prix d'acquisition des arbres, qui peut varier de 10 à 100 francs suivant la force, la beauté et la rareté des sujets.

PRIX D'ENTREPRISE :

Arbres de $0^m,30$ à $0^m,45$ de circonférence................................. 25^f «
— de $0^m,46$ à $0^m,60$ — .... 30 »
— de $0^m,61$ à $0^m,90$ — .... 45 »
— de $0^m,91$ à $1^m,20$ — .... 70 »
— de $1^m,21$ à $1^m,50$ — .... 90 »
Touffes d'arbustes et arbres verts, en bac, de $0^m,40$ à $0^m,60$ de diamètre........ 10 »
— — — de $0^m,61$ à $0^m,90$ — .... 15 »
Plus-value pour terrains difficiles................................. 5 »

PRIX SUR SÉRIE :

Un chef d'atelier..................................... 6 »
Un terrassier.. 4 50
Un charretier....................................... 4 50
Un gardien de jour.................................. 2 50
— de nuit................................... 3 »
Un cheval harnaché.................................. 7 »

Ces prix d'entreprise étaient souvent réduits de 20 pour 100 par l'entrepreneur pour la transplantation sur place. Le transport, au contraire, était l'objet d'une plus-value de 15 à 30 centimes par 100 mètres, suivant la force des arbres.

RÉDACTION DU DEVIS.

Au moyen des éléments qui précèdent, nous pouvons commencer la rédaction d'un devis et du cahier des charges. Nous avons vu que, pour des travaux d'une grande importance, le devis doit être divisé en autant d'entreprises distinctes qu'il y a de genres de travaux prévus. Il n'en est pas de même pour la plupart des travaux privés, et l'on aura presque toujours un avantage à réunir l'ensemble dans une seule main.

Cette dernière hypothèse me guidera pour rédiger les modèles de devis suivants, que je donne comme applicables à une grande propriété comprenant un certain nombre de travaux divers. Pour les travaux de terrassement, je me suis servi des prix de la série de la ville de Paris, précédemment indiquée. Les travaux de bâtiment, calculés d'après la même série, n'ont point reçu de détail, pour éviter un développement excessif; ceux de canalisation sont évalués d'après le tarif des principales compagnies spéciales de Paris; ceux de plantation, d'après ma propre expérience et les prix des catologues d'Angers, en comptant que pour de grandes quantités, les pépiniéristes consentiront à fournir les végétaux à pied d'œuvre sans augmenter leurs prix de catalogue.

CONTRAT, DEVIS ESTIMATIF ET CAHIER DES CHARGES

POUR LES TRAVAUX DE TERRASSEMENT, DRAINAGE,
JARDINAGE, CONSTRUCTION ET CANALISATION, ET LES FOURNITURES
A EFFECTUER DANS LA PROPRIÉTÉ DE M. X...., A....,
DÉPARTEMENT DE....

M. N...., architecte.

1° CONTRAT.

Entre les soussignés :

M. A..., propriétaire, demeurant à....
    D'une part;
Et M. B..., entrepreneur, demeurant à....
    D'autre part;
Ont été faites les conventions suivantes :

ARTICLE PREMIER. — M. A... confie à M. B..., qui accepte, les travaux et fournitures à effectuer dans son parc de...., sous les ordres et d'après les plans de M. C..., architecte.

ARTICLE 2. — M. B... se maintiendra dans les indications du devis estimatif et du cahier des charges ci-annexés pour les travaux à exécuter et les quantités et qualités de matériaux à fournir, à moins de modifications jugées nécessaires et agréées par l'architecte. Il se soumettra aux indications fournies par les plans et profils adoptés et fixés sur le terrain par l'architecte des travaux ou son représentant. Il suivra également la direction qui lui sera donnée pour l'exécution des travaux.

Article 3. — Les transports de terre seront faits, suivant la qualité du sol, aux endroits indiqués par le contre-maître des travaux, conformément aux prescriptions de l'architecte. Ils seront relevés quotidiennement sur un carnet d'attachements tenu par le contre-maître et signé par l'entrepreneur pour acceptation.

Article 4. — L'entrepreneur devra fournir à ses frais les ouvriers, outils et matériel nécessaires pour la bonne exécution des travaux. Il sera responsable des dégâts de toute nature qui pourraient venir du fait de ses ouvriers, lesquels devront être d'une conduite irréprochable et être agréés par le propriétaire et l'architecte. Tout homme qui commettrait une action répréhensible serait renvoyé sur-le-champ par le contre-maître.

Article 5. — Les quantités approximatives portées au devis estimatif ci-annexé ne sont nullement garanties. Les cubes seront évalués d'après les quantités exactes relevées sur le terrain, et l'entrepreneur ne pourra, dans aucun cas, se prévaloir des quantités évaluées par anticipation. Les cubes d'extraction seront comptés d'après les témoins qu'on aura laissés sur le sol déblayé. Le mesurage aura lieu, soit au cours des travaux, soit après leur achèvement, et par estimation contradictoire entre l'architecte ou son représentant et l'entrepreneur.

Article 6. — Les sous-entrepreneurs qui seront choisis pour exécuter diverses parties des travaux devront être agréés par l'architecte; ils seront soumis aux conditions des devis et cahier des charges, et l'entrepreneur général sera seul responsable de leurs travaux et fournitures.

Article 7. — Les matériaux fournis seront tous de première qualité dans leur espèce; les végétaux, des essences spécifiées au devis des plantations et des forces indiquées, de croissance vigoureuse, ni brisés, ni meurtris, ni gelés; les ciments de la marque indiquée par l'architecte.

Article 8. — Les travaux seront commencés le......, seront continués avec régularité et activité et seront terminés le...... Si l'architecte pensait qu'ils ne peuvent être livrés en temps utile par la faute ou la négligence de l'entrepreneur, le contrat serait résilié après un premier avertissement donné dix jours avant l'arrêt des travaux.

Article 9. — Les paiements seront faits d'après les relevés de situation présentés par le contre-maître des travaux et certifiés par l'architecte. Ils auront lieu en trois fois différentes, et par parties égales : la première, lorsque la première moitié du travail sera effectuée, la seconde à la fin de l'entreprise. Le troisième paiement, retardé pour garantie, sera fait six mois seulement après l'achèvement des travaux.

Article 10. — En cas de contestation, le propriétaire et l'entrepreneur conviennent de s'en rapporter à l'arbitrage de l'architecte des travaux et de M. l'agent-voyer du canton de X... En cas de partage, ces messieurs pourront s'adjoindre un tiers-arbitre dont la décision sera acceptée sans appel par les parties intéressées.

Article 11. — Si le propriétaire, M. A..., est satisfait de la conduite et de la rapidité d'exécution des travaux, il pourra, par dérogation à l'article 9, faire à l'entrepreneur des paiements de quinzaine en quinzaine, suivant un état de situation présenté par le contre-maître des travaux et approuvé par l'architecte.

N. B. — Ici pourront prendre place des clauses additionnelles inspirées par les conditions particulières des travaux, et un certain nombre des articles que j'ai indiqués plus haut comme mis en usage dans les administrations de l'État.

Fait double à......, le...... mil huit cent......

Signé : A...., propriétaire.

Signé : B...., entrepreneur.

B. DEVIS ESTIMATIF

Pour faciliter l'intelligence de cette pièce importante, il est utile d'en pouvoir suivre l'explication sur un plan de situation. Cette condition se trouve remplie dans le plan ci-joint, fig. 63. — La position des travaux de terrassement effectués y est indiquée par des lettres au milieu des pelouses et la légende ci-jointe aidera à la rédaction du devis.

A, B, C, D, E. Grandes pelouses vallonnées.
B'. Bâtiments des communs.
D', D". Massifs forestiers.
F. Massifs d'arbres et d'arbustes.
G. Groupes d'arbres à haute tige.
I. Massifs de rhododendrons.
J. Massifs d'arbres et d'arbustes d'ornement.
K. Cabane aux oiseaux d'eau.
L. Peupliers de la Caroline.
M. Massifs de rhododendrons.
N. Grande avenue d'Ormes.
O. Groupe de cyprès de la Louisiane.
P. Massifs d'arbres et d'arbustes d'ornement.
Q. Arbres d'ornement, isolés.
R. Massifs forestiers et d'ornement.
S. Massifs d'arbustes à feuilles persistantes.
T. Massifs forestiers masquant l'entrée.
U. Jardin fleuriste symétrique avec bassin.
V. Jardin potager.
X. Verger.
Y. Butte et rochers, point de vue.
Z. Corbeilles de fleurs.

a. b. Groupe de peupliers.
c. Pont rustique.
d. Massifs forestiers.
e. Petite pièce d'eau.
f. Grand lac (partie).
g. Cabane des oiseaux d'eau.
h. Butte avec kiosque et roches.
i. Banc sur gazon.
j. Banc point de vue.
l. Entrée de l'allée d'arrivée.
m. Massifs forestiers en taillis.
n. Garde-concierge.
o. Gymnase.
p. Rochers des plantes alpines.
q. Embarcadère.
r. Serres.
s. Cour de service.
t. Groupes de conifères.
u. Grand rond-point de l'avenue.
v. Terreaux, rempotages, etc.
x. Châssis de couches.
y. Salle de repos.

Par le modèle ci-joint, j'ai voulu fournir un exemple des nombreux devis de jardins qui peuvent être rédigés avant de commencer les travaux et familiariser mes lecteurs avec le langage technique employé par les administrations de travaux publics et les architectes-paysagistes. On évitera ainsi ces libellés vulgaires et diffus, généralement répandus : « *pour avoir transporté des terres à....; pour avoir planté un arbre et avoir fourni un tuteur* », etc. Les travaux de jardins doivent être décrits avec un langage approprié, précis, comme ceux des chemins de fer, de l'architecture et de l'industrie. La rédaction de ces devis pourra varier d'ailleurs suivant les diverses régions où les travaux seront exécutés.

MODÈLES DE DEVIS.

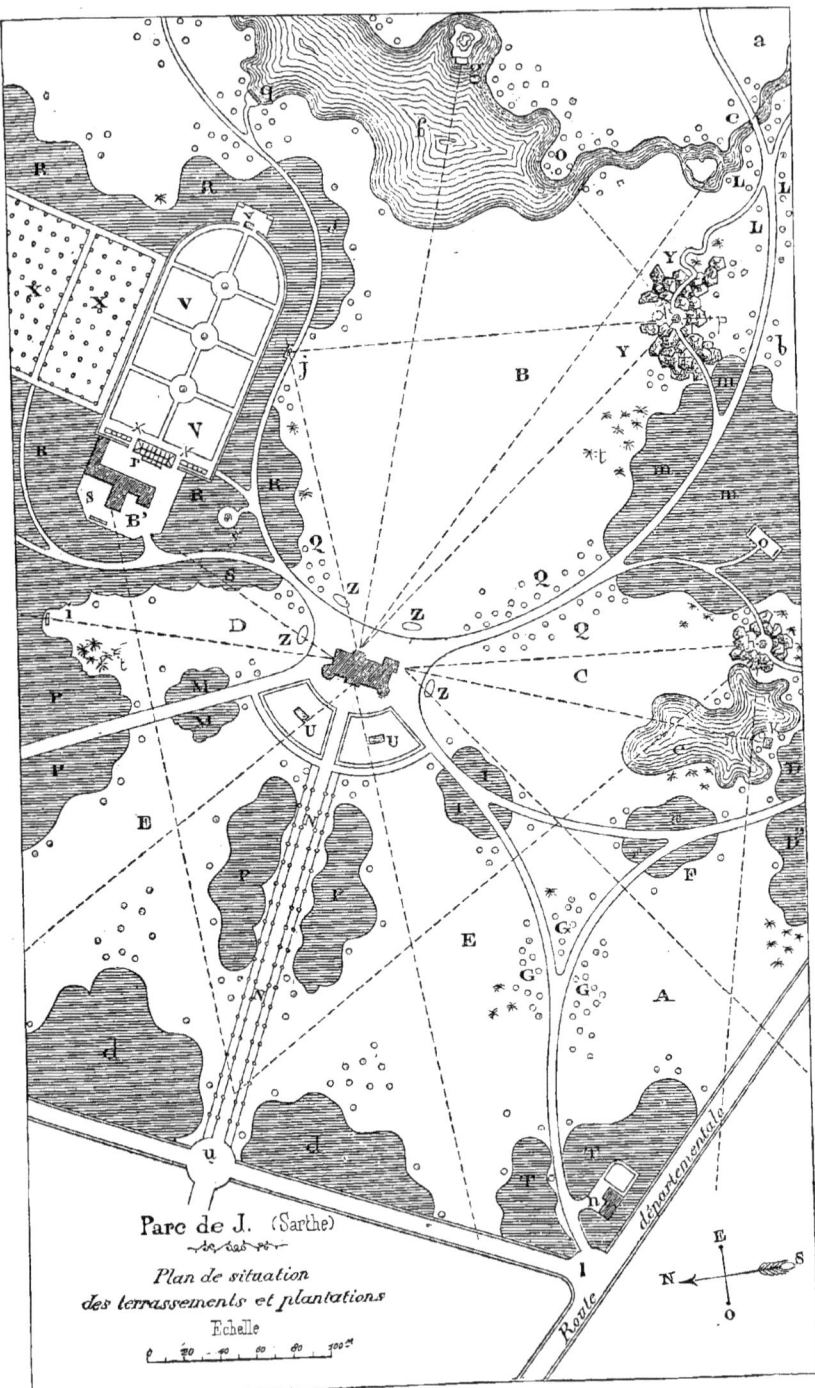

Fig. 63. — Plan de situation des travaux d'un parc.

Nos d'ordre.	DÉSIGNATION DES ARTICLES.	QUANTITÉS.	PRIX de l'unité.	SOMMES.	OBSERVATIONS.
	1° TERRASSE				
	Pelouses a *et* b.				
1	Heures d'ouvriers terrassiers employés à arracher les souches, fagoter et enlever le bois dans les percées....	156	0f 53	82f 68	Les lettres se rapportent au plan d'exécution remis au conducteur des travaux.
	Déblai de la pelouse A.				
2	Mètres cubes de retroussement des terres végétales, sur une épaisseur de 0m 50 et une superficie de 3,360 mètres, à compter pour fouille, charge en brouette et transport à un relais.....	1,680	0.96	161.28	
3	Mètres cubes de déblai de la mauvaise terre pour remblayer la grande entrée située à 4m,30 en contre-bas de la route, à compter pour fouille, chargement en brouette, transport à quatre relais et régalage.................	3,361.60	1.77	5,896.93	Moitié de ce terrassement avec difficulté.
	Les deux autres tiers de cette pelouse à compter pour fouille avec plus-value de fouille dans la roche dure, charge en tombereau et transport à 100 mètres....................	2,723.20	3.05	8,305.76	Formation du vallonnement.
4	Mètres superficiels de règlement de la pelouse, à compter pour reprise du travail ci-dessus.................	6,895.70	0.07	482.69	
5	Mètres cubes de rocher en pierres sèches, sans mortier ni ciment, à compter pour main-d'œuvre seulement.	3	15.00	45.00	Roches trouvées sur place.
6	Mètres linéaires de bordures des allées, à compter pour réfection après règlement de la pelouse............	575	0.05	28.75	
	Déblai de la pelouse B.				
7	Mètres cubes de déblai dans la terre glaise, à compter pour fouille, charge en brouette, transport à quatre relais et régalage	8,718.35	2.01	17,523.88	Une plus-value de 0 f, 24 est accordée pour fouille et chargement dans la glaise.
8	Mètres superficiels de défonce à 0m,40 de profondeur sur divers points de cette pelouse.................	2,311	0.42	970.62	
9	Mètres superficiels de règlement de la pelouse, à compter pour reprise...	7,049.85	0.07	493.48	
10	Mètres linéaires de bordures des allées et filets..................	780	0.05	39.00	
	Rocher du milieu de la pelouse.				
11	Mètres cubes de déblai sur l'emplacement, à compter pour fouille, charge,				

Nos d'ordre	DÉSIGNATION DES ARTICLES.	QUANTITÉS.	PRIX de l'unité.	SOMMES.	OBSERVATIONS.
	transport à trois relais de brouette et régalage, avec plus-value pour extraction dans la glaise...............	300.00	1.64	492.00	
12	Mètres cubes de roches, à compter pour extraction et mise en place avec bardage, sans mortier ni ciment......	136.43	15.00	2,046.45	Roches trouvées sur place, main-d'œuvre seulement, mais avec échafaudages.
13	Mètres cubes de roches pour jointoiement extérieur en mortier de chaux hydraulique et sable de rivière......	72. »	0.58	41.76	
	Massif C.				
14	Mètres cubes de déblai d'un tiers de la surface générale (1,529m75) pour enlèvement de terres mises en décharge, à compter pour fouille, charge, transport à un relais et régalage.....	510	0.99	504.90	1,020m,00 à 0m,40 de profondeur.
15	Mètres cubes des deux autres tiers, à compter pour fouille, jet sur berge et régalage.....................	408	0.76	310.08	
16	Mètres superficiels, à compter pour règlement général avec vallonnement et défonce dans plusieurs endroits...	2,810.60	0.15	421.59	
	Massifs D D' D".				
17	Mètres cubes de terre végétale extraite de la propriété, à compter pour fouille, deux jets sur berge, charge, transport à deux relais et régalage ...	106.48	1.88	200.18	Pour l'exhaussem^t des massifs.
18	Mètres cubes de terre végétale, à compter pour retroussement sur place, fouille et jet de pelle...............	437.50	0.73	319.37	Reprise sur place pour formation de pelouse.
19	Mètres cubes de déblai de mauvaises terres, à compter pour fouille, charge, transport à un relais et régalage.....	112. »	0.99	110.88	Partie D", déblai sous la terre végétale.
	Pelouse E.				
20	Mètres cubes de pierres isolées, à enlever au tombereau et à transporter aux décharges publiques à 200 mètres.	30. »	1.37	41.10	Non utilisables.
21	Mètres cubes de massifs, à compter pour retroussement des terres végétales, fouille et jet de pelle..........	363.60	0.73	265.42	Sans transport.
22	Mètres superficiels, règlement dudit.	909. »	0.07	63.63	
23	Mètres linéaires de bordures	420. »	0.05	21.00	
	Grandes allées.				
24	Mètres cubes du sol des allées, à compter pour fouille à 0m30 de profondeur, charge, transport à un relais de brouette et régalage.............	1,450. »	0.99	1,435.50	Non compris empierrement.
25	Mètres superficiels de la grande avenue, à compter pour fourniture,				Empierrement sur 4m35 à 5 mètres de large.

ED. ANDRÉ. 18

Nos d'ordre.	DÉSIGNATION DES ARTICLES.	QUANTITÉS.	PRIX de l'unité.	SOMMES.	OBSERVATIONS.
	transport, répandage et cylindrage de cailloux cassés et sable............	3,176.75	1.50	4,765.12	
	Petites allées.				
26	Mètres superficiels, à compter pour piochage et règlement.............	4,530. »	0.24	1,087.20	A 0m20 de profondeur.
27	Mètres cubes de sable de rivière, à compter pour fourniture et transport..	135.90	8.30	1,127.97	Transport de 500 mètres en montant.
28	Mètres cubes de sable, à compter pour transport à la brouette, à deux relais en moyenne, et emploi dans les allées et terre-pleins..............	135.90	0.64	86.97	Sur 0m03 d'épaisseur
	Massifs Q R S T				
29	Mètres cubes de défonce pour préparer la plantation, à compter pour fouille, jet de pelle et régalage......	590. »	0.78	460.20	Avec piquage au fond.
	Jardin fleuriste symétrique U.				
30	Mètres cubes de déblai, à compter pour fouille, chargement, transport à deux relais de brouette et régalage...	2,269. »	1.26	2,858.94	Parties U U'.
31	Mètres cubes de mauvaises terres des plates-bandes à remplacer par des terres végétales, à compter pour fouille, charge, transport à deux relais et régalage...................	16.24	1.26	20.46	Calcul : 20m30 × 2m00 = 40m60 × 0m40 = 16m 24.
32	Mètres cubes déblai du cadre du boulingrin et de l'hémicycle, à compter pour fouille, charge, transport à deux relais et régalage...............	52.22	1.25	65.80	Calcul : 86m40 + 44m16 = 130m56. Profondeur : 0m40.
33	Mètres superficiels de règlement très-soigné, compris nivellement, confection de filets des bordures, terreautage, etc..................	2,893. »	0.25	723.25	Travaux de parterres avec bordures, pelouses, plates-bandes, etc.
	Fouille des bassins et de l'escalier.				
34	Mètres cubes de déblai des fondations du bassin et de l'escalier, à compter pour fouille, charge, transport à trois relais et régalage................	44.05	1.53	67.39	En partie dans le sol très dur.
	Emploi de terre végétale.				
35	Mètres cubes, à compter pour chargement, transport au tombereau et régalage........................	30. »	1.23	36.90	Approvisionnement en cavalier, déjà existant.
	Tranchées de canalisation.				
36	Mètres linéaires de tranchées, de 0m50 de large sur 0m60 de profondeur moyenne........................	1,289. »	0.56	721.84	

MODÈLES DE DEVIS.

N°s d'ordre	DÉSIGNATION DES ARTICLES.	QUANTITÉS.	PRIX de l'unité.	SOMMES.	OBSERVATIONS.
	Fournitures diverses.				
37	Mètres cubes de terreau de fumier de cheval, à compter pour fourniture et transport à pied d'œuvre.........	225. »	8.50	1,912.50	A plus de 500 mètres et en montant.
38	Mètres cubes de terreau, à compter pour charge, transport à deux relais de brouette et emploi................	225. »	0.91	204.75	Répandage, dressement et battage.
	Terre de bruyère.				
39	Mètres cubes de terre de bruyère en mottes, à compter pour fourniture et transport......................	15.25	16.00	244.00	A plus de 500 mètres pour la moitié seulement.
40	Mètres cubes de terre de bruyère, à compter pour cassage et emploi.....	15.25	1.50	22.87	Mise à part des racines.
41	Mètres cubes de gravois et immondices, à compter pour charge en tombereau et transport aux décharges publiques.......................	150.00	4.40	660.00	Prix usité à Paris seulement.
42	Journées d'élagueur pour anciens arbres existant sur la propriété......	21	6.00	126.00	
	Jardin potager V et Verger X.				
43	Mètres cubes de défonce, à compter pour fouille et jet de pelle..........	2,800. »	0.73	2,044.00	A 1 mètre de profondeur.
44	Mètres superficiels de règlement de la surface totale, comprenant formation des allées et tracé des carrés, plates-bandes et bordures................	2,800. »	0.10	280.00	Règlement au râteau fin.
45	Mètres superficiels de cylindrage et sablage des allées, à compter pour main-d'œuvre.....................	684. »	0.20	» »	Sur terrain de remblai.
46	Mètres cubes d'enlèvement de mauvaises terres, à compter pour fouille, charge et transport à deux relais.....	230. »	1.23	282.90	Fouille des serres et châssis.
47	Mètres cubes de sable pour les allées, à compter pour fourniture et répandage.......................	20.50	8.48	173.84	Prix pour l'intérieur de Paris.
48	Heures de nuit d'ouvrier terrassier pour épuiser l'eau dans une source à maçonner.......................	35	1.06	37.10	Les heures de nuit se comptent le double de celles de jour.
49	Mètres cubes de terre végétale fournie à pied d'œuvre.............	60.00	4. »	240.00	
	Gazonnement.				
50	Mètres superficiels de pelouse, à compter pour grattage à la fourche, fourniture et semis de la graine de gazon, à raison de 150 kilogrammes à l'hectare, compris râtelage et roulage.	8,706.00	0.05	435.30	
51	Kilogrammes de graines de gazon *(lawn grass)* pour semer les raccords,				

Nos d'ordre.	DÉSIGNATION DES ARTICLES.	QUANTITÉS.	PRIX de l'unité.	SOMMES.	OBSERVATIONS.
	bordures, etc., à compter pour fourniture seulement............	200. »	1.40	280. »	
52	Mètres superficiels de gazon plaqué sur les parties abruptes des rocailles, à compter pour fourniture et main-d'œuvre......................	130. »	0.70	91.00	Rochers Y. Gazon posé et battu.
53	Mètres superficiels de gazon plaqué sur les parties abruptes des rocailles et chevillé......................	45.00	0.80	36.00	Chevilles de bois fournies et posées.
	2° PLANTATIONS. Détail d'un massif montrant le mode d'évaluation et de distribution des diverses essences. *Massif* G, 60^m00 × 20^m00 = 1,200^m *superficiels.*				
54	Arbres à haute tige, plantés à 5 mètres carrés de distance, à compter pour fourniture à pied d'œuvre......... Orme à petites feuilles. Bouleau commun. Érable sycomore. Frêne commun. Saule à feuilles de laurier.	60	1.25	75.00	Essences forestières ou d'ornement, indigènes. Les tiges ont de 8 à 12 centimètres de circonférence à 1 mètre du sol, et de 2^m50 à 4 mètres de hauteur, suivant les espèces.
55	Arbres baliveaux en 1/2 tige, plantés à 5 mètres carrés de distance, à compter pour fourniture à pied d'œuvre...................... Alisier de Fontainebleau. Sorbier des oiseleurs. Alisier commun. Charme commun. Aubépine à fleurs roses. Érable champêtre.	60	0.60	36.00	Essences indigènes et exotiques. — De 4 à 8 centimètres de circonférence et de 1^m50 à 2^m50 de haut.
56	Arbustes en touffes à feuilles caduques, pour bordures, à 1^m20 de distance linéaire, à compter pour fourniture à pied d'œuvre............. Spirée de Fortune. — à feuilles de saule. — — de sorbier. Indigotier dosua. Forsythie verte. Weigélie rose. Symphorine rose.	133	0.50	66.50	De deux à trois ans de mise en pépinière, suivant la croissance des diverses espèces.
57	Arbustes en touffes à feuilles caduques, pour intérieur, à 1^m50 de distance.......................... Sureau marginé. — lacinié.	480	0.50	240.00	De deux ans de pépinière.

Nos d'ordre	DÉSIGNATION DES ARTICLES.	QUANTITÉS.	PRIX de l'unité.	SOMMES.	OBSERVATIONS.
	Sumac fustet.				
	Lilas variés.				
	Spirée de Lindley.				
	— à feuilles d'orme.				
	— d'Aria.				
	Groseillier sanguin.				
	Boule de neige.				
	Cytise à trois feuilles.				
	Buddléa de Lindley.				
	Amorpha glabre.				
	Deutzie crénelée.				
	Seringa à grandes fleurs.				
58	*Massif* I, 24^{m}00 × 20^{m}00 = 480^{m}00.				
	Arbres à haute tige, pour isoler, à planter à 6 mètres de distance en quinconce irrégulier............	12	2.00	24.00	Essences de choix.
	Érable à larges feuilles (fortes tiges).				
	Noyer noir d'Amérique.				
	Massif K, 70^{m}00 × 12^{m}00 = 840^m.				
59	Arbres résineux (Epicéas), de 1^{m}50 à 2 mètres de haut, en motte, fournis à pied d'œuvre..................	30	2.50	75.00	Massifs d'arbres résineux et d'arbustes à feuilles persistantes, pour cacher la cour des communs.
60	Arbustes à feuilles persistantes, pour bordures, à planter à 1^{m}20 de distance linéaire......................	80	0.60	48.00	
	Mahonias à feuilles de houx (en motte).				
61	Arbustes à feuilles persistantes (forts) pour l'intérieur, à planter à des distances variant entre 1^{m}50 et 2 mètres.	135	1.25	168.75	De deux à quatre ans de pépinière, suivant la croissance des espèces. Les prix varient suivant la force.
	Laurier de Portugal.				
	Alisier de la Chine.				
	Laurier amande.				
	Troëne à feuilles ovales.				
	Filaria à feuilles moyennes.				
	Aucuba du Japon.				
	Massif L, 30^{m}00 × 10^{m}00 = 300^{m}00.				
62	Rhododendrons hybrides greffés, fortes plantes, pour le fond........	15	10.00	150.00	Massif de terre de bruyère.
63	Rhododendrons hybrides greffés, plantes moins fortes, sur le devant...				Prix très-variables.
64	Kalmias à larges feuilles, en bordure, à 1^{m}50.	30 20	4.00 2.00	120.00 40.00	
	Massif M, au nord, 25^{m}00 × 10^{m}00 = 25^{m}00.				
65	Hortensias du Japon roses (forts)...	80	2.00	160.00	
	— de Thomas Hogg, blancs, en bordure.....................	25	3.00	75.00	

N° d'ordre.	DÉSIGNATION DES ARTICLES.	QUANTITÉS.	PRIX de l'unité.	SOMMES.	OBSERVATIONS.
	Massif N (*Avenue de 160ᵐ00*).				
66	Arbres à haute tige pour la grande avenue, forts et bien choisis, à 10 mètres de distance..................	72	1.50	108.00	Plantée en Ormes fauves d'Amérique sur quatre rangs.
	Massif O (*bord des eaux*).				
67	Arbres à haute tige, à 4, 5 et 6 mètres carrés de distance.............	40	0.75	30.00	
	Espèces communes : Aulne commun. Saule argenté. Frêne commun. Peuplier de Virginie. — d'Italie. Saule pleureur.				
68	Arbres à haute tige, à 4, 5 et 6 mètres carrés de distance (forts)........	15	1.50	22.50	Prix plus élevés, suivant la force.
	Espèces plus rares : Cyprès chauve de la Louisiane. Aulne à feuilles en cœur. — impérial. Peuplier du lac Ontario. Chêne des marais.				
	Massif P (*sous-bois*).				
69	Jeunes plants de Charme commun, repiqués de trois ans..............	5.000	30ᶠ⁰⁰/₀₀	150.00	
70	Jeunes plants de Viorne mansienne.	600	4ᶠ⁰/₀	8.00	
71	— Troëne commun...	2.000	20ᶠ⁰⁰/₀₀	40.00	
	Massif Q (*arbres isolés*).				
72	Grands arbres à haute tige, de dix ans d'âge, déplantés à racines nues, pour fourniture à pied d'œuvre..........	42	8.00	336.00	Tilleuls de Hollande, Marronniers, Peupliers.
	Massif R (*Conifères*). 82ᵐ00 × 43ᵐ00 = 3526ᵐ.				
73	Arbres résineux d'essences ordinaires, en plants repiqués de trois ans, bien choisis...................... Epicéa. Pin noir d'Autriche. — sylvestre. — Laricio de Corse.	3.526	15ᶠ⁰⁰/₀₀	52.90	A planter pour boiser, à raison de 10,000 à l'hectare, ou à 1 mètre carré de distance.
74	Arbres à feuilles caduques, en plants repiqués de deux ans............... Bouleau commun. Alisier de Fontainebleau.	300	2ᶠ50/₀	7.50	Pour contraste, sur la lisière du massif.
	Massif S. — *Rochers*.				
75	Arbres à haute tige, de choix, à port pleureur.....................	8	1.50	12.00	A distribuer dans les diverses poches de terre réservées entre les roches et sur les talus.

N° d'ordre	DÉSIGNATION DES ARTICLES.	QUANTITÉS.	PRIX de l'unité.	SOMMES.	OBSERVATIONS.
76	Arbustes rampants ou sarmenteux..	130	0.60	78.00	Espèces choisies.
77	Plantes vivaces variées..........	320	0.40	128.00	
78	Fougères......................	45	1. »	45.00	
79	Arbustes de terre de bruyère.....	31	1.50	46.50	
80	Plantes bulbeuses à fleurs........	140	0.25	35.00	
	Corbeilles de fleurs T.				
81	Plantes vivaces variées..........	218	0.40	87.20	Espèces ordinaires.
	Corbeilles de rosiers U.				
82	Rosiers nains, greffés de pied.....	240	0.75	180.00	
83	— — de bouture, en pots.	90	1.00	90.00	Pour bordure.
	Arbustes grimpants.				
84	Arbustes variés pour garnitures de murs, troncs d'arbres et rochers......	165	0.75	123.75	Plusieurs en pots.
	Isolés.				
85	Conifères de choix, de 2 à 3 mètres de hauteur, en bac, motte ou panier..	14	8.00	112.00	
86	Conifères de choix, de 2 à 3 mètres de hauteur, en bac, motte ou panier (moins forts)....................	35	3.00	105.00	
87	Arbres à haute tige, de force moyenne.	78	2.00	156.00	Essences de choix.
88	Arbustes variés, de choix.........	16	1.50	24.00	
89	Plantes vivaces, à feuillage ornemental......................	12	1.50	18.00	Espèces rustiques.
90	Plantes de serre, à feuillage ornemental......................	18	3.00	54.00	Pour une seule saison.
	Plantations au chariot. (Voir le tarif publié ci-dessus).				
91	Arbres de 1 mètre de circonférence, à 1 mètre du sol, à compter pour fourniture, déplantation en motte, emballage en fascines, transport au chariot à 500 mètres de distance, plantation, apport de 2 mètres cubes de terre végétale, et fixation de haubans en corde de fer..................	7	100.00	700.00	Marronniers, Tilleuls, Platanes, Peupliers, Sophoras, grands résineux.
92	Arbres de 1m20 de circonférence, à compter pour fourniture, déplantation en motte, emballage en fascines, transport au chariot à 500 mètres de distance, plantation, apport de 2 mètres cubes de terre végétale, et fixation de haubans en corde de fer............	2	160.00	320.00	Très-gros et très-beaux exemplaires de Marronniers rouges.
93	Conifères, en bacs de 1 mètre de diamètre, à compter pour fourniture, déplantation en motte, emballage en fascines, transport au chariot à 500 mètres de distance, plantation, apport de 2 mètres cubes de terre végétale,				Espèces de choix, Sapins Pinsapo, de Nordmann, *Thuiopsis*, etc.

Nos d'ordre.	DÉSIGNATION DES ARTICLES.	QUANTITÉS.	PRIX de l'unité.	SOMMES.	OBSERVATIONS.
	et fixation de haubans en corde de fer......................	4	50.00	200.00	
	Verger X.				
94	Arbres fruitiers à haute tige, pour plein-vent......................	125	1.50	187.50	Dimensions marchandes.
	Jardin fruitier V.				
95	Arbres fruitiers formés en palmette, à trois étages..................	38.00	6.00	228.00	Taillés à fruit.
96	Arbres fruitiers non formés, en pyramides de deux ans sur coignassier...	24	0.75	18.00	Une seule taille.
97	Arbres fruitiers formés en gobelet..	24	0.60	14.40	Une taille.
98	Pommiers nains sur Paradis.......	280.00	0.50	140.00	Pour cordons.
99	Groseilliers épineux et à grappes ..	48.00	0.40	192.00	En buissons.
100	Fraisiers à gros fruits, pour bordures........................	400	5.00	20.00	Variétés anglaises.
101	Fraisiers de Gaillon, sans filets, pour bordures......................	300	3.00	9.00	Rouge ou blanche.
102	Vignes pour espalier, en chevelée..	40	0.75	30.00	Système Thomery.
103	Pêchers d'un an, pour espalier.....	40	0.75	30.00	Non taillés.
104	Rosiers à haute tige, pour fleurs coupées, à intercaler dans les plates-bandes.....	40	1.50	60.00	Greffés sur Églantiers.
	Main-d'œuvre générale.				
105	Arbres à haute tige, fruitiers ou d'ornement, à compter pour plantation...	513	0.10	51.30	Mise en terre très soignée.
106	Arbustes à feuilles persistantes ou à feuilles caduques, fruitiers ou d'ornement, à compter pour plantation...	2,074	0.05	103.70	d°
107	Arbres résineux de 1m50 à 2m00 de haut, en motte, à compter pour plantation........................	30	0.20	6.00	d°
108	Jeunes plants d'arbres fruitiers ou d'ornement.....................	11,426	20 0/0	228.52	d°
109	Gros arbres à racines nues, de dix ans d'âge......................	42	2.00	84.00	d°
110	Conifères en bac, de 2 à 3 mètres de hauteur.....................	49	3.00	147.00	d°
111	Plantes vivaces variées...	613	0.03	18.39	d°
112	Plantes vivaces bulbeuses...	140	0.02	2.80	d°
	Tuteurage.				
113	Tuteurs de châtaignier, pour arbres à haute tige, de 2m50 de haut, pour fourniture et pose................	140	1.00	140.00	Compris tampons de paille.
114	Tuteurs pour jeunes arbres fruitiers, rosiers, etc., fourniture et pose......	270	0.15	40.50	d°

Le devis qui précède s'applique à une propriété située dans un rayon assez proche de Paris pour que les prix de série reproduits plus haut (pp. 245 et suivantes) lui aient servi de base. Je ne dissimule point que ces prix soient élevés, et je ne les ai donnés que comme un maximum qui ne peut être dépassé dans le règlement des mémoires, lorsque des litiges entre propriétaires et entrepreneurs sont soumis à un arbitrage.

Mais si l'on s'éloigne de la capitale, la main-d'œuvre et les fournitures sont moins chères, et il est facile de faire la proportion entre les prix du pays et ceux que j'ai indiqués, en prenant pour point de départ la journée d'un ouvrier. Par exemple, l'heure d'un terrassier à Paris étant réglée à 0 fr. 53, la journée sera par conséquent de 5 fr. 30 pour dix heures de travail. Or, en Normandie, en Touraine, le salaire varie entre 2 fr. 50 et 3 fr. par jour; il descend en Berry à 2 fr. 00 pendant l'hiver et 2 fr. 50 pendant l'été (non compris le temps de moisson et de vendange), et dans quelques pays très-pauvres, la Marche et le Limousin, par exemple, à 1 fr. 50 et moins. Si cette progression décroissante est appliquée aux transports, aux fournitures des matériaux, on voit tout de suite que les estimations pourront varier de 100, 200 et même 300 pour cent. C'est ce qui a lieu, en effet, et j'en fournirai la preuve par le résumé ci-après d'un devis que j'ai fait exécuter de point en point en Sologne, pour le creusement d'un lac de 3 hectares dans le parc de Chérupeau (Loiret). Grâce à son activité et à son entente des travaux, l'entrepreneur a trouvé une rémunération convenable avec des prix peu élevés; le propriétaire et l'architecte ont été satisfaits de l'exécution des conditions du contrat (p. 282).

Pour simplifier la surveillance et le mesurage, il arrive parfois que tous les travaux de terrassements sont adjugés à un entrepreneur moyennant un prix unique du mètre cube. En établissant de longs calculs et en faisant preuve d'une grande expérience des travaux, cette évaluation peut présenter une exactitude relative. La moyenne résultant des maxima et minima de distances, pour les transports, est l'élément le plus difficile à obtenir. Je conseille donc d'employer le prix unique avec une grande circonspection, bien que ce procédé ait souvent rendu des services. Il m'a été donné, par exemple, de faire exécuter des terrassements considérables en Normandie, dans des conditions excellentes et sans contestations, sous le contrôle d'un chef d'atelier expérimenté et au prix moyen de 1 fr. 05 le mètre cube, pour fouille, chargement de terre difficile à extraire et transport à des distances variant de 20 à 250 mètres.

Enfin, [à Paris et dans les environs, on compte souvent les travaux d'établissement d'un jardin neuf au mètre superficiel, tout compris. Le prix ordinaire est de 1 franc le mètre. C'est un procédé sans contrôle, que je conseille de repousser.

CREUSEMENT DU LAC DE CHÉRUPEAU (LOIRET). — DEVIS.

Nos d'ordre.	DÉSIGNATION DES ARTICLES.	QUANTITÉS.	PRIX de l'unité.	SOMMES.	OBSERVATIONS.
1	Mètres cubes de déblai du lac, à compter pour fouille, chargement en brouette et transport à 20 mètres.....	2,344	0f 60	1406f.40	Terres tourbeuses ou sableuses, mêlées de boue, le dessus couvert d'herbes, joncs, etc., sol humide, mais sans travail dans l'eau.
2	Mètres cubes à compter pour transporter à deux relais (plus-value).....	1,334	0.15	200.10	
3	Mètres cubes à compter pour transport à trois relais (plus-value).......	1,264	0.30	379.20	
4	Mètres cubes de transport au tombereau, à une distance maximum de 100 mètres......................	2,162	0.45	972.90	
5	Mètres cubes de transport au tombereau, à une distance de 100 à 200 mètres.....................	1,896	0.55	1042.80	
6	Mètres cubes de transport au tombereau à une distance de 500 mètres en plus......................	214	0.50	107.00	A 0f. 10 par 100 mètres.
7	Mètres superficiels de régalage des terres sur les berges du lac, suivant les profils.....................	13,591	0.05	679.55	
8	Mètres superficiels de règlement des terres avec couverture de terre fine pour recevoir le semis	»	0.05	mémoire	
9	Mètres cubes de fouille dans l'eau ou les fondrières (plus-value).......	»	0.40	mémoire	
10	Bâtardeaux et arrêts d'eau........	»	»	mémoire	
11	Mètres superficiels de battage des berges.......................	1,985	0.05	95.75	
12	Mètres cubes de déblai pour creusement du fossé latéral au potager, à compter pour fouille, jet sur berge et régalage......................	67	0.45	30.15	
13	Mètres superficiels de défrichement du bois et enlèvement des souches sur le périmètre du lac.		0.10	mémoire	Sol sableux et facile. Les souches restent la propriété de l'ouvrier.
14	Heures d'ouvriers en régie........	1,025	0.25	256.25	

C. — DRAINAGE.

La rédaction d'un projet de drainage s'effectue au moyen d'un ensemble de documents obtenus par une étude approfondie du terrain et avec l'aide des gens spéciaux ou des livres publiés sur cette question.

Lorsque l'on a déterminé, au moyen du nivellement, les directions des pentes, ouvert des tranchées ou trous d'essai pour examiner le sol à diverses profondeurs, constaté l'accumulation des eaux sur certains points, on peut fixer le diamètre des tuyaux à employer, la direction de l'espacement des lignes de drains ordinaires et collecteurs et construire les puits absorbants, puisards et autres accessoires. On en trouvera plus loin le détail ; nous ne nous occupons ici du drainage qu'au point de vue de la confection du devis.

Les clauses et conditions générales de ce devis sont les mêmes que celles indiquées pour les autres terrassements, en y faisant quelques additions ou modifications locales.

En Angleterre, le bureau général des travaux publics *(general board of public works)* a publié des instructions adressées à tous ceux qui se proposent d'établir un drainage, et parmi lesquelles les points suivants sont à signaler :

1° Marquer sur le plan la direction des drains par des lignes rouges, les lignes de faîte par des traits ponctués, le sens des pentes par des flèches. Spécifier les dimensions, la forme et les pentes des diverses sortes de drains, l'espacement des lignes, le mode de construction, les matériaux à employer, les dimensions des fossés ;

2° Indiquer l'aspect extérieur et la nature des terrains, les difficultés de la pose, toutes les circonstances spéciales du travail ;

3° Ne commencer les travaux qu'après avoir acquis la certitude que le drain de décharge est d'un niveau inférieur à tous les autres drains.

Les fossés de décharge, les terres à enlever et à *régaler,* les ponts et les abords, les drains empierrés, l'empierrement, l'écobuage, sont autant de points qui sont encore considérés dans ces instructions et que nous signalerons de nouveau en traitant de la pratique du drainage appliqué aux parcs et jardins.

On évalue la dépense par hectare, pour le drainage appliqué aux exploitations agricoles. Des traités spéciaux, que je conseille de consulter, permettent d'en établir les calculs avec exactitude[1].

Il n'en est pas absolument de même du drainage appliqué aux jardins et aux parcs, où le point de vue utile, sans cesser d'occuper le premier rang, est soumis à certaines nécessités artistiques que nous indiquerons.

Les calculs du devis seront basés sur :

La nature du terrain ;

La profondeur et l'écartement des tranchées ;

La nature des drains (tuyaux, tuiles, pierres, bois, gazons, etc.) ;

Le transport à pied d'œuvre ;

La longueur des drains, par hectare, leur diamètre, leurs raccordements, leur poids ;

La main-d'œuvre ;

---

[1]. J.-A. Barral, *Drainage des terres arables,* 2 vol. Paris, 1856.
Leclerc, *Traité du drainage,* 1 vol. Bruxelles, 1853.
Hervé-Mangon, *Études sur le drainage,* 1 vol. Paris, 1854.
Grandvoinnet, *Art de tracer et d'établir les drains,* 1 vol. Paris, 1854.

La construction des puisards, regards, bouches, puits absorbants, fossés d'écoulement, etc.

Ces conditions sont variables. Les chiffres suivants, dus aux calculs de M. Leclerc, pourront être utiles pour l'établissement des devis, en indiquant les écarts des prix dans quatre conditions diverses :

DRAINAGE D'UN HECTARE DANS QUATRE SITUATIONS DIVERSES.

COMPOSITION du SOUS-SOL.	Profondeur des drains.	Espacement des drains.	LONGUEUR PAR HECTARE.			DÉTAIL DE LA DÉPENSE RÉDUIT A L'HECTARE.					COUT TOTAL A L'HECTARE SANS TRANSPORT.
			des drains d'assèchement.	des collecteurs.	TOTAL.	Coût des tuyaux.	Transport des tuyaux.	Main-d'œuvre.	Frais divers.	TOTAL.	
	mèt.	mèt.	mèt.	mèt.	mèt.	fr.	fr.	fr.	fr.	fr.	fr.
Argile	1.35	9.00	1197	154	1351	88.34	5.00	80.85	5.75	179.94	174 94
Argile, sable et tourbe..	1.20	10 à 12	841	229	1070	107.95	31.54	95.57	12.80	247.86	216.32
Glaise compacte	0.60	5.00	1701	133	1834	167.07	9.77	87.24	1.00	262.08	252.31
Glaise compacte	0.85	7.00	1228	116	1344	107.45	»	282.24	3.00	»	392 69

En multipliant ces citations on montrerait la variété des prix du drainage d'un hectare dans les divers terrains. Il nous semble plus utile de chercher d'autres éléments d'évaluation dans les tables suivantes :

LONGUEUR MOYENNE DES DRAINS PAR HECTARE

SUIVANT DIVERS ESPACEMENTS.

ESPACEMENT des DRAINS.	LONGUEUR DES DRAINS PAR HECTARE.		
	Drains d'assèchement.	Drains collecteurs.	TOTAL.
10^m,00	847	174	1018
11^m,00	808	174	979
12^m,00	726	174	897
13^m,00	684	174	857

NOMBRE DES TUYAUX A L'HECTARE

SUIVANT DIVERS ESPACEMENTS.

ESPACEMENT des DRAINS.	NOMBRE DE TUYAUX DE DRAINAGE PAR HECTARE.		
	Drains d'assèchement.	Drains collecteurs.	TOTAL.
10^m,00	2964	598	3562
11^m,00	2827	598	3425
12^m,00	2541	598	3139
13^m,00	2394	598	2992

Les frais de transport ne peuvent être estimés qu'en connaissant les distances à parcourir, essentiellement variables, et le poids des tuyaux, qui est assez constant. Le tableau ci-contre donne ces indications, et nous y ajoutons les prix d'acquisition des tuyaux, variables toutefois suivant diverses circonstances :

Voici, d'après M. Barral, les prix moyens dans le centre de la France :

NUMÉROS des TUYAUX.	LONGUEUR.	DIAMÈTRE intérieur.	DIAMÈTRE extérieur.	PRIX DE 100 TONNEAUX.	
				Pris au four.	Rendus à Orléans.
	mètres.	mètres.	francs.	francs.	francs.
1	0.28	0.022	0.030	15	16
2	0.36	0.026	0.040	20	22
3	0.36	0.035	0.050	22	24
4	0.37	0.045	0.070	34	36
5	0.37	0.095	0.130	80	92
6	0.38	0.140	0.180	140	160

Enfin, le prix de la main-d'œuvre changera considérablement suivant les terrains, les temps et les pays, puisque nous avons vu plus haut que la journée d'un terrassier peut varier entre 1 fr. 25 et 5 fr. 30.

Les chiffres suivants paraîtront faibles, mais le rapport est constant entre eux; seule l'unité de la journée change. Il sera donc facile de former, avec ces éléments, des tableaux pour les diverses sortes de sols à drainer. On pourrait distinguer un grand nombre de différents sols; je préfère choisir quelques-uns de ceux qui présentent entre eux les plus grandes différences dans leur consistance :

PRIX DE LA POSE DES DRAINS PAR MÈTRE COURANT.

NATURE DU SOUS-SOL.	Profondeur moyenne des drains.	Prix de la main-d'œuvre par mètre courant.	NATURE DU SOUS-SOL.	Profondeur moyenne des drains.	Prix de la main-d'œuvre par mètre courant.
	mètres.	francs.		mètres.	francs.
Sable ordinaire............	1.45	0.073	Argile grasse et compacte..	1.10	0.083
Sable gras...............	1.35	0.085	Argile grasse et compacte...	1.30	0.160
Terre franche	1.12	0.142	Glaise bleue compacte......	0.54	0.043
Tourbe	1.00	0.134	Glaise bleue compacte......	1.25	0.085
Argile sablonneuse.........	1.20	0.072	— compacte et caillouteuse.	0.70	0.150
Argile ordinaire.,.........	1.20	0.161	Argile forte et schiste.......	1.40	0.151

Au moyen des données qui précèdent, le prix du drainage à l'hectare pourra être établi, si l'on tient compte des conditions locales et de l'expérience des praticiens du pays. On a trouvé, d'après 25 observations prises dans les situations les plus variées, que le prix du drainage d'un hectare varie entre 97 francs et 392 francs, et que la moyenne est de 194 francs.

D. CANALISATION ET TRAVAUX D'EAU.

Nous avons vu que l'eau, dans une propriété, c'est la vie. Dans le choix d'un site, les eaux naturelles jouent l'un des premiers rôles. Si elles manquent, on ne doit rien épargner pour en obtenir artificiellement.

Les travaux qui s'appliquent à l'approvisionnement et à la distribution des eaux utiles dans un parc sont donc de la plus haute importance. Ils ne sauraient être étudiés avec trop de circonspection et ils nécessitent une grande expérience. On peut les classer sous six chefs principaux :

1° L'utilisation des eaux courantes et la dérivation ;
2° La captation des sources ;
3° L'emploi des eaux de drainage ;
4° L'emploi des citernes ;
5° Les machines élévatoires ;
6° La canalisation et la distribution.

C'est au point de vue spécial de la rédaction des devis que nous avons à traiter ici ces diverses questions, le travail pratique étant reporté à un chapitre ultérieur.

1° *Eaux courantes ; dérivation.* — Si les sources sont abondantes et placées dans les parties élevées de la propriété, ou tout au moins au-dessus du sol de l'habitation et des jardins, le travail est d'une extrême simplicité. Les eaux pourront être conduites à ciel ouvert, de manière à former des effets d'ornement et à être finalement utilisées pour l'irrigation des prairies et la consommation domestique. Elles peuvent être dirigées par des canaux souterrains vers les endroits où elles seront répandues. Dans le premier cas, le devis doit considérer :

Le travail de terrassement et d'ouverture des tranchées ;
Le nivellement du sol avoisinant ;
La construction des barrages et bassins ;
Les travaux imprévus.

Dans le second cas, les canaux souterrains seront établis, après ouverture des tranchées suffisantes, soit en maçonnerie, soit en ciment, soit en tuyaux de poterie ou de fonte. Ces sortes de travaux ne nécessitent pas, dans la rédaction des devis, d'autres formules que celles indiquées pour les terrassements et le drainage.

Les canaux de dérivation sont dans le même cas, avec cette différence qu'ils sont généralement créés pour conduire une force motrice à des points déterminés et pour irriguer des prairies d'exploitation. Leur arrangement ornemental et utile est un problème que nous étudierons plus loin, mais le libellé des articles du devis, terrassements et maçonnerie, ne diffère pas des précédents.

2° **Captation des sources.** — Si, loin d'être abondantes et nettement séparées, les sources ne présentent que des filets d'eau insignifiants, nommés *pleurs*, dont la réunion difficile, incertaine, peut seule fournir un notable approvisionnement d'eau, des travaux spéciaux sont nécessaires. On procède alors à la *captation des sources*.

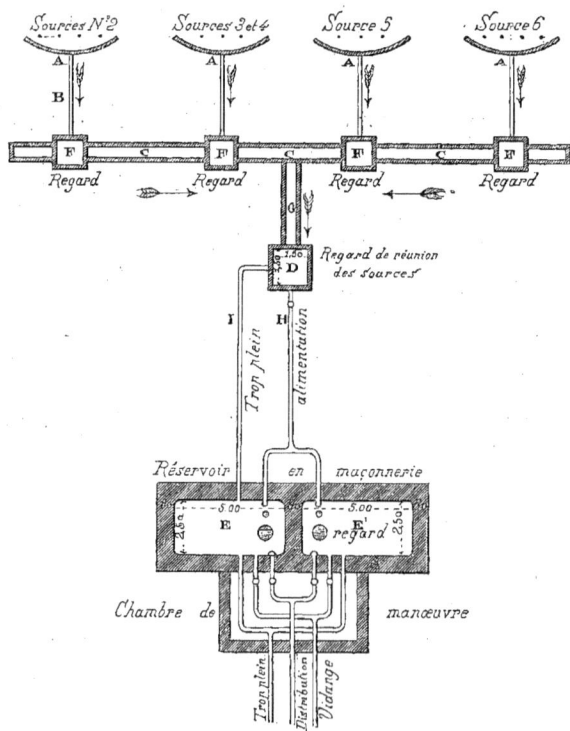

Fig. 64. — Plan de captation de sources.

La fig. 64 donne un dessin de ces travaux, fait pour le parc des Pressoirs-du-Roy (Seine-et-Marne). Les sources, au nombre de six, étaient éparpillées et à peine visibles, sur une pente abrupte, dans un terrain arénacé, et la moindre fausse manœuvre les eût fait perdre. Or, elles offraient une valeur considérable dans ce terrain desséché.

On établit donc de petits murs circulaires A A A A, perpendiculaires à la pente et réunissant les eaux par un aqueduc et CC dans un regard central D pour se répandre dans un réservoir EE'. Deux compartiments, dans ce réservoir, permirent de nettoyer de temps à autre les concrétions calcaires.

Le devis fut établi ainsi qu'il suit :

DEVIS DE CAPTATION DE SOURCES.

Nos d'ordre.	DÉSIGNATION DES ARTICLES.	QUANTITÉS.	PRIX de l'unité.	SOMMES.	OBSERVATIONS.
1	Mètres cubes de maçonnerie de moellons et chaux hydraulique pour les murs circulaires devant les sources...	20	15f. »	300 »	Murs de 25 mètres de longueur sur 0m,80 de hauteur et 0m,30 d'épaisseur.
2	Mètres linéaires de tuyaux en grès vernissé à l'intérieur, de 0m,100 de diamètre pour conduire les eaux de source à l'aqueduc C, compris pose et joints en ciment..................	40	4.50	180 »	
3	Mètres cubes de maçonnerie de moellons et chaux hydraulique pour les 4 regards F..................	8	15 »	120 »	Largeur 0m,80, longueur 0m,80, profondeur 1m,50, épaisseur des murs 0m,30.
4	Mètres superficiels enduits en ciment desdits regards..................	21.76	3 »	65.28	
5	Châssis de regard, en bois avec tampons en chêne..................	4	20 »	80 »	
6	Mètres linéaires de maçonnerie pour l'aqueduc général recevant les eaux des sources sur une longueur de 120 mètres, compris dalles de recouvrement..................	120	6.30	756 »	Par mètre : 0.180 × 15 = 2.70 Dalle et enduits........ 3.60 ─── 6.30
7	Mètres linéaires de tuyaux en grès vernissé G de 0m,150 de diamètre pour conduire les eaux de l'aqueduc dans le regard D de réunion des eaux, compris pose et joints en ciment.....	5	6 »	30 »	
8	Mètres cubes de maçonnerie pour le regard central D..................	5.42	15 »	81.30	1m,50 de côté, 1m,50 de profondeur, 0m,40 d'épaisseur, radier 0m,15 d'épaisseur.
9	Mètres superficiels enduits en ciment dudit regard..................	11.25	3 »	33.75	
10	Châssis de regard en bois avec tampon rond..................	1	30 »	30 »	
11	Imprévu pour la captation des sources..................			123.67	
12	Départ H de la cuvette de réunion des sources pour l'alimentation du réservoir et trop plein :				
	Robinet d'arrêt de 0m,060 au départ.	1	80 »	80 »	
	Bouche à clé en fonte pour 0m,060 au départ..................	1	25 »	25 »	
	Joints à bride et pose pour 0m,060 au départ..................	1	12 »	12 »	
	Mètres linéaires de tuyaux en fonte à joints à bague en plomb de 0m,060 de diamètre, depuis la cuvette de réunion jusqu'au réservoir.............	30	6.50	195 »	
	Pièces de raccord en fonte pour manchons, bouts et coudes.........			60 »	
	Soupapes à flotteur de 0m,060 de diamètre..................		80 »	60 »	

Nos d'ordre.	DÉSIGNATION DES ARTICLES.	QUANTITÉS.	PRIX de l'unité.	SOMMES	OBSERVATIONS.
	Pose et joints à brides sur 0m,060 de diamètre..................	2	12	24 »	
	Mètres linéaires de tuyaux de grès de 0m,100 de diamètre pour trop plein, compris joints en ciment............	30	4.50	135 »	
	Somme à valoir pour travaux imprévus......................			59 »	
	Total.........			2450 »	

Il conviendrait d'ajouter, à ce total, le coût du grand réservoir E à double compartiment. Mais cette dépense peut varier considérablement, suivant la quantité d'eau à emmagasiner. Le devis de cette construction devrait comprendre la fouille des terres et leur enlèvement, la construction des murs latéraux et du radier, les enduits en ciment, la chambre de manœuvre des robinets, les voûtes en briques si le bassin doit être couvert, etc., travaux qui sont tous du domaine de la maçonnerie ordinaire et dont le détail serait superflu, puisque nous ne traitons que des travaux de captation des sources jusqu'à la distribution exclusivement.

3° Emploi des eaux de drainage. — Dans beaucoup de localités, les eaux provenant du drainage sont la principale, parfois la seule ressource. Ces eaux peuvent être aménagées de deux manières :

1° Pour l'irrigation des prairies par le drainage, suivant la méthode allemande de Pétersen ;

2° Pour le remplissage de pièces d'eau et bassins, d'où l'eau est conduite ultérieurement aux points utiles.

La rédaction des devis pour ces sortes de travaux est exactement celle des terrassements et du drainage; elle ne porte que sur des tranchées et des conduits de terre.

4° Citernes. — On emploie généralement les citernes pour conserver les eaux pluviales, dans les régions où l'eau manque tout à fait. Ces récipients doivent être vastes. Leur contenance est calculée d'après la superficie des toitures et autres surfaces recevant les eaux à recueillir et la quantité d'eau annuelle évaluée au moyen du pluviomètre. Par exemple la moyenne annuelle de pluie tombant dans l'ouest de la France étant d'environ 80 centimètres, une superficie de 1,500 mètres superficiels de toiture donnera, en chiffre rond, 1,000 mètres cubes d'eau par an, en tenant compte de la perte, de l'évaporation, et surtout de la pente des toits, qu'il ne faut pas calculer comme un plan horizontal. Ces éléments serviront à dresser le devis de la construction des citernes et de l'installation des conduites.

5° **Machines élévatoires.** — Quand on est réduit à élever l'eau artificiellement les frais sont beaucoup plus considérables. Quatre espèces de moteurs sont généralement en usage.

1° La *roue hydraulique*, appareil analogue à celui des moulins ordinaires, avec une force calculée sur la quantité d'eau à monter à une hauteur déterminée. Ces roues sont généralement en tôle; elles peuvent monter directement l'eau de la rivière où elles sont installées, ou faire mouvoir des pompes dans un puits latéral.

2° Le *bélier*, moteur récemment amélioré. Son entretien est presque nul, mais on ne doit l'installer que si son effet utile n'est pas détruit en grande partie par l'énorme force qu'il nécessite, c'est-à-dire si la chute d'eau qui le fait mouvoir est supérieure à 1 mètre et si les tuyaux d'ascension ne dépassent pas 30 mètres au-dessus de la batterie. Je prendrai comme exemple de devis le modèle ci-joint, dû à un habile spécialiste :

Force motrice : Hauteur de la chute motrice....................	5m25
— Dépense du bélier en eau motrice, par seconde...... Litres..	6.000
Hauteur d'ascension entre la batterie du bélier et le sommet du réservoir......	33.00
Diamètre intérieur du tuyau d'ascension....................	0.055
Longueur du tuyau d'ascension....................	572.00
Quantité d'eau à élever par seconde, en litres,....................	0.7587
ou, par vingt-quatre heures de travail....................	50.000

MODÈLE D'UN DEVIS DE BÉLIER HYDRAULIQUE.

Nos d'ordre.	DÉSIGNATION DES ARTICLES.	QUANTITÉS.	PRIX de l'unité.	SOMMES.	OBSERVATIONS.
	Devis.				
1	Prix d'un bélier avec batterie de 48 mètres de longueur, et un empellement de fer, acier, fonte et bronze..			1,750 »	
2	Deux tamis en forte tôle de cuivre, montés sur châssis en fer, l'un pour être posé à la prise d'eau et l'autre en aval du bélier (dimensions 1m,50 × 0m,80 et 0m,50 × 0m,30)............			135 »	
3	Frais de voyage de l'ouvrier poseur.			90 »	
4	Journées de l'ouvrier poseur......	8	10	80 »	
5	Transport du matériel à 130 kilomètres........................			230 »	
6	Maçonnerie du bief, de la batterie et de la cabane-abri..................			350 »	
7	Dépenses imprévues..............			65 »	
	Total.....			2,700 »	
	(Le réservoir et les tuyaux de distribution ne sont pas compris dans ce total).				

3° Les *moulins à vent*, parmi les appareils à moteur gratuit, ont constamment préoccupé les inventeurs. Jusqu'à ces derniers temps, peu d'essais avaient réussi, mais un habile constructeur a imaginé récemment, sous le nom de *turbine éolienne*, une roue autorégulatrice qui paraît donner d'excellents résultats. Tout détail de devis est inutile ; l'inventeur entreprend, à forfait, la fourniture et la pose de cet appareil. Il a le défaut de coûter cher ; on peut comparer cependant le minimum de la dépense à celui d'un bélier. On doit encore songer aux temps de calme, pendant lesquels la roue ne peut fonctionner.

4° Les *manéges* sont de tous les appareils élévatoires les plus communément employés. Ils sont mus par des chevaux ou par la vapeur. Leur action consiste à mettre en mouvement des corps de pompe ou des chapelets de godets (*norias*) qui élèvent les eaux dans un réservoir.

Les manéges les plus répandus sont ceux dont se servent les maraîchers des grandes villes comme Paris ; un cheval ou un âne les fait mouvoir. Leur prix varie entre 1,200 et 2,500 francs, suivant la puissance de l'appareil, la profondeur du puits et la quantité d'eau à monter. La fourniture et la pose ont généralement lieu à forfait. On recommande, avec raison, de ne pas employer moins de trois corps de pompe.

5° Canalisation et distribution d'eau. — Les appareils aspirateurs étant choisis, il reste à emmagasiner la provision d'eau nécessaire au service de l'habitation et des jardins, et à la distribuer. Je conseille d'établir, autant que possible, l'arrosage par conduites forcées ; on évitera ainsi tous les ennuis de l'arrosage à bras.

Le devis de ces dépenses peut être évalué avec exactitude, les travaux de canalisation des parcs ayant été fréquents depuis quelques années. Le meilleur moyen de familiariser nos lecteurs avec ces documents est de reproduire deux ou trois devis de travaux exécutés, rédigés conformément aux prix ordinaires de maisons honorablement connues.

Les deux premiers, des devis suivants, s'appliquent à des propriétés de faible étendue, où la superficie s'arrosant à la lance comprend le potager, le jardin fleuriste et une partie de parc d'un hectare environ.

Le troisième embrasse une plus grande superficie, celle d'un parc réservé de 5 hectares environ, dans un terrain sablonneux qui nécessite une grande quantité d'eau. Le service du château, celui des bassins à gerbes jaillissantes d'un jardin symétrique, augmentent encore ces exigences. Le moteur d'aspiration est une machine à vapeur du coût de 3,300 francs. La profondeur de l'eau, dans le puits d'aspiration, atteint 40 mètres. Le réservoir principal, d'une capacité de 20 mètres cubes, a été placé sur une tour en maçonnerie, élevée de 7 mètres au-dessus du niveau moyen des surfaces à arroser. Cette tour contient, dans ses caves, la soute au charbon, au rez-de-chaussée la machine à vapeur, et au premier étage le réservoir traversé par la cheminée à double enveloppe, dont le sommet disparaît dans un poinçon en tôle ornée.

MODÈLES DE DEVIS DE CANALISATION.

Nos d'ordre.	DÉSIGNATION DES ARTICLES.	QUANTITÉS.	PRIX de l'unité.	SOMMES.	OBSERVATIONS.
	1ᵉʳ DEVIS.				
	Pompe.				
1	Pompe à 3 corps avec manége et engrenages, fournie et posée........	1		1500ᶠ »	
2	Mètres linéaires de conduites en fonte de 0ᵐ,054 pour aspiration et refoulement, compris crapaudine et joints...	16	7ᶠ »	112 »	
	Réservoir.				
3	Construction d'une tour de 5ᵐ,50 de hauteur pour supporter le réservoir (maçonnerie avec socle en pierre dure, dalles de pourtour, solives en fer à T pour supporter le réservoir)..			500 »	
4	Réservoir en tôle avec cornières, contenant 10 mètres cubes.........	1		525 »	2ᵐ,50 de diamètre × 2 mètres de hauteur.
	Trop-plein du réservoir.				
5	Mètres linéaires de tuyaux en fonte de 0ᵐ,060 posés en élévation dans la tour.................................	7	6 »	42 »	
6	Coudes au huitième, de 0ᵐ,60.....	2	4.40	8.80	
7	Bouts d'extrémités...............	2	4.50	9 »	
8	Joints desdits sur le fond du réservoir..........................	2	4.50	9 »	
9	Colliers à scellement des tuyaux dans la tour............................	2	4.50	9 »	
10	Coude au quart pour scellement des tuyaux dans la tour...............	1		4.40	
	Conduites de distribution.				
11	Crapaudine en cuivre rouge de 0ᵐ,060 posée dans le réservoir, au départ, avec contre-bride..........	1		10 »	
12	Joint à bride de cette crépine sur la conduite en fonte................	1		4.50	
13	Bout d'extrémité de cette crépine avec la conduite en fonte..........			4 »	
14	Joint dudit pour raccord avec la crépine............................	1		4.50	
15	Bouts et joints..................	4	2 »	8 »	
16	Mètres linéaires de conduites de 0ᵐ,060 posés verticalement sous le réservoir........................	5	6 »	30 »	
17	Colliers à scellement.............	2	4.50	9 »	
18	Robinet d'arrêt en bronze pour conduite de 0ᵐ,60.....................	1		55 »	
19	Bouts et joints..................	1		9.50	

MODÈLES DE DEVIS.

Nos d'ordre.	DÉSIGNATION DES ARTICLES.	QUANTITÉS.	PRIX de l'unité.	SOMMES.	OBSERVATIONS.
20	Coude au quart pour conduite de $0^m,060$............................	1		4.80	
21	Mètres linéaires de tuyaux en fonte de $0^m,060$ fournis et posés en tranchée ouverte pour la conduite principale..	135	5.40	729 »	
22	Manchons de $0^m,060$ à tubulure de $0^m,040$............................	4	7.20	28.80	
23	Joints à emboîtement desdits......	8	2 »	16 »	
24	Manchons courbes de $0^m,060$......	1		4.80	
25	Mètres linéaires de tuyaux en fonte de $0^m,040$ posés en tranchée ouverte pour les conduites de distribution....	327	3.50	1144.50	
26	Manchons de $0^m,040$ à tubulures pour les conduites de distribution....	2	4.20	8.40	
27	Joints à emboîtement desdits......	4	1.50	6 »	
28	Bouts et joints à emboîtement desdits.	6	6 »	36 »	
29	Tampons de $0^m,040$ à réduction de $0^m,027$............................	7	2.50	17.50	
30	Coudes au huitième.............	2	1.50	3 »	
31	Prises à collier de $0^m,020$ sur tuyaux de $0^m,040$ pour les conduites en plomb alimentant les bouches d'arrosage et les robinets de $0^m,020$.....	13	5.80	75.40	
32	Prises sur les tampons de $0^m,040$ pour les conduites en plomb et les robinets de $0^m,020$	7	1.75	12.25	
33	Manchon de $0^m,040$ à tubulure de $0^m,040$ pour robinet de vidange.......	1		4.80	
34	Joints à emboîtement dudit.......	2	1.25	2.50	
35	Mètres linéaires de tuyaux en plomb de $0^m,020$ pour l'alimentation des bouches et des robinets............	65	4 »	260 »	
36	Bouches d'arrosage rondes de $0^m,020$ à raccord de $0^m,027$ fourniture, et pose.	8	30 »	240 »	
37	Robinets à tête de $0^m,020$, fournis et posés...........................	11	8 »	88 »	
38	Nœuds de soudure de $0^m,020$ sur les robinets ci-dessus.............	12	2.20	26.40	
39	Robinet d'arrêt de $0^m,027$ pour vidange	1		25 »	
40	Joint dudit robinet...............	1		3.50	
41	Joint dudit robinet avec le plomb de $0^m,020$...........................	1		4.75	
42	Bouche à clef en fonte pour ledit robinet	1		19 »	
	Fournitures diverses.				
43	Mètres linéaires de tuyaux en toile de $0^m,027$...........................	20	1.50	30 »	
44	Ligatures pour lesdits............	4	0.60	2.40	

Nos d'ordre	DÉSIGNATION DES ARTICLES	QUANTITÉS	PRIX de l'unité	SOMMES	OBSERVATIONS
45	Raccords complets de $0^m,027$.....	2	5.50	11 »	
46	Lance en cuivre rouge de $0^m,027$ avec jet rond et pommes..........	1		20 »	
47	Chariot d'arrosage...............	1		90 »	
48	Clef de manœuvre de $1^m,30$.......	1		15 »	
49	Clef à raccord de $0^m,027$.........	1		5 »	
50	Clef à manettes de $0^m,060$........	1		4.50	
51	Clef à canon tire-tampon	1		4.50	
	TOTAL.......			5792.50	
	2ᵉ DEVIS				
1	Réservoir en tôle boulonnée (tôle de 5 millimètres d'épaisseur au fond, de 3 millimètres et demi sur les côtés), compté en kilogrammes............	1450	0.70	1015 »	Capacité : 25 mètres cubes.
2	Mètres linéaires de tuyaux en fonte pour ascension de $0^m,054$ de diamètre intérieur, avec coudes, fourniture et pose...........................	472	4.50	2147.60	
3	Mètres linéaires de tuyaux en fonte pour distribution de $0^m,045$........	190	3.80	722 »	
4	Mètres linéaires à brides plus simples pour pelouses...............	250	3.40	850 »	
5	Bouches d'arrosage, fourniture et pose...........................	4	35 »	140 »	
6	Robinets d'arrêt en bronze........	3	28 »	84 »	
7	Menus travaux imprévus..........			41.40	
	TOTAL.......			5000 »	
	3ᵉ DEVIS *Pompe et machine à vapeur.*				
1	Machine à vapeur de la force de trois chevaux, mise en place...........			3300 »	
2	Pompe élévatoire pouvant élever un litre d'eau par seconde à 50 mètres de hauteur......................	1		600 »	
3	Mètres linéaires de tiges de traction, compris mise en place.........	35	8 »	280 »	
4	Guide à scellement dans le puits...	10	8 »	80 »	
5	Transport et montage de la pompe.			150 »	
6	Mètres linéaires d'échelle en fer pour descendre au fond du puits........	35	14 »	490 »	
7	Transmission de mouvement de la machine à la pompe, un arbre, trois roues avec paliers................			300 »	
	Aspirations et refoulement.				
	Clapet et crapaudine d'inspiration..	1		25 »	

MODÈLES DE DEVIS.

Nos d'ordre.	DÉSIGNATION DES ARTICLES.	QUANTITÉS.	PRIX de l'unité.	SOMMES.	OBSERVATIONS.
9	Clapet de retenue pour refoulement de 0m,060....................	1		70 »	
10	Mètres linéaires de tuyaux de fonte de 0m,060 dans le puits, pose avec difficulté........................	50	10 »	500 »	
11	Colliers à scellement dans le puits.	22	7 »	154 »	
12	Robinet à tête de 0m,027 pour décharge, posé.................	1		30 »	
	Réservoir.				
13	Réservoir en tôle boulonnée de 3 mètres de diamètre sur 3 mètres de hauteur, compris transport et mise en place........................	2000	0.80	1600 »	Capacité : 20 mètres cubes.
14	Échelle en fer de 8 mètres de hauteur pour monter sur la tour, compris pose.	1		150 »	
15	Échelle graduée avec flotteur, niveau d'eau et chaîne pour le réservoir.	1		115 »	
	Trop-plein.				
16	Mètres linéaires de tuyaux en plomb de 0m,015 pour indiquer le plein du réservoir.......................	15	3.50	52.50	
17	Robinet à tête.................	1		8 »	
	Distribution.				
18	Robinet en bronze, sur la conduite principale de 0m,080 au départ.....	1		110 »	
19	Percement et pose	1		12 »	
20	Mètres linéaires de tuyaux en fonte de 0m,080 à emboîtement, joints en plomb, posés...................	120	7.70	924 »	
21	Colliers à scellement de 0m,080....	4	7 »	28 »	
	Conduite de ceinture pour les pelouses.				
22	Mètres linéaires de tuyaux de 0m,068.........................	175	6.20	1085 »	
23	Robinets d'arrêt de 0m,068........	3	90 »	270 »	
	Conduite secondaire.				
24	Mètres linéaires de tuyaux de 0m,050.........................	100	5.50	550 »	
25	Robinets d'arrêt de 0m,050 sans bouche à clef...................	2	70 »	140 »	
	Conduite d'alimentation des bouches.				
26	Mètres linéaires de tuyaux en fonte de 0m,040....................	400	4.50	1800 »	

Nos d'ordre.	DÉSIGNATION DES ARTICLES.	QUANTITÉS.	PRIX de l'unité.	SOMMES.	OBSERVATIONS.
	Bouches d'arrosage.				
27	Prises à collier avec percement....	20	6 »	120 »	
28	Bouches d'arrosage rondes de 0^m,027 à raccord de 0^m,041..............	20	50 »	1000 »	
29	Mètres linéaires de tuyaux en plomb de 0^m,027 pour raccorder les bouches d'eau avec la fonte...............	30	7.80	234 »	
	Potagers.				
30	Robinet d'arrêt de 0^m,068 compris pose...........................	1		90 »	
31	Mètres linéaires de tuyaux en fonte de 0^m,068....................	100	6.20	620 »	
32	Colliers à scellement.............	6	6 »	36 »	
33	Mètres linéaires de tuyaux en fonte de 0^m,040 pour alimentation des cours des potagers...................	240	4 »	960 »	
34	Mètres linéaires de tuyaux en plomb de 0^m,020 pour raccordement des cuves.........................	60	4 »	240 »	
	Gerbe et jet d'eau.				
35	Mètres linéaires de tuyaux en fonte de 0^m,050.....................	20	5.50	110 »	
36	Robinet d'arrêt de 0^m,040 sans bouche à clef...................	1		60 »	
37	Robinet d'arrêt de 0^m,027........	1		45 »	
38	Raccord en plomb...............			30 »	
39	Trop-plein et vidange...........	1		120 »	
40	Gerbe de jet d'eau et jet au milieu, posée.........................	1		350 »	
41	Jets de rechange et à rotule......	4		45 »	
	Décharges.				
42	Prises de 0^m,027 avec colliers et percements.....................	2	6 »	12 »	
43	Robinets d'arrêt de 0^m,027 sans bouche à clef pour décharge.......	2	55 »	110 »	
44	Clef de manœuvre d'arrêt.........	1		18 »	
45	Clef de manœuvre des bouches....	1		5 »	
46	Clef de manœuvre à raccord......	1		5 »	
	Chariots d'arrosage.				
47	Chariots d'arrosage de 10 mètres de longueur, percés de petits trous pour l'arrosage des pelouses........	8	190 »	800 »	

Nos d'ordre.	DÉSIGNATION DES ARTICLES.	QUANTITÉS.	PRIX de l'unité.	SOMMES.	OBSERVATIONS.
48	Raccords complets.............	8	8 »	64 »	
49	Ligatures.....................	16	0.50	8 »	
50	Chariots d'arrosage avec lances et raccords.....................	1		135 »	
51	Somme à valoir pour travaux imprévus........................			259.50	
	TOTAL........			15300 »	

5° CONSTRUCTIONS.

PIÈCES D'EAU ET ROCHERS.

Le bétonnage des pièces d'eau, bassins, ruisseaux, etc., et la construction des rochers artificiels donnent lieu à une rédaction spéciale de devis, pour lesquels on possède peu de documents précis. L'industrie — on pourrait dire l'art — du *rocailleur* s'est perfectionnée depuis plusieurs années. Nous sommes déjà loin des temps où l'on amoncelait les blocs informes des rochers artificiels de Wilhelmshöhe (Allemagne) et de Caserte (Italie); on pouvait alors comparer les rocailles construites en Angleterre à des « raisins dans un pudding ». En France, l'abus du rocher en meulière, d'un modèle uniforme, prévaudra longtemps encore, mais les gens de goût commencet à revenir aux formes naturelles. De même l'établissement des pièces d'eau, dans les jardins paysagers, sera précédé d'un examen intelligent des lacs et bassins créés par la nature. Ces sortes de travaux, encore dans le domaine de l'empirisme, seront bientôt ramenés à des règles certaines et les devis pourront être établis avec précision.

On conçoit que les prix de base varient considérablement suivant les conditions locales, la distance où se trouvent les pierres, la difficulté plus ou moins grande de leur extraction, les prix du ciment et de la chaux hydraulique, sujets à des fluctuations, et surtout suivant les prétentions des constructeurs. Je recommande une grande circonspection dans le choix des rocailleurs et une surveillance active; ils sont souvent enclins à employer de grandes quantités de matériaux inutiles. Les prix varient aussi à l'extrême. On verra, sur le devis ci-joint, qu'ils peuvent subir des écarts de 30 à 110 francs, et souvent davantage.

Pour les détails de construction, je renvoie au chapitre spécialement consacré aux rochers. On pourra s'assurer, en le lisant, que je me place à un point de vue différent de celui adopté depuis quinze ou vingt ans à Paris et dans de nombreuses parties de la France.

MODÈLE D'UN DEVIS DE BASSINS ET ROCHERS.

Nos d'ordre.	DESIGNATION DES ARTICLES.	QUANTITÉS.	PRIX de l'unité.	SOMMES.	OBSERVATIONS.
	Construction d'un bassin.				
1	Mètres cubes de béton en mortier de ciment et cailloux, pour fourniture et main-d'œuvre...............	30	45^f »	1,350^f »	Béton épais de 0^m,15. Sol pilonné préalablement.
2	Mètres superficiels de chape en mortier de ciment et sable de rivière, pour fourniture et main-d'œuvre.....	150 »	3 »	450 »	Épaisseur de la chape, 0^m,03.
3	Barrages en pierre meulière et ciment, pour fourniture et main-d'œuvre.......................	6	50 »	300 »	Construits solidement pour chutes d'eau.
4	Bonde de fond et de vidange......	1		30 »	Appareil en cuivre.
5	Tuyaux de terre cuite de 0^m,30 de longueur et de 0^m,12 de diamètre, pour trop plein, fournis et posés.........	4			
6	Crapaudine de cuivre contre les immondices, fournie et posée	1		6 »	Sur la bonde de fond.
	Rochers.				
7	Mètres cubes de roches calcaires, trouvées sur place, à compter pour extraction, bardage, transport à 100 mètres et mise en place, avec mortier de chaux hydraulique...............	12	90 »	1,080 »	Compris travail artistique.
8	Mètres cubes de rocailles pour barrages et têtes de ponts, avec joints en ciment...................	2	110 »	220 »	d°
9	Mètres cubes de roches extraites sur place et placées isolément sur les pentes, sans mortier ni jointoiement..	6	30 »	180 »	
10	Mètres superficiels de voûtes en briques avec armatures de fer pour stalactites, et intercalation de rocailles.........................	12	60 »	720 »	Compris cintres.
11	Pieds-droits pour supports des voûtes avec revêtement de rocailles...	4	120 »	480 »	De deux mètres cubes chaque.
12	Mètres superficiels de peinture des roches, à l'eau avec mélange d'ocre jaune, de noir de fumée et de vert...	120 »	0.20	24 »	Pour donner des tons naturels.
13	Somme à valoir pour travaux imprévus............................			66 »	
	Total.....			4,900 »	

SERRES.

Les devis de constructions, pour les serres, comprennent toujours une partie qui concerne spécialement la maçonnerie et dont nous n'avons pas à traiter ici. Il en est de même des grandes structures, comme jardins d'hiver et orangeries, qui demandent des études très-étendues et dont les bases varient suivant l'architecture de l'édifice, les matériaux employés et le lieu de construction.

Toutefois, il n'est pas sans intérêt de publier le modèle d'un devis de serre, construite dans des conditions ordinaires, par l'un des meilleurs fournisseurs de Paris. Je choisirai pour type une serre de 18 mètres de longueur sur 6 mètres de largeur, bâtie toute en fer, sans autre ornement qu'un fronton en fer forgé avec volutes et chiffre à la porte du milieu, et reposant sur un mur d'appui haut de 1 mètre, construit en briques recouvertes d'une dalle de $0^m,10$ d'épaisseur.

J'évaluerai en bloc les fouilles du terrain, la grosse maçonnerie et le chauffage, ces travaux étant trop spéciaux pour occuper ici un espace étendu.

Nos d'ordre.	DÉSIGNATION DES ARTICLES.	QUANTITÉS.	PRIX de l'unité.	SOMMES.	OBSERVATIONS.
	Devis d'une serre ($18^m,00 \times 6^m,00$).				
1	Maçonnerie de briques du mur d'appui........................			300f »	Fondations en moellon.
2	Dalles sur le mur d'appui.........			168 »	$0^m,10$ d'épaisseur.
3	Fouille de la serre			50 »	Compris soute au chauffage.
4	Mètres superficiels de construction de serre en fer	135 »	13.50	1,822.50	
5	Plus-value pour avant-corps			200 »	
6	Chemin supérieur pour service.....	14.70	11 »	161.70	
7	Galerie en fer sur le chemin......	14.70	8.50	124.95	
8	Porte à deux vantaux............	1		100 »	Avec fronton.
9	— à un vantail........	1		40 »	
10	Mètres linéaires de tablettes latérales sur le pied-droit................	12.90	4.50	58.05	
11	Mètres linéaires de bâches.........	21 »	16 »	336 »	En fer à T et tôle.
12	Remplissage des bâches en briques.			125 »	
13	Mètres superficiels de vitrerie en verre demi-double avec couvre-joints métalliques...	135 »	7.50	1,012.50	Système Célard.
14	Mètres superficiels de claies à ombrer.	125 »	4.50	562.50	Sapin, peint. verte.
	Cordeau végétal pour les claies.....			30 »	
15	Transport et voyages			500 »	
16	Chauffage à tuyaux en fonte, 4 cours sur la face de chaque serre, 3 sur le pignon de la serre chaude			1,180 »	Thermosiphon à chaudière tubulaire en cuivre.
	Total			6,253.20	

CONSTRUCTIONS DIVERSES.

Une excursion dans le domaine de la construction ordinaire du bâtiment nous entraînerait hors des limites rationnelles de ce livre. Les édifices d'utilité et d'ornement, depuis les bâtiments de service jusqu'à la moindre cabane destinée aux oiseaux d'eau, rentrent sans doute dans la spécialité de l'architecte-paysagiste; mais le devis de ces travaux est rédigé conformément aux usages de la construction et est soumis à des lois qui sont généralement connues.

L'architecte se gardera bien d'en abandonner le dessin aux fantaisies des fabricants. Nous avons vu que chaque objet, dans un parc et dans un jardin, doit s'harmoniser avec l'ensemble et révéler le goût, l'originalité de l'artiste.

La question d'art réservée, l'aspect extérieur des constructions ornementales présentant des formes agréables et des tons bien assortis, on peut en confier la construction, à forfait, à un spécialiste, en lui permettant d'exercer ses talents. C'est principalement dans les kiosques, les tonnelles, les ponts rustiques, les treillages, les vérandas, les volières, les serres, les machines élévatoires des eaux, les bancs couverts, les embarcadères, que l'architecte peut se contenter de préparer le dessin. Il s'aidera de l'expérience et du goût de constructeurs connus et appréciés, en leur confiant l'exécution des détails.

Il n'en est pas de même des communs, bâtiments de service, ponts de pierre, vannes d'étang, maisons de jardinier, pavillons de garde, orangeries, jardins d'hiver, etc., qui nécessitent les études les plus sérieuses et les devis préalables les plus circonstanciés. Pour ces sortes de travaux, l'architecte suivra les opérations avec le plus grand soin, depuis le projet dressé au bureau, jusqu'aux moindres détails d'exécution et au règlement des mémoires. La responsabilité artistique est doublée de la responsabilité pécuniaire et la plus grande circonspection lui est impérieusement commandée.

CHAPITRE IX

TRAVAUX D'EXÉCUTION

TRACÉ SUR LE TERRAIN

Instruments. — Les instruments nécessaires au tracé sur le terrain sont peu nombreux. Ils se composent d'une équerre d'arpenteur, d'un graphomètre ou d'un pantomètre, d'une chaîne ou d'un ruban dit décamètre ou roulette, d'un mètre de poche, de cordeaux, de jalons et de *piquets*. Ce matériel a été précédemment décrit, à l'exception des piquets, qui jouent le rôle principal dans le tracé sur le terrain. Ils déterminent les positions des objets et fixent les contours des allées, des eaux, des massifs et les hauteurs des terrassements. Il importe donc que des piquets, en nombre suffisant, soient préparés avec soin avant de commencer l'opération du tracé. Ils doivent comprendre :

1° Des perches longues, ou *balises*, servant à indiquer la position des constructions futures ; elles auront plusieurs mètres de hauteur, pour être plus apparentes. On pourra les peindre de diverses couleurs ;

2° Des piquets de 1 mètre à $1^m,30$ de hauteur, dont le type est l'échalas ordinaire des pays vignobles ; ils servent au tracé général provisoire ;

3° Des piquets hauts de 40 à 50 centimètres, pointus seulement à une extrémité. Ils sont destinés au tracé définitif, et resteront enfoncés au ras du sol après l'achèvement des travaux, afin de permettre de retrouver les lignes en cas de besoin.

Les piquets n° 2, surmontés d'un carré de papier blanc, serviront pour tracer les vues, et, surmontés d'un papier bleu, pour indiquer les contours des eaux.

Tracé. — L'ordre à conserver dans les opérations de tracé est une chose indispensable, si l'on veut éviter la confusion. Celui que je conseille est le suivant :

1° Vues ;
2° Eaux ;
3° Constructions et objets pittoresques ;
4° Allées ;
5° Massifs ;
6° Arbres isolés et groupes ;
7° Parterres et jardins symétriques.

1° Vues. — Le plan en main, il faut d'abord marquer exactement le lieu de l'habitation principale, si elle n'existe pas déjà. Ce point aura été noté en dressant le projet, mais le centre a été seul fixé. Il importe donc de figurer, sur le terrain, le périmètre, à peu près exact, de la construction adoptée. Les appartements de réception seront indiqués ; de leur disposition dépend l'arrangement des vues à ménager ou à créer. On relèvera les cotes du plan de l'habitation au moyen du décimètre, et on en construira la figure sur l'emplacement choisi. Puis on se placera, pour observer, au niveau des futures pièces principales où les vues doivent se réunir.

La direction de ces vues doit préalablement être décidée. Des lignes jalonnées fixeront leur point de départ. Si l'habitation est petite, il sera bon de les faire converger, dans le plus grand nombre possible, vers le milieu du perron principal. S'il s'agit d'un vaste château, c'est au centre de l'esplanade ou de la terrasse en façade que les vues principales doivent prendre naissance.

C'est une opération élémentaire de diriger une ligne de jalons vers un objet en vue, clocher, château, rochers, sites pittoresques. Il n'en est pas de même quand cet objet est caché par un rideau d'arbres ou tout autre obstacle qui doit disparaître au cours des travaux. Alors le secours apporté par un plan bien levé est considérable. On prendra sur le papier l'angle formé par deux lignes dont l'une est la percée à ouvrir, et on le rapportera sur le terrain avec précision au moyen du graphomètre, du goniomètre ou de la boussole.

Mais toutes les vues ne partent pas de l'habitation. Il est d'autres aspects du parc ou du jardin qui doivent être dégagés et former des scènes variées où les vues jouent un rôle important. Ces points doivent être fixés ensuite avec exactitude ; on se servira pour cela des lignes d'opération du levé du plan ou état de lieux. Par une série de perpendiculaires et d'angles et un chaînage soigné, on déterminera le point de départ et la direction de chacune des vues. Ces lignes seront jalonnées à de longs intervalles. En chaque endroit du parc, sur leur passage, on devra retrouver leur direction et s'en servir comme points de repère. Les papiers blancs qui surmontent les piquets feront éviter toute confusion.

Il ne suffit pas que l'axe de la vue soit indiqué par la ligne jalonnée dont je viens de parler ; c'est l'angle visuel horizontal qu'il faut surtout déterminer. L'objet à voir présente toujours une notable étendue en largeur, et n'en eût-il pas d'appréciable à distance, il ne doit pas aboutir à l'extrémité d'une percée étroite dont les bords ressembleraient à deux murailles. Il s'agit donc de déterminer la base de l'angle au droit de l'extrémité du point de vue et de l'encadrer entre deux lignes se rejoignant à l'œil de l'observateur. C'est la vue en angle, la plus fréquente, indiquée par la fig. 65. L'ouverture

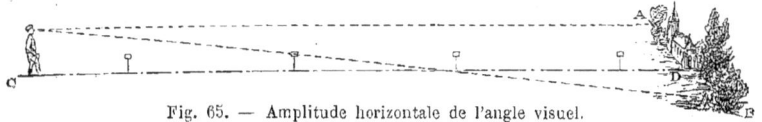

Fig. 65. — Amplitude horizontale de l'angle visuel.

de l'angle est fourni par l'écartement entre AB. La ligne CD est le centre jalonné de la percée.

Cette disposition change si la vue est limitée par la largeur d'une avenue, et ses bords deviennent parallèles, en réduisant forcément la largeur de la perspective.

Il arrive fréquemment que la vue est réciproque, c'est-à-dire que les deux extrémités peuvent devenir respectivement sommet et base de l'angle. Dans ce cas, on commet souvent une faute qui doit être signalée : celle de

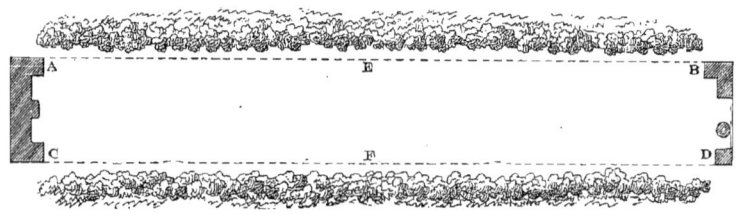

Fig. 66. — Vue à côtés parallèles.

donner aux deux côtés de la percée A B C D une direction parallèle (fig. 66). Il en résulte que les deux côtés EF du bois abattu ont une apparence de murs. D'ailleurs, on abat ainsi une quantité considérable d'arbres qui pour-

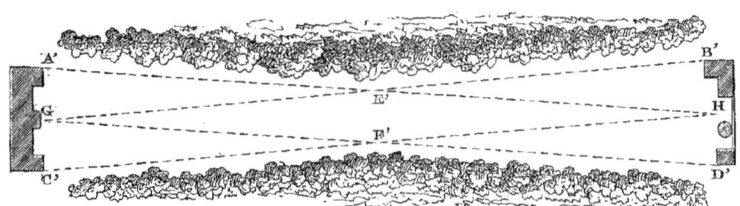

Fig. 67. — Vue en X.

raient être conservés. La percée en X (fig. 67) évite cet inconvénient, tout en reculant la perspective et laissant l'objet visible dans toute sa largeur, du sommet de chacun des deux angles G H. Le bois peut s'avancer de chaque côté jusqu'en E'F' et donner à cette vue, au second plan, un encadrement excellent.

Un certain nombre d'autres vues variées peuvent encore être citées, mais le procédé pour les obtenir ne change pas, et l'on trouvera plus loin leur description et leurs applications.

2° Eaux. — Le tracé des eaux doit satisfaire à la fois l'œil, par la grâce des contours, et le pittoresque de la situation, et l'esprit par l'économie de leur aménagement dans les points bas où elles doivent naturellement se réunir. Parfois, après avoir rapporté exactement sur le terrain ses lignes indiquant le bord des eaux sur le plan, des modifications seront reconnues nécessaires, surtout si les courbes de niveau n'ont pas été dressées avec une grande précision. Il faudra donc tenir grand compte des conditions locales et renoncer à des contours dont l'effet harmonieux sur le papier ne reproduirait pas cet aspect sur le terrain, où leur ensemble ne peut être saisi d'un coup d'œil. Ayant marqué les principaux points, on les reliera entre eux par une suite de piquets de 50 centimètres de haut, assez rapprochés les uns des autres, car les sinuosités des bords des eaux sont généralement très-accusées et très-variées si le terrain est accidenté. Je conseille de planter les piquets à 5 mètres les uns des autres si les lignes sont allongées, et à 2 mètres seulement si les courbes sont toutes à court rayon.

Nous avons vu que ces piquets A (fig. 68) doivent être surmontés d'un

Fig. 68. — Piquets pour tracer le bord des eaux.

carré de papier bleu, afin d'éviter des confusions. Il est bon également de les rattacher tous entre eux par un ruban de toile blanche ou bleue que l'on fait courir un peu au-dessus du sol et qui accuse tous les contours du bord de l'eau. On peut ainsi en saisir l'ensemble de loin et le modifier si quelques parties font un effet disgracieux. On verra plus loin que ces piquets seront utiles pendant le cours des travaux, et l'on pourra inscrire à leur base la cote du terrain à extraire ou à ajouter.

Ce mode de tracé pourra être appliqué aux jardins de moyenne et médiocre étendue et même aux bassins réguliers, afin d'en mieux faire comprendre les proportions. Sur les ruisseaux, on indiquera les barrages par des piquets plus élevés, reliés par un ruban bleu placé en travers du lit. On peut aussi marquer chaque barrage par deux piquets croisés en forme d'X.

Si le bord d'une pièce d'eau, opposé à celui où l'on se trouve, est dépourvu d'arbres, il sera bon, dès que le tracé sera fait, d'y planter quel-

PLANCHE III

PARC DE LA MOTTE-FARCHAT (Nièvre).

M. le Vicomte Benoit d'Azy, *propriétaire*. — Ed. André, *architecte*.

Projet de création d'un grand parc sur des terrains sablonneux dénudés ou alluvions récentes de la Loire. Le tracé des allées, fait au moment du semis et de la plantation des massifs, doit disparaître sous la culture pendant le nombre d'années nécessaire pour que les arbres et les arbustes atteignent l'âge adulte et produisent leur effet paysager. Après quinze ans, ce résultat peut être obtenu et le tracé initial du parc retrouvé.

LÉGENDE.

A. Château ancien (classé parmi les monuments historiques).
B. Communs et dépendances : écuries, remises, jardinier, etc.
C. Maison de garde forestier.
D. Potager ancien, conservé et entouré d'épais massifs.
E. Avenue principale d'arrivée.
F. Ancienne allée droite conservée.
G. Ruisseau affluent des *Gours*.
H. Les *Gours* de la Loire (eaux mortes) ; tracé rectificatif.
I. Sortie sur le chemin du bac.
J. Pavillon de pêche.
K. Ponts en bois ou en fer.
L. Lavoir avec pavillon rustique.
M. Embarcadère des *Gours*.
N. Sortie sur les prés.
O. Quai d'embarquement sur la Loire.
P. Petit embarcadère des *Gours*.
Q. Kiosque dans les bois.
R. Grands massifs forestiers.
S. Massifs d'arbres et d'arbustes propres au bord des eaux.

Nota. — Le reste des massifs, des groupes et des isolés est planté en végétaux forestiers et d'ornement.

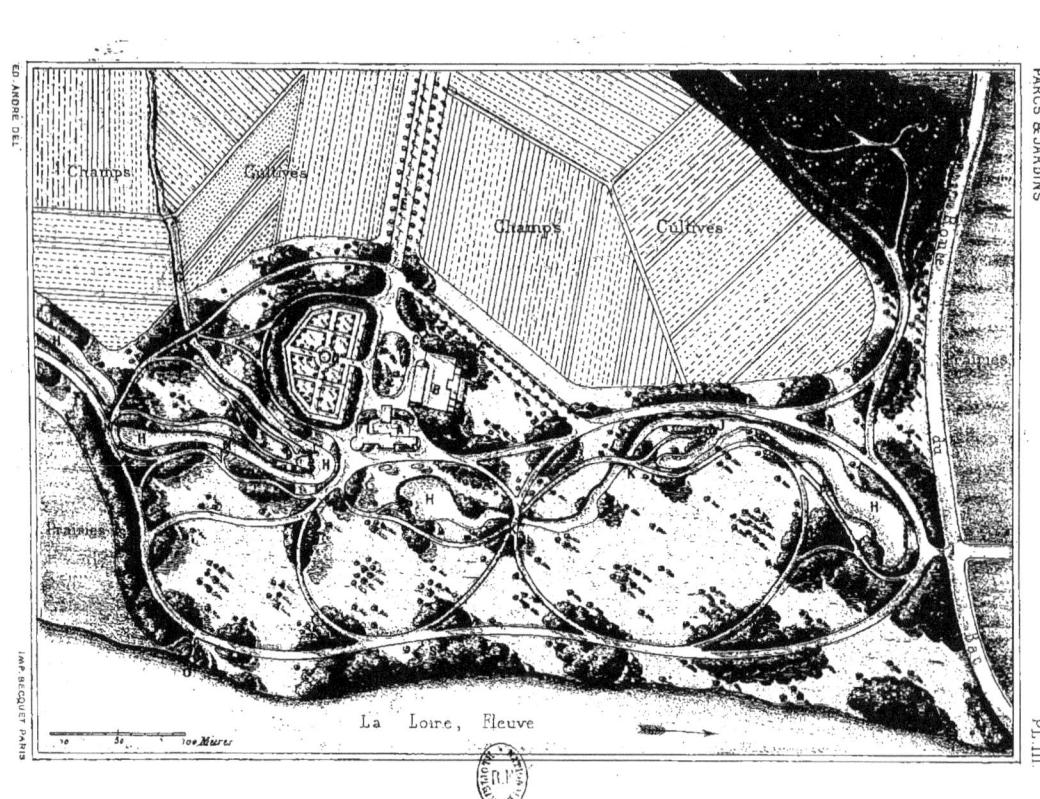

ques hautes balises simulant de grands arbres. Ce sera le moyen de se rendre compte de l'effet futur du reflet des arbres dans l'eau, d'après la loi des angles d'incidence et de reflexion que j'ai rappelée page 128. C'est surtout pour placer et dessiner les îles que ce procédé rend des services.

Pour toutes les autres opérations du tracé des eaux, il suffit de renvoyer à l'article *lever des plans* (page 206 et suiv.). Il sera aussi facile de reproduire un plan sur le terrain que de le figurer sur le papier d'après les méthodes que j'ai indiquées.

3° Constructions et objets pittoresques. — Il est dans l'usage, au moment du tracé d'un parc ou d'un jardin, de marquer par un simple piquet le centre des constructions secondaires, d'utilité ou d'ornement. Il vaut mieux tracer d'abord les contours du plan de la structure à élever et indiquer sommairement ses proportions aériennes. On évitera ainsi les fautes de goût, de proportion, et les fausses manœuvres. Autre chose est, par exemple, de voir un kiosque représenté par un dessin isolé ou construit dans l'atelier, et de le voir en place, à 500 mètres de distance. C'est pour avoir méconnu cette précaution que tant d'ornements de parcs sont hors d'échelle et d'un aspect déplorable. On peut citer cet effet des cadrans d'horloge placés au sommet d'un monument, et trompant presque tout le monde *en moins* sur leurs dimensions réelles. Je recommande donc de planter quelques poteaux simulant l'ossature principale de la construction, et si la distance est grande, de la couvrir dans ses contours de bandes de calicot blanc qui en accusent franchement la silhouette. On sera surpris d'avoir à imposer souvent des corrections à une composition qui paraissait d'abord satisfaisante.

Il en est de même des ponts, maisons de gardes, chaumières diverses, embarcadères, cabanes des oiseaux d'eau, clôtures, grilles, etc. Il serait plus difficile d'employer ce moyen pour les rochers et les cascades, mais on peut y suppléer en faisant sur place des remarques et relevant des cotes qui rappellent de loin l'échelle exacte des objets.

4° Allées. — Après avoir déterminé les lignes de vues, délimité les bords des eaux et arrêté l'emplacement des constructions et des principaux objets pittoresques, il faut prévoir des chemins pour l'utilité et pour la promenade. Rien n'est plus important que le tracé des allées. De leur bonne disposition et de leur proportion dans l'ensemble dépend l'un des principaux charmes de la propriété. Je traiterai plus loin de leurs nombreuses variétés et applications ; actuellement nous ne les considérerons qu'au point de vue de l'opération matérielle du tracé.

Personnel. — Avant de commencer, il est bon de s'assurer que le personnel et le matériel nécessaires pour cette opération sont au complet. Vouloir tracer les contours d'un parc avec un seul homme et quelques poignées de baguettes, comme je l'ai vu faire souvent, est un mauvais procédé, qui est loin de produire l'économie attendue.

Tout architecte-paysagiste soucieux de son art doit tracer *lui-même* les principales lignes du parc ou du jardin qu'il a conçu. Au cours de l'exécution, il doit seul juger des modifications que la pratique doit apporter à son avant-projet. Toute délégation donnée à ce sujet à un conducteur de travaux même très-intelligent ne saurait suppléer à la présence de l'auteur. C'est là surtout que le traducteur est un traître : *traduttore, traditore.*

Trois aides sont nécessaires. Le premier transportera les paquets de piquets sur divers points du parc ou *relais*, dont l'éloignement est calculé d'après le nombre de piquets qu'il peut transporter soit à bras, soit dans une brouette ; c'est le *porteur*. Il sera chargé, après avoir effectué ces dépôts divers, d'approvisionner de piquets celui qui fournit le *planteur*, de manière à ce qu'il n'y ait aucune interruption dans l'opération commencée.

Le second aide, le *donneur*, tiendra sur son bras gauche la botte de piquets que le porteur lui aura fournie, et de la main droite il les tendra, *un par un*, à celui qui doit les piquer en terre.

Celui-ci, le troisième aide, le plus important, se nomme le *planteur*. Il doit être libre de ses mouvements, ne tenir qu'un seul piquet à la fois dans ses mains, et avoir sans cesse l'œil fixé sur *l'opérateur*.

Il est parfois utile d'ajouter un quatrième aide, si l'on trace sur des terrains pierreux où les piquets n'entreraient pas. Cet homme portera un maillet, un bâton ferré pour faire des avant-trous ou une pince en fer de terrassier, ou mieux encore un pic ordinaire, s'il faut planter les piquets sur une route macadamisée. Si l'on trace sur des rochers, il consolidera chaque piquet en l'appuyant au pied par quelques grosses pierres.

Matériel du tracé, grands piquets. — Quelques grands piquets, bariolés de rouge et de blanc, seront utiles pour indiquer çà et là des points de repère qui empêcheront les tâtonnements dans le tracé. Ils ne sont pas indispensables, cependant, et l'on peut les remplacer par des piquets longs ordinaires auxquels on ajoute une marque particulière, papier rouge, branches feuillues, etc., pour les distinguer des piquets destinés aux vues et aux eaux.

Piquets longs. — Les piquets les plus usités sont longs de 1 mètre à 1^{m}50. Leur type le plus commun et le meilleur est l'échalas ordinaire des vignobles. Si ces piquets manquent, on en peut fabriquer avec n'importe quel bois, en évitant autant que possible les bois blancs, peuplier, saule, sapin, qui sont trop légers, se plantent mal et se brisent. Cependant on les emploie assez fréquemment à défaut d'autres. Naturellement, ces piquets doivent être aiguisés à l'une de leurs extrémités.

Dans la plupart des cas, même pour de grandes propriétés, deux cents grands piquets doivent suffire. Lorsqu'ils sont épuisés, on les remplace par de petits piquets ; et ils servent ensuite à tracer une autre partie du parc, où leur hauteur permet de les apercevoir sur de longues lignes.

Petits piquets. — Ils auront de 0^{m}40 à 0^{m}50 de largeur. On en fait trois avec un échalas de longueur ordinaire. Ces piquets sont destinés à remplacer les grands, à dessiner les courbes dans tous leurs détails et à rester en place pendant tout le cours des travaux et même après. Comme ils doivent être plantés à des intervalles rapprochés, on ne saurait trop recommander d'en faire préparer un grand nombre à l'avance.

Opérations du tracé. — On ne doit pas agir indifféremment pour planter les piquets. La méthode, l'ordre, sont ici indispensables. S'il ne s'agissait que de mettre en place quelques échalas à de faibles distances, la parole suffirait à indiquer les mouvements nécessaires. Mais quand l'éloignement devient trop considérable pour que la voix porte utilement et qu'il y a intérêt à tracer les lignes en embrassant leur ensemble sur un long parcours, on doit avoir recours à des signes convenus entre l'opérateur et le planteur.

Ces signes, transmis par l'opérateur, sont au nombre de huit :

1° Le bras droit levé indique que le planteur doit s'arrêter et faire attention ;

2° Le bras porté brusquement à droite, qu'il doit avancer son piquet à droite ;

3° Porté à gauche, qu'il doit avancer à gauche ;

4° La paume de la main projetée horizontalement en avant, qu'il faut reculer le piquet ;

5° La paume de la main ramenée horizontalement vers la poitrine, qu'il faut rapprocher le piquet ;

6° La tête inclinée à droite, qu'il faut pencher la tête du piquet à droite, sans changer le pied de place ;

7° La tête inclinée à gauche, qu'il faut pencher la tête du piquet à gauche ;

8° La main ramenée rapidement et verticalement de haut en bas, qu'il faut planter le piquet.

Ces huit signes suffisent pour tracer de longues lignes sans interruption, et permettent d'aller vite. On pourrait en adopter d'autres indiquant les bifurcations, les changements de largeur des allées, les évasements à l'approche des carrefours, mais trop d'abréviations conduisent à la confusion, et il vaut mieux, dans ces cas, avoir recours aux explications verbales.

Lorsqu'on est bien d'accord sur ces points, on doit, avant de commencer à piqueter, compléter l'éducation première du planteur en lui faisant les recommandations suivantes :

1° Se placer toujours de profil par rapport à l'opérateur, c'est-à-dire parallèlement à la ligne que l'on trace et non dedans, afin de n'en pas masquer le développement ;

2° Tenir le piquet par le sommet, entre le pouce et l'index, le laisser porter légèrement sur le sol et l'avancer ou le reculer lentement, à chaque geste de l'opérateur, dans la direction indiquée, jusqu'au signe : plantez ;

3° Regarder toujours l'opérateur et non le piquet (ce qu'il est très-difficile d'obtenir des planteurs peu habitués);

4° Avancer d'un uniforme mouvement d'un piquet à l'autre, en comptant ses pas, de manière à *faire le mètre* ou à à peu près, conformément aux distances adoptées pour l'écartement initial entre les piquets : cinq, dix, quinze, vingt mètres, etc.

On conviendra aussi des moyens à employer pour suppléer à l'insuffisance de la vue à de grandes distances, par un temps de brouillard, ou à l'impossibilité momentanée de s'apercevoir mutuellement dans l'épaisseur d'un taillis, dans une brusque dépression du sol ou derrière un obstacle.

Dans le premier cas, le chapeau au bout du bras, un rouleau de papier blanc, un mouchoir suffiront pour faire les gestes.

Dans les autres, on peut ajouter une longue perche surmontée d'un chiffon blanc, que le planteur place au bout du piquet présenté.

S'il est trop éloigné et que la voix de l'opérateur ne lui parvienne pas, on doit diviser la distance en deux ou plusieurs parties, et espacer des hommes qui transmettent successivement les ordres de l'opérateur, sans que le planteur ait à quitter son poste. Ce sont des sortes de *relais téléphoniques* dont j'ai trouvé l'usage très-commode.

Ces dispositions prises, on peut procéder au tracé.

Les points de repère principaux ont été préalablement fixés, soit d'après le plan, soit d'après les modifications que l'étude attentive du lieu aura motivées. On devra tenir toujours en vue ceux qui sont compris dans le même angle visuel et qui correspondent à des points d'attache des allées, de manière à ce que la direction de ces voies soit peinte dans l'esprit de l'opérateur avant de commencer. En un mot, il faut savoir nettement ce qu'on veut; l'exécution est ensuite facile.

Le tracé d'une allée droite ou avenue, des chemins de parterres, jardins fruitiers et potagers, etc., est élémentaire. Je n'insisterai pas sur le moyen de planter des piquets en ligne droite. Je recommande seulement de les bien aligner en clignant l'œil, après s'être mis à un mètre en arrière du premier piquet, de les placer à des distances égales, verticalement, et de se rappeler que de longues lignes se tracent plus correctement en partant de l'extrémité pour venir vers l'opérateur que *vice versa*.

Les lignes courbes offrent plus de difficulté. S'il s'agissait de courbes géométriques, dont le rayon est exactement calculé, comme dans les travaux de chemins de fer, il suffirait d'un rapport exact des mesures du plan, opération longue, mais relativement facile à cause de sa précision invariable. Mais nous avons affaire à des sections d'arcs dont les centres varient à chaque instant, et que la nomenclature serait impuissante à classer. J'appellerais volontiers les tracés curvilignes des jardins des *courbes de goût*. Elles demandent plus d'art que de science, et il faut une longue expérience pour les développer harmonieusement et sans hésitation.

TRAVAUX D'EXÉCUTION. — TRACÉ SUR LE TERRAIN.   309

Si la courbe est *uniforme* ou à un seul centre, il sera facile de la tracer exactement, avec un peu d'habitude. On peut employer pour cela deux méthodes différentes, la méthode de *stationnement* ou celle du *cheminement*.

Dans la première, l'opérateur reste au point de départ et voit se développer devant soi tout l'espace qu'occupera la courbe. Les piquets étant placés à des distances égales, la distance apparente entre eux croîtra avec leur éloignement de l'œil de l'observateur. On en trouvera l'explication graphique dans la figure 64.

La ligne courbe AB, à centre unique, étant divisée en huit parties égales, l'écartement apparent entre les piquets vus du même point A sera respectivement comme les longueurs cd pour ce, ef pour eg, gh pour gi, etc., c'est-à-dire que la distance visible entre ces piquets sera égale à la longueur des perpendiculaires dc, fe, hg élevées sur les droites Ae, Ag, Ai, etc. Le rapport

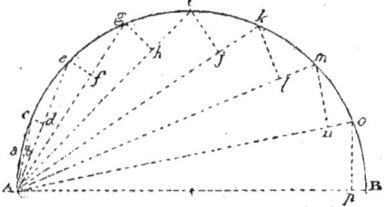

Fig. 64. — Tracé des courbes par stationnement.

entre ces diverses parties est constant. C'est par l'habitude de se rendre compte de ce rapport qu'on arrive à tracer, avec assez de fidélité, des courbes de ce genre, par à peu près, sans quitter le point initial. Du point A, situé sur une éminence, on pourra voir tous les points de la courbe, dont une partie serait invisible si on était dans la dépression du terrain.

La méthode par cheminement est basée sur ce principe que, dans tous les arcs de la circonférence d'un cercle divisé en parties égales, les flèches sont égales entre elles. Par exemple, étant donnée la courbe de la figure 65, avec ses divisions égales $acegi$, les flèches des cordes Ac, ae, eg, etc., seront toutes égales à la première flèche ba, puisque les arcs de cercle sont tous égaux entre eux.

On conçoit dès lors la marche à suivre, en s'inspirant de cette loi, pour

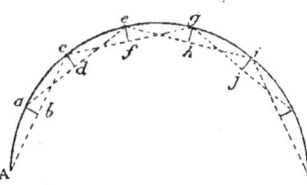

Fig. 65. — Tracé des courbes par cheminement.

tracer, à l'œil, une courbe de ce genre avec une assez grande précision. L'opérateur étant au point A (fig. 65) fait planter les piquets a et c en remarquant la longueur de la flèche ba. Cette longueur étant retenue dans sa mémoire ou mesurée par un fil tendu au bout de ses deux bras, il se transporte alors en a et fait planter le piquet e en reproduisant en dc la longueur apparente de la première flèche ba, et ainsi de suite.

On pourrait encore déterminer ces points par le système des tangentes égales, pour lequel il existe plusieurs moyens graphiques, mais une exactitude mathématique n'étant pas nécessaire pour le tracé des courbes des jardins, et d'ailleurs le but à chercher étant une certaine habileté pratique, consistant à se passer d'instruments de précision, je passerai sous silence ces procédés, utiles à employer seulement dans le dessin des parterres réguliers et jardins symétriques.

Les *courbes inégales* ou à plusieurs centres sont de beaucoup les plus fréquentes dans le tracé des jardins. Elles demandent une longue pratique pour être piquetées sans tâtonnements. On pourrait également les construire géométriquement en cherchant les diverses paraboles que ces courbes engendrent, mais je dois répéter que le tracé des jardins prendrait ainsi un temps considérable, sans produire de résultats plus satisfaisants. Il faut donc s'habituer à établir ces lignes *au jugé*, sans instruments. En appliquant le système du cheminement et de l'écartement croissant ou décroissant entre les flèches des arcs, comme le montre la figure 66, on trace facilement des courbes de ce genre. Soit AB une courbe parabolique divisée en parties égales. En cheminant graduellement de c' en d', e', f', on remarquera que les flèches ee', ff', gg', croissent graduellement, et que si plus loin la courbe s'*aplatit*, les flèches diminuent de longueur. Donc, en avançant d'un piquet, à mesure que le planteur progresse de son côté,

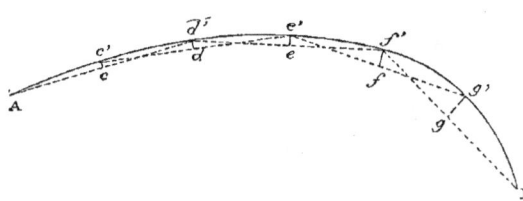

Fig. 66. — Tracé simplifié des courbes paraboliques.

l'opérateur aura toujours cette proportion présente devant lui. Aussi, les courbes *à flèches proportionnelles*, qui ne sont ni le cercle ni la parabole, sont-elles extrêmement fréquentes dans le tracé des jardins.

Les *contre-courbes*, que l'on nomme *raccordements inverses* dans le tracé des routes, peuvent aussi se déterminer rigoureusement, et nous en verrons quelques applications ultérieures. Dans le tracé des allées, elles peuvent également se faire par évaluation. Lorsqu'une courbe doit se contourner en S, le point de changement de direction doit être préalablement fixé. Je l'appellerai le *pivot*. Avant d'arriver à ce point, l'opérateur doit graduellement diminuer la largeur de la flèche entre chaque section d'arc. Dès qu'il arrive à dépasser le pivot 0 (fig. 67), le piquet suivant P doit présenter le même écartement que l'avant-dernier, mais dans le sens contraire. On évitera ainsi une cassure à ce point important de raccordement.

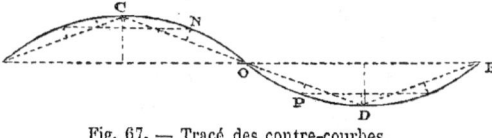

Fig. 67. — Tracé des contre-courbes.

Telles sont les principales formes de courbes usitées dans le tracé des parcs et jardins paysagers. Elles se compléteront plus loin par l'indication des courbes de raccordement aux carrefours des allées.

Tracé des axes. — Je conseille de commencer par tracer l'axe ou ligne médiane de l'allée. Quelques praticiens ont l'habitude de piqueter d'abord un des côtés de l'allée, puis l'autre. Il vaut mieux renoncer à ce procédé, qui a l'inconvénient de causer une grande perte de temps quand il faut rectifier des erreurs.

Il est préférable de piqueter d'abord à de grandes distances, 20 mètres par exemple, et de revenir ensuite faire des retouches qui n'entraînent pas le déplacement d'un grand nombre de piquets.

Suit-on la méthode du cheminement ou celle du stationnement, il faut toujours recommander au planteur de se tenir *en dehors* de la courbe, c'est-à-dire du côté de la convexité, afin qu'il n'en cache pas le développement à l'opérateur. Arrivé à un pivot ou changement de courbe, le planteur fait volte-face; s'il n'exécute pas spontanément ce mouvement, l'opérateur le lui indique en faisant brusquement le geste de se retourner lui-même.

En déterminant rigoureusement l'axe des allées, on se donne un guide utile pour le tracé des bifurcations, carrefours, etc., où les bords cessent d'être parallèles et deviennent plus ou moins évasés. On ne doit pas craindre de faire croiser ces lignes; elles formeront d'excellents points de repère.

C'est alors seulement qu'on peut piqueter les deux bords des allées. A cet effet, on sème deux piquets sur le sol en face de chacun de ceux de l'axe, et à peu près à la place qu'ils occuperont étant debout. Deux hommes prennent alors un décamètre, ou plutôt une perche dont la longueur est égale à la largeur de l'allée et dont le milieu est indiqué par un cran. Ils s'arrêtent à chaque piquet de l'axe, se placent en ligne normale sur la courbe, pendant qu'un troisième tient le cran de la perche en face de l'axe, et ils plantent les piquets des deux bords de l'allée. Ce mot *ligne normale* signifie que la ligne AB faite par la perche doit être perpendiculaire à une droite reliant entre eux le piquet précédent C et le piquet B (fig. 68). Si cette ligne était oblique, l'écartement normal entre les deux bords de l'allée deviendrait moindre, et le tracé serait mauvais, tandis que les écartements GH, IJ, KL, le rendent correct. J'insiste sur cette précaution, qu'un peu d'habitude fera bientôt prendre, sans obliger à aucun tracé géométrique.

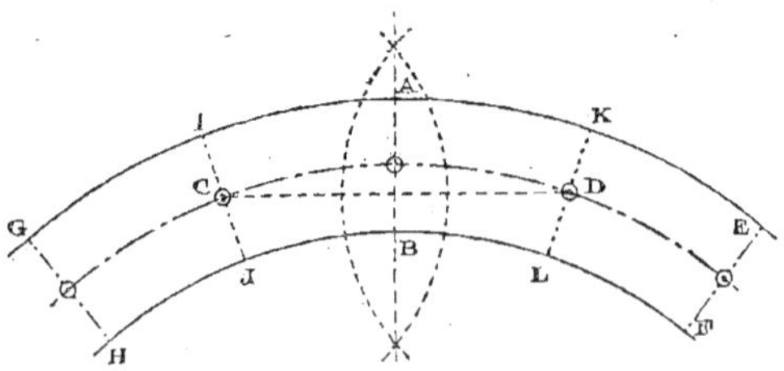

Fig. 68. — Moyen de doubler le tracé des allées.

En *doublant* le tracé des allées (l'opération de planter les deux lignes latérales de piquets s'appelle *doubler*), il est utile de continuer le parallélisme provisoire jusqu'aux bifurcations et croisements divers. Les raccordements se font ensuite presque d'eux-mêmes. Les deux figures suivantes donneront l'exemple d'un bon et d'un mauvais tracé de ce genre.

Si l'on trace les deux côtés l'un après l'autre, de prime-abord, sans les avoir préparés par un axe, il arrive souvent que dans un croisement les

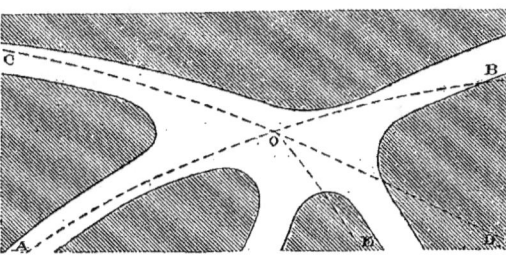

Fig. 69. — Tracé des axes. Mauvais.

allées s'*emmanchent mal*, suivant une expression vulgaire et caractéristique. On obtient alors des effets analogues à ceux que représente la figure 69, où le carrefour est du plus désagréable aspect et les allées sans union, faute d'avoir tracé préalablement les lignes mères ou axes ABCDE qui viennent s'intersecter au point O.

Dans la figure 70, au contraire, le tracé préalable des axes a permis de doubler les lignes sans erreur possible, et les trois allées s'embranchent harmonieusement par un simple arrondissement des angles.

Les diverses manières de traiter les carrefours et bifurcations d'allées seront exposées plus loin. Mais

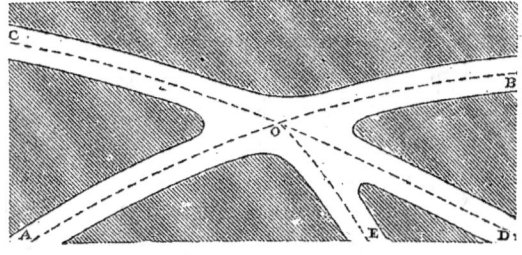

Fig. 70. — Tracé des axes. Bon.

leur tracé doit être soumis partout à des procédés identiques pour arriver à de bons résultats.

Après avoir ainsi complété sur le terrain le dessin des voies de communication et marqué leurs points de raccordement, il convient de reprendre chaque courbe en particulier, d'épurer tous les contours et de multiplier le nombre des piquets qui devront rester jusqu'à la fin des travaux. Les grands piquets, placés à d'assez longues distances, seront remplacés par ceux de 40 à 50 centimètres, qui devront être plantés de 10 en 10 mètres pour les parcs et de 5 en 5 mètres pour les jardins de médiocre étendue. Dans les brusques tournants des carrefours et bifurcations, ils pourront être rapprochés bien davantage afin de dessiner les moindres sinuosités.

Une excellente méthode, dans les terrains couverts d'herbe, consiste à ouvrir, d'un piquet à l'autre, une rigole au moyen de la bêche ou de la tranche plate, et à rejeter les mottes de gazon sur le côté. On voit se dessiner ainsi avec une grande netteté tous les contours des allées, et si les piquets viennent à disparaître, le tracé se retrouve aisément.

On doit enfoncer les piquets le plus profondément possible. Si les travaux ne sont pas immédiatement commencés ou s'ils traînent en longueur, ces piquets disparaissent en peu de temps, enlevés par les pâtres, par les passants, abattus par le vent ou les bestiaux, dérobés ou brisés.

Tout dessinateur de jardins qui s'est vu obligé de recommencer une ou plusieurs fois son tracé faute de retrouver, à son retour, celui qu'il avait eu tant de peine à établir, comprendra mon insistance sur ces précautions. Le mieux est de conserver les grands piquets aussi longtemps que possible, en doublant chacun d'eux par un plus petit enfoncé au ras du sol, et qu'il est toujours facile de retrouver.

Enfin je conseille, le choix étant donné, de faire couper, pour les petits piquets, des tiges d'acacia (*Robinia pseudo-acacia*), bois presque incorruptible, dont la durée dans le sol est très-longue si on a le soin de lui faire subir, avant l'emploi, un commencement de carbonisation ou une injection de sulfate de cuivre. En 1864, un de mes clients eut l'idée de convertir en parc plusieurs centaines d'hectares de sables infertiles, abandonnés à la vaine pâture, sur les grèves de la Loire. Il me demanda un projet, sous la condition que le tracé serait fait au moyen des piquets dont je viens de parler, que les massifs seraient semés en essences forestières, que le reste serait conservé en pâturages, et qu'on laisserait le tout croître à la grâce de Dieu pendant une quinzaine d'années. Cette époque atteinte, on devait rechercher les vestiges des piquets, ouvrir les allées d'après le tracé adopté en principe et donner la propriété en dot à une jeune fille qui n'avait que trois ou quatre ans au moment où l'on semait le premier gland de chêne dans le parc. On opéra ainsi sans beaucoup de frais et avec des résultats qui prouvèrent plus tard que l'idée était juste et pratique.

Le tracé des parterres, jardins symétriques, vergers, potagers, etc., qui rentre plus spécialement dans les figures géométriques, sera traité un peu plus loin, les allées proprement dites ne formant qu'une partie de la pratique du piquetage dans ces sortes de compositions.

5° *Massifs*. — Pour éviter de confondre les piquets destinés à figurer les massifs avec ceux des allées, il est bon d'adopter un signe distinctif, soit en les peignant d'une couleur quelconque, soit plus simplement en les plantant d'une manière particulière. Je me suis toujours servi, pour indiquer les bords des massifs paysagers, de petits piquets ordinaires que l'on incline en dehors.

Dans la figure 71, les piquets AAA sont dressés verticalement et forment le bord des allées, les autres, BBB, sont tous penchés et indiquent le périmètre du massif C.

Quand les massifs bordent les allées, leur première ligne doit être parallèle à ce bord, à la seule exception des grands parcs forestiers. Mais,

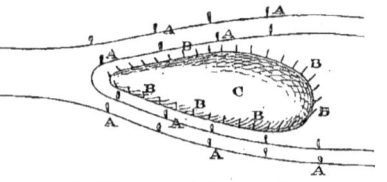

Fig. 71. — Tracé des massifs.

dès qu'ils échappent aux chemins et se confondent avec les pelouses, nulle ligne, même sinueuse, ne doit se faire sentir dans la plantation. Tout au plus faut-il en indiquer une pour le défoncement du terrain, qui formera un certain nombre de dents. La position des piquets, au tracé, sera alors dans les angles saillants et rentrants, en évitant toute espèce de symétrie (fig. 72.)

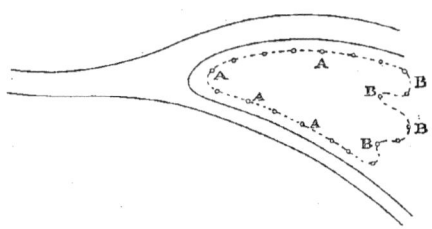

Fig. 72. — Tracé des bordures de massifs.

Ainsi les piquets AAA seront forcément parallèles aux allées, mais en BBB ils n'offriront plus aucune régularité.

Les massifs d'arbres et d'arbustes sont encore l'objet d'un tracé très-important qui fixe la place de chacun des sujets à planter. Des piquets de différentes hauteurs remplissent cet office. Cette distribution sera indiquée au chapitre des plantations.

6° *Arbres isolés et groupes.* — L'emplacement des arbres épars sur les pelouses, conifères et espèces à feuilles persistantes ou caduques, doit être l'objet d'une étude attentive. Nous verrons le rôle capital de ces vedettes des massifs dans l'ornementation et les règles qui doivent présider à leur distribution. Leur place étant déterminée, on doit, tout de suite, les marquer d'une manière apparente par de grands piquets accompagnés d'un signe particulier : le meilleur est une poignée de branches attachées au sommet. Chacun des arbres isolés et ceux des groupes de trois auront leur place individuellement marquée. Au-dessus de cinq, il suffit d'indiquer les arbres qui se trouvent sur les contours du groupe, sans s'occuper du milieu, mais toujours en garnissant les piquets de branches qui se fanent bientôt et deviennent alors plus apparentes.

Le plus souvent, la place des groupes et arbres isolés est motivée par

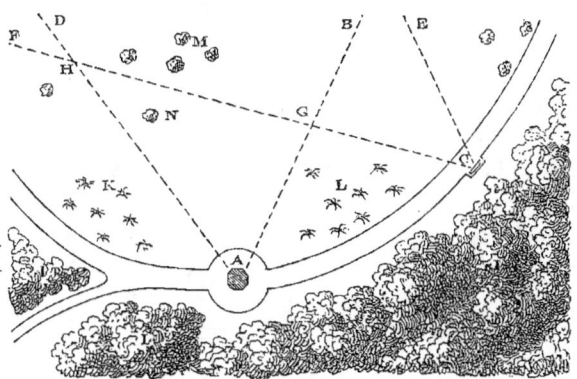

Fig. 73. — Tracé des arbres isolés et groupes.

les lignes de vue ; c'est pour cette raison que je conseille de commencer toujours le tracé par les percées.

Ainsi, dans la figure 73, les points A et C sont deux têtes de lignes de vue, le premier occupé par un kiosque, le second par un banc de repos adossé à un bois I. Les angles ABD, CEF ont des côtés qui se coupent en GH, et qui indiquent les percées qu'il ne faut pas obstruer. En plantant les arbres résineux en groupe KL, l'artiste songera au développement que prendront ces végétaux, et veillera à ce qu'ils n'empiètent jamais sur la vue. Il est donc nécessaire de bien connaître les espèces plantées et la qualité du sol. Il en est de même du groupe M et de l'arbre isolé N, tous deux à feuilles caduques. Mais sur le bord de l'allée, on peut planter sans se préoccuper de l'accroissement des branches, car la vue pourra facilement glisser entre les troncs des arbres, et un épais ombrage sera assuré au banc C.

7° *Jardins réguliers, parterres, potagers,* etc. — Nous arrivons à l'une des parties les plus intéressantes et les plus compliquées du tracé des jardins. Le règne du jardin symétrique est passé en laissant des souvenirs vivaces ; une sorte de renaissance commence à se produire. Si les parterres de broderie, à la mode au XVII° siècle, n'ont plus à nous occuper de leurs entrelacements fantaisistes, les jardins fleuristes à la manière française, anglaise, flamande et allemande, inspirent encore des goûts d'imitation dignes d'encouragement. Enfin le tracé des jardins d'utilité, potagers, jardins fruitiers, jardins-écoles, etc., rentre dans celui des figures géométriques, dont nous devons nous occuper seulement au point de vue graphique.

Les moyens pratiques de transporter sur le terrain des dessins symétriques avec l'aide d'instruments de précision ne sont pas rares. J'ai déjà énuméré cette partie du matériel de la formation des jardins, dont l'usage est familier à la grande majorité de mes lecteurs. Nulle difficulté n'existe pour reproduire sur le sol une figure quelconque au moyen d'un goniomètre, d'une boussole ou d'un décamètre.

Il en est autrement pour ceux à qui le maniement de ces instruments est inconnu, ou qui ne peuvent pas se les procurer. C'est le cas d'un grand nombre de jardiniers en place, auxquels j'adresse plus spécialement ces observations. Ils y trouveront, à leur usage quotidien, une petite collection de *recettes* élémentaires pour construire les figures indispensables au tracé des jardins symétriques, dont ils sont journellement chargés. On trouvera des applications de ces procédés dans les chapitres suivants.

Je suppose le cas où le jardinier ne dispose que de ses outils ordinaires, bêche, râteau, traçoir, serpette, etc. Avec une pelotte de ficelle (*cordeau* des jardiniers) et quelques piquets, il doit se tirer aisément d'affaire dans les circonstances suivantes :

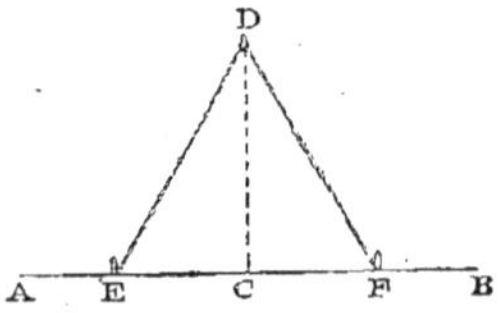

1° *Tracer au cordeau une ligne droite d'équerre ou perpendiculaire sur une autre ligne droite* (fig. 74). — Soit AB la ligne sur laquelle on cherche à élever une perpendiculaire D du point C. Plantez deux piquets EF à égale distance du point C, passez dans chacun la boucle d'extré-

Fig. 74.

mité d'un cordeau au milieu duquel vous aurez fait un nœud. En reculant et tendant le cordeau jusqu'en D vous aurez la ligne CD perpendiculaire à AB.

On obtiendra le même résultat en décrivant avec un cordeau, de chaque extrémité de la ligne AB, deux arcs de cercle qui se couperaient en D, point d'où l'on abaissera une perpendiculaire sur C. On peut employer ce second moyen sur une surface unie, sable ou terre; le premier vaut mieux sur un pré ou sur une surface inégale.

2° *Tracer avec le cordeau une perpendiculaire à l'extrémité d'une ligne droite* (fig. 75). — Placez sur la ligne AB le piquet C à une distance quelconque et passez dans les piquets BC les deux boucles d'un cordeau que vous tendez jusqu'à ce que le nœud fait au milieu donne le point D, sur lequel vous plantez un autre piquet. Retirez alors la boucle du piquet B et en l'alignant avec DC l'extrémité du cordeau donne le point E perpendiculaire à AB.

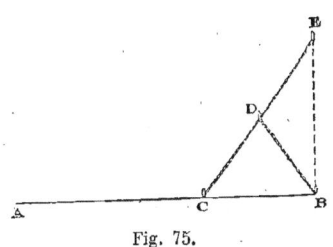
Fig. 75.

Il est évident qu'avec une équerre d'arpenteur le moyen est plus simple, plus juste et plus expéditif.

3° *Rapporter avec le cordeau un angle ou un triangle sur le terrain* (fig. 76). — Tracez sur le papier, à 10 mètres de distance du point A, l'arc de cercle qui coupe l'angle A en BC et dont la corde est de 5 mètres. Mesurez sur le terrain une longueur de 10 mètres A'B'; prenez deux cordeaux, l'un de 10 mètres,

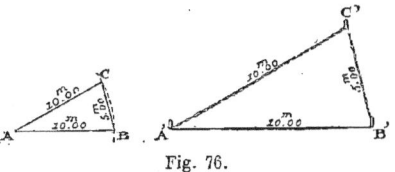
Fig. 76.

que vous attacherez en A', l'autre de 5 mètres, qui sera fixé en B'; rejoignez leurs extrémités libres et vous aurez le point C' par lequel on obtient l'angle A' égal à A.

Le même procédé sert à construire le triangle A'B'C' égal à ABC.

Si le triangle est équilatéral, c'est-à-dire si ses trois côtés sont égaux, on peut le reproduire par le procédé n° 1, employé pour élever une perpendiculaire, mais en ayant soin de mesurer l'un des côtés et de donner aux deux autres une longueur égale.

4° *Tracer avec le cordeau un rectangle ou carré long* (fig. 77). — Sur la

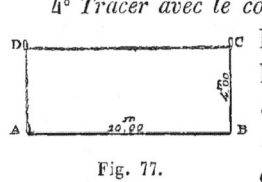
Fig. 77.

ligne AB, longue de 10 mètres, par exemple, élevez la perpendiculaire BC, longue de 4 mètres. Fixez un cordeau de 10 mètres au piquet BC, un autre de 4 mètres au piquet D et rejoignez leurs extrémités en D. Le rectangle sera construit et les quatre côtés formeront quatre angles droits. Le même moyen sert à tracer des parallèles à toutes les lignes droites.

5° *Tracer avec le cordeau un polygone régulier* (fig. 78). — Soit le pentagone ABECD à reproduire sur le terrain. Mesurez la base AB et la ligne AC, égale à BC. Avec ces mesures tracez sur le sol le triangle ACB par le procédé n° 1. Prenez ensuite deux cordeaux égaux à AB et attachez l'une de leurs extrémités en A et en C. En joignant leurs deux autres extrémités libres vous aurez le point E et, par une opération semblable, le point D.

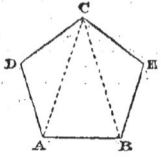
Fig. 78.

Tout autre polygone régulier sera tracé de même, en le réduisant en triangles qu'on reproduira sur le terrain l'un après l'autre dans l'ordre qu'ils accusent sur le plan.

Si l'on opérait avec un instrument à mesurer les angles, l'opération serait des plus simples, l'ouverture de chaque angle correspondant à chacune des divisions du polygone. Je crois utile de donner, dans un tableau, l'ouverture en degrés de chacun des angles du centre ou de la circonférence d'un polygone régulier déterminé. Ce petit calcul fera gagner du temps aux opérateurs.

DÉSIGNATION des POLYGONES	AMPLITUDE des angles de la périphérie.	AMPLITUDE des angles partant du centre.
	Degrés.	Degrés.
Triangle..............	60	120
Carré................	90	90
Pentagone............	108	72
Hexagone............	120	60
Heptagone............	128 $4/7$	51 $3/7$
Octogone.............	135	45
Enneagone...........	140	40
Décagone............	144	36
Ondécagone..........	147 $1/3$	32 $2/3$
Dodécagone..........	150	30

6° *Tracer au cordeau un cercle ou un arc de cercle.* — Opération élémentaire par excellence. Elle consiste à placer au centre du cercle un piquet, à fixer la boucle d'une ficelle égalant en longueur le rayon ou moitié du diamètre, et à promener circulairement l'extrémité de cette ficelle en traçant une ligne au moyen d'un piquet fixé au bout du cordeau libre.

7° *Tracer une ellipse dont le grand axe seul est connu.* — Divisez la ligne AB (fig. 79) en trois parties égales. Avec la longueur d'une de ces parties pour rayon, tracez des points E et F comme centres, deux cercles dont les circonférences se coupent en CD. Les quatre centres de l'ellipse seront EF, CD. De C menez deux diamètres qui passeront par les centres EF et s'arrêteront sur les circonférences en IJ et autant du point D. Du point C avec un cordeau dont l'extrémité opposée porte un piquet-traçoir, joignez les deux circonférences par un arc qui les rencontre en IJ, et *vice versa* du point D

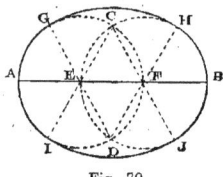
Fig. 79.

en GH. L'ellipse sera régulière, et c'est là sa forme la plus simple.

On peut encore tracer, d'une manière très-commode et expéditive, ce qu'on appelle l'*ovale du jardinier*. C'est une ellipse dont ~~une seule dimension est connue~~, celle du grand diamètre. On l'emploie fréquemment pour la formation des corbeilles de fleurs généralement adoptées aujourd'hui.

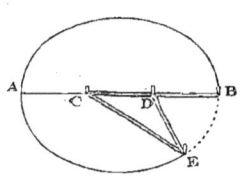

Fig. 80.

Étant donnée une longueur AB, qui sera celle de la corbeille (fig. 80), prenez une distance AC qui sera environ le tiers de la ligne, et reportez-la en BD, en mettant un piquet aux points CD. Passez une corde double et libre autour des piquets CB, en laissant le piquet D au milieu, et, avec une pointe de traçoir commençant en B, suivez la ligne elliptique BE en tendant la corde qui tournera régulièrement autour des deux centres CD et formera une ellipse.

8° *Tracer au cordeau une ellipse dont les deux axes sont donnés* (fig. 81). — Il peut arriver que les deux axes d'une ellipse soient déterminés d'avance et qu'il faille en reproduire rigoureusement les dimensions.

Soit AB le grand diamètre d'une ellipse divisée en E en deux parties égales par le petit diamètre CD. Prenez la moitié de CD et mesurez sur AB une même longueur donnant AF. Divisez FE en trois parties égales dont vous reportez l'une en G sur FA. La lon-

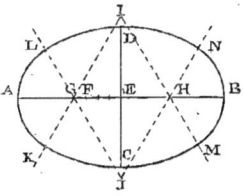

Fig. 81.

gueur AG reportée sur BE donnera le point H. Construisez avec le cordeau deux triangles équilatéraux (voir 3ᵉ paragraphe du procédé n° 3) ayant pour base commune GH et pour sommets IJ, et prolongez-en les côtés indéfiniment. Avec GA pour rayon tracez l'arc de cercle KAL et avec HB l'arc MBN. Vous compléterez l'ellipse en menant deux autres arcs avec I et J pour centres et touchant la circonférence aux points KM et LN.

Tel est le procédé le plus pratique, à ma connaissance, pour tracer les ellipses dont on connaît les deux diamètres. Naturellement les autres ellipses inscrites ou circonscrites seront faciles à tracer, puisque les centres seront identiques.

Les jardiniers trouveront à appliquer fréquemment les procédés pratiques et simples que je viens d'indiquer, et ces moyens suffiront, avec un peu d'intelligence et d'expérience, pour résoudre la plupart des petits problèmes du tracé des jardins géométriques, lorsque l'opérateur manque d'instruments.

Il reste à examiner quelques-unes de ces applications. Je prendrai, par exemple, les lignes mères du jardin fleuriste ou parterre que j'ai dessiné dans le parc de M. H. Oppenheim, à Sèvres (fig. 82).

Ce parterre peut être tracé au cordeau, sans le secours d'aucun instrument de précision.

La portion centrale et rectangulaire AA, avec ses plates-bandes A′A′, présente l'occasion de mettre en pratique les procédés n°s 1, 2, 3, 4, sur le tracé des perpendiculaires, la construction des triangles et des rectangles.

La partie B offre une application des tracés du cercle et des arcs de cercles n° 6.

En C, D, E, se trouvent des polygones de différents types, octogones, carrés, pentagones, inscrits dans des cercles et faciles à construire par les procédés n°s 5 et 6.

La lettre F se rapporte au bassin central en forme de rectangle (n° 4).

L'ellipse se retrouve dans la corbeille de fleurs G, et peut être tracée suivant l'un des trois modes indiqués n°s 7 et 8.

Enfin en H sont des lignes parallèles (n° 4).

Les parterres de broderie présentent un dessin plus compliqué. Le meilleur moyen et le plus expéditif pour les reproduire est de *quadriller* complétement le plan avant de procéder au tracé (on appelait au XVIIe siècle ce mode d'opérer *mailler*). Si l'échelle est de 1 centimètre pour mètre, on trace ensuite sur le terrain autant de carrés de 1 mètre qu'il y a de carreaux d'un

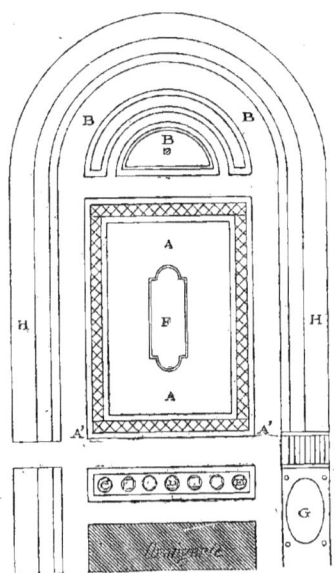

Fig. 82. — Tracé d'un parterre.

centimètre sur le plan. La surface sera unie préalablement. On dessine alors au piquet pointu ou traçoir les arabesques du projet, et les planteurs de bordures, de buis ou autres plantes, suivent les petits sillons marqués en effaçant le quadrillage du dessous.

Le tracé des jardins réguliers d'utilité, vergers, potagers, jardins fruitiers, d'institutions, d'écoles, scientifiques, etc., est de la même simplicité, il ne diffère que par les proportions. L'angle droit y domine, et l'on doit apporter le plus grand soin à bien établir les axes et leurs perpendiculaires.

Une recommandation importante, dans le tracé détaillé des parterres et des jardins symétriques d'utilité, est d'employer une grande quantité de cordeaux. En effet, il arrive, en traçant seulement avec des piquets auxquels on enlève les cordeaux pour marquer d'autres lignes, que ces piquets se dérangent, se penchent, tombent, ou que leur épaisseur suffit pour motiver des erreurs sur de longs parcours. Je conseille donc de laisser les grandes lignes profilées par des cordeaux bien tendus et se coupant dans tous les sens, pour établir avec précision le tracé d'un jardin régulier.

Lorsque le tracé des jardins réguliers a lieu sur des terrains fortement inclinés, on prendra soin de l'effectuer d'après la projection verticale et non suivant le développement de la surface du sol naturel. Cette précaution est indispensable. Les points principaux, surtout les lignes d'opération, seront fixés en tendant les cordeaux horizontalement et en marquant par le fil à plomb la place des piquets sur le sol. Alors on plantera des piquets assez longs pour qu'une partie en soit visible pendant toute la durée des travaux, même si l'autre partie devait être couverte par les remblais. Si leur longueur première est insuffisante, on peut, sans les déplacer, leur ajouter à la partie supérieure un autre piquet ou une balise qui restera toujours apparente.

Il est très-important de vérifier les angles et le parallélisme des droites d'un jardin régulier avant de commencer les travaux de terrassement, de clôture, de maçonnerie. On évitera ainsi des fausses manœuvres et des erreurs de mesurage dans le tracé des détails.

En avançant dans les chapitres suivants de ce livre, on verra que le tracé des objets spéciaux dans l'ornementation des jardins est plus compliqué que les éléments exposés ci-dessus ne le feraient croire. J'ai voulu simplement indiquer des moyens faciles, et qui suffisent le plus souvent pour les travaux du tracé des jardins. Avant tout, il faut s'adresser au grand nombre des amateurs, et les complications dans les procédés et dans l'ornementation doivent être écartées.

CHAPITRE X

TRAVAUX D'EXÉCUTION. — DÉTAILS

VUES ET PERCÉES

Dans le chapitre vi (pp. 120 et suivantes), nous avons étudié les lois de la vision et quelques-unes des propriétés de la lumière dans le but de les appliquer à l'art des jardins. Ces applications entraînent naturellement la connaissance de certaines règles de la perspective, sans lesquelles on ne peut pas mieux composer un jardin qu'un tableau. Quelques mots sont donc nécessaires pour familiariser le lecteur avec les principes de cette science.

La perspective, c'est-à-dire l'art de représenter les objets suivant la différence produite par leur éloignement ou leur position, est *linéaire* ou *aérienne*.

Trois choses sont à connaître dans la *perspective linéaire*, qui ne considère que les lignes, c'est-à-dire la forme et les dimensions des objets :

1° L'amplitude de l'angle visuel, ou la grandeur apparente d'une ligne, qui est toujours en raison inverse de la distance (p. 122);

2° La valeur de cet angle, qui est d'autant plus petit que la ligne est vue plus obliquement;

3° La décroissance, qui est en même temps proportionnelle à l'obliquité et à la distance.

La *perspective aérienne* repose sur la dégradation des teintes; elle s'obtient dans le dessin par les ombres, dans la peinture par les couleurs. Bien qu'elle échappe à des règles fixes, mathématiques, elle a cependant fourni le sujet de travaux importants, parmi lesquels le *Traité de peinture* de Léonard de Vinci fait encore autorité. Ce grand maître disait : « La perspective est ce qu'un jeune peintre doit apprendre d'abord pour savoir tout mettre à sa place et pour donner à chaque chose la juste proportion qu'elle doit avoir dans le milieu où elle est située. »

Ces paroles du grand artiste, à la fois peintre, sculpteur, ingénieur, architecte, sont applicables à l'art des jardins autant qu'à la peinture.

Les règles de la perspective les plus usuelles dans le dessin et la peinture sont les suivantes :

1° Dans un tableau, la ligne d'horizon est toujours déterminée par la hauteur de l'œil du peintre ;

2° Le point de vue est toujours situé sur la ligne de l'horizon et en face de l'œil du peintre ;

3° Toutes les lignes de *fuite* des objets vus de face convergent vers le point de vue ;

4° Une dimension étant connue au premier plan, l'*échelle fuyante* sert à déterminer la profondeur du tableau et les dimensions des autres objets.

Dans la figure 83, la ligne d'horizon est représentée par la ligne A B. Les lignes de la perspective se réunissant au point E, les deux *fuyantes* partant du premier plan forment l'angle C E D, sur les côtés duquel les lignes L M, I J, F G, indiquent la décroissance graduelle des figures et par conséquent l'échelle des autres objets, au moyen des parallèles à l'horizon M N, J K, G H. Étant connue, par exemple, la hauteur d'un homme, on obtiendra facilement, au moyen de cette échelle, l'impression juste des dimensions relatives des maisons, arbres, ponts, ornements divers du paysage. Une avenue d'arbres rectiligne, une colonnade, etc., donneront l'idée de cet effet.

L'éloignement des objets peut être aussi expliqué par la perspective aérienne, au moyen des degrés divers dans la valeur des teintes de l'air. On sait que les tons s'atténuent par l'éloignement, grâce à la masse de l'air de plus en plus considérable, et que les lointains se confondent généralement dans une brume uniforme. Un tableau donne-t-il l'illusion de grandes distances, par la juste opposition des teintes et des valeurs diverses, on dit que la perspective aérienne y est bien observée.

On comprend que si l'aspect des objets, soumis aux lois du raisonnement, est reproduit par le dessin et la peinture, la proposition étant renversée, on pourra créer, avec les éléments mêmes de la nature, un paysage qui réalisera les effets d'un tableau que l'esprit aurait conçu. C'est là, je l'ai déjà affirmé et expliqué, le côté le plus élevé de l'art des jardins.

Ce tableau, il faut se le représenter par la pensée avant de le créer sur le terrain. Voyons donc comment on doit envisager la nature et ce que recherche le peintre pour obtenir une composition harmonieuse.

Il choisit d'abord le point d'où le tableau se développe dans son aspect le plus pittoresque et le plus avantageux. Le lieu étant trouvé, il doit *mettre dans le cadre*, c'est-à-dire, au moyen d'un petit carton rectangulaire à jour, grand comme la main et placé devant l'œil, limiter le coin de nature qu'il a choisi, de manière à ce qu'il produise le meilleur effet. Un peu d'habitude permet de se passer de cet instrument; l'artiste exercé voit tout de suite le cadre d'une scène. Il aura soin de ne comprendre dans son tableau que ce que le regard peut embrasser d'un seul coup d'œil, sans remuer la tête, et de chercher le principal motif du paysage formant tableau.

On peut employer aussi le miroir noir, dont l'effet est saisissant, mais où les couleurs ne sont pas représentées.

Joseph Vernet conseillait de s'éloigner de l'objet principal qui est sur le

Fig. 83. — Application des lois de la perspective.

premier plan, au moins de deux fois sa hauteur, et, s'il est plus large que haut, de deux fois sa largeur. Il recommandait aussi, avec beaucoup de grands peintres, Reynolds, Charlet, Rousseau, de se préoccuper beaucoup plus de l'ensemble que du détail. Ingres a dit: « N'ayez d'yeux que pour l'ensemble. Les détails sont des petits importants qu'il faut mettre à la raison. »

Il faut encore se rappeler quelques autres préceptes de premier ordre dans l'art du peintre:

Le dessin doit primer la peinture, dont il est le plus solide appui. Il doit être simple, ferme et nerveux. « Le dessin est la probité de l'art », disait le maître que je viens de citer.

Les plus beaux effets sont simples et grands, de même que la plupart des grands peintres n'ont que peu de couleurs à leur palette.

La mise à l'effet est le commencement de la composition. L'artiste doit choisir pour ébaucher son tableau le moment de la journée où le motif principal est le mieux éclairé.

Les plus fortes colorations font généralement opposition aux plus grands effets lumineux.

Les ombres naturelles sont chaudes de ton et contiennent toujours sur un fond neutre des reflets jaunes ou rouges.

L'ombre portée est formée par l'interposition d'un objet entre un foyer lumineux et un autre objet. Son ton est froid; elle pâlit et s'élargit en s'éloignant de l'objet qui la produit. Elle dessine à la fois la forme de l'objet qui la porte et de celui qui la reçoit.

Les ombres sont transparentes et légères sur les premiers plans, vigoureuses et opaques sur les seconds. Elles se confondent avec les objets dans les lointains, où elles passent au gris bleu. Les ombres du second plan servent par leur intensité de repoussoir à celles du premier et des derniers plans.

Le clair obscur est « l'éclairage dans l'ombre. » C'est un moyen puissant de la nature, et dont les effets, pour être bien rendus, doivent être observés avec une grande attention et demandent beaucoup d'expérience.

La valeur du ton est donnée par la coloration de chaque objet suivant la distance. On doit conseiller de chercher plutôt la valeur que la couleur. Pour bien se rendre compte des valeurs d'un paysage, il faut le voir quand le soleil est voilé; la lumière trop vive confond les nuances.

Quelle que soit la puissance des couleurs dans la nature, le ton n'est jamais entier, mais toujours mélangé d'une nuance neutre et adoucie par l'interposition de la couche d'air.

Enfin, nous devons dire, en répétant un mot des anciens, que « le grand art est de dissimuler l'art. » Le procédé doit paraître ignoré, la science être cachée, et l'exactitude du tableau se confondre heureusement avec le talent.

Applications aux vues et percées. — Grâce aux considérations générales sur l'art des jardins et à celles plus particulières qui viennent d'être présentées, l'importante question des vues et percées peut être abordée maintenant dans son ensemble et dans ses détails.

Nous nommerons *vue* l'espace découvert et agréablement encadré à l'extrémité duquel le regard est attiré par un motif ornemental.

La *percée* se distingue de la vue par ses extrémités vagues, indéterminées. Elle a pour but d'ouvrir les bois compactes par des éclaircies avantageuses, de reposer le regard sur des parties de pelouses, de préparer le tracé des avenues, des tirés à gibier, etc.

1º *Vues.* — La vue trop étendue, qu'on pourrait appeler géographique, doit être évitée. Une vue doit être encadrée fortement par le premier plan et son horizon sera divisé, autrement elle donnerait une impression de vague et de tristesse qu'il faut corriger, à moins que cet horizon ne soit un cirque de montagnes éloignées ; alors le premier et le second plan bien accusés suffiront pour rompre toute monotonie.

Une vue riche et variée est plus agréable même qu'une vue grandiose et uniforme. Les beaux profils des montagnes de l'Écosse sont fatigants par leur nudité, au contraire les dentelures boisées du pays de Galles sont charmantes ; les horizons immenses et pauvrement plantés du Languedoc sont remplis de tristesse, tandis que les pentes touffues des Vosges inspirent un intérêt varié.

Si le panorama est vaste, la meilleure vue sera située sur une légère éminence, au-dessus d'une vallée dont l'extrémité se relève en collines plantées. Nous avons vu (p. 128) combien cette disposition était nécessaire au bon effet des eaux.

Les vues les plus agréables sont les vues obliques. Un bâtiment se présentera plus avantageusement de trois quarts que de face, à cause du jeu de la lumière et des ombres sur ses surfaces diverses ; une perspective oblique sera plus séduisante que si elle est dirigée dans l'axe d'une habitation et dans le milieu d'un paysage. Ainsi des échappées sur un cours d'eau, étang, rivière navigable, feront le meilleur effet si elles ne sont pas prises par le travers, soit parce qu'elles offriront une surface d'eau plus étendue, soit parce qu'elles prendront un caractère plus réservé, plus intime et plus riant. Dans la figure 84, cet exemple est facile à saisir. La ligne de vue AB traverse la rivière de face, sur un point n'offrant qu'un médiocre intérêt. Son lit étant un peu encaissé, la plus grande partie du cours d'eau est cachée par la rive gauche, bien que l'habitation A soit sur une éminence. Mais il n'en est pas de même de la ligne de vue AC qui enfile le courant dans sa longueur entre les deux rives et forme un charmant point de vue, grâce aux reflets sombres produits par le massif K, aux silhouettes légères des peupliers L, et à l'anse F située en pleine lumière. Une seconde vue du même genre, partant du banc D pour se terminer en E, est limitée latéralement au départ par les massifs à feuilles persistantes MM' formant un premier plan vigoureux. Les deux autres massifs du même genre NN' se rapprochent vers le point I, intersection des vues AH et A'G, dont l'effet est complété par les groupes d'arbres isolés PP'. Le massif d'ormes O, situé au second plan, sépare les deux principales vues sur la rivière et donne, par son ombre accusée, une forte opposition aux premiers et aux derniers plans. La percée J s'étend au loin sur les bois et les montagnes. Les arbres placés sur le bord de la rivière sont tous sur la rive droite : on peut jouir ainsi de leur reflet dans l'eau. Si l'anse F n'existait pas, on pourrait l'obtenir artificiellement en détournant la rivière ou le ruisseau.

Cet exemple sert encore à montrer combien, pour faire *fuir* les vues, il est utile de masser fortement les premiers plans et d'assurer la mise en cadre. Dans le cas où la vue sur un fond de paysage s'établit par un abatage à plein bois, par conséquent dans une végétation homogène, on ne peut obtenir de variété que par les sinuosités des lignes de bordure. Mais si les essences variées constituent la végétation de la forêt primitive, et surtout si elles affectent des formes diverses, elles produiront les meilleurs résultats sous une main intelligente. Dans la même figure 84, toute la portion nord-ouest du parc, enserrée dans la ligne sinueuse SS, était une forêt composée d'ormes, de chênes, de charmes, de hêtres, de bouleaux, d'alisiers et de

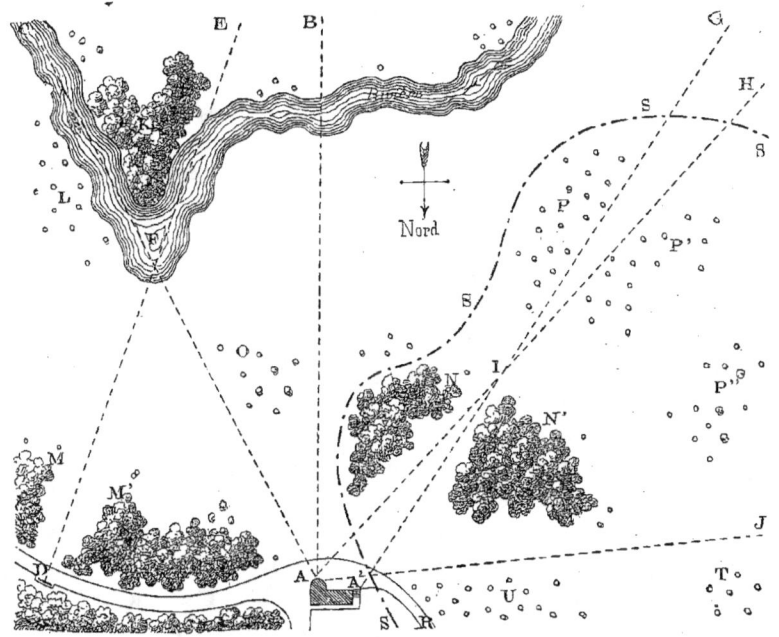

Fig. 84. — Combinaison des lignes de vues.

trembles. Le sous-bois était formé d'un taillis de noisetiers, houx, buis, troënes, viornes mansiennes, viorne-obier et cornouillers sanguins. Ces essences suffirent à constituer un paysage sans l'adjonction d'aucune espèce exotique, seulement en variant les formes et les positions des sujets. Les deux pointes nord des groupes NN' naturellement plantés de houx et de buis en bordure formèrent un premier plan excellent ; en arrière, le taillis fut conservé dans sa diversité première, et les têtes des grands arbres s'arrondirent au-dessus en dômes majestueux. Le sous-bois fut enlevé sous les hêtres séculaires des groupes PP', le massif de chênes P'' resta isolé dans des conditions identiques. La vue passa librement entre les troncs de cette futaie improvisée, et les ombres donnèrent les aspects les plus variés aux pelouses qu'elles parcoururent à diverses heures du jour. Autour de l'allée d'arrivée U un groupe de bouleaux, de charmes et de trembles produisit un agréable contraste. En T, de grosses cépées de noisetiers furent nettoyées et se couvrirent de leur feuillage clair et de leurs rameaux dressés et réguliers. La hache seule, en quelques jours, créa ce coin de tableau, sous ma direction, dans un parc de l'Orne ; il n'a fait que s'embellir depuis.

Pendant mon voyage en Russie, en 1869, j'ai pu observer, dans le parc impérial de Tsarskoé-Sélo, près Saint-Pétersbourg, un spécimen frappant des grands résultats qui peuvent être obtenus avec les moyens les plus élémentaires. Busch, appelé (en 1774) par l'impératrice Catherine pour transformer l'ancien parc tracé à la française, trouva dans la forêt primitive de quoi exercer son talent. Cette forêt n'était guère composée que de peupliers trembles (*Populus Tremula*), chênes (*Quercus Robur*), sapins de Sibérie (*Abies Pichta*), bouleaux (*Betula alba*), épiceas (*Abies Picea*). Mais l'artiste pouvait s'attaquer, sans compter, à des centaines d'hectares. La cognée s'abattit sur les percées à ouvrir, suivant les indications de Busch. Avec la végétation spontanée, il créa de vastes perspectives, distribua les mêmes essences en futaies, en taillis, en groupes, en isolés, en arbres à tige, en touffes pendantes sur le sol, en fonds de sapins, de bouleaux contrastant de cent manières, le tout avec cinq espèces d'arbres ! Aujourd'hui l'illusion est complète, et le visiteur est saisi d'admiration, en croyant avoir sous les yeux une variété de végétaux arborescents égale à celle de notre Europe moyenne.

Le système des groupes en *coulisses de théâtre* est celui qui contribue le plus efficacement à l'obtention des longues vues et au recul de la perspective. En effet, nous avons vu que le premier plan étant connu, l'échelle des autres objets se lisait couramment. Partant de ce principe, il suffit de choisir pour le premier plan des arbres de stature élevée, et de diminuer progressivement la hauteur des autres, pour que la ligne fuyante prenne des proportions apparentes plus considérables que la réalité. C'est par un procédé analogue que l'on augmente la longueur fictive d'une avenue rectiligne, en la faisant un peu plus étroite à son extrémité qu'au point de départ. Toutefois, ces subterfuges ne doivent être conseillés que dans les cas, assez rares, où l'intérêt est de chercher des trompe-l'œil.

La figure 85 donne l'indication de vues obtenues dans un bois au moyen d'abatages faits de deux manières. Dans la première (vue AB) les groupes ont été détachés de la masse et la lumière joue librement entre eux. Leur éloignement respectif et la différence des tons produisent l'effet cherché. Dans la seconde (vue AD) une simple ligne dentelée, avec golfes et caps, produit un effet analogue, quoique moins décidé. Dans les deux cas, les saillies jouent le rôle de coulisses d'opéra et graduent les plans de la perspective jusqu'à la ligne d'horizon.

Ces deux sortes de vues, lorsqu'elles sont maintenues étroites, de manière à conduire le regard sur un seul objet remarquable, prennent en anglais le nom italien de *vista*. Les exemples de ces vistas ne manquent pas. Leur effet, indépendamment de la beauté intrinsèque du point découvert, dépend beaucoup de l'encadrement. C'est ainsi qu'à la villa Serbelloni, à Bellaggio (lac de Côme) la vue du lac, quelques instants cachée en montant, prend tout à coup un aspect plus beau et plus frappant lorsqu'on la retrouve à travers l'arcade de la fameuse grotte située au sommet du parc. A la villa Pallavicini, où le golfe de Gênes se présente dans toute sa splendeur, on a ménagé des vistas fréquentes, resserrées, qui s'ouvrent de temps à autre sur un paysage grandiose. Le seul écueil à éviter est que ces coupures ne ressemblent à des tunnels ou à des avenues à bords rectilignes. Au

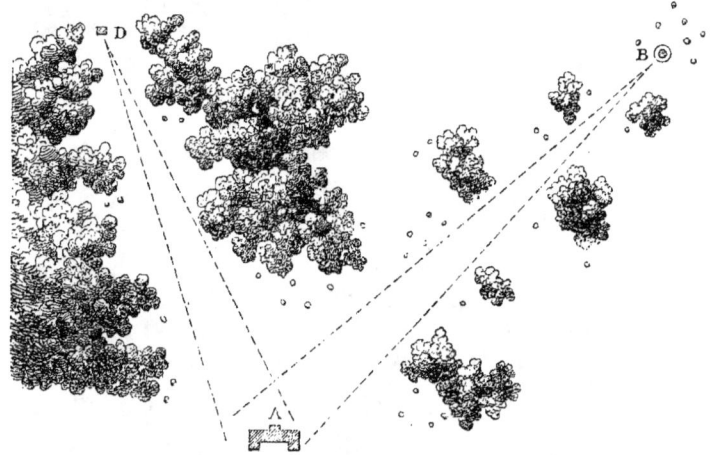

Fig. 85. — Vues diverses à travers bois.

Lincoln Park, à Chicago (États-Unis), plusieurs vues du lac partent de l'intérieur de kiosques rustiques, dont les ouvertures mettent le paysage au point exact. Un des meilleurs exemples que je connaisse de cette disposition existe dans le parc public de Brooklyn, près New-York. L'architecte a placé, sous l'arche même de l'un des ponts du parc, le point de vue d'un délicieux paysage, admirablement encadré. De solides premiers plans d'arbustes parmi lesquels l'*Aralia Chinensis* étale ses larges feuilles, auprès des allées, au milieu de groupes à verdure noire, et fait ressortir le vert léger des pelouses, la balustrade blanche d'un pont éloigné, vue à travers le feuillage, un fond varié de belle forêt, et par-dessus tout un aspect calme, reposé, frais, tels sont les caractères principaux de ce joli coin du Prospect Park, à Brooklyn.

En Belgique, la sortie de rivière, à la grotte de Han, près Rochefort, produit un effet analogue, rendu plus séduisant encore par les longues heures qu'on a passées à la parcourir dans l'obscurité.

La figure 86 reproduit l'une de ces vues bien encadrées. C'est celle de

TRAVAUX D'EXÉCUTION. — VUES ET PERCÉES.   329

Fountain's Abbey, dans le nord du Yorkshire (Angleterre). Quand je visitai ce site, qu'on appellerait *romantique* par excellence, le guide voulut me conduire à la « Surprise. » Il me fit suivre un sentier étroit, sous une épaisse forêt de hêtres, au sommet d'une colline du parc. Arrivé devant une porte en bois, située à droite, il poussa violemment les battants. Un paysage enchanteur s'offrit à mes regards. Entre deux collines de forêts, une rivière aux ondes argentées coulait à pleins bords au fond de la vallée, dont l'extrémité était occupée par la vaste abbaye en ruines, l'un des plus belles anti-

Fig. 86. — Vue de la « Surprise », à Fountain's Abbey (Angleterre).

quités de l'Angleterre. Le cadre de bois arrêtait juste les contours de la scène, la « mise au point » était parfaite.

Si l'étendue de la vue est plus grande, elle n'en doit pas moins être, au départ, appuyée par les masses fermes du premier plan. Des arbres isolés ne feraient pas le même effet. Il faut que les massifs soient épais et garnis de feuillage de la base au faîte. Dans la figure 87, qui représente une vue du parc de la Chassagne (Côte-d'Or), les deux massifs latéraux sont composés d'essences à feuillage vert sombre, pins d'Autriche et sylvestres, lauriers amande et de Portugal, etc. Pendant que leur ton noir appuie le premier plan avec vigueur et recule l'horizon, leur profil encadre les lointains occupés par le village de Màlain et son vieux château en ruines, et la ligne de crête des montagnes, dont le profil horizontal serait disgracieux, est heureusement coupée.

Dans cette vue, le sol où se trouve le spectateur est nu ; c'est celui d'une allée. Il pourrait être une pelouse, comme au jardin zoologique de Hambourg. Mais si l'on est situé à une certaine élévation, dominant les têtes des arbres,

Fig. 87. — Vue encadrée. Parc de la Chassagne (Côte-d'Or).

au-dessus desquels se détacheront à distance les tours et les créneaux d'un vieux donjon, l'effet deviendra du plus haut pittoresque. On en peut voir un exemple à Wilhelmshöhe, près Cassel, produit par le château dit le Lœwenburgh, vu du parc (fig. 88). La percée à travers laquelle s'aperçoit le monument est assez resserrée pour attirer toute l'attention sur ce point principal. Au contraire, la vue trop large qu'on a du haut de la Gloriette, près Vienne (Autriche), sur le château de Schœnbrünn, les grandes pelouses symétriques et la campagne, montrent que trop d'ampleur fait naître le vague, l'uniformité et l'ennui.

Les vues sur des objets pittoresques et isolés, ruines, châteaux, moulins à vent, rochers, cascades, vieux arbres, etc., ou sur des paysages naturels, ne sont pas seules dignes d'intérêt. Des échappées sur les scènes où se révèle la civilisation ne sont pas moins séduisantes. Non-seulement une chaumière, une ferme, une modeste maison, peuvent être l'objet de points de vue choisis, mais l'aspect même des villes, vues dans le lointain, peut revêtir un charme puissant, si le cadre est bien placé. Paris, vu du *Val fleuri*, près Meudon; Moscou, de la montagne des Moineaux, au milieu des arbres; Naples, à travers les bosquets et les *pergolas* de Capo di Monte ou du Vomero, cent localités des lacs en Italie (lacs Majeur, de Côme, de Lugano, de Garde), en Suisse et dans les Pyrénées, témoignent de l'exactitude de cette assertion.

Une petite ville, prise de son côté le plus riant, si l'on a le bonheur d'être loin d'un centre manufacturier, un village au clocher pittoresque, une scène agricole, quand elle est placée au second ou au troisième plan, forment parfois des points de vue pleins d'attrait. La présence de l'homme et de ses œuvres au milieu de la nature n'a rien de déplaisant, si l'on sait la présenter par son côté attachant, en mettant en lumière les points agréables et en

Fig. 88. — Vue du Lœwenburgh, à Wilhelmshöhe (Allemagne).

masquant les autres. Le marquis de Girardin disait qu'un chemin public au travers de son parc ne lui déplaisait pas, parce qu'il y apportait la vie.

Nulle part plus qu'en Angleterre on ne voit la vie rurale former de séduisants tableaux. Le goût de la villégiature y a produit de grands résultats; un auteur américain disait déjà en 1859 qu'on pouvait compter dans le Royaume-Uni plus de vingt mille maisons de campagne d'une importance supérieure à celle de la Maison-Blanche, à Washington. Que dire des innombrables habitations plus petites, semées sur ce territoire anglais où les parcs et les jardins se touchent de toutes parts, où les champs sont eux-mêmes des jardins? Le nombre des manufactures et leur aspect repoussant déshonorent sans doute la vue dans certains districts, mais combien ces laideurs sont rachetées, sur tant d'autres points, par des rivières limpides, des prairies vertes et fleuries, des arbres séculaires et toujours respectés, des ruines couvertes de lierre, des collines aux contours variés et gracieux !

L'insistance que je mets à conseiller avant tout la mise en cadre du tableau trouve à chaque instant son explication. Il n'en est pas de plus frappant exemple que dans les vues au bord de la mer. Ce spectacle grandiose, — « toujours le même et toujours nouveau », — demande plus qu'aucun autre d'être limité au premier plan. C'est le point d'où l'on prendra la vue qui lui donnera tout son mérite. Quelle différence entre le vague panorama d'une plage de sable nue, et les vues de la Manche entre les villas et les rochers de Jersey, de Guernesey et de Wight, les sommets du Morne rouge découvrant la mer des Antilles au-dessus de la ville de Saint-Pierre, à la Martinique, la baie de Rio de Janeiro dans son cadre magique ! Les habitants de Newport, ville de bains de mer de l'Amérique du Nord, l'ont bien

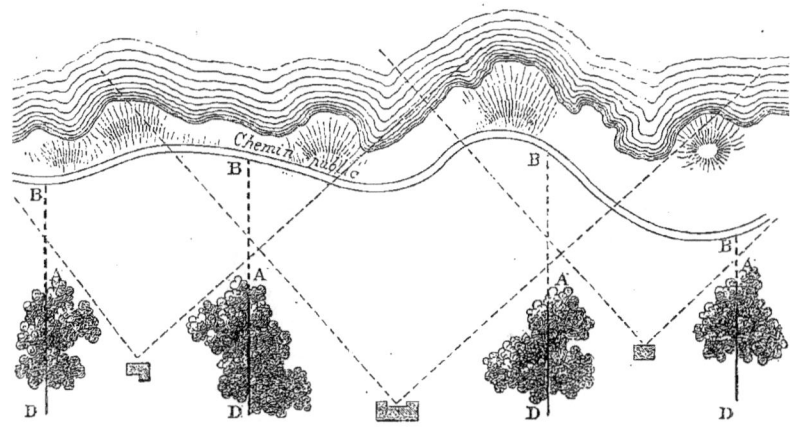

Fig. 89. — Vues des villas bordant la mer, à Newport (États-Unis).

compris. Ils ont donné un exemple que j'ai déjà cité et qui mérite d'être suivi. Tous les propriétaires de villas au bord de la mer se sont fraternellement associés pour conserver la vue entière du golfe, tout en l'encadrant chacun pour soi de la manière la plus avantageuse. Ils se sont engagés à ne rien planter après une certaine limite, de sorte que chacun d'eux peut embrasser un même angle visuel, suivant qu'il a avancé ou reculé davantage sa maison. Bien plus, une servitude assez lourde, un chemin public existait sur le bord même de la mer. Ils se sont imposé le devoir de ne mettre aucune clôture pour border ce chemin et de le laisser, le jour, à la libre disposition de tous les promeneurs, et ils en ont simplement rectifié les contours pour qu'il ressemblât à une allée de parc. On remarquera, dans cette disposition (fig. 89), que tous les angles visuels partant des habitations sont droits, par conséquent égaux entre eux, et que tous les propriétaires jouissent de la même amplitude de vue sur la mer. L'espace compris entre A et B représente le terrain laissé libre, la clôture ayant été réservée pour la partie

AD qui se dirige vers le boulevard intérieur de Newport. Ce produit d'une association toute amicale a donné les meilleurs résultats, et l'on m'a affirmé que nul abus, nulle déprédation ne se sont produits depuis que cette décision a été prise.

Comme preuve de la nécessité d'encadrer les vues sur le bord de la mer, je citerai une autorité incontestable, celle d'un homme de goût, célèbre en Angleterre à la fin du siècle dernier. William Gilpin (1), en parlant du

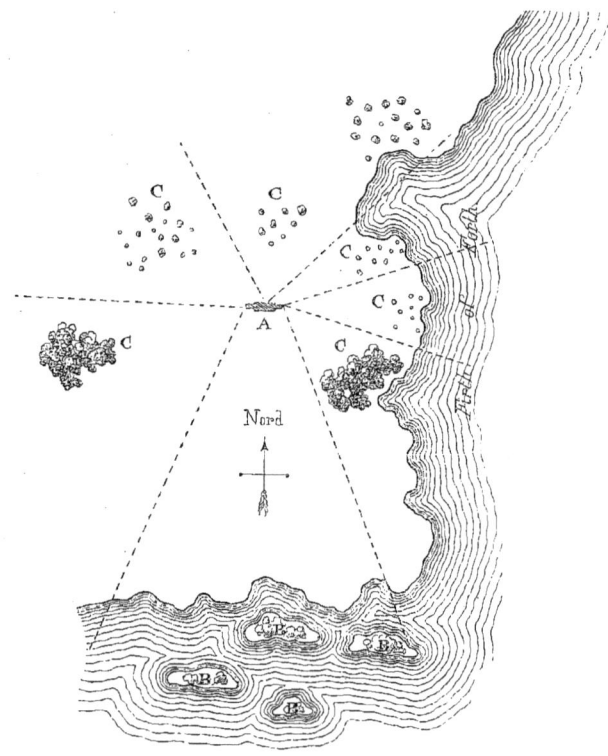

Fig. 90. — Vues rayonnantes, à Hopeton House (Écosse).

château de Hopeton, près Édimbourg, nous décrit sa situation au milieu d'une pelouse nue, au bord de l'admirable golfe du Firth of Forth, que tant d'écrivains ont célébré. Pour obtenir l'un des plus beaux effets paysagers, il a suffi de quelques groupes d'arbres CC (fig. 90) savamment distribués près du château, adossé du côté du nord à une forêt, sur des collines pittoresques. Les intervalles entre les groupes de pins et les arbres divers divisent la perspective en sillons variés, et donnent à la mer tantôt l'aspect d'un fleuve, tantôt

1. *Observations relative chiefly to picturesque beauty*, made in the year 1776. — London, 1792, vol. I, p. 69.

d'un lac éclairé de plusieurs manières, suivant la lumière et les ombres des rochers de la rive. Le château est protégé contre les vents du nord par ces groupes, et une immense pelouse s'étend au soleil dans la vue principale. A l'extrémité sud, un groupe d'îlots BB, à contours accidentés, battus par les flots, forme un curieux contraste avec le calme des gazons et la vigueur des premiers plans, autour du château A. La scène a revêtu un caractère particulier de grandeur et de variété, dans un site monotone autrefois.

La création des vues dans les jardins paysagers a le plus souvent pour objet d'augmenter l'étendue fictive des propriétés. Plusieurs moyens sont

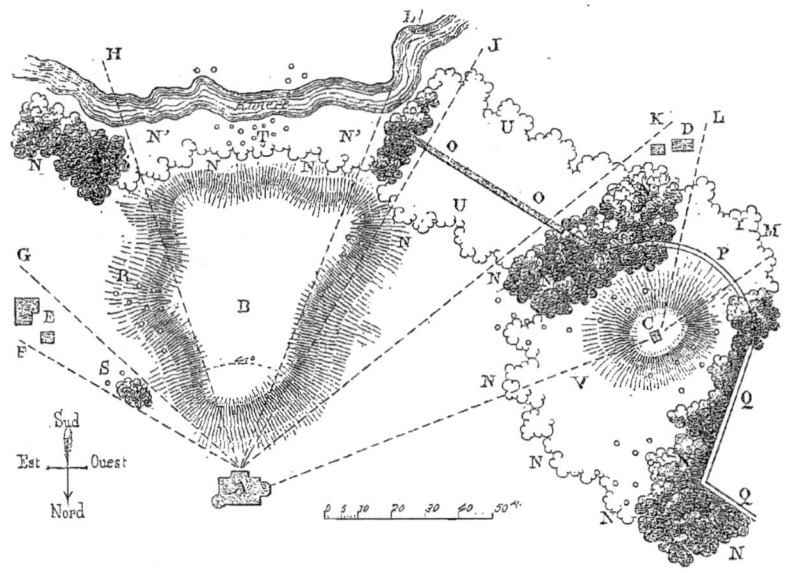

Fig. 91. — Ouverture des vues sur l'extérieur.

employés pour obtenir ce résultat, parmi lesquels nous compterons les percées dans les lignes de bordures plantées, les clôtures dissimulées, les vallonnements, les allées masquées, les plantations.

Les ouvertures dans les lignes de bordures plantées se font, soit à travers la forêt même, où l'on aura choisi un espace réservé au parc, soit dans les plantations d'un terrain artificiellement enclos de massifs. Dans l'un et l'autre cas on cachera la clôture, mur, grille, palissade, haie ou fossé. La vue devra passer librement au-dessus, et unir la partie réservée avec le paysage d'alentour. La figure 91 donne un modèle de ces plantations en ceinture continue, et indique comment on peut faire servir les dispositions naturelles du terrain et des plantations à l'ornementation générale. En A est le château, situé sur une éminence, mais d'où le plateau B empêche de voir la rivière. Les limites du parc, au sud et à l'ouest, sont une rivière,

TRAVAUX D'EXÉCUTION. — VUES ET PERCÉES.   335

une haie et un mur, masqués par la ligne touffue des plantations NN. Un monticule à l'ouest a le point C pour sommet. En D et E sont des bâtiments de ferme, assez vulgaires, qu'on ne peut abattre. Telle se présente la situation.

On peut l'améliorer ainsi. Avant tout, il est urgent d'ouvrir devant l'habitation un large espace qui découvrira une partie notable du cours de la rivière et les deux vues obliques AH, AL, séparées par le groupe d'arbres à tige T. Pour cela, l'angle HAL, d'une amplitude de 41°, sera déboisé dans les parties N'N', et le plateau B sera *dérasé* et converti en un vallonnement conduit en pente douce depuis le seuil du château jusqu'au bord de la rivière. Le groupe de conifères R formera l'une des faces du cadre destiné à embrasser la perspective. De ce côté, la rivière, large de 8 mètres, offre une barrière suffisante. L'angle JAK sera ouvert et le terrain défriché en UU, de manière à laisser une large vue sur les méandres lointains de la rivière. Un saut de loup OO conduira le regard des pelouses du parc aux prairies situées de l'autre côté, et ses deux extrémités disparaîtront dans les parties conservées des massifs NN, dont le plus gros dissimulera les constructions D. Le monticule de l'ouest sera déboisé en V et couronné par le kiosque C entouré de vieux arbres. La vue s'étendra de ce sommet sur les prairies, par l'ouverture comprise dans l'angle LCM. La haie P disparaîtra dans le fond d'un fossé, et le mur Q, caché par de grands massifs, continuera de clore le reste du parc sans jamais se laisser deviner. Enfin il sera facile de masquer les constructions E par un massif S placé à une distance calculée suivant l'angle optique (p. 122) et laissant la vue libre de chaque côté, en F et en G.

Tels sont les principaux moyens employés pour reculer, par des vues bien étudiées, les limites des propriétés. Nous verrons, dans la suite de ce livre, comment chacun de ces détails pratiques sera exécuté.

Souvent, après avoir pratiqué l'abatage de la ceinture de bois qui enserre une propriété, on se trouve n'avoir rien fait. Le paysage reste obstrué. Une malencontreuse ligne d'arbres dans le milieu d'un champ voisin s'interpose entre le premier plan et le fond du tableau.

Il faut alors les supprimer, si leur beauté est notoirement inférieure à celle du point de vue qu'ils recouvrent. Dans le parc de la Chassagne, chez M. Victor Masson, les lignes d'ormes noueux et à demi élagués que représente la figure 92 interceptaient la vue du charmant village de Vélars. Leur suppression ayant été décidée, un photographe fut appelé dans le but de reproduire la scène avant et après la chute des arbres. On peut se rendre un compte fidèle de la transformation opérée, par la figure 93. Les premiers plans latéraux avaient été préparés à l'avance au moyen de masses épaisses formant cadre. Dès que les ormes furent abattus, les autres plans se développèrent avec clarté dans la vallée, et, sur le revers du coteau, les maisons, les arbres et les rochers apparurent comme une décoration arrangée à plaisir.

Les vues ouvertes à travers les bois peuvent être variées à l'infini, et cette diversité voulue donnera la gaieté, la vie, que l'uniformité primitive de la forêt semblait exclure. Elles seront parallèles ou en X, si la vue de deux objets à grandes dimensions est réciproque ; en angle, si elles ont à conduire le regard sur une étendue notable de paysage, à partir d'un banc, d'un kiosque, d'un point unique sur un ensemble de tableaux ; en angle ouvert sur l'observateur, si la scène est retournée ; obliques, si elles doivent augmenter la profondeur de la perspective ; en patte d'oie, au milieu des bosquets tracés à la française ; aériennes, si elles passent au-dessus des arbres.

Fig. 92. — Parc de la Chassagne. Percée de Vélars. — *Avant*.

Nous avons examiné la plupart de ces vues ; il reste à dire quelques mots des vues obliques et des vues aériennes.

Les vues obliques prolongent la perspective ; on leur doit de remarquables effets, comme nous l'avons vu en parlant des cours d'eau (p. 325). On en trouve un remarquable exemple dans le détroit de Menai, qui sépare le pays de Galles de l'île d'Anglesey. Les deux ponts gigantesques et le bras de mer vus obliquement, sur la route de Bangor à Caernarvon, forment des scènes délicieuses. Ces vues ont une autre application excellente dans les bois, lorsqu'elles se dirigent sur une vallée étroite. Étant donnés un ravin, une longue crevasse du sol, un vallon encaissé à pentes boisées, il y aura toujours avantage à les développer obliquement dans le sens de la largeur et non perpendiculairement à cette dimension. Pour cela, on ouvrira les entailles à travers le bois dans les direc-

TRAVAUX D'EXÉCUTION. — VUES ET PERCÉES. 337

tions indiquées par le plan ci-joint (fig. 94), exemple des vues de ce genre que j'ai fait exécuter dans le parc de Vernou, en Touraine. Le sentier serpente sur les flancs abrupts d'un vallon profond et étroit, et un épais taillis, surmonté de quelques grands arbres, le couvre en entier. Après avoir cherché, avec soin, après la chute des feuilles, quelques points où des vues obliques feraient le meilleur effet sur les beaux cèdres du fond de la vallée, des percées furent faites dans ces directions, étroites au point de départ, élargies successivement et dentelées sur les bords à mesure que la vue s'allongeait.

Fig. 93. — Parc de la Chassagne. Percée de Vélars. — *Après*.

Du banc A on eut donc deux vues obliques, divergentes, l'une sous le pont B, l'autre sur les cèdres dans la direction de C, où se dirige le rayon visuel D E partant d'un autre tournant du sentier. Une ouverture en A G n'eût point produit un effet aussi satisfaisant. Des vues analogues ont pu être multipliées ainsi à chaque changement de scène, en parcourant ce sentier.

Les vues aériennes peuvent être *ouvertes* ou *fermées* : ouvertes quand elles sont le résultat d'un abatis ou d'un étêtage de grands arbres au dessus desquels une vue prise d'en haut dévoile un motif ornemental ; fermées lorsqu'elles sont obtenues par une simple trouée à travers le feuillage Je les appellerai, dans ce dernier cas, des *lunettes aériennes*.

Les vues aériennes ouvertes s'obtiennent soit en enlevant complétement les grands arbres pour ne laisser que le taillis, — et l'œil est alors guidé

ED. ANDRÉ.

par un *gazon de feuillage* qu'il faut recéper assez souvent pour qu'il ne dépasse pas une hauteur déterminée; — soit en coupant partiellement les têtes des arbres en forme *tabulaire*, si la partie inférieure doit cacher des aspects désagréables. Les exemples de la première de ces dispositions ne manquent pas. On peut citer la vue du Lœwenburgh, à Wilhelmshöhe, que nous avons signalée page 331.

Les seconds sont plus rares. Je n'en connais pas de plus remarquable que celui de Brimborion, au-dessus du pont de Sèvres, près Paris. De la terrasse du château, la vue est admirable sur le parc et la ville de Saint-Cloud, la Seine, le bois de Boulogne, Paris, le bas Meudon. Mais le second plan est occupé par la plaine nue et laide de Billancourt. J'ai réussi à dissimuler ce fâcheux aspect en maintenant la tête des arbres à une hauteur calculée, au-dessus de laquelle Paris élève la silhouette de ses nombreux monuments.

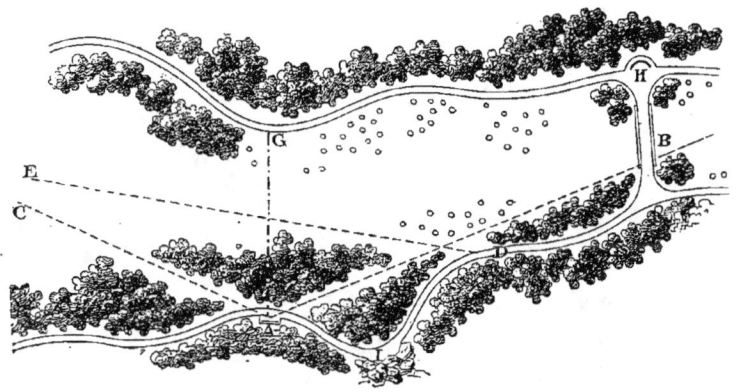

Fig. 94. — Vues obliques. Parc de Vernou (Indre-et-Loire).

Les lunettes aériennes s'emploient avec succès lorsqu'on cherche à encadrer, comme dans le verre d'une lorgnette, un point séduisant vu d'une certaine hauteur sous bois. Elles sont utiles surtout quand on veut ménager de beaux arbres et cependant voir à travers leur feuillage. On cherche alors, pendant l'hiver, la direction exacte du motif à découvrir et l'on procède à l'ablation des branches gênantes en ouvrant la perspective d'une largeur nécessaire pour que l'objet soit vu avantageusement. La seule précaution à prendre est de ne pas donner à ces ouvertures une forme arrondie, mais au contraire un profil irrégulier. Le meilleur exemple de lunettes aériennes que je connaisse se trouve dans le parc de Glienicke (Prusse). On y a ménagé des échappées, du meilleur effet, sur le lac de Potsdam et ses collines boisées de pins, au milieu de cette nature revêche du Brandebourg, l'un des pays les plus laids de l'Europe.

2° *Percées.* — Les percées ou éclaircies, que j'ai aussi défini « des vues indéterminées », ont encore reçu des paysagistes le nom de *coulées*. Mais ce terme étant appliqué indistinctement à la perspective d'un vallonnement et aux vues ou éclaircies, il faut plutôt l'entendre, à mon avis, d'une partie de pelouse vallonnée, dont les côtés sont relevés et plantés d'arbres de choix, artistement groupés ou isolés.

Les percées à bords rectilignes sont surtout destinées à l'ouverture des allées droites et des *tirés* dans les bois. Pour produire tout leur effet, elles doivent être simplement ouvertes, de manière à ce que les troncs des arbres et des cépées apparaissent sur la lisière même de la percée. Si leur extrémité était une vue proprement dite, on devrait la tenir plus large, de peur que les têtes en se rejoignant ne vinssent à masquer l'horizon. Dans le

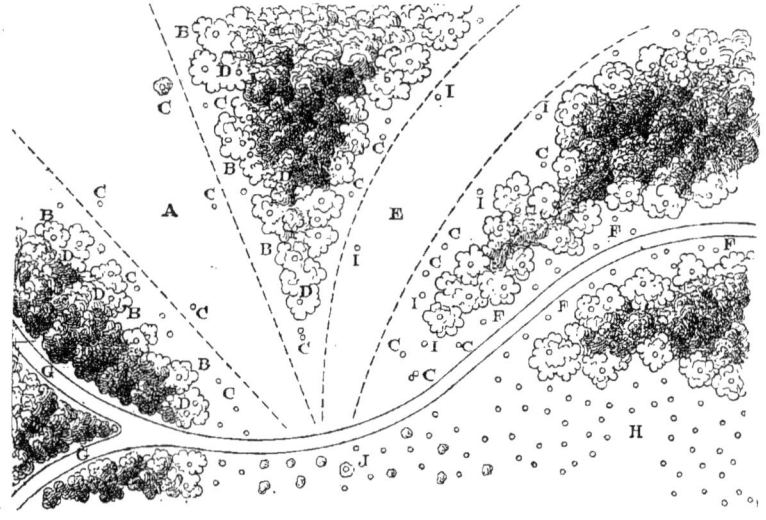

Fig. 95. — Percées angulaires et percées courbes.

cas contraire, il est préférable de laisser les sommets des arbres former berceau.

Quand les percées sont à la fois rectilignes et à bords dentelés, comme dans la pelouse A (fig. 95), les lignes festonnées BB représentent la projection sur le sol des masses de feuillage du taillis conservé. Le pied des arbres est indiqué par de petits cercles en DDD. Les beaux arbres détachés sur la lisière, le pied dans le gazon, sont marqués par les lettres CCC.

Les percées sinueuses ou curvilignes comme E sont souvent d'un charmant effet, quand la vue se perd sur les tournants du bois. On les traite comme les percées rectilignes à bords sinueux, en prêtant la plus grande attention aux arbres détachés. On y ajoute des cépées d'une belle forme III, noisetiers, épines blanches, alisiers argentés, etc., çà et là détachés du taillis et entourés par la pelouse sur laquelle s'allongent leurs ombres vigoureuses.

Les allées courbes sous bois se découpent de même, en laissant des bandes de gazon FF inégales, qui vont se perdre au milieu du bois parmi les cépées du taillis. On ne fait exception à cette règle que dans le cas où les massifs sont plantés d'essences choisies, non loin de l'habitation ; leurs bords sont alors garnis de lignes d'arbustes exactement parallèles aux allées, comme en GG. Pour varier les effest, on augmentera plus ou moins les dimensions des dentelures au travers du bois. Tantôt elles seront entaillées de 10, 20 mètres et plus dans la masse, tantôt elles ne laisseront qu'une

Fig. 96. — Parc de La Croix (Indre-et-Loire). Éclaircies sous bois.

étroite bande verte, ayant simplement pour but d'empêcher les ronces d'empiéter sur l'allée. Plus loin, avec la même composition de forêt, on créera des futaies-taillis en ne laissant que les plus fortes cépées, préalablement curées et élaguées. Les bois de charme et de hêtre sont propices à ces effets.

En supprimant tout le taillis et en ne conservant que les baliveaux et les gros arbres, on pourra obtenir la haute futaie J. La principale recommandation est de ne réserver que les beaux arbres. Les petits sujets, mélangés à des végétaux de grandes dimensions, sont du plus désagréable aspect. Avec un peu de soin, des gazons de sous-bois, maigres sans doute, mais fournissant quelque verdure, pourront être créés en semant des graines de *Poa nemoralis*, en plantant des lierres, des pervenches et plusieurs autres espèces qui croissent sous le couvert des bois. L'aménagement artistique d'une forêt suivant ces données peut produire les plus heureux résultats.

Pour augmenter l'étendue, il y a souvent avantage à enlever complètement le sous-bois et à réserver les massifs compactes pour les fonds éloignés. Une disposition de ce genre existe dans mon parc de La Croix-de-Bléré (Indre-et-Loire). La propriété se trouvait, il y a dix ans, plantée d'arbres superbes, séculaires, dont le pied était engagé dans de maigres taillis et dont l'effet était absolument ignoré. Je défrichai le sous-bois, en variant la lumière, laissant quelques arbres ornés de branches pendantes, élaguant certains autres, ménageant parfois des cépées pour faire repoussoir, et reportant les massifs dans les derniers plans à masquer, après avoir détaché sur leur fond obscur un pont peint en blanc. La figure 96 reproduit un aspect actuel de cette petite scène, où j'ai cherché à m'inspirer des règles employées par les peintres pour obtenir des effets de clair-obscur.

Les éclaircies se distinguent des percées proprement dites en ce qu'elles ont un double but, celui de régler le produit des bois trop serrés, au moyen de suppressions calculées, et de faire servir leurs combinaisons, dans les grands parcs, à des effets paysagers. La première condition à remplir sera de découper les bords de ces bois de manière à obtenir des contours ondulés, festonnés, comme dans les percées intérieures. Ensuite, il faudra chercher à varier la silhouette générale des têtes des arbres, en dégageant de temps à autre les plus forts d'entre eux, afin qu'ils dépassent rapidement leurs voisins et rompent ainsi l'uniformité des lignes supérieures du bois. Il sera utile, nous le verrons au chapitre des plantations, de relever l'uniformité de leurs bords par quelques végétaux additionnels.

Du respect des vieux arbres. — Avant de passer en revue les moyens d'exécution employés pour établir les vues et percées, je dois exprimer mon sentiment sur le respect dû aux beaux et aux vieux arbres et prendre leur défense devant les gens qui ne résistent pas à la tentation de les abattre sans nécessité absolue. Les arbres doivent être conservés dès qu'il y a doute sur l'opportunité de les supprimer. C'est à l'artiste à faire pour eux des sacrifices, à modifier ses plans, à tirer profit de leurs formes nobles, grandioses, tourmentées ou pittoresques. Sans approuver la plantation de ces arbres *morts*, attribuée à Kent, dans les jardins de Kensington, je crois que le respect pour les vieux arbres peut aller jusqu'à conserver même ceux qui dépérissent, en les couvrant de plantes grimpantes. On ne saurait trop étudier les avantages et les inconvénients d'un abatage d'arbres, avant de mettre la hache au pied. Quelques instants suffisent à détruire l'œuvre des années et peuvent créer des regrets stériles. Delille a noblement exprimé cette pensée dans les vers suivants, qu'il est bon de méditer :

> Mais ne vous hâtez point; condamnez à regret
> Avant d'exécuter un rigoureux arrêt.
> Ah! songez que du temps ils sont le lent ouvrage,

> Que tout votre or ne peut racheter leur ombrage,
> Que de leur frais abri vous goûtiez la douceur.
>
> (Les Jardins, Chant II).

Mais ne tombons point dans l'excès contraire. Dans tout endroit boisé, il n'est point de travaux possibles sans le sacrifice de quelques beaux arbres. Que nulle exagération n'impose leur conservation en dépit de tout avantage démontré. J'ai vu souvent des propriétaires, surtout ceux qui sont nés ou ont longtemps vécu sur le lieu des travaux, vouloir à tout prix conserver un arbre « parce que c'était un arbre », sans autre raison, et avouant eux-mêmes que sa suppression serait désirable. Cette tendance est aussi regrettable que la première. Si des arbres sont trop pressés et se nuisent mutuellement, s'ils cachent des vues indispensables, s'ils couronnent une butte qui doit disparaître ou occupent le fond d'un ravin à remblayer, s'ils couvrent l'habitation et la rendent humide, etc., leur ablation devra être décidée, pourvu que la propriété ne soit pas dénudée sur d'autres points. L'évidence de l'amélioration future doit seule être invoquée, et le secours d'un artiste ferme et modéré peut vaincre des résistances excusables, mais non justifiées.

Il n'en est pas moins urgent d'attirer l'attention sur les mutilations que l'on fait trop souvent subir aux pauvres arbres, sous prétexte de les élaguer ou de les receper. Les suppressions de branches sont généralement faites sans expérience et sans goût, faute d'employer à ce travail des hommes expérimentés. L'élagage des arbres jeunes et adultes et la restauration de ceux que l'âge, les accidents ou un mauvais traitement ont à demi détruits, sont aujourd'hui soumis à des règles que personne ne devrait ignorer et pour lesquelles je renvoie aux ouvrages de MM. de Courval [1] et des Cars [2]. On trouvera plaisir et profit à étudier leurs excellents préceptes et à les mettre en pratique.

Procédés d'exécution des vues et percées. — Les procédés matériels employés pour créer les vues, percées et éclaircies sous bois sont d'une grande simplicité. Ils comprennent l'*abatage* et le *défrichement*. Je ne parle pas des terrassements divers, vallonnements, etc., qui seront examinés ultérieurement.

1° *Abatage*. — Avant toutes choses, il convient de marquer les arbres qui doivent tomber. S'ils sont nombreux et se cachent les uns les autres, on en doit condamner plutôt moins, et recommencer au besoin l'opération. Dans l'épaisseur d'un taillis, on emploie pour ce travail plusieurs hommes, espacés en ligne à de telles distances qu'ils s'aperçoivent mutuellement à travers les branches et indiquent la direction marquée par quelques

---

[1]. *Taille et conduite des arbres forestiers*, par le vicomte de Courval. Paris, in-8, 1861.
[2]. *L'élagage des arbres*, par le comte des Cars. Paris, in-18, 1865.

jalons placés en tête des percées. On désigne les arbres, soit au moyen d'une serpe, en faisant à l'écorce des éraflures superficielles, soit en brisant des branches au taillis, soit avec le marteau-hachette du forestier, s'il s'agit de faire tomber des *baliveaux*, des *modernes* ou des *vieilles écorces* sur lesquels le marchand de bois devra trouver la marque du propriétaire. Il importe surtout que l'architecte fasse entailler devant lui tous les arbres à supprimer, de manière à éviter des erreurs, et au besoin pour conserver quelque beau sujet dont on n'avait pas d'abord soupçonné l'existence dans l'épaisseur du bois.

Dans quelques circonstances, il est avantageux d'employer simultanément un nombre suffisant de bûcherons, qui font tomber sous les yeux de l'opérateur tous les arbres condamnés et facilitent ainsi des retouches immédiates sur les bords des percées.

Pour les gros arbres, les instruments usités sont bien connus : ce sont la scie et la hache. On doit conseiller de conserver une rigole autour du tronc de l'arbre, de manière que la scie à deux hommes, dite *passe-partout*, soit aisément manœuvrée et que la coupe soit bien horizontale, au niveau du sol. Il serait mieux encore de couper les grosses racines au pic-tranche et à la cognée, afin d'enlever à l'arbre son culot ou pivot conique et de faciliter le défrichement.

Le taillis doit être abattu à la serpe, en courbant les branches de manière à rendre la coupe nette et rapide. On veillera à ce que les *étocs* ou chicots ne dépassent que très-peu le sol et ne fassent pas de longs biseaux, surtout si les souches doivent être conservées. Des bûcherons exercés seront préférables pour ce travail, qui, dans un parc, demande encore plus de soin que dans une forêt. Les tiges mesurant plus de $0^m,10$ de circonférence seront abattues à la hache. Les rejets doivent être coupés entre deux terres.

On recommande avec raison, pour l'abatage des arbres de futaie, un instrument appelé en Suisse *Waldteufel*, terme qu'on peut traduire par diable forestier (fig. 97). Sur une douille en fer sont fixées trois chaînes, dont l'une D est attachée à un point d'appui, arbre, souche, etc., et les deux autres B au côté opposé. Un manche est fixé à la douille et sur le levier A. L'une des deux chaînes B étant attachée en C′ à une corde fixée en C sur l'arbre à abattre, on imprime au levier dans le sens ba un mouvement circulaire qui permet d'accrocher l'autre chaîne quelques anneaux plus haut. On change alors le levier de côté et l'on fait une pesée contraire, et ainsi de suite, peu à peu, jusqu'à ce que l'arbre tombe. On aide cette traction en coupant les racines de l'arbre au fur et à mesure que la tension augmente. Cet instrument économise le temps et aide puissamment à l'extraction des souches.

Quand les arbres sont à terre, si leurs dimensions sont considérables, ils sont exploités comme bois de charpente, et les billes de bois sont séparées sommairement des branches pour être transportées sur le bord des chemins d'exploitation de la forêt. Il reste alors des monceaux énormes de branchages qu'il est nécessaire de faire disparaître le plus vite possible. Il va de soi qu'une percée étant ouverte, on a besoin d'en connaître l'effet sans retard. Il faut donc fagoter immédiatement les débris dont on fera du bois de *corde* et de *fagot*. Les grosses tiges et branches seront débitées en bûches et rondins, et les rameaux formeront des rames ou des fagots. Les bûches de plus de $0^m,12$ seront refendues en bois de *quartier*. Le tout doit être scié à des longueurs de 1 mètre, et empilé en longues files cubiques contenant un certain nombre de stères et qu'on fera bien de ranger le long des bords de la percée. Pour avancer l'opération du fagotage, je conseille l'emploi d'un instrument connu dans beaucoup de pays, mais dont il est bon de donner un dessin (fig. 98) pour ceux qui ne le possèderaient pas. C'est un chevalet sur lequel on pose le bois de fagot, et que l'on serre au moyen du levier, avant de le lier avec les *harts*, liens fabriqués avec des essences faciles à tordre sans se briser, comme viorne, charme, chêne, hêtre, osier, cornouiller, etc. Les fagots ont généralement 1 mètre de circonférence sur $1^m,33$ de longueur. On les empile par quarterons, demi-cent ou cent pour faciliter le compte et la vente. Le reste du bois, dit de charpente ou bois d'œuvre, est préparé suivant les habitudes des forestiers, dont les travaux spéciaux sortent de notre domaine.

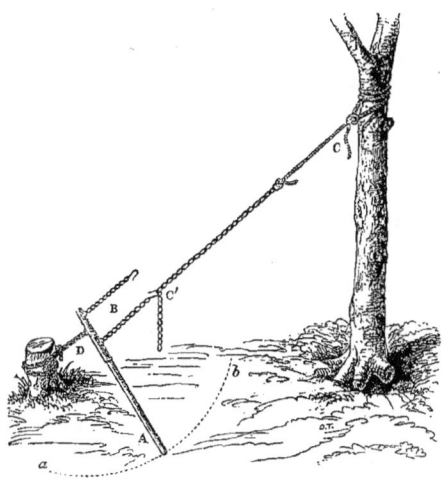

Fig. 97. — Diable forestier suisse.

Fig. 98. — Chevalet à fagots.

Toutefois, je crois utile de dire ici un mot de la meilleure époque pour l'abatage des arbres forestiers. Pour les essences feuillues, il faut choisir la fin de l'automne et l'hiver. La durée des bois d'œuvre coupés à ces époques est plus longue que coupés pendant la sève, et le bois de chauffage brûle mieux et développe plus de calorique. Les bois résineux, au contraire, doivent être exploités en été, et écorcés immédiatement.

Ajoutons que, malgré un préjugé très répandu, l'âge de la lune au moment de l'abatage n'exerce *aucune influence* sur la qualité ou la durée du bois. Les nombreuses expériences faites par Duhamel du Monceau et F. Arago ne laissent plus de doute sur ce sujet.

Les diverses opérations de l'abatage et de l'enlèvement des bois peuvent se faire à l'entreprise ou en régie. Un entrepreneur offre cet avantage qu'il mène généralement le travail avec rapidité et par conséquent gagne du temps et de l'argent. Mais dans les suppressions d'arbres, où une erreur peut facilement se glisser, il vaut mieux tout exécuter en régie, à la journée, selon le loisir du propriétaire et de l'architecte, et ne pas compromettre le succès par trop de précipitation.

2° Défrichement. — Après l'abatage vient le défrichement. Cette opération consiste dans l'extraction des souches et la mise en état du sol pour la culture. Lorsqu'on opère en pleine forêt, les racines et les culées d'arbres abattus ont une valeur sérieuse, qui varie suivant les régions, et leur exploitation vaut plus que la main-d'œuvre. Mais dans les régions où le bois n'est pas rare, et lorsqu'il s'agit d'éclaircissements ou d'abatages partiels dans un parc, on donne généralement le bois des souches pour prix du défrichement. Souvent même il faut ajouter une plus-value, s'il y a de notables parties de terrain nu à défricher.

Les fonds de bois livrés à la culture, améliorés par les détritus des feuilles et un long repos, sont souvent classés par le cadastre dans la première ou tout au moins dans la seconde classe des terres. On peut récolter un seigle ou une avoine, quelquefois plusieurs, sur un défrichement bien fait, et je conseille au moins une année de culture avant de semer en gazon, si l'on n'est pas absolument pressé. Avant l'emblave en céréales, il sera bon de répandre sur les sols peu calcaires 120 à 150 hectolitres de chaux vive par hectare. Cette chaux active la décomposition des débris organiques, s'assimile les acides libres et facilite la végétation.

On peut encore effectuer le défrichement avec des machines spéciales, parmi lesquelles la charrue Trochu reste la plus recommandable. Son soc plat et acéré, son coutre circulaire fixé au soc, et trois autres coutres dentés, échelonnés en scie, constituent de puissants moyens pour extirper les racines. En Algérie, on emploie l'extirpateur Julien pour défricher les landes couvertes du palmier nain (*Chamærops humilis*), ou encore le scarificateur de Smyth. Le défoncement exécuté, les racines enlevées, on herse vigoureusement et on laisse l'hiver ameublir et pénétrer le sol pour la culture.

On a encore préconisé, tout récemment, l'emploi de la dynamite comme un moyen énergique et très pratique d'extirpation des racines et de défoncement du sol, et des travaux comparatifs viennent d'être publiés sur ce sujet. Pour que cette exploitation soit profitable, elle doit avoir lieu sur de vastes proportions, et sa description ne peut entrer dans le cadre restreint de ces études.

LES CHEMINS.

Sous ce titre, nous comprendrons les voies de communication diverses, d'utilité et d'agrément, à l'usage des parcs et des jardins. Nous avons déjà étudié les opérations de leur tracé sur le terrain (p. 305 et suiv). Il nous reste à classer leurs différentes formes et à en montrer les applications, conformément aux principes que nous avons établis.

Les considérations générales qui peuvent précéder cette étude sont en petit nombre, mais leur importance est grande. On a de tout temps attaché un tel intérêt aux allées dans les jardins, qu'elles constituent, par excellence, le signe distinctif du style et du goût, en même temps qu'elles accusent nettement l'époque à laquelle elles ont été tracées. C'est aux allées, bien plus qu'aux plantations et aux constructions, que se reconnaissent l'artiste, le pays et le temps.

Les principales conditions que doivent remplir les allées sont :

1° Assurer des communications faciles avec l'extérieur et entre les principales parties d'une résidence ;

2° Accuser une direction conforme au but qu'on se propose d'atteindre ;

3° Présenter des formes harmonieuses, en rapport avec le style des jardins et de l'habitation ;

4° Ne changer de direction que pour une cause légitime ;

5° Être solidement construites et entretenues avec soin.

Les règles suivantes seront le développement des propositions qu'on vient de lire, et qu'on ne doit jamais perdre de vue.

Les diverses voies de communication employées dans les parcs et les jardins peuvent se distribuer ainsi :

1° Les *chemins d'accès* ou *allées d'arrivée*, qui sont droits, — et prennent alors le nom d'*avenues*, — ou plus souvent curvilignes ;

2° Les *allées de promenade*, qui se subdivisent également en allées droites ou courbes, selon qu'elles s'appliquent à des jardins symétriques ou à des jardins paysagers. Ces dernières présentent de nombreuses variétés et nous les considérerons suivant qu'elles sont planes, accidentées, superposées, etc. Les *sentiers* rentrent dans cette catégorie et présentent aussi des formes très-diverses ;

3° Les *chemins de service*, destinés soit à l'exploitation agricole, soit à l'usage domestique, et qui doivent être l'objet d'un traitement particulier;

4° Les *plateaux, carrefours, arrêts, places, terre-pleins*, etc., qui font encore partie des voies de communication ou de promenade.

1° CHEMINS D'ACCÈS.

La voie qui conduit d'une route publique à l'entrée du parc et à l'habitation principale est le chemin d'accès. Si la propriété est considérable et l'habitation d'un style grandiose, située en terrain plat ou sur une pente modérée, l'avenue droite doit être adoptée sans hésitation. C'est l'arrivée la plus noble et la plus belle.

Si le terrain est accidenté, si le caractère du lieu est plutôt séduisant que majestueux, une voie courbe ou sinueuse sera mieux appropriée, et dans la plupart des cas elle plaira davantage qu'une voie d'accès rectiligne, dont la beauté même ne saurait compenser la monotonie.

Avenues rectilignes. — La place naturelle d'une avenue rectiligne

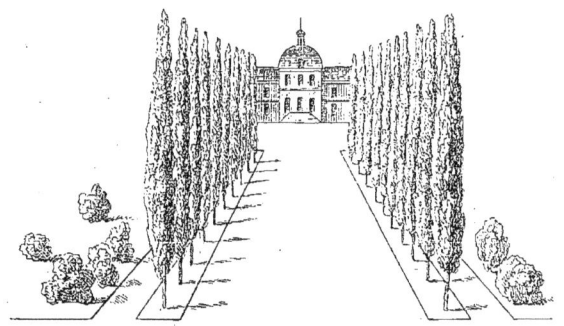

Fig. 99. — Avenue rectiligne simple.

est dans l'axe principal de l'habitation. Elle doit dégager le motif central du bâtiment dans toute sa largeur et l'encadrer aussi complétement que possible (fig. 99).

Si le milieu de l'édifice n'est pas occupé par un ornement proéminent, — ce qui est rare, — et si la façade est longue et terminée à chaque extrémité par un pavillon important, une avenue pourra être tracée en face de chaque pavillon, qui devient alors centre à son tour, et l'intervalle formera un parterre ou un vaste tapis vert (fig. 100). Cette disposition, satisfaisante au point de vue architectural, est essentiellement artificielle et devra autant que possible être évitée. De ces deux avenues, une seule sera utilisée à l'ordinaire ; on sent que l'autre n'a été plantée que pour faire pendant. Le tapis vert du milieu sera donc égayé par quelques ornements qui arrêteront un moment la vue sans l'obstruer. Un bassin central, des vases, des statues, des groupes d'arbustes verts attireront l'attention sur les objets de détail qui relèvent l'uniformité de la façade du château, sans en masquer l'ensemble, bien encadré entre les deux avenues.

En aucune circonstance, l'espace compris entre deux avenues ne doit être occupé par d'autres lignes d'arbres. Cette disposition ne serait applicable qu'aux boulevards à promenade centrale, dont le milieu n'offre aucun motif ornemental, et dont l'unique objet est de procurer de l'ombrage aux promeneurs. L'apparence de l'habitation fût-elle moins imposante qu'on ne le

Fig. 100. — Avenue rectiligne double.

souhaiterait, il vaudrait encore mieux découvrir la partie médiane de l'avenue d'arrivée. On sait qu'en architecture toute voie d'accès doit se terminer par une baie, jamais par un plein, ou une colonne. Devant une balustrade, chaque allée doit déboucher entre deux pilastres. Il en est de même pour les

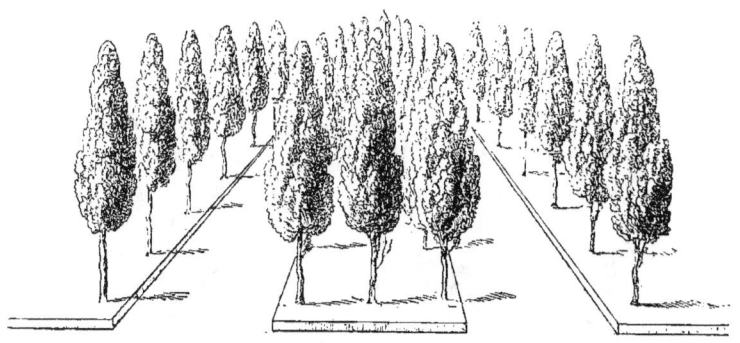

Fig 101. — Avenue défectueuse, plantée au milieu.

avenues ; la combinaison suivante (fig. 101) doit être repoussée en toute occasion.

Il n'y a pas d'exception à cette règle, même dans l'hypothèse où la façade de l'habitation serait irrégulière et n'offrirait point de saillie centrale digne d'attention. On peut alors interposer entre l'avenue et l'habitation un motif ornemental qui arrête le regard et fasse diversion.

Le Château de Ch..., en Touraine, offre un de ces exemples (fig. 102).

TRAVAUX D'EXÉCUTION. — AVENUES.   349

La façade montre une suite de lignes pleines de saillies, d'angles rentrants, de tours gothiques, qui ne laissent reposer le regard sur aucun point particulier. Cependant l'avenue d'arrivée, large de 30 mètres, à quadruple rangée d'arbres, y produit le meilleur effet. La face A du château, très-irrégulière, est encadrée par les rangs d'ormes EE, placés sur des plates-

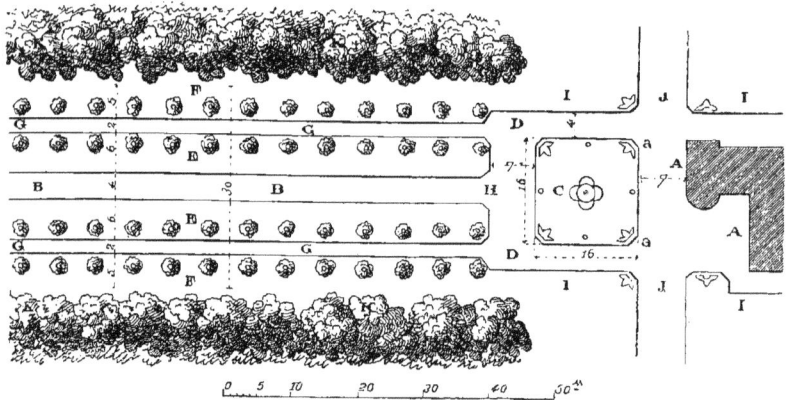

Fig. 102. — Plan de l'avenue de Ch... (Indre-et-Loire).

bandes de gazon, au milieu desquelles est placée l'allée de voitures B. Cette allée s'interrompt en H, se divise en deux branches DD, et contourne un parterre de gazon et de fleurs C, orné d'un grand vase au centre. Ce parterre est protégé sur deux de ses encoignures contre les brusques tournants par deux bornes de fonte ornée aa. Les pelouses II sont découvertes et ornées de fleurs jusqu'à la grande allée J. Entre les deux lignes d'arbres EF un sentier G, large de 2 mètres, sert aux piétons. Enfin l'avenue est taillée entre les deux lignes compactes du taillis K.

L'aspect grandiose de ces sortes d'avenues est encore augmenté si leur

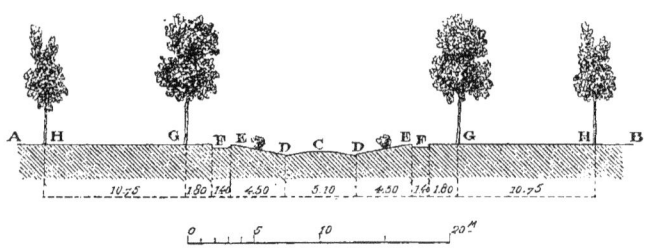

Fig. 103. — Profil de l'avenue du château de Beauvais (Indre-et-Loire).

profil en travers, au lieu d'être horizontal, est un peu accidenté. Des surfaces absolument planes font naître l'ennui; il suffit, au contraire, du plus simple terrassement pour donner un agréable relief au sol et créer de la variété. Une des meilleures applications de ce principe se voit au parc de Beauvais (Indre-et-Loire), dans la grande avenue d'arrivée. Le sol, originairement plan, a été remplacé par le profil AB (fig. 103). La chaussée C a été légèrement excavée, et en ajoutant aux terres produites par ce terrassement celles des caniveaux DD, on a pu donner aux talus gazonnés EE une pente légère jusqu'au sentier de piétons surélevé FF. C'est après ce sentier que commence la première ligne d'arbres G formant l'avenue. Une partie gazonnée s'étend ensuite jusqu'en H, où une seconde ligne d'arbres, maintenus en têtes basses, a le pied enfoncé dans une haie de charmilles haute de 1 mètre. Cette sorte de contre-allée gazonnée, terminée par la charmille, forme un excellent encadrement. Des pivoines, placées tous les 15 mètres sur le talus E, relèvent l'uniformité de la bande verte et se couvrent au printemps de leurs belles fleurs rouges.

A Dresde, l'allée du *Grosser Garten* a été plantée dans ce genre, mais le relief naturel du sol n'a pas été modifié sensiblement. L'avenue, composée d'une chaussée, d'une bande de gazon et d'une double rangée d'arbres, a 40 mètres de largeur totale.

Qui ne connaît, parmi les plus belles avenues à citer, celle des Champs-Élysées, à Paris, si majestueusement couronnée par l'arc de triomphe de l'Étoile? Les proportions en sont grandioses. Elle se compose d'une vaste chaussée centrale et de deux trottoirs plantés d'arbres et séparés des maisons par une voie de service. Ces trottoirs sont pourvus d'un large bande bitumée au milieu, et offrent un excellent terrain de promenade.

Le nombre des lignes d'arbres en avenue peut varier d'une à quatre, de chaque côté, suivant l'importance de la façade en vue. Au-dessus de ce nombre, on n'aurait plus une avenue proprement dite, mais un mail ou place plantée d'arbres.

A Brooklyn, près New-York, les architectes du Prospect Park ont ima-

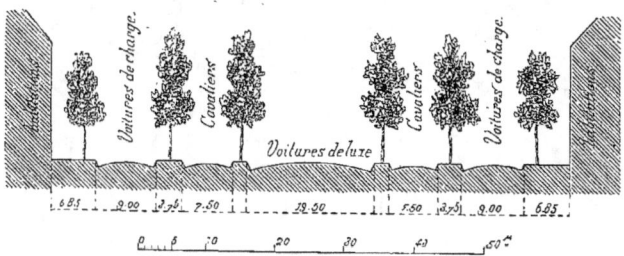

Fig. 104. — Profil de l'avenue ou « Park Way » de Brooklyn (États-Unis).

giné, sous le nom de *Parc Way*, une avenue d'arrivée d'un grand aspect, et que le diagramme ci-contre (fig. 104) explique à première vue. Sa largeur totale est de 78^m,20.

TRAVAUX D'EXÉCUTION. — AVENUES.

On trouve parfois, dans les propriétés déjà plantées suivant le style géométrique, des allées rectilignes percées en étoile à travers bois, et dont une ou plusieurs servent de chemins d'accès. Si la résidence est modeste, ces grandes avenues droites pourront sembler prétentieuses. Il est bon cependant de les conserver, si elles sont plantées de vieux arbres, mais sans les

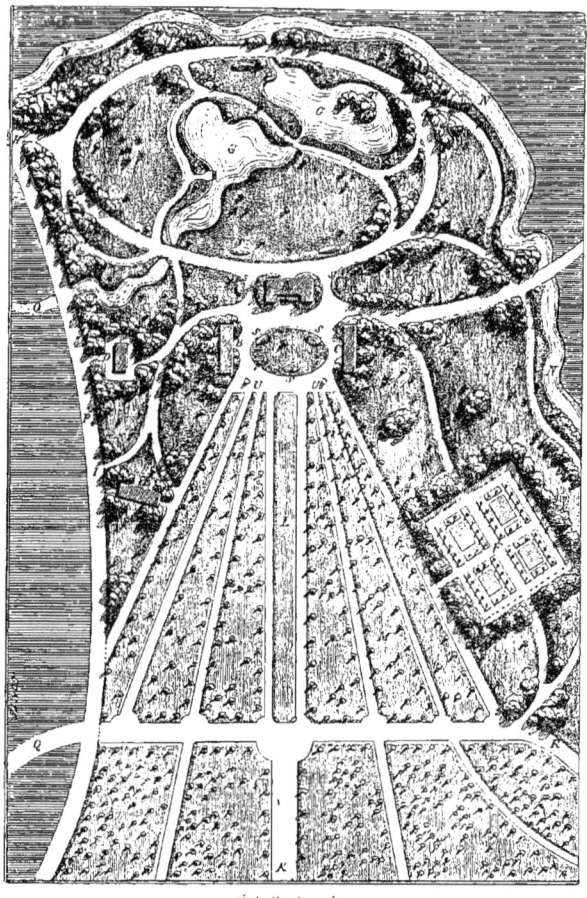

Échelle de 1/2000

Fig. 105. — Parc de la Siffletière (Orne). — Ed. André, architecte.

prolonger jusqu'à l'habitation, dont elles accuseraient les proportions médiocres. Le moyen d'obvier à cet inconvénient est de couper ces voies à une certaine distance, de conserver leurs alignements comme de simples percées, et de mettre entre elles et la construction une pelouse de jardin paysager. Le parc de la Siffletière (Orne), que j'ai dessiné en 1868, contient une disposition de ce genre (fig. 105). Les avenues en étoile, qui se rejoignaient en pointe au seuil de l'habitation A, ont été coupées, reportées en U U, et une pelouse SS a occupé leur place. Le centre de la grande avenue montante L a été gazonné et enfermé entre deux sentiers sablés. Le sol du chemin public QR a été enfoncé et ne se voit pas de la maison, et la perspective s'étend au loin dans les bois dans la direction de K. Le parc de Comteville, près Dreux (Eure-et-Loir), offre également un ensemble d'avenues rayonnantes, à travers bois, et formant des angles dont le sommet commun est le château.

La figure 106 donne la coupe en travers d'une autre sorte d'avenue, que j'ai appliquée à l'une des principales entrées de la ville de Luxembourg, nommée avenue de la Porte-Neuve. La chaussée mesure 9^m,50 de largeur ; le trottoir, sur lequel sont plantés des érables planes, est large de 4 mètres, et il est séparé, par une ligne de potelets et de fils de fer, d'une bande de gazon de 1 mètre, appuyée sur une bordure de 2 mètres de troënes de Californie (*Ligustrum ovalifolium*), plantés le long de la ligne de clôture. La zone de verdure relève la nudité de l'avenue, et l'unit au parc public en dissimulant la grille.

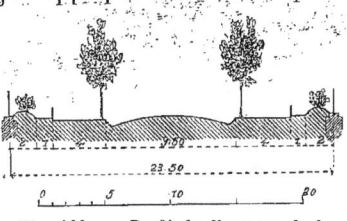

Fig. 106. — Profil de l'avenue de la Porte-Neuve, à Luxembourg.

La plantation des avenues droites à doubles rangées peut être faite en carré ou en quinconce. Avec la disposition en quinconce, les arbres sont équidistants, tous les trous sont bouchés et les têtes ont un espace plus régulier pour se développer. On doit cependant remarquer que les arbres, en grandissant, se font mutuellement place, et que la disposition en carré produit un effet plus architectural.

La double rangée supérieure, dans la figure 107 (n° 1), est plantée en carré, les arbres étant placés à la distance uniforme de 7 mètres en tous sens. Ils forment des carrés ABCD ou des avenues rectangulaires ECDF. Au contraire, dans le n° 2, la disposition quinconciale produit des avenues diagonales comme GHIJ et GHKL. Si les têtes des arbres croissaient en cercles réguliers, elles rempliraient mieux l'espace en N qu'en M, mais dans la pratique ces différences ne s'aperçoivent pas.

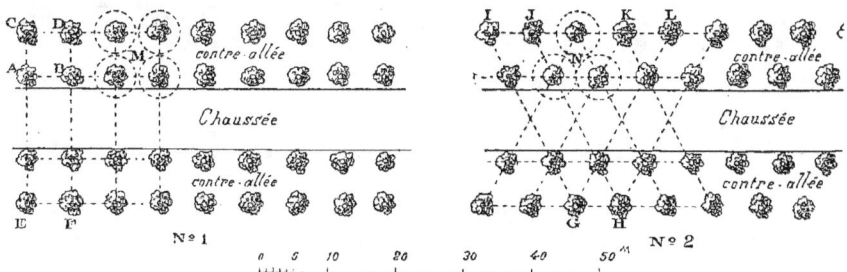

Fig. 107. — N° 1. Plantation en carré. — N° 2. Plantation en quinconce.

La forme des arbres d'avenue joue un grand rôle dans les effets de perspective. La loi des contrastes reçoit ici une application : les lignes d'arbres à forme conique, peupliers d'Italie, cyprès pyramidaux dans le Midi, doivent accompagner les lignes horizontales et les façades massives des villas italiennes et reculer la perspective. La belle avenue du *Poggio imperiale*, à Florence, en est un exemple, et celle de la villa Torrigiani, près Lucques, est plus imposante encore, avec ses pyramides de cyprès noirs séculaires. Au contraire, le profil arrondi des marronniers, des tilleuls, des chênes, fera ressortir les aiguilles et les toits aigus d'un château gothique ou les tourelles et les découpures du style de la Renaissance. Les modèles de ce genre sont partout; il est superflu de les citer.

Certains arbres, d'une beauté individuelle incontestable, ne sont pas propres aux plantations en avenue. Les cèdres de l'Himalaya (*Cedrus Deodara*), qui constituent l'avenue de Dropmore (Angleterre), sont superbes, mais on regrette de ne pouvoir admirer sans réserve leur effet d'ensemble, dans un parc renommé à juste titre pour la splendeur de ses arbres conifères.

Un genre particulier d'avenue se répand depuis quelques années dans les villes. Ce sont les voies à centre gazonné et planté d'arbustes et de fleurs. La ville de Paris en offre des exemples dans la partie extérieure de l'ancienne avenue de l'Observatoire transformée, le canal Saint-Martin, la place d'Anvers. Bruxelles est fière à juste titre de son avenue Louise, large de 55 mètres, qui conduit au bois de la Cambre par une belle voie en partie plantée au centre. Aux États-Unis, j'ai admiré les avenues-parterres de Boston, Chicago, Buffalo, qui surpassent l'Europe sous ce rapport. Toutefois, ces voies sont moins des avenues que des promenades; nous les retrouverons et les décrirons à l'article Boulevards.

Dans une catégorie voisine de celle-ci se placent les allées décou-

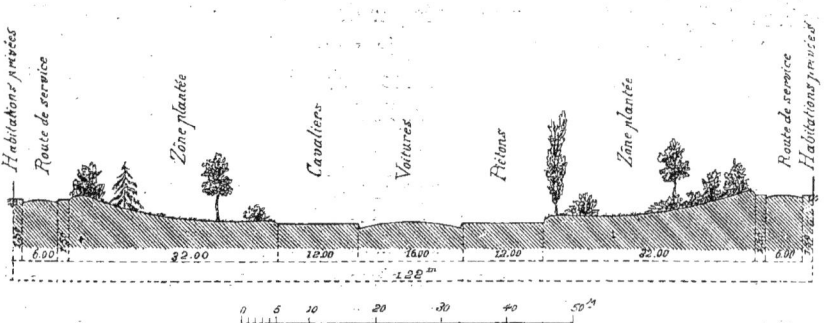

Fig. 108. — Profil de l'avenue du bois de Boulogne, à Paris.

vertes, dont l'avenue du bois de Boulogne, à Paris, forme le prototype. Cette voie magnifique, large de 122 mètres et longue de 1,200, est dépourvue d'arbres en ligne. Le profil ci-contre en indique le relief (fig. 108). Pour ne pas obstruer la vue lointaine du bois de Boulogne, une chaussée centrale de 16 mètres et deux trottoirs de 12 mètres chacun, pour piétons et cavaliers, ont été accompagnés d'une zone gazonnée et plantée, large de 32 mètres et à pentes variées. Le reste de l'avenue est occupé par la voie latérale, qui dessert les habitations luxueuses situées en bordure. On a ainsi un jardin paysager, vallonné et fleuri, qui fait à cette large voie un cadre charmant et qui contient de précieuses collections d'arbres et d'arbustes d'ornement.

L'avenue de l'Opéra, à Paris, est également privée d'arbres d'alignement, bien que sa largeur dépasse 20 mètres, et rentre, par conséquent, dans la classe des voies plantées de cette capitale. La nécessité de conserver la perspective entière de l'Opéra a entraîné cette mesure exceptionnelle.

On remarque, sur plusieurs points de l'Angleterre, des avenues de la plus grande beauté, qui se rangent dans la classe précédente (fig. 109). Les

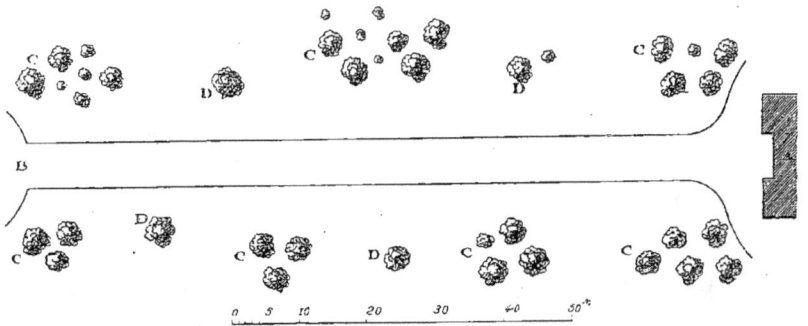

Fig. 109. — Avenue plantée de groupes irréguliers.

arbres d'alignement y sont remplacés par des groupes C D de grands arbres de plusieurs espèces, isolés ou groupés par trois à neuf sur les pelouses qui bornent l'avenue A B, à des distances variables. Si les essences sont bien choisies et les groupes bien venants, l'effet de ces voies d'accès sera magnifique.

Les avenues peuvent être planes ou en pente. Dans le premier cas, nous avons vu que leur effet est rehaussé par un profil en travers accidenté. Il suffit d'assurer l'écoulement des eaux dans la longueur, en variant de distance à autre le profil en long des caniveaux qui bordent la chaussée, et d'envoyer les eaux dans des exutoires (canaux et puisards).

Si l'avenue est en pente, son sommet doit toujours être occupé par la construction à laquelle elle conduit. Toute disposition contraire est une faute. L'avenue des Champs-Élysées est dignement couronnée par l'arc de triomphe de l'Étoile; celle de l'Observatoire, au contraire, avec le palais du Luxembourg à son point inférieur, enterre le monument. Les architectes du XVIᵉ siècle connaissaient cette difficulté; aussi avaient-ils soin de couper les terrains en pente par des terrasses successives, offrant une série de plans horizontaux. On trouve des traces de ces dispositions à Sceaux, à

Versailles, etc. A Saint-Cloud, on retrouve encore, sous le dessin de mauvais goût et le nivellement maladroit qui ont rétabli le profil du coteau primitif, les arrêts ou paliers créés par Le Nôtre, et qui rompaient l'effet disgracieux de ces avenues inclinées.

Mais la rampe est trop forte pour une montée unique; le château ou le palais sont d'aspect imposant, ils couronnent une colline que dépareraient des tracés curvilignes. Adoptez sans hésiter les terrasses à rampes obliques; cherchez dans les lignes architecturales une décoration qui soit comme le piédestal de l'édifice.

Vous ne manquerez pas de modèles à copier. A Rome, le Capitole et le Pincio ; à Naples, Capo di Monte; à Paris, Saint-Vincent-de-Paul et le nouveau Palais de Justice ; à Marseille, le château d'eau de Longchamps, sont autant de constructions monumentales où se trouvent de nombreux motifs d'inspiration.

La figure 110 représente une situation de ce genre, où le coteau abrupt

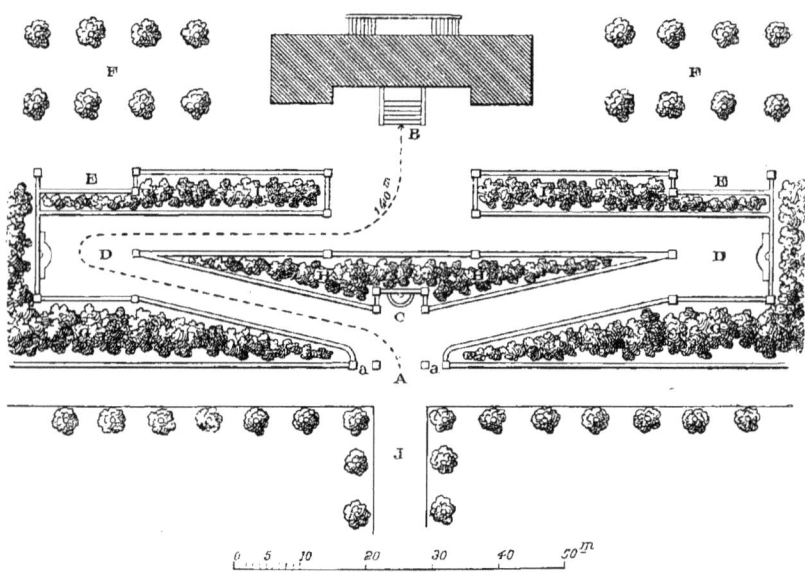

Fig. 110. — Allée d'arrivée entre des terrasses.

sépare l'entrée A du perron B, par une dénivellation de 9^{m}80. La distance horizontale entre A et B étant de 35 mètres, on aurait une pente de 0^{m}28 par mètre, absolument impraticable. Le tracé de la ligne ponctuée, dans l'axe des pentes produites par les rampes de terrasses, donne un développement de 140 mètres, soit une pente modérée, de 0^{m}07 par mètre. Une grille A, à deux guichets aa, égale en largeur, dans sa partie centrale, l'avenue J. Le point C indique une fontaine avec vasque sculptée. Deux repos

DD permettent aux voitures de tourner facilement et sont pourvus de niches et de statues. La terrasse supérieure, ornée d'une balustrade, forme deux décrochements EE en face des platanes plantés symétriquement en FF. Les intervalles entre les murs des terrasses et des rampes sont garnis de plantes méridionales, arbousiers en GG, grenadiers et agaves en H, nérions en II. Cette disposition convient surtout dans la région méditerranéenne et dans les pays chauds.

Ce mélange de l'architecture et du jardinage produit de bons résultats même dans nos climats septentrionaux, en y ajoutant quelques modifications si l'importance de l'habitation est moindre que dans le cas précédent.

La propriété de M. d'A..., à Marnes (Seine-et-Oise), dessinée en 1869,

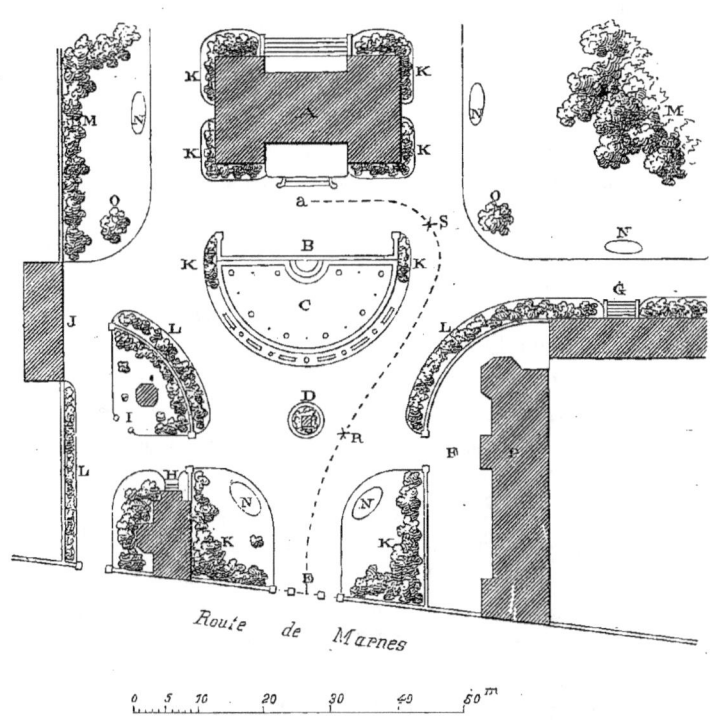

Fig. 111 — Voie d'accès en pente. — Parc de M. d'A..., à Marnes (Seine-et-Oise).

présentait une de ces situations (fig. 111). Le château A venait d'être construit, à un niveau supérieur de 4 mètres à la route de Marnes. Les communs P et la maison du jardinier H étaient à 1 mètre seulement au-dessus du sol de la rue. Le reste du terrain montait en pente rapide. Pour conserver à la cour des communs F et au poulailler I leur niveau bas et la facilité d'accès, je les entourai d'un mur droit et circulaire qui laissait toute liberté pour établir les pentes en face du château. Ces pentes furent ainsi divisées : de E à R, 25 mètres, à

TRAVAUX D'EXÉCUTION. — ALLÉES. 357

4 centimètres pour mètre; de R à S, 35 mètres, à 7 centimètres pour mètre; de S à *a*, 20 mètres, à 2 centimètres et demi pour mètre, pour assurer simplement l'écoulement des eaux de la terrasse B. Le mur de cette terrasse, parallèle à la façade du château, fut orné au centre d'une vasque en marbre blanc, et le jardin semi-circulaire C reçut une riche décoration florale. Des vases garnis de fleurs, placés sur les pilastres D, les allées bordées d'arceaux de fonte peints, les profils soignés des dalles couronnant les murs, les balustres de la terrasse furent étudiés en vue de fournir à l'habitation un piédestal digne d'elle.

Les pentes trop fortes, inaccessibles aux voitures, peuvent encore recevoir des avenues pour piétons. Ce sont alors de véritables escaliers continus ou coupés par des paliers, comme ceux de Sans-Souci à Potsdam, de Versailles, de Saint-Cloud et de nombreuses villas italiennes.

Enfin, les avenues dont le milieu est occupé par des effets d'eau, comme celle de Caserte (Italie) ou le grand canal de Fontainebleau, pourraient devenir l'objet de nos études si elles ne se rangeaient sous un autre titre que celui des voies d'accès, c'est-à-dire dans le chapitre des eaux.

Il en est de même des autres sortes d'allées droites, charmilles, percées de jardins symétriques, chemins des parterres, etc., qui cessent de faire partie des allées proprement dites. Nous les retrouverons dans des paragraphes spéciaux.

Dimensions des avenues rectilignes. — La longueur de ces voies varie à l'infini. Souvent on la subit plutôt qu'on ne l'impose. Trop courtes, elles donnent une impression d'inutilité et de prétention; trop longues, elles font naître l'ennui. La route de Cassel à Wilhelmshöhe, par exemple, est droite et interminable; les kilomètres succèdent uniformément aux kilomètres; il semble qu'on n'arrivera jamais. Les soldats français, qui connaissent bien ce défaut, ont surnommé la route de Vatan à Châteauroux, rectiligne pendant 35 kilomètres, « la plus longue étape de France ». On fera sagement de considérer une avenue de 500 mètres comme un maximum, et une centaine de mètres comme un minimum qui ne doivent pas être dépassés.

Nous avons vu, par les différents profils en travers précédemment figurés, combien la largeur des avenues droites peut varier. Cette dimension doit être en rapport avec la longueur, et différer suivant qu'il s'agit d'une propriété privée ou d'une voie publique. Le tableau suivant donne ces proportions :

Longueur.	Largeur.	Longueur.	Largeur.
De 100 à 200 mètres	12 à 18 mètres.	De 750 mètres	20 à 25 mètres.
De 200 à 400 —	15 à 18 —	De 1000 —	20 à 30 —
De 400 à 500 —	18 à 22 —	De 2000 —	30 à 40 —
De 500 à 600 —	20 à 25 —	De 5000 —	40 à 100 —

Avenues curvilignes. — Les avenues curvilignes ou chemins d'accès à une ou plusieurs courbes, seules agréables et commodes sur un terrain ondulé, doivent être étudiées immédiatement après l'emplacement de l'habitation principale.

L'entrée du parc, si elle n'est pas fixée à l'avance, sera motivée par des considérations telles que la direction naturelle, les communications avec l'extérieur, les affaires, les habitudes, les exigences sociales, etc. Si l'on renonce à la ligne droite, il faut cependant s'en éloigner le moins possible. D'ailleurs, les allées d'arrivée curvilignes s'ajoutent souvent aux avenues droites, qui sont réservées alors comme entrées d'honneur, peu usitées pour le service et maintenues simplement pour leur aspect grandiose. La figure 63 (page 271) en fournit un exemple. La grande avenue N, longue de 200 mètres et large de 18, est remplacée à l'ordinaire par l'allée partant de la grille I, plus proche du village. On y a même placé la loge du concierge *n*, comme à l'entrée la plus rationnelle.

Toute entrée d'un parc éloignée de l'accès naturel de l'habitation est mal placée, à moins d'une impossibilité de faire autrement. La direction moyenne de l'allée d'arrivée est donc indiquée par la position de la maison. Des courbes douces, allongées, peu nombreuses, une seule même s'il est possible, conduiront au but, sans jamais donner la tentation de les couper par la traverse pour arriver plus vite.

Chaque changement de courbe doit porter avec lui son explication. L'obstacle qui l'a motivé doit être apparent et se présenter naturellement : arbre (fig. 112), rocher, construction, cours d'eau, butte, etc. Pour augmenter la variété dans un long parcours, il est permis de faire naître artificiellement ces obstacles, pourvu que la main de l'artiste n'y décèle pas sa présence. Toute sinuosité sans raison, sur un terrain plat, est une anomalie choquante.

Fig. 112. — Contre-courbe motivée par des obstacles.

Plus le terrain sera accidenté, plus les courbes pourront être multipliées et à court rayon. Cependant on tiendra compte du mauvais effet produit par deux contre-courbes vues en même temps en raccourci, et l'on évitera ce résultat à tout prix. Une remarque importante est que les courbes les plus douces, sur le papier, paraissent fortes et rapprochées sur le terrain; on ne saurait trop adoucir les lignes sinueuses en préparant le dessin-étude.

Autant que possible, l'amorce de l'allée d'arrivée partant d'une route ou d'un chemin public formera un angle droit avec cette voie, à moins qu'elle ne soit placée dans une encoignure ou pan coupé; même si l'allée doit obliquer immédiatement après, cette disposition doit être conseillée comme plus franche et plus normale. Nous verrons, en parlant du dessin des entrées, les exceptions qui peuvent être apportées à cette règle.

On choisira, pour point de départ, un sol au même niveau ou plus bas que l'habitation, jamais plus élevé. La pente sera régulière, à moins d'empêchement absolu. Il vaut mieux allonger un peu le parcours de l'allée et éviter de la faire monter et descendre plusieurs fois avant d'atteindre le but. Toutefois, plusieurs montées et descentes successives sont parfois motivées par le relief naturel du terrain, un fond occupé par des eaux, ou une colline boisée qu'il faut contourner. On obtiendra des niveaux aussi modérés que possible le long de ces pentes, et l'on ne devra jamais atteindre un point plus haut que l'habitation à laquelle on tend, sous peine de lui faire perdre beaucoup de sa dignité. L'idéal serait de construire une allée d'arrivée à travers une suite de collines, montant régulièrement à un plateau où serait située la maison.

L'allée d'arrivée doit être plus large que toutes les autres, à l'exception des terrasses près de l'habitation. Elle doit se distinguer à première vue, ne laisser aucun doute sur sa destination et, si elle est longue, ne faire confusion avec aucune de celles qui la traversent. Cette largeur est en rapport avec les dimensions et le caractère de l'habitation principale. En France, elle est généralement plus forte qu'en Angleterre et en Allemagne. On peut prendre pour moyenne 6 mètres de largeur pour l'allée d'approche d'un grand château, 5 mètres pour une résidence élégante, et 4 mètres comme minimum pour les autres propriétés. Ces dimensions ne s'appliquent qu'aux parcs et jardins paysagers au-dessus de 10 hectares. Quelques architectes paysagistes portent jusqu'à 10 mètres et plus la largeur des allées d'arrivée dans leur parcours moyen ; ces proportions sont exagérées, elles rapetissent les plantations, les bâtiments, les ornements divers. On ne doit employer de très-larges allées que dans les parcs et jardins publics, créés en vue d'une abondante circulation de promeneurs.

Une route d'accès doit rarement avoir la vue ouverte sur l'habitation depuis son départ, où sont situées la porte d'entrée et la loge du concierge. Le premier point du chemin d'où la maison est aperçue doit être choisi à l'endroit où elle présente le plus séduisant aspect. On ne doit pas manquer de parcourir plusieurs fois l'allée pour chercher le point favorable. Vue de trop loin, la maison perdrait de son importance ; trop proche, elle ne serait pas assez largement encadrée. Si, au détour d'un massif, une percée oblique habilement pratiquée laisse voir l'habitation de trois quarts, d'un côté éclairée, de l'autre dans l'ombre, enserrée dans un vigoureux cadre de premier plan et accompagnée de plantations en coulisses, l'impression première, très favorable, sera conservée par le visiteur jusqu'à son arrivée. Les nouvelles percées qu'il retrouvera ne devront pas être inférieures en beauté à la première : elles pourront être plus ou moins étendues, variées suivant les courbes du chemin, passant sous le couvert des grands arbres, se reflétant sur le miroir d'un lac, etc. ; mais il est préférable de ne pas multiplier ces effets, et, après avoir charmé une première fois le regard, de lui laisser quelque chose à découvrir dans les promenades ultérieures (voy. pl. II).

En Angleterre et dans plusieurs autres pays, on n'a qu'une seule allée d'arrivée, en toute situation. On emploie souvent deux voies en France, où il est d'usage, dans les propriétés de moyenne étendue, de bifurquer l'allée presque à son départ, de manière à la faire contourner une grande pelouse qui se termine à l'habitation et dont l'ensemble reste constamment sous le regard. Une courbe unique de chaque côté fait de cette pelouse une sorte de piste régulière, présentant un certain aspect décoratif si elle est bien traitée, et permettant de choisir l'une ou l'autre route ; mais cette disposition offre des défauts graves, dont le principal est l'uniformité du dessin. Il en résulte un modèle invariable appliqué aux circonstances les plus diverses et réduisant le tracé à un procédé unique, artificiel, anti-artistique. Un croquis (fig. 113) fera comprendre ce type uniforme, qui s'est répandu de Paris en province depuis dix ou quinze ans et menace d'envahir l'art des jardins. L'entrée A en face de la maison B, l'allée d'arrivée se divisant en deux branches C C, les carrefours D D enveloppés dans des massifs à contours curvilignes, une pelouse elliptique à bords exhaussés, vallonnée au milieu, des corbeilles de fleurs E E et des arbres isolés par un ou par trois, partout une régularité mêlée d'une apparente variété, tels sont les traits principaux et invariables de ce genre de tracé.

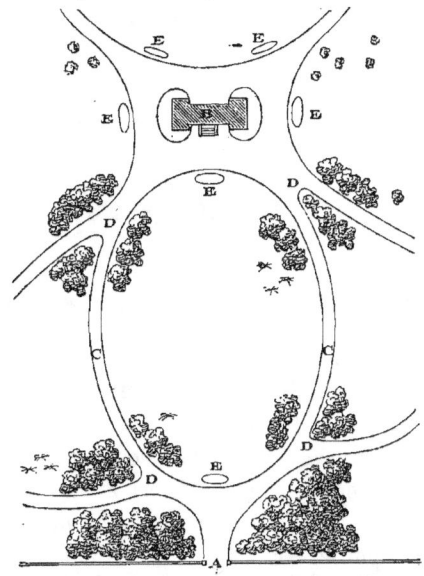

Fig. 113. — Modèle ordinaire des allées d'arrivée en France.

Cette critique n'a pas pour but de proscrire l'allée bifurquée : elle tend seulement à montrer combien le procédé diffère de l'art. Celui-ci est infini dans sa variété ; il s'inspire de considérations élevées, obéit à des règles raisonnées, et modifie ses moyens d'action suivant les situations diverses.

En Angleterre, l'allée d'arrivée, nommée *approach* ou plus simplement *drive*, est simple, ne se bifurque jamais et débouche au seuil de la maison en boucle serrée, sans s'épanouir en un vaste carrefour. Le principe y est complétement différent du nôtre ; on ne peut faire le tour de l'habitation sur un terre-plein sablé, mais on l'entoure de massifs de feuillage et de fleurs et l'on masque aux arrivants les perspectives intérieures du parc ou du jardin. L'allée d'arrivée n'est considérée que comme un chemin d'utilité ;

on s'inquiète rarement de la rendre attractive. La place strictement nécessaire pour tourner les voitures devant la porte d'entrée de la maison est tracée en cercle ou en forme d'outre. On considérerait comme une perte de terrain tout arrangement à angles droits ou brisés. La porte est cachée par un groupe d'arbustes à feuilles persistantes, afin de permettre aux maîtres de la maison de reconduire leurs hôtes sans être vus du dehors. Le secret du *home* ne doit pas être livré au public.

Ces sortes d'entrées varient beaucoup, ainsi qu'on le verra par l'examen des figures suivantes.

La figure 114, d'après Mac Intosh, présente une maison A, confinée, du

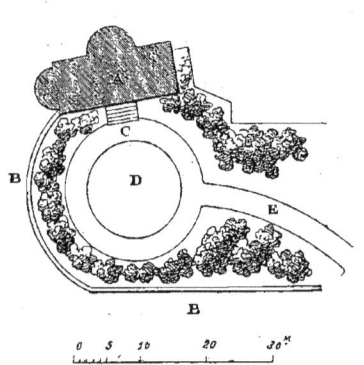
Fig. 114. — Allée d'accès, d'après Mac Intosh.

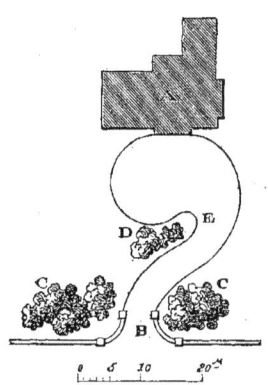
Fig. 115. — Allée d'accès, d'après Hughes.

côté de l'arrivée, dans un étroit espace entouré du mur B. L'allée d'arrivée E contourne une petite pelouse circulaire D et rase le porche d'entrée C. A l'extérieur, tout est bordé d'un massif d'arbustes, vert et compacte.

Sans offrir une disposition aussi confinée, la figure 115, dont le dessin est de M. A. Hughes, remplit un but analogue. L'entrée B est appuyée par deux épais massifs C C et un troisième est situé en D, dans la saillie produite par la courbe en S de l'allée d'approche E. La façade est ainsi dissimulée par un écran végétal, sans être privée elle-même d'air et de vue.

M. Kemp (fig. 116) conseille l'emploi de la disposition reproduite par la figure C. Il recommande d'arriver à gauche de la maison en A, de laisser le moindre espace possible à la surface sablée et de masquer le porche d'entrée par un massif B, après avoir donné à la plate-forme située devant l'habitation le dessin d'une cornue de chimiste.

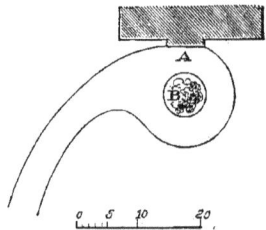
Fig. 116. — Allée d'accès, d'après Kemp.

Les trois formes qui précèdent ne s'appliquent guère qu'à des résidences de médiocre étendue. Un paysagiste américain, M. F.-J. Scott, a modifié cette disposition dans le mode indiqué par la figure 117. Partant également du principe d'une seule voie d'accès, il la contourne de manière à présenter devant le porche de la maison A le front planté d'une pelouse B et un triangle de

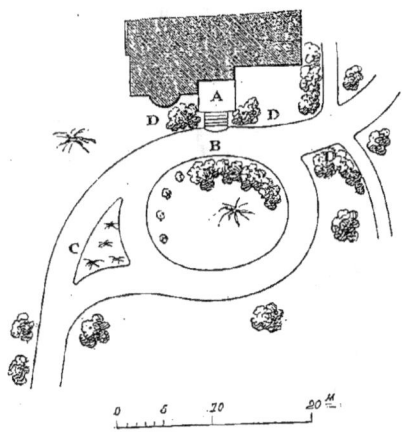

Fig. 117. — Allée d'accès, d'après Scott.

conifères C. Quelques massifs D D et des arbres isolés sont destinés à orner le voisinage.

Aucun de ces dessins, à mon avis, n'est recommandable. Un procédé qui consiste à cacher à tous les regards une entrée de l'habitation où la vie intime n'a rien à dissimuler me paraît peu en rapport avec les idées larges de la vie moderne à la campagne.

Le système allemand, dans ses manifestations les plus intelligentes, me semble préférable. Les exemples suivants en font foi.

Dans la figure 118, proposée par M. L. Abel, l'entrée de l'allée A est suf-

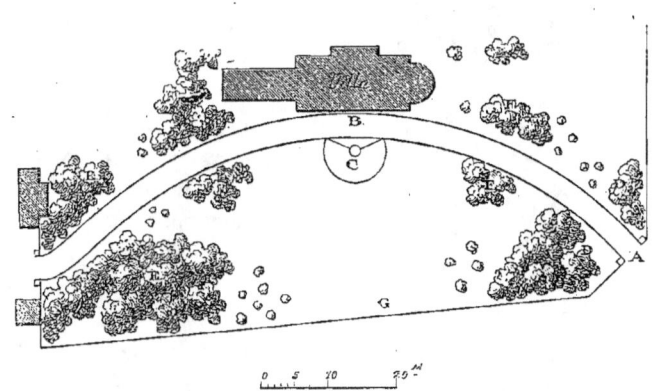

Fig. 118. — Allée d'accès, d'après L. Abel.

fisamment masquée de la maison, à laquelle on accède en B par une courbe d'un seul rayon. Les massifs D E en cachent les deux extrémités, et dans leur intervalle G, on peut avoir la vue réciproque de la route et de la maison devant laquelle est plantée la corbeille de fleurs C.

Le dessin de M. Meyer, du même genre (fig. 119), est très satisfaisant. Il

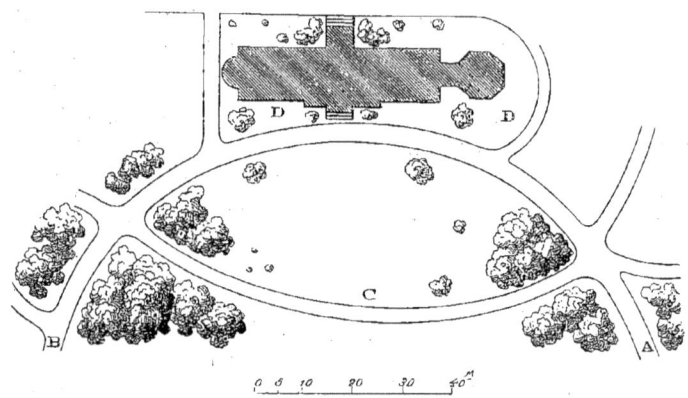

Fig. 119. — Allée d'accès, d'après G. Meyer.

serait meilleur encore s'il n'était coupé en C par une allée, inutile dans un espace si restreint. Les entrées A B sont habilement masquées, et la façade de la maison D D est ornée de corbeilles de fleurs d'un dessin élégant et varié.

Au contraire, les voies dans le genre de celle que représente la figure 120 en A A, empruntée à M. Siebeck, doivent être repoussées comme reproduisant le défaut reproché tout à l'heure aux jardins paysagers modernes en France. Le grand espace sablé, nu, hors de proportion avec les allées, les pelouses, les massifs, le parterre C situé sur l'autre face de l'habitation B, les deux arbres isolés D D, placés comme deux sentinelles, sont autant de défauts qu'il suffit de signaler pour qu'on cherche à les éviter.

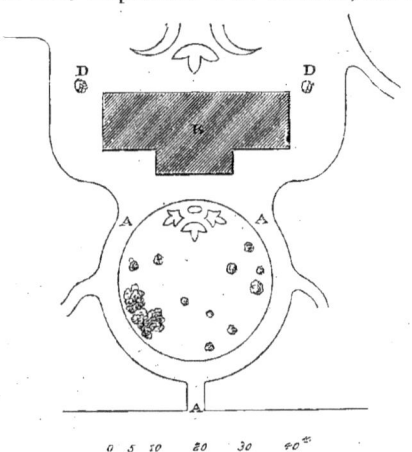

Fig. 120. — Allée d'accès, d'après Siebeck.

Il en est de même du dessin 121, dû à M. L. Abel, et dont l'effet sur le terrain ne correspondrait pas à la combinaison architecturale imaginée par l'auteur. De la maison A, la vue couperait en deux parties égales le parterre C, entouré des pelouses B B, et dont le centre est occupé par un bassin. Une avenue curviligne D D, avec un rang d'arbres intérieur et deux extérieurs, donne des raccourcis désagréables, encore augmentés par les coupures variées des parterres à compartiments. L'effet perspectif sur le terrain doit toujours inspirer le crayon de l'artiste sur son projet.

Ces combinaisons diverses montrent de quelle variété le débouché de l'allée d'arrivée sur l'habitation est susceptible. Toutefois, si les divers genres que nous venons d'examiner trouvent des applications satisfaisantes dans des circonstances spéciales, pour les grands parcs la voie d'accès dessinée dans la figure 63 (page 271), déjà citée, sera préférable. Son amorce I sur la route et la loge n sont masqués du château par les massifs T ; avant d'atteindre le groupe d'arbres isolés C, on a une première fois la vue de l'édifice, cachée de nouveau par le massif en écran L jusqu'à ce qu'on débouche sur le parterre U d'où le château se développe dans une direction

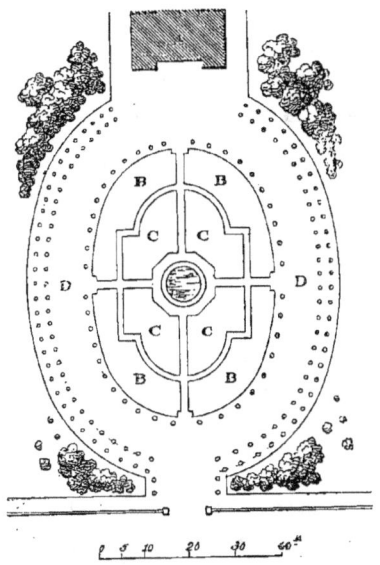

Fig. 121. — Allée d'accès, autour d'un parterre, d'après L. Abel.

angulaire. Cette voie n'a qu'une contre-courbe, elle forme un accès naturel et se relie harmonieusement aux voies de promenade du parc. Ces sinuosités modérées donnent un grand attrait aux voies d'arrivée ; et s'il est vrai, comme l'a dit Hogarth, que la nature ait horreur de la ligne droite, c'est dans les courbes douces et non dans les brusques crochets qu'il faut chercher cette ligne serpentine qu'il préférait. Je conseille de choisir le rayon de 30 mètres comme minimum pour les courbes des allées d'arrivée, si l'on ne se trouve pas en pays de montagnes, et l'emploi alternatif de sinuosités présentant à peu près le même degré de courbure.

Le choix du côté de l'habitation où aboutit l'allée d'arrivée n'est pas indifférent. On recommande avec raison de soigner cette voie et ses abords, de chercher à produire une impression favorable sur l'étranger dès son entrée. Cependant il ne faut pas produire à la fois toutes ses richesses. La façade de l'habitation donne-t-elle au midi, sur les scènes variées du parc, on arrivera par le nord, n'ayant aperçu qu'une partie des beautés du lieu. En pénétrant dans l'habitation, le paysage opposé se développera dans tout son imprévu et séduira davantage. L'Angleterre est remplie de ces charmantes surprises. En France, elles sont plus rares, mais on pourrait citer des provinces du centre qui en possèdent, notamment les châteaux de la Touraine. C. Downing, le grand paysagiste américain, a décrit les bords des rivières Hudson et Connecticut, dans les États-Unis, comme des exemples de ces doubles effets paysagers. Les propriétés y ont deux faces, le *front d'entrée*, plat, simple, froid, avec porche ou portique du côté de la route et de l'entrée, et le *front de rivière* ou opposé, qui se révèle dans toute sa beauté par les fenêtres principales.

Le meilleur tracé d'une allée d'arrivée serait la direction moyenne que prendrait un habile cocher pour déposer les voyageurs au perron de l'habitation. Il suffirait de régulariser ses courbes, de leur donner un rayon plus égal, pour obtenir un résultat rationnel et agréable.

On doit se garder de planter des arbres à distance régulière sur les bords d'une allée sinueuse. Si cette allée contourne un coteau dénudé, exposé au plein soleil, on ne se départira pas de cette règle, de crainte de couper les perspectives par des lignes confuses et des raccourcis mal venus. Quelques groupes alternés avec art, se prêtant par leur ombrage un mutuel appui, suffiront le plus souvent pour obtenir l'effet cherché.

L'importance de l'allée d'arrivée est telle que je conseillerais volontiers de lui subordonner entièrement les allées secondaires qui sont en connexion avec elle. Il sera possible, le plus souvent, de les faire passer par-dessous, au moyen d'un pont ou d'un tunnel qui conduira l'allée de promenade en la tenant isolée de la circulation des voitures. Cette disposition, que MM. Olmsted et Vaux ont si heureusement introduite dans le parc central de New-York, produit les meilleurs résultats.

Dès que l'allée d'arrivée est embranchée sur la route, elle doit se diriger, comme je l'ai dit, de la manière la plus naturelle vers l'habitation. Suivre la limite du parc en allongeant le chemin pour donner l'illusion d'une plus grande étendue est une faute qu'un homme de goût ne commettra pas. Se rapprocher même de ces limites ne peut être toléré, à moins d'un obstacle insurmontable. La figure 122 montre un bon tracé par la ligne pleine A, et un mauvais par le trait ponctué B.

On soignera particulièrement les bordures d'une allée d'arrivée. Dans aucune circonstance on ne la bordera de fossés ou de haies continues. Un simple caniveau, plus ou moins profond suivant la pente et la perméabilité du terrain suffira pour le drainage superficiel. Les massifs çà et là rencontrés sur son parcours et les grands arbres isolés en varieront les aspects; des rochers ou des eaux pourront ajouter à son effet pittoresque. Si l'un de ses bords doit former la clôture d'une partie

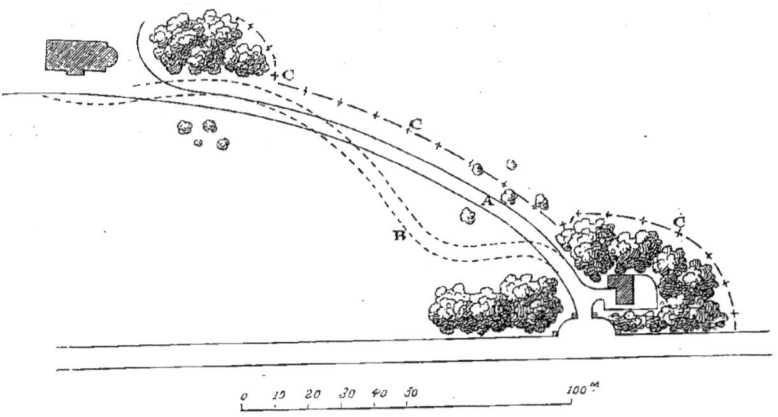

Fig. 122. — Tracés bon (A) et mauvais (B) d'une allée d'arrivée.

réservée au bétail en liberté, une ligne de potelets de bois, percés et reliés par des fils de fer, et tracée parallèlement à la bordure, remplira cet office, mais on prendra soin de placer cette ligne CC à une certaine distance de l'allée.

La plantation des bords d'une allée d'approche sera examinée plus loin

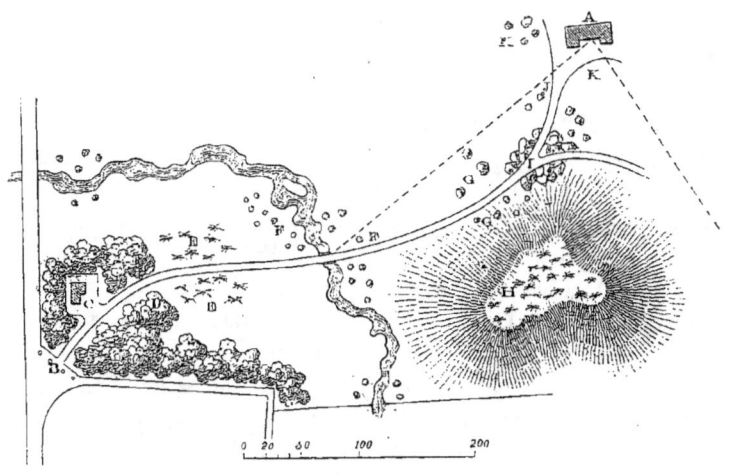

Fig. 123. — Tracé correct d'une allée d'arrivée.

au point de vue de l'emploi des espèces. Mais on peut indiquer dès à présent la variété comme la première des conditions à remplir, pourvu que les essences s'harmonisent avec celles du paysage environnant.

La figure 123 montre l'aspect varié que donnent les arbres au parcours d'une allée d'arrivée. A l'entrée B, quatre platanes ombragent la grille du parc. D'épais massifs forestiers D, bordés d'arbustes à fleurs, entourent la maison du garde, dont les pignons se voient seuls du château. Des pins noirs d'Autriche se rencontrent en E, avant la déclivité qui conduit parmi les peupliers du groupe FF. Du pont qu'ils accompagnent se voit, pour la première fois, la silhouette du château A. En G, le terrain se relève ; il est couvert d'énormes chênes aux branches pendantes. Une végétation saxatile couvre les rochers I, de chaque côté de l'allée qui a été taillée au milieu d'eux et d'où l'on voit en H la butte aux cèdres. Enfin de vieux hêtres JK appuient la masse du château.

L'allée d'arrivée (fig. 124) dessinée par M. Bühler pour le parc de Creuzeau (Indre-et-Loire) est un bon exemple de tracé à flanc de coteau. L'entrée est située en B, en un point d'où la pente se développe régulièrement jusqu'au

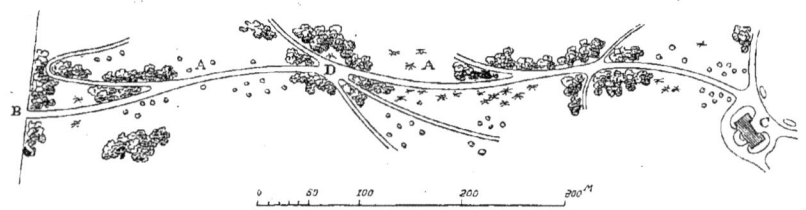

Fig. 124. — Allée d'arrivée du parc de Creuzeau (Indre-et-Loire).

sommet. L'allée côtoie la pente AA, traverse en D un carrefour r où les voies de promenade se croisent et sont enveloppées dans un épais massif, et atteint sans peine le château C.

La route d'accès des Touches, propriété de M. A. Mame, dans le même département, offre une disposition plus remarquable encore. Elle franchit un coteau rapide, par une série de sinuosités harmonieuses développées au milieu d'un bois. La pente est régulière, encaissée dans des talus gazonnés et plantée de conifères ; elle peut être parcourue au trot. Cette belle allée est due au même artiste, dont j'ai vu, soit dans le Midi, soit en Vendée, plusieurs voies d'accès tracées avec de rares qualités de dessin.

Les Entrées. — Le parcours et l'arrivée des chemins d'accès ne sont pas les seuls détails à considérer. Il faut encore étudier le point de départ, le raccordement avec la voie publique, et examiner les diverses manières de traiter l'entrée d'une propriété. Le choix des exemples serait considérable ; nous ne donnerons que les plus caractérisés, en ayant soin d'indiquer aussi plusieurs dispositions à éviter.

Propriétés privées. — Si le chemin public sur lequel s'embranche l'allée d'arrivée présente un axe commun avec elle, il sera possible de placer la porte d'entrée A dans l'alignement du mur de clôture (fig. 125). Le pavillon de concierge B possède une vue étendue sur la route au moyen d'un *bow-*

368   L'ART DES JARDINS.

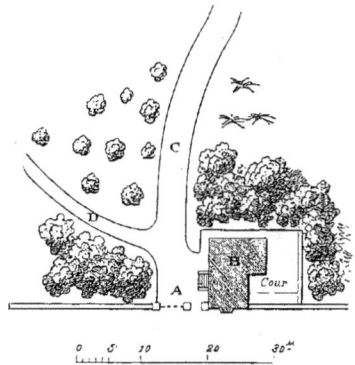

Fig. 125. — Entrée dans l'axe du chemin extérieur.

window, et la grille d'entrée est munie d'une seule porte-guichet. L'allée d'arrivée C s'embranche à angle droit sur la route, et un sentier D permet aux piétons d'abréger le chemin vers l'habitation. Cette disposition est des plus simples ; elle présente de nombreuses variétés, avec ou sans loge de concierge. Le dessin des portes, grilles, barrières diverses, que nous étudierons au chapitre « Constructions », doit se rapporter au caractère et à l'étendue du parc, à la situation de fortune du propriétaire, etc.

Si le chemin public côtoie la clôture de la propriété sur un certain parcours, et si l'entrée est latérale, une modification sera nécessaire. Il faut prévoir assez d'espace pour tourner, et évaser l'ouverture (fig. 126) entre A et B. Ici la grille a deux parties dormantes C C ; au milieu de chacune se trouve un guichet. Les murs se recourbent en arcs de cercle D dont les deux extrémités sont appuyées par deux pilastres surmontés de vases. La loge E est surélevée, on y accède par un escalier extérieur ; le *bow-window* a vue à la fois sur le parc et sur la route. Une corbeille de fleurs F sépare l'allée carrossable G d'un sentier de traverse H.

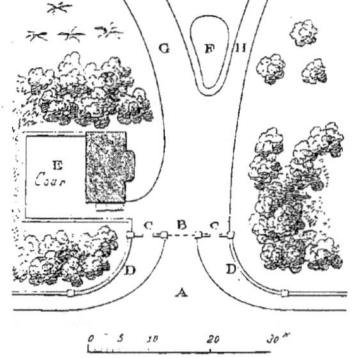

Fig. 126. — Entrée parallèle au chemin extérieur.

Un autre mode de dessiner l'entrée, lorsqu'elle fait un angle aigu avec la route, est de la courber obliquement (fig. 127), de manière à offrir aux voitures un tournant facile. Dans ce cas, la porte A sera placée perpendiculairement à l'axe de l'allée intérieure à son point de départ, et les deux pilastres BB seront élevés à l'endroit où les deux courbes du mur quittent l'alignement moyen de la clôture.

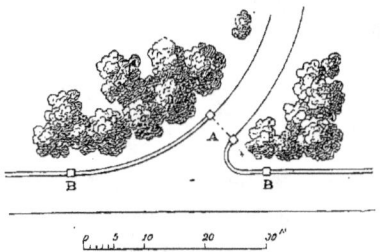

Fig. 127. — Entrée en angle aigu avec le chemin extérieur.

Les entrées entaillées dans la propriété, à bords rectilignes ou curvilignes, sont très-répandues, mais rarement bien comprises. Il faut éviter la disposition représentée par la figure 128. L'arc de cercle est beaucoup plus satisfaisant; mais il rend l'entrée mesquine si son rayon est trop petit, ou vague, nue, d'un entretien difficile, s'il est trop grand. Un minimum de 5 mètres de rayon et un maximum de 15 mètres, suivant l'étendue des propriétés, sont deux limites

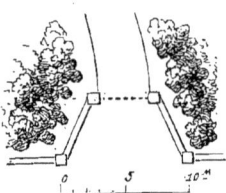
Fig. 128. — Mauvais.

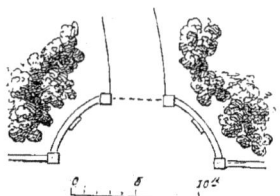
Fig. 129. — Bon.

qu'il est imprudent de dépasser. Un rayon de 7^m,50 est une mesure assez généralement usitée et de proportions convenables (fig. 129). Les murs peuvent être traités avec soin, couronnés de dalles et les quatre pilastres AA bien étudiés. La surface sablée restera nue; un banc de pierre, cependant, peut être ajouté au milieu de chaque arc de cercle.

La même disposition, sur des proportions plus étendues, peut produire un bon effet (fig. 130). La grille A est à deux guichets. Les arcs du rondpoint mesurant 9 mètres de rayon, la partie comprise entre le mur circulaire et le trottoir B sera remplie par des arbustes à feuilles persistantes, maho-

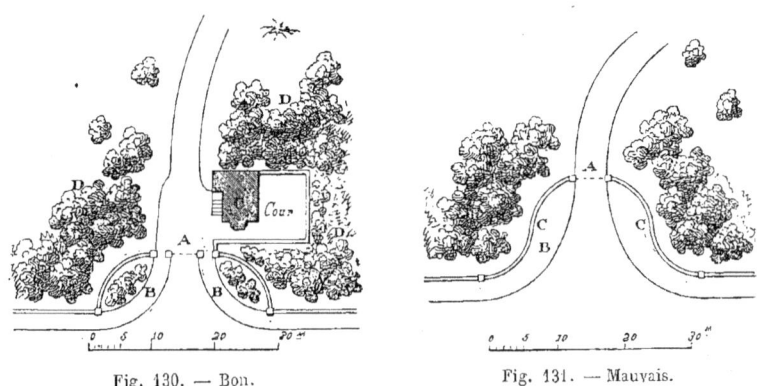
Fig. 130. — Bon.   Fig. 131. — Mauvais.

nias, troènes, fusains du Japon, etc. Un évasement intérieur, devant la loge C, découvrira largement l'espace pour les piétons et le service des voitures, et les massifs compactes DD donneront à cette petite scène un vigoureux fond de verdure.

Le rond-point avec mur en forme de doucine (fig. 131), très-usité en Angleterre, est, à mon avis, une faute de goût, et il doit être exclu de la liste des modèles d'entrées de parc. On a cherché à remédier à son effet

Ed. ANDRÉ.

bizarre par une courbe pleine limitant le trottoir B jusqu'à la grille A, mais le dessin du mur n'en reste pas moins disgracieux.

Je préfère de beaucoup l'entrée du parc de Leugny (Indre-et-Loire), placée au milieu des *douves* ou fossés en saut de loup qui limitent le parc sur la route de Bléré à Tours (fig. 132). Sur les deux côtés de ce fossé, large de 3 mètres, un mur à fleur de sol constitue une excellente clôture, qui ne

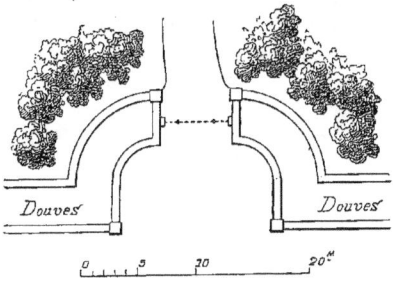

Fig. 132. — Entrée du parc de Leugny. — M. Bühler, architecte.

cache la vue nulle part. La barrière en bois A est d'un dessin élégant et l'ensemble du plus agréable aspect.

Parfois, les deux côtés de la route appartiennent au même propriétaire ;

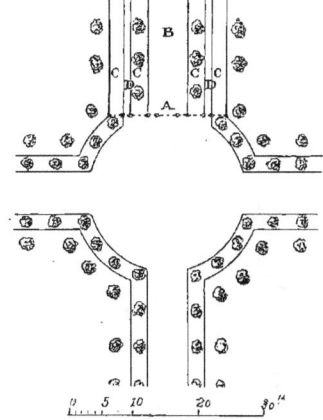

Fig. 133. — Rond-point et grille du parc de la Mormaire.

il est loisible de dessiner le rond-point complet, avec ses côtés symétriques, et même de le planter en avenues d'arbres circulaires (fig. 133). La grille A est à l'une des extrémités, coupant un segment du cercle dans toute la largeur de l'avenue B. Les quatre bandes gazonnées *cc*, dont les deux intérieures sont plantées de marronniers, sont séparées par un sentier D. La grille reste toujours ouverte et la loge du concierge est reportée à l'extrémité de l'avenue, près du château.

TRAVAUX D'EXÉCUTION. — ENTRÉES. 371

Pour des propriétés de moindre étendue, le rond-point est encore une entrée de forme avantageuse, principalement en face d'un jardin régulier. Le parc de la Chaumette (fig. 134), à Saint-Leu (Seine-et-Oise), offre une

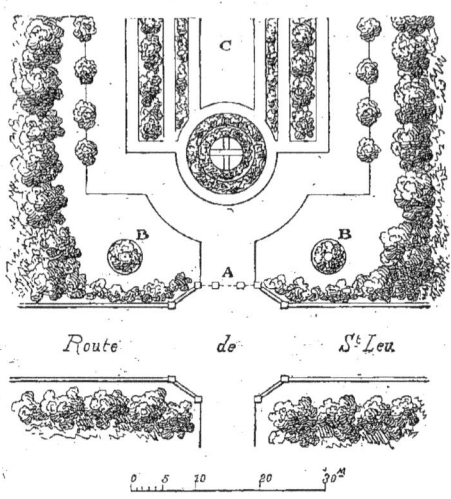

Fig. 134. — Entrée du parc de la Chaumette. — Ed. André, architecte.

entrée A, à grille et à double guichet, dans l'axe du château. Des corbeilles de fleurs BB et le parterre C rappellent la symétrie nécessaire à ces sortes de compositions.

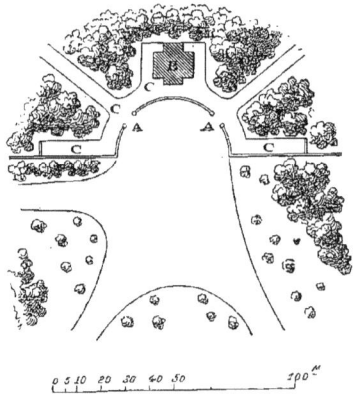

Fig. 135. — Entrée du parc de Bagatelle (bois de Boulogne).

Je dois rappeler, à cette occasion, que l'usage de construire deux loges de concierge dans les demi-lunes de ce genre doit être absolument repoussé. L'une de ces loges est évidemment inutile ; personne n'y est trompé. On voit qu'elle a été bâtie pour faire pendant, et l'on regrette la vanité d'une telle dépense. En cette circonstance, il vaut mieux placer la loge au milieu soit à l'extérieur du rond-point, soit à l'intérieur, comme au parc de Bagatelle (fig. 135). Cette entrée grandiose, donnant sur les allées du bois de Boulogne, se compose d'un vaste rond-point en demi-lune, de 40 mètres de diamètre. Deux grilles ouvrantes AA donnent accès aux allées latérales qui conduisent au château. La loge B est entourée d'arbres, un espace sablé CC dégage la grille, et l'ensemble a un grand aspect.

Fig. 136. — Entrée du parc de M. de Bussières, à Bellevue. — M. Gondoin, architecte.

Un joli exemple d'entrée de ce genre, sur une échelle plus modeste, nous est fourni par la figure 136, reproduction de la grille du parc de M. de Bussières, à Bellevue (Seine-et-Oise). Ici, toutefois, on ne trouve qu'une grille ouvrante, mais le chalet est placé au milieu, entre les deux allées d'accès.

Les entrées en encoignure sont commodes; elles forment des pans coupés à la rencontre de plusieurs voies, et le carrefour voisin leur fournit le champ nécessaire pour la circulation des voitures. Toutefois, il est indispensable de leur donner une largeur suffisante. En A (fig. 137) la grille se trouve fixée sur l'angle même des deux pilastres BB, disposition détestable qu'il suffit d'indiquer pour la condamner. Le remède est facile : il suffit d'agrandir le pan coupé (fig. 138). Le mur se retourne en C jusqu'aux pilastres B, et la grille A

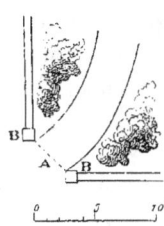

Fig. 137. — Mauvais.

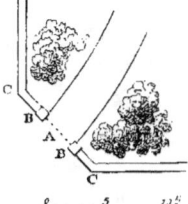

Fig. 138. — Bon.

se trouve ainsi fixée sur deux parties dormantes dont les côtés lui sont exactement parallèles. Si l'on ne peut changer l'emplacement des pilastres, on leur donnera une forme octogonale, avec laquelle toute direction de mur peut se raccorder.

Lorsque l'on arrive de deux côtés différents à l'habitation par des chemins étroits, il est d'usage de prévoir deux entrées et souvent les deux grilles sont établies comme en AA (fig. 139). C'est encore un mauvais moyen qui doit être repoussé. Il est préférable de revenir à une entrée unique ou de pratiquer deux entrées BB (fig. 140) de chaque côté de la loge A, placée exactement au centre de l'allée d'accès. Cette forme d'entrée est commode, et un architecte habile saura lui donner aisément une apparence séduisante.

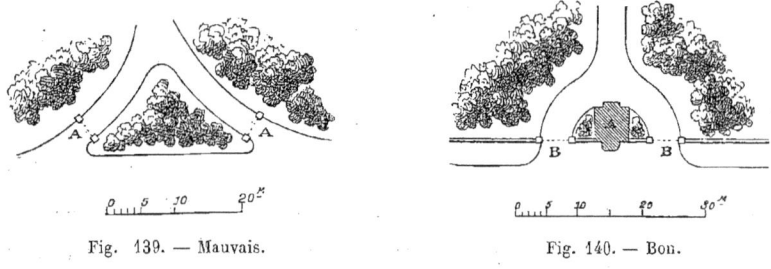

Fig. 139. — Mauvais. Fig. 140. — Bon.

Nous n'avons pas épuisé la série des formes diverses que peuvent recevoir, sous une main experte, les entrées de parcs privés ; mais il suffira d'avoir cité un certain nombre des plus usitées pour ouvrir la voie aux chercheurs de modèles nouveaux.

Parcs et jardins publics. — Il reste quelques mots à dire des entrées de parcs et jardins publics, qui doivent être conçues sur une plus vaste échelle et obéissent à d'autres règles.

Beaucoup de promenades publiques n'ont aucune entrée particulièrement accusée. Leur accès ordinaire est la simple prolongation des grandes voies de la ville.

D'autres, au contraire, sont entourées de clôtures et peuvent être fermées à des heures déterminées. Ces entrées sont généralement traitées avec simplicité. Un bon modèle d'entrée de jardin public à grille fermée est celui du Jardin d'acclimatation de Paris. Les grilles fixes en occupent le milieu, et des guichets avec tourniquets, placés aux extrémités, sont accompagnés de pavillons d'un agréable dessin.

A Sefton Park, Liverpool, on a établi deux grandes entrées d'un dessin particulier. Celle du côté de Prince's Park (fig. 141) est comprise entre le grand boulevard extérieur et la grande allée de ceinture du parc. Cette entrée, dont le développement total est de 100 mètres, se compose d'un pavillon central A, de deux parties dormantes allant jusqu'aux grilles ouvrantes BB, et deux autres parties fixes C se prolongeant jusqu'aux deux entrées de piétons DD. Les coteaux boisés de Mossley Hill et de nombreux

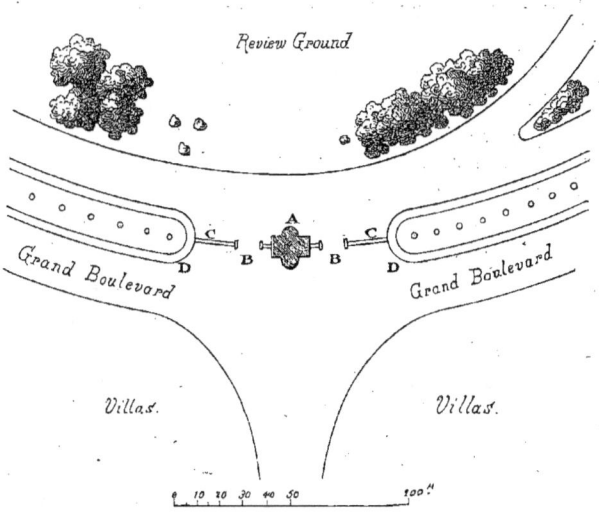

Fig. 141. — Une entrée de Sefton Park, à Liverpool. — Ed. André et Hornblower, architectes.

ornements du parc devant être vus de ce point, il était urgent d'ouvrir largement la perspective.

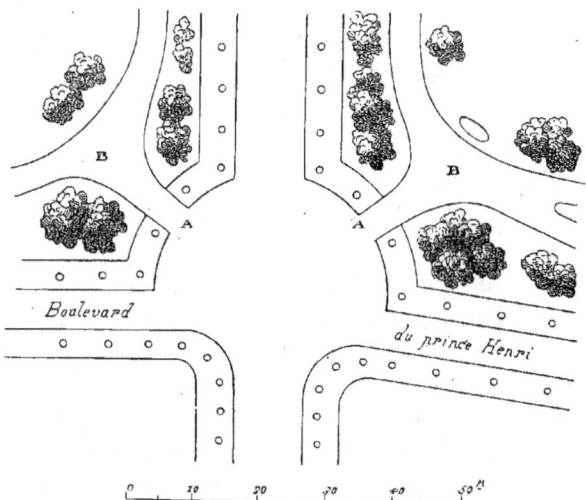

Fig. 142. — Une entrée du parc public de Luxembourg. — Ed. André, architecte.

Dans le parc public de la ville de Luxembourg, la situation était différente. Le parc étant coupé plusieurs fois par des avenues rayonnant du centre de la ville, il fallut profiter de toutes les encoignures pour établir des pans coupés AA en arc de cercle. La percée dite de l'Arsenal (fig. 142) est spécialement conçue d'après cette idée, et en arrivant de la ville les ouvertures BB invitent le promeneur à pénétrer dans le parc.

Les entrées du bois de Boulogne n'offrent rien de particulier, à l'exception de la porte de la Muette. Elle est située en face du parc de ce nom, dessiné par Le Nôtre, et s'ouvre, comme celle de Sefton Park, sur une centaine de mètres de largeur, afin de dégager la vue du parc sur le bois et réciproquement.

Dans le parc central de New-York, une difficulté s'est présentée pour

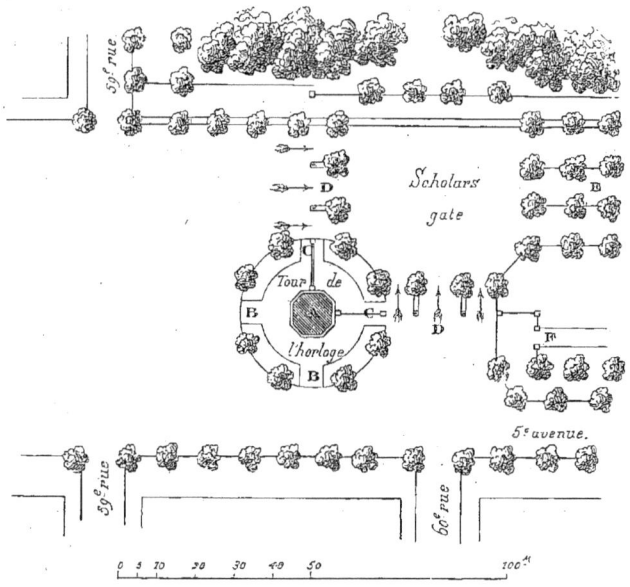

Fig. 143. — Entrée principale du Central Park, à New-York. — F. L. Olmsted et C. Vaux, architectes.

l'entrée principale, placée au coin de la 5ᵉ avenue et des 59ᵉ et 60ᵉ rues (fig. 143). La réunion de ces voies ne pouvait offrir aucun point de centre. MM. Olmsted et Vaux se tirèrent fort habilement de cette difficulté en plaçant entre le bloc des 59ᵉ et 60ᵉ rues une tour d'horloge[1] sur un terre-plein entouré d'arbres BB. Deux grilles fixes CC et deux parties ouvrantes DD permirent de réunir les deux courants de voitures sur une place centrale (*Scholars' gate*), d'où une quadruple avenue E conduit dans le parc les voitures, les cavaliers et les piétons. Ceux-ci ont d'ailleurs une entrée indépendante et ombragée en F. Cette ingénieuse combinaison pourrait être imitée avec succès en Europe.

1. Cette tour n'était pas encore élevée quand je visitai le parc en 1876.

2° ALLÉES DE PROMENADE.

Les voies destinées à la promenade, allées ou sentiers, présentent de nombreuses variétés, qui peuvent être soumises à quelques règles générales. Nous examinerons les conditions diverses qu'elles doivent remplir dans les parcs et les jardins paysagers, avant de considérer les formes régulières et leurs applications aux jardins géométriques.

Allées des jardins paysagers. — Le modèle naturel de la direction des allées de promenade nous est fourni par les rivières, dont les bords présentent de longues ondulations dans les vallées presque planes, ou dont la course est tourmentée, sur un sol accidenté. Suivant cet exemple, les chemins seront tracés en courbes faibles sur un terrain uni, en sinuosités fréquentes sur les pentes.

Dans les jardins paysagers, les allées à courbes alternes ne sont pas une fantaisie, mais une nécessité; de même que la ligne droite, une courbe uniforme fatigue à la longue. Leur abus a fait ressembler nos jardins à des manéges. Les courbes alternes, à sinuosités modérées, ne sont jamais fastidieuses; elles conduisent aux scènes recherchées par le promeneur, permettent d'apercevoir le même objet sous divers aspects, évitent les endroits laids, s'adaptent à tous les niveaux. De leur réunion et de leur séparation bien entendues dépendent la forme et l'harmonie des diverses parties du jardin.

Les allées de promenade doivent conduire naturellement et agréablement à un but déterminé, comme nous l'avons vu pour l'allée d'arrivée. Les multiplier sans raison est une faute trop souvent commise, surtout en France et en Allemagne. L'excès contraire se voit parfois en Angleterre, où des parties agréables du parc restent inaccessibles et sont destinées simplement à faire tableau.

La juste mesure est de tracer autant d'allées commodes et spacieuses qu'il y a d'objets intéressants à visiter, et de laisser voir le moins possible ces chemins dans le paysage. Nous verrons bientôt quels sont les moyens d'obtenir ces résultats.

Si plusieurs objets sont situés dans un espace restreint, une seule allée suffira parfois pour tous. Dans le cas contraire, l'allée principale conduira au point le plus important, et des allées secondaires ou des sentiers, de largeurs décroissantes, les desserviront respectivement.

Dans les jardins publics, où la promenade est prévue pour un grand nombre de visiteurs, ces règles comportent des exceptions. Les grandes allées seront plus larges, et les sentiers seront très-multipliés sur un sol montueux ou dans le milieu des bosquets.

Allée de ceinture. — L'allée de ceinture, comme on l'entendait autrefois, d'après les préceptes de Brown, doit être proscrite. Le célèbre paysagiste anglais (voy. p. 75) avait imaginé d'entourer chaque propriété d'une voie de promenade circulaire, bordée à l'extérieur par d'épais massifs, de manière à ramener toutes les vues sur l'intérieur du parc. Cette méthode, que les artistes éclairés dont nous avons résumé les travaux (pp. 76 et suiv.) proscrivirent avec raison, est encore suivie par beaucoup de dessinateurs de parcs.

L'allée de ceinture ne doit s'appliquer qu'aux jardins de faible étendue entourés de murs ou situés dans un paysage peu intéressant. Là, il est utile d'étendre le plus possible la promenade, et de rapprocher son parcours des limites extérieures sans les montrer. Si cette voie est traitée avec goût, d'un

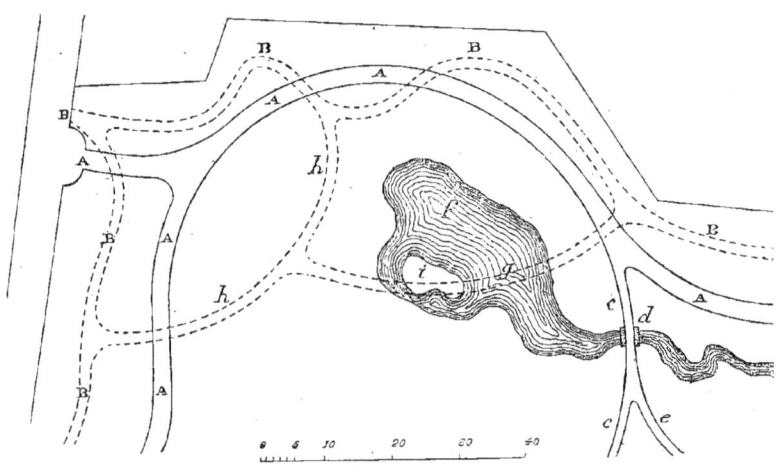

Fig. 144. — Allées de ceinture. — Bon tracé (A c e) et mauvais tracé (B h g.)

tracé ample, à une distance calculée pour que les plantations l'isolent complètement des murs, elle présentera le meilleur aspect et permettra de voir à distance les détails intérieurs du jardin. La figure 144 montre une portion d'allée de ceinture A A A, remplaçant par des courbes largement développées les sinuosités exagérées de l'ancienne allée B B B. La vaste pelouse, autrefois morcelée sans motif par les sentiers hg, est aujourd'hui libre ; son fond est occupé par la pièce d'eau f et l'île i, et le sentier ce, qui traverse le cours d'eau sur le pont d, sert de communication avec d'autres parties de la propriété.

Un grand parc ne se traite pas comme un simple jardin. Nous avons vu qu'il doit s'unir, par une savante gradation, avec le paysage environnant. Les vues sur l'extérieur ne partiront pas seulement du château, mais de tous les points culminants, de chaque objet attractif où un chemin commode aura conduit le promeneur. Une allée de ceinture, sans autre but qu'une promenade obligée à travers des scènes sans intérêt, n'a donc pas de raison d'être. Il suffit de prévoir assez d'allées pour qu'aucune des belles

378   L'ART DES JARDINS.

parties de la propriété ne soit dépourvue d'un moyen d'accès facile et agréable.

Dessin des allées. — La préoccupation de former, dans les jardins paysagers, des figures déterminées au moyen du tracé des allées est une coutume fort répandue. En France, dans la première moitié de ce siècle, nombre de dessinateurs de jardins cherchaient à figurer des ovales réguliers, des demi-lunes, et surtout des palmes, comme dans les châles de l'Inde. On a généralement renoncé à ces enfantillages, en songeant avec raison que l'ensemble de ces contours est impossible à saisir lorsque des plantations le coupent diversement. En Allemagne toutefois, ces mauvais tracés se retrouvent encore. La figure 145, en forme de violon contractée en AA, a été dessinée par Siebeck au moyen de deux allées dont l'une est inutile, et que remplacerait avantageusement l'allée ponctuée BB.

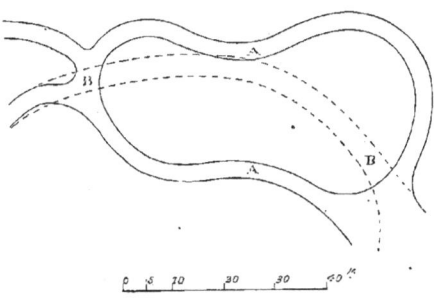
Fig. 145. — Bon et mauvais dessin des allées.

Dans le voisinage immédiat de l'habitation, ces lignes à sinuosités multiples sont plus défectueuses encore. Les pointes, les formes cornues, les contre-courbes se croisent et se nuisent (fig. 146). Le tracé des lignes ponctuées indique le moyen de les corriger. L'allée AA débouche dans l'angle de l'habitation, et le sentier BB s'y rattache aisément, en supprimant les branches CDF et la corne E.

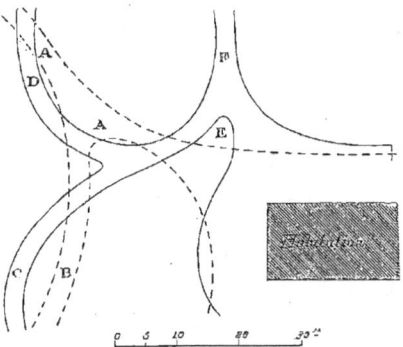
Fig. 146. — Bon et mauvais dessin des allées.

Lorsqu'une allée A se bifurque, ses deux branches BC doivent s'éloigner rapidement l'une de l'autre (fig. 147), de sorte qu'aucune hésitation ne soit permise sur leur direction nouvelle. Tout tracé qui rappellerait les figures 148 et 149 doit être écarté ; le premier montre dès le début l'inutilité de la séparation, les deux sections tendant bientôt à se réunir ; le second ne suffit pas à expliquer comment la direction A ne se continue pas au moyen des lignes de points B.

Une allée A (fig. 150) ne doit pas être embranchée sur une autre BC à angle droit. Elle arrivera obliquement, d'après un angle tel que la direction B soit naturellement prise par le promeneur, mais qu'il ne trouve aucun obstacle s'il veut tourner vers C. On a proposé, pour éviter les tournants brusques, de bifurquer cette allée d'arrivée (fig. 151) pour rejoindre plus normalement B ou C. L'inconvénient de ce dessin est qu'on obtient ainsi le tri-

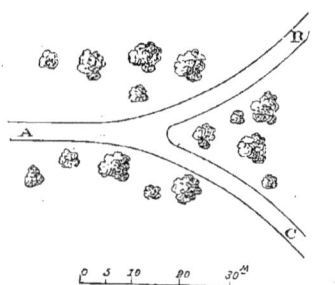
Fig. 147. Bifurcation. — Bonne.

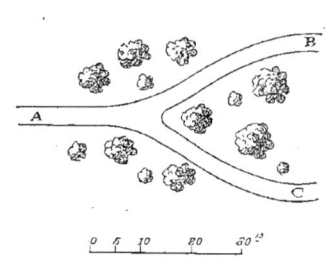
Fig. 148. Bifurcation. — Mauvaise.

corne D dont les trois angles produisent un détestable effet. Ce moyen ne doit être employé que sous bois, ou quand les proportions du triangle curviligne sont assez grandes pour qu'on ne voie qu'un angle à la fois.

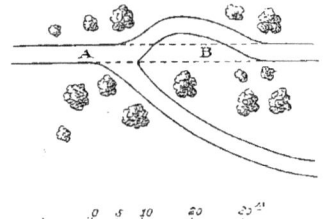
Fig. 149. Bifurcation. — Mauvaise.

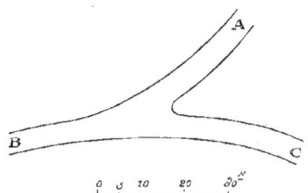
Fig. 150. Bifurcation. — Bonne.

Le tracé représenté par la figure 152 sera rigoureusement proscrit. C'est l'expédient des gens embarrassés d'un carrefour; ils ne trouvent rien de mieux que de boucher le trou par un cercle D, au milieu duquel ils

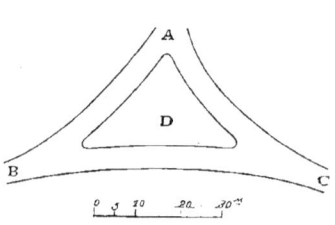
Fig. 151. Carrefour avec triangle. — Mauvais.

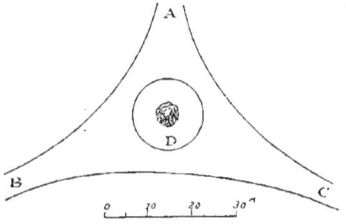
Fig. 152. — Carrefour avec cercle. — Mauvais.

plantent généralement un arbre pleureur. Un pareil dessin ne peut être exécuté que sur de grandes proportions, dans des conditions spéciales, auprès des habitations, pour l'entourage d'une statue dans un parc public, au débouché de plusieurs grandes voies, etc.

La figure 153 reproduit la partie du plan de Sefton Park, à Liverpool, située à l'est, auprès des grandes pelouses du jeu de *cricket*. Six grandes voies s'y réunissent; elles eussent laissé un immense carrefour dénudé, au milieu duquel j'ai fixé l'emplacement d'un restaurant A, entouré de massifs de rhododendrons.

La question des carrefours dans les parcs et jardins est souvent embar-

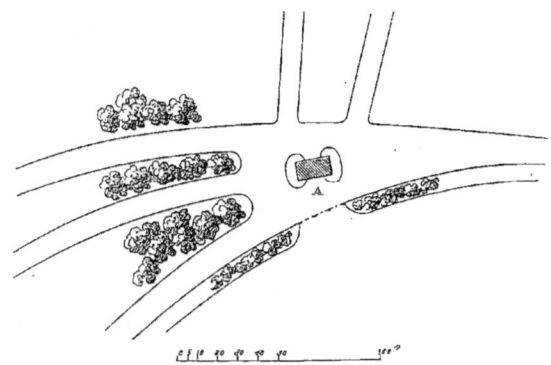

Fig. 153. — Grands carrefours des parcs publics. — Sefton Park, à Liverpool.

rassante. Elle le deviendrait beaucoup moins si l'on prenait soin, comme je l'ai indiqué dans l'article « Tracé », de figurer les intersections d'allées par leurs axes (p. 312).

Dans la figure 154, la percée A A ouverte entre les lignes ponctuées *ab* et

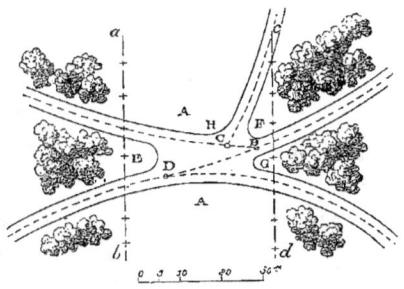

Fig. 154. — Intersection des allées. — Mauvais dessin.

c d traverse un carrefour. Les axes des allées qui se rencontrent en ce point se terminent aux trois points différents BCD ; les saillies EFG coupent la vue; l'espace sablé est trop large, irrégulier, d'un mauvais aspect. La même percée se retrouve dans la figure 155. Mais ici les axes des allées ont été soigneusement réunis en un seul point B, les voies s'embranchent aisément, les pointes sont reportées à l'intérieur des massifs, et la vue ne rencontre en son milieu B qu'une largeur ordinaire d'allées, facile à masquer en exhaussant légèrement les bordures du gazon.

Si l'entrée d'un parc se trouve en face d'une pelouse que l'on désire con-

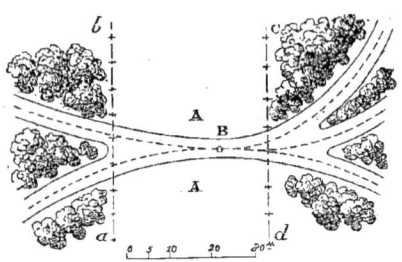

Fig. 155. — Intersection des allées. — Bon dessin.

server intacte, et si l'allée d'accès la contourne, l'amorce de cette allée sera située franchement dans l'axe A (fig. 157) jusqu'à une faible distance. Elle se divisera alors en deux branches égales BB, qui entoureront la pelouse en

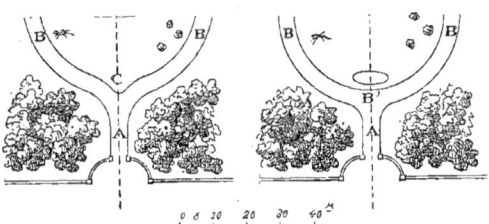

Fig. 156. — Mauvais. Fig. 157. — Bon.

présentant au point B' une courbe régulière. Toute disposition en mamelon ou en pointe C (fig. 156) sera évitée.

Allées secondaires. — Les allées secondaires, conduisant à des objets séparés du tracé des voies principales, seront amorcées d'une manière naturelle. Elles forment souvent un système distinct des chemins et se reconnaissent par une largeur différente des premières. Elles conduiront à des points de vue, beaux arbres, kiosques, bancs, abris, rochers, places de jeux, près d'un étang et d'un ruisseau, etc. Leur parcours sera aussi ombragé que possible, soit afin d'être moins en vue, soit pour laisser les grandes perspectives aux larges allées, ou encore pour ménager une surprise au visiteur arrivant à un but jusqu'alors dissimulé. L'allée B (fig. 158), détachée en C de la grande allée A, conduit sous bois au pavillon D, d'où la vue s'ouvre en angle sur le paysage intérieur du parc. La pointe C à gauche est meilleure que celle de droite; cependant celle-ci est fréquemment employée pour allonger la promenade couverte et éviter de grands carrefours.

Il est nécessaire de conserver exactement la même largeur dans tout le parcours de ces allées secondaires. Cette précaution empêche le promeneur de s'égarer, s'il connaît d'avance les deux extrémités du chemin. Il en est de même des sentiers, qui doivent présenter partout une largeur homogène.

Dans les parcs publics, ces distinctions sont d'une grande importance ; elles apportent la clarté dans l'ensemble des voies de promenade. Au bois de Boulogne et au bois de Vincennes, à Paris, il a été impossible d'établir rigoureusement une classification des voies. D'anciennes allées ont été con-

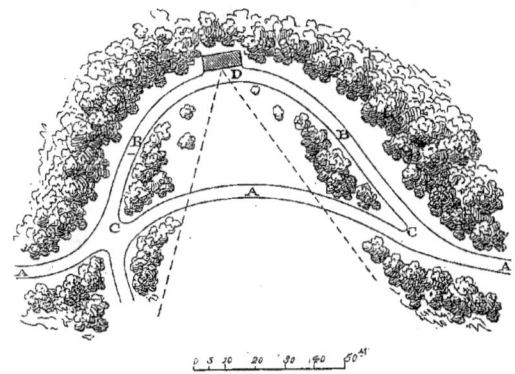

Fig. 158. — Branchement des allées secondaires.

servées, des routes publiques traversaient le bois primitif ; il a fallu se contenter d'harmoniser le mieux possible les deux tracés. Toutefois, il est facile de reconnaître, à leur largeur, les voies carrossables, les allées de cavaliers et les sentiers.

Dans le Central Park, à New-York, les architectes, plus libres d'allures sur un terrain neuf et accidenté, purent mettre leurs idées à exécution. Ils organisèrent trois réseaux indépendants d'allées, pour les voitures, les cavaliers et les piétons, en faisant passer ces chemins les uns au-dessus des autres par des croisements nombreux. Il en résulta une étonnante multiplicité de ponts et tunnels, créés à grand renfort d'argent, et qui ont imprimé à ce parc un caractère unique.

Allées superposées. — Les allées et sentiers passant sur des ponts peuvent être à découvert ou traverser une chaussée par un tunnel. Le parc des Buttes-Chaumont, à Paris, offre d'intéressants exemples de ces deux dispositions, principalement de la première. Les rochers qui servent aux culées des ponts ont servi de prétexte à des motifs très-pittoresques. A Sefton Park, Liverpool, j'ai utilisé de cette manière deux passages de ravins, dont l'un surtout B (fig. 159) traverse la grande allée de ceinture du lac A au moyen d'un tunnel de rochers. On doit recommander, pour ces sortes de constructions, d'établir des tunnels rectilignes, solides, à sol ferme et sain. Leur débouché peut encadrer un paysage arrangé avec goût.

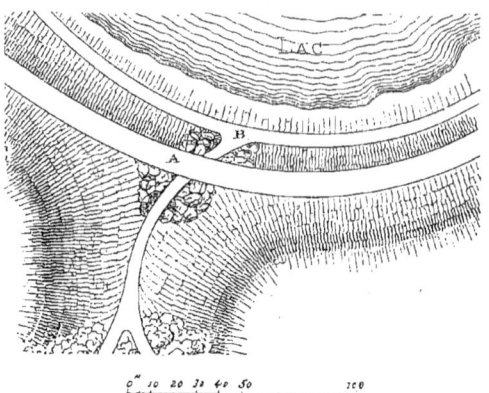

Fig. 159. — Allées superposées.

Orientation. — L'orientation des allées est digne de toute sollicitude. Elles doivent être abritées et ouvertes au soleil pour la promenade hivernale, ombragées pour l'été, conformément à leur exposition et à la situation du pays. Si les abris ne sont pas naturels, c'est à l'artiste de combiner son tracé pour satisfaire à ces exigences.

Parallélisme. — Un parallélisme rigoureux dans les bordures des allées est indispensable. Évitons d'imiter les Chinois qui, sous prétexte de naturel, élargissent ou rétrécissent leurs allées à chaque instant et créent ainsi de choquantes disparates. L'allée révèle la main de l'homme au milieu de la nature ; l'influence de l'art doit s'y faire nettement sentir. Nous avons vu comment on obtenait ce parallélisme en traçant les allées ; on le conservera facilement en découpant les bordures, si l'on a pris soin de laisser les piquets en terre, après l'achèvement des travaux neufs.

Impasses. — Les allées ou sentiers en impasse ne seront pas multipliés. Ils peuvent conduire à des points de vue, à un kiosque placé sur un sommet escarpé, à une salle verte, à un gymnase, dans une grotte, à une salle de bain, etc. Cette promenade devra être assez motivée pour ne pas faire regretter au visiteur d'être obligé de revenir sur ses pas.

Largeur des allées. — La largeur des allées de promenade est indiquée par l'étendue de la propriété. Les principales ne devront pas avoir plus de 5 à 6 mètres de largeur, même pour de grands parcs privés, et les plus petites moins de 3 mètres. Au-dessous de ces dimensions, se trouvent les sentiers ou les allées des petits jardins. Les allées étroites paraissent mesquines ; trop larges, elles accusent la prodigalité. Proportion gardée, elles doivent être plus étroites en montagne qu'en plaine. Les voies des parcs publics prendront des proportions beaucoup plus vastes. Dans les endroits où la population élégante se porte en longues files de voitures, les allées peuvent atteindre 10, 20 et 25 mètres. Dans ce cas, de vastes trottoirs pour les piétons et une contre-allée pour les cavaliers seront ajoutés à la chaussée principale, comme l'allée des lacs au bois de Boulogne. C'est également dans les parcs publics qu'un sentier AA (fig. 160), sous la futaie

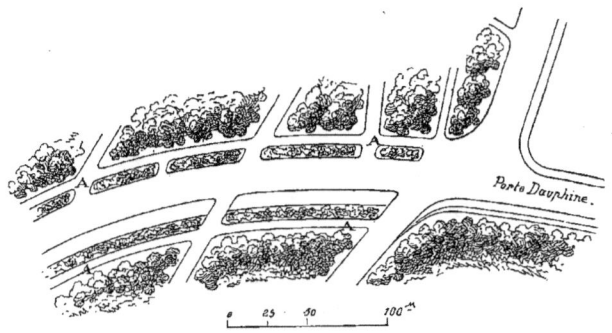

Fig. 160. — Sentiers de piétons parallèles aux allées.

ou sous le taillis, peut longer parallèlement les allées carrossables, fournissant aux piétons l'ombre et la sécurité, en les laissant jouir du défilé des équipages.

Arrêts et garages. — En pays montagneux, où les allées de voiture sont forcément étroites, on doit établir, de distance en distance, des places de

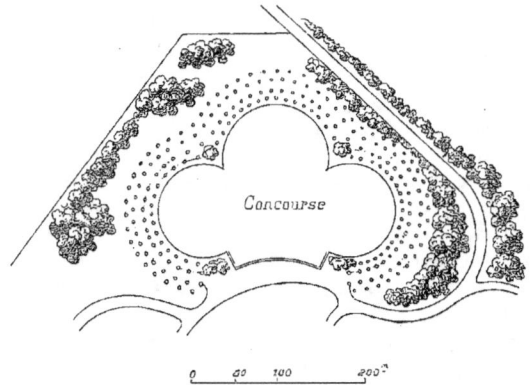

Fig. 161. — Arrêt ou " Concourse ". Parc de Montréal. — MM. Olmsted et Vaux, architectes.

garage ou d'évitement. Ces endroits seront placés aux tournants, ou cachés au moins dans le bois. Aux extrémités des impasses ménagées pour le point de vue, un élargissement considérable rendra facile aux voitures, non-seulement de tourner à l'aise, mais encore de stationner pour permettre

PLANCHE IV

PARC DE LA CHASSAGNE (Côte-d'or).

M. V. Masson, *propriétaire*. — Ed. André, *architecte*.

Transformation d'un mamelon dénudé en un parc boisé, planté principalement en arbres résineux exotiques, sur un sol pierreux et infertile. Quarante hectares environ ont été ainsi couverts d'une végétation remarquable, grâce aux efforts persévérants du propriétaire, soutenus pendant plus de vingt ans.

LÉGENDE.

A. Habitation principale.
B. Communs et petite ferme.
C. Grande terrasse à mi-côte, conservée. Vue admirable sur de canal de Bourgogne.
D. Entrée principale ; rond-point.
E. Jeu de boules, au milieu d'un bois d'épicéas.
F. Serre et orangerie ; cave à légumes.
G. Châssis de couches, pour primeurs.
H. Jardins potager et fruitier.
I. Verger sur le coteau, entouré de massifs.
J. Kiosque avec point-de-vue.
K. Rond-point avec pavillon point-de-vue.
L. Machine à vapeur pour monter l'eau de l'Ouche.
M. Banc de repos ; vues en angle.
N. Banc de repos ; vue à bords parallèles.
O. Tour en ruines ; vue sur Màlain.
P. Massifs d'arbres résineux conifères variés.
Q. Sortie sur les champs.
R. Massifs forestiers d'arbres à feuilles caduques et résineux.
S. Massifs d'arbres et d'arbustes fleurissants.
T. Massifs en arbres et d'arbustes d'ornement variés.
U. Massifs d'ornement, en arbres à feuilles caduques et résineux.
V. Pavillons mobiles et bancs de repos. Terrasse.
X. Bancs de repos, accompagnés d'arbres conifères groupés ou isolés.
Y. Groupes et isolés ; grands arbres propres au bord des eaux.
Z. Groupes et arbres isolés, à feuilles caduques, pour terrains brûlants
a. Sentiers escarpés avec escaliers de rocailles.
b. Basse-cour.

Nota. — Aux figures 92 et 93 (pp. 336-337), au lieu de « percée sur Vélars » lisez « percée sur Ancey ».

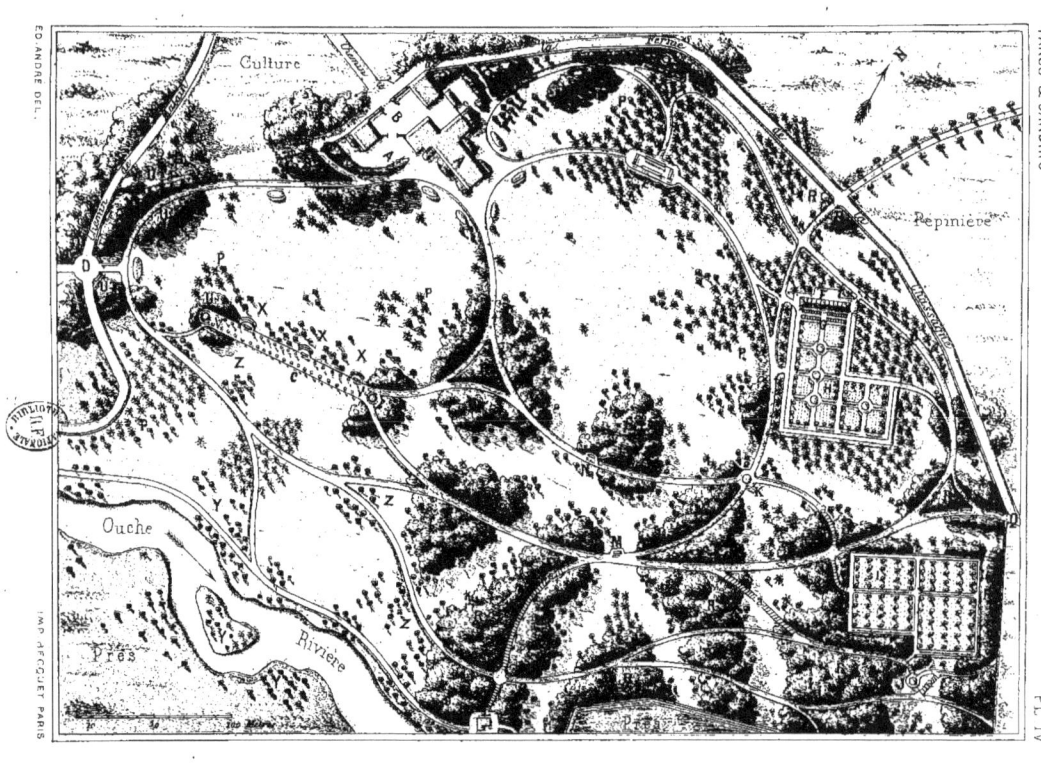

aux visiteurs d'embrasser le panorama. Cette disposition, peu fréquente en Europe où des voies de retour sont presque toujours prévues, s'offre en toute sa beauté à la nouvelle place Michel Angiolo, à Florence, où conduit un superbe boulevard nouvellement planté, nommé *Viale dei Colli*, serpentant au milieu de charmantes villas. En Amérique, l'usage en est très-fréquent. A New-York, à Brooklyn, à Philadelphie, à Cincinnati, j'en ai vu de très-remarquables exemples. De vastes places macadamisées, connues sous le nom de *concourse*, y peuvent recevoir en grande affluence les spectateurs amis des belles perspectives.

Allées couvertes. — L'allée couverte de treillage, si connue en Italie sous le nom de *pergolato* (de l'ancienne *pergola* romaine, voy. p. 14), est recherchée dans la région du Midi, mais peu appréciée dans le Nord. Cette sorte d'ornement est inconnue à Paris; on en trouve quelques échantillons en Allemagne. Le Central Park de New-York en possède un spécimen de dimensions assez vastes, construit en bois rustique, couvert de plantes grimpantes, et abondamment pourvu de bancs de repos.

Allées en pente; sentiers. — Nous avons considéré jusqu'ici les allées sur un terrain plat ou modérément accidenté. Les pentes, ne dépassant pas 6 à 7 centimètres par mètre, ne présentent aucune difficulté de tracé ni d'établissement. Il en est autrement lorsque ces niveaux sont dépassés, circonstance fréquente dans les parcs et les jardins. On doit alors tenir compte des observations suivantes :

Toute allée contournant un monticule doit en embrasser la convexité, c'est-à-dire avoir son centre dirigé vers celui du monticule même. Le tracé AA (fig. 162) sera rejeté. Si deux monticules distincts sont voisins, ils devront

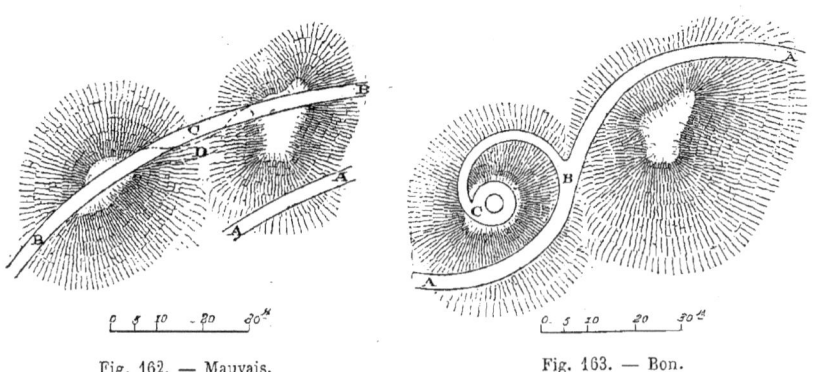

Fig. 162. — Mauvais.   Fig. 163. — Bon.

être reliés à leur base par une allée à deux courbes opposées, concentriques chacune à l'axe de l'un des monticules. Essayer de mener une courbe unique BB à travers ces deux élévations du sol serait inutile. Leur milieu C, par une illusion d'optique constante, paraîtrait toujours brisé comme en D. La figure 163 donne le dessin correct d'une de ces allées AA desservant deux mamelons séparés. Un sentier en colimaçon s'en détache en B et atteint le sommet du belvédère C en contournant les pentes et en montant avec elles.

Ces sentiers peuvent devenir escarpés, si l'on désire abréger la course et arriver vite au sommet. Ils seront alors pourvus d'escaliers en forme de rochers. Leur parcours sera masqué par des massifs compactes, afin que la ligne ascendante qu'ils forment ne soit pas aperçue de loin. La figure 164

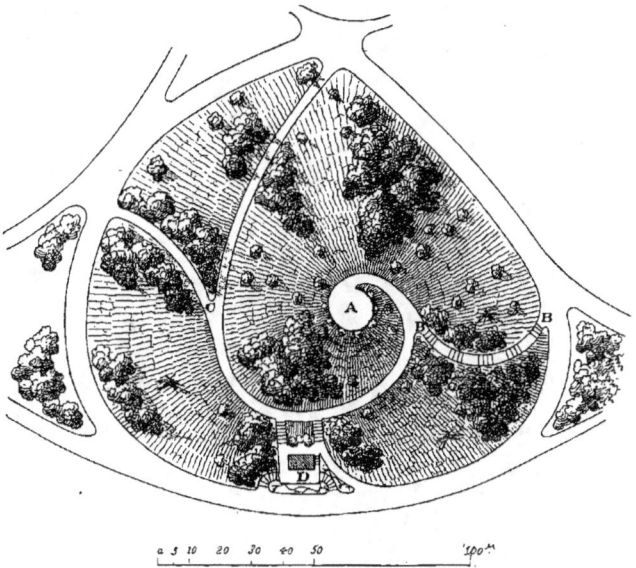

Fig. 164. — Sentiers escarpés du parc des Buttes-Chaumont. Belvédère du sud.

représentant la butte du belvédère du sud, au parc des Buttes-Chaumont, offre un exemple de divers sentiers de ce genre. Le premier sentier BB conduit au point de vue A par une courbe brusque, sur une rampe rapide interrompue par des paliers et des séries de marches ; les autres voies C contournent les pentes en colimaçon en montant régulièrement. Le restaurant D correspond avec ces sentiers par d'autres escaliers de rocailles.

Dans le même parc, le pavillon du concierge de la rue Fessart est accompagné de blocs de rochers, taillés dans la formation gypseuse naturelle ou ajoutés artificiellement, et parcourus par un sentier pittoresque (fig. 165) orné d'une végétation variée. Si les roches sont disposées avec goût, d'une manière naturelle, on aura raison de multiplier des scènes analogues dans les parcs et les jardins accidentés.

Sentiers au bord des eaux. — Les sentiers qui longent les eaux seront l'objet d'une étude spéciale. Ils ne doivent pas suivre exactement les bords de la rivière, du lac ou du ruisseau (A, fig. 166). Leurs sinuosités seront calculées de manière à conduire aux plus jolis endroits. Ici on leur fera côtoyer le lit d'un cours d'eau rapide, pittoresque, orné de plantes aqua-

Fig. 165. — Escalier en roches, au parc des Buttes-Chaumont.

tiques ; là, ils s'éloigneront momentanément pour revenir bientôt à travers un massif d'arbustes, ou passer sous le couvert d'u groupe de grands

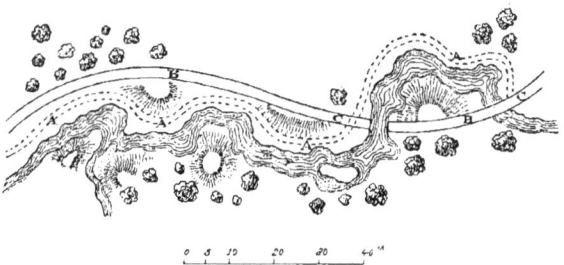

Fig. 166. — Sentiers au bord des eaux. — A, A, mauvais. — B, C, bon.

arbres ; on les verra quitter la rive gauche du ruisseau, le franchir à gué ou sur un pont rustique C, et varier ainsi leurs aspects à chaque pas.

S'il est nécessaire de rétrécir l'allée en arrivant au pont qui traverse un ruisseau, et dont la largeur doit être plus faible que la longueur, ce rétrécissement doit être brusque comme en A (fig. 167) ou se raccorder avec deux parties courbées du pont en B. Jamais on n'effectuera ce changement de largeur par une diminution graduelle, comme en CC, ce qui produirait un désagréable effet.

Le sentier au bord des eaux, dessiné pour le parc de la Motte-Farchat Nièvre), peut servir d'exemple. Une partie seulement de son long parcours

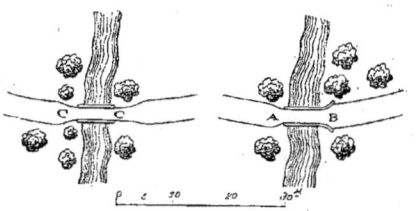

Fig. 167. — Mauvais.   Bon.

est représentée par la fig. 168. Il côtoie d'abord les eaux en B, à travers de grands arbres et des massifs qui ombragent l'embarcadère C. Puis il contourne le bras E qui forme une anse également couverte, sans perdre de vue le pavillon de pêche D, auquel on accède par un sentier spécial partant du pont rustique F. Une partie découverte G permet d'apercevoir de beaux points de vue, avant d'arriver au carrefour H, enveloppé de massifs, de

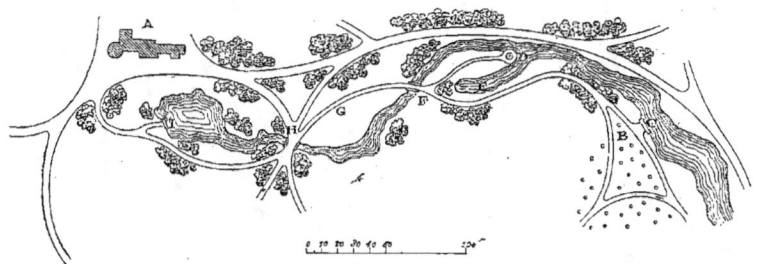

Fig. 168. — Sentiers au bord des eaux.

suivre une autre direction jusqu'au second embarcadère I et de déboucher devant le château A.

Promenades extérieures. — Nous avons vu que l'allée de ceinture doit être exclue des grands parcs et que les voies de promenades se réduiront à donner accès aux plus belles parties du paysage intérieur. Ces voies peuvent être dessinées de telle sorte qu'elles se poursuivent au loin dans la campagne, en dehors des limites du parc qu'elles prolongent. Elles seront dirigées vers les points les plus intéressants de la contrée, bois, fermes, belles cultures, prairies, ruisseaux, lacs, rochers, ruines,

TRAVAUX D'EXÉCUTION. — CHEMINS DE SERVICE. 389

en laissant de côté les parties défectueuses du pays et les détails peu attrayants de l'exploitation agricole. On trouve souvent ces allées extérieures pour la promenade à cheval ou en voiture (*drives*) en Angleterre, dans les grandes terres seigneuriales. L'art consiste à combiner ces pro-

Fig. 169. — Tracé du parc de Masquetux (États-Unis). — J. Weidenmann, architecte.

menades avec les communications utiles à la vie rurale et à la grande culture. C'est une tâche digne d'un véritable artiste, aucune règle absolue, en dehors des précédentes, ne fixant de limites au dessin de ce genre d'allées.

Chemins de service. — Les chemins de service sont soumis à des exigences qu'on ne saurait méconnaître. Ils doivent être indépendants des allées de promenade et d'arrivée. On les dissimule par des massifs ; leur communication avec les parties réservées du parc doit s'effectuer sans que les visiteurs se doutent de leur existence. S'ils se détachent de l'allée d'arrivée, sur un point de son développement, leurs proportions doivent être inférieures à celles de cette voie, afin qu'on ne les confonde jamais. Ces chemins sont moins répandus sur le continent qu'en Angleterre, où ils sont nommés *back roads*. Toutes les habitations anglaises en sont pourvues, depuis le cottage jusqu'au palais. Le transport des charbons, des immondices, des matériaux de construction et de réparation, le passage des fournisseurs, se font par ces voies, qui sont également en communication avec les écuries et le jardin potager, pour le transport des fumiers destinés à la culture. La figure 169 (parc de Masquetux) donne un bon exemple de cette connexion des chemins de service avec la ferme, le poulailler, le jardin potager, les écuries, la maison du jardinier, les serres, le verger, les pâturages.

Allées des jardins géométriques. — Si l'arrivée digne d'une résidence somptueuse est l'avenue rectiligne, le jardin géométrique contribue puissamment à augmenter ce caractère de grandeur et d'harmonie. On nous a vu (p. 151) placer l'avenir des jardins dans la réunion judicieuse du style géométrique et du style paysager.

Les règles qui peuvent être invoquées pour effectuer le tracé de ces jardins, variés à l'infini, sont encore les mêmes qu'au xvie siècle et nous les avons reproduites dans l'historique des jardins français (p. 36-48). Je rappellerai plus loin ces excellents préceptes pour en signaler les applications à la restauration des jardins anciens ou à la création des parterres et autres jardins réguliers. Toutefois, il est bon de ne pas oublier les règles particulières à ces allées :

Les dimensions des parterres, terrasses, jardins symétriques, seront en rapport avec l'importance des édifices qu'ils accompagnent.

Les principaux axes seront communs aux constructions et aux jardins.

Les alignements des bâtiments seront continués et reproduits par les lignes des jardins, soit qu'elles servent de bordures aux allées, soit qu'elles correspondent à des bords de massifs, parterres, corbeilles, balustrades, etc.

Le centre des bassins et des jets d'eau sera le plus souvent dans l'un des axes principaux des bâtiments.

Sur des surfaces limitées par des lignes droites, respectivement perpendiculaires, les figures circulaires des parterres seront toujours inscrites dans des carrés ou des rectangles à bords parallèles aux côtés du périmètre des jardins ou terrasses.

Les lignes principales et les ornements des jardins seront inspirés par le style des constructions.

La séparation des jardins géométriques avec le parc paysager sera nettement tranchée.

TRAVAUX D'EXÉCUTION. — ALLÉES GÉOMÉTRIQUES.

La sobriété ou l'abondance des ornements sera en rapport avec l'ornementation des bâtiments.

Les terrasses seront vastes, sans excès. Trop petites, elles enterrent les constructions; trop grandes, elles en réduisent les proportions.

Les longues allées-terrasses seront parallèles à la façade principale de l'édifice. Leur longueur sera perpendiculaire à la pente principale du terrain. Leur largeur sera proportionnée à leur longueur et à l'importance des constructions ; elle n'aura pas moins de 10 mètres, et pas plus de 20 mètres pour 200 mètres, compris allées et plates-bandes. Pour d'autres longueurs, le rapport sera proportionnel. Plus courtes et plus larges, ces allées-terrasses plantées deviennent des places ou des *mails*.

Un parterre et des avenues latérales devant l'une des faces du château, par opposition à l'autre face donnant sur le parc, seront d'un excellent effet, surtout si le premier espace est étroit (pl. VII, parc de la Chaumette). Cette disposition se trouve également dans le

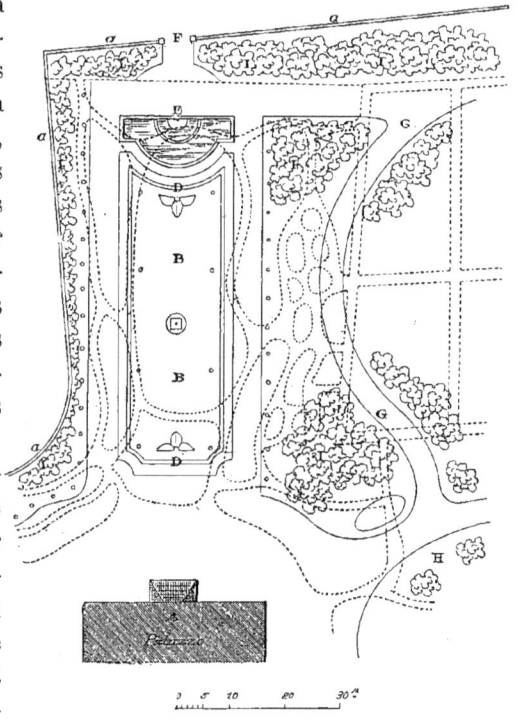

Fig. 170. — Parterre de San-Pancrazio (Italie).
Ed. André, architecte.

parc de San-Pancrazio, près Lucques (Italie), au nord du château A. Un grand mur aa (fig. 170) bordant un chemin public présentait une ligne disgracieuse, et le jardin en pente, tracé autrefois dans cette partie de terrain, offrait une confusion d'allées inextricables et de massifs ridicules. La grille F, sortant sur les champs d'oliviers, laissait la vue s'étendre jusqu'aux pittoresques sommets des Alpes apuanes. Afin de conserver ce paysage et de dégager les bâtiments, je prolongeai les lignes latérales du château pour former les grands côtés d'un parterre rectangulaire B, dont l'extrémité supérieure devait recevoir un bassin à vasque architecturale E. Deux lignes d'arbres lui firent un cadre, le centre B B fut creusé en boulingrin, des corbeilles de fleurs DD et une statue centrale l'ornèrent, et le tout se détacha sur un fond sombre de lauriers (*Laurus nobilis*) III, derrière lesquels s'ouvrirent les allées courbes GG et les pelouses H du parc paysager.

La simplicité des lignes principales et la modération dans ces arrangements symétriques seront respectées des hommes de goût. Ils éviteront de prodiguer les figures régulières dans un espace restreint, d'entourer l'habitation sur toutes ses faces de froids dessins géométriques et surtout de les prolonger outre mesure. Les coûteux et ennuyeux jardins de la Société d'horticulture de Londres à South-Kensington en sont un exemple, malgré tous les efforts de l'artiste qui les a créés, M. Nesfield. Les jardins d'Agden Hall, dessinés par M. Kemp, nous offrent un modèle aussi fastidieux (fig. 171). Dans ce dessin, le parterre B, trop étroit, la mesquine terrasse C, le rosarium D, l'allée circulaire J avec ses ronds-points K, sont loin de donner l'idée d'un harmonieux ensemble, et forment un jardin compassé, dépourvu de charme.

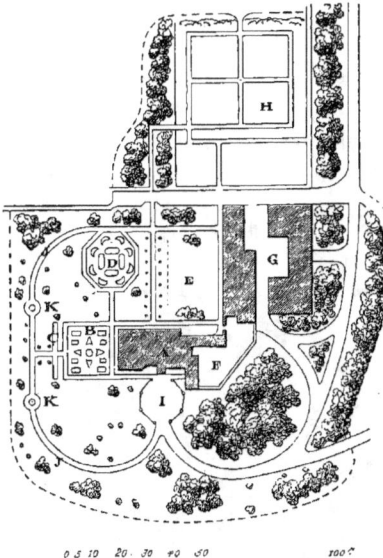

Fig. 171. — Jardin d'Agden Hall. — M. Kemp, arch^{te}.

Les parterres, terrasses, terre-pleins, avenues découvertes, toutes les voies rectilignes des jardins, employés sans excès, peuvent donc présenter des effets très-heureux. Les larges allées droites, sur une surface unie, sont recherchées de ceux qui aiment l'étude; elles permettent de cheminer en compagnie, sans but, sans être distrait d'une conversation; elles sont favorables aux longues causeries. La surveillance des enfants y est facile; au moindre rayon de soleil après la pluie, ils peuvent reprendre leurs jeux; les promeneurs ne perdent pas de vue l'habitation et le tableau s'anime à chaque instant dans son cadre d'architecture et de jardins.

Le tracé des allées dans ces conditions ne peut être soumis à des règles fixes qui permettent d'en décomposer les éléments comme on l'a vu pour les allées courbes. Tracer les allées des jardins symétriques, c'est dessiner les jardins eux-mêmes. Ils font partie intégrante de l'architecture; les lois des proportions architecturales doivent donc les régir, et c'est par des modèles plutôt que par des théories qu'on doit les représenter. On trouvera quelques-uns de ces exemples aux chapitres spéciaux des jardins réguliers, restauration de jardins anciens, création de jardins publics, parterres, jardins urbains, places, oasis, jardins d'institutions, d'expositions, potagers, fruitiers, vergers, etc.

APPLICATIONS.

Les détails principaux du tracé des allées ont passé sous nos yeux. Quelles applications les divers peuples de l'Europe en font-ils? Question complexe à laquelle on ne pourrait exactement répondre que par des exemples nombreux de plans empruntés à des artistes de goûts très-différents. Il est donc difficile de donner les types des jardins modernes chez plusieurs nations.

Les trois plans qui suivent me paraissent cependant offrir des exemples caractéristiques du tracé favori des jardins en Allemagne, en Angleterre et en France. Une courte description critique en fera saisir les mérites et les défauts, en prenant pour base les règles précédemment exposées.

Tracé allemand. — Le plan allemand (fig. 172) se compose d'une habi-

Fig. 172. — Exemple d'un tracé de parc moderne allemand.

tation A à deux ailes, à façade extérieure donnant sur une rue. Une allée droite terminée par la statue G, reliée par un sentier à la loge C, s'étend le long de la façade intérieure jusqu'aux communs B, et limite les parterres de fleurs D E, mêlés d'arbres et ornés de bancs couverts Q. Le parterre semi-circulaire F, à compartiments nombreux, occupe une grande partie du front du château et sa courbe extérieure, régulière, s'unit avec celles du jardin paysager. Le potager est porté en H. On remarquera une allée sinueuse plus large que les autres, partant des deux extrémités de l'allée droite et faisant le tour du jardin. Des allées secondaires et des sentiers serpentent à travers les massifs R disséminés sur toute la surface, et conduisent à l'embarca-

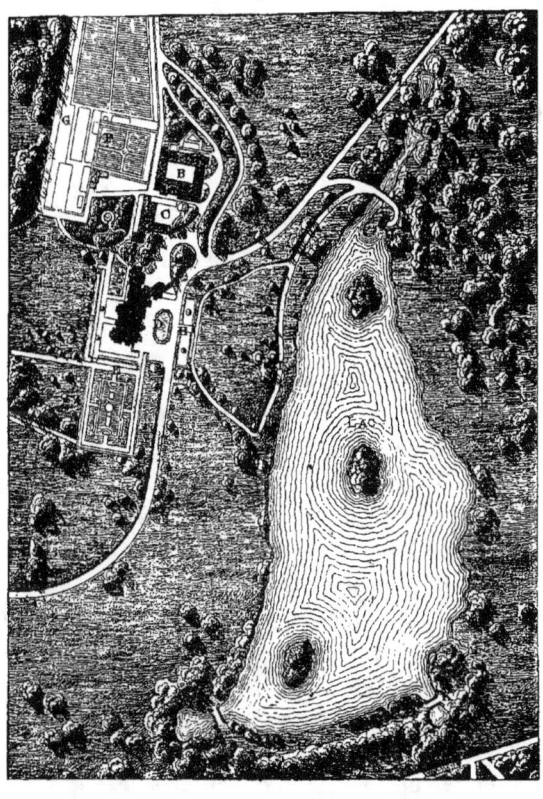

Fig. 173. — Exemple d'un tracé de parc moderne anglais.

dère O, au kiosque M, au banc N, au pavillon K, au gymnase P. Des parterres I K L, en étoiles ou en compartiments variés, sont dispersés le long des allées.

La principale critique qu'il est permis de faire sur ce jardin porte sur les sections trop multipliées de la grande pelouse centrale, dont les trois allées auraient pu être supprimées avec profit. Les vues ne sont pas nettement dirigées; les fleurs des parterres, distribuées au loin, sont mal placées; le tracé des carrefours laisse à désirer. Mais les plantations de massifs en bordure sont bien traitées et le bord des eaux offre une promenade agréable et variée.

Tracé anglais. — Le plan anglais, au contraire, présente une grande sobriété dans le tracé des allées (fig. 173). Il concentre autour du château A l'intérêt ornemental de la terrasse D, du parterre rectangulaire E, et reporte en B et C, près du *back road* et du jardin potager, les services utiles de la propriété, soigneusement masqués par des arbres et arbustes toujours verts. L'effet paysager, entièrement concentré dans la scène qui s'étend autour du lac, a été l'objet de la sollicitude de l'artiste. Tout est combiné pour dérouler aux yeux du promeneur, sur la terrasse H, le panorama d'une nature habilement arrangée. Un seul sentier, presque invisible, conduit au pavillon I et côtoie le bord antérieur du lac jusqu'au pavillon de pêche J. Des trois ponts K, un seul est utile, les autres ne servent que de points de vue. Aucun moyen de promenade sur l'autre rive, à moins de marcher sur les pelouses; partout une sobriété de chemins, qu'on peut dire excessive, pour rehausser l'aspect paysager du lieu.

Tracé français. — Le plan français, exposé à Paris en 1867, est tout autre (fig. 174). On voit que la préoccupation du dessinateur a été le tracé harmonieux de toutes les parties. La maison A, dessinée à l'espagnole avec son *patio* intérieur, est précédée par un jardin symétrique entouré d'avenues d'arbres, et orné d'un grand bassin central. L'allée de ceinture domine tout le tracé; sa forme est rigoureusement elliptique. Des allées secondaires s'y embranchent pour desservir les communs B, les bâtiments accessoires C, relégués sur les limites du parc, la maison du jardinier J et le jardin potager D. Les eaux partant d'un rocher artificiel I coulent en ruisseau tortueux, forment une pièce d'eau avec île au milieu de la grande pelouse et vont se perdre sous bois. Un réseau de sentiers multipliés à l'excès met en communication les unes avec les autres toutes les parties de la propriété, conduit au kiosque G, au pavillon H, et forme de nombreuses promenades ombragées. Ce tracé est fait avec talent, mais il représente plutôt ce que Loudon appelait le style jardinesque (*gardenesque style*) que le style paysager. Les scènes y sont morcelées à l'infini par des courbes gracieuses, mais sans cesse renaissantes et fatigantes; l'ampleur d'un paysage harmonieux et calme ne se déroule pas aux regards.

En résumé, ces trois plans dénotent trois habiles artistes.

Le premier présente une surface médiane morcelée à l'excès, et des vues peu étudiées;

Le second confine le jardin aux alentours immédiats du château et sacrifie la promenade dans le parc à l'aspect paysager;

Le troisième a tout fait céder à l'harmonie du tracé et il découpe en morceaux exigus les scènes du paysage.

396   L'ART DES JARDINS.

Un terme moyen entre ces trois exemples permettrait d'arriver à une science plus exacte du tracé des jardins, sans perdre le caractère inhé-

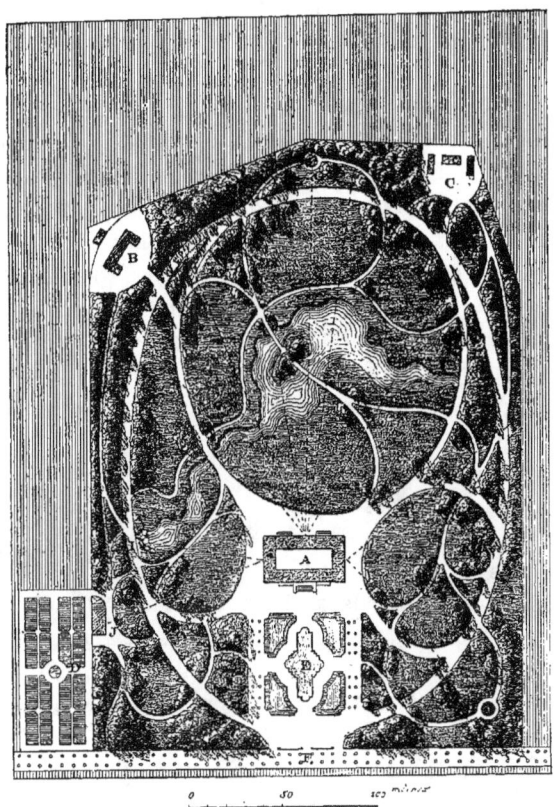

Fig. 174. — Exemple d'un tracé de parc moderne français.

rent à chacun des styles qui viennent d'être signalés. Peut-être l'avenir nous découvrira-t-il de semblables jardins.

Formation des chemins. — Les moyens matériels de construire les chemins varient depuis l'établissement d'une route publique jusqu'à celui du plus petit sentier sablé. Nous les examinerons en commençant par les travaux les plus compliqués et les plus coûteux, qui ont trait aux routes et allées des parcs publics.

Routes et grandes allées des parcs publics. — En France, les procédés de formation des routes employés par le service des ponts et chaussées sont généralement adoptés. Le principe ne varie pas; seules les applications diffèrent, suivant le degré de solidité requis pour le chemin, les matériaux du pays et les ressources financières.

On doit apporter de grands soins à la formation des allées de jardins.

TRAVAUX D'EXÉCUTION. — FORMATION DES CHEMINS.   397

Une mauvaise voie, pesante ou glissante pendant l'hiver, reste raboteuse et demande un continuel entretien ; elle rend le séjour de la campagne désagréable. Il faut un sol égal, doux, toujours sec ; on l'obtient surtout en soignant le travail du premier établissement.

Pour obtenir une bonne route, les opérations se succèdent de la manière suivante :

Le piquetage est d'abord fait exactement sur le terrain ; nous l'avons étudié au chapitre « Tracé. » Les niveaux projetés du chemin, ou points de hauteur, ont été fixés dans l'axe de la voie, par des baguettes clouées en travers des piquets si ces points sont au-dessus du sol, par un cran sur ce piquet enterré, si la cote est au-dessous. La hauteur de ces points d'axe de la chaussée est calculée de manière à former le sommet de l'encaissement qui recevra les matériaux destinés à l'empierrement. On extraira de cet encaissement une quantité de terre suffisante pour dresser le reste de la surface du chemin conformément aux profils.

Soit EF (fig. 175), le mouvement primitif du terrain sur lequel le profil en travers doit être établi. La partie A se composera d'un encaissement de 4 mètres de largeur sur 25 centimètres de profondeur. Les accotements BB, larges de 1 mètre, sur lesquels passent rarement les voitures, ne recevront pas d'empierrement. En C, le terrain élevé en banquette sera gazonné et recevra

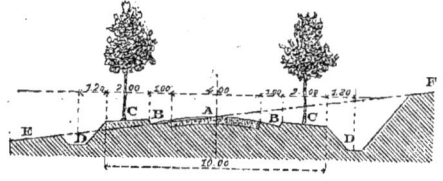

Fig. 175. — Profil d'une route carrossable. — Système de Mac Adam.

des arbres de distance en distance. La pente de ces *accotements* est généralement fixée à 4 centimètres par mètre. Des fossés DD assainiront le sol de la route, dont la largeur totale, y compris les fossés, sera de 10 mètres. On comprend que ces proportions varient selon les diverses circonstances signalées plus haut.

Les talus des fossés sont soumis à des règles qu'il est bon de connaître. La mesure ordinaire est d'un et demi de base pour un de hauteur. Dans les terres rapportées ou remblais, on adopte généralement la quantité d'un pour un, c'est-à-dire un angle de 45 degrés, celui qui est naturellement formé par les éboulis de terre. En général, on donne à une terre compacte des talus de 35 degrés, et à un sable fin et sec 60 degrés, à moins qu'il ne s'agisse d'argiles glissantes ou de boues. Dans ces cas, on peut porter les talus jusqu'à 90 degrés. Il n'y a d'exception que dans le cas où toute la route est en déblai et où les fossés DD sont taillés dans un terrain compacte de rognons siliceux ou un conglomérat bréchiforme très-solide.

Si la route est située à mi-côte, sur une forte pente, l'économie et la sécurité conseillent de l'appuyer du côté extérieur par un mur de soutènement. Ce mur sera construit avec *fruit,* c'est-à-dire que sa solidité, déjà représentée par une épaisseur croissant vers la base pour résister à la poussée des terres, sera augmentée par une construction à face extérieure inclinée. Déterminer exactement l'épaisseur du mur de soutènement est une opération très-importante. L'usage est de fixer cette épaisseur à *un tiers de la hauteur des terres à supporter.* Le fruit du mur ne doit pas être inférieur à *un dixième de la hauteur totale.* Soit CD la pente naturelle du terrain (fig. 176). Le déblai B et le remblai A se compenseront à peu près.

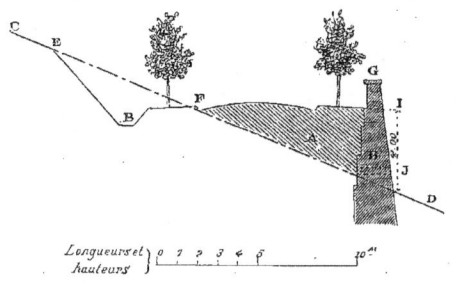

Fig. 176. — Profil d'un remblai avec mur de soutènement.

Le mur de soutènement H, haut de 4 mètres extérieurement, non compris le parapet G, aura 1m,33 d'épaisseur à la naissance des fondations. Des gradins intérieurs augmenteront la solidité de la construction ; leur saillie variera suivant l'épaisseur à conserver au sommet. On nomme *barbacanes* des fentes verticales I, J, pratiquées dans les murs de soutènement pour donner passage aux eaux provenant des infiltrations. En ajoutant un mur intérieur en pierres sèches, on augmente la solidité totale et l'on conserve le mur extérieur parfaitement sain. Si ce mur en pierres sèches supporte seul les terres, comme on le pratique souvent pour les sauts-de-loup, on en porte l'inclinaison à un cinquième de la hauteur.

L'encaissement A (fig. 175) est généralement préparé de telle sorte que son fond représente la courbe du *bombement* du chemin quand il aura reçu son empierrement. Ce bombement, nécessaire pour l'écoulement transversal des eaux, ne doit pas être trop considérable ; on l'évalue généralement à une flèche égalant le cinquantième du rayon d'un cercle dont la circonférence passe par la surface moyenne de la route.

L'épaisseur de l'empierrement de la chaussée varie entre 15 et 25 centimètres, suivant la plus ou moins grande circulation des voitures. Avec une épaisseur moindre, la chaussée nécessiterait de fréquentes réparations. On place les cailloux cassés sur le fond même de l'encaissement. Dans les terrains sans consistance, on garnit le fond d'une couche de sable; dans les sols tourbeux ou glaiseux, on ajoute même des fascines afin de faciliter le drainage et d'empêcher les matériaux d'être enfouis partiellement avant la cohésion totale. Ces matières sont ensuite pilonnées au moyen de cylindres compresseurs en fonte surmontés d'une caisse chargée de pierres. Le poids de ces cylindres dépend de la quantité de chevaux qui doivent les mouvoir, de l'inclinaison de la route, de l'épaisseur de la couche et de la qualité des matériaux, de diverses circonstances locales. Cependant les cylindres à traction par chevaux dépassant un poids de 5,000 kilogrammes ne sont pas d'un bon usage. On peut employer les rouleaux à vapeur du système Gellerat pour obtenir une très-forte compression.

La forme bombée du fond de l'encaissement n'est pas toujours la plus satisfaisante. Elle peut être remplacée par une dépression centrale destinée à drainer fortement le chemin. Cette disposition est usitée en Angleterre et dans plusieurs parties de l'Europe et des États-Unis.

Dans les pays humides, où la surface des routes est difficile à maintenir ferme et unie, ce procédé rend de grands services. Au lieu de placer l'empierrement de cailloux fins sur la surface même de l'encaissement, méthode de M. Mac Adam (fig. 175), que les ingénieurs français trouvent suffisante pour créer des routes résistant aux plus lourds véhicules, le système imaginé par M. Telford, usité aujourd'hui sur les routes de la Grande-Bretagne, est recommandable. Le procédé est coûteux, mais les voies ainsi formées sont excellentes, très-saines et nécessitent peu d'entretien. Sur le fond de l'encaissement L (fig. 177) on place une couche de pierres J gros-

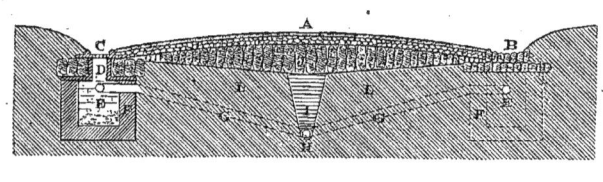

Fig. 177. — Profil d'une route, d'après le système Telford.

sièrement débitées en forme pyramidale, longues de 15 à 25 centimètres, larges et épaisses de 8 à 10, suivant la largeur des routes, et rangées debout, côte à côte, à la main. Les intervalles sont garnis de pierres plus petites formant coin et enfoncées avec une masse. Un second lit de cailloux cassés, pouvant passer dans un anneau de $0^m,06$, est alors étendu sur une épaisseur de $0^m,10$ au-dessus de J. Le tout est couvert d'une couche de sable mouillé abondamment pour faciliter la cohésion de toutes les parties et roulé à plusieurs reprises avec un fort rouleau compresseur. Les plus longues pierres de la couche J ont été disposées de telle sorte, que leur partie supérieure donne une ligne parallèle au profil définitif A de la chaussée. Une tranchée centrale I amène les eaux dans le drain H. Les eaux pluviales coulant le long des *caniveaux* B descendent par des grilles C, tous les 50 ou 100 mètres, dans de petits puisards E maçonnés en F, y déposent leurs parties terreuses dans le fond, et se dirigent par le drain G dans le collecteur H.

Allées et sentiers des parcs et des jardins. — L'établissement des chemins, comme il vient d'être décrit, reçoit des applications fréquentes dans les parcs publics, où les allées doivent présenter une solidité égale à celle des meilleures grandes routes. Il est rare qu'on entreprenne de tels travaux dans une propriété privée où la circulation des lourdes voitures est peu fréquente, où l'entretien de la chaussée est facile. Le plus souvent, même, le relief inférieur de l'encaissement aura un tout autre profil que le précédent. C'est sur les bas-côtés qu'il sera le plus profond. L'usure de la chaussée étant peu considérable, son sommet se maintiendra en bon état si les bords sont fortement drainés. Dans la figure 178, la surface B sera plus bombée que le sommet de l'allée A et les eaux se dirigeant dans le drain C, le sol restera parfaitement sain. Ces côtés seront remplis de matériaux plus grossiers, plâtras, pierres calcaires, escarbilles, etc., dont la résistance sera toujours suffisante pour les rares passages de voitures sur l'accotement. Le dessus de la chaussée, au contraire, sera formé de cailloux très-durs et bien cylindrés.

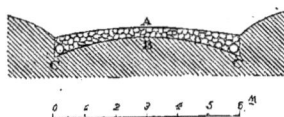

Fig. 178. — Profil d'une allée avec drains latéraux.

Sur un sol ferme, il est souvent inutile de préparer aucun empierrement, à l'exception de l'allée d'arrivée. Il suffit de bien dessiner le relief du sol, de bomber le sommet, sans excès, pour assurer l'écoulement latéral des eaux, et de battre ou de rouler la surface avant de sabler. Une couche de sable est indispensable pour former une promenade agréable. Son épaisseur ne devra pas être inférieure à 3 centimètres; au-dessous de cette quantité, le sable s'enfouit et se mélange peu à peu au sol, et l'opération est à recommencer perpétuellement. Le meilleur sable connu et fréquemment employé en Angleterre est un gravier rugueux jaunâtre, formé par la désagrégation des rochers dans les îles de la Manche, et nommé *Jersey gravel*. Il donne un sol ferme, d'une nuance agréable, mais son prix est élevé. Le sable de rivière, un peu gros, régulier, ou le petit gravier de mer, sont encore de bons matériaux, généralement employés à Paris, mais qui roulent sous le pied. Le sable de carrière et surtout le sable calcaire sont mauvais; on ne doit les employer qu'à défaut d'autres sortes. La meilleure nuance de sable est un ton jaune roux; le sable blanc est trop brillant; les escarbilles, saines et sèches, sont d'une couleur triste. Il sera bon d'attendre la fin de l'hiver avant de couvrir les allées de sable.

On commence à employer l'asphalte dans les allées et sentiers des parcs publics. Jusqu'ici, on avait réservé cette substance pour les trottoirs des villes et le milieu des contre-allées sur les boulevards. Dans l'Amérique du Nord, sur plusieurs points, notamment dans le *ramble* du Central Park, à New-York, et dans les sentiers du parc public de Brooklyn, on l'a déjà utilisé sur de larges proportions, et les résultats sont excellents. On l'emploie aussi en Angleterre dans les petits jardins et dans quelques parcs. Au jardin botanique de Sheffield, les allées sont ainsi bitumées. Des essais de béton ou mortier de ciment ont été tentés également, mais les gelées d'hiver ont détruit jusqu'à présent, dans les climats rigoureux, les diverses compositions de ce genre qui ont été proposées. Il faut se borner à employer le ciment pour les bordures des trottoirs, le long des caniveaux latéraux de la chaussée.

Pour établir l'asphalte des allées, on doit d'abord pilonner fortement le sol et lui donner son relief définitif, après l'avoir fortement drainé en dessous. Puis on répand à chaud une couche d'asphalte de 3 à 5 centimètres d'épaisseur, mélangée de gros gravier avant le refroidissement. On cylindre le tout et l'on répand à la surface un léger lit de sable fin qui entre dans la couche bitumée et la rend moins lisse. Si des craquements ou des soulèvements se produisent à l'user, les réparations partielles sont très-faciles.

On peut recommander un autre mélange, moins dispendieux, qui procure un sol aussi solide, et facile à entretenir. Il se compose de trois parties de gravier passé à la claie, d'une partie de chaux criblée et de la quantité de *coaltar* ou goudron nécessaire pour obtenir un mortier. Une épaisseur de 4 à 5 centimètres suffit pour les sentiers; pour les routes carrossables, on doublerait cette épaisseur. On étend ce mortier sur un sol uni et pilonné et on polit la surface avec le dos de la pelle. Si la couleur noire déplaît, on met trois parties de sable, une de chaux un peu humide, et l'on roule fortement. L'économie d'entretien compense la dépense occasionnée par la formation de ces excellents chemins, toujours propres, toujours secs, et exempts des mauvaises herbes.

Dans le midi de la France et le nord de l'Italie, j'ai noté une autre espèce de sentiers fort recommandables. Le profil ci-joint (fig. 179) a été pris dans le jardin d'une villa de Nice, dont les allées sont en pente très-rapide. Sur le sol A, uni et pilonné, on étend

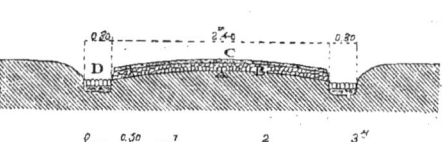

Fig. 179. — Profil d'allée sur pente rapide.

une couche de cailloux roulés B, que l'on cylindre fortement. Un autre lit C des mêmes cailloux, plus petits, passés à la claie, est mélangé de sable mouillé, et le tout est fortement battu, de manière à former une surface polie. Les eaux de pluie entraînent une légère partie du sable, et l'on marche sur les petits cailloux saillants et solidement enchâssés. En DD, on établit deux caniveaux profonds, dont le fond est garni d'un lit de mortier de ciment et de chaux hydraulique, dans lequel on enfonce à la main, avant qu'il soit durci, des cailloux arrondis, gros comme des œufs de pigeon, et dont on laisse dépasser l'extrémité. Ces saillies légères empêchent l'eau de se précipiter trop rapidement sur les pentes.

Je ne parlerai pas des sentiers en ciment orné, en carreaux de terre cuite ou faïence, ardoise, pierre, objets de luxe qui sont plutôt du ressort des constructions que des jardins et que l'on voit souvent dans les jardinets de Londres. Mais je dois citer les allées *en bois* usitées dans quelques parcs et villes de l'Amérique du Nord, et qui sont bien faites pour étonner un

Européen. J'en ai vu des exemples à Chicago et dans plusieurs villes de l'ouest des États-Unis. Dans ces localités, la pierre manque absolument, mais les forêts sont encore très-nombreuses, et ce mode de fabrication des chemins est fort rationnel. Des planches, épaisses de 25 millimètres, sont placées en travers et sciées suivant la courbure du chemin. En enduisant de coaltar la face inférieure de ces planches et leurs deux extrémités, et en drainant le sol, ces chemins, construits en bois de sapin, peuvent durer huit à dix ans sans nécessiter de réparations sérieuses. Beaucoup de sentiers et de gares de chemins de fer, jusqu'aux portes mêmes de New-York, et les trottoirs de plusieurs villes, sont ainsi construits en bois.

Égouts et puisards. — Nous avons vu (fig. 175) un modèle de route avec bas-côtés occupés de distance en distance par des puisards de retenue des eaux, dont le trop plein s'écoule dans un drain collecteur. On peut installer

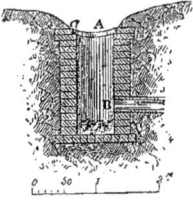

Fig. 180. — Puisard.

des appareils de même genre, mais de proportions plus petites, le long des allées planes ou à pentes douces. La distance entre ces puisards varie selon la pente et la quantité d'eau moyenne des orages, dont il s'agit d'empêcher les ravages. Un petit mur de briques à plat avec fond de briques sur champ (fig. 180), recouvert d'une grille de fonte A et pourvu d'une ouverture B au-dessus des matières solides qui se déposent au fond, suffit pour cette construction, que l'on revêt à l'intérieur d'un enduit en ciment et à laquelle on peut donner la forme circulaire. En mettant à la grille une charnière *a*, on peut l'ouvrir et nettoyer facilement le puisard obstrué par le sable après un orage. On a proposé de nombreux dessins de ces puisards dits perfectionnés; à mon avis, les plus simples sont les meilleurs, et d'ailleurs l'économie dans la dépense est à considérer s'ils sont nombreux.

Sur les pentes rapides, dont la moyenne atteint ou dépasse 9 à 10 centimètres pour mètre, niveaux qu'on est souvent forcé d'accepter dans les pays de montagne, les drains et récipients des eaux doivent être multipliés. On devra se rappeler que l'effort du courant des eaux se fait sentir principalement sur la concavité des courbes et aux tournants brusques, et l'on disposera les *saignées* en conséquence (fig. 181). De légers relèvements du sol de la chaussée en A A formeront des caniveaux obliques, arrêteront les eaux et les rejetteront dans l'orifice

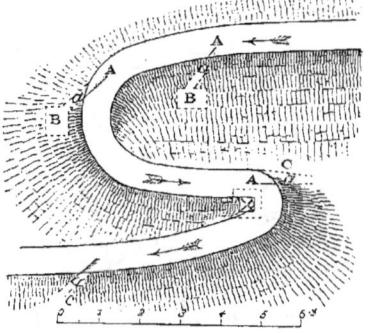

Fig. 181. — Arrêt des eaux sur les pentes rapides.

béant des drains *aa* placés sous le gazon. Ces drains conduisent aux puisards BB, ou dans des trous profonds remplis de pierres et de sable CC, sortes de puits perdus qui suffisent dans les terrains perméables. En D, on ne laissera pas les eaux doubler la pointe ; elles seront arrêtées et absorbées par un puisard d'angle. Ces sortes d'arrêts et de trous seront multipliés à mesure que les pentes seront plus fortes et les tournants plus fréquents.

Bordures des allées. — Le niveau supérieur d'une allée ne doit jamais dépasser celui du sommet des bordures. La pelouse ou le massif doit descendre et non monter sur l'allée. Nous avons dit que moins les allées étaient apparentes dans un jardin, plus le paysage y gagnait. Il faut donc *encaisser* légèrement la surface des allées par rapport au niveau général du terrain.

A moins d'un chemin creux, d'un ravin, d'un creusement en tranchée pour rendre les pentes faciles, ces bords d'allées ne devront pas être abrupts. Ils formeront généralement avec le plan horizontal de l'allée un angle variant de 20 à 30 degrés.

Les deux bordures d'une allée doivent présenter un angle égal au départ, même si le terrain monte d'un côté du profil et descend de l'autre Il suffit que les bordures soient également amorcées pour que le raccordement avec le reste du terrain soit facile.

De nombreuses formes du sol peuvent se présenter. La figure 182 en reproduit quelques-unes. J'ai indiqué par des croquis, suivant un usage souvent répété dans ce livre, les procédés à suivre et ceux que je signale, en regard, comme défectueux.

Dans tous ces profils en travers, la ligne naturelle du terrain sur lequel passe l'allée est indiquée par une ligne ponctuée.

Le profil A à bords plats, à chaussée plus haute que le terrain moyen, est très-usité en Angleterre. En France on préfère, avec raison, le profil A′, légèrement encaissé, à bords arrondis. On fait néanmoins exception à cet usage en faveur des parterres, dont les bordures peuvent être plates. Les jardins du Louvre et des Tuileries en offrent des exemples, dont nous donnerons plus loin l'indication.

Quelques dessinateurs anglais emploient le profil B, dont le bord est taillé verticalement *aa*, avant de rejoindre le niveau de la pelouse en *b*. Les lignes *a′a′* de B′, plus encaissées, sont d'un meilleur effet. On peut encore employer *cc*, qui dégage un peu plus l'allée.

Sur le profil C, le sol est en pente suivant une ligne *ab*. On doit repousser les formes brisées *d e*, que la coupe sur *a′b′*, dans le profil C′, remplace avantageusement par *d′e′*.

Si le terrain est marécageux, il ne faut pas élever brusquement l'allée au-dessus de son niveau, comme dans le profil D, et la montrer traversant la vue comme une chaussée de chemin de fer. Le profil de cette allée sera relevé en D′, de manière à se tenir au-dessus du sol moyen *a′ b′*, et par conséquent hors des parties inondées; mais il sera encaissé et masqué par les saillies $c'd'$, qui vont se perdre insensiblement dans le niveau général.

Le profil E figure une allée creusée dans un ravin rocheux. Les sail-

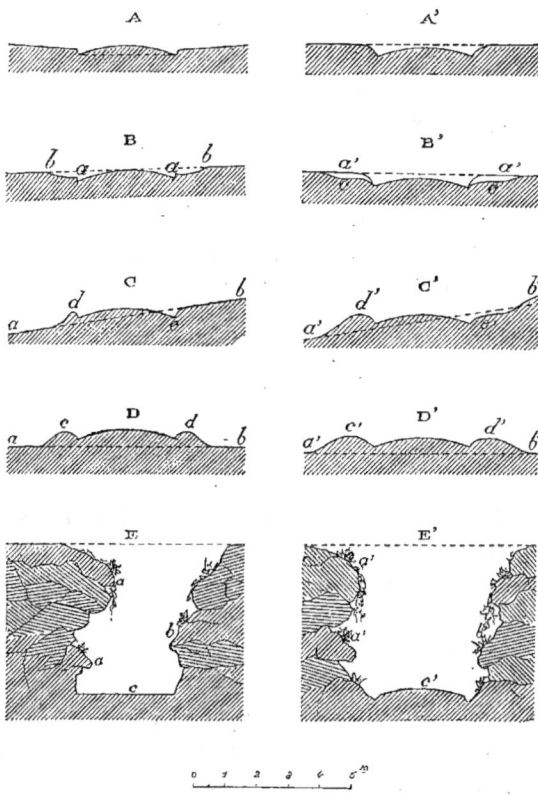

Fig. 182. — Profils d'allées. — Mauvais. — Profils d'allées — Bons.

lies aa, dangereuses pour les promeneurs, seront évitées, de même que les talus trop rapides b. En E' les roches $a'a'$ sont hors de la verticale du caniveau, les talus b' peuvent recevoir des plantes, et l'allée bombée et drainée c' est préférable à c.

Ces profils d'allées n'épuisent pas la collection de ceux qui peuvent être employés dans les jardins, mais ils constituent les principales formes généralement rencontrées.

Les bordures de gazon seront semées ou plaquées. Avant le semis on dresse avec soin, avec le râteau, le profil de la bordure et on laisse au bas une rainure très-régulière appelée *filet*, afin que la graine tombée ne dépasse pas cette ligne qui sert à faire le découpage, le gazon étant levé. Ces bordures seront rigoureusement parallèles, et leur largeur variera entre 40 et 70 centimètres, suivant l'étendue de la propriété. On peut aussi plaquer le gazon au moyen de mottes d'herbe courte, découpées à la bêche, appliquées et battues. Nous verrons, au chapitre des plantations, les diverses variétés de bordures.

Lorsque les pentes sont trop rapides, on peut les interrompre de temps en temps par des séries de marches, soit en pierre, soit en bois, entre lesquelles les rampes deviennent moins dures.

Les marches de pierre, de forme rustique, paraîtront avoir été trouvées naturellement dans le sol. Elles seront hautes de 10 à 12 centimètres et ne devront pas rendre l'ascension pénible. Leur *giron* (ou largeur de marche) sera calculé pour que le promeneur fasse un, trois ou cinq pas, avant de mettre le pied sur la marche suivante. En inclinant légèrement ce giron on rend la montée plus facile. Les escaliers de rocailles ne seront pas trop raboteux, si l'on veut éviter des chutes nombreuses. Je renvoie d'ailleurs au chapitre des rochers pour la construction spéciale de ces escaliers.

On forme les marches des escaliers en bois au moyen de longues branches d'arbres en grume, entières ou fendues longitudinalement. On les maintient soit en dehors par des piquets buttoirs (fig. 183), soit en dedans par des piquets méplats sur lesquels on fixe la marche par de forts clous ou des boulons. On dispose d'ailleurs ces marches par séries, comme les escaliers en roches.

Fig. 183. — Contre-marche d'escalier en bois rustique.

Les allées qui traversent les pelouses sont bordées de gazon. Sous bois on les borde de mousse, de lierre, de plantes indigènes variées ; dans les petits jardins, on se sert de terre cuite, de faïences; dans les potagers, de buis, de plantes officinales; dans les jardins publics urbains, de cerceaux de fonte rustique, c'est-à-dire imitant le bois (fig. 184).

Fig. 184. — Bordures en arceaux de fonte.

Ces arceaux ont 0^m,33 de diamètre et sont pourvus, à leur extrémité en demi-cercle, de deux pointes qu'on enfonce dans le sol. On les entrecroise et on les relie aux intersections par un anneau de fil de fer. De tous les modèles qui ont été proposés pour entourer les pelouses et protéger les bordures, aucun n'a produit un effet plus satisfaisant que les arceaux en fonte rustique.

Allées herbées. — Ces allées, autrefois très-employées, et dont les avenues de la Ferraudière, près Lyon, offrent un exemple, le sont moins aujourd'hui, si j'en excepte les longues promenades extérieures dans les grands parcs et quelques propriétés où l'entretien est négligé. Elles constituent une économie, mais il est nécessaire de les tenir propres, de découper leurs bords, de ressemer de temps en temps les parties dénudées, etc. On leur reproche de mouiller les pieds des promeneurs par la pluie et la rosée. On peut obvier à cet inconvénient en laissant de chaque côté de l'allée un sentier sablé, large de 50 centimètres à 1 mètre, et dont l'entretien est peu coûteux. Ce sentier profile agréablement les bords de l'allée et procure en tout temps une promenade saine.

Places, plateaux, carrefours, arrêts. — Les terre-pleins variés qui peuvent se rencontrer dans les parcs et les jardins sont soumis, dans leur formation, aux mêmes règles que les allées et subissent les conditions ordinaires de drainage, de pentes nécessaires pour l'écoulement des eaux, de placement des matériaux et d'entretien. On en trouvera des détails sur leur dessin dans le chapitre des parcs et jardins publics.

On peut, dès à présent, attirer l'attention du lecteur sur les *arrêts* ou vastes espaces destinés à recevoir momentanément un grand concours de visiteurs. Ces points, dans un parc public, offrent des places d'où la vue est attrayante et étendue. Les uns servent à attendre les voitures, les bateaux ; les autres à jouir d'un défilé, d'un spectacle, à entendre la musique, etc. ; un traitement particulier doit être affecté à chacun d'eux. Nous avons vu (p. 384) que dans l'Amérique du Nord, où ils sont plus usités qu'en Europe, on a donné à ces points le nom de *concourse*. Nous reviendrons sur cet intéressant sujet en examinant les parcs publics en général, et particulièrement ceux des États-Unis.

LES TERRASSEMENTS.

L'art des mouvements de terrain dans les jardins est moderne. A la fin du siècle dernier et au commencement du nôtre, on s'en préoccupait seulement dans les grands parcs de la France, de l'Angleterre et de l'Allemagne pour assurer l'exécution matérielle des terrassements indispensables. L'élégance que les ondulations de sol peuvent prêter aux jardins était ignorée. Un terrain était considéré comme le simple support des arbres, des constructions et des ornements pittoresques.

Les artistes de la première moitié du XIXe siècle attachèrent une importance médiocre à cette question. G. Thouin, qui perfectionna le tracé des jardins et qui est, sans contredit, l'initiateur de nos dessins actuels, semble à peine se douter de l'intérêt décoratif des travaux du sol étudiés avec goût. Son livre, rempli d'ailleurs de bons modèles, est à peu près muet sur ce point. En Allemagne, Skell et Lenné essayèrent timidement les mouvements artificiels du sol, qu'un auteur de ce pays a nommés avec raison *géoplastie*. Le prince Pückler-Muskau recommandait d'éviter autant que possible les modifications du relief naturel du sol, précepte auquel il donna une éclatante contradiction en élevant son tombeau, dans le parc de Branitz, sous la forme d'un tumulus de 20 mètres de hauteur, au milieu d'une plaine.

Il est difficile de préciser l'époque et le lieu où prit naissance le goût des vallonnements, attribué à tort à Kent. Si mes renseignements sont exacts, le célèbre Paxton, l'architecte du Crystal Palace, en aurait eu l'idée, appliquée d'abord en Angleterre. J'ai vu, dans l'*arboretum* de la ville de Derby, dessiné par lui[1] vers 1840, un exemple de ces jardins ondulés. Pour augmenter la surface à planter et disposer les arbres en groupes naturels, il avait formé, sur les côtés d'une allée droite, une suite de buttes et de dépressions inégales dont les pentes étaient adoucies et agréablement variées. Il développa cette idée sur de plus vastes dimensions, et quelques années après il l'appliquait à la création du parc de Birkenhead, près Liverpool. Appelé à Paris, lors des travaux d'établissement des parcs publics, pour diriger chez M. de Rothschild l'embellissement de ses propriétés de Ferrières et de Boulogne, le mode d'opérer de Paxton frappa les chefs du service des promenades et plantations de Paris, qui prirent dans ses procédés d'utiles indications.

A cette époque déjà, MM. Bühler, M. Varé et quelques autres artistes s'étaient occupés de l'étude des mouvements de terre dans les jardins. Mais M. Barillet-Deschamps, horticulteur de Bordeaux, que M. Alphand avait appelé à Paris, vit un grand parti à tirer de cette innovation et il contribua puissamment à la propager en y apportant des modifications. Le vallonnement devint un système ; on l'appliqua, non-seulement aux parcs, mais aux plus petits jardins. Le genre plaisait, la mode l'adoptait avec un enthousiasme un peu exagéré, ce qui faisait dire à un écrivain d'outre-Rhin que les jardins de Paris étaient faits de chaînes de montagnes lilliputiennes.

En réalité, les nouvelles règles appliquées au relief des jardins ne prenaient pas leur inspiration directe dans la nature. Elles révélaient sans doute une imitation des formes produites par l'action des alluvions naturelles, mais cette imitation était plutôt instinctive que raisonnée, et la cause de leur succès se trouvait dans cette affection générale pour la ligne serpen-

---

1. D'après A. Mongredien, c'est à J.-C. Loudon qu'on devrait le dessin de ce jardin.

tine, cette « ligne de beauté » dont les contours caressent le regard, sans que la raison en recherche la cause.

Le vallonnement des jardins de Paris eut alors ses lois, tacitement adoptées par les dessinateurs de jardins, lois ni écrites ni formulées, mais généralement adoptées. Les uns n'y virent qu'un procédé à employer constamment, et fatiguèrent le public par une ennuyeuse uniformité. D'autres, plus habiles et plus ingénieux, se saisirent de l'idée et en firent d'heureuses applications. Tous se mirent à peu près d'accord sur les préceptes suivants, admis aujourd'hui et constituant une sorte de « code du vallonnement » :

1° Suivre, dans l'ensemble de la surface vallonnée, le mouvement général du terrain naturel, et ne varier que dans les détails;

2° Creuser en cuvette le centre des pelouses, que ce centre soit gazonné ou occupé par des eaux ;

3° Relever le niveau des massifs d'arbres et d'arbustes, des groupes, des isolés, des corbeilles de fleurs, et leur donner une saillie qui s'harmonise avec les pentes moyennes des pelouses ;

4° Faire sortir le vallonnement principal sur les allées par des sillons allongés, s'ouvrant entre les massifs et les corbeilles ;

5° Ne jamais planter dans le milieu des vallonnements, que le regard doit parcourir sans obstacle ;

6° Disposer les groupes d'arbres et les végétaux isolés sur les contre-forts ou pentes des massifs et des corbeilles, en élevant chacun d'eux sur une légère éminence au-dessus du niveau moyen des pelouses ;

7° Faire suivre le vallonnement par les allées, qui ne doivent jamais être en saillie au-dessus des coulées. Les allées obéissent au mouvement des pelouses, et non les pelouses au mouvement des allées.

Cette dépendance du niveau des allées est expliquée par le profil fig. 185,

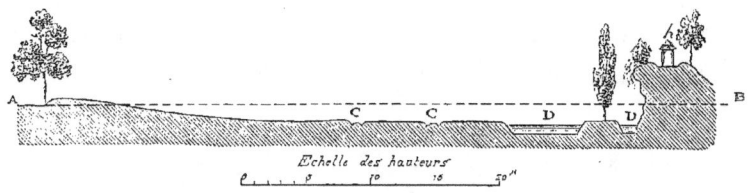

Fig. 185. — Profil du terrain de la fig. 63 (page 271), montrant le vallonnement entre l'avenue N et la butte *h*.

coupe du terrain pris sur la fig. 63, suivant la ligne ponctuée qui va de l'avenue N au kiosque de la butte *h*. Le sol, excavé et vallonné sur toute la partie médiane, a été creusé de 1 mètre 50 dans la partie la plus basse, qui fixe le niveau des eaux D D. Les terres provenant des fouilles ont servi à relever les massifs et à former la butte h, ornée de rochers, d'arbres pittoresques et de plantes saxatiles. Les deux allées C C se sont infléchies avec le vallonnement général, et leurs bordures, légèrement saillantes, les masquent à l'observateur placé au point A. Nulle saillie de terrain ne vient interrompre la ligne de pente douce de cette grande pelouse, et le regard est satisfait en se reposant sur le bassin, qui occupe sa véritable place, c'est-à-dire le fond de la vallée.

En toute circonstance il faut se préoccuper de la vraisemblance, même si la variété demande que l'uniformité des pentes soit de temps en temps rompue par un groupe d'arbres ou de beaux spécimens isolés.

La règle est applicable aux propriétés de moindre surface. Ainsi, dans la fig. 186, représentant une partie de parc dont la superficie n'atteint que 2,000 mètres carrés, le vallonnement, combiné avec les eaux et les plantations, a permis d'obtenir un effet paysager agréable. Le profil A B et le profil en travers C D suffisent à expliquer le modelé du terrain. En A est l'habitation, entourée de plates-bandes fleuries V, de chaque côté d'une porte T. Le centre de la pelouse est occupé par un bassin bétonné, alimenté par une source sortant des rochers Q, et entouré de quelques rochers isolés R. Les terres provenant du creusement de la pelouse ont servi à élever en P une butte formant le fond du tableau, et plantée d'épais massifs d'arbres et d'arbustes à feuilles persistantes E E. Le sommet de cette élévation est occupé par une salle de repos et un kiosque-champignon en bois rustique, couvert de chaume. On descend de la butte par un escalier de rocailles N, jusqu'à un sentier ombragé R, qui relie ensemble les deux allées de pourtour du jardin fleuriste B. Le mur D, bordant la route, est dissimulé sous des plantations dans toute sa longueur U U. En F H, sont des arbres conifères placés sur une légère éminence à pentes adoucies; des plantes tropicales sont placées en I I, un gros marronnier rouge en J, une touffe de bambous en K, des graminées ornementales en L et un gros rhododendron en M. Le sous bois O est occupé par un gazon de fougères indigènes. Des plantes d'eau meublent le bassin, près des petites anses et des rocailles Q. Les trois corbeilles de fleurs G G G sont abondamment fleuries pendant toute la belle saison. Elles sont élevées de 60 centimètres au-dessus du sol de l'allée, et leur saillie aide encore à l'effet des vallonnements qui, des points a, b, c, d, e, descendent par des pentes variées jusqu'au niveau des bords du bassin.

On peut dire que cet exemple résume à peu près les principes admis pour le vallonnement des pelouses, suivant la méthode que les parcs et jardins de Paris, et notamment le parc Monceau et les Champs-Élysées, ont fait connaître. Les modifications ne portent que sur les détails. Tantôt le thalweg de la vallée artificiellement créée formera une ligne sinueuse vers laquelle descendront de petits vallons latéraux; tantôt de grands vallonnements se grefferont l'un sur l'autre et s'uniront par des pentes égales qui ne varieront qu'en s'éloignant de leur centre; tantôt enfin quelque saillie du sol interrompra la vallée ou ses pentes, et se couronnera d'un groupe d'arbres, afin de diviser la vue en deux parties. Les plantations existantes qu'il faudra conserver, des rochers pittoresques, des ornements naturels variés pourront modifier le projet de vallonnement et faire un instant oublier ses lois,

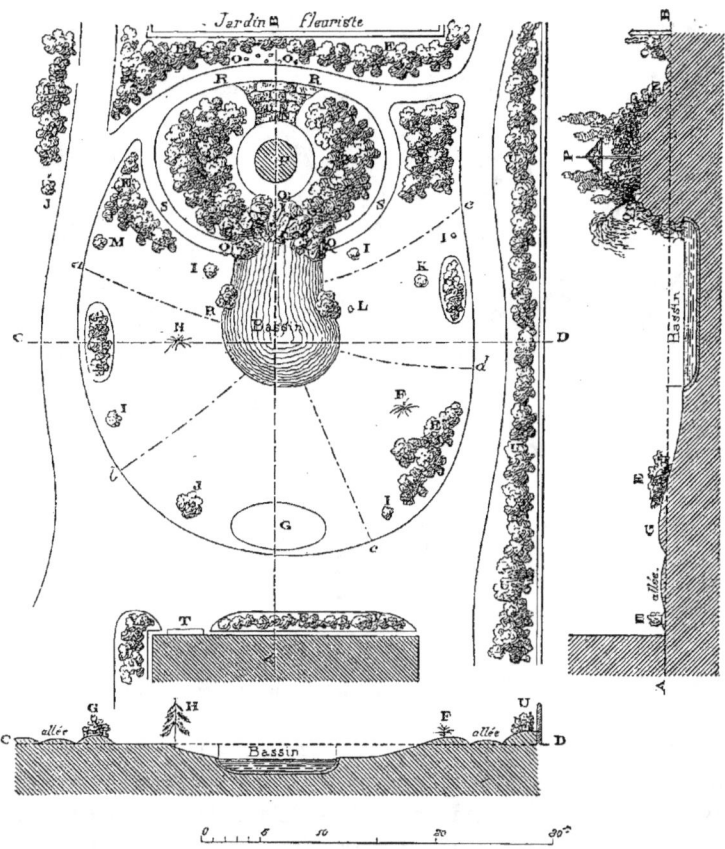

Fig. 186. — Explication des vallonnements. — A B, profil en long; C D, profil en travers. — Parc de La Croix (Indre-et-Loire).

mais on y reviendra dès que les circonstances exceptionnelles disparaîtront et que des ondulations harmonieuses du terrain pourront trouver leur place.

Les vallonnements doivent presque tout au goût individuel; il est très-difficile de préciser les conditions dans lesquelles ils doivent être établis, autrement que par des exemples. Avant tout, on doit étudier avec soin les lignes de plus grande pente, depuis leur point de départ jusqu'au thalweg. Dans la fig. 187, l'allée étant considérée comme de niveau avec le terre-plein du château A, et le tronçon du cours d'eau situé au-dessous de la butte B étant de niveau jusqu'au premier bief F, les lignes de pente partiront des points *a, b, c, d, e, f,* pour se réunir à la ligne du thalweg E, sans saillies ni jarrets. Il est facile de voir sur ce croquis, par le relief des massifs d'arbres et d'arbustes D D, des corbeilles O O, que c'est entre chacune de ces élévations, bordant généralement l'allée, que partent les coulées destinées à se

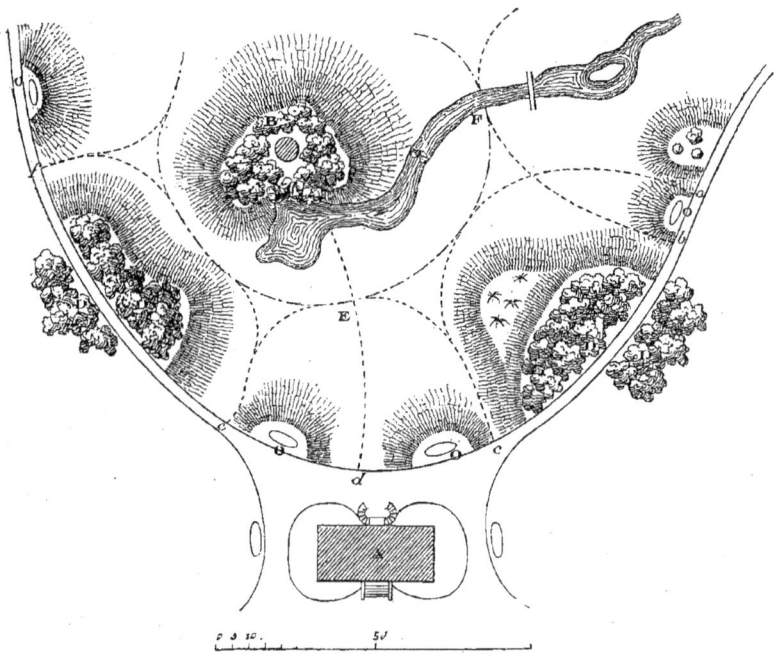

Fig. 187. — Thalweg des vallonnements. — Parc de la Chaumette (Seine-et-Oise). Ed. André, architecte.

réunir au fond de la vallée. Tout le secret est dans l'harmonie de ces pentes et dans leur heureuse combinaison. On pourrait, au moyen de courbes de niveau, calculer à l'avance les degrés de vallonnement de chaque partie, mais nous avons souvent éprouvé la difficulté d'exécuter sur le terrain les projets les plus étudiés sur le papier. Il est nécessaire de laisser une large part à l'imprévu et à la fantaisie de l'artiste. Un exemple frappant de l'insuffisance des calculs préalables pour l'établissement des vallonnements est le parc des Buttes-Chaumont à Paris, où les courbes de niveau rectificatives, tracées à l'avance avec le plus grand travail, ont reçu dans l'exécution des modifications considérables.

La routine et l'empirisme se retrouveront souvent dans la pratique du modelage des terrains, mais le vallonnement a été jusqu'à présent plutôt un côté de la vaste question des terrassements, un procédé intelligemment appliqué, que la conséquence de règles nettement posées. Ces règles existent cependant ; dans la formation des parcs elles doivent, à chaque pas, guider l'artiste, et lui laisser d'ailleurs toute liberté pour les mettre à exécution avec leurs innombrables changements. Je me contenterai de signaler celles qui me paraissent mériter la plus sérieuse attention et qui résultent d'une étude attentive et d'une expérience déjà longue.

Nous avons énoncé, dans les « Principes généraux de la composition des jardins » (p. 166 et suiv.), quelques considérations sur la forme et la nature du sol. Ce sont les conditions premières, auxquelles viennent s'ajouter celles qui vont suivre.

Les mouvements de terrain à effectuer dans les parcs et les jardins peuvent s'appliquer au style paysager et au style symétrique, et naturellement aussi au style composite.

Terrassements des parcs et jardins paysagers. — Les mouvements de terrain, dans les jardins paysagers, peuvent être naturels ou artificiels.

Les formes naturelles d'un sol accidenté sont nombreuses. Chacune d'elles motive un traitement particulier, mais en général, l'objectif doit être d'effacer les difformités du sol, et d'en faire valoir les côtés attrayants. Aider la nature est une tâche suffisante ; il est inutile et souvent maladroit de chercher à créer de toutes pièces.

Auprès de l'habitation, les surfaces seront adoucies, les vallonnements soignés, si le sol est bossué, inégal, couvert de petites aspérités. Au loin, dès que le parc proprement dit commence, les abords seuls des allées et des constructions seront travaillés, et les autres surfaces seront boisées aussi naturellement que possible.

Une excavation médiocre doit être comblée en entier. Si elle occupe un grand espace et si elle coupe une vue importante, on pourra modifier le profil du sol de la percée, de manière à ce qu'elle soit à demi remplie par les terres du voisinage et que la dépression semble naturelle. Placées, au contraire, loin des vues principales, les excavations peuvent s'embellir à peu de frais, en les plantant en entier, en les accompagnant par des rochers ou les faisant servir à des effets pittoresques. Les carrières abandonnées offrent souvent ces conditions.

Les mares, abreuvoirs à bestiaux, trous d'essais de mines, fossés, digues d'étangs, fondrières, chemins creux non plantés, sont d'un arrangement difficile, et il vaut mieux les combler si leurs dimensions sont exiguës et leurs formes sans variété. Il en est de même des jardins potagers, vergers, jardins symétriques anciens que l'on trouve sous les fenêtres de l'habitation, et qu'il faut supprimer ou transporter plus loin. Ces travaux sont coûteux, mais nécessaires, et ils se présentent fréquemment.

Devant l'habitation principale, toute butte qui masque les principaux points de vue doit disparaître. On calculera, pour le cube à enlever, la masse qui empêche le spectateur, placé sur le perron, d'embrasser la ligne entière du vallonnement.

Une tranchée difforme, située dans la vue, devra être comblée de telle sorte que les terres aient un effet utile, et servent à développer les embellissements du parc. Le profil 188 offre un exemple de ces diverses dispositions ; il se réfère à des travaux que j'ai exécutés à Soulangy (Nièvre). La ligne primitive du terrain A D était des plus défectueuses. En C, une butte énorme masquait le paysage et la vue de la Loire, jusqu'au-dessus du mamelon boisé G. Un ravin, formé par une ancienne carrière, s'effondrait en B jusqu'au niveau E, à 14 mètres de profondeur. Un chemin boueux, bordé d'échalas, passait en F. Le profil vallonné A I supprima d'un seul coup la butte C, combla le ravin B, et fournit assez de terre pour masquer le chemin F par un simple talus à 45°, sans mur de soutènement. La butte apparut dans son ensemble, plantée de D en G, et formant un agréable point de vue.

On trouvera, dans ce diagramme, la confirmation du précepte, qu'il faut repousser les demi-mesures. Souvent on se contente d'écrêter simplement une butte gênante, et l'on a tort. Si, dans la figure 188, on s'était réduit à abaisser le tertre jusqu'à la ligne H, tout le développement de la pelouse eût été perdu pour le regard, et les arbres du monticule G eussent été seulement visibles vers leur sommet.

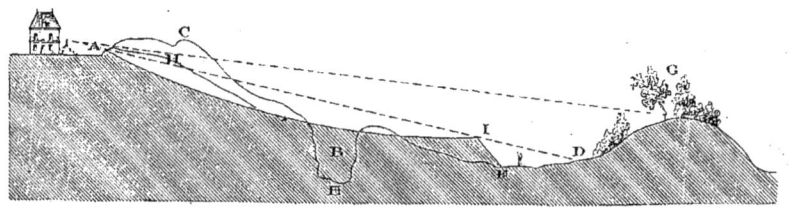

Fig. 188. — Modification et amélioration des profils du sol naturel. — Parc de Soulangy (Nièvre).

Il est rare que de grandes dépenses, faites pour créer des mouvements de terrain sur un sol qui n'en comporte pas, produisent de bons effets, mais on peut parfois obtenir, sur un sol naturellement accidenté, des résultats excellents avec un terrassement fait à propos. L'exhaussement de la butte Mortemart, au bois de Boulogne, a révélé aux yeux des promeneurs, non-seulement une admirable vue sur les nouveaux lacs, mais des échappées attrayantes sur les coteaux de la Seine et sur Boulogne, en passant au-dessus des têtes des vieux arbres du bois. Dans le même ordre d'idées, on peut couper par une ouverture angulaire la ligne horizontale A B d'une crête de colline trop uniforme, si l'on sait qu'un sommet existe par derrière (fig. 189). Bien dirigées, de pareilles vues sont du meilleur effet.

Les ravins profonds, pourvus ou non de roches saillantes, peuvent devenir des ornements de premier ordre dans les parcs ; nous les examinerons au chapitre des rochers.

Les bords des vallées doivent attirer l'attention de l'architecte-paysagiste. Selon que le cours d'eau qui les parcourt est lent ou rapide, le vallon large ou resserré, les pentes seront adoucies ou rendues pittoresques. Si des affleurements de rochers se montrent çà et là, on obtiendra de très-jolis effets, en variant leur silhouette. Ici des coulées de gazon les traverseront, là on augmentera leur saillie naturelle, en plantant cer-

Fig. 189.— Déblai ouvrant de nouveaux points de vue.

tains points, en dégageant les autres et cherchant avant tout la variété dans une nature accidentée. La fig. 190 représente des tronçons de vallées dans un parc du Jura suisse. Les bords de ces vallées, étroitement renfermées entre les lignes de roches stratifiées A B, C D, E F, formaient des courbes régulières, qu'un peu de travail suffit à briser et à rendre très-pittoresques. Des groupes G G furent plantés sur tous les sommets ; on

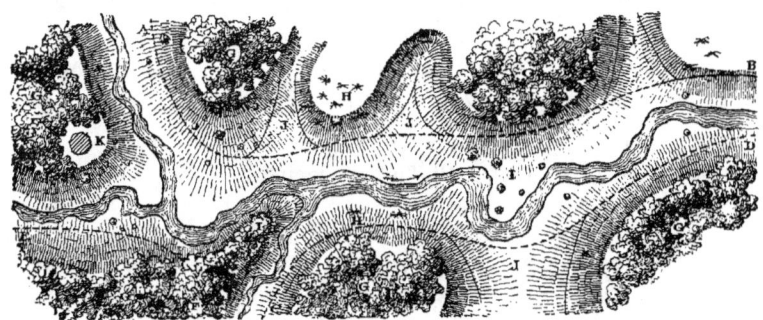

Fig. 190. — Vallées à bords accidentés, près Sissach (Suisse).

choisit les essences des bois d'alentour; quelques sapins H H furent jetés sur les pentes, des aulnes I I sur le bord de l'eau dont le cours fut contourné brusquement; quelques coupures dans les roches firent monter des coulées de gazon J J jusque sur les sommets. Pour rompre la ligne, on fit sauter des blocs de rochers dont les débris servirent à augmenter l'aspect pittoresque des talus voisins. La variété des ombres et de la lumière, des roches et des pelouses, des arbres et des buissons, les contrastes multipliés à chaque pas, firent bientôt, de ce fond de vallée, un endroit enchanteur.

Lorsque la chaussée d'un étang desséché vient barrer une vallée, et nécessite de grands travaux de terrassement pour rétablir le terrain primitif, il suffit de couper et d'enlever la partie du milieu, et de rejeter les terres sur les bords. En simulant ainsi un rétrécissement du vallon, et en plantant partiellement les côtés, on obtient un effet naturel.

Un des meilleurs accidents de terrain que l'on puisse produire naturellement est celui d'un cap au confluent des deux vallées inégales. Les pentes étagées en amphithéâtre, les côtés abrupts, seront terminés au sommet par un point de vue, un kiosque, un motif de décoration adossé à un groupe d'arbres et dont l'aspect est toujours agréable. (K, fig. 190.)

Nous avons vu qu'une série de mamelons minuscules dans une plaine serait d'une médiocre apparence, et nous avons conseillé de niveler le terrain par un profil uniforme. Les conditions sont changées lorsqu'un petit nombre de ces buttes ont une certaine importance, ou que plusieurs peuvent être réunies. Par des saillies bien distribuées, alternant sur les côtés d'un vallonnement et non en face l'une de l'autre, on produira des oppositions de lumière et d'ombre, qui varieront à chaque instant du jour et donneront un grand charme aux perspectives. Les contours de ces buttes ne seront pas circulaires, mais à courbes d'autant plus sinueuses que les lointains formeront une silhouette plus accidentée.

Dans un parc situé au milieu de plaines uniformes, comme celles de la Beauce ou des Landes, les tentatives de vallonnement seraient inutiles. Le seul mouvement de terrain permis en cette circonstance est le modelage du bord des eaux, au moyen des terres extraites, pour creuser les bassins et les ruisseaux. On a ainsi un prétexte pour donner quelque relief au sol. Tout le reste du paysage intérieur du parc doit se développer sur le terrain naturel, s'harmoniser avec les lointains, et la seule variété facile à obtenir dans les hauteurs sera le résultat des plantations.

Terrassements artificiels. — Les mouvements artificiels de terrain, si l'on en use avec modération, constituent un puissant attrait dans les parcs et dans les jardins. Ils augmentent notablement l'étendue des surfaces, produisent d'harmonieux contrastes et une infinie variété. Ils ont même une incontestable utilité, pour cacher les endroits disgracieux, impossibles à masquer par les plantations avant de longues années. On connaît les cafés-concerts des Champs-Élysées, dissimulés au milieu de massifs à sol très-relevé et plantés de rhododendrons.

On doit chercher la vraisemblance dans ces sortes de travaux, dès qu'il ne s'agit plus de jardins publics, mais de parcs privés. Dans l'agencement des parties accidentées, il faut que chaque vallée ait sa sortie et que toutes les inflexions du sol s'harmonisent les unes avec les autres, à l'exception de quelques parties abruptes, sur les flancs des vallées ou sur une butte, formant çà et là un contraste vigoureux.

Une suite de monticules sans motif, simulant de loin des taupinières, à pentes courtes et unies, à sinuosités égales et répétées, fatigue, déplait et doit être repoussée. Je connais, en Angleterre, des exemples de cette disposition irrationnelle dans quelques parcs publics de l'ouest ; ils sont la condamnation du système des buttes arrondies et trop nombreuses. Ces buttes représentent un terrain couvert de dépôts, de décombres, garni de terre et planté après coup. Si l'on peut reprocher à quelques jardins de France un abus semblable, il faut convenir que le grand nombre offre plus d'harmonie dans le modelé du sol, et donne une idée de grâce et de variété dont la grande pelouse du parc Monceau, à Paris, est un modèle à citer.

On a conseillé, comme règle de ces ondulations, de suivre non les formes molles des eaux calmes, mais celles des vagues de la mer, avec leur variété sans cesse renaissante dans une apparente uniformité, et de former des vallées, sommets, crêtes effilées, brisures, pentes douces ou rapides, plis, rides, etc. L'idée est plus séduisante que juste ; elle serait réalisable sur une plus grande échelle que celle des vagues de l'Océan. De pareils détails se perdraient dans le modelé général d'un jardin, et seraient effacés par le gazon et les plantations. Il est plus exact de dire qu'il faudrait s'inspirer, pour la formation artistique des collines, des belles situations offertes par les montagnes.

On doit se défier de la tendance des jardiniers à uniformiser, adoucir et polir les pentes. Un artiste seul trouvera, dans les souvenirs et les inventions de son esprit, les ressources suffisantes pour créer la variété. Ici des talus rapides, là des gorges allongées sur le coteau, une colline boisée et rocheuse du côté opposé à la vue du château si le point de vue est trop rapproché, les longues pentes gazonnées dans la direction de l'habitation, les brisures pittoresques dans les parties éloignées, un sentier à mi-côte sur les pentes, les sommets inégalement plantés sur les points escarpés, les vallées dégagées et ornées seulement de groupes isolés, sont quelques-uns de ces détails qu'une imagination habile et féconde saura prodiguer dans les jardins.

Il est superflu d'ajouter que la ligne droite doit être absolument proscrite de ces compositions.

De petits moyens produisent souvent de grands résultats. En se rappelant sans cesse qu'un mètre de déblai, réparti en remblai, fait une saillie totale de deux mètres, on peut essayer des combinaisons dont les effets sont aussi heureux qu'inattendus. De même, pour couper la ligne uniforme du bord d'une vallée, quelques terrassements auront rapidement formé des contre-forts, des anses, des promontoires, d'un agréable aspect.

Une utile recommandation, dans le traitement des petites vallées des parcs, est de tenir les sommets abrupts, de les exhausser encore par des plantations, et d'allonger ensuite mollement leurs pentes vers le thalweg, comme si elles avaient été d'abord érodées, puis polies par les eaux d'alluvion. Pour augmenter l'étendue, on terminera la vallée par une courbe brusque, après avoir graduellement resserré son profil, de manière à ce qu'elle disparaisse dans un pli de terrain et donne l'illusion d'un prolongement lointain. Cet exemple se rencontre souvent dans les montagnes ; il est toujours meilleur que la disposition fermée.

Nous avons remarqué, en traitant des chemins, que les effets paysagers les plus pittoresques étaient souvent défigurés par les allées. Aussi, dans les vallées où le modelé du terrain aura été l'objet de soins attentifs, il serait regrettable de voir d'heureuses imitations de la nature détruites par des sillons jaunes qui traverseraient le paysage. Il est donc important de dissimuler ces voies de promenade ; elles peuvent contourner les points principaux des sommets ou des pentes, en amenant brusquement le visiteur aux plus riantes scènes, s'enfoncer dans le sol et dissimuler leur passage dans les parties non plantées, au moyen de blocs de rochers émergeant des talus. Un ravin orné, varié, meublé de rocailles et de plantes saxatiles peut disparaître dans l'ensemble, sans rien cacher de son effet pittoresque au visiteur qui saura le découvrir.

Il se présente souvent, dans l'exécution matérielle des terrassements, des difficultés qui résultent de l'état des pentes ou de la nature du terrain.

Les talus rapides, lorsque le sol n'offre pas une grande consistance, ou s'ils dépassent 45 degrés, doivent être soutenus à divers intervalles par des blocs de rochers qui divisent les grands espaces où les terres pourraient glisser. Il suffit d'entailler ces talus et d'y glisser, de distance en distance, de longues pierres dont une partie reste saillante et sur le sommet desquelles on fait ébouler les terres supérieures. Si le terrain est consistant, formé de roches ou d'argile bréchiforme mélangée de silex roulés, on peut souvent former des pentes plus rapides, mais toujours en les garnissant de rochers que l'on recouvre de terre, de gazon et d'arbustes sarmenteux.

Sur les terrains fermes, fortement inclinés, où le sous-sol se maintient, mais où le glissement de la terre végétale est à craindre, on ouvre des sillons étroits, plus ou moins rapprochés, perpendiculaires à la ligne de pente, et dont les arrêts répétés retiennent suffisamment les terres friables ; cette précaution suffit le plus souvent.

La formation géologique est-elle une argile glissante, un terrain comme le *keuper*, où les marnes irisées se montrent de temps en temps entre des assises calcaires et se *laissent aller* sous les infiltrations des eaux supérieures, la difficulté augmente. On sait quels travaux les *plans de glissement* nécessitent dans les tranchées de chemins de fer, quel surcroît de travail ils n'ont cessé d'imposer aux ingénieurs à l'entrée du tunnel du Mont-Cenis, du côté de la France. Dans les Alpes, on a vu fréquemment des villages entiers descendre ainsi dans les vallées. On a rencontré des complications de ce genre dans les travaux du parc des Buttes-Chaumont, à Paris. Un plan de glissement gigantesque s'étant produit sur le flanc de l'une des buttes, 60 à 80,000 mètres cubes de terre envahirent une des vallées qui descendaient vers le lac, et forcèrent à modifier complétement le projet de terrassements. Le pont de la rue Fessard s'écroula deux fois, malgré la construction de vigoureux contre-forts, et une maison de garde fut déplacée sensiblement, dans une nuit, sans être renversée.

Pour maintenir de tels terrains, on emploie plusieurs moyens, qui sont plutôt usités dans les grands travaux publics que dans le terrassement des parcs et jardins. Toutefois il est bon d'en faire connaître quelques-uns, si l'on avait à craindre des glissements dangereux. A la base des talus ne dépassant pas 30 à 45 degrés, on construit un petit mur de soutènement, avec *fruit*, fortifié de distance en distance par des *épis* et contre-forts perpendiculaires et descendant, s'il se peut, jusqu'au terrain solide. Un fossé, à la base, reçoit et canalise les eaux d'infiltration et les conduit au dehors. Une mesure plus efficace encore consiste à *perrer* partiellement le talus, en maçonnant à sa surface des arcades superposées, le pied-droit de l'arcade supérieure reposant sur la clef de voûte de l'arcade inférieure, par rangées régulières. Ces arcs résistent à de fortes poussées. En d'autres endroits, on se contente de construire des bandes de maçonnerie en forme d'X, et dont les intervalles forment des losanges. Si le glissement n'est pas imminent, des placages de gazon fortement chevillés suffisent quelquefois. Des plantations de végétaux à racines traçantes doivent être faites et aider au travail de consolidation.

Dressement et règlement. — Les jardiniers de Paris ont donné à ces deux termes des significations qu'il faut connaître. Lorsque le dépôt des terres a été effectué conformément aux profils, et sous la surveillance du chef d'atelier qui a dû suivre attentivement les travaux, ces matériaux n'ont subi qu'une opération d'épandage grossier qu'on a nommée *régalage*. La surface livrée reste bossuée et doit être modelée. Ce premier modelage s'appelle *dressement*. Il consiste à reprendre, à la pelle et à la brouette, les aspérités et excavations du sol remué et à leur donner un aspect agréable. Pour cette opération, il est nécessaire de choisir des hommes intelligents, ayant du goût et de l'expérience. Entre leurs mains, quelques pelletées de terre, déplacées à propos, peuvent modifier heureusement un profil disgracieux.

Le travail qui suivra est le *règlement*. Il se fait d'abord à la fourche-trident, autant que possible après une petite pluie, afin de concasser finement les mottes de terre et de bien ameublir la surface, et il se termine par le règlement fin au râteau, qui est la dernière main apportée à l'art du vallonnement. On conçoit que le règlement sera facilité par une préparation soignée du gros terrassement exécuté suivant des points de hauteur exacts, et par un dressement bien dirigé ; mais le « tour de main » du dernier ouvrier a une grande importance, et un bon *régleur* est rare. Il doit obtenir des ondulations douces et ininterrompues, se rendre compte, au simple jeu de la lumière sur les surfaces, de la pureté de ses profils, de la grâce des saillies du terrain pour les arbres isolés et les corbeilles de fleurs. Les bords des allées seront l'objet de son attention et leur courbe d'arrêt sera terminée par le *filet*, petit sillon sur le bord même de la courbe, dans la ligne des piquets, destiné à empêcher la graine de gazon de dépasser cette limite et à faciliter le découpage lorsque les graminées sont levées. Le régleur figurera exactement les contours des corbeilles par un sillon fait avec le manche du râteau, arrêtera les limites des massifs et livrera enfin une surface à molles ondulations. Dans les jardins réguliers, il rectifiera les piquets d'angle, vérifiera toutes les lignes, et dressera la surface avec une irréprochable rectitude. Après le passage du régleur, il ne reste plus qu'à semer la graine de gazon et à l'enterrer légèrement, à la fourche ou au râteau, sans dénaturer les profils. Les plantations des massifs, des groupes et des arbres isolés auront été faites préalablement, afin de ne plus piétiner sur les pelouses fraîchement semées.

De pareils soins, assez minutieux, sont nécessaires à tout travail bien fait; ils s'appliquent principalement aux petits jardins. Les grands jardins ne comportent pas un tel fini, et souvent les pelouses des parcs sont simplement traitées comme des prairies d'exploitation.

Terrassements des jardins symétriques. — Leur exécution matérielle ne diffère pas sensiblement de celle des jardins paysagers, mais les exigences de leur tracé sont très-diverses et entraînent ordinairement des travaux plus soignés et plus précis. Les terrasses des jardins symétriques s'obtiennent, le plus souvent, par des remblais sur des pentes, conformément au profil horizontal de la figure 34 (p. 168). Les murs de soutènement, les escaliers, les rampes en maçonnerie, sont du domaine de l'architecture.

Lorsqu'on remplace les murs de soutènement par des talus, on réalise une grande économie, mais l'espace occupé est plus grand, les profils obtenus sont mous; il faut tâcher d'éviter ce défaut. Toutefois nous verrons dans le chapitre consacré aux jardins géométriques que l'emploi des talus à vives arêtes se combine agréablement avec les murs de pierre.

Les jardins d'utilité doivent toujours revêtir la forme régulière; les tentatives de créer des jardins fruitiers curvilignes, par exemple, doivent être proscrites. Le terrassement y nécessite des travaux particuliers, liés pour la plupart à la nature du sol et à sa préparation pour assurer de bonnes plantations. Le défoncement des plates-bandes pour espaliers et contre-espaliers, le drainage, l'assainissement de la surface des allées, l'amendement et la fumure du terrain, sont autant de questions qui viendront à leur place lorsque nous traiterons spécialement de chaque espèce de ces jardins.

MATÉRIEL DES TERRASSEMENTS.

Le mouvement des terres ou *terrassement* s'effectue, dans les parcs et jardins, au moyen d'un matériel semblable à celui qu'on emploie dans les grands travaux de routes, de chemins de fer, de déblais ou remblais pour les exploitations agricoles ou industrielles.

Les outils ordinairement adoptés pour l'extraction sont : la *pioche*, la *bêche*, la *pelle* et leurs nombreuses variétés, trop connues pour qu'il soit nécessaire de les décrire et de les figurer.

Le matériel de transport se compose de : la *hotte*, la *brouette*, le *camion*, le *tombereau* et le *wagon*.

Avant d'examiner le mode d'emploi de ces divers instruments, il importe de connaître le classement des terrains à travailler. On les distribue généralement en quatre classes :

1° Terre légère, ou de jardin, à fouiller à la bêche ou à la pelle, sans piochage ;

2° Terre franche, calcaire, marneuse, argilo-sableuse, à piocher en partie ;

3° Terre forte, argileuse, glaise, sol mélangé de gros gravier, décombres, etc., à piocher en entier ;

4° Terrains pierreux, gypse, cailloux roulés, rognons de silex, roche tendre, etc., à piocher avec difficulté.

Pour établir le prix de revient du mètre cube suivant la difficulté d'extraction, on a eu recours à diverses méthodes, qui ont présenté des écarts considérables. La dépense peut doubler, tripler, quadrupler suivant la nature des terrains, le temps sec ou pluvieux, la vigueur et le courage des ouvriers, etc. A Paris, on estime qu'un terrassier, dans une journée de dix heures, peut piocher $12^m,50$ cubes de terre de jardin, jeter 30 mètres à la pelle à 2 mètres de distance sur une surface horizontale, et 17 mètres sur berge en descendant jusqu'à 2 mètres de profondeur. Dans le même temps, il déblayerait à la pelle et chargerait en brouette 20 mètres cubes.

Ces chiffres me paraissent exagérés ; ils s'appliquent à des ouvriers excellents et non à la moyenne des travailleurs. Dans le service des ponts et chaussées, on estime la terre chargée en dix heures à 15 mètres seulement. Cette quantité est bien supérieure encore à celle produite par les soldats du génie, en Allemagne, résumée dans le tableau suivant :

CLASSE DE TERRAINS.	CUBE EXTRAIT PAR JOURNÉE DE 10 HEURES, A UNE PROFONDEUR DE :	
	$0^m,30$ à $1^m,00$	$1^m,00$ à $3^m,15$
1re classe............	$9^m,30$	$6^m,20$
2e classe............	$7^m,70$	$5^m,60$
3e classe............	$6^m,20$	$4^m,60$
4e classe............	$4^m,80$ à $3^m,10$	$4^m,24$ à $2^m,80$

Entre ces derniers chiffres, qui me semblent trop faibles, et les précédents, on prendra une moyenne qui servira de base. On n'envisagera, dans les calculs suivants, que des terrains faciles à travailler et rentrant dans les classes nos 1 et 2. On fera aisément la proportion pour les autres classes de terres.

Terrassement à la hotte. — La hotte est un panier pourvu de bretelles, que l'on porte sur le dos. On n'utilise ce mode de transport des terres, tout à fait exceptionnel, que dans les endroits où elles doivent être montées par des échelles, des escaliers, des rampes inaccessibles aux brouettes, par exemple dans les petits jardins de ville situés en contre-haut d'une rue. A Paris, le prix du transport à la hotte est fixé à 0 fr. 83 le mètre cube. On estime qu'un terrassier transportera 20 hottées de terre par heure à 3 mètres de hauteur, soit $6^m,40$ cubes si la hotte contient $0^m,32$, et qu'un chargeur chargera $10^m,03$ dans le même temps. Les prix sont à peu près les mêmes, si le montage se fait par des seaux à main ou par un treuil.

Terrassement à la brouette. — La brouette, petit tombereau à bras et à une seule roue, est l'instrument de transport le plus généralement usité dans les terrassements des parcs et jardins. Sa forme diffère suivant les localités ; on doit recommander les modèles évasés, où la charge porte plus sur la roue que sur les bras de l'ouvrier, et dont le déchargement est facile. La brouette contient généralement $1/30^e$ à $1/35^e$ de mètre cube. Pour charger 15 mètres cubes, un homme devra donc remplir 450 brouettes, que les *rouleurs* emmèneront à destination. Le nombre des rouleurs dépend de la distance à parcourir. Chacun de ceux-ci doit parcourir un certain nombre de mètres étant chargé, et revenir avec une brouette vide au moment où une autre brouette en charge vient d'être remplie. La distance parcourue s'appelle *relais* ; elle est de 30 mètres en plaine, et de 20 mètres ou moins ne montant. On aura donc autant de rouleurs qu'il y a de relais. Tous parcourant une distance identique, il y aura parité dans les sommes de travail. Cependant il sera bon de raccourcir un peu le relais du premier et du dernier rouleur : tous deux perdent un peu de temps, celui-ci à saisir la brouette chargée, celui-là à la verser. Généralement on choisit les deux meilleurs ouvriers pour ces opérations ; en régie, il est avantageux de leur attribuer 5 centimes de plus par heure ; ils excitent les autres à un travail plus rapide et plus régulier.

Si la terre offre quelque consistance, un piocheur est nécessaire. Il fournit deux chargeurs lorsque la dureté du sol n'est pas trop grande. Dans ce cas, on réduit à 20 mètres la longueur des relais horizontaux, et à 15 mètres en rampe. Les terrassiers belges, estimés dans les grands chantiers, ont l'habitude de charger chacun sa brouette et de la conduire au premier relais. En se plaçant ainsi, en nombre suffisant, à l'attaque du terrain à déblayer, ils suppriment le piocheur et le premier rouleur, et leurs voyages alternatifs correspondent chacun au retour d'une brouette vide. J'ai souvent constaté les bons résultats de cette pratique. Son principal avantage est d'empêcher le temps d'arrêt entre la charge d'une brouette et la mise en train d'une autre, et de forcer tous les hommes du chantier à conserver une allure uniforme et constante dans le travail.

La brouette pleine, en arrivant au relais, doit passer des mains d'un rouleur à un autre *sans être posée à terre*; ce simple procédé rend le travail plus régulier et moins fatigant. Seule, la brouette vide est reprise sur le sol. Le rouleur du dernier relais ne doit pas verser sa brouette sur le côté, mais devant lui, en relevant les bras en l'air et l'acculant sur le remblai.

Le roulage sur le terrain même doit être proscrit, à moins d'un sol très-sec et résistant. Il y a presque partout avantage à rouler sur un chemin de bois formé par des *plats-bords* posés à plat, bout à bout, et changés au fur et à mesure de la progression du travail. Des madriers de sapin, de 4 mètres de longueur sur $0^m,25$ de largeur et $0^m,04$ d'épaisseur, sont excellents, légers, résistants, et coûtent environ 1 franc. Après les travaux, ils peuvent être encore utilisés comme bois de construction, et les services qu'ils ont rendus ont compensé le prix d'acquisition.

Lorsque plusieurs ateliers de roulage sont installés, le contenu des brouettes renversées forme une série de petits cônes qui nécessitent un *épandage* ou *régalage* grossier et immédiat, pour lequel on doit installer un ouvrier spécial muni d'une pelle. Dans la plupart des cas, cependant, il suffit d'un coup de pied donné sur le monticule par le rouleur de la fin de la ligne. On raccourcit son relais de 3 mètres pour permettre ce petit travail, ainsi que le nettoyage des brouettes.

Si le roulage a lieu sur des pentes rapides, les chemins ne seront pas faits dans le sens de la descente, mais obliquement et en zigzags, de manière à ne pas donner une pente supérieure à 6 centimètres pour mètre. Toutefois, pour descendre de fortes rampes, on a imaginé des patins ou sabots de bois sur lesquels on laisse glisser de haut en bas la brouette chargée. Pour remonter ces parties inclinées, on ajoute l'aide d'un homme de renfort, qui saisit la tête de la brouette avec un crochet de bois (meilleur et plus expéditif qu'une corde) et fait l'office d'un utile remorqueur.

Lorsqu'un terrassement à la brouette a lieu par tranchées longitudinales, on apporte une grande attention à l'emplacement des brouettes dans le fond de la tranchée. Une jauge de 60 à 80 centimètres de largeur sur 50 centimètres de profondeur est d'abord ouverte. On installe les brouettes immédiatement auprès et en arrière des chargeurs, qui sont placés dans un sillon de 10 mètres de largeur, pendant que les piocheurs préparent le terrain par devant. Il importe d'étudier les places, de manière à ne pas gêner les ouvriers.

Les bonnes dispositions prises dans l'installation du travail font le bénéfice de l'entreprise. Un chef d'atelier intelligent et laborieux disposera ses hommes de manière qu'aucun d'eux n'attende son voisin et ne reste inactif, à l'exception des moments choisis pour un repos nécessaire. Avant de terminer la journée, il fera transporter le matériel de fouille et de transport sur le point à attaquer le lendemain matin, se souvenant que le temps perdu à s'installer en arrivant compromet le travail de toute la journée. Arrivé sur le chantier le premier le matin, et restant le dernier le soir, il aura l'œil à tout et à tous.

Terrassement au camion. — Le camion, ou voiture à bras, est un petit tombereau cubant environ 0^m,20, traîné par deux hommes à l'avant et poussé par un autre à l'arrière. C'est un intermédiaire entre la brouette et le tombereau. Il est quelquefois employé dans les travaux publics, bien que l'avantage qu'il procure ne diffère pas sensiblement de celui de la brouette. Chaque homme peut charger 15 mètres cubes de terre dans un camion, par journée de dix heures, soit 30 mètres pour deux hommes, le troisième se reposant pendant le temps de charge. Avec ces données, le prix de revient est facile à calculer.

Terrassement au tombereau. — Le tombereau, charrette foncée, à deux roues, dont la caisse est à bascule et contient d'un demi-mètre à deux mètres cubes, est un instrument qui réalise une économie notable sur les brouettes lorsque la distance où les terres doivent être transportées dépasse 150 mètres. Il est traîné par un, deux ou même trois chevaux, suivant sa capacité et par conséquent suivant le poids des matériaux à conduire. Ce poids varie dans les proportions suivantes :

	Poids par mètre cube.
Terre végétale	1,214 à 1,285 kil.
Terre forte graveleuse	1,357 à 1,428 —
Argile et glaise	1,656 à 1,756 —
Marne	1,570 à 1,640 —
Sable fin et sec	1,399 à 1,428 —
— humide	1,900 » —
— fossile et argileux	1,713 à 1,799 —
— de rivière humide	1,774 à 1,856 —
Gravier cailouteux	1,374 à 1,485 —

Avec ces chiffres, en connaissant la capacité d'un véhicule, on pourra calculer la charge, dans son rapport avec la force des attelages.

Il est admis qu'un homme peut charger en tombereau 12 mètres cubes en dix heures. Un cheval attelé à un tombereau parcourt de 2,600 à 3,000 mètres par heure *à plein*, et de 3,600 à 4,000 mètres *à vide*, soit en moyenne de 2,800 à 3,800 mètres par heure. On compte deux minutes pour vider le tombereau, relever la caisse et le remettre en marche. Deux chargeurs, en plus du conducteur, suffisent pour la charge. Avec ces divers éléments, il est aisé de trouver la formule de ce mode de transport,

Soit, pour Paris, un tombereau d'un demi-mètre cube, un cheval et un conducteur. 15^f,45
Deux chargeurs... 10 60

Total...... 26^f,05

Un cheval parcourant 3,300 mètres par heure, ou 33,000 mètres en dix heures, pourra conduire à 330 mètres un cube de 50 mètres de terre. Le mètre cube de transport reviendra donc à 0 fr. 52. Nous avons vu qu'en province ce prix peut même être baissé.

Il y a avantage à mettre plusieurs tombereaux alternativement en charge; l'atelier des chargeurs ne restera ainsi jamais inoccupé. La masse de terre meuble préparée par le piocheur doit toujours être suffisante pour que les chargeurs à la pelle ne soient pas interrompus. On recommande divers procédés économiques, dont le principal est de provoquer des éboulements dans le sol à déblayer. Ce moyen est surtout avantageux dans les terrains durs et pierreux. On les mine par-dessous en creusant ce qu'on appelle des *chambres* ou des *fenêtres*, puis on pratique à leur partie supérieure une petite tranchée dans laquelle on engage deux pinces de fer sur lesquelles s'appuie un fort madrier. Avec un cric, on pousse ce madrier et la masse s'affaisse d'un seul coup. Un homme placé hors de l'*effet* de l'éboulement surveille et fait garer les ouvriers un peu avant le moment où l'effondrement va se produire.

Le tombereau étant reculé jusqu'au tas de terre à charger, les piocheurs laissent la place libre aux chargeurs, qui s'installent chacun sur un côté du tombereau à remplir. On doit choisir, autant que possible, un *droitier* et un *gaucher*.

Le chargement terminé, on conduit le tombereau à destination, on le recule et on le vide sur la crête de remblai, où il est arrêté par une poutre ou un morceau de bois raboteux que l'on déplace au fur et à mesure de l'avancement du travail.

Terrassement au wagon. — Ce mode d'opération, usité dans les grands travaux de chemins de fer et ailleurs, peut être adopté avec avantage, beaucoup plus fréquemment qu'on ne le pense d'ordinaire. Le point important gît dans le transport : on doit l'étudier en tenant compte des masses à déplacer et des conditions locales dans lesquelles il faut opérer.

Le wagon (fig. 191 et 192), beaucoup plus économique et plus rapide que

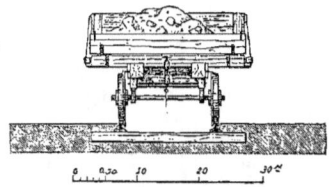

Fig. 191. — Wagon de terrassement, vu de face.

Fig. 192. — Wagon de terrassement, vu de côté.

tous les autres véhicules, nécessite un matériel assez considérable qui, une fois acquis, est d'un déplacement facile. Il sera préféré aux autres moyens de transport si, par l'importance du cube à transporter, la différence entre le prix de revient du tombereau (environ 0 fr. 08 par relais de 100 mètres) et le prix de revient du wagon (environ 0 fr. 02 pour la même distance) couvre les frais d'installation d'un atelier de wagons.

Examinons les éléments de cette installation :

Un atelier de terrassement au wagon doit être établi en tenant compte du cube à extraire, du temps accordé pour l'opération, de la distance des transports, de la nature des terres, des difficultés locales, etc. Le rapport entre le chargement, le transport et le déchargement sera calculé de telle sorte que les manœuvres soient précises et qu'aucun temps d'arrêt inutile ne vienne augmenter la dépense.

Pour un travail d'une certaine importance, c'est-à-dire dépassant 2,000 mètres cubes, douze wagons seront nécessaires, formant deux trains dont l'un sera en charge pendant le transport de l'autre. Trois chevaux suffiront par chaque traction, pour des pentes ne dépassant pas $0^m,03$ pour mètre. Si les rampes sont plus fortes, l'attelage sortira en deux ou trois fois.

Dans un sol meuble, deux chargeurs suffisent pour un wagon ; il en faut trois si le terrain est difficile, compacte ou pierreux.

Pour établir la voie, on emploiera des rails pesant de 15 à 18 kil. par mètre courant ; ils reviendront à 20 fr. la tonne environ, soit de 6 à 7 fr. par mètre. Les éclisses et crampons coûteront 1 fr. 50, les traverses 2 fr. 50 ; le transport de ce matériel et la pose de la voie atteindront 1 fr. 50 par mètre.

L'installation du chemin de fer sera donc de 12 francs par mètre, soit pour 400 mètres. . . . . 4,800 francs.

Douze wagons, cubant 1 mètre environ, à 500 fr. . . . 6,000 —

Plus une dépense constante pour palonniers d'attelage, chaînes de traction, pieds de biche, masses à chasser les crampons, clefs pour éclisses, aspects ou leviers ferrés, caisses à outils, boîtes à graisse, bidons, lanternes, etc., par chaque atelier. . . . . 100 —

Dépense totale. . . . . . 10,900 francs.

Si on loue le matériel nécessaire, le prix d'installation atteint 1 fr. 50 environ par mètre courant, tout compris, plus une dépense constante de 150 francs pour mise en fonctionnement du chantier.

Lorsque le cube à extraire est considérable, il est avantageux de remplacer les chevaux par la locomotive. On peut affirmer qu'il y a intérêt à employer la vapeur toutes les fois que la distance dépasse 1,000 mètres, c'est-à-dire plus de trois relais de tombereaux. Une locomotive de sept tonnes, coûtant environ 15,000 francs, peut remplacer avantageusement cinq chevaux à chaque attelage, soit quinze chevaux pour trois relais. Elle économisera rapidement un matériel roulant égal à sa valeur. Par exemple, pour une distance de 1,000 mètres, il faut quatre trains de douze wagons, soit quarante-huit voitures. Une locomotive permet de supprimer deux relais, soit vingt-quatre wagons, et par conséquent une somme de 12,000 francs.

L'entretien d'une locomotive de 7 tonnes et la dépense pour son alimentation sont inférieurs de moitié à l'entretien et aux frais d'usure et de dépréciation de quinze chevaux. On aura donc avantage à adopter la traction à vapeur toutes les fois qu'on le pourra.

Avec ces moyens d'action, on aura une dépense de 0 fr. 02 de transport par 100 mètres, soit 0 fr. 08 pour 400 mètres. Dans ce chiffre nous ne comptons pas la dépense constante d'installation, qui est la même pour les wagons et les tombereaux. Pour les 2,000 mètres indiqués, la dépense sera donc de 160 francs par le wagon, tandis qu'elle serait de 0 fr. 07 par relais au tombereau, soit 0 fr. 28 pour 2,000 mètres ou 560 francs. Ces chiffres sont trop éloquents pour qu'il soit besoin d'insister sur la supériorité du transport au wagon[1].

Tout chantier bien organisé doit comporter deux voies de chargement qui partagent en deux parties à peu près égales la masse à transporter. Chaque train de retour doit trouver libre une voie de chargement, de telle sorte que les chargeurs trouvent les wagons vides en place avant l'achèvement du chargement en activité. Les deux ou trois minutes nécessaires pour le transport des ouvriers d'une voie à l'autre leur fourniront un instant de repos utile et aucune fausse manœuvre ne sera commise. L'ancien mode de transport, prévoyant (fig. 193) une seule voie d'attaque B, avec évacuation

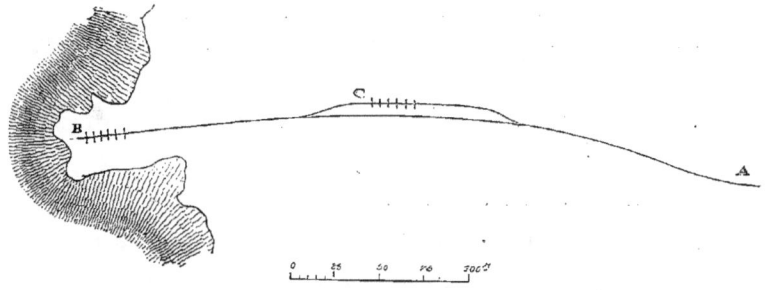

Fig. 193. — Installation d'une voie ferrée pour terrassements, avec garage.

en A, et son évitement ou garage C, était défectueux par la perte de temps qu'il occasionnait.

Avec deux voies, au contraire, placées au milieu de la masse à déblayer, la voie la plus courte étant établie à l'intérieur ou dans le sens concave,

---

[1]. Ces calculs sont le résultat de nombreuses moyennes prises sur de grands travaux de terrassements en Normandie et dans un rayon de 200 kilomètres autour de Paris. Ils donnent les prix de revient pour les entrepreneurs ; il convient d'y ajouter parfois des plus-values.

on évite tout retard, et l'alternance de la mise en place des trains s'effectue sans difficulté.

La figure 194 donne l'idée d'une installation multiple de chantiers d'attaque et de traction établis suivant ces données, et dans des conditions diverses. Le plan reproduit une partie des bassins à flot construits au Havre en 1868. La masse à déblayer est indiquée par les lettres NN, N'N'. En A est un train de six wagons, en marche sur la voie commune, dite d'évacuation. B est une voie de garage pour les cas d'encombrement momentané. Le premier chantier d'attaque est en C; les wagons viennent d'arriver en place au moment où le train C' termine son chargement. Dès que le train de

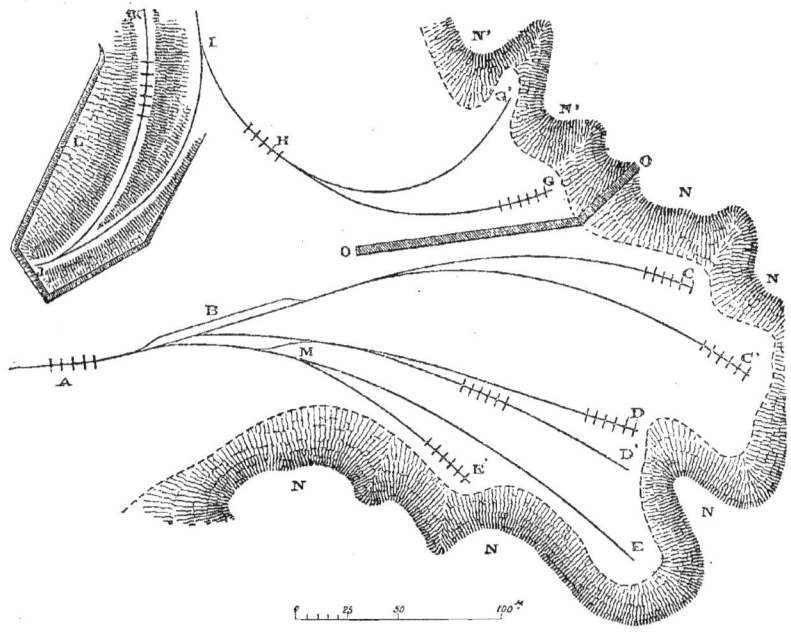

Fig. 194. — Installation de plusieurs voies ferrées pour les terrassements du port du Havre.
M. Bellot, ingénieur ; M. Girard, entrepreneur.

retour A sera revenu en charge en E, celui de la ligne D' pourra s'engager, par l'aiguille M, sur la grande voie de transport; D et E' sont en charge.

Un mur de soutènement OO sépare le terrassement en deux; il a nécessité en GG' les points d'attaque de la seconde masse N'N'. Ici le chantier présente une autre disposition. La voie principale se bifurque en I pour escalader, par des contre-pentes, la butte L et la remblayer à une assez grande hauteur. Arrivé en I, le train H revient donc sur ses pas, se dirige vers J et se place en K où il répand son contenu latéralement pour former les pentes. On nomme cette installation voie de *rebroussement*.

Sur de pareils talus, les pentes du chemin de fer peuvent atteindre jusqu'à 0^m,10 ou 0^m,12 pour mètre, sauf à fractionner les trains pour monter. Les freins doivent présenter une sécurité absolue. Sur les pentes très-rapides, on enraye simplement avec des barres de bois que les hommes placent de temps à autre entre les rails; sur des rampes plus faciles, on se contente des freins à sabot en bois, à double effet.

Lorsqu'il s'agit d'une décharge pour former des remblais à niveau, on conduit le train obliquement sur la crête du remblai et l'on fait basculer les wagons latéralement. Cette méthode, avec wagons à bascule, est la meilleure. Parfois aussi on lance chaque wagon sur une estacade en bois d'où sa caisse se renverse brusquement en avant.

Sur des remblais élevés en monticules ou en forts talus, le relèvement de la voie demande des soins particuliers que je dois signaler. Il faut *régaler* au fur et à mesure du versement et étendre le cordon de terre, dès que les wagons ont basculé. Puis la voie est soulevée, *ripée* (suivant l'expression consacrée) et, pendant que les chevaux effectuent le trajet de retour, elle est fixée sur le sommet du cordon qui vient d'être ainsi écrêté.

Pour effectuer ces déplacements avec rapidité, on doit préconiser le système des boulons, au lieu d'employer des crampons ou des tire-fonds pour l'attache du patin du rail sur les traverses. L'écrou est placé en dessous pour éviter de blesser les chevaux. La voie est ainsi homogène et solide, et peut être soulevée sans se disjoindre. Quand il s'agit de la transporter, on la coupe par tronçons de 40 à 50 mètres, on la retourne et on la traîne comme une herse.

Lorsque le terrain est friable, et que le terrassement doit atteindre une dizaine de mètres de profondeur, on peut entreprendre l'extraction par tranches de 2 mètres d'épaisseur, et déplacer la voie en la faisant descendre sur place autant de fois qu'il y a de tranches pareilles. Dans ce cas, la bêche ou *louchet* suffit et la pioche est supprimée. Si, au contraire, le terrain est résistant, on peut entreprendre des masses de 4 à 5 mètres de hauteur et provoquer des éboulements en minant par-dessous, afin d'économiser le piochage, comme nous l'avons indiqué pour le terrassement au tombereau.

Dans le creusement des grandes tranchées de chemin de fer, on attaque

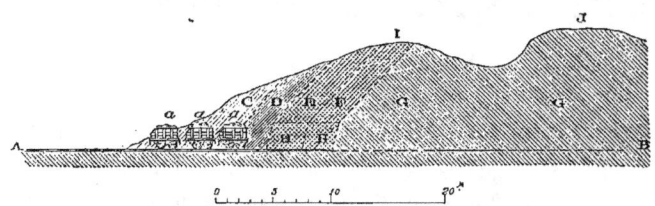

Fig. 195. — Attaque des terrassements en *cunette*.

généralement la masse *en cunette*, c'est-à-dire en fossé ouvert. La ligne horizontale AB (fig. 195) étant fixée comme niveau à obtenir au moyen du déblai de la butte IJ, on enlève d'abord la portion en pente douce C au moyen de la pioche et du jet de pelle. Mais dès qu'on arrive, en DEF, à pouvoir attaquer des tranches de 2 mètres d'épaisseur, on forme les banquettes H H', auprès desquelles on approche graduellement les wagons *aaa* pour les remplir par l'éboulement des terres, sans recourir au chargement à la pelle. On peut de cette façon enlever tout le reste de la butte en G G. Les parois sur lesquelles on provoquera ces éboulements seront tenues aussi verticales que possible, en prenant des précautions contre les accidents. Dans ces conditions, l'atelier des piocheurs-mineurs doit être indépendant des deux chargeurs nécessaires pour chaque wagon. Indépendamment de l'attaque *en bout*, qui ne permettrait de charger qu'un seul wagon à la fois, on donne la même disposition aux parois latérales de la tranchée; il en résulte une plus-value notable de dépense pour la fourniture et la pose de quelques échafaudages nécessaires pour les banquettes.

Ce procédé offre l'inconvénient d'être coûteux lorsqu'on doit enlever un cube considérable et ouvrir une tranchée profonde. Nous conseillerons alors de recourir à une autre méthode : celle de la pénétration en *galerie souterraine* (fig. 196). Pour cela, on ouvre une *galerie* à section carrée, de 3 mètres de côté. Les terres sont soutenues par des traverses de chemin de fer, placées, deux debout, *en chandelle*, et une troisième *en chapeau* sur les deux premières, formant ainsi des travées espacées de mètre en mètre. Quelques branchages, fascines, croûtes de voliges, etc., servent à bourrer la partie supérieure et à empêcher le glissement des terres. Cette galerie étant creusée

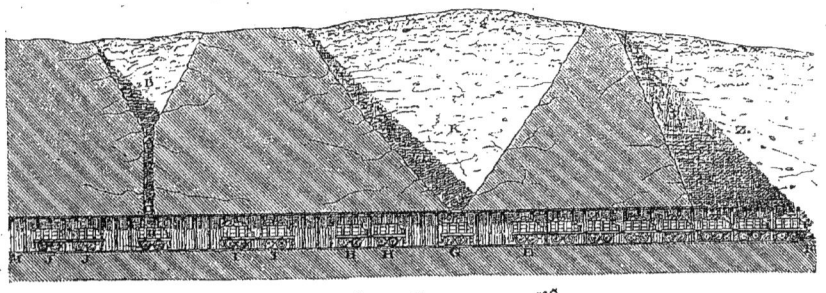

Fig. 196. — Attaque des terrassements par galerie souterraine.
Coupe sur la longueur.

et solidement *armée*, on pratique, de distance en distance, des puits A A (fig. 196 et 197) larges de 1^m,30, au sommet desquels une cuvette de pénétration B, avec talus de 0^m,75 de base pour 1 mètre de hauteur, permet aux hommes de se maintenir debout pour piocher et faire tomber les terres. Sous le goulot du puits C, un wagon en charge, D, reçoit les terres éboulées, qui se divisent en morceaux assez menus en tombant sur les parois dentelées. Le wagon est ainsi chargé en un instant. Si le nombre des wagons est bien calculé, ce système est très-expéditif. La même figure donne un exemple de cette distribution. La galerie souterraine a été commencée en F et se prolonge jusqu'en M. La première partie Z est déjà déblayée. Dans la seconde K, encore en exploitation, le puits a été excavé en entier et les deux talus sont complets jusqu'à la galerie; le travail continue. Le puits B est ouvert dans sa partie supérieure, et la portion A C conserve encore ses parois verticales. Les wagons sont ainsi distribués : un train de seize voitures a été engagé sous la galerie; les huit premières, E F, sont déjà chargées, ainsi que deux autres I I, entre les puits B K. Deux wagons D G sont en charge. Les quatre autres, H H, J J, seront divisés entre les deux ateliers en activité et compléteront les trains en les réunissant au même moment, et le tout sera ainsi emmené en une seule fois.

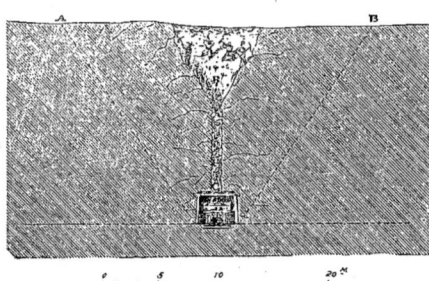

Fig. 197.—Attaque des terrassements en galerie souterraine Coupe en travers.

Pour nous rendre compte de la différence de prix résultant de ce mode de procéder, supposons que nous ayons à ouvrir une tranchée haute de 16 mètres, pour établir un chemin de fer à une voie, soit de 7 mètres de *plafond*[1], et voyons comment on procède dans l'une et l'autre hypothèse.

Avec le système en cunette, on commence par pénétrer la masse en ouvrant une tranchée de 3 mètres de largeur au plafond, et 0,25 d'inclinaison par mètre sur les parois, soit une largeur *en gueule* de 11 mètres sur 16 de hauteur. On aura donc, par mètre courant, un cube de 112 mètres. En raison du chargement, à la brouette et par échafaudages, de deux wagons (celui de tête est chargé directement *en bout*), ces 112 mètres, sur un cube total de 184 mètres, sont frappés d'une plus-value de 200 % pour fouille et charge, sans compter les délais qu'un tel travail occasionne.

Par la galerie souterraine, l'ouverture de 3 mètres de côté, donnant 9 à 10 mètres cubes à extraire par mètre courant, coûte *6 fois* le déblai en fouille ordinaire, soit 3 francs par mètre, le déblai ordinaire, fouille et charge, étant réduit à 0 fr. 50. On aura donc 10 mètres cubes par mètre courant frappés de la plus-value, soit (30 fr. — 5 fr.) 25 francs. L'ouverture du puits de 1m,30, comptée au même prix de 3 francs, sera ajoutée au cube précédent. Mais, la galerie et le puits étant ouverts, le déblai se réduit à un simple piochage pour les trois quarts de la masse, et les wagons se chargent seuls. Donc la plus-value de 25 francs affectera de 0 fr. 15 par mètre courant le cube total composé du prix ordinaire de 0 fr. 50 pour fouille et charge. D'autre part, ces 0 fr. 15 seront rachetés par la suppression de la pelle, qui représente la moitié de la dépense, de sorte que l'ouverture de la galerie, non-seulement

---

1. On nomme plafond, dans les terrassements, le sol de la tranchée terminée.

n'augmente pas le prix d'unité de 0 fr. 50 admis pour un grand terrassement, mais, au contraire, l'améliore. Une excellente application de cette méthode a été faite aux terrassements des Buttes-Chaumont par M. Girard, qui me l'a indiquée, pour le percement de la butte du parc en prolongement de la rue Fessart.

L'extraction et le transport des terres dans les terrains vaseux, tourbeux, sans consistance, permet aussi d'employer la voie ferrée et le wagon, même dans les endroits où le roulage par chevaux et tombereaux est impossible. On s'en sert principalement pour le creusement des étangs et pièces d'eau. Il suffit de poser deux voies, dans le sens de la plus petite largeur de l'espace à fouiller. S'il y a deux dépôts pour les terres extraites, on doit prévoir une voie indépendante pour chacun d'eux. Cette voie s'établit sur des madriers, planches, fascines, broussailles, tout ce qui permet d'empêcher les traverses de s'enfoncer. Une chaîne ou un câble d'attelage peut alors être attaché aux wagons, jusqu'à une longueur de 100 mètres, et des chevaux placés sur le sol ferme tirent le train sur la berge. Si la longueur est trop grande, le train sera morcelé.

Par ce moyen, on peut transporter à bon marché des terres tourbeuses, chargées d'humus, mais un peu froides, sur des coteaux dénudés où elles produisent d'excellents effets. Nous avons vu, en Bourgogne, un exemple de cette opération, qui a produit les meilleurs résultats. Le fond de la vallée était rempli d'une épaisse couche d'humus un peu tourbeux, depuis C jusqu'à E (fig. 198). Sur le coteau, le sol infertile et pierreux affleurait en AA. On

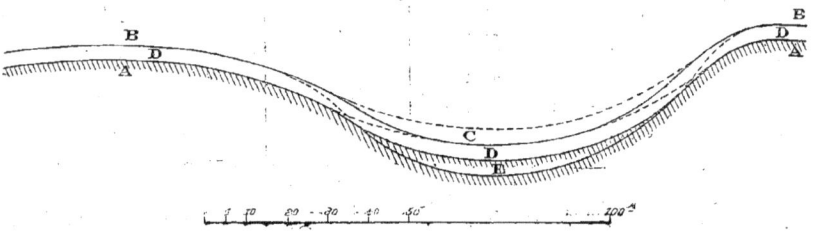

Fig. 198. — Transport économique, par voie ferrée, des terres d'une vallée sur les hauteurs.

établit un atelier de wagons qui, au moyen de deux trains alternatifs, portèrent en haut les bonnes terres en DD, et en rapportèrent les mauvaises qui furent placées en E et servirent de drainage au sous-sol tourbeux. Le profil rectifié du terrain devint B C B. La dépense, pour cette transformation de 15 hectares absolument improductifs, ne dépassa pas 12,000 francs, et une prairie excellente, ainsi constituée, a été depuis longtemps payée par le produit des récoltes de foin.

Nous venons de voir que l'aménagement du matériel, l'installation des chantiers, le mode d'opérer, influent beaucoup sur le prix de revient des terrassements au wagon. Il est donc difficile de donner le prix du mètre cube, qui peut varier considérablement. Mais il nous semble démontré que cette méthode doit être préférée toutes les fois que le cube dépasse 2,000 mètres à extraire et à transporter.

Il est plus aisé de comparer les prix de la brouette, du tombereau et du camion. On a calculé que le prix était le même, à la brouette ou au camion, pour transporter des déblais à 60 mètres. Jusqu'à une distance de 240 mètres, la brouette est plus avantageuse que le tombereau; à partir de cette distance, ce dernier véhicule ou le camion peuvent être indifféremment adoptés, jusqu'à 780 mètres, où le tombereau devient plus économique.

Le tableau suivant, usité dans le service des ponts et chaussées, résume le prix du mètre pour les trois sortes de transports, entre 30 et 900 mètres :

DISTANCE A PARCOURIR en mètres.	PRIX DE CHARGEMENT ET TRANSPORT D'UN MÈTRE CUBE.		
	A la brouette.	Au tombereau.	Au camion.
	francs.	francs.	francs.
30	0,25	0,89	0,32
60	0,37	0,93	0,38
90	0,49	0,96	0,44
120	0,61	1,00	0,50
210	0,97	1,11	0,68
300	1,33	1,22	0,86
360	1,57	1,29	0,98
420	1,81	1,36	1,10
480	2,05	1,43	1,22
540	2,29	1,50	1,34
600	2,53	1,58	1,46
660	2,77	1,65	1,58
720	3,01	1,72	1,70
780	3,25	1,79	1,82
840	3,49	1,86	1,94
900	3,73	1,94	2,06

— *Métré des terrassements*. — Le gros œuvre des terrassements est terminé. Le dressement et le *règlement*, qui ne peuvent se faire qu'à la journée, excepté dans les grandes villes où l'on trouve un personnel de jardiniers habiles, auxquels on paye ordinairement ce travail 0 fr. 05 par mètre superficiel, seront entrepris seulement après le métré des travaux et le calcul des cubes travaillés.

Dans un travail d'une certaine importance, on a dû laisser des *témoins*. Ce sont des cônes tronqués dont le sommet représente une partie de l'ancienne surface du sol et dont la base atteint la surface rectifiée. On doit laisser un nombre suffisant de ces témoins qui permettront de consulter les niveaux de l'ancienne surface pour construire les figures d'évaluation des cubes extraits.

Lorsqu'un prix unique est attribué au mètre cube de déblai transporté à un point déterminé, il est inutile de calculer le remblai. Autrement il est nécessaire de laisser dans ce remblai des balises qui servent de points de repère pour le métré. Le calcul des remblais est souvent difficile; il faut tenir compte du *foisonnement,* c'est-à-dire de l'augmentation du volume des terres remuées, avant leur tassement définitif. Cette considération est très-importante, et le chef d'atelier l'aura toujours présente à l'esprit, afin de calculer les remblais pour obtenir un niveau voulu au bout d'une année. Cette différence varie suivant les matériaux; dans les sols argileux, travaillés en grosses mottes, le tassement peut atteindre jusqu'à un cinquième de la masse totale.

Lorsqu'on a relevé sur le papier tous les profils du terrain d'après les témoins réservés, on peut procéder au calcul ou cubage. Si l'on emploie la méthode exacte, on mènera sur chaque profil en long, parallèlement à l'axe où le sol ancien rencontre le sol rectifié, autant de plans verticaux qu'il y a de profils en travers. On obtiendra ainsi une série de prismes terminés latéralement par deux plans verticaux et qu'il sera facile de calculer, si l'on est habitué au cubage des solides. Mais ces opérations compliquées sont rarement familières aux conducteurs des terrassements dans les jardins et l'on emploie ordinairement des moyens plus expéditifs. Le procédé consiste à décomposer tous les solides ainsi obtenus en solides dont les projections sont des parallélogrammes, des trapèzes ou des triangles. Nous ne donnerons ici aucune formule mathématique, afin d'être compris du plus grand nombre, et nous nous bornerons à citer deux ou trois exemples de ces calculs.

Dans la figure 199, le rectangle de la base A B C D a 15 mètres de longueur sur 8 mètres de largeur; sa surface égale 120 mètres. Les deux surfaces verticales seront respectivement :

$$AD \times AE, \text{ soit } 8^m,00 \times 3^m,00 = 24^m,00$$
$$BC \times BF, \text{ soit } 8^m,00 \times 5^m,00 = 40^m,00$$
$$\text{Ensemble}\ldots\ldots 64^m,00$$

dont la moitié est de $32 \times 120 = 384$, soit 384 mètres cubes pour le solide entier.

La figure 200 est plus facile encore à calculer. $JL \times JK \times \frac{15}{2}$ est la formule, soit

$$5^m,00 \times 3^m,50 = 17^m,50 \times 15^m,00 \ \frac{262^m,50}{2} = 131^m,25$$

Ce solide contient donc $131^m,25$.

En mesurant les deux surfaces horizontales de la figure 201, N O P Q et R S T U, et les multipliant par la hauteur V X, on aura le calcul suivant :

$$15^m,00 \times 3^m,00 = 45^m,00$$
$$10^m,00 \times 2^m,00 = 20^m,00$$
$$\frac{65^m,00}{2} = 32^m,50 \times 10^m,00 = 325^m,00$$

ce qui donne 325 mètres cubes.

434 L'ART DES JARDINS.

Un conducteur de travaux, peu versé dans la géométrie, peut détailler ainsi tous les cubes à évaluer, et, s'il y met de la lenteur, il peut espérer au moins une assez grande exactitude.

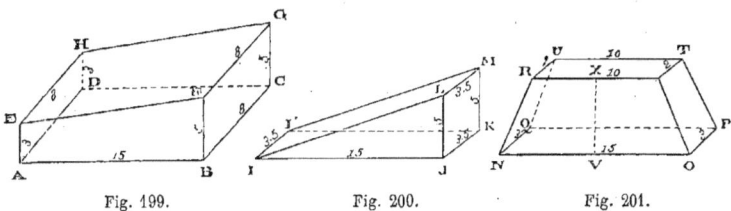

Fig. 199. Fig. 200. Fig. 201.

On emploie avec succès, pour calculer les profils sur le papier, un petit instrument très-commode et expéditif : une roulette emmanchée, imaginée par M. Dupuit, inspecteur général des ponts et chaussées. En décomposant le profil, par des parallèles équidistantes, en une série des trapèzes de même hauteur, on obtiendra leurs surfaces en multipliant cette hauteur commune par la demi-somme de leurs bases. La surface cherchée est la somme de tous ces trapèzes ; elle s'exprime par la distance commune des parallèles, multipliée par leurs longeurs additionnées.

Sur le profil (fig. 202) ci-joint, par exemple, on fera courir la roulette

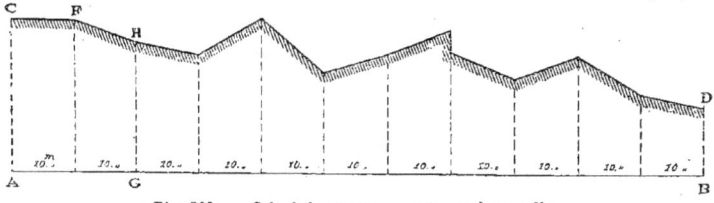

Fig. 202. — Calcul des terrassements sur les profils.

successivement du point A au point C, de E en F, de G en H, etc. L'instrument porte deux roues inégales, dont la grande, de 0^{m}10 de circonférence, est divisée en 60 dents, tandis que le pignon n'en a que 6. Il en résulte que le pignon ne fait qu'un tour quand la grande roue a parcouru 1 mètre ou fait 10 tours. Les longueurs cumulées s'additionnent donc d'elles-mêmes sur le cadran. Si l'on place avec soin la pointe de l'instrument sur l'extrémité de la ligne, et si l'on arrive exactement à l'autre bout, l'écart de ce mode de mesurage avec le calcul arithmétique ne dépassera pas 2 pour %.

Ce profil suppose le cas où les déblais seuls sont à mesurer et où ils sont tous ramenés à un plan AB (fig. 202). C'est là une exception dans le mesurage des profils des terrassements effectués. Le plus souvent, dans les travaux de jardins, ils se composent de déblais et de remblais successifs et variés, et leur calcul est une opération délicate. La figure 203 représente le plan d'une partie du parc de Maubuisson (Eure), où la grande pelouse entre le château A, les avenues F, les massifs H, les dépendances B C et le potager D, a été formée au moyen de remblais considérables

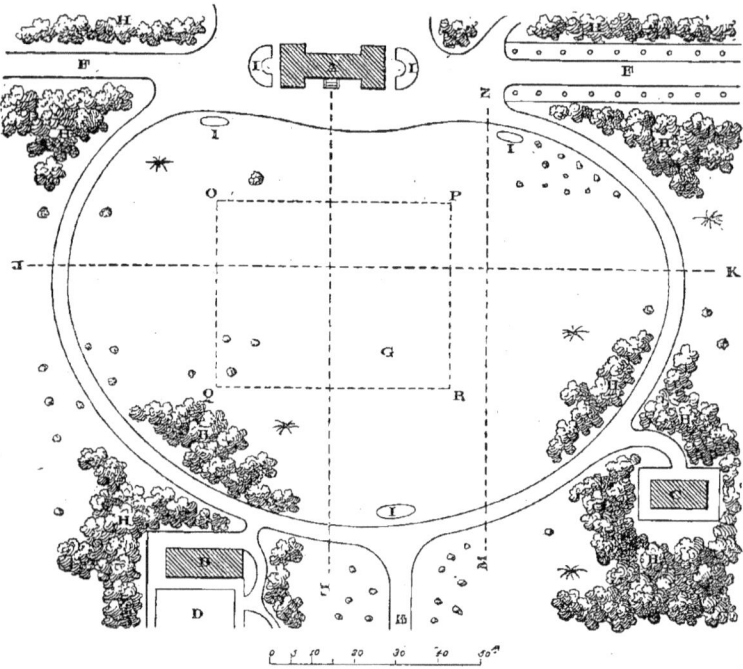

Fig. 203. — Grande pelouse du parc de Maubuisson (Eure). — Ed. André, architecte.

pris sur la colline voisine. Le cube des remblais a dépassé celui des déblais. Sous les fenêtres du château, un potager O P Q R avait été autrefois placé,

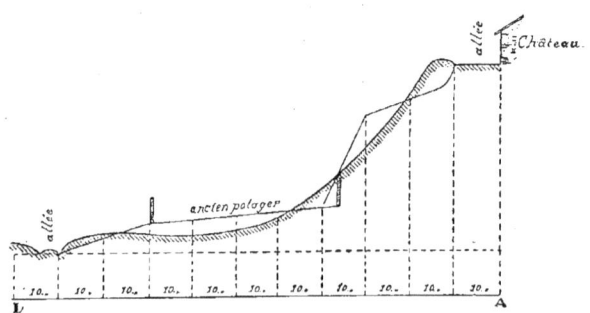

Fig. 204. — Profil suivant L A. — Parc de Maubuisson.
Longueurs : échelle du plan. Hauteurs : au double.

arrêtant la pente par un mur de soutènement, et formant une excavation désagréable. Par l'examen des profils L A (fig. 204), M N (fig. 205), on se rend compte des différences obtenues dans les niveaux et des lignes rectifiées par les terrassements.

Le profil en long JK (fig. 206) montre également l'emplacement du potager, dont les bonnes terres, très-abondantes, servirent à couvrir les pentes dénudées qui entouraient le château. Les bords de la pelouse furent relevés,

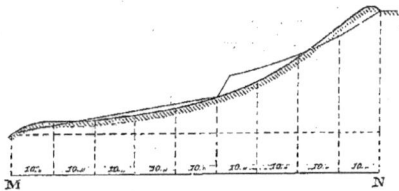

Fig. 205. — Profil suivant MN. — Parc de Maubuisson.
Longueurs : échelle du plan. Hauteurs : au double.

et les allées elles-mêmes, légèrement encaissées, permirent au regard d'embrasser l'ensemble de cette vaste pelouse ondulée et plantée, dont le sommet, près du château, est actuellement de 11^m40 plus élevé que le point E.

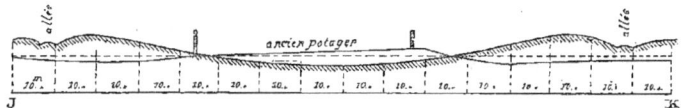

Fig. 206. — Profil suivant JK. — Parc de Maubuisson.
Longueurs : échelle du plan. Hauteurs : au double.

Après les calculs des grandes surfaces, qui comprennent non-seulement les pelouses et les massifs, mais encore les bassins, pièces d'eau, rivières, etc., généralement creusés dans le sol naturel et à compter en déblais, vient l'estimation des cubes provenant de la formation des chemins. Nous avons vu précédemment comment leurs profils se constituaient. Rien n'est plus simple que d'évaluer les terres employées à former la chaussée et ses abords. On fera bien, pour obtenir des calculs exacts, de relever, de 10 en 10 mètres, leur profil en travers, rattaché au profil en long dans l'axe que l'on aura soigneusement conservé (voir pp. 222 et suiv.). On aura ainsi les éléments d'un mesurage juste et rapidement exécuté.

Enfin, après les calculs de grosse cubature, on arrive à ceux des ouvrages au mètre superficiel. Les opérations élémentaires de l'arpentage et du lever des plans, que nous avons résumées au chapitre VIII, suffisent à évaluer ces travaux. Ils comprennent : la défonce des massifs pour la plantation, le piochage des mauvais sols, le piquage des allées, le roulage, le le répandage du sable, le dressement, le règlement, le semis, le cylindrage, le bêchage, le ratissage, le placage des gazons, enfin la plupart des opérations d'entretien. Les prix du mètre de surface varient beaucoup suivant diverses circonstances. On se servira utilement, pour les établir, du taux de la main-d'œuvre locale, et des méthodes que j'ai indiquées en parlant des devis et des séries de prix.

LES EAUX.

La théorie de la distribution des eaux dans les parcs et les jardins a été sommairement exposée dans les précédents chapitres. Nous les avons étudiées au point de vue de l'optique (pp. 128-129), de l'étendue fictive (p. 136), des scènes aquatiques (p. 143) ; nous avons examiné la rédaction des devis qui s'y rattachent (pp. 286-298) et les procédés de leur tracé sur le terrain (p. 304).

Ces préceptes peuvent se compléter maintenant par des détails pratiques, variant selon les circonstances que rencontre l'architecte-paysagiste. On trouvera l'inspiration de ces travaux dans un examen attentif de la distribution des eaux dans la nature, et les applications viendront d'elles-mêmes.

Nous considérerons les eaux suivant qu'elles sont distribuées dans les jardins paysagers ou dans les jardins réguliers.

Parcs et Jardins paysagers. — On peut classer les eaux répandues naturellement à la surface du globe sous deux titres : les *eaux courantes* et les *eaux dormantes*.

1° *Eaux courantes*. — **Généralités**. — Soit qu'elles proviennent des pluies ou de la fonte des neiges dans les montagnes, les eaux courantes prennent deux formes distinctes : elles coulent à ciel ouvert sur des pentes rapides et des terrains imperméables, ou elles s'infiltrent dans le sol à de plus ou moins grandes profondeurs, pour former des sources souterraines ou pour suivre une surface qu'elles ne peuvent traverser, et s'ouvrir ensuite un passage à l'air libre.

Cet état de perméabilité du sol donne, à première vue, l'explication de la figure variée des cours d'eau naturels. Dans les terrains accidentés, de formation primitive, dans les schistes, dans toutes les roches dures, on voit les ruisseaux se multiplier et précipiter leur cours sans exercer d'influence notable, ou du moins immédiate, sur le relief du sol. Ils suivent les sinuosités innombrables du thalweg des vallons latéraux, des moindres plis de terrain, et n'adoucissent les lignes de leurs rives qu'à leur arrivée sur des pentes plus douces et sur un sol plus poreux. La figure 207 présente, comme exemple de ce tracé naturel, le cours du Sichon, rivière des terrains schisteux, qui se jette dans l'Allier près de Vichy. Plusieurs des ruisselets dont la réunion

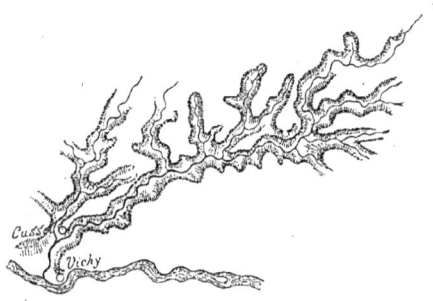

Fig. 207. — Cours d'eau dans les montagnes. Le Sichon (Allier).

constitue le torrent coulent entre deux rives abruptes, formant une suite de décrochements et de retraites pittoresques.

Dès que les eaux quittent les terrains primitifs pour entrer dans les formations sédimentaires, plus perméables, elles prennent une autre allure. Leurs rives sont bientôt rongées par l'effort continu du courant, et les sinuosités, d'abord très-accentuées, s'adoucissent graduellement pour offrir bientôt de longues courbes à bords parallèles, à peine variés par des différences de consistance dans les terrains, ou par l'embouchure de quelque affluent secondaire. La figure 208 représente un tronçon de la Lapasna,

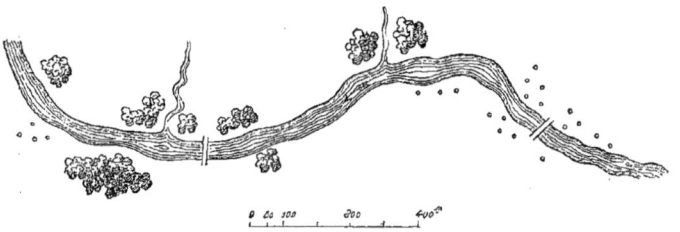

Fig. 208. — Rivière sur pente modérée. La Lapasna, près Serpukhoff (Russie).

affluent de l'Oka, qui traverse le parc d'Otrada (Russie) et que j'ai conservé dans son aspect naturel, dans mon dessin de ce parc, en 1869.

Le cours des rivières de ce genre se régularise rapidement s'il est modéré, ne dépassant pas 5 millimètres de pente par mètre, et s'il n'est pas sujet à des crues subites et violentes qui ravagent son lit et le modifient profondément. L'œuvre plus ou moins rapide du temps est de rapprocher ces cours d'eau de la ligne droite.

Lorsque les eaux suivent le fond à peine incliné d'une longue vallée, et que leur cours ne dépasse pas une pente de 2 ou 3 millimètres par mètre, elles prennent une autre disposition. Au lieu de tendre à la direction rectiligne, elles serpentent en capricieux méandres, creusent lentement de nom-

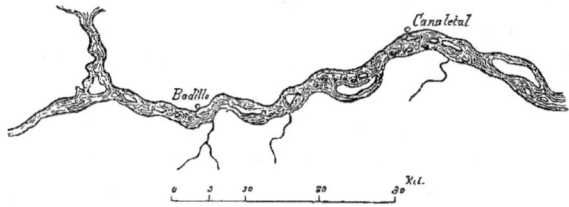

Fig. 209. — Fleuve à pente très-douce. Le rio Magdaléna (Colombie).

breux canaux, et sèment leur lit d'îles inégales, à l'exemple du Magdaléna (Colombie) vers le 8° de latitude nord (fig. 209) et d'un grand nombre de fleuves et rivières des pays plats.

La course des eaux, suivant ces trois principales divisions et leurs nombreuses variétés, obéit à certaines lois qu'il est nécessaire de connaître et dont les principales peuvent se libeller ainsi :

L'hydrographie d'un pays est étroitement liée à son état orographique, et par conséquent à la consistance des terrains.

Plus un sol offre de résistance à l'action érosive des eaux, et plus ses pentes seront prononcées.

Un cours d'eau continue à creuser son lit jusqu'à ce que la résistance des berges fasse équilibre à la puissance du courant.

Sur une pente régulière et sur un sol homogène, l'action du courant tend à établir la ligne droite et le parallélisme des rives.

En plaine, les sinuosités du lit sont motivées par les moindres inégalités du sol, par sa porosité, par l'action des crues et des vents, l'écroulement des berges dans les concavités, les alluvions dans les convexités, l'afflux des cours d'eaux secondaires.

Lorsque deux cours d'eau égaux se réunissent en un seul par un angle aigu, la masse d'eau commune suit une droite dans le prolongement de la bissectrice de l'angle A (fig. 210) jusqu'à ce qu'un obstacle la fasse dévier. C'est une judicieuse observation de M. G. Meyer [1].

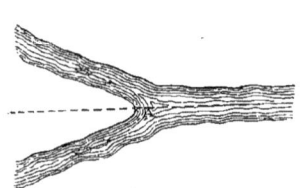

Fig. 210. — Confluent de deux cours d'eau égaux.

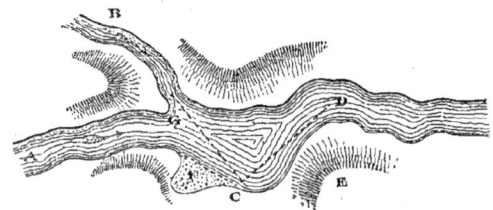

Fig. 211. — Confluent de deux cours d'eau inégaux.

Au contraire (fig. 211), si l'un des deux courants B est plus faible que l'autre A et s'il lui apporte obliquement ses eaux, il affouillera en C la rive opposée jusqu'à ce qu'il soit rejeté en D par la résistance de la butte E. Le cours d'eau principal reprendra alors sa direction et sa largeur initiales, si l'affluent n'en a pas notablement grossi le débit. La même action aura pour corollaire d'amincir l'angle G des deux côtés et de former en F un remous et des eaux mortes où se réuniront les matières charriées, sable, limon, etc. C'est à la force centrifuge qu'est dû ce résultat, dont il faut se bien pénétrer pour imiter avec succès, dans les jardins, la disposition naturelle des eaux.

Il n'est pas nécessaire qu'un cours d'eau se joigne à un autre pour que cet effet se produise; l'inégalité de résistance des berges suffit. Tant que

---

1. *Lehrbuch der schönen Gartenkunst*, 1873, p. 152.

le courant conserve de la force et que le lit n'est pas encore à son maximum de profondeur et de longueur, l'action sera la même. La partie frappée obliquement par le flot cédera et sera creusée en courbe concave jusqu'à ce qu'elle ait atteint le point bas ou thalweg de la vallée. Sur la rive opposée ou convexe, la vitesse de l'eau étant moindre, les alluvions se déposeront et le lit de la rivière avancera parallèlement jusqu'à ce que la résistance de la rive concave soit telle que le courant se rejette dans une direction opposée et fasse un travail inverse. Tel est l'origine des lacets des rivières, modifiés par l'inclinaison et la nature des terrains qui leur font résistance. On comprend donc que jamais deux courbures concaves ne seront opposées, car l'une des deux serait rapidement remplie par les atterrissements et le parallélisme se rétablirait bientôt. De là aussi l'explication, dans le cours des rivières artificielles, des évasements, qui devront toujours être doubles pour se faire contre-poids et rester vraisemblables. La figure 212, d'après cette règle, serait vicieuse et la figure 213 correcte, le flot venant de A et

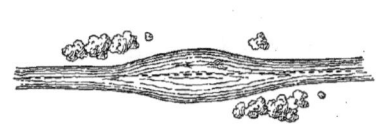
Fig. 212. — Élargissement antinaturel.

Fig. 213. — Élargissement naturel.

allant successivement frapper B et C, pour reprendre son cours normal en D. La disposition sera encore meilleure, si en FG des roches placées sur le bord de l'eau rompent l'uniformité de la ligne et laissent derrière elles des eaux mortes qui justifient l'élargissement artificiel.

Iles. — Si l'on examine la formation des îles dans la nature, on verra qu'elles apparaissent lorsqu'un obstacle divise le courant et que les deux côtés de cet obstacle présentent des terrains moins résistants que lui. Elles se produisent encore par l'éboulement graduel des berges et la coupure d'une boucle brusque de la rivière. Les grands fleuves d'Europe en offrent souvent l'exemple. J'ai été le témoin, dans l'Amérique du Sud, de la formation presque instantanée d'une grande île de cette nature, pendant mon voyage en Colombie. Le rio Magdaléna, non loin de Honda, avait formé depuis de longues années, sur un point nommé la *vuelta de la madre de Dios* (A, fig. 214), une boucle qui allongeait de plusieurs kilomètres le trajet des bateaux. Comme je remontais ce fleuve, une crue subite venait de faire irruption et les eaux, frappant comme un bélier, avaient coupé la presqu'île,

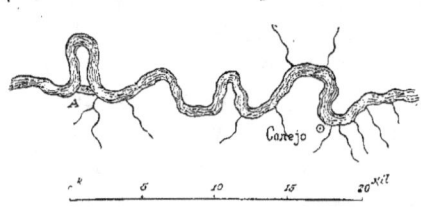
Fig. 214. — Formation naturelle des îles. Rio Magdaléna (Colombie).

pratiquant en A, du même coup, un vaste chenal et une île énorme et raccourcissant considérablement la route.

Les îles sont encore le produit des dépôts alluviaux qui élèvent le lit des rivières, se couvrent de végétation et déplacent le courant. Dans ce cas, leurs bords sont plats ou en pente très-douce, et les racines des arbres seules en modifient lentement le relief.

Lorsque les îles sont constituées par des éboulements de roches ou des coupures faites dans un sol ferme par un courant impétueux, elles sont le plus souvent détachées d'un promontoire (fig. 216), comme on voit les continents annoncés en mer par des îlots ou des groupes d'îles voisins des côtes. Il en est autrement lorsqu'elles se forment par alluvions dans un courant faible ou par érosion dans une rivière un peu plus rapide. Alors elles accusent, en amont, une forme arrondie ou obtuse, le courant les frappant de face et se divisant à angle presque droit ; en aval, elles

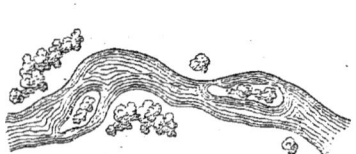
Fig. 215. — Formes naturelles des îles.

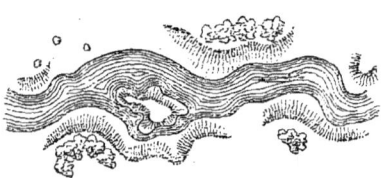
Fig. 216. — Position naturelle des îles.

présentent une pointe aiguë causée par la pression des deux bras de la rivière qui tendent à se rapprocher (fig. 215). La forme de ces îles est d'autant plus allongée que la vitesse de l'eau est moins grande.

Il résulte de ces règles, soumises d'ailleurs à de nombreuses exceptions dans la nature et dont j'esquisse simplement les généralités, que le tracé des rivières artificielles pourrait être mieux compris dans les parcs et les jardins. Les modèles ne manquent pas si l'on sait observer, choisir et imiter.

Ruisseaux. — Les ruisseaux sont plus variés que les rivières et moins assujettis à des règles précises. Le caprice semble leur loi et la diversité de la nature est pour eux inépuisable. Qu'ils bondissent de roche en roche, s'enfoncent dans le sol, reparaissent calmes et limpides, ils revêtent mille formes et sont toujours charmants. Généralement les ruisseaux naturels sont faciles à embellir, au moyen de travaux peu importants. Quelques recommandations suffiront pour leur tracé :

Plus le terrain est accidenté, plus les sinuosités des ruisseaux seront rapprochées. Les brusques détours sont le résultat de coupures naturelles du terrain ou du travail des eaux sur des roches d'inégale dureté.

Ils peuvent varier de largeur, à condition que les endroits resserrés soient situés entre des berges à pic ou à pente rapide, et les expansions dans les parties planes du terrain.

Les bords des ruisseaux en plaine seront adoucis et gazonnés ; en montagne, on les ornera de pierres isolées prises dans la région, à demi enfouies dans le sol et simulant des affleurements de roches naturelles.

Si un ruisseau s'étend sur un sol plat, de manière à former une nappe d'eau, il devra être accompagné, à son arrivée et à sa sortie, de petites îles servant de transition, à moins qu'il ne forme une cascade et ne semble remplir une dépression naturelle du terrain (fig. 217). Les effets de ce genre

Fig. 217. — Chute de ruisseau dans un lac. Bois de Vincennes.

obtenus au bois de Boulogne et au parc de Vincennes, à Paris, sont des mieux réussis, et nous pouvons citer le petit lac de Saint-Mandé comme un bon exemple de cette disposition.

Les sources des ruisseaux seront imitées de la nature, c'est-à-dire peu apparentes ; elles sortiront de la base de rochers et non d'une pierre isolée et élevée au-dessus du sol. Si elles sont créées artificiellement, elles ne devront jamais laisser deviner le subterfuge. Leur voisinage sera toujours planté. Lorsque plusieurs sources peu abondantes, de celles qu'on nomme *pleurs*, sont éparses dans un espace peu étendu, on a intérêt à les capter (voy. p. 287) et à les réunir pour augmenter leur effet ornemental. Un petit bassin ou une vasque pittoresque leur servira de récipient, avant que le ruisseau auquel elles donneront naissance ne prenne son cours régulier.

Prenons pour exemple le ruisseau du parc de la Chaumette (fig. 218). Des sources venant de la forêt de Montmorency amènent des eaux abondantes au point A, situé devant le château et formant un petit bassin de départ. Après avoir franchi trois ponts et un gué, s'être étendues dans le bassin B, avoir formé en C une anse destinée aux bains froids, ces eaux, descendant par une série de quatre cascatelles, se perdent dans un épais

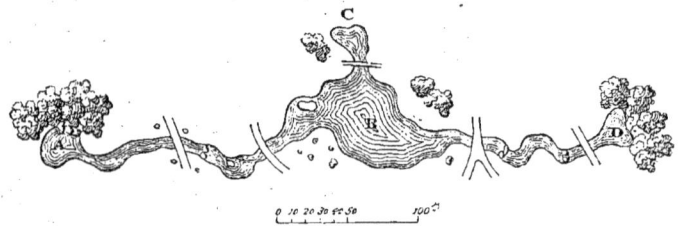

Fig. 218. — Ruisseau et bassin du parc de la Chaumette.

massif D, où est établie une pêcherie. Le ruisseau et le bassin sont entièrement bétonnés, mais le bord maçonné, entouré de gazon, ne s'aperçoit nulle part.

Le ruisseau plus accidenté *(stream)* du Sefton Park, à Liverpool, offre une scène différente. Il est alimenté par un petit cours d'eau venant du point B. Encaissé entre deux rives inégales, gazonnées, plantées, çà et là couvertes de roches, il est très-varié dans ses effets et forme la scène la plus pittoresque du parc (fig. 219). Aux Buttes-Chaumont, à Paris, de bons

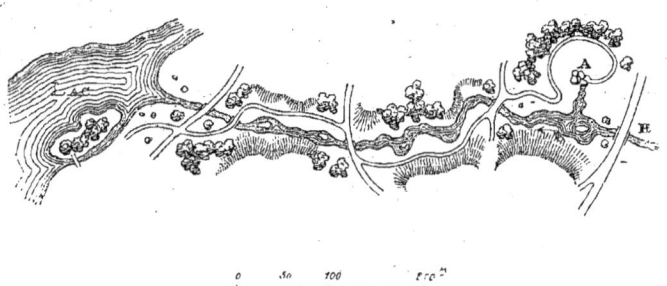

Fig. 219. — Ruisseau accidenté du Sefton Park, à Liverpool.

modèles de ruisseaux, taillés dans le gypse naturel, à la sortie de la grotte, ou construits de toutes pièces, depuis la butte des Pins jusqu'au lac, sont très-pittoresques et leur effet est rehaussé par d'abondantes plantations d'arbustes.

Les bords des rivières sinueuses, comme ceux des ruisseaux dans un pays ondulé, rappelleront les pentes produites par des alluvions tranquilles. Des dépôts de terrain, détachés de la colline, formant des promontoires alternes, entre-croiseront leurs croupes plantées, tandis que les dépressions transversales resteront gazonnées et simuleront de petits vallons libres. Si ces bords étaient régulièrement élevés en muraille de long du ruisseau, comme on le voit fréquemment dans les pays calcaires, en Bourgogne, en Champagne, en Normandie, en Périgord, on briserait çà et là cette digue et l'on formerait

444 L'ART DES JARDINS.

de petites plages sur le bord même du cours d'eau. Repton a fait observer avec raison [1] que cette disposition augmentait la quantité de ciel reflété à la surface de l'eau. Le spectateur A (fig. 220), en vertu de l'équivalence des angles d'incidence et de réflexion ABB' et B'BD, ne verra que la quantité de ciel reflétée de G à B. Au contraire, en abaissant la plage suivant CH

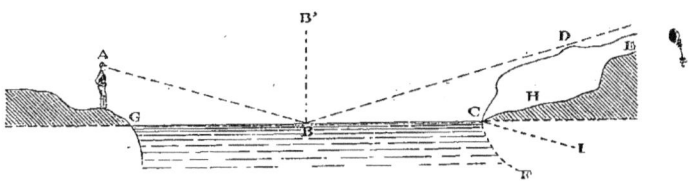

Fig. 220. — Réflexion dans l'eau. Effets de l'abaissement des berges.

et ne retrouvant la masse rocheuse qu'en E, il n'aura pas le reflet des rives suivant F, mais suivant I; la quantité du ciel sera reflétée de G à C et la surface de l'eau paraîtra plus grande.

Sur les pentes faibles, il est difficile d'obtenir des effets d'eau courante si l'afflux constant n'a pas un certain volume. On doit alors construire des barrages qui retiennent les eaux par *biefs* successifs et divisent la pente totale en une série des petites chutes. L'écueil à éviter, dans ce travail, est de donner un aspect artificiel. Ces petits canaux curvilignes sont rarement satisfaisants et rationnels; leurs bords, à courbes alternes trop égales, leur nappe élargie entre deux barrages, l'uniformité de hauteur des chutes sont autant de fautes qu'on retrouve sans cesse dans les jardins modernes. Ce reproche n'est pas nouveau : U. Price l'avait déjà formulé en critiquant les travaux de Brown, et Loudon, qui accusait Repton de sacrifier à ce mauvais goût par une trop grande régularité dans les contours de ses tracés, s'était préoccupé des moyens de l'éviter [2]. On trouverait plus d'un procédé pour obtenir ce résultat. Il suffit de ronger les bords, de multiplier les lacets quand le sol est accidenté, de retrécir et d'élargir le lit, de jeter çà et là des roches d'un aspect naturel, de varier la hauteur des barrages et surtout de bien distribuer les plantations.

Un effet très-agréable, trop rarement observé dans les parcs et les jardins, s'obtient par la dérivation d'une partie de cours d'eau dans les circonstances suivantes : on choisit, en remontant le courant, un point où l'un des plans horizontaux du terrain se trouve au niveau supérieur de l'eau en A (fig. 221). On pratique à cet endroit une coupure dans le lit de la rivière et l'on conduit les eaux dans la prairie soit souterrainement, soit à ciel ouvert, en suivant une ligne de niveau B jusqu'au point C où l'on obtient une chute égale à la dénivellation entre les points A et C. C'est le système des

[1]. *Observations on the theory and practice of landscape gardening*, éd. 1803, p. 28.
[2]. *Treatise on forming... countryresidences*, v. II, pl. 16.

retenues d'eau pour les moulins et celui des irrigations de prairies. Il est facile de combiner dans ce cas l'effet utile et l'effet décoratif, et de n'utiliser la cascade C qu'aux moments où l'on n'aura pas à arroser les prairies B.

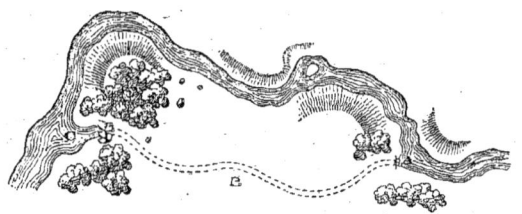

Fig. 224. — Formation de cascades par dérivation.

Cascades et chutes d'eau. — Les eaux, en changeant brusquement de niveau, donnent lieu à des chutes qui prennent différents noms suivant leur importance. Les anciens réunissaient ces chutes sous le nom général de *cataracte*. On distingue aujourd'hui :

Les *sauts* ou *cascades*, qui s'appliquent à une masse d'eau assez volumineuse tombant d'une grande hauteur ;

Les *cataractes*, suite de chutes peu considérables, causées par des roches rapprochées sur un long plan incliné ;

Les *cascatelles*, ou petites cascades, fréquentes dans les ruisseaux des montagnes ;

Les *rapides*, formés par les eaux descendant sur un plan incliné interrompu par des roches roulées, et coulant torrentueusement, mais sans donner lieu à des chutes proprement dites.

Un des plus beaux spectacles de la nature est celui des grandes cascades dont le Niagara, et les chutes de Yosemité aux États-Unis et celle du Téquendama en Colombie, sont la plus haute expression. Rien n'égale la splendeur de ces témoins des grandes convulsions du globe. A des degrés divers, tous les pays de montagnes possèdent des cascades qui appellent l'admiration des touristes. L'art peut difficilement s'appliquer à l'imitation de pareilles créations naturelles. Il est rare que l'artiste dispose d'un volume d'eau suffisant pour produire de puissants effets, et que toute la scène environnante soit arrangée à plaisir pour servir de cadre à un imposant spectacle. Les eaux qui tomberaient d'un barrage régulier, sans roches surplombantes, sans murailles déchirées, sans végétation tourmentée et pittoresque, ne seraient pas une beauté dans le paysage, mais prendraient un aspect d'utilité vulgaire, comme la chute d'une écluse ou la retenue d'un moulin. Si, au contraire, le sol semble avoir été déchiré par une violente commotion, si des blocs énormes émergent des eaux et les font écumer, si les rocs forment latéralement deux murailles brisées, couvertes d'arbres tordus, de plantes grimpantes et saxatiles, alors le pittoresque aura le dessus; la scène, dont l'aspect grandiose sera augmenté par le bruit fascinateur des cascades, aura une séduction dont personne ne saurait se défendre.

La cascade dont la figure 222 donne l'idée appartient à ce genre éminemment pittoresque; elle est située dans une contrée calcaire et les roches sur lesquelles elle bondit sont disposées en bancs horizontaux,

Fig. 222. — Cascade de Virginia water (Angleterre).

inégalement rompus par l'effort des eaux, mais dont les stratifications se lisent clairement.

L'aspect des cascades change considérablement avec la nature des terrains. Lorsqu'on eut décidé de créer, au bois de Boulogne, une chute d'eau imposante en face de la plaine de Longchamps, on prit les moyens de l'établir sur de vastes proportions, mais il fut impossible de trouver, dans la formation géologique du lieu, des roches de formes pittoresques. Des grès extraits de la forêt de Fontainebleau, débités et repérés sur place, furent amoncelés avec art et livrèrent passage à une nappe d'eau de 10 mètres de largeur sur 7^m,50 de hauteur. 1,640 mètres cubes de roches furent employés et la dépense de construction s'éleva à 160,000 francs. Cette belle cascade (fig. 224) avec son bassin supérieur, sa grotte sous la nappe principale, ses sentiers étroits, ses cavernes à surprises, sa végétation abondante, sa situation en face d'un magnifique paysage, n'a qu'un seul défaut que l'on n'a pu éviter, celui de trahir partout la main de l'ouvrier.

Depuis, on réalisa des progrès marqués. Les rochers jetés sur les bords des lacs, au bois de Boulogne, ceux du parc de Vincennes, dénotent une recherche sérieuse des effets naturels.

Dans la distribution des eaux du Sefton Park, à Liverpool, j'ai tenu à me conformer strictement à l'aspect des roches du pays. Cette partie du

Fig. 223. — Cascade dans la grotte du parc des Buttes-Chaumont.

Lancashire repose sur les grès rouges et bigarrés, et dans quelques endroits du comté, on trouve le vieux grès rouge (*old red sandstone*). De gros blocs de ces belles pierres, aux tons chauds, au grain poreux, aux arêtes émoussées, furent extraits du lac pour former les roches et les cascades, et les résultats obtenus firent oublier que l'art avait passé par là.

Cette préoccupation se retrouve dans le parc des Buttes-Chaumont, où les rochers reproduisent bien la formation du calcaire grossier et du gypse parisien qui constitue le sol et le sous-sol de ces anciennes carrières. Indépendamment des ruisseaux dont j'ai déjà parlé, un effet remarquable a été obtenu dans ce parc par la pénétration artificielle d'une cascade au fond d'une grotte de 18 mètres de hauteur (fig. 223). Les eaux, s'échappant du sommet par une vaste conduite forcée, amenée sous le boulevard de la

Fig. 224. — Grande cascade de Longchamps, au bois de Boulogne.

Vera-Cruz, coulent d'abord en cataractes sur des assises déchirées et couvertes de plantes d'une végétation sarmenteuse, de fougères, de conifères, et finissent par se précipiter en deux nappes inégales, dans l'intérieur même de la grotte, à travers une éclaircie de ciel d'un aspect saisissant. Des stalactites, pendant de la voûte, ajoutent au caractère pittoresque, et les oppositions de lumière et d'ombre, le bruit et la fraîcheur du lieu, complètent le charme dans les grands jours de l'été. Ce dessin de la grotte des Buttes-Chaumont a été fait avant que les murailles extérieures aient été couvertes du manteau de lierre qui les tapisse aujourd'hui, mais l'effet des eaux est resté le même qu'au jour où elles ont coulé pour la première fois, au printemps de 1867.

Les cataractes sont beaucoup plus répandues dans la nature. On les

Fig. 225. — Cataracte accompagnée de végétation.

imite sans difficulté, dès qu'on dispose d'un volume d'eau suffisant et que la pente totale permet de varier leurs dimensions. Quelques roches sont placées de manière à rompre et à battre le courant, qui produira de charmantes scènes de détail s'il est plutôt étroit et enfoncé, que large et trop éclairé. L'écume de ces eaux arrête la lumière et forme des nuages blancs dont le contraste est d'autant plus vif que le reste est plus sombre. On augmente aussi cet effet par des plantations à feuillage foncé (fig. 225), des conifères surtout et des fougères qui prospèrent dans le voisinage des eaux fouettées, et dont le feuillage de dentelle se découpe gracieusement sur un fond de verdure intense.

La transition est simple des cataractes aux cascatelles, dont l'emploi est si fréquent dans les jardins paysagers. Elles s'obtiennent par des barrages ou des roches placées çà et là en travers du courant. Leur principal défaut est la disparate qu'elles font avec les roches du lieu, comme nous venons de le voir pour les chutes plus importantes. C'est par les déchirures de leurs bords, par le dessin ingénieux des petits bassins élargis où elles tombent en rebondissant sur quelques pierres plates bien placées, qu'elles distrairont le regard.

Sur un plan incliné, quelques roches engagées sur un fond solide, rocheux, naturel ou artificiel, formeront des rapides. On les disposera comme dans les cataractes, mais sans laisser de chutes, afin de varier leur silhouette. Des cataractes, puis des eaux mortes et étalées en nappe, un ruisseau à fleur de sol, ici resserré, là glissant entre les roches et finissant en cascade, seront les éléments à combiner, au grand profit des effets paysagers.

Dans cette catégorie rentrent encore les *passages à gué*. Parfois, au lieu de traverser le cours d'eau sur un pont ou de le mener sous une chaussée par un conduit de communication, on laisse les eaux se frayer un passage sur le sol, en simulant un arrêt du bief et les forçant à se glisser entre des pierres arrangées avec goût (figure 226). On franchit ce gué à pied sec, au passage de l'allée, en marchant sur la saillie des pierres qu'on a tenues un peu aplaties pour éviter des chutes aux passants.

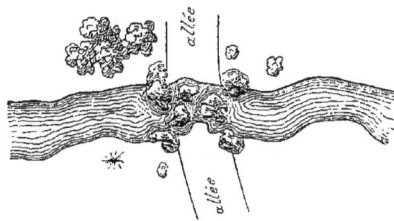

Fig. 226. — Passage à gué d'un ruisseau.

2° EAUX DORMANTES.

Les eaux dormantes, lacs, étangs, bassins, pièces d'eau diverses, se rencontrent dans la nature dès que les pluies, les infiltrations du sol ou des cours d'eau ont accumulé leur afflux dans une dépression fermée. Le niveau monte alors jusqu'à ce qu'une issue se manifeste, par des fissures souterraines, la rupture d'une digue, ou un déversement naturel au point le moins élevé des bords.

Les contours de ces pièces d'eau sont exactement fixés par les courbes horizontales, et les rives s'infléchissent en autant de golfes et de caps que les eaux avancent ou reculent pour rester à un niveau constant. Les conséquences à tirer de ce fait pour la reproduction artificielle des pièces d'eau se devinent; il suffit d'apporter quelques modifications aux berges, sans toucher à la silhouette générale, pour donner aux ondulations des bords les formes les plus variées.

Citons quelques exemples pris dans la nature. Le lac de Genève ou lac Léman (fig. 227) offre un modèle excellent pour un pays de collines ou de petites montagnes. Les sinuosités de ses bords sont dans un rapport parfait avec les pentes qui descendent vers ses eaux. Ici de longues plages, sur le côté d'Ouchy, des golfes pittoresques sur la rive du Chablais, de hautes falaises à Vevey et Villeneuve, prêtent à ces admirables paysages un charme incomparable.

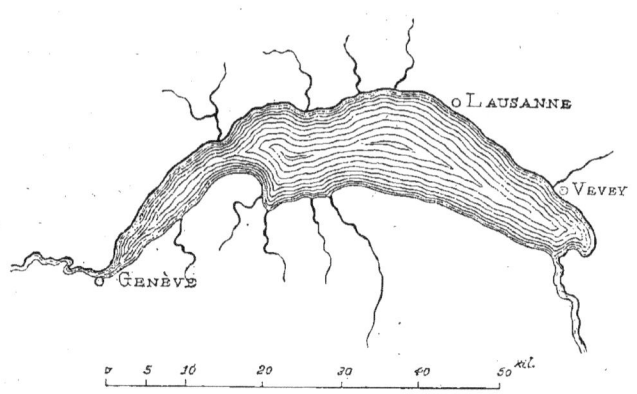

Fig. 227. — Lac de Genève. Contours arrondis.

Dans une région de montagnes abruptes, comme celles qui entourent les lacs de la haute Italie, lacs Majeur, de Côme, de Lugano, de Garde, les

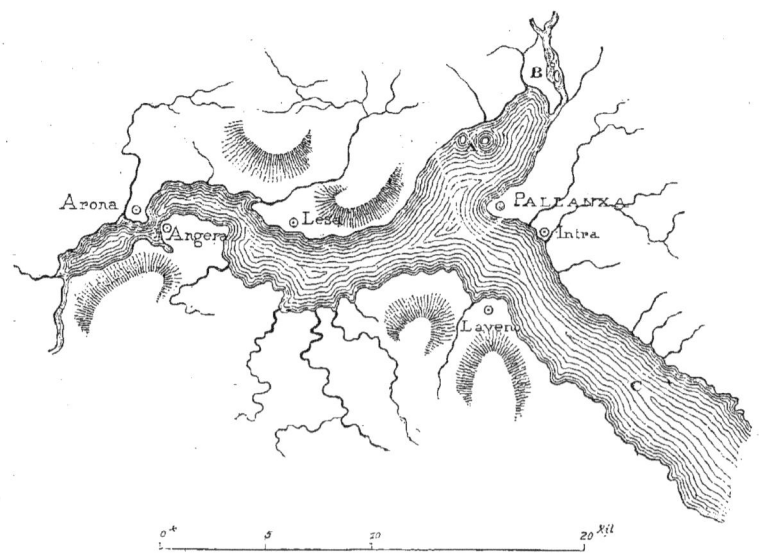

Fig. 228. — Lac majeur. Contours accidentés.

contours suivent la loi que nous avons vue régir les ruisseaux des montagnes, et les sinuosités sont beaucoup plus accentuées. Une rapide inspection de la carte donne l'explication de ce dessin, par le relief des pentes voisines et la

452   L'ART DES JARDINS.

multiplicité des cours d'eau. La figure 228 reproduit le tronçon sud du lac Majeur, entre Intra et Arona, c'est-à-dire dans un paysage enchanteur que rien ne surpasse en Europe. En A, les îles Borromées émergent des eaux comme deux nids de verdure; le golfe de Pallanza s'avance en B dans les terres, développant une suite de perspectives admirables, pendant que le lac s'élargit en C et que ses bords, de plus en plus accidentés, s'éloignent jusqu'aux contre-forts du Simplon.

Scènes paysagères. — Il importe seulement de citer quelques applications. Le grand lac du bois de Boulogne (fig. 229) rentre manifestement dans la première classe des formes que je viens de citer, c'est-à-dire celle du lac de Genève. Établi sur un sol en pente douce, il ne

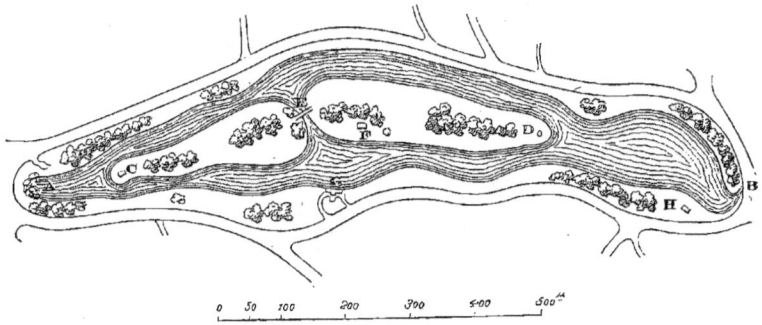

Fig. 229. — Grand lac du bois de Boulogne. Contours sinueux et allongés. — M. Varé, architecte.

devait présenter de relief que dans les berges de sa partie supérieure A, et son effluent devait se trouver à peu près au niveau du sol, au Rond Royal B. Ses rives furent développées en molles sinuosités, les îles du milieu s'allongèrent, les plantations furent variées, des silhouettes d'arbres que la nature avait laissées médiocres furent relevées par quelques fabriques; le kiosque C, l'exèdre D, le pont E, les embarcadères G et H, égayèrent le paysage. L'ensemble forma une des plus belles scènes des jardins publics de l'Europe. Cependant on peut reprocher à ce lac l'uniformité dans les courbes des rives, et l'absence de ces contrastes vigoureux qui sont le résultat des échancrures profondes et des promontoires accentués.

De semblables contours, qui s'expliquent sur les terrains plats du bois de Boulogne, n'ont plus de raison d'être au milieu de la nature tourmentée du parc des Buttes-Chaumont. Le lac actuel, au centre duquel s'élève un massif de roches haut de 30 mètres, est circonscrit par une courbe unique, alors qu'il eût été naturel d'en varier considérablement les bords.

Le lac de Prospect Park, à Brooklyn (États-Unis), présente un exemple absolument contraire (fig. 230). Situé au pied d'une haute colline dont le sommet sert de point de vue principal sur l'Atlantique, ses bords sont ornés de ces rochers paléozoïques communs dans l'État de New-York. L'artiste, en déchiquetant les contours, a cru augmenter l'effet pittoresque, prenant ses modèles plutôt sur les îles madréporiques de l'Océanie ou les côtes rongées de la lagune de Chiriqui, au Nicaragua, que dans le dessin plus calme du bord des lacs américains ou européens. Le talent dépensé dans

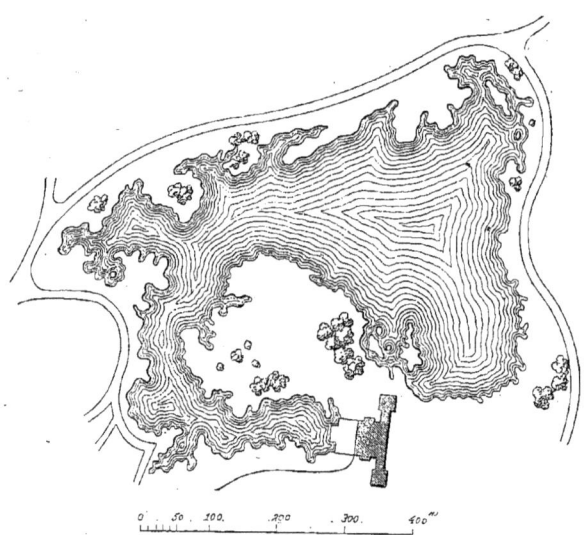

Fig. 230. — Lac du Prospect Park à Brooklyn (États-Unis).
Contours déchirés. — MM. L. Olmsted et C. Vaux, architectes.

cette composition est considérable; toutefois on peut trouver excessives ces lignes vermiculées sur tout leur développement. Ces brusques saillies offrent un grand inconvénient : leur projection les unes sur les autres, vues en raccourci, diminuent l'aspect d'ensemble de la pièce d'eau, si les indentations du rivage sont trop prononcées. Cette objection s'est d'ailleurs présentée d'elle-même aux architectes, et les bords du lac de Prospect Park ont été infiniment moins déchirés dans l'exécution que sur le plan-projet.

Un moyen terme entre ces deux excès est plus rationnel et plus recommandable. On peut conseiller de procéder ainsi, sans crainte de dénaturer le caractère du site : après avoir relevé un nombre de profils en travers suffisant sur la surface à convertir en lac, on obtient facilement des courbes de niveau (fig. 43, p. 209), permettant de voir sur le papier quelle figure prendront les eaux amenées sur le terrain. Alors, sans rien changer à la silhouette générale, quelques avancements et retraits auront bientôt formé une suite de contours agréables, sans nuire à l'effet d'ensemble de la nappe d'eau. Tel est, dans le parc de M. le baron du Houlley, à Chérupeau (Loiret), le lac dont une dépression naturelle du sol a motivé la forme et l'étendue (fig. 231).

Du point A, où la retenue d'eau a fourni la chute initiale, l'ancien cours d'eau CC a été en partie comblé, en partie inclus dans le nouveau lac, dont le déversoir en B forme un ruisseau coulant sous bois. En D, on a placé un embarcadère, en E des roches isolées, en F une cabane d'oiseaux d'eau. Les groupes G G ont été plantés de saules, les points I J et K de divers peupliers et arbres à bois blanc ; les massifs forestiers ont été conservés en H. L'ancien marais tourbeux, couvert d'eaux stagnantes, est aujourd'hui une pièce d'eau de près de trois hectares, claire, poissonneuse et sillonnée d'embarcations de plaisance.

La transformation de marécages en lacs ou étangs d'ornement est

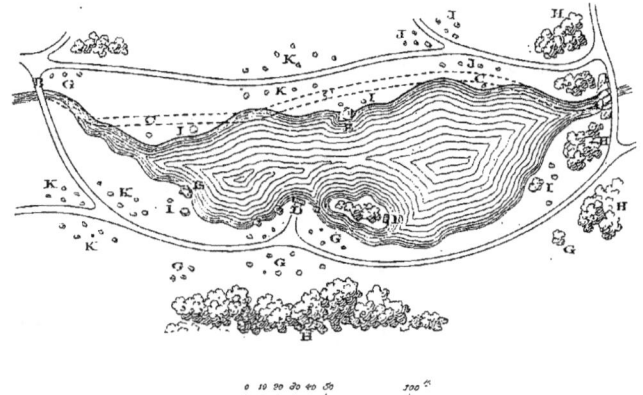

Fig. 231. — Ruisseau transformé en lac. Parc de Chérupeau (Loiret).
Ed. André, architecte.

généralement facile, et donne d'excellents résultats. En fouillant les vases que l'on rejette sur les berges à exhausser, en coupant les canaux qui peuvent exister, de manière à créer des îles, on obtient de beaux effets à peu de frais ; mais il faut éviter un découpage exagéré, et réserver toujours pour la nappe d'eau le principal motif, en ne donnant aux îles qu'une importance secondaire.

Parmi les plus jolies pièces d'eau à citer, je choisirai celle de Berry Hill, près de Londres, qui est due à M. R. Marnock. Au fond d'un petit vallon vert et fleuri, encadré de plantations bien distribuées, repose cette pièce d'eau. L'art s'y laisse deviner, mais d'une façon si discrète et si attrayante, qu'on ne songe qu'à jouir du choix exquis des détails. Au plan ci-joint (fig. 232), il faudrait pouvoir ajouter des vues diverses où se reflètent les épisodes d'une scène si bien composée. Un de ces aspects doit être particulièrement recommandé ; on peut souvent le reproduire : la pelouse du côté de l'habitation est en pente douce jusqu'à l'eau, tandis que la rive opposée est variée, taillée à pic à plusieurs reprises, et produit ainsi de fréquents contrastes. Lorsqu'un lac est ainsi adossé à un fond élevé, par ses eaux couleur d'acier il constitue ce qu'on peut appeler le *miroir noir*, dont les reflets ont des vigueurs de ton admirables au soleil couchant, surtout si une cabane et quelques cygnes blancs se détachent sur l'ensemble.

Les îles, dans les lacs, sont soumises à des règles analogues aux îles des rivières. On veillera cependant à ce qu'elles soient placées sur le côté des anses de la pièce d'eau, si elles sont grandes, près des caps si elles sont petites, très-rarement au milieu de la nappe, dont elles diminueraient l'ampleur.

Les jardins de moyenne étendue, les jardins de ville surtout, ne peu-

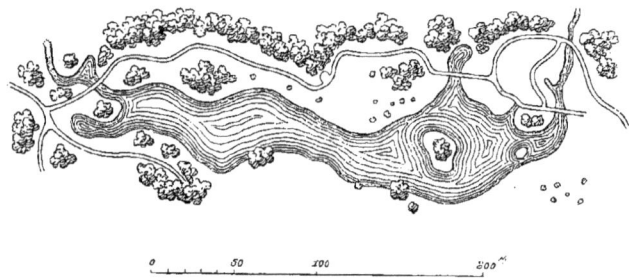

Fig. 232. — Lac de Berry Hill (Angleterre). — M. R. Marnock, architecte.

vent plus être soumis, pour l'arrangement des eaux, à des imitations directes de la nature. L'art y paraîtra toujours; il ne s'agit plus que de savoir choisir et exécuter. Sous prétexte de jardins paysagers urbains, que de laideurs n'avons-nous pas vues, laborieusement entassées à Paris et dans ses environs, et répandues de là en province! Chacun fabrique des jardins à sa guise; l'art, dit-on, n'a rien à voir dans leur composition, et la fantaisie seule est la règle. Eh quoi! on ne voudrait pas confier la décoration d'un salon à un colleur de papier; et sans hésiter on charge un manœuvre de tracer et de planter un jardin!

C'est dans le dessin des eaux surtout que ces fantaisies sont bizarres et coûteuses, si l'on a mal choisi l'architecte-paysagiste. Au lieu de chercher les lignes simples, l'artiste improvisé ne manquera pas de compliquer sa composition. La figure 233 montre un jardin de ce genre, dessiné par un architecte de bâtiment, dans le parc de Neuilly, chez M. R... Un incroyable enchevêtrement de tortillons, figurant de prétendues allées, des massifs, des eaux et des constructions d'ornement, place A, ponts B, kiosques C D, se pressaient dans un étroit espace, et eussent produit le plus singulier résultat, si le projet avait été mis à exécution. Il fallut ramener le jardin à un tracé meilleur. En face de la maison, une pelouse centrale, ornée de fleurs et d'arbres isolés, fut vallonnée et reçut au point bas un bassin adossé

456 L'ART DES JARDINS.

à des rocailles servant de piédestal à un terre-plein ombragé par un champignon rustique F. Les eaux sortirent de quelques rocailles A au-dessous d'un kiosque B, et allèrent se perdre dans le potager C après avoir parcouru le jardin d'agrément. Une place oblongue pour le gymnase, un banc de repos circulaire D, une salle verte E furent placés sur les côtés ; les murs furent masqués par des massifs de plantes à feuilles persistantes, au milieu desquels se développa un sentier ombragé. Il fut possible ainsi de dessiner

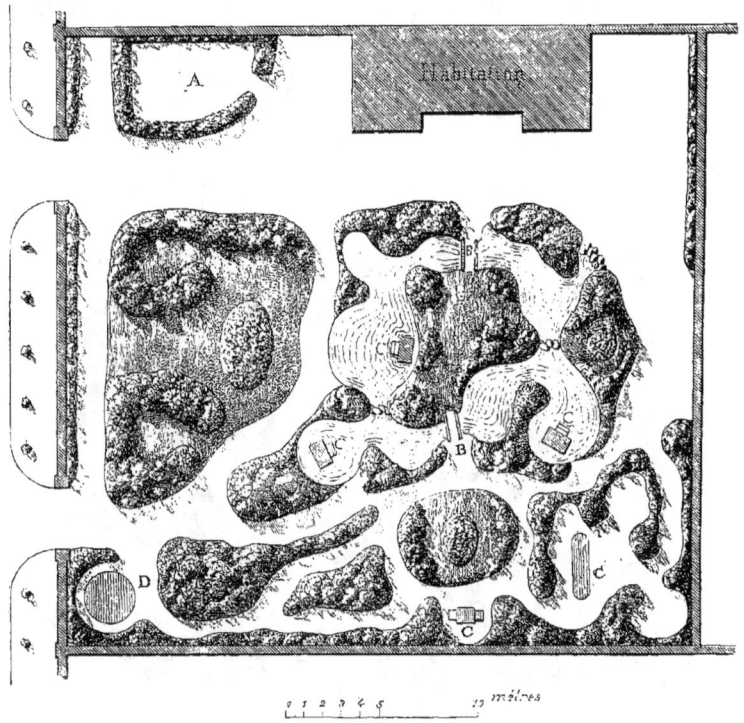

Fig. 233. — Eaux dans un jardin de ville. — Mauvais tracé.

un jardinet simple et orné à la fois, dans un millier de mètres carrés, et les eaux, forcément maintenues dans un ruisseau et un bassin bétonnés, seul procédé pour les conserver sur un terrain perméable, gardèrent une juste proportion avec l'ensemble de la scène (fig. 234).

Il est difficile de traiter les contours des eaux, dans les petits jardins, comme dans les espaces étendus. Un jardin de ville, je l'ai fait remarquer, est un objet d'art où la nature n'apporte que des éléments décoratifs, et ne saurait être exactement copiée. On a donc cherché, soit dans le tracé de leurs allées et de leurs plantations, soit dans celui des eaux, un certain nombre de formes agréables et cependant artificielles, dont il est difficile de sortir à moins de recourir au tracé géométrique. Les bassins ressemblent le plus souvent à une cornue, à une fève, à un violon, à moins de trop déchirer les contours. Les ruisseaux sont resserrés aux barrages, élargis au milieu du bief, mais leurs sinuosités sont adoucies et presque régulières. Sans proscrire ces formes, on peut les varier au moyen des reliefs du sol, et surtout par des blocs de rochers jetés sur les rives, et faisant saillie au-dessus des eaux. De la distribution de ces rochers à demi engagés dans le

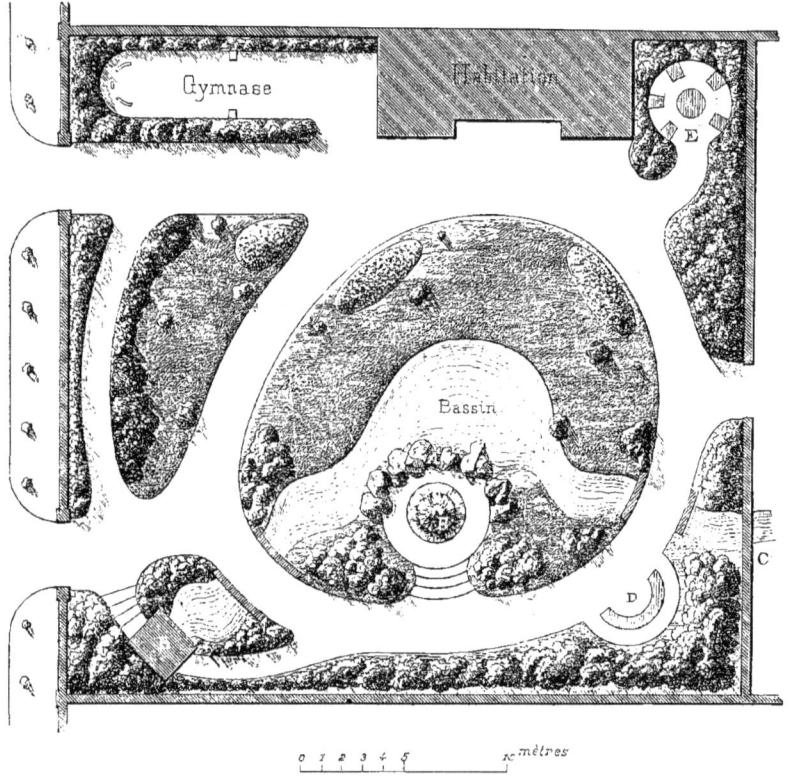

Fig. 234. — Eaux dans un jardin de ville. — Bon tracé.

sol et de plantations intelligentes dépendra l'attrait principal des eaux dans un petit jardin. La figure 235 donne un exemple de ces arrangements, où la variété des niveaux et le tracé des eaux ont produit des résultats pittoresques.

Lorsque l'on opère sur de plus grandes surfaces, les règles à suivre se rapprochent davantage de celles que nous avons indiquées pour la création des pièces d'eau naturelles. La main de l'ouvrier doit s'effacer; on ne doit plus la deviner lorsque les travaux sont terminés, et que les plantations commencent à se développer. Peu de détails suffisent, mais ils doivent être bien étudiés. L'art préfère la perfection à la quantité. La reproduction, d'après une photographie, de la pièce d'eau du parc d'Ebenrain (Suisse), aussitôt après l'achèvement des travaux en est un exemple (fig. 236). L'emplacement était un champ de luzerne situé dans une dépression au-dessous du château. L'horizon fourni par le Jura était superbe au-dessus de la cime des arbres ; le cadre était propice pour des effets d'eau. Un petit lac fut creusé, bétonné, mis en communication avec un filet d'eau sortant de quelques rocailles. Un kiosque, un pont, une île,

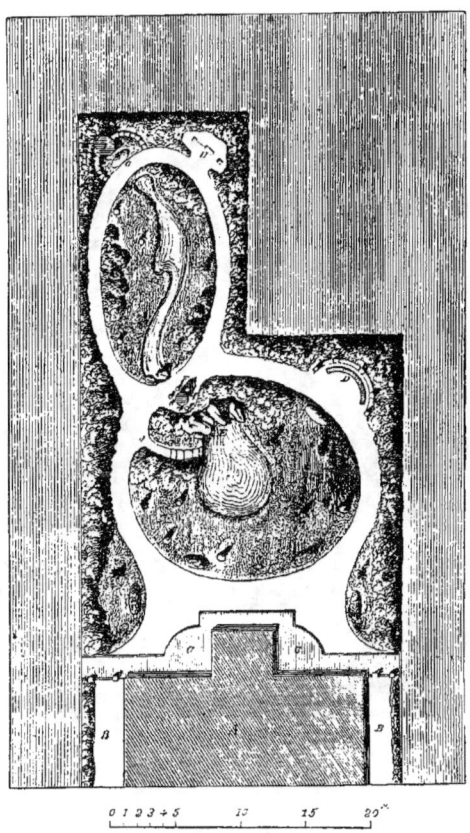

Fig. 235. — Eaux dans un jardin de ville, avec chutes. — Ed. André, architecte.

une cabane d'oiseaux d'eau ornèrent les bords, que la gravure montre un peu nus à l'époque où la photographie en fut faite, mais qui prirent bientôt un aspect très-imparfaitement représenté par la planche coloriée n° XI.

Jardins géométriques. — L'animation apportée par les eaux dans les scènes paysagères se retrouve dans les jardins géométriques. Nulle part les eaux ne sont déplacées, mais elles deviennent un ornement indispensable avec le style régulier qui, sans leur secours, serait bientôt fatigant. Les eaux sont « l'âme du paysage », a dit Spitzer; elles constituent, au milieu des lignes symétriques, l'élément vivifiant par excellence.

Au siècle de Louis XIV, l'introduction des eaux dans les jardins avait motivé les études des principaux architectes et hydrauliciens du temps, d'après les traditions venues d'Italie et perfectionnées sous le grand règne. Les anciennes résidences royales montrent encore des exemples d'eaux superbes, et l'on connaît, sous ce rapport, Versailles, Saint-Cloud, Caserte, Péterhof et quelques autres localités célèbres. Il faudrait chercher dans Du Cerceau, d'Argenville, etc., les dessins des bassins, cascades, canaux,

Fig. 236. — Lac artificiel d'Ebenrain (Suisse), à l'achèvement des travaux.
Ed. André, architecte.

jets d'eau, qui passionnaient alors les amateurs. Les bornes de cet ouvrage ne le permettent pas, mais il est possible de recommander quelques-unes des meilleures formes à utiliser dans les jardins géométriques et de préciser les conditions dans lesquelles ces eaux doivent être placées.

La proportion des pièces d'eau, par rapport au jardin où elles prennent place, est un point important. Il vaut mieux pécher par l'ampleur que par la médiocrité. Toutefois, une grande pièce d'eau dans un parterre exigu, un petit bassin perdu dans un vaste boulingrin, seraient déplacés l'un et l'autre. En général, on peut fixer comme maximum de l'étendue des eaux dans un jardin symétrique le cinquième de la surface totale.

On ne doit pas conseiller de placer de grandes surfaces d'eau dormante sous les fenêtres mêmes de l'habitation principale. L'humidité qui se communique aux murs voisins par capillarité, les brouillards malsains à l'automne, les odeurs de vase, si l'évaporation estivale est très-active, sont autant de raisons qui ont fait successivement dessécher ou combler beaucoup de grands canaux entourant les châteaux du xvie et du xviie siècle. Ces inconvénients sont moindres si les eaux sont courantes, mais la règle générale n'en est pas infirmée pour cela.

Les bassins et pièces d'eau d'un jardin symétrique doivent toujours occuper les axes principaux, ou se placer face à face, s'ils sont répétés, dans les endroits les plus en vue. Si d'autres pièces de moindre importance s'ajoutent à ces premiers ornements, elles seront alignées sur des axes secondaires. L'extrémité des voies principales peut aussi recevoir des effets d'eau, surtout lorsque le bassin est adossé à une muraille décorée avec goût et que des eaux jaillissantes s'en échappent ou y tombent. De nombreuses fontaines, en Italie, sont dans ces conditions; la fontaine Médicis, au Luxembourg, le château d'eau de l'avenue de l'Observatoire, à Paris, présentent des effets de ce genre; le bassin du square de la Trinité à Paris (fig. 237) serait parfait, avec ses profils pure Renais-

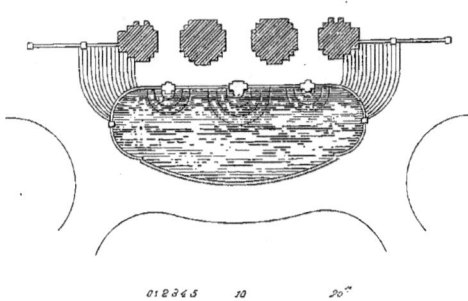

Fig. 237. — Bassin Renaissance. Église de la Trinité, à Paris. M. Ballu, architecte.

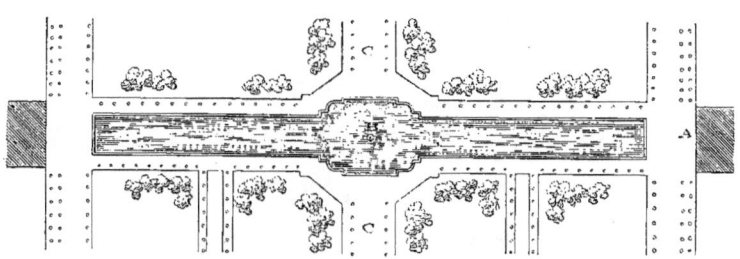

Fig. 238. — Canal avec bassin et gerbe centrale, d'après Dezallier d'Argenville.

sance, si une allée droite s'ouvrait devant lui, dans le prolongement de la rue de la Chaussée-d'Antin.

Les longs canaux d'ornement, dont Versailles, Chantilly, Fontainebleau, Caserte fournissent des modèles grandioses, ne produisent tout leur effet que si leur longueur s'étend dans le sens d'une des vues principales.

Observée par le travers, leur nappe, diversement éclairée, barrerait désagréablement la perspective. Il faut donc éviter des vues latérales sur ces sortes de bassins, les encadrer au contraire entre des lignes d'arbres régulières, et obtenir le jeu de la lumière sur leur surface. Si l'on domine cette étendue d'eau uniforme comme à Versailles, l'effet sera grand et tranquille; il deviendra mouvementé, sans cesser d'être imposant, si le canal se compose d'une série des plans successifs, bien décorés, comme à Caserte. Ces pièces d'eau (fig. 238), parfois monotones, peuvent recevoir une heureuse diversité, si une percée C les traverse et permet leur élargissement au bassin central B. La vue, partant de A, devient belle et variée, lorsqu'aux angles du canal et de son bassin on place des vases sur leurs socles.

Nous avons déjà vu, en esquissant une rapide histoire des anciens jar-

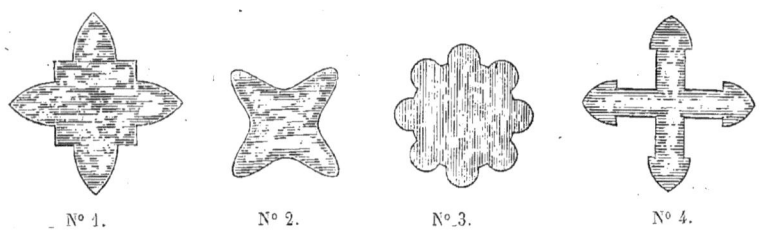

N° 1. N° 2. N° 3. N° 4.

Fig. 239. — Mauvais tracés de bassins réguliers, d'après Kemp.

dins à Rome et des jardins français au XVIe siècle (fig. 4, 15, 16), quelques exemples de bassins réguliers. Le choix en est considérable, mais comme il touche à l'architecture proprement dite, il exige un goût éclairé. Il faut se défier des mauvais modèles, de pure fantaisie. Dans un livre sur les jar-

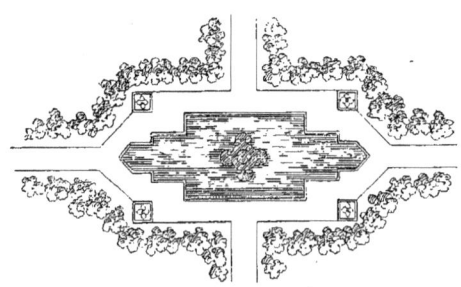

Fig. 240. — Bassin de style gothique.

dins, « plein de bon grain et d'ivraie », publié en anglais par M. E. Kemp[1], on trouve une série de formes ridicules et d'un rare mauvais goût, recommandées comme dessins de bassins réguliers. La figure 239 en offre quatre

---

1. *How to lay out a garden*. Londres, 2e édition, 1858, pp. 119, 120 et 121.

échantillons, dont l'écrivain qualifie les deux premiers (n°s 1 et 2) de gothiques, le troisième (n° 3) d'italien, et le quatrième (n° 4) d'intermédiaire *pouvant s'appliquer à tous les styles.*

Il est aisé, cependant, de trouver des modèles dans les meilleures productions de l'art architectural classique, soit sur des dessins anciens, soit d'après les meilleures reproductions modernes. L'art grec sera représenté par de simples carrés, des rectangles, ou se distinguera par le profil des

Fig. 241.   Fig. 242.   Fig. 243.

Fig. 244.   Fig. 245.   Fig. 246.

Modèles divers de bassins réguliers.

bordures en pierre; les bassins imités de l'orient seront des octogones ou des hexagones bordés de marbre blanc; le gothique apparaîtra dans la vasque centrale et dans les extrémités de la figure 240.

Dans la série nombreuse des formes italiennes de la Renaissance ou du style français, on trouvera des cercles interrompus par des angles droits (fig. 242), des rectangles pourvus de deux bassins ronds aux extrémités (fig. 244), d'autres arrondis en demi-cercle sur leurs petits côtés, et fréquemment employés sous le nom de miroirs Louis XV (fig. 243). Quelques-uns sont tourmentés d'une manière peut-être excessive (fig. 241), tandis que les pans coupés des figures 245 et 246 sont plus recommandables.

En examinant les allées autour de ces pièces d'eau, dont nous n'indiquons pas l'échelle parce que leurs proportions peuvent varier sans que le dessin change, on verra que leur tracé n'est pas indifférent. De la disposition des axes et des plantations, des enfoncements divers destinés à recevoir des vases et des statues, en un mot du cadre et de l'accompagnement, dépend l'effet complet des eaux bien distribuées.

Les jardins géométriques d'utilité, potagers, fruitiers, jardins botaniques, etc., qui renferment des bassins destinés à l'arrosage, sont également dignes d'attention. L'eau doit y être abondante, facile à puiser et à proximité des cultures. La forme, la contenance, la construction de ces récipients sont d'une grande simplicité. Quelques mots suffiront pour donner les éclaircissements nécessaires, dans les paragraphes relatifs à ces jardins.

Moyens pratiques d'exécution. — *Creusement.* — Le terrassement des cours d'eau et des bassins de toutes dimensions n'offre rien qui le distingue des mouvements de terre dont il a été parlé précédemment, excepté s'il est nécessaire de travailler dans l'eau ou la vase, dans des conditions exceptionnelles. Si le terrassement consiste en un déblai et un remblai ordinaires, si les terres ne doivent pas être emportées au loin pour former des monticules, relever des massifs ou combler des dépressions du sol, on doit compenser le travail de manière à éviter les longs transports. Relever les berges, assainir le terrain d'alentour par une couverture de terres provenant de la fouille, varier l'aspect des rives par quelques saillies, conformément aux règles précédemment posées, telles seront ces opérations élémentaires. Nous avons examiné les circonstances dans lesquelles on doit adopter le travail à la brouette, au camion, au tombereau, au wagon, en régie ou à l'entreprise.

Mais il arrive fréquemment que le creusement d'une pièce d'eau ou les modifications du lit d'une rivière nécessitent des travaux spéciaux. Le terrain est profondément détrempé, un marais mouvant doit être attaqué, les eaux envahissent de toutes parts les tranchées, etc. Au lieu de commencer le travail l'été, comme dans la plupart des cas, on peut l'entreprendre l'hiver seulement, lorsque les grandes gelées auront solidifié le sol. Ce moyen, cependant, est précaire; il dépend d'un hiver plus ou moins rigoureux que les travaux soient exécutés ou ajournés. On peut aussi attaquer le travail par fractions séparées, laissant des digues de vase entre les points creusés, pour isoler les eaux, que l'on pompe sans interruption. On doit veiller à terminer chaque jour l'excavation entreprise le matin; on la trouverait noyée le lendemain. Parfois, cependant, ces précautions sont insuffisantes devant l'abondance des eaux. Il faut alors procéder au *desséchement*. Les eaux courantes seront d'abord détournées par des fossés ou rigoles étanches, qui les empêcheront d'inonder le chantier. Au début de la dérivation, un *batardeau* solide peut être nécessaire. On le construit simple ou double. Simple, il se compose, soit de pieux taillés en queue d'aronde et enfoncés côte à côte avec faces alternantes s'emboîtant mutuellement, soit de pilotis distants de 1 à 2 mètres l'un de l'autre, et reliés en travers par des planches solidement fixées dans des rainures. Si cette muraille de bois est insuffisante, on en forme une autre parallèle, à 50 centimètres de distance, on les relie fortement par des traverses croisées à la partie supérieure, et l'on garnit l'intervalle de matériaux favorables à l'étanchement, fascines, mottes de gazon, foin, terre argileuse, etc. Quelquefois un simple clayonnage d'osier sur des pieux, appuyé par des mottes de gazon en amont, est suffisant.

Les eaux courantes étant détournées, si les infiltrations sont telles que tout travail de desséchement et de formation du *radier*[1] devienne impossible, il faut procéder à l'*épuisement*. Les appareils ordinaires d'épuisement sont : le seau, l'écope, la pelle hollandaise, la vis d'Archimède, les pompes à chapelet, etc. Le seau et l'écope ne s'emploient que pour épuiser de petites quantités d'eau. La pelle hollandaise est une auge de bois qu'un balancier fait alternativement plonger, s'emplir et rejeter les eaux au dehors. Un homme peut élever 120 mètres cubes d'eau par jour, à 1 mètre de hauteur, avec cet instrument. La vis d'Archimède, cylindre pourvu de cloisons hélicoïdales, s'emploie aussi communément; le travail quotidien d'un homme, avec cette vis, produit environ le même cube d'eau qu'avec la pelle hollandaise. Les pompes à bras ou à vapeur et les norias sont également très-usitées pour les grands travaux d'épuisement; les eaux provenant de ces appareils sont envoyées, soit sur le sol par une rigole, soit, par un conduit formé de deux planches clouées en angle, sur un point plus bas que celui où l'on veut travailler à sec.

Lorsque la masse principale des terres a été extraite, suivant les niveaux fixés avec soin pour faciliter l'écoulement des eaux au moment des curages, il reste à polir le fond du bassin ou radier, et à le rendre étanche. Si le sol est imperméable, cette opération est élémentaire ; elle consiste à examiner les fissures qui auraient pu se produire, à s'assurer que les plantes aquatiques envahissantes ont été toutes enlevées, à donner le dernier règlement et à pilonner le sol aux endroits mous. Aucun revêtement n'est nécessaire, et il suffit de bien préparer les berges. Cette préparation se fait au moyen de la terre glaise préalablement battue et triturée, connue depuis des siècles sous le nom de *corroi*. Pour combattre l'usure de ces rives, rongées par les eaux sous l'effort du vent, traversées par les trous des rats d'eau, il faut surveiller de temps en temps leur état d'entretien, et, dans tous les cas, leur donner une épaisseur de 20 à 25 centimètres. Si le radier doit être également glaisé, 15 centimètres lui suffiront.

Berges. — Les berges des rivières, et surtout celles des pièces d'eau dormante, seront en pente douce si l'eau est assez abondante pour que son afflux dépasse la perte par évaporation, et presque à pic au contraire, si le niveau des eaux doit baisser pendant l'été. On évite ainsi la vue de plages boueuses et fétides, et les herbes aquatiques sont moins envahissantes. Mais de tels bords sont dangereux pour les enfants ; il ne faut pas que la profondeur totale atteigne 1 mètre ; au milieu, elle peut être plus considérable, et cela est même nécessaire pour la conservation du poisson. Ces berges pourront être solidifiées, si le terrain n'a pas de consistance, par quelques pieux clayonnés

---

[1]. On nomme *radier* le fond étanche d'un bassin ou d'une rivière, maçonné ou battu et propre à recevoir l'eau.

PLANCHE V

PARC DE N..... (Seine-et-Oise).

Exemple de jardin paysager dans le genre français moderne. Tracé harmonieux des courbes, avec morcellement exagéré de la partie centrale, au détriment de l'unité de la composition et de l'ampleur des effets paysagers.

Contenance : environ 7 hectares.

LÉGENDE.

A. Château.
B. Communs.
C. Grille point-de-vue.
D. Jardin symétrique.
E. Maison du jardinier.
F. Serres diverses.
G. Kiosque en treillage.
H. Maison de garde.
I. Banc de repos.
J. Kiosque rustique.
K. Rocher et source.
L. Salle verte.
M. Ile des oiseaux d'eau.
N. Rocailles isolées.
O. Corbeilles de fleurs.
P. Massifs de Rhododendrons.
Q. Plates-bandes de fleurs.
R. Pont en fer.
S. Pont rustique.
T. Massifs forestiers et d'ornement.
U. Massifs d'arbustes variés.
V. Massifs d'arbustes à feuilles persistantes.
X. Massifs d'arbres à haute tige.
Y. Massifs d'arbustes fleuris.
Z. Massifs d'arbustes de rocailles.

a. Arbustes fleurissants.
b. Arbustes du bord des eaux.
c. Petite île des canards.
d. Petite île des sarcelles.
e. Arbustes fleurissants.
f. Saules et peupliers.
g. Rocailles avec fougères.
h. Marronniers blancs.
i. Hêtres pourpres.
j. Cèdre Déodara.
k. Laurier de Portugal.
l. Cyprès de Lawson.
m. Gingko bilobé.
n. Buisson ardent.
o. Petites corbeilles de fleurs.
p. Sapins de Nordmann.
q. Platane d'Orient.
r. Frêne d'Amérique.
s. Noyers d'Amérique.
t. Sapin de Douglas.
u. Pins noirs d'Autriche.
v. Cyprès de la Louisane.
x. Peupliers d'Italie.
y. Aulnes à feuilles en cœur.
z. Sapins du Canada.

PARCS & JARDINS PL. V.

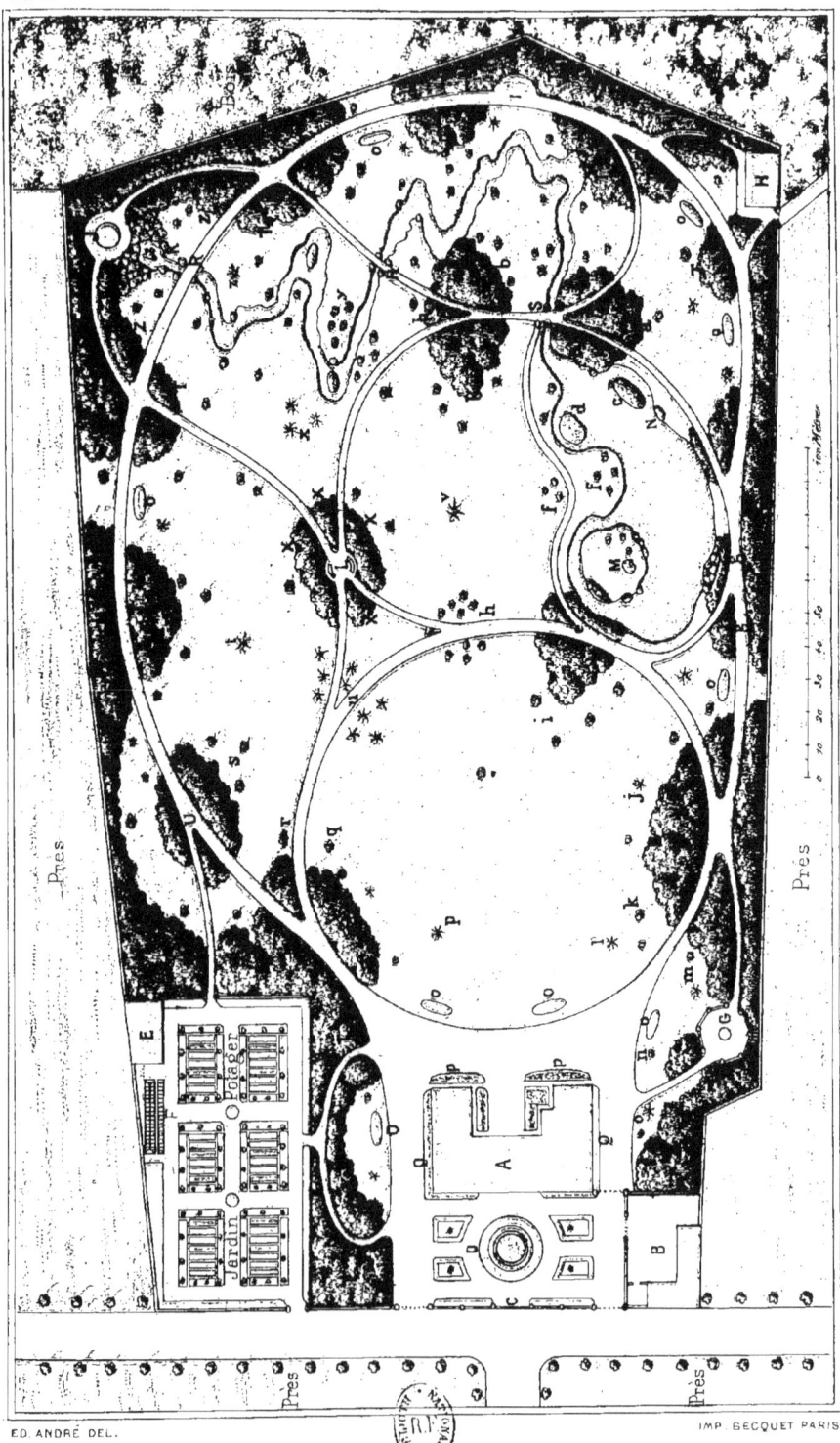

E.D. ANDRÉ DEL. IMP. BECQUET PARIS

avec des branches d'osier. Si l'on craint que les eaux battues par le vent ne rompent les bords, on les garnira (fig. 247) de pierres grossières A ou de rondins de bois superposés selon la pente, et recouverts de gazon C, dans la partie du sol supérieure au niveau de l'eau. Une couche de glaise B tapissera le radier de la pièce d'eau. Parfois, un simple placage de gazon suffira pour affermir les berges.

Déversoir. — A l'extrémité des pièces d'eau, le déversoir sera l'objet de l'attention toute spéciale de l'architecte-paysagiste et du propriétaire. Si l'étang a une certaine étendue, il sera nécessaire, avant de commencer les travaux, de faire une demande à la préfecture du département, la loi prohibant toute modification dans le régime des eaux d'une contrée, sans une enquête préalable faite par les agents de l'État et la permission administrative accordée. Les principales obligations résultant de la circulaire ministérielle du 23 octobre 1851, sur les usines hydrauliques, peuvent être résumées ainsi :

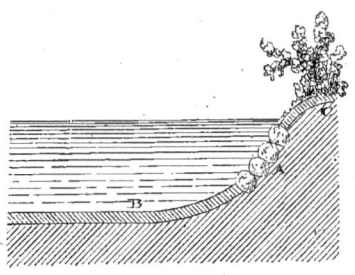

Fig. 247. —Construction des berges d'une pièce d'eau. — Profil.

Demande à la préfecture, indiquant la nature des travaux à exécuter, leur motif et l'usage auquel on les destine, avec production des titres de propriété, nouveaux et anciens;

Visite de l'ingénieur ordinaire, qui convoque sur place le maire de la commune et les intéressés, recueille les renseignements, dresse procès-verbal de l'état des lieux, prépare les plans, profils et rapports nécessaires, enregistre les oppositions et donne son avis;

Après approbation du rapport, détermination du niveau légal de la retenue d'eau, de manière à protéger les terrains riverains contre les inondations, et placement d'un repère définitif dont le zéro indiquera ce niveau;

Fixation de l'emplacement d'un déversoir, suffisant pour l'écoulement des eaux en temps de crue, et *dérasé* au niveau légal de la retenue au moment des eaux moyennes. Indication des vannes de décharge, établies d'après les calculs de jaugeage nécessaires quant au niveau de leur arête supérieure et à la hauteur des seuils, fixée d'après la pente moyenne au radier.

La première enquête, de vingt jours de durée, est suivie d'une seconde, réduite à quinze jours; toutes deux sont publiques, à la mairie du lieu, et tous les habitants sont invités à faire connaître leur opinion sur la question. C'est seulement après l'accomplissement de ces formalités que l'autorisation est donnée ou refusée.

Digues. — La construction d'une digue d'étang nécessite une grande solidité. Les terres, placées en travers de la vallée à barrer, devront être disposées suivant un talus de 1 et demi à 3 de base pour 1 de hauteur. Elles seront, autant que possible, argileuses; on les déposera en couches foulées successivement, et on les superposera en laissant un canal d'écoulement pour les pluies d'orage, pendant les travaux. Le sommet de la chaussée devra mesurer 5 ou 6 mètres d'épaisseur, dimension qui peut varier suivant la nature des terres et la masse d'eau à contenir. On tient le niveau de la digue à 1^m,50 au-dessus du niveau de la retenue, pour éviter les dégradations causées par les vagues qui la franchiraient. Pour obtenir des effets paysagers, on arrondira les extrémités du barrage, de manière à donner à l'étang une forme circulaire de ce côté. Les bords seront plantés d'herbes ou d'arbustes, mais non d'arbres, dont les racines, ébranlées par les vents, donneraient naissance à des fissures et provoqueraient la rupture de la levée. Des blocs de roches pourront être semés çà et là sur les talus, principalement près du déversoir et des vannes, dissimulés sous des touffes vertes. Les roches placées près de ces décharges simuleront une formation résistante, que les eaux auraient rompue pour se livrer passage.

La construction de ces digues d'étangs est encore meilleure lorsqu'elle

Fig. 248. — Vanne d'étang, avec vannelle latérale.

se complète par un *perré* ou mur de pierres sèches incliné, qui double la force du remblai en protégeant les terres contre les dégradations, les trous de rats d'eau et de loutres, etc. Près du déversoir, les murs seront évasés en plan suivant la forme d'un entonnoir ouvert du côté de la nappe d'eau. L'épaisseur et le fruit seront calculés d'après ce que nous avons indiqué (fig. 176) pour les murs de soutènement, mais on prendra soin de baisser les fondations pour éviter les infiltrations souterraines. Indépendamment du déversoir ou déchargeoir, échancrure pavée ou cimentée qui dégage le trop plein des eaux, on pratique dans la chaussée des *bondes* ou canaux voûtés, dont le sommet est à la hauteur du fond de l'étang, et qui servent à le vider en entier.

Vannes. — Après avoir satisfait à ces diverses obligations, on peut construire en toute sécurité les vannes, dont les modèles employés diffèrent beaucoup suivant les pays. L'usage est, actuellement, d'adopter de préférence les systèmes à vis et à engrenages, dont le noyau moteur est placé dans une boîte en fonte fixée au sommet de la traverse supérieure de la vanne. Assez généralement on renonce aux anciens empellements en bois, difficiles à mouvoir et rapidement détruits. Cependant on peut utiliser le modèle ci-joint (fig. 248), construit en planches O glissant dans un retrait au moyen d'un treuil S, sur lequel s'enroulent deux chaînes de traction. La vanne O est appuyée par la maçonnerie m, et repose sur un seuil solide B. La petite vanne S, vue de profil, se rapporte au barrage d'un petit ruisseau perpendiculaire à la rivière qui alimente l'étang.

Bétonnage. — Jusqu'ici nous avons supposé que le sol naturel, aidé d'un peu d'argile ou corroi, suffisait à l'étanchement des pièces d'eau. Il est d'autres cas, et ce sont les plus fréquents, où le terrain trop perméable ne saurait se passer d'un revêtement artificiel. On emploie à cet effet la maçonnerie, l'asphalte ou le béton. Avant de recevoir ce revêtement, la surface devra être parfaitement battue, pilonnée et lissée. On donnera aux berges une inclinaison de 1 à 1 1/2, sans trop diminuer cette pente, pour éviter de laisser les parois apparentes. La profondeur sera calculée de sorte que les accidents ne soient pas à craindre, mais elle ne saurait être inférieure à 0^{m}70, si l'on tient à cacher le fond du bassin ou de la rivière et à empêcher la corruption de l'eau. Si l'on emploie la maçonnerie de moellons, il suffit de remplacer la chaux ordinaire par la chaux hydraulique, et de revêtir le parement d'un enduit de ciment.

L'asphalte peut être employé à la formation du fond et des berges des pièces d'eau. Mais la qualité de cette matière varie beaucoup ; elle craque souvent, s'amollit au soleil et sa couleur est sombre et triste ; aussi est-elle peu usitée pour ce genre de travail.

On adopte plus communément le béton pour la formation des pièces d'eau et ruisseaux, dans les jardins à sous-sol perméable. L'opération se fait ainsi : on prépare un *béton gras* formé de trois parties de pierres cassées menu et mélangées avec deux parties de mortier de chaux hydraulique et sable. Ce mortier est composé lui-même de deux parties de sable et d'une partie de chaux hydraulique. Sur la surface à couvrir, bien battue et polie, on répand une couche de ce béton, qui ne doit pas être inférieure à 15 centimètres d'épaisseur sur les côtés, et peut dépasser cette dimension si le sol est peu solide. Le radier, sur des terrains très-résistants, peut être couvert de 10 centimètres seulement. Si ce fond repose sur la roche, il suffira de boucher les fissures par un mortier de ciment et de cailloux, appliqué avec le plus grand soin. Le béton est alors *damé* fortement et également, puis uni avec le dos de la pelle. On devra veiller à son homogénéité parfaite. Quand toute la surface du lit de la rivière, du ruisseau ou du bassin est ainsi couverte, on la laisse sécher pendant quelques jours avant de la revêtir de la *chape*. On nomme ainsi un enduit de ciment ou de chaux hydraulique de 1 centimètre et demi à 3 centimètres d'épaisseur, que l'on fixe avec la truelle à la superficie du béton et dont on polit parfaitement la surface. La chaux hydraulique suffit si la gelée n'est pas à craindre, mais il vaut mieux employer le ciment de Portland, sous le climat de Paris, dans les parties où l'eau peut être *prise* l'hiver jusqu'à une certaine profondeur. On se trouve également bien d'un mélange de ciment et de chaux hydraulique, dans les régions où le froid n'est pas très-rigoureux. A l'endroit où la maçonnerie latérale rejoint le radier, il est bon d'arrondir l'angle, dans ce point faible, pour empêcher les fissures.

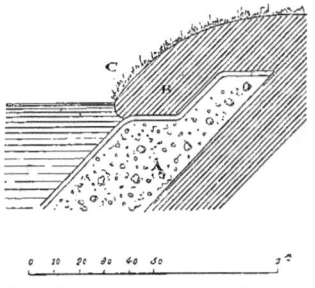

Fig. 249. — Cran de retenue des eaux.

La partie supérieure des bords bétonnés ou maçonnés est rarement bien comprise. On voit, à la moindre diminution notable du niveau de l'eau, apparaître le ton blanc du ciment. Il est facile d'obvier à cet inconvénient en ménageant, à la partie supérieure du béton A, un cran dans lequel l'eau est retenue en B (fig. 249). La motte de gazon C recouvre cette rainure qui reste toujours cachée, et l'herbe plonge constamment dans l'eau.

Nous verrons, au chapitre des plantations, les diverses dispositions à donner aux végétaux aquatiques; mais il est un point sur lequel nous devons insister ici. Lorsque les bassins sont peu profonds, le poisson ne pourrait s'abriter contre les ardeurs du soleil si l'on ne ménageait de place en place, et surtout dans les petits golfes, des roches rugueuses (fig. 250) formant des

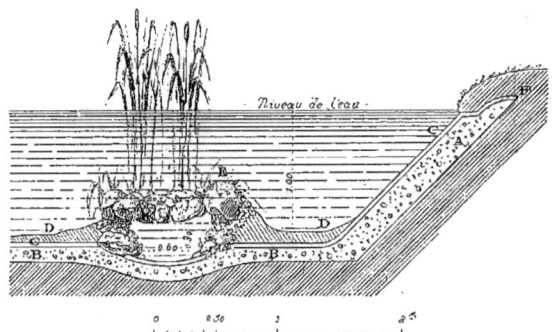

Fig. 250. — Coupe d'un bassin bétonné. Poche pour plantes d'eau et abri pour le poisson.

tables ou sortes de dolmens reposant sur d'autres pierres debout. Ces roches sont concaves, forment cuvette, et contiennent des plantes d'eau dont les racines viennent chercher, dans la couche végétale D placée sur le béton B, une nourriture suffisante.

Barrages. — Les barrages nécessaires pour former les cascades sont l'objet de travaux qui peuvent être considérables si la masse d'eau est importante et la rivière sujette à de grandes crues. Après avoir satisfait aux prescriptions de la loi pour ces retenues d'eau, fixé les niveaux d'amont et d'aval et construit les batardeaux de dérivation momentanée, on établit le barrage par l'un des moyens généralement en usage, le mur vertical ou le

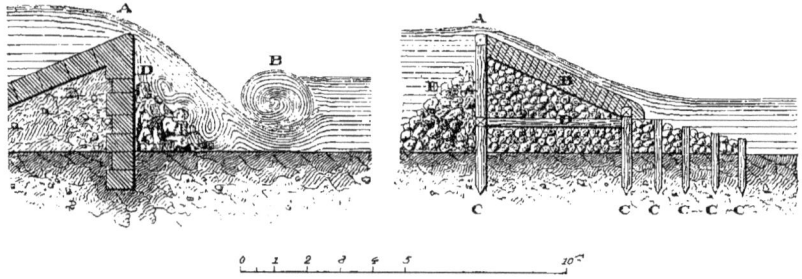

Fig. 251. — Barrage à mur droit.   Fig. 252. Barrage à glacis.

glacis incliné. Le barrage à mur droit (fig. 251) offre le danger des affouillements graves dans les inondations et par conséquent d'une rupture de l'ouvrage. La chute A fait en B un retour qui se précipite avec force sur le mur D. On atténue cet effet en plaçant, au bas, en C, des blocs de roches qui amortissent le choc, mais cette précaution n'est pas toujours suffisante. Il vaut

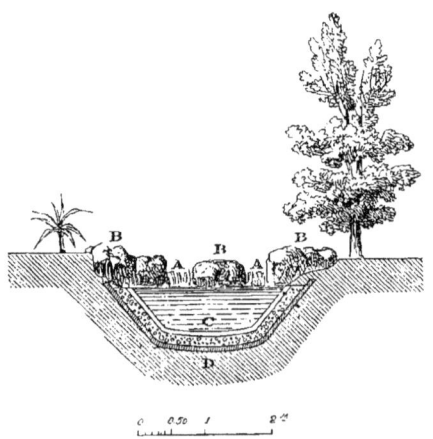

Fig. 253. — Profil d'un barrage de ruisseau artificiel.

mieux adopter la forme des rapides (fig. 252) en déversant les eaux sur un plan incliné en maçonnerie B, maintenu par des pilotis CCC, qui sont eux-mêmes consolidés par des traverses moisées D et des intervalles garnis de pierres grossières. Un talus formé de ces pierres E rompt l'effort des eaux à la partie inférieure du bief d'amont. Sur ces constructions on place alors les blocs de rochers devant constituer la scène pittoresque ; ils reposeront ainsi sur une base offrant toute garantie de solidité.

Les barrages des ruisseaux (fig. 253) se construisent au moyen d'un petit mur vertical d'une épaisseur variant suivant la hauteur et la force de l'eau ; il ne sera pas moindre de 50 centimètres au sommet. Ce mur reçoit les roches BB ; entre leurs intervalles AA s'échappent les castatelles, qui tombent dans le bief C. On doit veiller à ce que le point de jonction de ces rochers soit bien cimenté ; c'est par là ordinairement que les ruisseaux *fuient*.

Il arrive, sur les terrains peu résistants, que le poids des eaux fait craquer l'enduit et même le béton. Il faut alors vider le bassin, le laisser un peu sécher, chercher les fissures en balayant avec soin la surface et les boucher avec du ciment. Après un certain temps, ces gerçures s'étanchent souvent d'elles-mêmes par l'infiltration lente des matières solides en suspension dans l'eau.

Bassins réguliers. — La construction des bassins et réservoirs des jardins géométriques se fait le plus souvent (fig. 254) en maçonnerie de moel-

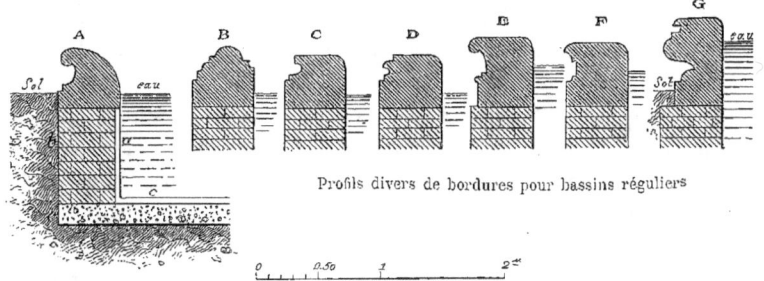

Fig. 254. — Coupe d'une portion de bassin régulier.

lons *b* avec enduit de ciment *a* et radier en béton *c*. Cette maçonnerie est modifiée un peu avant d'arriver au sol, et on la recouvre alors d'une pierre taillée suivant le contour du bassin et servant de bordure. Le profil de cette pierre peut varier considérablement, mais il devra toujours être étudié dans le style de l'habitation voisine, avec laquelle le jardin symétrique d'ornement doit s'accorder. L'expérience a démontré que tous les profils, cependant, ne conviennent pas aux bordures de bassins et qu'une trop grande complication dans les moulures produit un mauvais effet. La figure 254 présente, dans les profils de B à G, plusieurs modèles choisis parmi ceux qui produisent le meilleur effet.

On doit prévoir, dans tous ces bassins, un tuyau d'arrivée de l'eau, généralement placé en G au-dessous de la pierre de bordure A (fig. 255), un trop plein E qui traverse le radier B et va porter par F les eaux au dehors, et une conduite de vidange D, que l'on peut ouvrir ou fermer à volonté par la vannelle métallique C glissant entre deux rainures. Les autres détails

TRAVAUX D'EXÉCUTION. — IRRIGATIONS. 471

de construction indiqués pour les bassins des jardins paysagers peuvent d'ailleurs être appliqués pour la confection de ces récipients.

Jets d'eau. — Les jets d'eau et gerbes jaillissantes trouvent naturellement leur place dans les bassins réguliers. On sait que pour obtenir des jets verticaux d'un bon effet, la compression ou force de l'eau doit être combinée avec le diamètre des orifices. Il ne faut pas multiplier ces ornements, mais les placer avec discernement, et, s'il se peut, les détacher sur des fonds de verdure sombre. Le plus gros jet d'eau de l'Europe, situé dans le parc de Wilhelmshöhe, près Cassel, n'est pas seulement remarquable par la colonne d'eau qu'il lance à 62 mètres de hauteur, mais aussi parce qu'il se détache en clair sur le fond vert-noir des grands arbres qui l'entourent.

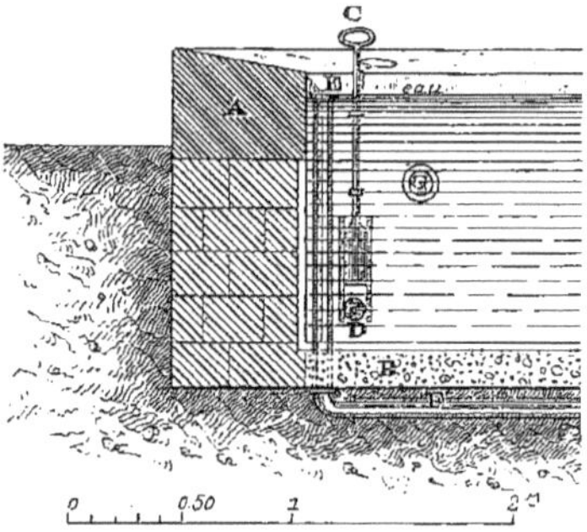

Fig. 255. — Trop-plein et tuyau de vidange avec fermeture métallique.

Dans l'arrangement des *ajutages*, que les lois de l'hydrodynamique, découvertes par Torricelli, doivent diriger, on se rappellera que les orifices à mince paroi donnent au jet une direction régulière et une grande transparence, que les orifices coniques diminuent la hauteur du jet, que les ajutages cylindriques produisent des jets troubles. Les variétés innombrables d'ajutages produisent des gerbes de pluie, de mousse, des cloches, tulipes, moulinets, volutes, girandoles, roues variées, que des spécialistes construisent et qui peuvent s'adapter à un même orifice, si elles sont préparées dans ce but. Mais ces ornements deviennent facilement puérils, et il importe de ne pas les multiplier. Une gerbe et quelques jets verticaux suffisent à orner un parterre.

Irrigations. — Les eaux peuvent être employées dans un but d'utilité sans cesser d'être ornementales. La pratique des irrigations, si répandue dans les pays où les pluies sont rares, comme dans le Midi de la France, connue anciennement en Chine, développée par les Maures en Espagne, rentre dans les travaux du ressort de l'architecte-paysagiste et demande des études auxquelles il ne peut rester étranger.

On sait que le sol absorbe les matières fertilisantes tenues en suspension dans l'eau et les restitue aux végétaux qui le couvrent. L'arrosage des prairies est donc de toute nécessité dans les pays privés d'eau et différents de la Normandie ou de l'Angleterre ; l'eau apporte sur les plantes deux éléments principaux, l'hydrogène et l'oxygène, les autres gaz et sels qu'elle tient en dissolution et des substances organiques qui se décomposent et servent d'engrais. Elle élève la température du sol pendant la gelée blanche, rafraîchit les sols desséchés, et régularise la pousse de l'herbe.

Pour se servir des eaux d'irrigation de la contrée, le propriétaire devra se soumettre aux prescriptions de la loi du 29 avril 1845, et prendre les instructions de l'administration avant de commencer les travaux.

Si l'on se propose d'irriguer par submersion, il suffit de conduire dans un canal à niveau établi à la cote la plus élevée de la prairie les eaux

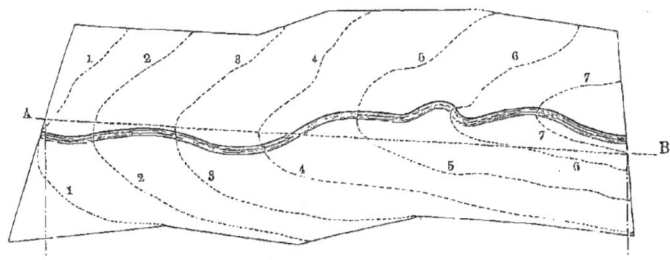

Fig. 256. — Plan d'arrosage par infiltration.

de dérivation provenant de la retenue d'une rivière, amenées artificiellement dans des réservoirs et lâchées en temps utile.

Ces réservoirs peuvent être remplis par divers moteurs, examinés au

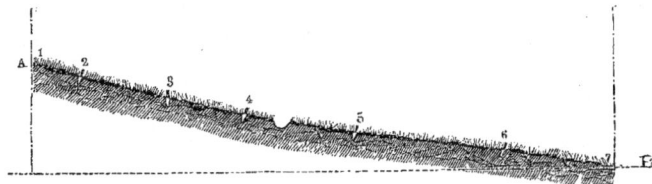

Fig. 257. — Coupe sur A B du plan précédent.

chapitre des devis (p. 290). On recommande de donner à ces récipients une capacité suffisante pour jeter d'un seul coup une masse d'eau considé-

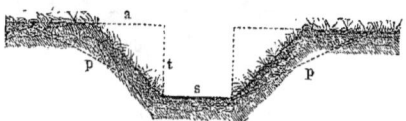

Fig. 258. — Coupe d'un canal d'irrigation.

rable sur les prés. L'effet utile de deux arrosages abondants par mois est supérieur de beaucoup à celui d'une maigre irrigation quotidienne.

L'arrosage par infiltration se pratique différemment. On commence par prendre le nivellement du terrain, suivant les préceptes que nous avons indiqués (p. 246 et suiv.), et l'on détermine à la fois la ligne de la plus grande pente et autant de courbes de niveau qu'on se proposera de créer de rigoles d'arrosage. La figure 256 donne le plan d'une de ces prairies. Entre AB est la ligne de plus grande pente, où sera établi le canal qui amènera les eaux d'irrigation. Les lignes numérotées de 1 à 7 seront les courbes de niveau, situées chacune à 1 mètre plus bas que la précédente, en commençant en A. La coupe AB (fig. 257) indique leurs positions respectives et montre la section du canal affluent. Les petits canaux d'irrigation auront l'ouverture évasée suivant *psp* (fig. 258) ou carrée suivant *ats*, comme on le pratique dans les terrains tourbeux du Limousin. De petites pelles ou

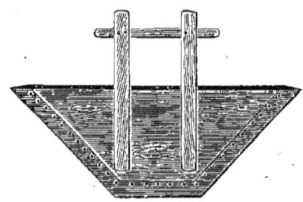

Fig. 259. — Vannelle mobile pour canaux d'irrigation.

vannelles mobiles en bois et tôle (fig. 259) fixées tranversalement dans les rigoles, serviront à arrêter les eaux dans une direction et pendant un temps donnés. Si un canal ou une digue traverse les rigoles, des conduits ou *buses* en pierre ou en bois (fig. 260) empêcheront toute interruption dans le trajet des eaux d'infiltration.

Ce mode d'irrigation est usité dans les jardins maraîchers des pays

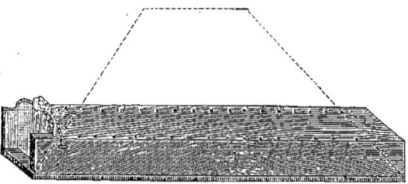

Fig. 260. — Buse en bois pour conduites d'irrigation superposées.

chauds, avec cette différence qu'on emploie simultanément l'infiltration et la submersion. Des rigoles en pente légère avec ramifications nombreuses et vannelles mobiles à chaque changement de niveau permettent de distribuer à volonté les eaux d'arrosage, agent principal de la végétation dans les pays du soleil. La figure 261 fournit un exemple, pris en 1868 dans un jardin moderne du Caire (Égypte). Le périmètre entier des carrés CC est entouré de canaux qui déversent les eaux, nuit et jour, sur les massifs de plantes tropicales, d'un tracé un peu bizarre, qui constituent la plantation de ce jardin, entre le château A et l'allée B.

Mais les eaux d'irrigation sont le plus souvent la propriété commune des habitants d'une région. Aucun d'eux ne doit porter préjudice aux intérêts de son voisin. De là se sont formées des sociétés de riverains qui ont fini par constituer la base des associations syndicales réglementées par la loi du 21 juin 1865. Cette loi comprend une série de travaux dont il est utile de donner au moins la liste aux propriétaires non accoutumés à en tirer parti :

1° Défense contre la mer, les fleuves, les torrents et les rivières navigables et non navigables ;

2° Curage, approfondissement, redressement et régularisation des

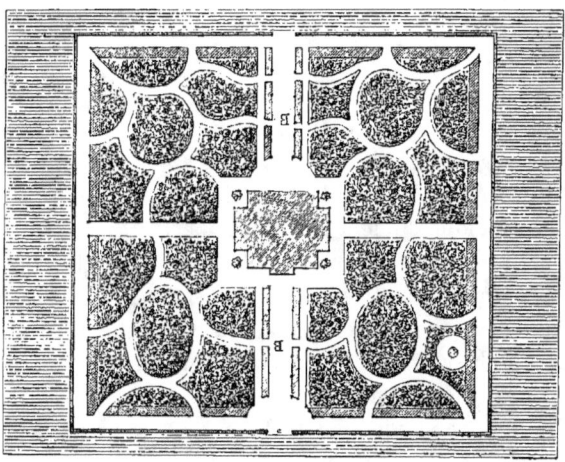

Fig. 261. — Jardin moderne, au Caire, submersible par des canaux d'irrigation.

canaux et cours d'eau non navigables ni flottables, et des canaux de dessèchement et d'irrigation ;

3° Desséchement des marais ;

4° Étiers et ouvrages nécessaires à l'exploitation des marais salants ;

5° Assainissement des terres humides et insalubres ;

6° Irrigation et colmatage ;

7° Drainage ;

8° Chemins d'exploitation et toute autre amélioration agricole ayant un caractère d'intérêt collectif.

Les associations syndicales peuvent être libres ou autorisées et être investies de droits étendus.

Il suffit d'une demande à la préfecture du département pour être mis en possession de tous les renseignements qui se rapportent à cette utile institution.

Desséchement. — L'excès d'humidité, dans un sol destiné à l'établissement d'un parc ou d'un jardin, est aussi nuisible que dans les travaux agricoles. Il est nécessaire de recourir alors aux méthodes de desséchement. Nous avons déjà signalé, en rédigeant un projet de drainage (p. 282), les conditions principales de l'établissement du devis. Quelques renseignements complémentaires suffiront pour éclairer les situations que rencontre ordinairement l'architecte-paysagiste. Les autres sont du ressort de la grande pratique agricole, et de nombreux ouvrages traitent *in extenso* de cette importante matière.

Le desséchement des terrains inondés, ou simplement humides, s'exécute, soit par des puits absorbants ou par *perforation*; soit par des *canaux ouverts*; soit par le *drainage* ou conduits souterrains.

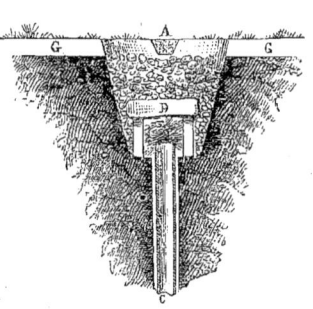

Fig. 262.—Coupe d'un puits absorbant.

1° *Puits absorbants*. — Lorsque des eaux restent stagnantes à la surface du sol, ou à une faible distance de cette surface, et qu'elles nuisent à la végétation, il convient de s'assurer de la nature du sous-sol en étudiant la formation géologique du lieu. Si l'on acquiert la certitude que des couches perméables, sables, roches poreuses, alluvions anciennes, pierres désagrégées, roches sédimentaires fissurées, existent à une profondeur facile à atteindre à peu de frais, on ne doit pas hésiter à creuser un ou plusieurs puits absorbants ou canaux verticaux, franchissant la couche imperméable pour perdre les eaux plus bas. Un bon modèle de ces puits se trouve indiqué par la figure 262. Les coupes longitudinales GG et transversale A se rapportent aux fossés de desséchement qui suivent la ligne de plus grande pente ou thalweg du terrain. Ces fossés débouchent dans une excavation de 5 à 6 mètres de profondeur sur une largeur presque égale. A partir de 6 mètres, on creuse, avec la sonde employée pour les puits artésiens de faible diamètre, jusqu'à ce qu'on ait rencontré la couche absorbante. La sonde retirée est remplacée par un tuyau en bois C dont l'orifice est garni de fascines, de branchages, puis recouvert d'une table de pierre D reposant sur deux montants verticaux. Le reste de l'excavation est rempli de grosses pierres poreuses ou de branches d'arbres, qui empêchent l'obstruction du tuyau. En peu de temps, l'absorption des eaux est complète et le desséchement effectué.

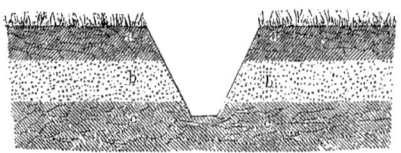

Fig. 263. — Coupe d'un fossé de desséchement.

2° *Canaux ouverts ou fossés*. — Si l'on doit recourir au desséchement à ciel ouvert, c'est-à-dire au moyen de fossés, le travail est ordinairement d'une grande simplicité. C'est l'un des plus fréquents à la campagne, bien qu'il ne soit pas toujours suffisamment compris.

Si une couche humide *bb* (fig. 263) est intermédiaire entre le sol labourable *aa* et une couche argileuse *cc*, le fossé devra reposer sur l'argile ou lit imperméable. Plus les berges seront inclinées, plus les fossés seront solides. La pente des talus, nous l'avons vu en parlant des routes (p. 397, fig. 175), doit être au minimum de 1 pour 1. Si la profondeur augmente, l'espace occupé par les fossés enlèvera une part notable à la culture; la circulation sera gênée et le curage constituera une opération périodique coûteuse. Il vaut donc mieux renoncer aux fossés comme moyen d'assainissement, sans méconnaître leur utilité incontestable comme bordures de chemins et dans les cas où les terres produites par leur fouille servent au colmatage.

3° *Drainage*. — Le drainage ou desséchement souterrain, dont les devis ont été signalés plus haut (p. 282), est une opération de plus en plus répandue et qui reçoit chaque jour de nouveaux perfectionnements. Nous examinerons sommairement les conditions dans lesquelles il s'effectue.

Tout projet de drainage, comme ceux de dérivation et d'irrigation, doit être soumis à la sanction de l'autorité préfectorale, s'il apporte des modifications sensibles au régime des eaux de la contrée.

Plusieurs systèmes sont employés, mais le principe ne change pas. Il consiste invariablement à creuser des tranchées en pente, au fond desquelles les eaux couleront dans un canal commun ou *drain collecteur*, chargé de les évacuer au dehors du terrain à drainer. Suivant que le bois, les fascines, les pierres, les tuiles, les tuyaux sont plus ou moins faciles à trouver dans la région, on utilise les formes de drains suivantes, dont les effets sont assez variables :

Fig. 264. — Drain composé de branches d'arbres en croix, recouvertes de broussailles et de mottes de gazon.

Fig. 264. — Drain avec branches en croix.

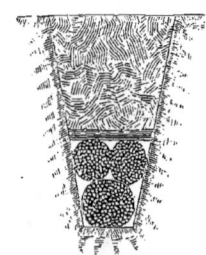
Fig. 265. — Drain en fascines ou bourrées.

Fig. 265. — Drain en fascines ou bourrées de bois avec traverses en rondins supportant les terres de remblai.

Ces deux drains, si l'on emploie du bois d'aulne ou de saule, durent assez longtemps, mais finissent par s'obstruer.

Fig. 266. — Drain formé de pierres trouvées dans les champs voisins et recouvertes de mottes de gazon. L'écoulement par ces drains est très-lent.

Fig. 267. — Drain formé de pierres plates de carrières, laissant une ouverture triangulaire, appuyées par des pierres menues et recouvertes de

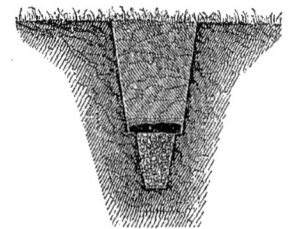

Fig. 266. — Drain de pierres des champs.

mottes de gazon. Moyen assez efficace si les terres n'obstruent jamais le conduit. La construction de ces drains est d'ailleurs assez coûteuse.

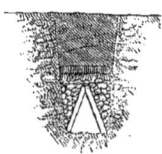

Fig. 267. — Drain de pierres plates dressées.

Fig. 268. — Drain en tuiles creuses reposant sur une base plate, première forme usitée en Angleterre.

Fig. 268. — Drain de tuiles creuses avec socle.

Nous pourrions indiquer d'autres variétés de drains, mais toutes offrent plus d'inconvénients que le système, universellement employé aujourd'hui, du drain cylindrique en argile cuite.

On ouvre d'abord les tranchées triangulaires à la bêche plate (fig. 269), en remontant la pente du terrain, puis on approfondit en diminuant de largeur avec la bêche courbe (fig. 270), et l'on creuse le fond de la rigole au niveau indiqué, au moyen de la *curette* ou drague de fond (fig. 271). Ces tranchées ont de 0^m,90 à 1^m,20 de profondeur; elles seront tenues très-nettes pour ne pas être obstruées par les éboulements.

On admet, en règle générale, que la pente des tranchées ne peut être inférieure à 3 pour 1000, et qu'elles doivent être parallèles à la ligne de plus grande pente du terrain à assainir. La distance entre les drains varie entre 8 et 18 mètres, suivant la profondeur des tranchées, l'humidité et la perméabilité du sol. Nous avons vu (p. 285) que les calibres des tuyaux varient généralement entre 0^m,022 et 0^m,140 de diamètre intérieur. On a rejeté depuis longtemps les tuyaux à manchons.

Avec ces éléments, on peut procéder à la pose des tuyaux dans le fond des tranchées. Cette pose se fait en descendant, soit à la main si le sol est vaseux, soit plutôt au moyen du *posoir* (fig. 272) si les tranchées ont une certaine profondeur. L'opération, lorsque les ouvriers sont en mouvement, présente l'aspect indiqué par la figure 273.

OUTILS DE DRAINEUR.

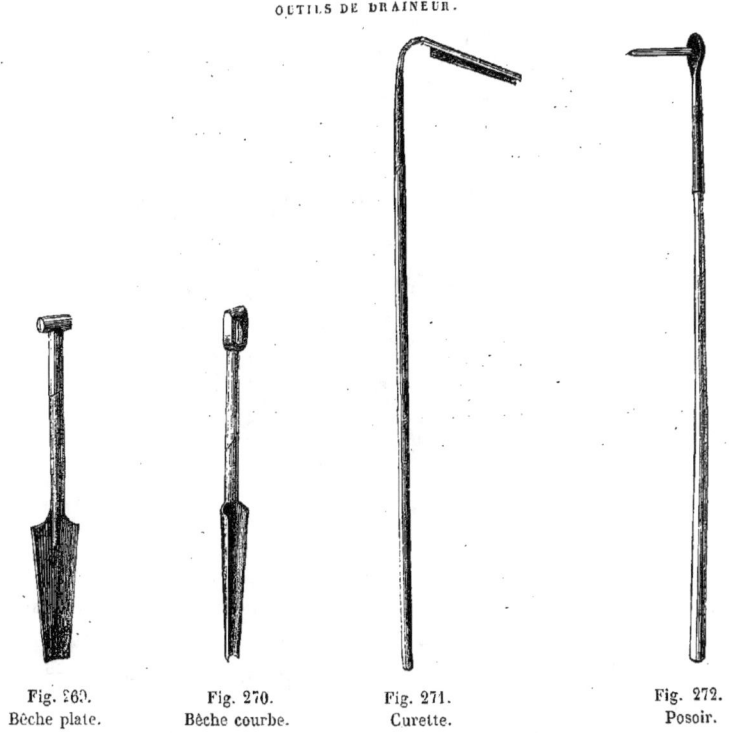

Fig. 269.   Fig. 270.   Fig. 271.   Fig. 272.
Bêche plate.   Bêche courbe.   Curette.   Posoir.

Le raccordement des drains de divers calibres, ou d'un petit drain avec un collecteur, s'opère au moyen de deux morceaux entaillés s'emboîtant respectivement. On protége ces jonctions par quelques pierres plates, fascines, etc.

La pose terminée, on recouvre immédiatement les tuyaux, que les eaux pourraient déplacer. La terre ordinaire, sans mélange de pierres, suffit pour ce recouvrement.

Tels sont les principaux éléments de l'opération du drainage, sur laquelle on a écrit de nombreux volumes traitant de son intérêt agricole, mais dont les applications aux jardins sont restreintes à l'assainissement des prairies et des plantations. Le nivellement préalable et la pratique ordinaire suffisent pour drainer les prairies et les pelouses. Pour les plantations, il faut une attention spéciale. Chaque massif à drainer sera entouré, à une distance de 3 mètres, d'un fossé d'assainissement, aussi profond que possible. On emploiera, pour en remplir le fond, sur un tiers de sa hauteur, l'un des procédés représentés par les figures 265, 266, 267, les drains d'argile pouvant être obstrués par les racines. Si le sol du massif est très-humide, il con-

Fig. 273. — Pose des tuyaux de drainage dans les tranchées.

viendra de tracer des rigoles petites, mais profondes, venant du milieu vers le fossé de ceinture, et remplies de pierrailles ou de détritus divers.

Les arbres isolés, plantés dans un sol argileux compacte, seront préservés de l'humidité surabondante par quelques drains placés debout au fond du trou, à la périphérie.

Lorsque les racines viendront à obstruer ces drains, la reprise de l'arbre sera effectuée, et il pourra se défendre contre l'excès de l'eau du sous-sol.

Un côté également intéressant de la question a rapport à l'arrosage au moyen des eaux qui proviennent du drainage, opération répandue en Allemagne, et du ressort de l'agriculture.

Enfin l'architecte-paysagiste doit se préoccuper d'utiliser les eaux ainsi recueillies, de même que celles des irrigations et des réservoirs, pour en masquer les aspects disgracieux et les employer à la décoration générale. Tout est prétexte ou motif d'ornement pour un artiste de talent, et les préceptes les plus minutieusement détaillés ne sauraient donner le goût à celui qui ne l'a pas naturellement formé.

Canalisation pour l'arrosage. — L'irrigation s'applique surtout aux prairies d'exploitation et aux jardins de produit dans les pays chauds. Elle constitue une exception pour les jardins de moyenne étendue. Il est rare qu'on ait à sa disposition des prises d'eau naturelles suffisamment élevées pour être amenées en pente douce sur tous les points à arroser. Autrefois, quand la volonté d'un seul suffisait à détourner les eaux d'une rivière pour un plaisir personnel, que M. de Laborde faisait passer une partie de la Juine à Méréville et que le surintendant Fouquet amenait des eaux magnifiques à Vaux, on pouvait, à loisir, distribuer l'arrosage dans ses jardins. Cependant on ne voit pas que les eaux forcées aient été alors utilisées autrement que pour des effets d'ornement, sous la forme d'eaux jaillissantes. Maintenant que l'égalité des droits pour les riverains des cours d'eau a nécessité la réglementation que j'ai signalée et la création des associations syndicales, les choses ont entièrement changé. Il a fallu recourir à des moyens nouveaux de recherche, de conduite et de distribution des eaux. Les grandes villes se sont chargées de ce soin et distribuent en abondance à leurs habitants l'eau nécessaire à la vie. Les jardins bénéficient de ces facilités, et une concession d'eau suffit à leur entretien. Mais il n'en est plus de même à la campagne, où l'on doit se contenter des ressources du lieu.

Le système de conduites à trop-plein tombe en désuétude. Il consiste à amener les eaux librement, avec une faible pente, dans un premier bassin, d'où l'excédant s'échappe pour en remplir un second situé un peu plus bas, et ainsi de suite. Cette solidarité entre les différents récipients d'un jardin est à la fois un avantage et un inconvénient ; avantage, en ce que le remplissage se fait sans travail ; inconvénient, parce que si l'eau vient à manquer ou à couler trop lentement dans le bassin supérieur, les autres restent vides ou ne suffisent plus à la consommation.

Si l'on adopte ce système, les tuyaux de terre cuite suffiront pour mettre les bassins en communication. Ils doivent être d'un assez fort diamètre, par exemple de 0^m,10 au minimum ; pour éviter les obstructions on choisit des tuyaux à emboîtement que l'on trouve généralement dans le commerce par tronçons d'un mètre de longueur. Les tuyaux de terre vernissée sont plus résistants et plus durables, mais ils coûtent plus cher. La pose sera faite sur un sol bien uni, à pente régulière ou de niveau, les dépressions augmentant la charge et faisant éclater les tuyaux. Pour assurer cette régularité de niveau, il est bon de pilonner le fond de la tranchée, et d'y répandre une couche de pierrailles et de mortier grossier. A chaque emboîtement, le joint sera fait en mortier de chaux hydraulique et sable, et mieux encore en ciment. La profondeur des tranchées sera d'au moins 0^m,50, afin de mettre les tuyaux à l'abri des fortes gelées. Si le conduit doit passer en siphon sous un obstacle, on fera bien de choisir des coudes en fonte au degré de courbure requis ; leur prix élevé est compensé par la garantie de solidité et la perfection de l'ajustage.

On a préconisé à plusieurs reprises l'emploi de tuyaux de ciment pour les conduites d'eau. Le système consistait à fabriquer sur place des tronçons de conduites, en entourant de ciment une *âme* de bois d'un diamètre déterminé. On plaçait ces tronçons bout à bout dans la tranchée en les soudant l'un à l'autre avant la prise complète du ciment et l'on obtenait ainsi un tube ininterrompu dans toute sa longueur. Ce procédé serait bon s'il n'était aussi coûteux; les tuyaux peuvent résister à de grandes pressions, mais à condition que le ciment soit de première qualité et d'une égale résistance dans tout le parcours. En résumé, les tuyaux de ciment n'égalent pas les conduites de fonte pour la résistance, et ils sont superflus pour la

Fig. 274. — Réservoir d'eau élevé sur des roches, et dissimulé par des ruines.

transmission de l'eau sans pression. On n'y a donc recours que dans de rares circonstances.

Les bassins d'arrosage en communication avec les conduites libres peuvent être établis comme ceux des jardins géométriques précédemment étudiés (p. 470). Toutefois, dans les jardins potagers, on se contente généralement de construire ainsi les principaux récipients; les bassins secondaires sont différents. On emploie, soit des tonneaux de bois enduits de goudron, soit des bassins de briques sur champ cerclés de fer avec chape de ciment pur, soit une composition de tôle enduite de ciment, ayant peu d'épaisseur et beaucoup de résistance.

Les eaux pluviales sont généralement amenées dans des citernes et constituent la seule ressource d'un grand nombre de pays. Si la surface des toitures est considérable, on peut obtenir ainsi en abondance une eau excellente, la meilleure pour les hommes, les animaux et les plantes. On cite l'exemple des jardins de Dalkeith (Écosse) où une grande partie de l'eau nécessaire aux arrosages provient des toitures, qui couvrent une superficie de 4,900 mètres carrés. L'eau ainsi recueillie atteint le chiffre considérable de 3,357 mètres cubes par an.

La construction des citernes se rapproche de celle des réservoirs ordinaires dont il vient d'être question, avec cette différence qu'elles ne sont bonnes que si on les enfonce dans le sol. Elles doivent être enduites de ciment à l'intérieur, pourvues d'une bonde de fond et de *regards* assez grands pour que l'on puisse vérifier facilement leur contenu de temps à autre. Leur partie supérieure sera voûtée en maçonnerie. Nous avons dit, page 289, comment on calculait leur contenance en mètres cubes. Un point important est de pourvoir la citerne d'un premier récipient garni de pierres et de sable, à travers lesquels passe l'eau chargée des substances qui la corrompraient si elle n'était pas filtrée. On peut encore installer dans la citerne même un filtre spécial à plusieurs compartiments remplis de sable ou de charbon, et pourvu d'une pierre filtrante. L'aspiration par les pompes et la distribution par les canaux, des eaux de la citerne, se font par les moyens ordinaires.

La canalisation par conduites forcées a été l'objet de grands perfectionnements depuis vingt ans. Son adoption devient générale. Les conduites sont généralement en fonte; le plomb, autrefois si répandu, a le défaut d'immobiliser un capital considérable et de ne pouvoir résister aux arrêts brusques de l'eau, qu'on appelle des *coups de bélier*. Les tuyaux de fonte, fabriqués en grand aujourd'hui par plusieurs usines, sont pourvus de joints de divers modèles, parmi lesquels on choisit de préférence les joints à brides avec tampons et boulons, et les formes à emboîtement ou à clavettes. On ne peut apprécier que par l'usage leurs qualités respectives.

On a renoncé aux tuyaux de tôle goudronnée et aux tuyaux de carton bitumé, recommandés inconsidérément il y a quelques années.

Réservoirs. — Quel que soit le moteur choisi pour aspirer l'eau, et malgré les dépenses que son installation occasionnera (voir aux devis), on doit emmagasiner un cube d'eau suffisant pour régulariser la distribution et parer aux accidents qui peuvent interrompre momentanément l'aspiration. L'établissement d'un *réservoir* est nécessaire. Sa hauteur doit être telle qu'elle dépasse de 5 mètres au moins le niveau du point le plus élevé à arroser; au-dessous de cette cote, la pression n'est plus assez forte dans les tuyaux distributeurs. Le réservoir peut être en maçonnerie ou en tôle. S'il est établi sur un point du sol naturel convenablement élevé, il vaudra mieux, construit en maçonnerie, que tout récipient métallique. On lui donnera une faible hauteur, plutôt que de charger outre mesure ses parois verticales. Deux ou trois mètres sont une bonne hauteur moyenne. On appuie les côtés avec des contreforts, et s'il est possible de les *chausser* avec un talus de terre, le réservoir n'en sera que plus solide.

Les réservoirs métalliques sont en tôle de fer; leur forme est rectangulaire ou cylindrique. Ils peuvent être montés, soit dans les combles d'un bâtiment de service, soit sur une tour isolée, à la manière des réservoirs des chemins de fer. On les accompagne à l'extérieur par un ornement architectural, des plantes grimpantes, ou encore on les cache par quelques ruines

Fig. 275. — Arrosage à la lance, avec tuyaux à chariot.

factices. La figure 274 donne l'image d'une disposition de ce genre, utilisée en 1867, à Paris, pour dissimuler un réservoir de l'Exposition universelle.

Conduites et distribution. — La conduite qui amène les eaux dans le réservoir s'appelle *conduite d'aspiration*. Si l'espace à arroser ne dépasse pas 2 hectares, et si la capacité du réservoir n'est pas supérieure à 20 mètres cubes, un diamètre de $0^m,06$ à $0^m,080$ intérieur suffira pour cette conduite. Les tuyaux qui du réservoir répandent l'eau dans les diverses parties du jardin se nomment *conduites de distribution*. On fera sagement de donner à la principale conduite un diamètre un peu supérieur à celui qui serait strictement nécessaire pour l'alimentation proposée. Il peut arriver qu'on ait à étendre le réseau de la canalisation et l'on regretterait l'insuffisance du débit des tuyaux. Pour arroser une superficie d'un hectare, comprenant des pelouses et un jardin potager, la conduite principale devra mesurer $0^m,080$ de diamètre intérieur. Les conduites secondaires auront $0^m,060$, et celles qui portent l'eau aux *bouches* $0^m,040$. Le diamètre des raccords en plomb, et par conséquent des robinets distributeurs et des bouches d'arrosage, sera de

0ᵐ,027 pour le grand modèle adopté à Paris, et de 0ᵐ,020 pour le petit modèle. Ces bouches, appareil assez compliqué, se composent d'un ajustement ingénieux de pièces de cuivre destinées à laisser passer l'eau dans les tuyaux, par la manœuvre d'une clef, en évitant les fuites et les coups de bélier. Elles sont raccordées à l'extrémité du tuyau de fonte par un bout en plomb de 0ᵐ,027 ou 0ᵐ,020 de diamètre, suivant le calibre. On les place, soit dans le milieu des pelouses, à des distances calculées, soit plutôt sur le bord des allées, à 0ᵐ,10 environ de la bordure de gazon, afin que l'eau perdue coule dans le caniveau.

A l'orifice de ces bouches on adapte, au moyen d'un collier à pas de vis, des tuyaux de cuir ou de toile, articulés et vissés par longueurs de 10 mètres, ou des tuyaux de tôle montés sur petit chariot, et terminés par un tube conique nommé *lance*. Au moyen de cette lance, qu'un homme dirige à volonté (fig. 275), on obtient un jet de 8 à 10 mètres de longueur, et pouvant être changé, suivant les ajutages, en pluie plus ou moins fine. On peut encore fixer les tuyaux à des appareils mobiles placés sur les pelouses, déversant l'eau en pluie uniforme, suivant un mouvement giratoire, et changés de place dès qu'une portion de terrain est suffisamment arrosée.

Un système ingénieux, imaginé par M. Combaz, et dont la première application au bois de Boulogne a eu lieu en 1858, permet d'arroser *en pluie*; en utilisant des tuyaux de tôle, percés de trous sur toute leur longueur et portés par de petits chariots à roulettes, en fonte pour les routes, et en bois pour les pelouses. L'appareil fonctionne seul; on proportionne sa longueur à la force de l'eau *en charge*. Il permet d'arroser les gazons sur des terrains sablonneux, très-secs; un ouvrier le change de place de temps en temps, en le tirant à lui d'un coup de gaffe (fig. 276).

Fig. 276. — Coupe d'un tuyau-arroseur, système Combaz.

Les distances entre les bouches d'eau et les robinets, sur lesquels on peut visser les tuyaux d'arrosage, dépendent de plusieurs conditions. Nous verrons, en traitant des jardins potagers, quelle est cette distance pour un arrosage commode des légumes. Dans un jardin paysager, dont il suffit généralement d'arroser la partie immédiatement en vue autour de l'habitation, afin qu'une surface verte l'entoure, même dans les ardeurs de l'été, on doit considérer chacune de ces bouches comme le centre d'un cercle autour duquel l'arrosage pourra se répandre, dans la longueur du rayon. Exemple : la charge permettant de fixer à chaque bouche une longueur de 10 mètres de tuyaux, et la longueur du jet étant de 8 mètres, on projettera ainsi l'eau dans un cercle dont le rayon sera de 18 mètres, et la bouche prochaine pourra être placée à 36 mètres de la première. Cette appréciation des distances, pour l'effet utile des orifices de distribution, est le premier élément du plan de canalisation. Elle peut varier si la pression permet d'employer à la fois plusieurs longueurs de tuyaux, si l'on utilise les tuyaux percés, si la hauteur de l'eau dans le réservoir fait varier le débit, si les orifices en distribution simultanée sont plus ou moins nombreux, enfin si l'aspiration renouvelle ou non la quantité d'eau plusieurs fois dans un jour. La question est donc complexe et demande tous les soins d'un homme d'étude et d'expérience.

Le plan 277 donnera l'idée de la canalisation souterraine d'une portion

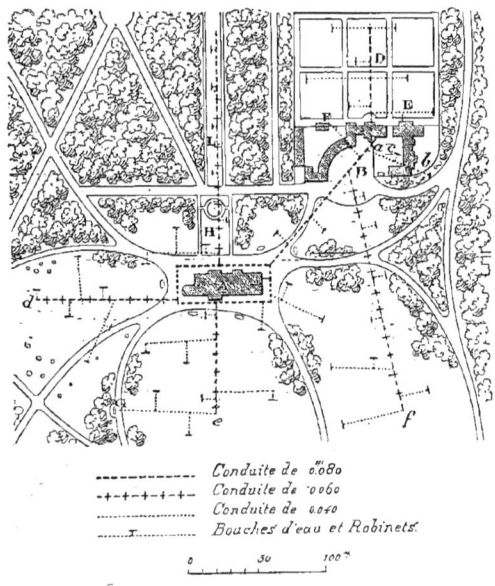

Fig. 277. — Plan de la canalisation souterraine d'une portion de parc.

de 2 hectares environ du parc du Bois-Renault. Le château est situé en A, les communs en B. Le potager D, les serres E F G, le parterre H, l'avenue L, doivent être alimentés d'eau en charge, provenant du réservoir a, situé dans la partie c des communs. La conduite principale, de $0^m,080$, va du réservoir au potager et autour du château. Des conduites secondaires, de $0^m,060$, atteignent les points d, e, f, suffisamment distants pour que la surface des pelouses en vue soit abondamment arrosée. La place des bouches d'eau sur les conduites de $0^m,040$ est indiquée par un trait en forme de T.

En examinant les trois devis de canalisation souterraine reproduits (pp. 292 et suiv.), on se familiarisera avec la terminologie et l'emploi des divers appareils et l'on pourra établir, sans secours étranger, la canalisation d'un parc ou d'un jardin, quelle que soit son étendue. De nombreux inventeurs recommandent des procédés particuliers qu'il faut se garder d'accepter sans contrôle, si l'on veut éviter des déceptions. Le plus sûr est de confier ces travaux, qui demandent de la précision, à une maison de premier ordre.

LES ROCHERS.

Les rochers constituent l'élément par excellence du pittoresque dans la nature. L'expression qu'ils donnent au paysage peut prendre un caractère de grandeur et souvent de sublimité incomparables. Témoins muets des convulsions du globe, ils nous attirent et nous étonnent par l'inépuisable variété de leurs formes, de leurs dimensions et de leurs couleurs. Ils prêtent aux montagnes un caractère d'âpreté, d'austérité que les eaux et la végétation adoucissent et vivifient. S'ils n'ont pas la grâce, ils ont le mouvement des lignes, l'aspect sauvage, le volume, la fierté, l'imprévu. Toute âme d'artiste les contemple avec admiration.

Il n'est guère au pouvoir de l'homme d'imiter artificiellement les grands effets des rochers dans la nature. Ses efforts, même gigantesques, semblent puérils. Il faut renoncer, sous peine de ridicule, à ces coûteuses et stériles tentatives.

Mais il n'est pas rare de rencontrer, dans l'enceinte d'un parc situé en pays accidenté, des scènes de détail où les roches naturelles jouent le principal rôle ornemental et dont la main d'un habile artiste peut augmenter

Fig. 278. — Rochers artificiels à Londres. Type de laideur.

l'attrait. On peut même créer de toutes pièces, sur une échelle réduite, des effets de rochers satisfaisants, si l'on s'inspire des meilleurs modèles fournis par la nature.

Malheureusement, ce cas est une exception. Pour un rocher artificiel construit avec goût, conformément à des principes rationnels, on en rencontre beaucoup qui ne sont qu'un amoncellement de pierres sans raison. Les témoignages de ce mauvais goût abondent partout, mais particulièrement en Angleterre, où M. W. Robinson a su, le premier, les dénoncer à l'animadversion publique[2]. Nous lui empruntons un dessin (fig. 278) publié par le

---

1. *Alpine flowers*. Londres, 1870, p. 73, et suiv.

journal *the Garden*; il représente un type répandu sous le nom de *rockwork*, et qu'on dirait inspiré par les pierres levées de Karnak, en Bretagne. Nul goût, nulle idée n'ont présidé à cette bizarre fantaisie, destinée à servir de fond à ces plantes de rocailles dont les amateurs sont nombreux dans les cités anglaises. Parfois la végétation rachète un peu ces défauts et fait oublier la laide structure qu'elle enveloppe, mais on ne voit que trop souvent ces étranges amas de pierres, qui semblent jetées pêle-mêle, comme on décharge un tombereau. Dans les parcs mêmes de Londres, où de récentes créations dénotent un véritable progrès, il n'était pas rare de voir autrefois de semblables *rockeries*, où une regrettable symétrie se mêlait aux formes irrégulières des roches. Ainsi la figure 279 donne le plan d'un certain nombre de *poches* ou rocailles saillantes sur le bord d'un ruisseau, toutes calquées sur le même modèle.

Fig. 279. — Rocailles au bord des eaux. — Mauvaise disposition.

Fig. 280. — L'arc de triomphe du mauvais goût. — D'après J.-C. Loudon.

J.-C. Loudon, l'auteur fécond et célèbre de tant de publications sur les jardins, ne paraît pas avoir eu l'idée exacte de ce que doit être le goût en matière de construction de rochers. Il a donné, dans plusieurs de ses ouvrages, quelques modèles dont le dessin ci-contre (fig. 280) est un spécimen caractéristique[1]. Une sorte d'arc, bâti en pierres tenant à peine ensemble, forme l'entrée du jardin. Le sommet est surmonté d'une statue d'ange; deux jets d'eau, latéralement placés, semblent étonnés de ce mélange hétéroclite. Le même auteur décrit et figure[2], avec des formules admi-

---

1. *The villa gardener*, 2ᵉ édition. — Londres. 1850, p. 274.
2. *Loc. cit.* p. 317-323.

ratives, une gigantesque fantaisie de ce genre qui se trouvait de son temps à Hoole, sur la route de Chester à Liverpool, dans la propriété de lady Broughton. La noble dame avait imaginé de reproduire une Suisse en miniature, et de sa maison elle voyait toute une chaîne d'Alpes lilliputiennes, d'après un relief de la vallée de Chamonix. Tous les sommets, avec leurs moindres détails, avaient été imités à une échelle minuscule; les fonds étaient parsemés de morceaux de marbre blanc pour simuler la neige, et des verres dépolis étaient chargés de figurer les glaciers. Dans ces dernières années, à Paris, un industriel eut l'idée d'exécuter, dans ce genre, une carte en relief de la France, occupant un vaste terrain, et il intitula son œuvre *géorama*. Mais son but était utile, et il présentait son invention comme une curiosité géographique, qui n'avait aucune prétention à passer pour une décoration de jardin.

On voit fréquemment employer, comme prétendus ornements, des rochers artificiels, des coquilles, des pierres curieuses par leur forme ou leur couleur, des scories de hauts fourneaux, du verre fondu, des vieilles porcelaines ou faïences, des bustes, des vases de terre cuite, des ruines, tronçons de colonnes et fragments divers d'antiquités. Le tout est d'un goût détestable et doit être rigoureusement proscrit des jardins.

A Paris et sur beaucoup de points de la France, en Belgique, en Allemagne, s'est répandue la construction des rochers en pierre meulière. Sous le prétexte que cette roche poreuse, richement colorée, présente des formes rugueuses et pittoresques, on l'a employée partout, sans songer que l'effet d'ensemble des rochers en place ne dépend pas de l'aspect de détail des matériaux qui les composent. Cette prédominance de la meulière doit être combattue. Que cette pierre soit réservée pour les rocailles dans les régions où elle se trouve à l'état naturel, rien de mieux; qu'on l'applique même aux petits jardins, où la fantaisie règne et où la nature ne saurait être prise comme un rigoureux modèle; que les petites constructions de *fougeraies*, d'aquarium de salon, que les rochers des serres utilisent ces matériaux commodes, nous n'y voyons pas d'inconvénient. Mais on doit proscrire la meulière, dès qu'il s'agit de rochers d'un certain volume, dans un pays où la formation géologique ne correspond pas à l'étage du terrain parisien, où se rencontre cette roche siliceuse.

Les rochers taillés avec la prétention d'imiter la nature et qui accompagnaient souvent les œuvres architecturales de la Renaissance ou du siècle de Louis XIV, constituent un genre distinct. Qui ne se rappelle la fontaine de Trévi, à Rome, la chasse de Diane, à Caserte, quelques grottes et bassins à Versailles et d'autres constructions de ce genre éparses dans les résidences princières de l'Europe? Au moins ces compositions étaient *voulues*, on les traitait comme une dépendance de l'architecture, et pourvu qu'elles ne fussent pas données comme des imitations de la nature, elles pouvaient être acceptées.

Mais lorsque ces blocs, d'une silhouette grandiose, firent place à de vulgaires entassements de rochers sortant des carrières, comme la cascade du *Reisenschloss* et le *Teufelsbrücke* à Wilhelmshöhe (Allemagne) ou les rochers de Péterhof et de Tzarskoé-Sélo (Russie), les signes d'une fâcheuse transition entre la symétrie et la nature se montrèrent, et la décadence arriva. Le genre *rocaille,* en faveur sous Louis XV, fit adopter la mode, venue d'Italie, des mosaïques en meulières et en cailloux diversement colorés, à demi plongés

Fig. 281. — Le musée des horreurs. — D'après G. W. Kern.

dans un enduit de ciment. Des grottes, des fontaines, se couvrirent de dessins réguliers, d'arabesques, de figures, de statues entières, formés de ces poudingues artificiels. Ces puérilités se répandirent en Europe, à l'*Isola bella* au lac Majeur, dans toute la Toscane, à Rome, puis en France, jusqu'à ce que le juste retour des choses d'ici-bas les eût replongées à jamais dans l'oubli.

En d'autres parties de l'Allemagne, on peut voir encore des constructions véritablement enfantines, imitant sur une échelle très-réduite des rocailles, des ruines, comme cette composition que j'ai vue à une station de chemin de fer, où le chef de gare avait voulu reproduire un *berg* des bords du Rhin, surmonté d'un antique château fort. Je ne dois pas omettre cependant le grand nombre de rochers bien faits que l'on peut rencontrer dans les parcs de l'Allemagne du Sud.

Dans l'Amérique du Nord, à l'exception des nouveaux parcs publics, où l'art de construire les rochers a réalisé de grands progrès, inspirés surtout par les pittoresques formations géologiques qui abondent sur cet immense continent, on n'avait guère, il y a peu d'années, de notion artistique élevée sur cette matière. J'ai trouvé, dans un ouvrage publié à Cincinnati, le dessin d'une singulière composition donnée sous le nom de *rockwork*[1] et que je reproduis comme une curiosité (fig. 281). L'auteur, M. G.-W. Kern, dit complaisamment, au bas de ce chef-d'œuvre, que l'original a été bâti par lui et exhibé à l'Exposition de la société horticole de Cincinnati, en 1854, et pour en conserver le souvenir à la postérité, il en a orné le frontispice de son livre !

Ces exagérations, ces conceptions bizarres, ont pour cause première le manque d'observation de la nature. Sans s'arrêter aux constructions ridicules dont il vient d'être question, œuvres de gens dont il faut renoncer à réformer le goût, on peut affirmer qu'avec un peu d'attention, tout esprit éclairé pourrait diriger avec succès le travail d'un rocailleur, dans une situation donnée. Il faut, pour cela, étudier la disposition naturelle des roches dans la région même, et s'en inspirer directement pour les reproductions artificielles.

Examinons quelques-unes de ces formations naturelles, en suivant l'ordre inverse des révolutions du globe, c'est-à-dire en commençant par les terrains récents pour finir par les plus anciens.

Les rochers dans la nature. — Les roches dont la formation se rattache à l'ère actuelle du globe sont peu nombreuses. Elles se composent, soit de calcaires poreux fournis par le dépôt des eaux qui tiennent en solution du carbonate de chaux, de matières arénacées déposées par les vagues des lacs et de la mer, contenant des cailloux roulés par des eaux également calcaires, soit de tufs siliceux comme ceux des *Geysers*, de dépôts argileux, marneux, calcaires, du fond des lacs, de récifs madréporiques, etc. Nous ne parlerons que des deux premières formations. Les grès récents, d'une nature assez friable, se durcissent souvent à l'air et peuvent être employés pour la construction des roches artificielles. Ils présentent des masses jaunâtres, plus ou moins foncées, parfois teintées de rouille par des dépôts ferrugineux, et striés de nuances claires ou sombres. Pour tirer un parti ornemental de ces roches, on laissera leurs parements arrondis, légèrement fissurés, et on les disposera sur les pentes en retraite, jamais en falaises à pic, où ils pourraient se déliter et causer des accidents. Les intempéries des saisons poli-

---

[1]. *Practical landscape gardening*, par G.-W. Kern. — Cincinnati, 1855.

ront leur surface, causeront des désagrégations hivernales, et suffiront à les rendre pittoresques.

Les tufs calcaires ont plus d'intérêt. Ils se stratifient souvent en minces couches ou en stalactites au plafond des caves naturelles, parfois en sédiments importants, comme dans les sources pétrifiantes de Clermont, de Vichy, de la Bourgogne, etc. Ces tufs sont rarement assez épais pour être employés à la construction des assises de roches. Mais ils offrent au rocailleur un précieux auxiliaire par leurs modèles de pendentifs et de piliers. On sait quelle élégance prennent ces étranges concrétions, produites par les dépôts lentement superposés du carbonate de chaux contenu dans chaque goutte d'eau qui pend de la voûte. Ce sont des cônes renversés qui atteignent parfois plusieurs mètres de longueur. Aux grottes de Han et de Rochefort, en Belgique, on les voit former des draperies, des franges, des ondulations élégantes d'aspect cristallin, des candélabres, des cristaux sur lesquels la lumière joue comme sur les facettes d'un diamant; ou bien encore d'étranges stalagmites qui montent, rejoignent les stalactites après de longues années, et forment alors des colonnes fantastiques soutenant ces cathédrales de la nature.

Les roches friables du *terrain diluvien*, essentiellement détritiques, ne renferment guère que des débris remaniés et roulés des assises plus anciennes. On y trouve les tufs à végétaux pétrifiés de la Celle, près Moret. Elles n'offrent qu'un médiocre intérêt et ne sont guère propres à la construction des rochers. Cet étage comprend, en certains endroits de ses basses couches, ces cavernes à ossements qui ont tant divisé les savants sur la question de l'homme fossile.

Dans les *terrains tertiaires* apparaissent successivement : des grès friables argileux, des grès coquilliers, des meulières, puis des sables et d'autres roches arénacées parmi lesquelles on compte les grès lustrés de Fontainebleau. Ces dernières roches, d'un ton blanc ou d'un gris terreux, qui se retrouvent à Étampes, Dourdan et Orsay, constituent pour nous les plus utiles matériaux de cette formation; ils sont faciles à employer et d'un effet puissant dans la construction des rochers artificiels. Ces roches, mélangées aux grès mamelonnés plus anciens dits de Beauchamp, à Herblay, ont servi à bâtir la cascade de Longchamps, au bois de Boulogne. Leur mise en place exige des conditions particulières. On ne doit pas perdre de vue qu'ils ont été roulés par les eaux et que leur amoncellement si pittoresque, dans la forêt de Fontainebleau, n'empêche pas leurs formes de rester arrondies. On devra donc les disposer comme s'ils s'étaient écroulés naturellement sur les pentes, et se contenter de boucher les intervalles laissés entre eux, au moyen de terres éboulées et de plantes sarmenteuses et saxatiles propres aux terrains arénacés.

Toutes ces roches constituent le sous-sol de notre bassin de Paris ; on les y rencontre le plus souvent supportées par des masses de *gypse* (sulfate de chaux), de *calcaire grossier* et *d'argile plastique*. Les poteries de Montereau se fabriquent avec cette argile. Le *calcaire grossier* se débite en couches épaisses, blanches ou jaunâtres, remplies de coquilles innombrables, parmi lesquelles se distinguent par leur grande taille les Cérithes (*Cerithium giganteum*). Pour en construire des rochers, on dispose ces pierres par assises, ressemblant soit aux couches qu'elles présentent dans les carrières pittoresques des environs de Paris, soit aux profils qu'on leur voit naturellement prendre après un éboulement. La gelée en effrite parfois l'extérieur, mais le calcaire grossier résiste mieux que le gypse ou pierre à plâtre.

Le *gypse parisien*, ou sulfate de chaux hydraté, exploité dans les carrières à plâtre de Montmartre, des Buttes-Chaumont et de nombreux monticules autour de Paris, est également disposé en lits horizontaux ou inclinés par des craquements. Il présente un surface blanche ou d'un gris léger, noircissant par une exposition prolongée à l'air. Bien que la gelée ait une action dissolvante sur la pierre à plâtre, elle n'en attaque que la surface à peu de profondeur et cette roche tendre peut encore être employée avec succès pour construire des rochers, si on la taille légèrement, et si l'on en conserve les formes naturelles. Les plantes et les gazons relèveront la monotonie de sa silhouette et de sa couleur. Un des meilleurs exemples de rochers de ce genre se trouve au parc des Buttes-Chaumont. On a su lui conserver l'aspect naturel à ce point, que l'île située au milieu du lac et l'aiguille isolée qui l'accompagne (*voir le frontispice de ce livre*) ont eu leur hauteur doublée par une construction artificielle de ces roches, sans qu'un observateur attentif puisse constater aujourd'hui de différence entre les deux parties.

C'est encore au terrain parisien qu'appartient la *meulière*, roche exclusivement siliceuse, formant des pierres caverneuses, de couleurs variées, enclavées dans des argiles, très-recherchées pour leur pittoresque et leur solidité. Des gisements considérables de ces roches se trouvent dans la Brie, notamment à la Ferté-sous-Jouarre, où elles sont exploitées pour la fabrication des meules de moulin. Elles se retrouvent près de Paris, à Sceaux, à Versailles, etc., mais dans ces localités elles sont plus récentes et appartiennent à l'horizon de la Beauce, où l'on trouve un grand plateau formé d'un *travertin* caverneux, comme celui de la côte Saint-Martin, près d'Étampes. Lorsque ces meulières affleurent le sol et se couvrent de mousses, elles prennent de très-jolis tons et deviennent précieuses pour la formation des rochers dans les jardins moyens et petits, les aquariums, les fougeraies, les rocailles pour plantes alpines, etc. J'ai signalé plus haut l'abus qu'on en fait dans les jardins de Paris, et j'insiste sur ce point, en répétant que l'apparence naturelle et agréable des rochers artificiels ne dépend nullement de la nature des éléments qui les composent, mais du talent de celui qui les emploie.

Au-dessous de cet étage supérieur des formations tertiaires commencent les *terrains crétacés*, qui couvrent une immense étendue sur le globe. La craie, élément des couches premières de ces gisements, que l'on retrouve généralement en France entourant d'une vaste bordure les terrains jurassiques, est une roche d'apparence blanche ou grise, tantôt mêlée d'argile et donnant la craie marneuse, tantôt de rognons de silex en strates inégales, et présentant dans ses diverses couches des fossiles nombreux et caractéristiques. Elle constitue alors le terrain crétacé supérieur. Les terrains crétacés inférieurs, si variés, avec leurs dépôts néocomiens reposant sur le jurassique, leurs grès verts, la craie verte et la craie tuffeau n'en diffèrent pour nous que par des valeurs géologiques diverses, mais ils nous présentent toujours des roches stratifiées, régulières, peu favorables aux effets pittoresques. Les minces plaquettes des tuffeaux de la Touraine, de même que les bancs plus puissants et homogènes de la craie blanche de Champagne, n'ont qu'un dessin vulgaire et des silhouettes insignifiantes. Cependant, on peut en obtenir d'assez bonnes décorations. Placées sur des pentes rapides, à demi enfouies dans les talus, recouvertes de terre, de plantes sauvages, entremêlées d'espèces sarmenteuses, ces pierres peuvent augmenter l'attrait d'un jardin si elles sont disposées avec art.

Les *calcaires jurassiques*, placés immédiatement sous les roches crétacées, sont plus accidentés ; leurs formes sont généralement plus variées, plus grossières, leurs nuances plus vives, souvent rougeâtres ou ferrugineuses. Dans la partie inférieure se trouve l'étage du *lias*, facile à distinguer à ses nombreux fossiles parmi lesquels la gryphée arquée (*Gryphæa arcuata*) est caractéristique, et qui présente le plus souvent des calcaires argilifères, bleuâtres ou grisâtres. Au-dessus paraît le *système oolithique*, qui comprend, avec l'oolithe proprement dite, des roches caractérisées par la texture globulaire de leurs grains, et qui donne des calcaires parfois blancs, souvent jaunâtres ou rougeâtres, injectés d'hydrate de fer. Avec le *terrain oxfordien* arrivent des calcaires et des argiles comme les rochers classiques des Vaches Noires, à Dives ; puis les calcaires compactes du *terrain corallien* avec ses nombreux coraux. D'autres argiles viennent avec le *Kimmeridge*, où se trouve la gryphée virgule (*Ostrea Virgula*) et dont les roches du Havre sont un exemple, et enfin les calcaires compactes, lithographiques, du *terrain portlandien*. Les formes et les couleurs de ces roches varient extrêmement, mais toutes sont disposées par lits réguliers et l'on doit étudier leur allure dans chacune des régions qu'elles représentent. Des bords de l'Océan au sud de la Loire, un rameau de ces terrains s'étend par Angoulême jusqu'à Rodez et Montpellier, tandis qu'au nord-ouest une pointe embrasse Alençon, Argentan, Caen et le Calvados. La bande principale traverse le Poitou, le Berry, l'Yonne, la Haute-Marne et remonte vers les Ardennes. Enfin les terrains du Jura, du Dauphiné, de la Savoie, jusqu'à la Provence, sont des calcaires jurassiques, formation très-étendue qui fournit à l'industrie du bâtiment de très-beaux matériaux de construction. Le rocailleur trouvera parmi ces belles roches les calcaires *ruiniformes* du lias moyen en Provence et ceux de l'oolithe inférieure du plateau central de la France. Il aura largement de quoi exercer son talent, en choisissant les mieux colorées et les mieux fouillées, principalement dans le groupe corallien.

Les marnes irisées du *trias* et les calcaires coquilliers qui les supportent ne nous arrêtent par aucune particularité. Mais bientôt la série des *grès anciens* commence par les grès bigarrés. Ces roches sont connues de tous les voyageurs, qui les ont remarquées sur plusieurs points de l'est. Les cathédrales des bords du Rhin sont bâties avec ces grès, dont les panachures passent du rouge foncé au rouge vineux, au rose et au gris verdâtre. Quelques monuments, comme le château d'Heidelberg, doivent à ces grès rouges la beauté fruste de leurs ruines imposantes. On emploie tous ces grès par gros blocs disposés à plat, sans beaucoup se préoccuper d'imiter leur stratification, mais en évitant de les mettre sur champ ou debout, ce qui serait un contre-sens. Leurs panachures indiquent les diverses matières crétacées, quartzeuses, porphyriques, les infiltrations ferrugineuses, interpositions d'argiles, etc., qui varient leur texture.

Le *terrain houiller* nous intéresse par ses calcaires carbonifères, d'une belle couleur noir bleuâtre, qui produisent les beaux marbres *bleus* de la province de Namur. Ces rochers peuvent prendre, dans les parcs et les jardins, les aspects les plus variés, se dresser, s'incliner obliquement, en stratifications discordantes, parfois verticales, sans cesser de ressembler à leurs modèles géologiques si tourmentés.

En Angleterre, on trouve ensuite des masses également puissantes de grès, mais plus anciens, désignées sous le nom de *old red sandstone* (vieux grès rouge) et appartenant au *terrain devonien*. Elles sont séparées des précédentes par les roches *permiennes* et *carbonifères*. Ces beaux grès, couleur de brique rouge, sont de la plus haute valeur pour le paysagiste.

Les schistes et quartzites qui supportent ces grès sont de superbes roches qui font partie des terrains *silurien* et *cambrien*. Elles ont une texture lamellaire, leur surface est lustrée et leurs nuances sont bleuâtres dans les ardoises de l'Anjou, vertes ou rosées dans les schistes des Ardennes ou du pays de Galles. Leurs brisures, leur stratification variée, leur aspect insolite, en font de précieux matériaux.

Viennent ensuite une série de *roches cristallines*, gneiss, micaschistes, schistes lustrés, les plus anciennes roches sédimentaires. Ce sont les piliers du globe; ils ont concouru à sa première solidification. Leur aspect dans la nature frappe toujours d'étonnement. Qui ne connaît leurs belles couleurs et leurs silhouettes sauvages, au milieu des bruyères et des ajoncs du Limousin et de la Bretagne? Quel peintre n'a étudié leurs tons rosés, bleuâtres, pailletés de mica, de quartz, de feldspath, et leurs formes si pittoresques? Ces roches sont précieuses à bien des titres pour l'ornement des jardins, mais leur imitation est pleine de difficultés, en présence des modèles gigantesques que la nature met sous nos yeux dans les terrains primitifs. Si l'on opère sur une étendue modeste de ces régions, on fera bien de se contenter de quelques roches à demi enterrées, sans avoir la prétention de copier avec succès des masses si vigoureuses. La simplicité dans les détails est ici commandée par le bon goût et par la difficulté de

Fig. 282. — Escarpement garni de rocailles et de plantations.

tailler des matériaux aussi durs; toute structure élevée sera proscrite. Ces roches doivent toujours être massives, à base étendue, à saillies peu accusées.

La série des divers terrains, ainsi envisagée rapidement, se termine enfin par les *roches éruptives*, granites, porphyres, puis par les formations volcaniques, où les basaltes montrent leurs colonnes prismatiques, les trachytes et les phonolithes leurs surfaces anguleuses et leurs tons noirâtres, les laves et les scories leur inépuisable variété. Tantôt les coulées de lave auront entamé des roches rugueuses arrêtées sur les pentes, tantôt le feu central aura coloré les matières fondues de tons rouge brique, roses, bleuâtres, charbonneux. Ici la pierre ponce, légère comme le liège, là des produits de la densité du fer; partout des formes, des couleurs, qui déroutent l'observateur superficiel et captivent le géologue. Cherchez dans les volcans de la France centrale, au Puy-de-Dôme, au mont Dore, les modèles de ces rochers. Le secret de leur disposition vous échappera souvent; les copier est presque impossible. Il faut les admirer dans leur sublime chaos et s'avouer vaincu.

Description et emploi des rochers. — Nous avons maintenant une connaissance sommaire de la distribution des roches suivant leurs âges respectifs et nous ne commettrons plus ces graves anachronismes contre lesquels on ne saurait trop protester au nom du goût et de la raison. Avant d'entreprendre l'explication de leur construction matérielle dans les parcs et les jardins, quelques principes généraux ne seront pas superflus :

Les rochers seront placés à une distance convenable de l'habitation. Trop rapprochés et trop importants, ils la rapetisseraient par leur masse; de dimensions médiocres, ils sembleraient des puérilités. Ils doivent former des fonds de tableau dans les seconds ou les derniers plans, s'ils sont en vue, ou donner lieu à des scènes spéciales cachées, s'il est possible de les détacher de l'ensemble.

Fig. 283. — Un défilé du mont Rose, en Suisse.

Quelquefois, il arrive que l'habitation, assise avec sa terrasse H (fig. 282) sur l'entaille horizontale d'une pente rapide E F I, est adossée à un talus ou à une falaise qu'il faut garnir de rocailles et rendre attractive F G. Avec un peu d'art, on obtiendra facilement des aspects pittoresques et les roches se garniront d'une nombreuse collection de plantes sarmenteuses, saxatiles, alpines même, qui feront d'un mur jadis dénudé un objet charmant.

Les masses de rochers ne seront jamais isolées. Un accompagnement leur est indispensable. Si elles forment un groupe naturel sur une colline, on pourra cacher, par des plantations, les extrémités de ce groupe, qui paraîtra se prolonger ainsi sous les arbres.

Si les bancs de rochers sont uniformes et difficiles à déplacer ou à travailler, on peut rompre leur silhouette monotone en les interrompant çà et là par des plantations arbustives, et parfois par des groupes d'arbres à haute tige ou mieux de conifères.

Un bloc de rocher, situé naturellement tout près de l'habitation, doit être couvert ou enlevé. Dans les pays granitiques, le terrain est plein de ces surprises parfois désagréables. Il vaut mieux faire quelque dépense et ne pas laisser sous le regard un rocher nu et mal placé.

Des pierres isolées, éparses sur les pentes, annonceront les masses de

Fig. 284. — Roches détachées, sur un monticule planté.

rochers, qui ne devront jamais se dresser brusquement sans être accompagnés de quelques blocs détachés.

Prenons, par exemple, ce passage du mont Rose, en Suisse (fig. 283). Les pentes y paraîtraient tristes et nues si rien ne venait relever leur uniformité. Quelques gros fragments, arrachés aux assises rocheuses qui forment les sommets voisins, jetés sur les talus, sont à demi enfoncés

Fig. 285. — Roches sur les pentes et près des eaux.

dans le sol et entourés de plantes grimpantes, de buissons; ils accompagnent par une suite de points de vue agréables le sentier qui serpente au milieu d'eux. Pour reproduire en petit une scène analogue sur des rochers éboulés, à peine le marteau de l'ouvrier aura-t-il à corriger çà et là des silhouettes trop régulières, à simuler une fissure; quelques pelletées de terre garniront la base des roches, où un peu de graine de gazon sera semée. Un tel tableau se compose dans la nature comme sur la toile.

Ed. André.

Sur un terrain légèrement ondulé, de dimensions moyennes, formé de légers monticules s'élevant sur des pelouses, adossés à des massifs ou à des bouquets de bois, il sera possible encore de s'inspirer des procédés de la nature pour élever quelques rocailles et les rendre attrayantes (fig. 284). On enterrera les blocs à demi, sur le flanc du monticule ou vers son sommet; dans leurs fissures on glissera des plantes alpines. Si l'on est proche du jardin fleuriste ou de l'habitation, quelques plantes exotiques se mêleront aux espèces indigènes; elles seront proscrites, au contraire, si la scène s'encadre dans un coin de nature sauvage.

Fig. 286. — Roches fissurées, avec plantations, bordant un sentier.

A ces effets de détail, si séduisants lorsqu'ils sont complets, on ajoutera un charme de plus en les combinant avec les eaux (fig. 285). Sur les bords mêmes, ou sur les saillies du terrain voisin, quelques roches habilement jetées serviront de prétexte à la culture d'espèces variées, dont l'effet ne pourrait pas autrement se produire. On devra se préoccuper de faire passer un sentier près de ces petites scènes de nature ornée.

Ces sortes de sentiers, bien compris, ne le cèdent à aucun autre ornement des jardins. J'en connais de nombreux exemples en Angleterre, presque tous jolis, malgré des roches semées sur leurs bords d'une manière peu artistique. La végétation capricieuse se charge volontiers de réparer les fautes de l'homme, et les combinaisons de la nature effacent celles de l'artiste. Dans la scène représentée par la figure 286, le sol était absolument plat auprès de l'allée. Mais d'un côté la plate-bande s'appuyait à un épais massif d'arbustes à feuilles persistantes, formant un fond opaque à la végétation du devant. De gros blocs de grès arrondis, fissurés, légèrement enterrés dans un talus peu saillant, se couvrirent rapidement d'une forte végétation et en une année les deux bords de cette allée formaient une promenade charmante.

Mais ces bordures, d'un intérêt varié, se trouvant sur un sol plat, sans aucune ondulation annonçant les saillies des roches, les pierres, mal plantées, debout, ressemblant à celles de la figure 278, et aucune plantation de fond ne faisant repoussoir aux espèces délicates plantées entre les rocailles, l'effet serait vulgaire, le résultat fastidieux.

L'intérêt de ces petites plantations augmente encore si le sol de l'allée est enfoncé et si les rochers sont étagés sur la pente d'un talus. De pareils chemins creux ne sont pas rares en Angleterre. Un joli modèle à citer est

Fig. 287. — Mauvais entassement de rochers. Exposition universelle de 1867.

celui du Prospect Park, aux États-Unis, où M. Olmsted a tapissé les bords d'une allée de roches enfouies dans une abondante végétation. La propriété de M. Mac Gregor, à Guernesey, contient un de ces ravins pittoresques, semé de roches à demi engagées sur une pente, couvert en partie de vieilles souches d'arbres dans lesquelles croissent des fougères et ombragé par d'épais massifs. Si au lieu d'un chemin creux existant, qu'on aura ainsi utilisé, ou d'une excavation faite à dessein pour ne pas interrompre la vue des pelouses voisines, on doit conserver absolument le sol naturel, de peur de rencontrer l'eau à une faible profondeur, on peut encore obtenir un bon résultat : il suffit d'élever des terres en talus devant un mur de séparation et de masquer ce mur par des lierres, des arbustes à feuilles persistantes, etc. On utilisera ainsi cette clôture au profit du jardin d'ornement. Dans tous les cas, un sentier sinueux entre de semblables talus sera d'un meilleur effet qu'une allée droite en désaccord avec le pittoresque de la plantation. On peut aussi varier ces compositions, si la bordure est large, en faisant courir au travers des roches un sentier enfoncé, à peine visible, mais permettant de visiter une à une les collections de plantes, et de les soigner sans fatigue. Généra-

500   L'ART DES JARDINS.

lement, il est de meilleur goût de tenir les rochers bas que de trop les élever; pour augmenter leur saillie il vaudrait mieux excaver leur base que d'ajouter à leur hauteur.

Mais les rochers sur terrains plats, qui nous charment par leurs détails, seraient de mauvais goût si leurs proportions s'exagéraient, et s'ils ne pou-

Fig. 288. — Ravin supérieur de la grande cascade, aux Buttes-Chaumont.

vaient s'expliquer comme une production naturelle. Évitez ces entassements vulgaires, cités plus haut, et dont la figure 287, prise en 1867 dans le jardin réservé de l'Exposition universelle de Paris, donne une image exacte. Un seul coup d'œil suffit pour montrer les défauts de ce rocher, dont la masse, écrasant la serre placée au pied, dominée par un kiosque trop grand et hors d'échelle, présentait un exemple frappant de ces situations mal choisies.

Le calcaire grossier et le gypse parisien, avec leurs lits réguliers et leurs nuances pâles, semblent d'abord réfractaires aux effets pittoresques recherchés dans les rochers. Ils peuvent cependant devenir un objet de grand ornement. On les a souvent employés avec succès dans les jardins publics de Paris. La façade abrupte des terrains qui entourent le Trocadéro, du côté de Passy, a reçu cette année même une heureuse décoration de ce genre. On s'est contenté de reproduire la formation naturelle du terrain en y ajoutant de nombreuses plantes d'ornement et en faisant serpenter à flanc de coteau un sentier caché entre les roches. Dans ce genre, les petits rochers entre lesquels sort la source, au square des Batignolles, ont un aspect naturel et sont plus agréables à voir que les amas de meulières les plus travaillés. Au parc des Buttes-Chaumont, où les travaux de rochers ont été considérables, la pierre gypseuse a fait tous les frais des scènes créées. Un îlot situé à pic au-dessus des grandes carrières a vu ses proportions doublées par l'addition de nouvelles couches de cette roche, un cirque de rochers s'est terminé par une grotte de 18 mètres de hauteur, dans laquelle tombe la grande cascade (fig. 223). Les pentes rapides des buttes ont été soutenues par des blocs détachés, émergeant à moitié du gazon et des arbustes; de hautes falaises se sont élevées, fissurées du haut en bas, d'un aspect assez terrifiant, mais d'une solidité assurée. Une presqu'île, coupée sur plus de 20 mètres de hauteur, est devenue une île reliée à la terre ferme par un pont hardi; les culées des ponts ont formé des motifs de rochers variés; les bords des ruisseaux, les encaissements des chemins, un ruisselet coulant parmi des plantes alpines, tout a servi à utiliser la roche primitive, sans que cette profusion détonne dans cette nature bouleversée, où des hauteurs de 30 mètres prêtent aux travaux un aspect grandiose. Un coin de ces rochers, le ravin supérieur de la grande cascade, est reproduit par la figure 288. La vue a été prise du pont situé sur la voûte même de la grotte. Elle montre les assises du gypse interrompues pour l'ouverture du ravin, barrées en bas par une table de roches, traversées plus haut par un pont qui disparaît dans les vignes vierges et autres plantes grimpantes.

Les cascades, lorsqu'elles sont belles, sont, de tous les arrangements de rochers, les plus saisissants. L'action de l'humidité sur leur surface développe une végétation moussue et produit une variété de tons qui efface rapidement leur premier aspect artificiel. Elles doivent inspirer une sécurité parfaite; jamais une solidité trop complète n'est apportée à leur masse, et l'on doit non pas y multiplier les pierres, mais assurer la résistance de chaque détail et celle de l'ensemble. Ainsi, dans la grande cascade (fig. 289), construite au milieu des grès naturels, les eaux qui s'échappent de deux points différents pour se réunir dans le ruisseau qui alimente le lac ont motivé les fortes assises que représente notre dessin. Ces proportions pourraient être réduites dans l'exécution, soit à cause de la dépense qui serait trop considérable, soit à cause du manque d'eau, mais le principe subsisterait en entier et la proportion de la masse serait conservée. Les grès, avec leurs blocs arrondis ou leurs cassures molles, garderaient leur ressemblance avec la formation géologique du lieu.

Dans les terrains schisteux et les terrains granitiques, la disposition naturelle des rochers impose un caractère tout différent au cadre des cascades. L'ensemble sera plus sauvage, les blocs plus hardis, les plantations plus montagnardes. Si, dans les abords d'une cascade construite en grès, il a été permis de faire sentir l'œuvre artificielle, par le dessin des sentiers et le choix des végétaux, il n'en est plus de même lorsque la nature se manifeste dans toute son âpreté. La cascade (fig. 290), dessinée pour le

Fig. 280. — Cascade double, dans les grès rouges des Vosges.

parc de la Rochette, a été conçue dans cet ordre d'idées. J'ai cherché à conserver la note dominante du pays dans son intégrité. Les sapins et les mélèzes ont garni les sommets, se sont implantés entre les rochers et ont uni la rudesse de leurs formes; les bois du voisinage ont fourni le reste de l'accompagnement végétal et des blocs entiers ont été apportés et couverts de plantes indigènes intégralement conservées.

Les autres cascades, cataractes, rapides, etc., de moindres dimensions, dont il a été question en parlant des eaux courantes, seront également construits selon la formation géologique naturelle, et, dans les régions calcaires, on les composera de quelques assises horizontales formant tables de chute, et de roches brisées jetées pêle-mêle sur les côtés et au fond du bassin servant de récipient inférieur.

La figure 291, dessin que j'ai rapporté du pays de Galles, représente une de ces petites cascades à double nappe, sortant d'un bassin supérieur, au milieu d'une nature sauvage. Les environs de Llanrwst, du Snowdon au pas de Llanberis et de nombreuses parties de ce charmant pays, offrent à chaque pas des scènes de ce genre.

Sur une échelle très-réduite, le petit ruisseau dit « des Alpes », au parc des Buttes-Chaumont (fig. 292) indique l'arrangement possible des rochers auprès des tables de barrage, sur les pentes rapides où les eaux, peu abondantes, doivent être retenues çà et là pour produire plus d'effet.

Fig. 290. — Cascade dans les terrains schisteux. — Parc de la Rochette.

Les grottes profondes, servant autrefois d'habitations aux hommes, aujourd'hui simples curiosités, sont des objets attrayants dans les parcs et dans les jardins, pourvu qu'elles gardent un aspect naturel. C'est une recommandation qui eût été nécessaire dans tous les temps. On comprend que Bernard Palissy ait décrit ce qu'il appelait les « merveilles » de ses quatre grottes (voy. page 32) et donné à son art le pas sur la nature. Mais il est moins explicable que Pope, le poëte, le chantre des jardins, ait bâti à Twickenham une grotte dont le plafond était peint, dont les parois intérieures étaient revêtues de pierres de diverses sortes, et que des statues dans des niches entouraient de toutes parts. Cette fantaisie singulière a eu des imitateurs. Les grottes artificielles, en Italie, en Allemagne et en France, aux XVIIe et XVIIIe siècles, en font foi ; on en voit encore des traces fréquentes. Un certain Decker avait chargé le toit d'une grotte de nombreuses statues, entourées de coquilles, de coraux, de cristaux, etc. A la voûte et le long des parois grimpaient des grenouilles, des poissons, des serpents, et Neptune, de son trident, semblait gouverner tout ce peuple aquatique, au milieu de jets d'eau, dissimulés d'abord, et inondant à l'improviste les visiteurs. Ces fantaisies ne se reproduisent plus aujourd'hui, mais on peut citer encore des grottes construites de main d'homme, données pour des imitations artistiques de la nature et qu'il faut se garder d'admirer comme des œuvres de goût. La grotte de la villa Pallavicini, à Pegli, près de Gênes, coûteuse construction érigée à l'extrémité d'un lac, et qu'un batelier vous fait parcourir dans tous ses détours, provoque un instant l'étonnement et bientôt après l'ennui. Tout y sent le travail, l'excès dans la recherche, l'absence du naturel.

Fig. 291. — Cascade près de Llanberis (pays de Galles).

Il faut donc, cette fois encore, prendre ses modèles autour de soi. Une simple ouverture, nettoyée si des ronces l'obstruent, engagée dans la verdure, sans prétention, est la meilleure entrée d'une grotte. Si elle doit être bâtie de toutes pièces, imitons quelque scène naturelle dont nous aurons d'abord pris le dessin. Le mieux sera de placer l'ouverture de la grotte à l'extrémité d'une pièce d'eau (fig. 293), et de l'entourer d'épaisses plantations, afin que le reflet en double l'importance, et que sa noire excavation fasse de vigoureux contrastes avec la lumière reflétée. Dans les calcaires, où les dépôts de carbonate de chaux justifient la présence de stalactites, on peut imiter ces singuliers ornements. Les rochers construits en meulière, si l'on est aux environs de Paris, prendront des formes fouillées et tourmentées.

L'usage des grottes est assez restreint. Leur humidité empêche qu'on s'y tienne volontiers, excepté dans les ardentes chaleurs de l'été. Généralement, elles sont un objet de curiosité, un motif de promenade momentané, et les bancs de repos qu'on y place sont rarement occupés. Il est donc intéressant de leur donner une destination utile, par exemple de les faire servir à l'accès d'une glacière. Dans le parc de la Chaumette (pl. VII) la lettre L indique l'emplacement d'un kiosque surmontant une glacière, à laquelle on parvient par la grotte M. Les terres du lac T ont servi à former cette butte, et ont couvert la grotte préalablement construite. Le point est éloigné de l'habitation, à l'une des extrémités du parc, et du seuil de la grotte, des perspectives s'étendent à travers de vieux arbres et des pelouses, jusqu'au bord des eaux.

Fig. 292. — Rochers à la chute d'un ruisseau. — Parc des Buttes-Chaumont.

On doit insister sur cet éloignement des parties les plus vivantes du parc, pour les rochers en général, et les grottes en particulier. Ces constructions détonnent dans le paysage, si on les voit des fenêtres du château. Elles sont seulement à leur place dans les parties retirées; leur caractère est celui de la solitude.

On utilise aussi les grottes pour couvrir des aquariums. Depuis que le jardin zoologique de Hambourg a réussi à conserver et à propager des animaux marins dans des bacs remplis d'eau de mer renouvelée de temps en temps, ces sortes de constructions se sont multipliées. A Londres, à Brighton, à Bruxelles, à Paris, etc., on trouve des aquariums qui servent à la fois à la distraction des promeneurs et à des observations scientifiques. On le construit sur des murs solides, capables de résister à de fortes pressions; on les voûte avec soin et on les revêt de roches, lorsque la sécurité est assurée, soit par une maçonnerie très-forte, soit par une addition d'armatures en fer. Des stalactites et des stalagmites peuvent aider à la décoration de ces travaux de rochers, auxquels il est difficile de donner un aspect naturel, et où l'art du rocailleur doit montrer toute sa fertilité. Le dessin ci-joint (fig. 294) représente une vue intérieure du grand aquarium de l'Exposition universelle de 1867.

Les ponts de rochers sont du plus grand intérêt dans le paysage. Ils peuvent s'enfoncer en tunnel sous une allée, ou conduire un sentier au-dessus d'une rivière (fig. 295). Si un autre sentier, placé au-dessous, suit le bord des eaux au milieu des rochers, si la construction du pont révèle de la hardiesse sans faire craindre pour sa solidité, cet ornement sera très-

Fig. 203. — Grotte dans les tufs calcaires, à Ch... (Indre-et-Loire).

estimé. Mais on ne doit pas multiplier ces sortes de ponts ; ils accusent trop nettement le passage de l'ouvrier. Sans doute il est difficile de jeter une roche seule au travers d'un torrent, formant un pont naturel comme celui d'Icononzo (Colombie), suspendu à 85 mètres, à pic, au-dessus du rio de Sumapaz, mais l'imitation pourra en être tentée sur une échelle réduite, et quelques roches jetées au-dessus d'un ruisseau, entières ou *clavées* en plusieurs pièces, produiraient un effet très-pittoresque. Il ne faut pas que ces pierres paraissent nues dans la scène ; en les couvrant de verdure on augmentera leur attrait, l'esprit cherchant quelque chose à deviner sous les franges des buissons qui cachent à moitié les rochers.

Fig. 294. — Grand aquarium de l'Exposition universelle de 1867.

On peut ajouter les *ruines* au chapitre des rochers; ces deux formes de la nature sauvage s'harmonisent, et forment des tableaux que les paysagistes affectionnent. Les ruines sont, d'ailleurs, aussi difficiles à bien comprendre que les rochers. Les cas où l'on peut les construire de toutes pièces sont extrêmement rares ; il vaut mieux se contenter de les dégager quand elles se rencontrent naturellement dans le site d'un parc ou dans un lointain qui dépend de la propriété. Vouloir les imiter semble « un attentat contre le privilége du temps », disait Hirschfeld. L'art de bâtir doit se manifester par la création, non par la destruction. Mais associer le présent au passé en conservant pieusement les ruines, en les faisant valoir, est une action intelligente et louable. Les réparations doivent être discrètes. Il faut d'abord connaître l'ancienne architecture de l'endroit. Ici une pierre tombée sera remise en place, là un mur droit au sommet sera crénelé en abattant

Fig. 295. — Pont de rochers pittoresques.

quelques assises ; des meurtrières ajoutées à propos, quelques fenêtres pourront trouer des murs trop uniformes ; les côtés disgracieux de l'antique construction recevront des plantes grimpantes, des buissons variés, et du côté du nord, le lierre régnera sans partage. Mais il faut repousser cette nature peignée, ces gazons irréprochables et tondus sur lesquels on voit s'élever tant de ruines en Angleterre, comme celles de Fountain's Abbey, ces paysages ratissés dont Gilpin reprochait à Brown d'avoir accompagné les ruines de Roche-Abbey, en enlevant les pierres tombées et les broussailles, comme s'il s'était agi d'une maison neuve [1]. Le caractère des ruines est la solitude et la

---

[1]. *Observations relative chiefly to picturesque beauty*, II, page 21.

désolation; l'harmonie, l'appropriation exigent que les alentours soient négligés, sauvages et fassent oublier la civilisation. Ni pelouses tondues, ni sentiers réguliers, ni arbustes à fleurs ne doivent s'y rencontrer. Quelques buissons gênants peuvent être éclaircis ou enlevés; le chemin serpentera, irrégulier, mais sans aspérités incommodes, entre les pierres. Des escaliers en apparence croulants, mais en réalité solides, conduiront au sommet si la vue est belle; jamais de petites pierres, qui sembleraient des décombres; çà et là un ornement ajouté avec art, un bas-relief fruste, un chapiteau brisé, une corniche disjointe, suffiront à augmenter l'intérêt archéologique. Un enduit sombre pourra vieillir les parties trop claires; des fissures habilement pratiquées donneront de la vétusté aux murailles. L'ensemble de la scène dira clairement que l'homme est absent de cette solitude, où la nature a repris son empire.

En parlant des eaux, nous avons cité un exemple de réservoir entouré d'une ruine factice, au sommet d'une roche (fig. 274). C'est une des circonstances dans lesquelles on peut les construire sans crainte de ridicule, mais on devra s'appliquer à rendre cette construction vraisemblable.

On a utilisé avec quelque avantage les souches d'arbres morts ou abattus, pour remplacer les rochers, dans les pays où la pierre manque absolument. C'est un moyen recommandable, bien qu'il ne puisse prétendre à tenir lieu des roches, naturelles ou construites. Il faut employer ces matériaux seuls; un mélange avec des pierres produirait un mauvais effet. A demi enterrés, en ne laissant saillir que leurs parties pittoresques, ces blocs de racines et de vieux bois en décomposition constituent d'excellents récipients pour des plantes de sous-bois, notamment les fougères, qui prospèrent merveilleusement dans ce terreau naturel. On connaît en Angleterre de nombreux jardins où ce moyen est employé; le jardin de la station du chemin de fer à Sydenham en a offert un curieux exemple. Il est moins connu en France, où je l'ai vu seulement mis à exécution chez M. de Rothschild, à Boulogne, et dans quelques jardins d'hiver de grandes dimensions.

La disposition à donner aux rocailles, dans les serres, touche à l'art proprement dit, quand on opère dans de grands jardins d'hiver. Elle rentre dans le domaine de la fantaisie dès qu'il s'agit de petites serres, ce qui ne veut pas dire que le bon goût en soit exclu. Il en faut beaucoup au contraire pour bien disposer un enrochement de mur, une grotte remplie de fougères, des cascatelles près desquelles une population végétale exotique se développera en toute liberté. Ce mode de construction, dont nous parlerons en traitant de la plantation d'un jardin d'hiver dans le genre naturel, est trop variable pour qu'il soit possible d'en détailler ici les éléments. En Angleterre, où la culture des fougères est l'objet d'une véritable passion, surtout de la part des dames, on a imaginé la *fougeraie* (*fernery*), placée soit à l'air libre dans les rocailles, soit de préférence dans de petites serres non chauffées. La maîtresse de la maison surveille de près la construction des rochers où elle cultivera ses plantes favorites; elle sait varier leur disposition pour les diverses espèces, ajouter à propos de petits bassins pleins d'eau, préparer à quelques-unes une ombre salutaire. A Brookline, près Boston (États-Unis), résidence de M. Ch. Sargent, j'ai vu une muraille de serre entièrement couverte de rocailles, avec des poches pleines de terre de bruyère et de *sphagnum*, dans la plus luxuriante végétation et présentant un chaos charmant. En Angleterre, à Berry-Hill, on a enfoncé la fougeraie dans le sol d'une pelouse; le gazon la recouvre partout, à l'exception du sentier conduisant à cette retraite comme dans une cave dont le sommet serait éclairé par de grosses glaces dépolies. J'ai reproduit cet arrangement, qui a réussi, dans le jardin de M. A. Dutfoy, à Bellevue, près Paris.

Construction des rochers. — Dans les devis des travaux de rochers, dont un modèle a été donné page 298, les n°s 7, 8 et 9 ont montré que les prix du mètre cube de construction pouvaient varier entre 30 et 110 francs. Ces écarts considérables indiquent des difficultés d'exécution très-diverses, selon l'importance du travail, le prix de la main-d'œuvre locale et la nature des roches à employer. Quelques détails suffiront pour expliquer ces différences :

Les travaux de rochers se font en régie, c'est-à-dire à la journée ou à l'entreprise. En régie, le prix moyen d'un bon ouvrier rocailleur, un peu artiste, est de 10 francs par jour à Paris. Cet homme choisit des aides, qui sont payés au prix ordinaire des manœuvres-maçons.

A l'entreprise, les travaux sont évalués au mètre cube, non sur les matériaux emmétrés avant l'emploi, mais en estimant le volume des roches mises en place. Un mesurage exact n'est pas possible ; on calcule d'ordinaire la superficie extérieure développée, et l'on obtient le cube en fixant une épaisseur moyenne, d'accord avec l'entrepreneur. Pour établir le prix de revient, on doit connaître d'abord la quantité de ciment et de sable qui entre dans un mètre cube de maçonnerie de rochers. Cette quantité est de 200 à 300 kilos, suivant que les roches sont plus ou moins absorbantes, c'est-à-dire caverneuses. Le sable n'y est guère compté que pour $0^m,15$ à $0^m,20$ cubes. Les ciments le plus généralement usités en France pour la construction des rochers sont ceux de Boulogne-sur-Mer, et ceux de la Porte de France, à Grenoble. Les premiers valent de 65 à 70 francs les mille kilos; ceux de Grenoble sont beaucoup moins chers[1]. Un mètre cube de maçonnerie de roches reviendrait donc environ à 50 francs, soit :

Ciment (250 kilos à 7 fr. 00)............	17 fr. 50
Sable..................................	1 »
Main-d'œuvre, au minimum..............	30 »
	48 fr. 50

[1]. Les ciments de Grenoble, bonne marque, coûtent aujourd'hui de 35 à 55 fr. les mille kilos en sacs, et 1 fr. de plus en tonneaux.

non compris le prix d'achat, d'extraction et de transport des roches à pied d'œuvre. Ces derniers éléments de la dépense sont si variables qu'ils causent des écarts de 30 à 110 francs et plus dans les prix du mètre cube demandés par les constructeurs de rochers. Je conseille au propriétaire, en présence d'un pareil aléa, de faire exécuter les travaux en régie ou par entreprise, en fournissant tous les matériaux à l'ouvrier.

Le travail matériel de la construction des rochers demande du goût et de l'habileté de la part des ouvriers. Abandonnés à eux-mêmes, ils compliquent ordinairement le travail, emploient de trop gros cubes de pierre, et, par amour de leur métier, ils donnent trop d'importance à l'édifice. On doit sans cesse les surveiller; il n'est pas facile de changer leurs habitudes et de modifier leur manière de disposer les pierres selon un type uniforme. Il faut également se rappeler qu'il est inutile de dépenser une grande force pour manœuvrer d'énormes blocs de roches. Avec de petits rochers on en fait de gros; un peu d'expérience et de soin habituent l'ouvrier à raccorder les morceaux de manière à faire un ensemble homogène. Cependant ces morceaux ne doivent pas être trop menus, et d'ailleurs, si l'on peut faire descendre des blocs volumineux sur des pentes, ils auront un aspect plus naturel que ceux faits en plusieurs pièces.

Avant de mettre la main à l'œuvre, dès que l'esprit est fixé sur l'importance et le dessin des rochers à construire, une excellente préparation consiste à faire un modèle en petit, une maquette, à l'échelle d'un dixième, par exemple. On se sert de terre glaise, de carton pâte enduit de papier gris ou de colle-forte, selon l'indication que j'ai donnée en parlant du modelage des plans (page 242). Ce procédé permet d'arrêter exactement la silhouette du rocher; de se rendre compte de l'effet de la masse dans le paysage et de travailler à coup sûr, sans se laisser entraîner par les caprices des rocailleurs.

L'outillage nécessaire pour la construction des rochers est fort simple. C'est, à peu près, celui du maçon. Les appareils ordinaires pour faire le mortier, le marteau (nommé *hachette* à Paris), les truelles à mortier, la spatule pour faire les joints, sont suffisants. Toutefois un instrument spécial, nommé *plateau* ou *poulain*, est d'une grande utilité pour le *bardage* des rochers. Je conseille de le faire construire dès que le travail de rochers atteint un certain cube. Il se compose de trois morceaux de madriers de sapin ou de chêne, larges chacun de $0^m,25$, épais de $0^m,08$, longs de $1^m,50$. Ces trois morceaux étant mis à plat et juxtaposés, on les relie aux deux extrémités par des bandes de fer plat de $0^m,06$ à $0^m,08$ de largeur, fixées par des boulons traversant toute la largeur des madriers. Des rouleaux mobiles, de $0^m,08$ à $0^m,10$ de diamètre sur $0^m,80$ de longueur, seront placés sous le plateau pour en organiser la locomotion.

Sur ce plateau, sorte de *diable* sans roues et sans timon, les blocs de pierre sont placés et liés avec une corde maintenue par un ou plusieurs hommes, pour faire glisser le tout sur des madriers semblables à ceux des terrassements. Si ces blocs peuvent descendre seuls sur la pente, il suffit assez souvent de leur *donner quartier* et de les faire rouler sur le talus en les guidant; mais s'il y a danger de chute, on se sert avec avantage du plateau. Alors on plante un piquet en terre en amont et l'on y attache une corde, allongée sous le plateau où l'on hisse alors la pierre. Un homme maintient la corde, qui a été repliée sous le plateau, et la lâche peu à peu, pendant que deux hommes guident la pierre sur les côtés. On la descend ainsi avec sécurité jusqu'à la mise en place, et l'on change le piquet d'arrêt à plusieurs reprises, si la pente est longue. Lorsqu'il s'agit de mouvoir des blocs très-gros et très-pesants, le cric est nécessaire. Avec cet instrument, trois hommes peuvent barder un bloc de 1 mètre cube[1]. L'un se place au cric, l'autre cale la pierre, le troisième apporte les madriers, rouleaux, etc. Des pinces de fer et des anspects (gros leviers de bois à biseau ferré) sont indispensables pour aider à la mise en place des roches.

On procède alors à un travail de maçonnerie ordinaire. La seule différence réside dans la formation des parements, qui ne sont plus des surfaces planes, mais qui varient au contraire, suivant des irrégularités voulues. Avant tout, la solidité doit être assurée. En montant une muraille de rochers, les *queues* des pierres seront fichées dans le sol vertical, de distance en distance, pour les relier à la construction. Les pieds-droits des grottes, les culées des ponts, les murs des barrages seront montés droit, selon les règles de la construction; le massif sera maçonné avec soin, en mortier de chaux hydraulique dans la plupart des cas, en mortier de ciment pour les petites rocailles. L'extérieur seul révélera le travail artistique.

Les voûtes de grottes, avant d'être revêtues de leurs parements rocheux, seront construites de manière à présenter une sécurité complète; des cintres bien faits en soutiendront l'appareil, comme s'il s'agissait de voûtes de caves ordinaires. Mais on laissera des cavités, des irrégularités dans la saillie des pierres, afin de pouvoir varier ensuite leur surface apparente. Lorsque ces roches appartiendront à une formation calcaire dans laquelle il sera facile de justifier la présence des dépôts de carbonate de chaux, on pourra les revêtir de stalactites.

Les moyens usités pour imiter ces curieuses concrétions sont multiples. Un habile constructeur de rochers, M. Combaz, assurait d'abord leur solidité en fixant dans la voûte des morceaux de fer saillants au dehors, et d'une longueur calculée. Ces fers, réunis en pointe comme les angles d'une pyramide, étaient reliés par des mailles de fil de fer, entre lesquels on injectait avec une pompe, du ciment liquide, par couches superposées, jusqu'à ce que le tout formât un bloc homogène. Ce procédé est bon, surtout à cause de la

---

[1]. Le poids du mètre cube du calcaire grossier employé pour les rochers près de Paris est d'environ 1,400 kilos.

légèreté qu'il laisse à un objet dont la chute serait à craindre si son poids était considérable ; il a cependant l'inconvénient de laisser voir les fils et armatures diverses, quand des morceaux de ciment viennent à se détacher. Si les stalactites étaient de petites dimensions, je conseillerais plutôt de fixer dans la voûte des morceaux de pierre meulière caverneuse et légère, de les relier par du ciment de Portland, et de les revêtir ensuite d'un réseau de fil de fer maillé que l'on attacherait à la voûte par des clous à têtes fixés dans les joints. On coulerait du ciment sur le tout, et la solidité ne laisserait rien à désirer.

Les stalagmites s'obtiennent en construisant sur le sol, dans la direction verticale de la pointe des stalactites, de petits monticules aigus, à crêtes variées, sur lesquels on répand également des couches de ciment liquide.

Cet enduit de ciment coulé est excellent pour uniformiser l'ensemble d'une construction de rochers, effacer les joints, atténuer de trop fortes aspérités, obtenir une couleur uniforme. Si l'on veut arrondir les angles, on augmente le nombre des couches. On emploie également ce moyen pour revêtir d'une manière égale des pierres d'une formation étrangère au lieu où l'on en trouve. Avec ce moyen on peut construire en briques des rochers que l'on croirait naturels. Un rocailleur anglais, M. Pulham, a fait de nombreux travaux de ce genre ; l'un des meilleurs se trouve dans un jardin situé en plein Londres, à Oak Lodge, quartier du West-End.

Enfin on peut utiliser pour la fabrication des rochers le béton aggloméré Coignet, système qui s'est fait connaître avantageusement depuis quelques années. Ce béton est composé de ciment, de chaux hydraulique, de sable de rivière et de sable de grès, avec addition d'eau et d'un silicate, le tout pilonné dans des moules et abandonné à l'air, où ce mélange acquiert la dureté de la pierre. Les proportions des matières premières et le soin de la fabrication font tout le secret du procédé.

Si tous les rochers calcaires ou arénacés devaient être ainsi enrobés dans un enduit de ciment uniforme, on conçoit qu'il serait difficile de conserver aux masses cette apparence de vérité géologique dont j'ai parlé plus haut. Aussi je conseille de n'y recourir que si le ton ainsi obtenu ne diffère pas sensiblement de celui des rochers du voisinage ou s'il est possible d'imiter ce ton artificiellement. Pour atteindre ce but, on peut *peindre* les rochers. Ce mot n'a rien qui doive effrayer : l'opération consiste à enduire les pierres de tons ocracés, ou verdâtres, de nuances variées, avec les substances suivantes. Au moyen des proportions ci-indiquées on obtiendra un ton vert olive :

Noir de fumée ou noir d'Anvers	4^k »
Ocre jaune	500 gr.
Ocre rouge	250 »

Ce mélange est appliqué ou *fouetté* avec un gros pinceau ou un balai fin. Pour y ajouter un grain blanc, on fouette un peu de blanc de Meudon ; le vert de Paris produit des taches vertes. On emploie un silicate ou mieux de l'alun dissous dans l'eau pour fixer ces subtances. La gelée, les intempéries diverses ont rapidement éteint et fondu les tons trop vifs, et des plantes grimpantes, tapissant une partie des roches, voilent bientôt les défauts de vraisemblance.

Parmi les rochers artificiels dont la construction réclame le plus de soin se trouvent ceux destinés à la culture des plantes alpines. Ces charmants végétaux des montagnes, que chaque touriste, dans les Alpes ou les Pyrénées, a vu tapisser les hauts sommets de leurs touffes aux vives couleurs, sont le plus souvent rebelles à la culture, parce qu'on prépare mal le sol destiné à les recevoir. Plusieurs auteurs, en Allemagne, où cette culture est appréciée, ont écrit sur ce sujet, sans donner une grande attention à la construction des rocailles destinées à leurs plantes favorites. Cependant à Munich, à Turin, à Kew, à Grenoble, au Muséum de Paris, chez MM. Backhouse, à York, chez M. Carey, à Jersey, sur de nombreux points de l'Europe, on voit des rochers où la végétation alpine prospère. En France, M. B. Verlot a publié un livre important [1], où il donne pour la disposition des pierres destinées à ce genre de culture de très-bonnes indications. La question a été également étudiée par M. W. Robinson, dans ses *Alpine flowers*, où il a indiqué avec beaucoup de justesse des procédés rationnels de construction, sur lesquels il est bon d'attirer l'attention.

Quiconque a observé attentivement les plantes vivant à l'état sauvage dans les hautes montagnes a remarqué que leur végétation, en apparence toute aérienne, sur des rochers dénudés, reposait cependant sur une base fertile, et que leurs racines puisaient leur nourriture dans le sol qu'elles allaient chercher à travers les fissures des pierres. La disproportion entre le système aérien et le système radiculaire de ces espèces est frappante ; on voit des *Androsace*, avec des rosettes de feuilles hautes de 1 centimètre et des racines de 1 mètre de longueur. En d'autres endroits, entre les éboulis, s'épanouit une population innombrable de plantes, qui glissent leurs racines sous le sol recouvert et ombragé, et se développent plus ou moins vigoureusement suivant l'exposition ; l'abri, la profondeur, la nature du terrain. Plus loin, ce sont des touffes vertes et fleuries, vivant en plaques épaisses sur les roches arrosées par des eaux *stillantes*, c'est-à-dire tombant goutte à goutte et fournissant des sources lentes, sans cesse renouvelées.

Ces exemples pourraient être multipliés et variés à l'infini. Cependant peu d'amateurs, revenus dans leurs jardins, cherchent à cultiver ces jolies habitantes des montagnes, en préparant le terrain avec le même soin que la nature. Au contraire, les prétendus rochers affectés aux plantes alpines

---

1. *Les plantes alpines*, Paris, 1873.

ne sont que des amas de pierres arrangées sans goût, maçonnées de manière à empêcher toute culture, où empilées pêle-mêle dans des conditions déplorables. Les deux dessins ci-contre indiquent, le premier (fig. 295 *bis*) un amoncellement de pierres dressées de telle sorte qu'aucune plante

Fig. 295 *bis*. — Rochers artificiels. — Mauvais.

ne peut s'implanter entre les fissures. Le second donne un mode d'arrangement favorable à la croissance d'un grand nombre d'espèces, par la disposition des terres entre les roches (fig. 296).

Fig. 296. — Rochers artificiels. — Bons.

Les crevasses horizontales sont généralement défectueuses; cependant quelques espèces, comme les *Saponaria ocimoides*, *Silene* divers, *Androsace*, *Dianthus*, s'accommodent de ces situations, si la pierre supérieure A (fig. 297)

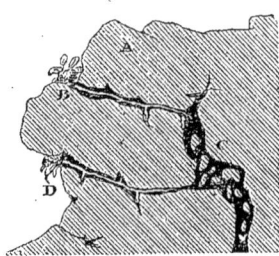

Fig. 297. — Disposition rationnelle B et fausse D des fissures.

est en retraite sur la pierre inférieure B, et si les racines plongent dans un sol abondant, à l'extrémité de la fissure. Les plantes se trouveront mieux encore de cette disposition, si des pierrailles C s'interposent çà et là entre les parois des crevasses. La fissure D, qui ne permettrait pas l'introduction des eaux du ciel, serait de tout point vicieuse.

On devra donc, dans l'entassement des pierres, suivre des profils analogues à celui de la figure 298, c'est-à-dire avec les fissures obliques de haut en bas dans le sens de la chute des eaux, et jamais de bas en haut comme dans la figure 299. Il est évident que les fissures A B C recevront les eaux de pluie et les conduiront dans les cavités centrales où la terre est plus abondante, tandis qu'il est de toute impossibilité que la moindre goutte

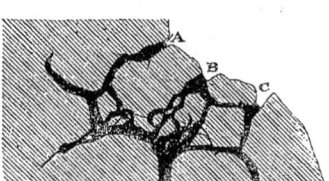 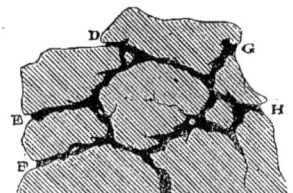

Fig. 298. — Fissures obliques. — Bonnes.   Fig. 299. — Fissures obliques. — Mauvaises.

trouve son chemin par les orifices D E F G H et favorise la croissance des plantes dont on aurait eu la mauvaise idée de tenter la culture sur de pareilles rocailles.

Les fissures verticales, si elles contiennent assez de terre pour cultiver des espèces à végétation un peu vigoureuse, seront ouvertes en entonnoir au sommet, et garnies à l'intérieur de morceaux de pierre cunéiformes, dont la pointe sera tournée en haut. Les deux croquis ci-joints (fig. 300 et 301), donnent la bonne et la mauvaise construction de ces fissures.

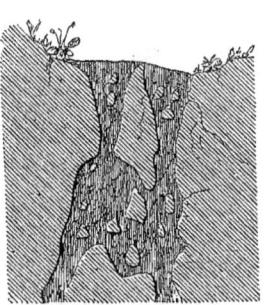 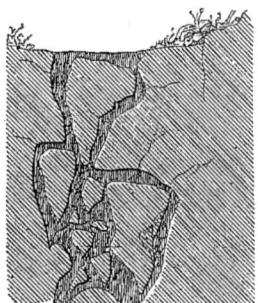

Fig. 300. — Fissures verticales Bonnes.   Fig. 301. — Fissures verticales. Mauvaises.

L'orientation du rocher, pour les plantes alpines, ne doit pas moins attirer l'attention que les détails précédents. Les avis sont divisés sur ce point. Si le rocher est disposé en ligne droite, le long d'une plate-bande, comme une petite chaîne de montagnes, les uns préféreront l'exposition nord-sud, les

TRAVAUX D'EXÉCUTION. — ROCHERS; CONSTRUCTION.   517

autres l'exposition est-ouest. Je trouve qu'il n'y a pas lieu de discuter longuement sur ce point ; un semblable rocher doit présenter toutes les orientations possibles, afin d'offrir des situations convenables aux plantes les plus diverses. On choisira la place qui conviendra le mieux à chaque espèce, et si l'on se trompe au début, les différences de végétation marqueront bien

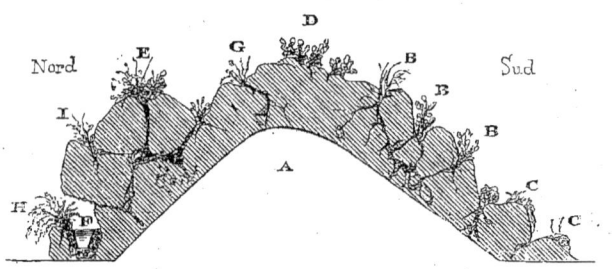

Fig. 302. — Coupe en travers d'un rocher pour plantes alpines.

vite les rectifications à faire. Par exemple, la figure 302 représente le profil en travers d'un rocher de ce genre. Au lieu de donner à l'ensemble la silhouette régulière du cône. A, on peut varier la ligne supérieure. Les plantes basses C C, à la base sud, sont des *Sedum* et des *Sempervivum* ne recherchant qu'une nourriture peu abondante ; en B B B, les *Campanula*, les *Dianthus*, les *Silene*, plongent profondément leurs racines entre les rochers jusqu'au massif central ; au sommet, en D, une touffe d'*Opuntia vulgaris* brave à la fois la sécheresse de l'été et les rigueurs de nos hivers, et le *Ceterach officinarum* G l'accompagne dans une situation identique. Le versant nord est tout différent. Des fougères I (*Cystopteris*) sont protégées par la touffe de saxifrages E, et à la base H, de charmants *Adiantum Capillus Veneris* sont plantés dans une petite retraite F où un vase rempli d'eau entretient un arrosage permanent que les racines de cette gracieuse fougère absorbent par capillarité. Le chapitre des plantations doit nous ramener aux espèces de plantes alpines cultivables, et nous ne nous occupons ici des rochers qu'au point de vue de leur construction. J'ai cru utile, cependant, d'expliquer leur orientation en citant quelques-unes des plantes qui se plaisent à des endroits déterminés. Si l'on sait à propos multiplier les fissures, et donner aux diverses plantes alpines la nourriture souterraine qu'elles exigent, on aura très-rapidement un rocher garni d'une épaisse végétation, dont le diagramme 303 montre bien la disposition.

Fig. 303.—Fissures verticales pour plantes alpines.

Ainsi, chaque exposition aura sa flore et l'ensemble sera si bien garni que le seul travail d'entretien du jardinier consistera dans la suppression partielle ou totale des espèces envahissantes. Dans le choix des matériaux rocheux, on devra chercher ceux qui n'ont rien à craindre des gelées. Des pierres qui se déliteraient entraîneraient la perte des plantes. On saura également que la composition chimique des roches exerce une grande influence sur la croissance de certaines espèces. Tandis que les *Daphne* prospèrent sur le calcaire, les *Umbilicum* y meurent et ne réussissent que sur les schistes ou les terrains primitifs, granites, gneiss, etc. On devra donc choisir diverses sortes de rochers pour y placer leurs plantes respectives.

Le sous-sol du rocher sera toujours composé d'une substance poreuse, pierres cassées, gravois, scories de forges, etc., qui draineront fortement l'ensemble. On donnera à ce sous-sol la forme conique A (fig. 302). Pour pouvoir facilement atteindre et cultiver les plantes, cette petite colline n'aura guère plus de 1^m,50 à 2 mètres de large sur une hauteur variant entre 0^m,60

Fig. 304. — Roche à demi couverte d'une végétation herbacée.

à 1^m,20. On bordera ce monticule avec des rocailles, formant un petit mur très-irrégulier, et l'on couvrira le milieu d'une couche de terre de bruyère de 30 à 40 centimètres, ou de terreau provenant de dépotages. Puis, sans ordre apparent, mais avec goût et surtout avec soin, on couvrira la butte de pierres disposées comme nous venons de le voir. On évitera surtout la régularité, la monotonie. Si le rocher n'a qu'une seule pente, celle d'un talus adossé, nous avons vu comment il pourrait être accidenté par un sentier taillé à flanc de coteau, dissimulé, reparaissant, varié de cent manières. Si le passage est sur une pente rapide et de dimensions assez grandes, il peut devenir un objet très-pittoresque, comme l'escalier de roches situé aux Buttes-Chaumont, près de l'entrée du midi (fig. 165).

On doit recommander de placer les roches sur leur côté plat, même lorsqu'il s'agit de petites constructions comme un rocher de plantes alpines. Dressées ou placées sur champ, ces pierres sont antinaturelles. Toutefois, les assises horizontales peuvent s'interrompre de temps en temps et des blocs détachés prendre une forme inusitée. Dans ce cas, une exception est permise, mais la pierre doit être à demi engagée dans ce talus et abondamment couverte, comme dans la figure 304, de lierre, de graminées, de mousses, de cypéracées et d'autres plantes l'accompagnant avantageusement.

Ailleurs, la fougeraie trouvera sa place spéciale dans quelque petite grotte taillée dans la partie la plus abrupte d'un rocher adossé à une falaise ou à une colline. Il suffira, pour obtenir une petite scène pittoresque, de quatre à cinq gros blocs bien disposés, avec des joints ouverts, comme nous l'avons recommandé, faciles à arroser par les pluies et scellés au-dessus d'une flaque d'eau maintenue à un niveau constant. Des trèfles d'eau (fig. 305) (*Menyanthes trifoliata*) et des callas (*Calla palustris*) baignent dans le bassin d'eau vive. Au pied de la petite grotte à gauche se dresse une belle touffe de fougère (*Struthiopteris germanica*); dans le fond obscur pendent de grosses touffes de scolopendre (*Scolopendrium officinale*), et une douzaine d'autres espèces de fougères occupent les interstices extérieurs des roches.

Fig. 305. — Grotte-fougeraie de plein-air.

Il n'est pas jusqu'aux vieux murs qui ne puissent participer aux effets décoratifs et être considérés comme de véritables rochers. En brisant leur silhouette trop régulière, en les traitant comme des ruines, en plantant leurs joints béants, qui correspondront à des poches intérieures remplies de terre et garnies d'espèces rustiques, indigènes, à joli feuillage et à fleurs brillantes, on obtiendra un charmant effet. Les valérianes, les mufliers, les linaires, les joubarbes, les capillaires et une infinité de plantes, au milieu desquelles la linaire cymbalaire pend en gracieux festons, peuvent former ainsi les plus jolis tableaux.

Les rocailles des serres, dont il a été dit plus haut quelques mots, ne peuvent nous arrêter longtemps au point de vue de la construction. On doit

520   L'ART DES JARDINS.

cependant examiner avec soin les moyens de les établir, soit par l'étude de profils du terrain dans les jardins d'hiver, lorsque ces constructions ont une notable étendue, soit en examinant les conditions de la vie des plantes exotiques que l'on veut cultiver sur rocailles, par exemple les bro-

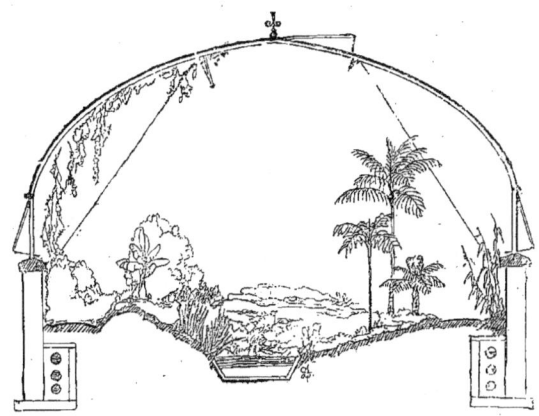

Fig. 306. — Coupe d'un jardin d'hiver dans le style naturel.

méliacées et les orchidées. On peut voir, par la figure 306, que la coupe d'un jardin d'hiver peut présenter un profil très-varié, et sortir des banalités qui se rencontrent dans la majeure partie des serres d'ornement.

On emploie le plus souvent la pierre meulière pour les rochers des serres. Elle se prête à souhait, par ses nombreuses cavernes, à des remplissages de terre, de mousse, de substances organiques favorables aux plantes. Un des meilleurs modes d'emploi des matières dans les serres est de rocailler entièrement la surface du fond, quand la serre est adossée. On perce le mur d'une quantité de trous que l'on remplit de terre, et sur le devant on scelle des blocs en forme de poches, capables de recevoir de la terre et des plantes variées (fig. 307). Au sommet de la serre, plus difficile à arroser, on plante des épiphytes, des cactées diverses, plus haut des broméliacées, et enfin des fougères, près du sol, dans l'endroit le plus humide. On obtiendra de charmants détails avec ces poches, si elles sont assez étendues, multipliées et bien variées de forme et de grandeur. On peut même, s'il est nécessaire de changer souvent l'ornementation du mur, placer un pot enterré dans la mousse ou la terre de la poche, et renouveler ainsi la culture et la décoration de cette pittoresque muraille.

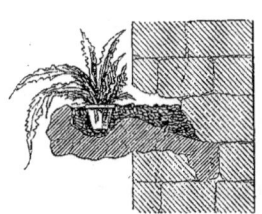

Fig. 307. — Poche de rocailles plantée.

Enfin, le liége brut, que les Anglais nomment *virgin cork*, peut être cité comme une matière généralement employée dans les serres en guise de rocailles. Sa légèreté, sa porosité, sa facilité à prendre des aspects décoratifs et son apparence d'écorce rugueuse naturelle en font une ressource précieuse pour l'ornementation pittoresque des serres, des jardins d'hiver et des appartements.

LES PLANTATIONS.

Les végétaux constituent l'ornement fondamental de la nature, et en conséquence, des jardins. Un bel arbre, dans la plénitude de son développement, réalise l'idée la plus élevée de la beauté d'un être inanimé. Les arbustes, les fleurs, les plantes herbacées, les eaux, les rochers, les minéraux, peuvent également donner le sentiment du beau, mais un arbre représente plus complètement, dans la noblesse ou l'élégance de sa forme, les trois qualités d'ordre, de proportion et d'unité nécessaires à l'expression de la beauté d'un objet dans la nature.

De l'association des végétaux naît à son tour l'attrait des paysages. On peut concevoir la nature sans eaux, sans montagnes, sans rochers ; on ne la concevrait pas sans arbres ; elle représenterait la nudité et la tristesse.

L'art des jardins emprunte donc ses principaux matériaux à la végétation. Pour mettre en œuvre ces ressources avec succès, il importe de les étudier sous des points de vue divers : d'abord sous le rapport scientifique, qui comprend la nomenclature, la classification, la géographie botanique, l'histoire, les usages et la culture des plantes ; ensuite sous le rapport artistique, qui envisage les formes, les couleurs, les dimensions, le groupement des végétaux et leur effet dans la nature et dans les jardins.

Études scientifiques. — L'importance des plantations est si grande dans la composition des parcs et des jardins, que les connaissances les plus étendues en horticulture, et même en botanique, doivent primer toutes les autres chez l'architecte-paysagiste. Il pourra, en effet, suppléer à une insuffisance relative dans le domaine de l'ingénieur et de l'architecte, en s'aidant d'un secours étranger ; rien ne saurait compenser pour lui son ignorance des plantes, de leur plantation et de leur culture. Un vallonnement mal combiné, des eaux peu naturelles, des rochers manqués peuvent être rachetés par des plantations bien faites : un mauvais choix de végétaux et leur groupement mal compris sont des fautes irréparables. Il est donc indispensable d'être préparé de longue date à ces études complexes. J'irai plus loin : il est impossible de bien employer les ressources végétales des jardins sans avoir été initié dès l'enfance aux travaux des pépinières, et sans avoir meublé sa mémoire de la notion exacte des végétaux indigènes et exotiques cultivables en plein air dans les climats tempérés.

La nomenclature doit être le premier objet à étudier. Depuis un siècle, l'introduction des espèces cultivées en plein air dans les jardins a produit un total immense. Pour ne parler que des végétaux ligneux, Duhamel du Monceau [1] accusait, en 1755, un total de « 191 genres et 1,000 espèces », tandis que la magnifique collection de M. A. Lavallée, à Ségrez (Seine-et-Oise) contient aujourd'hui 4,267 espèces et variétés réparties en 412 genres, non compris les variétés jardinières [2]. Dans ce chiffre, effrayant pour la mémoire d'un seul homme, nombre d'espèces sont rares ou introuvables dans les pépinières du commerce, et il serait impossible de les connaître toutes à moins d'en faire une étude exclusive. Mais une grande quantité, presque inconnues ou que toutes les recommandations sont impuissantes à faire prévaloir, malgré leurs grandes qualités ornementales, mériteraient aussi les honneurs de la culture. La connaissance des arbres et des arbustes est si peu répandue, que les pépiniéristes cultivent en grand nombre les seules espèces vulgairement plantées depuis des siècles et toujours demandées. Veulent-ils conseiller l'emploi d'une espèce nouvelle et peu connue, supérieure absolument aux anciennes, ils ne trouvent qu'un petit nombre d'acquéreurs, et ils renoncent à multiplier des végétaux dont ils ne pourraient tirer parti. C'est à l'architecte-paysagiste à prendre une initiative salutaire dans ce sens. Il doit distinguer et préconiser sans relâche les bonnes espèces et introduire dans les parcs et les jardins de nouveaux éléments décoratifs.

Pour arriver à de tels résultats, on doit commencer par l'étude de la nomenclature exacte et de la synonymie. Il faut s'habituer, de bonne heure, à déterminer les végétaux par leur nom scientifique. La langue latine, immuable, est universellement comprise, non-seulement des savants, mais de tous les hommes versés dans la connaissance des plantes, qui s'entendent ainsi sans difficulté, quelle que soit leur nationalité. Malgré des critiques, plus passionnées que sérieuses, la nomenclature latine des plantes doit être adoptée ; elle doit servir à donner cette notion exacte des objets qui ne peut se conserver, disait Linné, que si les noms subsistent [3].

La classification des plantes fait suite à leur nomenclature. Comment se remémorer de longues listes de noms, si aucune méthode ne les éclaire, si aucun lien ne les rassemble ? La botanique vient ici au secours de la pratique horticole, et familiarise l'esprit avec le groupement des espèces et des variétés en genres, en familles et en classes. Pour acquérir l'expérience désirable, rien n'est plus efficace que de travailler la flore indigène du pays que l'on habite, et de rechercher les végétaux indigènes susceptibles de concourir à l'ornementation des jardins et des parcs. Presque toute l'Europe a été botaniquement parcourue, et des *Flores* ont été publiées sur toutes les

---

1. *Traité des arbres et arbustes qui se cultivent en France en pleine terre.* Préf., p. xxj.
2. *Arboretum segrezianum*, Paris, 1877. Préf., p. VII.
3. *Nomina si desint, perit cognitio rerum.*

régions bien caractérisées. C'est par la lecture de ces ouvrages que doivent commencer les investigations ; la connaissance de la flore exotique horticole en sera la conséquence.

La géographie botanique vient aussi apporter un puissant secours, en divulguant la distribution des végétaux sur le globe et en donnant ainsi le secret de leur emploi dans les jardins. Par une simple comparaison entre les climats ou entre l'altitude à laquelle la plante croît spontanément et sa ligne isothermique correspondante, nous apprendrons si elle est rustique ou s'il lui faut un abri. Que de déceptions on s'épargnerait, si l'on possédait des notions précises sur la station naturelle de la plupart des espèces cultivées !

L'histoire des plantes ne sert pas seulement à meubler le cerveau d'une vaine érudition. Elle permet à l'architecte-paysagiste de prévoir les usages auxquels certains végétaux peuvent être employés et de les planter en plus ou moins grand nombre, suivant la nature du terrain, l'effet paysager et la possibilité de tirer un parti utile de leurs produits.

Enfin la culture des plantes doit être l'objet de la plus vive sollicitude. Une longue étude, une expérience approfondie sur les moyens de cultiver et de multiplier les végétaux employés à la plantation des parcs et des jardins, est absolument nécessaire. Chaque essence doit trouver, pour prospérer et produire tout son effet, le climat, l'exposition, la nature du sol qui lui conviennent. On a bien essayé, par des traités spéciaux, de combler ces lacunes, sans songer que rien ne tient lieu d'une instruction pratique solidement acquise. Aussi est-il rare de rencontrer des dessinateurs de jardins possédant bien les noms des plantes et les notions de leur culture et de leur emploi.

Je n'ai pas à m'étendre longuement sur cette partie de mon sujet. L'*art des jardins* fait l'objet de cet ouvrage, et non la *science des jardins*, détaillée dans de nombreux volumes parmi lesquels les amateurs auront à choisir [1]. J'ai voulu simplement signaler l'importance et l'étendue des études nécessaires pour bien connaître les éléments de la formation des jardins.

Études artistiques. — Les lois de la beauté, que nous avons étudiées dans les chapitres IV et VI, en traitant de l'esthétique et des principes généraux de la composition des jardins, vont trouver ici leurs principales appli-

---

1. La littérature horticole est loin d'être aussi avancée en France qu'en Angleterre. Cependant on peut signaler, pour les végétaux de pleine terre, les ouvrages suivants :

Manuel de l'amateur des jardins, par Decaisne et Naudin.
Manuel général des plantes, par Jacques, Hérincq, Carrière et Duchartre.
Traité général des conifères, par E.-A. Carrière.
Les fleurs de pleine terre, par Vilmorin-Andrieux.
Taille et conduite des arbres fruitiers, par Hardy.
Cours d'arboriculture, par Du Breuil.
Le potager, par P. Joigneaux.
Conseils aux habitants des campagnes, par le Cte de Lambertye.
Les plantes de terre de bruyère, par Ed. André.
Etc., etc.

cations. C'est dans les plantations que la forme, la couleur, l'unité, l'harmonie dans les proportions, le contraste dans les effets, sont par excellence les éléments productifs du beau au sein de la nature.

FORMES DES ARBRES ET ARBUSTES. — Nous commencerons donc par l'étude des principaux types de végétation. Ce sont eux qui caractérisent la physionomie d'une contrée, par leurs formes primordiales dominantes. Humboldt avait bien saisi cette propriété des végétaux, dans la comparaison des zones du globe entre elles ; on peut dire qu'il a personnifié les plantes dans ses *Tableaux de la nature*. Toutefois, les divisions qu'il a établies ne sont pas assez nombreuses, en présence des types nouveaux que les explorations lointaines ont dévoilés aux regards de la science. M. Grisebach, dans un ouvrage plus récent sur la géographie botanique [1], a porté à 54 le nombre des types qu'il distingue dans la série des plantes actuellement vivantes. Seuls, les végétaux ligneux comprennent 30 de ces formes générales, ainsi distribuées :

I. VÉGÉTAUX LIGNEUX.

A. TRONC SIMPLE SANS COURONNE RAMIFIÉE, AVEC ROSETTE DE FEUILLES AU SOMMET.

1. *Palmiers.* — Arbres à feuilles une fois divisées (*Areca, Cocos*).
2. *Fougères arborescentes.* — Arbres à feuilles plusieurs fois divisées (*Balantium*).
3. *Forme de Bananier.* — Arbres à feuilles indivises, larges; nervures parallèles (*Musa*).
4. *Forme de Clavija.* — Arbres à feuilles indivises, larges; nervures articulées (*Clavija*).
5. *Forme de Pandanus.* — Arbres à feuilles indivises, étroites, en forme de roseau (*Pandanus*).
6. *Forme de Xanthorrhée.* — Arbres à feuilles indivises, étroites, graminiformes (*Xanthorrhœa*).

B. TRONC SIMPLE, SANS COURONNE DISTINCTE, A TOUFFES DE FEUILLES LATÉRALES.

7. *Forme de Bambou.* — Arbres à feuilles graminiformes portées par des rameaux courts qui naissent sur les nœuds du tronc (*Bambusa*).

C. COURONNE FEUILLÉE RAMIFIÉE.

8. *Arbres à feuilles aciculaires.* — Arbres à feuillage raide, toujours vert, indivis; feuilles aciculaires (*Pinus, Cedrus*).
9. *Forme de Laurier.* — Arbres à feuillage raide, toujours vert, indivis, feuille large d'un vert luisant (*Laurus*).
10. *Forme d'Olivier.* — Arbres à feuillage raide, toujours vert, indivis, feuille étroite (*Olea*).
11. *Forme d'Eucalyptus.* — Arbres à feuillage raide, toujours vert, indivis; feuille large, d'un vert bleuâtre terne (*Eucalyptus Globulus*).
12. *Forme de Sycomore.* — Arbres à feuillage raide, caduc, indivis (*Acer*).

---

1. A. GRISEBACH, *Die vegetation der Erde*. Traduction de M. le C de Tchihatcheff. — Paris, 1875-1877.

13. *Forme de Hêtre.* — Arbres à feuillage flexible, caduc, indivis; feuille étroite (*Fagus*).

14. *Forme de Saule.* — Arbres et arbustes à feuillage flexible, caduc, indivis; feuille étroite (*Salix*).

15. *Formes de Tilleul et de Bombacées.* — Arbres à feuilles arrondies en manière de nervures pennées (*Tilia, Bombax*).

16. *Formes de Frêne et de Tamarin.* — Arbres à feuilles une fois pennées (*Fraxinus*).

17. *Forme de Mimosées.* — Arbres et arbustes à feuilles bipennées, petites (*Acacia*).

D. Tronc a couronnes réunies l'une a l'autre.

18. *Forme de Banyan.* — Arbres étagés par des racines aériennes issues des couronnes (*Ficus*).

19. *Forme de Manglier.* — Arbres s'appuyant sur des individus nouveaux issus des couronnes (*Rhizophora*).

E. Arbustes; végétaux ligneux se ramifiant dès la surface du sol.

20. *Forme de Bruyère.* — Feuillage raide, toujours vert; feuille aciculaire (*Erica*).

21. *Forme de Myrte.* — Feuillage raide, toujours vert, feuille au-dessous de 2 centimètres de longueur, vert luisant (*Myrtus*).

22. *Forme d'Oleandre.* — Feuillage raide, toujours vert, feuille au-dessus de 2 centimètres de longueur, vert luisant (*Nerium*).

23. *Forme de Protéacées.* — Feuillage raide, toujours vert, feuille sans éclat, vert bleuâtre (*Protea*).

24. *Forme de Sodada.* — Feuillage raide, caduc.

25. *Forme de Rhamnus.* — Feuillage flexible, caduc (*Rhamnus*).

26. *Arbustes épineux.* — Feuillage arrêté dans son développement par la formation des épines (*Prunus spinosa*).

F. Feuillage absent.

27. *Forme de Casuarina.* — Arbres sans feuillage, couronne composée de branches nues.

28. *Formes de Cyprès et de Tamarix.* — Arbustes (et arbres), branches à feuilles non étalées, de très-petite dimension (*Cupressus, Tamarix*).

29. *Forme de Genêt.* — Arbustes aphylles ou organes foliaires supprimés (*Spartium*).

G. Végétaux ligneux sans tronc et sans ramifications.

30. *Forme de Palmier nain.* — Rosette de feuilles palmées (*Chamærops*).

Cette classification, étendue par l'auteur jusqu'aux espèces grimpantes, herbacées, épiphytes et parasites, aux graminées et aux cryptogames, est plutôt scientifique qu'artistique. Elle permet de rapporter les caractères antérieurs des végétaux à un nombre restreint de types dont les modèles sont connus des botanistes. Mais l'architecte-paysagiste, peu familier avec certaines de ces formes, n'aura pas toujours l'esprit frappé de leurs différences, limitées au feuillage. C'est plutôt dans la silhouette générale des arbres qu'il cherchera des signes distinctifs. Une classification plus élémentaire et en même temps plus pratique peut faire entrer la plupart des arbres de nos pays dans les formes suivantes :

1° La forme *conique*, celle des sapins et d'un grand nombre de Conifères (*Abies excelsa, Taxodium distichum*, etc.);

2° La forme *cylindrique*, du Peuplier d'Italie et du Cyprès pyramidal (*Populus nigra fastigiata, Cupressus sempervirens fastigiata*);

La forme *capitée*, présentée par le chêne dans les forêts, le pommier cultivé, le tilleul (*Quercus pedunculata, Malus communis, Tilia platyphylla*);

4° La forme *parasol*, dont le Pin pignon d'Italie nous fournit le modèle (*Pinus Pinea*);

5° La forme *buissonneuse*, dont tous les arbres à feuilles caduques et à branches retombant jusqu'au sol donnent l'image, depuis un hêtre isolé jusqu'à une touffe de noisetier (*Fagus sylvatica, Corylus Avellana*);

La forme *défléchie*, dont le saule et le sophora pleureurs sont des exemples (*Salix babylonica pendula, Styphnolobium japonicum pendulum*);

7° La forme *sarmenteuse* et *grimpante*, depuis la ronce et la clématite qui rampent sur le sol ou s'appuient sur les arbres (*Rubus fruticosus, Clematis Flammula*, jusqu'aux espèces munies d'organes vraiment préhensiles comme le lierre et la vigne vierge (*Hedera Helix, Ampelopsis quinque folia*).

C'est entre la forme buissonneuse et la forme capitée que les espèces ligneuses de nos climats montrent des intermédiaires si nombreux qu'il est à peu près impossible de les ramener à des types bien définis. Par exemple, un jeune arbre fruitier en liberté, poirier, pommier, cerisier, prendra facilement la forme globuleuse; d'autres, comme le tilleul, la forme ovoïde; le marronnier adulte revêtira la forme en ombelle, comme l'orme d'Amérique et de nombreuses espèces; le dôme du châtaignier sera un arc surbaissé, etc. Chaque arbre a sa physionomie propre et son mode particulier d'exprimer la beauté s'il est bien développé. Ses qualités esthétiques peuvent être d'ailleurs diversement appréciées. En France et sur le continent européen, l'habitude de voir les arbres des forêts former une large tête supportée par un tronc libre les fait placer au même rang, sous cette forme, que les beaux échantillons isolés dont les branches traînent jusqu'à terre. En Angleterre, où les forêts et surtout les taillis ont presque entièrement disparu depuis longtemps, un arbre n'a de valeur ornementale que si le tronc est chargé jusqu'au sol d'une épaisse ramure. Aux États-Unis, le même sentiment existe; je me suis assuré que l'on n'y admet pas un arbre supporté par une tige visible. Mes confrères américains vont si loin dans cette voie qu'ils n'hésitent pas, en arrivant dans une propriété ainsi plantée, à couper la tête de tous les gros arbres. Ceux-ci d'ailleurs supportent plus facilement cette opération dans l'Amérique du nord que chez nous, et repoussent de plus belle en prenant la forme buissonneuse désirée. La figure 308 est le modèle assez commun d'un chêne adulte, tel qu'il serait conservé chez nous, tandis que les artistes américains ne manqueraient pas de l'étêter en AB pour obtenir la figure 309.

De tels procédés sont excessifs. La beauté a mille manières de se manifester. Nous l'avons dit, un être est toujours beau s'il occupe la position qui lui a été assignée par le Créateur dans la nature. Il peut plaire plus ou moins à certaines organisations artistiques, auxquelles il est permis de choisir ce qui concorde le mieux avec leur manière de sentir. Mais tout travail humain modifiant la forme d'un être est préjudiciable à sa beauté individuelle. C'est la raison qui nous empêche d'admettre les arbres taillés,

Fig. 308. — Forme capitée.
Europe.

Fig. 309. — Forme buissonneuse.
Etats-Unis.

de quelque nature qu'ils soient, en tant que spécimens isolés, tandis qu'ils peuvent être tolérés en masse, sous la forme d'avenues rectilignes, de charmilles, de berceaux, de haies, dont les lignes sont en accord avec le style des jardins géométriques. De même, un végétal qui prend spontanément une forme contraire à sa nature doit être exclu à l'égal des arbres artificiellement modifiés. Beaucoup de variétés horticoles sont dans ce cas, surtout dans les formes tordues et nanifiées, qui doivent inspirer un sentiment de répulsion, comme la vue d'un nain ou d'un avorton dans le règne animal [1].

Quelles que soient son espèce et sa taille, l'élégance et la légèreté relative dans l'ensemble sont nécessaires à la beauté d'un arbre. Un feuillage compacte et une forme régulière, s'ils ne sont pas interrompus par la projection de quelques branches au dehors, rendront l'arbre d'autant plus disgracieux qu'il sera vu plus distinctement. Le marronnier blanc, trop

---

[1]. On peut citer, parmi ces déformations à exclure des jardins, les *Broussonetia papyrifera dissecta, Robinia pseudo-Acacia monstrosa, Ulmus pumila, Abies excelsa echiniformis, Abies excelsa denudata, Cedrus Libani nana*, etc., etc.

arrondi dans son jeune âge, s'embellit en vieillissant par ses branches inférieures retombantes ; le tilleul argenté, au contraire, au beau feuillage cordiforme, à la forme sphérique, manque d'élégance. Qui oserait comparer la noble stature du chêne, du hêtre de nos forêts, avec leurs branches inégales, à la raideur de l'érable plane et du chêne vert de la Provence, ou la légèreté du cyprès chauve de la Louisiane à l'inflexible cône du Wellingtonia dans sa jeunesse ?

Cette irrégularité dans le profil général des arbres, nécessaire pour atténuer la rigidité de la forme, ne doit point aller jusqu'à détruire l'équilibre de leurs diverses parties. L'ensemble des branches d'un arbre doit présenter un balancement harmonieux, où la grâce n'exclue pas l'idée de résistance et de stabilité. Cette pondération est une qualité essentielle ; elle est aidée par l'action incessante des vents et la distribution régulière de la lumière autour de l'arbre, et assurée par le solide appui des racines. L'arbre tend de toute son énergie vitale à se dresser verticalement, et les forces de la nature concourent à le ramener à cette direction, si elle est momentanément perdue.

Il y a donc une juste mesure à chercher entre cette monotone compacité que nous rejetions tout à l'heure et la trop grande inégalité des diverses parties du végétal, bien que ce dernier défaut soit moins regrettable que le premier. On voit souvent, en effet, un arbre mal pondéré présenter un aspect pittoresque ; mais ce résultat est dû à la position qu'il occupe et non à sa forme individuelle. Un chêne rabougri, aux rameaux tordus et horizontaux, peut s'accrocher à la paroi d'un rocher, l'envelopper de ses racines, et devenir le motif d'une scène agréable. Dans le midi de la France, les rochers de la Méditerranée montrent à chaque instant leur parure capricieuse de caroubiers, d'oliviers aux branches tourmentées ; les montagnes sont également remplies d'exemples analogues.

Sur le bord des bois, on s'explique encore l'équilibre rompu par les branches extérieures cherchant la lumière et croissant aux dépens de celles qui sont couvertes par les arbres voisins. Mais cette disposition inéquilatérale ne serait pas supportable sur des spécimens isolés, soit en plaine, soit sur les montagnes. C'est un triste spectacle de voir les arbres de la côte ouest du Lancashire, depuis Liverpool jusqu'à Warrington, penchés tous du même côté par le terrible vent de l'ouest (*sea gale*), avec leur feuillage rongé, leurs branches brisées du côté de la mer et noircies par la fumée de la houille.

En résumé, on doit chercher, dans les modèles de beaux arbres fournis par la nature, la vigueur, la pureté de la forme caractéristique de l'espèce, l'équilibre entre les parties et la légèreté dans l'ensemble.

Les manifestations diverses de la beauté dans les arbres sont aussi nombreuses qu'il y a de types bien tranchés et que ces types réalisent les conditions qui viennent d'être signalées. C'est à leur caractère individuel qu'il faut attribuer cette impression sur notre esprit, qui produit ces actions réflexes dont nous avons donné l'explication (p. 95 et suiv.). Il suffit de considérer attentivement de beaux exemplaires des arbres de nos bois pour pouvoir analyser leurs caractères et apprécier le sentiment dominant qu'ils éveillent en nous.

Le chêne, ce roi des forêts, par la noblesse de sa stature, la hardiesse de son tronc rugueux et de ses branches, le développement de sa couronne de feuillage, le grand âge qu'il atteint, inspire le respect et l'admiration.

Après lui vient le hêtre, où l'élégance s'unit à la grandeur des formes. Son tronc lisse, la netteté de son écorce, son feuillage lustré, ses longues et fines branches, étalées jusque sur le sol comme en Angleterre, ou portées vers les airs dans les forêts du nord, le placent au premier rang et en font un synonyme de force élégante.

L'orme est plus plébéien, mais ses branches bien équilibrées, distantes, d'abord dressées, puis retombantes à leurs extrémités, son feuillage sur lequel joue librement la lumière, sa forte verdure, son tronc rugueux et sombre dénotent la résistance, la ténacité.

Le charme, dont la feuille rappelle celle de l'orme sur de moindres proportions, est fin, brillant, capricieux dans sa forme, et présente une élégante gracilité.

Au contraire, le châtaignier devient l'ornement proéminent du paysage dans les sols primitifs, où son vaste branchage, sa forme arrondie, son feuillage robuste, luisant, denté, vert clair, porte au plus haut degré le caractère pittoresque d'une force un peu sauvage.

Le tronc argenté, les rameaux grêles et pendants, la nuance légère du feuillage du bouleau rappelle la pauvreté des terrains et la rigueur des hivers, quand cet arbre domine. Isolé çà et là, sa note gaie rachète l'aspect sévère des sapins dans les montagnes.

Nos vallées et nos prairies sont plus riantes lorsque les peupliers les accompagnent de leurs cimes élancées. En automne, à la chute des feuilles, ces arbres éveillent une douce mélancolie, bien différents en cela de la prosaïque végétation du tilleul, à la tête arrondie, gracieux seulement dans l'espèce à petites feuilles.

Sur le bord des eaux, le saule blanc prend des tons argentés, des rameaux fins, dressés, aux feuilles charmantes dans les lointains vaporeux, sur lesquels se détache la verdure brillante du frêne, au tronc clair et au feuillage penné. Ils apportent tous deux un élément poétique au paysage et les scènes qu'ils produisent ont toujours séduit les peintres.

Les arbres à feuilles persistantes, représentés dans nos climats par de rares conifères, donnent une impression de froideur et aussi de hardiesse dans les sapins de nos montagnes ; ils deviennent funèbres sous la forme des cyprès dans le midi, et ne s'égayent que si le mélèze contraste avec eux par sa fraîche verdure.

Ed. André.

Si nous passons aux arbres exotiques, devenus communs aujourd'hui dans nos parcs et que chacun de nous, depuis son enfance, s'est habitué à voir associés aux espèces indigènes, la nomenclature devient si riche que nous ne pourrions en continuer l'étude symbolique sans dépasser les limites de cet ouvrage. Nous citerons cependant le platane, qui dénote la vigueur et l'amour de la liberté; le marronnier, symbole de majesté, accompagnant de superbes avenues les palais des souverains; le robinier faux-acacia, dont la ténacité dans les mauvais terrains s'unit à la grâce du feuillage; les érables exotiques dont la raideur est souvent égale à celle de nos sycomores; le tulipier, qui inspire une admiration sans partage, et le magnolier aux grandes fleurs parfumées, aux larges feuilles vernies, arbre aristocratique par excellence.

Mais franchissons d'un bond les limites de nos régions septentrionales et transportons-nous sous les tropiques, où les princes du règne végétal, les palmiers, croissent « le pied dans l'eau et la tête dans le feu », suivant une poétique et juste expression. J'ai tenté de donner l'idée des scènes produites par l'exubérante végétation de ces pays enchantés (page 146 et suiv.); il faudrait maintenant décrire quelques-uns des types les plus caractéristiques de cette admirable nature, si nous avions le loisir de poursuivre cette séduisante étude. Ce seraient les cocotiers, aux feuilles pennées, amis des rivages maritimes: les *Oreodoxa*, les *Syagrus*, les *Iriartea* des vallées chaudes, le *Ceroxylon andicola*, que j'ai vu, dans les Andes, élevant son panache argenté à 60 mètres de hauteur, près des neiges éternelles du pic de Tolima; les *Borassus* de l'Inde, les *Pritchardia* océaniens, les *Livistona* de Chine, dressant noblement leurs vastes éventails. En Australie, nous trouverions les fougères en arbre (*Balantium*) couronnées de leurs feuilles de dentelle, et dans les Cordillères les *Cyathea*, les *Alsophila* qui forment de vastes forêts. Le figuier des Banyans ou arbre-pagode, et ses congénères américains, jetant de longs câbles de leur sommet jusqu'au sol, les *Pandanus* des Moluques avec leurs solides arcs-boutans, les *Casuarina* australiens semblables à de gigantesques asperges feuillues, les *Eucalyptus* de Tasmanie et les *Wellingtonia* de Californie, presque rivaux en hauteur des pyramides d'Égypte, exciteraient tour à tour notre enthousiasme en nous présentant des formes distinctes de nos arbres indigènes et en attestant une fois de plus la prodigieuse fécondité de la nature.

COULEUR DES ARBRES ET DES ARBUSTES. — La forme des végétaux arborescents a été le premier point de vue sous lequel nous les avons considérés. Ils peuvent l'être aussi sous le rapport de la couleur et ils s'associent en quelque sorte avec la vie humaine, qu'ils symbolisent, par tous les sentiments qu'ils font naître en nous.

Le printemps, renouveau de l'année, qui porte la vie et la gaîté à tous les êtres, emprunte son plus grand charme aux tons légers de la première verdure. Dans la forêt, la vie végétale présente un joyeux spectacle, par une matinée d'avril. Le vert tendre des bouleaux contraste vivement avec les feuilles encore sèches des chênes, des hêtres, et les aiguilles roussâtres de la nouvelle pousse des pins; la feuille de l'aubépine est plus fortement teintée, tandis que l'épine noire, toute blanche de fleurs, n'a pas encore déroulé ses feuilles. Le sol se couvre de fleurs aux vives couleurs : étoiles d'or de la ficaire [1], bouquets bleus et rouges des pulmonaires [2], tubes azurés de lierre terrestre [3]. La ravissante stellaire holostée aux rayons blancs, aux feuilles en glaive [4], les violettes [5], le galéobdolon [6], la moschatelline [7], les bouquets pâles des primevères [8], les petites pervenches aux yeux bleus [9] font des tapis multicolores. Au-dessus des touffes d'une mousse d'émeraude pendent les grelots rosés de la myrtille [10], et le fraisier sauvage [11] ouvre ses blanches corolles, espoir de la saison prochaine. Toutes ces fleurs s'épanouissent sans confusion, dans cette lumière douce et voilée du sous-bois, aux brises vivifiantes des premiers beaux jours, pendant que gazouille la mésange et que le merle chante ses amours et célèbre le réveil de la nature.

En juin, ces nuances délicates ont fait place à une verdure intense, presque uniforme et cependant aimée de tous, parce qu'elle représente la jeunesse de l'année, dont le printemps était l'enfance. Des fleurs abondantes la constellent de toutes parts des touches les plus brillantes; les genêts dorés [12], véroniques [13], spirées [14], orchidées [15], ancolies [16], asphodèles [17], valérianes [18], ombellifères [19], composées [20] et légumineuses [21] remplissent les prairies; les salicaires [22], mauves [23], labiées [24], caryophyllées [25], forment comme une palette merveilleuse, à désespérer tous les peintres.

L'automne arrive bientôt, avec son cortège de beautés et de tristesses. C'est le soir de l'année, qui rappelle le déclin rapide de la vie. De grands changements se produisent dans la couleur des feuilles. La *chlorophylle*, matière colorante verte des tissus herbacés, disparaît ou est accompagnée d'un pigment rouge, l'*érythrophylle*, remplacé par le jaune dans la plupart des espèces. Au fond des vallées, les longues files de peupliers répandent, comme une pluie d'or, leurs feuilles à la moindre brise. Dans les bois, le vermillon, le rose et le jaune, se mêlent sur les feuilles des merisiers [26], des alisiers [27] et des poiriers sauvages [28]. Les chênes [29] et les hêtres [30] se décolorent, sèchent et passent au jaune roussâtre; les châtaigniers [31] prennent des tons dorés superbes, les taillis deviennent ocracés, les bouleaux [32] détachent déjà leurs troncs blancs et leurs balais dénudés sur le fond vert noir des sapins [33]

---

1. *Ficaria ranunculoides.* — 2. *Pulmonaria officinalis.* — 3. *Glechoma hederacea.* — 4. *Stellaria Holostea.* — 5. *Viola canina, V. odorata.* — 6. *Galeobdolon luteum.* — 7. *Adoxa Moschatellina.* — 8. *Primula veris, P. elatior, P. grandiflora.* — 9. *Vinca minor.* — 10. *Vaccinium Myrtillus.* — 11. *Fragaria vesca.* — 12. *Sarothamnus scoparius.* — 13. *Veronica.* — 14. *Spiræa.* — 15. *Orchis, Ophrys,* etc. — 16. *Aquilegia.* — 17. *Asphodelus.* — 18. *Valeriana.* — 19. *Umbelliferæ.* — 20. *Synantheræ.* — 21. *Papilionaceæ.* — 22 *Lythrum.* — 23. *Malvaceæ.* — 24. *Labiatæ.* — 25. *Caryophyllaceæ.* — 26. *Cerasus avium.* — 27. *Cratægus Torminalis.* — 28. *Pirus communis.* — 29. *Quercus pedunculata.* — 30. *Fagus sylvatica.* — 31. *Castanea vesca.* — 32. *Betula alba.* — 33. *Abies excelsa, A. pectinata.*

aux nuances ternes. La vie se retire à grands pas ; le grand linceul de l'hiver va s'étendre sur la terre.

Aux États-Unis, où la flore arborescente est beaucoup plus riche qu'en Europe, la coloration polychrôme de l'automne acquiert une beauté incomparable. Les chênes rouges et coccinés [1] y paraissent d'énormes buissons enflammés ; le sassafras [2], les tupélos [3], se marbrent de toutes les couleurs depuis le jaune jusqu'au rouge cocciné et au violacé; le liquidambar [4] rivalise de tons rutilants avec de nombreux sumacs [5], le jaune d'or des érables à sucre [6] ne le cède qu'à celui des tulipiers [7], pendant que le sousbois se constelle de feuilles teintées de pourpre, de rose, d'écarlate et de jaune [8] auprès de la verdure sombre et immuable des rhododendrons [9].

Mais comment dépeindre la beauté des lianes, au milieu de cette végétation abondante, où les essences arborescentes présentent des formes analogues à celles de l'Europe, mais si différentes par la couleur? La vigne vierge [10] qui croît spontanément dans les forêts du nouveau monde, et les espèces de vignes sauvages [11] qui nourrissent le *Phylloxera vastatrix* sur leurs racines, escaladent les plus grands arbres jusqu'à leur cime et retombent en les recouvrant magistralement de leur manteau de pourpre ou d'or. Le souvenir de ces paysages, que j'ai pu contempler dans les forêts de la Caroline et du Maryland, sur les bords de l'Ohio et du Potomac, à travers les monts Alléghanys, dans la vallée du Mississipi, autour des grands lacs du Nord et le long des fleuves du Canada, est de ceux dont le temps ne saurait effacer la magique impression.

L'hiver lui-même, au milieu de la désolation, garde encore un sourire, et il n'est pas rare de lui trouver des beautés de coloration. Tantôt les végétaux à feuilles persistantes, le houx [12] et le fragon [13], se couvrent de baies rouges et brillantes, tantôt les conifères [14] prennent une place prédominante que les plantes à feuilles caduques absorbaient auparavant. Ici les fougères [15] persistent avec leurs frondes délicates, là les saules jaunes et rouges montrent leur bois ornemental [16], les dernières bruyères [17] ont encore leur ton rosé, la ronce [18] traîne ses guirlandes de feuilles vertes et violacées, les mousses et les lichens [19] semblent plus frais et plus vivaces sous l'influence du froid.

Pour peu que nous quittions l'Europe, les climats lointains, semblables

---

1. *Quercus rubra, coccinea.* — 2. *Laurus Sassafras.* — 3. *Nyssa aquatica.* — 4. *Liquidambar styraciflua.* — 5. *Rhus typhina, glabra, copallina.* — 6. *Acer saccharinum.* — 7. *Liriodendron tulipifera.* — 8. *Kalmia, Andromeda, Vaccinium, Clethra, Itea,* etc. — 9. *Rhododendron maximum.* — 10. *Ampelopsis quinquefolia.* — 11. *Vitis œstivalis, Labrusca, cordifolia.* — 12. *Ilex Aquifolium.* — 13. *Ruscus aculeatus.* — 14. *Abies excelsa, pectinata, Pinus sylvestris, Taxus baccata.* — 15. *Blechnum, Polypodium, Ceterach, Scolopendrium, Adiantum,* etc. — 16. *Salix vitellina, purpurea.* — 17. *Erica cinerea, Calluna vulgaris.* — 18. *Rubus fruticosus.* — 19. *Hypnum, Mnium, Grimmia, Polytrichum, Bryum, Fumaria, Usnea, Peltidea, Ramalina, Cladonia,* etc.

au nôtre, fourniront un précieux contingent à nos jardins. Les conifères d'abord. Des montagnes de l'Espagne[1], de la Grèce[2], de l'Asie Mineure[3], de l'Himalaya[4], sortiront les plus beaux sujets. Le japon nous enverra le pin parasol[5], les cryptomérias[6] et les espèces buissonneuses qui rougissent l'hiver[7], le beau mélèze de Kæmpfer[8], et bien d'autres richesses ; le Chili, ses fameux araucarias[9]. L'Amérique du Nord, dans les gorges et sur les pics des Montagnes-Rocheuses, au milieu de ce Far-West si longtemps resté mystérieux, nourrit les plus beaux résineux de la création, presque tous aujourd'hui introduits dans nos parcs[10].

Les végétaux à feuilles persistantes non conifères sont peu nombreux chez nous en dehors des buis[11], des houx[12], des fragons[13], auxquels il faut ajouter pour le midi les alaternes[14], filarias[15], lauriers tins[16], lauriers amande[17], myrtes[18], etc., etc. Mais le Japon et la Chine ont doté nos jardins d'une infinité d'espèces rustiques du plus haut ornement, qui varient selon toutes les nuances du vert et présentent fréquemment d'élégantes panachures. Nous retrouverons, pour la plantation des jardins, ces précieuses ressources exotiques[19].

A ces beautés intrinsèques, les arbres peuvent en ajouter d'accidentelles. De ce nombre est la couleur du tronc et des branches, jaune ou rouge dans les saules, comme on vient de le voir, blanche dans une autre espèce[20], ponceau dans plusieurs cornouillers[21], etc.

Dans les pays humides, surtout sur les terrains primitifs, le tronc et les branches des arbres se couvrent d'une quantité de végétaux cryptogames, dont les mousses, les hépatiques et les lichens sont les principaux. Nous avons énuméré tout à l'heure quelques-uns des genres auxquels ces plantes se rapportent ; leurs espèces sont innombrables. Ces touches de détail du pinceau de la nature relèvent la monotonie des paysages de l'hiver ; parfois elles constituent une parure véritable. Sur les hautes colonnes des hêtres séculaires du Bosch, à La Haye (Hollande), le côté de l'ouest est couvert d'une épaisse couche de cryptogames du ton vert glauque le plus étrange. Souvent un de nos vieux chênes porte sur son tronc plusieurs douzaines d'espèces de lichens, de champignons, de mousses et d'hépatiques. En Californie, sur les *Abies nobilis*, le plus ornemental des lichens, l'*Evernia vulpina*, couvre toutes les branches de ses admirables guirlandes, qui se balancent au moindre vent comme les franges d'une draperie d'or.

1. *Abies Pinsapo*. — 2. *A. cephalonica*. — 3. *A. Nordmanniana*. — 4. *Cedrus Deodara*. — 5. *Sciadopytis verticillata*. — 6. *Cryptomeria elegans*. — 7. *Retinospora, spec. div.* — 8. *Larix Kœmpferi*. — 9. *Araucaria imbricata*. — 10. *Pinus ponderosa, Wellingtonia gigantea, Abies nobilis, A. Douglasii, A. Menziezii Parryana*, etc. — 11. *Buxus sempervirens*. — 12. *Ilex Aquifolium*. — 13. *Ruscus aculeatus*. — 14. *Rhamnus Alaternus*. — 15. *Phillyræa angustifolia*. — 16. *Viburnum Tinus*. — 17. *Cerasus Lauro-Cerasus* — 18. *Myrtus communis*. — 19. *Aucuba, Mahonia, Evonymus, Elœagnus, Garrya, Ligustrum, Photinia, Viburnum, Skimmia*, etc. — 20. *Rubus leucodermis*. — 21. *Cornus alba, sibirica*.

Ornements accidentels. — Parmi les ornements accessoires des arbres, prend place le lierre, végétal pseudo-parasite qui prête au tronc des arbres une parure hivernale du plus riche aspect. Nous le verrons rendre les plus grands services pour la décoration des parcs et des jardins.

Les arbustes sarmenteux et grimpants, que nous avons indiqués à plusieurs reprises comme de précieuses essences ornementales, se rangent également parmi les plus utiles éléments de l'art des jardins.

Enfin il n'est pas sans intérêt de signaler l'effet hautement décoratif des arbres décrépits, vaincus par l'âge, frappés par la foudre, mutilés par divers accidents. Les vieux châtaigniers creux du Limousin ou de l'Auvergne, les chênes rabougris du midi de la France, les oliviers dix fois séculaires de la corniche méditerranéenne, les vieux saules de nos prairies et jusqu'aux *têtards* d'ormes de la Normandie et du Berry, sont des motifs d'ornement faciles à mettre en œuvre et qui doivent être respectés. Ces vieux arbres sont fréquents en Angleterre, où les ifs surtout atteignent des proportions extraordinaires. On trouverait en Europe peu de scènes aussi pittoresques que certain talus du parc de Cliveden, sur les bords de la Tamise. Des ifs énormes couvrent la pente abrupte, sur laquelle ils sont retenus par des chaînes pour les empêcher de rouler jusqu'au bas, tellement leurs racines ont été excavées par les renards. Leurs branches horizontales, leurs troncs creusés, d'un beau ton d'acajou, sont remarquables, mais cet effet est encore surpassé par celui des racines saillantes, se tordant fantastiquement au-dessus du sol.

GROUPEMENT NATUREL DES VÉGÉTAUX.

Arbres. — Les arbres ne doivent pas seulement être considérés pour leurs qualités individuelles et leur effet isolé. C'est par l'association des espèces ou des individus, et par leurs situations respectives dans la nature, qu'ils forment les paysages. Là se trouve leur beauté relative.

La variété de leurs combinaisons est infinie. Cependant l'observation a montré que les meilleurs effets se produisent lorsque les masses compactes s'étagent sur les croupes des montagnes. Les sommets se couronnent de forêts de conifères; des arbres en groupes, puis isolés, enfin de simples buissons, se détachent du bois pour s'unir à la vallée, et les prairies se meublent, çà et là, de grands arbres au tronc droit et élevé au-dessus du sol.

Pour que les arbres nous donnent l'impression d'un ensemble harmonieux, ils doivent être associés à leurs compagnons naturels. L'introduction d'une forme exotique détonne dans un paysage, non que la beauté du nouveau venu soit inférieure à celle de ses voisins, mais il n'est pas entré dans nos habitudes. Ce résultat est surtout frappant dans les scènes étendues; il nous frappe moins, au contraire, dans un jardin, scène d'art dont les éléments peuvent être empruntés à des sources diverses.

Toujours une essence domine dans un paysage, auquel elle impose sa tonalité propre. Nous verrons bientôt comment cette loi peut inspirer l'artiste dans la plantation d'un parc. C'est à cette prédominance des essences et à leur disposition que sont dues les scènes au caractère riant, sévère, pittoresque, pastoral, etc., qui ont été précédemment esquissées (p. 140 et suiv.).

Sans altérer ce caractère d'ensemble, la variété se glissera de mille manières dans les détails du paysage. Cette variété sera souvent indépendante du nombre et de la qualité des éléments employés pour l'obtenir. Nous avons vu, en parlant du parc de Tsarskoé-Sélo (p. 327), quel parti un habile artiste pouvait tirer des faibles ressources d'une nature avare, et comment le groupement ingénieux de quelques espèces donnait l'illusion d'une flore beaucoup plus riche.

Il est donc utile d'étudier les procédés de la nature dans l'association des espèces et des individus ; la perfection de ces mélanges spontanés présentera toujours des modèles qu'il sera impossible de dépasser. Mais, c'est un art de savoir choisir. Tout n'est pas bon à copier, et de même que le peintre sait trouver le point juste du meilleur tableau, l'architecte-paysagiste ne devra emprunter à la création que ses plus beaux modèles, ses situations les plus belles et les plus pittoresques.

On peut considérer l'association naturelle des arbres sous plusieurs aspects. Nous n'avons vu jusqu'ici que le végétal *isolé*, détaché du bois et placé seul sur une pelouse.

Le nom de *groupe* s'applique à deux ou plusieurs arbres à tige, plus ou moins rapprochés les uns des autres, mais sans sous-bois ni massif auprès d'eux.

Le *massif* sera une réunion de grands arbres, de baliveaux, et d'un taillis continu cachant le tronc des grands exemplaires dont se compose la plantation.

La *futaie* est une agglomération de grands arbres plantés avec ou sans ordre et dépourvus de sous-bois.

Ces diverses combinaisons se rencontrant fréquemment dans la nature, nous les examinerons successivement.

Groupes détachés. — Un groupe de deux arbres ne produit un bon effet que si l'un se distingue nettement de l'autre par sa forme et ses dimensions. Deux tiges, deux têtes égales présenteraient un désagréable aspect. Un buisson volumineux, à verdure sombre, placé au pied d'un arbre élancé, à feuillage penné et d'un ton léger, produira un excellent contraste.

Le nombre trois, assez fréquent dans les groupes naturels, a été choisi à tort, dans les plantations des parcs, comme le chiffre fatidique des groupes détachés. Jamais, dans la nature, on ne trouve rassemblés trois arbres de même espèce, de même force et de même forme. C'est par l'inégalité de leur développement, s'ils sont de la même essence, ou par la variété de leur feuillage, si deux ou trois espèces le composent, que le groupe intéressera l'esprit et charmera les yeux.

La disposition en ligne de trois arbres est rare et ne présente un bon aspect que si celui du milieu est à haute tige et les deux autres en touffes inégales.

Un triangle équilatéral rappellerait trop la symétrie. Le groupe est meilleur lorsque les arbres sont placés suivant les trois côtés d'un triangle scalène. Si ce triangle est assez étendu pour qu'un quatrième arbre prenne place au milieu, l'ensemble ne fera qu'y gagner, surtout si les espèces sont variées et en contraste.

Les groupes de cinq sont bien disposés lorsqu'ils ont la forme d'un trapèze planté à ses quatre angles et dans son milieu. Ils peuvent encore être disposés suivant les sommets des angles d'un pentagone irrégulier, qui offre cependant l'inconvénient de paraître arrondi.

Les nombres impairs de trois, cinq, sept, neuf, recommandés par certains planteurs, sont un calcul puéril auquel il ne faut pas s'arrêter.

Au-dessus des nombres neuf ou dix, les arbres groupés ne prennent d'agréables aspects que si leur masse est discontinue, séparée en plusieurs sections inégales et s'ils sont plantés de plusieurs essences.

Ce n'est pas assez que les arbres soient placés à des distances convenables pour qu'ils satisfassent complétement le goût de l'artiste. Le mélange de leurs rameaux doit être harmonieux; leurs silhouettes, leurs nuances, ne seront bonnes que si la combinaison en est heureusement trouvée. Il suffit parfois que cette différence soit produite par les divers sujets inégaux d'une même espèce; souvent aussi elle est le résultat du rapprochement d'essences très-distinctes par la forme et la couleur de leur feuillage. Ainsi, un charme se confondra avec un hêtre et un sorbier avec un frêne, tandis qu'en intervertissant les positions de ces quatre arbres, on obtiendra un contraste satisfaisant.

De même les formes pyramidales s'harmoniseront, par la loi des contrastes, avec les formes capitées. La colonne cylindrique d'un peuplier d'Italie s'élancera avantageusement au-dessus de la cime des ormes. On a tiré parti de cette règle harmonique pour conseiller la plantation des espèces colonnaires ou fastigiées, comme le cyprès pyramidal ou le peuplier d'Italie, auprès des villas italiennes à toits plats, et pour recommander les masses arrondies des marronniers ou des platanes auprès des tourelles pointues d'un château gothique.

Quels que soient le nombre et la forme des sujets qui constituent le groupe, leur ensemble doit présenter, pour produire un bon effet, cet équilibre des parties que nous avons vu nécessaire à l'arbre isolé. Un groupe est un tout; nous devons le considérer dans son ensemble comme un seul objet.

Si la nature agit seule, le balancement des diverses parties fera bien rarement défaut, mais une cause accidentelle peut déranger cette harmonie, et nous verrons, dans les applications, les moyens d'obvier à cet inconvénient.

Le nombre et la gradation des groupes, dans le paysage, dépend de nombreuses circonstances. Si nous les voyons éparpillés sur de grandes surfaces, ils ôtent toute idée de repos, laissent vaguer le regard sans l'attacher, et confondent les scènes. Mais cet effet est rare, et la nature, abandonnée à elle-même, manque rarement son but pittoresque. Tantôt les groupes sont épars dans l'herbe des prairies, tantôt ils sont échelonnés sur les pentes. Les jeux de la lumière et de l'ombre varient à toute heure du jour, dans leurs intervalles et à travers le feuillage. Pour offrir les meilleurs aspects, les groupes doivent garder avec la masse des bois une proportion de nombre et de distance telle qu'ils en paraissent les auxiliaires, et montrer clairement leur subordination à l'ensemble, plus forts et plus nombreux si la forêt est vaste, distribués avec parcimonie et composés de moins d'éléments, s'ils ne sont que les sentinelles avancées de quelques bosquets. Dans leur relation avec la totalité du paysage, les plantations ne doivent point présenter l'image d'un travail humain, produit d'une régularité toujours insuffisante, mais se présenter dans le désordre apparent d'une poignée de sable jetée sur le sol. La masse principale de ce sable formerait un centre qui représenterait le gros de la forêt, tandis que les grains tombés en dehors, éparpillés de mille manières, seraient l'équivalent de la dispersion des végétaux détachés en groupes et isolés.

Massifs. — Les massifs, qui viennent dans cette étude après les groupes, constituent le caractère principal des forêts naturelles. Dans le séduisant désordre que leurs éléments produisent, on peut découvrir les lois de distribution des végétaux qui sont les modèles par excellence de l'architecte-paysagiste. Les végétaux ligneux s'y divisent en deux classes, ceux de l'extérieur et ceux du sous-bois. Les premiers, les plus intéressants à étudier, impriment à la silhouette générale de la forêt sa forme et sa couleur. Les espèces, croissant inégalement, cherchent à se vaincre mutuellement dans cette lutte perpétuelle « pour l'existence » qui est la loi même de la vie. Cette prédominance d'une ou plusieurs essences trônant victorieuses au-dessus de leur entourage et donnant la dominante de la scène est plus frappante là qu'ailleurs; ses causes se trouvent à la fois dans la vigueur native des espèces, dans la nature du terrain et l'influence du climat.

Sous ce couvert épais, une population végétale, plus ou moins abondante, se développera dans la lumière diffuse et résistera autant que la voracité des grands arbres ne sera pas excessive. Le hêtre, à l'état adulte, couvre de son ombre épaisse un sol presque désert; les forêts de conifères ne laissent aucune végétation croître sous le terreau de leurs aiguilles tombées. Même dans les régions tropicales du nouveau monde, où la force de la végétation permet au sous-bois un développement luxuriant, certaines essences semblent exclure tout être vivant de leur compagnie[1]. Toutefois, dans la plupart des cas, les sous-bois se composent d'espèces végétales appropriées à ce mode de croissance et prospérant dans ces dures conditions. Les buis[2], les troënes[3], les nerpruns[4], les viornes[5], l'if[6], les groseilliers[7], les androsèmes[8], les daphnés[9] et tant d'autres espèces vivent sous le couvert des bois, et suggéreront à l'artiste les meilleures idées pour distribuer des plantations similaires.

La prédominance des grands arbres réunis en voûte continue au-dessus des forêts, si fréquente dans les pays chauds, est également particulière aux contrées septentrionales. Elle cesse généralement dans la région dite « du midi », caractérisée par la Provence, l'Espagne, les bords de la Méditérranée. Les arbres réunis en société prennent, dans ces contrées, une autre allure. Le taillis domine, et les têtes des grands arbres ne forment plus guère que des saillies isolées sur le fond inférieur de la forêt. Les arbustes, plus variés, souvent à feuilles persistantes et à belles fleurs, sont devenus l'objet principal, et les arbres, l'accessoire. Quel contraste, par exemple, entre une forêt des Ardennes et les bois qui bortent la route accidentée du bord de la mer, de Salerne à Amalfi, près de Naples; entre les sommets des montagnes du Harz, et ceux des Abruzzes ou des Algarves !

Dans le nord, aux espèces que nous avons signalées s'ajouteront les sureaux[10], les cornouillers[11], les genêts[12], les néfliers[13], l'érable champêtre[14], les rosiers[15], les épines-vinettes[16], les alisiers[17], etc. Au sud de l'Europe paraîtront celles que nous avons déjà notées précédemment. Là le chêne tauzin et le chêne vert[18] remplacent le chêne ordinaire; les micocouliers[19], le gaînier[20], l'olivier de Bohême[21], le laurier d'Apollon[22], le paliure[23], le grenadier[24], le caroubier[25], ombragent les lauriers tins, les filarias, les myrtes et beaucoup d'autres arbustes. Quelques types nouveaux, pour des habitants du nord, frapperont le regard, comme les daphnés argentés[26], les euphorbes en arbre[27], les psoraléas[28] et autres espèces de ces régions.

Futaies. — La futaie, forme définitive de la forêt, lorsque le taillis a été successivement détruit par les grands arbres, est surtout belle lorsqu'elle est homogène. Elle atteint de magnifiques proportions si le sol est fertile et les arbres d'une seule espèce, réguliers dans leur croissance. Quelques

---

1. J'ai décrit, dans le *Tour du monde* (vol. xxv, p. 200), l'effet étrange produit par les forêts de chênes (*Quercus Humboldti*) dans la Nouvelle-Grenade sur la végétation des sous-bois. — 2. *Buxus sempervirens.* — 3. *Ligustrum vulgare.* — 4. *Rhamnus Frangula, R. catharticus.* — 5. *Viburnum Lantana.* — 6. *Taxus baccata.* — 7. *Ribes rubrum, R. alpinum.* — 8. *Androsœmum officinale.* — 9. *Daphne Laureola.* — 10. *Sambucus nigra, S. racemosa.* — 11. *Cornus sanguinea.* — 12. *Genista var.* — 13. *Mespilus germanica.* — 14 *Acer campestre* — 15. *Rosa canina*, etc. — 16. *Berberis vulgaris.* — 17 *Sorbus Aria*, etc. — 18. *Quercus Toza, Q. Ilex.* — 19. *Celtis australis.* — 20. *Cercis siliquastrum.* — 21. *Elœagnus angustifolia.* 22. *Laurus rus nobilis.* — 23. *Paliurus aculeatus.* — 24. *Punica Granatum.* — 25. *Ceratonia siliqua.* — 26. *Daphne Tartonraira.* — 27. *Euphorbia dendroides.* — 28. *Psoralea bituminosa*

belles futaies, comme celles de Boisfort près Bruxelles, du Bas-Bréau, à Fontainebleau, etc., sont célèbres. Un mélange de chênes à têtes arrondies, au milieu de hêtres élevés, produirait de choquantes disparates. La grandeur apparente en serait diminuée; elle s'augmenterait, au contraire, si les chênes seuls s'élevaient ensemble et prenaient un aspect imposant. Un sol uni, sans végétation, revêtu simplement des feuilles tombées, inspirera plus naturellement une idée de grandeur et de calme qu'un gazon vert, mêlé de buissons et de petits arbres. La futaie, pour produire tout son effet, ne doit pas être absolument compacte, mais le soleil jouera librement à travers ses feuilles et produira en dessous ce clair-obscur des grands bois « çà et là interrompu par des taches de soleil ».

Parc ouvert. — Après avoir examiné les arbres associés sous forme de groupes, de massifs et de futaies, il peut être intéressant de les voir former des effets paysagers plus remarquables encore dans les grands parcs de l'Angleterre. Les scènes qu'ils produisent, plantés en tiges sur de vastes prairies animées par le bétail ou le gibier en liberté, leur groupement en nombre varié, leur force et leur beauté, respectées d'âge en âge, constituent des tableaux que l'on ne rencontre guère en dehors des grandes propriétés anglaises et qui sont dignes d'admiration. Ils ont valu au mot *parc*, dans ce pays, une signification distincte du mélange de bois, de prairies et de jardins qui en est l'image sur le continent. Nous verrons quelle influence l'art peut exercer sur ces compositions, applicables surtout aux parcs publics, auxquels ces grands espaces apportent les trois qualités requises : l'étendue, l'ombrage et le libre accès.

Arbrisseaux et arbustes. — Si des formes les plus élevées de la végétation ligneuse nous descendons aux arbrisseaux et aux arbustes, la diversité de la nature sera telle que des règles certaines dans le groupement seront difficiles à découvrir. Une variété sans limite est la loi, suivant la latitude et l'altitude du lieu, le relief, la nature et l'orientation du sol, sa fertilité, l'abondance ou la rareté des eaux et conséquemment la richesse de la flore. Les espèces arbustives indigènes de nos pays et celles des régions orientales d'un climat égal au nôtre ne montrent jamais, dans la nature, des groupes absolument homogènes. Si quelques espèces dominent, c'est en laissant d'autres essences varier leur masse. Nulle part on ne voit de tableaux composés exclusivement d'une espèce frutescente. La conséquence naturelle, c'est la condamnation des dessinateurs de jardins qui plantent de grands massifs d'une seule espèce. Ces plantations homogènes ne peuvent être justifiées que dans les jardins de médiocre superficie, où l'imitation de la nature ne saurait être essayée, et où l'art seul est le maître.

Les arbustes, sur le bord des eaux tranquilles, sont généralement réduits à un petit nombre d'espèces, suffisantes pour produire de charmants effets. Quelques saules touffus, de trois ou quatre espèces[1] agréablement

---

1. *Salix Capræa, S. purpurea, S. rubra, S. vitellina,* etc.

mélangées, donnent souvent lieu à de charmantes scènes. Il serait superflu de multiplier ces exemples, qu'il faut étudier quand on les trouve complétement satisfaisants dans la nature.

Au milieu des rochers, c'est au contraire la multiplicité des espèces et leurs formes pittoresques qui donneront aux arbustes leur principal intérêt. Les ronces, les rosiers sauvages, les genêts, les épines-vinettes, les amélanchiers, les alisiers, les pruneliers, les groseilliers épineux, les genévriers, les pommiers et les pommiers sauvages, les cornouillers, les noisetiers, les sureaux et un grand nombre d'espèces frutescentes déjà citées, bien que peu ornementales individuellement, prendront des aspects si variés par leurs contrastes, que des scènes charmantes en seront la conséquence. Un emploi judicieux des espèces indigènes peut largement suffire à l'ameublement végétal des paysages dans les grands parcs, et ces tableaux produiront de meilleurs effets d'ensemble qu'avec des plantations exotiques de choix.

Dans les montagnes, les espèces seront plus naines, plus rabougries, mais plus pittoresques peut-être, et de nombreuses formes inconnues aux plaines ou végétant différemment sur les hauteurs apporteront aux scènes de ces régions une physionomie aussi caractérisée qu'attrayante. Ici ce sera l'*alpenrose* ou petit rhododendron des Alpes[1], avec ses rameaux rampants terminés par de jolis bouquets rouge vif sur des rosettes de feuilles vertes et ferrugineuses; là son congénère, si commun aux Pyrénées[2], distinct par ses feuilles ciliées; puis la coronille[3] et le chamécerisier des Alpes[4], de plus haute taille, ombragés par des touffes de cytises[5] et de merisiers à grappes[6]. Dans les formes naines on trouve des saules ressemblant à des herbes[7], la petite azalée des montagnes[8], les bruyères[9], la jolie menziézie[10], les vacciniées[11], les genêts[12] et les ajoncs[13], qui se retrouvent aussi dans les sables, d'autres légumineuses variées; enfin, beaucoup de plantes frutescentes ou suffrutescentes demandant seulement à être placées dans un milieu convenabls pour prospérer et produire des effets pittoresques.

Certaines espèces caractérisent une région entière, comme les pourpiers de mer[14], les soudes en arbre[15] et les tamarix[16] au bord de la mer.

Plantes herbacées. — Le groupement des plantes herbacées, dans la nature, serait plus difficile encore à décrire, au milieu de leurs mélanges innombrables à travers les bois, les prés et les champs. Ces plantes nous séduisent plutôt par la diversité et l'éclat de leurs fleurs que par la beauté de leur feuillage, bien que l'effet décoratif ne manque pas à cer-

---

1. *Rhododendron ferrugineum.* — 2. *Rh. hirsutum.* — 3. *Coronilla Emerus.* — 4. *Lonicera alpigena.* — 5. *Cytisus Laburnum.* — 6. *Cerasus Padus.* — 7. *Salix herbacea.* — 8. *Loiseleuria procumbens.* — 9. *Erica Tetralix, E. ciliaris, E. vagans*, etc. — 10. *Dabœcia poliifolia.* — 11. *Vaccinium Myrtillus, V. uliginosum, V. Vitis idœa, Oxycoccus palustris.* — 12. *Genista germanica, G. tinctoria, G. sagittalis*, etc. — 13. *Ulex europæus, U. nanus.* — 14. *Atriplex Halimus.* — 15. *Suœda fruticosa.* — 16. *Tamarix gallica.*

taines d'entre elles, comme les onopordes[1], les bardanes[2], le chardon-Marie[3], de grandes composées[4], les molènes[5], les berces[6], etc., et qu'elles puissent rivaliser, sous ce rapport, avec les espèces exotiques à feuilles ornementales. Par un examen attentif de la distribution des espèces herbacées dans les paysages naturels, on peut arriver à reconstituer dans les parcs les plus jolies scènes qu'elles font naître et qui sont trop peu imitées. Parmi les plantes fleuries de nos prés, éléments d'une décoration que le voyageur Wallace déclarait n'avoir jamais vue égalée par les plus riches floraisons des tropiques, tout le monde a pu admirer les espèces suivantes, groupées dans le plus charmant désordre : salicaire[7], reine des prés[8], campanules[9], gentianes[10], mauves[11], épilobes[12], eupatoires[13], jacées[14], orchidées variées[15], etc., dans tout l'éclat d'une brillante floraison. Très-peu d'espèces venues des pays lointains pourraient rivaliser avec elles, et nous nous les apprécierions davantage, si nous les voyions pour la première fois.

Dans les régions montagneuses, cette parure herbacée devient si variée qu'il serait impossible d'en donner l'idée sans entrer dans d'interminables détails. Nous retrouverons, en traitant des plantes alpines, l'occasion de signaler les plus remarquables d'entre ces végétaux des montagnes et d'en indiquer l'emploi dans les jardins.

Après avoir exposé le rôle ornemental rempli par les végétaux ligneux spontanés dans la nature, et en avoir étudié les principaux éléments, nous pouvons en tirer des conséquences applicables à l'art des jardins, et examiner les divers moyens de les mettre en œuvre.

EMPLOI DES VÉGÉTAUX LIGNEUX.

L'emploi des végétaux d'ornement peut être considéré sous deux rapports principaux : les *plantations anciennes* et les *plantations nouvelles*.

Par plantations anciennes, nous entendons celles qui couvrent le sol, dans les situations où l'architecte-paysagiste est appelé à les conserver ou à les modifier, s'il est nécessaire ; par plantations nouvelles, nous supposerons les cas assez fréquents où l'artiste devra créer de toutes pièces un parc ou un jardin sur un terrain entièrement nu. Le mélange de ces deux états se présente fréquemment dans la composition des jardins ; il est même difficile de traiter séparément chacune de ces divisions, que nous tiendrons réunies.

---

1. *Onopordum Acanthium.* — 2. *Lappa major.* — 3. *Sylibum Marianum.* — 4. *Inula Helenium, Carduus, Cirsium*, etc. — 5. *Verbasum Thapsus.* — 6. *Heracleum Sphondylium.* — 7. *Lythrum Salicaria.* — 8. *Spiræa ulmaria.* — 9. *Campanula glomerata, C. Trachelium, C. Rapunculus.* — 10. *Gentiana Pneumonanthe.* — 11. *Malva Alcea.* — 12. *Epilobium hirsutum.* — 13. *Eupatorium cannabinum.* — 14. *Centaurea Jacea.* — 15. *Orchis mascula, O. maculata, O. Morio, O. conopsea*, etc.

En étudiant les plantations sous leurs divers aspects, nous renverserons l'ordre établi précédemment dans l'examen de leur distribution au sein de la nature, et, procédant du simple au composé, du végétal isolé aux groupes et aux massifs, nous passerons successivement en revue les masses forestières, les groupes détachés, les arbres isolés, les arbustes et les plantes diverses, d'abord dans les grands parcs, puis dans les propriétés moyennes et petites.

Massifs indigènes forestiers.— C'est une bonne fortune, pour un architecte-paysagiste, d'avoir à tailler un grand parc au milieu d'une forêt. Nous avons vu, à plusieurs reprises, que le talent pouvait s'exercer amplement sur les masses des beaux arbres. L'office de la hache est plus commode pour obtenir des effets immédiats que celui de la bêche. Déjà, en traitant des vues et des percées (p. 321 et suiv.,) nous avons examiné les moyens de dégager l'habitation, d'ouvrir les horizons, de mettre en lumière les grandes lignes du paysage. Il reste maintenant à appliquer aux groupes forestiers les règles esthétiques précédemment exposées, de manière à faire valoir toutes les parties de ces ornements.

La première considération a trait à la variété des essences forestières. Nous savons que les espèces indigènes suffisent à la création des scènes les plus diverses. Dans les masses qui doivent être vues à distance et imprimer au paysage son caractère dominant, on devra moins chercher la beauté individuelle des sujets que leur ensemble. De loin, des arbres médiocres, bien groupés, peuvent fournir de très-beaux effets. Dans les parties traversées par la promenade, au contraire, les qualités ornementales des individus reprendront le premier rang.

Les massifs compactes du milieu du bois ne sont guère susceptibles de modifications décoratives. Ils sont destinés à être vus de loin, et il suffit que les sommets des arbres soient variés de hauteur, de forme et de couleur. Ces bois peuvent recéler à l'intérieur de très-beaux exemplaires qui seraient perdus pour le promeneur, si on ne les mettait en lumière. Mais toutes les fois que des ouvertures intelligentes, nécessitées par les vues, les percées ou les allées, ou créées de toutes pièces en faisant naître un prétexte de promenade, permettront de révéler ces précieux éléments, l'intérêt du parc sera considérablement augmenté. Il en est de même du bord des bois, généralement rectiligne ou formé par des courbes et des brisures peu variées, dans les exploitations forestières. Les nécessités de la culture le veulent ainsi. Cependant ces obligations doivent en partie céder le pas à l'ornement, et quelques sacrifices sont nécessaires si l'on veut créer de véritables effets paysagers.

Bord des percées et des allées des bois. — En faisant au bord des bois ou des percées les suppressions d'arbres nécessaires, on devra prendre soin de varier leurs contours, d'éviter toute espèce de lignes, même sinueuses à l'excès. Une multitude d'avancements et de retraits de toutes dimensions, pénétrant dans le bois comme des golfes profonds, ou venant simplement denteler la bordure, varieront à l'infini la projection des arbres et des arbustes sur le sol, et créeront des oppositions vigoureuses de lumière et d'ombre. On obtiendra ainsi une augmentation apparente de l'étendue des plantations, puisqu'on étendra davantage leur périmètre. Savoir denteler à propos un bois épais et confus, c'est découvrir de nouvelles scènes, ouvrir des perspectives, créer des aspects imprévus et accroître le charme d'une résidence.

Le parc de Prye (Nièvre), propriété de M. le comte du Bourg, (fig. 310) peut servir de démonstration à ces procédés de création des parcs forestiers par éclaircies. La partie enclose de ce parc, mesurant plus de cent hectares de superficie, était couverte d'épaisses forêts sur tout son périmètre, et la profonde et charmante vallée parcourue par une petite rivière qui en occupait le milieu était masquée de tous les points de vue à prendre des hauteurs. Lorsque je fus appelé, en 1873, pour dessiner le parc et exécuter les percées nécessaires, je n'hésitai pas à porter vigoureusement la hache dans cette ceinture compacte, dont l'épaisseur variait entre 200 et 300 mètres, et qui renfermait des arbres séculaires de la plus grande beauté, totalement ignorés jusque-là. De vastes ouvertures, pratiquées en éventail, à partir des divers points élevés L M K, etc., révélèrent des perspectives étendues, mirent en lumière des arbres superbes au travers desquels serpenta une allée longue de 5 kilomètres et large de 6 mètres. Le développement des bords du bois fut porté de 2,000 mètres à 3,800 mètres, bien qu'une superficie de 10 hectares eût été exploitée par ces abatages calculés.

Une de ces vues, partant du premier kiosque M sur un point élevé, s'ouvrit sur un angle de 53°, embrassant une vaste étendue de la vallée et de son cours d'eau, le pont O, la chute V, la source et les rochers C, le sommet K de la colline opposée, à 900 mètres de distance, la pièce d'eau I et la façade du château A. Le tout fut encadré fortement par les premiers plans des bois conservés.

La figure 310 est un développement au double de cette percée du parc de Prye. Elle indique le traitement des bords du bois sur les côtés de l'angle et la position des arbres sur le gazon. La ligne sinueuse de ces bords n'existe pas en réalité; elle est indiquée sur le plan par la projection idéale des masses de feuillage sur le sol.

L'indication des espèces végétales conservées suffira pour faire saisir l'aspect de la scène. Les arbres représentés par le n° 1 sont des hêtres aux tiges élancées, entre lesquelles la lumière joue et la vue passe librement sur les lointains. Le n° 2 s'applique à des groupes de trembles aux troncs blancs, également de haute stature et faisant d'agréables contrastes avec le fond sombre du taillis. Au n° 3 correspondent quelques chênes noirs, très-élevés, mais dont les branches encadrent le tableau par le haut. Les arbustes n° 4 sont des charmes, des noisetiers et des érables champêtres aux branches

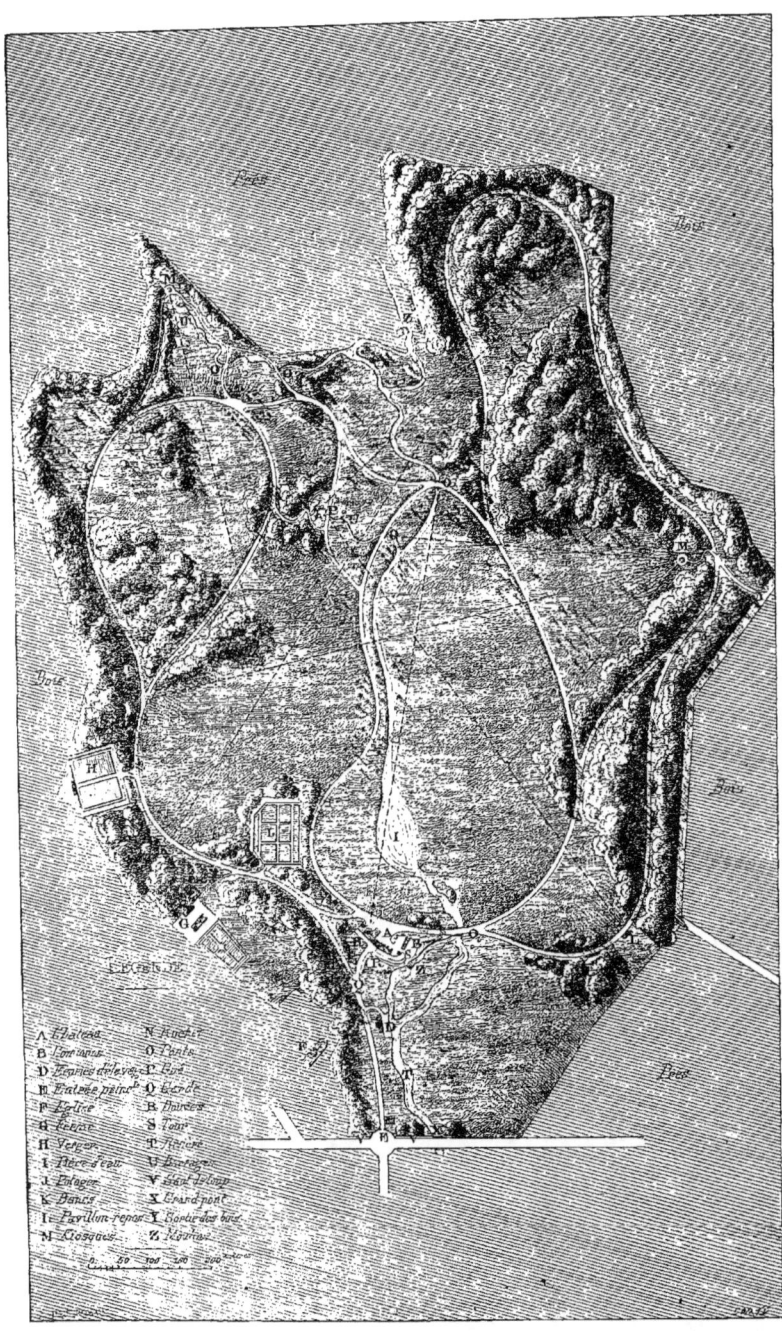

Fig. 310. — Parc de Prye (Nièvre). Exemple de grands massifs forestiers. Ed. André, architecte.

PLANCHE VI

PARC DE COURCELLES (Haute-Marne)

M. Boivin, *propriétaire*. — Ed. André, *architecte*.

Jardin paysager traversé par une rivière. Exemple de l'emploi des eaux naturelles dans une propriété modérément accidentée. Jardin fleuriste symétrique ou parterre près de l'habitation. Jardin potager masqué par des massifs du côté du jardin paysager.

Contenance : environ 4 hectares.

LÉGENDE.

A. Habitation.
B. Communs.
C. Fabrique de coutellerie et jardin.
D. Dépendances.
E. Jardinier; cabane aux outils.
F. Serre.
G. Kiosque et rocailles.
H. Pavillon de pêche.
I. Fontaine et vasque.
J. Jardin fleuriste.
K. Jardin potager.
L. Bancs de repos.
M. Embarcadère.
N. Pont en bois.
O. Rocailles et gué.
P. Verger de l'usine.

Q. Verger du parc.
S. Entrée principale.
a. Corbeille de plantes à feuillage.
b. Massif de ceinture.
b. Arbustes toujours verts.
c. Arbustes pour rocailles.
d. Massifs forestiers.
e. Saules variés.
f. Troènes de la Chine.
g. Arbres forestiers.
h. Arbres et arbustes variés.
i. Arbustes aquatiques.
j. Arbres aquatiques.
k. Arbustes à feuilles persistantes.
l. Bancs de repos.
m. Corbeilles de fleurs.

PARCS & JARDINS   PL VI.

ED. ANDRÉ DEL.   IMP. BECQUET PARIS

descendant jusqu'à terre, mais placés sur les côtés de la percée sans l'obstruer.

Si l'ouverture des percées et l'arrangement judicieux des plantations naturelles sont importants dans la création des parcs sur des terrains boisés, dans un pays montueux, à plus forte raison de pareils travaux seront nécessaires en plaine, autour d'une habitation placée au milieu des bois. Je puis citer, parmi les propriétés créées dans ces conditions, le parc d'Armainvilliers (Seine-et-Marne), dessiné par M. Barillet-Deschamps. Le château, construit au milieu de la forêt, dans un pays absolument plat, devint le point de départ d'un certain nombre de vastes percées, dans lesquelles furent maintenus quelques grands chênes isolés. Malheureusement, le peu

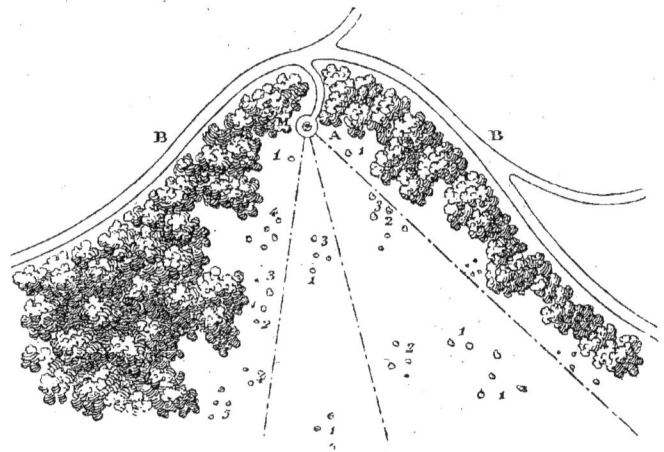

Fig. 311. — Plantation du bord des bois. — Parc de Prye (Nièvre).

de variété des essences forestières ne permit pas d'obtenir des contrastes que la monotonie du lieu rendait si désirables. Le talent ne suffit pas à créer lorsque les éléments naturels font défaut.

Les bords des allées sont de véritables percées ; ils seront soumis aux mêmes règles, avec quelques variantes. Rien n'est plus monotone que de longues voies de promenade uniformément taillées entre deux murailles de verdure. On aura donc soin de changer autant que possible la décoration de la bordure boisée, à mesure que le promeneur avancera. Dans aucun cas les grands arbres ne devront être abattus. Il vaudra même mieux, pour les conserver, dévier légèrement du tracé régulier des courbes. Ce respect des arbres a été porté assez loin dans les embellissements du bois de Boulogne et du parc de Vincennes, à Paris ; on y rencontre fréquemment, sur le parcours même de l'allée, des arbres que l'on conserve en attendant que leurs voisins aient grandi et les remplacent. On doit agir ainsi dans les parcs privés, lorsque l'arbre ne vient pas au milieu de l'allée destinée aux promenades à pied. Sur les voies carrossables, le maintien de tels obstacles occasionnerait des accidents.

On pourra donc diversifier avec goût le bord des allées sous bois. Tantôt les cépées du taillis seront réservées jusqu'à la ligne même de la bordure, et l'on se contentera de couper les rameaux qui dépassent, laissant le sol garni de sa végétation spontanée, fût-ce de ronces et d'épines ; tantôt ces cépées seront *curées*, réduites aux plus beaux brins et suffisamment espacées pour que la lumière joue entre leurs branches. Ici, la futaie seule sera conservée et s'élèvera sur un sol nu ou couvert de mousse ; là le sol se couvrira de lierre ou d'une abondante végétation herbacée au milieu des tapis de pervenches et de primevères, dont on aidera l'effet printanier par l'addition de quelques scilles, narcisses et muguets. Pas de plantations exotiques ; les seuls végétaux indigènes, bien distribués, suffiront à produire de charmantes scènes. De temps en temps, une percée soudaine apportera un rayon lumineux sur le parcours de l'allée, un banc placé à propos invitera à regarder de jolis lointains, etc., etc.

Nous ne sortons pas, dans ces indications, des procédés de plantation employés par la nature et que je comparais plus haut à une poignée de sable jetée sur le sol. C'est, en effet, une observation basée sur l'expérience. La figure 312 est la reproduction exacte des diverses positions occupées par des

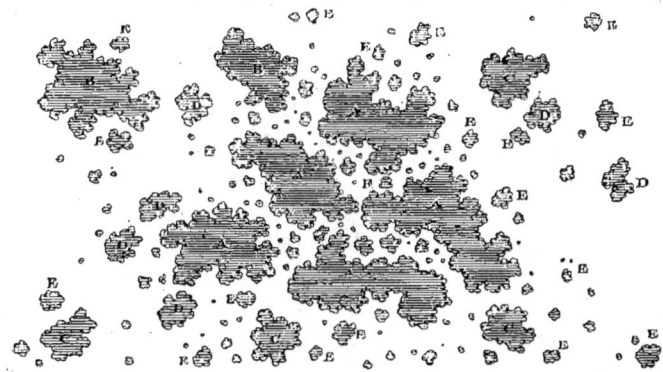

Fig. 312. — Plantations naturelles. — La poignée de sable.

grains de sable projetés ainsi sur une feuille de papier. Les lettres A A indiquent les groupes du sable rassemblé en tas moyens, plus petits en C et D ; le reste représente les grains épars, avec leurs dimensions et leurs places exactes. Je me suis assuré, par plusieurs expériences, que la projection des arbres, arbustes et plantes vivaces, sur quelques sommets boisés de la Bourgogne et ailleurs, reproduisait fidèlement cette disposition. Elle peut servir de modèle pour les grandes plantations de bois auxquelles on voudrait dès le début imprimer des aspects pittoresques. Il suffirait, pour cela, de grandir l'échelle de ce plan. Les surfaces A A peuvent représenter un are ou un hectare; les proportions des diverses parties entre elles resteront toujours les mêmes.

L'effet de pareilles plantations varie considérablement suivant qu'elles occupent un terrain plat ou un terrain accidenté. Dans le premier cas, les masses de feuillage se recouvrent l'une l'autre, aux yeux du spectateur, et la distance entre les groupes reste sans résultat. Au contraire, si le bois couvre un mamelon dont le sommet serait placé en F, par exemple (fig. 312), la scène sera modifiée. Les têtes des arbres et des arbustes s'étageront en amphithéâtre, et rien ne sera perdu de leurs beautés respectives, depuis les groupes épais du centre jusqu'aux sujets isolés sur les bords. Cette observation peut présenter les plus grands avantages pour les boisements artificiels des parcs; elle donnera l'idée de planter les plus vigoureuses essences au sommet du terrain pour en augmenter la hauteur apparente; elle montrera de quelles ressources sont les plantations pour rompre l'uniformité des lignes d'un terrain peu accidenté. Quelques groupes de très-grands arbres, intercalés dans le massif, détacheront vigoureusement leurs silhouettes, et si l'on a pris soin de les choisir d'une couleur différente de l'essence dominante, on obtiendra de grands effets avec des moyens simples. C'est ainsi que dans le parc des Pressoirs du Roy (Seine-et-Marne) propriété de M. de Clermont, le coteau abrupt qui s'élève à 100 mètres au-dessus de la Seine, planté des essences indigènes de la forêt de Fontainebleau, a été varié sur deux points principaux par de forts groupes de pins qui suffisent à en relever l'uniformité. On peut encore produire des oppositions en laissant des espaces entièrement nus ou couverts d'un taillis bas, dans l'épaisseur du bois; la discontinuité créera d'heureux effets de lumière. Si l'on veut planter une butte d'après ces règles, perfectionner un point de vue par des suppressions d'arbres raisonnées, on devra se souvenir que des plantations clair-semées, étagées sur le penchant de la colline, augmentent fictivement la hauteur, surtout si le bas est planté en arbustes et le reste en essences de plus en plus élevées, dont les supérieures dominent l'ensemble avec une force qui n'exclue pas la grâce. Au contraire, on ajoute à la largeur de la scène par des plantations en zones horizontales. La forme du sol peut donc être modifiée, dans l'un ou l'autre sens, par de simples plantations bien entendues.

Si, par des suppressions calculées, on veut compléter ces effets en faisant intervenir la forme et la couleur des feuillages, on veillera à ne point se perdre dans les détails et à procéder largement. C'est à la fin de l'automne que l'artiste étudiera les effets divers des groupes et les contrastes de leurs feuillages, pour les renforcer ou les diminuer par des abatages judicieux. Les nuances foncées dans les verts doivent dominer pour servir de fonds, sur lesquels les diverses variétés de vert clair et les couleurs automnales jaune et rouge produiront d'agréables oppositions. La progression pourra être du vert clair au vert foncé avec quelques touches intermédiaires, par exemple des arbres à feuilles caduques formant les seconds plans et des massifs de pins et de sapins dans les lointains ; mais jamais on ne laissera, dans un voisinage immédiat, un bois uniforme de pins sylvestres ou d'épicéas et une zone de chênes, de bouleaux et de charmes. Des coupures habilement pratiquées devront mélanger graduellement un groupe avec un autre.

La variété est plus nécessaire dans les bois de médiocre étendue, qui doivent exprimer la gaieté, que dans les forêts continues où l'impression de grandeur est due à l'unité. Cette rupture des lignes et des nuances, si agréable dans les scènes riantes ou pittoresques, cette diversité produite par un changement incessant dans la force et l'âge des arbres, les sous-bois gazonnés, moussus, couverts de fougères et de ronces, les rochers, les ravins, les eaux, les chemins creux, s'effacent devant la majesté sévère des grandes plantations, qui revêtent un genre de beauté tout différent, surtout lorsque le chêne et le hêtre sont les essences dominantes. On devra donc, dans les abatages qui auront pour objet de pareils contrastes, se pénétrer préalablement de l'aspect naturel des scènes qu'il faut compléter et non détruire. Une profonde coupure dans un fond sombre fera mieux ressortir un arbre isolé, au ton clair, et réciproquement. On se préoccupera également de la perspective aérienne, qui affaiblit graduellement les objets. C'est ainsi qu'un feuillage clair et léger, comme celui des saules, reculera la distance, tandis que les feuilles sombres des épicéas et des lauriers formeront de robustes premiers plans.

Les forêts de conifères, qui atteignent au sublime dans les grands paysages des hautes montagnes, et dont les silhouettes, naturellement trop régulières, sont variées par les différents niveaux et les inégalités incessantes du terrain, impriment un profond caractère de tristesse aux pays plats et sablonneux, comme la Sologne et les Landes. Il est possible, cependant, de créer de beaux effets paysagers dans ces contrées. Si le bois est spontané, les essences seront suffisamment variées pour que des éclaircies dégagent les beaux exemplaires, ouvrent de larges entailles, créant de fortes saillies et formant de jolies scènes avec quelques espèces d'arbres seulement : sapins argentés, épicéas et chênes dans les fonds, bouleaux, trembles et touffes de saule marceau sur les bords. Si des sapinières ont été créées de main d'homme, la tâche est un peu plus compliquée. Les deux essences presque exclusivement plantées pour l'exploitation dans ces régions sont le pin maritime (*Pinus Pinaster*) et le pin sylvestre (*P. sylvestris*). Il faut alors procéder par de grandes éclaircies, peu nombreuses, mais profondément entaillées, sur lesquelles les troncs blancs de quelques bouleaux ou trembles ont à former des oppositions assez accentuées pour produire d'agréables perspectives. Je puis citer le parc de Chérupeau (Loiret), où une superficie de 300 hectares, traitée d'après ces données, a permis de découvrir des perspectives grandioses et très-variées, que le propriétaire, M. le baron du Houlley, et moi, nous ne pouvions deviner avant d'avoir exécuté de vastes percées dans la forêt primitive.

Nous l'avons vu, les bordures des percées, comme celles qui unissent les bois à la prairie, ne doivent présenter aucune apparence de lignes, et, sous le prétexte de varier ces bords, il serait maladroit de remplacer les courbes et les lignes brisées par un feston ininterrompu. Le modèle à suivre est celui que nous avons rendu sensible par l'image de la poignée de sable. Nous sommes donc conduits, par une transition naturelle, à examiner les groupes et les arbres isolés, non plus théoriquement, mais au point de vue des moyens à employer pour obtenir sur le terrain les meilleurs effets paysagers.

Éclaircies sur les pentes. — Un défaut qui se présente le plus fréquemment est celui des plantations naturelles ou artificielles mal étagées sur les pentes. Les lignes disgracieuses des troncs uniformes et des têtes également arrondies se dessinent mal sur le penchant d'une colline dont le sommet est, d'ailleurs, agréablement couronné, et dont les côtés seuls sont défectueux. Cette disposition vicieuse (fig. 313) sera facilement modifiée.

Fig. 313. — Plantations sur les pentes. Avant les éclaircies.

Le groupe du milieu doit peu changer. Il présente les contours arrondis de quelques arbres, au-dessus desquels s'élèvent les colonnes de grands peupliers d'Italie. Les deux ou trois plus hautes flèches seront maintenues et paraîtront plus grandes encore par opposition avec les ormes qu'elles dominent. Les abatages des arbres, sur les deux collines, seront faits en laissant la vue passer librement entre leurs groupes jusqu'à la bordure des bois supérieurs; leurs formes trop arrondies seront modifiées par des élagages appropriés, et quelques années suffiront pour changer leurs contours et projeter des branches dans diverses directions, vers le sol ou dans les airs. Les ombres portées varieront la crudité de la lumière sur le gazon à chaque heure du jour, et grâce à un travail exigeant plus de soin que de dépense, on aura modifié avantageusement l'aspect de cette scène, suivant la figure 314.

Ces suppressions ont leurs difficultés. Changer et embellir sont deux choses très-distinctes. Un véritable architecte-paysagiste ne doit pas proposer une seule modification qui ne soit suivie manifestement d'une amélioration dans l'effet paysager ; mais il est désirable aussi que la tâche lui soit facilitée et que l'on s'en rapporte à son goût et à sa science justement appréciés.

Pour bien ordonner les opérations, il sera nécessaire d'examiner la scène à diverses heures du jour. On se rappellera nos observations sur la lumière du matin comparée à celle du soir (p. 129), et l'on fixera, d'après l'orientation des diverses masses de verdure, les directions diverses dans lesquelles les percées devront être faites. On n'oubliera pas que le bois,

Fig. 314. — Plantations sur les pentes. — Après les éclaircies.

c'est l'ombre, et que l'eau, les gazons et les bâtiments jouent dans le paysage le rôle de points lumineux.

Par l'application de ces règles, on créera des repoussoirs par des massifs pleins, et des lointains en élaguant les arbres. La figure 96 (p. 340) montre un écran de feuillage sombre sur lequel se détache un pont peint en blanc et une ouverture à gauche où la vue s'étend sur une longue perspective. D'autres exemples d'abatages suivis d'un résultat immédiat ont été donnés déjà au chapitre des percées (p. 321 et suiv.).

Éclaircies dans les prairies plantées. — Les éclaircies à travers les

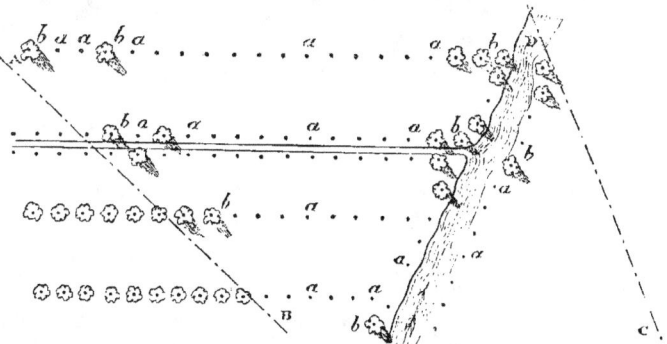

Fig. 315. — Éclaircies dans les plantations rectilignes des prairies.

lignes de peupliers plantés pour le produit, dans les prairies de la France, masquent souvent de belles perspectives, et demandent des soins particuliers. Lorsque l'on pourra pratiquer de larges percées, elles seront faite dans le genre de celle que reproduit la figure 315, prise dans la vallée du Cher, vue du château de la Bourdaisière (Indre-et-Loire), propriété de M. le baron Angellier. La percée est comprise entre l'ouverture BACD d'un angle dont le sommet est situé sur la terrasse du château. Les points *a a a* représentent la place des arbres plantés en lignes, soit comme limites de parcelles de prés, soit le long des ruisseaux, et qui ont été abattus. Les arbres conservés, en *b b b*, sont groupés de manière à faire oublier leur plantation primitive en lignes. On a supprimé tout élagage depuis l'ouverture de la

Fig. 316. — Vue sur des prairies, après les éclaircies, à Serquigny (Eure).

percée. La figure 316, dessinée à Serquigny (Eure), représente également une vue de ce genre, après l'ablation des lignes de peupliers.

Groupes spontanés ou plantés. — Des bordures de forêts et de massifs compactes où les groupes détachés offrent une régularité facile à modifier, si l'on passe aux groupes plantés de main d'homme et dont la silhouette est défectueuse, la difficulté sera souvent très grande et le remède difficile à apporter. Au siècle dernier, une méthode déplorable, venue d'Angleterre, mit à la mode les plantations de groupes isolés en massifs arrondis. Les jardiniers anglais les nommaient *clumps* (voy. p. 75.) Ils se fondaient sur la nécessité d'enclore ces massifs pour les garantir de la dent du bétail, et ils trouvaient pour cette raison la forme circulaire plus avantageuse. On voit ainsi dans les parcs anglais, au beau milieu des prairies, des groupes arrondis, semblables à des forteresses, généralement plantés de conifères.

d'une seule espèce. Ce système a malheureusement passé le détroit, et des artistes français l'ont appliqué avec ardeur, il y a trente ou quarante ans, M. Joly, en particulier, dans un certain nombre de parcs du département de la Nièvre. J'en ai vu plusieurs exemples, dont la figure 317 donne l'image, notamment dans le parc de Prye (voy. plan fig. 311). Les arbres y étaient

Fig. 317. — Groupes ou massifs détachés arrondis. — Mauvais.

plantés par lignes concentriques : épicéas, peupliers, bouleaux, etc., et trop pressés, de sorte que les troncs dénudés semblaient autant de quilles. Lorsque l'on rencontre de pareilles plantations, leur dénudation empêche de conserver un seul de ces arbres, et le sacrifice du tout est nécessaire. Ces sortes de groupes sont les *verrues* de l'art des jardins ; il faut les extirper sans pitié.

Il est préférable de distancer les sujets en provoquant leur développe-

Fig. 318. — Groupes ou massifs détachés. — Bons.

ment normal, leurs branches inférieures couvrant le sol, comme les admirables conifères de Dropmore et de tant de beaux parcs anglais ; on rapproche ou l'on éloigne leurs groupes, au travers desquels glissera la lumière, et l'on crée ainsi des scènes dont la nature aura véritablement fourni les modèles (fig. 318). Le bétail doit être éloigné de ces plantations, et des parties spéciales du parc, plantées d'arbres à feuilles caduques protégés dans leur jeune âge, seront réservées pour le recevoir.

En parlant des groupes au point de vue esthétique, nous avons dit que les nombres trois, quatre, cinq et six, fréquemment employés dans l'arrangement des groupes détachés, ne doivent pas être disposés arbitrairement. On évitera, autant que possible, ce que l'on a nommé des « groupes fermés », à moins qu'ils ne soient composés d'arbres à tiges et d'arbustes en touffes. Quelques exemples (fig. 319), donnant la projection de groupes depuis 3 jus-

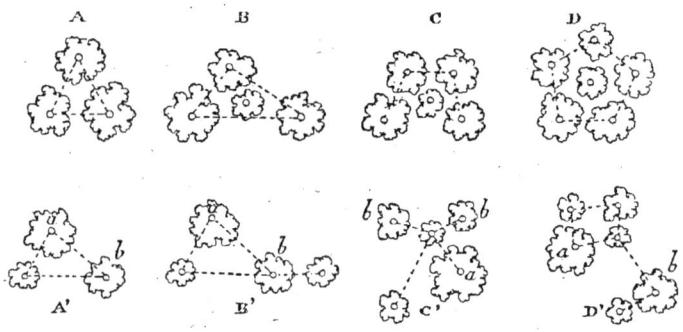

Fig. 319. — Positions des arbres dans les groupes isolés.

qu'à 6, feront mieux comprendre leur disposition en plan que de longues descriptions. Des formes ABCD, la première A et la dernière D sont mauvaises ; leur régularité est trop marquée. Les formes B et C peuvent être employées, mais on remarquera l'égalité de force des arbres qui les composent et qui accusent davantage encore cette uniformité. Dans les formes A'B'C'D', la variété est plus accentuée. Les arbres de première grandeur sont indiqués en aa, ceux de deuxième grandeur en bb, le reste se rapporte à des baliveaux et à des touffes variées, dont les branches descendent jusqu'au sol. Les oppositions de taille, de forme, de feuillage, suffisent à donner la diversité désirable. Lorsque ces groupes sont composés de plus de six arbres, il est bon de les considérer comme des agglomérations de plusieurs groupes, et de n'en jamais faire des masses compactes.

Des groupes de deux arbres peuvent également être essayés avec de bons résultats, pourvu que l'un soit touffu et l'autre élevé à tige. Repton disait qu'on ne devait jamais planter un arbre sans lui donner un compagnon, exagération évidente, qui produirait une monotonie d'un autre genre, tout aussi regrettable.

Enfin, on devra toujours se rappeler qu'un arbre isolé est supérieur en beauté à tous les groupes, quand il a atteint la plénitude de son développement.

Quelques observations complémentaires termineront cette dissertation sur les groupes, l'un des sujets les plus délicats dans l'art de planter :

La diversité dans les dimensions des arbres d'un groupe est nécessaire autant que l'équilibre de toutes ses parties, comme nous l'avons dit précédemment. On obtiendra cet effet en ajoutant quelques flèches détachées au-dessus de l'ensemble, par exemple deux ou trois peupliers d'Italie inégaux. Un seul paraîtrait grêle, excepté dans un petit massif.

La réunion des conifères aux arbres à feuilles caduques doit être évitée

Fig. 320. — Peupliers d'Italie appuyés par une touffe de saule.

dans les groupes ; elle n'est possible que dans les masses boisées, où quelques flèches coniques peuvent faire saillie de distance en distance. Il vaut mieux les grouper isolément, et laisser leurs branches inférieures se développer jusqu'à terre. On devra éviter de les planter trop près des allées, que les branches obstrueraient en peu de temps. Les conifères sont d'un excellent effet sur les pelouses en pente et près des rochers.

Si des arbustes sont plantés, soit au pied des arbres, soit autour des groupes, ce ne sera jamais suivant une ligne circulaire, mais aussi irrégulièrement que possible ; les arbustes seront tous de la même essence ; les arbres seuls seront d'espèces variées. Des branches d'arbres, projetées horizontalement ou pendantes, feront bon effet sur les bords de ces groupes. Les formes pyramidales seront maintenues au milieu, et ne montreront pas leurs pieds dénudés, mais seulement leurs flèches. Un des plus remarquables exemples de ce genre se trouve à Eaton Hall, près de Chester (Angleterre), dans la propriété du marquis de Westminster. De la terrasse gothique située au pied du palais, les pelouses inclinées qui descendent au lac sont ornées de groupes et d'arbres isolés où le contraste des formes et des couleurs dans les feuillages produit un très-grand effet. Les chênes verts, les araucarias, les séquoias toujours verts, les touffes de lauriers de Portugal, au milieu desquels se détachent les silhouettes blanches du poirier à feuilles de saule, encadrent admirablement la vue qui s'étend jusqu'au lac, profondément encaissé entre des plantations fermant l'horizon et cachant un paysage plat et sans charme.

Le peuplier d'Italie (*Populus nigra fastigiata*), que l'on emploie avec avantage, mais en petite quantité, isolé sur le bord des eaux, peut se passer d'accompagnement, mais son aspect sera encore meilleur si une touffe de saule vient l'appuyer, comme le montre la figure 320, prise au parc des Buttes-Chaumont. C'est une grande erreur d'élaguer les branches de cet arbre, qui défigure les prairies de la France par ses mâts dénudés chaque année pour la récolte du feuillage, fourrage d'hiver pour les moutons. En ayant soin de le laisser se développer en toute liberté, ses rameaux inférieurs cachent entièrement le tronc et l'effet dans le paysage de ces grands « points d'exclamation » est saisissant. Le peuplier d'Italie atteint des proportions considérables. On a pu voir longtemps, dans le parc de Beauvais (Indre-et-Loire), un exemplaire dont le tronc mesurait à la base 14 mètres de circonférence, y compris la saillie de ses nervures en arcs-boutans. Cet arbre gigantesque, presque déraciné par le terrible ouragan qui dévasta l'ouest de la France du 7 au 13 novembre 1875, tomba au printemps de l'année suivante. Dans ces dernières années, l'emploi du peuplier d'Italie, sous cette forme rameuse depuis le pied, s'est beaucoup répandu dans les parcs et dans les jardins; l'exemple donné par les jardins publics de Paris aura certainement contribué à ce résultat.

Les règles du groupement des arbustes détachés, accompagnant le pied des grands arbres, ne sont guère applicables dans les prairies. Le caractère naturel des scènes exige que les arbres seuls soient plantés en groupes: peupliers, aulnes, frênes, saules, etc. Ces groupes pourront être homogènes de distance en distance; ils seront composés d'un plus grand nombre de sujets, et une sorte de régularité dans les dimensions des tiges ne sera pas choquante. A l'exception de quelques parties de berges abruptes, il sera même préférable de supprimer les buissons bas, les touffes d'arbustes, qui présenteraient le défaut de cacher une partie des lointains du paysage.

Pour résumer ce qui vient d'être dit sur le groupement des arbres, je me propose de montrer les différences présentées par une même scène, traitée ou non suivant les règles précédentes :

Dans la fig. 321, les troncs sont droits, trop réguliers, entourés de tuteurs ; le feuillage, brouté par les bestiaux à une hauteur uniforme, présentant ce que les paysagistes anglais ont appelé la *browsing line*, est sans oppositions, sans grâce et sans diversité. C'est un paysage artificiel et vulgaire.

Dans la figure 322, la scène a pris un caractère de naturel totalement distinct. A gauche, un groupe d'arbres détache le ton sombre de ses tiges sur un lointain éclairé ; auprès, un autre groupe, par opposition, montre ses troncs blancs sur le fond opaque et noir du taillis ; les rameaux ont poussé librement pour amener jusqu'au sol les touffes basses ; de nouvelles branches ont irrégularisé la silhouette des arbres isolés et pondéré leurs formes en les rendant plus légères ; les clôtures ont disparu. La main de l'homme, qui a tout fait ici, ne se découvre nulle part.

Fig. 321. — Scène paysagère artificielle.

LISTES DES ESPÈCES LIGNEUSES INDIGÈNES.

Jusqu'ici nous n'avons envisagé les plantations des grands parcs que sous le rapport de la végétation spontanée du climat de la France ou de l'Europe moyenne. Nous examinerons plus loin l'emploi des végétaux exotiques, en constatant la richesse végétale d'autres régions du globe. Mais cette richesse est souvent nuisible pour l'art des jardins. Elle porte à considérer les arbres exclusivement pour leur beauté individuelle et non pour les effets à obtenir par leur association. On fait plus volontiers du jardinage que du paysage. L'introduction en masse de feuillages qui n'ont point d'analogues dans nos scènes naturelles apporte des formes et des couleurs choquantes, parce qu'elles ne sont pas dans leur milieu. On oublie trop que les arbres

TRAVAUX D'EXÉCUTION. — PLANTATIONS.   557

exotiques doivent être plantés en petites quantités, près de l'habitation, en réservant les lointains pour les plantations indigènes.

D'ailleurs les végétaux ligneux spontanés sur notre sol forment déjà un total assez étendu, et ces éléments, employés avec goût, suffisent à la création de très-belles scènes paysagères. Les listes suivantes comprennent les principales espèces qui vivent sur le sol français. Toutes ne sont pas individuellement belles, mais toutes peuvent jouer un rôle ornemental dans l'ensemble et produire de beaux effets si elles occupent leur véritable place. L'étude de nos espèces indigènes n'est pas assez répandue. Chacun a vu les aspects produits dans nos campagnes par les groupes majestueux, riants ou pittoresques de nos végétaux ligneux ; personne ne songe à les reproduire.

Un certain nombre des espèces citées ici ne se trouvent pas actuellement

Fig. 322. — Scène paysagère rendue naturelle.

dans les pépinières, mais on pourra les emprunter directement aux bois et aux montagnes, et d'ailleurs la demande ferait naître rapidement la production chez les pépiniéristes.

Ces listes sont divisées en deux sections. La première comprend les végétaux ligneux croissant spontanément sous le climat de Paris, dans le centre de la France jusqu'à la région de l'ouest, et dans les montagnes sous ces latitudes. La seconde s'applique à la région du midi : Languedoc, Provence, côte méditerranéenne, depuis Bordeaux jusqu'à Nice et aux montagnes du sud-est. Les plantes herbacées, annuelles ou vivaces, ne sont pas comprises dans cette énumération.

VÉGÉTAUX LIGNEUX DE LA FLORE FRANÇAISE[1]

RÉGION DU CENTRE ET DU NORD.

1° ARBRES.

A. *Première grandeur.*

- ˟ Aulne commun (*Alnus glutinosa*, L.)
- — vert (*A. viridis*, DC.)
- ˟ Châtaignier comestible (*Castanea vesca*, Gærtn.)
- ˟ Chêne sessile (*Quercus sessiliflora*, Salisb.)
- ˟ — pédonculé (*Q. pedunculata*, Willd.)
- ˟ Épicéa (*Abies excelsa*, DC.)
- ˟ Érable sycomore (*Acer pseudo-Platanus*, L.)
- ˟ — plane (*A. platanoides*, L.)
- ˟ Frêne commun (*Fraxinus excelsior*, L.)
- ˟ Hêtre sylvestre (*Fagus sylvatica*, L.)
- ˟ Mélèze d'Europe (*Larix europœa*, DC.)
- ˟ Orme commun (*Ulmus campestris*, L.)
- ˟ — de montagne (*U. montana*, Witch.)
- ˟ Peuplier blanc (*Populus alba*, L.)
- — blanchâtre (*P. canescens*, L.)
- ˟ — noir (*P. nigra*, L. et var.)
- — tremble (*P. Tremula*, L.)
- ˟ Pin sylvestre (*Pinus sylvestris*, L.)
- ˟ Sapin argenté (*Abies pectinata*, DC.)
- ˟ Tilleul à grandes feuilles (*Tilia platyphylla*, Scop.)
- — à petites feuilles (*T. sylvestris*, Desf.)

B. *Deuxième grandeur.*

- Alisier comestible (*Cratægus Torminalis*, L.)
- ˟ Bouleau blanc (*Betula alba*, L.)
- — pubescent (*B. pubescens*, Ehrh.)
- ˟ Cerisier de Sainte Lucie (*Cerasus Mahaleb*, Mill.)
- ˟ Charme commun (*Carpinus Betulus*, L.)
- ˟ Érable champêtre (*Acer campestre*, L.)
- Genévrier commun (*Juniperus communis*, L.)
- ˟ Houx commun (*Ilex Aquifolium*, L.)
- ˟ If commun (*Taxus baccata*, L.)
- ˟ Merisier à grappes (*Cerasus Padus*, L.)
- ˟ — commun (*C. Avium*, Mœnch.)
- ˟ Néflier commun (*Mespilus germanica*, L.)
- ˟ Noisetier commun (*Corylus Avellana*, L.)
- ˟ Pin cembro (*Pinus Cembra*, L.)
- Poirier à feuilles en cœur (*Pirus cordata*, Desv.)
- ˟ — commun (*P. communis*, L.)
- — à feuilles de sauge (*P. salvifolia*, DC.)
- Pommier commun (*M. communis*, Lamk.)
- ˟ Saule blanc (*Salix alba*, L.)
- — à feuilles de laurier (*S. pentandra*, L.)
- — bleu (*S. daphnoides*, Vill.)
- — fragile (*S. fragilis*, L.)
- ˟ — marceau (*S. Caprœa*, L.)
- — jaune (*S. vitellina*, L.)
- — viminal (*S. viminalis*, L.)
- Sorbier domestique (*Sorbus domestica*, L.)
- ˟ — des oiseleurs (*S. Aucuparia*, L.)
- — à larges feuilles (*S. latifolia*, Pers.)
- — argenté (*S. Aria*, Crantz.)

2° ARBRISSEAUX ET ARBUSTES.

A. *Buissonneux.*

- Adénocarpe à petites fleurs (*Adenocarpus parvifolius*, DC.)
- Airelle canneberge (*Oxycoccus palustris*, Pers.)
- Airelle myrtille (*Vaccinium Myrtillus*, L.)
- — rouge (*V. Vitis idœa*, L.)
- — des fanges (*V. uliginosum*, L.)
- ˟ Ajonc d'Europe (*Ulex europæus*, L.)

---

[1]. Cette liste et les suivantes portent l'indication des auteurs à la suite de chaque nom. On peut vérifier ainsi l'authenticité de la dénomination de l'espèce et éviter la synonymie, si embrouillée dans la nomenclature des végétaux ligneux cultivés.

Les espèces communes, multipliées en grand chez les pépiniéristes, sont marquées d'un ˟.

Ajonc nain (*U. nanus*, L.)
Amelanchier commun (*Amelanchier vulgaris*, Mœnch.)
Androsème officinal (*Androsœmum officinale*, All.)
Arbousier nain (*Arctostaphylos Uva ursi*, Spreng.)
× Argousier rhamnoïde (*Hippophae rhamnoides*, L.)
× Aubépine commune (*Cratægus Oxyacantha*, L.)
Azalée couchée (*Loiseleuria procumbens*, Desv.)
Bouleau nain (*Betula nana*, L.)
Bourgène purgative (*Rhamnus catharticus*, L.)
× — bourdaine (*R. Frangula*, L.)
— des Alpes (*R. alpinus*, L.)
— nain (*R. pumilus*, L.)
Bruyère commune (*Calluna vulgaris*, Salisb.)
— à balais (*Erica scoparia*, L.)
— ciliée (*E. ciliaris*, L.)
— cendrée (*E. cinerea*, L.)
— vagabonde (*E. vagans*, L.)
Bugrane glutineuse (*Ononis Natrix*, L.)
× Buis commun (*Buxus sempervirens*, L.)
× Chamécerisier des Alpes (*L. alpigena*, L.)
— bleu (*L. cœrulea*, L.)
Chèvrefeuille xylostéon (*Lonicera Xylosteon*, L.)
× Cornouiller mâle (*Cornus Mas*, L.)
— sanguin (*C. sanguinea*, L.)
× Coronille des jardins (*Coronilla Emerus*, L.)
Cotonéaster commun (*Cotoneaster vulgaris*, Lindl.)
× Cytise faux ébénier (*Cytisus Laburnum*, L.)
× — velu (*C. hirsutus*, L.)
— noirâtre (*C. nigricans*, L.)
Daphné bois-joli (*Daphne Mezereum*, L.)
— thymélée (*D. Cneorum*, L.)
— lauréole (*D. Laureola*, L.)
— des Alpes (*D. alpina*, L.)
× Épine-vinette commune (*Berberis vulgaris*, L.)
Fragon épineux (*Ruscus aculeatus*, L.)

× Fusain d'Europe (*Evonymus europœus*, L.)
Genêt des teinturiers (*Genista tinctoria*, L.)
— d'Allemagne (*G. germanica*, L.)
— sagitté (*G. sagittalis*, L.)
— purgatif (*Sarothamnus purgans*, Gr. et God.)
— à balais (*S. scoparius*, Wimm.)
Groseillier épineux (*Ribes Uva crispa*, L.)
— cassis (*R. nigrum*, L.)
— à grappes (*R. rubrum*, L.)
× — des Alpes (*R. alpinum*, L.)
— des rochers (*R. petrœum*, Jacq.)
× Lyciet d'Europe (*Lycium europœum*, L.)
Menziézie à feuilles de pouliot (*Dabœcia polifolia*, D. et G. Don.)
Myrica galé (*Myrica Gale*, L.)
Polygala petit buis (*Polygala Chamœbuxus*, L.)
× Pourpier de mer (*Atriplex Halimus*, L.)
Prunier épineux (*Prunus spinosa*, L.)
— sauvage (*P. insititia*, L.)
Rhododendron ferrugineux (*Rhododendrum ferrugineum*, L.)
— velu (*R. hirsutum*, L.)
Ronce commune (*Rubus fruticosus*, L.)
— tomenteuse (*R. tomentosus*, L.)
— framboisier (*R. idœus*, L.)
Rosier de France (*Rosa gallica*, L.)
— des haies (*R. canina*, L.)
— à feuilles de pimprenelle (*R. pimpinellifolia*, L.)
— rouillé (*R. rubiginosa*, L.)
Sorbier nain (*Sorbus Chamœmespilus*, Crantz)
Soude en arbre (*Sucæda fruticosa*, Forsk.)
Spirée à feuilles obovales (*Spirœa obovata*, Willd.)
× Sureau noir (*Sambucus nigra*, L.)
× — à grappes (*S. racemosa*, L.)
Tamarix de France (*Tamarix gallica*, L.)
× Troëne commun (*Ligustrum vulgare*, L.)
Viorne obier (*Viburnum Opulus*, L.)
— mansienne (*V. Lantana*, L.)

B. *Grimpants.*

Chèvrefeuille des bois (*Lonicera Periclymenum*, L.)

Chèvrefeuille noir (*L. nigra*, L.)
Clématite viorne (*Clematis Vitalba*, L.)

× Lierre commun (*Hedera Helix*, L.)
. Morelle douce-amère (*Solanum Dulcamara*, L.)
Vigne sauvage (*Vitis vinifera*, L.)

RÉGION DU SUD ET DU SUD-EST.

1° ARBRES.

A. *Première grandeur*.

× * Arbre de Judée (*Cercis siliquastrum*, L.)
* Aulne blanchâtre (*Alnus incana*, Willd.)
× * — à feuilles en cœur (*A. cordifolia*, Ten.)
* Chêne d'occident (*Quercus occidentalis*, J. Gay.)
* — chevelu (*Q. Cerris*, L.)
* Érable à feuille d'Obier (*Acer opulifolium*, Vill.)

× * Micocoulier de Provence (*Celtis australis*, L.)
* Pin Pignon (*Pinus Pinea*, L.)
— d'Alep (*P. Halepensis*, Mill.)
× * — Laricio de Corse, (*P. Laricio*, Poir.)
* Pin des Pyrénées (*P. pyrenaica*, Lapeyr.)

B. *Deuxième grandeur*.

Caroubier à siliques (*Ceratonia siliqua*, L.)
× * Chalef olivier de Bohême (*Elæagnus angustifolia*, L.)
Chêne au kermès (*Quercus coccifera*, L.)
— faux kermès (*Q. calliprinos*, Webb.)
— liège, (*Q. Suber*, L.)
— faux liège (*Q. pseudo-Suber*, Desf.)
× * — yeuse (*Q. Ilex*, L.)
* — à glands doux (*Q. Ballota*, Desf.)
* — tauzin (*Q. Tozza*, Bosc)
* — vélani (*Q. Ægylops*, L.)
* Érable de Montpellier (*A. monspessulanum*, L.)
* Frêne à fleurs (*Fraxinus Ornus*, L.)
* — à petites feuilles (*F. parvifolia*, L.)

× Figuier cultivé (*Ficus carica*, L.). Subspontané.
× Laurier d'Apollon (*Laurus nobilis*, L.)
× * Mûrier blanc (*Morus alba*, L.). Cultivé.
× * — noir (*M. nigra*, L.). d°
× Olivier d'Europe (*Olea europœa*, L.) d°
* Ostrya faux charme (*Ostrya carpinifolia*, Scop.)
* Pin maritime (*P. Pinaster*, Sol.)
Pistachier lentisque (*Pistacia Lentiscus*, L.)
— vrai (*P. vera*, L.)
— térébinthe (*P. Terebinthus*, L.)
* Poirier à feuilles oblongues (*Pirus oblongif* Spach.)
* Sorbier hybride (*Sorbus hybrida*, L.)

2° ARBRISSEAUX ET ARBUSTES.

A. *Buissonneux*.

Adénocarpe à grandes fleurs (*Adenocarpus grandiflorus*, Boiss.)
Ajonc de Provence (*Ulex provincialis*, Lois.)
Alaterne commun (*Rhamnus Alaternus* L.)
* Aliboufier officinal (*Styrax officinale*, L.)

Anagyre fétide (*Anagyris fœtida*, L.)
× Arbousier comestible (*Arbutus Unedo*, L.)
* Armoise citronnelle (*Artemisia Abrotanum*, L.)
— en arbre (*A. arborescens*, L.)
× Azérolier commun (*Cratægus Azarolus*, L.)

---

1. Les espèces marquées d'un * sont rustiques sous le climat de Paris.

× * Baguenaudier commun (*Colutea arborescens*, L.).
Bruyère en arbre (*Erica arborea*, L.).
— de la Méditerranée (*E. mediterranea*, L.).
* — multiflore (*E. multiflora*, L.).
* — carnée (*E. carnea*, L.).
* — à feuilles de bruyère (*E. polytrichifolia*, Salisb.).
* — à feuilles d'if (*Phyllodoce taxifolia*, Salisb.).
— géante (*E. altissima*, Lamk).
Bugrane frutescente (*Ononis fruticosa*, L.).
— faux vulpin (*O. alopecuroides*, L.).
* Buisson ardent (*Cratægus Pyracantha*, Pers.).
Câprier épineux (*Capparis spinosa*, L.).
* Chamécerisier des Pyrénées (*Lonicera pyrenaica*, L.).
Ciste blanc (*Cistus incanus*, L.).
— velu (*C. villosus*, L.).
— à feuilles crispées (*C. crispus*, L.).
— blanchâtre (*C. albidus*, L.).
— à feuilles de laurier (*C. laurifolius*, L.).
× — ladanifère (*C. ladaniferus*, L.).
— à feuilles de sauge (*C. salvifolius*, L.).
— à longues feuilles (*C. longifolius*, Lamk).
— à feuilles de peuplier (*C. populifolius*, L.).
— de Montpellier (*C. monspeliensis*, L.).
— hérissé (*C. hirsutus*, Lamk).
* Comélée à trois coques (*Cneorum tricoccum*, L.).
Coronille jonciforme (*Coronilla juncea*, L.).
* Cotonéaster à fruits noirs (*Cotoneaster melanocarpa*, Lodd.).
* — tomenteux (*C. tomentosa*, Lindl.).
× * Cytise à feuilles sessiles ou trifolium (*Cytisus sessilifolius*, L.).
* — à trois fleurs (*C. triflorus*, l'Hér.).
* — à fleurs en tête (*C. capitatus*, Jacq.).
* — couché (*C. supinus*, Jacq.).
— argenté (*C. argenteus*, L.).
Daphné tartonraira (*Thymelea Tartonraira*, All.).

Daphné garou (*Daphne Gnidium*, L.).
* Ephédra commun (*Ephedra vulgaris*, Rich.).
Euphorbe en arbre (*Euphorbia dendroides*, L.).
Fragon hypoglosse (*Ruscus Hypoglossum*, L.).
* Fusain à larges feuilles (*Evonymus latifolius*, Scop.).
× * Gattilier commun (*Vitex Agnus castus*, L.).
Genêt en arbre (*Sarothamnus arboreus*, Webb).
— blanchâtre (*Genista candicans*, L.).
× * — d'Espagne (*Spartium junceum*, L.).
* Genévrier cade (*Juniperus Oxycedrus*, L.).
* — de Phénicie (*J. phœnicea*, L.).
* — sabine (*J. Sabina*, L.).
Germandrée frutescente (*Teucrium fruticans*, L.).
— maritime (*T. marum*, L.).
Grenadier à fruits (*Punica Granatum*, L.).
* Hélianthèmes (20 espèces environ) (*Helianthemum*, Tourn.).
* Hyssope officinale (*Hyssopus officinalis*, L.).
× * Jasmin frutescent (*Jasminum fruticans*, L.).
— humble (*J. humile*, L.).
* Lavande commune (*Lavandula vera*, DC.).
— d'Hyères (*L. Stœchas*, L.).
Lavatère en arbre (*Lavatera arborea*, L.).
* Lyciet de Barbarie (*Lycium barbarum*, L.).
* — d'Afrique (*L. afrum*, L.).
× * Millepertuis à odeur de bouc (*Hypericum hircinum*, L.).
Myrte commun (*Myrtus communis*, L.).
* Nerprun faux olivier (*Rhamnus oleoides*, Lamk).
* — saxatile (*R. saxatilis*, L.).
* — faux lyciet (*R. lycioides*, L.).
* — fétide (*R. infectorius*, L.).
Nérion laurier rose (*Nerium Oleander*, L.).
Osyris Rouvet (*Osyris alba*, L.).
× * Paliure épineux (*Paliurus aculeatus*, L.).
Phlomide frutescente (*Phlomis fruticosa*, L.).
* Pin nain (*Pinus Pumilio*, Hænk.).

Ed. ANDRÉ.

* Pin mugho (*P. uncinata*, Ram.).
* Potentille frutescente (*Potentilla fruticosa*, L.).
* Prunier de Briançon (*Prunus brigantiaca*, Vill.).
* Psoralée bitumineuse (*Psoralea bituminosa*, L.).
× * Redoul à feuilles de myrte (*Coriaria myrtifolia*, L.).
* Romarin officinal (*Rosmarinus officinalis*, L.).
* Rose toujours verte (*Rosa sempervirens*, L.).
× * Roseau de Provence (*Arundo Donax*, L.).
* Santoline blanche (*Santolina chamæcyparissus*, L.).
* — verte (*S. viridis*, L.).
× * Sumac des corroyeurs (*Rhus Coriaria*, L.).
× * — fustet (*R. Cotinus*, L.).
× * Staphylier nez coupé (*Staphylea pinnata*, L.).
× * Tamarix d'Afrique (*Tamarix africana*, Desv.).
* — de Narbonne (*Myricaria germanica*, Desv.).
× Viorne laurier-tin (*Viburnum Tinus*, L.).

B. Grimpants.

Chèvrefeuille d'Étrurie (*Lonicera etrusca*, DC.).

× * Chèvrefeuille des jardins (*L. Caprifolium*, L.).
Salsepareille épineuse (*Smilax aspera*, L.)

GROUPEMENT DES ESPÈCES SUIVANT LEURS SITUATIONS NATURELLES.

Tels sont les principaux éléments qui constituent la végétation ligneuse de la France. Ils suffiront à toutes les combinaisons ornementales dans les grands parcs, si l'on met à profit les indications précédentes.

Lorsque l'on peut unir l'intérêt sylvicole à l'intérêt esthétique, les résultats sont meilleurs encore. Il est nécessaire, dans ce but, de connaître la répartition des principales essences forestières suivant leur nature et suivant les terrains, au moins dans les régions du Centre et du Nord, où la sylviculture est plus répandue que dans le Midi.

Dans un sol riche et assez profond, perméable et frais, toutes les espèces appropriées au climat peuvent croître et prospérer, à l'exception des végétaux de terre de bruyère, qui demandent un traitement spécial, mais dont aucun n'est arborescent dans nos régions.

ORDRE DE CROISSANCE SUIVANT LA RICHESSE DU SOL.

L'ordre de l'exigence des arbres indigènes de la région du centre-nord, sur la richesse du sol, est à peu près celui-ci :

Hêtre, sapin argenté, tilleul sylvestre, orme, frêne, aulne, érable champêtre, chêne pédonculé, épicéa, peupliers varié, pin sylvestre, bouleau blanc.

ORDRE DE CROISSANCE SUIVANT LA PROFONDEUR DU SOL.

Si l'on considère seulement la profondeur du sol, la gradation sera calculée d'après les tendances des espèces à pivoter :

Chêne, orme, frêne, hêtre, aulne, charme, sapin argenté, mélèze, peupliers variés, épicéa, saules de diverses espèces, bouleau blanc.

TRAVAUX D'EXÉCUTION. — PLANTATIONS.

ORDRE DE CROISSANCE SUIVANT LA FRAICHEUR DU SOL.

Le degré d'humidité requis par les diverses espèces d'arbres va en décroissant suivant l'ordre suivant :

Aulne, saule, frêne, peuplier noir, orme, charme, chêne, érable, sapin argenté, mélèze, hêtre, épicéa, peuplier tremble, bouleau blanc, pin sylvestre.

En distribuant les essences selon la nature des terrains, on tiendra compte des indications suivantes :

TERRAINS CALCARÉO-ARGILEUX, OU MÉLANGÉS DE SILICE.

Alizier comestible.
Chêne pédonculé.
Érable champêtre.
— de Montpellier.
Frêne commun.
Pin cembro.
— pignon.
— sylvestre.
Sapin argenté.

Frêne à fleurs.
Merisier commun.
— à grappes.
Orme commun.
Peuplier tremble.
Sorbier domestique.
— des oiseleurs.
Saule marceau.

TERRAINS ARGILEUX, COMPACTES.

Aulne commun.
Chêne pédonculé.
— sessile.
Épicéa.
Frêne commun.
— à fleurs.
Hêtre commun.

Houx commun.
If commun.
Orme commun.
Peuplier tremble.
— blanc.
Saule marceau.
Tilleul à petites feuilles.

TERRAINS HUMIDES.

Aulne commun.
Frêne commun.
Peuplier noir.
— d'Italie.

Peuplier blanc.
— blanchâtre.
Saules (toutes les espèces).

TERRAINS SECS, CALCAIRES, PEU PROFONDS.

Bouleau blanc.
Cerisier de Ste Lucie.
Érable champêtre.
Frêne commun.
Genévrier commun.
Peuplier blanc.

Pin maritime.
— sylvestre.
Poirier commun.
Pommier commun.
Saule marceau.

TERRAINS SECS, SABLONNEUX OU GRANITIQUES.

Bouleau blanc.
Châtaignier commun.
Chêne pédonculé.
Genévrier commun.
Houx commun.

Mélèze d'Europe.
Pin sylvestre.
— maritime.
— laricio.
Saule marceau.

SABLES MARITIMES, DUNES.

Argousier rhamnoïde.
Pin maritime.
— sylvestre.

Pourpier de mer.
Tamarix de France.
Soude en arbre.

TERRAINS FRAIS, MEUBLES ET PROFONDS.

Arore de Judée.
Aulnes } variés.
Chênes }
Charme commun.
Érables variés.
— sycomore.
— plane.
Frêne commun.
— à fleurs.
Merisier à grappes.
Micocouliers variés.
Noisetier commun.

Olivier de Bohême.
Orme commun.
Peupliers divers.
Pin laricio.
— des Pyrénées.
Saule à feuilles de laurier.
— fragile.
— blanc.
Sorbier des oiseleurs.
— hybride.
Tilleuls variés.

ESPÈCES RÉUSSISSANT A L'OMBRE DES BOIS.

Parmi les espèces, peu nombreuses, qui se plaisent à l'ombre et prospèrent sous le couvert des bois, on peut citer les :

Charme commun.
Épicée.
Érables variés.
— champêtre.
Hêtre commun.

Houx commun.
If commun.
Noisetier commun.
Pin laricio.
Sapin argenté.

Il serait facile de continuer ces listes par la distribution des arbrisseaux et arbustes d'après les divers terrains, mais ce serait sortir du cadre de cet ouvrage, et d'ailleurs nous verrons ces essences indigènes reparaître dans les mélanges avec les espèces exotiques d'ornement.

LISTE DES ESPÈCES LIGNEUSES EXOTIQUES ET DES VARIÉTÉS INDIGÈNES CULTIVÉES.

Il convient d'étudier maintenant les végétaux apportés à nos jardins des divers points du globe et dont le tempérament s'accorde avec notre climat. Le chiffre en est immense ; on se souvient que le total d'espèces cultivées dans le seul *Arboretum* de Segrez dépasse 4,200 espèces[1]. Il faut

---

[1]. Le catalogue d'un célèbre pépiniériste de l'ouest de la France, M. A. Leroy, contient 2,916 espèces et variétés ainsi distribuées :

Arbres forestiers et d'ornement	806
— résineux conifères	339
Arbustes à feuilles caduques	749
— — persistantes	558
— de terre de bruyère	325
— sarmenteux et grimpants	169
	2916

TRAVAUX D'EXÉCUTION. — PLANTATIONS. 565

donc opérer un choix sévère dans ces richesses trop abondantes et n'introduire dans nos cultures que les types distincts et faciles à obtenir dans toute leur beauté. Les listes des espèces suivantes, destinées surtout à l'ornementation des parcs et des jardins de moyenne étendue, sont dressées pour le climat de Paris. Les essences qui ne sont pas absolument rustiques ont été néanmoins maintenues; elles peuvent être conservées à l'air libre dans une situation abritée, sans couverture hivernale.

Les espèces multipliées en grand dans les pépinières sont marquées d'une ˟. Dans cette liste sont comprises les variétés de nos arbres et arbustes indigènes remarquables par leur beauté, soit spontanées, soit obtenues par la culture.

ARBRES FORESTIERS ET D'ORNEMENT.

1° PREMIÈRE GRANDEUR.

A. *Espèces et variétés à feuilles caduques.*

Aulne commun impérial (*Alnus glutinosa*, L., var. *imperialis*). Feuillage découpé, élégant.
— barbu (*A. barbata*, C. A. Meyer). Caucase. Croissance très-rapide.
Bouleau noir (*Betula nigra*, Willd.). Amér. bor. Grand et bel arbre, à écorce rougeâtre.
— à papier (*B. papyrifera*, Mich.). Amér. bor. Grand arbre, à écorce blanche très-résistante, utilisée pour faire des canots et du papier.
Chêne des marais (*Quercus palustris*, Duroi). Amér. sept. Feuillage découpé, très-bel arbre.
— quercitron (*Q. tinctoria*, Mich.). Amér. sept. Grandes feuilles lobées, beau port.
— saule (*Q. Phellos*, L.). Amér. sept. Feuilles lancéolées-étroites, vert foncé.
— prin (*Q. Prinus*, L.). Amér. sept. Feuilles rappelant celles du châtaignier.
— blanc (*Q. alba*, L.). Amér. sept. Écorce des rameaux blanche, beau feuillage.
— zang (*Q. Mirbeckii*, Dur.). Portugal, Algérie. Vigoureux, très-grandes feuilles.
˟ — cocciné (*Q. coccinea*, Wang.). Amér. sept. Superbe feuillage cocciné à l'automne.
— à gros fruits (*Q. macrocarpa*, Mich.). Amér. sept. Les plus grandes feuilles du genre.
Érable à sucre (*Acer saccharinum*, Mich. f.). Amér. sept. Port voisin de l'érable plane.
— sycomore à feuilles pourpres (*A. pseudo-Platanus*, L., *v. foliis purpureis*). Var. cult. Feuilles pourpres en dessous. Bel arbre pour avenues.
— à grandes f^{illes} (*A. macrophyllum*, Pursh). Amér. sept. Très-vigoureux, beau feuillage.
˟ — négondo (*Negundo fraxinifolium*, Nutt.). Amér. sept. Feuillage penné, vert clair.
— de Californie (*N. californicum*, Torr.). Californie. Vigoureux, scions pruineux.
˟ Févier épineux (*Gleditschia Triacanthos*, L.). Amér. sept. Grandes épines, feuillage fin.
Frêne à feuilles de noyer (*Fraxinus juglandifolia*, Lamk.). Amér. sept. Grandes feuilles.
— d'Amérique (*F. americana*, L.). Amér. sept. Très-vigoureux, beau port.
— pubescent (*F. pubescens*, Walt.). Amér. sept. Feuilles mollement velues.
— quadrangulaire (*F. quadrangularis*, Mich. fils). Amér. sept. Bois carré, robuste.
— cendré (*F. cinerea*, Bosc.). Amér. sept. Feuillage d'un ton cendré.
˟ Hêtre pourpre (*Fagus sylvatica*, L. *fol. purpureis*). Var. cult. Feuill. d'une belle couleur pourp.
— pleureur (*F. s. pendula*). Var. cult. Port irrégulier, pittoresque. A planter isolé.
— d'Amérique (*F. ferruginea*, Ait.). Amér. sept. Bois rouge, port du hêtre commun.
Magnolier acuminé (*Magnolia acuminata*, Mich. fils). Amér. sept. Grand arbre, fleurs jaunes.
˟ Marronnier blanc (*Æsculus Hippocastanum*, L.). Grèce. Admirable arbre d'avenue.
— — à fleurs doubles (*Æ. H. flore pleno*). Var. cult. Superbes thyrses compactes
— de Chine (*Æ. chinensis*, Bunge). Chine. Très-belle espèce, peu répandue.

× Marronnier rouge (*Æ. rubicunda*, Lois.). Patrie? Beaux thyrses d'un rouge changeant.
× Micocoulier d'Occident (*Celtis occidentalis*, L.). Amér. sept. Port élégant, rameaux retombants.
— à feuilles épaisses (*C. crassifolia*, Lamk). Amér. sept. Feuilles cordiformes.
Noyer commun lacinié (*Juglans regia*, L., *v. laciniata*). Var. cult. Élég. feuillage découpé.
× — noir d'Amérique (*J. nigra*, L.). Amér. sept. Port élancé, bois recherché.
— cendré (*J. cinerea*, L.). Amér. sept. Feuillage cendré, très-beau, fruit oblong.
— pacanier blanc (*Carya alba*, Nutt.). Amér. sept. Fruit petit, comestible.
— pacanier (*C. olivæformis*, Nutt.). Amér. sept. Le *Hickory* des Américains.
— de Vilmorin (*J. Vilmoriniana*, Carr.). Hybride cultivé, à grand feuillage.
— du Caucase (*Pterocarya caucasica*, C. A. Mey.). Caucase. Bel arbre à feuilles pennées.
— à feuilles de frêne (*P. fraxinifolia*, Spach). Russie. d° à répandre davantage.
× Orme d'Amérique (*Ulmus americana*, Willd.). Amér. sept. Grand et bel arbre, port retombant.
× — fauve (*U. fulva*, Mich.). Amér. sept. Très-vigoureux et beau feuillage.
× — pédonculé (*U. pedunculata*, Foug.). Europe orientale. Très-bel arbre d'avenue.
Peuplier faux tremble (*Populus tremuloides*, Mich.). Amér. sept. Port très-élégant.
— à grandes dents (*P. grandidentata*, Mich.). Amér. sept. Grand feuillage.
— du Canada (*P. canadensis*, Desf.). Amér. sept. Écorce gris pâle, feuillage léger.
× — de Virginie (*P. monilifera*, Ait.). Amér. sept. Répandu sous le nom de peuplier suisse.
× — de la Caroline (*P. angulata*, Mich. fils). Amér. sept. Port élevé, très-beau feuillage.
× — du lac Ontario (*P. ontariensis*, Desf.). Amér. sept. Très-beau dans sa jeunesse.
Planéra crénelé (*Zelkowa crenata*, Spach). Caucase. Arbre d'alignement à recommander.
× Platane d'Orient (*Platanus orientalis*, L.). et var. Levant. Planté en avenue et dans les parcs.
— d'Occident (*P. occidentalis*, L.). Amér. sept. Beau, délicat. Très-peu répandu.
× Sophora du Japon (*Styphnolobium japonicum*, Schott.). Japon. Feuillage léger, vert foncé.
× Tilleul à grandes feuilles (*Tilia heterophylla*, Vent.). Amér. sept. Très-vigoureux.
— d'Amérique (*T. glabra*, Vent.). Amér. sept. Grand arbre, jeunes pousses, brun foncé.
× Tulipier de Virginie (*Liriodendron tulipifera*, L.). Amér. sept. Beau port, fleurs jaunes et vertes. Admirable dans les terrains frais et profonds.
Tupélo nyssa (*Nyssa aquatica*, L.). Amér. sept. Pousse mal. Beau feuillage à l'automne.
× Vernis du Japon (*Ailantus glandulosa*, Desf.). Japon. Planter surtout les pieds femelles.

B. Conifères.

Araucaria du Chili (*Araucaria imbricata*, Pavon). Chili. Feuillage imbriqué, ram. étagés.
× Cèdre du Liban (*Cedrus Libani*, Barr.). Asie Mineure. Port étalé, à planter isolé.
× — de l'Atlas (*C. atlantica*, Manetti). Afrique boréale. Port pyramidal, à isoler.
× — de l'Himalaya (*C. Deodara*, Loud.). Himalaya. Feuill. glauque, extrémités pendantes.
Cryptoméria du Japon (*Cryptomeria japonica*, Don). Japon. Beau, surtout dans l'Ouest.
× Cyprès de Lawson (*Chamæcyparis Boursierii*, Dene). Californie. Élégant. Var. cult. div.
× — pyramidal (*C. sempervirens*, L.). Orient. Var. pyramidale d'aspect colonnaire.
— de Lambert (*C. macrocarpa*, Hartw.). Californie. Très-vigoureux, surtout dans le Midi.
× — chauve (*Taxodium distichum*, Rich.). Louisiane. F^{lles} caduques, rouges à l'automne.
Gingko bilobé (*Gingko biloba*, L.). Japon. Arbre aux 40 écus. Bel arbre à f^{lles} caduques.
Pin de Sabine (*Pinus Sabiniana*, Dougl.). Californie. Très-élevé, longues feuilles.
— à gros fruits (*P. Coulteri*, Don). Californie. Très-élevé, longues feuill. Très-gros fruits.
— remarquable (*P. insignis*, Dougl.). Californie occid. Admirable dans l'Ouest. Feuillage fin. Délicat sous le climat de Paris.
— à bois lourd (*P. ponderosa*, Dougl.). Amér. sept. Très-grand arbre, forme en colonne.
— de Bentham (*P. Benthamiana*, Hartw.). Californie. Très-grand et bel arbre, à répandre.
× — noir d'Autriche (*P. austriaca*, Host.). Europe est-centrale. Rustique, précieux. Feuillage vert foncé. Arbre précieux dans les terrains secs les plus divers.

Pin élevé (*P. excelsa*, Wall.). Népaul. Grandes feuilles, nuance générale glauque argentée.
× — du lord Weymouth (*P. Strobus*, L.). Amér. sept. Vigoureux, feuill. bleuâtre, fin, élégant.
— de Lambert (*P. Lambertiana*, Dougl.). Amér. boréale. Très-grand, cônes de 30-50 cent.
× Sapin de Douglas (*Abies Douglasii*, Lindl.). Californie. Très-grand arbre, croissance rapide.
— d'Albert (*A. Albertiana*, Murr.). Orégon. Plus beau et plus grand que le S. du Canada.
— de Hooker (*A. Hookeriana*, Murr.). Amér. bor. Belle espèce, encore peu répandue.
— à bractées (*A. bracteata*, Hook. et Arn.). Amér. bor. Bel arbre, délicat.
— noble (*A. nobilis*, Lindl.). Californie, Orégon. Superbe espèce à port noble et régulier.
— — glauque (*A. n. glauca*). Variété magnifique à nuance bleue.
× — de Nordmann (*A. Nordmanniana*, Spach). Caucase. Grand, beau, vigoureux.
— de Numidie (*A. numidica*, de Lannoy). Algérie. Espèce assez nouvelle, du Babor.
— aimable (*A. amabilis*, Forbes). Amér. bor. Arbre élancé, léger, élégant.
— de Gordon (*A. Gordoniana*, Carr.). Calif. Très-bel arbre rustique. Réussit rarement.
— élevé (*A. grandis*, Lindl. (*lasiocarpa*). Californie. Admirable feuillage glauque.
— Morinda (*A. Khutrow*, Loud.). Himalaya. Élégant par ses longues feuilles sombres.
— d'Engelmann (*A. Engelmanni*, Parry). Mont. Rocheuses. Encore peu cultivé.
× — du Canada (*A. canadensis*, Mich. fils). Amér. bor. Très-beau dans l'Ouest. Sol humide
Sciadopytis verticillé (*Sciadopytis verticillata*, Sieb. et Zucc.). Japon. Curieux et beau.
× Séquoia toujours vert (*Sequoia sempervirens*, Endl.). Californie. Très-grand, feuill. sombres.
× — géant (*Wellingtonia gigantea*, Lindl.). Californie. Le géant des conifères.
Thuia géant (*Libocedrus decurrens*, Torr.). Californie. Synon. *Thuia gigantea* des horticult.
— de Lobb (*Thuia gigantea*, Nutt.). Amér. boréal. occid. Synon. *Thuia Lobbii* des horticult.
Thuiopsis boréal (*Chamæcyparis Nutkaensis*, Spach). Amér. boréale. Syn. *Thuiopsis borealis*

2° DEUXIÈME GRANDEUR

A. *Espèces et variétés à feuilles caduques.*

Alizier noir (*Cratægus nigra*, Wald. et Kit.). Hongrie. Sans épines. F$_{lles}$ découpées, vert foncé.
— linéaire (*C. linearis*, Pers.). Amér. sept. Branches horizontales, feuilles étroites.
— ergot de coq (*C. lucida*, Mill.). Amér. sept. Feuillage luisant, épines très-fortes.
— de Bosc (*C. Bosciana*, Steud.). Amér. sept. Grand feuillage luisant, très-beau.
— très-odorant (*C. odoratissima*, Lindl.). Orient. Feuilles laciniées, gros fruits orangés.
— ponctué (*C. punctata*, Jacq.). Amér. sept. Gros fruits rouges ponctués de blanc.
  Var. à fruits jaunes et à fruits rouges.
— d'Oliver (*C. Oliveriana*, Bosc). Asie Mineure. Vigoureux, fruits noirs.
— pinnatifide (*C. pinnatifida*, Bunge). Chine bor. F$_{lles}$ découpées, fruits ponct. de blanc.
— glanduleux (*C. glandulosa*, Mœnch). Amér. sept. Rameux, petit fruit rouge.
— cocciné (*C. coccinea*, Wangh.). Am. bor. Joli fruit rouge, assez gros.
— à feuilles de tanaisie (*C. tanacetifolia*, Pers.). Orient. Feuilles laciniées, élégantes.
— cordiforme (*C. cordata*, Mill.). Amér. sept. Port dressé. Fruits d'un rouge corail.
× Aubépine rose double (*Cratægus Oxyacantha flore pleno roseo*). Var. à fleur rose tendre.
— coccinée (*C. O. punicea*). Var. à fleurs simples, d'un rouge très-vif, superbes.
— bicolore (*C. O. Gumperi*). Var. à fleurs simples, rouge foncé bordé de blanc.
— coccinée double (*C. O. punicea plena*). Var. à fleurs doubles rouge foncé.
— blanche double (*C. O. alba plena*). Var. à fleurs blanches très-doubles.
Bonduc du Canada (*Gymnocladus canadensis*, Lam.). Arbre magnifique à feuilles pennées.
— de Chine (*G. chinensis*, Baill.). Amér. sept. Nouvelle espèce rustique.
Bouleau blanc lacinié (*B. alba dalecarlica*, L.). Var. cult. Port parasol, feuilles découpées.
× Catalpa de la Caroline (*Catalpa syringæfolia*, Sims). Amér. sept. Beau feuillage, fl. blanches.
— de Kæmpfer (*C. Kæmpferi*, DC.). Japon. Port élancé, fleurs petites, moins belles.

Charme d'Amérique (*Carpinus americana,* Mich. fils). Amér. sept. Robuste, buissonneux.
Cerisier dentelé (*Cerasus serrulata,* Loud.). Chine. Belle espèce pour les rochers.
— faux cerisier (*C. pseudo-Cerasus,* Lindl. *flore pleno roseo*). Chine. Fl. doub. ros.
— remontant (*C. semperflorens,* DC.). Europe. Fleurs et fruits remontants.
Cédrèle de la Chine (*Cedrela sinensis,* A. Juss.). Chine. Ressemble au Vernis du Japon.
× Érable à fruit rouge (*Acer eriocarpum,* Mich.). Amér. sept. Fl. rouges, f^{lles} bl. dessous.
— rouge (*Acer rubrum,* L.). Amér. sept. Fleurs rouges, feuilles rougissant à l'automne.
— jaspé (*A. pennsylvanicum,* L.). Amér. sept. Bois strié de blanc longitudinalement.
— remarquable (*A. insigne,* Boiss.). Asie Mineure. Nouveau, beau, stipules rouges vif.
× — négondo panaché (*Negundo fraxinifolium variegatum,* Hort.). F^{lles} blanches et ros.
— de Naples (*Acer neapolitanum,* Ten.). Italie. Belle espèce peu répandue.
Févier de la Chine (*Gleditschia sinensis,* Lamk). Chine. Moins élevé que le *C. Triacanthos.*
— à grosses épines (*G. macracantha,* Desf.). Chine. Très-grosses épines, port robuste.
— de Bujot (*G. Triacanthos Bujoti*). Var. inerme, en parasol, à feuillage léger.
× Frêne pleureur (*Fraxinus excelsior pendula*). Var. cult. Le frêne pleureur ordinaire.
— doré (*F. e. jaspidea*). Var. à bois jaune. Précieux comme ornement hivernal.
— noir (*F. e. atrovirens*). Var. compacte. Feuillage noir, bullé, curieux.
× Houx commun argenté (*Ilex Aquifolium argenteum*). Vigoureux; feuillage vert et blanc.
— — tordu (*I. A. calamistrata*). Feuilles vert noir, tordues.
— — féroce (*I. A. ferox*). Feuilles tordues et hérissées en dessus.
— — doré marginé (*I. A. marginata aurea*). Belle variété à feuilles bordées d'or.
— — à larges feuilles (*I. latifolia,* Thunb.). Japon. Feuilles dentées, vert noir.
Idésie du Japon (*Idesia polycarpa,* Maxim.). Japon. Port régulier, f^{lles} larges, pétioles rouges.
Jujubier cultivé (*Zizyphus vulgaris,* Lamk). Europe australe. Arbre fruitier du Midi.
× Kœlreutéria paniculé (*Kœlreuteria paniculata,* Laxm.). Chine. Feuillage penné; fl. jaunes.
Laurier sassafras (*Sassafras officinale,* Nees). Amér. sept. Aromatique, beau port.
Liquidambar résineux (*Liquidambar styraciflua,* L.) Amér. sept. F^{lles} rouges à l'automne.
— d'Orient (*L. orientalis,* Mill.). Asie Mineure. Moins grand, plus touffu.
× Maclura des Osages (*Maclura aurantiaca,* Nutt.). Louisiane. Feuillage luisant, beau port.
— à trois lobes (*M. tricuspidata,* Carr.). Chine. F^{lles} parfois trilobées, parf. entières.
× Magnolier à grandes fleurs (*Magnolia grandiflora,* Mich. fils). Floride, Louisiane. Superbe.
— var. hortic. *oxoniensis,* à fleurs doubles : *de la Gallissonière, de la Mayardière, canaliculé, précoce du Mans,* etc.
— à grandes feuilles (*M. macrophylla,* Mich. fils). Amér. sept. Très-grand feuillage.
— glauque (*M. glauca,* L.). Amér. sept. Petit; feuilles blanches dessous.
— de Campbell (*M. Campbelli,* Hook. et Thom.). Himalaya. Admirable espèce.
— bicolore (*M. obovata,* Thunb.). Japon. Var. div. Peu élevé, fleurs rouges.
— — de Soulange (*M. Soulangeana*). Hybride, plus vigoureux.
— — de Lenné (*M. o. Lennei*). Var. cult. très-belle, à grandes fleurs rouges.
Marronnier à fleurs jaunes (*Pavia flava,* DC.) Amér. sept. Plus petit que le marr. comm.
— de Californie (*Æsculus californica,* Nutt.). Californie. Longs thyrses blancs.
× Merisier de Virginie (*Padus virginiana,* Mich. fils). Amér. sept. Beau feuillage luisant.
— à feuilles d'aucuba (*P. v. aucubæfolia*). Var. cult. Feuilles tachées de jaune.
— tardif (*P. serotina,* Willd.). Amér. sept. Port retombant, rameaux légers.
— Capuli (*P. Capollin,* DC.). Mexique, Andes. Espèce rustique, port gracieux.
× — à fleurs doubles (*Cerasus avium,* Mœnch, *flore pleno*). Très-jolies fleurs pleines.
— de Spach (*C. micropyrena,* Spach). Patrie? Bel arbre, peu connu.
× Mûrier à papier (*Broussonetia papyrifera,* Vent.). Japon. Feuilles velues, baies rouges.
— de Kæmpfer (*B. Kæmpferi,* Sieb.). Japon. Vigoureuse espèce, peu répandue.
Néflier de Smith (*Mespilus Smithii,* DC.). Patrie? Fastigié, gros bouquets terminaux.
Orme pleureur (*Ulmus montana* Witch., *v. pendula*). Var. excellente, en parasol régulier.

TRAVAUX D'EXÉCUTION. — PLANTATIONS. 569

- Orme commun panaché (*U. campestris* L., *v. variegata*). Feuilles panachées de blanc.
- — d'Oxford (*U. c. stricta*). Port serré, en colonne.
- — de Chine (*U. parvifolia*, Jacq.) Chine. Petit feuillage, gracieux.
× — de Samarie (*Ptelea trifoliata*, L.). Amér. sept. Feuilles trilobées, fruits ailés.
- — lacinié (*P. t. persicæfolia*). Var. cult. Bonne variété, peu répandue.
- Ostrya de Virginie (*O. virginica*, Willd.). Amér. sept. Peu élevé, grandes f^{lles} de charme.
× Paulonia impérial (*Paulownia imperialis*, Sieb. et Zucc.). Japon. Larges feuilles, fl. viol.
× Pêcher à fleurs doubles roses (*Persica vulgaris*, Mill., *flore pleno roseo*). Fl. rose tendre.
- — de Chine à fleurs doubles blanches (*P. chinensis*, Laval., *flore pleno albo*).
- — — à fleurs doubles roses (*P. c. rosæflora*). Fleurs roses, très-pleines.
- — — — de camellia (*P. c. camellieflora*). — — à pétales imbriqués.
- — — — panachées (*P. c. versicolor*). Fl. panachées de blanc et de rose.
- — — — écarlates (*P. c. punicea*). Fleurs rouge ponceau, doubles.
- — d'Ispahan double rose (*P. ispahanensis*, Thouin, *flore pleno roseo*). Perse.
× Plaqueminier Lotus (*Diospyros Lotus*, L.). Europe australe. Feuillage tomenteux.
× — de Virginie (*D. virginiana*, L.). Amér. sept. Plus vigoureux, feuil. luisant.
- — Kaki (*D. Kaki*, Lin. fil.) Japon. Type précieux par ses var. comestibles.
- — — à côtes (*D. K. costata*, Carr.). Var. cult. Large feuil. comme celles du *Magnolia Soulangeana*, fruits jaunes côtelés.
- — — de Mazel (*D. K. Mazelii*, Car.). Var. cult. à fruits arrondis.
- Poirier à petites fleurs (*Pirus parviflora*, Desf.). Europe orientale. Ornement des rochers.
- — à feuilles d'éléagre (*P. elæagrifolia*, Pall.). Tauride. Ornement des rochers.
- — à feuilles de saule (*P. salicifolia*, Pall.). Caucase. Ornement des rochers.
- — de Chine (*P. sinensis*, Lindl.). Chine. Port curieux, espèce peu répandue.
- — de Bolwiller (*P. Polwilleriana*, J. Bauh.). Hybride à graines souvent stériles.
- Pommier remarquable (*Malus spectabilis*, Desf.). Chine. Vigoureux, type peu cultivé.
× — à fleurs doubles (*M. s. flore pleno roseo*). Var. cult. Très-jolies fleurs roses.
- — toringo (*M. s. Toringo*). Japon. Espèce à fleurs blanc rosé.
- — à baies (*M. baccata*, Desf.). Sibérie. Var. de fruits diversement colorés.
- — couronné (*M. coronaria*, Mill.). Amér. sept. Jolies fleurs, très-odorantes.
- — floribond (*M. floribunda*, Sieb.), Japon. Innomb. fleurs, charmantes en bouton.
- — cerise (*M. cerasifera*, Spach). Patrie? Fruits d'ornement, rappelant la cerise.
- — — Var. à fruits pourpres, blancs, violets, striés, etc.
× Prunier mirobolan (*Prunus Mirobolana*, Lois.). Amér. sept. Jolis fruits, rouge vif.
× Robinier acacia (*Robinia pseudo-Acacia* L.). Amér. sept. Type connu, fl. blanches.
× — pyramidal (*R. p.-A. fastigiata*). Var. cult. Port d'un peuplier d'Italie.
× — Decaisne (*R. p.-A. Decaisneana*). Grande végétation, fleurs rosées.
× — parasol (*R. p.-A. umbraculifera*). Employé pour les petites avenues.
× — monophylle (*R. p.-A. monophylla*). Excellente variété, très-beau feuill.
- — remontant (*R. p.-A. semperflorens*). Fleurs blanches toute l'année.
- — tortueux (*R. p.-A. tortuosa*). Rameaux tordus, curieux.
× — glutineux (*R. viscosa*, Vent.). Amér. sept. Beau port, fleurs rose tendre.
× — rose hispide (*R. hispida*, L.). Amér. sept. Peu élevé, très-belles fleurs rose vif.
- — à larges feuilles (*R. macrophylla*, Schrad.). Amér. sept. Vigoureux, beau feuill.
- Saule de Wimmer (*Salix dasyclados*, Wimm.). Europe. Bel arbre d'ornement, à répandre.
× — pleureur (*Salix babylonica*, L.). Asie. Le saule pleureur si connu.
- — marceau pleureur (*S. capræa pendula*). Var. cult. Petit, bon pour les rochers.
- — — panaché (*S. c. variegata*). Var. cult. Var. à feuilles vertes et blanches.
× Sophora pleureur (*Styphnolobium japonicum pendulum,*). Var. à ram. pendants, serrés.
- Sorbier majestueux (*Sorbus majestica*, Lavallée). Népaul. Espèce vigoureuse, peu répandue.
- — laineux (*S. vestita*, Lodd.). Népaul. Feuilles blanches en dessous, laineuses; bois gros.

Sorbier de Suède (*S. Hostii*, Jacq.). Suède, Alpes. Synon : *Aria Hostii*. Fleurs rosées.
— d'Amérique (*S. americana*, Pursh). Amér. sept. Port dressé, bois vigoureux.
× Tilleul argenté (*Tilia argentea*, Desf.). Hongrie. Port arrondi, feuilles blanches dessous.
— — pleureur (*T. a. pendula*). Var. cult. à branches retombantes.
Virgilier à bois jaune (*Cladrastis tinctoria*, Rafin.). Amér. sept. Belles fl. bl. odorantes.

B. *Conifères.*

Céphalotaxus pédonculé (*Cephalotaxus pedunculata*, Sieb. et Zucc.). Japon. Beau.
— de Fortune (*C. Fortunei*, Hook.). Chine. Beau feuillage, plus répandu.
Cryptoméria élégant (*Cryptomeria elegans*, J. Veitch). Japon. Très-joli dans l'Ouest.
Cyprès faux thuia (*Cupressus thuyoides*, L.). Amér. bor. Feuillage rappelant les thuias.
— cordonné (*C. torulosa*, Don). Himalaya. Très-beau ; délicat à Paris.
— de Corney (*C. Corneyana*, Knight). Chine. Voisin du précédent, très-élégant.
— élégant (*C. Knightiana*, Carr.). Mexique. Port conique ramassé, beau feuillage.
— porte-pois (*Chamæcyparis pisifera*, Sieb. et Zucc.). Japon. Très-élégante forme.
— obtus (*C. obtusa*, Sieb. et Zucc.). Japon. Forme naine, curieuse et jolie.
— rude (*C. squarrosa*, Sieb. et Zucc.). Japon. Ton glauque et rougeâtre, feuillage fin.
— de la Chine (*Glyptostrobus heterophyllus*, Endl.). Chine. Curieux feuillage cylindracé.
Genévrier recourbé (*Juniperus squamata*, Don). Népaul. Très-pittor. sur les roches calc.
— de la Chine (*J. chinensis*, L.). Chine, Japon, Himalaya. Port régulier. Délicat.
— de Virginie (*J. virginiana*, L.). Amér. sept. Beau seulement étant jeune.
— élevé (*J. excelsa*, Lewis). Amér. bor. occid. Port fastigié, ton blanc cendré.
— blanc (*J. dealbata*, Loud.). Amér. bor. occid. Port étalé, ton blanc glauque.
× If pyramidal (*Taxus baccata hibernica*, Hort.). Var. cult. Port compacte, colonnaire.
— de Chine (*T. b. Dovastoni*, Hort.). Chine. Port pyramidal et pleureur.
— du Japon (*T. adpressa*, Gord.). Japon. Buisson touffu, feuilles petites.
— du Canada (*T. canadensis*, Willd.). Amér. sept. Espèce buissonn. et ramp.
Libocèdre du Chili (*Libocedrus chilensis*, Endl.). Chili. Peu élevé, vert ponctué de blanc.
Mélèze de Kæmpfer (*Larix Kæmpferi*, Fort.). Très-belle espèce à rameaux horizontaux.
— de Griffith (*L. Griffithii*, Hook.). Himalaya. Élégante forme, à recommander.
× Sapin baumier (*D. balsamea*, Mill.). Amér. bor. Port fastigié ou pyramidal.
× — Pinsapo (*Abies Pinsapo*, Boiss.). Espagne. Bel arbre, port régulier, ton glauque.
× — des îles Ioniennes (*A. cephalonica*, Link). F^{lles} piquantes. Port moins compacte.
— de Menzies (*A. Menziezii*, Loud.). Amér. sept. et Japon. Beau, mais se dégarnit.
— de Parry (*A. M. Parryana*, Éd. André). Colorado. Admirable nouveauté, ton bleu.
× Sapinette bleue (*A. alba*, Mich. fils). Amér. bor. Beau dans sa jeunesse seulement.
— noire (*A. nigra*, Poir.). Amér. bor. d° . Feuillage noirâtre.
— rouge (*A. rubra*, Poir.). Amér. bor. d° Bois rouge. Port régulier ; délicat.
× Thuia du Canada (*Thuia occidentalis* L.). Amér. sept. Excell. pour sous-bois et palissades.
— — var. *fastigiata*. Forme pyramidale ou fastigiée, régulière.
× — plissé (*T. plicata*, Don). Amér. sept. Espèce à feuillage robuste et ornemental.
× — de la Chine (*Biota orientalis*, Endl.). Chine et Japon. Excellent pour palissades.
× — — doré (*B. o. aurea*). Forme en boule pour les parterres seulement.
— — élégant (*B. o. elegantissima*). Moins compacte. forme élégante.
— — pleureur (*B. o. filiformis*). Rameaux grêles, retombants.
Thuiopsis en doloire (*Thuiopsis dolabrata*, Sieb. et Zucc.). Japon. Beau feuillage imbriqué.
— panachée (*T. d. variegata*). Var. cult. Panachée de blanc, rustique.
Torreya de Californie (*Torreya myristica*, D. Hook.) Californie. Forme régulière.
— porte-noix (*T. nucifera*, Sieb. et Zucc.). Japon. Plus petit, très-joli.
— à feuilles d'if (*T. taxifolia*, Arn.). Floride. Très-joli.

C. *Palmiers.*

× Chamérops de Chine (*Chamœrops Fortunei*, Hook.). Chine. Beau palmier rustique.
— — tomenteux (*C. F. tomentosa*). Var. à feuilles blanchâtres.

3° ARBUSTES ET ARBRISSEAUX.

A. *Espèces et variétés à feuilles caduques.*

Abélie des rocailles (*Abelia rupestris*, Lindl.). Japon. Var. plus rouge que le type, charmante.
— à trois fleurs (*A. triflora*, R. Br.). Himalaya. Joli arbuste, peu répandu.
× Althéa de Syrie (*Hybiscus syriacus*, L.). Syrie. Nombreuses variétés à fleurs doubles.
Amandier nain (*Amygdalus nana*, L.). Russie mérid. Var. hortic. diversement colorées.
— argenté (*A. orientalis*, Ait.). Orient. Feuillage argenté, arbuste peu élevé.
Amélanchier du Canada (*Amelanchier Botryapium*, DC.). Amér. sept. Fleurs blanches.
× Amorpha frutescent (*Amorpha fruticosa*, L.). Amér. sept. Feuilles pennées, vigoureux.
Anone à trois lobes (*Asimina triloba*, Dun.). Amér. sept. Beau feuillage, fruits curieux.
Aralia de la Chine (*Aralia chinensis*, L.). Chine. Grandes feuilles pennées, pubescentes.
— épineux (*A. spinosa*, L.). Caroline. Même port, feuilles glabres.
Aronier à fruits noirs (*Aronia melanocarpa*, Nutt.). Amér. sept. Vigoureux, baies rouges.
— à grandes feuilles (*A. grandifolia*, Ell.). Amer. sept. Vigoureux, baies noires.
× Azalée du Pont (*Azalea pontica*, L.). Asie Mineure. Var. div., à fleurs jaunes et rouges.
— souci (*A. calendulacea*, Mich.). Amér. sept. Var. jaunes, rouges, cuivrées, etc.
— de Chine (*A. sinensis*, Lodd.). Chine. Var. cultiv. sous le nom d'*A. mollis.*
— nudiflore (*A. nudiflora*, L.). Amér. sept. Var. jaunes, orangées, etc.
— glutineuse (*A. viscosa*, L.). Amér. sept. d° d°
× Baguenaudier rouge (*Colutea cruenta*, Ait.). Levant. Feuilles pennées, fl. roug., à taches jaun.
Buddléia de Lindley (*Buddleia Lindleyana*, Fort.). Chine. Ram. gracieux, grappes bleues.
— à fleurs courbées (*B. curviflora*, Hook. et Arn.). Japon. Grappes bleu violacé.
Bumélie tenace (*Bumelia tenax*, Willd.). Caroline. Sarmenteuse; pour les rochers.
Callicarpa d'Amérique (*Callicarpa americana*, L.). Louisiane. Fleurs bleuâtres, fruits roses.
— du Japon (*C. japonica*, Thunb.). Japon. Très-jolis fruits rouges.
Calycanthe de la Floride (*Calycanthus floridus*, L.). Floride. Fleurs brun noir, od. suave.
— lisse (*C. lævigatus*, Willd.). Amér. sept. Feuilles lisses, fleurs brunes.
— à grandes feuilles (*C. occidentalis*, Hook. et Arn.). Amér. sept. fleurs rouges.
— précoce (*Chimonanthus fragrans*, Lindl.). Japon. fleurs hivernales, parfumées.
—. à grandes fleurs (*C. grandiflorus*, Lindl.). Japon. Espèce plus vigoureuse.
Campylotrope de Chine (*Campylotropis chinensis*, Bunge). Chine. Jolies fleurs roses.
Caragana Altagana (*C. Altagana*, Poir.). Sibérie. Feuillage penné, fleurs jaunes solitaires.
— en arbre (*C. arborescens*, Lamk). Sib. Plus grand, fleurs jaunes en grappes courtes.
× — frutescent (*C. frutescens*, DC.). d°. Arbuste peu élevé, fleurs jaune vif.
— de Chine (*C. Chamlagu*, Lamk). Chine. Ram. grêles, fleurs pend. jaunes et roug.
— argenté (*Halimodendron argenteum*, DC.). Sibérie. Feuillage argenté, fleurs roses
Catalpa de Bunge (*Catalpa Bungei*, C. A. Mey.). Chine. Nain, forme en boule.
× Céanothe d'Amérique (*Ceanothus americanus*, L.). Amér. sept. Jolies fleurs blanches.
× — azuré (*C. azureus*, Desf.). Mexique. Thyrses bleu-céleste, charmant arbuste.
— — de Desfontaines (*C. a. Fontanesianus*). Var. hortic. d'un rose tendre.
— — rose (*C. a. roseus*). — à fleurs roses plus petites.

Céanothe azuré carné (*C. a. carneus*). Variété horticole à fleurs rose tendre.
—   — de Bertin.   —   — d'un beau bleu.
—   — Lucie Moser.   —   — beau bleu., gr.
—   — Léon Simon.   —   — d° bleu lilacé.
—   — Mad. Furtado.   —   — lilacées.
—   — Gloire de Versailles.   —   — en beaux épis bleus.

Céphalanthe bois-bouton (*Cephalanthus occidentalis*, L.). Amér. sept. Fleurs blanches.
Cerisier nain (*Cerasus caproniana* DC. v. *pumila*). Var. cult. buissonneuse, pour rochers.
Chalef comestible (*Elæagnus longipes*, Asa Gray). Japon. Joli port, baies comestibles.

× Chamécerisier de Tartarie (*Lonicera tatarica*, L.). Tartarie. Robuste, fl. en bouquets roses.
×   —   — à grandes fleurs rouges (*L. t. grandiflora rubra*). Var. cult. pl. belle.
     —   — blanc (*L. t. alba*). Var. cult. à fleurs d'un beau blanc.
     — de Standish (*L. Standishii*, Bot. mag.). Chine. Fleurs blanches, bois velu.
     — parfumé (*L. fragrantissima*, Paxt.). Chine. Fleurs blanches, bois glabre.
     — de Ledebour (*L. Ledebourii*, Eschsch.). Californie. Fleurs jaunes et rouges.

Chionanthe de Virginie (*Chionanthus virginica*, L.). Amér. sept. Fleurs blanches, légères.
Clérodendron de Chine (*Clerodendron Bungei*, Steud.). Chine. Superbes capitules rouges.
Cléthra à feuilles d'aulne (*Clethra alnifolia*, L.). Amér. sept. Jolis épis dressés, blancs.
     — tomenteux (*C. tomentosa*, Lamk). Amér. sept.   d°   d° feuilles tomenteuses.
     — acuminé (*C. acuminata*, Mich.). Caroline. Beaucoup plus vigoureux.

× Cognassier du Japon (*Chœnomeles japonica*, Lindl.). Japon. Fleurs coccinées, printanières.
×   —   — à fruit ombiliqué (*C. j. umbilicata*). Var. cult., à fl. roses, fruits abond.
     —   — de Maule (*C. j. Maulei*). Var. cult. décrite à tort comme espèce.
     —   — blanc (*C. j. alba*). Var. cult. jolies fleurs blanches.
     —   — strié (*C. j. striata*). Var. cult. à fleurs striées de blanc et de rose.
     — de la Chine (*Cydonia sinensis*, Thouin). Chine. Très-gros fruits odorants.

Comptonia à feuilles de fougère (*Comptonia aspleniifolia*, Banks et Sol.). Amér. sept.
× Corète du Japon (*Kerria japonica*, DC.). Japon. Type à fleurs jaunes simples.
     —   — à fleurs doubles (*K. j. flore pleno*). Var. cult. Fl. jaunes très-pleines.

× Cornouiller à fruit blanc (*Cornus alba*, L.). Sibérie, Amér. sept. Bois rouges, fruits blancs.
×   — de Sibérie (*C. sibirica*, Lodd.). Sibérie. Bois rouge, plus dressé, ruits blancs.
     — panaché (*C. s. foliis variegatis*). Var. cult. à feuilles panachées de blanc.
     — soyeux (*C. sericea*, L'Hér.). Sibérie. Buissonneux, dressé, fruit bleu.
×   — mâle panaché (*C. Mas*, L. *fol. varieg.*) Var. à filles panachées de blanc.
     — fleuri (*C. florida*, L.). Caroline. Involucre grand, blanc pur. Ouest.

Cotonéaster des hautes montagnes (*Cotoneaster frigida*, Wall.). Népaul. Vigoureux.
Cynanque dressé (*Marsdenia erecta*, R. Br.). Asie Mineure. Fl. blanches, feuilles glauques.
Cytise blanc (*Cytisus albus*, Link). Portugal. Rameaux grêles, fleurs blanches.
Cytise pourpre (*Cytisus purpureus*, Scop.). Autriche. Rameaux grêles, fleurs roses.
Daphné du Japon (*Daphne japonica*, Hort. Lugd. Bat.). Japon. Fleurs très-parfumées.
Desmodier à grappes (*Desmodium racemosum*, DC.). Japon. Ram. pendants, fl. violacées.
×   — à fleurs pendantes (*D. penduliflorum*, Oud.). Japon. Feuilles blanchâtres, fl. viol.
× Deutzie scabre (*Deutzia scabra*, Thunb.). Japon. Port dressé, feuilles rugueuses, fl. blanches.
×   — crénelée (*D. crenata*, Sieb. et Zucc.). Japon. Espèce voisine,   d°.
×   —   — à fleurs doubles roses (*D. c. flore pleno roseo*). Var. cult. Très-jolie.
×   —   — blanches (*D. c. flore pleno albo*). Var. cult. d°
×   — grêle (*D. gracilis*, Sieb. et Zucc.). Japon. Petite espèce, très-propre au forçage.
     — à étamines saillantes (*D. staminea*, R. Br.). Ind. or. Fleurs blanches, en cymes.

Epine-vinette à feuilles de fragon (*Berberis ruscifolia*, Lamk). Amér. aust. — Vigoureux.
     — de Thunberg (*B. Thunbergii*, DC.). Japon. Sarmenteux; joli pour les rocailles.
     — élégante (*Berberis elegans*, Desf.). Asie sept. Vigoureux, feuilles argentées.

TRAVAUX D'EXÉCUTION. — PLANTATIONS.

×   Épine-vinette pourpre (*Berberis vulgaris fol. purpureis*). Var. cult. Feuilles violet foncé.
    Érable du Japon (*Acer polymorphum*, Sieb. et Zucc.). Nomb. var. hort., à feuilles colorées.
    Fontanésia faux Filaria (*Fontanesia phyllirœoides*, Labill.). Syrie. Feuilles menues.
    —   de Chine (*F. Fortunei*, Carr.). Chine. Plus vigoureux, jol. fl. blanches.
×   Forsythie pendante (*Forsythia suspensa*, Vahl). Japon et Chine. Sarmenteux, fl. jaunes.
×   —   vert foncé (*F. viridissima*, Lindl.). Chine. Buissonneux, fleurs jaunes.
    Frêne à feuilles de clavalier (*Fraxinus zanthoxyloides*, Wall.). Inde orient. Petites feuilles.
    Fusain pourpre (*Evonymus atropurpureus*, Jacq.). Amér. bor. Fruits d'ornement.
    —   d'Amérique (*E. americanus*, L.). Amér. sept. Grandes feuilles; fruits d'ornement.
    Galé de Pensylvanie (*Myrica pennsylvanica*, Hort. Par.). Arbre à cire. Lieux humides.
    —   de Californie (*M. californica*, Cham. et Schlecht.). Californie. Peu répandu.
    Gattilier lacinié (*Vitex incisa*, Lamk). Mongolie. Feuilles découpées, fleurs lilacées.
    Groseillier à fleurs de fuchsia (*Ribes speciosum*, Pursh). Californie. Fleurs rouges. Délicat.
    —   sanguin à fleurs doubles (*R. sanguineum* Pursh, *var. flore pleno*.). Fl. roses doub.
    —   à feuilles de vigne (*R. multiflorum*, Kit.). Europe orient. Feuillage multilobé.
    —   mauve (*R. malvaceum*, Smith). Californie. Grappes rose pâle ou mauve.
×   —   de Gordon (*R. Gordonianum*, Paxt.). Hybride à grappes de fleurs jaunes nankin.
×   —   doré (*R. aureum*, Pursh). Amér. sept. Bois odorant, fleurs jaunes en bouquets.
    —   du Chili (*Ribes Gayanum*, Walp.). Chili. Feuilles tomenteuses. Délicat.
    Halésie à quatre ailes (*Halesia tetraptera*, L.). Amér. sept. Jolies fleurs blanches.
    —   à deux ailes (*H. diptera*, L.). Amér. sept. Espèces à jolies fleurs, très-rare.
    Hamamélis de Virginie (*Hamamelis virginica*, L.). Amér. sept. Feuilles obovales, fl. jaunes.
    Hydrangée du Japon (*Hydrangea japonica*, Sieb. et Zucc.). Fleurs rosées ou bleues.
    —   —   Hortensia (*H. j. Hortensia*). Var. cult. et stérile du précédent.
    —   —   —   blanc (*H. j. h. Thomas Hogg*). Var. cult. nouvelle, blanche.
    —   —   —   blanc et rose (*H. j. h. Rosalba*). Var. cult. à fl. bicolores.
    —   —   —   à feuilles panachées (*H. j. h. foliis variegatis*). Var. cult.
    —   Otaksa (*H. Otaksa*, Sieb. et Zucc.). Japon. Énormes corymbes roses.
    —   paniculée (*H. paniculata*, Sieb. et Zucc.). Japon. Fleurs blanches, nombreuses.
    —   —   à grandes fleurs (*H. p. grandiflora*). Var. cult. Très-supérieure au type.
    —   à involucre (*H. involucrata*, Sieb. et Zucc.). Japon. Grandes fleurs lilacées.
    —   en arbre (*H. arborescens*, L.). Amér. sept. Grandes fleurs blanches ou roses.
    —   à feuilles en cœur (*H. cordata*, Pursh). Amér. sept. Espèce vois., feuilles distinct.
    —   —   de chêne (*H. quercifolia*, Bartr.). Floride. Très-beau feuillage lobé.
×   Indigotier Dosua (*Indigofera Dosua*, Hamilt.). Népaul. Nain, très-jolis épis roses.
    —   élégant (*I. decora*, Lindl.). Chine. Fleurs plus grandes, roses ou blanches. Délicat.
    Itéa de Virginie (*Itea virginica*, L.). Amér. sept. Petit arbuste à épis nomb. blancs.
    Laurier benjoin (*Laurus Benzoin*, L.). Amér. sept. Joli feuillage, arbuste aromatique.
    Lespédéza bicolore (*Lepedeza bicolor*, Turcz.). Fleuve Amour. Petites fleurs rouges.
    Leycestérie gracieuse (*Leycesteria formosa*, Wall.). Népaul. Fleurs blanches, baies noires.
×   Lilas commun (*Syringa vulgaris*, L.). Europe australe. — Variétés cultivées à fl. blanches,
        roses, violettes, *de Marly*, *Charles X*, etc., etc.
×   —   de Perse (*S. persica*, L.). Perse? — Var. cult. à feuilles laciniées, à fl. blanches, etc.
×   —   Saugé (*S. dubia*, Pers., *var. saugeana*). Var. cult., à très-beaux thyrses rouge foncé.
    —   Emodi (*S. Emodi*, Wall.). Himalaya. Gros rameaux, feuilles larges.
    —   bleu (*S. Josikœa*, Jacq. fil.). Hongrie. Tardif; thyrses grêles, bleuâtres.
    Lindleya faux néflier (*Lindleya mespiloides*, H. B. K.). Mexique. Fleurs blanches.
    Millepertuis élevé (*Hypericum elatum*, Ait.). Amér. bor. Jolies fleurs jaunes.
    —   monogyne (*Hypericum monogynum*, L.). Chine. Belles et grandes feuilles jaunes.
    —   étalé (*Hypericum patulum*, Thunb.). Japon. Fleurs jaunes, grandes, jolies.
    —   de Gumbleton (*H. Gumbletonii*, Lavall. — *H. patulum*, Hort.). Gr. fl. jaunes.

Nerprun vert de Chine (*Rhamnus chlorophorus*, Dcne). Chine. Feuillage abondant.
— des Alpes à gr. feuilles (*Rhamnus alpinus*, L. var. *major*). Var. cult. Belles feuilles.
— du Liban (*R. libanoticus*, Boiss.). Asie occid. Très-belles feuilles, encore rare.
— des roches (*R. rupestris*, Vill.). Europe. Buissonneux, très-joli pour les rochers.
× Noisetier commun lacinié (*Corylus Avellana*, L., var. *incisa*). Feuilles très-découpées.
— à feuilles pourpres (*C. A. purpurea*). Var. cult., à feuilles pourpre foncé.
— hétérophylle (*C. heterophylla*, Fish.). Sibérie. Feuilles diversement lobées.
Nuttallie porte-cerises (*Nuttallia cerasiformis*, Torr. et Gr.). Amér. sept. Dioïque, fl. bl.
Ostryopsis de David (*Ostryopsis Davidiana*, Dcne). Mongolie. Voisin du genre noisetier.
Parrotia de Perse (*Parrotia persica*, C. A. Mey.). Perse. Buissonneux, feuilles luisantes.
Pavier à gros épis (*Pavia macrostachya*, DC.). Géorgie. Grands et beaux épis blancs.
× Pivoine en arbre (*Pæonia Moutan*, L.). Chine. Type peu cultivé.
— — Belles variétés horticoles, comme *Élisabeth d'Italie*, *Vander Maelen*, *Rosa mundi*, etc., etc.
Plagianthe divariqué (*Plagianthus divaricatus*, Forst.). Nouv. Zélande. Feuilles étroites.
Prunellier à fleurs doubles (*P. spinosa*, L. var. *flore pleno*). Nombreuses fleurs très-doubles.
Prunier tomenteux (*Prunus tomentosa*, Thunb.). Japon. Touffu, petits fr. rouges, oblongs.
— nain (*Prunus pumila*, L.). Amér. sept. Nain. nombreuses fleurs blanches.
— couché (*P. prostrata*, Labill.). Liban. d°, pittoresque pour rocailles.
× — trilobé (*P. triloba*, Lindl.). Chine. Jolies fleurs doubles, rose tendre.
× — du Japon (*P. japonica*, Thunb.). Japon. Var. cult. à fl. doubles roses et blanches.
Ptérostyrax velu (*Pterostyrax hispidum*, Sieb. et Zucc.). Japon. Fl. blanches en grappes.
× Rhodotype faux Kerria (*Rhodotypos kerrioides*, Sieb. et Zucc.). Jolies fleurs blanches.
Rhododendron de Daourie (*Rhododendron dahuricum*, L.). Sibérie. Fleurit en fév.-mars.
Ronce à feuilles d'alizier (*Rubus cratægifolius*, Bunge). Chine boréale. Vigoureux; rochers.
× — framboisier du Canada (*R. odoratus*, L). Amér. sept. Grandes fleurs violacées.
— à bois blanc (*R. leucodermis*, Dougl.). Orégon. Bois blanc, ornem. fruits orangés.
— remarquable (*R. spectabilis*, Pursh). Amér. sept. Port dressé, fleurs rouges.
Rosier à feuilles de pimprenelle (*Rosa pimpinellifolia*, L.). Var. cult. à fl. doubles, variées.
— mousseux (*R. muscosa*, Ait.). Orient. var. cult. div. à fleurs doubles.
× — à cent feuilles (*R. centifolia*, L.). Orient. var. cult. div. à fleurs doubles.
— de Portland (*R. portlandica*, Hort.). Hybrid. hortic. très-variés, à fleurs doubles.
— de Laurence (*R. Laurenceana*, Sweet). Chine. Minuscule, fleurettes rouges doubles.
— à bouquets (*R. polyantha*, Sieb. et Zucc.). Japon. Panicules multiflores.
— rugueux (*R. rugosa*, Thunb.). Japon. Type à inflorescence uniflore.
— — à fleurs doubles (*R. r. flore pleno*). Var. cult. à fleurs roses doubles, petites.
— — à fleurs blanches (*R. r. alba*). Var. cult. à fleurs blanches doubles, petites.
— — de Regel (*R. r. Regeliana*, Lind. et André). Var. cult. à bouq. simpl. ponceau.
× — du Bengale (*R. diversifolia*, Vent.). Inde. Var. cult , à fleurs doubles, nombreuses.
× — de Bourbon (*R. borboniana*, Red.). Ile Bourbon. Var. cult. div. à fleurs doubles.
× — de Damas (*R. damascena*, Mill.). Syrie. Var. cult. div., non remontantes.
× Saule à feuilles de romarin (*Salix incana*, Schrank). Europe. Fort, buissonneux, dressé.
— pourpre parasol (*S. purpurea*, L., var. *Helix*, And.). Jolie esp. à greff. à tige.
× Seringat odorant (*Philadelphus coronarius*, L.). Europe austr. Fleurs blanches, parfumées.
— inodore (*P. inodorus*, L.). Caroline. Vigoureux, fleurs plus grandes, inodores.
— de Zeyher (*P. Zeyheri*, Schrad.). Amér. bor. Jolie espèce, très-florifère.
× — à grandes fleurs (*P. grandiflorus*, Willd.). Amér. sept. Très-grandes fleurs.
— de Gordon (*P. Gordonianus*, Lindl.). Californie. Fleurs très-abondantes.
— de Californie (*P. californicus*, Benth.). Californie. Fleurs en longues grappes.
× Spirée à feuilles de sorbier (*Spiræa sorbifolia*, Pall.). Japon, Sibérie. Feuilles pennées, fl. bl.
× — de Lindley (*S. Lindleyana*, Wall.). Népaul. Feuilles grandes, pennées, panicules bl.

Spirée à feuilles d'aria (*S. ariæfolia*, Smith). Amér. bor. Très-joli, panicules légères, bl.
× — à feuilles de saule (*S. salicifolia*, L.). Sib. et Amér. sept. Var. hort. *rosea, Billiardi*, etc.
— lisse (*S. lævigata*, L.). Sibérie. Feuilles lisses, glauques, fleurs blanches.
— de Douglas (*S. Douglasii*, Hook.). Orégon. Très-jolis épis roses, dressés.
× — de Fortune (*S. Fortunei*, Planch.). Chine. Fleurs roses. (*S. callosa* des horticult.).
— — à larges feuilles (*S. F. macrophylla*). Var. cult., à végétation plus forte.
— — paniculée (*S. F. paniculata*). Var. cult., à fl. en panicule, non en cyme.
× — calleuse (*S. callosa*, Thunb.). Japon. Nain, fleurs blanches, très-abondantes.
× — à feuilles d'obier (*S. opulifolia*, L.). Amér. sept. Vigoureux, feuilles lobées, fl. bl.
× — à feuilles d'orme (*S. ulmifolia*, Scop.). Sibérie. d° feuilles d'orme, fl. bl.
— à feuilles de germandrée (*S. chamædryfolia*, L.). Sibérie. Petites feuilles, fl. blanches.
× — trilobée (*S. trilobata*, L.). Asie mineure. Feuilles petites, fleurs blanches en bouquet.
× — — de Van Houtte (*S. t. Van Houttei*, Hort. aurel.). Var. cult. supér., très-jolie.
× — lancéolée (*S. lanceolata*, Poir.). Chine. Feuilles lancéolées, fleurs en bouquets blancs.
× — — à fl. doubles (*S. Rewesiana flore pleno*, Hort.). Var. cult., à fl. doubles, jol.
× — de Thunberg (*S. Thunbergii*, Sieb. et Zucc.). Japon. Feuilles menues, fleurs blanches.
× — à feuilles de prunier (*S. prunifolia*, Sieb. et Zucc.). Japon. Fl. très-doubles, jolies.
— à grandes fleurs (*Exochorda grandiflora*, Lindl.). Chine boréale. Très-bel arbuste.
× Staphylier nez coupé (*Staphylea trifolia*, L.). Amér. sept. Le faux pistachier des jardins.
— de la Colchide (*S. colchica*, Steud.). Asie occid. Très-jolies fleurs blanches.
Sumac d'Osbeck (*Rhus Osbeckii*, DC.). Japon. Grandes feuilles d'ornement à pétiole ailé.
× — de Virginie (*R. typhina*, L.). Amér. sept. Fruits amarante, feuilles roug. à l'automne.
— glabre (*R. glabra*, L.). Amér. sept. Feuilles glabres, rougissant, fruits rouges.
— — (*R. g. laciniata*). Var. cult., à feuilles découpées, très-élégante. A isoler.
— vernis (*R. vernicifera*, DC.). Japon. Feuilles de noyer, très-belles, port dressé.
Sureau du Canada (*Sambucus canadensis*, L.). Amér. sept. Baies d'un noir bleuâtre.
— pubescent (*S. pubens*, Mich.). Amér. sept. Vigoureux, voisin du sureau à grappes.
× — noir lacinié (*S. nigra*, L., *v. laciniata*). Var. cult., à feuilles très-découpées.
× — — marginé (*S. n. marginata*). Var. cult., à feuilles marginées de jaune.
— — à fleurs doubles (*S. n. flore pleno*). Var. cult. à fleurs très-doubles.
× Symphorine commune (*Symphoricarpus vulgaris*, Mich.). Amér. sept. Petits fruits rouges.
× — à fruits blancs (*S. racemosus*, Mich.). Amér. sept. Baies blanches, grosses.
— des montagnes (*S. montanus*, H. B. K.). Mexique. Fl. solitaires, baies rouges.
Tamarix de Chine (*Tamarix chinensis*, Lour.). Chine et Japon. Gracieuses fleurs rosées.
× — de l'Inde (*T. indica*, Willd.). Inde orientale. Feuillage très-fin, fleurs l'été.
× — à 4 étamines (*T. tetrandra*, Pall.). Taurus. Fleurs roses, au premier printemps.
Troëne Ibota (*Ligustrum Ibota*, Sieb.). Japon. Rameaux grêles ; pour les rocailles.
— de l'Amour (*Ligustrina amurensis*, Reg.). Fleuve Amour. Espèce peu répandue.
Viorne nue (*Viburnum nudum*, L.). Caroline. Belles feuilles, larges ombelles blanches.
— réticulée (*V. reticulatum*, Sieb.). Japon. Très-belle espèce, encore peu connue.
— du Mexique (*V. mexicanum*, Hort.). Mexique. d° d° . Beau feuillage.
— à feuilles de poirier (*Viburnum pirifolium*, Poir.). Amér. sept. Feuilles ovales aiguës.
— — de prunier (*V. prunifolium*, L.). Amér. sept. Feuilles plus arrondies.
— du Canada (*V. Lentago*, L.). Amér. sept. Feuilles oval. aiguës, glabres, fruits noirs.
— fausse mansienne (*V. lantanoides*, Mich.). Amér. sept. Feuilles grandes, presque glab.
— à grosses têtes (*V. macrocephalum*, Fort.). Chine. Nain ; énormes capitules blancs.
— plissée (*V. plicatum*, Thunb.). Japon. Petites feuilles sillonnées, très-élégantes.
— canneberge (*V. Oxycoccos*, Pursh). Amér. sept. Vigoureux, beaux fruits corail.
× — boule de neige (*V. Opulus*, L. *var. sterilis*). Europe. Gros capitules blancs.
× Weigélie rose (*Weigela rosea*, Lindl.). Chine. Charmant arbuste à fleurs roses au printemps.
— — à feuilles panachées (*W. r. foliis marginatis*). Var. cult. Feuill. bord. de bl.

Weigélie rouge (*W. r. rubra*). Var. cult. Fleurs d'un rouge plus vif.
— blanche (*W. r. alba*). Var. cult. — d'un beau blanc.
— remontante (*W. r. floribunda*). Var. cult. Nombreuses fleurs roses à l'automne.
× — aimable (*W. grandiflora*, Sieb. et Zucc.). Japon. Vigoureux, jolies fleurs roses.
— — à feuilles panachées, (*W. a. foliis marginatis*). Var. cult. Feuill. pan. bl.
Xanthocéras à f^{lles} de sorbier (*Xanthoceras sorbifolia*, Bunge). Chine sept. En avril, nombr. grapp. d'un blanc rosé, avec taches jaunes et mordorées au cent.

B. Espèces et variétés a feuilles persistantes.

× Alisier de la Chine (*Photinia serrulata*, Lindl.). Chine. Grand et bel arbuste.
Andromède remarquable (*Andromeda speciosa*, Mich.). Virginie. Belles fleurs blanches.
— floribonde (*A. floribunda*, Pursh). Caroline. Arbuste dressé, grappes blanches.
— en arbre (*A. arborea*, L.). Floride. Arbuste élevé, panic. blanches terminales.
— axillaire (*A. axillaris*, Ait.). Amér. sept. Petites grappes blanches axillaires.
— du Maryland (*A. Mariana*, L.). Amér. sept. Petite, feuilles ovales, fleurs blanches.
Arbousier Andrachné (*Arbutus Andrachne*, L.). Asie Mineure. Bel arbuste, écorce caduque.
— élevé (*A. procera*, Dougl.). Amér. sept. Port élevé. — Souffre parfois du froid.
× Aucuba du Japon (*Aucuba japonica*, Thunb.). Japon. — Nomb. var. cultivées, mâles et femelles, à feuilles diversement formées, et maculées de jaune et de blanc.
— de l'Himalaya (*A. Himalaica*, Hook.). Himalaya. Grandes feuilles unicolores.
× Azalée à fleurs de lis (*Azalea liliiflora*, Poit.). Chine. Grandes et belles fleurs blanches.
— rouge (*A. lateritia*, Hort.). Chine. Fleurs couleur rouge brique.
— agréable (*A. amœna*, Hort.). Chine. Naine, buissonneuse, fleurs violettes petites.
Bambou de Ragamowski (*Bambusa Ragamowskii*, Hort. Petr.). Chine. Très-grandes f^{lles}.
— Métaké (*Arundinaria japonica*, Sieb. et Zucc.). Japon. Court. grandes feuilles.
× — noir (*Bambusa nigra*, Lodd.). Chine et Japon. Tiges fines, d'un beau noir.
— carré (*B. angulata*, Munro). Chine. Tiges à quatre angles arrondis.
× — de Fortune (*B. Fortunei*, V. Houtt.). Japon. Var. panachée, racines rampantes.
× — glauque (*B. glauca*, Lodd.). Chine. Vigoureux, tiges et feuilles glauques.
— de Simon (*B. Simonis*, Carr.). Chine. Touffu, très-drageonnant, feuilles fines.
— de Quihou (*B. Quihoui*, Hort.) Japon sept. Feuillage fin, belle espèce.
× — doré (*B. aurea*, Sieb.). Japon. Tiges et rameaux jaunes.
× Buplèvre frutescent (*Buplevrum fruticosum*, L.). Europe. mérid. Feuillage vert bleuâtre.
Buis à feuilles de thym (*Buxus sempervirens*, L. var. *thymifolia*.). Var. cult. à petites f^{lles}.
— à feuilles étroites (*B. s. angustifolia*). Var. cult. à feuilles très-étroites.
— marginé (*B. s. marginata*). Var. cult. à feuilles bordées de jaune.
— doré (*B. s. variegata aurea*). Var. cult. à feuilles panachées de jaune.
× — argenté (*B. s. argentea*). Var. cult. à feuilles bordées de blanc.
× — de Mahon (*B. balearica*, Willd.). Iles Baléares. Espèce à port dressé, larges feuilles.
— du Japon (*B. japonica*, Müll. arg.). Japon. Large et beau feuillage.
Buisson ardent de Lalande (*Cratægus Pyracantha*, L. var. *Lalandei*). Var. cult. baies abond.
— nain (*C. P. pauciflora*, Hort.). Var. cult. naine, excellente pour rochers.
— crénelé (*C. crenulata*, Roxb.). Népaul. Feuilles crénelées ; pour rochers.
Citronnier à 3 feuilles (*Citrus triptera*, Desf.). Japon. Rustique, à essayer pour clôtures.
Canneberge à gros fruits (*Oxycoccus macrocarpus*, Pers.). Amér. sept. Fruit d'ornement.
× Chalef pendant (*Elæagnus reflexa*, Dcne). Japon. Rameaux retombants, tres-beau.
— du Canada (*Shepherdia canadensis*, Nutt.). Amér. sept. Feuillage argenté dessous.
— argenté (*S. argentea*, Nutt.). Amér. sept. Plus grand, f^{lles} plus petites, blanches.
Châtaignier toujours vert (*Castanopsis chrysophylla*, A. DC.). Orégon, Californie.
Collétia hérissé (*Colletia ferox*, Gill. et Hook.). Chili. Très-épineux ; pour rochers.

TRAVAUX D'EXÉCUTION. — PLANTATIONS.

Collétia en croix (*C. cruciata*, Gill. et Hook.). Chili. Plus vigoureux; rochers.
× Cotonéaster acuminé, du Népaul ou de Simons (*Cotoneaster acuminata*, Lindl.). Népaul.
×   —   à feuilles de buis (*C. buxifolia*, Wall.). Népaul. Rampant, baies coccinées.
  —   — rondes (*C. rotundifolia*, Wall.). Népaul. — — feuilles petites.
  —   — de thym (*C. thymifolia*, Booth). Népaul. — — — minuscules.
×   —   à petites feuilles (*C. microphylla*, Wall.). Népaul. — baies roses.
Daphné des collines (*Daphne collina*, Smith). Italie. Ouest et Midi de la France.
  — de la Carniole (*D. Blagayana*, Freyer). Carniole. Fleurs blanc jaunâtre; rochers.
× Épine-vinette de Darwin (*Berberis Darwini*, Hook.). Chili. Très-bel arbuste, fleurs dorées.
×   — à fruit doux (*B. dulcis*, Sweet). Amér. australe. Feuilles de buis, fleurs dorées.
  — à feuilles étroites (*B. stenophylla*, Hort.). Hybride hort. Buissonneux, belles fleurs.
Fragon hypophylle (*Ruscus Hypophyllum*, L.). Italie. Nain, feuillage raide, épineux.
×   — alexandrin (*R. racemosus*, L.). Région méditerranéenne. Rameaux gracieux.
Filaria de Vilmorin (*Phyllirœa Vilmoriniana*, Boiss.). Orient. Grandes feuilles de laurier.
× Fusain du Japon (*Evonymus japonicus*, Thunb.). Japon. Type connu, feuilles vertes.
×   —   — argenté (*E. j. argenteus*). Var. cult. Excellente var. panachée de blanc.
  —   — doré (*E. j. aureus*). Var. cult. Belle panachure jaune.
  —   — à larges feuilles (*E. j. latifolius*). Var. supérieure au type.
  —   — radicant (*E. gracilis*, Sieb.). Japon. Espèce propre aux rocailles.
  —   —   — panaché (*E. g. foliis variegatis*). Var. cult. pan. de blanc et de rose.
Garrya elliptique (*Garrya elliptica*, Dougl.). Californie. Bel arbuste, feuilles vert foncé.
  — de Fadyen (*G. Fadyeni*, Hook.). Amér. mérid. Souffrent tous deux des grands froids.
Gaulthérie couchée (*Gaultheria procumbens*, L.). Amér. sept. Nain, rampant; pour rochers.
  — Shallon (*G. Shallon*, Pursh). Amér. sept. Plus dressé, fl. bl., baies rouges.
Houx à feuilles de Cassiné (*Ilex Cassine*, Ait.). Amér. sept. Feuilles lancéolées, dentées.
  — cornu (*I. cornuta*, Lindl.). Chine. Feuilles tronquées et cornues au sommet.
× Kalmia à larges feuilles (*Kalmia latifolia*, L.). Amér. sept. Très-bel arbuste, fleurs roses.
  — à feuilles étroites (*K. angustifolia*, L.). Amér. sept. Nain, grêle, fleurs roses.
  — glauque (*K. glauca*, Ait.). Amér. sept. Feuillage d'olivier, nain, fleurs roses.
× Laurier de Portugal (*Cerasus lusitanica*, Lois.). Portugal. Espèce très-connue.
  — des Açores (*C. azorica*, Hort.). Açores. Port plus étalé, espèce recommandable.
×   — cerise (*C. Lauro-Cerasus*, Lois.). Europe australe. Espèce très-connue.
×   — — de Versailles (*C. L. latifolia*). Var. à grand feuillage, très-belle.
×   — — de la Colchide (*C. L. colchica*). Var. à nuance glaucescente, très-jolie.
×   — — du Caucase (*C. L. caucasica*). Feuilles obtuses, port compacte.
× Laurier-tin à feuilles rondes (*Viburnum Tinus*, L. var. *rotundifolia*). Var. cult., très-distincte
  — luisant (*V. T. lucidum*, Hort.). Var. cult. à feuilles vernies, grandes.
  — changeant (*V. T. variabile*, Hort.). Var. cult. à fleurs blanches passant au rose.
Lédon des marais (*Ledum palustre*, L.). Europe bor. Feuilles étroites, odorantes, fl. bl.
  — à larges feuilles (*L. latifolium*, Ait.). Amér. sept. Feuilles plus larges, fl. blanches
Lierre en arbre (*Hedera Helix*, L., var. *arborea*). Var. cult. à forme dressée, compacte.
  — — panaché (*H. H. arborea argentea*). Var. cult. — panachée de bl.
× Mahonia à feuilles de houx (*Mahonia Aquifolium*, Nutt.). Amér. sept. Espèce précieuse.
  — du Japon (*M. japonica*, DC.). Japon. Grand feuillage, panicules de fleurs jaunes.
× Millepertuis à grandes fleurs (*Hypericum calycinum*, L.). Orient. Pour gazons et rochers.
Morelle fastigiée (*Solanum fastigiatum*, Willd.). Mexique. Grand, beau, trop peu répandu.
Nandina domestique (*Nandina domestica*, Thunb.). Chine. Feuillage penné, fl. blanches.
Nerprun à larges feuilles (*Rhamnus latifolius*, L'Hér.). Açores. Gr. et belles feuilles.
  — à feuilles d'olivier (*R. oleifolius*, Hook.). Amér. sept. Feuilles moyennes oblong.
  — alaterne panaché (*R. Alaternus*, L., v. *argenteus*). Var. cult. Belle panach. délicat.
Oléaria de Haast (*Olearia Hastii*, Hook.). Australie. Fleurs blanches, jolies. Encore rare.

Pernettie mucronée (*Pernettya mucronata*, Gaud.). Petit arbuste, fl. blanches; rochers.
Prinos glabre (*Prinos glaber*, L.). Amér. sept. Petit arbuste buissonneux, vert foncé.
× Rhododendron du Pont (*Rhododendrum ponticum*, L.). Asie Mineure, Portugal. — Variétés cultivées nombreuses, et croisements avec d'autres espèces.
× — hybrides de — *ponticum, catawbiense, caucasicum et arboreum*. — Nomb. variétés à fleurs blanches, roses, rouges, violettes, ponctuées, maculées, etc.
— campanulé (*R. campanulatum*, D. Don). Thibet. Plusieurs variétés horticoles.
— précoce (*R. hybridum præcox*, Parker.). Hybride horticole de *R. ciliatum* et *R. Dahuricum*. Fleurs violettes, au printemps.
— géant (*R. maximum*, L.). Amér. sept. Semi-arborescent, fleurs roses.
× — de Catawba (*R. Catawbiense*, Mich.). Caroline. Nombreuses variétés cultivées.
× — du Caucase (*R. caucasicum*, Pall.). Nombreuses variétés cultivées.
× Séneçon en arbre (*Baccharis halimifolia*, L.). Amér. sept. Très-rustique, fruits soyeux.
× Troëne de Chine (*Ligustrum Stauntoni*, DC.). Chine (*L. sinense* des horticult.) Très-joli.
× — — nain (*L. s. nanum*, Hort.). Var. cult. Plus naine, excellent arbuste.
— commun panaché (*Ligustrum vulgare*, L., *fol. variegatis*). Var. panachée.
— — à fruits blancs (*L. v. fructu albo*). Var. curieuse par contraste.
× — — de Californie (des horticult.) (*L. ovalifolium*, Hassk.). Japon.
× — luisant (*L. lucidum*, Ait.). Chine. Serait le *L. japonicum* des horticulteurs ?
× — du Japon (*L. japonicum*, Thunb.). Japon. Serait le *L. lucidum* des horticulteurs ?
× Yucca flasque (*Yucca flaccida*, Haw.). Amér. sept. Espèce commune, acaule.
× — pendant (*Y. recurvifolia*, Salisb.). Géorgie. Feuilles retombantes, port élégant.
× — glauque (*Y. glaucescens*, Haw.). Amér. sept. Feuilles d'un ton bleuâtre, retomb.
— filamenteux (*Y. filamentosa*, L.). Caroline et Virginie. Feuilles dressées, courtes.
— à feuilles étroites (*Y. angustifolia*, Pursh). Amér. sept. Feuilles dressées, fines.
× — glorieux (*Y. gloriosa*, L.). Amér. sept. Feuilles dressées, glauques, plissées.
— à baies (*Y. baccata*, Torr.). Mexique. Nouvelle introduction, baies mangeables.
— de Trécul (*Y. canaliculata*, A. Gray). Texas. La plus belle espèce rustique.

C. *Sarmenteux et grimpants*.

Actinidie grimpante (*Actinidia volubilis*, Lavall.). Japon. Très-vigoureux, pour rochers.
Akébia à 5 feuilles (*Akebia quinata*, Dcne). Japon. Fleurs lie de vin, joli feuillage.
× Aristoloche siphon (*Aristolochia Sipho*, L'Hér.). Amér. sept. Beau feuillage arrondi.
— débile (*A. debilis*, Sieb. et Zucc.). Japon. Plus petite, nombreuses fleurs.
× Bignone de Virginie (*Tecoma radicans*, Juss.). Amér. sept. Jasmin rouge de Virginie.
— rouge (*T. r. punicea*). Var. cult. Belle variété à fleurs rouge foncé.
× — à grandes fleurs (*T. grandiflora*, Delaun.). Japon. Magnifiques fl. rouge orangé.
— — rouge (*T. g. rubra*). Var. cult. A fleurs d'un rouge plus foncé.
— à vrilles (*Bignonia capreolata*, L.). Amér. sept. Feuilles persistantes, fl. orangées.
Célastre grimpant (*Celastrus scandens*, L.). Amér. sept. Très-rustique, baies orangées.
Chèvrefeuille jaune (*Lonicera hirsuta*, Eaton). Amér. sept. Belles fleurs jaunes.
— à grandes feuilles (*L. macrophylla*, Hook.). Amér. sept. Fleurs jaunes.
— d'Occident (*L. occidentalis*, Steud.). Amér. sept. Fleurs jaunes.
— de Plantières (*L. o. Plantierensis*, Éd. André). Var. cult. Fl. jaune orange.
× — cocciné (*L. sempervirens*, Ait.). Amér. sept. Fleurs d'un beau rouge cocciné.
× — du Japon (*L. confusa*, DC.). Chine et Japon. Fleurs blanches et jaunes suaves.
× — de la Chine (*L. chinensis*, Wats.). Chine. Tiges et feuilles rougeâtres, fl. suaves.
— à pied court (*L. brachypoda*, DC.). Japon. Feuilles de formes diverses.
× — réticulé (*L. b. reticulata*). Var. cult. A feuilles réticulées de nervures dorées.
— à petites fleurs (*L. parviflora*, Lamk). Amér. sept. Jolis fruits rouges d'ornem.

TRAVAUX D'EXÉCUTION. — PLANTATIONS.

× Clématite odorante (*Clematis Flammula*, L.). Europe mér. Plante connue, à odeur suave.
— des montagnes (*C. montana*, Hamilt.). Himalaya. Grandes fl. blanches parfum.
× — bleue (*C. Viticella*, L.). Europe mérid. Viorne bleue ordinaire.
× — à grandes fleurs (*C. patens*, Dcne). Japon. Très-grandes fleurs bleues.
× — — de Jackmann (*C. p. Jackmanni*). Admir. hybride. Fleurs violet bleu.
— — Lucie Lemoine (*C. p. alba plena*). Var. cult. Blanc pur, fleurs doubles.
— — Mad. Grangé (*C. p. violaceo.-rubra*, Hort.). Var. cult. Fleurs violet rouge.
— de Siebold (*C. Sieboldi*, Don). Japon. Fleurs blanches, étamines en boule.
× — laineuse (*C. lanuginosa*, Lindl.). Japon. Très-grandes fleurs lilas pâle.
— — blanche (*C. l. alba*). Var. cult. A fleurs blanches énormes.
— jaune (*Clematis orientalis*, L.). Caucase. Glauque. nombreuses, Fleurs jaune pâle.
— à feuille d'ache (*C. apiifolia*, DC.). Japon. Fleurs blanches, à l'automne.
— biternée (*C. biternata*, Sieb. et Zucc.). Japon. — —
— du Japon (*C. japonica*, Thunb.). Japon. — —
— de Durand (*C. Durandi*, Lemoin.). Hyb. peu vigoureux, grandes fl. violettes.
× Glycine frutescente (*Wistaria frutescens*, DC.). Amér. sept. Grappes petites, bleues.
× — de la Chine (*W. Chinensis*, DC.). Chine. Superbe liane à grappes grandes, viol.
× Jasmin blanc (*Jasminum officinale*, L.). Asie. Le jasmin blanc odorant, si connu.
× — à fleurs nues (*J. nudiflorum*, Lindl.). Chine. Fleurs jaunes nombreuses l'hiver.
Lierre commun doré (*Hedera Helix*, L. *foliis aureis*). Var. cult. F^{lles} panachées de jaune.
× — d'Irlande (*H. H. hibernica*). Var. cult. La plus usitée dans les jardins
— d'Alger (*H. H. algeriensis*). Var. cult. Grandes feuilles très-luisantes.
— de Regner (*H. H. cordata*). Var. cult. Grandes feuilles en cœur.
— palmé (*H. H. palmata*). Var. cult. Feuilles découpées lobées ou palmatifides.
— argenté (*H. H. foliis argenteis*). Var. cult. à feuilles tachées de blanc.
Lyciet de Chine (*Lycium chinense*, Mill.). Chine. Très-sarment., pour haies et murs.
Ménisperme du Canada (*Menispermum canadense*, L.). Très-vigoureux, feuillage vert clair
— de Sibérie (*M. dahuricum*, DC.). Daourie. Feuillage tomenteux.
Périploca de la Grèce (*Periploca græca*, L.). Europe mérid. Très-vigoureux.
Renouée de Chine (*Polygonum chinense*, L.). Chine. Très-vigoureux feuillage.
Ronce commune à feuilles laciniées (*Rubus fruticosus*, L. *laciniatus*). Var. cult. Rochers.
— — à fleurs doubles (*R. f. flore pleno roseo*). Var. cult. Fleurs pleines roses.
— — blanche (*R. f. flore pleno albo*). Var. cult. Fleurs pleines blanches.
— à bois bleu (*R. leucodermis*, Dougl.). Orégon. Bois d'un blanc bleuâtre.
× Rosier thé (*Rosa indica*, L.). Chine. — Nombr. var. cult. Gèlent parfois à Paris.
× — multiflore (*R. multiflora*, Thunb.). Japon. Nomb. var. cult. Fleurs abondantes.
— capucine (*R. Eglanteria*, L.). Asie occid. Jolies fleurs simples, jaunes.
— — ponceau (*R. E. punicea*). Var. cult. — coccinées.
— — persian yellow (*R. E. flore pleno*). Var. cult. Fl. très-doubles, jaunes.
— à feuilles de ronce (*R. rubifolia*, R. Br.). Amér. sept. Fleurs doubles, blanc rosé.
— de Banks (*R. Banksiæ*, R. Br.). Chine. Var. surtout pour l'Ouest et le Midi.
— — jaune (*R. B. flore pleno sulfureo*). Var. cult. fl. jaun. très-doubl. abond.
— — blanc de la Chine (*R. B. grandiflora*). Var. cult. gr. fl. bl. odorantes.
— — blanc (*R. B. flore pleno albo*). Var. cult. Petites fleurs blanches.
— Manetti (*R. ayrshirea*, Lindl.). Patrie? Var. hort. Porte-greffe en Angleterre.
× Vigne vierge commune (*Ampelopsis quinquefolia*, Mich.). Amér. sept. Belle espèce connue.
— — à feuilles découpées (*A. aconitifolia*, Bunge). Amér. bor. Feuillage lacinié.
— — hétérophylle (*A. heterophylla*, Thunb.). Japon. Feuilles de formes différentes.
— — à trois pointes (*A. tricuspidata*, Sieb. et Zucc.). Japon. Syn. de *A. Veitchi*.
— cotonneuse (*Vitis Labrusca*, L.). Amér. sept. Grand feuillage blanc en dessous.
— d'été (*V. æstivalis*, L.). Amér. sept. Feuilles plus arrondies.

× Vigne à feuilles en cœur (*V. cordifolia*, Mich.). Amér. sept. Très-ornementale.
— vierge panachée (*Cissus vitiginea*, L. *variegata*). Indes orient. Panachure tricolore.

DISTRIBUTION DES ESPÈCES LIGNEUSES SUIVANT LEURS QUALITÉS UTILES OU ORNEMENTALES.

Parmi les formes multiples revêtues par les végétaux sur le globe, le total des espèces précédemment énumérées est bien faible. Elles constituent néanmoins un élément du [plus grand intérêt dans l'ensemble de la végétation des régions froides et tempérées, et donnent aux paysages de l'hémisphère boréal une physionomie très-distincte des contrées australes. Nos parcs et nos jardins doivent à ces essences leur plus belle parure, et l'alimentation leur emprunte ses principaux produits, modifiés incessamment par l'industrie de l'homme. Les végétaux du Nord nous attachent plus que ceux du Midi. Il semble que la demeure du genre humain soit plus naturellement fixée sur la moitié septentrionale tempérée du sphéroïde terrestre, et que les splendeurs végétales de l'Inde, de l'Amérique du Sud, de cette Afrique encore si peu connue et de l'Océanie, soient impuissantes à arracher l'homme aux séductions, à la fois modestes et puissantes, de cet hémisphère où il a pris naissance et que la Providence a si largement pourvu de ce qui pouvait lui servir et lui plaire.

Le nombre des espèces phanérogames (c'est-à-dire portant des fleurs apparentes) existant sur la surface entière du globe était évalué en 1820 à 120,000, en 1836 à 200,000, et en 1855 à 250,000[1]. Ce chiffre est probablement insuffisant si la loi de progression des nouvelles espèces décrites, signalée dans le dernier volume de *Prodromus*, en 1873[2], a suivi la même marche, comme tout semble l'indiquer. Encore considérons-nous l'espèce selon sa valeur linnéenne, et non suivant la division extrême des types admise par M. Jordan et quelques botanistes modernes, méthode qui recule à l'infini les limites spécifiques, sans les rendre plus claires.

Les flores tropicales absorbent la plus grande part dans ce nombre considérable. Certaines régions chaudes du globe, l'Inde, le Brésil, les Cordillères, ont révélé d'incomparables richesses. Pour ne citer qu'un souvenir personnel, le total des espèces de plantes que j'ai recueillies pendant mon exploration dans l'Amérique du Sud, dépasse 4,300, près du double de la flore phanérogamique totale de la France du Nord, du Centre et de l'Ouest. Cependant, comme les plantes de ces régions contenues dans nos jardins sont pour la plupart cultivées en serre, elles ne peuvent présenter pour nous l'intérêt des espèces ligneuses septentrionales, dont nous venons d'énumérer les plus beaux types. Tout ce qui peut croître et prospérer à l'air libre, sous notre climat, est plus précieux que les plus belles espèces

---

1. A. de Candolle, *Géog. bot.*, p. 1286.
2. DC. *Prodromus*, XVII, p. 311.

exotiques à tempérament délicat. D'ailleurs la culture a développé considérablement la valeur ornementale de la majeure partie de ces végétaux, et nous avions raison de dire que c'est l'excès de richesse dont il faudrait se plaindre. C'est donc en étudiant les conditions diverses, favorables à la croissance des diverses espèces, que l'on en connaîtra le meilleur emploi utile et ornemental.

On devra d'abord se préoccuper de la nature du sol et du sous-sol, des moyens de l'améliorer et d'empêcher l'envahissement de la végétation spontanée. Puis viendra l'étude du climat, du régime des pluies, des vents dominants, exerçant une grande influence sur la végétation des plantes. L'abri, la proximité des montagnes, qui apportent le froid ou la chaleur suivant leur orientation, sont aussi à considérer. L'altitude au-dessus du niveau de la mer décide de la possibilité de cultiver certaines espèces montagnardes; elle permet de se rendre compte de la rusticité des végétaux à planter. On sait, en effet, que la température diminue environ d'un degré par 168 mètres[1] d'altitude dans nos régions. Enfin le voisinage de la mer, favorable à certaines espèces, fatal à d'autres, propice à une magnifique végétation subtropicale lorsqu'il est sous l'influence du *Gulf-stream* ou grand courant chaud du Mexique, devient une considération de premier ordre dans la plantation et dans la culture des végétaux de plein air.

Le choix dans les espèces fera ensuite l'objet des investigations de l'architecte-paysagiste. Cette tâche réclame une mémoire sûre, du jugement et de l'expérience. J'ai fait remarquer que ces trois conditions étaient rarement remplies, et que la majeure partie des plantations dans les jardins était exécutée avec la plus grande indifférence. Il n'est pas rare de trouver un architecte-paysagiste préparant seulement les listes de plantations d'après le catalogue d'un pépiniériste voisin, et ne se préoccupant guère, par des combinaisons dans les hauteurs, les formes et les couleurs des végétaux, des effets futurs de son travail.

Les listes suivantes, où sont groupés les arbres et les arbustes suivant un certain nombre d'affinités spéciales, ont pour but de remédier en partie à cette insuffisance. Ces choix s'appliquent au climat de Paris et du centre de la France, c'est-à-dire à une moyenne annuelle de +10° à +11° centigrades. Bien que les basses températures hivernales n'y dépassent guère —10 à 12°, on a vu le thermomètre descendre à Paris à —20° et davantage encore (—23° le 9 décembre 1871), et des arbres considérés comme rustiques (noyers, cèdres, houx, etc.), geler jusqu'au pied. Je me suis maintenu entre ces écarts exceptionnels et les températures bénignes des trois derniers hivers. Pour donner mon *criterium*, je considère, dans ce travail, le laurier-cerise (*Cerasus Lauro-Cerasus*) comme rustique, et j'écarte les céanothes californiens, le *Buddleia globosa*, etc., reportant ainsi les espèces délicates et douteuses aux régions de l'Ouest et du Midi.

---

1. D'après C. Martins, *Patria*.

Je préfère limiter le nombre des espèces groupées dans chaque section que de recommander des plantes non répandues dans les cultures. Sans doute quelques unes ne sont pas aussi généralement cultivées par les pépiniéristes qu'elles mériteraient de l'être, mais toutes peuvent se trouver dans le commerce, si l'on choisit soigneusement ses sources. J'ai évité également de citer des espèces curieuses plutôt que belles, et qui n'ont d'intérêt que pour les spécialistes. Un travail de ce genre, intéressant à plusieurs égards, publié en anglais par M. A. Mongredien, présente le grave défaut de signaler comme faisant partie du domaine commun un certain nombre d'espèces à peine connues des amateurs et qu'il serait impossible de se procurer en quantité notable, même dans les pépinières de l'Angleterre [1].

J'ai recommandé les espèces que je connais et que j'ai éprouvées, et si j'en ai oublié qui aient du mérite, c'est que je manquais de renseignements sur leur compte ou que je leur reconnais des défauts pour la plantation ordinaire des parcs et des jardins.

La rédaction de ces listes ne porte que le nom scientifique ou latin. J'espère ainsi être plus facilement compris des lecteurs de diverses nationalités, à qui les noms vulgaires français des plantes ne sont pas familiers, bien que notre langue leur soit connue. On trouvera d'ailleurs le nom français correspondant dans la liste générale, qui comprend toutes les espèces mentionnées dans les groupes ci-après.

La marque * est placée devant les espèces les plus remarquables pour leur beauté ou les plus caractérisées dans leur section.

ARBRES DE CROISSANCE RAPIDE, PRINCIPALEMENT DANS LEUR JEUNE AGE.

* Abies Douglasii.
* Acer macrophyllum.
* — pseudo-Platanus.
* Ailantus glandulosa.
* Alnus cordifolia.
* — barbata.
  Betula alba.
  Catalpa syringæfolia.
  Cerasus avium.
  Fraxinus americana.
* Gleditschia Triacanthos.
* Juglans nigra.
  Larix europæa.
* Negundo fraxinifolium.
* Paulownia imperialis.

* Pinus Laricio.
* Platanus orientalis.
  Populus nigra.
* — ontariensis.
* — canadensis.
* — angulata.
  Robinia pseudo-Acacia.
* — monophylla.
  — viscosa.
* Salix alba.
* — pentandra.
  — babylonica.
  Sequoia sempervirens.
  Thuia gigantea (Lobbii).
  Tilia heterophylla.

[1]. *Trees and Shrubs for English plantations.* Londres, 1870. — Je citerai, dans cet ouvrage : *Nitraria Schoberi*, L.; *Gordonia pubescens*, Pursh; *Malachodendron ovatum*, Cav.; *Panax horridum*, Smith; *Calophaca Volgarica*, Fisch.; *Dirca palustris*, L., et autres raretés à peine connues de quelques amateurs.

* Ulmus pedunculata.
* — fulva.

Wellingtonia gigantea.

CHOIX D'ESPÈCES POUR LES TERRAINS PAUVRES.

1° TERRAINS SECS ET PIERREUX OU SABLONNEUX.

A. *Arbres.*

* Acer campestre.
— monspessulanum.
* Ailantus glandulosa.
* Betula alba.
* Cerasus Mahaleb.
— Padus.
Cytisus Laburnum.
Elæagnus angustifolia.
Gleditschia Triacanthos.
Hippophae rhamnoides.

Juniperus communis.
Larix europæa.
* Pinus Pinaster.
* — sylvestris.
* — austriaca.
Populus alba.
Ptelea trifoliata.
Quercus sessiliflora.
* Robinia pseudo-Acacia.
Ulmus campestris.

B. *Arbustes.*

* Amorpha fruticosa.
Atriplex Halimus.
Berberis vulgaris.
* Buplevrum fruticosum.
Buxus sempervirens.
Caragana arborescens.
* Colutea arborescens.
* Coriaria myrtifolia.
Cornus Mas.
* Mahonia Aquifolium.

Paliurus aculeatus.
Prunus spinosa.
Rhus typhina.
* — Cotinus.
* Salix Capræa.
* Sambucus nigra.
— racemosa.
— nigra (et var.).
* Spartium junceum.
* Ulex europæus.

2° TERRAINS HUMIDES.

A. *Arbres.*

* Alnus glandulosa.
— viridis.
Pinus Strobus.
Platanus orientalis.

* Populus (espèces diverses).
* Salix alba.
— (espèces diverses).
Taxodium distichum.

B. *Arbustes.*

Atriplex Halimus.
Betula nana.
* Cornus alba.
* — sanguinea.

* Hippophae rhamnoides.
Pinus uncinata.
* Tamarix gallica.
— tetrandra.

CHOIX D'ESPÈCES POUR LE BORD DES EAUX, DANS LES TERRAINS PROFONDS.

Arbres.

* Alnus glutinosa imperialis.
— barbata.
— cordifolia.

* Diospyros Virginiana.
Fraxinus excelsior jaspidea.
— — pendula.

* Fraxinus americana.
— juglandifolia.
* Liquidambar styraciflua.
Magnolia glauca.
Nyssa aquatica.
Populus nigra.
— fastigiata.
* — tremuloides.
* — angulata.
* — monilifera.
— canadensis.

* Populus ontariensis.
* Quercus palustris.
* Salix pentandra.
* — daphnoides.
— purpurea pendula.
* — babylonica.
* — fragilis.
* — dasyclados.
* Taxodium distichum.
* Tilia platyphylla.
* — sylvestris.

Arbustes.

Amorpha fruticosa.
Androsæmum officinale.
* Arundinaria japonica.
* Bambusa glauca.
Cephalanthus occidentalis.
* Elæagnus reflexa.
* — hortensis.
Hypericum hircinum.
— patulum.
Lycium (espèces diverses).
* Rhamnus utilis.
* — chlorophorus.

* Rhamnus latifolius.
* Salix incana.
* — purpurea.
* — pendula.
— capræa variegata.
* Sambucus nigra (et variétés.
— pubens.
— canadensis.
Tamarix indica.
— chinensis.
* — tetrandra.

ESPÈCES PROSPÉRANT AU BORD DE LA MER.

A. *sans abri.*

* Atriplex Halimus.
* Cupressus Lambertiana.
Pinus Laricio.
* — Pinaster.

* Pinus austriaca.
Suæda fruticosa.
* Tamarix gallica.

B. *A l'abri d'une première ligne de végétation.*

* Androsæmum officinale.
* Arbutus Unedo.
Acer monspessulanum.
* Artemisia Abrotanum.
Baccharis halimifolia.
* Buddleia Lindleyana.
Buplevrum fruticosum.
Buxus (espèc. div.).
Ceanothus (espèc. div.).
* Cerasus lusitanica.
— Lauro-Cerasus.
* Cistus ladaniferus.
* — laurifolius.
Colutea arborescens.
Coriaria myrtifolia.
* Cotoneaster (espèc. div.).

Cratægus (espèc. div.).
* Cytisus Laburnum.
* Elæagnus angustifolia.
— reflexa.
* Evonymus japonicus.
Ficus carica.
* Hydrangea japonica Hortensia.
Hypericum (espèc. div.).
* Ilex Aquifolium.
Indigofera Dosua.
* Lavatera arborea.
* Ligustrum (espèc. div.).
* Lycium europæum.
Myricaria germanica.
* Photinia serrulata.
* Quercus Ilex.

TRAVAUX D'EXÉCUTION. — PLANTATIONS.

Quercus coccifera.
* Rhamnus latifolius.
* — Alaternus.
Rhus typhina.
Sambucus (espèc. div.).

Spartium junceum.
Tamarix indica.
Taxus baccata.
Ulmus campestris.
* Viburnum Tinus.

On peut ajouter sur les côtes de l'Ouest, dont la température est attiédie par l'influence du *gulf-stream*, un très-grand nombre des espèces cultivées sur la côte méditéranéenne.

ESPÈCES A CULTIVER EN TERRE DE BRUYÈRE [1].

Andromeda (espèc. div.).
Arctostaphylos Uva ursi.
* Arbutus Unedo (variétés div.).
* — Andrachne.
* Azalea (espèc. div.).
* Clethra alnifolia.
— tomentosa.
— acuminata.
Erica (espèc. div.).
Gaultheria Shallon.

Gaultheria procumbens.
* Itea virginica.
* Kalmia (espèc. div.)
Ledum palustre.
— latifolium.
* Menziezia poliifolia.
Oxycoccus palustris.
— macrocarpus.
Pernettya mucronata.
* Rhododendron (espèc. div.).

ARBUSTES CULTIVÉS EN TERRE ORDINAIRE, MAIS QUI SE PLAISENT EN TERRE DE BRUYÈRE.

* Aucuba japonica.
* Berberis Darwini.
Callicarpa americana.
— purpurea.
* Calycanthus floridus.
— lævigatus.
* Ceanothus azureus.
Cephalanthus occidentalis.
* Chimonanthus fragrans (jeune âge).
Cistus (espèc. div.).
* Clerodendron Bungei.
Daphne Cneorum.
— (espèc. div.).

Helianthemum (espèc. div.).
* Hydrangea (toutes les espèces).
* Magnolia discolor.
— glauca.
* — macrophylla.
* — conspicua.
Mahonia japonica.
Myrica pennsylvanica.
Nandina domestica.
Prinos glaber.
* Ribes speciosum.
Shepherdia canadensis.
* Viburnum macrocephalum.

CHOIX D'ARBUSTES PROPRES A GARNIR LES ROCHERS ET ROCAILLES.

Abelia rupestris.
Amygdalus orientalis.
Andromeda (variés).
Azalea pontica.
— sinensis.
Bambusa Fortunei variegata.
Berberis dulcis.

Berberis Darwini.
— stenophylla.
* — Thunbergii.
* Buddleia Lindleyana.
* Campylotropis chinensis.
Catalpa Bungei.
Cerasus caproniana v. nana.

---

[1]. Voir, pour plus de détails : *Traité des plantes de terre de bruyère*, par Éd. André. — Paris, Librairie agricole, 1864. — 1 vol. in-12, 388 pag. et 31 grav.

* Chænomeles japonica umbilicata.
* Cotoneaster buxifolia.
* — microphylla.
— thymifolia.
* Cratægus crenulata.
* Desmodium penduliflorum.
* Elæagnus reflexa.
* Forsythia suspensa.
  Helianthemum (espèc. div.)
* Hypericum monogynum.
* — calycinum.
— patulum.
* Indigofera Dosua.
* Juniperus squamata.
— Sabina.
  Kerria japonica.
* Ligustrum Stauntoni (sinense).
  Ligustrum Ibota.

* Leycesteria formosa.
  Marsdenia erecta.
* Pavia macrostachya.
  Prunus tomentosa.
  Rosa (espèces et variétés sarmenteuses).
  Rhododendron hirsutum.
  — ferrugineum.
* Rhamnus rupestris.
* Rhus glabra laciniata.
* Rubus cratægifolius.
— fruticosus (et var).
* — leucodermis.
* Sambucus nigra laciniata.
  Yucca (variés).
  Weigela grandiflora.
  Et la plupart des espèces sarmenteuses et grimpantes.

ARBRES D'ALIGNEMENT POUR AVENUES, ROUTES, CANAUX, ETC.

A. *Plantations des voies publiques.*

Acer pseudo-Platanus.
— platanoides.
* Æsculus Hippocastanum.
  Fagus sylvatica.
  Fraxinus excelsior.
  Juglans regia.
  Morus alba.
* Platanus orientalis.
  Populus canadensis.

Populus angulata.
— nigra.
* — monilifera.
* — fastigiata.
  Quercus pedunculata.
  Robinia pseudo-Acacia.
  Tilia platyphylla.
  Ulmus campestris latifolia.
* — pedunculata.

B. *Plantations d'alignement pour l'ornement.*

* Abies excelsa.
— pectinata.
* Æsculus rubicunda.
* Acer pseudo-Platanus purpureus.
  Ailantus glandulosa.
* Alnus cordifolia.
* Celtis occidentalis.
— Tournefortii.
  Diospyros virginiana.
* Eucalyptus Globulus (Midi).
* Fraxinus americana.
* — monophylla.
* Juglans nigra.
* Liquidambar styraciflua.
* Liriodendron tulipifera.
* Magnolia grandiflora (ouest).
* Paulownia imperialis.

* Pæhnix dactylifera (Midi).
  Pinus Laricio.
— austriaca.
— Strobus.
— halepensis.
* Pircunia dioica (Midi).
* Planera (Zelkowa) crenata.
  Platanus occidentalis.
  Populus alba var. nivea.
* Quercus coccinea.
* — palustris.
* — alba.
  Styphnolobium (Sophora) japonicum.
* Tilia argentea.
* — sylvestris.
* Ulmus fulva.

TRAVAUX D'EXÉCUTION. — PLANTATIONS.

C. *Plantations d'arbres fruitiers d'alignement.*

A. RÉGION CENTRE NORD.

Cerisier Belle de Choisy.
— anglaise hâtive.
— de Montmorency.
— guigne hâtive.
— griotte noire.
— bigarreau blanc.
— — rose.
— — rouge.
Poirier Blanquet.
— de Bruxelles.
— d'Angleterre.
— Louise bonne d'Avranches.
— Certeau d'automne.
— Capiaumont.
— Émile d'Heyst.
— de prêtre.
— curé.
— Catillac.

Pommier Belle fleur.
— Reinette de Cuzy.
— — du Canada.
— — d'Angleterre.
— — grise.
— — dorée.
— — tardive.
— pigeon.
— de châtaignier.
— de Croncels.
Prunier Quetsche hâtive.
— — d'Allemagne.
— d'Agen.
— Sainte-Catherine.
— jaune tardive.
— Monsieur.
— Reine-Claude de Bavay.
— goutte d'or.

Et des poiriers de variétés locales, vigoureuses et fertiles, comme : *Balosse* (Marne), de *Fosse* (Aube), *Épine du Mas* (Haute-Vienne), à *deux yeux* (Rhône), *Fusée* (Loiret), *Jansemine* (Gironde), d'*Œuf* (Meurthe), *Selecque* (Eure), *Cogné* (Cher), *Carrière* (Seine-et-Marne), *Bonne Jeanne* (Seine), de *Cadeau*, d'*Alouette* (Maine-et-Loire), etc., etc.

B. RÉGION DU MIDI.

Pour le Midi, cette nomenclature s'augmentera des espèces et variétés suivantes, dont le produit est assez considérable dans la Provence et dans le Languedoc :

1° Le cerisier, dans les terrains calcaires ou argilo-calcaires, surtout quand ils sont ferrugineux. On plantera de préférence les bigarreautiers, à rameaux érigés ;

2° L'olivier, qui végète dans tous les terrains ;

3° Le mûrier noir — — ;

4° Le figuier — — ;

5° L'amandier, qui doit être planté de préférence sur les plateaux élevés et battus des vents. Cette situation est une condition essentielle pour assurer sa production ;

6° Le jujubier, qui se plaît surtout dans les terrains sablonneux;

7° Le châtaignier, pour les terrains granitiques, schisteux ou sablonneux;

8° L'azérolier, qui croît dans tous les sols. Ses produits sont de plus en plus estimés et ils deviennent largement rémunérateurs. On devra cultiver de préférence les deux variétés d'Italie, à très gros fruit rouge et à très gros fruit blanc;

9° Le pistachier, qui doit être abrité des grands vents. Greffé sur le P. térébinthe ou mieux encore sur le pistachier vrai (variété de Narbonne), il forme des arbres vigoureux qui se plaisent dans presque tous les terrains. On plante de loin en loin un pied mâle pour assurer la fécondation.

10° Le plaqueminier, qui prospère dans les sols frais et profonds. Les *Diospyros virginiana*, var. *coronaria* et *lucida* et les nouvelles variétés japonaises, *D. Kaki costata* et *D. K. Mazeli*, sont les meilleures.

ESPÈCES PROPRES A FORMER DES HAIES DE CLOTURE.

A. *Défensives.*

Abies excelsa.
Berberis vulgaris.
* Cratægus Oxyacantha.
*   —   lucida (crus galli).
    —   Pyracantha.
Gleditschia Triacanthos.

* Ilex Aquifolium.
Juniperus communis.
* Maclura aurantiaca.
Paliurus aculeatus.
* Ulex europæus

B. *D'ornement.*

* Atriplex Halimus.
Berberis vulgaris purpurea.
Biota orientalis.
* Buxus sempervirens.
* Carpinus Betulus.
* Cerasus Lauro-Cerasus.
* Chænomeles japonica.
Cotoneaster buxifolia.
Deutzia scabra.
    — crenata.
* Evonymus japonicus.
*   — — argenteus.
Ligustrum vulgare.
*   — ovalifolium.
* Lycium europæum.

* Mahonia Aquifolium.
Philadelphus coronarius
* Phylliræa media.
    — angustifolia.
Rhamnus hybridus Billiardi.
    — catharticus.
Ribes sanguineum.
    — Gordonianum.
Ribes Uva crispa.
Symphoricarpos racemosus.
Syringa vulgaris.
* Tamarix gallica.
* Taxus baccata.
* Viburnum Tinus.
Weigela rosea.

ESPÈCES FAVORABLES A LA PROTECTION ET A L'ENTRETIEN DU GIBIER.

On recherche des essences à croissance rapide, formant d'épais fourrés à l'ombre des grands arbres, portant des baies comestibles (au moins pour quelques espèces), et que la dent des lapins ne puisse pas attaquer.

* Androsæmum officinale.
Arctostaphylos Uva ursi.
Buxus sempervirens.
Cerasus lusitanica.
Cornus Mas.

* Cornus alba.
*   — sanguinea.
Cratægus Pyracantha.
Daphne Laureola.
Erica (espèces diverses).

Hypericum calycinum.
— hircinum.
* Ilex Aquifolium.
* Ligustrum vulgare.
* Mahonia Aquifolium.
* Prunus spinosa.
* Rhamnus Frangula.
* — catharticus.
Rhododendron ponticum (Ouest).

Rubus fruticosus.
Ruscus aculeatus.
* Sarothamnus scoparius.
Taxus baccata.
* Ulex europæus.
Vaccinium Myrtillus.
* Viburnum Lantana.
— Opulus.

ARBRES RECOMMANDABLES POUR L'UTILITÉ OU LA BEAUTÉ DE LEUR BOIS.

* Abies Douglasii.
— nobilis.
* — excelsa.
* Acer platanoides.
— rubrum.
* — saccharinum.
Betula papyracea.
* Buxus sempervirens.
* Carya olivæformis.
— alba.
* Cedrus Libani, et var.
— Deodara.
Celtis australis.
— Tournefortii.
Cerasu Padus.
— virginiana.
— avium.
Cladrastis tinctoria.
Cupressus sempervirens.
* Fagus sylvatica.
* Fraxinus excelsior.
— americana.

Ilex Aquifolium.
* Juglans regia.
— nigra.
Larix europæa.
* Liquidambar styraciflua.
Liriodendron tulipifera.
Magnolia acuminata.
Pinus austriaca.
— excelsa.
* — Laricio.
* Planera (Zelkowa) crenata.
* Quercus alba.
— cerris.
* — pedunculata.
* — sessiliflora.
— Ilex.
Sequoia sempervirens.
Taxus baccata.
Tilia europæa.
Ulmus campestris.
* — pedunculata.
* — americana.

CHOIX D'ESPÈCES A RAMEAUX PENDANTS OU PLEUREURS.

A. Arbres.

* Alnus glutinosa imperialis.
Betula alba pendula.
— laciniata.
Biota orientalis filifera.
* Cedrus Deodara.
Cerasus pseudo-Cerasus.
— acida pendula.
* Cratægus linearis.
Elæagnus angustifolia.
* Fagus sylvatica pendula.
* Fraxinus excelsior pendula.

* Gleditschia Triacanthos Bujoti.
Larix americana pendula.
* Pirus salicifolia.
* Salix babylonica.
* Sophora japonica pendula.
Taxodium sinense pendulum.
Taxus Dovastoni.
* Tilia argentea pendula.
Ulmus campestris pendula.
* — montana pendula.
— parvifolia.

B. Arbustes.

* Berberis stenophylla.
* Cotoneaster buxifolia.
* — microphylla.
— thymifolia.
Cytisus purpureus.
* Elæagnus reflexa.
Forsythia suspensa.
Ilex Aquifolium pendulum.

* Juniperus squamata.
Ligustrum Ibota.
Lycium variés.
Malus Toringo.
— Mengo.
Rosa variés.
Rubus variés.
* Tamarix tetrandra.

CHOIX D'ESPÈCES A PORT FASTIGIÉ OU CYLINDRIQUE.

Chamæcyparis Nutkaensis fastigiata.
* Cupressus sempervirens fastigiata.
Fraxinus excelsior atrovirens.
Juniperus excelsa.
* Pinus Cembro.

* Populus nigra fastigiata.
* Quercus pedunculata fastigiata.
* Robinia pseudo-Acacia stricta.
* Taxus baccata hibernica.
Ulmus campestris stricta.

CHOIX D'ESPÈCES REMARQUABLES PAR LA FORME OU LA GRANDEUR DE LEURS FEUILLES.

A. Arbres.

* Abies nobilis.
— Nordmanniana.
* — Pinsapo.
— grandis.
* — Khutrow.
* — Menziezii Parryana.
Acer eriocarpum.
* — macrophyllum.
* Æsculus Hippocastanum.
* — Chinensis.
* Ailantus glandulosa.
* Alnus cordifolia.
* Araucaria imbricata.
* Catalpa syringæfolia.
* Cedrela sinensis.
* Chamærops Fortunei.
Cupressus Knightiana.
Diospyros virginiana.
* — Kaki costata et var.
* Fraxinus juglandifolia.
— cinerea.
* Gymnocladus canadensis.
Juglans nigra.
— cinerea.
— Vilmoriniana.

* Larix Kæmpferi.
Liquidambar styraciflua.
* Liriodendron tulipifera.
Maclura aurantiaca.
Magnolia acuminata.
* — grandiflora.
* — macrophylla.
Padus virginiana.
* Paulownia imperialis.
Pinus Sabiniana.
* — excelsa.
* Platanus (2 espèces).
* Populus angulata.
* — ontariensis.
* Pterocarya (divers).
* Quercus macrocarpa.
— Mirbeckii.
— alba.
Sorbus majestica.
* — vestita.
— americana.
Taxodium distichum.
* Tilia heterophylla.
— glabra.
Wellingtonia gigantea.

B. Arbustes.

* Acer polymorphum et var.
* Aralia chinensis.
* — spinosa.
Arbutus Unedo.
* — Andrachne.
* Arundinaria japonica.
Asimina triloba.
* Aucuba japonica et var. div.
* — himalaica.
* Bambusa Ragamowski.
— div. esp.
Calycanthus occidentalis.
* Cerasus Lauro-Cerasus latifolia.
Chionanthus virginica.
Clerodendron Bungei.
Cotoneaster frigida.
Evonymus atropurpureus.
Garrya elliptica.
Hydrangea involucrata.
* — cordata.
* — quercifolia.
Ilex Aquifolium div. var.
— latifolia.
* Ligustrum lucidum latifolium.

Ligustrum compactum.
* Mahonia japonica.
Pæonia Moutan.
Pavia macrostachya.
Photinia serrulata.
Phylliræa Vilmoriniana.
* Rhamnus alpinus major.
* — libanoticus.
Rhododendron div. esp. et var.
* Rhus Osbeckii.
— typhina.
— glabra laciniata.
* — vernicifera.
Spiræa Lindleyana.
Viburnum pirifolium.
— Oxyccocos.
— Lentago.
— nudum.
— reticulatum.
— mexicanum.
* Yucca gloriosa.
* — canaliculata.
— glaucescens.
* — recurvifolia.

CHOIX D'ESPÈCES A FEUILLAGE COLORÉ ET PANACHÉ.

A. COLORATION NORMALE.

1e Arbres.

* Abies Menziezii Parryana.
* — nobilis glauca.
* Acer pseudo-Platanus purpureus.
* — colchicum rubrum.
Betula alba foliis purpureis.

Catalpa syringæfolia aurac.
Elæagnus angustifolia.
* Fagus sylvatica purpurea.
* Pirus salicifolia.
Salix alba.

Arbustes.

* Berberis vulgaris purpurea.
Castanopsis chrysophylla.
Evonymus europæus fol. violaceis.

* Corylus Avellana fol. purpureis.
Biota orientalis aurea.
Shepherdia argentea.

B. COLORATION AUTOMNALE OU HIVERNALE.

1 Arbres.

* Acer platanoides.
— saccharinum.
— eriocarpum.
* — rubrum.
— monspessulanum.

Betula alba.
— papyracea.
Cerasus avium.
Chamæcyparis squarrosa.
* Cratægus Torminalis.

Cryptomeria elegans.
Gingko biloba.
Gledidschia Triacanthos.
Kœlreuteria paniculata.
* Liquidambar styraciflua.
Liriodendron tulipifera.
* Nyssa aquatica.

* Pirus communis.
Populus variés.
* Quercus palustris.
* — rubra.
* — coccinea.
* Sassafras officinale.
* Taxodium distichum.

2ᵉ Arbustes.

Amelanchier Botryapium.
Aronia grandifolia.
Azalea pontica.
— nudiflora.
* Berberis Thunbergii.
Cotoneaster acuminata.
* Cornus sanguinea.
— alba.
— sericea.
Evonymus europæus.

* Evonymus latifolius.
* Rhus Cotinus.
* — glabra.
* — — laciniata.
* — typhina.
* — vernicifera.
Ribes aureum.
Spiræa prunifolia flore pleno.
* Viburnum Opulus.
— Oxycoccos.

3° Arbustes sarmenteux et grimpants.

* Ampelopsis quinquefolia.
— aconitifolia.
— dissecta.
— heterophylla.
* — tricuspidata.
Bignonia capreolata.
Celastrus scandens.

Rubus fruticosus.
* Vitis Labrusca.
— æstivalis.
* — cordifolia.
* — vinifera fol. purpur.
— — — atropurp.

C. PANACHURE.

1° Arbres.

* Æsculus Hippocastanum foliis variegatis.
* Ilex Aquifolium, nomb. var. — —
* Negundo fraxinifolium, foliis variegatis.
— pseudo-Platanus — —

* Padus virginiana aucubæfolia.
Quercus pedunculata var. Concordia.
* Salix Capræa foliis variegatis.
Ulmus campestris — —

2° Arbustes.

Aucuba japonica foliis variegatis.
* Bambusa Fortunei — —
Berberis vulgaris — —
Buxus sempervirens foliis marginatis.
* — — — argenteis.
— — — aureis.
* Cissus vitiginea variegata.
* Cornus alba foliis variegatis.
* — Mas — —
* Daphne Laureola foliis variegatis.
— Cneorum fol. marginatis.
* Elæagnus reflexa fol. varieg.
* Evonymus gracilis. — —

* Evonymus japonicus foliis argenteis.
— — — aureis.
* — — latifolius aureus.
— gracilis foliis variegatis.
Fontanesia phylliræoides — —
* Hedera Helix foliis argenteis.
— — — aureis.
— — — punctatis.
* Hibiscus syriacus foliis variegatis.
* Hydrangea japonica — —
Kalmia angustifolia — —
* Kerria japonica — —
Ligustrum vulgare — —

Ligustrum ovalifolium foliis variegatis.
* — japonicum tricolor.
* Lonicera brachypoda reticulata.
Phylliræa media foliis variegatis.
Rhamnus castaneæfolius — —
* — Alaternus fol. argenteis.
Rhododendron ponticum fol. var.
* — neriifolium. — —
— caucasicum. — —

Ribes nigrum foliis variegatis.
Rubus fruticosus — —
* Sambucus nigra fol. marginatis aureis.
* — — — argenteis.
Skimmia japonica fol. varieg.
* Solanum jasminoides — —
Symphoricarpus racemosus — —
Viburnum Tinus — —
* Weigela grandiflora — —

CHOIX D'ESPÈCES REMARQUABLES PAR LA BEAUTÉ DE LEURS FLEURS.

A. *Arbres.*

1° PRINTEMPS.

* Æsculus Hippocastanum flore pleno.
* — rubicunda.
* — californica.
* Cerasus avium flore pleno.
* — pseudo-Cerasus flore pleno.
* Cerasus serrulata.
Cercis siliquastrum.
Cratægus (la plupart des espèces).
* Cytisus Laburnum.
— Adami.
* Magnolia conspicua.
* Magnolia obovata Lennei.
* — Campbelli.
* Malus spectabilis flore pleno.
— baccata.
— cerasifera.
— coronaria.

* Malus floribunda.
* Ornus europæa.
Padus virginiana.
Paulownia imperialis.
* Persica vulgaris flore pleno.
* — sinensis div. var.
Photinia serrulata.
Pirus salicifolia.
— sinensis.
Robinia pseudo-Acacia.
* — — Decaisneana.
* — viscosa.
* — hispida.
Sorbus Aucuparia.
— hybrida.
— vestita.
— majestica.

2° ÉTÉ ET AUTOMNE.

* Catalpa syringæfolia.
— Kæmpferi.
Cladrastis tinctoria.
Kœlreuteria paniculata.
Liriodendron tulipifera.

* Magnolia grandiflora.
— macrophylla.
— glauca.
* Robinia pseudo-Acacia semperflorens.
— viscosa.

B. — *Arbustes.*

1° PRINTEMPS.

* Amygdalus nana.
— orientalis.
Aronia grandifolia.
— melanocarpa.
* Azalea (toutes les espèces et var.).
Berberis dulcis.
* — Darwini.
— stenophylla.

Bignonia capreolata.
Caragana Chamlagu.
Cerasus Lauro-Cerasus.
— lusitanica.
* Chænomeles japonica et var. div.
Chionanthus virginica.
Clematis montana.
Cratægus (toutes les espèces et var.).

Éd. ANDRÉ.

Cratægus Pyracantha.
Cytisus albus et autres esp.
— purpureus.
* — nigricans.
Daphne Mezerum.
Deutzia (toutes les espèces).
Forsythia viridissima.
— suspensa.
Jasminum nudiflorum.
* Kalmia latifolia.
Kerria japonica et var. flore pleno.
* Lonicera Caprifolium.
— Periclymenum.
— tatarica et var.
Mahonia japonica.
* — Aquifolium.
Nuttallia cerasiformis.
* Philadelphus (toutes les espèces).
* Pæonia Moutan et var. div.
* Prunus triloba flore pleno.
* — japonica et var.

Prunus spinosa flore pleno.
* Rhododendron (nomb. espèces et var.).
* Ribes sanguineum et var.
— malvaceum.
— Gordonianum.
* Rosa (nomb. espèces et variétés).
Rubus (div. esp.)
* Spiræa (presque toutes les espèces).
Staphylea pinnata.
— colchica.
* Syringa vulgaris et var.
— persica d°.
* — dubia.
— Emodi.
— Josikæa.
* Tamarix tetrandra.
Viburnum Opulus sterile.
* Xanthoceras sorbifolia.
* Weigela rosea et var.
* — grandiflora.
* Wistaria chinensis.

2° ÉTÉ ET AUTOMNE.

* Abelia rupestris.
— triflora.
Andromeda (toutes les espèces).
Androsæmum officinale.
Arbutus Unedo flore roseo.
* Buddleia Lindleyana.
Calycanthus floridus.
— occidentalis.
* Campylotropis chinensis.
* Ceanothus (toutes les espèces et variétés).
* Clematis orientalis (septembre).
* — apiifolia. —
* — biternata. —
* — japonica. —
* — lanuginosa et var.
* — patens et var.
* — Sieboldi.
* — viticella venosa.
* Clerodendron Bungei.
* Clethra alnifolia.
Coronilla Emerus.
Desmodium racemosum.
— penduliflorum.
Erica (div. esp.).
* Hibiscus syriacus et var.
Hydrangea quercifolia.
* — japonica.
* — — Hortensia et var.

* Hydrangea Otaksa.
* — paniculata grandiflora
* Hypericum calycinum.
* — Gumbletoni.
* — monogynum.
— patulum.
* Indigofera Dosua.
— decora.
Itea virginica.
Lespedeza bicolor.
Ligustrum lucidum.
— japonicum.
— Stauntoni.
Lonicera chinensis.
— confusa.
* Olearia Haastii.
Rhodotypos kerrioides.
Rhus Osbeckii.
Sambucus nigra flore pleno
Sarothamnus scoparius.
Solanum fastigiatum.
Spartium junceum.
* Tamarix indica.
* Tecoma radicans.
* — grandiflora.
* Yucca (toutes les espèces.
* Weigela rosea floribunda.

QUELQUES ESPÈCES A FLORAISON HIVERNALE.

Arbutus Unedo.
* Chimonanthus fragrans.
* — grandiflora.
Cornus Mas.
Corylus Avellana.
Daphne Laureola.
* — Mezereum.
— collina.
* Erica carnea et var.

* Erica herbacea.
* — multiflora.
Garrya elliptica.
Jasminum nudiflorum.
* Lonicera fragrantissima.
— Standishii.
Rhododendron dahuricum.
* Viburnum Tinus.

CHOIX D'ESPÈCES A FRUITS COMESTIBLES.

(Cette liste ne comprend pas les arbres cultivés communément pour le produit de leurs fruits.)

A. Arbres.

Arbutus Unedo.
Carya alba.
Cratægus Azarolus et div. esp.
Cydonia sinensis.
Diospyros virginiana.

Diospyros kaki costata.
— — mazelii.
Juglans nigra.
— cinerea.
Pinus Pinea.

B. Arbustes.

Asimina triloba.
Berberis vulgaris.
— dulcis.
Cerasus pumila.
— tomentosa.
Chænomeles japonica.
— — umbilicata.
Corylus Avellana et var.

Elæagnus longipes.
Eugenia Ugni.
Gaultheria procumbens.
— Shallon.
Oxycoccus macrocarpus.
Rubus fruticosus.
Vaccinium Vitis idæa.
— Myrtillus.

CHOIX D'ESPÈCES A FRUITS D'ORNEMENT.

B. Arbres.

* Acer pseudo-Platanus erythrocarpum.
Alnus viridis.
* Arbutus Unedo.
Cerasus semperflorens.
— Padus.
— virginiana.
* Cratægus (nombreuses espèces).
Cupressus Lawsoniana.
Hippophae rhamnoides.
* Ilex Aquifolium et var.
Juniperus communis et div. esp.

Kœlreuteria paniculata.
* Maclura aurantiaca.
Magnolia acuminata.
— grandiflora.
Pinus Sabiniana.
— Coulteri.
— Lambertiana.
* Sorbus Aucuparia.
* — hybrida.
* — americana.
Taxus baccata.

B. Arbustes.

* Arctostaphylos Uva ursi.
Aucuba Japonica.

Berberis dulcis.
— stenophylla.

Cerasus Lauro-Cerasus.
— lusitanica.
* Colutea arborescens.
* Cornus alba.
* Cotoneaster (toutes les espèces).
* Cratægus Pyracantha.
Elæagnus parviflora.
* Evonymus europæus.
* — lalifolius.
* — atropurpureus
Juniperus Oxycedrus.
— phœnicea.
Leycesteria formosa.
* Mahonia Aquifolium.

* Mahonia japonica.
Paliurus aculeatus.
Pernettya mucronata.
Rhamnus catharticus.
Rosa rugosa Regeliana.
* Skimmia Japonica.
— oblata.
Staphylea pinnata.
Symphoricarpus racemosus.
* — albus.
* Viburnum Lentago.
* — Opulus.
* — Oxycoccos.

CHOIX D'ESPÈCES RÉSISTANT A L'AIR VICIÉ ET A LA FUMÉE DANS LES VILLES.

A. Arbres.

Ailantus glandulosa.
Æsculus Hippocastanum.
Ilex Aquifolium et var.
Pinus austriaca.
Platanus orientalis.
Populus nigra.
— fastigiata.
— alba.

Robinia pseudo-Acacia.
Sophora Japonica.
Taxus baccata, etc., etc.
Thuia occidentalis.
Tilia platyphylla.
Ulmus campestris.
— pedunculata.

B. Arbustes.

Ampelopsis quinquefolia.
— tricuspidata.
* Aucuba japonica.
* Buxus sempervirens, et var.
Chænomeles japonica.
Cytisus Laburnum.
* Evonymus japonicus et var.
* Hedera Helix.
* — arborea.
Hydrangea japonica.

* Hydrangea japonica Hortensia.
Ligustrum vulgare.
* — ovalifolium.
— lucidum.
* Phillyræa media.
— angustifolia.
* Rhamnus Alaternus.
* Yucca recurvifolia.
— gloriosa.
— glaucescens.

CHOIX D'ESPÈCES A ÉCORCE COLORÉE ET ORNEMENTALE.

A. Arbres.

Acer pennsylvanicum.
— rubrum.
— pseudo-Platanus jaspideum.
Arbutus Andrachne.
Betula alba.
— papyracea.
— nigra.
Elæagnus angustifolia.

Fraxinus excelsior aurea.
— — jaspidea.
Negundo fraxinifolium variegatum.
Persica vulgaris lutea.
Populus alba, var. nivea.
Salix vitellina.
— purpurea.
— rubra.

B. Arbustes.

Cornus alba.
— sanguinea.
— sibirica.
Evonymus europæus alatus.

Rubus leucodermis.
Salix cæsia.
Shepherdia argentea.
Spartium junceum. Etc.

DISTRIBUTION DES PLANTATIONS DANS LES PARCS ET DANS LES JARDINS.

Connaissance des terrains. — Grâce au choix de végétaux ligneux indigènes et exotiques qui précède, l'architecte-paysagiste est désormais en mesure de combiner à loisir ses plantations nouvelles. Mais avant de dresser ses devis détaillés de plantations, et de les appliquer aux diverses sortes de parcs et de jardins qui lui seront confiés, il devra étudier les arbres et arbustes au point de vue de leur adaptation au terrain. Les différentes natures du sol, sommairement décrites (p. 169), devront être revues de plus près si l'on tient à une réussite parfaite. Chaque espèce a ses préférences ; certains arbres languissent dans un milieu qui ne leur convient pas, d'autres y meurent. Nous avons vu précédemment (p. 563) quels étaient les différents sols préférés par certaines de nos plantes indigènes. Souvent la présence de quelques espèces vulgaires décèle la nature du terrain, et permet, par analogie, de déterminer les espèces exotiques analogues qui y prospéreront. Si, à son entrée dans une propriété, l'architecte-paysagiste rencontre le Lauréole (*Daphne Laureola*), le cornouiller mâle (*Cornus Mas*) et l'hellébore pied de griffon (*Helleborus fœtidus*), il sait que le terrain est calcaire. Trouve-t-il au contraire le châtaignier (*Castanea vesca*), la digitale (*Digitalis purpurea*), le framboisier (*Rubus idæus*), la renoncule à feuilles d'aconit (*Ranunculus aconitifolius*), les terrains siliceux se révèlent. Le Pas-d'âne (*Tussilago Farfara*), le sureau Yèble (*Sambucus Ebulus*), la gesse tubéreuse (*Lathyrus tuberosus*), décèlent les argiles. Un sol sablonneux se couvre de staticés (*Armeria plantaginea*), de petite oseille (*Rumex acetosella*), de Jasiones (*Jasione montana*). Les plantes aquatiques indiquent une situation marécageuse, et dans les tourbières se reconnaissent les linaigrettes (*Eriophorum*), la Parnassie (*Parnassia palustris*) et les Rossolis (*Drosera*).

Mais ce procédé, que l'on a cherché à préconiser comme caractéristique des terrains, est incertain et ne saurait suffire à une étude sérieuse. A quelques exceptions près, la composition chimique du sol a moins d'influence sur la végétation ligneuse que sa nature physique, sa profondeur, sa perméabilité, sa richesse en principes assimilables. Le plus grand nombre des espèces viennent dans tous les terrains pourvu qu'ils soient frais, profonds et humeux. Sans méconnaître l'intérêt qu'il peut y avoir à distinguer d'un coup d'œil la nature d'un sol, je conseillerai, si l'on veut éviter des mécomptes, de préciser davantage les recherches et de se livrer à une analyse élémentaire. Il n'est pas nécessaire de chercher un chimiste et d'employer des appareils compliqués. L'instrument imaginé par M. Mazure (fig. 323) est très-suffisant pour donner les proportions du sable, du calcaire et de l'argile contenus dans la terre dont on désire connaître la composition. Sur un pied A placé sur une table, on monte un flacon *laveur* B, couvert d'un bouchon de liège que traverse un tube en verre et pourvu d'un robinet à la base. Une boucle de fil de fer, fixée au support, maintient un entonnoir de verre communiquant avec une allonge de cornue C, par un tube en caoutchouc à sa partie inférieure. Le tube en verre coudé D est fiché dans le bouchon, au-dessus d'un verre E placé sur la table. Ces ustensiles se trouvent chez tous les marchands d'appareils de chimie; ils sont d'un prix modéré.

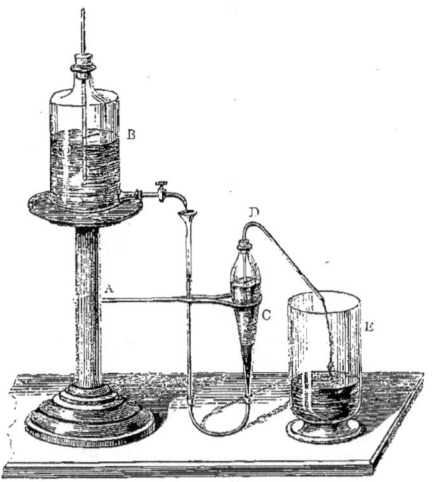

Fig. 323. — Appareil Mazure pour analyser les terres.

On procède ainsi pour l'analyse : après avoir fait sécher de la terre au four, on en met 100 grammes dans l'allonge C, et l'on remplit le flacon laveur B d'eau de pluie ou d'eau filtrée. L'eau, en coulant par le siphon en caoutchouc, délaie la terre placée dans l'allonge. La silice, insoluble et plus lourde, reste au fond; l'argile et le calcaire, en suspension dans l'eau, sont entraînés dans le bocal E. Quand l'eau est devenue claire, on retire le siphon et l'on répand le contenu de l'allonge sur un filtre en papier à double feuille, où la silice reste déposée. On sèche le filtre au four et l'on pèse, en mettant dans l'un des plateaux de la balance la feuille du filtre qui contient la silice et sur l'autre plateau la feuille de dessous; la différence est le poids de la silice, soit tant de grammes pour les 100 grammes de terre pesée.

Quelques gouttes d'acide chlorhydrique versées dans le bocal E y feront mousser le liquide s'il contient de la chaux, en agitant le mélange. En continuant à verser l'acide tant qu'il se forme de la mousse, il ne reste bientôt plus que de l'argile en suspension. On répète l'opération de la décantation sur un double filtre comme pour la silice, on sèche, et le poids donne la quantité d'argile. En additionnant le poids de l'argile et celui de la silice, la différence indique le poids des sels de chaux contenus dans la terre.

Cette analyse sommaire suffit dans la plupart des cas pour connaître la proportion des trois principaux éléments du sol et préparer les listes de plantation en conséquence. On veillera surtout à ce que cette analyse porte sur le sous-sol, où les racines doivent puiser leur principale nourriture. Avec ces indications et en consultant les listes de terrains favorables aux diverses espèces indigènes (p. 563), on pourra, par analogie, répartir les espèces exotiques. Ainsi, le pin du Lord (*Pinus Strobus*) se plaît dans les terrains argileux, et le pin de l'Himalaya (*P. excelsa*) les affectionne également. Si le châtaignier d'Europe (*Castanea vesca*) exige la silice, celui d'Amérique (*C. americana*) prospérera dans le même terrain. Les cerisiers exotiques d'ornement, comme les nôtres, seront à leur place sur le calcaire.

L'expérience apprendra également qu'un bon nombre d'espèces exotiques sont absolument rebelles à certains sols. Par exemple les sapins (*Abies*) de la section où rentrent les *A. Pinsapo, cephalonica, Nordmanniana*, réussissent dans les calcaires peu profonds, où l'Epicéa (*A. excelsa*) et les espèces de sa tribu dépérissent. Toutefois, certaines essences qui refusent de pousser sur ces terrains, comme le *Wellingtonia gigantea*, deviennent vigoureuses même dans un sol calcaire, s'il est frais, profond et chargé d'humus. Le pin noir d'Autriche (*Pinus austriaca*), forme de très-beaux arbres aussi bien dans les sables de la Sologne et sur les bords de la mer qu'au milieu des calcaires de la Bourgogne et du Berry. Il en est de même d'un très-grand nombre d'espèces ligneuses, qui prospéreront dans tous les sols riches et frais, à peu d'exceptions près. Ces raisons m'ont dispensé de distribuer tous les arbres et les arbustes d'ornement par nature de terrains. Plusieurs traités d'arboriculture estimés donnent ces indications d'une manière trop absolue; la pratique ne les justifie pas, et de tels préceptes ne sont pas exempts de graves erreurs.

Les combinaisons d'arbres et d'arbustes, pour la formation des parcs, sont innombrables, et la fantaisie de l'artiste peut s'exercer sur leur inépuisable variété, s'il se renferme dans les règles que nous avons formulées précédemment. Quelques applications aux principales sortes de parcs et de jardins suffiront pour indiquer le parti à tirer des ressources végétales que les pépinières mettent à notre disposition.

Parcs privés. — L'harmonie avec les plantations existantes, qui a été souvent recommandée dans ce livre, est le premier précepte à mettre en pratique dans les grands parcs. On devra peu planter, mais planter juste. Un sommet dénudé, au milieu des bois, doit-il être couvert de végétation, il faudra le garnir des essences indigènes analogues à celles du voisinage, et *dans les mêmes proportions*. Si le chêne et le hêtre dominent, formez de chênes et de hêtres le fond de votre plantation; ajoutez quelques espèces accessoires, merisiers, ormes, aliziers, charmes, et des arbustes de sousbois, troënes, viornes mansiennes, bourdaines qui protégeront la base des jeunes arbres. Aucune espèce exotique ne se mêlera à cette plantation, qui sera calculée à raison de 10,000 plants par hectare, en plaçant les sujets à un mètre carré en tous sens.

Ces plants, choisis très-jeunes, seront les meilleurs et les moins chers. Généralement on les prend d'un an ou deux de repiquage, c'est-à-dire âgés de deux à trois ans. Il est bon de varier un peu la silhouette de ces plantations en jetant çà et là quelques arbres à haute tige ou baliveaux [1] déjà forts, qui se détacheront immédiatement sur l'ensemble.

Lorsque des terrains maigres doivent être plantés en pins ou en sapins avant d'être boisés en chêne, on doit se conformer aux exigences sylvicoles du lieu. Je recommande alors de ne pas planter en lignes sur les bords, et de varier la silhouette de la plantation suivant les règles indiquées plus haut, en déchirant la bordure d'une manière artistique, et l'appuyant par des groupes et des isolés. On relève ainsi l'uniformité de la masse boisée.

Nous n'examinons pas ici les bois au point de vue de l'exploitation forestière proprement dite, pour laquelle des traités spéciaux et nombreux ont été écrits, et nous nous bornerons aux notes qui précèdent sur la distribution des espèces indigènes d'après les principaux terrains.

Les groupes et les arbres isolés, dans les grands parcs, doivent être obtenus, nous l'avons signalé, plutôt par des suppressions que par des plantations. De jeunes arbres, nouvellement plantés sur la lisière des bois, font généralement un assez pauvre effet et restent maigres pendant de longues années. Il est sage de renoncer le plus souvent à ces sortes de plantations et de pratiquer plutôt quelques entailles dans le bois pour y trouver des motifs nouveaux d'ornementation.

On ne doit pas davantage planter un petit arbre auprès d'un gros. L'ombrage de celui-ci nuirait au nouveau venu, le sol serait épuisé par le plus fort, et l'effet paysager de ces unions mal assorties est généralement déplorable.

Dans le voisinage de l'habitation et jusqu'aux points où la vue peut distinguer nettement les objets sans les confondre avec le ton général des lointains, l'introduction des arbres exotiques est permise dans les grands parcs. Ainsi, tandis que des groupes étendus de chênes coccinés (*Quercus coccinea*) feraient des taches rouges disgracieuses sur le fond boisé d'une colline à un kilomètre de distance, quelques échantillons, détachés sur la silhouette d'un massif à 100 ou 200 mètres du château, se montreront à l'automne dans toute leur beauté. Mêler les cyprès chauves de la Louisiane

---

[1]. On nomme *baliveau*, dans les pépinières, le jeune arbre à tige encore garnie de branches, un an ou deux avant la mise en vente comme arbre de plein vent.

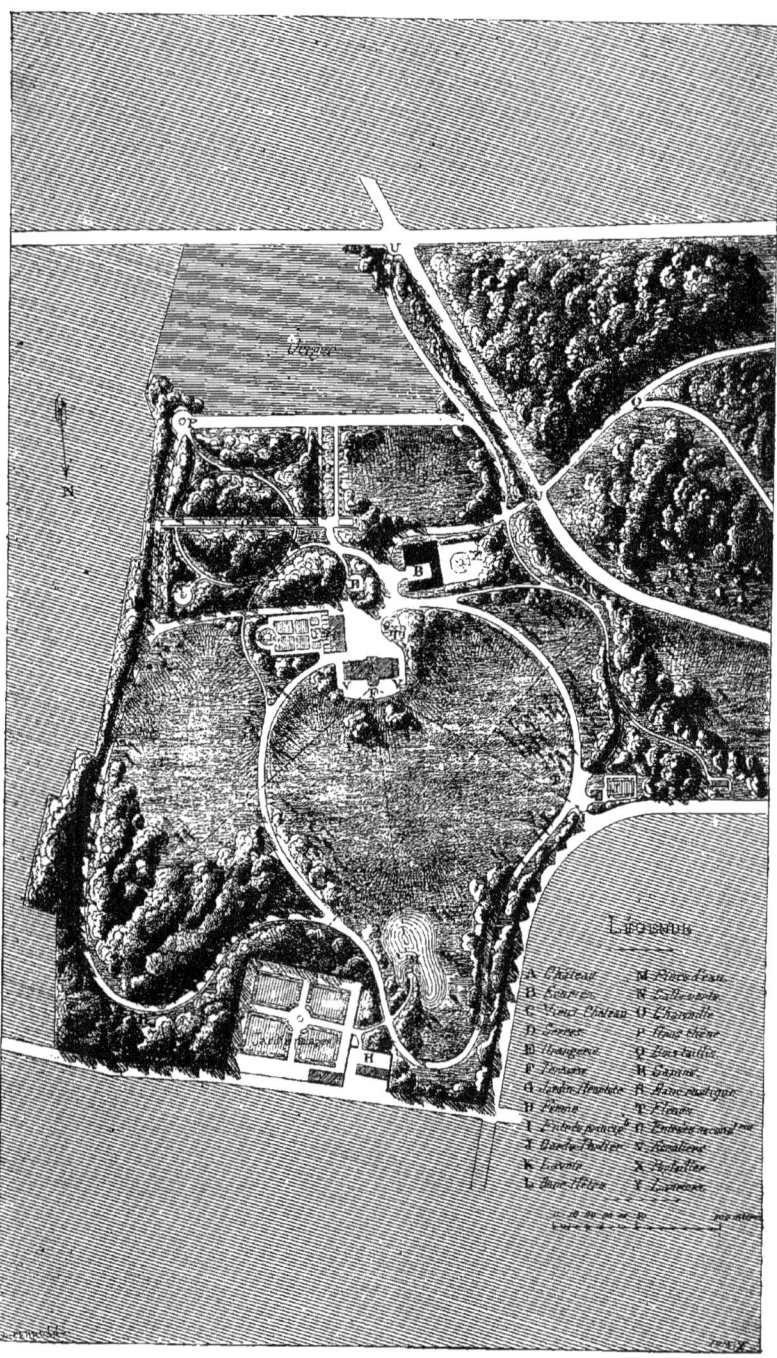

Fig. 324. — Plantations du parc de Montertreau (Sarthe). Ed. André, architecte.

(*Taxodium distichum*) au fond vert tendre des peupliers ou des saules dans les prairies éloignées serait choquant, tandis que ces beaux arbres, isolés sur le premier et le second plan, sont superbes pendant l'été par leur feuillage plumeux, qui devient rouge fauve à l'automne.

Mais tout excès dans ce genre est regrettable. Ainsi, dans le magnifique parc de Dalkeith (Écosse), propriété du duc de Buccleugh, j'ai pu voir un taillis de plusieurs hectares, divisé en quatre carrés, composés chacun d'une seule essence à feuilles persistantes. Les espèces choisies sont des houx (*Ilex Aquifolium*), des ifs (*Taxus baccata*), des buis (*Buxus sempervirens*) et des lauriers amandes (*Cerasus Lauro-Cerasus*). Des allées droites, pour les *tirés*, coupent ces bois destinés aux remises du gibier. Au point de vue paysager, l'effet de ces plantations est triste, monotone, et ne saurait être recommandé.

En résumé, garder le caractère de la végétation du pays pour l'aspect paysager des parties éloignées et réserver quelques groupes d'arbres exotiques pour les premiers et les seconds plans, telle est la règle des plantations dans les grands parcs forestiers.

Plantation des Parcs paysagers. — Le parc paysager, d'une moins grande étendue, qui se rencontre fréquemment dans la pratique, se compose d'une partie où les bois et les plantations conservent leur aspect naturel, où la main de l'artiste reste discrète, et d'une partie plus ornée, où l'intervention des espèces exotiques vient apporter de puissants éléments décoratifs. Montrer ce mélange harmonieux est difficile par des descriptions, qui varieraient avec chaque tableau. Je crois préférable de citer quelques exemples de propriétés plantées avec ce double effet.

Le parc de Montertreau (Sarthe) (fig. 324), appartenant à M. A. Pellier, offre des situations paysagères variées. La superficie comprise dans le plan ci-joint est de 15 hectares; des bois s'étendent au loin et augmentent notablement cette surface. Le sol est argilo-siliceux, fertile; la propriété se développe sur le penchant d'une colline d'où l'on découvre le Mans vers le nord, à 20 kilomètres de distance, dans un lointain boisé, un peu sombre, et qui ne manque pas de grandeur. La légende fixée au plan désigne les parties principales de cette résidence, dont je ne parle ici qu'au point de vue des plantations.

Les parties naturellement boisées de Montertreau sont indiquées par les lettres R et Q. La base du terrain R est occupée par des châtaigniers séculaires, isolés sur des pelouses courtes. Au-dessus, le terrain se relève, planté d'un taillis de chênes, charmes, ormes, châtaigniers, noisetiers, etc., au milieu desquels des genêts, des nerpruns, des bruyères forment le sous-bois. Les allées ont été découpées dans ce taillis épais, dont les branches se rejoignent en voûtes de verdure. Sur les bords, du côté du château, quelques chênes, bouleaux et conifères, peu variés, servent de groupes et d'isolés, et des cèdres Déodara, wellingtonias, thuias géants, etc., en petit nombre, représentent l'élément exotique. Le bois Q a été conservé dans son intégrité;

c'est un mélange de futaie et de taillis, dont les bords ont été dentelés, soit dans les percées, soit près des allées, selon les règles indiquées page 545. Aucune intervention inopportune d'arbres étrangers n'est venue dénaturer le caractère spontané de cette partie de la propriété, séparée du parc proprement dit par une route publique. La partie réservée, au contraire, a reçu une abondante parure empruntée à toutes les flores. Près de l'entrée principale I, autour de la loge du garde-portier, des arbustes à feuilles persistantes

Fig. 325. — *Abies nobilis*, Lindl. Hauteur 10 mètres.

accompagnent une grille pittoresque, en fer et bois. L'allée d'arrivée monte entre de grands arbres et un groupe de hêtres énormes Q; elle dissimule un instant à gauche la vue du château A, entouré d'épais massifs d'arbres et d'arbustes à feuilles persistantes. Sur le côté du nord, au pied de la terrasse F, deux massifs compacts YY, plantés de lauriers de Portugal, rhododendrons, arbousiers, lauriers-tins, etc., séparent les trois vues principales. L'une de ces vues donne sur l'entrée, par exception, parce que de ce point la vue sur le château est la meilleure ; la seconde se dirige vers le bois, sur le bord duquel se détachent de beaux arbres isolés, *Cedrus Deodara*, *Abies nobilis* (fig. 325), et la troisième sur une pièce d'eau créée artificiellement, et formant comme un miroir d'acier sur le fond des arbres, aulnes, peupliers, érables, ormes, cornouillers, etc. Une cabane pour les oiseaux d'eau met un point blanc dans le tableau, égayé par le feuillage et les fleurs de nombreuses plantes aquatiques, au milieu desquelles le nélombo de Chine (*Nelumbium speciosum*) détache chaque année ses grandes fleurs roses sur un magnifique feuillage.

Les arbres de seconde grandeur, les arbrisseaux et les arbustes les plus variés, à feuilles caduques ou à feuilles persistantes, forment l'entourage de l'habitation, du vieux château C, des communs B, et du jardin-fleuriste ou parterre D, consacré à la culture des plantes fleuries herbacées, de plein air et de serre. Dans la partie haute du parc, de vastes avenues de tilleuls O P ont été soigneusement conservées au milieu d'un taillis de charmes et de châtaigniers, coupé par des sentiers de promenade entièrement ombragés, comme ceux des autres parties de la propriété.

Telle est la distribution générale des plantations, dans un site qui présente à la fois une position accidentée, des bois naturels, des plantations nouvelles, des eaux, et des perspectives lointaines.

Ces indications sommaires ne précisent pas assez la composition détaillée des plantations, dont la figure 63 fournit un modèle plus complet. La propriété de J..., déjà examinée (p. 271) au point de vue de la rédaction des devis, se présente actuellement avec le tracé de ses massifs et de ses arbres isolés, prêts à être plantés.

La partie du parc que nous étudions mesure 26 hectares ; elle est située sur un terrain argilo-calcaire. Au delà, de vastes prairies s'étendent à l'est, et des bois naturels protègent le château des vents du nord. Cette surface réservée a été plantée à neuf, sur les bases suivantes [1] :

Les massifs *d d*, près de l'entrée d'honneur U, ont reçu des essences forestières :

ARBRES.	ARBUSTES SOUS BOIS.
Fagus sylvatica.	Androsæmum officinale.
Fraxinus excelsior.	Cornus sanguinea.
Quercus pedunculata.	Cratægus Pyracantha.
Robinia pseudo-Acacia.	Ligustrum vulgare.
Sorbus Aucuparia.	Rhamnus catharticus.
Ulmus campestris.	Viburnum Lantana.

On a isolé sur les bords :

Betula papyracea.	Fraxinus Ornus.
Cornus alba.	Rhamnus latifolius.
Fagus americana.	Rhamnus rupestris.

Deux groupes détachés, du côté du château, sont composés de :

Acer platanoides.	Robinia pseudo-Acacia.
— eriocarpum.	Rhamnus libanoticus.
Cornus sericea.	Taxus Dovastoni.

[1]. Les *arbustes* à planter en bordure, sur le premier rang des massifs, sont marqués *.

L'avenue à quatre rangs N a été plantée en :

Ulmus pedunculata.

Près de la loge d'entrée *n*, les massifs T T ont reçu les mêmes essences qu'en *d d*, avec addition de quelques arbustes à feuilles persistantes au premier rang, surtout près de la grille :

Cerasus lusitanica.
— Lauro-Cerasus.

Ligustrum ovalifolium.
Mahonia Aquifolium.

Des plantes grimpantes garnissent la maison de garde :

Ampelopsis quinquefolia.

Wistaria chinensis.

Un groupe de trois *Populus nivea* se détache sur le massif, près de la route départementale, et cinq arbres et arbustes isolés sont répandus sur les bords :

Acer rubrum.
Juglans cinerea.
Ligustrum Stauntoni.

Rhus Osbeckii.
Populus nivea.
Thuia gigantea.

Les masses forestières, dont les lettres P R J marquent la zone faisant face au parc, se sont augmentées d'un certain nombre d'espèces indigènes et exotiques, ajoutées aux chênes, hêtres, ormes, charmes, etc., qui constituaient le fond de la végétation spontanée :

ARBRES DE FOND.

Acer platanoides.
Betula alba.
Cerasus avium.
— Mahaleb.
Cratægus Torminalis.

Fraxinus excelsior.
— Ornus.
Populus Tremula.
Tilia sylvestris.
— glabra.

ARBRES EN BORDURE.

Acer eriocarpum.
Cercis siliquastrum.
Cratægus punctata.
— Oxyacantha coccinea.
Diospyros Lotus.
Elæagnus angustifolia.
Gleditschia Triacanthos.
Juglans nigra.
— cinerea.
Maclura aurantiaca.
Malus spectabilis.
— cerasifera.
Negundo fraxinifolium.

Padus virginiana.
Prunus Mirobolana.
Populus tremuloides.
Quercus palustris.
— rubra.
Robinia pseudo-Acacia.
— — monophylla.
— — Decaisneana.
Salix daphnoides.
— pentandra.
Styphnolobium japonicum.
Sorbus Aucuparia.
— americana.

ARBUSTES A FEUILLES CADUQUES.

Amorpha fruticosa.
* Berberis dulcis.
* — vulgaris purpurea.
Buddleia Lindleyana.
* Ceanothus americanus.
* Chænomeles japonica.
Colutea arborescens.
Cornus sibirica.
Corylus Avellana purpurea.
Cytisus sessiliflorus.
Deutzia crenata.
* Forsythia viridissima.
* Hypericum hircinum.
* Indigofera Dosua.
Ligustrum vulgare.
Lonicera tatarica.
Pavia macrostachya.
Philadelphus Zeyheri.
— coronarius.

Rhus typhina.
Ribes sanguineum.
— Gordonianum.
— aureum.
Sambucus nigra.
— marginata.
— dissecta.
Spiræa Lindleyana.
—ariæfolia.
* — salicifolia.
* — Fortunei.
* — lanceolata.
* Symphoricarpos albus.
Syringa persica.
— vulgaris rubra.
Viburnum Opulus sterile.
Viburnum Lantana.
* Weigela rosea.

Ces arbustes sont plantés, les uns sous bois, surtout les espèces communes et résistant à l'ombre : *Hypericum, Viburnum Lantana, Ligustrum vulgare*; les autres, sur deux ou trois rangs, formant le périmètre des massifs. La plupart, choisis dans les espèces à belles fleurs, prennent place aux expositions ouest, sud et est. Une zone libre, large de quatre mètres, est laissée autour du verger et du potager pour empêcher les racines de passer sous les murs, au détriment des cultures. On ajoute autour de la cour des communs, le long des allées ombragées et à l'exposition du nord :

Aucuba japonica.
Cratægus Pyracantha.
Daphne Laureola.
Evonymus japonicus.
Hypericum calycinum.

Ligustrum ovalifolium.
Phylliræa media.
Rhamnus latifolius.
— hybridus.
Viburnum Tinus.

Les végétaux isolés sur les bords extérieurs de ces massifs se succèdent ainsi, en commençant par le côté ouest :

1 Betula papyrifera.
1 Rhamnus libanoticus.
1 Acer macrophyllum.
1 Viburnum Stauntoni.
1 Rhododendron hybridum.
1 Rubus leucodermis.
5 Pinus austriaca (groupe).
1 Liriodendron tulipifera.
1 Acer pseudo-Platanus.
9 — — purpureus (2 groupes).
1 Cornus alba variegata.

1 Chamæcyparis Nutkaensis.
1 Pinus Strobus.
3 Rhododendron hybr.
1 Quercus palustris.
4 Cratægus variés à tige.
1 Alnus cordifolia.
1 Gleditschia Triacanthos.
1 Populus alba v. nivea.
3 Tilia sylvestris.
1 Gingko biloba.

D'autres massifs, d'une assez grande étendue, mais dans une situation très différente, forment en *m* un épais couvert adossé à une colline. Les arbres, qui doivent diviser la vue vers les lointains en deux vastes percées, sont composés, en majeure partie, des espèces indigènes des massifs P R, auxquelles s'ajoutent çà et là les flèches plus élevées de quelques conifères :

Abies excelsa.	Pinus Laricio.
— pectinata.	— sylvestris.

Il importe donc de planter sur les bords quelques arbres résineux et arbustes à feuilles persistantes, surtout lorsque la face du massif qui regarde le château est exposée au nord. On a donc mêlé, aux arbres indiqués pour les massifs P R, les :

Abies pectinata.	Cerasus Padus.
Acer eriocarpum.	Pinus Strobus.
Ailantus glandulosa.	Robinia pseudo-Acacia.
Betula alba.	Sophora japonica.

pour former de vigoureux contrastes dans les formes et les couleurs des feuillages.

Les groupes et les isolés, sur les bords de ce massif, sont, en commençant par l'ouest, près de la butte *h* :

1. Acer pennsylvanicum.	1. Liquidambar styraciflua.
2. Cratægus crenulata.	7. Pinus austriaca.
3. Cratægus Pyracantha.	3. Pinus excelsa.

Les massifs D' D" sont plantés de la même manière. On aura, en arbres isolés :

1. Alnus barbata.	6. Pinus Strobus.
1. Fagus sylvestris purpurea.	4. Salix incana (lettre K).

Parmi les massifs de l'intérieur, les principaux sont marqués P P ; ils avoisinent et appuient l'avenue N, et se composent d'arbustes toujours verts groupés au premier plan et rejetant les vues dans diverses directions. Leur effet est d'autant plus vigoureux qu'ils sont composés d'un moins grand nombre d'espèces, sans être homogènes cependant.

* Aucuba japonica.	Phylliræa latifolia.
Cerasus lusitanica.	Rhamnus Alaternus.
— Lauro-Cerasus.	— hybridus.
* Mahonia japonica.	* Viburnum Tinus.

Sur les bords, on a isolé, au midi, en commençant près de l'un des parterres U :

1. Abies Pinsapo.	1. Chamæcyparis squarrosa.
1. Atriplex Halimus.	1. Pæonia Moutan.
2. Cerasus azorica.	3. Rhododendron hybridum.

et du côté du nord, en commençant de l'autre parterre U :

1. Aucuba japonica.
1. Cedrus Deodora.
2. Cerasus azorica.
1. Elæagnus parviflora.

1. Rhamnus alpinus.
3. Rhododendron hybridum.
1. Viburnum pyrifolium.

Les massifs IM sont consacrés à des rhododendrons, ainsi distribués en variétés choisies :

Caucasicum hybr. (2ᵉ rang).
Erica ou Andromeda (en bordure).

Rhododendron hybridum (milieu).

Autour de ces massifs, les végétaux isolés sont des espèces ligneuses au feuillage ornemental, telles que :

Acer macrophyllum.
Ailantus glandulosa (recépé annuellement).
Aralia chinensis.
Idesia polycarpa.
Negundo fraxinifolium.

Negundo argenteum.
Paulownia imperialis (recépé annuellement).
Rhus glabra laciniata.
Rhus Osbeckii.

En F, le massif se compose d'un groupe d'arbres à haute tige :

Acer platanoides.
Elæagnus angustifolia.
Negundo californicum.

Robinia pseudo-Acacia monophylla.
Robinia viscosa.
Sorbus vestita.

sous lesquels des touffes sont placées çà et là, isolées dans le gazon, et appartenant au

Ligustrum Stauntoni nanum (sinense).

Les deux groupes de grands arbres à haute tige Q sont exclusivement composés de deux espèces de marronniers, au robuste feuillage et à belles fleurs :

Æsculus rubicunda.

Æsculus Hippocastanum.

Le groupe G est plus varié. Il se compose de grands hêtres au milieu et de quelques feuillages contrastants sur les bords :

Acer saccharinum.
Betula alba.
Fagus sylvatica.
Fraxinus pubescens.

Gleditschia Triacanthos.
Pinus Cembra.
Populus nigra fastigiata.
Thuiopsis borealis.

Vers l'est, auprès des eaux, les groupes deviennent plus homogènes et se confondent peu à peu avec les peupliers et les saules des lointains. On a planté, à cet effet, autour de l'embarcadère *q* :

Alnus barbata.
Populus angulata.
— nivea.

Salix pentandra.
— daphnoides.
— dasyclados.

TRAVAUX D'EXÉCUTION. — PLANTATIONS.

Auprès de l'île *g* :

Populus monilifera.
— ontariensis.

Salix alba.
— pentandra.

Et, en O, à la pointe de la presqu'île :

Taxodium distichum (isolé).

Le groupe L, entourant le pont G, est varié par des :

Alnus cordifolia.
Populus angulata.

Salix alba.
— babylonica (au-dessus du ruisseau).

L'île est entièrement plantée de

Salix incana (rosmarinifolia).

Sur ces grands espaces, les arbres isolés, dont j'ai indiqué plus haut le mode de groupement, viennent confirmer nos préceptes. Clair-semés sur les pelouses (fig. 326), ils laissent la vue passer librement entre leurs tiges dans les parties basses des vallées; les silhouettes pleines des conifères et leurs formes buissonneuses sont réservées pour les pentes.

Fig. 326. — Plantations d'isolés sur les terrains-plans.

Poursuivons l'examen du plan (fig. 63). Deux buttes d'inégale hauteur, Y et *h*, sont couvertes de roches à demi engagées dans le sol et ont reçu, suivant les diverses expositions, des plantations d'arbustes sarmenteux et de plantes herbacées saxatiles. Les arbustes sont :

Abelia rupestris.
Atriplex Halimus.
Cerasus pumila.
Cissus vitiginea variegata.

Cornus alba.
Cotoneaster vulgaris.
— buxifolia.
— microphylla.

ED. ANDRÉ.

Cratægus Pyracantha.
Cytisus nigricans.
Genista sagittalis.
Helianthemum (esp. div.)
Juniperus Sabina.
— squamata.
Lycium europæum.
Lonicera Caprifolium.

Rhamnus catharticus.
Ribes Gordonianum.
Rubus leucodermis.
— fruticosus flore pleno.
Rosa rugosa.
Sarothamnus scoparius.
Salix capræa variegata.
— cœsia.

Au nord, on a planté, dans la terre de bruyère :

Andromeda axillaris.
Arctostaphylos Uva ursi.
Azalea sinensis.
Bambusa japonica.
Clethra alnifolia.
Dabœcia polifolia.
Erica carnea.
— codonodes.
— multiflora.

Erica ciliaris.
Gaultheria Shallon.
Ilea virginica.
Kalmia latifolia.
Pernettya mucronata.
Rhododendron hirsutum.
— ferrugineum.
— catawbiense.
— caucasicum.

Sur les troncs des gros arbres on a fait grimper :

Actinidia volubilis.
Akebia quinata.
Ampelopsis tricuspidata.
Aristolochia Sipho.
Celastrus scandens.
Clematis (esp. et var. div).
Hedera Helix et var.

Lonicera chinensis.
— brachypoda.
— — reticulata.
— confusa.
Menispermum canadense.
Periploca græca.
Wistaria sinensis.

Dans ces parcs, de grandes dimensions, les scènes variées que nous avons plusieurs fois décrites se présenteront souvent. On peut en citer

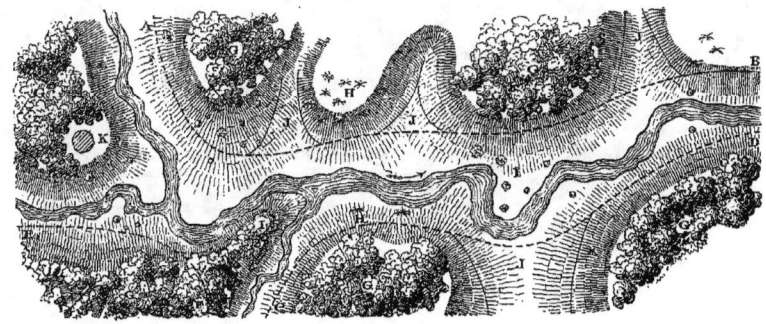

Fig. 327. — Plantation d'une vallée à bords escarpés.

quelques-unes. La figure 327 est une vallée naturelle, dont les bords ont été modifiés, et qui présente un heureux mélange du travail de la nature et du travail de l'homme. Le promontoire K est orné, à sa pointe, d'un kiosque rustique, situé à 15 mètres au-dessus de la rivière : il est adossé à un épais groupe d'épicéas (*Abies excelsa*). Les sommets G G étaient couverts d'une maigre végétation, à laquelle on a ajouté des massifs de pins (*Pinus Laricio*), de mélèzes (*Larix europæa*) et de bouleaux (*Betula alba*). En H, un groupe homogène de pins noirs d'Autriche (*Pinus austriaca*) couronna un sommet isolé. Le point I, autre cap aigu au confluent des deux cours d'eau, bloc de roches pittoresques, reçut une plantation variée d'arbustes propres à ces situations (page 585). La rupture calculée des roches trop régulières qui enserraient la vallée par les lignes A B, C D, E F, détermina des coulées J J, entre lesquelles des groupes variés prirent place ; sur le bord autrefois dénudé des eaux, furent plantés des saules, peupliers, aulnes, tamarix, cornouillers, cyprès chauves de la Louisiane, tulipiers, dont nous avons parlé précédemment, et l'ensemble de la vallée forma bientôt une scène pittoresque et attrayante.

Fig. 328. — Vue sur une vallée en Normandie. — Parc de Maubuisson (Eure).

Une autre vallée, d'un caractère plus calme, riante, verte, riche, comme on en voit souvent en Normandie, est celle qui représente (fig. 328) la vue de Maubuisson (Eure). Elle a été traitée d'une manière différente. Les pentes, au lieu d'être laissées abruptes, ont été adoucies, les massifs du fond éclaircis, et les vues ont été cherchées de manière à s'encadrer le plus avantageusement possible entre les arbres des avenues supérieures.

La plantation du bord des lacs et des pièces d'eau, dans une propriété assez étendue, peut produire des scènes très diverses, suivant qu'elle est homogène ou composée d'essences variées.

Les plantations homogènes, dont un exemple se trouve dans la fameuse île des Peupliers, à Ermenonville, où le marquis R. de Girardin avait placé le tombeau de J.-J. Rousseau, ne sont possibles que sur de grands espaces. Dans un parc de moyenne étendue, tout en conservant la tonalité générale du lieu dans les plantations de fond, il vaut mieux varier les essences, comme dans la figure 329, reproduisant le lac de Chérupeau (Loiret).

Le point A, dans ce plan, est la chute d'eau qui alimente le lac. Ombragée par un gros chêne, elle est entourée de talus couverts de pervenches, de millepertuis à grandes fleurs, de rhododendrons et de plantes grimpantes. Le pont B est ombragé par les aulnes et les chênes naturels du bois, entremêlés de sapins argentés. Les lettres C C figurent l'ancien tracé du ruisseau,

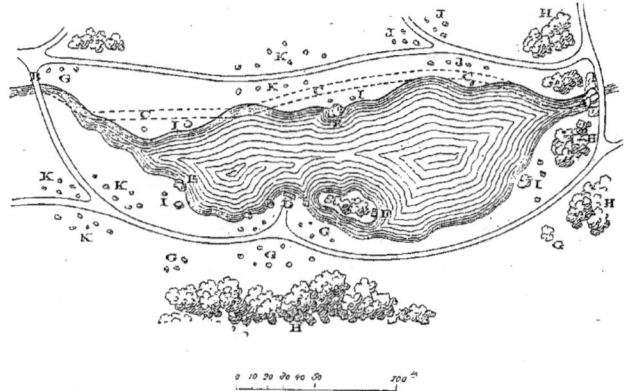

Fig. 329. — Plantations sur les bords d'un lac.

absorbé par le lac. Autour de l'embarcadère D, un massif G G est planté de saules à feuilles de laurier, avec un sous-bois de saules à feuilles de romarin. Les roches E E, sur la rive, sont couvertes de cornouillers qui projettent au loin leurs branches sur les eaux. L'île F, destinée aux oiseaux d'eau, est plantée en saules variés. En H, un massif naturel du bois n'a pas été touché. On a planté en II des cyprès chauves, peupliers variés, aulnes à feuilles en cœur; en J, un groupe d'érables, et des peupliers en K. L'ensemble a été maintenu dans la tonalité des feuillages légers, cendrés, s'harmonisant avec le paysage d'alentour.

Sur le plan ci-joint (fig. 330), les contours des massifs sont indiqués par une ligne sinueuse qui doit être l'objet d'une explication. Cette ligne figure, non la projection du feuillage sur le sol, mais la limite du terrain défoncé, labouré, préparé pour la plantation. Quelques artistes préfèrent représenter sur le papier, la projection du feuillage entre autres M. J. Weidenmann, auteur d'un bon livre sur l'amélioration des résidences rurales en Amérique[1]. Non-seulement cet artiste emploie ce procédé graphique,

Fig. 330. — Plan de situation des plantations, d'après Weidenmann.

mais il a imaginé de diviser en sections le plan d'exécution (fig. 330). Au moyen de cette distribution et de numéros, il dresse ainsi son devis des plantations :

[1]. *Beautifying country homes.* New-York, 1870, in-folio.

SECTION.	GROUPES.		NOMS DES PLANTES.	SURFACE en pieds carrés.	NOMBRE de plantes requis.	OBSERVATIONS.
	numéros.	espèces.				
I	1	a	Spiræa Thunbergii........	180	12	
		b	— crenata............	142	9	
		c	— callosa............	140	9	
		d	Chænomeles japonica.......	93	5	
		e	Ribes divers..............	224	14	
		f	Syringa persica, etc., etc...	360	16	

Cette disposition, en apparence satisfaisante, est difficile à utiliser dans la pratique. A moins de tracer le plan à une grande échelle, on ne peut marquer, sur le papier, la position de tous les arbres isolés et groupes qui bordent les bois et les massifs. L'objection sera encore plus forte si l'on obtient ces ornements au moyen d'abatages sur la lisière du bois. Deux exemples montreront clairement les effets des suppressions intelligemment faites dans ces conditions, avec ou sans addition d'espèces exotiques (fig. 331) :

N° 1. ISOLÉS ET GROUPES NATURELS FORMÉS PAR ÉCLAIRCIES.

1. Quercus pedunculata.
2. Carpinus Betulus.
3. Cratægus Torminalis.
4. Rhamnus catharticus.
5. Mespilus germanica.
6. Fagus sylvatica.
7. Cornus Mas.
8. Populus Tremula.
9. Sarothamnus scoparius.
10. Salix Capræa.
11. Carpinus Betulus.
13.-13. Populus Tremula.
14. Quercus pedunculata.
15. Rosa canina.
16. Sambucus racemosa.

17. Cerasus avium.
18. Quercus sessiliflora.
19. Cornus Mas.
20. Buxus sempervirens.
22.-23. Rubus fruticosus.
24.-24. Corylus Avellana.
25. Sorbus domestica.
26. Cratægus Oxyacantha.
27. Fagus sylvatica.
28. Populus monilifera.
29. Ilex Aquifolium.
30. Acer campestre.
31. Rosa cinnamomea.
32. Fraxinus excelsior.

N° 2 ISOLÉ ET GROUPES, AVEC ADDITION D'ESPÈCES EXOTIQUES.

La situation est la même. Les numéros modifiés sont seuls reproduits sur cette liste ; les autres espèces indigènes sont conservées (fig. 331).

4. Rhamnus alpinus.
5. Acer platanoides.
7. Cornus alba.
11. Gleditschia Triacanthos.

15. Viburnum Tinus.
16. Cratægus punctata.
17. Cerasus avium flore pleno.
19. Malus coronaria.

20. Cerasus azorica.
22.-23. Rhamnus rupestris.
26. Cratægus Oxyacantha punicea.
30. Sophora japonica.
31. Taxus Dovastoni.

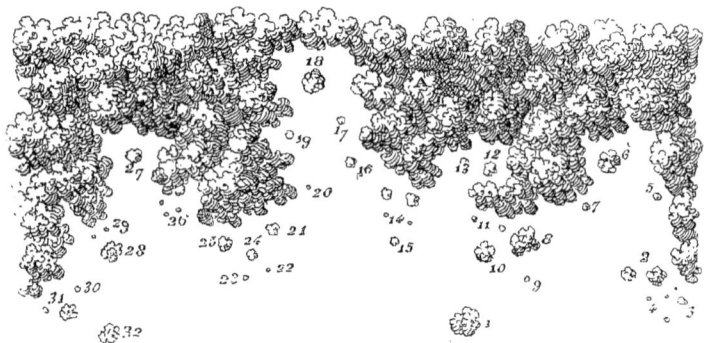

Fig. 331. — Position des groupes et des isolés sur la lisière d'un bois.

Le groupement plus important de la figure 332, situé aux premiers plans de la propriété, autour du pavillon A et du banc C adossés à un bois, est également formé d'espèces exotiques, mélangées à des essences indigènes. L'effet doit être combiné en vue du fond de forêt I J, sur lequel les arbres doivent se détacher. Les groupes K L pourront être plantés de pins du lord Weymouth (*Pinus Strobus*), dont le ton glauque sera moins dur que celui des

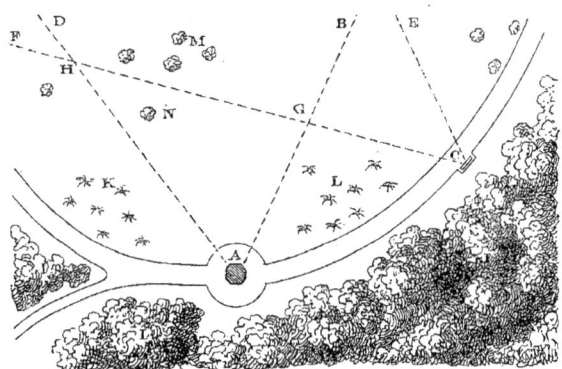

Fig. 332. — Position des groupes et des isolés selon les points de vue.

pins noirs d'Autriche (*P. austriaca*), par exemple. A droite de la vue CE, un groupe de hêtres fera corps avec les essences du bois. Les quatre arbres M seront des ormes ordinaires (*Ulmus campestris*) devant lesquels le févier (*Gleditschia Triacanthos*) N fera un heureux contraste par son feuillage clair et penné. Près du point H, un peuplier neige (*Populus nivea*) développera sa haute stature et son feuillage vert et blanc. L'ensemble du tableau n'aura rien de heurté et satisfera le regard par l'harmonie des diverses parties.

Plantation des Jardins paysagers. — Nous venons de voir comment l'on peut opérer, dans les parcs, le mélange graduel des espèces indigènes avec les espèces exotiques, en conservant aux derniers plans leurs effets naturels, et en ornant les alentours de l'habitation par des arbres d'une végétation plus riche.

Dans les jardins paysagers, dont la contenance varie de un à plusieurs hectares, et qui constituent la plupart des résidences de campagne autour des grandes villes, l'élément exotique prend le dessus et le planteur n'emprunte guère à la flore indigène. L'art est ici le maître, et la nature indique seulement les mélanges d'arbres les plus harmonieux. C'est à elle cepen-

Fig. 333. — Transformation d'un terrain plat. Parc de La Croix (Indre-et-Loire).

dant qu'il convient de demander des leçons. Même pour de petites scènes, elle ne manque pas de donner les meilleurs modèles à imiter dans les parcs et dans les jardins.

La figure 333 reproduit la vue, d'après une photographie, d'un coin du parc de La Croix, en Touraine, dont j'ai donné le plan et les profils (page 410, fig. 186). Le sol était absolument plat; les terres extraites de l'excavation faite pour le bassin furent amoncelées et soutenues par des rochers, et un kiosque-champignon se détacha sur le fond sombre des arbres plantés en arrière, afin de cacher le mur du jardin fleuriste et des serres. Les pentes furent garnies des arbres et arbustes suivants :

Alnus glutinosa, var. imperialis.
Aralia chinensis.
Berberis Darwini.
Cerasus lusitanica.
— Lauro-Cerasus.
Daphne Laureola.
Evonymus japonicus.

Helianthemum (var.).
Hypericum calycinum.
Ligustrum ovalifolium.
Mahonia Aquifolium.
Philadelphus coronarius.
Sambucus nigra marginata.
Viburnum Tinus, etc., etc.

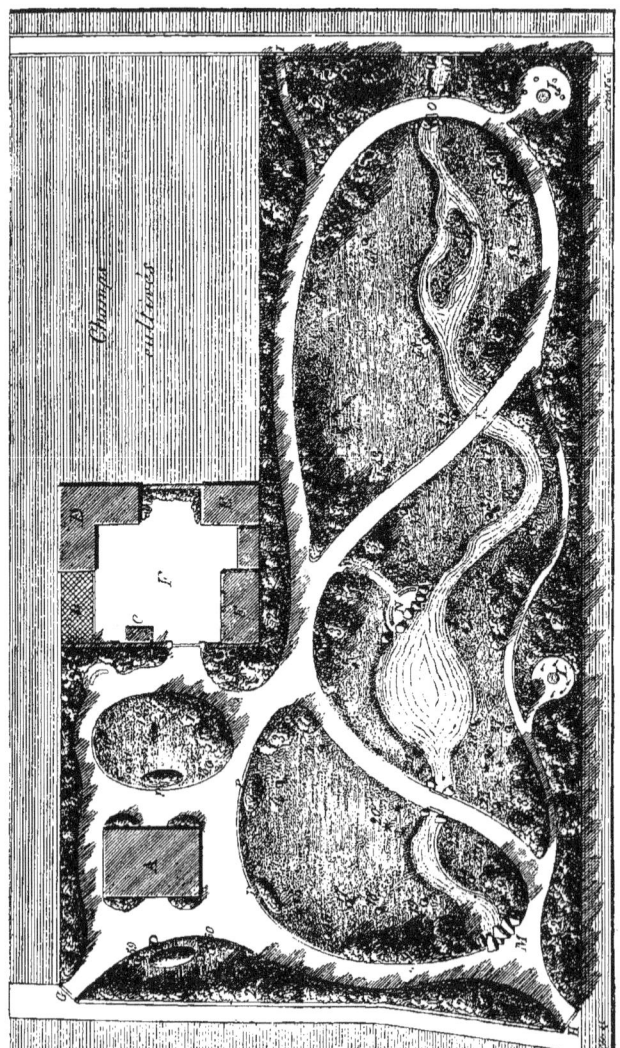

Fig. 334. — Jardin paysager de M. le baron de Cr... à Cr... (Cher). Ed. André, architecte. Échelle de 1 millim. pour mètre.

A, habitation principale. — B, dépendances. — C, lapinerie. — D, poulailler. — E, écuries et remises. — F, cour des communs. — G, H, entrées principales. — I, entrée secondaire. — J, salle verte. — K, pont. — L, salle verte. — M, rocher et cascade. — N, pêcherie. — O, pont. — P, corbeilles de fleurs.

Les rochers se couvrirent d'une profusion de plantes herbacées, dont on trouvera le détail à l'article « plantation des rochers », ainsi que la liste des plantes aquatiques et des espèces ornementales isolées sur les bords. Cette figure a pour objet de montrer l'une des nombreuses dispositions qui peuvent être appliquées à un terrain plat, dénudé et sans eau.

Le jardin paysager de M. le baron de Cr... (Cher) (fig. 334) ne mesure qu'un hectare de superficie. C'est l'exemple d'une de ces résidences fréquentes aux environs de Paris, où l'on multiplie les espèces exotiques, l'objet à atteindre étant celui d'une grande diversité, par le contraste des feuillages, l'abondance et l'éclat des fleurs. Le terrain est profond, frais, humeux, de la variété dite *terre de jardin*. En A est l'habitation, entourée de quatre massifs de rhododendrons bordés de kalmias. Une pelouse la sépare des communs F (écuries et remises E, poulailler D, lapinerie C). L'entrée principale est en G, la sortie sur la campagne en H. La porte d'entrée de la cour des communs est cachée par une partie du massif n° 1, posé de :

Aucuba japonica.
Cerasus Lauro-Cerasus.

Cerasus lusitanica.
Mahonia Aquifolium.

Les murs de clôture de la propriété sont masqués sur tout le périmètre par les espèces suivantes (massifs n° 2) :

ARBRES.

Acer platanoides.
Æsculus Hippocastanum.
Alnus cordifolia.
Cratægus coccinea.
— Oxyacantha rosea.
Cytisus Laburnum.
Diospyros Lotus.
Juglans nigra.
Malus coronaria.

Malus floribunda.
Padus virginiana.
Platanus orientalis.
Populus monilifera.
Robinia pseudo-Acacia Decaisneana.
— monophylla.
Sorbus hybrida.
— Aucuparia.
Tilia platyphylla.

ARBUSTES [1].

à feuilles caduques.

Amorpha fruticosa.
Berberis vulgaris purpurea.
* Chænomeles japonica.
Cornus alba.
Corylus Avellana purpurea.
Cytisus sessilifolius.
Buddleia Lindleyana.
Deutzia crenata flore pleno roseo.
— — — albo.
* Forsythia viridissima.
Indigofera Dosua.

Kerria Japonica.
* — fol. varieg.
* Leycesteria formosa.
Lonicera tatarica.
Philadelphus coronarius.
— Zeyheri.
* Prunus japonica.
Rhamnus utilis.
Rhus Cotinus.
Ribes sanguineum.
— aureum.

[1]. Les espèces pour bordure sont marquées d'un *.

Robinia viscosa.
Sambucus nigra laciniata.
— marginata.
Spiræa Lindleyana.
* — salicifolia.
* — lanceolata.
* — — flore pleno.

* Spiræa sorbifolia.
Syringa vulgaris rubra.
— — alba.
— persica.
Tamarix indica.
* Weigela rosea.
— grandiflora.

FEUILLES PERSISTANTES.

* Aucuba japonica.
* Berberis dulcis.
Buxus sempervirens.
Cerasus lusitanica.
— Lauro-Cerasus colchica.
Elæagnus reflexa.
* Evonymus japonicus.
* — — foliis argenteis.
Ilex Aquifolium.

Ligustrum ovalifolium.
— Stauntoni.
— japonicum.
* Mahonia Aquifolium.
Phylliræa media.
— angustifolia.
Rhamnus Alaternus.
* Ruscus racemosus.
Viburnum Tinus.

Les massifs n° 3 sont formés des espèces précédentes (n° 2), en y ajoutant, en nombre variable, suivant l'exposition :

* Amygdalus nana.
* Ceanothus azureus grandiflorus.
Cotoneaster acuminata.
Evonymus latifolius.
* Hibiscus syriacus, var. div.
* Hypericum elatum.

Pavia flava.
* Prunus triloba.
* Spiræa prunifolia.
— ariæfolia.
* — Douglasii.
— callosa.

Dans les massifs n°⁵ 4 et 5, à l'extrémité du jardin, on a ajouté, aux espèces de la liste du n° 2, mais moins nombreuses :

Acer pseudo-Platanus.
Cornus Mas.
Corylus Avellana.
Elæagnus angustifolia.
Ligustrum vulgare.

Malus baccata.
Salix alba.
— incana.
Styphnolobium japonicum (Sophora).
Viburnum Oxycoccos.

On a bordé de feuilles persistantes les salles vertes J et L. Le pont O, près de ses culées de roches, est accompagné de :

Hedera Helix.
Populus alba.

Populus angulata.
Salix purpurea.

Les massifs 6, 7, 8, reçoivent en outre des espèces des massifs n° 2, et dans les endroits les plus en vue, quelques touffes de :

Calycanthus occidentalis.
* Ceanothus azureus var.
* Chænomeles japonica umbilicata.
Prunus spinosa flore pleno.
* — triloba.

Rhodotypos kerrioides.
Rosa, div. esp. et var.
Spiræa ariæfolia.
— ulmifolia.
Staphylea colchica.

Sur le devant on a adopté une disposition recommandable. Elle consiste à planter des arbustes de formes et de couleurs contrastantes et fleurissant simultanément, par exemple la boule de neige (*Viburnum Opulus sterilis*) et l'épine cramoisie (*Cratægus Oxyacantha punicea*). J'ai vu le premier exemple de cette heureuse combinaison dans le parc de Kockelscheuer, près Luxembourg.

Auprès du rocher M, d'où partent les eaux, et dans les massifs n° 9, très-touffus et irrégulièrement plantés, on a ajouté :

Berberis Darwini.
Cotoneaster acuminata.
— buxifolia.
Elæagnus reflexa.
— angustifolia.
Garrya elliptica.

Hypericum patulum.
— calycinum.
Rhamnus californicus.
Rubus fruticosus laciniatus.
Yucca gloriosa.
— recurvifolia.

Les rochers de la pêcherie N sont couverts de plantes herbacées et de quelques arbustes grimpants, sarmenteux ou gazonnants :

Ampelopsis tricuspidata.
Cotoneaster buxifolia.
— microphylla.

Elæagnus reflexa.
Hypericum calycinum.
Lycium europæum.

Les groupes et arbres isolés sur les pelouses sont nombreux, et presque tous pris parmi des espèces d'un développement moyen :

10. Thuia gigantea.
11. Rhus glabra laciniata.
12. Acer macrophyllum.
13. Æsculus rubicunda.
14. Fagus sylvatica purpurea.
15. Chamæcyparis nutkaensis.
16. Juglans nigra.
17. Rhamnus alpinus.
18. Rosa multiflora (touffe).
19. Salix daphnoides.
20. Cryptomeria elegans.
21. Cotoneaster buxifolia.
22. Salix pentandra.
23. Arbutus Unedo.
24. Bambusa glauca.
25. Acer eriocarpum.
26. Juniperus excelsa.
27. Rhamnus libanoticus.
28. Salix purpurea pendula.
29. Elæagnus reflexa.
30 à 33 (non marqués sur le plan, mais situés au-dessus du massif N) et composés de :
Bambusa Quihoui.
Ligustrum Stauntoni.
Pinus uncinata.
Platanus occidentalis.
34. Fagus sylvatica pendula.

35. Robinia viscosa.
36. Elæagnus angustifolia.
37. Cornus sibirica.
38. Populus tremuloides.
39. Tamarix tetrandra.
40. Magnolia Lennei.
41. Populus nigra fastigiata.
42. Cratægus Pyracantha.
43. Populus canadensis.
44. *Omis sur le plan*. Cedrus Deodara.
45. — Æsculus rubicunda.
46. Acer macrophyllum.
47. Negundo fraxinifolium argenteum.
48. Bambusa nigra.
49. Taxodium distichum.
50. Salix viminalis.
51. — incana.
52. Alnus cordifolia.
53. Abies Pinsapo.
54. Populus nivea.
55. Salix pentandra (près du pont).
56. Cratægus Pyracantha.
57. Tilia argentea.
58. Diospyros virginiana.
59. Campylotropis chinensis.
60. Berberis stenophylla.

Dans les jardins de cette étendue, les groupes et les isolés prennent des aspects d'autant plus décoratifs que leurs contrastes sont plus accentués. Un sapin Pinsapo (*Abies Pinsapo*) arrivé à la hauteur de 8 à 10 mètres est très beau dans nos jardins (fig. 335); il forme une opposition bien accusée, par sa silhouette régulière et sa couleur glauque, sur le fond cendré des peupliers blancs de Hollande (*Populus alba*). Le contraste est rendu plus vif encore par la forme à rameaux pendants et le ton vert très-clair du Thuia filiforme (*Biota orientalis filiformis*) quand il avoisine le groupe.

Fig. 335. — Groupes simples. — Sapin Pinsapo et Thuia filiforme.

Plantation des petits Jardins. — Ces placements d'arbres et d'arbustes pourraient revêtir une diversité sans limites. Il suffira, après avoir considéré longuement les végétaux groupés et isolés dans les parcs et jardins de grande et de moyenne étendue, d'examiner un jardin de ville, dont la plantation nécessite des soins particuliers. En énumérant (p. 595) plusieurs espèces supportant les mauvaises conditions de l'air vicié des grandes cités, je n'ai pas eu la prétention de donner la liste complète de plantes ligneuses qui peuvent vivre dans ces conditions; j'ai indiqué seulement quelques-unes de celles qui résistent le mieux, et je suis d'avis qu'il vaut mieux cultiver un petit nombre d'espèces bien venantes que de chercher la variété aux dépens de la santé des sujets.

Dans le plan représenté par la figure 336, on voit un jardinet de ville, d'une contenance de 1,400 mètres, entouré de hautes murailles, dans des

Fig. 336. — Plantation d'un petit jardin de ville.
Éch. 2 mill. pour mètre.

A, habitation. — B, serre. — C, volière. — D, butte et kiosque. — E, gymnase. — F, banc. — G, entrée. — H, sortie.

conditions défavorables pour la culture. On y a planté, pour donner un ombrage rapide, les grands arbres suivants :

Abies excelsa.
Acer platanoides.
— pseudo-Platanus.
Ailantus glandulosa.
Platanus orientalis.

Populus alba fastigiata.
— monilifera.
Robinia pseudo-Acacia.
Styphnolobium japonicum.
Ulmus campestris.

TRAVAUX D'EXÉCUTION. — PLANTATIONS.

Quelques arbres de deuxième grandeur et fleurissants s'y ajoutent :

Catalpa syringæfolia.
Cratægus Oxyacantha punicea.
Cytisus Laburnum.

Fraxinus Ornus.
Malus floribunda.
Sorbus Aucuparia.

Dans les massifs, presque entièrement composés d'arbustes rustiques à feuilles persistantes, se trouvent :

Aucuba japonica.
Buplevrum fruticosum.
Buxus sempervirens.
Cerasus Lauro-Cerasus.
— lusitanica.
Deutzia scabra.
Evonymus japonicus.
— — argenteus.
Hydrangea japon. Hortensia.
Ligustrum lucidum.
— ovalifolium.

Mahonia Aquifolium.
Philadelphus coronarius.
Photinia serrulata.
Phylliræa media.
— angustifolia.
Rhamnus latifolius.
— Billiardi.
Spiræa salicifolia.
— lanceolata.
Syringa vulgaris.
Weigela rosea.

Sur les pelouses, les arbres et arbustes suivants ont été isolés :

J Acer pseudo-Platanus purpureus.
K Negundo fraxinifolium variegatum.
L Populus nigra fastigiata.
M Pinus austriaca.
N Ligustrum ovalifolium.
O Ilex Aquifolium var.
P Evonymus japonicus aureus.
Q Yucca gloriosa.

R Yucca recurvifolia.
S Berberis dulcis.
T Arundinaria japonica.
U Thuia occidentalis.
V Acer eriocarpum.
X Buxus sempervirens var. aurea.
Y Chamæcyparis squarrosa.
Z Aucuba himalaica.

Plantation des Jardins publics. — Les plantations des jardins publics de moyenne ou de faible étendue se ressentent des circonstances défavorables qui viennent d'être indiquées. Les arbres et arbustes seront distribués de manière à plaire aux yeux en toute saison, et la majeure partie sera à feuilles persistantes. Si la superficie du jardin permet de cultiver un grand nombre d'espèces, si l'air et la lumière abondent, les listes précédentes serviront parfaitement. Dans cette catégorie peuvent rentrer les jardins publics des Champs-Élysées, du Temple, de Batignolles, à Paris, dont la plantation s'est enrichie de nombreuses espèces cultivées dans les résidences rurales les plus soignées. Toutefois, on a eu le tort d'y mêler des essences que la fumée détruit en peu de temps : wellingtonias, cyprès et genévriers exotiques, cryptomérias, et autres arbres conifères ne résistant pas longtemps à ces conditions, à l'exception du vigoureux et rustique pin noir d'Autriche (*Pinus austriaca*).

Les jardins publics de petite étendue, les *squares* de Paris, sont fréquemment dessinés sur le modèle de la figure 337, commode pour la promenade et agréable aux regards. Quatre entrées A A sont pratiquées dans la grille qui entoure le jardin et dont le mur d'appui n'a que 0^m,25 de hauteur. Les massifs B B sont composés de :

Berberis elegans.
— dulcis.
Buxus sempervirens argentea.
— — angustifolia.
Calycanthus occidentalis.
Cerasus lusitanica.
— Lauro-Cerasus.

Cotoneaster buxifolia.
Cratægus Pyracantha.
Elæagnus reflexa.
Evonymus japonicus.
Leycesteria formosa.
Mahonia Aquifolium.
Viburnum Tinus.

Les arbres indiqués sur les côtés, entre les massifs, ont été transplantés, déjà adultes, au moyen d'un chariot spécial, des :

Æsculus rubicunda.
Platanus orientalis.
Populus nigra fastigiata.

Styphnolobium japonicum (Sophora).
Tilia platyphylla.
Ulmus campestris.

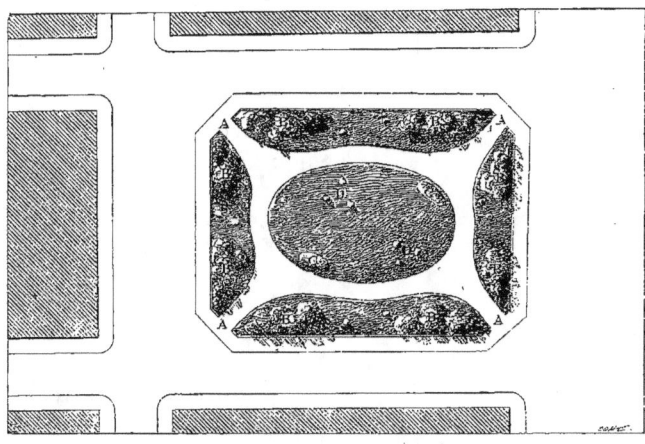

Fig. 337. — Plantation d'un petit jardin public (square). — Éch. 1 mill. p. mètre.

En D D, sur la pelouse centrale, on a placé deux groupes isolés :

Cupressus Lawsoniana. | Rhododendron hybridum.

Dans les parcs et les jardins publics, on peut varier beaucoup ces sortes de plantations. Je puis citer un des petits jardins de Paris comme offrant une disposition particulière. Il accompagne le puits artésien de Passy. Son tracé est élémentaire : deux plates-bandes entourant une place sablée, ombragée par des platanes. Ces plates-bandes sont exclusivement plantées d'espèces à feuilles persistantes, qui donnent à l'ensemble un aspect un peu sombre, racheté par la vigueur des sujets et la simplicité du dessin. On a évité ainsi un entretien de fleurs dispendieux et les déprédations du public.

Plantation des entrées. — L'entrée d'une propriété, parc ou jardin, doit être l'objet d'un soin particulier dans la plantation. L'effet paysager n'a rien

PLANCHE VII

PARC DE LA CHAUMETTE (Seine-et-Oise).

M. A. Bocquet, *propriétaire*. — Ed. André, *architecte*.

Parc paysager sur un sol plat, avec des eaux amenées artificiellement. Jardin géométrique séparé donnant sur la face du château opposée au parc. Jardin potager relégué sur l'un des côtés de la propriété, pour augmenter la longueur des murs d'espalier et dégager les perspectives vers l'intérieur du parc.

Contenance : environ 18 hectares.

LÉGENDE.

A. Château.
B. Communs.
C. Basse-cour.
D. Dépendances.
E. Concierge.
F. Serre à multiplication.
G. Pépinière de fleurs.
H. Jardin potager.
I. Rosarium.
J. Jardin d'hiver.
K. Serre aux outils, etc.
L. Kiosque sur une glacière.
M. Bain froid.
N. Pavillon des baigneurs.
O. Jeu de boules.
P. Gymnase sous la futaie.
Q. Rucher.
R. Pêcherie.
S. Sortie sur les champs.
T. Ile des saules.
U. Cabane des oiseaux d'eau.

V. Embarcadère.
X. Jeu de croquet.
Y. Châssis à primeurs.
Z. Verger.

a. Point-de-vue.
b. Kiosque sur une butte.
c. Rocher, départ des eaux.
d. Massifs de Rhododendrons.
e. Vases et fleurs.
f. Bancs de pierre.
g. Bassin et jet d'eau.
h. Parterre régulier.
i. Entrée principale.
j. Cercles de fleurs et vases.
k. Maison de garde.
l. Corbeilles de plantes à feuillage.
m. Grotte-glacière.
n. Tir au pistolet.
o. Sortie sur le chemin.
p. Corbeilles de fleurs.

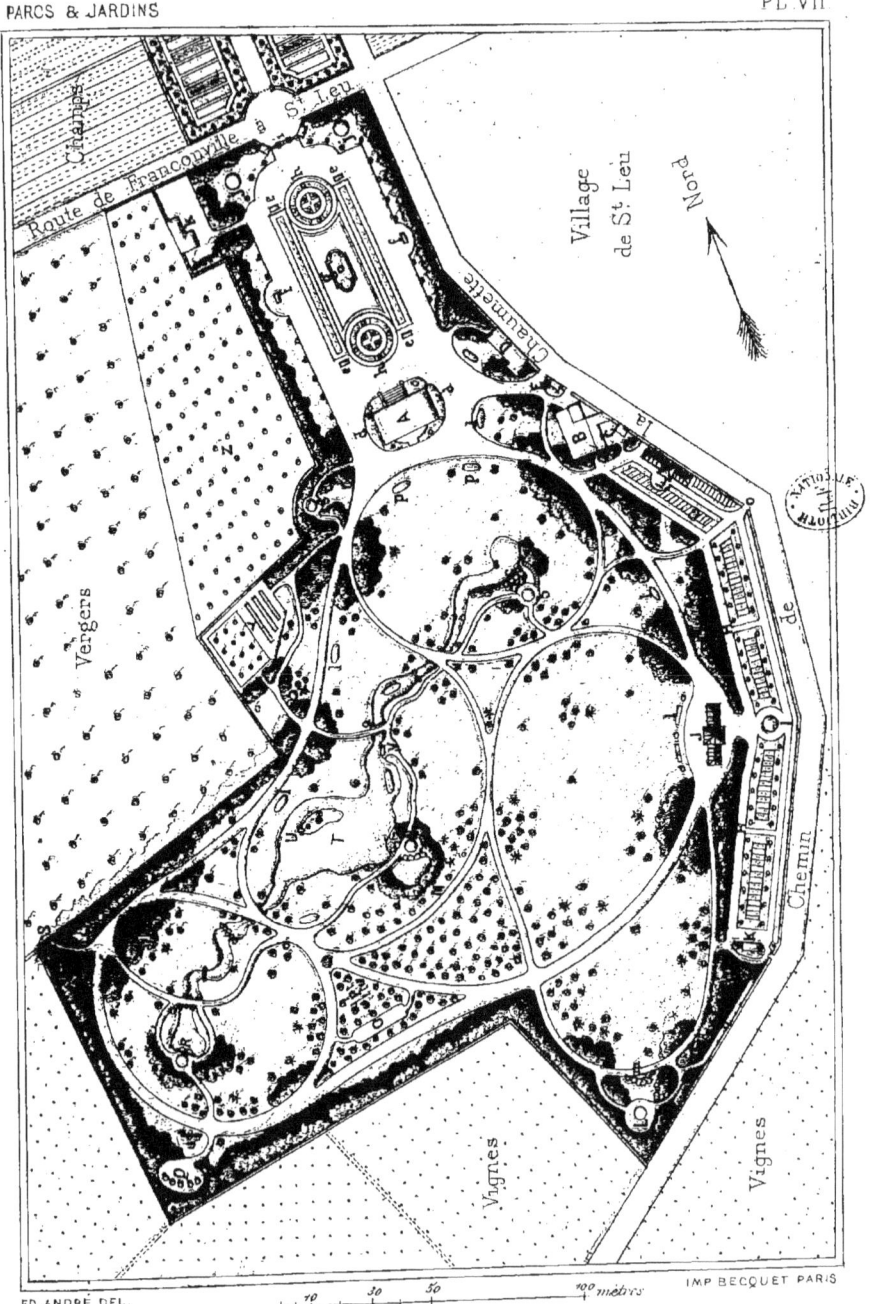

à faire avec l'entourage d'une grille et d'une maison de garde-portier. On doit l'accompagner de massifs d'une verdure sombre, formant un repoussoir aux bâtiments, et sur le devant, planter quelques fleurs qui égayeront le lieu et donneront au visiteur une impression favorable. Dans la figure 338, les massifs intérieurs, à côté des guichets C C, sont composés d'épicéas et de pins du Lord qui unissent leur verdure noire et glauque, et sont bordés de lauriers de Portugal, d'alaternes et de filarias. Sur le côté de la pelouse, près de H, un groupe de marronniers ; en F, une corbeille de plantes à feuillage coloré, et près de G, un massif d'arbres variés, bordés de lauriers-tins et de mahonias du Japon. Devant la maison, sur la pelouse, sont disposées des fleurs aux couleurs vives et des plantes grimpantes qui se suspendent aux corniches.

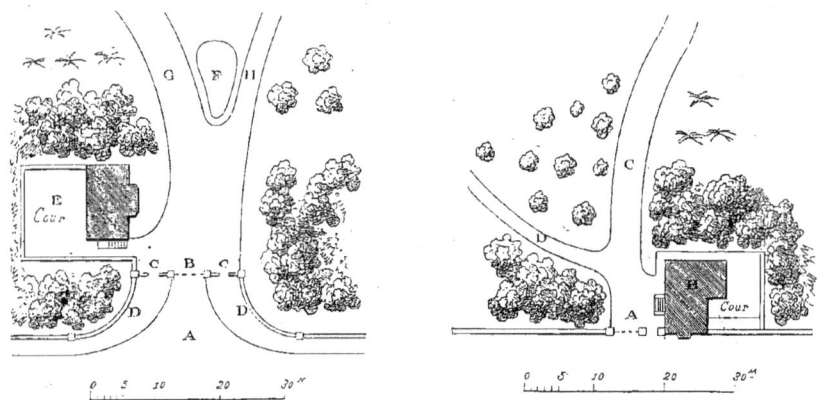

Fig. 338. — Plantation des entrées de parcs et de jardins. — Fig. 339.

Dans la figure 339, la disposition est différente : on a entouré la loge B, près de l'entrée A, d'arbustes toujours verts, du côté de la route seulement. Les conifères sont remplacées par des arbres à feuillage caduc, robiniers, cytises, érables. Dans la pointe entre les allées C D, les arbres sont à haute tige, sur le gazon, sans sous-bois, et sont composés de marronniers rouges et de robiniers glutineux. La bordure des massifs est formée d'arbustes fleurissants : spirées, weigélies, deutzias, lilas, indigotiers, céanothes, seringats, etc.

L'art de décorer les entrées de jardin est très développé en Angleterre. La variété dans les dispositions est considérable, surtout dans les résidences de moyenne étendue et dans les petits jardins de ville. Au lieu de s'enfermer dans des murailles tristes et nues, on se contente le plus souvent de clore la propriété par un mur d'appui surmonté d'une grille ou d'une palissade ornée de plantes grimpantes, ou mieux encore doublée en dedans d'une haie d'arbustes d'ornement. Dans les villes d'eaux anglaises, à Malvern, à Harrogate, aux bains de mer de Brighton, Torquay, Southport et surtout dans les îles de la Manche, Wight, Jersey, Guernesey, la variété de ces clôtures est inépuisable. De la mère patrie, les Anglais ont transporté ce goût aux États-Unis, et les villas de Saratoga ou de Newport ont leurs entrées conçues dans le même ordre d'idées.

Généralement l'entrée n'est pas vue de l'habitation. Dès que la grille est franchie, le chemin tourne brusquement et entre dans le jardin. Les massifs, disposés en amphithéâtre, sont composés de lauriers amande, genêts, mahonias, lauriers-tins, fusains du Japon, espèces à feuilles persistantes; à leur pied sont placées des rocailles couvertes de plantes saxatiles, comme à Barnsham House, Malvern. Parfois on préfère une seule essence, laurier amande, laurier-tin ou fusain du Japon, pour former la haie et entourer la porte d'entrée. A Guernesey, l'usage est d'encadrer cette entrée par de forts massifs de chênes verts, d'*Escallonia macrantha* ou de myrtes, qui deviennent énormes en peu d'années. Mais partout dominent les arbustes à feuilles persistantes, et les soins apportés à leur plantation et à leur entretien témoignent de l'intérêt attaché à cette partie du jardin.

Les entrées, dans de plus grandes propriétés, seront reliées de près aux

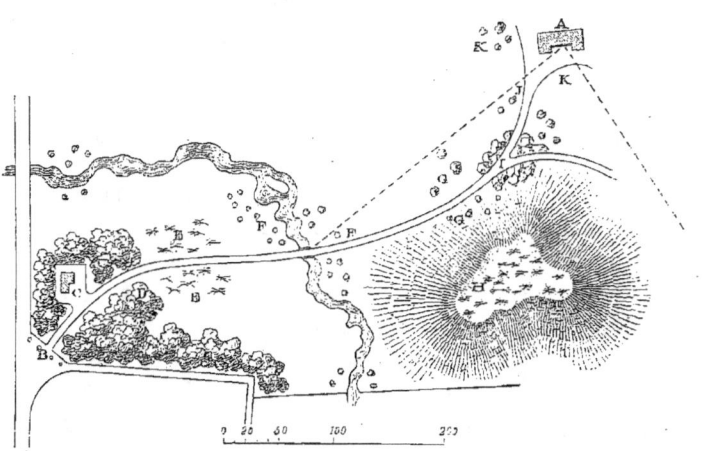

Fig. 340. — Plantation d'une entrée et d'une voie d'accès curviligne.

plantations de la route d'arrivée. En citant le tracé correct d'une de ces voies d'accès (p. 366, fig. 121) j'ai signalé la composition des plantations qui l'accompagnent. Il est bon de préciser davantage, sur le même parcours (fig. 340), la nomenclature de ces végétaux divers.

B, 4 Platanus orientalis.
C, Maison de garde, D massifs d'Acer platanoïdes, Negundo fraxinifolium, Æsculus rubicunda, avec un sous-bois de Cerasus lusitanica, Ligustrum ovalifolium, Mahonia japonica et Viburnum Tinus.
EE, Pinus austriaca.

FF, Populus angulata, Salix pentandra, S. dasyclados, S. daphnoides.
G, Quercus pedunculata (anciens).
H, Groupe de Cedrus Deodara.
I, Rochers couverts d'arbustes sarmenteux, Ampelopsis, Tecoma, Rubus.
J, Fagus sylvatica purpurea (anciens).

TRAVAUX D'EXÉCUTION. — PLANTATIONS.

Plantation des carrefours. — Le but principal de la plantation des massifs ou des groupes, aux carrefours et intersections d'allées, est de masquer la surface irrégulière et trop étendue des espaces sablés dans les vues des parcs et des jardins. Nous en avons donné plusieurs exemples en parlant du tracé des allées. Une autre raison est d'empêcher de marcher sur les coins formés par le gazon dans ces carrefours; cette faute est commise dans la plupart des parcs anglais.

On devra entourer le carrefour entier de massifs compactes (fig. 122, p. 367), ou le planter en groupes de grands arbres, de manière à laisser circuler la lumière entre les tiges (fig. 341), en abaissant légèrement le niveau des allées A B C de manière à masquer leur passage.

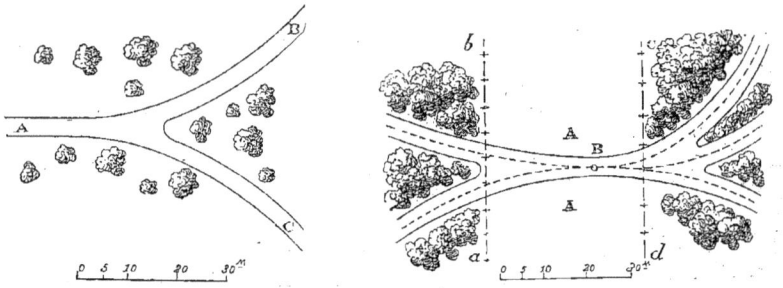

Fig. 341. — Plantation des carrefours. Groupes. — Fig. 342. — Plantation des carrefours. Massifs.

Si le carrefour est double et l'intersection des axes située en B, avec une partie découverte A A où la vue doit passer librement, on devra planter, en dehors des lignes ab et cd, des massifs épais (fig. 342), composés d'arbres à tige et de sous-bois. La variété, dans ces plantations des carrefours, consiste surtout dans le choix des feuillages, d'un vert foncé et de forme simple au premier plan, cendrés et découpés dans les plans éloignés.

Plantation d'alignement : boulevards, avenues, canaux, etc. — Dans la liste des arbres d'alignement (p. 586), les essences ont été classées en deux groupes, celles qui sont généralement employées dans les administrations publiques pour la plantation des routes, canaux, avenues, boulevards, etc., et un choix d'autres espèces très recommandables, dites d'ornement, dont plusieurs pourraient être exploitées avec profit pour le produit de leur bois.

Quelques explications complémentaires sur ce sujet sont nécessaires.

Déjà, nous avons examiné les plantations des avenues, au point de vue du tracé et des terrassements. Il reste à les considérer sous le rapport du choix et de la plantation des arbres qui les ornent.

Tous les visiteurs de Paris ont constaté les progrès immenses que cette ville a réalisés dans ses promenades et dans ses plantations, sous la direction de l'homme de goût, de l'habile ingénieur dont le nom est indissolublement lié à la transformation du Paris moderne, M. Alphand. C'est là que l'étranger vient chercher ses modèles et que les municipalités du monde entier prennent d'utiles indications pour l'embellissement de leurs villes. Depuis les grands travaux, le nombre des arbres plantés sur les voies publiques de Paris est devenu énorme ; au 1ᵉʳ janvier 1877, il atteignait le chiffre de 82,201, sans compter les plantations des parcs, jardins publics et maisons communales, formant un appoint de 19,188.

La figure 343 [1] représente un tronçon du boulevard Saint-Michel, qui présente un de ces aspects et donne l'idée des larges voies plantées dans une grande ville. Paris est loin de se trouver dans des conditions

Fig. 343. — Plantations d'alignement urbaines. Le boulevard Saint-Michel, à Paris.

excellentes pour la végétation des arbres. Son atmosphère n'est pas chargée de fumée comme celle de Londres, mais son sol de gypse ou de calcaire grossier n'est favorable qu'à un petit nombre d'espèces. Ces conditions particulières ont dû être étudiées avec soin.

A Paris, le platane (*Platanus orientalis*, L.) [2] se place au premier rang des arbres d'alignement. Les nouveaux boulevards, où cette espèce a été plantée en abondance, principalement ceux qui rayonnent autour de l'arc de triomphe de l'Étoile, témoignent, par de longues files d'arbres élancés, de la pros-

---

1. Collection des Guides — Joanne, — *Paris illustré*.
2. On confond généralement cette espèce avec le véritable *Platanus occidentalis*, L., qui diffère surtout du *P. orientalis* par son fruit solitaire, plus petit, ses feuilles moins profondément lobées, sa pubescence moins caduque, ses pétioles souvent rouges, etc.

périté du platane dans le sol de Paris. Cependant les sujets y sont trop rapprochés dans la longueur des lignes. La distance n'est que de 5 mètres entre deux arbres, tandis qu'il faudrait un minimum de 8 à 10 mètres pour obtenir un développement convenable. Le désir de créer rapidement de l'ombre a fait adopter ce système, mais il serait bon de dédoubler aujourd'hui la plupart des plantations des boulevards de Paris.

Le marronnier (*Æsculus Hippocastanum*), dont on admire, aux jardins des Tuileries et du Luxembourg, les exemplaires majestueux, réussit également bien dans le terrain parisien. Sa croissance est plus lente que celle du platane, mais les lignes plantées sur le Cours-la-Reine sont une preuve de la belle végétation que cet arbre peut acquérir après quinze ou vingt ans de plantation. Le marronnier à fleurs rouges (*Æsculus rubicunda*) est aussi très beau, mais de moins haute stature.

L'orme (*Ulmus campestris* et *U. montana*) était autrefois employé presque exclusivement à la plantation des routes et des voies urbaines, suivant l'ordre spécial donné par Colbert. Deux insectes, le cossus (*Cossus ligniperda*), qui troue le bois, et le scolyte (*Scolytus destructor*), qui se glisse sous l'écorce et ronge l'aubier, ont détruit des plantations entières; malgré tous les remèdes, ils exercent encore de terribles ravages. On a donc réduit de beaucoup, à Paris, le nombre des boulevards plantés en ormes. Cependant le fléau tend à diminuer, si l'on en juge par l'état florissant où se trouvent ces arbres sur quelques grandes voies, les boulevards de Sébastopol et Saint-Michel, par exemple. On choisit, avec raison, les variétés à larges feuilles de l'orme commun et de l'orme des montagnes.

Lorsque les ormes ont atteint leur entier développement, ils égalent en noblesse les plus beaux arbres. On peut citer la grande avenue des *Cascine*, à Florence, plantée en ormes communs (*Ulmus campestris*), et les splendides ormes d'Amérique (*Ulmus americana*), qui bordent la rivière Hudson, près des *palisades*, entre New-York et Albany.

En Belgique, les ormes sont superbes, principalement ceux du parc, à Bruxelles; ils appartiennent à une variété particulière, nommée orme *gras*, sans doute sortie de l'*Ulmus pedunculata*, Foug., espèce originaire de l'Europe orientale. La propagation de cette remarquable forme est très désirable.

Dans le Nord, en Belgique, en Hollande, on plante le hêtre (*Fagus sylvatica*) sur le bord des routes et en avenues. Il y prend une forme plus élancée que dans le centre de la France et il constitue de superbes plantations, précieuses pour leur ombrage et le produit du bois de construction qu'elles fournissent. On trouve aussi, parfois, des avenues de la variété à feuilles pourpres (*F. s. purpurea*).

On a recommandé avec raison le planéra du Caucase (*Zelkowa crenata*), espèce respectée par les insectes; mais ce bel arbre est rare dans les pépinières, difficile à multiplier autrement que par greffe sur l'orme, et sa croissance est d'ailleurs assez lente.

L'érable plane (*Acer platanoides*) fait des avenues régulières, mais de deuxième grandeur. L'érable sycomore (*A. pseudo-Platanus*) pousse plus rapidement, mais irrégulièrement. Sa variété à feuilles pourpres est fort belle ; une avenue, dans la ville de Luxembourg, a été plantée avec cette variété. Le bois de l'érable négundo (*Negundo fraxinifolium*) est trop cassant et son ombre est faible. L'érable de Montpellier (*Acer monspessulanum*) est très beau, mais on doit attendre longtemps son ombrage. On pourrait sans doute recommander l'érable à sucre (*A. saccharinum*), dont j'ai vu de magnifiques exemplaires aux États-Unis.

Les chênes de France et d'Amérique (voir la description des espèces) feraient de belles avenues, de croissance un peu lente, mais leur transplantation est rarement couronnée de succès, comme l'ont prouvé ceux que l'on avait apportés à grands frais, il y a quelques années, du bois de Boulogne sur le quai des Tuileries.

Les tilleuls forment en peu d'années des avenues très régulières. Ils ont le défaut de perdre leurs feuilles de bonne heure. On a essayé le tilleul argenté (*Tilia argentea*), qui présente l'inconvénient de fournir des sujets de forces inégales et déformés par des bourrelets désagréables au droit de la greffe, en raison de sa vigueur plus grande que celle du sujet. Une autre espèce, le tilleul à petites feuilles (*Tilia sylvestris*), devrait être plus répandue. Son feuillage est brillant et plus résistant que les autres; son port est gracieux et sa croissance rapide.

Les routes de France, dans le Centre, sont souvent plantées de noyers (*Juglans regia*) et, dans le Midi, de mûriers (*Morus alba*). On considère ces arbres plutôt pour le produit que pour l'ornement.

Cependant le noyer noir d'Amérique (*Juglans nigra*) est un très bel arbre d'alignement, pour les terrains frais et profonds. On admire, à Angers, l'avenue des Ponts-de-Cé, plantée en noyers noirs offerts à la ville d'Angers par le célèbre pépiniériste André Leroy, et qui sont maintenant dans toute leur beauté.

Le frêne (*Fraxinus excelsior*), le sophora (*Styphnolobium japonicum*), et l'acacia (*Robinia pseudo-Acacia*) sont des arbres de belle taille et de port gracieux, à feuillage penné, parfois employés pour avenues. Ils restent souvent inégaux dans leur croissance. Le bois de l'acacia est cassant et son ombre est mince ; c'est le principal obstacle à l'adoption du type et des variétés choisies de ce bel arbre, comme l'acacia Decaisne (*R. p. A. Decaisneana*) et l'acacia monophylle (*R. p. A. monophylla*), variété excellente à feuillage épais, vert foncé et de longue durée.

L'acacia parasol (*R. p. A. umbraculifera*), en raison peut être de sa régularité, est un arbre qui paraît taillé en boule et qui reste toujours rabougri. Je ne saurais le recommander, malgré les forts exemplaires que l'on peut voir sur plusieurs points, notamment sur le Cours Napoléon, à Toulouse.

Quelques frênes d'Amérique (*Fraxinus americana, cinerea, juglandi-*

folia, etc.) pourraient être plantés en avenues, mais aucun essai en grand ne permet, jusqu'à présent, de prononcer sur leur valeur.

Dans les terrains frais et profonds, le plaqueminier de Virginie (*Diospyros virginiana*) est un bel arbre à feuilles luisantes, à fruits mangeables, surtout dans le Midi. On peut en recommander la plantation. Lorsque les kakis (*D. Kaki* et ses variétés rustiques) seront plus répandus, on les plantera également en avenues de deuxième grandeur, et ils seront recherchés pour leurs fruits et pour leur beau feuillage.

Tous les peupliers (*Populus nigra fastigiata, monilifera, angulata*, etc., forment rapidement des avenues, belles et régulières, dont le principal défaut est de durer peu d'années. La première de ces espèces et variétés est la forme pyramidale connue sous le nom de peuplier d'Italie; la seconde, répandue partout, est appelée à tort peuplier suisse, bien qu'elle soit originaire des États-Unis; la troisième est le peuplier de la Caroline. Les avenues de peupliers blancs de Hollande (*P. alba*) et blanc de Russie (*P. a. nivea*) doivent être exclues; elles poussent inégalement et couvrent le sol environnant d'une multitude de rejets.

Le paulonia (*Paulownia imperialis*) croît très vite, mais son grand feuillage se couvre de poussière, tombe trop tôt, et l'arbre forme une tête surbaissée, irrégulière. Il en est de même du mûrier du Japon (*Broussonetia papyrifera*), qui salit le sol par ses fleurs mâles; on voit, dans le Midi, son feuillage toujours poudreux sur le bord des chemins.

Le vernis du Japon (*Ailantus glandulosa*) serait un arbre superbe s'il croissait régulièrement en avenue, mais sa végétation, très rapide, est peu ordonnée, et d'ailleurs il répand une odeur fade et désagréable au moment de la floraison des pieds mâles. Les boulevards de Paris, de la Madeleine à la Bastille, portent de nombreux ailantes, qui éloignent les promeneurs en juin-juillet.

D'autres arbres, l'aulne à feuilles en cœur (*Alnus cordifolia*), le liquidambar (*Liquidambar styraciflua*) et le tulipier (*Liriodendron tulipifera*) ont un large et brillant feuillage. Ils conviennent pour les sols riches, profonds et frais. Le tulipier supporte difficilement la taille des branches; je n'ai vu d'avenues de cet arbre que dans l'Amérique du Nord; mais les sujets sont encore trop jeunes pour qu'on puisse juger de leur valeur comme arbres d'alignement. Les magnoliers à feuilles caduques (*Magnolia acuminata, cordata*, etc.) sont dans le même cas.

La tribu des Pomacées fournirait, parmi les arbres d'ornement de deuxième grandeur, des plantations d'alignement précieuses par leurs qualités ornementales. A l'exception de quelques allées de sorbiers des oiseleurs (*Sorbus Aucuparia*), on rencontre rarement des plantations en ligne de ce genre. Les sorbiers hybride et aria (*Sorbus hybrida* et *S. Aria*) et les formes voisines, à port régulier, d'un certain nombre d'aliziers d'ornement (*Cratægus nigra, Bosciana, punctata, coccinea, cordata, odoratissima*), constitueraient de jolies avenues dans les jardins de moyenne étendue, où leurs fleurs et leurs fruits ajouteraient à la beauté du feuillage.

Dans l'ouest de la France, notamment à Angers et à Nantes, des avenues et des boulevards sont plantés en magnoliers à grandes fleurs (*Magnolia grandiflora*), actuellement en pleine prospérité. Ces arbres joignent l'éclat et le parfum des fleurs à la beauté de leurs feuilles lustrées et persistantes; leur seul défaut est une croissance un peu lente.

Les palmiers, dans la région du Midi, fourniraient quelques espèces capables de former des plantations d'alignement. Le dattier (*Phœnix dacty-*

Fig. 344. — Forme adulte de Cycas ou d. attier dans le Midi.

lifera) est déjà représenté à Nice, et surtout à Hyères, par de beaux exemplaires adultes. On en a planté plusieurs boulevards, qui seront d'une rare beauté avant peu d'années. Les chamérops de Chine (*Chamærops Fortunei*), le corypha d'Australie (*Corypha australis*) et peut-être d'autres espèces prospéreraient également.

Dans la même région, où les platanes restent encore les plus beaux arbres d'avenue, malgré les essais de plantations de micocouliers (*Celtis australis* et *Tournefortii*), dont l'ombre est médiocre et le port irrégulier, on utilise parfois une Euphorbiacée à beau feuillage, le *Pircunia dioica*, fort usité en Espagne sous le nom de *Bella sombra*. C'est une espèce très supérieure à un autre arbre, également planté en ligne, le faux poivrier (*Schinus molle*), et aux Eucalyptes (*Eucalyptus Globulus*), plus précieux jusqu'ici pour assainir les sols marécageux que comme arbres d'alignement.

Les arbres conifères sont rarement employés en avenues. Toutefois on peut citer, en France, en Angleterre, en Allemagne, de majestueuses allées d'épicéas (*Abies excelsa*), de pins (*Pinus sylvestris* et *P. Laricio*) et de mélèzes (*Larix europæa*). Le principal inconvénient des plantations rectilignes de conifères est la difficulté de leur consacrer assez d'espace si l'on tient à conserver leurs branches inférieures, ou la nécessité de les élaguer et de détruire la beauté de leurs formes. On doit même renoncer à certaines espèces. J'ai cité l'allée des cèdres de l'Himalaya (*Cedrus Deodara*), de Dropmore (Angleterre), et signalé leur végétation inégale. Il en est de même des cèdres plantés à Kew, et de quelques plantations d'*Araucaria imbricata* en lignes.

Il vaut mieux, si l'on tient à essayer les conifères en avenues, les dispo-

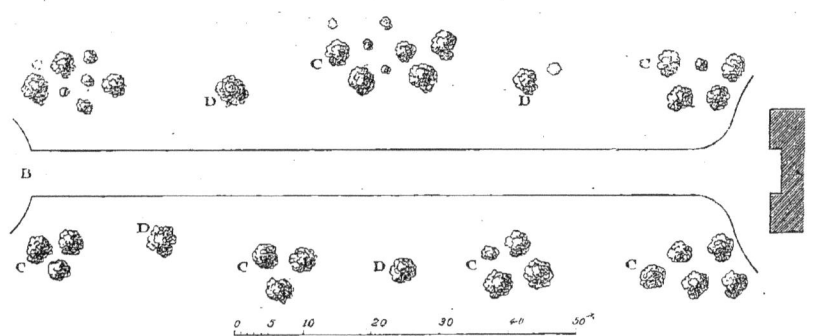

Fig. 345. — Avenue plantée en groupes irréguliers.

ser suivant la méthode des groupes irréguliers, déjà recommandée (p. 354). En les faisant alterner avec des groupes à feuilles caduques et leur laissant un vaste espace pour se développer librement sur les pelouses, on obtiendra, au bout de quelques années, de superbes effets. Dans la figure 345, l'avenue située en face du château A est ainsi plantée. Les groupes à feuilles caduques sont marqués CC, et les arbres conifères isolés sont indiqués en DD. Près de l'entrée B, deux groupes d'ormes à grandes feuilles (*Ulmus pedunculata*) sont laissés à eux-mêmes, sans recevoir aucune taille. En avançant à droite, on trouvera un pin noir (*Pinus austriaca*), puis trois peupliers neige (*Populus nivea*), un sapin de Douglas (*Abies Douglasii*), quatre acacias monophylles (*Robinia pseudo-Acacia monophylla*) et cinq marronniers blancs (*Æsculus Hippocastanum*). A gauche, en partant également de B, apparaîtront, après le massif d'ormes, un sapin pinsapo (*Abies Pinsapo*), un fort groupe d'érables et de hêtres, un cèdre de l'Himalaya (*Cedrus Deodara*), et, près du château, un deuxième groupe de marronniers. En prolongeant et variant de pareilles plantations, on créera des beautés de premier ordre dans les grands parcs.

L'unité d'essence dans les plantations rectilignes est une garantie d'harmonie et de bonne végétation. Les plus belles avenues sont composées d'une seule espèce d'arbres. Ainsi, les masses homogènes des marronniers des Tuileries font un cadre magnifique à l'allée du milieu, tandis que les essences variées de l'avenue et les arbres inégaux des Champs-Élysées détruisent toute idée de grandeur.

Nous avons vu (p. 350) que le nombre des lignes d'arbres sur les avenues ne devait pas dépasser quatre sur le même point. Il en est de même pour les boulevards. A Paris, l'emplacement des anciens boulevards extérieurs a été fort judicieusement planté de quatre lignes d'arbres, généralement des platanes, dont la plupart ont bien réussi. Ils sont disposés sur un terre-plein central consacré à la promenade, et une chaussée pour les voitures les accompagne de chaque côté.

L'avenue du Trocadéro a reçu une contre-allée cavalière de 10 mètres au milieu, bordée de deux lignes d'arbres (platanes et marronniers), de deux chaussées latérales de 9 mètres, et de deux trottoirs bitumés de 6 mètres, le long des propriétés. La largeur totale de cette voie est donc de 40 mètres.

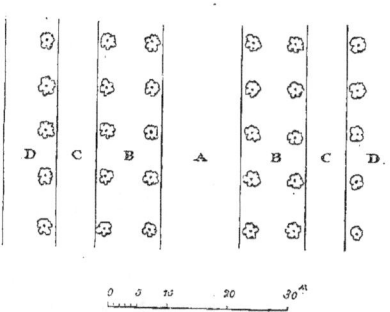

Fig. 346. — Première section du boulevard de Humboldt, à Buffalo (États-Unis).

Dans quelques villes des États-Unis, on a donné à ces sortes de plantations de très vastes dimensions. A Buffalo, le boulevard de Humboldt est planté, par sections alternatives, de tilleuls à larges feuilles (*Tilia glabra*) et de tulipiers (*Liriodendron tulipifera*). Sa largeur est de 62 mètres. Le dessin varie dans la disposition des lignes d'arbres et des voies de circulation. Dans la première section (fig. 346) la chaussée A est au milieu, le gazon B est planté de deux lignes de tilleuls, les allées C sont réservées aux piétons, et chaque bande de gazon D a reçu une autre ligne de tilleuls. La seconde (fig. 347) offre un terre-plein central A orné de quatre lignes de tulipiers, deux chaussées latérales B, et deux bandes de gazon C plantées des mêmes arbres. Ces tulipiers, quand je les ai vus, en 1876, faisaient triste figure dans un terrain sableux et peu profond ; ils devront certainement faire place à une essence plus rustique. Ces avenues et plusieurs autres, dans les populeuses cités de l'Amérique du Nord, témoignent du soin apporté à ces plantations. Je dois dire, cependant, que dans un grand nombre de villes, à Philadelphie surtout, on a permis aux habitants de planter, chacun devant sa porte, les arbres qui lui plaisent ; il en résulte le plus grotesque mélange, et les boulevards ainsi garnis offrent un aspect des plus disgracieux.

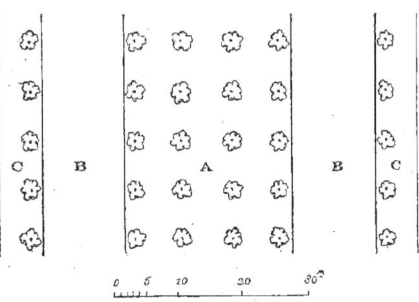

Fig. 347. — Deuxième section du boulevard de Humboldt, à Buffalo (États-Unis).

La plupart de ces boulevards sont plans. En quelques endroits cependant, à Saratoga, par exemple, j'ai trouvé une disposition accidentée du terrain, qu'il serait bon de recommander en Europe. La chaussée A (fig. 348) est légèrement encaissée, et les lignes d'arbres sont placées sur deux talus de gazon B B, terminés par un sentier C C pour les piétons et une bande de gazon D en bordure des villas. La largeur totale est de 33 mètres. C'est une variante, avec application aux voies publiques, du principe qui a motivé l'allée de Beauvais (p. 349).

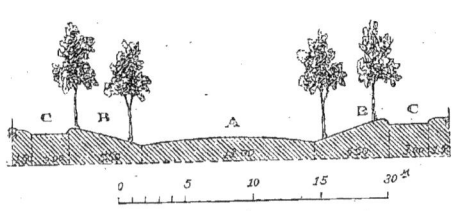

Fig. 348. — Profil d'un boulevard à Saratoga (États-Unis).

Nous venons de voir des boulevards et avenues plantés de plusieurs lignes d'arbres. A Paris, la règle adoptée pour ces plantations dépend de la largeur des voies. De 20 à 36 mètres, chaque contre-allée reçoit une rangée d'arbres ; de 36 à 40 mètres, deux rangées, et au-dessus de 40 mètres on plante le plateau central, comme à l'avenue du Trocadéro, de la Grande-Armée et sur les boulevards extérieurs.

Les boulevards bordés de deux rangées sont les plus ordinaires, et cette disposition permet un plus beau développement des arbres, si l'on plante moins serré qu'à Paris, où la distance de 5 mètres entre les arbres devrait être doublée. Un très bon modèle de ce genre est fourni par l'avenue Louise, qui conduit au bois de la Cambre, à Bruxelles. Cette belle voie, large de 55 mètres, est divisée en deux sections ; l'une, à partir de la ville, mesure 1,690 mètres de longueur, avec une chaussée centrale de 15 mètres, deux allées de piétons et de cavaliers larges de 8 mètres, deux chaussées latérales de service de 6 mètres, et des trottoirs. L'autre est ornée au centre d'un vaste terre-plein planté de jardins (fig. 349). Je ne connais de disposition analogue à celle-ci que sur les nouveaux boulevards de Chicago et de Boston, aux États-Unis, et au-dessus du

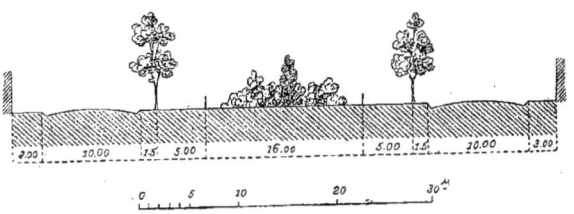

Fig. 349. — Une section de l'avenue Louise, à Bruxelles.

canal Saint-Martin, à Paris. Les nouveaux quais de la Tamise (fig. 350), plantés récemment en platanes, offrent un exemple de proportions bien entendues. La chaussée A mesure 19 mètres de largeur, les trottoirs B 5 mètres, et de l'autre côté de la grille C des jardins sont placés entre cette voie et les propriétés riveraines. Ces jardins ont été créés sur les terrains remblayés et conquis sur le fleuve, au bord duquel d'affreux entrepôts attristaient jadis les regards des visiteurs de la grande cité britannique.

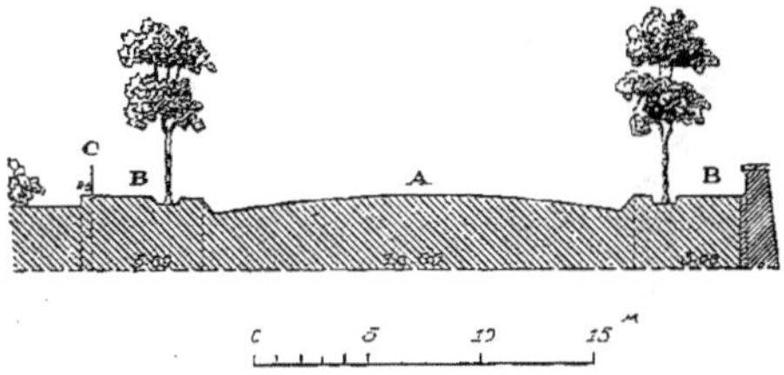

Fig. 350. — Profil du quai de la Tamise, à Londres.

Ces lignes simples peuvent être l'objet de nombreuses combinaisons, et quand les arbres ont acquis tout leur développement, elles sont plus majestueuses que toutes les autres. L'avenue d'entrée du parc de Druid-Hill, à Baltimore (États-Unis) est large de 20 mètres entre les deux lignes de marronniers qui la bordent (fig. 351). Cette dimension serait trop considérable si la chaussée pour les voitures l'occupait tout entière. On a donc réduit cette chaussée centrale A à 9 mètres. Une bande gazonnée B, ornée de vases de distance en distance, l'allée de piétons C et une seconde bande de gazon D, sur laquelle sont plantés les arbres, varient l'aspect de cette belle voie, terminée par un arc de triomphe un peu lourd pour l'entrée d'un parc public.

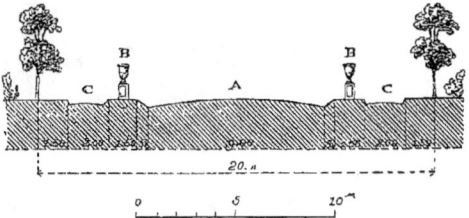

Fig. 351. — Avenue d'entrée du parc de Druid Hill, à Baltimore (États-Unis).

Lorsque les arbres employés ainsi sur les boulevards ou les avenues publiques sont arrivés à l'état adulte, ils ont été progressivement élagués de manière à présenter une tige élancée et droite et une tête vaste et régulière. La figure 352 donne à peu près la forme des grands ormes du parc royal, à Bruxelles. Sous leur ombre épaisse circulent abondamment l'air et la lumière, et un taillis d'arbustes se développe en liberté. Parfois on leur donne une forme plus surbaissée, mais on a plutôt avantage à élever leur cime sans diminuer son ampleur et sans rien sacrifier de l'ombrage désiré.

Fig. 352. — Développement complet d'un Orme d'avenue (*Ulmus pedunculata*).

La plantation des boulevards, avenues, allées droites, canaux, faite au moyen d'espèces diverses dans les mêmes lignes, est quelquefois usitée. Le plus souvent on mélange une essence à croissance lente avec une autre à croissance rapide, afin que, celle-ci ayant été exploitée après avoir grandi et donné de l'ombrage, la première reste seule maîtresse du terrain. Quelquefois aussi le but proposé est simplement ornemental. Je pourrais citer de nombreux exemples de ces dispositions, moins usitées en France que dans d'autres parties de l'Europe. A Leipzig, sur la route qui conduit au parc du

Rosenthal, des peupliers alternent avec des sorbiers (*Sorbus Aucuparia*). Le chemin de Jemelle à Rochefort (Belgique) est planté d'ormes parmi lesquels on a intercalé des mélèzes. Près de Gand se trouve une avenue de hêtres pourpres entre des peupliers noirs. Sur quelques points de la Hollande, on rencontre des plantations de ce genre, dans lesquelles on a eu pour but de rompre l'uniformité des lignes par une série d'échancrures ou de palmettes formées par la différence de hauteur des arbres : hêtres, tilleuls, sorbiers, etc., qui se succèdent.

L' « Ocean Park-way, » une des grandes voies du Prospect Park de Brooklyn, est planté des essences suivantes, qui alternent régulièrement : *Ulmus americana, U. campestris, Gymnocladus canadensis, Acer platanoides, A. pseudo-Platanus, A. rubrum, A. saccharinum*. La route qui prolonge le faubourg Saint-Sulpice, à Bourges (Cher), a été plantée alternativement en épicéas, peupliers blancs et marronniers rouges. Mais le plus curieux exemple de ces sortes de plantations d'alignement hétérogènes se trouve à Florence. Le *viale dei colli* serpente à travers les quartiers Gaggio et Ricorboli, sur les collines de la rive gauche de l'Arno, entre la porte Romaine et la barrière San-Niccolo. Cette voie prend successivement les noms de boulevard Machiavel, Galilée et Michel-Ange ; elle a l'aspect d'une allée de parc, et des vues magnifiques se succèdent entre les villas élégantes. Par les soins de M. Pucci, on y a planté des essences d'arbres très-variées. Le profil (fig. 353) se compose d'une chaussée centrale de 10 mètres, d'un caniveau de 0m,70 près duquel est plantée la première ligne d'arbres (disposition défectueuse à cause des voitures) et d'une contre-allée de 7 mètres, qui a reçu une autre ligne d'arbres variés. Dans le tronçon représenté par le plan (même fig.) la ligne intérieure est en platanes A. Sur la ligne extérieure, en B, sont des ormes à larges feuilles (*Ulmus pedunculata*), en C des alaternes (*Rhamnus Alaternus*), et en D des acacias parasols. Plus loin, ces espèces sont remplacées par des marronniers rouges alternant avec des pins sylvestres, par des ormes et des sorbiers des oiseleurs, des peupliers d'Italie avec des cyprès de Lambert *(Cupressus macrocarpa)*. On trouve, sur d'autres points, des lilas des Indes (*Melia Azedarach*), des gingkos du Japon *(Gingko biloba)*, des tilleuls, chênes verts, etc. Çà et là des haies d'arbustes et des massifs fleuris s'ajoutent à cette décoration. Cette disposition ne vise ni à l'art ni au

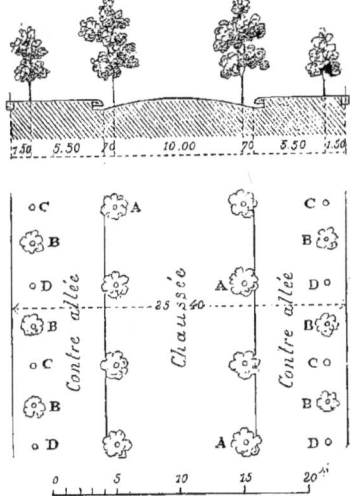

Fig. 353. — Plan et profil du *Viale dei colli*, à Florence.

style ; elle est une agréable fantaisie, très-explicable dans Florence (*la città dei fiori*), mais il est à craindre que ces plantations, en vieillissant, ne donnent pas les résultats qu'on est en droit de demander à des plantations d'alignement, dont la durée doit être la principale qualité.

Les lignes d'arbres taillés des anciens jardins géométriques doivent être signalées. Le respect du passé doit porter à conserver ces restes d'une époque marquante dans l'art des jardins. Ainsi les vieilles charmilles, encore belles, en France, à Versailles et ailleurs, les palissades vertes de l'Italie, comme celles de la villa Médicis, du Quirinal, de la villa Ludovisi à Rome, des jardins Boboli à Florence, où les lauriers, les chênes verts, les cyprès forment de belles murailles feuillues, seront respectées. Mais je ne saurais conseiller de reproduire ces exemples. Les tentatives de ce genre sont restées stériles jusqu'ici, témoin ces jardins du Lœwenburgh, près Cassel, où les palissades d'épicéas, les boules et les colonnes taillées, hautes de 6 mètres, les berceaux de tilleuls, etc., n'ont réussi qu'à produire un effet puéril et ridicule.

Pour terminer ces indications sur les plantations d'alignement, il reste à citer les arbres fruitiers en ligne, sur les routes ou dans les champs, dont j'ai donné, p. 587, des listes suffisamment étendues.

Les avenues « en jardin », comme celles du bois de Boulogne à Paris,

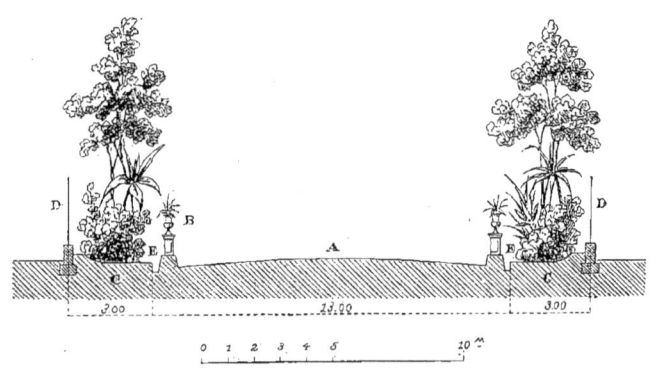

Fig. 354. — Profil de l'*Alameda de los descalzos*, à Lima (Pérou).

rentrent dans la composition ordinaire des parcs et jardins paysagers. Toutefois je dois citer une de ces promenades, située à Lima (Pérou) et célèbre, sous le nom « d'*Alameda de los descalzos*, » par la beauté de ses plantations et sa vue sur la montagne des Amancaës. J'en ai relevé le profil en 1876 (fig. 354). La chaussée de promenade A, sablée, est large de 13 mètres, et bordée de deux plates-bandes d'arbres et de fleurs des tropiques CC, irrigués par un petit canal (*acequia*) en E. Des vases BB, alternant avec des bancs et des lampadaires, sont placés devant la plate-bande. La promenade, longue de plus de 400 mètres, est entourée d'une grille D, et devant l'entrée sont deux beaux *Araucaria excelsa*, de 15 mètres de hauteur. Les plates-bandes sont plantées de :

Abutilon insigne.	Inga pulcherrima.
— striatum.	Iresine Lindeni.
Aphelandra squarrosa.	Magnolia grandiflora.
Calla æthiopica.	Nerium Oleander.
Codiæum pictum.	Pancratium caribæum.
Cordyline australis.	Poinsettia pulcherrima.
Datura arborea.	Rosiers variés.
Fuchsia variés.	Russelia juncea.
Globba nutans.	Sanchezia nobilis.
Hibiscus Rosa sinensis.	Tamarindus indica.

Cette promenade est l'une des plus belles de l'Amérique du Sud.

Les *mails*, ou plantations en ligne destinées à couvrir les places publiques, à l'accompagnement des habitations somptueuses comme au temps du style géométrique, à fournir d'épais ombrages dans les jardins des hôpitaux, des écoles, des gares, etc., doivent invariablement être formés d'une essence unique. Les plantations de ce genre sont les meilleures pour les places et les jardins publics de petite dimension. Elles permettent de livrer aux jeux des enfants de vastes espaces sablés et ombragés, où le terrain n'est pas disputé par des massifs d'arbustes et de fleurs. On choisit ordinairement des arbres d'espèces *sociales*, c'est-à-dire croissant régulièrement côte à côte : marronniers, tilleuls, platanes, etc. La disposition en quinconce, facultative lorsqu'il s'agit d'avenues, est obligatoire dans les mails, où l'espace doit être couvert d'ombre aussi complètement que possible. Les arbres sont ainsi disposés en triangles équilatéraux (fig. 107, n° 2) et occupent mieux l'espace que le n° 1 de la même figure. Une autre forme, le quinconce hexagonal, que nous examinerons en parlant des vergers, peut encore être employée avec avantage pour les arbres à grand développement ; elle est plus pittoresque et plus économique, elle permet de réduire le nombre des arbres, et le terrain est facile à cultiver dans toutes les directions.

On peut citer, parmi les plus belles places plantées en mails, les jardins des Tuileries et du Luxembourg à Paris, l'esplanade de Metz, la Pépinière à Nancy, les promenades de Tourny à Bordeaux, celles du quai de la Saône, à Mâcon, et un grand nombre de villes de France et de l'étranger.

La principale recommandation à faire pour l'établissement des mails ou places rectilignes plantées est de prévoir des dépressions légères entre les lignes d'arbres, afin de pouvoir y conduire les eaux d'arrosement.

Plantation des talus de chemin de fer. — Cette question a souvent préoccupé les ingénieurs, et le problème n'est pas encore résolu. Le point de vue utile a généralement dominé. Les plantations d'arbres fruitiers, de vignes, d'arbustes pour le produit, ont été recommandées, mais les soins d'entretien, la difficulté de la surveillance et de la récolte ont été jusqu'à présent des obstacles à l'adoption de cette exploitation par les compagnies de chemins de fer. On s'est généralement contenté de planter de l'acacia (*Robinia pseudo-Acacia*) dans les terrains maigres, des peupliers ou des oseraies dans les sols humides et de semer les talus en luzerne, dans tous les endroits où ce fourrage pouvait donner des produits rémunérateurs.

Cependant quelques essais de plantations d'ornement ont été faits çà et là sur plusieurs lignes. Sur le chemin de fer de Tours au Mans, les talus sont ornés de genêt d'Espagne (*Spartium junceum*), dont les fleurs jaunes embaument l'atmosphère au mois de juillet. Sur les voies de Bretagne, la nature seule a fait les frais de cette ornementation en semant des touffes de genêt (*Sarothamnus scoparius*), semblables à une pluie d'or quand toutes leurs fleurs sont épanouies. Près de la gare de Blois, de grandes campanules (*Campanula Medium*) et des valérianes (*Centranthus ruber*) se sont naturalisées sur les pentes arides. Dans le Midi, près d'Agen, les talus sont parfois plantés de redoul (*Coriaria myrtifolia*) et du grand roseau de Provence (*Arundo Donax*). Enfin le seul essai d'ornementation bien comprise que j'aie vu sur une ligne de chemin de fer est auprès de Litchfield (Angleterre), sur la ligne du *London and North Western railway*. Au lieu d'enfermer les voyageurs dans une épaisse muraille verte qui cache le paysage, la Compagnie a planté les talus, à des intervalles irréguliers, en groupes d'arbres variés, surtout en conifères, qui laissent des éclaircies sur les belles campagnes traversées par la voie ferrée.

Parmi les végétaux ligneux pouvant soutenir les terres des talus et convenables pour garnir les talus de chemins de fer, où ils croîtront sans aucun soin, on peut recommander :

Amorpha fruticosa.
Atriplex Halimus.
Berberis vulgaris.
Cerasus Mahaleb.
Colutea arborescens.
Coriaria myrtifolia.
Cytisus Laburnum.
Hippophae rhamnoides.
Lycium europæum.
Mahonia Aquifolium.
Paliurus aculeatus.
Rhus (variés).
Salix capræa.
Sambucus nigra.
Spartium junceum.
Sarothamnus scoparius.

Transplantation des gros arbres. — Dans les grandes villes, si les grands arbres manquent, on cherche à créer des ombrages improvisés, soit dans les jardins publics, soit dans les résidences privées, et il faut recourir à des appareils spéciaux, pour transporter d'un point à un autre des arbres dans tout leur développement. En aucun endroit ce système n'a été pratiqué sur une aussi grande échelle qu'à Paris depuis vingt ans. Malgré les critiques dont il a été l'objet, on a continué à l'employer avec le plus grand succès, et la reprise des neuf dixièmes des arbres plantés au chariot est aujourd'hui assurée.

L'historique de la transplantation des gros arbres nous montrerait que cette opération était pratiquée par les anciens Égyptiens. Théophraste, Pline, Sénèque et d'autres écrivains ont raconté ces opérations compliquées et coûteuses. Au temps de Louis XIV, on en fit un emploi considérable dans les parcs royaux, à Versailles, à Marly; à Vaux, chez le surintendant Fouquet, etc. En Angleterre on a aussi transplanté souvent de gros arbres. Brown, Stewart, qui a écrit un livre sur ce sujet [1], Fitzharding, Mac Glashen imaginèrent plusieurs sortes d'appareils qu'il serait trop long de décrire. Il nous suffira de citer les instruments adoptés actuellement par la ville de Paris et la méthode usitée pour déplanter, transporter et replanter les arbres des promenades publiques.

Prenons, par exemple, un arbre de trente ans, haut de 10 à 12 mètres, et dont le tronc mesure 1 mètre à $1^m,20$ de circonférence à 1 mètre du sol. On commence à creuser autour de la tige, de manière à laisser une motte de $1^m,50$ ou plus de diamètre, suivant la grosseur de l'arbre à enlever. Une tranchée circulaire est alors ouverte autour de cette motte, jusqu'à la profondeur de 1 mètre ou $1^m,30$, en coupant les grosses racines. Les chevelus délicats sont relevés et conservés avec soin. On mine alors la motte en dessous pour empêcher les racines d'adhérer au sous-sol et l'on glisse deux madriers larges de $0^m,30$, un peu plus longs que le diamètre de la motte et parallèlement à la largeur du chariot, de manière à soutenir la base quand l'arbre est enlevé. On place alors des fascines de troène ou de genêt debout autour de la motte et on les lie avec des cordes, autant pour empêcher la terre de tomber que pour protéger les radicelles contre les intempéries.

L'enlèvement de l'arbre se pratique ainsi : sur deux forts et larges madriers placés de chaque côté de la motte, on fait reculer le chariot, composé d'un cadre de bois ou de fonte reposant sur quatre roues et dont la traverse postérieure est mobile. Quand l'arbre est bien au milieu, on remet la barre enlevée, cylindre autour duquel s'enroulent des chaînes passées sous la motte et fixées, vers l'autre extrémité, à un second cylindre fixe. Avec une manivelle ou des leviers on fait alors tourner ces cylindres, et l'on soulève doucement l'arbre jusqu'à $0^m,30$ au-dessus du sol; enlevé à cette hauteur, on passe sous la motte, dans le sens opposé aux chaînes, deux cordages garnis d'autres fascines ou emballages, pour soutenir la terre du fond. On attache alors l'arbre aux quatre extrémités du chariot par quatre cordes ou haubans passées autour du tronc à 4 ou 5 mètres de hauteur et on transporte ainsi, fixé solidement, jusqu'à sa destination. Arrivé au-dessus du trou qu'on aura creusé à l'avance, on descend doucement la motte, on enlève les fascines de troène, les madriers et les chaînes du dessous, on remplit la tranchée de bonne terre bien affermie, et l'on assure l'arbre par des haubans de fil de fer fichés dans le sol, si sa tête donne trop de prise au vent.

---

[1]. *The planter's guide.* — Londres, 1848.

L'opération terminée, on donne un arrosage copieux, même en hiver, pour bien tasser la terre.

Si l'on craint les effets de la sécheresse sur le tronc de l'arbre, on le garnit jusqu'aux premières branches, du haut en bas, de glaise et de bouse de vache entourée d'une toile d'emballage et ficelée. Cette opération est utile surtout du côté de l'écorce qui regarde le soleil de midi à quatre heures du soir. Il est inutile d'orienter exactement l'arbre comme il était auparavant, bien que cette pratique ait été recommandée.

On peut transporter les gros arbres avec succès en toute saison, même en plein été, si la plantation est faite avec soin, et si les arrosements sont donnés fréquemment sur la motte et sur les feuilles; on gagne ainsi un temps considérable. On ne doit pas transplanter des arbres trop vieux, déjà entrés dans la période de décrépitude.

Les nouveaux chariots construits à Paris ont permis de réduire la dépense, autrefois très-élevée, de ces transplantations. Le prix de revient varie aujourd'hui entre 25 à 120 francs; il ne dépasse jamais ce dernier chiffre, même pour des arbres de 15 mètres de hauteur.

Les expériences faites sur de nombreuses espèces ont donné les résultats suivants :

SUCCÈS CERTAIN.

Acer platanoides.
— pseudo-Platanus.
Ailantus glandulosa.
Broussonnetia papyrifera.
Catalpa syringæfolia.
Paulownia imperialis.

Platanus orientalis.
Populus variés.
Robinia pseudo-Acacia.
Styphnolobium japonicum (Sophora).
Tilia platyphylla.
Æsculus Hippocastanum.

SUCCÈS INCERTAIN, PARFOIS SATISFAISANT.

Alnus glutinosa.
Cratægus Oxyacan
Cytisus Laburnum.
Gleditschia Triacanthos.
Liriodendron tulipifera.
Morus alba.

Morus nigra.
Pavia (divers).
Planera (Zelkowa) crenata.
Pomacées (diverses).
Quercus (divers).
Ulmus (divers).

On peut planter beaucoup d'autres espèces avec succès, en y apportant du soin, mais elles constituent des exceptions dans la pratique des transplantations de gros arbres.

On a déjà vu (p. 267), dans la rédaction des devis de plantations, les moyens d'obtenir la location des chariots de la ville de Paris et les conditions des entrepreneurs qui se chargent à Paris de ces plantations pour les propriétaires, sur série de prix ou à forfait. On peut ajouter, aux chiffres de cette série, cette observation que l'augmentation graduelle des salaires contraindra parfois de porter le prix de la journée d'un chef d'atelier à 7 fr. 50 c., celui des ouvriers à 5 francs, et d'un cheval à 9 francs.

La transplantation des conifères de force moyenne et généralement des arbustes à feuilles caduques et à feuilles persistantes, en fortes touffes et en mottes, a souvent préoccupé les planteurs. Autrefois on découpait la motte à la bêche et l'on plaçait la plante dans un panier tressé sur place ou dans des fascines. Le moyen suivant (fig. 355), employé depuis longtemps par la ville de Paris, est de tout point préférable [1].

Voici le détail de l'opération :

On ouvre, autour de l'arbre dont on a d'abord lié les branches, une tranchée circulaire, de la profondeur de 0^m,75 c. à 1 mètre, suivant l'abondance et

Fig. 355. — Transplantation des conifères en bacs économiques.

la grosseur des racines, et assez large pour qu'un homme puisse s'y mouvoir. On taille ensuite la motte en cône renversé, en réservant les petites racines qui dépassent et ne coupant que les plus grosses. On entoure alors le haut

---

[1]. J'ai fait connaître le premier ce procédé, par une description et par la figure ci-contre, dans le *Journal de la ferme et des maisons de campagne*, t. III, pp. 97, 106-108, à la date du 17 février 1866. Dans son livre intitulé : *Arbres et arbrisseaux d'ornement*, publié en 1873, M. Du Breuil a reproduit cet article et ce dessin (pp. 296-298) sans en citer la source.

de la motte d'une ficelle lâche, et l'on glisse en dedans de cette ficelle des voliges ou croûtes de planches de peuplier debout, sciées de manière à ce que leur longueur arrive au niveau supérieur du sol. On serre ces voliges avec une presse de tonnelier (fig. 356). Puis, avant de desserrer la presse, on entoure les voliges d'un cercle de châtaignier que l'on cloue par une pointe à chaque planche. On en fait autant en bas et l'on renverse alors la motte pour placer le fond, composé de planches assemblées de manière à former un rond et reliées par deux lames de feuillard de tôle dont les bouts relevés se fixent sur les voliges dressées. On peut alors enlever l'arbre. Pour cela, on soulève obliquement le fond de la caisse, sous laquelle on glisse l'extrémité d'un madrier incliné, et l'on passe autour de la caisse une corde que hissent deux hommes. Arrivé à destination, on descend l'arbre à la place qu'il doit occuper, on retire le fond en le penchant légèrement sur le côté, et l'on décloue les cercles, qui pourront servir à un nouvel emballage. Les racines pendantes sont alors étalées avec soin, on répand autour d'elles de la terre meuble de jardin, on comble le trou, et l'on mouille fortement.

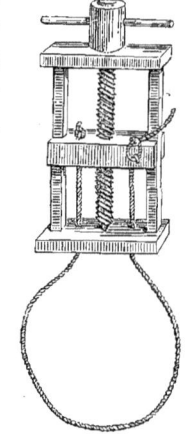

Fig. 356. — Presse à cercler les bacs.

Le prix de revient est minime. Pour une motte de 2 mètres de circonférence, sur 0^m,50 à 0^m,60 cent. de hauteur, il se détaille ainsi :

4 voliges (croûtes) de 2 mètres, sciées en quatre, à 0 fr. 22 c.	0f 88
2 cercles de châtaignier à 0 fr. 06 c..................................	0 12
Façon du fond et de la caisse..	0 50
2 lames de feuillard en tôle, de 0m,80 de largeur à 0 fr.15 cent.	0 30
Total...........	1 80

Le prix d'une presse de tonnelier varie de 15 à 18 francs.

On peut aussi employer, pour le même usage, des tonneaux achetés d'occasion et que l'on sépare en deux, en les sciant par le travers.

Avec cet outillage, deux ouvriers préparent facilement cinq arbres par jour, et un homme peut fabriquer sept ou huit de ces bacs dans sa journée. Les résultats de la transplantation par ce procédé sont excellents ; la reprise des espèces plus difficiles, comme les wellingtonias, les gros alaternes, mahonias, cyprès de Lambert, etc., est assurée neuf fois sur dix.

On peut encore se servir avec succès du système suivant, employé d'abord par M. Bergmann, en 1849, chez M. le baron J. de Rothschild, à Ferrières, puis par sir J. Paxton, à Sydenham, en 1853, pour un grand nombre de transplantations.

La fouille ou tranchée est d'abord faite avec soin autour de l'arbre. La motte, bien taillée en pyramide quadrangulaire tronquée et renversée (fig.357) reçoit sur chacune de ses arêtes un montant aa, évidé en rainure à l'intérieur. Une traverse bb, à coulisse b', glisse dans une ouverture pratiquée au sommet des montants et les maintient en place. Entre ces rainures on glisse deux planches mobiles (n°s 1 à 8), augmentant de longueur à mesure que la motte s'élargit vers son sommet. Ces planches, placées ainsi sur les quatre côtés, emprisonnent les racines dans une caisse mobile et pourtant très-solide.

La caisse ainsi formée, on coule du plâtre clair entre les interstices des

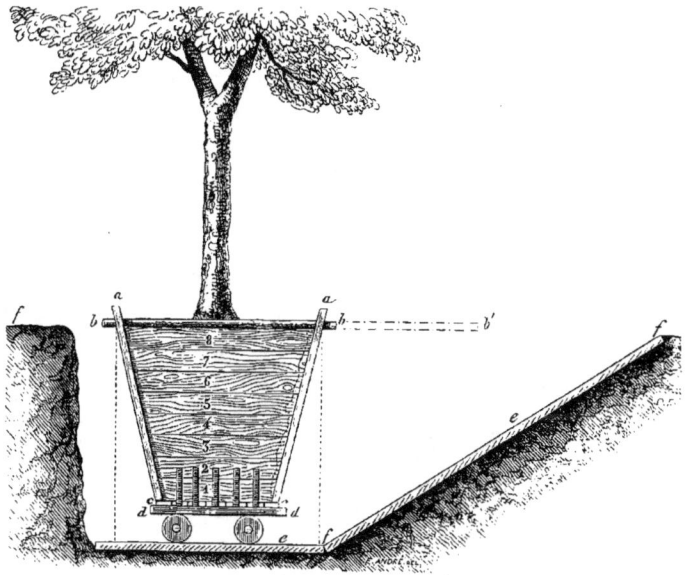

Fig. 357. — Caisse mobile pour la transplantation des gros arbres.

planches, à la surface de la terre. Avec un cric on lève la motte par la base et l'on glisse dessous un fond cc, assujetti sur la planche n° 1, par des lames de feuillard relevées. On monte alors la motte avec le cric sur un petit chariot bas dd ou plus simplement sur des rouleaux de bois qui avancent sur la rampe e, jusqu'au niveau supérieur du sol, d'où l'arbre est conduit à sa destination.

Ce procédé est une variante du précédent. Il offre l'avantage d'une plus grande solidité, mais il demande plus de temps, coûte plus cher et ne doit être employé que pour la transplantation des arbres les plus précieux.

LES PLANTATIONS DANS LE MIDI.

La région méditerranéenne est située sous un climat moins variable que celui du nord, où la culture des végétaux ligneux est soumise à d'autres règles que dans les contrées de l'Europe moyenne. Il ne peut entrer dans mon projet d'envisager la création des jardins suivant les exigences spéciales des divers climats du globe ; la culture est exclue de ce traité, dont l'objet spécial est la formation des parcs et des jardins considérés au point de vue artistique.

Cependant nous avons, à plusieurs reprises, parlé des jardins des contrées méridionales, soit pour les irrigations, soit pour la formation des allées, et nous les retrouverons encore pour examiner les conditions spéciales de leur dessin et de leur établissement.

Les plantations, dans cette région tempérée-chaude, dont le littoral méditerranéen entre Hyères et Nice peut fournir le type, sont cependant dignes d'occuper quelques moments notre attention. L'amateur des jardins qui parcourt ces régions ensoleillées, si merveilleusement abritées des vents du nord, sorte d'espalier de serre chaude adossé aux Alpes-Maritimes, se trouve transporté dans un climat nouveau dont la douceur et l'égalité relatives produisent de surprenants résultats. La température moyenne annuelle de la Provence et du Languedoc est de 14° 8, mais ce chiffre est modifié profondément sur l'étroit littoral qui s'étend d'Hyères à Menton, en passant par Cannes, Antibes, Nice, Monaco, Bordighera, où la végétation subtropicale donne l'idée d'un printemps perpétuel. C'est la région de l'oranger. La moyenne annuelle y atteint $+ 15° 6$, et, ce qui est plus remarquable, celle de l'hiver égale $+ 9° 3$. A Alger, ces chiffres montent respectivement à $+ 17°$ pour l'été, et à $+ 10°$ pour l'hiver.

Les bois et les jardins, dans ce coin de la Provence, ne sont plus composés des espèces que nous avons signalées dans le nord et dans le centre de la France et qui conviennent à l'Europe moyenne. Une végétation particulière caractérise la région. Nous avons vu, en donnant précédemment les listes des espèces ligneuses du Midi (p. 560), que le chêne pédonculé y est remplacé par le chêne yeuse, le chêne-liège et le chêne vélani à glands doux; le pistachier, le caroubier, l'olivier, le laurier, le jujubier y constituent la végétation de deuxième grandeur ; les taillis sont formés de grenadiers, de myrtes, de lauriers-tins, de cistes, et de bien d'autres espèces inconnues aux flores septentrionales.

Parfois ces arbres atteignent des proportions grandioses et revêtent un port particulier, dont les climats du nord ne possèdent point d'exemples. Le pin pignon (*Pinus Pinea*) développe ses admirables parasols à 50 mètres de hauteur, comme l'attestent les arbres séculaires de la villa Pamphili à Rome (fig. 358). Le platane d'Orient, le chêne yeuse, le cyprès pyramidal et quelques autres espèces arborescentes acquièrent également de nobles dimensions. Cependant ces essences de haute stature sont l'exception, et la généralité des espèces y sont inférieures en taille à celles des forêts de l'Europe moyenne.

L'introduction d'une foule d'espèces exotiques a imprimé un aspect particulier à la flore cultivée. Parmi les grands arbres, dominent les eucalyptes (*Eucalyptus Globulus, E. amygdalina, E. viminalis* et autres espèces), précieux par leur rapide croissance et pour l'assainissement de l'atmosphère ; les araucarias des contrées australes et tropicales (*Araucaria excelsa, A. Bidwilli, A. brasiliensis*), les grands pins du Mexique (*Pinus filifolia,*

Fig. 358. — Le pin pignon d'Italie (*Pinus Pinea*, L.).

P. Hartwegii, P. leiophylla), le *P. australis* de la Caroline et autres conifères : *Dammara, Podocarpus*, etc., cultivées dans les serres à Paris.

Les arbres et les arbustes du cap de Bonne-Espérance, de la Nouvelle-Hollande, de l'Amérique australe, y croissent comme dans leur patrie ; on les trouve, avec d'autres végétaux empruntés à toutes les latitudes, sur les places publiques de Nice, de Cannes, d'Hyères. Le faux poivrier d'Amérique (*Schinus Molle*), le *Bella sombra* ou phytolacca en arbre (*Pircunia dioica*), les dattiers (*Phœnix dactylifera*), l'azédarach (*Melia Azedarach*), le sterculier à feuilles de platane (*Sterculia platanifolia*), l'oranger et le citronnier sont les végétaux dominants. Le ricin (*Ricinus communis*) devient ligneux et résiste aux hivers. Mêlés aux dattiers, les agaves d'Amérique (*Agave americana*, improprement appelés aloès) dressent leurs grandes girandoles de fleurs jaunes et vertes, qui chaque année se multiplient dans les beaux jardins ou terrasses de Monte Carlo, à Monaco (fig. 359).

Des propriétés privées déjà célèbres, la villa Vigier, à Nice, la villa Vallombrosa et le jardin Mazel, à Cannes, le magnifique parc d'études botaniques, créé par M. Thuret, à Antibes, et légué libéralement à l'État, sont

Fig. 359. — Vue des jardins de Monte Carlo, à Monaco.

autant d'oasis charmantes, où le botaniste, l'horticulteur et l'architecte-paysagiste trouveront les éléments des plus intéressantes études.

Sur d'autres parties du littoral, près de la côte d'Espagne, à Collioure, M. C. Naudin, de l'Institut de France, avait planté un intéressant jardin d'expérimentation avant d'être nommé directeur de la villa Thuret à Antibes; plusieurs établissements d'horticulture existent à Hyères et à Nice; à Gênes, la villa Pallavicini montre des arbres superbes. Partout les mêmes faits de végétation se reproduisent et identifient les conditions climatériques de cette région, située entre 43° et 44° de latitude N., avec celles en apparence plus favorisées de Naples et de la Sicile, placées entre 37° et 41°.

Il est plus étrange encore de trouver, au centre même des Alpes, au pied des neiges éternelles du mont Rose et au Simplon, près du 46°, c'est-à-dire sous une latitude presque semblable à celle de Lyon, un climat à peu près égal à celui des côtes méditerranéennes. Les bords du lac Majeur en fournissent la preuve, et les villas Franzozini et Troubetzkoï à Intra, le jardin Rovelli à Pallanza, l'Isola Bella et l'Isola Madre, couchées comme deux nids de verdure au milieu des eaux, sont pour les visiteurs de ce charmant pays un perpétuel enchantement. Au lac de Côme, la villa Serbelloni étage ses

Fig. 360. — Une vue dans le parc de la villa Melzi (lac de Côme).

terrasses, avec des vues admirables, à la pointe des deux bras de Lecco et de Como, la villa Melzi déroule des perspectives où le mélange des espèces indigènes et des espèces exotiques a produit des effets paysagers de premier ordre (fig. 360).

Une simple énumération des végétaux d'ornement qui peuplent ces résidences remplirait les colonnes d'un long catalogue. La richesse des collections qui peuvent vivre sous ce climat est inépuisable. Un choix restreint des plus remarquables espèces qui prospèrent dans la région, sans parler des végétaux ligneux spontanés, précédemment énumérés (p. 560), suffira pour aider aux plantations ordinaires des jardins paysagers de ces contrées. Quelques-unes de ces espèces ne sont pas encore très-répandues, mais elles mériteraient de l'être, et je n'ai pas voulu les omettre. La plupart se rencontrent dans les jardins depuis Hyères jusqu'à Gênes et, plus au sud, autour des lacs italiens, etc., et souvent elles sont représentées par d'admirables exemplaires.

LISTE D'ESPÈCES LIGNEUSES POUR PLANTATIONS DANS LE MIDI.

PALMIERS.

Chamærops humilis, L. Région médit.
— *Biroo*, Sieb. Japon.
— *Fortunei*, Hook. et var. Chine.
— *Hystrix*, Fraser. Floride.
— *stauracantha*, Hort. Belg.
Cocos Romanzoffiana, Cham. Brésil.

Corypha australis, R. Br. Australie.
Phœnix dactylifera, L. Afrique boréale.
— *leonensis*, Lodd.
— *reclinata*, Jacq. Afrique australe.
— *tenuis*, Hort. Versch.
Pritchardia filifera, Lind. et André. Am. sept.

Et d'autres espèces, sur lesquelles les observations sont encore incomplètes, appartenant aux genres: *Sabal, Areca, Pritchardia, Cocos, Kentia, Ceroxylon, Syagrus, Ptychosperma*, etc.

ARBRES DIVERS.

Abies religiosa, Lindl. Mexique.
Acacia (Albizzia) Julibrissin, Willd. Perse.
— *Nemu*, Willd. Chine.
— *lophantha*, Willd. Australie.
— *Riceana*, Hensl. Australie.
— *eburnea*, Willd. Inde.
— *dealbata*, Link. Australie.
— *longifolia*, Willd. Australie.
— *melanoxylon*, R. Br. Australie.
— *retinoïdes latifolia*, Hort. Australie.
— *leucocephala*, Link. Amér. mér.
— *linifolia*, Willd. Australie.
— *suaveolens*, Willd. Australie.
— *trinervata*, Sieb. Australie.
— *verticillata*, Willd. Australie.
Acer oblongum, Wall. Népaul.
Benthamia fragifera, Lindl. Népaul.
Brachychyton populneum, Horsf. et Benn. Australie.
Casuarina equisetifolia, Forst. Iles du Pacifique.
— *leptoclada*, Miq. Australie.
Callitris quadrivalvis, Vent. Afrique sept.
Callistemon lineare, DC. Australie.
Cephalotaxus Fortunei, Hook. Japon.
Citharexylon caudatum, L. Amér. trop.
— *quadrangulare*, Jacq. Antilles.
— *cinereum*, L. Antilles.
Coulteria tinctoria, H. B. K. Mexique.
Cunninghamia sinensis, R. Br. Chine.
Cupressus Corneyana, Knight. Himalaya.

Cupressus torulosa, Don. Népaul.
— *macrocarpa*, Hartw. Californie.
— *lusitanica*, Mill. (*C. glauca pendula*). Inde.
Drymis Winteri, Forst. Amér. mérid.
Dammara australis, Lamb. Nouv. Zélande.
Diospyros virginiana, L., var. *coronaria*, Hort. Amér. sept.
Elæodendron ilicifolium, Ten. Patrie?
Erythrina coralloides, DC. Mexique.
— *umbrosa*, H. B. K. Vénézuéla.
— *Corallodendron*, L. Amér. mér.
Eriobotrya japonica, Lindl. Japon.
Eucalyptus Globulus, Labill. Tasmanie.
— *amygdalina*, Labill. Australie.
— *colossea*, Muell. Australie.
— *resinifera*, Smith. Australie.
— *oppositifolia*, Dum. de Cours. Australie.
— *saligna*, Smith. Australie.
— *cornuta*, Labill. Australie.
Ficus lævigata, Vahl. Inde.
— *nitida*, Thunb. Inde.
— *religiosa*, L. Inde.
— *rubiginosa*, Desf. Australie.
— *Sycomorus*, L. Égypte.
— *cordifolia*, Roxb. Inde.
— *racemosa*, L. Inde.
— *Roxburghii*, Miq. Assam.
Frenela Gunnii, Endl. Australie.
Grevillea robusta, Cunn. Australie.
Jacaranda mimosæfolia, Don. Amér. mér.

Jambosa vulgaris, DC. Inde.
Juniperus bermudiana, L. Bermudes.
— *californica*, Carr. Californie
Laurus Camphora, L. Chine.
Litsæa glauca, Sieb. Japon.
— *canariensis*, Webb. Canaries.
Libocedrus Doniana, Endl. Nouv. Zélande.
— *quadrivalvis*, Labill. Australie.
Melia Azedarach, L. Inde.
— *sempervirens*, Sw. Jamaïque.
Parkinsonia aculeata, L. Amér. mérid.
Pinus patula, Schied. et Deppe. Mexique.
Pinus insignis, Dougl. Californie.
— *australis*, Mich. Virginie.
— *Hartwegii*, Lindl. Mexique.
— *longifolia*, Roxb. Himalaya.
— *canariensis*, Smith. Canaries.

Pinus brutia, Ten. Calabre.
— *Winchesteriana*, Gord. Mexique.
Podocarpus macrophylla, Don. Japon.
— *elongata*, L'Hér. Abyssinie.
— *andina*, Pœpp. Chili.
— *chilina*, A. Rich. Chili.
— *neriifolia*, R. Br. Népaul.
Quercus glabra, Thunb. Japon.
— *lancifolia*, Hort. Patrie?
Rhopala Pohlii var. *corcovadensis*, Meisn. Brésil.
— *organensis*, Gardn. Brésil.
Sapindus Saponaria, L. Amér. mérid.
Schinus Molle, L. Amér. mérid.
Sterculia platanifolia, L. Chine.
Stillingia sebifera, Mich. Chine.
Templetonia retusa, R. Br. Australie.

ARBUSTES ET ARBRISSEAUX.

Acacia cultriformis, Cunn. Australie.
— *Farnesiana*, Willd. Antilles.
Acanthopanax ricinifolium, Hort. Amér. trop.
Adhatoda Vasica, Nees. Inde.
— *quadrifida*, Nees. Inde.
Agave, nombreuses espèces. Amérique.
Anthyllis Barba Jovis, L. Europe mér.
Aralia (nombreuses espèces).
— *papyrifera*, Hook. Chine.
Ardisia japonica, Blume. Japon.
— *crispa*, A. DC. Chine.
— *crenulata*, Vent. Mexique.
Aristotelia Macqui, L'Hér. Chili.
Arundinaria falcata, Nees. Himalaya.
Artemisia argentea, L'Hér. Madère.
Asimina triloba, Dun. Amér. sept.
Bambusa mitis, Poir. Chine mér.
— *scriptoria*, Schleus. Inde.
— *stricta*, Roxb. Inde.
— *arundinacea*, Retz. Inde. Et toutes les autres espèces.
Banksia variés. Australie.
Baptisia australis, R. Br. Caroline.
Barnadesia spinosa, L. Andes équator.
Bœhmeria nivea, Hook. et Arn. Chine.
— *arborea*, Desf. Canaries.
Buddleia globosa, Lamk. Chili.
— *madagascariensis*, Lamk. Madagascar.
Callicarpa arborea, Roxb. Inde.
— *macrophylla*, Vahl. Inde.

Callistemon lanceolatum, DC. Australie.
— *speciosum*, DC. Australie.
— *rigidum*, R. Br. Australie.
Cantua pirifolia, Juss. Pérou.
Cassia corymbosa, Lamk. Buenos-Ayres.
— *floribunda*, Cav. Mexique.
Cerasus caroliniana, Mich. Caroline.
Cestrum aurantiacum, Lindl. Guatémala.
Chamærops humilis, L. Rég. médit.
— *macrocarpa*, Hort. Berol. Algér.
Chorozema ilicifolium, Labill. Australie.
Cineraria maritima, L. Région médit.
Cistus, div. esp. et var. Europe mérid.
Clerodendron fragrans, Vent. Chine.
— *serotinum*, Hort. Japon?
Cocculus laurifolius, DC. Népaul.
Colletia ferox, Gill. et Hook. Chili.
— *cruciata*, Gill. et Hook. Chili.
Conoclinium ianthinum, Hook. Mexique.
Cordyline australis, Endl. Australie.
— *indivisa*, Kunth. Nouv.-Zélande.
Correa variés. Australie.
Crowea saligna, Smith. Australie.
Cuphea jorullensis, H. B. K. Mexique.
Cycas revoluta, Thunb. Chine, Japon.
Cyrtanthera Pohliana, Nees. Brésil.
— *magnifica*, Nees. Brésil.
Datura arborea, L. Andes.
Decumaria barbara, L. Caroline.
Desfontainea spinosa, Ruiz. et Pav. Amér. mér.

Diosma variés. Australie.
Dryandra variés. Australie.
Duranta Plumieri, L. Antilles.
Edgeworthia papyrifera, Sieb. et Zucc. Japon.
Embothrium coccineum, Forst. Patagonie.
Eriostemon variés. Australie.
Erythrina Crista galli, L. Brésil.
Escallonia rubra, Pers. Chili.
— *floribunda*, H. B. K. Nouvelle Grenade.
Euphorbia grandidens, Haw. Cap.
Eurybia erubescens, DC. Australie.
Evonymus fimbriatus, Wall. Inde.
Fabiana imbricata, Ruiz. et Pav. Chili.
Fourcroya divers. Amér. mérid.
Garrya macrophylla, Benth. Mexique.
Grabowskia Boeherhaviæfolia, W. Arn. Pérou.
Grevillea pyramidalis, Cunn. Australie.
— *Manglesii*, Hort. Australie.
Grewia occidentalis, L. Cap.
Habrothamnus elegans, Scheidw. Mexique.
Heliotropium peruvianum, L. et variétés. Pérou.
Hibiscus liliiflorus, Cav. Ile Bourbon.
— *Rosa sinensis*, L. Inde. Variétés div.
Illicium religiosum, Sieb. Japon.
— *anisatum*, L. Chine et Japon.
Inga pulcherrima, Cerv. Mexique.
— *fastuosa*, Willd. Vénézuéla.
Iochroma lanceolatum, Miers. Andes.
— *tubulosum*, Benth. Pérou.
— *coccineum*, Scheidw. Amér. centr.
Lagerstræmia indica, L. et var. Chine.
Lantana Camara, L. et var. Brésil.
Lavatera arborea, L. Italie.
Leonitis Leonurus, Pers. Cap.
Linum trigynum, Roxb. Inde.
Lippia citriodora, Kunth. Pérou.
Lotus Jacobœus, L. Iles du Cap-Vert.
Mahonia nepalensis, DC. Népaul.
Melaleuca decussata, R. Br. Australie.
— *ericæfolia*, Smith. —
— *hypericifolia*, Smith. —
Melianthus major, L. Cap.
Myoporum glandulosum, DC. Australie.
— *parvifolium*, R. Br. Australie.
Myrsine africana, L. Afrique.
Myrtus Pimenta, L. Amér. trop.
Nerium Oleander, L. et var. Europe mérid.

Nicotiana glauca, Grah. Amér. mérid.
Oreopanax (nombreuses espèces). Mexique.
— *dactylifolium*, Lindl. Mexique.
— *platanifolium*, Dcne et Planch. Mexique.
— *xalapense*, Dcne et Planch. Mexique.
Osmanthus fragrans, Lour. Japon.
— *latifolius*, Hort. Sieb. Japon.
— *fragrans*, Lour. Japon.
Opuntia Ficus indica, Mill. Orient.
— div. autres espèces.
Pelargonium inquinans et *zonale*, var. Cap.
Pimelea variés. Australie.
Pittosporum undulatum, Vent. Australie.
— *Tobira*, Ait. Vent. Australie.
— *T. variegatum*. Var. cult.
Plumbago capensis, Thunb. Cap.
Poinciana Gilliesii, Hook. Amér. mér.
Polygala cordifolia, Thunb. Cap.
— *myrtifolia*, L. Cap.
Poinsettia pulcherrima, Grah. Mexique.
Protea variés. Australie.
Punica Granatum, L., var. *flore pleno*.
— — *Legrellæ*. Var. cult.
Raphiolepis indica, Lindl. Chine.
— *salicifolia*, Lindl. Chine.
Rondeletia speciosa, Paxt. Cuba.
Rosa indica, L., var. *major*. Chine.
— (autres espèces et variétés).
Salvia eriocalyx, Bertero. Jamaïque.
Siphocampylus bicolor, Don. Géorgie.
Solanum betaceum, Cav. Amér. mér.
Senecio Petasites, DC. Mexique.
— *Ghiesbreghtii*, A. Brongt. Mexique.
Sida Bedfordiana, Hook. Brésil.
— *striata*, Hort. Uruguay.
— *insignis*, Planch. Nouvelle-Grenade.
Solanum Rantonneti, Carr. Japon.
Sophora secundiflora, Lag. Mexique.
— *littoralis*, Schrad. Brésil.
Sparrmannia africana, L. Afrique.
Styrax officinale, L. Europe australe.
Stranwesia glaucescens, Lindl. Asie.
Tecoma capensis, Lindl. Cap.
Tetranthera japonica, Spreng. Japon.
Thermopsis nepalensis, DC. Népaul.
Thibaudia variés. Amér. mérid.
Veronica speciosa, Cunn. Nouv.-Zélande.
— *Lindleyana*, Hort. Hybride.
— *salicifolia*, Forst. Nouv.-Zélande.

Viburnum Awafuski, Lindl. Chine.
— *suspensum*, Hort. Chine.
Yucca guatemalensis, Hort. Guatémala.

Yucca aloefolia, L. et var. Caroline mér.
— *Draconis*, L. Caroline mér.
— *filifera*, Rœzl. Mexique.

ARBUSTES SARMENTEUX ET GRIMPANTS.

Amphilophium Mutisii, H. B. K. Nouv.-Grenade.
Arauja albens, Don. Brésil austral.
Banisteria chrysophylla, Kunth. Mexique.
— *ciliata*, Lamk. Brésil.
Berchemia volubilis, DC. Amér. sept.
Bignonia Kerere, Aubl. Mexique.
— *capreolata*, L. Caroline.
— *speciosa*, Hook. Brésil.
Bougainvillea spectabilis, Willd. Brésil.
— *glabra*, DC. Brésil.
Byrsonima volubilis, DC. Antilles.
Cissus acida, L. Amér. trop.
— *antarctica*, Vent. Australie.
Clianthus puniceus, Sol. Australie.
— *Dampierii*, Cunn. Australie.
Dioclea glycinoides, DC. Uruguay.
Echites suaveolens, A. DC. Uruguay.
Ficus scandens, Lamk. Inde.
Hoya carnosa, R. Br. Inde.
Jasminum Sambac, Ait. Inde.
— *azoricum*, L. Açores.

Jasminum grandiflorum, L. Népaul.
— *revolutum*, Ker. Inde.
Kennedya, plus. esp. Australie.
Oxera pulchella, Labill. Nouv.-Calédonie.
Passiflora, nombreuses espèces. Amér. mér.
Petræa volubilis, Jacq. Antilles.
Phaseolus Caracalla, L. Inde.
Quisqualis indica, L. Inde.
Senecio mikanioides, Otto. Cap.
Smilax laurifolia, L. Amér. sept.
Solanum jasminoides, Paxt. Brésil.
— *jasminifolium*, Sendtn. Brésil.
Stephanotis floribunda, Ad. Brongt. Madagascar.
Tacsonia mollissima, H. B. K. Nouv.-Grenade.
— *Van Volxemi*, Funk. Nouv.-Grenade.
Tecoma jasminoides, Lindl. Australie.
Thunbergia laurifolia, Hook. Inde.
— *fragrans*, Roxb. Inde.
— *grandiflora*, Roxb. Inde.

ARBRES ET ARBUSTES FRUITIERS DES PAYS CHAUDS.

Anona Cherimolia, Lamk. Pérou.
Ceratonia siliqua, L. Europe mér.
Citrus aurantium, Risso et var. Chine.
— *limonium*, Risso et var. Chine.
— *myrtifolia*, Ferr. Chine.
Cookia punctata, Retz. Chine.
Cratægus Azarolus, L. et var. div. Amér. sept.
Diospyros Kaki, L. fil. et var. div. Japon.
Eriobotrya japonica, Lindl. Japon.
Eugenia Micheli, Lamk. Guyane.
Hovenia dulcis, Thunb. Japon.

Jambosa vulgaris, DC. Inde.
Olea europœa, L. et var. Orient.
Papaya vulgaris, DC. Amér. trop.
Persea gratissima, Gærtn. Antilles.
Pistacia vera, L. Syrie.
Psidium Cattleyanum, Sab. Chine.
— *piriferum*, L. Guyane.
— *pomiferum*, L. Amér. tropic.
Sapota Achras, Mill. Amér. tropic.
Zizygium Jambolanum, DC. Inde.
Zizyphus vulgaris, Lamk. Europe austr.

Employés avec goût et discernement, ces végétaux, et bien d'autres qu'il serait trop long d'énumérer, peuvent former, sur divers points du littoral méditerranéen, les plus beaux jardins qui se puissent voir. Ils dépasseraient même en richesse les jardins actuels des régions tropicales et équatoriales, où la grandeur des feuillages et le luxe de la végétation herbacée l'emportent sur la variété et l'éclat des fleurs.

Le climat de l'Ouest de la France, de Nantes à Cherbourg et aux îles de la Manche, dans toute la partie arrosée par l'une des dernières branches du *Gulf-stream*, peut rivaliser de douceur avec les jardins du Midi et nourrir un grand nombre des espèces qui viennent d'être énumérées. Le climat de Cherbourg et celui de Jersey, par exemple, ont donné aux amateurs des résultats inattendus. Les agaves (*Agave americana*) y fleurissent souvent, comme dans le Midi. Dans la propriété de M. de Saumarez, à Guernesey, deux plantes de cette espèce, transplantées en 1872, développèrent chacune une hampe de 10 mètres de hauteur. Les journaux horticoles anglais

Fig. 361. — *Araucaria imbricata*, Pav., dans un jardin en Angleterre.

ont souvent rapporté des faits de culture remarquables observés dans ces îles, dans celle de Wight et sur la côte du Cornouailles. Les publications similaires françaises ont également relaté les merveilles végétales de la propriété de M. Herpin de Frémont, à Bris, près Cherbourg, et du jardin de M. Hamond, dans la même ville. On a donné les dimensions des *Araucaria imbricata* de M. de Kersauzon, en Bretagne, les plus beaux de l'Europe, décrit les beaux spécimens de plantes rares des jardins de Brest, les camellias et les magnolias de Nantes, etc.

Quelques espèces même réussissent mieux sur les côtes occidentales de la France que dans le Midi, où la chaleur sèche leur est moins favorable qu'une température douce et égale, sous un ciel brumeux.

Parmi les beaux arbres et arbustes dont j'ai relevé la nomenclature pendant mes excursions dans les jardins du littoral breton et des îles de la Manche, je puis citer les espèces suivantes. On y retrouve un certain nombre de végétaux cultivés dans la région méditerranéenne, au milieu d'autres formes spéciales à l'Ouest :

CONIFÈRES.

Abies Webbiana, Lindl. Himalaya.
— *religiosa*, Lindl. Mexique.
— *Menziezii*, Loud. Californie.
— *firma*, Sieb. et Zucc. Japon.
— *bracteata*, Hook. et Arn. Amér. bor.
— *Brunoniana*, Lindl. Bootan.
Araucaria Bidwilli, Hook. Australie.
— *imbricata*, Pavon. Chili.
Cryptomeria japonica, Don. Japon.
Cunninghamia sinensis, R. Brown. Chine.
Cupressus Knightiana, Hort. Mexique.
— *lusitanica*, Mill. Inde.
— *macrocarpa*, Hartw. Californie.

Dacrydium cupressinum, Sol. Nouvelle-Zélande.
Frenela australis, Mirbel. Australie.
Juniperus drupacea, Labill. Syrie.
Libocedrus chilensis, Endl. Chili.
Phyllocladus trichomanoides, Don. Nouvelle-Zélande.
Pinus insignis, Dougl. Californie.
— *patula*, Schied. et Depp. Mexique.
— *australis*, Mich. Amér. sept.
— *Winchesteriana*, Gord. Mexique.
Podocarpus Totara, Don. Nouv. Zélande.
Sequoia sempervirens, Endl. Californie.

ARBRES DIVERS.

Acacia dealbata, Link. Australie.
— *lophantha*, Willd. —
— *melanoxylon*, R. Br. Australie.
— *lorifolia*, Willd. —
Arbustus Andrachne, L. Asie Mineure.
Benthamia fragifera, Lindl. Népaul.
Casuarina equisetifolia, Forst. Iles du Pacif.

Chamærops Fortunei, Hook. Chine.
Eucalyptus Globulus, Labill. Tasmanie.
— *viminalis*, Labill. Australie.
Jubœa spectabilis, H. B. K. Chili.
Phœnix dactylifera, Labill. Afrique boréale.
Sorbus vestita, Lodd. Népaul.

ARBRISSEAUX ET ARBUSTES DIVERS.

Abelia uniflora, R. Br. Chine.
Acer polymorphum. Sieb. et Zucc. Japon. Var. div. à f^lles color. et découp.
Andromeda variés. Amér. sept.
— *Catesbœi*, Walt. Amér. sept.
Aralia Sieboldi (*Fatsia*), Henders. Japon.
Ardisia japonica, Blume. Japon.
Arundinaria falcata, Nees. Himalaya.
Azalea nudiflora, var. Amér. sept.
— *lateritia*, Hort. Chine.
— *liliiflora*, Hort. Chine.
— *punicea*, Bot. Mag. Chine.
Bambusa nigra, Lodd. Chine.
— *glauca*, Lodd. Chine.
— *mitis*, Poir. Chine mérid.
Berberidopsis corallina, Hook. Chili.
Buddleia globosa, Lamk. Chili.

Callistemon variés. Australie.
— *viridiflorum*, DC. Australie.
Camellia variés. Japon.
Cantua dependens, Pers. Pérou.
Ceanothus divaricatus, Nutt. Californie.
— *dentatus*, Torr. et Gray. Californie.
— *rigidus*, Nutt. Californie.
— *papillosus*, Torr. et Gray. Californie.
Cestrum aurantiacum, Lindl. Guatémala.
Chamærops humilis, L. Europe mérid.
Cistus ladaniferus, L. France mér.
— *populifolius*, L. France mér.
Clethra arborea, Ait. Madère.
Cordyline indivisa, Kunth. Nouv.-Zél.
— *australis*, Endl. Australie.
Dasylirion variés. Mexique.

Desfontainea spinosa, Ruiz et Pav. Amér. mérid.
Edwardsia grandiflora, Salisb. Nouv.-Zél.
Elæagnus crispa, Thunb. Japon.
Escallonia macrantha, Hook. Chiloé.
— *rubra*, Pers. Chili.
— *floribunda*, H.B.K. Nouvelle-Grenade.
Evonymus fimbriatus, Wall. Inde.
Eugenia Ugni, Hook. et Arn. Chili.
Eurybia argophylla, Cass. Australie.
Fabiana imbricata, Ruiz et Pav. Chili.
Fabricia lævigata, Smith. Australie.
Fuchsia coccinea, Ait. Amér. austr.
— autres espèces et variétés.
Garrya macrophylla, Benth. Mexique.
— *laurifolia*, Hartw. Mexique.
Genista canariensis, L. Canaries.
Grevillea robusta, Cunn. Australie.
Habrothamnus elegans, Scheidw. Mexique.
— *fasciculatus*, Endl.
Hydrangea japonica Hortensia, var. *cœrulea*. Japon.
Ilex latifolia, Thunb. Japon.
Jasminum revolutum, Sims. Népaul.
— *azoricum*, L. Açores.
Lapageria alba, Ruiz et Pav. Chili.
Lomaria chilensis, Spr. Chili.
Mahonia japonica, DC. Japon.
— *nepalensis*, DC. Népaul.
Mandevillea suaveolens, Lindl. Montevideo.
Mesembryanthemum variés.
Myrtus communis, L. Eur. aust.
Oreopanax variés. Amér. tropic.
Osmanthus fragrans, Lour. Japon.
— *aquifolius*, Sieb. Japon.
Pittosporum flavum, Hook. Australie.
— *undulatum*, Andr. —
Polygonum vaccinifolium, Wall. Himalaya.
Polygala myrtifolia, L. Cap.

Polygala cordifolia, Thunb. Cap.
Rhamnus Alaternus argenteus, Hort.
Rhaphiolepis indica, Lindl. Chine.
Rubus australis, Forst. Australie.
Rhododendron argenteum, D. Hook. Himalaya.
— *Falconeri*, D. Hook. Himalaya.
— *Thomsoni*, D. Hook. Himalaya.
— *Aucklandii*, D. Hook. Himalaya.
— *Dalhousiæ*, D. Hook. Himalaya.
— *Jenkinsii*, Nutt. Bootan.
— *arboreum*, Smith. Inde or.
— *formosum*, Wall. Népaul.
— *lancifolium*. D. Hook. Himalaya.
— *campanulatum*, D. Don. Inde.
— *barbatum*, D. Hook. Himalaya.
— *Maddeni*, D. Hook. Himalaya.
— *Hodgsoni*, D. Hook. Himalaya.
— *Wightii*, D. Hook. Himalaya.
— *Campbelli*, D. Hook. Himalaya.
— *Wallichii*, D. Hook. Himalaya.
— *hybridum Princess royal*, Hort. Veitch.
— *Princess Alice*, Hort. Veitch.
— *Veitchii*, Hort.
Skimmia japonica, Thunb. Japon.
Solanum jasminoides, Paxt. Brésil.
Teucrium fruticans, L. Rég. médit.
Veronica speciosa, Cunn. Nouv.-Zélande.
— *salicifolia*, Forst. Nouv.-Zélande.
Viburnum Awafuski, Lindl. Chine.

Telles sont les principales espèces qui prospèrent dans les îles de la Manche et sur les côtes de l'Ouest. On pourrait en ajouter beaucoup d'autres, sur lesquelles se continuent les expériences. Cette liste suffit toutefois à des plantations d'ornement assez étendues ; il serait possible de l'appliquer à des régions semblables sous d'autres latitudes. Ainsi, le plan d'une villa des environs de Venise, dont j'ai dirigé la plantation en 1869, donnera une idée de la différence de groupement des espèces sous un climat moins doux que celui de Nice, mais plus clément que dans les régions centrales de la France. Ce jardin (fig. 362), divisé en deux parts, au moyen d'une grille mobile dans la direction N Z, peut former une seule ou deux

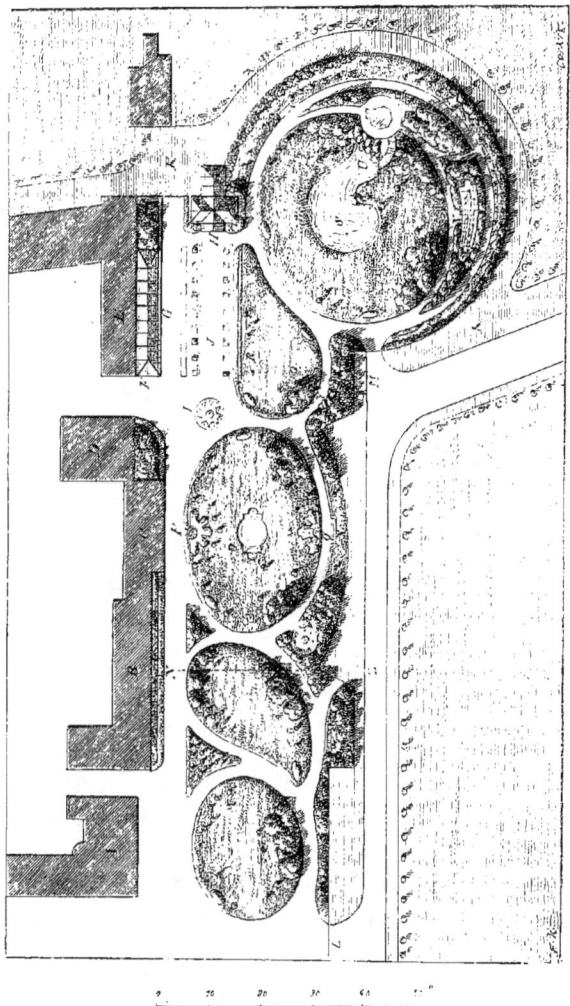

Fig. 362. — Plantation du jardin d'une villa, en Vénétie. — Ed. André, architecte.

A, Écuries et Remises. — B, Bureaux. — C, Galerie couverte. — D, Salon d'hiver. — E, Dépendances. — F, Allée verte. — G, Serre adossée. — H, Jardin d'hiver. — I, Corbeille de fleurs et vase. — J, Avenue d'orangers. — K, Terrain extérieur gazonné. — L, Entrée principale. — M, Entrée secondaire. — N. Z, Grille de séparation. — O, Bassin et Jet d'eau. — P, Corbeille de fleurs. — Q, Banc de repos. — R, Pelouse et arbres isolés. — S, Bassin avec plantes d'eau. — T, Kiosque. — U, Rochers. — V, Grande volière. — X, Salle verte dans un massif. — Y, Grotte de fougères. Une partie de l'ancien tracé a été conservée près de N.

propriétés, suivant la volonté des frères P... qui en sont les possesseurs.

TRAVAUX D'EXÉCUTION. — PLANTATIONS.

Les massifs qui entourent ce jardin sont plantés en arbres à haute tige, en arbustes à feuilles caduques et principalement à feuilles persistantes Parmi les plus beaux arbres on remarque :

Acacia (Albizzia) Julibrissin.
Acer oblongum.
— colchicum.
Ailantus glandulosa.
Celtis australis.
Diospyros virginiana.

Elæagnus angustifolia.
Melia Azedarach.
Pinus halepensis.
Platanus orientalis.
Robinia viscosa.
Sorbus Aria.

Parmi les arbustes :

Berberis Darwini.
— dulcis.
— Wallichii.
Ceanothus azureus.
— dentatus.
— divaricatus.
— Fontanesianus.
Chænomeles umbilicata.
Chamærops humilis.
— Fortunei.
Cistus incanus.
— ladaniferus.
— populifolius, etc., etc.
Escallonia floribunda.
— macrantha.
— rubra.
Eriobotrya japonica.
Garrya elliptica.

Garrya macrophylla.
Indigofera decora.
Jasminum revolutum.
Lagerstrœmia Indica.
Laurus nobilis.
Ligustrum Japonicum.
— Stauntoni (sinense).
— spicatum.
Mahonia nepalensis.
— japonica.
Melaleuca linearifolia.
Myrtus communis.
Photinia serrulata.
Ruscus hypoglossum.
Teucrium fruticans.
Thermopsis nepalensis.
Viburnum Awafuski.
Vitex Agnus-castus.

Un peu plus au nord, au lac Majeur et au lac de Côme, on pourrait ajouter à cette liste une quantité considérable des espèces comprises dans les précédentes listes. Les dépressions de température, assez fortes l'hiver à Venise, rendent souvent le climat fatal à quelques espèces délicates.

En avançant vers le sud, on trouverait des régions plus favorables encore à la culture des espèces tropicales. Le plan d'un jardin égyptien moderne (fig. 261, p. 478) m'a été envoyé du Caire en 1869 par l'un des chefs jardiniers du khédive. Il offre l'exemple d'un tracé où l'art des jardins tient une médiocre place, mais la culture est appropriée à un climat torride l'été ; l'irrigation y joue un rôle bienfaisant, et des végétaux spéciaux en sont les ornements. Au milieu du jardin est l'habitation ou palais A. Les murs qui entourent le terrain soutiennent une véranda couverte de *Jasminum Sambac*, *Ipomœa Leari*, vignes et autres plantes grimpantes. Les canaux BB entourent le jardin, qui peut être facilement inondé par un système de vannelles ouvrant ou bouchant des rigoles. Le long de ces canaux sont des haies de myrtes (*Myrtus communis*), rosiers thés (*Rosa indica*), durantas (*Duranta Plumieri*), arbousiers (*Arbutus*

Andrachne), romarins (*Rosmarinus officinalis*), géraniums zonals (*Pelargonium zonale*) qui deviennent frutescents, orangers et citronniers (*Citrus aurantium* et *C. limonium*), etc. Le milieu des compartiments est meublé d'une abondante végétation, choisie parmi les arbres du Midi indiqués dans les listes précédentes; le nombre de ces espèces s'est augmenté considérablement dans les récents travaux de jardins que le khédive a fait exécuter par des artistes français.

Les plus remarquables d'entre ces végétaux, dont la végétation est luxuriante sous l'influence du soleil et de l'eau, sont les suivants :

Abutilon insigne.
— striatum.
Agave americana.
— Salmiana.
— autres espèces.
Bougainvillea spectabilis.
Buddleia Madagascariensis.
Canna variés.
Cassia Fistula.
— divers.
Clerodendron fragrans.
Cuphea jorullensis.
Datura arborea.
Ficus Sycomorus.
— elastica.
— bengalensis.
Hedychium coronarium.
— Gardnerianum.

Hibiscus syriacus.
— Rosa sinensis.
Lantana Camara.
Linum trigynum.
Musa paradisiaca.
— Cavendishii.
Olea europæa.
Passiflora edulis.
— cœrulea.
Phœnix dactylifera.
Pistacia Terebinthus.
Plumbago capensis.
Poinsettia pulcherrima.
Schinus Molle.
Solanum macranthum.
Tecoma capensis.
Zyziphus sativus.
etc., etc.

Ces arbres et arbustes sont plantés pêle-mêle, de manière à former des massifs irrigables et des ombrages épais, au milieu desquels abondent les fleurs éclatantes et parfumées. Dans la saison d'hiver, où la floraison est abondante, ces jardins sont très-beaux et l'on comprend l'attraction qu'ils exercent sur les voyageurs qui viennent de quitter les frimas de l'Europe.

OPÉRATIONS MATÉRIELLES DE LA PLANTATION.

Devis. — Avant de mettre en place les végétaux ligneux destinés aux plantations des parcs et des jardins, l'architecte-paysagiste doit dresser un devis détaillé des espèces et variétés à planter, avec l'indication de leur nombre, de leur force, et des emplacements qu'ils occuperont. Nous avons cité un exemple de ces répartitions (p. 614) en traitant de la distribution des arbres et des arbustes. Ce procédé présente le défaut d'être très-détaillé; il exige un long travail, indiquant par une lettre chaque plante et l'espace qu'elle occupe, sans donner la place respective des espèces.

Les modèles suivants me semblent préférables. Après avoir fait la liste générale des essences à employer, conformément à un plan de situation numéroté, on les répartit en catégories et l'on en dresse un tableau synoptique qui donne d'un coup d'œil la proportion des diverses espèces et permet de se rendre compte de la dépense avant de faire la commande des plants chez le pépiniériste. Si cette dépense paraissait trop élevée, on pourrait diminuer la force des sujets.

RÉPARTITION DES ARBRES ET ARBUSTES POUR LES PLANTATIONS.

NUMÉROS des massifs.	ARBRES à haute tige.	ARBRES à demi-tige ou baliveaux.	ARBUSTES à feuilles caduques.	ARBUSTES à feuilles persistantes.	CONIFÈRES.	ARBUSTES sarmenteux ou grimpants.	ARBUSTES de terre de bruyère.	PLANTS forestiers repiqués.	ARBRES fruitiers.
1	18	15	130	170	12	»	»	»	»
2	19	7	»	»	4	18	»	»	»
3	31	52	180	»	»	»	»	3460	»

Distribution. — Cette pièce est établie pour rappeler à l'architecte-paysagiste les totaux des plantations ; on en dressera, pour le chef d'atelier, une seconde qui servira de base aux commandes. Le mode de libeller que j'ai choisi pour l'expédition de ces ordres de livraison aux pépiniéristes porte le numéro ou la lettre des massifs correspondant au plan, la surface de ces massifs, la désignation des espèces et de leur nombre, en commençant par les grands arbres, et en poursuivant par les baliveaux, les arbustes de milieu et les arbustes de bordure. Des indications spéciales peuvent y être ajoutées. Quelques extraits de l'une de ces listes de plantations, dressée pour le parc de Clairefontaine (Calvados), montreront le mode de rédaction adopté.

MASSIF A. — Superficie, 595 mètres.

25 Bourdaines (*Rhamnus Frangula*), plants de 2 ans. Sous bois.
25 Charmes (*Carpinus Betulus*), baliveaux.
50 Chênes (*Quercus pedunculata*) —
50 Faux ébéniers (*Cytisus Laburnum*), baliveaux.

50 Sainte-Lucie (*Cerasus Mahaleb*), plants de 2 ans. — Sous bois.
50 Saules blancs (*Salix alba*) déjà existants.
50 Troënes (*Ligustrum vulgare*), plants de 2 ans. Sous bois.

MASSIF B. — Superficie, 360 mètres.

5 Acacias monophylles (*Robinia pseudo-Acacia monophylla*), tiges.
2 — de Decaisne (*R. p.-A. Decaisneana*) tiges.
15 Amorpha du Levant (*Amorpha cruenta*), touffes (milieu).
5 Aulnes à feuilles en cœur (*Alnus cordifolia*), tiges.

4 Azéroliers ponctués (*Cratægus punctata*), baliveaux
10 Buddléas de Lindley (*Buddleia Lindleyana*), touffes (milieu).
10 Deutzies crénelées (*Deutzia crenata flore pleno roseo*), touffes (milieu).
4 Érables-planes (*Acer platanoides*) tiges.

6 Forsythies vertes (*Forsythia viridissima*), en bordure.
6 Indigotiers dosua (*Indigofera Dosua*), en bordure.
15 Lilas de Marly (*Syringa vulgaris rubra*), touffes (milieu).
5 Marronniers rouges (*Æsculus rubicunda*), tiges.
6 Oliviers de Bohême (*Elæagnus angustifolia*), baliveaux.
4 Pommiers à fleurs doubles (*Malus spectabilis flore pleno*), baliveaux.
2 — baccifères (*M. baccata*), baliveaux.
2 — floribonds (*M. floribunda*), baliveaux.
15 Seringats odorants (*Philadelphus coronarius*), touffes (milieu).
2 Sorbiers hybrides (*Sorbus hybrida*).
15 Spirées de Lindley (*Spiræa Lindleyana*), touffes (milieu).
5 — à feuilles d'obier (*S. opulifolia*), touffes (milieu).
10 — lancéolées (*S. lanceolata*), en bordure.
5 — à feuilles de saule (*S. salicifolia*), en bordure.
5 — à feuilles de prunier (*S. prunifolia*), en bordure.
15 Sumacs fustet (*Rhus Cotinus*), touffes (milieu).
10 Sureaux laciniés (*Sambucus nigra laciniata*), touffes (milieu).
10 Symphorines rouges (*Symphoricarpus racemosus*), en bordure.
25 Troënes dits de Californie (*Ligustrum ovalifolium*), touffes (milieu).
10 Weigélies roses (*Weigela rosea*), en bordure.

MASSIF C. — En partie planté. — Bordure seule à planter à neuf. — Longueur, 75 mètres.

24 Aucubas du Japon (*Aucuba japonica*). | 26 Fusains du Japon (*Evonymus japonicus*).

MASSIF D. — Superficie, 8,965 mètres à boiser à neuf, à raison de 10,000 à l'hectare.

500 Acacias (*Robinia pseudo-Acacia*), jeunes plants d'un an.
1000 Charmes communs (*Carpinus Betulus*), plants repiqués de 2 ans.
3500 Chênes communs (*Quercus pedunculata*), plants repiqués de 2 ans.
250 Epicéas (*Abies excelsa*) d°, de 3 ans forts.
1500 Hêtres communs (*Fagus sylvatica*), plants repiqués de 2 ans.
50 Merisiers (*Cerasus avium*), baliveaux.
50 Peupliers trembles (*Populus Tremula*), baliveaux.
250 Pins laricio (*Pinus Laricio*), plants de 3 ans, forts.
500 Sainte-Lucie (*Cerasus Mahaleb*), plants d'un an.
250 Sapins argentés (*Abies pectinata*), plants de 3 ans forts.
800 Troënes communs (*Ligustrum vulgare*), plants de 2 ans.
300 Viornes mansiennes (*Viburnum Lantana*), plants de 2 ans.

Livraison. — Deux copies de cette liste seront préparées ; la première restera entre les mains du chef d'atelier, la seconde sera envoyée au pépiniériste. Il faut exiger, malgré le surcroît de travail donné aux horticulteurs marchands et pour le bon ordre de la plantation, la livraison par paquets correspondant aux numéros des massifs, au lieu de rassembler en ballots tous les sujets d'une même espèce destinés aux divers massifs d'un parc. Par exemple, s'il y a des mahonias dans dix massifs différents, on évitera de les réunir et on les fera distribuer dans les paquets correspondant à leurs emplacements respectifs. On peut ainsi varier les forces des sujets par des observations adressées aux pépiniéristes, et surtout on empêche le chef planteur, trop souvent ignorant de la nomenclature des plantes, de commettre des erreurs.

Parmi les autres instructions à donner aux marchands, on doit compter le soin dans l'étiquetage et l'emballage. Les étiquettes en bois peint en jaune, écrites au crayon, fixées par un fil de fer léger, sont les plus usitées ; elles se maintiennent longtemps lisibles. La déplantation des arbres (et non l'*arrachage*, terme barbare trop souvent usité) doit se faire avec soin, en ménageant les racines, qui devront être repliées et couvertes de foin menu dans les paquets, puis entourées de paille fixée par des liens d'osier fortement serrés. Les arbustes à feuilles persistantes seront enveloppés dans des *soleils* de paille recouvrant la motte de terre. On mettra en bacs, suivant la méthode précédemment indiquée (p. 644, fig. 355), les végétaux à feuilles persistantes et les conifères de grand développement. Les pépiniéristes recommandent, dans leurs catalogues, de ne pas déballer les plantes si elles arrivent par la gelée, mais de déposer les ballots à la cave jusqu'au dégel, après quoi le contenu peut être délié et mis en place. Il arrive cependant que le mal est fait et que les arbres sont perdus ; on le reconnaît en grattant les racines, qui sont alors noires sous l'écorce. Les arbres arrivés dans de bonnes conditions seront immédiatement mis en jauge, autant que possible au nord ; on déliera les paquets et l'on enterrera tous les sujets un à un, dans des tranchées peu profondes, où leurs racines seront couvertes de terre fine. On les emploiera successivement, sans avoir à craindre le dessèchement des radicelles.

Je n'examine pas ce qu'il y aurait à faire pour créer des pépinières destinées à de grandes plantations futures. Cette culture rentre dans la pratique horticole industrielle, dont je n'ai pas à m'occuper ici.

Les plantations faites au moyen d'arbres ou d'arbustes provenant directement des bois ne doivent pas davantage attirer notre attention ; le moindre inconvénient d'employer ces arbres est l'inégalité dans leur reprise et leur végétation ; ils ont grandi à l'ombre et leur écorce se fend bientôt au soleil. On doit tirer les sujets d'une pépinière bien aérée, située dans un bon terrain ; ils résisteront mieux dans les mauvais sols.

Époques de plantation. — La meilleure époque pour la plantation est la fin de l'automne, depuis la chute des feuilles jusqu'aux grands froids. On excepte de cette règle les terrains argileux et humides, où les plantations réussissent mieux au premier printemps, en mars-avril. Les arbres conifères peuvent être plantés depuis août jusqu'à octobre ; plusieurs arbustes à feuilles persistantes, et certains arbres à racines charnues, tulipiers, magnoliers, etc., reprendront beaucoup plus sûrement s'ils sont replantés au départ de la végétation, en avril.

Plantation des massifs. — Les végétaux étant bien préparés, leur mise en place commence. Le terrain des massifs aura été préalablement défoncé à une profondeur générale de 75 centimètres environ, et le mélange des terres aura été fait avec intelligence. On a dû ajouter, si cela est possible, de l'argile aux terrains maigres et sablonneux, du sable et un peu de chaux aux sols glaiseux, compactes ; on aura drainé les sous-sols inondés, épierré ceux où domine la roche. De ces soins préalables, bien entendus, dépend surtout la réussite.

Le choix de la position des sujets dans les massifs est une opération délicate ; on doit repousser la coutume, si répandue, de planter au hasard :

Massifs forestiers. — Dans les massifs boisés des grands parcs, les opérations sont très-simples. Elles ressemblent aux méthodes usitées par les forestiers, si l'on plante en très-jeunes plants. Le semis en grand, qui peut être profitable pour la bonne réussite des bois nouveaux, est une opération du ressort de la silviculture proprement dite, qui dépasse les limites d'un traité des jardins.

Pour une plantation en jeunes plants repiqués, espacés d'un mètre, on trace sur le sol des lignes au cordeau et l'on met en place un plant à toutes les intersections (fig. 363).

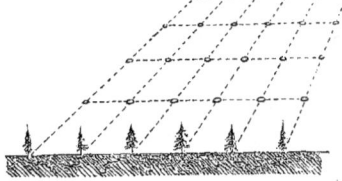

Fig. 363. — Plantation forestière à espacements réguliers.

Si quelques propriétaires trouvent ces plantations trop rapprochées, on doit leur faire observer qu'elles seront éclaircies, au bout de quelques années, soit par des abatis, soit par des enlèvements d'arbres destinés aux transplantations dans les endroits clairs à regarnir.

Les jeunes plants étant mélangés, on les distribue dans une variété aussi complète que possible, jamais en files ou en groupes de même espèce. La ligne de bordure doit être irrégularisée, et les plants, interrompant leurs lignes en cet endroit, seront placés à des distances variant de 80 centimètres à 1^m,50.

On plante au plantoir ou à la bêche. Le premier procédé peut être employé, en évitant de serrer les racines dans un trou étroit et lisse, et en prenant soin d'ameublir le sol autour du jeune plant et de le comprimer doucement, sans blesser ses organes.

On recommande, avec raison, la plantation sur butte, préconisée par Duhamel et perfectionnée en Allemagne pour les plantations forestières. Elle consiste à former un compost de terre couverte du gazon naturel des bois, ameubli et divisé plusieurs fois, à l'additionner des cendres de branchages, racines, bruyères, etc., recueillis et brûlés dans le voisinage, et à laisser mûrir le tout en monceau. On distribue ensuite ce mélange en petits tas sur l'emplacement de chaque plant, que l'on insère avec soin dans cette butte minuscule, en l'assujettissant par des mottes de gazon renversées (fig. 364). Cette méthode est excellente, surtout dans les terrains difficiles à assainir.

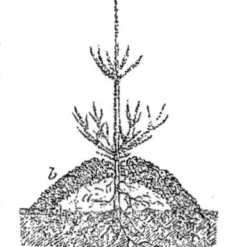

Fig. 364. — Plantation sur butte artificielle.

Massifs de jardins. — Dans les massifs de parcs et jardins de moyenne étendue, où l'élément exotique entre pour une part notable, on ne plante plus de même. Il faut éviter toute espèce de régularité dans les distances et ne jamais placer d'arbres en lignes. On prépare ainsi la plantation (fig. 365) : les grands arbres (n. 1) sont distants de 4 à 6 mètres ; les arbres de deuxième grandeur (n. 2) remplissent les intervalles des premiers et se projettent davantage sur les bords ; les arbustes de bordure (n. 3) sont placés à 1^m,20 ou à 1^m,50 de distance, suivant la grandeur des jardins, dans le sens de la longueur des lignes, et les arbustes d'intérieur et de remplissage (n. 4) garnissent tous les vides, afin de laisser entre les divers sujets de la plantation 1^m,50 au moins de distance.

Le bord de l'allée est occupé d'abord par une bande de gazon, dont la largeur varie entre 50 centimètres pour les petits jardins et 80 centimètres pour les parcs. A cette largeur, on ajoute 25 centimètres pour le premier rang d'arbustes, qui se trouve ainsi placé à 75 centimètres ou 1^m,05 du bord sablé, suivant les dimensions de la propriété.

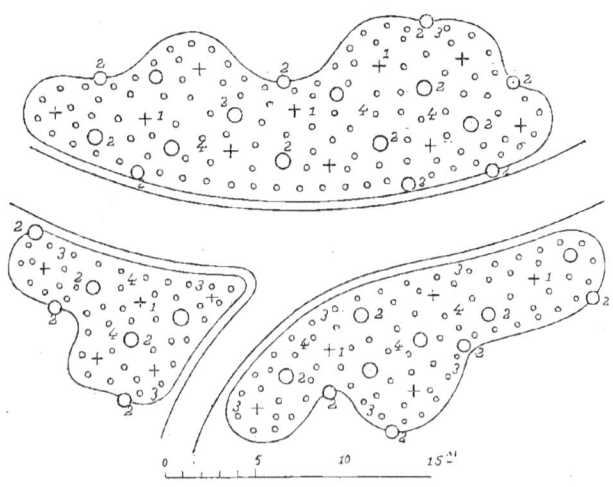

Fig. 365. — Distribution des arbres et des arbustes dans les massifs.

Toutes les essences doivent être mélangées ; autant que possible deux sujets de la même espèce ne seront pas voisins immédiats. Après quelques années de végétation, la variété ainsi obtenue offrira d'excellents aspects ; les sortes les plus vigoureuses s'uniront aux plus faibles et formeront un tout compacte et gracieux à la fois. Quelques planteurs ont l'habitude de distribuer les massifs par petits groupes de même espèce, ce qui produit un déplorable effet. La végétation, la forme et la couleur de ces groupes étant nécessairement inégales, on obtient, au bout de quelques années, une suite de tons hétéroclites, de hauteurs variées, qui excluent toute harmonie de l'ensemble. J'ai été plusieurs fois surpris de voir cette méthode, funeste aux plantations, adoptée par des artistes de talent.

Je dois également m'élever contre la mauvaise habitude, assez répandue, de planter les grands arbres en amphithéâtre dans les massifs. Sans doute les arbustes doivent être étagés par grandeur, depuis la bordure jusqu'au centre de la masse plantée, afin que chacun puisse être vu à son avantage. Mais les arbres sont faits pour donner de l'ombrage et non pour présenter des gradins de feuillage. Ils sont surtout précieux au-dessus des allées, où leur ombre est indispensable aux promeneurs. Je conseille donc de planter sur le bord même du massif, sans régularité, un certain nombre des arbres d'ornement qui le composent.

Massifs sous bois. — A cette question se rattache étroitement celle des plantations sous bois. On s'est préoccupé souvent de la distance à donner aux arbustes à l'intérieur des massifs. Les uns plantent clair, disant qu'il faut savoir attendre et laisser aux arbustes le temps de se développer; les autres plantent serré, voulant jouir sans retard et préférant éclaircir quand la végétation devient confuse.

Après de longs essais dans les circonstances les plus variées, je suis arrivé à la conclusion que voici : Je plante assez serré, à la condition d'employer un sous-bois sans valeur, servant à garnir pendant les premières années et disparaissant ensuite graduellement quand les rangs des bords ont grandi et empêchent de voir les vides. Quelques-uns de ces arbustes peuvent servir à regarnir, après quelques années, les parties trop claires d'autres massifs. On emploie à cet effet des espèces vulgaires, achetées au cent ou au mille, à bas prix, et produisant un effet immédiat : viorne mansienne (*Viburnum Lantana*), bourdaine (*Rhamnus Frangula*), troëne (*Ligustrum vulgare*), etc., etc.

Groupes d'arbustes sur pelouses. — Un mode de plantation usité en Allemagne et qui commence à se répandre dans les jardins publics de Paris, notamment aux Champs-Élysées, consiste à disposer les arbustes en groupes clair-semés sur les gazons. On évite ainsi la couleur désagréable du sol nu et les feuillages se détachent à merveille sur l'herbe vert tendre, mais cette herbe est difficile à entretenir sous l'ombre; elle épuise le terrain au détriment des arbustes, et l'on ne peut recommander ce procédé que si l'entretien des plantations est très-soigné.

Mise en place. — La mise en place des arbres et des arbustes en massif s'opère en marquant d'abord par un piquet la place de chaque arbre, et en ouvrant des trous à la bêche dans le terrain bien défoncé. On apporte alors les arbres et arbustes par petites quantités, et on les met en place, par un temps sombre pour éviter le hâle sur les racines, en étalant les racines dans le trou à la même profondeur qu'elles occupaient dans la pépinière, et en tenant compte du tassement futur du sol. On laisse les arbustes avec tous leurs rameaux après la plantation; au départ de la végétation, ils subiront une légère taille. On peut conseiller de répandre un *paillis* de feuilles des bois sur toute la surface du sol du massif après la plantation, pour éviter les effets désastreux des printemps arides ou des gelées rigoureuses.

Plantation des arbres isolés. — Les arbres isolés exigent des soins particuliers pour bien réussir. Les trous recevront la forme circulaire, favorable à un développement égal des racines dans toutes les directions. On les fera profonds pour les espèces à racines pivotantes, comme les poiriers, le bonduc (*Gymnocladus canadensis*), le sophora (*Styphnolobium japonicum*), etc.; et plus larges que hauts pour la plupart des autres espèces à racines traçantes. Dans les terrains très-fertiles, 1 mètre de diamètre sur 1 mètre de profondeur suffira. Dans les sols maigres et pierreux, 2 mètres de largeur sur 1 mètre de profondeur seront nécessaires. Il est très-bon d'ouvrir les trous plusieurs mois avant la plantation, afin que les terres extraites reçoivent l'action bienfaisante de l'air.

Si le terrain est homogène, on peut jeter en tas, du même côté, toutes les terres de l'excavation ; elles se trouveront suffisamment mêlées quand on comblera le trou en plantant. Mais si les couches sont de qualités très-diverses, il est utile de séparer ces couches au moment de l'extraction. On

Fig. 366. — Ouverture des trous de plantation, d'après Du Breuil.

dépose en A (fig. 366) le gazon du dessus. En B sera placée la seconde couche fertile. La dernière, de mauvaise qualité, sera mise au point C. On placera alors au bord du trou, en D et en F, des terres de gazons décomposés, de l'argile pour les terrains sableux, des plâtras, gravois, etc., pour les terrains argileux, et le tout sera laissé en place jusqu'au moment de la plantation.

La mise en terre de l'arbre s'effectue ainsi : on coupe à la serpette les racines mutilées, en conservant toutes celles qui sont saines, et l'on enlève une partie des rameaux proportionnelle à la quantité de racines supprimées. Un homme tient alors l'arbre debout au milieu du trou, en l'agitant légèrement de bas en haut pendant qu'un autre répand de la terre fine sur les racines et mélange les tas placés sur le bord du trou, jusqu'au comblement total. Les racines seront placées à la même profondeur que dans la pépinière, en tenant compte du tassement, de sorte qu'une butte légère sera formée au-dessus du trou comblé.

On aura eu le soin, avant de mettre l'arbre en place, de planter un fort tuteur au milieu du trou pour résister au vent et faciliter la reprise; en glissant ce tuteur après la plantation, on risquerait de blesser les racines. On ferait mieux encore, dans les parcs livrés au bétail, de protéger l'arbre à la fois contre le vent et contre les animaux, par trois tuteurs hérissés de clous et reliés ensemble par des fils de fer (fig. 367).

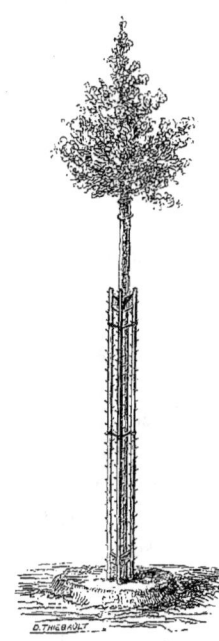

Fig. 367. — Tuteurage des arbres.

Plantation en terre de bruyère. — Un sol spécial, appelé terre de bruyère parce qu'il résulte de la décomposition des plantes, notamment des bruyères, dans les terrains sablonneux, est employé avec succès à la culture d'un certain nombre de végétaux ligneux. Des composts artificiels analogues ont permis de remplacer cette terre dans les pays où elle manque. C'est ainsi que le célèbre *terreau de Gand*, où croissent les azalées et autres plantes, dans cette ville, est formé de sable et de feuilles décomposées. En Angleterre, nombre de végétaux de cette tribu se contentent du sol ordinaire, d'une sorte de *loam* léger et sablonneux, où ils croissent admirablement, témoin les bois de rhododendrons des nombreux parcs de la Grande-Bretagne. La terre de bruyère y est aussi employée, sous le nom de *peat soil;* mais elle est moins répandue qu'en France, où les horticulteurs la considèrent comme une panacée pour toutes les plantes délicates.

Le sable siliceux, qui forme la base de la terre de bruyère, peut-être plus ou moins mêlé de détritus de bruyères et autres plantes indigènes; la quantité d'humus apportée par ces débris décomposés varie en qualité. Tourbeuse et noire, elle est froide et infertile; grise et trop sableuse, elle est inerte. On choisit généralement, à Angers surtout, où elle est excellente, une terre rousse, poreuse, onctueuse, pleine d'humus. La terre de bruyère de première qualité présente les éléments suivants :

Sable siliceux.......................................	55 parties.
Racines et détritus non encore consommés......	20 »
Végétaux convertis en terreau..................	16 »
Carbonate de chaux...........................	8 »
Matières solubles dans l'eau.....................	1 »
	100 parties.

On recueille la terre de bruyère dans les bois ou dans les grandes plaines (*brandes*) couvertes de bruyères, carex, ajoncs, genêts, etc. Sur ce terrain, on découpe et l'on enlève des mottes couvertes de leur chevelure de gazon et de bruyères. On les prend plus ou moins épaisses, suivant la puissance de la couche fertile.

Dans les pays calcaires, où cette terre est rare ou absente, on peut la remplacer par un composé de : un tiers de sable de rivière, deux tiers de terreau consommé pris dans les arbres creux, saules, châtaigniers, chênes, etc.;

Ou par le mélange suivant : feuilles de chêne ou de châtaignier, mouillées, puis exposées à une gelée intense, pulvérisées ensuite en les battant au fléau et mélangées avec un tiers de sable fin siliceux, auquel on peut ajouter de fines *escarbilles* de houille comme drainage. Quelques horticulteurs du midi de la France ont l'habitude de mêler un peu de sable de mer à la terre de bruyère naturelle, qu'ils prétendent bonifier ainsi.

Les rhododendrons sont, de toutes les plantes de terre de bruyère, les plus répandues. Certaines espèces peuvent atteindre d'assez grandes dimensions et nécessitent une préparation particulière du sol, dans les régions où domine l'élément calcaire. Cette préparation peut s'effectuer ainsi :

L'emplacement où seront placés les rhododendrons étant choisi, généralement au nord et près de l'habitation, où leur feuillage simple et foncé forme un vigoureux premier plan, on creuse, dans le sol naturel, un encaissement de $0^m,25$ de profondeur. Le fond de cette excavation, soigneusement pilonné, recevra un lit de $0^m,06$ à $0^m,08$ d'épaisseur de sable, de plâtras ou même de feuilles. Cette couverture isole la terre de bruyère du sol naturel et l'empêche de se dénaturer par l'envahissement des lombrics ou vers de terre. On étend sur ce lit une couche de terre de bruyère composée de mottes neuves, cassées sur place, en ayant soin de placer au fond de l'encaissement les détritus grossiers, racines, tiges, etc. Plus la terre de bruyère sera grossièrement concassée, pourvu qu'elle ne reste pas en grosses plaques entières, mieux les plantes prospéreront. L'épaisseur totale du massif, de forme bombée pour assurer le drainage superficiel, sera de 40 à 45 centimètres, dont 20 à 25 au-dessus du sol. Les eaux, chargées de sels calcaires, ne devront pas pénétrer dans la terre de bruyère, mais passer au-dessous de l'encaissement. Pour des plantes plus petites, on diminuera cette épaisseur.

On plante les rhododendrons en motte, au mois de mars, en les disposant en amphithéâtre, afin de jouir de l'ensemble de leur floraison. Placés dans le voisinage des habitations, on peut en composer des massifs homogènes, ou mélanger leurs couleurs. Une bonne disposition consiste à planter le milieu en variétés rouges diverses, par exemple les *Chelsoni*, *John Broughton*, et à les border uniformément d'une variété à fleurs roses ponctuées, comme *Prince Camille de Rohan*, ou blanches, comme *caucasicum album* ou *Boule de neige*. Les variétés issues des *R. Catawbiense* et *R. caucasicum*, plus petites que celles obtenues de croisements entre les *R. ponticum* et *arboreum*, peuvent former des massifs à part, que l'on entoure avec succès d'*Azalea amœna* ou d'*A. liliiflora* et *lateritia*. Le *Kalmia latifolia* peut former de très-jolies bordures autour des variétés et hybrides de *R. maximum* et *R. arboreum*, à plus grand développement.

Sur les côtes occidentales de l'Europe, dans la Bretagne, les îles de la Manche, etc., les rhododendrons de l'Himalaya et du Bootan deviennent des végétaux magnifiques, ornés de fleurs énormes et admirablement colorées, notamment les *R. Aucklandi, argenteum, Dalhousiæ, Wightii, Hodgsoni, Maddeni, formosum*, etc. Le jardin Fothergill, près de Rozel Bay, à Jersey, offre un exemple de la magnifique floraison de ces espèces en Europe dans des circonstances favorables.

Les petites espèces, *R. ferrugineum* et *R. hirsutum*, de nos Alpes, sont destinées à orner les rocailles.

Les massifs d'Azalées à feuilles caduques, auxquels on reproche leur nudité hivernale, forment de superbes groupes de fleurs jaunes, rouges et orangées, au printemps. On doit conseiller de planter le milieu en variétés

Fig. 368. — Plantation des talus en rigoles.

vigoureuses, dites azalées de Mortier, et la bordure en *A. sinensis*, plus naines, dont on a obtenu, dans ces dernières années, de très-belles variétés sous le nom d'*Azalea mollis*. Les intervalles peuvent recevoir une collection des espèces de lis qui prospèrent dans ces conditions, notamment le superbe *Lilium auratum*, Lindl.

Les variétés de rhododendrons et d'azalées se modifiant et se perfectionnant sans cesse, je ne puis donner même l'énumération des plus belles. On devra consulter, à cet effet, les catalogues des horticulteurs et les ouvrages spéciaux [1].

La plupart des autres espèces de plantes de terre de bruyère dont j'ai donné la liste (p. 585) seront mieux disposées dans des encaissements spé-

---

[1]. Voy. Éd. André, *les Plantes de terre de bruyère*, 1 vol. 388 pages, 34 gravures. Paris, Librairie agricole, 1864.

TRAVAUX D'EXÉCUTION. — PLANTATIONS.   671

ciaux, entre les rochers et rocailles; leur végétation se développera plus naturellement que si elles sont groupées en masse.

Plantations des talus. — Les plantations se font, sur les pentes rapides des chemins de fer ou des canaux, soit dans des trous disposés en quinconce, soit dans des tranchées placées perpendiculairement à la ligne de pente. Dans l'un et l'autre cas, on devra, en ouvrant les tranchées A A (fig. 368), rejeter la terre au-dessous dans la forme d'un bourrelet qui retiendra les eaux de pluie. Il est bon d'*amorcer* les racines des jeunes plants dans les terrains maigres en les mettant en place avec un peu de bonne terre végétale apportée artificiellement; la réussite de la plantation récompensera de ce soin.

On peut employer également le système dit en rigoles, adopté en plusieurs endroits, pour semer la luzerne; on en voit des exemples sur plusieurs points de la ligne de Paris-Granville.

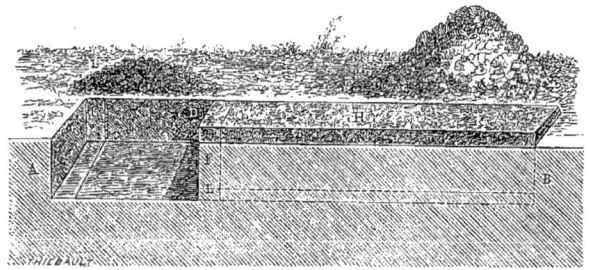

Fig. 369. — Ouverture des tranchées, d'après Du Breuil.

En Russie, sur plusieurs lignes de chemins de fer, j'ai vu plaquer des mottes de gazon pour tenir les talus; on les cheville avec des piquets de saule qui prennent racine. En Hongrie, en Autriche, on applique ce gazon par lignes obliques, formant des losanges, et l'on sème les intervalles.

Plantations d'alignement. — Sur les routes publiques, les canaux et même les avenues d'arrivée des parcs, dans les terrains fertiles, la plantation des arbres est une opération fort simple : elle consiste à ouvrir des trous carrés, d'un mètre de côté, dans lesquels on place l'arbre sans beaucoup de travail. Ce système n'est recommandable que dans les sols poreux et fertiles, et lorsque les arbres sont plantés à de grandes distances. Il est bon de porter à 1^m,50 le diamètre des trous, et de pratiquer l'opération comme pour les arbres isolés (p. 667). On doit conseiller l'adoption générale des tranchées pour les plantations d'alignement, principalement dans les avenues urbaines. Pour cette opération, on prend une bande de terrain de 2 mètres de largeur, soit 1 mètre de chaque côté de la ligne d'arbres. La *défonce* se fait à tranchée ouverte. Le moyen employé par M. Du Breuil [1] (fig. 369) se

---

1. *Cours d'arboriculture*, 1861, p. 265.

rapproche de celui que j'ai indiqué pour le terrassement des pelouses. Pour ouvrir une tranchée AB, on enlève d'abord un cube de terre de C en D, sur une longueur de 1^m,50, une largeur de 2 mètres, et 0^m,80 de profondeur, et on le porte en E. Si le sol du dessus H est de mauvaise qualité, on l'enlève par petites portions; on dépose la première en L, et les autres en suivant. Le terrassement se fait par bandes successives, transportées de F en C, l'ouvrier maniant toute la terre et la mélangeant avec soin. Il travaillera à l'aise dans l'espace libre qu'il laisse toujours derrière lui, et qu'il comblera avec la terre déposée en E lorsqu'il arrivera à l'extrémité de la tranchée.

Dans certains terrains infertiles, comme le gypse ou le calcaire grossier des boulevards de Paris, on a dû enlever tout le sol et en rapporter un nouveau dans des tranchées continues de 3 mètres de largeur. C'est une opération coûteuse, mais nécessaire. Les trottoirs de ces boulevards étant généralement bitumés, on a laissé autour du pied de chaque arbre un espace libre de 1^m,50 de diamètre, recouvert d'une grille. Mais ce moyen ne suffit pas pour arroser l'arbre ; les eaux du ciel manquent, et le système consistant à apporter de l'eau avec des tonneaux est long et dispendieux. On a donc imaginé de placer dans ces tranchées un système général de drains enveloppant la motte des arbres, et reliés entre eux par un tuyau conducteur qui communique avec les branchements d'égout. Un clapet ferme la communication des drains avec l'égout pendant l'arrosage ; quand on l'ouvre, pendant l'hiver, les tuyaux deviennent un système ingénieux de drainage.

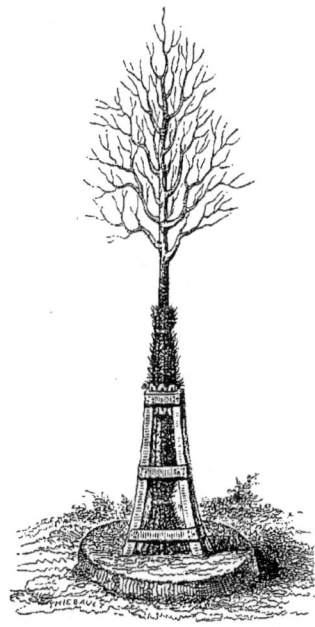

Fig. 370. — Tuteurage d'un arbre d'alignement.

La distance entre les arbres doit être proportionnée à la largeur de l'allée. Elle ne peut être fixée par des chiffres exacts; cependant elle doit être telle que la surface du sol puisse être facilement séchée par les rayons du soleil. Généralement, l'écartement entre les arbres, soit en carré, soit en quinconce, ne doit pas être inférieur à 8 mètres, si l'on veut éviter les inconvénients reprochés aux plantations des boulevards de Paris. Cette distance peut être moindre pour des arbres en colonne, comme le Peuplier d'Italie.

L'écartement des arbres, de la bordure du trottoir, doit être au moins de 75 centimètres, et cette distance peut être portée à un mètre pour les terre-pleins d'une grande largeur.

TRAVAUX D'EXÉCUTION. — PLANTATIONS.

Les arbres étant plantés, on remplace le tuteur ordinaire, dans les grandes villes où l'on peut faire cette dépense, par un *corset-tuteur* en bois ou en fer, formé de neuf branches hautes de 2 mètres, recourbées et évasées à la base, enfoncées dans le sol et réunies par des liens circulaires. Le prix de ce corset-tuteur, compris la pose et la peinture, étant de 8 à 9 francs, on peut le remplacer, dans les plantations d'alignement non destinées à une grande ville, par le modèle usité dans plusieurs provinces. Il se compose de quatre pieux, simplement reliés par des traverses clouées, ainsi que le montre la figure 370.

Pour préserver les racines des émanations délétères du gaz d'éclairage, les conduites, dans le voisinage des lignes d'arbres, sont enfermées dans de doubles tuyaux, avec des ouvertures extérieures, ce qui permet de trouver rapidement les fuites.

Avec ces moyens compliqués, on est arrivé, à Paris, à des dépenses élevées pour la plantation des arbres d'alignement, mais les résultats sont très satisfaisants, et les services rendus par les plantations à cette capitale sont considérables au point de vue de la santé publique, de l'agrément et de la beauté. Il peut être intéressant de faire connaître, d'après des documents officiels [1], le prix de revient d'un arbre d'alignement, planté à Paris dans les conditions ci-dessus indiquées.

DÉSIGNATION DES ARTICLES.	QUANTITÉS	PRIX de l'unité.	SOMMES.	TOTAUX.
	m. c.	fr.	fr.	fr.
Mètres cubes de déblais (3^m × 5^m × 1)	15	4.00	60.00	
Mètres cubes de terre végétale (id.)	15	4.00	60.00	
Perche pour tuteur de 5 à 6 mètres de hauteur	1		1.75	
			121.75	
A déduire, rabais moyen de 17.50 0/0			21.67	
Reste			100.08	100.08
Drainage, comprenant tuyaux de 0^m,03 et 0^m,06 et raccords				12.41
Grille au pied de l'arbre			41.20	
Transport et pose			5.00	
			46.20	46.20
Corset-tuteur en fer élégi, de 14 kilos, et peinture				8.70
Fourniture de l'arbre			5.00	
Plantation, paillons, fil de fer, etc.			1.68	
			6.68	6.68
				174.07

[1]. *Notes du Directeur des travaux de Paris*, 1877.

Ed. André.

Les opérations matérielles de la plantation des routes publiques dépendant des administrations de l'État ou des municipalités diffèrent essentiellement de celles des grandes villes, où la main-d'œuvre et les matières premières atteignent des prix excessifs. Ce n'est plus 174 francs que coûtera un arbre sur l'accotement d'une route départementale, mais le plus souvent 2 fr. 50 environ, ainsi détaillés :

	fr. c.
Creusement du trou	0.30
Achat de l'arbre	1.50
Plantation	0.20
Tuteur et épines	0.50
Total	2.50

Ces prix varient suivant l'espèce de l'arbre et sa force, le prix de la main-d'œuvre et des transports, etc.

On plante généralement sur le milieu de l'accotement des routes, comme nos profils l'ont montré à plusieurs reprises. Sur les voies publiques dans l'intérieur des villes, l'arbre doit être placé à un minimum de 0^m,75 de la bordure, pour éviter les heurts des voitures.

On reproche aux arbres plantés sur la bordure des champs d'appauvrir le sol et de *manger* les récoltes. Ce reproche est rarement fondé, quand les arbres sont convenablement espacés. On conçoit cependant que, dans les pays à sol riche, les cultivateurs se préoccupent de cette question. En Hollande, par exemple, on a imaginé de creuser de larges fossés, AB (fig. 371), avec deux banquettes enfoncées BB, un peu plus élevées que le fond C, et de planter sur ces banquettes les arbres dont les racines restent ainsi plus profondes que la couche arable et n'appauvrissent pas le sol cultivé.

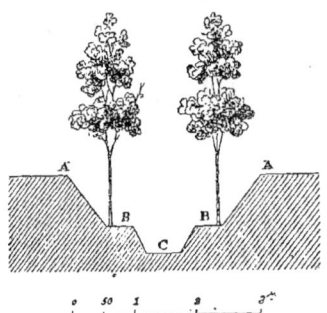

Fig. 371. — Plantation sur banquettes enfoncées.

Plantation des haies. — Nous avons vu à la page 588 la nomenclature des espèces pouvant former des haies défensives ou d'ornement. La manière de les planter a été traitée par divers auteurs, mais d'une manière, à mon avis, trop compliquée. Entre les moyens défectueux employés dans plusieurs provinces pour former les haies et des procédés de fantaisie trop préconisés, il convient de conserver une juste mesure.

On doit proscrire la haie à double rangée, qui se dégarnit rapidement et laisse passer les animaux. Le modèle le plus usité (fig. 372) consiste à planter un rang de jeunes plants à 0^m,50 du bord d'un fossé ou de la limite de la propriété. La haie plantée au fond d'un fossé (fig. 373) est également bonne; on n'aperçoit à distance que son extrémité; elle donne une clôture très défensive. Celle que représente la figure 374 est cependant préférable; elle est plantée en plusieurs lignes au fond du fossé et sur les talus; on la voit à peine et elle forme cependant un obstacle infranchissable.

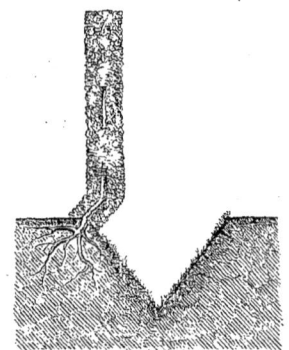
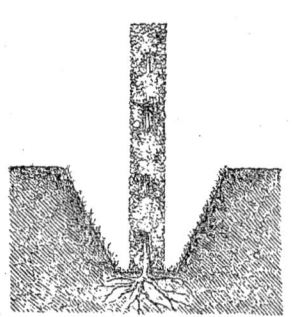

Fig. 372. — Haie sur le bord d'un fossé.   Fig. 373. — Haie au fond d'un fossé.

Dans quelques parties de la Normandie, de la Bretagne et dans les îles de la Manche, où le sol est fertile et le climat humide, on plante des haies d'ajonc (*Ulex europæus*) au sommet de cordons de terre élevés au-dessus du niveau des champs (fig. 375), et l'on plaque des mottes d'herbe A A sur les côtés pour retenir les terres. L'ajonc est coupé annuellement pour servir de combustible.

Parmi les haies constituant à la fois une clôture et un ornement, on

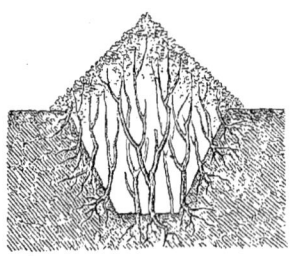

Fig. 374. — Haie multiple au fond d'un fossé.

peut citer celles des îles de la Manche. La disposition donnée par la figure 376 est fréquemment usitée à Guernesey. Un mur, sur le bord du chemin C, soutient les terres, relevées en dedans de la propriété. En A est plantée la haie de lauriers-amande, de fusains du Japon ou de lauriers-tins, et une bordure de fougères B en orne le pied.

A Malvern (Angleterre), j'ai remarqué une haie plus agréable encore (fig. 377). Le mur était haut d'un mètre; les terres, relevées à l'intérieur, avaient reçu une plantation de lauriers-amande A, assez éloignée du bord pour se développer en liberté, presque sans taille. Sur le devant, des lierres B retombaient en liberté et cachaient entièrement la muraille jusqu'au sol C. L'effet de l'ensemble était charmant.

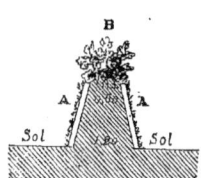 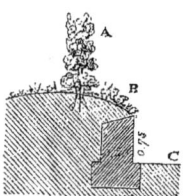 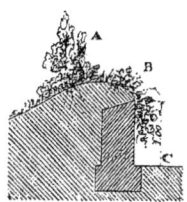

Fig. 375. — Haies d'ajonc (Bretagne).   Fig. 376. — Haie et mur (Guernesey).   Fig. 377. — Haie et mur (Malvern).

On pourrait multiplier ces exemples, qui reposent tous sur le même principe : un mur d'appui bas, surmonté d'une haie de verdure.

Une très jolie haie d'ornement peut être formée par le cognassier ombiliqué (*Chœnomeles japonica umbilicata*); on en voit en Belgique des plantations fréquentes, qui sont très séduisantes au premier printemps, avec leurs fleurs roses innombrables.

On peut encore ajouter l'effet défensif et ornemental des haies à celui des sauts-de-loup. Autour du parc public de Milan (Italie), une plantation de ce genre fait l'admiration des visiteurs. Le talus du saut-de-loup (fig. 378), depuis le fond B jusqu'à C, est planté sur toute sa hauteur de massifs homogènes de lilas, de ketmies de Syrie, de spirées, charmants lorsqu'on les voit en fleur de l'avenue intérieure A. On aurait pu obtenir une plus grande harmonie avec des mélanges judicieux, mais, tel qu'il est, ce saut-de-loup présente une des plus jolies clôtures que l'on puisse imaginer.

Fig. 378. — Un saut-de-loup fleuri, à Milan.

Pour planter une clôture simple, on défonce une bande de terrain de 0^m,50 à 1 mètre de large, sur 0^m,60 à 0^m,75 de profondeur, plusieurs mois avant la plantation. Les jeunes plants seront espacés entre eux de 0m,10, soit dix par mètre. On les rabat près du sol la première année, et on les taille de plus en plus long dans les années suivantes. On a recommandé les haies à branches croisées, obtenues en palissant les rameaux inclinés d'abord en forme de losanges, mais cette disposition a l'inconvénient de rendre difficiles les *regarnissages*, si un accident vient interrompre la régularité de cette sorte de contre-espalier.

Il a été beaucoup parlé des haies fruitières, préconisées il y a dix ou quinze ans, pour border les chemins de fer, et dont plusieurs compagnies ont fait l'essai. Je n'en ai vu aucune réussir en France. En Belgique, sur plusieurs points, quelques-unes de ces plantations m'ont paru quelque temps prospères. Mais le système n'inspire guère de confiance, à cause des difficultés de l'établissement et de l'entretien, de la variété des terrains, dont beaucoup sont infertiles, de l'inégalité et souvent de l'absence des récoltes, de la difficulté de la surveillance, etc. Les clôtures fruitières semblent bien près de tomber dans l'oubli. Elles n'auraient de chances de réussite que dans de bons terrains, autour des *emprunts* des lignes ferrées ou sur des talus fertiles et très étendus.

LES GAZONS.

Toutes les surfaces, couvertes d'herbe et connues sous le nom de gazons ou de pelouses, ne sont pas traitées d'une manière uniforme dans les parcs ou dans les jardins. Il convient de distinguer les grandes étendues, qui sont de véritables *prairies*, des *pelouses*, caractérisées par leurs moindres dimensions et par les soins particuliers de leur établissement et de leur entretien.

Prairies. — Autant les pelouses d'un gazon court, fin, homogène et fréquemment tondu, sont nécessaires à l'ornement d'un parterre ou d'un jardin paysager de moyenne étendue, autant une recherche exagérée est déplacée sur de vastes surfaces. Dans les parcs, la pelouse soignée doit être réduite aux alentours immédiats de l'habitation et au jardin-fleuriste. Plus loin, la prairie naturelle doit reprendre sa place, s'harmoniser avec le paysage environnant et produire des récoltes régulières.

La création d'une prairie entraîne une succession de travaux qui nos du ressort de la pratique agricole, mais l'architecte-paysagiste ne doit pas les ignorer. Nous les étudierons rapidement, avant de passer à la formation des pelouses de jardin.

Les travaux de premier établissement du sol pour la préparation des prairies et des pelouses, depuis les gros terrassements jusqu'aux détails des vallonnements et des réglements minutieux du terrain, ont été indiqués p. 147). C'est sur la surface modelée du sol travaillé que nous aurons à établir la prairie. Le plan a été levé avec soin, les courbes de niveau sont tracées, le drainage souterrain est terminé, le système d'irrigation étudié conformément aux conditions que nous avons signalées dans les chapitres spéciaux à ces travaux et aux enseignements plus précis de la science agricole.

Le terrain doit être aussi uni que possible, non suivant un plan uniforme, mais pour permettre à la faux de fonctionner régulièrement. Les arbustes, les plantes sarmenteuses, les pierres, les taupinières, les flaques d'eau stagnantes, toutes les inégalités du sol qui peuvent entraver l'exploitation devront disparaître.

Les pentes seront calculées de manière à réunir les eaux, soit naturelles, soit d'irrigation, vers un point bas unique, ayant un écoulemen assuré.

Selon le choix des plantes qui les composent, les prés peuvent donner du *foin doux* ou du *foin aigre*.

Le premier, dans les montagnes, est un composé de graminées et de plantes aromatiques; il forme aussi les plus riches prairies des vallées, comme celles de la Normandie, au moyen de graminées mélangées de quelques légumineuses. Les moutons et les bœufs ne s'engraissent rapidement qu'avec les foins doux.

Le foin aigre est formé d'herbes de mauvaise qualité, où les cypéracées (*Carex, Cyperus, Scœhnus, Eriophorum*) et les joncées (*Juncus, Luzula*) ont pris une place trop considérable; il ne peut être utilisé que pour les chevaux. Ces plantes croissent dans les endroits inondés, tourbeux et marécageux. Le dessèchement et le nivellement du sol, de rigoureux chaulages et des cultures préalables d'avoine, puis de plantes sarclées, sont nécessaires avant de ressemer ces mauvais prés et de récolter de bon foin.

Le gazonnement des prairies peut se faire de deux manières : le *semis* ou le *placage*.

Semis des prés. — Le *semis* se fait après avoir bien préparé le sol, au moyen du labour, du hersage et du roulage, afin d'ameublir suffisamment la couche superficielle pour que les graines fines puissent lever.

Si le sol est argileux et compact, on fera le labour avant l'hiver afin que les gelées produisent un émiettement suffisant; la herse en fer ou la herse d'épines fera le reste. Les terrains secs, au contraire, ne doivent être remués que peu avant le semis, pour conserver toute leur fraîcheur intérieure.

On choisit ordinairement, pour semence, les graines qui tombent naturellement au temps de la fauchaison, et ramassées sur le lieu où l'on décharge les voitures de foin. Quand le fourrage a été récolté dans de bonnes prairies, ce procédé est assez satisfaisant. Mais il offre l'inconvénient d'empêcher toute certitude sur la quantité de graine semée, de ne donner à récolter que les espèces mûrissant au même moment, et d'exiger pour le semis le poids considérable de 300 à 400 kilos à l'hectare, en tenant compte de la poussière et des débris divers mêlés aux graines. Le propriétaire aura un grand

TRAVAUX D'EXÉCUTION. — GAZONS.

avantage à acheter ses semences dans une maison honorablement connue; il fera livrer chaque espèce séparément et on opérera les mélanges sous ses yeux. Un poids quatre ou cinq fois moindre, de ces graines pures, suffira pour l'ensemencement des prairies, avec garantie de réussite.

La quantité de graine d'une seule espèce, nécessaire pour ensemencer un hectare, est connue, mais à l'exception de l'Angleterre, où l'on voit des prairies exclusivement semées en *Rye-grass* (*Lolium perenne*), on emploie partout des mélanges, qui varient suivant les terrains. Le tableau suivant donne le poids de chaque espèce à semer à l'hectare, et leur répartition, indiquée par une +, selon les qualités des différents sols.

NOMS FRANÇAIS ET NOMS SCIENTIFIQUES DES ESPÈCES.	Kilogrammes à semer à l'hectare	Terres argileuse saines.	Terres calcaires sèches.	Terres sablonneuses ou argilo-sablonneuses et fraîches.	Terres sablonneuses ou calcaires irriguées.	Terres argilo-sablonneuses ou argilo-calcaires.	Terres légères non irriguées.	Terres glaiseuses ou argileuses irrigables.
Alpiste roseau (*Phalaris arundinacea*, L.)	»	+	»	»	+	+	»	+
Agrostide vulgaire (*Agrostis vulgaris*, Smith)	10	»	»	+	+	+	»	»
— stolonifère (*A. stolonifera*, L.)	10	»	»	+	+	»	»	+
Avoine élevée (*Arrhenatherum elatius*, Mert. et K.)	100	»	»	»	+	»	+	»
— pubescente (*Avena elatior*, L.)	100	»	»	+	»	»	+	»
— jaunâtre (*A. flavescens*, L.)	30	»	»	+	+	»	»	+
Brome des prés (*Bromus mollis*, L.)	50	»	+	»	»	+	+	»
Crételle des prés (*Cynosurus cristatus*, L.)	25	»	+	+	»	+	»	+
Dactyle pelotonné (*Dactylis glomerata*, L.)	40	+	+	+	+	»	»	+
Fétuque durette (*Festuca duriuscula*, L.)	30	»	»	»	»	»	»	+
— rouge (*F. rubra*, L.)	30	»	»	»	»	»	»	»
— ivraie (*F. loliacea*, Huds.)	50	»	»	+	+	+	»	+
— des prés (*F. pratensis*, Huds.)	50	+	»	»	+	+	»	+
— ovine (*F. ovina*, L.)	30	»	+	»	»	»	+	»
Fléole de prés (*Phleum pratense*, L.)	10	»	»	»	+	+	»	+
Flouve odorante (*Anthoxanthum odoratum*, L.)	40	»	»	»	+	+	»	»
Gesse des prés (*Lathyrus pratensis*, L.)	150	+	»	»	+	»	»	»
Houlque laineuse (*Holcus lanatus*, L.)	20	»	»	+	+	»	»	+
— molle (*H. mollis*, L.)	20	»	»	»	»	»	»	+
Ivraie vivace (*Lolium perenne*, L.)	60	+	»	+	+	+	»	+
— d'Italie (*L. italicum*, A. Braun)	60	+	»	»	»	»	»	+
Kœlérie à crête (*Kœleria cristata*, Pers.)	»	»	+	»	»	»	»	»
Lotier corniculé (*Lotus corniculatus*, L.)	10	»	+	»	»	+	+	»
Paturin des prés (*Poa pratensis*, L.)	20	+	»	+	+	+	»	+
— des bois (*P. nemoralis*, L.)	30	»	»	+	+	»	»	»
— commun (*P. trivialis*, L.)	20	+	»	+	+	+	»	»
Sainfoin commun (*Onobrychis sativa*, L.)	150	»	+	»	»	»	»	»
Seslérie bleue (*Sesleria cœrulea*, Ard.)	»	»	+	»	»	»	»	»
Trèfle blanc (*Trifolium repens*, L.)	12	»	+	+	»	»	+	+
— des prés (*T. pratense*, L.)	12	+	»	»	+	+	»	»
Vulpin des prés (*Alopecurus pratensis*, L.)	25	»	»	+	»	+	»	+

En faisant livrer les graines séparément, il est toujours facile d'en essayer la faculté germinative en semant une faible quantité sur des éponges mouillées, de la mousse ou de la terre humide. On se rendra compte ainsi de la quantité de bonnes graines sur laquelle on peut compter pour faire les mélanges. Cette opération devra se faire un mois avant le semis en grand.

Les conditions dans lesquelles ces graines peuvent être employées sont tellement variables, qu'il est à peu près impossible de dire avec exactitude la proportion des espèces choisies pour chaque terrain. Le plus souvent, c'est après les avoir essayées que l'on pourra se faire une opinion, et si le temps ne manque pas, il sera prudent de semer les espèces séparément sur une petite surface, afin de se rendre compte de leur vigueur relative et de leur résistance dans un terrain donné.

Les marchands de graines les plus en renom font eux-mêmes ces mélanges d'après l'indication des terrains, mais il est préférable d'expérimenter soi-même et de ne s'en rapporter qu'à son jugement personnel.

Dans les terrains riches et frais, la création des prairies est facile et presque tous les mélanges réussissent, les espèces les plus vigoureuses s'établissant au détriment des autres. Il en est autrement dans les sols sablonneux, peu fertiles, comme ceux de la Sologne. M. Lecouteux a donné pour ces sortes de terrains le mélange suivant, qui a produit d'excellents résultats :

	kil. gr.
Agrostis stolonifère	1,420
Avoine élevée (fromental)	2,840
Dactyle pelotonné	1,420
Fétuque des prés	2,570
Fléole des prés	5,785
Houlque laineuse	2,570
Ivraie d'Italie	7,100
Lotier corniculé	1,285
Luzerne	11,560
Minette (lupuline)	1,420
Paturin des prés	2,570
Pimprenelle	1,420
Trèfle blanc	1,420
— des prés	5,140
Vulpin des prés	1,420
Soit par hectare	49k940

Un pareil ensemencement peut se passer de chaulage et de fumier de ferme, dans les endroits où ces engrais manquent. On peut les remplacer par les substances chimiques dont voici les noms et les prix :

	kilos.	prix.
Superphosphate de chaux	300	22 fr.
Plâtre	400	15
Sulfate d'ammoniaque	57	31
Chlorure de potasse	105	23
Nitrate de soude	57	23
Totaux	919 k.	114 fr.

Pour faire un bon semis, on sèmera d'abord les graines légères, et ensuite les plus lourdes. Une seule opération, en mélangeant des semences de poids différents, rendrait irrégulier le répandage des graines et occasionnerait une mauvaise levée.

On doit recouvrir la graine très légèrement, au moyen d'un hersage et d'un roulage, et si l'on a eu soin d'opérer par un temps frais plutôt qu'humide, les chances de réussite augmenteront notablement.

L'époque des semis coïnciderait naturellement avec celle de la maturité des graines, mais à cette époque les terres sont sèches ou occupées par des récoltes. On pratique donc ordinairement les semis au printemps et à l'automne. Dans les climats du Nord et dans les montagnes, où la graine et les jeunes plantes souffrent des grands froids, on préfère les semis de printemps. Il en est de même pour les terrains humides; on choisit le mois d'avril, quand le soleil prend de la force et que le sol commence à s'échauffer. Si les terrains sont sablonneux, légers, ou calcaires et secs, le semis d'automne, vers le 15 septembre, est préférable.

Dans les parcs sur terrains secs, on peut encore former des prairies en semant des légumineuses diverses, luzerne, trèfle, sainfoin, etc. Pour la grande culture, on mélange généralement la luzerne (*Medicago sativa*, L.), en avril, avec un blé ou une céréale de mars; on la sème seule quand il s'agit de garnir des pentes sèches, des dunes, etc. Dans ce cas, on répand la graine par rangs ou sillons perpendiculaires à la pente. La quantité à semer est de 20 à 25 kilos de graine par hectare. Des luzernes bien établies peuvent durer vingt ans et plus et donner une verdure assez fraîche si l'on fauche souvent. Leur principal défaut est de laisser des surfaces clairsemées, inégalement couvertes de touffes isolées.

Le même inconvénient se produit avec les semis de pimprenelle (*Poterium Sanguisorba*, L.); cette plante garde sa verdure dans les endroits arides, et cependant elle n'est pas propre à faire des gazons uniformes.

Placage des prairies. — Le *placage* des prairies, peu usité en France, est une opération fréquente en Angleterre, où on l'appelle *sodding*. Elle consiste à lever, par bandes régulières, des plaques de gazon que l'on rapporte sur une autre surface à convertir en pré. Cette surface est préalablement unie

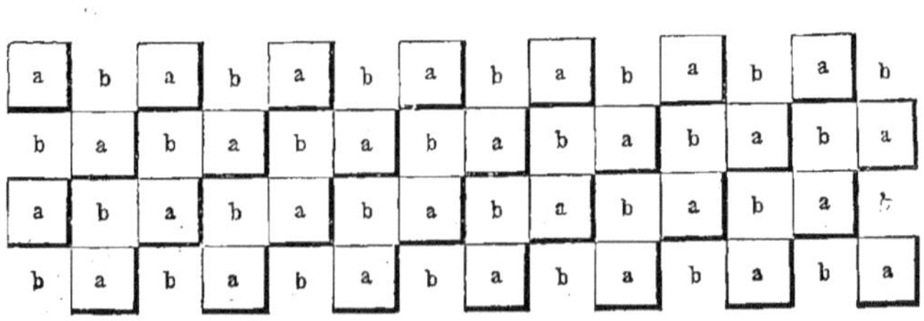

Fig. 379. — Placage par carrés alternes (greffe du gazon).

avec soin. On lève les gazons en carrés ou en bandes roulées. Si la quantité dont on dispose est suffisante pour couvrir toute l'étendue de la prairie nouvelle, on replace les plaques ou les bandes côte à côte. Lorsque l'on veut économiser, on se contente d'alterner les carrés et de laisser autant de vides que de pleins (fig. 379). On remplit les vides de terre meuble, on sème et la prairie devient rapidement un tout homogène. Ce dernier procédé se nomme *greffe du gazon*. En *a a* sont les mottes de gazon plaquées, en *b b* les intervalles semés.

Les prairies étant bien constituées, les soins d'entretien consistent dans des fumures annuelles, des apports de bonnes terres en couverture, des chaulages dans les endroits humides, l'extirpation des mauvaises herbes, l'*étaupinage* et les irrigations, dont il a été précédemment parlé (p. 471). Les opérations du fauchage et du ramassage des foins sont du domaine de la grande culture.

Pelouses. — Les pelouses demandent des travaux un peu plus compliqués que les prairies proprement dites. Elles ne comportent plus ces mélanges d'espèces nombreuses, à grand développement herbacé, fauchées seulement après la floraison. La finesse du gazon et l'uniformité de la verdure sont leur principal mérite.

Les plus beaux gazons se trouvent en Angleterre. Sous l'influence d'un climat brumeux, d'un sol fertile, de fauchages répétés, de sarclages rigoureux, on y obtient ces pelouses courtes, fines comme de la mousse, à la fois douces et fermes, unies comme un tapis. Jusqu'ici on avait cru qu'il était impossible d'obtenir de pareils résultats sur le continent. L'expérience a prouvé que ces craintes étaient sans fondement et, grâce à un traitement approprié, on peut avoir aujourd'hui à Paris des gazons aussi beaux que ceux d'outre-Manche. Les précautions à prendre se résument ainsi :

Préparer le terrain comme il a été dit (pp. 418-419), par les labours, le dressement, les roulages nécessaires, afin d'opérer sur une surface meuble et ferme à la fois.

Semer les grandes pelouses du 10 au 20 septembre, ainsi que les parties ombragées, et les petites pelouses et jardins de ville, parterres, etc., au mois d'avril. Les terres calcaires, sèches, sablonneuses se trouvent mieux des semis d'automne ; les sols argileux et froids, des semis du printemps.

Dans les petits jardins, dresser le terrain avec le plus grand soin, répandre la graine avec une grande uniformité, et arroser préalablement les pentes, afin qu'elle ne glisse pas sur le sol. Couvrir ensuite d'un lit de terreau fin de « couches » et rouler après l'opération.

L'ivraie vivace ou *Rye-grass*[1] (*Lolium perenne*, L.) semée à raison de 100 kilogrammes à l'hectare, fait ordinairement le fond des pelouses d'ornement. Cette graminée donne une herbe fine et brillante, mais elle dure

---

[1]. On dit généralement Ray-gras ; la prononciation correcte anglaise serait Raïe-grass.

peu, surtout dans les villes. Il résulte d'expériences faites dans le service des Promenades et Plantations de Paris, qu'après deux années de semis, des gazons ne contenaient plus trace de *rye-grass*. Cette graminée avait été remplacée peu à peu par d'autres espèces déjà contenues dans le sol, ou apportées par les vents, les oiseaux, etc. Il convient de la remplacer par un mélange qu'on a appelé « gazon de pelouses » (*lawn grass*) et qui est constitué, pour les gazons des jardins, par des compositions analogues à celles employées pour les prairies, selon les divers terrains. Ces mélanges, où le *rye-grass* n'entre que pour garnir rapidement le terrain et disparaître ensuite, sont aussi variables dans la quantité de leurs divers éléments à l'hectare, que les graines pour prairies.

Le tableau suivant indique quelques-uns de ces mélanges :

NOMS DES ESPÈCES.	QUANTITÉS DE GRAINES EN KILOGRAMMES, PAR HECTARE.					
	N° 1 Terrains de qualité moyenne.	N° 2 Terrains frais.	N° 3 Terrains secs.	N° 4 Terrains sous-bois.	N° 5 Pelouses au bord de la mer.	N° 6 Dunes, sables, etc.
Achillée millefeuille (*Achillea Millefolium*, L.)	»	»	»	»	3	10
Agrostis stolonifère (*Agrotis stolonifera*, L.).	10	12	10	»	»	»
— vulgaire (*Agrostis vulgaris*, Smith).	»	»	»	»	5	»
Brome des prés (*Bromus mollis*, L.)	»	»	12	»	10	15
— penné (*Bromus pinnatus*, L.)	»	»	»	»	»	15
Chiendent (*Triticum repens*, L.)	»	»	»	»	4	10
— dactyle (*Cynodon Dactylon*, Rich.).	»	»	»	»	»	15
Crételle des prés (*Cynosurus cristatus*, L.)..	5	10	8	»	10	»
Fétuque ovine (*Festuca ovina*, L.)	12	»	18	14	10	10
— rouge (*F. rubra*, L.)	20	20	20	18	15	»
— hétérophylle (*Festuca heterophylla*, Lamk).	»	»	»	25	»	10
— durette (*G. duriuscula*, L.)	»	»	»	»	10	15
Flouve odorante (*Anthoxanthum odoratum*, L.).	3	3	»	8	»	»
Ivraie vivace (*Lolium perenne*, L.)	19	24	18	18	25	»
Minette (*Medicago lupulina*, L.)	»	»	»	»	8	»
Paturin des bois (*Poa nemoralis*, L.)	»	»	17	25	»	»
— des prés (*P. pratensis*, L.)	15	15	»	»	10	»
— commun (*P. trivialis*, L.)	15	15	16	12	»	»
Trèfle blanc (*Trifolium repens*, L.)	1	1	1	»	»	»
	100 k.	100 k.	120 k.	120 k.	110 k.	100 k.

Lorsque l'on veut avoir des gazons très homogènes, on les sème exclusivement en graminées. Dans la plupart des cas, cependant, on se trouve bien d'ajouter un kilogramme de trèfle blanc par hectare.

La quantité de 100 à 120 kilogrammes à l'hectare peut être augmentée de moitié et même doublée pour les très petites pelouses et les bordures.

Dans les terrains brûlants, on peut former des gazons convenables avec un simple mélange de fétuque ovine, de fétuque hétérophylle et de crételle ou de paturin des prés, en y ajoutant du *rye-grass* qui garnit d'abord le sol et disparaît ensuite.

On a recommandé, pour les terrains secs, non arrosables, d'autres espèces gazonnantes, mais la plupart sont des plantes de fantaisie dont le moindre défaut est de produire une végétation inégale. Cependant, avec du soin, on peut faire de petites pelouses, sous le climat de Paris, avec l'achillée millefeuille (*Achillea Millefolium*, L.) l'aubriétia (*Aubrietia delltoidea*, DC.) l'oxalis pourpre (*Oxalis corniculata purpurea*), le pyrèthre rampant (*Pyrehrum Tchihatchewi*, Boiss.), plusieurs saxifrages (*Saxifraga hypnoides*, L., *S. cœspitosa*, L.), la spergule menue (*Sagina subulata*, Wim.), les violettes (*Viola odorata*, L. etc.). Dans le Midi, la petite verveine rampante (*Lippia canescens*, Kunth) forme d'assez bons gazons en plein soleil, sans arrosage.

Au milieu des bois, si l'air et la lumière circulent sous de grands arbres, on peut encore établir des gazons suffisants, au moyen d'un mélange de paturin des bois, de flouve et de fétuque hétérophylle. Dans les sapinières, aucune espèce de pelouse n'est possible. Sous les taillis épais, les muguets, les airelles, les pervenches, le lierre, sont les seuls végétaux qui puissent rappeler les pelouses. Cependant, en observant les sous-bois, on remarquera des espèces qui pourraient former des gazons, si on les cultivait en grand pour la graine, et qui supportent l'ombre la plus épaisse, sans perdre leur verdure. De ce nombre est le *Carex divulsa*, Good., que j'ai autrefois signalé pour cet usage[1] et qu'il serait bon d'essayer en grand.

Le millepertuis à grandes fleurs (*Hypericum calycinum*, L.) fait également de bonnes pelouses sous bois, pourvu que le couvert ne soit pas trop épais. Le feuillage épais, vert foncé, et les grandes fleurs jaunes de cette jolie plante, devraient la faire adopter plus généralement. Dans le jardin botanique de Caen et dans le parc de Villandry (Indre-et-Loire), on en a garni des talus entiers, que l'on fauche comme de l'herbe, une fois par an, et qui produisent le meilleur effet.

Dans le midi de l'Europe, surtout en Italie, on a essayé de remplacer les gazons, sous un climat où la pluie est rare, par le muguet du Japon (*Ophiopogon japonicus*, Gawl.), petite plante à feuilles fines, vert foncé, à épis lilacés et à baies bleues qui lui ont valu le nom d'*herbe aux turquoises*. Elle réussit en plein soleil, et mieux encore à l'ombre.

Parmi les plantes qui viennent d'être citées, un certain nombre, le muguet du Japon, le millepertuis, la petite verveine, etc., ne se sèment pas, mais on en forme des gazons par la division des touffes, en repiquant près à près leurs éclats avec le plantoir, au printemps.

On agit de même pour la formation des bordures non semées en

---

[1]. *Illustration horticole*, 1872. p. 251.

gazon. La meilleure plante, très répandue à Paris, est la variété de lierre à grandes feuilles nommée lierre d'Irlande (*Hedera Helix hibernica*). On en forme des bordures en plantant les sujets, *élevés en pots*, à 0^m,60 les uns des autres, en quinconce. On couche les tiges, qui sont maintenues par de petits crochets d'osier et recouvertes d'une mince couche de terre. Un simple enlèvement annuel des vieilles feuilles et des rameaux qui dépassent suffit pour entretenir longtemps ces bordures en bon état.

Nous avons indiqué le procédé du placage pour les prairies; à plus forte raison il doit être employé pour gazonner les talus, les rocailles, les pelouses en pente dans les jardins moyens et petits, pour les bordures, les jardins improvisés dans les expositions, les fêtes, etc. On prend, pour cela, sur le bord des chemins, ou dans les pelouses serrées, des plaques de gazon levées à la bêche, ordinairement longues de 0^m,30 à 0^m,40 et larges de 0^m,25, peu épaisses, ou de longues bandes que l'on déroule sur le pré pour les appliquer côte à côte sur le sol bien uni, et les fixer à la batte. Sur les talus fortement inclinés, on les *cheville* par un petit piquet enfoncé au milieu de chaque plaque. La figure 380 indique, en plan, le point bas d'un fossé par la ligne *a b*, et la situation des bandes de gazon qui sont découpées et déroulées perpendiculairement à cet axe. Le profil montre en *c* les bandes roulées, et fixées sur le talus du fossé suivant *e d*.

Souvent ces plaques de gazon manquent, ou l'herbe en est grossière et inégale. On peut alors créer une *gazonnière*, excellent approvisionnement

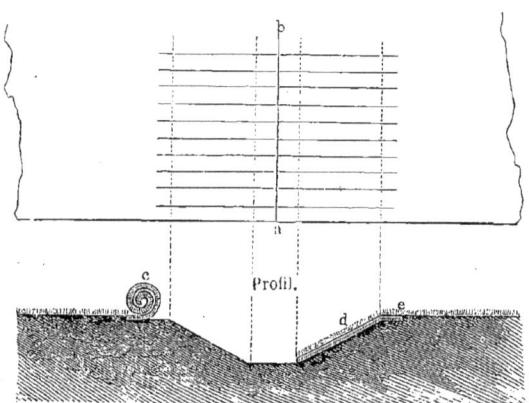

Fig. 380. — Placage par bandes de gazon roulées (*sodding*). Plan et profil.

pour les placages. Les administrations auraient intérêt à établir ces pépinières de gazon, pour l'entretien des parcs et jardins publics. On choisit un terrain de niveau; on le foule, on le roule fortement et on le recouvre de quelques centimètres de balles d'avoine ou de blé, ou substances analogues, feuilles, herbes fines, etc. Une couche de terre de 0^m,7 à 0^m,8 est répandue sur ce fond ; on y sème de la graine de gazon d'un mélange convenable pour le terrain, on couvre de terreau, on roule et l'on arrose. Quelques mois après, on peut employer le gazon, que l'on a eu le soin de faucher souvent et de battre pour le faire *taller* ; il sera découpé en longues bandes ou enlevé par plaques, si l'on ne préfère le rouler comme le ruban d'un décamètre. Ainsi font les Anglais, qui vont vendre ces *sods* au marché de Covent-Garden, à Londres. Cette pelouse se détache facilement, la couche de balle ou de paille formant une solution de continuité entre le sol naturel et la couche artificielle.

Les principales opérations d'entretien des pelouses sont le fauchage, le roulage et l'arrosage. Le fauchage des prairies et des grandes pelouses des parcs n'entraîne aucun travail qui le distingue de l'exploitation ordinaire des prairies. Cependant on doit conseiller de réserver autour des pelouses peu éloignées de l'habitation une bande assez large, de 10 ou 15 mètres au moins, qui sera fauchée plus souvent que le reste et fournira une herbe plus fine et plus agréable à voir.

Dans les jardins petits et moyens, où les gazons doivent être irréprochables, on était réduit, jusqu'à ces dernières années, à l'emploi de la faux

Fig. 381. — *La berrichonne*, tondeuse mécanique des gazons.

ordinaire, et comme l'opération du fauchage est difficile sur des pelouses vallonnées et divisées par les fleurs et les massifs, l'entretien des gazons dépendait de l'habileté des ouvriers. Cet inconvénient disparaît depuis l'adoption de la faucheuse ou *tondeuse* mécanique. Cet instrument consiste en un cylindre à lames hélicoïdales se croisant en ciseaux sur une lame fixe, pendant qu'on le fait rouler sur le gazon. Différents modèles, anglais ou américains, sont répandus dans le commerce ; je n'en connais pas de meilleur, pour la légèreté et la facilité de réparation, que la *tondeuse berrichonne* de MM. Louet (fig. 381). En faisant des coupes au moins hebdomadaires, suivies d'un roulage et d'un arrosage à la lance ou au chariot-arroseur (fig. 276, p. 484), on obtiendra des gazons fins, unis, de la plus belle verdure.

On peut augmenter la vigueur des gazons épuisés en ressemant au printemps les places claires et en les terreautant avec du fumier court ou paillis, ou des curages de fossés bien mûris, des terreaux de jardins, des raclages de routes, et même de bonne terre de potager. L'emploi des engrais liquides étendus de beaucoup d'eau est également recommandable, surtout à l'automne ; en ajoutant du sel ou du guano, on détruit aisément la mousse qui envahit les gazons.

Quand les pelouses sont très anciennes et dépouillées, le plus simple est de les refaire. On laboure le terrain, on le couvre pendant un an ou deux d'une culture sarclée, pommes de terre, betteraves, etc., et la pelouse peut être ressemée et reconstituée avec succès.

LES FLEURS ET LES FEUILLAGES D'ORNEMENT.

1° LES FLEURS.

Les végétaux herbacés, à belles fleurs ou à feuillage ornemental, sont le complément nécessaire, dans les parcs et les jardins, des arbres et des arbustes qui viennent d'être examinés. Il n'est pas de véritable jardin sans fleurs. Rassemblées dans un parterre spécial ou éparses dans les diverses parties du terrain, leur éclat, leur grâce, leur parfum sont des attraits recherchés de tous.

Mais il est un troisième rapport sous lequel on peut les considérer, celui de leur distribution spontanée dans la nature, déjà signalée à la page 531. Ces combinaisons infinies, qui font de nos prés, de nos bois, de nos champs, de véritables jardins sauvages à certains moments de l'année, chacun les a admirées en regrettant que nos jardins artificiels ne leur ressemblent pas davantage ! Le mélange des bluets, des pieds-d'alouette et des coquelicots avec les céréales, les digitales et les anémones dans les bois, les salicaires au bord des eaux, la grande marguerite, les campanules, les valérianes, les iris, ne peuvent guère être dépassés en beauté par les espèces exotiques, dont un grand nombre ne les valent pas et restent cependant au premier rang dans les cultures.

Cependant, une sorte de renouveau semble se faire dans le goût des plantes vivaces et annuelles, si appréciées de nos pères, ces jardiniers d'autrefois qu'on nommait des *curieux*. Ils aimaient les plantes pour leur beauté individuelle et non, comme aujourd'hui, pour leur effet décoratif en masses unicolores. Ces fleurs modestes, les écrivains et les poètes les ont chantées ; elles ont fait les délices de plusieurs générations d'amateurs ; elles sont à nos côtés, prêtes à reprendre leur place dans ces jardins d'où on les a chassées, et qu'elles empliraient à notre gré d'un charme nouveau.

Une grande quantité de ces humbles richesses peuvent être introduites dans les résidences de ville et de campagne, où elles tiendront une place distinguée. Je ne conseille pas d'exclure de nos parcs la flore exotique, mais si elle était restreinte aux abords de l'habitation, et si la flore indigène était appelée à orner les parties plus éloignées, l'effet général serait meilleur et des scènes pleines de charmants détails en seraient le résultat. Une belle plante croissant en liberté est rendue plus séduisante par le milieu qui l'entoure, s'il est bien choisi. Ce milieu sera plus attrayant encore s'il est formé du fond naturel de la végétation herbacée (arbustes, plantes grimpantes, graminées, fougères, mousses, etc.), et non des combinaisons artificielles de nos parterres. Un grand nombre des espèces indigènes, arrivées à leur plein développement, atteignent une beauté qui arrête invinciblement le regard. Leurs parties détruites par l'âge disparaissent graduellement sans laisser de traces disgracieuses ; la terre ne reste jamais nue et le cadre est parfait. Leurs harmonies et leurs contrastes sont inépuisables et toujours charmants.

Nous avons vu que la flore arborescente indigène peut être employée à la plantation des massifs et des groupes isolés dans les grands parcs; de même, la végétation herbacée de nos pays peut suffire à l'ornementation florale. Quelques exemples, choisis dans les principales familles végétales, suffiront pour montrer le parti à tirer de ces ressources naturelles.

Parmi les RENONCULACÉES, à côté des clématites grimpantes, le genre anémone est précieux pour tapisser le couvert des bois de fleurettes blanches (*Anemone nemorosa*), ou les pelouses sèches, par les cloches violettes de la pulsatille (*A. Pulsatilla*); les renoncules (*Ranunculus*) et les calthas (*Caltha palustris*) émaillent nos prairies de leurs coupes dorées ou les montagnes de leurs fleurs blanches (*Ranunculus aconitifolius*); l'aconit (*Aconitum Napellus*) dresse dans les prés marécageux ses beaux épis bleus; le pied-d'alouette (*Delphinium Consolida*) orne les moissons.

Les NYMPHÉACÉES fournissent aux eaux dormantes les beaux nénuphars à fleurs jaunes et le lis des étangs (*Nymphæa alba*) aux corolles blanches.

Le coquelicot écarlate des blés, de la famille des PAPAVÉRACÉES, a fourni de nombreuses variétés cultivées; dans les FUMARIACÉES, les *Corydalis*, qui croissent sous bois, sont de charmantes plantes, précieuses pour les rochers ombragés.

La nombreuse et utile famille des CRUCIFÈRES est fertile en espèces ornementales. La julienne (*Hesperis matronalis*), les dentaires (*Dentaria*) et les lunaires (*Lunaria*) recherchent les lieux frais et ombragés; les thlaspis (*Iberis amara*), la julienne de Mahon (*Malcolmia maritima*) et autres plantes annuelles prospèrent au plein soleil; la corbeille d'argent (*Arabis alpina*), les corbeilles d'or (*Alyssum saxatile*), la giroflée des murailles (*Cheiranthus Cheiri*), amies des rochers, ne doivent manquer à aucun jardin.

Les violettes sont plus populaires encore, et la pensée (*Viola tricolor*),

PLANCHE VIII

PLAN D'ENSEMBLE DE SEFTON PARK, A LIVERPOOL (Angleterre).

Ed. André et L. Hornblower, *architectes*.

Parc public de grandes dimensions, créé sur un terrain traversé par deux vallées et occupé primitivement par une exploitation agricole. Rivières et lacs artificiellement creusés ; plantations récentes pour la plus grande partie. Travaux commencés en 1867, terminés en 1872.

Contenance : 156 hectares, non compris les nouveaux terrains à bâtir.

LÉGENDE.

A. Grand pavillon du Cricket.
B. Kiosques des marqueurs.
C. Salle de verdure.
D. Abri pour les cavaliers.
E. Grande volière.
F. Grande grotte, départ des eaux.
G. Entrée monumentale.
H. Grande grille d'entrée et loge.
I. Ferme.
J. Restaurant.
K. Grille de Lark Lane.
L. Kiosque du petit lac.
M. Pavillon de la grande île.
N. Ponts rustiques.
O. Exèdre.
P. Grille d'Aigburth.
Q. Tunnel de rochers.
R. Cascade.
S. Kiosque du promontoire.
T. Embarcadère.
U. Petite île et lac.
V. Pont rustique.
X. Petite grotte du lac.
Y. Grille de Garston.
Z. Habitation du conservateur.
a. Cabane aux daims.
b. Bassin-abreuvoir.

c. Abri pour les cavaliers.
d. Pont de rochers.
e. Pont en fonte.
f. Passage à gué.
g. Pavillon de la musique.
h. Gué en roches et cascade.
i. Cascade près du grand pont.

JARDIN BOTANIQUE.

j. Habitation du directeur.
k. École fruitière.
l. — de botanique.
m. — des plantes officinales.
n. — des légumes.
o. Serres et aquarium circulaire.
p. Grand jardin d'hiver et terrasses.
q. Bassins et jets d'eau.
r. Fontaines en bronze.
s. Jardin fleuriste et Rosarium.
t. Pavillon de météorologie.
u. École expérimentale.
v. Spécimens d'arbres de choix.
x. Plantes aquatiques.
y. Restaurant du jardin botanique.
z. Muséum et herbiers.

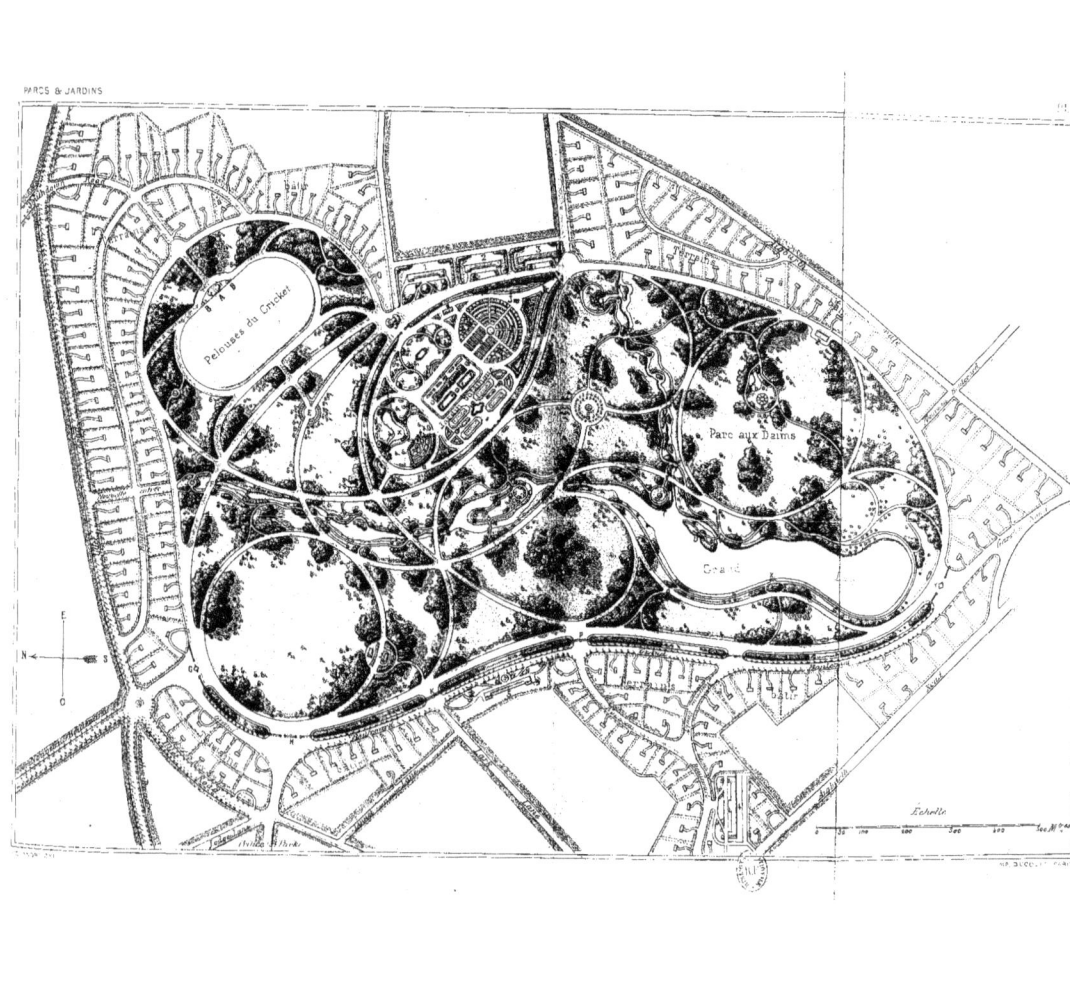

de la même famille des VIOLACÉES, est une des plantes d'ornement les plus répandues par ses nombreuses variétés.

Dans la famille des CARYOPHYLLÉES se trouve une infinité de charmantes fleurs, depuis les œillets sauvages des calcaires (*Dianthus Caryophyllus*) et des bois (*D. superbus*), jusqu'aux céraistes (*Cerastium*) et aux stellaires, dont les étoiles blanches (*Stellaria Holostea*) sont si gracieuses au printemps sous les taillis.

Quelques MALVACÉES (*Malva moschata*) ont d'élégantes corolles roses, assez grandes; les lins (LINACÉES) à fleurs bleues ou roses orneront les rocailles; les millepertuis (*Hypericum*), dans les HYPÉRICINÉES, se plaisent dans les prairies ou sur les rochers, suivant les espèces.

La grande tribu des PAPILIONACÉES comprend une foule de jolies plantes à fleurs brillantes : *Vicia*, *Lathyrus*, *Onobrychis*, *Astragalus*, *Orobus*, qui se rencontrent dans les situations les plus variées.

Parmi les ROSACÉES, qui fournissent tant d'arbres et d'arbustes fruitiers, les spirées des prés (*Spiræa Ulmaria*), des bois (*S. Filipendula*) et des montagnes (*S. Aruncus*) sont de belles plantes d'ornement.

Les épilobes (*Epilobium angustifolium*), aux grands épis rouges, font partie des ONAGRARIÉES et peuvent se joindre aux Œnothères à fleurs jaunes pour orner nos jardins. (*Œnothera biennis*.)

La salicaire (*Lythrum Salicaria*), dont les épis d'un rouge violacé sont si beaux dans les endroits humides, rentre dans les LYTHRARIÉES.

Sur les rochers, la nombreuse tribu des orpins (*Sedum*), appartenant aux CRASSULACÉES, forme une décoration très variée.

Les OMBELLIFÈRES à grande végétation (*Heracleum*, *Fœniculum*, *Peucedanum*) sont dignes de nos jardins par la beauté de leur feuillage.

Les scabieuses des prés et des bois, dans les DIPSACÉES; les valérianes à fleurs rouges et blanches (*Centranthus*), dans les VALÉRIANÉES; les nombreux genres de la famille des COMPOSÉES, cultivés pour leurs jolies fleurs (*Centaurea*, *Anthemis*, *Pyrethrum*), la grande marguerite (*Leucanthemum vulgare*), les chardons à beau feuillage (*Onopordon Acanthium* et *Silybum Marianum*), sont autant de précieuses ressources décoratives.

Les nombreuses campanules bleues, presque toutes ornementales, les *Phyteuma* et les *Jasione*, de la famille des CAMPANULACÉES, sont des plantes ornementales de premier ordre.

Les primevères, si variables dans la culture, se rangent dans les PRIMULACÉES, où l'on trouve encore les beaux bouquets jaunes du *Lysimachia vulgaris*, les charmants *Cyclamen* de nos bois et l'hottonie des ruisseaux (*Hottonia palustris*) aux fleurs blanches et roses sur un feuillage de dentelle.

Les deux pervenches (*Vinca major* et *V. minor*) font partie des APOCYNÉES. Les ravissantes gentianes bleues des montagnes (*Gentiana verna*, *G. acaulis*), celles des prés (*G. Pneumonanthe*), le trèfle d'eau aux fleurs rosées, barbues (*Menyanthes trifoliata*), sont des GENTIANÉES.

Les POLÉMONIACÉES nous présentent les jolis bouquets bleus et les feuilles découpées du *Polemonium cœruleum*.

Les myosotis des prés et des bois, les pulmonaires du premier printemps, les vipérines (*Echium*) et les buglosses (*Anchusa*) sont de charmantes BORRAGINÉES, de facile culture.

Dans les SCROPHULARIACÉES viennent les digitales, les mufliers, les linaires, toutes de très belles plantes d'ornement.

La famille des LABIÉES est plus importante encore. Les sauges aux fleurs bleues (*Salvia pratensis*), les dracocéphales (*Dracocephalum*), les épiaires (*Stachys*), les mélittes (*Melittis*) et les bugles (*Ajuga*) ne le cèdent guère aux espèces exotiques pour l'abondance et la beauté des fleurs.

Peu de plantes sont plus agréables dans les pièces d'eau que le plantain d'eau (*Alisma Plantago*) et le jonc fleuri (*Butomus umbellatus*), faisant partie des ALISMACÉES et des BUTOMÉES.

Les vastes groupes des LILIACÉES et des AMARYLLIDÉES sont représentés dans la flore française du Centre par une foule de jolies plantes, parmi lesquelles on peut citer au hasard : les lis (*Lilium Martagon* et *L. croceum*), la fritillaire (*Fritillaria Meleagris*), les tulipes, les anthérics (*Phalangium liliastrum* et *P. Liliago*), les scilles (*Scilla bifolia*, *S. Lilio-Hyacinthus*), etc., etc.

Les SMILACÉES, sous l'ombrage des grands bois, comprennent le muguet (*Convallaria maialis*) et le sceau de Salomon (*Polygonatum vulgare*) ; les IRIDÉES ornent les ruisseaux et les étangs par l'iris jaune (*Iris pseudo-Acorus*), et les murailles par l'iris flambe (*I. germanica*).

Dans les situations les plus variées, les ORCHIDÉES dressent leurs épis brillants ou bizarres, soit dans les prés (*Orchis Morio*, *O. mascula*), soit dans les bois (*Orchis bifolia*, *Cypripedium Calceolus*, etc.), où ils se mêlent aux *Arum maculatum* et *A. italicum*, de la famille des AROIDÉES.

Les plébéiennes GRAMINÉES constituent le fond de la végétation herbacée et leur feuillage léger fait valoir agréablement les fleurs, qui sont parfois très ornementales.

Enfin les FOUGÈRES, peu nombreuses en espèces indigènes, mais les plus gracieuses des plantes par leur feuillage, développent leurs frondes délicates dans les bois (*Athyrium*, *Lastrea*, *Pteris*), sur les murailles desséchées (*Cœterach*, *Polypodium*, *Asplenium*) et jusque sur les parois intérieures des puits (*Scolopendrium*). Partout elles sont très appréciées pour leurs formes élégantes.

Avec de tels éléments autour de nous, faciles à mettre en œuvre, on peut former de délicieux coins de nature ornée, dans les grands parcs et même dans les parties éloignées des jardins de moyenne étendue. Un écrivain anglais qui partage mes sentiments sur la manière d'utiliser les plantes indigènes pour l'ornementation des jardins, M. W. Robinson, a publié un petit livre où il plaide chaleureusement la cause de ces aimables délaissées [1]. Il va plus loin : il prêche l'introduction, la naturalisation dans nos bois, dans les massifs des parcs, d'un grand nombre d'espèces exotiques dont une partie seulement pourrait résister, sans protection, à l'envahissement de la végétation spontanée.

La figure 382, reproduite d'après ce livre, indique une des combinaisons à recommander. Sur le fond d'un massif d'arbres et d'arbustes, une

Fig. 382. — Emploi pittoresque des plantes indigènes.

profusion de fleurs s'épanouissent dans un luxuriant désordre. Ce sont les iris, les fumeterres, les campanules, les anthéries, le sceau de Salomon, les arabettes, les giroflées, des graminées diverses. Cette floraison printanière fait bientôt place à la floraison estivale ; les fleurs passées sont remplacées chaque jour par des fleurs nouvelles, et le rôle du jardinier se réduit à enlever une fois par mois les tiges flétries et à réprimer l'exubérance des espèces trop envahissantes.

1. *The Wild Garden*. Londres, 1870.

Comme il serait facile de varier ces petits tableaux, avec du goût et un véritable sentiment de la nature! quelle récompense pour l'amateur et le peintre qui verraient leur œuvre si charmante et si nouvelle! Le nombre des espèces à cultiver suffit à toutes les exigences. Les pelouses au bord des bois, le dessous des taillis près des allées, le sol de la futaie, les talus d'un ravin, les rochers dénudés, les pentes abruptes, les terrains où le gazon refuse de verdir, les rives des ruisseaux, les pièces d'eau, peuvent trouver ainsi la plus agréable et la plus variée des décorations.

Il suffit, pour utiliser les matériaux que nous prodigue la nature, de connaître et d'aimer les plantes indigènes. Un grand nombre, énumérées et décrites dans l'excellent livre de MM. Vilmorin-Andrieux[1], sont déjà cultivées. On peut faire recueillir les autres, en graines, en pieds vivants, en éclats, à l'état sauvage.

L'énumération d'un certain nombre de belles plantes indigènes de nos régions du centre-nord de la France montrera l'usage qui peut en être fait dans de telles conditions. Les unes seront semées et utilisées comme plantes annuelles ou bisannuelles; les autres sont des espèces à racines vivaces, bulbeuses ou tubéreuses. Un certain nombre enfin sont grimpantes et peuvent garnir des troncs d'arbres ou des treillages.

VÉGÉTAUX HERBACÉS DE LA FLORE FRANÇAISE.

RÉGION DU CENTRE ET DU NORD.

1° CHOIX D'ESPÈCES ANNUELLES.

Adonis flammea, Jacq. Fleurs rouge feu. Moissons.
Arabis arenosa, Scop. Jolies fleurs roses printanières. Terrains sablonneux.
Asperula arvensis, L. Gracieux capitules de fleurs bleues. Moissons.
Centaura Cyanus, L. Le Bluet des moissons.
Chrysanthemum segetum, L. Végétation vigoureuse, fleurs jaunes. Moissons.
Delphinium Consolida, L. Fleurs d'un beau bleu. Moissons.
Glaucium luteum, L. Grande végétation, fleurs jaunes. Bords de la mer.
Iberis amara, L. Le Thlaspi annuel. Fleurs blanches ou roses. Moissons.
Impatiens Noli-tangere, L. Balsamine des bois. Fleurs jaunes.
Jasione montana, L. Fleurs bleu d'azur. Terrains sablonneux.
Papaver Rhœas, L. Le Coquelicot écarlate des blés.

2° CHOIX D'ESPÈCES BISANNUELLES.

Anchusa italica, Retz. Grande végétation, fleurs bleues. Champs pierreux.
Campanula Medium, L. Campanule violette-marine. Grosses fleurs violettes.
Digitalis purpurea, L. Grande Digitale. Épis de belles fleurs pourpres.
Dipsacus sylvestris, Mill. Cardère. Plante à feuillage d'ornement. Haies, champs.
Euphorbia Lathyris. L. Euphorbe Épurge. Feuilles glauques, beau port.

---

1. *Les Fleurs de pleine terre.* Paris, 1870, 3ᵉ éd.

Œnothera biennis, L. Grande végétation, fleurs jaunes. Vallées d'alluvion.
Onopordon Acanthium, L. Grand Chardon blanc. Feuillage d'ornement.
Silene Armeria, L. Silène attrape-mouches. Jolies fleurs roses. Sables.
Silybum Marianum, Gærtn. Chardon-Marie. Feuilles grandes, tachées de blanc.

2° CHOIX D'ESPÈCES VIVACES.

Achillea Millefolium, L. Achillée millefeuille. Corymbes blancs ou rosés. Champs.
— Ptarmica, L. Plante vigoureuse, fleurs blanches. Lieux frais.
Aconitum Napellus, L. Grands épis bleus, plante vénéneuse. Prairies marécageuses.
Anemone Hepatica, L. Hépatique à fleurs bleues. Bois des montagnes.
Angelica sylvestris, L. Grand feuillage d'ornement. Lieux humides.
Anthemis nobilis, L. Nombreuses fleurs blanches. Champs.
Antirrhinum majus, L. Muflier à grandes fleurs. Rochers, murs, subspontané.
Aquilegia vulgaris, L. Ancolie à fleurs bleues. Plante élégante.
Arabis alpina, L. Corbeille d'argent. Fleurs printanières, blanches. Montagnes.
Asperula odorata, L. Fleurs blanches. Sous-bois.
Astragalus monspessulanus, L. Couché; fleurs violettes. Rochers.
Astrantia major, L. Fleurs à involucres rosés. Bois des montagnes.
Aster Amellus, L. Belles fleurs bleues. Bois des montagnes.
Barbarea vulgaris, R. Br. Fleurs jaunes abondantes. Bord des eaux.
Brunella grandiflora, Mœnch. Plante basse, grands épis violets. Rochers calcaires.
Campanula glomerata, L. Fleurs bleu violet, en têtes. Prairies.
— persicæfolia, L. Feuilles radicales oblongues, grandes fleurs bleues. Bois.
— rotundifolia, L. Pl. couchée, feuilles radic. arrondies, les autres linéaires. Rochers.
Cardamine pratensis, L. Cardamine des prés. Jolies fleurs roses.
Centaurea montana, L. Rampant, fleurs bleues. Montagnes.
Centranthus ruber, DC. Belles fleurs rouges ou blanches. Rochers, murs, subspontané.
Cheiranthus Cheiri, L. Giroflée jaune odorante. Rochers, murailles.
Chrysocoma Linosyris, L. Feuilles menues, fleurs jaunes. Terrains secs.
Corydalis lutea, DC. Fumeterre jaune. Rochers, murailles.
— ochroleuca, Koch. Fumeterre jaune pâle. Rochers, murailles.
Dianthus carthusianorum, L. Fleurs rouge vif. Rochers.
— Caryophyllus, L. Type de l'œillet des fleuristes. Rochers.
— superbus, L. Dressé, pétales roses laciniés. Prés.
Dictamnus Fraxinella, Pers. Fraxinelle des jardins. Belle plante, panicules rouges. Montagnes.
Doronicum plantagineum, L. Fleurs jaunes grandes, au premier printemps. Bois.
— austriacum, Jacq. Fleurs jaunes, taille petite. Bois des montagnes.
Epilobium spicatum, Lamk. Grands épis de belles fleurs roses. Bois montueux, frais.
Eryngium maritimum, L. Inflorescences bleuâtres, épineuses. Plages maritimes.
Eupatorium cannabicum, L. Grand Eupatoire. Fleurs roses. Bord des eaux.
Euphorbia amygdaloides, L. Grande Euphorbe des bois. Ombelles jaune pâle.
Fœniculum officinale, All. Feuilles très-découpées. Rochers secs.
Gentiana Cruciata, L. Fleurs bleues. Terrains calcaires.
— Pneumonanthe, L. Fleurs bleues, jolies. Prés humides.
Geranium sanguineum, L. Grandes fleurs rouges. Bois secs, prés montagneux.
Helleborus viridis, L. Fleurs vertes, à odeur suave. Sous bois.
— fœtidus, L. Vigoureux, beau feuillage, odeur fétide. Terrains calcaires.
Heracleum Sphondylium, L. Grand feuillage d'ornement. Lieux humides.
Hesperis matronalis, L. Julienne sauvage. Fleurs roses. Sous bois.

Inula Helenium, L. Grande plante à feuillage d'ornement. Fleurs jaunes. Lieux frais.
Isopyrum thalictroides, L. Plante grêle, délicate, fleurs blanches. Sous bois.
Jasione perennis, Lamk. Capitules bleus. Plante basse. Montagnes.
Lathyrus tuberosus, L. Grimpant, fleurs rouge vif. Terrains argileux.
— latifolius, L. Gesse à grandes fleurs rouges. Grimpante, terrains profonds.
Leucanthemum vulgare, Lamk. Grande pâquerette blanche. Champs, prés.
Lobelia urens, L. Fleurs violettes, jolies. Terrains sablonneux, frais.
Lunaria rediviva, L. Lunaire vivace. Grande plante, fleurs roses. Montagnes.
Luzula maxima, DC. Feuillage d'ornement pour rochers ombragés.
Lychnis Viscaria, L. Grandes fleurs rouges. Pelouses sèches.
Lysimachia vulgaris, L. Forte végétation, panicules jaunes. Bord des eaux.
Malva moschata, L. Vigoureuse végétation. Feuilles découpées, gr. fleurs roses. Lieux frais.
Meconopsis cambrica, Vig. Pavot jaune. Bois. Pour les rocailles.
Melica ciliata, L. Jolis épis soyeux, blancs. Rochers secs.
Melittis melissophyllum, L. Plante odorante, fleurs blanches et lilas. Bois.
Myosotis alpestris, Schmidt. Gazonnant, nombreuses fleurs bleues. Montagnes.
Nardosmia fragrans, Reich. Héliotrope d'hiver. Fleurs à odeur suave. Traçant, méridion.
Parnassia palustris, L. Fleurs blanches à écailles ciliées. Tourbières.
Pæonia corallina, Retz. Pivoine sauvage. Grandes fleurs ponceau, simples. Bois.
Petasites albus, Gærtn. Grandes feuilles, après les fleurs. Bord des eaux.
Phyteuma spicatum, L. Épis bleus ou blancs. Bois.
Polemonium cœruleum, L. Joli feuillage penné, fleurs bleues. Montagnes.
Primula officinalis, Jacq. L'un des types des primevères cultivées, fleurs jaunes. Bois.
— grandiflora, Lamk. Grandes fleurs jaune pâle. Bois. Type ayant beaucoup varié.
Ranunculus aconitifolius, L. Grande végétation, fleurs blanches. Montagnes.
— acris, L. Bassin d'or des prés. Variété à fleurs doubles.
— bulbosus, L. Renoncule bulbeuse. Champs. Var. à fleurs doubles.
Rumex Patientia, L. Grand feuillage d'ornement. Lieux frais.
Salvia pratensis, L. Sauge des prés. Fleurs bleues. Prés secs et prés humides. Belle plante.
— Sclarea, L. Grand feuillage, fleurs blanc lilacé. Terrains secs..
Saponaria officinalis, L. Vigoureux. Gros bouquets rose pâle. Lieux frais.
— ocimoides. Plante couchée. Nombreuses fleurs roses. Montagnes.
Senecio Jacobæa, L. Vigoureux. Nombreuses fleurs jaunes. Bord des eaux, prés.
Sedum Telephium, L. Feuilles charnues, fleurs rosées. Bois.
Spiræa Filipendula, L. Feuilles très découpées, fleurs blanches. Terrains sablonneux.
— Aruncus, L. Forte végétation, panicules blanches, grandes. Montagnes.
— Ulmaria, L. Grande espèce, fleurs blanches. Bord des eaux.
Stipa pennata, L. Graminée à barbes plumeuses. Rochers secs.
Thalictrum aquilegifolium, L. Vigoureux. Jolies fleurs roses, légères. Bois.
Trollius europæus, L. Belles fleurs jaunes, dressées. Prairies des montagnes.
Valeriana officinalis, L. Ombelles rosées. Lieux humides.
— dioica, L. Grande plante à ombelles rosées. Lieux humides.
Veronica spicata, L. Plante dressée, beaux épis bleus. Montagnes.
— Teucrium, L. Plante couchée. Nombreux épis bleus. Rochers.
— Chamædrys, L. Fleurs bleu ciel. Bois, haies.
— prostrata, L. Nombreux épis d'un beau bleu. Prés, bois.
Vinca major, L. Grande Pervenche, vigoureuse, grandes fleurs bleues. Bois.
— minor, L. Petite Pervenche. Fleurs bleues. Sous bois.
Viola odorata, L. Violette odorante des bois. Fleurs violettes.
— calcarata, L. A grandes et belles fleurs violettes. Montagnes
— rothomagensis, Desf. Fleurs violet mauve clair. Rochers.

3° CHOIX D'ESPÈCES POUR ROCHERS.

Ajuga Genevensis, L. Épis feuillus, d'un bleu tendre. Terrains secs.
— reptans, L. Épis feuillus, d'un beau bleu. Terrains humides.
Anemone Pulsatilla, L. Feuilles découpées, cloches violettes. Lieux arides.
Anthyllis Vulneraria, L. Gazonnant. Fleurs jaunes. Rochers
Armeria maritima, Willd. Gazon d'Olympe. Touffes courtes, f^{lles} menues, . roses. Plages marit.
— plantaginea, Willd. Même port, fleurs roses plus élevées. Terrains sablonneux.
Dianthus cæsius, Smith. Nain; fleurs violettes. Rochers.
— deltoides, L. Nombreuses tiges, fleurs roses. Rochers.
Equisetum Telmateia, Ehrh. Fortes tiges blanches, rameaux fins. Lieux humides.
Galeobdolon luteum, Huds. Épis feuillus, jaunes, fleurs printanières. Sous bois.
Gentiana verna, L. Espèce naine; fleurs bleues. Montagnes.
Linaria Cymbalaria, Mill. Rampant; feuilles charnues, fleurs roses. Rochers frais, murs.
Lysimachia nummularia, L. Rampant; feuilles arrondies, distiques, fl. jaunes. Lieux frais.
Mentha Pulegium, L. Nain; nombreux épis lilas. Terrains frais.
Omphalodes verna, Mœnch. Nain ; jolies fleurs bleues printanières. Bois.
Phalaris arundinacea, L. Roseau commun. Variété panachée, très jolie. Ruisseaux.
Polygala vulgaris, L. Gazonnant. Fleurs bleues ou roses. Rochers.
— calcarea, F. Schultz. Fleurs bleues. Rochers.
Potentilla verna, L. Nain; nombreuses fleurs jaunes printanières. Lieux arides.
— Anserina, L. Feuilles pennées, argentées, fleurs jaunes. Terrains frais.
Saxifraga granulata, L., et autres espèces saxatiles. Fl. blanches, feuilles gazonnantes. Rochers.
Sedum (toutes les espèces). Fleurs blanches ou jaunes. Vieux murs, rochers.
Sempervivum tectorum, L. Joubarbe des toits. Rosettes de feuilles charnues.
— arachnoideum, L. Joubarbe à fils blancs, simulant des toiles d'araignée.
Stachys germanica, L. Feuilles laineuses, blanches, épis roses. Terrains secs.
Teucrium Chamædrys, L. Feuilles persistantes, épis roses. Rochers secs.
Veronica Teucrium, L. Couché; nombreux épis bleus. Rochers, bois.
— Chamædrys, L. Couché, fleurs bleu de ciel. Bois.

4° CHOIX D'ESPÈCES BULBEUSES, TUBÉREUSES, ETC.

Allium ursinum, L. Fleurs blanches, en mai. Bois.
— Victorialis, L. Fleurs blanches. Bois des montagnes.
Arum italicum, Mill. Feuilles persistantes, tachées de blanc. Bois.
— maculatum, L. Feuilles caduques, tachées de violet foncé. Bois.
Asphodelus albus, L. Grands épis blancs. Terrains sablonneux.
Colchicum autumnale, L. Fleurs lilas à l'automne. Prés.
Corydalis bulbosa, DC. Fleurs d'un violet terne, printanières. Bois.
— tuberosa, DC. Fleurs blanches, printanières. Bois.
Crocus vernus, All. Fleurs blanches, printanières. Montagnes.
Eranthis hyemalis, Salisb. Fleurs jaunes, à collerette foliacée. Bois.
Fritillaria Meleagris, L. Fleurs violet foncé quadrillé, penchées, en avril. Prés.
Galanthus nivalis, L. Perce-neige; fleurs blanches pendantes. Bois.
Gladiolus communis, L. Fleurs en épis rouges. Moissons.
Iris fœtidissima, L. Feuilles persistantes, fleurs livides; fruits rouges. Bois.
— germanica, L. Grandes fleurs violettes, magnifiques. Murs, rochers.

Iris pseudo-Acorus, L. Fleurs jaunes. Lieux humides.
Lilium Martagon, L. Fleurs en girandoles, roses. Bois montueux.
Muscari comosum, L. Houppes violettes, variété monstrueuse. Champs.
Narcissus poeticus, L. Fleurs blanches odorantes, couronne colorée. Prés.
— pseudo-Narcissus, L. Fleurs jaunes, penchées. Bois.
Ophrys apifera, Huds. Fleurs en forme d'abeille. Lieux secs.
— aranifera, Huds. Fleurs en forme d'araignée. Lieux secs.
Orchis conopsea, L. Longs épis roses. Prés.
— maculata, L. Feuilles tachées de pourpre, fleurs roses. Bois, prés.
— mascula, L. Épis rouges. Haies, bois.
— militaris, L. Gros épis rouges striés de blanc. Haies, bois.
Ornithogalum umbellatum, L. Dame-d'onze-heures. Fleurs blanches. Vignes.
Orobus tuberosus, DC. Fleurs rouges et bleuâtres, changeantes. Bois.
— albus, L. Fleurs blanches. Prairies.
Phalangium Liliago, Schreb. Fleurs blanches. Pelouses sèches.
— liliastrum, Lamk. — — Prés des montagnes.
— ramosum, Lamk. — — Pelouses sèches.
Polygonatum multiflorum, Desf. Fleurs penchées, réunies, petites. Bois.
— vulgare, Desf. Sceau de Salomon; fleurs penchées, solitaires ou géminées. Bois.
Scilla bifolia, L. Petites fleurs d'un bleu vif, en mars-avril. Bois.
— Lilio-Hyacinthus, L. Fleurs plus grandes, lilas, en avril. Bois montueux.
— nutans, Smith. Hyacinthe de mai. Fleurs bleues, penchées. Bois.
Tulipa sylvestris, L. Fleurs jaunes, en avril. Vignes.

5° CHOIX DE FOUGÈRES.

Adiantum Capillus Veneris, L. Cheveux de Vénus. Feuilles pédicellées, élégantes. Midi.
Aspidium aculeatum, Sw. Feuilles à divisions aiguës, élégantes. Bois.
— Lonchitis, Sw. Feuilles élégantes, distiques. Montagnes.
Asplenium Adiantum nigrum, L. Feuilles pédicellées, à pétiole noir. Bois.
— Trichomanes, L. Petites feuilles distiques, élégantes. Murs, rochers.
Ceterach officinarum, DC. Feuilles grisâtres, en rosettes courtes. Vieux murs.
Cystopteris fragilis, Bernh. Feuilles découpées, menues. Rochers.
Lomaria Spicant, Desv. Feuilles distiques, persistantes. Bois.
Osmunda regalis, L. Fougère royale. Grandes feuilles, fructific. au sommet. Lieux humides.
Polypodium vulgare, L. Feuilles triangulaires, lobées. Murs, bois, rochers.
— Dryopteris, L. Feuilles fines, à pétiole noir, très grêle. Bois.
Polystichum Filix mas, Roth. Feuilles pennées, grandes. Bois.
Pteris Aquilina, L. Fougère à l'aigle. Grandes feuilles décomposées. Bois.
Scolopendrium officinale, Smith. Feuilles entières, d'un vert brillant. Puits, bois.

6° CHOIX D'ESPÈCES GRIMPANTES.

Bryonia dioica, Jacq. Couleuvrée, Navet du diable. Feuilles lobées, fruits rouges. Haies.
Cucubalus bacciferus, L. Fleurs blanches, fruits globuleux, noirs.
Coronilla varia, L. Semi-grimpant. Nombreuses fleurs roses. Rochers, haies.
Humulus Lupulus, L. Houblon. Très vigoureuse plante dioïque.
Lathyrus latifolius, L. Gesse à larges feuilles. Grosses fleurs rouges. Lieux frais.
— palustris, L. Fleurs rouge vif. Lieux humides.

Tamus communis, L. Feuilles en cœur, luisantes, baies rouges. Bois.
Vicia Cracca, L. Fleurs en grappes violettes. Haies.

7° CHOIX D'ESPÈCES AQUATIQUES.

Acorus Calamus, L. Feuilles étroites, à odeur forte, spadices latéraux, jaunâtres.
Alisma Plantago, L. Plantain d'eau. Grandes panicules dressées, petites fleurs rosées.
Butomus umbellatus, L. Jonc fleuri. Feuilles étroites, ombelles roses.
Caltha palustris, L. Souci des marais. Grandes fleurs jaunes.
Carex variés. Feuilles variées, graminoïdes. Bord des eaux.
Cyperus longus, L. Souchet long. Fleurs brunes, en têtes, feuilles étroites. Lieux humides.
Epilobium hirsutum, L. Grandes fleurs roses. Ruisseaux, étangs.
— roseum, Schreb. Grandes fleurs roses. Ruisseaux, étangs.
Eriophorum vaginatum, L. Linaigrette. Houppes blanches, soyeuses. Tourbières.
Hippuris vulgaris, L. Feuilles menues, verticillées. Eaux calmes.
Hottonia palustris, L. Feuilles laciniées, épis blancs et rosés, verticillés. Ruisseaux.
Hydrocharis Morsus-ranæ, L. Nageant. Feuilles orbiculaires, fleurs blanches, à trois pétales.
Lythrum Salicaria, L. Salicaire. Grands épis d'un rose violacé. Ruisseaux, étangs.
Menyanthes trifoliata, L. Trèfle d'eau. Fleurs roses barbues. Tourbières.
Myosotis palustris, With. Souvenez-vous-de-moi. Fleurs bleu de ciel. Ruisseaux.
Nuphar luteum, Smith. Nénuphar jaune. Eaux tranquilles et ruisseaux.
Nymphæa alba, L. Lis des étangs, nénuphar blanc. Eaux tranquilles.
Polygonum amphibium, L. Nageant et terrestre. Épis d'un rose frais.
Ranunculus Lingua, L. Grande taille, plante dressée, fleurs jaunes. Lieux humides.
— aquatilis, L. Nageant. Feuilles de deux formes, fleurs blanches et jaunes.
Rumex Hydrolapathum, Huds. Grand feuillage d'ornement. Lieux humides.
Sagittaria sagittæfolia, L. Fléchière. Hampes de fleurs blanc rosé, feuilles sagittées.
Scirpus lacustris, L. Jonc des tonneliers. Tiges cylindriques. Étangs.
Sparganium ramosum, L. Ruban d'eau. Feuilles étroites, fleurs femelles en boules blanches.
Trapa natans, L. Châtaigne d'eau, Mâcre. Flottant, feuilles dentées. Fruit comest. à 4 cornes.
Typha latifolia, L. Massette. Longues feuilles dressées, inflorescences brunes en massue.
— angustifolia, L. Massette à feuilles étroites. Inflorescences moyennes, en massue.
Utricularia vulgaris, L. Feuilles immergées, découpées, fleurs jaunes, curieuses.
Villarsia nymphoides, Vent. Nageant; feuilles orbiculaires, fleurs jaunes. Eaux calmes.

Ces listes ne comprennent guère que des plantes herbacées à fleurs et à feuillage d'ornement, indigènes dans la région centrale de la France. Elles s'augmenteraient de centaines d'espèces, plus brillantes encore, si nous dépassions ces limites. Dans la région du Midi, les plantes bulbeuses, tulipes, anémones, jacinthes, narcisses, iris se pareraient des couleurs les plus vives et les plus variées; les hautes Alpes de la Savoie et du Dauphiné, les Pyrénées, ouvriraient leur corbeille de fleurs et d'aromates, et nos jardins s'empliraient aisément de ces trésors, tous recueillis sur le territoire de la France.

Mais soyons plus ambitieux. Les contrées les plus diverses du globe vont nous envoyer un immense contingent où nous pourrons choisir, pour nos jardins, des plantes rustiques qui ne le céderont en rien aux coûteuses espèces de serre destinées à la pleine terre pendant l'été. Bien établies dans les parties du jardin ou du parc favorables à chaque espèce, leur beauté variera sans cesse et se renouvellera chaque année, sans occasionner de nouveaux travaux et de nouvelles depenses.

Effets paysagers des plantes vivaces. — Les arrangements paysagers des plantes vivaces échappent à toute règle précise, et cependant leur association avec les arbustes peut produire les plus heureux effets. Dans la figure 383, au tournant d'une allée, sur un mamelon qui domine une scène de prairie, un groupe d'iris-flambe (*Iris germanica*) occupe le premier plan

Fig. 383. — Une scène de plantes vivaces.

et ses admirables fleurs se détachent en vigueur sur le feuillage léger et vert pâle d'une touffe de bambou glauque (*Bambusa glauca*). Sur le gazon, on voit les feuilles arrondies et maculées de jaune de la plante répandue sous le nom de *Farfugium grande*, et qui n'est autre que le *Ligularia Kœmpferi aureo-maculata*. A droite, des rosiers cent-feuilles sont couverts de leurs belles fleurs à odeur suave et des orpins (*Sedum kamschaticum*) bordent le chemin de leurs feuilles charnues et de leurs fleurs roses.

Sur un espace plus vaste, la scène peut s'étendre et devenir charmante. Au lieu d'entourer les massifs de ces ceintures uniformes et unicolores de plantes de serres, qui révèlent depuis quelques années un véritable abus de la décoration florale, il est facile de trouver de nouveaux motifs aussi brillants et beaucoup plus variés. Entre le massif et la pelouse, une large bande cultivée sera préparée pour recevoir une plantation soignée de plantes vivaces suivant un mélange raisonné. Sur un terrain défoncé à une profondeur de 0^m,60, ameubli, amendé, drainé, protégé au besoin contre l'envahissement des racines des arbres du massif par un petit mur de 0^m,060 de hauteur enfoncé dans le sol, on met en place, en octobre, les espèces suivantes, en « amorçant » les plus délicates avec un peu de terre de bruyère. L'échelle du plan (fig. 384) est d'un centimètre par mètre.

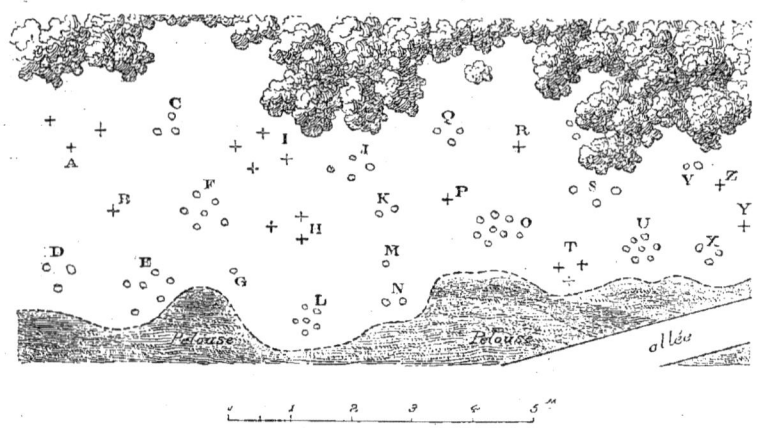

Fig. 384. — Plan d'une bordure paysagère de plantes vivaces. (V. fig. 385.)

A Bambusa aurea.
B Gynerium argenteum.
C Lilium tigrinum.
D Geranium pratense.
E Arum italicum.
F Dielytra spectabilis.
G Funkia japonica.
H Yucca flaccida.
I Digitalis purpurea (bisannuel).
J Lilium candidum.
K Aconitum Napellus.
L Cypripedium Calceolus.
M Dodecatheon Meadia.

N Geranium platypetalum.
O Viola cornuta.
P Arundo conspicua.
Q Aster roseus.
R Gynerium arg. roseum.
S Pæonia edulis.
T Saxifraga hypnoides.
U Iris persica.
V Papaver bracteatum.
X Liatris spicata.
Y Yucca flaccida.
Z Campanula latifolia.

Dans les places restées vides, au réveil de la végétation, des plantes bulbeuses hâtives formeront une charmante parure. On y plantera des narcisses [1], jonquilles [2], anémones [3], renoncules [4], tulipes hâtives [5], perce-neige [6], helléborines [7], érythrones [8]. Sur la bordure, des *Crocus* multicolores [9] compléteront la scène. Une composition de ce genre, publiée par M. W. Robinson dans ses *Hardy flowers*, il y a quelques années (fig. 385), indique bien le parti que l'on peut tirer de ces mélanges harmonieux, surtout si l'on se préoccupe des lois de l'association des couleurs, qui seront rappelées en parlant des parterres.

[1]. *Narcissus Tazetta*, etc. — 2. *N. Jonquilla*. — 3. *Anemone coronaria, A. stellata, A. fulgens*. — 4. *Ranunculus asiaticus*. — 5. *Tulipa suaveolens, T. præcox, T. Oculus solis*. — 6. *Galanthus nivalis*. — 7. *Eranthis hyemalis*. — 8. *Erythronium Dens canis*. — 9. *Crocus vernus* et var.

Suivant la nature du terrain et son exposition, ces mélanges varient. Sur des pelouses sèches, des tapis de pulsatille, de coronille bigarrée, de genêt sagitté entremêlés d'orchidées des terrains arides, suffiront le plus souvent à parer de fleurs ces surfaces dénudées.

Sous bois, l'anémone sylvie [1] aux étoiles blanc rosé, l'a. des Apennins [2], d'un bleu d'azur, pourront former des groupes étendus, alternant avec des primevères [3], des pervenches [4] et des pelouses du millepertuis à grandes fleurs [5]. On trouve, dans les parcs de la Touraine, des sous-bois de cyclames

Fig. 385. — Bordure paysagère de plantes vivaces en fleur.

à feuilles de lierre [6], complètement naturalisés, et aussi agréables à voir au printemps avec leurs feuilles marbrées qu'en automne avec leurs jolies fleurs roses ou blanches. On trouvera plus loin un choix de plantes pouvant vivre et prospérer dans ces conditions.

Plantes des tourbières. — Il suffit de parcourir les pâturages tourbeux des montagnes granitiques, du Limousin, par exemple, pour être frappé de la luxuriante verdure et des charmantes fleurs de ces contrées. Les sphaignes [7], sur lesquelle reposent les rossolis [8], les pédiculaires [9] et les parnassies [10], prennent des tons d'émeraude incomparables. On peut introduire artificiellement ces effets dans les parcs. Ce ne sont pas des

---

1. *Anemone nemorosa.* — 2. *A. apennina.* — 3. *Primula elatior, P. grandiflora.* — 4. *Vinca minor.* — 5. *Hypericum calycinum.* — 6. *Cyclamen hederæfolium.* — 7. *Sphagnum div.* — 8. *Drosera rotundifolia, D. obovata.* — 9. *Pedicularis palustris.* — 10. *Parnassia palustris.*

plantes aquatiques proprement dites ; elles doivent être tenues constamment humides, mais par capillarité seulement, à travers une sorte de *medium* végétal, qui semble leur être indispensable. En Angleterre, on les nomme *bog plants*, c'est-à-dire plantes de marais, et des amateurs entretiennent des collections étendues, parmi lesquelles se trouvent ces fameuses « plantes carnivores », sur lesquelles on a tant discuté dans les derniers temps [1]. Sur le continent, les exemples en sont plus rares. Je puis citer celui du parc de Montertreau (Sarthe), où j'ai essayé, d'accord avec le propriétaire, M. A. Pellier, d'installer un de ces *bogs gardens* sur le bord d'une pièce d'eau située au nord du parc (voir plan, fig. 324, p. 601). Le béton de ce bassin, relevé de manière à laisser des profondeurs d'eau variables suivant les exigences des plantes, reçut un sous-sol de tourbe sur lequel on planta des *sphagnum*. Les plantes furent étagées sur ces banquettes inondées. Sur le bord même, l'infiltration se fit par capillarité dans le sol gazonné. Des eaux vives, venant du coteau, permirent d'entretenir un afflux permanent de sources froides et limpides.

Il est aisé, avec de telles dispositions, d'obtenir une brillante végétation de ces espèces étranges et gracieuses qu'il nous faudrait renoncer à posséder par d'autres moyens. La figure 386 présente une de ces situations. Sur le bord même du ruisseau, sont plantées des touffes de fougères : osmondes [2], aspidium [3] et scolopendres [4]. A l'extrémité la plus étroite, les grassettes [5], semblables à de grosses violettes, les feuilles cendrées et les corolles tendres de la primevère farineuse [6], les épis roses des hélonias [7] se mêlent aux cornets blancs des callas [8]. Plus haut, le sabot de Vénus [9] épanouit ses fleurs jaunes aux divisions brunes, les acores [10] touchent aux osmondes avec leurs feuilles gladiées. Au premier plan, à gauche, le cypripède remarquable [11], les trilliums à grandes fleurs blanches [12], et même les sarracénias [13] dans les situations privilégiées de nos provinces de l'Ouest, complètent ce petit tableau aquatique.

Que de fois, dans mes courses aux États-Unis, n'ai-je pas admiré des scènes de ce genre dans les parties humides des montagnes ! Sous le couvert des grands magnolias, des sassafras et des tulipiers, un sous-bois de rhododendrons, de kalmias et d'andromèdes formait un fond vert foncé, çà et là relevé par les panicules blanches de quelque spirée. Le rouge écarlate du lobélia cardinal [14] jetait une tache de feu dans cette verdure sombre.

---

1. Ces plantes, *Drosera, Sarracenia, Pinguicula, Dionœa,* etc., sont munies d'organes poilus où les insectes sont saisis et meurent sans pouvoir s'échapper. Quelques savants affirment que ces matières animales sont absorbées directement par les tissus de la plante.

2. *Osmunda regalis.* — 3. *Aspidium Thelypteris.* — 4. *Scolopendrium officinale.* — 5. *Pinguicula lusitanica.* — 6. *Primula farinosa.* — 7. *Helonias bullata.* — 8. *Calla palustris.* — 9. *Cypripedium Calceolus.* — 10. *Acorus Calamus.* — 11. *Cypripedium spectabile.* — 12. *Trillium grandiflorum.* — 13. *Sarracenia Drummondi, S. purpurea, S. flava, S. variolaris,* etc. — 14. *Lobelia cardinalis.*

L'éphémère de Virginie [1] ouvrait pendant quelques heures ses trois pétales lilacés, le cornouiller du Canada [2] épanouissait ses involucres d'argent, la spigélie du Maryland [3] ses tubes rouges et jaunes, sans parler d'une population innombrable de miniatures végétales moins en vue.

Plantes aquatiques. — A côté des espèces semi-aquatiques qui viennent d'être énumérées, se placent les plantes d'eau proprement dites. Elle se subdivisent en quatre sections : les plantes *immergées* (*Vallisneria, Stratiotes*), peu intéressantes au point de vue ornemental, les *nageantes* ou *flottantes*, les *émergées* et les *amphibies*.

Fig. 386. — Scène paysagère aquatique. Plantes de tourbières artificielles.

Les plantes aquatiques flottantes, dont le nénuphar blanc (*Nymphæa alba*), est la plus élégante expression dans nos régions septentrionales, peuvent devenir un remarquable ornement des eaux si elles sont convenablement distribuées. Un lac obstrué par les plantes aquatiques ressemble à un marais et détruit la beauté du paysage ; au contraire, une nappe d'eau çà et là interrompue par des groupes de plantes offre le plus gracieux aspect. Dans les pièces d'eau à fond vaseux, on se contente d'immerger quelques racines de ces plantes auxquelles on attache une pierre pour les empêcher de remonter à la surface ; dans les bassins bétonnés, on plante les rhizômes dans des pots ou des bourriches remplis de terre et chargés de pierres pour empêcher les poissons de les déraciner, et à une profondeur suffisante pour que la glace n'atteigne pas leurs racines. La châtaigne d'eau, la villar-

---

1. *Tradescantia virginica.* — 2. *Cornus canadensis.* — 3. *Spigelia marylandica.*

sie, l'hydrocléis, les nénuphars, les aponogétons et la renoncule aquatique sont à peu près les seules plantes nageantes cultivées dans les petites pièces d'eau.

Il serait facile, cependant, d'en ajouter d'autres dans des circonstances particulières, par exemple dans le voisinage des eaux thermales, des usines où l'eau chaude abonde, etc. On construirait, à peu de frais, des aquariums chauffés où il serait possible de cultiver, en plein air, les belles nymphéacées, depuis la splendide *Victoria regia*, Lindl., de l'Amazone jusqu'aux nénuphars rouges de l'Inde (*Nymphæa rubra*, DC.) et bleus de l'Egypte (*N. cœrulea*, Sav.). Ce genre de culture a été essayé plusieurs fois avec succès. La victoria a fleuri à Londres, en 1851, chez MM. Weeks, dans un bassin placé dehors et chauffé par un thermosiphon. M. Clarke, à l'instigation du docteur Lindley, reprit l'expérience, et en 1871, M. J. Mayer, à Bebington (comté de Chester) montrait à ses visiteurs charmés un *lily pond* où la reine des eaux était couverte de feuilles et produisait des fleurs parfaitement épanouies et des graines mûres [1].

Huit années auparavant, en traitant des procédés de culture par le chauffage du sol signalés par M. Naudin, j'avais fait connaître, sous le nom de *culture hydrothermique*[2], un procédé analogue à celui employé plus tard par M. J. Mayer.

Le nombre des belles plantes que l'on peut cultiver ainsi est considérable, et la liste suivante n'en énumère qu'une fraction :

Nymphæa rubra. DC. Inde.
— Devoniensis, B. Mag. Hybrid.
— scutifolia, DC. Cap.
— cærulea, Sav. Égypte.
— stellata, Willd. Inde.
— Impératrice Eugénie, Hort. Hybride.
— dentata, Schum. Afrique.
— ampla, DC. Amér. mérid.
— gigantea, Hook. Australie.

Nymphæa Kelmiana, Hort. Angl.
— blanda, Macad. Amazones.
— Daubenyana, Hort. Angl.
Victoria regia, Lindl. Amazones.
Euryale ferox, Salisb. Inde.
Pontederia crassipes, Mart. Amér. mérid.
Nelumbium speciosum, Willd. Chine.
Pistia Stratiotes, L. Amér. mérid.
Limnocharis Plumieri, L. C. Rich. Am. mérid.

sans parler d'un grand nombre d'espèces émergées, encore peu répandues, et non moins belles que les précédentes.

Les plantes aquatiques *émergées* de plein air sont les plus nombreuses et les plus faciles à cultiver. Un grand nombre sont indigènes. On doit recommander de les placer dans les parties des bassins voisines des bords, jamais au milieu de la nappe. De cette manière, elles n'obstruent pas la vue, ne ternissent pas la pureté des reflets sur les eaux, et leur beauté peut être mieux appréciée de près.

Un certain nombre d'espèces dites amphibies peuvent s'ajouter à

---

1. Voir *Illustration horticole*, 1872, p. 161.
2. *Bulletin de la Société impériale et centrale d'horticulture de France*, 1863, p. 632.

celles-ci. Telles sont la renouée amphibie (*Polygonum amphibium*, L.), le comaret (*Comarum palustre*, L.), le jussieua rampant (*Jussieua repens*, L.), dont la végétation est un peu trop envahissante, et beaucoup d'autres plantes qui prospèrent dans un sol incessamment humecté.

On trouvera plus loin les listes de ces diverses sortes de plantes aquatiques.

Le mélange des plantes nageantes et émergées, au moyen des données qui précèdent, peut se faire suivant le dessin ci-contre (fig. 387), plan de la pièce d'eau de Montertreau. En A B, deux massifs aquatiques, placés sur banquettes à des hauteurs inégales selon les espèces, sont ainsi composés, en commençant par les plantes exigeant la plus grande profondeur :

Aponogeton distachyus (6)
Acorus Calamus.
Cyperus longus.
Iris pseudo-Acorus.
Nelumbium speciosum (5).
Pontederia cordata.
Rumex Hydrolapathum.

Sagittaria sagittæfolia.
— sinensis.
— variabilis fl. pl. (2).
Thalia dealbata.
Typha latifolia (1).
— angustifolia (3).
— minima.

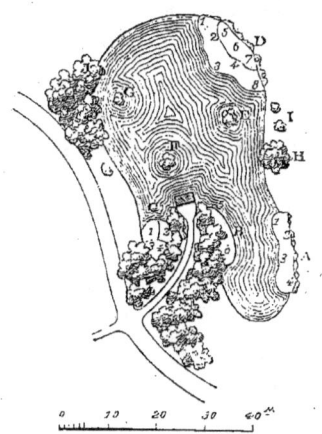

Fig. 387. — Plantation pittoresque des espèces aquatiques.

Le massif C a été planté en :

Acorus Calamus.
Acorus japonicus, fol. var. (1)
Butomus umbellatus (2).
Iris pseudo-Acorus.

Jussieua repens (3).
Molinia cœrula varieg. (4).
Phalaris arundinacea picta.
Pontederia cordata.

Dans le massif D (peu mouillé) :

Acorus gramineus var.
Caltha palustris.
Carex japonica (3).
Epilobium hirsutum (7).
Hydrocharis Morsus-ranæ.
Lobelia syphilitica (8).

Lobelia urens (1).
Lythrum Salicaria (7).
Myosotis palustris (2).
Onoclea sensibilis (5).
Osmunda regalis (6).
Spiræa Ulmaria (4).

TRAVAUX D'EXÉCUTION. — ORNEMENTATION FLORALE.

Rochers sous l'eau :

Menyanthes trifoliata (G). Près de la surface.
Nuphar luteum (F).

Nymphæa alba (F).
Trapa natans.

En H est un saule pleureur, en I deux cornouillers sanguins, et les massifs J sont plantés en arbres et arbustes du bord des eaux. Au fond du bassin, le *Stratiotes aloides* forme une prairie favorable au poisson.

Plantes de rocailles. — Leur nombre est légion ; la séduction qu'elles exercent égale celle qu'offrent les orchidées à une classe particulière d'amateurs. Les plantes de rocailles, inexactement appelées plantes alpines, puisque un petit nombre seulement des espèces végétales qui les composent proviennent des hautes montagnes, peuvent être introduites avec grand avantage dans les jardins paysagers. Nous avons vu (pp. 514 et suivantes) le moyen de préparer les roches et le sol pour les cultiver. Il reste à examiner les espèces de plantes qui doivent être adoptées de préférence et à citer quelques-unes des nombreuses dispositions qu'elles peuvent recevoir.

Les diagrammes représentés par les figures 284, 285, 286, 288, 297, 298, 300, 301, 305, 306 indiquent plusieurs de ces arrangements pittoresques. Les dessins suivants présentent quelques variantes.

Dans la figure 388, une pelouse entremêlée de rocailles a permis de choisir une place à mi-ombre, en terre de bruyère. La gyroselle de Virginie (*Dodecatheon Meadia*, L.), avec ses jolies fleurs roses à lobes relevés comme dans les cyclames, se détache au-dessus de quelques grandes violettes (*Viola cornuta*), des alysses, orpins, nummulaires et mousses variées qui l'entourent. Ces fleurettes délicates exigent un peu de soin, mais elles récompensent amplement par leur grâce et leur beauté.

Fig. 388. — Plantes de rocailles, en terre de bruyère.

Dans les situations analogues, où les rocailles sont à peine saillantes au-dessus du sol (fig. 389), une profusion de plantes naines épanouissent leurs charmantes fleurs. On en jouira surtout si elles sont placées sur les pentes d'un chemin creux, sous l'œil du promeneur, et dans une situation fraîche, favorable à leur végétation. Parmi ces gracieuses

Fig. 389. — Plantes gazonnantes, sur rocailles.

miniatures, on peut citer les *Ionopsidium acaule, Omphalodes verna, Dryas*

ED. ANDRÉ.

octopetala, *Polygala Chamœbuxus*, *Saxifraga* variés, *Aubrietia deltoidea*, *Silene acaulis*, *S. Schafta*, plusieurs orchidées, androsacés, etc.

S'agit-il de distribuer les espèces sur les flancs abrupts de roches fissurées, en plein soleil, communiquant avec le sol seulement par la partie inférieure de leurs crevasses, la liste sera aussi nombreuse que dans les situations plus favorisées (fig. 390). On aura le choix parmi les joubarbes (*Sempervivum calcareum*, *S. arachnoideum*, *S. tectorum*, etc.); les orpins (*Sedum dasyphyllum*, *S. acre*, *S. sarmentosum*, *S. album*, *S. reflexum*, etc.); l'antennaire (*Antennaria dioica*), les anémones, les saxifrages (*Saxifraga Cotyledon*, *S. longifolia*, *S. Aizoon*, *S. granulata*, etc.); les androsacés, plusieurs campanules (*Campanula rotundifolia*, *C. pyramidlias*, *C. fragilis*, etc.); la dentelaire (*Plumbago Larpentæ*), la corbeille d'or (*Alyssum saxatile*), la vésicaire (*Vesicaria utriculata*), la saponaire basilic (*Saponaria ocimoides*), la giroflée (*Cheiranthus Cheiri*), et une multitude d'autres espèces.

Fig. 390. — Plantation des rocailles sèches fissurées.

Sur un rocher dont la figure 391 donne la coupe en travers, construit suivant les indications détaillées pages 514 et suivantes, conformément aux indications de M. W. Robinson et suivant des essais heureux que j'ai faits à plusieurs reprises, les situations seront variées à l'infini, suivant le goût du planteur et les exigences de

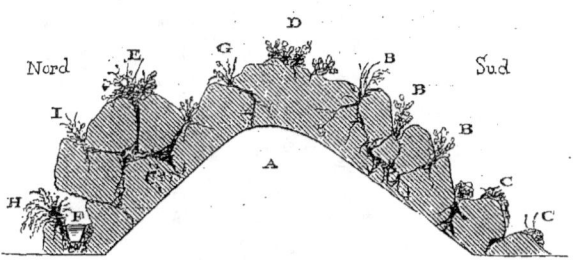

Fig. 391. — Plantation de rocailles artificielles.

culture de chaque plante. La légende explicative donne un de ces exemples, en commençant du côté droit, à la base de la butte de terre A.

C Arabis alpina variegata.
C Silene Schafta et Sempervivum calcareum.
B Dianthus cæsius.
B Campanula turbinata.
B Oxalis rosea.
D Opuntia vulgaris.
   Cotoneaster thymifolia.
   Genista sagittalis.

Thymus citriodorus aureus.
G Ceterach officinarum.
E Saxifraga granulata.
   Pyrethrum Tchihatchewii.
I Cystopteris fragilis.
   Adiantum Capillus Veneris (tenu frais par le vase rempli d'eau F).

En variant les expositions, la nature des roches et la composition du sol, on peut ainsi obtenir des collections nombreuses, ne demandant presque aucun soin et renouvelant toute l'année leur parure de fleurs et de feuillage. Je ne saurais trop faire ressortir l'attrait des plantes de rocailles ainsi disposées et l'intérêt toujours nouveau qu'elles présentent à l'amateur.

Si les rochers, naturels ou artificiels, manquent absolument, on peut suppléer à leur absence en convertissant les fissures des vieilles murailles en autant de crevasses où seront plantées des espèces robustes, s'accommodant de semblables situations. On ignore généralement que plusieurs centaines d'espèces pourraient vivre sans autre nourriture qu'un peu de terre,

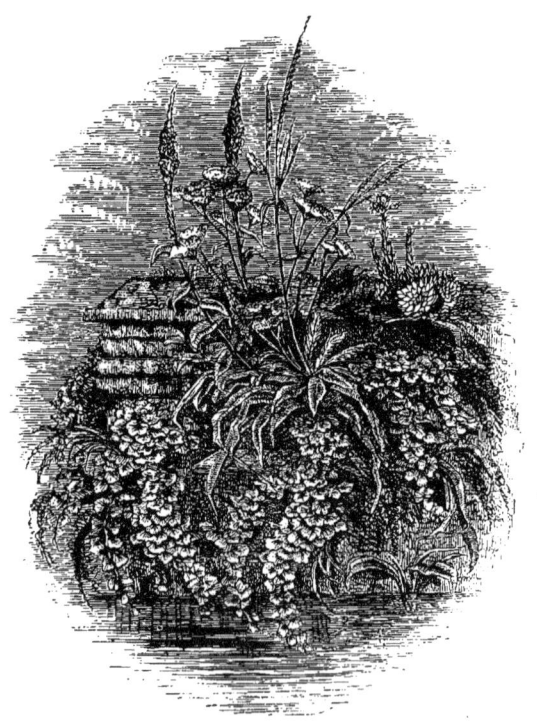

Fig. 392. — Plantation pittoresque des vieux murs.

dans laquelle leurs racines plongeraient de l'autre côté d'un mur. Mettant à profit cette rusticité de certaines plantes, j'ai semé et planté, en 1867, sur les rochers du parc des Buttes-Chaumont, une quantité de plantes aujourd'hui solidement établies dans les joints de véritables murailles naturelles. Au mois de juin, l'aspect des valérianes rouges en fleur (*Centranthus ruber*) y est remarquablement beau, au milieu d'une profusion de cinéraires maritimes (*Cineraria maritima*), de rosiers sauvages, de lierres, de grandes campanules (*Campanula Medium*), de mufliers (*Antirrhinum majus*), etc. Parmi les scènes de ce genre, on peut citer la forteresse de Granville (Calvados) dont les murs sont couverts de cette même valériane et de sa variété blanche.

La figure 392 donne l'idée de l'un de ces murs situé au-dessus d'un bassin. Les capillaires (*Adiantum Capillus Veneris*) retombent gracieusement sur l'eau, des millefeuilles (*Achillea Millefolium*), des verveines (*Verbena officinalis*), des épiaires (*Stachys*) se suspendent au-dessus, et la joubarbe des toits (*Sempervivum tectorum*) arrondit ses épaisses rosettes sur le chaperon de la muraille. On peut y ajouter des résédas (*Reseda alba, R. odorata*), des linaires (*Linaria vulgaris*), des fumeterres (*Corydalis lutea*), des arabettes (*Arabis arenosa*), des campanules, saxifrages, gypsophiles, et une infinité d'autres plantes qui préfèrent ces situations à toute culture de jardin.

Fig. 393. — Ipomées couvrant le toit d'une maison, à Port-Saïd.

Nous avons vu (p. 509 et p. 519, fig. 306) comment les fougeraies devaient être construites, dans les serres ou en plein air. Bien qu'un certain nombre d'espèces de fougères vivent en plein soleil, la plupart aiment l'ombre et l'abri. Quelques-unes même, comme la scolopendre (*Scolopendrium officinale*), prospèrent à l'intérieur des puits. On devra donc placer la fougeraie au nord, sous le couvert des grands arbres et planter les espèces suivant qu'elles réclament plus ou moins d'ombre et d'humidité. On trouvera plus loin la liste des plus jolies formes indigènes de cette gracieuse et remarquable famille.

Les plantes grimpantes herbacées, si utiles pour la garniture des palissades régulières, des murailles, des clôtures, sont aussi précieuses pour l'ornementation des jardins paysagers. On peut obtenir des effets très-décoratifs en garnissant le tronc des arbres de plantes annuelles ou vivaces, depuis les pois de senteur (*Lathyrus odoratus*), jusqu'au tamier (*Tamus communis*) à baies rouges, indigène dans nos forêts. Les ipomées, si gracieuses lorsque l'on sait les suspendre aux maisons en capricieux festons (fig. 393) sont annuelles comme le volubilis (*Ipomœa purpurea*), ou vivaces comme l'espèce à grandes fleurs blanches, nocturnes et parfumées (*Calonyction macrantholeucum*) de l'Amérique méridionale. On peut donner un aspect pittoresque à de nombreuses espèces. La courge vivace (*Cucurbita perennis*) suspendra ses grandes feuilles blanchâtres aux branches des arbres, sur les kiosques ou sur les tourelles, ou bien étalera ses longs rameaux sur le sol mamelonné; les coloquintes et les coloquinelles (*Cucurbita Pepo*, var. div.), aux fruits d'ornement, les cyclanthéras (*Cyclanthera pedata*) aux feuilles palmées, le thladiantha (*Thladiantha dubia*) aux fruits rouges, et bien d'autres cucurbitacées rivaliseront avec les nombreuses papilionacées grimpantes. Les maurandias (*Maurandia Barclayana*) garniront les treillages ou les murs, les cobéas (*Cobœa scandens*) et les boussingaultias (*Boussingaultia basselloides*) couvriront de vastes surfaces en quelques semaines. La variété de ces ornements est considérable et leur culture généralement facile.

LISTES DES PLANTES A FLEURS D'ORNEMENT, DE PLEIN AIR, CLASSÉES SUIVANT LEUR EMPLOI.

Si l'ornementation florale des jardins avait une importance égale à celle de la plantation des végétaux ligneux rustiques, les listes des espèces exotiques qui vont suivre, complément des précédentes consacrées aux plantes herbacées indigènes, auraient pu prendre une étendue considérable. La floriculture a fait d'immenses progrès depuis le commencement de ce siècle et notamment depuis vingt ans; le nombre des espèces cultivées s'est tellement accru, qu'il est nécessaire d'être sévère dans les choix, sous peine de multiplier à l'excès le travail de la culture, sans augmenter sensiblement l'effet ornemental. Il vaut mieux cultiver parfaitement un petit nombre de plantes que de conserver de vastes collections négligées. D'ailleurs, les éléments de la décoration végétale peuvent se renouveler chaque année et l'on doit même conseiller ces changements fréquents, pour varier l'intérêt des jardins et laisser l'amateur à sa propre initiative, après avoir guidé ses premiers pas.

Nos listes ne comprendront donc qu'un choix restreint, suffisant pour la plupart des jardins. A l'exception de quelques espèces des tourbières, *Sarracenia*, *Darlingtonia*, etc., encore mal cultivées en Europe, presque toutes les plantes signalées ci-après sont d'une culture très facile, et ne craignent pas les hivers du climat de Paris.

CHOIX DE PLANTES HERBACÉES VIVACES POUR BORDURE PAYSAGÈRE.

(Les espèces de haute taille sont marquées d'un *).

Achillea Millefolium, L., v. roseum. Indigène.
* — Ptarmica, L., v. flore pleno. —
* Aconitum Napellus, L. —
— variegatum, L. Eur. mérid.
* Anchusa italica, L. Indigène.
* Anemone japonica, Sieb. et Zucc. Japon.
* — — Honorine Jobert. Var. à fl. blanc.
Aquilegia alpina, L. Alpes.
— vulgaris, L., var. div. Indigène.
* Arundo Donax, L. Eur. mér.
Asclepias tuberosa, L. Amér. sept.
* Asphodelus luteus, L. Eur. mér.
* — ramosus, Willd. Indigène.
Aster Amellus, L. —
* — versicolor, Willd. Amér. sept.
* — Novæ Angliæ, Ait. —
* — versicolor, Willd. — —
— multiflorus, Ait. — —
Campanula nobilis, Lindl. Chine.
— carpatica, Jacq., et v. alba. Hongrie.
— persicæfolia, L., var. fl. pl. Indigène.
* — pyramidalis, L. Styrie.
* Centranthus ruber, L., et var. Indigène.
* Chrysanthemum indicum, L., et var. Chine.
* Delphinium, div. espèc. Europe, Asie.
Dielytra spectabilis, DC. Chine.
Dictamnus Fraxinella, Pers. Indigène.
Doronicum caucasicum, Bieb. —
* Echinops sphærocephalus, L. —
— Ritro, L. —
* Epilobium angustifolium, L. —
* — rosmarinifolium, Hænk. —
Erigeron speciosum, DC. Californie.
Eryngium cœruleum, Bieb. Perse.
* Ferula communis, L. Eur. mérid.
* — tingitana, L. Afrique sept.
Funkia subcordata, Spreng. Japon.
— Sieboldi, Hook. —
Gaillardia picta, Sweet, v. grandiflora. Texas.
* Galega officinalis, L. Indigène.
Geranium platypetalum, Fisch. et Mey. Géorg.
— pratense, L. Indigène.
— sanguineum, L. —
* Gypsophila paniculata, L. Sicile.
* Hedysarum coronarium, L. Eur. mérid.
* Helianthus multiflorus, L. Amér. sept.
— argophyllus, A. Gray. Texas.

* Helenium atropurpureum, K. et Bouc. Texas.
Helleborus niger, L. Europe mérid.
— atrorubens, Hybr. cult.
* Hemerocallis flava, L. Eur. mérid.
* — fulva, L. Indigène.
* Hesperis matronalis, L. et var. —
* Hibiscus roseus, Thore. —
* — palustris, L. Amér. sept.
Iris germanica, L., et var. Eur. mérid.
— florentina, L. —
— Susiana, L. Perse.
Liatris spicata, Willd. Amér. sept.
* — pycnostachya, Mich. — —
Linum perenne, L. Sibérie.
* Lobelia cardinalis, L., et var. Amér. sept.
* — syphilitica, L. —
* Lupinus polyphyllus, Dougl. — —
* Lychnis chalcedonica, L. Orient.
— Viscaria, L. Indigène.
* Malva moschata, L. —
Melittis melissophyllum, L. —
Monarda didyma, L. Amér. sept.
* Œnothera speciosa, Nutt. Louisiane.
Orobus vernus, L. Indigène.
Pæonia, div. esp. et var. Europe, Chine.
* Papaver orientale, L. Arménie.
* — bracteatum, Lindl. Sibérie.
* Phlox decussata, Lyon., et var. Amér. sept.
* — paniculata, L., et var. — —
Phygelius capensis, E. Mey. Cap.
* Physostegia virginiana, Benth. Amér. sept.
Ranunculus aconitifolius, L., et var. Indig.
— acris, L., fl. pleno. —
* Rudbeckia purpurea, L. Louisiane.
Saxifraga cordifolia, Haw. Sibérie.
— crassifolia, L. —
Sedum fabarium, C. Lem. Patrie?
* Spiræa Aruncus, L. Indigène. Montagnes.
— Ulmaria, L., flore pleno. Indigène.
— lobata, Murr., v. venusta. Am. sept.
Tradescantia virginica, L. — —
* Tritoma Uvaria, Gawl. Afrique australe.
Trollius europæus, L., et var. Indigène.
— asiaticus, L. Asie.
* Verbascum phœniceum, L. Eur. aust.
Veronica spicata, L. Indigène.
* — virginica, L. Amér. sept.

Veronica gentianoides, Vahl. Caucase.
Viola cornuta, L. Indigène. Montagnes.

MÊME SITUATION, EN BORDURE :

Achillea tomentosa, L. Eur. mérid.
— Clavennæ, L. —
Aethionema coridifolium, DC. Orient.
Alyssum saxatile, L. Eur. mérid.
Ajuga pyramidalis, L. Indigène.
Anemone coronaria, L. France mérid.
— fulgens, J. Gay. —
— stellata, Lamk. —
— Hepatica, L., et var. Indigène.
Arabis albida, Stev. Caucase.
Arum italicum, Mill. Indigène.
Aster alpinus, L. Alpes. Pyrénées.
Aubrietia deltoidea, DC. Eur. mérid.
Bellis perennis, L., div. var. Indigène.
Brunella grandiflora, Mœnch. —
Campanula turbinata, Schott. Transylvanie.
Convallaria maialis, L. Indigène.
Epimedium variés. Europe, Japon, etc.
Eranthis hyemalis, Salisb. Indigène.

Funkia lancifolia, Spreng. Japon.
Gentiana acaulis, L. Indigène.
Iris pumila, L. Eur. mérid.
Linaria alpina, DC. Alpes.
Myosotis alpestris, Schmidt. Indigène.
Omphalodes verna, L. —
Oxalis rosea, Jacq., et v. alba. Chili.
Phlox setacea, L. Amér. sept.
— subulata, L. —
Plumbago Larpentæ, Lindl. Chine.
Primula elatior, Hort., et var. Indigène.
Saponaria ocimoides, L. —
Saxifraga, div. esp. Europe, Asie.
Scutellaria alpina, L. Indigène.
Sedum maximum, Suter. —
— Sieboldi, Sweet. Japon.
Silene acaulis, L. Indigène.
— Schafta, Gmel. Caucase.
Tunica saxifraga, Scop. Indigène.
Veronica prostata, L. —
Vinca minor, L. et var. —
Viola odorata, L. et var. —
Et un grand nombre d'espèces bulbeuses.

CHOIX DE PLANTES ANNUELLES ET BISANNUELLES.

* Ageratum cæruleum, Desf. Amér. trop.
Alyssum maritimum, Lamk. Indigène.
Arabis arenosa, Scop. —
Brachycome iberidifolia, Benth. Australie.
* Campanula Medium, L., et var. Indigène.
— sibirica, L. Sibérie.
Centranthus macrosiphon, Boiss. Espagne.
Chrysanthemum coronarium, L., et v. Eur.
Clarkia elegans, Dougl. Californie.
— pulchella, Pursh, et var. —
Delphinium Ajacis, L., et var. Indigène.
* Digitalis purpurea, L., et var. —
Erysimum Petroffskianum, Fisch. et M. Cauc.
Gaillardia picta, Sweet. Texas.
Godetia rubicunda, Spach. Californie.
* — Whitneyi, Hort., et autres var. —
Gypsophila elegans, Bieberst. Tauride.
Iberis umbellata, L., et var. Indigène.
* Ipomopsis elegans, Michx. Am. bor.
* Lavatera trimestris, L., et var. Eur. mér.
Linaria triornithophora, Willd. Portugal.
Linum grandiflorum, Desf. Algérie.

* Loasa vulcanica, Ed. André. Ecuador.
* Lupinus Hartwegii, Bot. Reg. Mexique.
— pubescens. Benth. Amér. trop. et éq.
* — hybridus, Hort. Hybr. cult.
* — mutabilis, Sweet. N^{lle} Grenade.
— nanus, Dougl. Californie.
Malcolmia maritima, R. Br., et var. Indigène.
* Malope trifida, Cav. Algérie.
Nemophila maculata, Benth. Californie.
— insignis, Benth. —
Omphalodes linifolia, Mœnch. Eur. mérid.
* Papaver somniferum, L., et var. Perse.
Phlox Drummondi, Hook., et var. Texas.
* Polygonum orientale, L. Orient.
Reseda odorata, L. Égypte.
Saponaria calabrica, Guss. Calabre.
Schizanthus pinnatus, R. et Pav. Chili.
— retusus, Hook. Chili.
Senecio elegans, L., et var. Inde.
Silene Armeria, L. Indigène.
— pendula, L. Eur. mér.
Viscaria oculata, Lindl., et var. — —

CHOIX DE QUELQUES PLANTES BULBEUSES RUSTIQUES.

Allium azureum, Ledeb. Sibérie.
Amaryllis Belladonna, L. Cap.
Arum crinitum, Ait. Eur. mér.
* — Dracunculus, L. — —
Bulbocodium vernum, L. Indigène.
Colchicum autumnale, L., et v. —
Crocosmia aurea, Planch. Cap (p. l'ouest).
Crocus variés. Europe et Asie.
Cypripedium Calceolus, L. Indigène.
— spectabile, Sw. Amér. sept.
Erythronium Dens canis, L. Indigène.
* Fritillaria imperialis, L. Perse.
— Meleagris, L. Indigène.
Galanthus nivalis, L. —
* Gladiolus variés. Cap.
Hyacinthus orientalis, L., et var. Orient.
Iris Xyphium, L. Portugal.
— xyphioides, Ehrh. Pyrénées.
— persica, L. Perse.
* Lilium candidum, L. Orient.
* — auratum, Lindl. Japon.
* — croceum, Chaix. Indigène.
* — bulbiferum, L. Eur. mérid.

Lilium longiflorum, Thunb. Japon.
* — Martagon, L. Indigène.
— pomponium, L. Sibérie.
— speciosum, Thunb. Japon.
Muscari variés. Indigènes.
Narcissus poeticus, L., et var. —
— biflorus, Curt. Eur. mérid.
— minor, L., —
— pseudo-Narcissus, L. Indigène.
— Tazetta, L., et var. Eur. mérid.
Orchidées variées. Indigènes.
Ornithogalum umbellatum, L. —
— pyramidale, L. Eur. mér.
Pancratium illyricum, L. —
Scilla peruviana, L. —
— campanulata, Ait. —
— sibirica, Andrews. Russie.
Sternbergia lutea, Gawl. Eur. mér.
Tigridia pavonia, Red. Mexique.
Trillium grandiflorum, Salisb. Amér. sept.
Triteleia uniflora, Lind. Paraguay.
Tulipa, esp. et var. div. Europe, Asie.

CHOIX DE PLANTES HERBACÉES CROISSANT SOUS BOIS.

Actæa spicata, L. Indigène.
— racemosa, L. Amér. sept.
Aquilegia vulgaris, L. Indigène.
* Aralia edulis, Sieb. et Zucc. Japon.
* Arum Dracunculus, L. Eur. mérid.
— maculatum, L. Indigène.
— italicum, Mill.
Asperula odorata, L. —
Astrantia major, L. Alpes.
Begonia discolor, R. Br. Chine.
Campanula Trachelium, L. Indigène.
Centaura montana, L —
Colchicum autumnale, L. —
Convallaria maialis, L. —
Corydalis bulbosa, DC. —
— lutea, DC. —
— ochroleuca, Koch. Eur. mér.
— tuberosa, DC. —
Cyclamen europæum, L. Indigène.
— hederæfolium, Koch. Eur. mér.
Omphalodes verna, L. Indigène.
Cypripedium Calceolus, L. —
Dianthus superbus, L. —

Dielytra formosa, DC. Amér. sept.
Doronicum Pardalianches, Willd. Indigène.
Epimedium variés. Europe, Chine, Japon.
Eranthis hyemalis. L. Indigène.
Erythronium Dens canis, L. —
Ficaria ranunculoides, L., v. fl. pl. —
Fougères variées. Indigènes et exotiques.
Funkia subcordata, Spreng., et aut. esp. Japon.
Galeobdolon luteum, Huds. Indigène.
Geranium sanguineum, L. —
Geum rivale, L. Alpes.
Helleborus niger, L. Eur. mér.
— viridis, L. Indigène.
* Hesperis matronalis, L. —
Hoteia japonica, Dene. Japon.
Hypericum calycinum. L. Orient.
* Impatiens Noli-tangere, L. Indigène.
Iris fœtidissima, L., et var.
Lamium maculatum, L. —
* Lilium Martagon, L. —
* — croceum, L. —
Lithospermum purpureo-cœruleum, L —
Maianthemum bifolium, DC. —

Meconopsis cambrica, Vig. Indigène.
Melittis melissophyllum, L. —
Myosotis alpestris, Schmidt. —
Narcissus minor, L. Eur. mér.
— pseudo-Narcissus, L. Indigène.
Orobus variés. Europe, Sibérie.
Phyteuma spicatum, L. Indigène.
Polemonium cœruleum, L. —
Polygonatum vulgare, Desf. —
— multiflorum, All. —
Primula elatior, L., et var. —
Pulmonaria virginica, L. Virginie.
Ranunculus aconitifolius, L., et var. Indig.
Saxifraga crassifolia, L. Sibérie.
— hypnoides, L. Indigène.
— ligulata, Wall. Népaul.
— sarmentosa, L. Chine.
— umbrosa, L. Indigène.

Scilla campanulata, Ait. Eur. mér.
— nutans, Smith. Indigène.
Sedum fabarium, C. Lem. Patrie?
* Solidago canadensis, L. Amér. sept.
Spiræa Aruncus, L. Indigène.
* — Filipendula, L. —
Sternbergia lutea, Gawl. Eur. mér.
* Thalictrum aquilegifolium, L. Indigène.
Trifolium repens, L., v. fol. purpur. —
* Valeriana dioica, L. —
— officinalis, L. —
* Veratrum album, L. —
* — nigrum, L. Eur. austr.
Veronica Chamædrys, L. Indigène.
— Teucrium, L. —
Vinca variés. Europe.
Viola cornuta, L. Montagnes.
— odorata, L. Indigène.

CHOIX DE PLANTES POUR TOURBIÈRES ARTIFICIELLES.

Calla palustris, L. Indigène.
Darlingtonia californica, Torr. Calif. (p. l'ouest).
Drosera longifolia, L. Indigène.
— rotundifolia, L. —
Gentiana Pneumonanthe, L. —
Geum rivale, L. Alpes.
Linnæa borealis, L. Eur. sept.
Lobelia Dortmanna, L. Eur. et Amér. sept.
Lycopodium variés. Europe.
Menyanthes trifoliata, L. Indigène.
Narthecium ossifragum, Huds. —
Orchis Morio, L. —
Parnassia palustris, L. —
Rhexia virginica, L. Amér. sept.

Sarracenia Drummondi, Cr. Am. sept. (p. l'ouest).
— flava, L. — —
— purpurea, L. — —
— variolaris, Mich. — —
Spigelia marylandica, L.
Tradescantia virginica, L. —
Trillium grandiflorum, Salisb. —
— sessile, L. Indigène.
Trollius asiaticus, Asie.
— europæus, L. Indigène.
Et beaucoup d'autres jolies espèces à introduire des montagnes Rocheuses, des Himalayas, de la Cordillère des Andes, etc., etc.

CHOIX DE PLANTES AQUATIQUES.

1° *Submergées.*

Stratiotes aloides, L. Indigène.
Vallisneria spiralis, L. —

2° *Flottantes.*

Aponogeton distachyus, Thunb. Indigène.
Hydrocleis Humboldtii, Endl. Amér. mér.
Nuphar luteum, Smith. Indigène.
Nymphæa alba, L. —
Ranunculus aquatilis, L. —
Trapa natans, L. —
Villarsia nymphoides, Vent. —

3° *Émergées.*

* Acorus Calamus, L. Subspontané.
— gramineus, Ait., fol. var. Chine.
* Alisma Plantago, L. Indigène.
* Butomus umbellatus, L. —
* Iris pseudacorus, L. —
Jussieua repens, L. Inde.
Menyanthes trifoliata, L. Indigène.
Pontederia cordata, L. Amér. sept.
Sagittaria sagittæfolia, L., et var. Indigène.
* — sinensis, Bot. Mag. Chine.
* — variabilis, Eng., flore pleno. Am. sept.

Saururus cernuus, L. Amér. sept.
* Sparganium ramosum, Huds. Indigène.
Thalia dealbata, Sow. Amér. tropic.
Typha latifolia, L. Indigène.
— angustifolia, L. —
— minima, Hoppe. —

4° Amphibies.

Acorus Calamus, L. Subspontané.
Alisma Plantago, L. Indigène.
Arundo Donax, L. Eur. mér.
Caltha palustris, L., et var. Indigène.
Epilobium hirsutum, L. —
Eupatorium cannabicum, L. —

Iris pseudacorus, L.   Indigène.
Lysimachia vulgaris, L. —
Lythrum Salicaria, L. —
Myosotis palustris, L. —
Osmunda regalis, L. —
Phalaris arundinacea, L., v. picta. —
Ranunculus Lingua, L.
Richardia æthiopica, Schott. Afriq. austr.
Rumex Patientia, L.   Indigène.
— Hydrolapathum, Huds. —
Spiræa Ulmaria, L., et var. —
Symphytum officinale, L., et var. —
Valeriana officinalis, L. —

CHOIX DE PLANTES POUR ROCHERS, ROCAILLES ARTIFICIELLES, ETC.

Achillea Clavennæ, L. Eur. mér.
— tomentosa, L. —
Adonis vernalis, L. Pyrénées.
Aethionema coridifolium, DC. Orient.
Ajuga Genevensis, L. Indigène.
Alysum saxatile, L. Eur. mér.
Anemone alpina, L. Alpes.
— apennina, L. Italie.
— Hepatica, L., et var. Indigène.
— nemorosa, L., et var. —
— Pulsatilla, L. —
— stellata, Lamk. Eur. mér.
— fulgens, J. Gay. France mér.
Antennaria dioica, Gærtn. Indigène.
Arabis alpina, L., et var. Alpes.
— lucida variegata, Hort. Var. cult.
Arenaria balearica, L. Eur. mér.
— laricifolia, Vill. Alpes.
Asperula odorata, L. Indigène.
Aster alpinus, L. Alpes.
Aubrietia deltoidea, DC. Eur. mér.
Brunella grandiflora, Mœnch. Indigène.
Campanula carpatica, Jacq. Hongrie.
— rotundifolia, L. Indigène.
— fragilis, Cyr. Sicile.
— cæspitosa, Scop. Alpes.
Centaurea montana, L. Indigène.
— candidissima, Lamk. Eur. mér.
— gymnocarpa, Moris. —
Centranthus ruber, DC., et var. Indigène.
Cerastium tomentosum, L. Eur. mérid.
Cheiranthus Cheiri, L. Indigène.
Cineraria maritima, L. France mér.
Convallaria maialis, L., et v. striata. Indig.

Cortusa Matthioli, L. Alpes.
Corydalis ochroleuca, Koch. Eur. mér.
— bulbosa, DC. Indigène.
— lutea, DC. —
— tuberosa, DC. Eur. mér.
Crucianella stylosa, Trin. Perse.
Dactylis glomerata, L., variegata. Indigène.
Dianthus deltoides, L.
— cæsius, Smith. Alpes.
— Carthusianorum, L. Indigène.
— semperflorens, Hort., et var. cult.
— plumarius, L., et var. Eur. sept.
Dielytra formosa, DC. Amér. sept.
Dodecatheon Meadia, L. — —
Epimedium (diverses espèces).
Erinus alpinus, L. Alpes (abriter l'hiver).
Erodium alpinum, L'Hér. Alpes.
Erysimum Marshallianum, Andr. Russ. mér.
Fougères variées.
Fragaria indica, Andr. Népaul.
Funkia cœrulea, Willd. Japon.
— Sieboldi, Hook. —
Gentiana acaulis, L.   Indigène.
Geranium sanguineum, L. —
Geum rivale, L. Alpes.
Gypsophila Steveni, Fisch. Allemagne.
Helianthemum (nombreuses espèces).
Helleborus — — —
Heuchera micrantha, Dougl. Amér. bor.
— americana, L. Amér. sept.
Hieracium aurantiacum, L. Alpes.
Hypericum calycinum, L. Orient.
Iberis sempervirens, L. Candie.
Iris variés, petites espèces.

Jasione perennis, Lamk. Indigène.
Lamium maculatum, L. —
Linaria alpina, DC. Alpes.
— Cymbalaria, L. Indigène.
Lippia canescens, Kunth. Pérou.
Lychnis alpina, L. Alpes.
Meconopsis cambrica, Vig. Indigène.
Omphalodes verna, L. —
Orobus vernus, L. —
Oxalis corniculata, L., v. purpurea. —
Pennisetum longistylum, Hochst. Abyssinie.
Pentstemon variés. Amér. sept.
Phlox setacea, L. —
— subulata, L. —
Physalis Alkekengi, L. Indigène.
Plumbago Larpentæ, Lindl. Chine.
Potentilla aurea, L. Alpes.
Primula (nombreuses espèces).
Pyrethrum Tchihatchewii, Boiss. As. mineure.
Ramondia pyrenaica, Rich. Pyrénées.
Sedum acre, L. Indigène.
— album, L. —
— dasyphyllum, L. —
— pulchellum, Mich. Amér. sept.
— rupestre, L. Indigène.
— sarmentosum, Bunge. Chine sept.
— Sieboldi, Sweet. Japon.

Sedum spurium, Bieb. Caucase.
Sempervivum (nombreuses espèces).
Silene acaulis, L. Indigène.
— maritima, With., v. fl. pl. —
— Schafta, Gmel. Caucase.
Stachys lanata, Jacq. Indigène.
Statice Armeria, Smith., et var. —
— pseudo-Armeria, Desf. Eur. mér.
Teucrium Chamædrys, L. Indigène.
Thymus citriodorus aureus, Hort.
Trifolium repens, L., fol. purp. Indigène.
Trollius europæus, L.
— asiaticus, L. Asie.
Valeriana montana, L. Indigène.
Veronica Teucrium, L. —
— Chamædrys, L. —
Verbena pulchella, Sweet, v. Mahoneti. Brésil.
Vinca major variegata, L. Indigène.
— minor, L., et var. —
— herbacea, Waldst. et Kit. Hongrie.
Viola cornuta, L. Alpes.
— calcarata, L. Montagnes.
Yucca flaccida et autres esp. Amér. sept.
Zauschneria californica, Presl. Californie.
Et de nombreuses espèces bulbeuses et tubéreuses et plantes alpines diverses.

CHOIX DE FOUGÈRES DE PLEIN AIR.

Adiantum pedatum, L. Amér. sept.
— Capillus Veneris, L. Eur. mér.
Aspidium aculeatum, Sweet. Indigène.
— angulare, Kit., et var. —
— Lonchitis, Sweet. —
Asplenium Trichomanes, L. —
— Adiantum nigrum, L. —
Athyrium Filix femina, Roth., et var. —
Ceterach officinarum, DC. —
Cystopteris fragilis, Bernh. —
Lomaria alpina, Spreng. Am. mér., Australie.
— Spicant, Desv. Indigène.

Nephrodium Filix mas, Rich. Indigène.
— cristatum, Mich. —
Onoclea sensibilis, L. Amér. sept.
Osmunda regalis, L. Indigène.
— cinnamomea, L. Asie, Amér.
Polypodium Dryopteris, L. Indigène.
— calcareum, Sm. —
— vulgare, L., et var. —
Polystichum Oreopteris, DC. —
Scolopendrium officinale, L., et var. —
Struthiopteris germanica, Willd. —
Et autres espèces exotiques.

CHOIX DE GRAMINÉES ORNEMENTALES.

Agrostis nebulosa, Boiss. Espagne.
Aira pulchella, Willd. Indigène.
Andropogon saccharatus, Roxb. Inde.
— halepensis, Sibth. Orient.
Arundinaria falcata, Nees. Népaul (ouest).
Arundo Donax, L., et var. variegata. Indig.

Arundo mauritanica, Desf. Algérie.
Bambusa variés. Chine, Japon.
Briza maxima, L. Indigène.
— minor, L. —
Erianthus Ravennæ, Pal. Beauv. Eur. mér.
Festuca glauca, Schrad. Indigène.

Gynerium argenteum, Nees. Paraguay.
Gymnothrix latifolia, Schott. Uruguay.
Lagurus ovatus, L. Indigène.
Lamarckia aurea, Mœnch. Eur. mér.

Melica ciliata, L. Indigène.
Pennisetum longistylum, Hochst. Abyssinie.
Phalaris arundinacea, L., v. picta. Indigène.
Stipa pennata, L. —

PLANTES HERBACÉES A FRUITS D'ORNEMENT.

Asclepias Cornuti, Dcne. Amér. sept.
Capsicum cerasiforme, L. ⎫ Types mélangés,
— chilense, Hort. ⎪ de l'Inde et
— grossum, Willd. ⎬ de l'Amériq.
— longum, DC. ⎭ mérid.
Cardiospermum Halicacabum, L. Inde.
Cucumis Anguria, L. Amér. mér.
— Dudaim, L. Patrie?
— dipsaceus, Ehrenb. Afr. centr.
— flexuosus, L. Patrie?
— metuliferus, E. Mey. —
Cucurbita Pepo, DC., div. var. —

Cucurbita perennis, A. Gray. Texas.
Lagenaria vulgaris, Ser., et var. Inde.
Martynia proboscidea, Glox. Amér. trop.
Momordica Charantia, L. Inde.
— Balsamina, L. —
Physalis Alkekengi, L. Indigène.
Solanum citrullifolium, Al. Braun. Texas.
— mammosum, L. Amér. trop.
— cornigerum, Dunal. Brésil.
— ovigerum, Dunal. Inde.
— texanum, Delile. Texas.
Trichosanthes colubrina, Jacq. Amér. mér.

CHOIX DE PLANTES HERBACÉES GRIMPANTES.

Abobra viridiflora, Naudin. Amér. mér.
Boussingaultia baselloides, Kunth. Andes.
Calonyction macrantholeucum, Coll. Am. mér.
Calystegia pubescens, Lindl., et var. Chine.
Cobæa scandens, Cav. Mexique.
Cucumis, div. esp. Amérique, Afrique.
Cucurbita Pepo, DC., div. var.
Cyclanthera pedata, Schrad. Amér. mér.
Eccremocarpus scaber, R. et Pav. Chili.
Humulus Lupulus, L. Indigène.
Ipomœa hederacea, L., et var. Amér. mér.
— purpurea, Lamk. —
— Quamoclit, L. Inde.
Lagenaria vulgaris, Ser., et var. —
Lathyrus odoratus, L. Eur. mér.

Lathyrus latifolius, L. Eur. mér.
— grandiflorus, Bot. Mag. —
Loasa aurantiaca, Hook. Chili.
Luffa acutangula, Ser. Inde.
— cylindrica, L. —
Maurandia Barclayana, Lindl. Mexique.
— antirrhiniflora, Willd. —
Momordica Charantia, L. Inde.
— Balsamina, L. —
Phaseolus multiflorus, L., et var. Am. mér.
Thladiantha dubia, Bunge. Chine sept.
Thunbergia alata, Bojer, et var. Afrique.
Tropæolum majus, L., et var. Pérou.
— Lobbianum, Hook. Colombie.
— aduncum, Smith. Mexique.

CHOIX DE PLANTES A DISPERSER DANS LES PELOUSES.

Anemone nemorosa, L. Indigène (à l'ombre).
Bulbocodium vernum, L. Indigène.
Colchicum autumnale, L., et var. —
Corydalis bulbosa, DC. —
Crocus variés. Europe.
Cyclamen hederæfolium, Koch. Eur. mér.
Galanthus nivalis, L. Indigène.
Helichrysum arenarium, DC. Allemagne, etc.
Iris pumila, L. Eur. mérid.

Leucoium vernum, L. Indigène.
Narcissus pseudo-Narcissus, L. —
— minor, L. Eur. mérid.
Scilla bifolia, L. Indigène.
— nutans, Smith. —
— sibirica, Andrews. Russ. mérid.
Sternbergia lutea, Gawl. Eur. mérid.
Triteleia uniflora, L. Lindl. Buenos-Ayres.
Zephyranthes candida, Herb. Pérou.

LES FLEURS ET LEURS COMBINAISONS SYMÉTRIQUES DANS LES JARDINS.

Nous avons examiné les propriétés ornementales des végétaux herbacés rustiques, au point de vue de leur emploi pittoresque dans les jardins paysagers, et étudié leur groupement suivant les exemples fournis par la nature. Il est temps de les considérer sous le rapport de leurs associations en masses homogènes ou dans leurs combinaisons de formes et de couleurs.

Ainsi envisagées, les plantes d'ornement se divisent en deux groupes, suivant les positions principales qu'elles occupent :

1° Dans les jardins paysagers, où elles sont disposées :

En *corbeilles* ;

En *bordures*.

2° Dans les parterres ou jardins fleuristes :

En *plates-bandes* ;

En *dessins variés*.

L'ornementation florale est un art compliqué, qui nécessiterait des volumes pour en détailler les combinaisons. Tel n'est pas le but de cet ouvrage, où les jardins sont considérés surtout au point de vue paysager. Les dispositions symétriques des fleurs ne peuvent y occuper une place importante ; il suffira d'exposer quelques modèles, en procédant du simple au composé ; la fantaisie individuelle des amateurs pourra ensuite s'exercer dans ce champ sans limites [1].

Harmonie et contraste des couleurs. — Avant de procéder à l'examen des divers arrangements que peuvent recevoir les plantes fleuries, on doit connaître les lois de l'harmonie et du contraste des couleurs. Il n'est pas indifférent d'associer une nuance avec une autre, bien que cette considération soit le plus souvent négligée dans le groupement des plantes. Une corbeille de fleurs plaît-elle aux regards, on peut dire que les lois de la couleur ont été observées. Newton, Buffon, Field, Hay, Chevreul, se sont occupés de cette question. C'est à ce dernier savant que l'on emprunte aujourd'hui les règles qu'il a posées dans son traité du *Contraste simultané des couleurs* et complétées par des observations plus récentes [2].

On compte trois couleurs *simples* : le *rouge*, le *jaune* et le *bleu*. Les couleurs *composées* sont : l'*orangé*, produit par le rouge et le jaune ; le *vert*,

---

1. On pourra consulter quelques ouvrages spéciaux sur la floriculture de plein air et les dessins des parterres :

Les fleurs de pleine terre, par Vilmorin-Andrieux.

Handy book of the flower garden, par David Thomson.

Et un grand nombre d'articles et de dessins publiés par les publications périodiques : le *Gardeners' Chronicle*, le *Journal of Horticulture*, le *Hamburger Garten und Blumenzeitung*, la *Revue de l'Horticulture belge et étrangère*, etc.

2. 1 vol. avec atlas. Paris, 1839 Voy. aussi *Compt. rend. Acad. Sc.* Paris, 1878.

résultant du bleu et du jaune, et le *violet*, combinaison du bleu avec le rouge. Ces couleurs *mixtes* prennent des tons variés suivant les proportions relatives des couleurs simples qui les composent; ce sont les *nuances*. La couleur *complémentaire* est celle qui, ajoutée à deux couleurs combinées, reforme les trois couleurs simples et réciproquement; par exemple, le vert est complémentaire du rouge, l'orangé est complémentaire du bleu, le violet est complémentaire du jaune.

Les combinaisons innombrables de ces couleurs et de leurs nuances peuvent produire des effets agréables ou disgracieux, suivant qu'elles se complètent ou se repoussent.

Les couleurs simples, rapprochées, contrastent avantageusement, mais présentent des mélanges un peu durs lorsqu'elles sont trop vives.

Les couleurs complémentaires sont également agréables. On peut rapprocher le jaune du violet, le rouge du vert et le bleu de l'orangé.

Les combinaisons binaires des couleurs composées donnent aussi des contrastes suffisants et heureux : l'orangé avec le violet, le violet avec le vert, etc.

Mais les rapprochements sont mauvais lorsque les couleurs composées sont auprès des couleurs simples dont elles sont formées : le jaune va mal avec l'orangé, le rouge avec le violet, le bleu avec le violet, etc. Ces effets sont cependant moins choquants lorsque les nuances sont pâles.

Le voisinage du blanc avive toutes les couleurs; interposé entre les lignes colorées, il les relève et harmonise des tons qui seraient discordants sans lui. Au contraire, le noir affaiblit toutes les nuances; dans les plantes, il est remplacé par les espèces à feuillage rouge ou violet foncé.

Parmi les combinaisons binaires, on peut recommander les suivantes : les couleurs simples et composées avec le blanc, comme : rose ou rouge et blanc, bleu clair et blanc, jaune vif et blanc, violet et blanc, vert et blanc;

Les couleurs simples réunies ou proches de leurs complémentaires : bleu et rouge, jaune et bleu, jaune et violet, orangé et bleu, vert et rouge, rouge et jaune.

Les mélanges ternaires, très répandus dans les parterres, peuvent être formés de couleurs simples ou complémentaires mélangées de bandes de feuillage vert, comme : blanc, orangé, vert; blanc, orangé, blanc, violet; bleu, orangé, bleu et blanc; blanc orangé, blanc et bleu; blanc, jaune, violet et blanc; jaune, rouge, blanc et jaune; blanc, jaune, vert et blanc, etc., etc.

Dans la pratique, on trouvera ces lois rarement mises à profit. La plupart sont lettre morte pour les jardiniers, qui se contentent de mélanges fantaisistes et ne raisonnent point leurs combinaisons florales. Il faudrait cependant peu de travail pour obtenir d'excellents résultats.

LES FLEURS DANS LES JARDINS PAYSAGERS.

Corbeilles. — On a nommé *corbeilles*, par opposition aux *massifs* composés d'arbres et d'arbustes, les parties de terrain découpées sur la surface des pelouses et où des plantes d'ornement sont réunies.

La forme ordinaire des corbeilles, ovale ou elliptique (fig. 79, 80, 81), est préférable à toutes les autres. Leurs proportions, la longueur respective de leurs axes, peuvent varier selon la forme et les dimensions du terrain. La surface des corbeilles doit être bombée, pour aider à l'effet produit par les fleurs, mais sans excès, afin de permettre l'arrosage des plantes. Les proportions les plus ordinaires des corbeilles elliptiques sont, dans les jardins paysagers de moyenne étendue, de 7 mètres sur le grand axe, et de 3 sur le petit; elles peuvent atteindre 10 à 12 mètres dans les grands parcs, et descendre à 5 ou 6 dans les petits jardins. A la pointe produite par une bifurcation d'allées, la forme elliptique se modifie et prend l'aspect obovale, circulaire ou cordiforme.

On place les corbeilles sur le bord des allées, en laissant une bordure de gazon large de 0^m,50 à 1 mètre, suivant la grandeur de la propriété. Jamais on ne doit les éloigner davantage, ni, à plus forte raison, les placer au milieu des pelouses. Chaque corbeille aura la ligne du bord extérieur horizontale, même si elle est placée sur une pente ou sur le relèvement d'un pli de terrain. L'examen de quelques-uns des plans de jardins du chapitre suivant indiquera la position ordinaire de ces corbeilles, par rapport aux pelouses.

Les corbeilles de fleurs doivent être principalement groupées autour de l'habitation principale, sans être trop rapprochées les unes des autres. Dès qu'elles s'éloigneront des premiers plans, elles seront composées de plantes à fleurs moins brillantes, de plus haute stature, souvent de simples espèces à feuillage d'ornement; enfin elles seront proscrites des parties éloignées du parc, où la nature seule doit former les scènes paysagères.

La préparation du sol des corbeilles est en rapport avec les genres de plantes que l'on se propose d'y cultiver. Pour les espèces annuelles ou vivaces, à choisir parmi celles dont j'ai donné les listes, et bien d'autres encore, une terre de jardin, meuble, fraîche, fumée de longue date, et un bon drainage suffiront. On l'additionnera de terreaux de couche et de dépotages, pour les plantes de serre destinées à orner les jardins pendant l'été et à périr ou être rentrées l'hiver. Parfois même, pour la culture de certaines espèces délicates, on emploie la terre de bruyère. Le sol des corbeilles placées sous bois est souvent épuisé par les racines des arbres; on doit alors en garnir le fond, creusé en cuvette, d'une grossière maçonnerie de plâtras et ciment, avec quelques trous pour l'écoulement des eaux.

Les plantes qui garnissent les corbeilles sont disposées en masses unicolores, en lignes concentriques, ou en compartiments variés. Sans repousser ces derniers mélanges, je n'hésite pas à conseiller de les faire aussi simples que possible, et de résister à la mode actuelle, excessive dans ses combinaisons minutieuses. Il serait facile de donner des exemples de centaines de compositions de corbeilles; je préfère me restreindre à quelques-unes, indiquant simplement le groupement d'un petit nombre d'espèces, de formes et de couleurs.

Aux végétaux rustiques précédemment énumérés viendront s'ajouter un certain nombre de plantes de serre, à belles fleurs, ou à feuillage coloré, destinées à la garniture pendant la belle saison seulement.

CORBEILLES D'UNE SEULE ESPÈCE.

Premier printemps.
Alyssum saxatile. — Planter en septembre.
Arabis alpina. —
Cheiranthus Cheiri. — Semer en octobre.
Malcolmia maritima. — Semer en septembre.
Myosotis alpestris. — Planter en septembre.
Nemophila insignis. — Semer en septembre.
Silene pendula. —
Tulipa præcox. — Planter en octobre.
Viola tricolor. —

Été.
Ageratum cœlestinum.
Begonia discolor.

Begonia tubéreux variés.
Calceolaria rugosa.
Canna variés.
Chrysanthemum frutescens.
Coleus Verschaffelti.
Dianthus sinensis var.
Fuchsia, div. variétés.
Heliotropium peruvianum var.
Hibiscus Rosa sinensis.
Iresine Lindeni.
Pelargonium zonale, div. variétés.
Petunia violacea.
Salvia splendens.
Verbena hybrides.

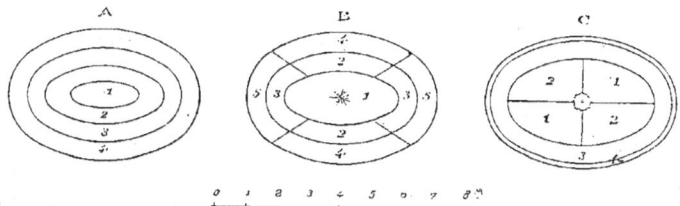

Fig. 394. — Modèles divers de corbeilles elliptiques.

CORBEILLES DE PLUSIEURS ESPÈCES OU VARIÉTÉS.

L'ordre suivi pour les rangs est indiqué du centre à la circonférence.

1° *Grands parcs.*

1 { Canna indica.
    Salvia splendens.
    Perilla nankinensis.
    Pelargonium Cerise unique.

2 { Ricinus major.
    Zea Mais albo-striata.
    Hibiscus Rosa sinensis.
    Tagetes signata.

3 { Canna Annéi.
— discolor.
— Warscewiczii.

2° *Jardins paysagers.*

1 { Pelargonium Cerise unique (rouge cerise).
Alyssum maritimum variegatum.

2 { Coleus Verschaffelti.
Pelargonium Manglesii.
Alternanthera paronychioides.

3 { Pelargonium Christine Nilsson (rose).
Verbena pulchella Mahoneti.

4 { Pelargonium prince de Joinville (rouge vif)
— Manglesii.

5 { Pelargonium Marie Lemoine (rose double).
Lobelia Erinus.

6 { Coleus Verschaffelti, n° 1.
Gnaphalium lanatum, n° 2.
Coleus Verschaffelti, n° 3.
Nierembergia gracilis, n° 4. } Corb. A.

7 { Petunia violacea.
Calendula officinalis.

8 { Fuchsia variés.
Nierembergia gracilis.

9 { Chrysanthemum frutescens.
Pelargonium rose.
Lobelia Erinus grandiflora.

10 { Verbena hybride rouge.
— — blanche.

11 { Colocasia esculenta.
Commelyna zebrina (en gazon dessous).

12 { Pennisetum longistylum.
Pelargonium rouge nain.

13 { Canna discolor.
— Warscewiczii.

14 { Cyperus Papyrus.
Commelyna zebrina (en gazon dessous).

15 { Coleus Verschaffelti.
Centaurea gymnocarpa.

16 { Salvia splendens.
Pennisetum longistylum.

On peut disposer différemment les zones plantées, en bandes croisées et variées de diverses manières et rehausser l'effet par une belle plante isolée, au milieu du groupe de fleurs. La corbeille B (fig. 394) a le milieu occupé par un fort exemplaire de *Cordyline indivisa*, au milieu d'un tapis de *Coleus Verschaffelti* (n° 1). Autour de cette plante les zones alternent dans l'ordre suivant : n° 2, *Pelargonium Manglesii*; n° 3, *Ageratum cœlestinum*; n° 4, *Iresine Lindeni*; n° 5, *Pyrethrum Golden Feather*. La corbeille C (même fig.), coupée au milieu par un grand *Yucca recurvifolia*, contient, dans les deux compartiments n° 1, des *Pelargonium Stella Nozegay*; au n° 2, des *Pelargonium Christine Nilsson*; dans le cercle n° 3, deux rangs d'*Achyranthes Verschaffelti*, et en bordure (n° 4), un rang de *Gnaphalium lanatum*.

Bordures des massifs. — Dans les jardins paysagers de moyennes et petites dimensions, on peut ajouter, à la décoration florale fournie par les corbeilles, celle des bordures de massifs non disposées suivant les mélanges naturels indiqués précédemment. Ces bordures dessinent des festons réguliers unis ou multicolores; elles produisent un bon effet, surtout dans les jardins publics. Les exemples suivants peuvent être recommandés [1]:

1 { Ageratum cœlestinum.
Pelargonium Crimson Nozegay.
— Flower of the day (bord).

2 { Tagetes erecta.
— signata (bord).

3 { Petunia nyctaginiflora.
Lobelia Erinus grandiflora (bord).

4 { Salvia splendens.
Perilla nankinensis (bord).

[1]. L'ordre commence par la ligne la plus proche du massif.

Ed. André.

5 { Begonia discolor.
  { semperflorens (bord).

6 { Ageratum cœlestinum nanum.
  { Iresine Lindeni (bord).

7 { Pelargonium Harry Hiower.
  {   —   Manglesii (bord).

8 { Salvia splendens compacta.
  { Pennisetum longistylum (bord).

A ces bordures, dans les massifs dénudés ou trop clair-semés, pendant la première année de plantation des arbustes, on peut ajouter de grandes plantes qui rempliront les vides et disparaîtront ensuite :

Ricinus communis.
Amarantus caudatus.
    —   giganteus.
    —   bicolor.
    —   melancholicus.
Zea Maïs gigantea.
Atriplex hortensis purpurea.
Galega officinalis.
Dahlia variés.
Canna variés.
Bocconia cordata.
Cannabis sativa gigantea.
Cleome spinosa.
Coix Lacryma.
Digitalis purpurea.
Echinops Ritro.

Echinops sphærocephalus.
Gaura Lindheimerii.
Helianthus annuus.
    —   argophyllus.
Impatiens glanduligera.
Monarda didyma.
Nicotiana Tabacum.
Perilla nankinensis.
Phytolacca decandra.
Silybum Marianum.
Solanum laciniatum.
    —   Warscewiczii.
Vernonia divers.
Zinnia elegans var.
Etc., etc.

LES PARTERRES OU JARDINS FLEURISTES.

La décoration en plantes à fleurs et à feuillage d'ornement, autrefois limitée aux combinaisons multicolores produites par les plantes bulbeuses, a emprunté aux richesses végétales des diverses contrées du globe les combinaisons les plus variées. Avant d'envisager les parterres dans l'ensemble de leurs dessins, examinons les éléments qui servent à les décorer. Ces décorations se divisent en *plates-bandes* et en *dessins variés*.

Plates-bandes. — Les plates-bandes sont *rectilignes* ou *curvilignes*, *continues* ou *interrompues*.

Les plates-bandes rectilignes sont rarement composées d'une seule espèce de plantes, qui produirait la monotonie. Deux ou plusieurs espèces associées produisent d'agréables effets, si les couleurs sont bien choisies. Si les plates-bandes n'ont qu'un mètre de largeur, deux ou trois lignes variées suffiront. Si elles atteignent une largeur de 1^m,50 et plus, le long d'un mur ou d'une plantation d'arbustes verts, on pourra les composer de :

1 { Dahlias variés et Maïs panachés, au fond.
  { Chrysanthemum frutescens.
  { Ageratum cœlestinum (bordure).

2 { Pelargonium Manglesii.
  { Teleianthera amœna (en bordure).

Deux autres combinaisons donneront :

1 { Coleus Verschaffelti.
  { Cerastium tomentosum ou Alyssum maritimum variegatum (en bordure).

2 { Tritoma Uvaria et Dahlias blancs nains, au fond.
  { Pelargonium Vesuvius (en bordure).

Au jardin de South-Kensington, à Londres, une plate-bande de ce genre, large de 3ᵐ,50, se composait, en 1872, de :

Plantes grimpantes, le long du mur.	Pelargonium écarlates.
Rosiers 1/2 tiges devant, avec des cercles de fleurs au pied.	— roses.
	— Mistress Pollock.
Une bordure de gazon.	Lobelia Erinus à fl. blanches.

L'année dernière, au jardin botanique de Tours, l'allée des magnolias était bordée d'une plate-bande formée de :

Evonymus japonicus (fond).	Gnaphalium lanatum.
Pelargonium zonals variés.	Hedera Helix (lierre, en bordure).
Coleus Verschaffelti.	

Les plates-bandes curvilignes sont fréquentes, surtout en Angleterre. Un excellent modèle est celui de la plate-bande sinueuse que j'ai observée en mai 1866, à Cliveden, dans le beau parc de la duchesse de Sutherland :

Arbustes à feuilles persistantes (fond).	Viola tricolor (Pensées) à fleurs jaunes.
Cheiranthus Cheiri.	— bleues de Cliveden.
Gazon avec ronds de fleurs : Aubrietia, Iberis semperflorens, Nemophila insignis.	— — blanches.
	Aubrietia grandiflora.
Silene pendula.	Viola tricolor (Pensées) à fleurs panachées.
Viola tricolor (Pensées) à fleurs violet noir.	— rouges.

Pendant l'été, la même plate-bande était formée de :

Dahlias variés (le long du mur) alternant avec des groupes de glaïeuls.	Amarantus melancholicus.
	Pelargonium Golden Chain.
Gazon avec ronds de Pelargonium Nozegay.	Lobelia Erinus bleu foncé.
Calceolaria rugosa.	Alternanthera paronychioides.
Pelargonium zonale *Scarlet brilliant*.	Large bordure de lierre.
Cineraria maritima.	

Les plates-bandes des jardins du Muséum et du Luxembourg, à Paris, sont l'objet de combinaisons très étudiées, qui produisent des résultats harmonieux dans les couleurs, sans présenter cependant des aspects très différents d'autres arrangements plus simples. Au Luxembourg, ces plates-bandes ont 2ᵐ,50 environ de largeur et sont encadrées entre deux bordures de gazon. Des lilas et des chèvrefeuilles à haute tige s'élèvent de distance en distance au-dessus des fleurs. On a disposé sept rangs de plantes de diverses couleurs qui se répètent de dix en dix plantes au milieu, de cinq en cinq sur les quatre lignes suivantes, tandis que les deux lignes de bordures sont formées de plantes naines uniformes.

Les plates-bandes des jardins du Louvre et des Tuileries, larges de 1ᵐ,60 à 2ᵐ,40, présentent cinq lignes de plantes encadrées par des buis nains, du lierre et du gazon. Des lilas à haute tige sont espacés dans la ligne médiane, ainsi que des cassies, balisiers ou cannas, roses trémières, ketmies, dahlias, qui s'élèvent çà et là dans cette rangée. Les plantes sont disposées en carrés, rectangles, ou hexagones, composés d'une seule essence qui revient après une série d'autres espèces se succédant régulièrement. Ces combinaisons nombreuses font croire à l'existence d'un grand nombre de plantes variées dans ces jardins, tandis qu'en réalité un nombre total de 30 à 35 espèces suffit pour leur décoration annuelle.

Les bordures curvilignes qui entourent les bassins circulaires, les ronds-points, les constructions d'ornement, suivent les mêmes règles que les bordures rectilignes. Le dessin suivant est d'un aspect agréable :

Arbustes toujours verts (fond).	Coleus var. à feuilles noires.
Cineraria maritima.	Pelargonium zonal rose nain.
Coleus Verschaffelti.	Alternanthera amabilis (bordure).
Santolina Chamæcyparissus.	

On peut varier l'aspect des lignes de ces bordures. Autour du bassin du Roule, à Paris, on a planté une bordure de pélargoniums rouges, relevés à chaque distance de deux mètres par une touffe de canna.

Ces bordures ou plates-bandes interrompues, agréables par leur variété, peuvent être composées de rectangles alternant avec des cercles, de losanges reliés avec d'autres figures, etc. Dans le Prince's park, à Liverpool, une plate-bande de ce genre, observée en 1870, produisait un charmant effet. Dans les parties rectilignes allongées se trouvaient des carreaux variés de :

Pelargonium Tom Pouce.	Lobelia Erinus Paxtoni.
— mistress Pollock.	Cerastium tomentosum (en bordure).

Des cercles plantés, au centre, d'un houx (*Ilex Aquifolium*) ou d'un *Abies orientalis*, interrompaient agréablement cette décoration, étalée sur un gazon court et se détachant sur le fond vert foncé d'un gros massif de rhododendrons.

On peut encore recommander, parmi les bordures ou plates-bandes variées, les zones de gazon sur lesquelles on plante, de distance en distance, des spécimens isolés : rosiers, cannas, pivoines, lis, iris, plantes diverses à fleurs ou à beau feuillage, se détachant plus nettement sur le gazon que groupées en masses compactes.

Dessins variés. — Si des plates-bandes et des bordures nous passons aux dessins variés qui entrent dans la formation des parterres, nous nous trouverons en présence de modèles innombrables. Généralement ces compositions pèchent par une trop grande complication.

Il faut repousser ces dessins de mauvais goût, si fréquents en Angleterre, représentant des nœuds de cravate, des paniers, des larmes, des virgules, des serpents, et ces inscriptions en fleurs comme on en voit aux stations de chemin de fer à Ashford et à Beckenham, où des cailloux blancs sont ajoutés aux fleurs. A la villa Pamphili à Rome, le nom de MARY se lit en lettres gigantesques formées par des arbustes, sur une colline opposée au palais. La simplicité, dans l'ornementation des jardins comme en toutes choses, est une garantie de bon goût et il nous suffira d'indiquer ici quelques combinaisons recommandables[1].

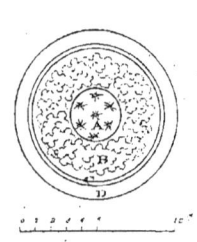

Fig. 395. — Corbeille de fleurs à la Villa Reale, à Milan.

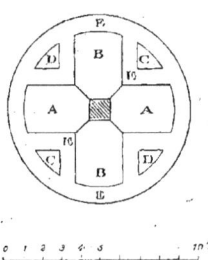

Fig. 396. — Corbeille variée, à Kew, près Londres.

La figure 395 représente une corbeille arrondie, située devant le jardin symétrique de la Villa Reale, à Milan. En A est un groupe de *Gynerium argenteum*; B est un grand massif de rosiers du Bengale (*Rosa diversifolia*). Une bordure C d'alysse panaché (*Alyssum maritimum variegatum*) se détache en blanc sur le gazon D.

A Kew, j'ai remarqué, en 1866, la corbeille figure 396, ornée d'un beau vase au milieu. Elle était ainsi composée :

A A Coleus Verschaffelti.
B B Iresine Lindeni.
C C Pyrethrum Golden Feather.
D D Cerastium tomentosum.
E E Gazon.

La corbeille représentée par la fig. 397, un peu plus compliquée que les précédentes, présente un agréable mélange

Fig. 397. — Corbeille de fleurs, à Hambourg.

et se détaille ainsi :

a Cordyline indivisa, à tige
b Fuchsias à tige.
c Hortensias.
d Coleus Verschaffelti.
e Pelargonium Flower of the day.
f Rosiers et Pélargoniums (alternant en cabochons).
g Celosia cristata.
h Lobelia Erinus Paxtoni.
i Bordure de Juniperus Sabina (couchés).

A Schœnbrünn (Autriche) j'ai trouvé, en 1872, une corbeille (fig. 398) assez grande et présentant un harmonieux coup d'œil. Au centre A était un fort *Dracæna Draco*, sur un monticule entouré de cercles concentriques de *Perilla Nankinensis* B, *Ageratum cœlestinum* C, *Pelargonium zonale* blancs et rouges D et *Lobelia Erinus*. Le gazon entourant cette masse fleurie était orné d'un feston E de *Cerastium tometosum* avec des boucles de *Centaurea*

---

[1]. Consulter, pour les modèles architectoniques à appliquer aux divers styles, la *Flore ornementale* de M. Ruprich-Robert. Paris, in-4°, 1866-1876.

candidissima F et des ronds isolés d'*Achyranthes Verschaffelti* G, puis un cercle de lierre H sur le gazon, et d'autres ronds I de *Pelargonium zonale* entourés de *Lobelia Erinus*.

Dans le parc public de Rosenthal, à Leipzig, une grande corbeille, au sommet d'un monticule, a reçu une décoration florale qui mérite d'être reproduite. Autour de cette plate-forme, le terre-plein est pourvu de bancs de repos, d'où l'on découvre de riantes perspectives. La corbeille (fig. 399) au centre de laquelle est un grand vase *a* garni de *Phormium tenax*, est ainsi garnie :

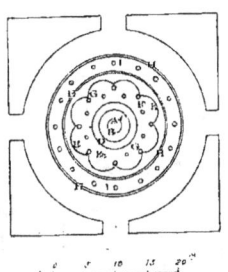

Fig. 398. — Grande corbeille de fleurs, à Schœnbrünn (Autriche).

b Fuchsias variés.
c Lobelia erinus et Centaurea candidissima.
d Gazon.
e Verveines.
f Fuchsias à haute tige, reliés à mi-hauteur par des guirlandes de Pilogyne suavis.
g Cuphea platycentra.

Cette même corbeille peut être reproduite, sur une moindre échelle, au centre d'un parterre privé. Elle s'adapte à toutes les dimensions. On peut réserver au gazon toutes les parties marquées *d d*. Au premier printemps, les compartiments pourront être garnis ainsi :

1ᵉʳ exemple.

b Nemophila insignis.
c Myosotis alpestris blanc.
eeee Silene pendula.
gggg Pensées bleues, bordées de pâquerettes blanches.

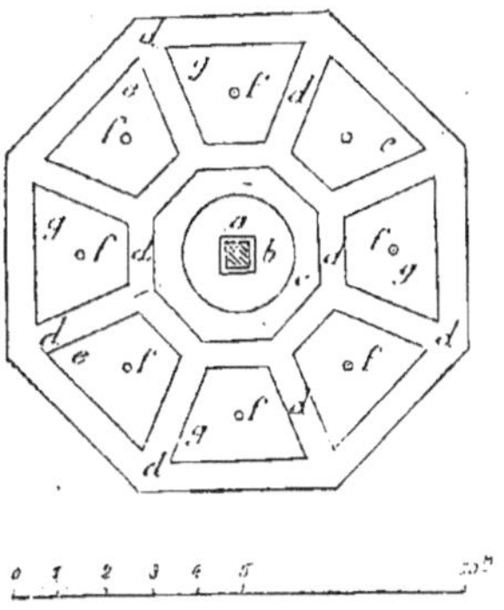

Fig. 399. — Grande corbeille de fleurs, à Leipzig.

2ᵉ exemple.

b Silene pendula.
c Pensées blanches.
eeee Alyssum saxatile.
gggg Arabis alpina.

Les points *f* pourront recevoir une plante isolée, peu élevée, *Retinospora*, *Evonymus japonicus*, *Aucuba* fructifié, lierre en arbre, *Yucca gloriosa*, etc., etc.

Pendant l'été, des mélanges de *Pelargonium*, *Fuchsia*, *Chrysanthemum Ageratum*, permettront de varier à volonté cette décoration.

Comme exemple de grande corbeille décorative, j'ai remarqué, il y a quelques années, à Baden-Baden, la corbeille suivante (fig. 400) placée devant le palais de la « Conversation ». Le centre A était occupé par un groupe de vigoureux cannas verts et rouge foncé. Un premier rang B de *Calceolaria rugosa* et un second C de *Pelargonium zonale Néron* étaient séparés par les bandes vertes du gazon E. Mais le point caractéristique de cette corbeille se trouvait dans les thuias nains (*Biota orientalis aurea*) en forme de boule, jetés circulairement sur le gazon entre les fleurs et l'allée F. Cet emploi judicieux d'une espèce de conifère souvent plantée à tort dans les jardins paysagers montre que sa place véritable est dans les jardins symétriques.

Le pourtour des kiosques de musique et constructions analogues d'un

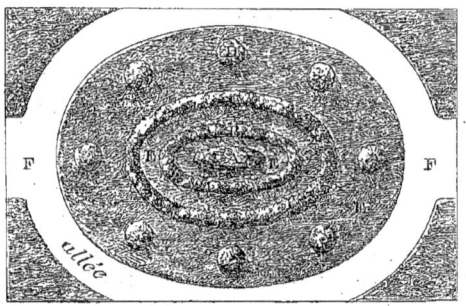

Fig. 400. — Grande corbeille variée, à Baden-Baden.

grand diamètre exige un dessin particulier. Celui de l'esplanade de Metz, avant la guerre de 1870, présentait la disposition suivante (fig. 401) :

A Kiosque des musiciens.
a Grille d'entourage de 1 mètre de hauteur.
b Plate-bande de rosiers nains.

c Cercles de plantes fleuries.
d Plate-bande de plantes fleuries.
e Gazon.

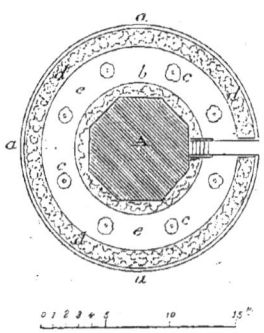

Fig. 401. — Entourage d'un kiosque de musique, à Metz.

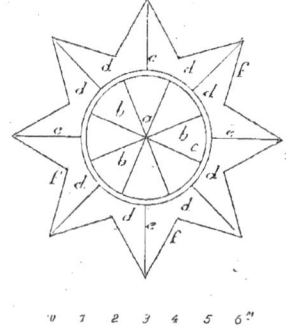

Fig. 402. — Corbeille de fleurs en étoile, à Hambourg.

Les corbeilles en étoile, très-répandues en Allemagne et en Angleterre, sont un peu compliquées. Elles ne sont recommandables que si l'œil les domine de manière à saisir tous leurs détails. Parmi les curiosités de l'Exposition horticole de Hambourg, en 1869, on remarquait une corbeille de ce genre (fig. 402), dessinée sur un radeau flottant au milieu du grand bassin :

a Phœnix reclinata entouré d'Isolepis gracilis.
b Étoile à divisions d'Artemisia argentea sur un fond de Coleus Verschaffelti, avec

bordure de Pelargonium zonale Golden Chain.
c Cercle de Cerastium tomentosum.

d Tapis de Lobelia Linus.
e Lignes d'Alternanthera paronychioides et de Sedum album.

f Bordure d'Isolepis gracilis retombant au-dessus de l'eau.

A la même Exposition, on vit pour la première fois ces parterres-vitraux, corbeilles de marqueterie végétale dont l'une contenait plus de quarante espèces de plantes représentées par des milliers d'exemplaires. Cette mode s'est développée depuis ; elle a reçu le nom de *mosaïculture* et donné naissance aux plus excentriques compositions. La plus singulière de ces fantaisies a été exhibée cette année même à l'Exposition universelle de Paris, sous la forme d'un vase gigantesque dessiné sur le gazon et qui avait absorbé, dit-on, 25,000 plantes.

Sans condamner ce mode d'ornementation, qui a pris naissance en Angleterre et en Allemagne, et qui a fourni le prétexte d'utiliser les plantes à tissus charnus et à feuillage coloré, on doit se mettre en garde contre les exagérations. En limitant leur emploi, ces plantes, par leurs nuances harmonieusement combinées, peuvent apporter un appoint intéressant à la floriculture de plein air.

La corbeille suivante (fig. 403), dont j'ai relevé la composition dans les jardins de la Société royale d'horticulture de Londres, à South-Kensington, donne l'idée d'une décoration de ce genre. Le terrain était relevé en un cône dont le sommet était de 1m,20 plus haut que l'allée.

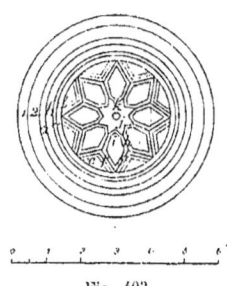

Fig. 403.
Corbeille-mosaïque, à Londres.

1-2 Gazon taillé en biseau.
a Sempervivum tectorum.
b Echeveria secunda.
c Sempervivum calcareum.
d Sedum dasyphyllum.
e Antennaria dioica.
f Sempervivum hirtum.
g Echeveria rosacea.
h Helichrysum Erroræ.
i Sedum dasyphyllum.
j Oxalis corniculata purpurea.
k Aloe vulgaris.

Les petites plantes à feuilles charnues (*succulent plants* des Anglais) motivent plus que les autres la variété dans le dessin des parterres. Des formes qui disparaîtraient sous l'ampleur du feuillage et des fleurs d'espèces plus vigoureuses peuvent ainsi être introduites dans les jardins. La figure 404 en fournit un exemple. En A un *Chamærops humilis* au feuillage rigide et en B B B B quatre *Phormium tenax Veitchi*, avec leurs feuilles rubanées, en forme de glaive, sont plantés au milieu d'un lit varié de *Sempervivum* et de *Sedum sarmentosum*, *S. dasyphyllum*, *S. Sieboldi* et *S. populifolium*, artistement mélangés. Ces sortes de tapis ne demandent presque aucun entretien, et si leurs nuances sont un peu ternes, elles sont délicates et harmonieuses et contrastent agréablement avec les fleurs plus brillantes.

Une autre corbeille de mosaïculture, de forme surélevée, se voyait en 1874 à la Celle Saint-Cloud, chez M. Dutreux. Elle se composait, au centre, d'une *Cordyline indivisa*, entourée d'*Iresine Lindeni*. Sur un gazon très-fin de *Sedum dasyphyllum*, des lignes variées de *Sedum sarmentosum* et d'*Alternanthera* bordant des *Pelargonium Manglesii* formaient des boucles arrondies, du plus gracieux effet.

Cette année, au rond-point des Champs-Elysées, le service des Prome-

Fig. 404. — Corbeille mosaïque, à bords sinueux.

nades et Plantations de Paris avait fait établir deux jolies corbeilles de ce genre, dont voici la légende :

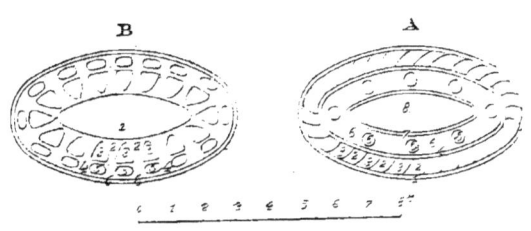

Fig. 405. Fig. 406

Corbeilles-mosaïques, aux Champs-Élysées, à Paris.

Corbeille A, fig. 406.

1. Echeveria secunda.
2. Pyrethrum Golden Feather.
3. Alternanthera paronychioides.
4. Coleus à feuilles noires.

5. Achyranthes Verschaffelti.
6. Gnaphalium lanatum.
7. Iresine Lindeni.
8. Coleus Verschaffelti.

Corbeille B, fig. 405.

1. Coleus Verchaffelti.
2. Iresine Lindeni.
3. Gnaphalium lanatum.
4. Pyrethrum Golden Feather.

5. Alternanthera paronychioides.
   Sedum sarmentosum (au milieu).
6. Echeveria rosacea.

A Londres, j'ai encore noté les deux corbeilles suivantes :

N° 1	N° 2
Cordyline indivisa (au centre).	Yucca gloriosa (centre).
Veronica incana.	Saxifraga Stanfieldii.
Sedum rupestre.	Antennaria tomentosa.
— dasyphyllum.	Thymus Serpyllum varieg.
Pyrethrum Golden Feather.	— citriodorus aureus.
Thymus Serpyllum varieg.	Sedum dasyphyllum.
Sempervivum californicum (bordure).	Sempervivum calcareum (bordure).

Dans les corbeilles du parc Vauban, à Lille, on a pu remarquer les plantes suivantes, arrangées en corbeilles à dessins variés, et par rangs successifs :

Garniture d'hiver.	*Garniture d'été.*
Grande plante (centre).	Grande plante (centre).
Cerastium Biebersteini.	Alternanthera paronychioides major.
Sempervivum tectorum.	Pachyphytum bracteosum.
Lamium maculatum aureum.	Pyrethrum Golden Feather.
Ajuga reptans, fol. purp.	Alyssum maritimum variegatum.
Sagina subulata.	Stellaria aurea (?)
Bellis perennis varieg.	Mesembryanthemum muricatum.
Sempervivum californicum.	— cordifolium varieg.
— soboliferum.	Echeveria metallica.
Sedum dasyphyllum.	Sedum dasyphyllum.
Aubrietia deltoidea (bordure).	Alternanthera amœna.

Il serait facile d'emprunter d'autres modèles aux plus célèbres parterres, soit de la Grande-Bretagne et de l'Écosse, comme à Cliveden, à Elverston, à Trentham et à Drumlanrig; soit de l'Allemagne et de l'Autriche, comme à Hambourg, à Moabit près Berlin, à Francfort, à Vienne; soit de la France, comme à Ferrières, aux Touches, à Roquencourt, à Paris et à Lyon dans les jardins publics, et enfin en Belgique où ce mode de décoration est depuis quelques années à la mode. Mais, je le répète, c'est à la fantaisie à se donner ici libre carrière, si elle est modérée par le goût.

Distances de plantation. — Les plantes à fleurs d'ornement et à feuillage coloré, employées en corbeilles, en bordures, en plates-bandes ou en figures diverses, doivent être plantées à des distances calculées. Ce calcul varie suivant la puissance de végétation des espèces. On a cherché à le simplifier, dans le service des plantations de la ville de Paris, en préparant à l'avance un barème fort utile, que je recommande à tous les amateurs de jardins. Avec le secours de ce tableau, on trouve en un moment le nombre à planter par mètre carré, si l'on connaît d'abord les distances d'espacement pour chaque espèce. Ces distances peuvent s'évaluer ainsi :

10 à 15 centimètres.

Alternanthera variés.
Crocus var.
Cerastium var.
Hyacinthus var.

Sedum dasyphyllum.
Tulipa suaveolens et var.
Lippia canescens.
Saxifraga var., etc.

15 à 20 centimètres.

Aubrietia deltoidea.
Arabis alpina.
Gazania splendens.
Lamium maculatum.

Nemophila var.
Myosotis alpina.
Silene pendula.
Tagetes signata, etc.

20 à 25 centimètres.

Iresine Lindeni.
Alyssum saxatile.
Cheiranthus Cheiri.
Cuphea platycentra.

Tagetes patula.
Phlox Drummondi.
Linum perenne.
Celosia cristata, etc.

25 à 30 centimètres.

Achyranthes Verschaffelti.
Ageratum cœlestinum.
Lantana nain rose.
Pentstemon var.

Silene Armeria.
Impatiens Balsamina.
Callistephus sinensis.
Verbena hybr. var., etc.

30 à 40 centimètres.

Begonia discolor.
— fuchsioides.
— variés.
Calceolaria rugosa.

Anemone japonica.
Tagetes lucida.
Fuchsia variés.
Pelargonium zonale var., etc.

40 à 50 centimètres.

Fuchsia variés.
Gaura Lindheimeri.
Lantana Camara var.
Phlox vivaces.

Digitalis purpurea.
Cineraria maritima.
Chrysanthemum frutescens.
Canna nains, etc.

50 à 70 centimètres.

Canna grands.
Cassia floribunda.
Cyperus Papyrus.
Erythrina variés.

Salvia splendens.
Solanum variés.
Tagetes erecta.
Amarantus bicolor, etc.

Des espacements plus considérables ne s'emploient que pour les fortes plantes reposant sur un tapis de plantes basses d'espèces différentes (*Aralia, Caladium, Wigandia*, etc.).

Le tableau suivant reproduit le barême indiquant les nombres à employer d'après les diverses distances qui précèdent.

BARÈME POUR LA PLANTATION DES MASSIFS ET CORBEILLES.

NUMÉROS des MASSIFS CORBEILLES	DÉVELOPPEMENT	SURFACE, DÉDUCTION FAITE de la circonférence	PLANTATION AUTOUR DES MASSIFS & CORBEILLES									
			DISTANCE DE PLANTATION DANS CHAQUE LIGNE									
			0.15	0.20	0.25	0.30	0.35	0.40	0.45	0.50	0.55	0.60
			NOMBRE PAR MÈTRE COURANT									
			6.66	5.00	4.00	3.33	2.86	2.50	2.225	2.00	1.82	1.66
			NOMBRE DE PLANTES PAR LIGNE									

BARÈME POUR LA PLANTATION DES PLATES-BANDES.

NUMÉROS des MASSIFS CORBEILLES	DÉVELOPPEMENT	SURFACE, DÉDUCTION FAITE de la circonférence	PLANTATION DE PLATES-BANDES									
			DISTANCE DE PLANTATION									
			0.15	0.20	0.25	0.30	0.35	0.40	0.45	0.50	0.55	0.60
			NOMBRE PAR MÈTRE CARRÉ									
			44.50	25.00	16.00	11.00	8.15	6.25	4.90	4.00	3.31	2.80
			NOMBRE PAR CORBEILLE									

Corbeilles élevées. — En Allemagne, on a depuis longtemps adopté l'usage d'élever les corbeilles de fleurs au-dessus du sol, sur un soubassement architectural. Ce mode de décoration, s'il n'est pas trop compliqué, peut devenir très-agréable auprès des habitations urbaines et dans les jardins symétriques. J'en ai trouvé aussi des exemples à Florence et dans les résidences des lacs de la haute Italie, à Cadenabbia (lac de Côme). A la villa Carlotta, un bassin est entouré de fleurs au milieu desquelles s'élèvent de grands *Caladium esculentum*, et des cordons de roses en guirlandes montent jusqu'au sommet de la vasque centrale.

Dans la figure 407, la corbeille est ornée d'une bordure de pierre taillée; au milieu est un grand vase contenant un beau palmier (*Livistona chinensis*). Des plantes tropicales l'entourent : aroïdées, fougères, palmiers, entremêlées d'espèces fleuries (*Begonia, Fuchsia*), et de quelques plantes grimpantes (*Maurandia*, *Thunbergia*, *Pilogyne*). Cet ensemble forme une masse très-gracieuse pendant toute la saison d'été.

Fig. 407. — Corbeille élevée (Allemagne).

Corbeilles funéraires. — Ce genre d'ornement est assez bien compris dans quelques cimetières de l'Angleterre et de l'Amérique du Nord, rarement en France. Un des meilleurs modèles à citer en Allemagne est celui du tombeau d'Henriette Caroline, landgravine de Hesse, dans le Herrengarten, à Darmstadt. Dans une partie retirée du parc, sous les grands arbres, un tumulus est couvert de lierre, entouré d'une ligne d'arbustes, circonscrit par un petit sentier, et surmonté d'une urne sur laquelle on lit : *Femina sexu, ingenio vir*[1]. L'ensemble est calme, plein de recueillement et de respect. L'introduction des monuments funéraires dans les parcs exige des conditions semblables.

Dessin des parterres. — Au moyen des détails qui précèdent et de tous ceux qu'une heureuse imagination et un goût épuré ajouteront aux modèles

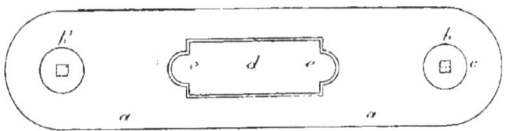

Fig. 408. — Parterre oblong. Jardin du Luxembourg, à Paris.

connus, le dessin des parterres se simplifie. Les formes se combineront et prendront des lignes symétriques, harmonieuses. Par exemple, on dessinera des rectangles arrondis aux deux extrémités (fig. 408), avec une grande corbeille centrale, dans le genre de ceux du jardin du Luxembourg, à Paris, en face de la rue Soufflot. Ils seront ainsi ornés :

---

[1]. Elle fut femme par le sexe, homme par le génie.

a Gazon.
bb' Statues.
c Corbeille de Pélargoniums zonals écarlates, puis roses, avec bordure de la variété naine Harry Hiower.

d Grande corbeille en Pélargoniums Nozegay au centre, avec bordure de P. Manglesii.
e Deux vases de bronze avec piédestal orné.

Les dessins suivants indiquent des combinaisons variées :
Figures 409 et 410. — Parterre du parc de Knowsley, près Liverpool.

N.° 1.

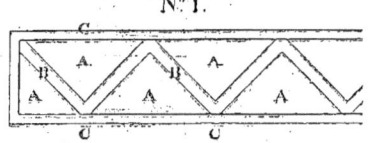

Fig. 409. — Premier parterre de Knowsley (Angleterre).

Fig. 409. { A Pelargonium Golden Chain.
B Perilla nankinensis.
C Rosiers du Bengale (en arceaux).

Fig. 410. { *a* Cerastium tomentosum.
b Lobelia Erinus.
c Pelargonium Stella Nozegay.
d Rosiers du Bengale (en arceaux).

N.° 2.

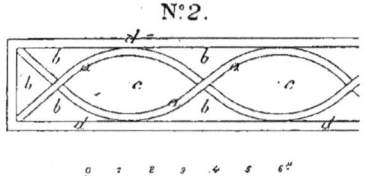

Fig. 410. — Deuxième parterre de Knowsley (Angleterre).

Figure 411. — Parterre de la Villa Bauer, à Flottbeck, près Hambourg.

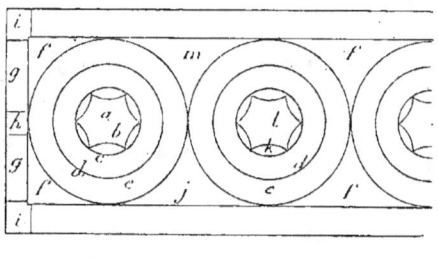

Fig. 411. — Parterre Bauer, à Flottbeck (Hambourg).

a Centaurea gymnocarpa.
b Alternanthera paronychioides.
c — spatulata.
d Buxus sempervirens nana.
e Sable blanc siliceux.
f Lobelia Erinus.
g Cerastium tomentosum.

h Echeveria metallica.
i Verbena pulchella Mahoneti.
j Alternanthera paronychioides.
k Pyrethrum Golden Feather.
l Centaurea candidissima.
m Alternanthera paronychioides.

TRAVAUX D'EXÉCUTION. — ORNEMENTATION FLORALE. 735

Figure 412. — Parterre des jardins de South-Kensington, à Londres.

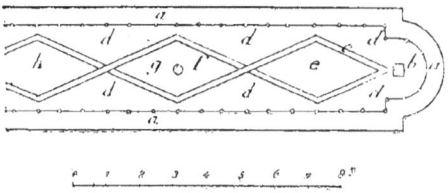

Fig. 412. — Parterre à South-Kensington (Londres).

a Gazon. — Bordure de 0ᵐ,30,
b Vase de fonte avec Pelargonium.
c Echeveria secunda,
d Alternanthera paronychioides.

e Santolina Chamæcyparissus,
f Pyrethrum Golden Feather.
g Vase de faïence colorée.
h Santolina Chamæcyparissus,

Figure 413. — Jardin-fleuriste du parc de Dalkeith (Ecosse), en 1869.

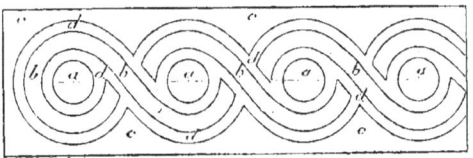

Fig. 413. — Partie du parterre de Dalkeith (Écosse).

a Pelargonium zonale écarlate.
b Lobelia Erinus speciosa.

c Cerastium tomentosum.
d Sable jaune.

Un dessin d'une grande simplicité, et cependant d'un effet assez décoratif lorsque les compartiments sont ornés avec goût, m'a été montré

Fig. 414. — Parterre de la villa Zariphi, à Odessa.

près d'Odessa, dans la villa de M. Zariphi (fig. 414). Le pourtour du jardin était garni d'épaisses murailles de plantes grimpantes. Des rosiers centfeuilles dans les plates-bandes *bb* accompagnaient l'habitation *a*. En *c* étaient plantés des massifs d'espèces odoriférantes du midi. Les compartiments *dd* étaient consacrés aux fleurs annuelles et quelques espèces tropicales *f* formaient une corbeille à festons autour d'une statue *e*.

Dans le parc de Glienicke, près Potsdam, le front d'une pelouse rectan-

Fig. 415. — Parterre du parc de Glienicke (Prusse).

gulaire présente la disposition dont la figure 415 donne le croquis. Je l'ai relevé en mai 1869, sans mesurage exact, et je ne désire en montrer que l'agencement sommaire :

a Corbeilles de Pensées, Myosotis et Pâquerettes.
b Vase de granit.
c Rotonde architecturale.
d Allée et escaliers.
e Bordure de terre cuite rouge.
f Gazon.
g Compartiments plantés en verveines.
i Fleurs variées en bordure.
m Fontaines avec vasques en pierre.

En Hollande, où l'art de composer les parterres destinés aux plantes

Fig. 416. — Parterres hollandais à plantes bulbeuses. — Fig. 417.

bulbeuses a été porté à une si haute perfection au xvie siècle, la mode des compartiments compliqués s'est en partie conservée jusqu'à nos jours. Nous avons vu (p. 52, fig. 17 et 18) deux modèles de ces parterres que complètent les figures 416 et 417, conçues dans le même style. Les entrelacements divers qu'elles présentent sont très-favorables au groupement des plantes bulbeuses en nuances distinctes, conformément aux lois du contraste et de l'harmonie des couleurs, précédemment exposées. On peut planter, dans ces parterres, de 40 à 60 espèces et variétés diverses de plantes bulbeuses : tulipes, jacinthes, narcisses, crocus, scilles, bulbocodes, fritillaires, ixias, sparaxis, etc., en y ajoutant des renoncules, anémones, et plantes voisines.

La composition des parterres, au moyen des éléments qui viennent de passer sous nos yeux, ne demande plus qu'un peu de goût, une entente du

Fig. 418. — Vue d'une partie du parterre d'Ébenrain (Suisse). Ed. André, architecte.

dessin géométrique et la connaissance de la culture et du développement des diverses espèces de plantes qui entreront dans les combinaisons florales du dessinateur. La figure 418 représente une vue partielle du parterre que j'ai dessiné pour M. A. Hübner, à Ebenrain (Suisse), en 1874. Ce jardin est situé dans la partie du parc qui fait face aux grandes volières et aux serres, sur un terre-plein d'où la vue s'étend sur une jolie vallée. Un bassin avec gerbe jaillissante en occupe la plus vaste partie. L'autre est ornée au centre par une grande corbeille circulaire à compartiments. Des plantes à beau feuillage sont placées aux coins de la pelouse entourée de plates-bandes, où les corbeilles rectangulaires sont variées, interrompues et entremêlées de cercles fleuris alternant avec elles.

Le tracé du parterre de M. H. Oppenheim, à Sèvres (p. 319, fig. 82) diffère du précédent par sa partie circulaire et la disposition de ses plates-bandes. Il est creusé en boulingrin dans sa partie centrale, encadré sur les bords par des massifs d'arbustes à feuilles persistantes, au nord et au midi par une bordure paysagère de plantes vivaces en mélange (voir page 698 et suiv.).

Le nom de jardin-fleuriste conviendrait mieux que celui de parterre à la figure 419, plan d'un terrain qui contient à la fois des cultures disposées symétriquement, des massifs paysagers, des rocailles, des talus et des serres. Ce jardin a été créé en 1877, chez M. A. Pellier, à Montertreau (Sarthe) sur mes dessins et sous ma direction. La légende suivante en expliquera suffisamment la composition :

A. Escalier sur le parc.
B. Entrée principale. Grand escalier.
C. Sentier creusé entre les rochers.
D. Massifs d'arbustes d'ornement.
E. Volière dans la serre.
F. Corbeille de fleurs dans la serre.
G. Table et siéges sur une plate-forme élevée.
H. Escalier de rocailles.
J. Bassin, rocailles et plantes d'eau.
K. Gué en rocailles.
L M. Serre chaude. Siéges rustiques.
N. Fenêtre sur le parc.
O. Petits bassins et rocailles.
P. Grotte des fougères.
Q. Plates-bandes des Pentstémons.

R S. Plates-bandes des plantes tropicales.
T. Rosiers tiges entourés de fleurs en tapis.
U. Carrés de plantes vivaces variées.
V. — de bégonias.
X. Plate-bande de plantes de serre variées.
Y. Bassin entouré de plantes aquatiques, d'espèces délicates des tourbières, etc.
Z. Plate-bande de plantes variées, mur garni entièrement de rosiers Gloire de Dijon.
a. Rocailles au midi pour les plantes feuilles charnues, *Sedum, Sempervivum, Opuntia vulgaris*, etc.
b. Vases de fleurs.
c. Banc couvert de plantes grimpantes.
d. Escalier de rocailles.
e. Talus de plantes alpines, au nord.

Le plan des trois serres, la situation de ce jardin entouré de murs et de talus de rocailles et caché de l'extérieur du parc par d'épais massifs d'arbres et d'arbustes, son appropriation à la culture d'un très-grand nombre de plantes, constituent un ensemble recommandable pour la concentration des cultures dans un petit espace.

Les parterres en terrasses, si fréquents en Angleterre, sont agréables par les grandes allées droites qu'ils offrent aux promeneurs, les vues sur le paysage d'alentour et la richesse de leur ornementation. Leur effet est complet lorsque l'on peut jouir des détails de leur dessin, en se promenant dans une allée plus élevée qu'eux, adossée à quelque mur couvert de lierre, et bordée d'un mur d'appui relevé par des vases remplis de fleurs. Le parterre italien de Holland House (fig. 420), dont j'ai donné le plan p. 62, est un dessin dans ce genre. Dans l'intérieur des carrés, dont les contours sont d'une grande simplicité, on peut introduire, *ad libitum*, dans la distribution des plantes, le système symétrique ou le système paysager ; j'ai vu plusieurs fois les mélanges pittoresques s'accorder heureusement avec les lignes régulières d'un parterre.

Un pareil dessin rappelle les anciens parterres dont l'Italie a conservé de beaux spécimens. La grande terrasse-jardin de la villa Pamphili, à Rome,

Fig. 419. — Plan du jardin fleuriste et des serres du parc de Montertreau (Sarthe).
Ed. André, architecte.

reste un modèle du genre, encore surpassé par les anciens jardins de Versailles et le parterre creux de Fontainebleau.

Les dessins anciens conservés ou simplement restaurés peuvent satisfaire la vue; mais créer de nouvelles compositions de ce genre sur de vastes dimensions, comme je l'ai vu appliquer en Allemagne, est une erreur et un anachronisme qu'il n'est pas permis de commettre.

Fig. 420. — Parterre italien de Holland House (Londres).

Ainsi, dans le parc de Glienicke, près Potsdam, on a cherché à reproduire un de ces anciens jardins romains d'après les traditions conservées par Pline et autres auteurs. Auprès d'un pavillon décoré de statues, colonnes, peintures et mosaïques de l'antiquité, un jardin circulaire (fig. 421) a été exhaussé et surmonté d'une statue de Diane. Des dessins en buis nain, sur un fond de gazon, forment des compartiments sur lesquels sont dessinés des renards, sangliers, cerfs, chiens, lièvres, etc., également en buis taillé court. Cette fantaisie est heureusement restreinte à un coin du parc, qui montre sur d'autres points de jolies perspectives.

Un bon exemple de parterre situé au pied de terrasses et d'escaliers dans le style italien est celui de Woodland (Angleterre), ou le célèbre architecte Ch. Barry a dirigé les travaux.

Le château domine une colline accidentée, où l'on parvient par de vastes escaliers. Du sommet des terrasses, la vue s'étend sur un parterre (fig. 422) entouré de balustrades et terminé par un arc de triomphe. Le dessin des fleurs et des gazons est composé d'après les modèles de la Renaissance italienne. L'ensemble est majestueux.

Là s'arrêteront ces indications sur les parterres. On pourrait s'étendre

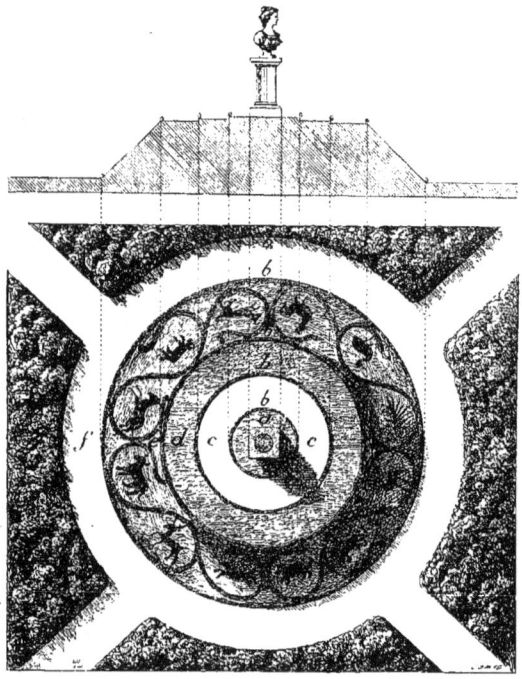

Fig. 421. — Reproduction d'un parterre antique, à Glienicke (Prusse).

a, statue de Diane ; b, b, b, bordures de buis ; c, sentier sablé ; d, bordure plane en gazon ; e, talus de gazon avec animaux sauvages brodés en buis nain ; f, allée sablée. Le profil au-dessus du plan donne les hauteurs proportionnelles du sol relevé en monticule.

longuement sur leurs combinaisons innombrables ; j'ai dit les raisons qui me portaient à les réduire, et à leur conserver le caractère d'accessoire décoratif des jardins paysagers et des parcs. On trouvera d'ailleurs, dans les plans qui vont suivre, divers modèles de parterres et de jardins-fleuristes enclavés dans les parcs, et l'on pourra se rendre compte de la proportion que ces ornements doivent conserver dans l'ensemble d'une propriété.

Rosarium. — Une partie spéciale du jardin-fleuriste peut être consacrée à la culture du rosier. Les véritables amateurs de ce bel arbuste diront qu'un espace réservé lui est indispensable, et que les roses ne produisent tout leur effet ornemental que détachées sur un fond de verdure habilement préparé. On cite plusieurs modèles de rosariums, en Angleterre et dans diverses parties de l'Allemagne. Celui de la villa de M. S. Oppenheim, à Thürmchen, près Cologne, quand je le visitai en 1865, présentait un grand carré long coupé de sentiers et de bandes de gazon, et enfoncé en boulingrin, avec des talus et des plates-bandes sur lesquels la collection de rosiers se développait

Fig. 422. — Grand parterre italien de Woodland (Angleterre).

avec grâce. La forme semi-circulaire, que j'ai introduite dans le dessin des rosariums de MM. Mac Gregor et de Saumarez, à Guernesey, et du comte de Frise, à Friesenborg (Danemark), s'accorde généralement bien avec les lignes de la façade d'une construction d'ornement dans le jardin ou dans le parc.

On peut aussi adopter la forme entièrement circulaire, sur butte à gradins, comme l'indique la figure 423, dont j'ai trouvé le modèle dans le jardin botanique de Pesth (Hongrie). Les rosiers à haute tige étaient étagés en amphithéâtre, et

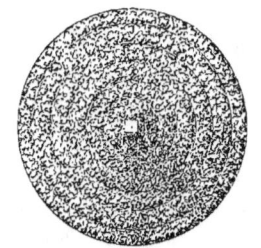

Fig. 423. — Rosarium du jardin botanique de Pesth (Hongrie). Plan et coupe.

garnis au pied de plates-bandes couvertes de rosiers nains. Si l'on prend soin de coucher au printemps les pousses de l'année précédente, on obtient ces *gazons de roses*, dont on a vu des exemples très-jolis dans les jardins publics de Paris, notamment au parc Monceau. Des variétés à végétation vigoureuse, *Général Jacqueminot, La Reine, Souvenir de la Malmaison*, servaient à cet usage. Chaque année au premier printemps, on coupait, au ras du sol, les tiges qui avaient porté fleur l'année précédente, et que remplaçaient les nouvelles pousses d'un an.

LES PLANTES A FEUILLAGE ORNEMENTAL.

J'arrive à une classe de plantes qui sont devenues l'objet d'une grande faveur depuis quinze ou vingt ans. Le sentiment de la forme, de la beauté des lignes dans les plantes, s'est développé rapidement; les fleurs ont cessé de captiver exclusivement les amateurs et même elles ont été

Fig. 424. — Eryngium Lasseauxii, Dcne.

quelque peu délaissées. L'introduction des plantes à feuillage coloré, en permettant aux jardiniers de créer des corbeilles et des plates-bandes de nuances brillantes, sans être astreints à les renouveler plusieurs fois dans l'année, a encouragé ce goût, porté bientôt à un regrettable excès.

Après des expériences faites par la ville de Paris, depuis 1858, et couronnées de succès, ces plantes furent adoptées avec empressement par les amateurs. On connaît la réputation du parc Monceau sous ce rapport. Bientôt après, en Angleterre, M. Gibson fit des essais au parc de Battersea, d'autres suivirent et les plantes à beau feuillage se répandirent dans toute l'Europe.

En employant avec jugement et modération les plantes à feuilles ornementales, on ajoute un grand attrait aux parcs et aux jardins paysagers. Les espèces d'aspect exotique, principalement celles des pays chauds, qu'on a appelées *plantes subtropicales*, ne sont pas les seules à choisir; un certain nombre de nos plantes indigènes peuvent être admirées pour la beauté de leurs feuilles. Le chardon-marie (*Silybum Marianum*) avec ses grandes feuilles radicales tachées de blanc, l'onoporde (*Onopordon Acanthium*) qui a si souvent inspiré les peintres décorateurs, la férule du midi (*Ferula communis*) avec ses découpures élégantes, les patiences, les berces et plusieurs autres ombellifères, produisent un très-bel effet, plantées isolément sur les pelouses, à l'appui des corbeilles de fleurs, et assez près des bordures pour être vues avec tous leurs avantages.

A ces formes, dont la présence est habituelle auprès de nous, si l'on ajoute les plantes des autres régions du globe, cultivées en plein air et par conséquent rustiques, on augmentera notablement la liste : acanthes, amarantes, bambous, bocconias, arroches, érianthes, gynériums, lavatères, balisiers, phytolaccas, renouées, tabac, yuccas, etc. On tire le plus grand parti de toutes ces plantes pour l'ornementation des pelouses, dans les jardins d'où l'absence de serres proscrit les espèces délicates. Quelques espèces à demi rustiques, comme les beaux panicauts à feuilles gladiées de la Plata (*Eryngium Lasseauxii, E. pandanifolium* et autres, fig. 424) passent bien l'hiver, si l'on garnit leur pied d'une couverture de feuilles.

Parmi les plantes à hiverner en serre, quelques-unes, comme les grandes composées tropicales, offrent un feuillage rappelant nos espèces indigènes,

Fig. 425. — Montagnæa elegans, Koch.

mais diffèrent par leurs dimensions et la beauté de leur port, par exemple le *Montagnæa elegans* (fig. 425) cultivé sous le nom d'*Uhdea bipinnata*, Hort. D'autres sont moins touffues, plus élancées, à très grand feuillage, comme les wigandias, les mélianthes, les balisiers, les caladiums, les aralias. Dans la seule famille des solanées, on cultive un grand nombre d'espèces tropicales, dont plusieurs étaient déjà dans nos serres, sans que l'on soupçonnât leur beauté à la pleine terre. Les balisiers (*Canna*) sont devenus l'objet de toutes les préférences; leurs types, croisés par un habile semeur, M. Année, ont fourni de nombreuses et belles variétés. Elles se sont augmentées de plusieurs autres formes remarquables, depuis la mort de cet amateur distingué. Les grandes colocases (*Caladium*, *Colocasia*, *Xanthosoma*), et autres aroïdées dès tropiques, développent en quelques mois d'été leur splendide feuillage, égalé seulement par celui des bananiers (*Musa*). Leur végétation, excitée par une intelligente culture, se développe avec une vigueur extraordinaire, et il n'est pas

Fig, 426. — Solanum Warscewiczii, Hort.

rare de voir certaines espèces, comme les *Solanum macranthum* et *S. Warscewiczii* (fig. 426), atteindre en une seule saison quatre mètres de hauteur.

Les combinaisons de ces feuillages variés ont donné naissance à des scènes paysagères d'un nouveau genre. Par le judicieux mélange de quelques plantes à grand feuillage avec des espèces indigènes et des plantes de serre de taille moyenne sur des fonds d'arbres et d'arbustes d'ornement, on a heureusement ajouté à l'effet ornemental de quelques parties du jardin. Dans la figure 427, on remarque, au premier plan à droite, une touffe de roseau de Provence (*Arundo Donax*). Au milieu du tableau, un pied de *Wigandia macrophylla*, au grand feuillage clair, est relevé par le fond noir d'un arbre conifère, et en avançant sur la gauche, un cèdre de l'Himalaya (*Cedrus Deodara*), un thuiopsis (*Chamæcyparis Nutkaensis*) et un groupe de lins de la Nouvelle-Zélande (*Phormium tenax*) complètent cette jolie scène.

Plus près de l'habitation, l'élément tropical peut dominer. Les corbeilles de fleurs s'étaleront en bordure sur les pelouses; mais dès qu'un massif formera au second plan un repoussoir bien placé, la grande végétation des pays chauds pourra se détacher sur ce fond harmonieux. Au centre de ces

Fig. 427. — Effet paysager des plantes à beau feuillage.

groupes (fig. 428), où la disposition paysagère reprendra ses droits, s'élancera le bananier d'Abyssinie (*Musa Ensete*), la plus grande et la plus belle

Fig. 428. — Scène tropicale, obtenue par les plantes à beau feuillage.

des *herbes* connues. Entre des roches à demi-enterrées, des vignes-vierges, des aroïdées (*Anthurium*) croîtront à ses pieds. De jeunes palmiers (*Chamœ-*

rops et *Phœnix*) et, un peu loin, des cannas élancés contrasteront avec ce noble feuillage d'un vert tendre, à nervure médiane pourpre.

Ces motifs pittoresques pourront varier à l'infini. Dans la région méditerranéenne, de Nice à Menton, les scènes seront encore plus belles. Sous l'excitation de la chaleur et des arrosements abondants, les plantes, mises en place dès les beaux jours, retrouveront les conditions où elles vivaient dans leurs forêts natales, et leur effet sera complet. Aux espèces ligneuses et herbacées que nous avons énumérées viendront s'ajouter les palmiers les plus variés, les plantes charnues, agaves, opuntias, aloès, cierges,

Fig. 429. — Vue des jardins de Monte Carlo, à Monaco.

mamillaires, etc. Une profusion de fleurs et de belles feuilles présenteront aux regards un de ces spectacles enchanteurs que les terrasses de Monte Carlo (fig. 429), les jardins de Cannes, d'Hyères, de Menton et de Gênes offrent toute l'année à leurs heureux visiteurs.

La culture et l'emploi artistique des plantes à feuillage d'ornement ont été l'objet de plusieurs écrits. Des traités spéciaux leur ont été consacrés, dans lesquels on trouvera des documents détaillés sur leurs nombreuses combinaisons [1]. Nous ne donnerons ici qu'un choix restreint des espèces les plus généralement usitées ou les plus recommandables. Ces listes comprennent les diverses situations que ces espèces de plantes peuvent occuper dans les jardins.

[1]. Voy. Ed. André, *les Plantes à feuillage ornemental*. Paris, in-18, pp. 251, 37 grav.

PLANTES A BEAU FEUILLAGE POUR CORBEILLES ET PLATES-BANDES[1].

Plantes de plein air.

Althæa rosea.
Canna variés.
Cleome spinosa.
Dahlia variés.
Impatiens glanduligera.
Nicotiana Tabacum.
Ricinus variés.

Plantes de serre.

Aralia papyrifera.
Colocasia esculenta.
Cyperus Papyrus.
Erythrina (var.).
Ficus elastica (et autres esp.).
Hedychium Gardnerianum.
Hibiscus Rosa sinensis.
Solanum marginatum.

PLANTES A ISOLER OU A GROUPER PAR 3 A 5 SUR LES PELOUSES.

Plantes de plein air.

Acanthus mollis var. latifolius.
— spinosus.
Ailantus glandulosa (récéper chaque année).
Amarantus speciosus.
Arundo Donax.
— — variegata.
Bocconia cordata.
Crambe cordifolia.
Ferula communis.
— tingitana.
Gunnera scabra.
Heracleum pubescens.
Onopordon arabicum.
Paulownia imperialis (récéper chaque année).
Phytolacca decandra.
Polygonum cuspidatum.
— sachalinense.
Ricinus variés.
Zea Mais gigantea.

Plantes de serre.

Acacia lophantha.
Agave (var.).
Alsophila australis.
Amorphophallus Rivieri.
Aralia papyrifera.
Bocconia frutescens.
Canna iridiflora.
Dasylirion, Littæa, etc.
Datura arborea.
Eucalyptus Globulus.
Ficus elastica (et autres esp.).
Melianthus major.
Musa Ensete.
— sinensis.
Phormium tenax et variétés
Solanum variés.
Wigandia macrophylla.
— Vigieri.
Yucca aloefolia variegata.
— filifera.

PLANTES A FEUILLAGE COLORÉ POUR CORBEILLES, BORDURES, PLATES-BANDES, ETC.

Plantes de plein air.

Achillæa Clavennæ.
Alyssum maritimum variegatum.
Amarantus melancholicus.
— bicolor.
Antennaria dioica.

Arabis alpina variegata.
Artemisia argentea.
Aubrietia deltoidea variegata.
Brassica variés pour l'hiver.
Centaurea candidissima.
— gymnocarpa.

---

[1]. Le dessous de ces plantes, convenablement espacées, sera garni de gazons de *Commelyna zebrina*, *Sedum sarmentosum*, *Panicum plicatum*, *Alyssum maritimum*, etc.

Cerastium tomentosum.
Cineraria maritima.
Festuca glauca.
Lamium maculatum.
Ligularia Kæmpferi punctata.
Oxalis corniculata purpurea.
Perilla Nankinensis.
Santolina Chamæcyparissus.
Stachys lanata.
Thymus citriodorus aureus.
Trifolium repens purpureum.

Plantes de serre.

Achyranthes Verschaffelti.
Ageratum cœlestinum variegatum.
Alternanthera, div. esp. et var.
Begonia variés (à l'ombre).
Coleus Verschaffelti et autres variétés.

Commelyna zebrina.
Coprosma Baueriana varieg.
Echeveria metallica.
— secunda.
— rosacea.
— et autres espèces.
Fuchsia Sunray.
Gnaphalium lanatum.
— — aureum.
Iresine Lindeni.
Mesombryanthemum cordifolium aureum.
Panicum plicatum variegatum.
Pyrethrum Golden Feather.
Saxifraga sarmentosa variegata.
Sedum sarmentosum variegatum.
— autres espèces et variétés.
Sempervivum, diverses espèces.
Vinca major aureo-variegata.

Enfin, parmi les feuillages d'ornement, on peut encore recommander les espèces suivantes, ligneuses ou herbacées, convenables pour garnir, pendant l'hiver, les corbeilles ou plates-bandes dénudées après les gelées. Dans les jardins de ville, leur emploi est trop peu usité; il produira de jolis effets décoratifs, si l'on sait disposer avec goût les arbustes et les plantes rustiques :

ESPÈCES LIGNEUSES POUR GARNITURE HIVERNALE DES CORBEILLES ET PLATES-BANDES.

Arbustes.

Andromeda variés.
Aucuba japonica div. var.
Biota orientalis aurea.
Buxus arborescens nana.
— — aurea.
Cotoneaster microphylla.
Cryptomeria elegans.
Evonymus japonicus argenteus.
— gracilis (radicans).
Hedera Helix arborea.
— — variegata, etc,. etc.
Juniperus Sabina.
— variegata.
Retinospora ericoides.
— squarrosa.
Salvia officinalis tricolor.
Santolina Chamæcyparissus.
Yucca gloriosa.
— recurvifolia.
— flaccida.

Plantes vivaces et bisannuelles.

Aspidium aculeatum.
Asplenium Adiantum nigrum.
Bambusa Fortunei.
Beta vulgaris, var. div.
Brassica d'ornement.
Elymus arenarius et autres graminées.
Epimedium variés.
Festuca glauca.
Helleborus fœtidus.
Iberis sempervirens.
Iris fœtidissima.
— — variegata.
Lomaria Spicant.
Ophiopogon variés, etc., etc.
Polypodium vulgare.
Pyrethrum Tchihatchewii.
Saxifraga hypnoides, umbrosa, rotundifolia, aizoides, crassifolia, cordifolia, etc.
Scolopendrium officinale.
Viola odorata.

L'emplacement à attribuer aux plantes à feuillage ornemental isolées sur les pelouses est soumis à quelques règles généralement adoptées ; un plan les fera mieux comprendre que des descriptions. La figure 430, plan du jardin de M. P. D..., situé dans le parc de Neuilly, donne le modèle d'un jardin de ville où l'emploi des plantes à belles feuilles a été l'objet d'une prédilection particulière, ainsi que l'indique la légende suivante :

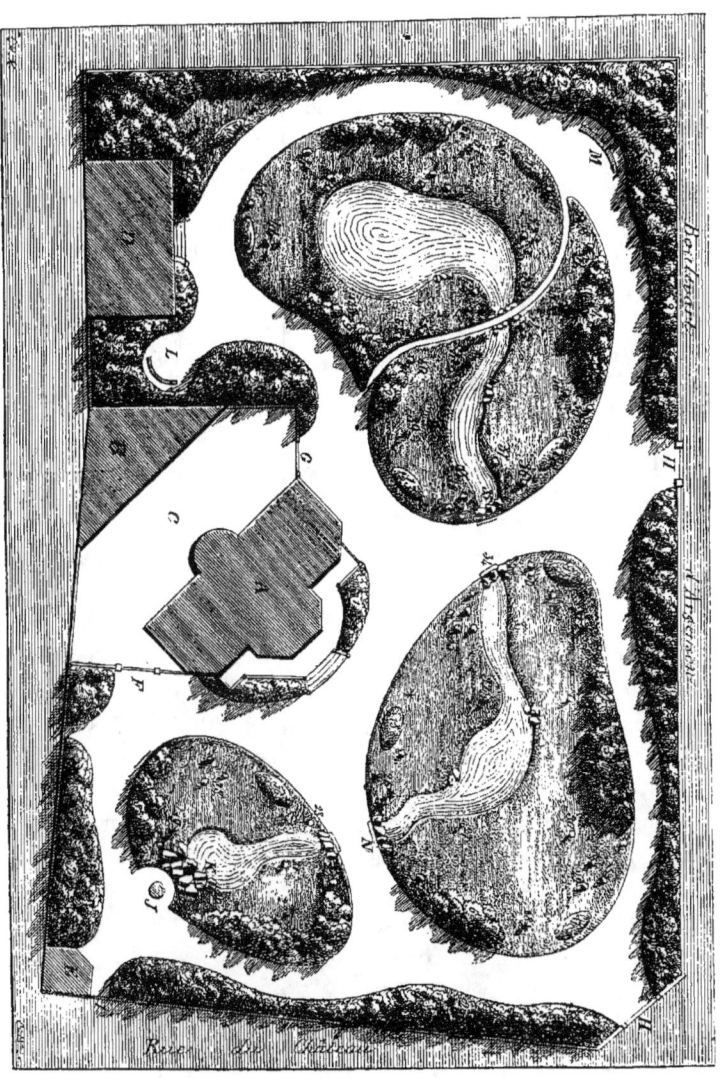

Fig. 430. — Jardin de ville où dominent les plantes à beau feuillage.

1. Massifs de rhododendrons.
2 à 9. Massifs variés d'arbres et d'arbustes.
10. Corbeille de bégonias variés.
11. Pelargoniums zonals panachés.
12. Ficus elastica avec dessous de Commelyna zebrina.

13. Coleus bordés de Gnaphalium.
14. Pelargoniums rouges bordés de P. Manglesii.
15. Ageratum cœlestinum et Alyssum maritimum panachés.
16. Aralia papyrifera, sur un gazon d'Alternanthera.
17. Canna Annei bordés de C. zebrina nana.
18. 3 Wigandia macrophylla.
19. 1 Saule pleureur.
20. 1 Bambusa glauca.
21. 1 Cyperus Papyrus.
22. 1 Abies Pinsapo.
23. 1 Salix pentandra.
24. 1 Gynerium argenteum.
25. 1 Acer macrophyllum.
26. 1 Yucca gloriosa.
27. 1 Solanum marginatum.
28. 1 Chamæcyparis Nutkaensis.
29. 3 Cassia floribunda.
30. 1 Musa Ensete.
31. 1 Cotoneaster microphylla.
32. 2 Alsophila australis.
33. 5 Begonia heracleifolia.
34. 1 Ampelopsis tricuspidata.
35. 1 Rubus leucodermis.
36. 1 Ficus bengalensis.
37. 1 Cineraria maritima.
38. 1 Acacia lophantha.
39. 1 Juniperus excelsa.
40. 1 Wigandia Vigieri.
41. 3 Yucca recurvifolia.
42. 1 Cornus sibirica variegata.
43. 1 Bocconia frutescens.
44. 3 Centaurea candidissima.
45. 1 Solanum Warscewiczii.
46. 1 Phœnix dactylifera.
47. 1 Arundo Donax variegata.
48. 3 Negundo fraxinifolium varieg.
49. 1 Berberis Darwini.
50. 1 Yucca Treculeana.
51. 1 Hibiscus Rosa sinensis.
52. 3 Cucurbita perennis, sur un tertre.
53. 1 Arundinaria japonica.
54. 1 Canna iridiflora.
55. 1 Onopordon Acanthium.
56. 1 Solanum robustum.
57. 1 Eucalyptus Globulus.
58. 1 Eryngium Lasseauxii.
59. 1 Rhododendron sir J. Broughton.
60. 1 Montagnœa elegans.
61. 1 Ailanthus glandulosa (récépé).
62. 1 Polygonum cuspidatum.
63. 1 Wigandia macrophylla.
64. 1 Solanum hyporhodium.
65. 1 Acanthus mollis latifolius.
66. 1 Agave Salmiana.

Cette décoration de jardin, où les feuillages occupent une place peut-être excessive, au détriment des fleurs, est cependant d'un effet remarquable à la fin de la belle saison. Elle se complète d'ailleurs par les bordures de plantes vivaces le long des massifs, par des plantes de rocailles et les plantes aquatiques qui ornent le ruisseau, les cascatelles et le bassin principal, enfin par les corbeilles de fleurs qui ont été distribuées sur les pelouses. On peut égayer ces corbeilles par des fleurs aux couleurs brillantes. Toutefois, si l'on tenait à les composer exclusivement de plantes à feuillage ornemental afin d'économiser les frais d'entretien et d'éviter de les renouveler pendant la belle saison, on pourrait recommander les combinaisons suivantes, qui ont été employées dans ce jardin :

A. *Corbeilles de terre de bruyère.*

1. Begonia heracleifolia (centre).
   Gnaphalium lanatum (bordure).
2. Ficus elastica.
   Commelyna zebrina (comme dessous).

B. *Corbeilles de terre franche.*

1. Pelagonium mistress Pollock (centre).
   Alyssum maritimum variegatum (bord).
2. Amarantus melancholichus (centre).
   Panicum plicatum (bordure).
3. Canna peruviana (centre).
   — zebrina nana (bordure).
4. Achyranthes Verschaffeli (centre).
   Gnaphalium lanatum (bordure).

CHAPITRE XI

EXEMPLES ET DESCRIPTIONS DE PARCS ET DE JARDINS

CLASSÉS SUIVANT LEUR DESTINATION.

Des théories sur l'art qui fait l'objet de ce livre, nous sommes entrés dans les travaux de la pratique, et nous avons passé en revue les éléments principaux de la composition des parcs et des jardins. Les ornements artificiels, constructions et accessoires divers, qui sont comme les sculptures de l'édifice et n'influent pas sur le dessin général, seront examinés dans le chapitre prochain. En étudiant les détails, il nous est parfois arrivé de figurer un plan ou une vue, reproduits d'après des travaux exécutés. Ces exemples sont isolés. Il nous reste maintenant à parler davantage aux yeux, à résumer nos préceptes et à fournir des exemples qui en représentent la synthèse. C'est la combinaison des pièces diverses qui forme le tout, et si jamais un travail d'ensemble a soulevé des difficultés, c'est celui de la mise en œuvre des détails que nous avons énumérés, opération plus artistique que scientifique, et qui emprunte tout son mérite à la valeur de l'ouvrier.

Je reprends donc la classification esquissée page 184 et suivantes, en éclaircissant les règles générales posées pour la composition des parcs et des jardins par un certain nombre de plans et descriptions de travaux rentrant dans les diverses catégories énumérées. Nos théories vont trouver ainsi des applications immédiates. En publiant ces *exemples,* — je ne dis pas ces *modèles,* — et en les décrivant sans leur ménager une critique impartiale, mon projet est de mettre le lecteur à même de suivre du doigt le résumé de ce qu'il n'a vu jusqu'ici qu'au milieu des détails et des répétitions nécessaires à la marche rationnelle de cet ouvrage.

Parmi les parcs privés, nous avons distingué les parcs *paysagers, forestiers* et *agricoles,* dont les principaux caractères ont été décrits.

Le premier de ces sortes de parcs est le plus fréquent. Nous en avons vu plusieurs exemples appartenant à différentes nations, et les traits distinctifs des tracés français, anglais et allemand ont été résumés (p. 393 et

PLANCHE IX

JARDIN FRUITIER DE NADES (Allier et Puy-de-Dôme).

M. le Duc de Morny, *propriétaire*. — M. J.-L. Jamin, *organisateur*.

Exemple d'un grand jardin potager et fruitier, créé en 1855-56 d'après les dessins et sous la direction d'un habile arboriculteur, M. J.-L. Jamin. Hauteur des murs d'espalier : 3 mètres. Bassins de $1^m,20$ de diamètre, contenant chacun 10 hectolitres d'eau.

Contenance : 2 hectares.

Ce plan a reçu quelques modifications dans l'exécution, et de plus importantes depuis la mort du propriétaire.

LÉGENDE.

A, A. Serres à ananas et à vignes; avec pavillon central ou jardin d'hiver.
B, B. Murs de clôture pour espaliers.
C, C. Murs de refend pour espaliers.
E, E. Châssis à légumes de primeur.
F, F. Plate-bande bordée de pommiers nains en cordons.
G, G. Bassins d'arrosement à eau forcée.
H, H. Deuxième carré de châssis à forcer.
I, I. Plate-bande devant les serres, arbres fruitiers et fleurs.
J, J. Plates-bandes de poiriers en contre-espalier.
K, K. Allée extérieure plantée d'arbres fruitiers à haute tige.
L, L. Allée extérieure plantée de pruniers.
M, M. Plate-bande extérieure des serres pour vignes en contre-espalier.
N, N. Allées du parc.

PARCS & JARDINS   PL. IX

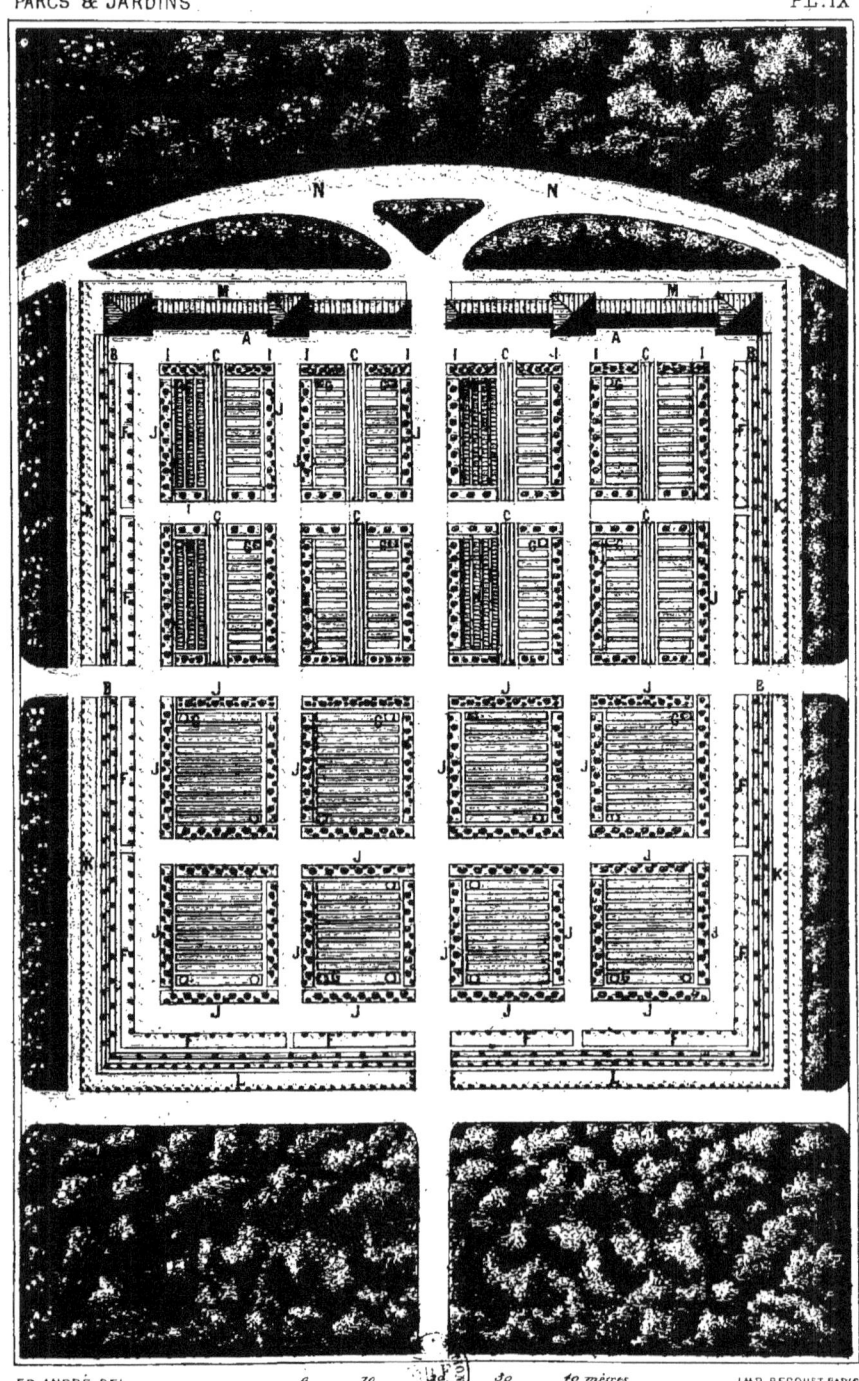

ED. ANDRÉ DEL.   IMP. BECQUET PARIS

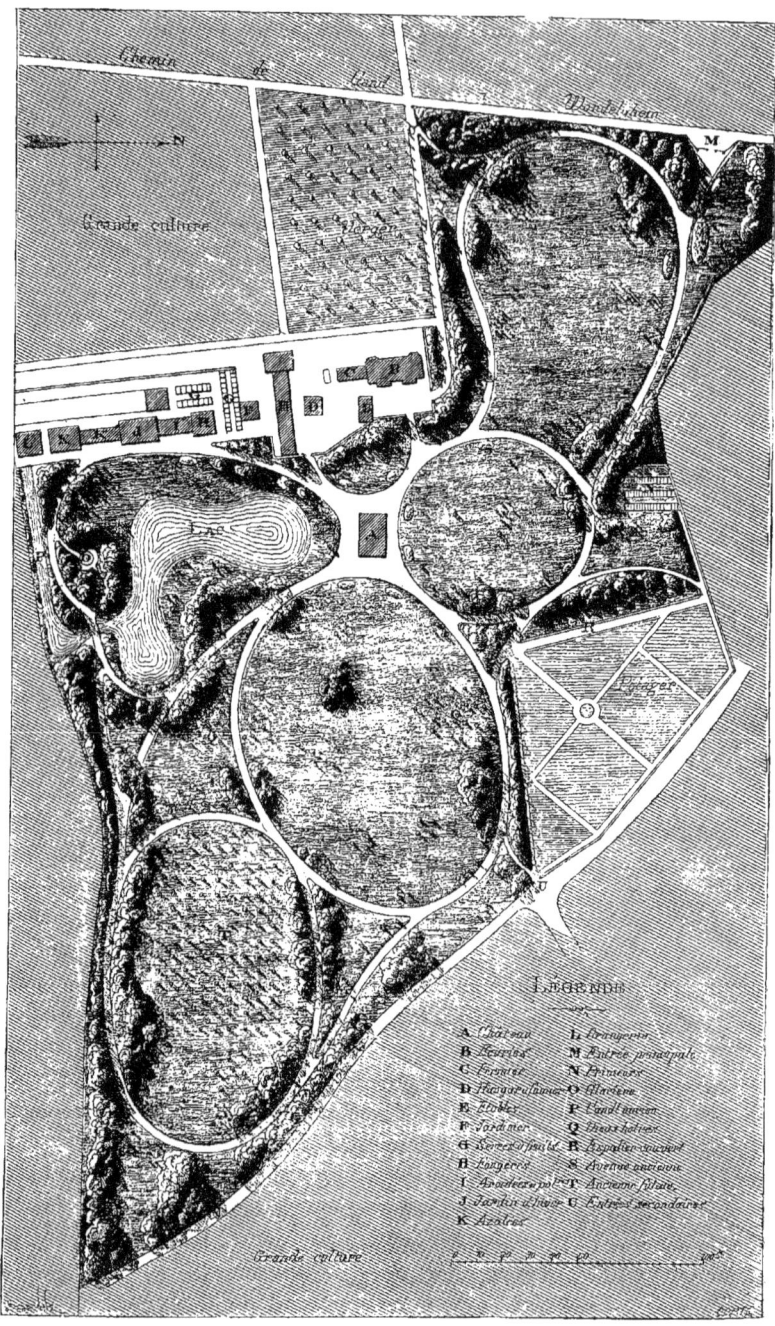

Fig. 431. — Parc de Wondelghem, près Gand (Belgique).
M. Barillet-Deschamps, architecte.

suiv.); mais on porterait un jugement inexact sur les tracés des jardins dans ces régions d'après un simple spécimen, quel que soit le talent de son auteur. Examinons quelques autres créations, dues à divers artistes.

Le plan (fig. 431) est dû à un architecte-paysagiste français dont le nom a été cité fréquemment dans cet ouvrage, M. Barillet-Deschamps. Il représente exactement la restauration de la propriété de M. de Ghellinck de Walle, à Wondelghem, près de Gand (Belgique). Situé sur un terrain plat, dans le sol riche et léger de cette partie des Flandres célèbre par ses cultures, planté de vieux hêtres en lignes dans la partie située à l'est, abondamment pourvu d'eau, le parc de Wondelghem manquait de perspectives, et le parc paysager se séparait désagréablement des futaies régulières. Cette fusion a été opérée d'une manière très-heureuse. La sobriété du tracé y est remarquable, l'union des courbes parfaite, les plantations des massifs de bordure agréablement combinées, et les parties extérieures disgracieuses habilement masquées.

Le château, grosse construction carrée, sans style, est placé au milieu d'un vaste terre-plein sablé, dégagé sur ses quatre côtés et un peu nu. Sa façade nord regarde deux pelouses légèrement vallonnées, situées dans la partie étroite du parc et si bien encadrées par les massifs que ce manque de largeur ne s'aperçoit pas. Des groupes épais d'arbres et d'arbustes cachent le potager et les châssis destinés aux cultures de primeurs.

L'allée principale d'arrivée, partant de l'entrée M, est utilisée moins souvent que l'ancienne avenue droite S, masquée de l'intérieur, et conduisant dans la cour des communs, où se trouvent les écuries, la maison du fermier, les hangars et les étables.

Dans la vue de la façade du midi, l'ancien canal est devenu une pièce d'eau agrandie, aux contours arrondis. Une partie des terres a servi à élever la butte couvrant une glacière, entourée de plantations épaisses qui permettent de dissimuler la partie rectiligne du canal P. La propriété contient de vastes serres, où le propriétaire, grand amateur de belles plantes, fait cultiver des collections célèbres en Belgique et à l'étranger. Un jardin d'hiver sert de pavillon central. De chaque côté sont les serres pour les aroïdées, les fougères, les azalées, et l'orangerie. La maison du jardinier est contiguë aux serres à multiplication.

Je considère le parc de Wondelghem comme l'une des meilleures créations de M. Barillet. Le tracé en est soigné, les allées peu nombreuses et toutes utiles, et la seule critique que l'on pourrait se permettre sur la trop grande multiplicité d'espèces d'arbres et d'un choix hétéroclite dans les plantations disparaît devant l'obligation où l'artiste se trouvait de réunir chez un amateur un grand nombre de plantes diverses.

La propriété de M. L..., près Wissembourg (Bas-Rhin) (fig. 432), a été dessinée par M. J. Niepraschk. Elle offre le contraste le plus frappant avec celle qui précède par le terrain accidenté, abrupt, sur lequel elle est située,

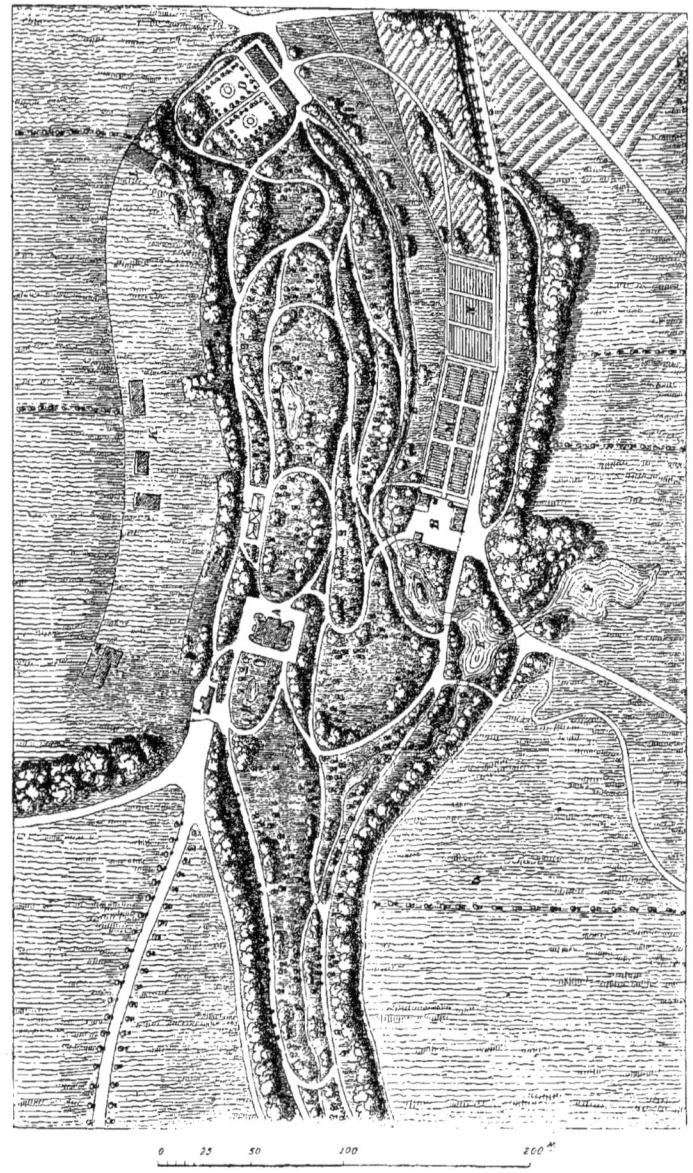

Fig. 432. — Parc de M. L.... près Wissembourg (Alsace).
M. J. Niepraschk, architecte.

A. Château. — B. Ferme. — C. Serre. — D. Basse-cour. — E. Ruisseau et pièce d'eau. — F. Petit lac. — G. Bassin élevé. — H. Pelouse et bassin. — I. Loge d'entrée. — J. Anciennes carrières. K. L. Village. — M. Jardin potager. — N. Cultures variées.

et rappelle manifestement le mode allemand de tracer les jardins, c'est-à-dire en les morcelant par une grande multiplicité d'allées.

Le château domine le paysage; il s'élève sur un terre-plein carré, et sa base est entourée de massifs et de fleurs. La pelouse qui le précède est à demi régulière, et son centre est occupé par un bassin. Les communs sont placés près de l'entrée principale, à laquelle on arrive par une de ces avenues curvilignes plantées régulièrement, dont l'emploi est sujet à critique (voy. p. 365). En avançant dans le parc, les plantations cachent d'anciennes carrières et les maisons du village en contre-bas. On rencontre, auprès d'épais massifs, une serre dont la façade se détache sur les pelouses, et plus loin une pièce d'eau dont la position sur la hauteur semble peu justifiée. A l'une des extrémités de la propriété, la ferme dite du Moulin et la basse-cour sont masquées de l'intérieur. Au bas du coteau, la petite ferme B et la maison du jardinier sont en communication avec le potager M N, après lequel s'étendent des prairies drainées et arrosées par le ruisseau E. Les autres ruisseaux E F forment des pièces d'eau assez vastes qui présentent de jolies perspectives.

Ce tracé prouve qu'il faut juger avec réserve et circonspection un plan de parc ou de jardin. La confusion apparente des allées et les contours trop sinueux des eaux s'expliquent, en considérant les difficultés d'accès sur des rampes fortes et variées. Il s'agit dans ce cas, non d'unir harmonieusement des courbes sur le papier, mais de créer des chemins praticables sur le terrain. Leur projection peut donner un dessin disgracieux et confus : qu'importe, si la scène réelle est agréable et la promenade facile ? Ces considérations devront toujours être présentes à l'esprit du dessinateur de jardins, et son opinion s'exprimera discrètement sur la valeur des plans de parcs accidentés qui seront soumis à son appréciation.

En parlant de l'exécution des plans ou dessins sur le papier (p. 237), j'ai signalé l'usage, fait par quelques architectes-paysagistes, des arbres figurés en élévation, alors que toutes les autres parties sont indiquées en plan ou projection horizontale. Ce procédé est irrationnel, puisqu'il traite de manières différentes la représentation graphique des objets sur la même feuille. Il a pour excuse de rendre plus sensible, pour les propriétaires auxquels la lecture des plans n'est pas familière, la forme que prendront les massifs, les arbres isolés et les eaux sur le terrain transformé.

Un de ces exemples est fourni par le plan ci-joint (fig. 433), dessiné par M. Ed. Pynaert pour une propriété aux environs de Bruges (Belgique). Les eaux y sont belles et abondantes; le terrain offre peu de relief, et l'absence de vues sur l'extérieur a motivé la plantation continue du périmètre.

L'avenue extérieure F existait avant la transformation de la propriété; à son arrivée dans le parc, elle a pris la forme d'une allée d'arrivée curviligne qui débouche sur la façade principale du château donnant sur le parc. Les bâtiments des communs, écuries, remises et une orangerie ouverte sur les

Fig. 433. — Parc de 14 hectares, à L..., près Bruges (Belgique).
M. Ed. Pynaert, architecte.

A. Château. — B. Petite ferme. — C. Communs. — D. Jardin potager. — E. Avenue extérieure. — F, G. Buttes points de vue. — H. Point de vue. — I. Petite porte. — J. Grotte et glacière. — K. Source du ruisseau.

jardins, sont groupés ensemble. L'emplacement du potager est assez proche de la petite ferme B et de la route publique pour que le transport des fumiers soit fait par cette voie sans gêner les promenades dans le parc. Un chemin de service sert de communication avec l'extérieur par une petite porte. Les buttes F G dominent les eaux sur deux points différents, et à l'une des extrémités de la propriété le terrain se trouve relevé en H, de manière à offrir une longue et agréable perspective. Au point J sont installées une glacière et une grotte cachée dans des roches éparses. A ces eaux agréablement variées vient s'ajouter le ruisseau qui prend sa source dans le parc et se perd dans un grand massif près du potager. Derrière la ferme et les communs, quelques plantations cachent la plus grande partie d'un verger dont les arbres sont disposés en lignes et en partie masqués.

Le tracé de ce jardin est très-recommandable, bien que l'on puisse trouver les allées un peu multipliées et l'allée de ceinture trop uniformément rapprochée des limites. Il offre des scènes variées et attrayantes, et les plantations y sont bien étudiées.

La multiplicité des voies de promenade, si nuisible aux grands effets paysagers, a pu être évitée dans le plan de la propriété de M. Mac Gregor, à Guernesey (fig. 434). Elle est située au sommet d'un coteau, au-dessus de la ville de Saint-Pierre. Des vues admirables sur la mer partent de la terrasse M et de l'un des bancs placés autour du château A, et, à l'entrée J, des massifs de chênes verts et d'arbustes à feuilles persistantes encadrent le petit jardin qui donne sur la rue. Les écuries et remises et la maison du jardinier sont hors de la vue, à l'extrémité du jardin fleuriste, séparé par un mur du grand parterre. Sur le côté gauche de ce parterre, un rosarium semi-circulaire est dessiné devant les serres E.

A partir de la terrasse M, entourée de massifs d'arbustes, la seconde partie du parc offre un caractère tout différent. L'allée courbe qui passe auprès du kiosque F reste d'abord engagée entre des massifs toujours verts, où un ravin parsemé de roches a permis de grouper un grand nombre de jolies plantes de rocailles croissant à l'ombre. La ferme, située près de ce chemin, est cachée de l'extérieur. Un sentier étroit conduit en G, sous un groupe de hêtres séculaires; à leur pied, un rocher pittoresque livre passage à une source naturelle qui se répand en cascatelles et forme un ruisseau qui va s'épanouir en un bassin assez étendu. Un kiosque de pêche est indiqué sur le bord du bassin.

A l'extrémité du bassin, une ancienne maison I, pourvue d'un petit jardin, sert de résidence à un ami; de toutes parts des massifs environnent cette habitation. Si l'on contourne ce jardin par un sentier sous bois, on arrive à un pavillon de repos L, d'où se dirige un point de vue sur le fond de la vallée N.

Le tracé de cette propriété, sur une surface accidentée, est d'une grande simplicité. J'ai cherché à conserver le caractère naturel des pentes et

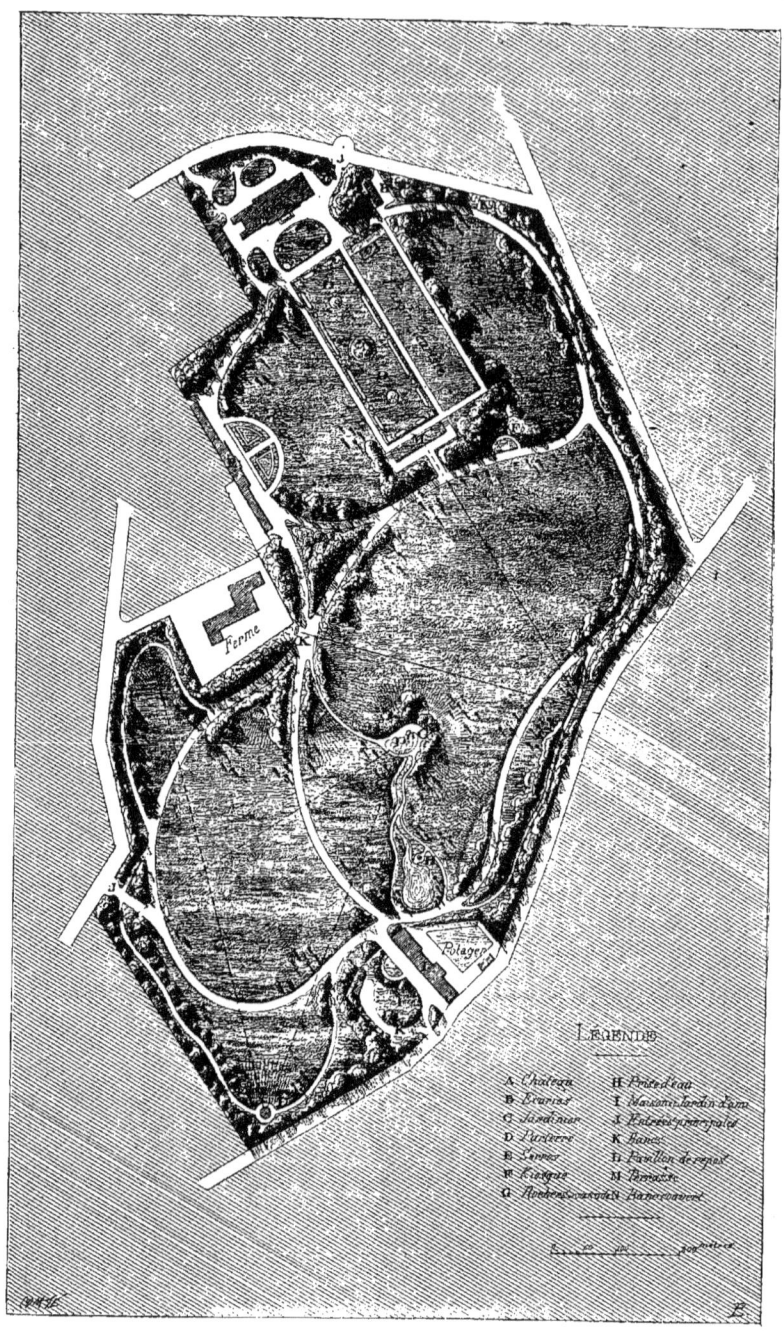

Fig. 434. — Parc de Melrose-Rosaire (île de Guernesey).
Ed. André, architecte.

à mettre à exécution les moyens d'encadrer les vues que nous avons examinés page 327 et suivantes.

Dans le parc de Montertreau (p. 601, fig. 324), nous avons trouvé une autre situation accidentée, mais avec un mélange d'anciennes avenues rectilignes qu'il a fallu réunir au reste du parc.

Cette réunion, si fréquente dans les parcs anciens où il faut raccorder les parties nouvelles, est plus caractérisée par le plan (fig. 435) du parc de Bois-Renault (Indre-et-Loire), appartenant à M. Ed. Dalloz. Un ancien bois, découpé par un grand nombre d'allées, occupait le plateau sableux qui s'étend jusqu'à Ballan. Une partie de ces allées furent bouchées et l'on conserva uniquement celles qui rayonnaient autour du rond-point I, destiné à recevoir une volière. De l'entrée principale J, une allée d'arrivée curviligne, taillée au milieu de la forêt, vint déboucher près du château et diriger une de ses branches sur les communs et la ferme.

Devant le château, du côté du bois, un parterre régulier H, orné d'un bassin avec vasque au centre, se continua par une grande charmille et fut l'objet de soins particuliers dans son établissement et son entretien.

Les communs et leur entourage, dont une vue et une description se trouvent au chapitre suivant (p. 839, fig. 488), reçurent des dispositions nouvelles. Les serres F F furent adossées au mur du midi, et les carrés D du potager se garnirent d'arbres fruitiers, de légumes et de cultures de primeur. Une vigne M, encadrée par les lignes de l'ancien bois, fut comprise dans l'enceinte du parc sans présenter de disparate avec le reste du tracé. Du côté nord, les pentes s'inclinèrent vers la vallée du Cher. Sur les pelouses vallonnées, des vues diverses furent dirigées vers les lointains de la vallée et les coteaux opposés. Une serre G fut appuyée à un épais massif toujours vert. Sur le parcours de l'allée descendant à la pièce d'eau S, un belvédère O permit d'apercevoir au loin les ruines du vieux château de Luynes. Pour passer sur le pont P, un remblai considérable redressa la vallée de ce côté, et les terres de la pièce d'eau servirent à former en R une butte surmontée du kiosque Q.

Un autre exemple du mélange des styles symétrique et paysager nous a été fourni par la figure 105, page 351, où le parc de la Siffletière montre une étoile d'allées droites partant de l'habitation et indique le mode de traitement de ces situations particulières.

Parmi les parcs paysagers, on peut encore citer le parc de la Chassagne (planche IV), situé sur un mamelon accidenté de la Bourgogne, entre Mâlain et le canal de Bourgogne. Cette vaste propriété, qui appartient à M. Victor Masson, est un exemple remarquable des résultats que le travail et la persévérance peuvent obtenir dans une situation défavorable. Sur un sol pierreux, dénudé, des apports de terre végétale ont été faits sans interruption depuis quinze ans. Les arbres les plus variés ont été essayés. Après de nombreuses tentatives, les essences convenables ont été adoptées,

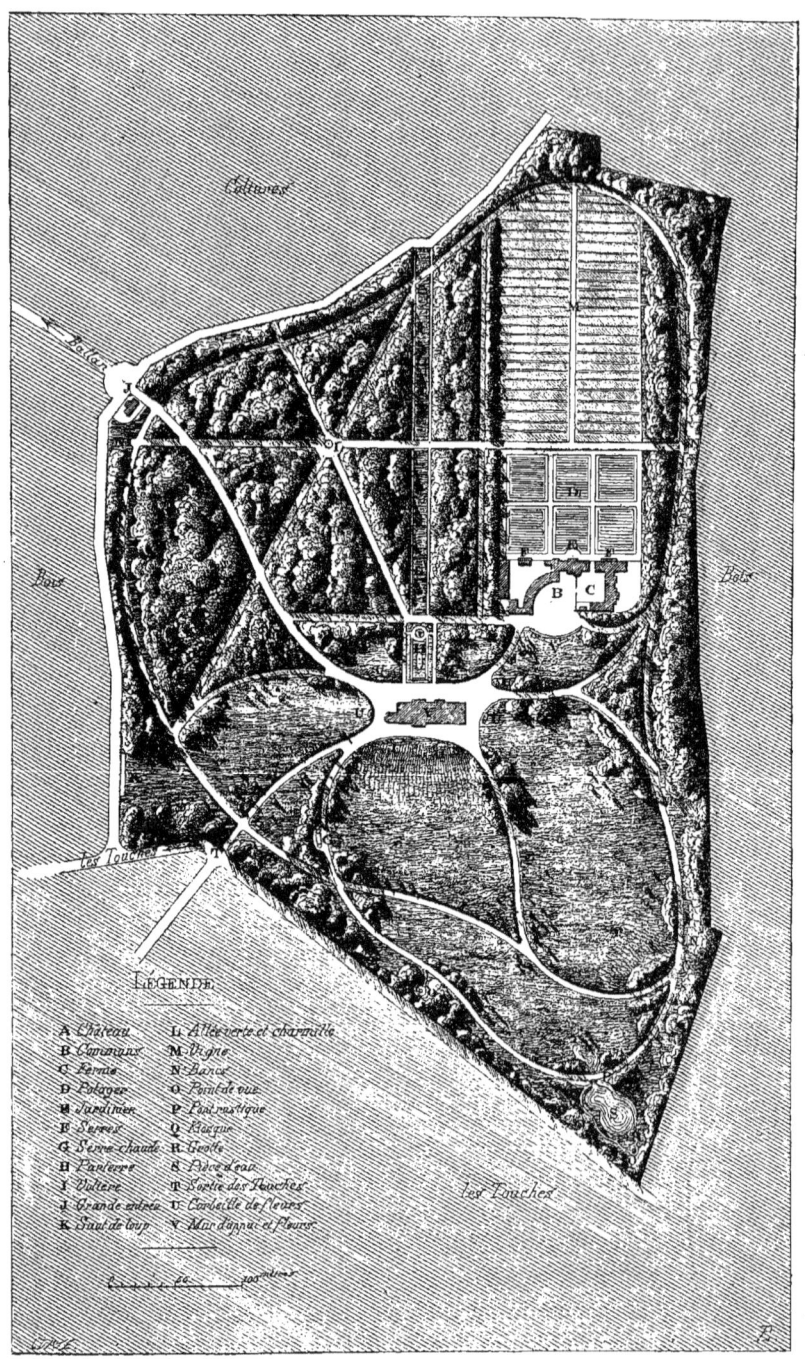

Fig. 435. — Parc de Bois-Renault (Indre-et-Loire).
Ed. André, architecte.

et de grandes plantations ont couvert le plateau et les pentes. Des espèces exotiques, wellingtonias, thuiopsis, cyprès de Lawson, sapins Pinsapo, de Nordmann et de Douglas, forment aujourd'hui des bois entiers de la plus belle venue, sur le terrain autrefois occupé par de rares touffes d'herbes sur des rocailles desséchées. Les vues sur le paysage environnant sont admirables ; elles ont été plusieurs fois citées dans cet ouvrage.

L'examen de la planche IV montrera la disposition de la Chassagne, dont le tracé paraîtrait bizarre si l'on perdait de vue les accidents du terrain. L'habitation et les communs forment un tout compacte. Une terrasse à mi-côte a été conservée pour la belle vue dont on jouit sur la vallée de l'Ouche. On a construit l'orangerie en F et les châssis G au sommet du potager H. Le verger F' est situé plus bas. A travers les massifs, et au départ des principales vues, des kiosques ou des bancs ont été dispersés. Le point L indique le moteur à vapeur qui élève les eaux de l'Ouche au sommet du plateau, à 30 mètres de hauteur. Les massifs de conifères sont indiqués par P, les taillis par R, et les isolés ou groupes à feuilles caduques par Z. Les massifs S U sont plantés en arbres et arbustes de choix, à belles fleurs et à feuillage d'ornement. Des arbustes isolés et des fleurs sont placés sur le bord de la terrasse en X. Enfin en Y se trouvent les arbres qui se plaisent au bord des eaux.

Les parcs paysagers dans les terrains d'alluvion, sur le bord des fleuves, peuvent trouver un exemple dans celui de la Motte-Farchat (Nièvre), représenté par la planche III. Une courte description en fera saisir l'ensemble. Le château, d'un intérêt historique, s'élève un peu au-dessus des grèves de la Loire. Les avenues E F ont été conservées et se continuent dans le parc sous la forme d'une allée qui débouche sur le chemin public. D'anciens canaux, nommés les *Gours de la Loire*, sont devenus des ruisseaux et des pièces d'eau à contours allongés, qui peuvent être bordés d'embarcadères, de kiosques, traversés par des ponts, longés par des sentiers dont le mode de tracé a été indiqué p. 388. Les massifs forestiers indiqués sont marqués R, et en S les plantations semi-aquatiques, bordant la Loire, ont couvert ces terrains autrefois nus et infertiles.

Parcs forestiers. — Les parcs *forestiers* appellent maintenant notre attention.

J'ai cité plusieurs fois le parc de Wilhelmshöhe, près de Cassel, comme une des curiosités de l'Allemagne. Cette résidence fut fondée au XVIIe siècle par le landgrave Moritz, puis augmentée et embellie par Guillaume IX, électeur de Hesse-Cassel. Elle devint la propriété de Jérôme-Napoléon, frère de l'empereur Napoléon Ier, lorsque celui-ci le créa roi de Westphalie après sa conquête de l'Allemagne du nord et de l'ouest. C'est en 1730 que furent faites, par le landgrave Charles, les plantations qui sont aujourd'hui le principal ornement de Wilhelmshöhe, car ce château, d'un style lourd, n'offre aucun intérêt architectural. Ces plantations furent complétées vers 1820 par l'électeur Guillaume Ier.

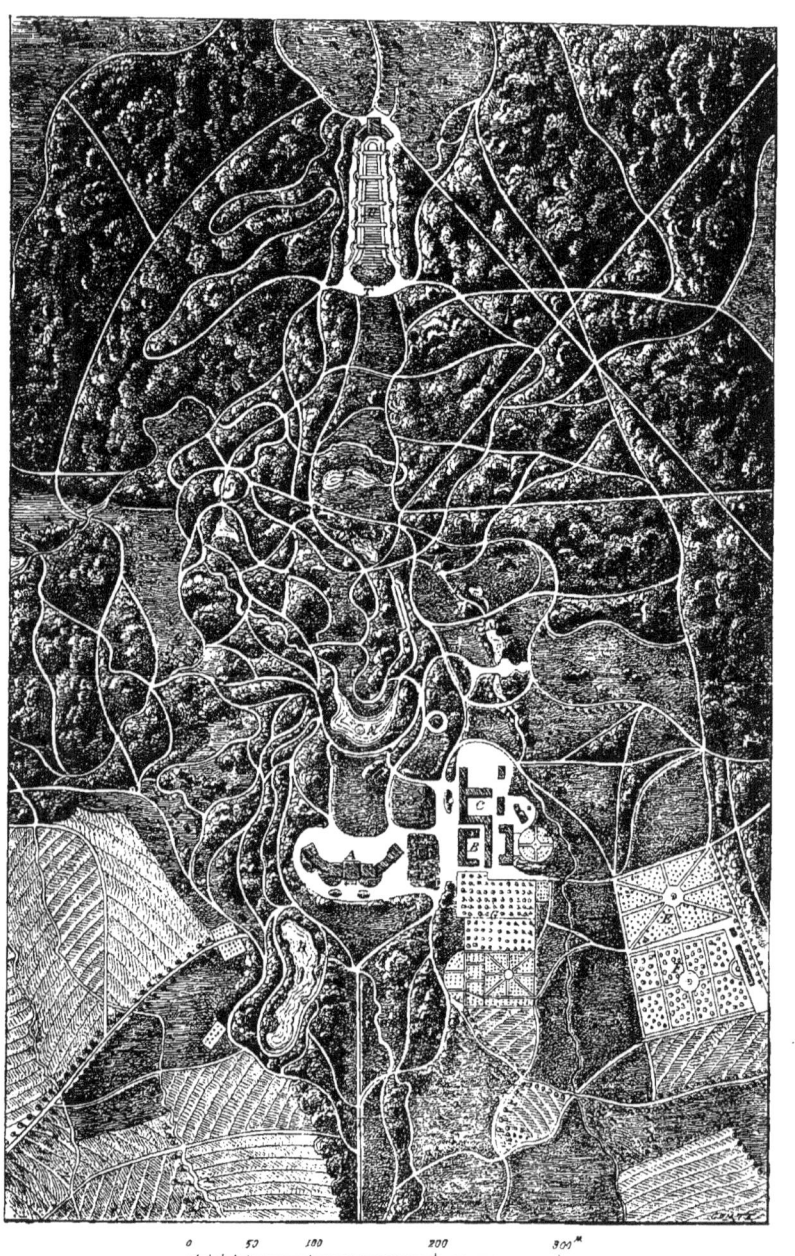

Fig. 436. — Parc de Wilhelmshöhe, près de Cassel (Hesse).

Le parc, dont le plan ci-joint (fig. 436) montre le dessin compliqué, est situé sur une colline accidentée, à l'extrémité d'une longue avenue I, qui va de Cassel au château A, disposé en un fer à cheval ouvert sur le parc. Les écuries et bâtiments de service B C D occupent un vaste espace ; les jardins potagers, vergers, pépinières sont en E F G. Une belle pièce d'eau H est profondément encaissée dans d'épaisses plantations. Les grandes serres J s'ouvrent sur la plus belle pelouse du parc intérieur, terminée par un bassin N, au milieu duquel jaillit, à 62 mètres, un gigantesque jet d'eau. Depuis le temple de Mercure L, une série de cascades K M accidente le cours d'un ruisseau, dont les eaux sont en communication avec les bassins supérieurs O P. La cascade monumentale U est surmontée par l'Hercule Farnèse, de 10 mètres de hauteur ; les eaux s'en échappent et descendent par une suite d'escaliers jusqu'au bassin T, d'où elles se répandent dans tous les autres bassins du parc. Ces eaux sont trop peu abondantes pour être mises en jeu autrement qu'à des intervalles assez éloignés. Le château gothique artificiel Q, dit Lœwenburgh, est celui dont j'ai déjà parlé comme une œuvre d'un goût très contestable. La ménagerie R et la cascade de Steinhofer S sont encore parmi les principaux ornements de ce parc.

Le tracé de Wilhelmshöhe est d'une division excessive. Sur le plan, il forme un entrelacement d'allées dirigées dans tous les sens. En réalité, ces chemins, trop nombreux sans aucun doute et un peu confus, ne font pas sur place un effet aussi disgracieux et prouvent une fois de plus que les grands espaces et les terrains très accidentés motivent des exceptions à la loi de simplicité des tracés.

Un architecte-paysagiste allemand de talent, dont le nom est rappelé plusieurs fois dans le cours de cet ouvrage, M. G. Meyer, a donné[1] le plan idéal d'une propriété qui peut être considérée comme un parc à la fois paysager et forestier et dont je reproduis ci-contre la plus grande partie (fig. 437).

Je ne saurais donner une approbation complète à une œuvre d'imagination pure, éloignée par conséquent du contrôle salutaire de la pratique, mais le travail de M. Meyer fournit une occasion excellente de juger ses tendances en matière de parcs et de jardins. On peut ainsi se rendre compte de son style, de ses préférences, de tout ce qu'il ferait, s'il pouvait exercer librement son esprit dans une situation de son choix.

La première impression, en regardant ce plan, est peu favorable à la multiplicité des allées. Nous avons vu qu'elle s'expliquait à Wilhelmshöhe ; elle est moins justifiée ici, dans un lieu où aucune obligation n'était imposée. Je dois dire cependant que, dans le plan de M. Meyer, un certain nombre de ces allées sont de simples sentiers reproduits ici par le copiste en exagérant leur largeur. Malgré cette réserve, ces chemins sont trop multipliés.

---

1. *Lehrbuch der schönen Gartenkunst*, pl. XVI.

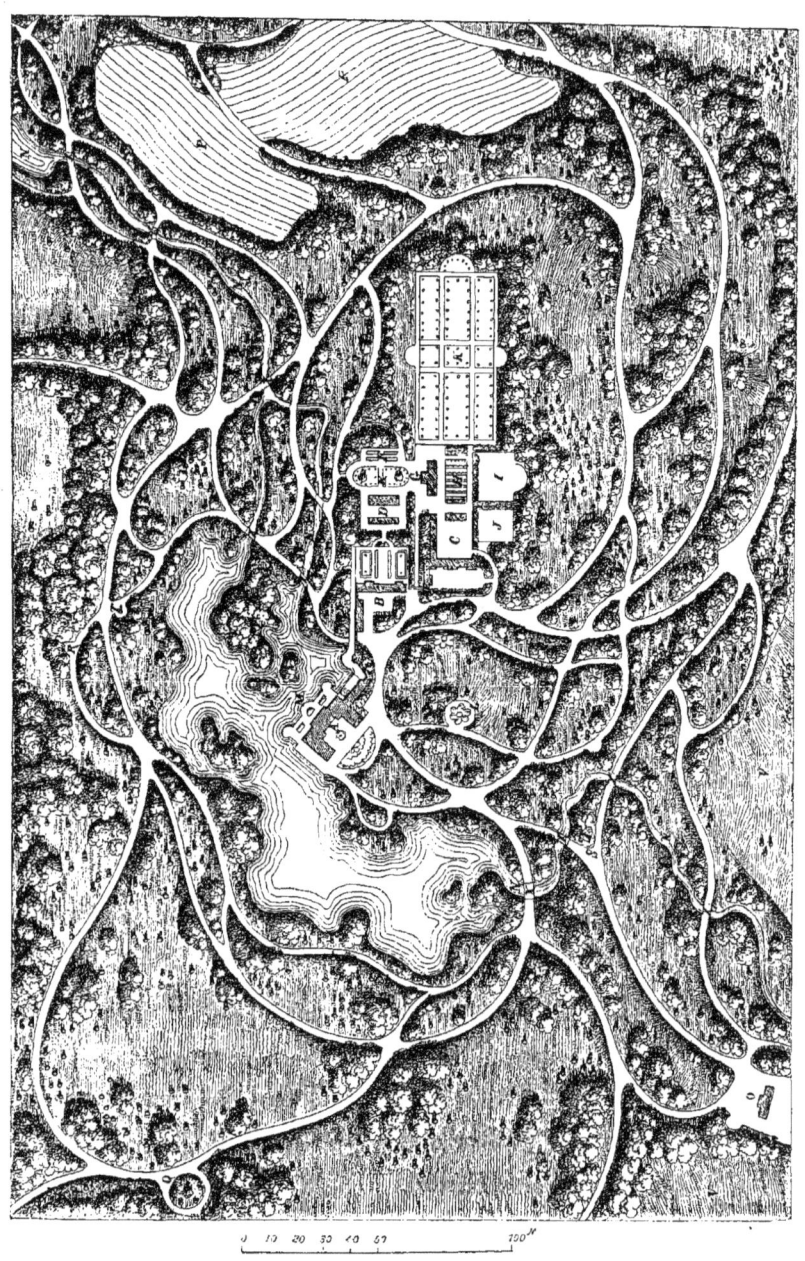

Fig. 437. — Idéal d'un grand parc paysager, d'après M. G. Meyer.

Le château A, situé au bord même du lac, présente les inconvénients inhérents à ce voisinage, que j'ai signalés précédemment. De la terrasse M, la vue serait belle, mais les îles trop proches diminueraient l'effet des eaux. En B, sont les bureaux et dépendances, l'orangerie et le jardin d'hiver ; en D E F, les serres à vignes, les châssis de couche et un jardin fleuriste. G est la maison du jardinier, placée près de la pépinière de réserve H, du potager K, des écuries et remises C, des bûchers J et des étendoirs à lessive I. Un petit parterre circulaire L, placé au sommet d'un monticule, me paraît déplacé dans cette partie paysagère, de même que les autres ornements de ce genre, épars sur d'autres points du parc. Le ruisseau N, qui fait mouvoir un moulin avant de pénétrer dans le parc, est traversé par plusieurs ponts X, divisé en deux branches pittoresques, et s'épanouit en un grand lac à contours élégamment dessinés. Il passe près de la porte d'entrée et de la loge S, et se dirige, à travers des prés plantés, vers le village dont l'auberge O indique la première maison. Des champs cultivés P, le pavillon Q, les bancs ou kiosques R, T, U, les prairies V, complètent cette composition, digne à plusieurs titres d'attirer l'attention des hommes compétents.

Le plan (fig. 438) de la propriété de M. le comte Orloff-Davidoff, à Otrada (Russie), représente une superficie de 300 hectares environ. Ce parc est situé sur les bords d'une rivière, la Lapasna, affluent de l'Oka, qui se jette elle-même dans le Volga. C'est un spécimen de parc forestier et de parc de chasse où le gros gibier abonde. Les loups y pullulent à ce point que les habitants se gardent difficilement de leurs attaques et que l'on doit placer des défenses pour les empêcher de franchir la Lapasna pendant les nuits d'hiver. Les complications assez bizarres des allées du milieu se rapportent à d'anciennes voies conservées dans une partie très accidentée de la propriété. La légende se détaille ainsi : En A s'élèvent le palais et ses annexes, constructions imposantes dont la plupart datent du règne de l'impératrice Catherine. Les dépendances, communs, écuries B B, entourent l'édifice principal, et en C l'orangerie abrite des plantes, frileuses sous ce climat, qui résisteraient facilement aux froids de nos contrées. L'église d'Otrada (on prononce Atrada) est située sur la colline, auprès du village. Les serres à fruits F, les serres chaudes et le jardin fleuriste G, le potager H et le verger couvert I sont groupés sur les bords de la rivière. Au-dessus, la chapelle servant de sépulture à la famille est bâtie en E. Des deux ponts N et J le premier est public et dessert le village, le second est mobile ; on l'enlève avant l'hiver pour empêcher sa rupture par les glaces. En T, au bas d'un sentier escarpé, est installé un bac. L est une annexe du parc, M l'entrée par le village et la route d'Otrada, O un bassin-pêcherie, en communication avec le lac Q et le ruisseau qui en découle. Un bassin spécial P est destiné aux célèbres carpes de Pologne, et en V un ruisseau et de belles cascades, complètent la distribution des eaux dans la propriété. La ferme R, le rucher S, la salle verte U, les remises X et Y, la grotte, la chaumière et la

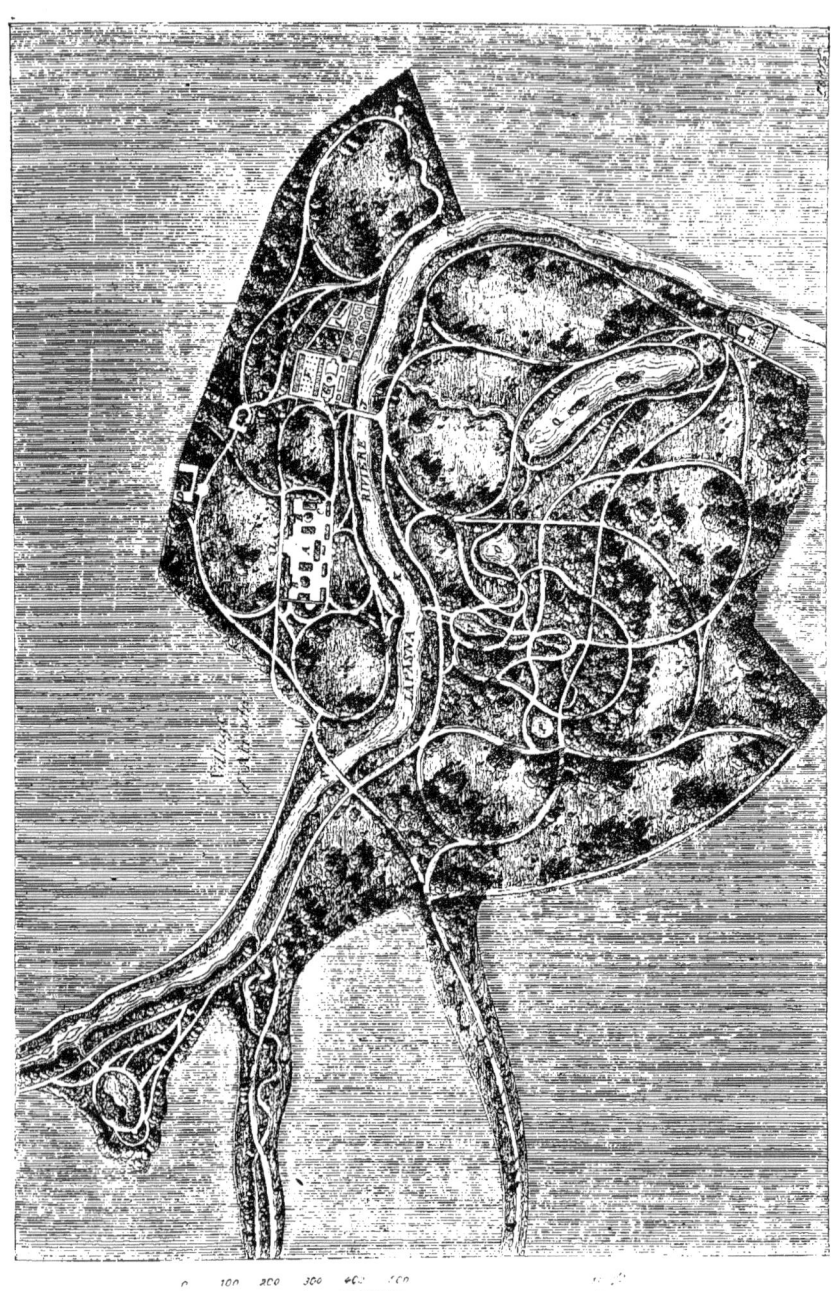

Fig. 438. — Parc forestier d'Otrada, près Serpukhoff (Russie).
Ed. André, architecte.

cascade Z s'ajoutent aux indications qui précèdent pour orner le parc. Mais ce qui ne saurait se décrire, ce sont les magnifiques futaies, les chênes et les hêtres séculairesqui font de cette forêt un lieu de promenade et de chasse de la plus grande beauté. On trouvera des détails complémentaires sur cette propriété dans le livre que j'ai publié sur mon voyage en Russie[1].

Parcs agricoles. — J'ai parlé (p. 145) des parcs agricoles et de ces prétendues fermes ornées, mélange hétéroclite de jardins et de champs où l'art ni l'agriculture ne peuvent s'accorder. Il faut renoncer à ces fictions, mais il est possible d'introduire la culture dans les parcs. Le tracé général du plan est moins harmonieux, mais l'ensemble peut à la fois satisfaire le goût et assurer le produit régulier du sol. Le parc de Chesnaye (Indre-et-Loire) donne un de ces exemples (fig. 439). On y trouvera des parties défectueuses; le bois, sur un coteau rapide, est trop morcelé, les abords du château laissent beaucoup à désirer, les champs pourraient être mieux encadrés, mais il faudrait peu de travail pour ramener un tel plan à un meilleur tracé, et il constituerait alors une forme de parc agricole très admissible. La légende suivante se rapporte à ce plan :

A. Château.
B. Communs.
C, D. Bâtiments de service.
E. Entrée principale.
F. Avenue d'ormes.
G. Parterre.
H. Pièce d'eau.
I. Grotte.
J. Pièce d'eau.

L. Jardin potager.
M. Ruines.
N. Allées sous-bois.
O. Salle verte.
P. Futaie en étoile.
Q. Prairies.
R. Allée droite plantée d'arbres fruitiers.
S. Chemin public.

Parcs publics. — Les parcs publics, que nous avons définis et sommairement caractérisés (pp. 186 et suiv.) et dont les détails de formation se sont présentés successivement à nos yeux, ont été répandus depuis un demi-siècle dans tous les pays civilisés. Mais l'exemple donné depuis vingt-cinq ans par la Ville de Paris a amené de si grands changements dans l'art de créer les promenades publiques, qu'il peut paraître intéressant à quelques-uns de nos lecteurs de connaître, par des documents authentiques, un résumé des principaux chiffres se rapportant à ces créations de l'édilité parisienne[2].

La plus importante de ces promenades, le bois de Boulogne, fut cédée par l'État à la Ville de Paris, en vertu de la loi des 8-13 juillet 1852. Les travaux, commencés en 1853, n'ont pris un grand essor qu'en 1855, et surtout après qu'ils eurent passé des mains de M. Varé dans celles des ingénieurs de la Ville de Paris. La transformation était terminée en 1858, à

---

[1]. Ed. André, *Un mois en Russie*, in-12, 282 p., 40 fig. — Paris. V. Masson et fils, 1870.

[2]. Je dois à M. Alphand la bienveillante communication des documents qui ont servi à ce travail, et qui résultent des notes présentées par lui au Conseil municipal de Paris, à l'appui du budget de 1878.

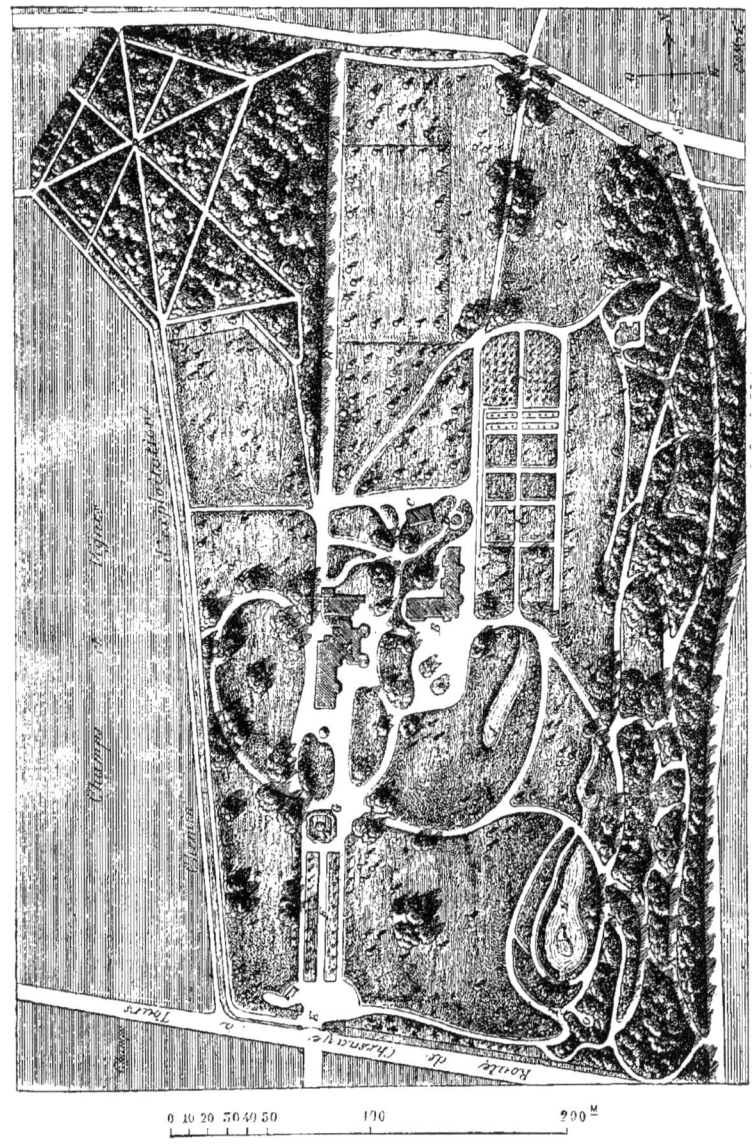

Fig. 439. — Parc agricole, paysager et forestier de Chesnaye (Indre-et-Loire).

l'exception de quelques détails qui se sont ajoutés chaque année, et ont été payés sur le budget de l'entretien.

La dépense totale a été de............ 16,206,252 fr. 50
dont il convient de retrancher :
Terrains revendus par la Ville
de Paris autour du bois...... 10,401,483 84 }
Subvention de l'État..... 2,110,313 27 } 12,511,797 11
Dépense restant à la charge
de la Ville...................... 3,694,455 fr. 39

La surface du bois de Boulogne, y compris les parties acquises par l'État, est de 873 hectares. La longueur des allées atteint 95 kilomètres, celle des ruisseaux 9 kilomètres, la surface de la canalisation d'eau est de 70,783^m,71, et 15,000 mètres cubes d'eau sont employés journellement à l'arrosage et à l'alimentation des cascades et ruisseaux.

Le bois de Vincennes, situé à l'est de Paris, à l'opposé du bois de Boulogne, a été cédé à la Ville de Paris par la loi du 24 juillet 1860 ; il est devenu le théâtre de travaux considérables, terminés en 1866. La dépense totale a atteint 5,695,000 francs.

La surface du bois de Vincennes et de ses annexes est de 921 hectares. La longueur de ses allées est de 70,053 mètres, et la surface de la canalisation d'eau occupe 50,040^m,18. Un volume de 15,000 mètres cubes d'eau tirée de la Marne est employé journellement à l'arrosage des pelouses et à l'alimentation des ruisseaux.

Le parc du nord ou parc des Buttes-Chaumont, commencé en 1864, ouvert en 1867, a reçu quelques modifications jusqu'en 1869. Il a coûté 3,412,620^f,36. Sa surface totale est de 25 hectares 29 ares 32 centiares.

Un quatrième parc, dit de Montsouris, est situé au sud de Paris. Les travaux, commencés avant 1870, interrompus par la guerre, n'ont été terminés qu'en 1878. La dépense a atteint 1,749,998^f,75. Un observatoire météorologique a été établi dans ce parc. La surface du terrain est de 15 hectares 84 ares 76 centiares.

En dehors de ces quatre grandes promenades, la Ville de Paris possède aujourd'hui 71 jardins ou places, plantés de végétaux d'ornement et occupant une surface de plus de 98 hectares, en y comprenant les nombreux terrains publics plantés dans la zone suburbaine, postérieurement à leur annexion à la capitale, en 1860. Les avenues, boulevards et voies diverses à plantation d'alignement, sont exclus de ce total. Le style de ces jardins est généralement paysager ; plusieurs cependant sont à tracé géométrique et d'autres constituent de simples mails ou places plantées de grands arbres, sur une aire sablée. Le tableau suivant indiquera quelques chiffres se rapportant aux plus fréquentées de ces promenades.

EXEMPLES DE PARCS ET JARDINS.

DÉSIGNATION	SURFACE totale en mètres carrés.	DATE des travaux.	DÉPENSE totale.	OBSERVATIONS.
Parc Monceau............	84,602	1861-62	1,190,000	Transformation partielle.
Champs-Élysées............	168,567	1860	»	Transformation d'anciens quinconces.
Avenue du bois de Boulogne.	63,822	1855	542,991	(Voir détail et rofil p. 353)
Tour Saint-Jacques..........	5,222	1856	141,760	Tour datant 1505 .¹
Jardin du Temple	7,038	1857	148,584	Statue du *Réti ire*, de Noël
Avenue de l'Observatoire....	20,045	1867	1,039,989	Coupure de l'ancienne avenue.
Jardin des Batignolles.......	13,931	1862-63	155,074	Situations pittoresques, jolies eaux.
— de la Trinité..........	3,118	1865-66	420,000	En face l'église de ce nom.
— Montholon............	4,223	1863	192,000	Statue *Gloria victis*, de Mercié.
— Sainte-Clotilde........	1,738	»	32,200	Devant l'église de ce nom.
— Louvois..............	2,263	1859	55,645	Fontaine de bronze, de Visconti.
— des Innocents	2,008	1860	201,684	Fontaine de Pierre Lescot et J. Goujon.
Place des Arts-et-Métiers	4,042	»	320,000	Statue de la *Victoire*, de Crauk.
Jardin Monge...............	3,768	1868	131,472	Statue de Voltaire, d'après Houdon.
— de Montrouge.........	3,836	1862-63	101,472	Devant l'église de ce nom.
Parc Victor................	21,040	1865-67	449,203	Bord de la Seine, au Sud-Ouest.
Jardin funéraire Louis XVI...	4,041	1865	183,000	Monument expiatoire de Louis XVI.
Boulevard Richard-Lenoir...	3,703	1861-63	569,489	Partie couverte du canal Saint-Martin.
Jardin de Belleville.........	11,272	1861	49,908	Ancienne place des fêtes.
Place du Trocadéro.........	93,620	1866-67	3,228,240	Première transformation.
— (transformations récentes)	»	1878	744,000	Pour l'Exposition universelle de 1878.
Autres places et jardins, au nombre de 54............	465,369			
	987,268			

Dans les nombres qui précèdent ne sont pas compris les cimetières de Paris, entretenus par les soins de l'administration municipale, ni les pépinières et serres de la Ville. Les jardins des Tuileries, du Louvre, du Palais-Royal, du Luxembourg, du Muséum, appartiennent à d'autres services de l'État.

La ville de Londres, que l'exemple donné par les embellissements de Paris a décidée à remanier ses jardins publics, fait de grands progrès depuis quelques années. Les travaux de M. Gibson, au parc de Battersea, sur les plantes à feuillage ornemental, ont révélé notamment des progrès considérables. Quelques chiffres sur l'étendue des parcs et des jardins dans cette capitale donneront une idée de l'importance qui leur est attribuée.

Hyde Park contient . . . . 161 hect. 88 ares.
Kensington Gardens . . . . 101 — 16 —
Saint-James' Park et Green Park . . . . . . 47 — 75 —
Battersea Park . . . . 93 — 07 —
Regent's Park . . . . 190 — 16 —
Victoria Park . . . . 117 — 25 —
Alexandra Park . . . . 87 —

Dans les environs de Londres, on compte encore de magnifiques parcs, comme Windsor, Richmond, Hampton Court, Kew Gardens, etc.

Pendant ou après la transformation du bois de Boulogne, du parc de Vincennes et des Buttes-Chaumont, un grand nombre de villes d'Allemagne, anciennement entourées de fortifications ou de places peu attrayantes, furent embellies par de riants jardins. Francfort, Hambourg, Munich, Vienne, Dresde, Leipzig, etc., sont aujourd'hui dans ces conditions.

Mais c'est en Amérique que ce mouvement s'est accentué avec une intensité extraordinaire. Depuis que la paix, à la suite de la guerre de la sécession, a permis aux villes de ce pays de reprendre leur mouvement progressif, des parcs publics nombreux se sont créés à l'instar de celui de New-York, si connu sous le nom de Central Park. Dans cette œuvre considérable, le talent de MM. Law Olmsted et Vaux n'a pu cependant se développer à l'égal de celui qu'ils ont dépensé dans le parc de Brooklyn, où, avec une liberté plus étendue et un terrain moins accidenté, ils ont pu mettre à profit leurs théories artistiques, résumées principalement dans la création de vastes espaces gazonnés et d'arbres isolés et dégagés de leur vieux bois, en réservant les taillis aux seules parties à masquer. A Buffalo, à Chicago, à Boston, à Cincinnati, à Saint-Louis, autour du Capitole et des bâtiments du Smithsonian Institute de Washington, à Philadelphie au Fairmount Park, à Montréal au Canada, en Californie, des parcs publics se sont multipliés, généralement taillés sur des modèles gigantesques. Les terrains, dont le prix était alors modéré, permettaient aux villes de se donner un pareil luxe, impossible à atteindre si l'on eût attendu quelques années.

Le Central Park, situé maintenant en pleine ville de New-York, occupe une surface de 303 hectares 50 ares. Il se développe, dans sa largeur, en un long parallélogramme entre la 5ᵉ et la 8ᵉ avenue, et entre la 58ᵉ et la 110 rue dans sa longueur. La légende suivante, se rapportant à la figure 440, en fera comprendre les principales distributions. En A est l'une des entrées principales, nommée « The Circle », et en B la seconde, appelée « Scholar's Gate », dont on trouvera le détail figure 143, p. 375. De cette dernière entrée on se dirige sur le *mall* H, avenue droite tracée sous de beaux arbres débouchant sur la terrasse monumentale G, qui fait face au lac pittoresque F et aux rochers boisés qui le terminent. Les réservoirs d'eau de la ville CC, nommés Croton Reservoir, sont masqués par des plantations, ainsi que le nouveau bassin très élevé et plus grand D, entouré d'une promenade circulaire et orné d'une tour avec observatoire. En entrant, par le Scholars'Gate, on laisse à gauche une pièce d'eau très pittoresque, entourée de curieux rochers naturels, comme en beaucoup d'endroits du parc. En I est un casino pour la musique et les réunions élégantes, à l'ombre des grands arbres. Les points J, I, V, X, indiquent le passage de voies publiques qui traversent le parc en tranchée et ne se voient pas de l'intérieur; l'intérêt artistique et les communications sont ainsi ménagés. Le point A' indique l'emplacement de la

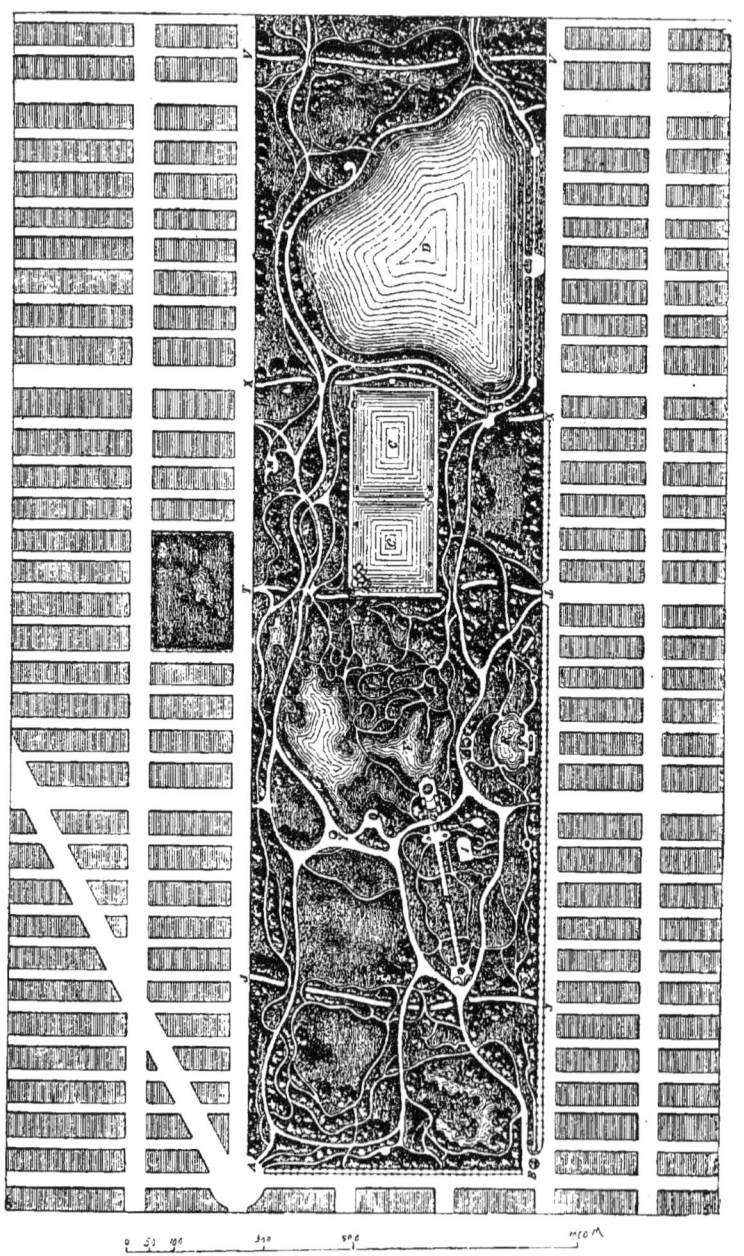

Fig. 440. — Le « Central Park, » grand parc public à New-York (États-Unis).
F. L. Olmsted et C. Vaux, architectes.

ménagerie. En C' est l'emplacement d'un palais des beaux-arts. M est un de ces sommets, couronnés d'une plate-forme, avec points de vue, dont j'ai parlé sous le nom de Concourse (fig. 161, p. 384). Une place de jeux pour les enfants, très-animée dans la belle saison, est placée en K. Un terrain à annexer au parc est situé en D'. La grande serre et son bassin en façade R ne sont encore qu'à l'état de projet. Le Cherry Hill Concourse Q, et le rond-point Y, sont des endroits de rendez-vous populaires. En Z se trouve un parc aux daims (*deer park*).

Les caractères principaux de ce beau parc sont les rochers, les eaux et les ponts. Ceux-ci dépassent le nombre de 40; ils sont de dessins très-variés, et leur agencement ingénieux permet d'isoler les allées et de laisser les piétons, les cavaliers et les voitures suivre des directions distinctes, spécialement étudiées, sans jamais se croiser à niveau.

Le parc public de Lyon, bien connu sous le nom de Parc de la Tête-d'Or (fig. 441), a été dessiné par M. Bühler aîné, sur des terrains enlevés aux alluvions du Rhône, près des anciennes fortifications et de la ferme de la Tête-d'Or. Les eaux y sont fort belles, le lac a 14 hectares et les plantations qui le bordent présentent des scènes charmantes. Les travaux ont été commencés en 1856; on y a employé de très-nombreux ouvriers tisseurs, au moment où la misère et le chômage sévissaient parmi eux. La dépense totale, répartie sur une superficie de 118 hectares, a été d'environ 1,200,000 francs. En A est un chalet-restaurant, lieu de rendez-vous des promeneurs. Les ponts ou passages des allées au-dessus des eaux sont indiqués par les lettres B. En C, est une petite construction d'utilité. La perte du lac, dont les eaux se dirigent souterrainement vers le Rhône, est située en D. Une vacherie modèle E est placée près du pâturage où un bétail choisi s'ébat en liberté, et où il trouve le bassin U servant d'abreuvoir. Les cabanes d'animaux divers, terrestres et aquatiques F G, la volière J, le parc aux moutons K, les poulaillers L, animent toute cette partie du parc, au centre de laquelle se trouve la maison du garde H. Le bâtiment I a été destiné à une sorte de musée, auprès des pelouses situées devant les serres M et nommées le *pré fleuri*. Le jardin botanique est divisé en planches concentriques N O. L'orangerie est en P, et les lettres Q R S indiquent l'emplacement des cultures de fleurs de la Ville de Lyon. La porte du nord est marquée T.

La seconde ville de l'Angleterre, Liverpool, s'est ornée récemment de plusieurs parcs publics. Le plus grand, celui de Sefton Park, a été créé dans des circonstances relatées en ces termes par le *Gardeners' Chronicle:*

« A la fin de l'année 1866, la ville de Liverpool (Angleterre), autorisée par un acte du Parlement, daté de 1863, à créer un parc public sur les terrains acquis de lord Sefton pour la somme de 275,865 livres sterling (6,796,625 francs), ouvrit un concours international et offrit aux vainqueurs deux prix: l'un de 300, l'autre de 150 guinées.

« Un grand nombre d'architectes-paysagistes prirent part au concours,

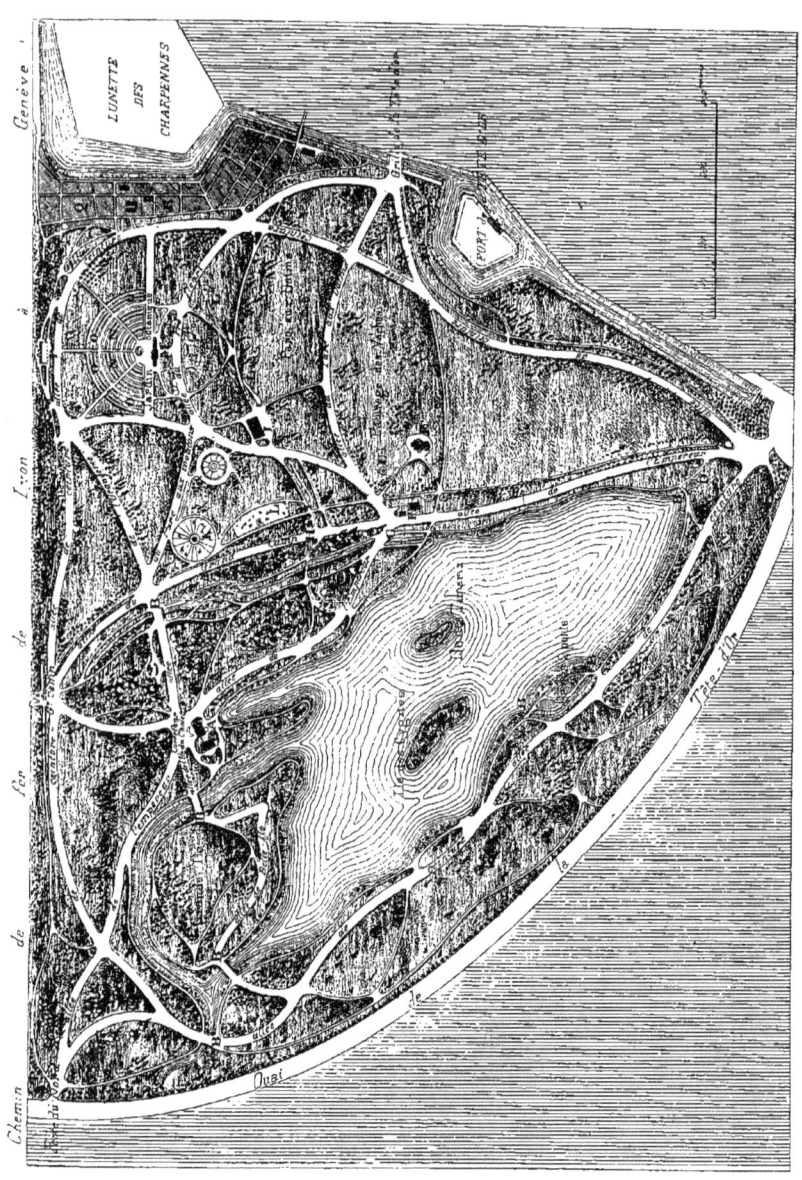

Fig. 441. — Parc public de la Tête-d'Or, à Lyon. — M. Bühler ainé, architecte.

et sur le choix de 29 compétiteurs acceptés, qui remplissaient les conditions stipulées au programme, le jury examinateur décerna, le 1ᵉʳ mai 1867, le premier prix de 300 guinées (7,950 francs) aux dessins de M. Éd. André, de Paris, qui s'était associé M. L. Hornblower, de Liverpool, plus spécialement pour les constructions du parc. Le second prix (3,975 francs) fut attribué à M. Milner, directeur des jardins du Palais de Cristal, à Sydenham, élève distingué de sir J. Paxton.

« Les travaux, commencés le 6 juin 1867 sous la direction de M. Ed. André et de son collaborateur, furent continués sans interruption pendant cinq années, et l'inauguration solennelle du parc eut lieu le 20 mai 1872 par le prince Arthur d'Angleterre, au milieu de grandes fêtes qui avaient attiré une immense population.

« Les premiers devis des travaux étaient de 85,000 livres sterling, mais des augmentations successives dans la surface du parc, la construction d'un réseau d'égouts, l'établissement des voies d'exploitation des terrains à bâtir, portèrent le chiffre total des dépenses à 3,800,000 francs, en comprenant une parcelle de terrain acquise de M. Livingston.

« La superficie de Sefton Park est de 387 acres (156 hectares 60 ares 76 centiares). Des terrains à revendre pour former des villas privées l'entourent de toutes parts et font face à de vastes boulevards circulaires, limitant le parc et séparés par une grille. Un *Rotten-row*, ou grande promenade pour les cavaliers, longe le côté du parc vers Aigburth-road. Les routes carrossables, qui occupent une longueur de 16 kilomètres et demi, ont été solidement établies suivant le système Telford (voir p. 399), couvertes de granit concassé, roulées par des cylindres à vapeur, et sablées d'une couche de gravier jaune de Jersey, comme la surface des autres allées et sentiers.

« Une dépression naturelle du sol a reçu le lac, occupant une vaste surface et rempli soit par l'afflux d'un ruisseau naturel nommé Oskeslesbrook, soit par le drainage de 100 hectares du parc, soit par les eaux de la Mersey, qui alimenteront les tuyaux et les cascades. Une seconde vallée, coupée à son entrée dans le parc par un grand pont de pierre et de fonte, est plus accidentée que la première et a donné naissance à des scènes pittoresques. Les travaux de rochers, comprenant la construction de deux cascades, d'une grande et d'une petite grotte, de ponts et de barrages, se sont faits au moyen des beaux grès rouges trouvés dans l'excavation des lacs et rivières; ils forment une des principales attractions du parc.

« M. André a apporté tous ses soins aux plantations. Le sol étant dénudé sur sa plus grande surface, l'architecte a adopté le principe des grandes masses boisées, interrompues par de nombreuses percées pour points de vue, mais destinées à fournir un épais ombrage et un abri contre les terribles vents d'ouest (*sea gales*) qui dévastent les environs de Liverpool. Le reste des massifs est distribué en *coulisses*, de manière à encadrer les vues et à former les successions de plans qui composent les scènes paysa-

EXEMPLES DE PARCS ET JARDINS. 777

gères. De nombreux ornements ont été prévus dans le parc, mais tous ne sont pas encore en place. A chaque année suffit sa peine et sa dépense, et avant peu le parc de Sefton, l'un des plus importants de la Grande-Bretagne, produira son effet complet[1]. »

A ces documents empruntés au premier journal d'horticulture de l'Angleterre, j'ajouterai la légende qui se rapporte au plan de Sefton Park (pl. VIII), et qui en explique les points principaux. Malgré l'achèvement du gros des travaux et son inauguration en mai 1872, une partie des embellissements du parc ne sont pas encore terminés, faute de ressources financières suffisantes, notamment le jardin botanique. Je trouve cependant préférable de donner le plan tel que je l'ai conçu que d'en laisser en blanc les parties encore inachevées.

Parc principal.
A. Grand pavillon du Cricket.
B. Kiosques des marqueurs.
C. Salle de verdure.
D. Abri rustique pour les cavaliers.
E. Grande volière.
F. Grande grotte, départ des eaux.
G. Entrée monumentale.
H. Grande grille d'entrée et loge de garde.
I. Ferme.
J. Restaurant.
K. Grille de Lark Lane.
L. Kiosque du petit lac.
M. Pavillon de la grande île.
N. Ponts rustiques.
O. Exèdre.
P. Grille d'Aigburth.
Q. Tunnel de rochers.
R. Cascade.
S. Kiosque du promontoire.
T. Embarcadère.
U. Petite île du lac.
V. Pont rustique.
X. Petite grotte du lac.
Y. Grande grille de Garston.
Z. Habitation du conservateur.

a. Cabane aux daims.
b. Bassin-abreuvoir.
c. Abri pour les cavaliers.
d. Pont de rochers.
e. Pont en fonte.
f. Passage à gué.
g. Pavillon de la musique.
h. Gué en roches et cascades.
i. Grande cascade près du pont en pierre et en fonte.

Jardin botanique.
j. Habitation du directeur.
k. École fruitière.
l. École de botanique.
m. — des plantes officinales.
n. — des légumes.
o. Serres et aquarium circulaire.
p. Grand jardin d'hiver et terrasses.
q. Bassins et jets d'eau.
r. Fontaines en fonte bronzée.
s. Jardin fleuriste et rosarium.
t. Pavillon de météorologie.
u. École d'études botaniques.
v. Spécimens d'arbres de choix.
x. Plantes aquatiques.
y. Restaurant du jardin botanique.
z. Muséum et herbier.

En vertu du traité de Londres, en 1866, la ville de Luxembourg, capitale du Grand-Duché de ce nom, reçut l'obligation de démanteler sa forteresse, l'une des plus considérables de l'Europe, afin de devenir ville libre. En conséquence, la garnison prussienne, qui s'y était installée depuis

---

[1]. Traduction extraite du compte rendu *in extenso* publié par le *Gardeners' Chronicle*, 27 juillet 1872, page 1004.

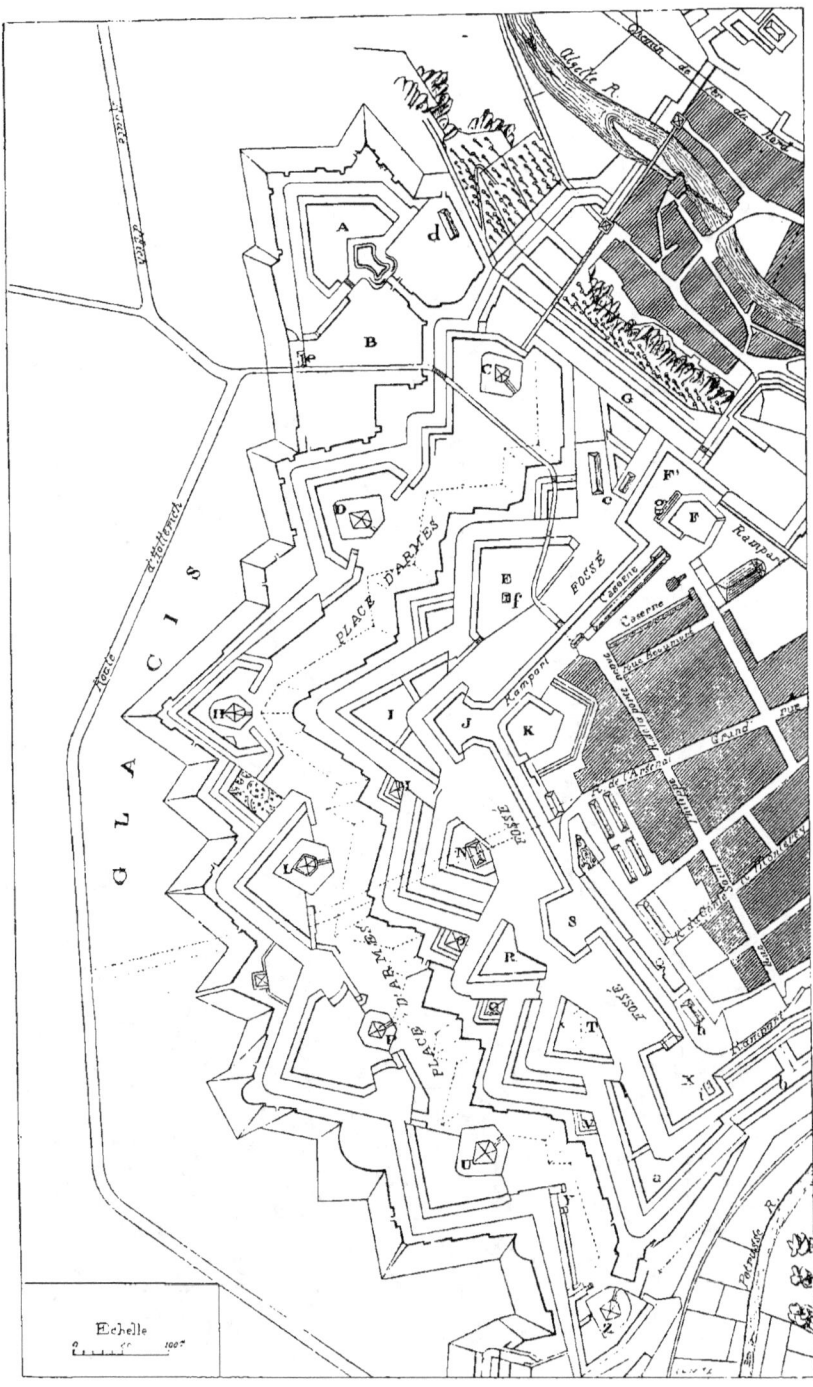

Fig. 442. — Ville de Luxembourg (Grand-Duché). — Partie de la forteresse avant la création du parc public. D'après le plan d'Erasmy.

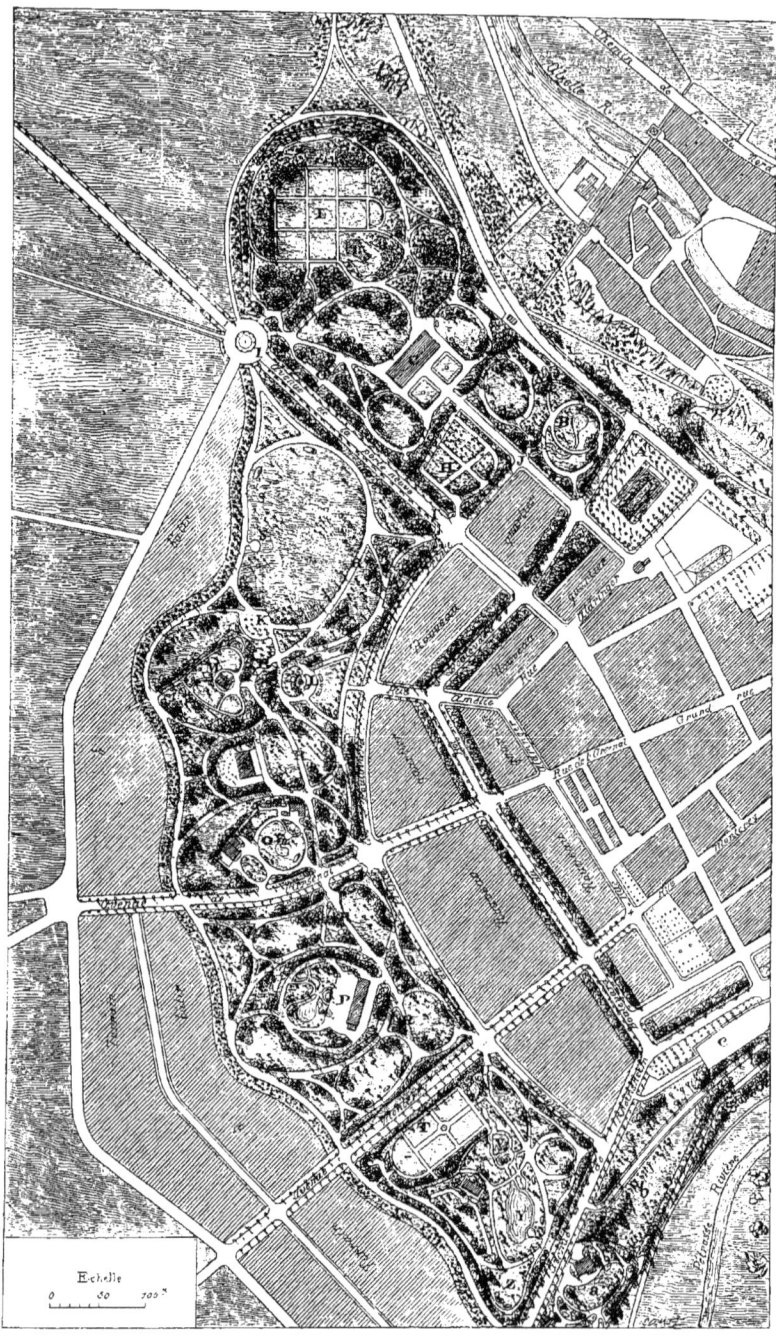

Fig. 443. — Plan du nouveau parc public de la ville de Luxembourg, créé sur les anciens terrains de la forteresse. Ed. André, architecte.

cinquante ans, dut évacuer la place et la démolition commença, au moyen des ressources annuellement inscrites à cet effet au budget de l'État.

Les travaux ont été poursuivis sans interruption depuis douze ans, sous la direction d'un habile ingénieur, M. Worré. L'administration m'ayant confié la transformation des terrains destinés au parc public à créer sur l'emplacement de la forteresse, cette partie des travaux a commencé en 1871, sous l'inspiration de M. de Scherff, par l'appropriation de l'espace destiné à la fondation hospitalière faite par feu M. J.-P. Pescatore en faveur de sa ville natale. Ces jardins ont été mis en rapport avec le reste du parc public, dont l'exécution a été continuée depuis cette époque, sous la protection éclairée de M. le baron de Blockhausen, ministre d'État du Grand-Duché.

La figure 442 donne une partie de l'ancien plan de la forteresse, réduit d'après le plan d'Érasmy. La vieille ville manquait d'air et d'espace dans ces étroites murailles situées à 100 mètres à pic au-dessus des vallées de l'Alzette et de la Pétrusse, dans une des situations les plus pittoresques qui se puissent voir. La première enceinte se composait des casernes, remparts, bastions F' K S X, avec ses magasins b h, et ses réservoirs g. De l'autre côté du fossé, les contre-gardes G J R T, a, avec les magasins c, f, a, les poternes M O Q étaient situés entre la place d'armes et les réduits intérieurs C D H L P U et Z. Enfin le fort Charles, la poudrière d, les fossés B et les magasins e complétaient ce côté de la défense jusqu'aux glacis extérieurs sur la partie dite « front de la plaine ».

Cette portion des fortifications fut la première attaquée pour la transformation en parc public. Elle est à peu près terminée aujourd'hui, ainsi qu'on le verra par le plan 443. La ligne extérieure des glacis est devenue la limite du parc, au delà de laquelle se trouvent des terrains à vendre pour bâtir. Une autre zone, indiquée sous le titre de *nouveau quartier*, se trouve placée entre la vieille ville et le parc, et divisée par un grand boulevard planté et bordé de constructions élégantes. Quelques parties des anciennes constructions ont été conservées, ainsi que plusieurs lots de terrain, malheureusement vendus à des particuliers avant le décret de transformation du parc. En A, l'ancien bastion Berlaymont a été maintenu ; il est planté d'arbres et la vue y est superbe. Au-dessous est le jardin creux B, avec son entrée J à l'extrémité du boulevard. La fondation Pescatore, dont le centre est destiné à l'hôpital C, a conservé le fort Charles D, auquel on a annexé un potager E, l'emplacement du musée G, et le mail H planté en frênes. Ce parc est séparé de la promenade publique par l'avenue de la Porte-Neuve I, dont j'ai donné le profil (p. 352, fig. 106), et qui se termine, au sommet, par un vaste rond-point.

En avançant dans le parc, dont la forme est motivée par l'étroite bande de terre qui lui est consacrée et par les anciennes plantations qu'il a fallu conserver, on trouve d'abord de vastes pelouses terminées par la place de musique K, le monument L de la princesse Amélie des Pays-Bas (voir fig. 515-16, p. 862), la villa Wolff M, aliénée avant les travaux du parc, le restaurant N, la villa de M. de Gargan O, le jardin du Louvigny P. Une avenue curviligne, plantée de grands arbres conservés avec soin RR, est devenu le lieu favori des promenades du public.

Le jardin botanique est exclusivement consacré à la culture des plantes indigènes du Grand-Duché de Luxembourg. Son centre X est occupé par l'emplacement d'un musée d'histoire naturelle. En T est l'école de

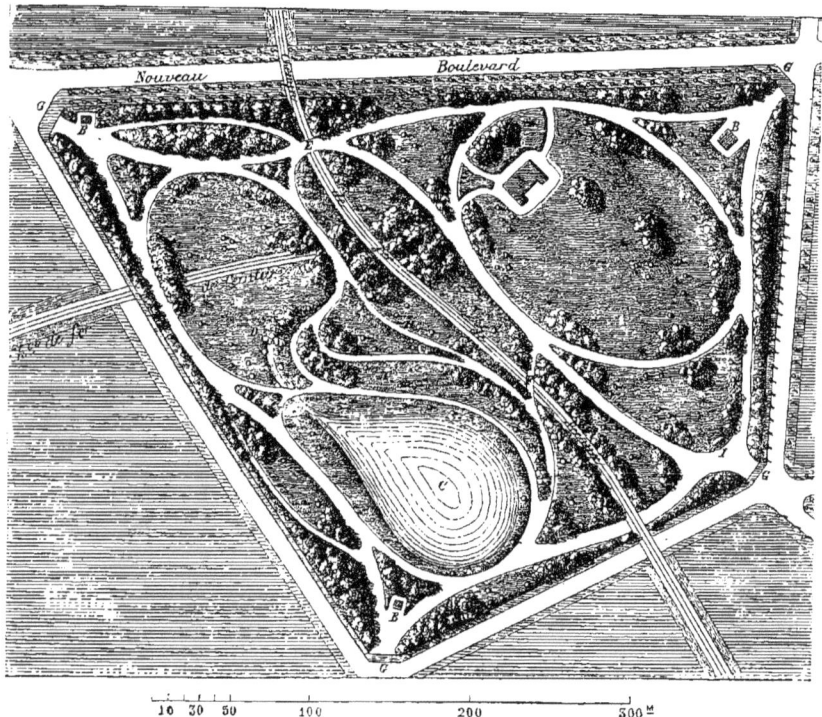

Fig. 444. — Parc public de Montsouris. Service des Promenades et Plantations de Paris.
M. A. Alphand, directeur.

botanique, en U la cascade servant de départ aux eaux qui forment plusieurs chutes en V auprès de rocailles nombreuses et qui s'épanouissent en Y en un bassin consacré aux plantes aquatiques indigènes. Z est la partie du jardin terminée par un kiosque. Des allées larges sont en partie couvertes par les ombrages épais qui existaient avant la formation du jardin botanique.

Une autre section du parc public, limitée d'une part par la percée du Rheinsheim et de l'autre par la petite rivière de la Pétrusse, s'étend sur les pentes rapides depuis la villa Schœffer a, jusqu'aux talus b que domine l'emplacement du tir des Arbalétriers en c. La promenade se continue ainsi en corniche sur les rochers et fait le tour de la ville par des chemins escarpés.

Parmi les promenades de Paris, dont le résumé statistique a été donné (p. 768 et suiv.), un bon nombre sont connues du public par le magnifique ouvrage de M. Alphand, qui a publié les plans de la plupart d'entre elles. Le plan du parc de Montsouris, créé postérieurement, est encore inédit, et la figure 444 le représente tel qu'il a été dessiné dès le commencement des travaux.

Le parc de Montsouris est la quatrième des quatre grandes promenades publiques arrêtées en principe dans les projets de transformation de la ville de Paris. Il a été terminé seulement cette année. Sa situation, au sud de Paris, domine la vallée de la Bièvre ; on y jouit d'une vue étendue sur la ville. Le chemin de fer de Sceaux et le chemin de fer de ceinture se croisent dans le parc, dont la superficie atteint près de 16 hectares. On y a installé le palais tunisien du Bardo, exposé en 1867, et qui sert aujourd'hui d'observatoire météorologique A. Une loge de concierge et des kiosques B sont placés auprès des entrées G G. C est la pièce d'eau, en forme de poire un peu trop régulière, prenant sa source en D. Deux ponts E F traversent le chemin de fer de Sceaux. Les talus rapides H constituent le côté pittoresque au-dessus du lac. Les corbeilles de fleurs I sont peu nombreuses dans ce parc, situé dans un quartier excentrique et pauvre de Paris, où elles seraient peu appréciées.

Quel que soit l'intérêt qui s'attache à l'histoire des promenades et jardins publics de Paris et aux circonstances qui ont accompagné leur création, il s'efface, à notre point de vue spécial, devant l'examen artistique des procédés qui ont prévalu dans leur formation et que nous avons, à diverses reprises, examinés dans leurs détails. A les reprendre dans leur ensemble, on peut caractériser en quelques mots les points qui les différencient des parcs et jardins publics de l'étranger :

Le tracé des voies de promenade, dans cette période des embellissements de Paris, a reçu de grands perfectionnements. Les allées des bois de Boulogne et de Vincennes sont devenues très-vastes, et leurs courbes sont harmonieuses. La formation des contre-allées, des trottoirs, les courbes de raccordement surtout, dénotent des progrès considérables sur le passé. Les soins d'entretien ne laissent rien à désirer.

L'art des vallonnements, dont nous avons examiné précédemment la théorie et les moyens pratiques d'exécution, a imprimé aux parcs et aux jardins publics de Paris un attrait tout particulier, que d'autres pays ont cherché à imiter. Les effets en sont excellents sur de grandes surfaces ; mais on a porté cette mode à l'excès, et, s'il est permis de formuler une critique, c'est sur l'application des vallonnements exagérés aux petits jardins.

Les plantations, bien entendues au point de vue de la position des massifs, l'ont été généralement moins bien sous le rapport de la distribution des espèces. On a trop multiplié les essences exotiques, au détriment des effets d'ensemble. Nous avons signalé la difficulté d'utiliser l'excès de richesses que possèdent les cultures actuelles, non pour les jardins d'amateurs, de moyenne ou de petite surface, mais pour les parcs et les jardins un peu vastes. C'est ainsi que l'on a employé à profusion, dans les jardins de Paris tracés sur le modèle paysager, le thuia boule (*Biota orientalis aurea*), qui devrait être réservé aux jardins symétriques, avec lesquels sa forme régulière, sphérique, peut seule s'accorder. La nature corrige parfois ces fautes. Par exemple, autour de la cascade des Buttes-Chaumont, où l'on avait planté un grand nombre d'espèces d'arbustes grimpants sur les roches, le lierre a tout envahi, en détruisant les autres plantes moins robustes, et il en est résulté une scène d'une beauté, d'une unité, d'une harmonie de ton très-supérieures à l'effet cherché.

Les arbres isolés ont été l'objet, dans les jardins de Paris, d'un mode de groupement rationnel, très-intelligent, servant à la fois à faire valoir leurs proportions et à aider à l'effet des vallonnements. On a eu seulement le tort d'adopter trop fréquemment le nombre trois pour les groupes; j'en ai fait précédemment ressortir l'inconvénient (p. 536).

La décoration florale et surtout l'introduction des plantes à feuillage ornemental ont reçu, dans les promenades de Paris, un tel perfectionnement, qu'il en est résulté une transformation générale dans l'horticulture décorative contemporaine.

Les ornements divers, constructions d'utilité et d'ornement, kiosques, ponts, rochers, bancs, lampadaires, etc., dénotent un bon goût auquel chacun a rendu justice en s'efforçant de l'imiter au loin. On pourrait seulement combattre l'usage d'introduire des statues dans les parties non symétriques des jardins. Ces ornements, d'un excellent aspect dans les jardins géométriques des Tuileries ou du Louvre, sont beaucoup moins satisfaisants sur les pelouses vallonnées des jardins paysagers.

Il est également regrettable de voir appliquer en toute occurrence le système des petits jardins à surfaces tourmentées, sans se préoccuper du style des monuments avoisinants. Par exemple, il n'eût pas été sans intérêt de voir le jardin des Thermes, sur les boulevards Saint-Germain et Saint-Michel, dessiné comme un jardin romain antique; les ruines qui l'entourent auraient justifié cet essai. Un jardin dans le style de la Renaissance eût trouvé sa place devant l'église de la Trinité; un véritable parc funéraire, symétrique, devant la chapelle expiatoire de Louis XVI, etc., etc.

Ces observations de détail ne sauraient diminuer l'approbation que le public éclairé a depuis longtemps donnée aux jardins de Paris, et nous ne les aurions pas énoncées si elles ne se trouvaient naturellement à leur place dans un ouvrage où la critique doit s'exercer librement au fond, avec modération dans la forme.

Le parc Alexandra (fig. 446), l'un des derniers parcs ouverts depuis dix ans au public de Londres, a été créé pour entourer un vaste palais de verre, construit avec les matériaux de l'Exposition universelle, par MM. Meeson et Johnson, architectes. Ce monument, brûlé neuf jours après son inauguration, en 1868, a été reconstruit peu de temps après. L'architecte des jardins a été M. A. Mac Kenzie, dont les travaux sont depuis longtemps appréciés avec distinction en Angleterre.

La surface du parc est de 87 hectares. Sur les deux façades du palais A, des terrasses E, longues de 300 mètres, dominent l'ensemble de la scène d'alentour, variée et très agréable. De chaque côté de l'avenue de marron-

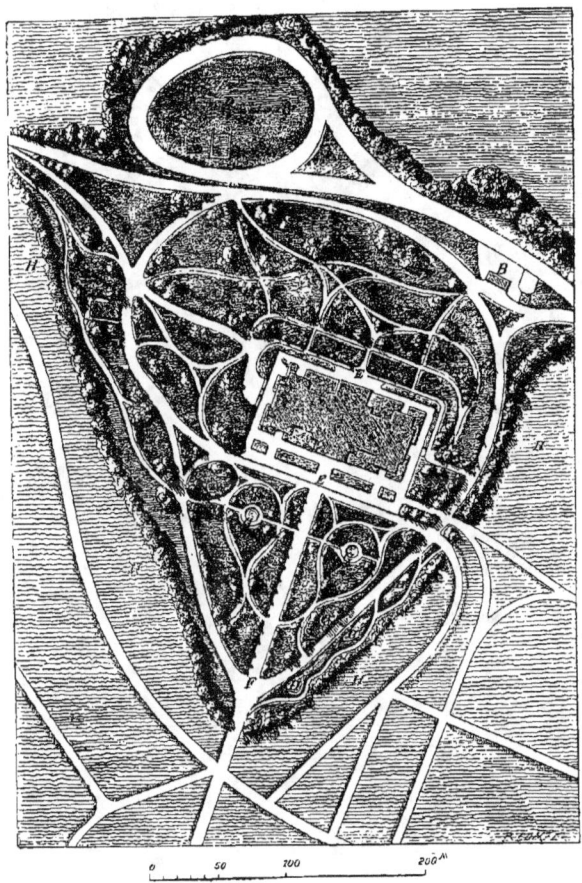

Fig. 445. — Parc Alexandra, à Londres. — M. A. Mac Kenzie, architecte.

niers F, des pelouses plantées de massifs d'arbres et d'arbustes, ornées de fontaines G, présentent un mélange de jardin symétrique et paysager peu usité dans les parcs publics. Les eaux sont pittoresquement arrangées en H, auprès des limites du parc faisant face aux lots à bâtir. En D une vaste pelouse servant aux jeux des archers et des *cricketers*, et entourée d'une piste pour les courses de chevaux, est située au delà d'un chemin public, et les tribunes et pavillons des marqueurs sont situés en B sur le bord de cette voie.

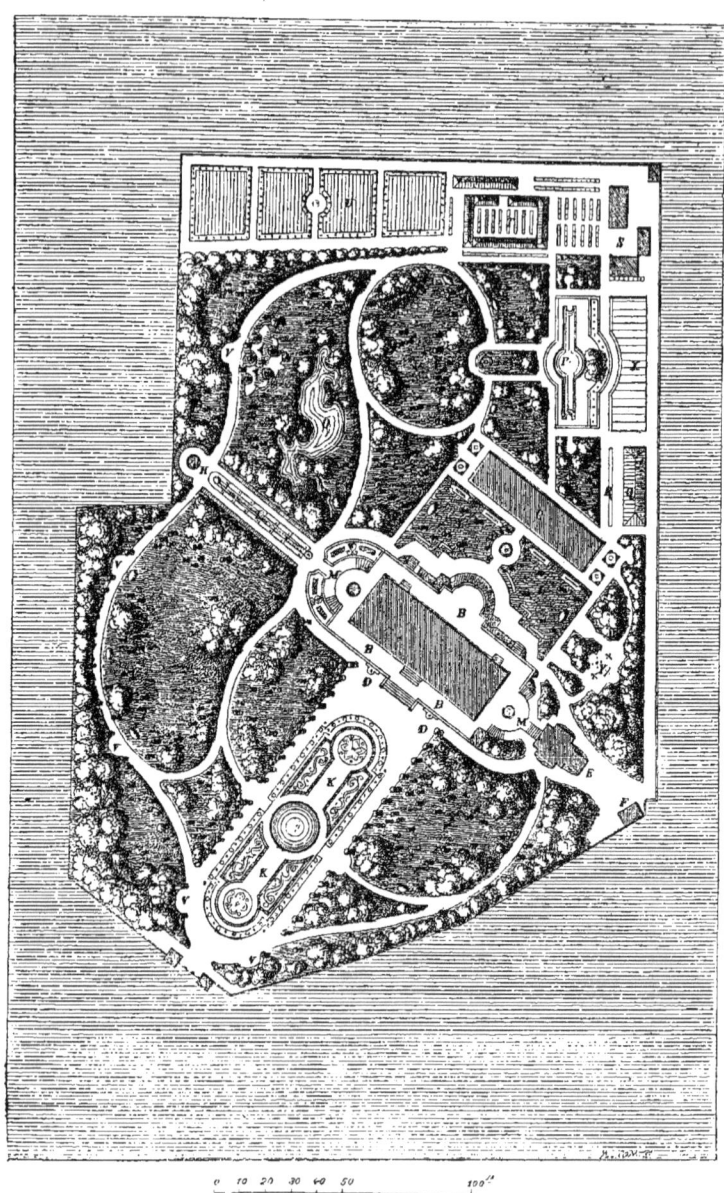

Fig. 446. — Parc public de *la Flora*, à Cologne. — MM. Lenné et Niepraschk, architectes.

A. Grande serre. — B. Terrasses. — C. Local des expositions. — D. Murs fleuris, Fontaines. — E. Machines à vapeur, terrasses, belvédère. — F. Pavillon de sortie. — G. Petits parterres. — H. Temple de Flore. — I. Cascatelles. — J. Massifs. — K. Parterre français ou de broderie. — L. Parterres morcelés. — M. Parterre hollandais. — N. Parterre prussien. — O. Bassin des plantes aquatiques. — P, Q. Serres de culture. — R. Châssis. — S. Serres à multiplication. — T. Serres et châssis. — U. Pépinière. — V. Bancs de repos. — X. Pépinière. — Y. Gymnase.

Auprès de là, des hauteurs de Hampstead et de Highgate et des collines de Harrow, une vue étendue sur Londres se développe de divers côtés des terrasses et du Muswell Hill Estate, où se trouvent des terrains revendus pour bâtir autour du parc public. De beaux arbres sont épars çà et là dans le parc, sur le bord des allées nombreuses qui le sillonnent, et, dans quelques années, sans aucun doute, une végétation puissante aura masqué les parties encore trop nouvelles et trop nues. Le tracé primitif, indiqué par notre plan, d'après le projet de 1868, a reçu quelques modifications dans son mode d'exécution. Le parc Alexandra est un spécimen de tracé de parc public très différent de ceux que nous avons étudiés jusqu'ici, et il mérite l'attention de tous les spécialistes.

Le jardin de la Société de *la Flora*, à Cologne (fig. 446), est une création due à l'initiative privée. Il a été commencé en 1862, sur les dessins de Lenné, puis placé sous la direction de M. J. Niepraschk, qui lui a fait subir d'importantes modifications. Cette composition est un mélange du style symétrique et du style paysager. Un grand jardin d'hiver en occupe la partie centrale; il est planté de forts palmiers et de plantes tropicales, et possède des dégagements assez vastes pour servir à de grandes fêtes. En face de la grande entrée, le principal parterre de broderie, avec bassin central, offre un spécimen très caractéristique de la mode des arabesques, plus fréquente dans l'Allemagne du Nord. Sur l'un des côtés du palais de verre, une série de cascatelles en pente forme une avenue d'un genre particulier, entourée de palissades fleuries, et terminée par une rotonde architecturale d'un bon effet. Les plantations paysagères du parc de la Flora sont bien faites; elles dénotent une entente du groupement des végétaux isolés que nous voudrions voir plus souvent appliquée en France. La décoration florale seule y est sujette à critique, par une trop grande recherche dans les détails, au détriment de l'effet général.

Les parcs faisant face à des monuments publics peuvent être traités dans le style paysager; mais ils ne produiront un effet satisfaisant que si le terrain accidenté, si les eaux, les rochers, les ornements pittoresques ne sont pas en contact immédiat avec l'édifice voisin, dont les lignes architecturales feraient une disparate regrettable avec une décoration dont l'irrégularité est le principal caractère. Pour cette sorte de parc public, il est de toute nécessité que le terrain soit clos par une grille, et que des massifs épais forment une bordure, interrompue seulement par les échappées de vues nécessaires.

La figure 448, qui représente un projet de parc public destiné à accompagner les bâtiments de la préfecture de Chaumont (Haute-Marne), donne un exemple de cette disposition, que des nécessités budgétaires n'ont pas permis d'exécuter comme elle avait été projetée. Les eaux y occupent le thalweg naturel, ou dépression principale du terrain; elles partent du rocher D, forment le ruisseau F, et s'étalent en un bassin H dans la partie la plus basse du jardin. La légende ci-contre complétera cette explication :

A. Place avec statue entourée d'arbustes. — B. Avenues entourant le jardin. — C. Kiosque. D. Rochers, départ des eaux. — E. Escalier de roches. — F. Ruisseau. — G. Kiosque de la grande île. — H. Bassin principal. — I. Salle verte, jeux d'enfants. — J. Grilles d'entrée. — K. Bancs de repos. — L. Ponts rustiques. — M. Barrage et chute d'eau. — N. Ancienne allée de tilleuls. — O. Banc point de vue. — P. Corbeilles de fleurs. — Q. Massifs de ceinture. — R. Massifs intérieurs. — S. Îles plantées.

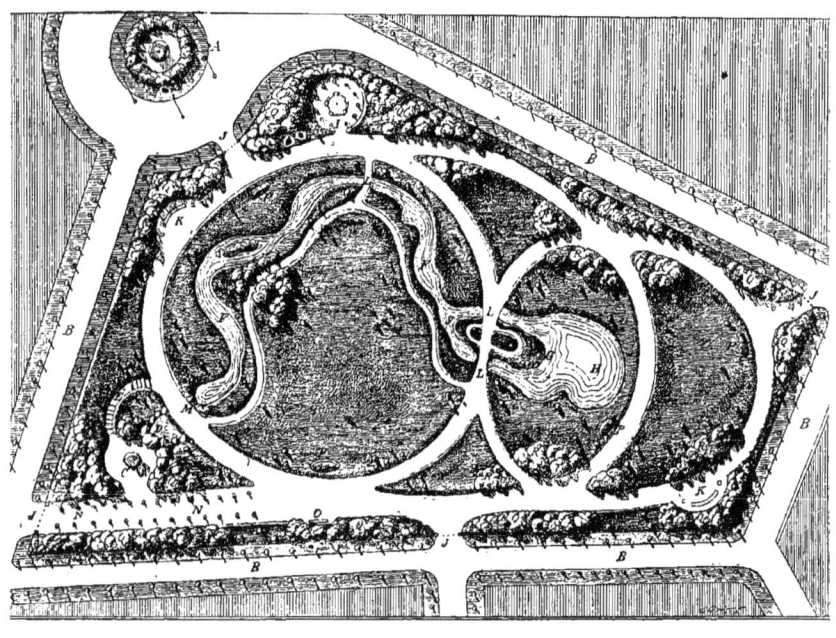

Fig. 447. — Projet de parc public devant la préfecture de Chaumont (Haute-Marne). Ed. André, architecte.

Parmi les récents parcs de l'Angleterre est celui de Finsbury, dans un des faubourgs de Londres, près Hornsey (fig. 448). Il est dû aux dessins de M. Mac Kenzie. Son inauguration a eu lieu en 1869. Il occupe une superficie de 48 hectares. La surface en est très variée et agréablement ondulée, et des vues étendues sur Londres et Muswell Hill forment de belles perspectives. De l'entrée principale A, en face de Manor House, une large voie publique coupe en deux le parc pour donner accès à la route de Hornsey, et, de chaque côté, des pelouses ondulées et des massifs varient les scènes jusqu'à la pièce d'eau C, ornée d'une île au milieu. Le terrain destiné au jeu de cricket est situé près de l'une des limites du parc. La compagnie des eaux de l'Est de Londres a placé dans le parc un réservoir entouré de plantations. Les parties semi-symétriques BB sont consacrées à des pelouses *a*, ornées de fleurs. En D se trouve un espace destiné aux récréations populaires, et en E des bosquets variés pour la promenade à l'ombre.

L'ensemble de Finsbury Park est très satisfaisant, et les plantations y sont bien distribuées. Un seul reproche peut lui être fait, c'est d'être défiguré par d'affreuses grilles noires bordant les allées de toutes parts. Ce défaut grave peut être constaté dans la plupart des parcs de Londres,

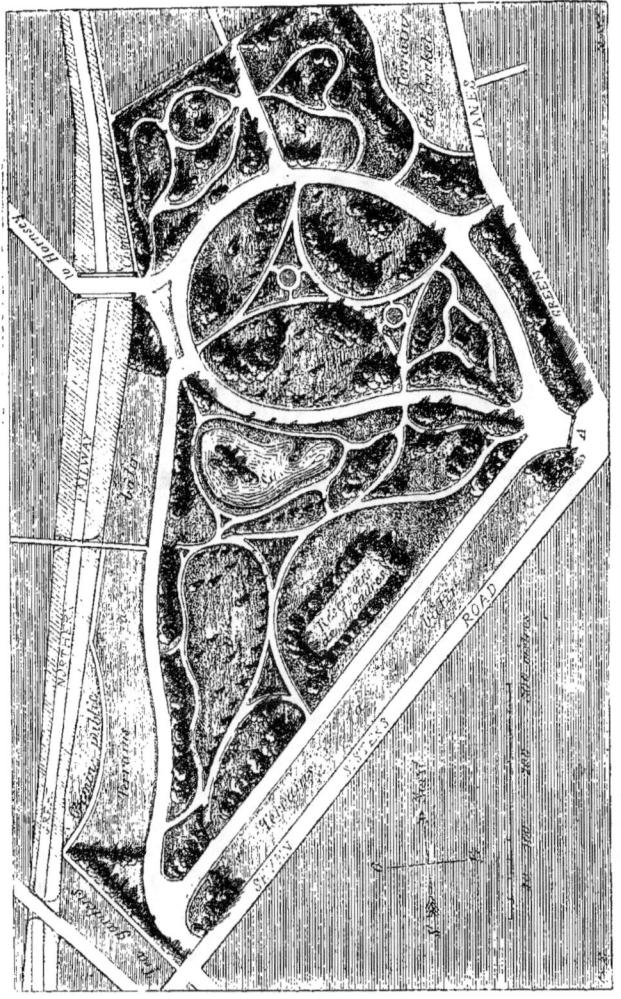

Fig. 448. — Parc public de Finsbury (Angleterre). — M. A. Mac Kenzie, architecte.

A. Entrée principale.
B. Gazons ornés de fleurs.
C. Pièce d'eau et île.
D. Pelouse pour jeux.
E. Bosquets de promenade.

où il serait aussi facile qu'à Paris de conserver les pelouses et les massifs libres, dût-on renoncer à animer les parcs par la vue du bétail, dont la jouissance est payée trop cher à ce prix.

Jardins des chemins de fer. — Nous avons examiné (p. 195) la possibilité de combiner l'aspect agréable des jardins des gares et stations de chemins de fer avec les exigences du service, et dit combien il serait désirable de voir d'autres règles suivies pour leur formation et leur entretien. Précisons cette critique au moyen de quelques exemples, pris au hasard sur les jardins des stations du chemin de fer d'Orléans. Sur la ligne de Limoges on soigne particulièrement les jardins depuis quelques années et l'on y cultive les plantes tropicales à feuillage d'ornement. En plusieurs endroits, des rocailles et des ruisseaux bétonnés ont été ajoutés à ces jardins et dénotent plus de fantaisie que de goût. Presque toutes les langues de terre qui avoisinent les bâtiments des stations sont plantées de massifs d'ar-

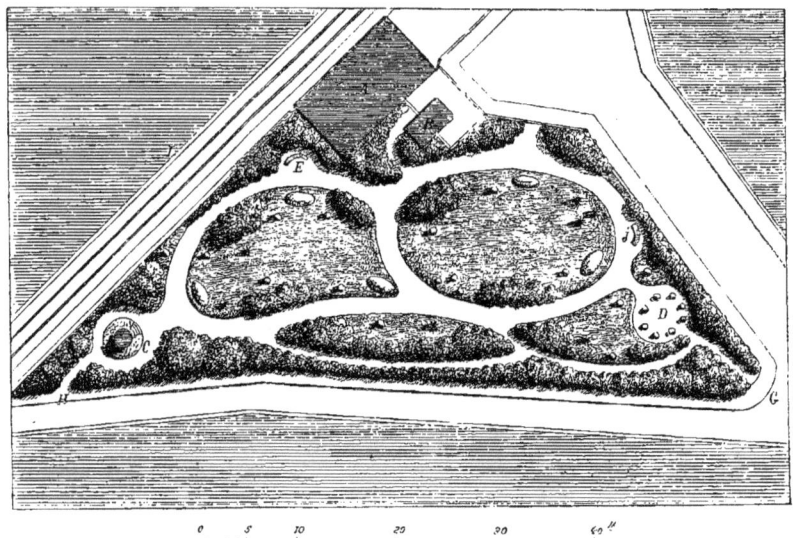

Fig. 449. — Jardin public d'une petite gare.

bustes, et de quelques corbeilles de fleurs sur des pelouses vallonnées, ce qui permet aux voyageurs de griller au soleil en attendant les trains.

Le mode rationnel de formation des jardins de stations serait de planter, avant tout, des mails d'arbres portant de l'ombre, de ménager de grands espaces sablés pour la promenade, pourvus de bancs confortables, parfois de kiosques pour la vente des journaux, boissons, etc., et de réserver, pour les arbustes, quelques massifs bordant le périmètre du jardin. On disposerait les arbres de manière à ne point gêner la vue des trains en marche, et à combiner la sécurité avec l'agrément.

Les jardins des stations plus importantes pourraient se rapprocher davantage des jardins publics ordinaires. Je citerai, dans cet ordre d'idées, le projet suivant (fig. 450) préparé, mais non encore exécuté, pour le terrain avoisinant une petite gare des environs de Paris, et dont la légende explique à première vue les diverses parties : A, annexe de la gare

B, water-closets; C, kiosque; D, salle verte; E, J, banc de repos; H, G, entrées secondaires; I, voie ferrée.

Lotissement des terrains. — Le lotissement des terrains avoisinant les parcs publics est une opération dont j'ai signalé l'importance, p. 188. On peut citer, parmi les exemples à noter, le système adopté par la ville de Paris lorsqu'elle entreprit les embellissements des bois de Boulogne et de Vincennes, et le percement des grands boulevards. Il consiste, généralement, en servitudes d'aspect imposées aux riverains, que l'on contraint à bâtir dans un délai déterminé et à une distance qui permette de laisser un jardin entre la voie publique et la maison. En Angleterre, le mode d'opérer diffère beaucoup. Généralement on adopte, avec quelques variantes, celui que j'ai employé pour le lotissement des terrains entourant le parc de Sefton à Liverpool (pl. VIII). Aux villas séparées on ajoute, de distance en distance, des maisons adossées les unes aux autres et uniformes, chacune avec un petit jardin particulier et une part de jouissance d'un jardin commun. On nomme ces agglomérations de maisons : *terrace*, si le plan est rectiligne, ou : *crescent*, s'il est curviligne.

Parcs funéraires. — Les parcs funéraires ou cimetières paysagers sont encore une portion des parcs publics sur lesquels j'ai attiré l'attention en citant ceux des États-Unis (p. 188). L'Amérique du Nord, qui nous a emprunté beaucoup de choses utiles, nous dépasse infiniment dans l'art de créer les cimetières et les moyens de les administrer. J'ai visité un assez grand nombre de ces lieux funèbres, parmi lesquels le grand cimetière de Spring Grove, à Cincinnati, créé et dirigé avec un goût parfait par M. Strauch, peut être cité comme un modèle. Il contient 240 hectares et appartient à une compagnie privée, comme presque tous les cimetières des États-Unis. Quand on voulut le transformer, en 1855, en un parc pittoresque, on le trouva encombré de grilles, de haies, de tombes amoncelées. Sous la direction de M. Strauch, ces objets disparurent; de vastes pelouses, de grands massifs, des eaux magnifiques les remplacèrent, et les tombes furent placées d'une manière si habile et si discrète qu'elles ne rompent nulle part l'unité du paysage. De plus, la situation financière de la compagnie est extrêmement florissante, et quand on aura cessé les inhumations, après un certain nombre d'années, la ville de Cincinnati sera mise en possession d'un parc magnifique qui n'aura pas coûté un dollar à ses habitants.

Les autres principaux cimetières de ce genre à citer aux États-Unis sont :

Greenwood, près Brooklyn, 167 hectares 12 ares de superficie, commencé en 1842;

Cypress Hill, à New-York, 161 — 86 — —

Woodlawn, d°, 131 — 51 — commencé en 1865;

Laurel Hill, à Philadelphie, 80 hectares 93 ares, date de 1836. Une nouvelle partie (West Laurel Hill), commencée en 1869, mesure 46 hectares 53 ares;

Mount Auburn, près Boston, 40 hectares 58 ares, commencé en 1831, situation pittoresque, arrangement luxueux;

Lake View, près Cleveland, 121 hectares 40 ares, commencé en 1870;

Alleghany, près Pittsburgh, 108 hectares 45 ares, de surface très pittoresque, date de 1845;

Mountain View, à Aukland, près San-Francisco, 80 hectares 93 ares, consacré en 1865;

Bellefontaine, près Saint-Louis, 141 hectares 63 ares, établi en 1850.

La plupart de ces parcs funéraires sont dessinés avec beaucoup de goût, leur partie centrale étant principalement destinée à former de belles perspectives et les tombes étant reportées sur les côtés. A Mount Auburn, Boston, une touchante idée a fait attribuer aux allées du parc des noms de plantes et de fleurs. On a ainsi la route de l'*Immortelle*, le boulevard du *Saule pleureur*, la rue des *Scabieuses*, des *Violettes*, du *Myosotis*, le lac *Hibiscus*, etc. L'un des administrateurs de cette compagnie, M. le professeur Ch. Sargent, qui a eu l'obligeance de m'initier à tous les détails de ces parcs funéraires, m'a affirmé que toutes les compagnies de ce genre aux États-Unis étaient prospères. Je souhaite vivement que ce système, légèrement modifié, prévale un jour dans notre pays.

Petits parcs et jardins paysagers. — Le parc de la Chaumette (pl. VII) est un exemple du mélange des styles paysager et géométrique appliqué à deux parties distinctes d'une propriété. Il est situé à Saint-Leu-Taverny (Seine-et-Oise) et appartient à M. A. Bocquet. L'examen de la légende placée en face de la planche coloriée en indiquera les diverses parties. Je ferai seulement remarquer le tracé du jardin fleuriste devant la façade nord de l'habitation, formant un ensemble homogène en rapport avec les lignes architecturales de l'édifice. Dans l'exécution, cette partie a reçu des modifications nécessitées par les anciens arbres qui empêchaient le tracé d'être fait conformément au projet. Dans la partie paysagère du parc, également planté de très beaux vieux arbres, le potager et les serres de culture ont été reportés le long d'un chemin public, sur une étroite bande de terrain qui ne détruit pas l'ampleur des scènes intérieures du parc. Des eaux venues des hauteurs de la forêt de Montmorency ont été distribuées en rivière et en ruisseaux, depuis la source *c*, surmontée par une butte et un kiosque *b*, jusqu'à la pièce d'eau T et à la porte auprès de la pêcherie R. Les terres provenant de ces excavations ont servi à élever la butte surmontée du pavillon L, sous lequel est une glacière dont l'entrée se fait par la grotte *m*. De la serre J on a une vue étendue sur les plus belles parties du parc.

Les figures 451 et 452 serviront à montrer comment on peut modifier le tracé défectueux d'un jardin paysager. La propriété, située à Varennes (Seine-et-Marne), est bâtie sur un terrain plat; le jardin avait été dessiné il

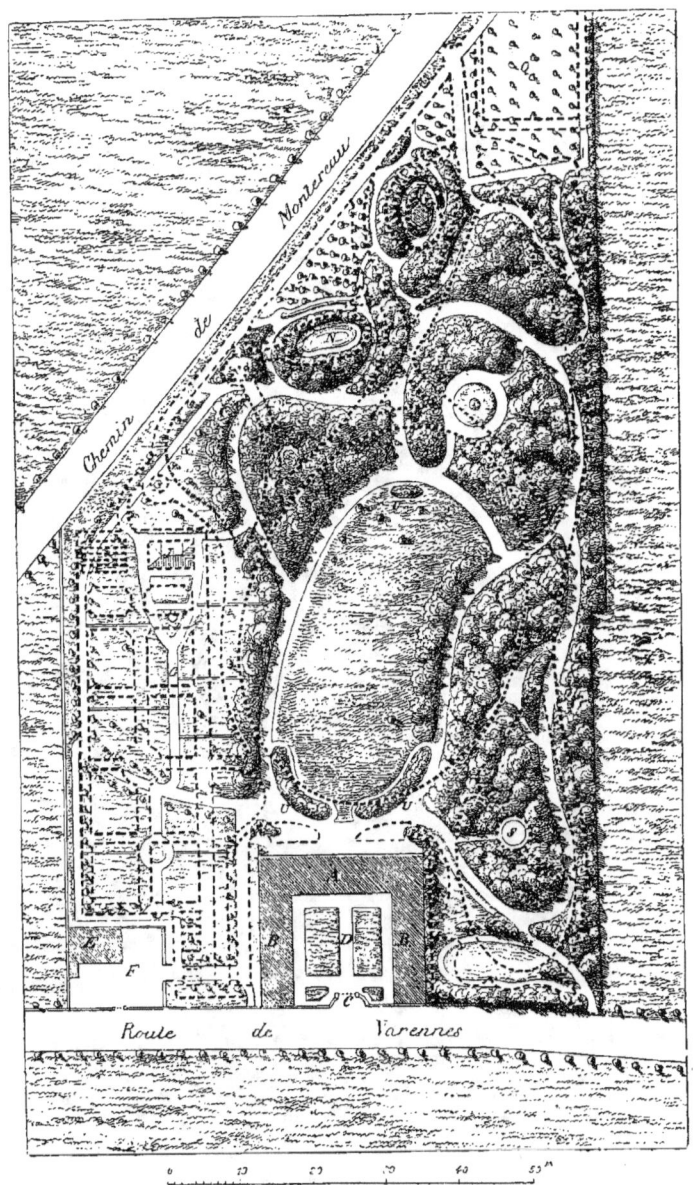

Fig. 450 — Jardin paysager de M. R... à Varennes (Seine-et-Marne). (État primitif.)

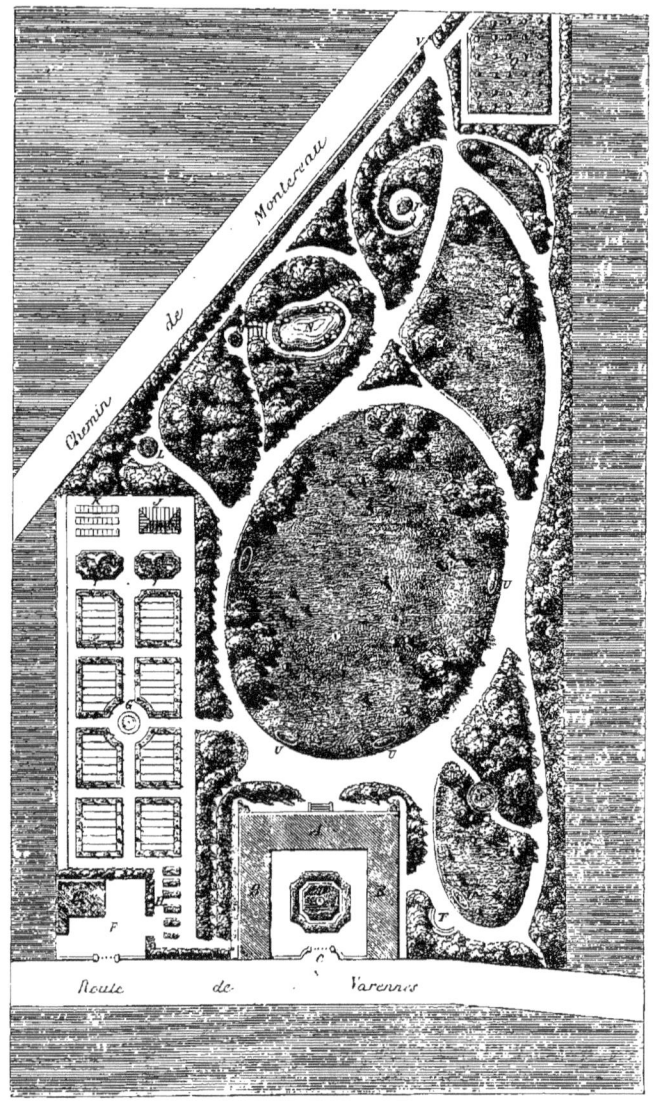

Fig. 451. — Jardin paysager de M. R..., à Varennes (Seine-et-Marne). (Après sa restauration.)
Ed. André, architecte.

y a une trentaine d'années et présentait l'aspect du plan figure 450. Dans la cour D, entre l'entrée C et les bâtiments AB, étaient deux pelouses rectangulaires, inégales, sans ornement. Sur l'autre face, dans le jardin, deux massifs d'arbustes UU étaient séparés de la pelouse. Le reste du tracé peut se lire aisément, en faisant abstraction du pointillé, qui indique les modifications à opérer dans cet enchevêtrement de lignes bizarres.

La figure 451 montre les changements exécutés et présente l'ensemble du jardin ramené à des lignes plus simples et à des courbes meilleures, en conservant de l'ancien tracé tout ce qui ne dépare point les nouveaux arrangements. La cour intérieure D est devenue une pelouse à coins échancrés, entourée de plates-bandes fleuries et ornée au milieu d'un beau vase. Des massifs de rhododendrons accompagnent la maison du côté du jardin. Les pelouses se sont ouvertes et vallonnées, le bois a été conservé et augmenté vers le périmètre, où les vues sur les champs ne présentent aucun intérêt. La pièce d'eau N s'est irrégularisée, entourée de rocailles et d'épais massifs. La cabane de pêche M, le kiosque élevé sur la butte P, le pavillon de repos L, les bancs RT, la tonnelle treillagée S, ont été distribués çà et là. En U sont les corbeilles de fleurs. A l'extrémité se trouve le verger Q, près de la sortie V sur le chemin de Montereau. Enfin, le potager a été ramené à un dessin régulier, planté d'arbres fruitiers, pourvu d'un bassin G, de châssis K et d'une serre J, devant laquelle les fleurs I sont plantées l'été. Les plates-bandes pour les semis H ont été reléguées près du poulailler E et de la cour de service F.

Le tracé harmonieux des courbes d'un jardin paysager trouve un exemple dans la planche V. Les dégagements sont bons, les allées bien agencées, l'ensemble satisfaisant. Il procède évidemment de ce qu'on a appelé l'école moderne et sacrifie l'ampleur des scènes au soin des détails. Les parties défectueuses de cette composition sont le jardin régulier, où les carrés sont petits et le bassin D trop grand, le ruisseau trop contourné sur un terrain peu accidenté, les massifs intérieurs trop uniformément arrondis, la destruction de l'unité de la scène du milieu par les allées inutiles qui se croisent en L et forment le triangle L u h, l'allée de ceinture trop près des limites. Ce plan, avec des qualités de tracé, montre l'inconvénient d'un système de parti pris où tout s'efface devant un procédé uniforme.

Le parc de la Brunetterie d'Orgeval (Seine-et-Oise) (fig. 452) présente des défauts analogues, moins saillants cependant. La propriété était très boisée et accidentée. Les allées sont multipliées à l'excès et celles qui coupent la grande pelouse devant le château A auraient été supprimées avec avantage. La cour des communs B est mal placée; il a fallu la conserver. En D sont le poulailler et la faisanderie. Des plates-bandes de fleurs X entourent l'habitation. En suivant l'allée qui rencontre le banc H, on trouve un sentier coupant le ruisseau, qui prend sa source en S, se bifurque et forme le grand bassin G. Près de T, se trouve la salle F, en U la sortie sur les bois, en E un gros chêne autour duquel est un carrefour disgracieux, en O un banc sous les châtaigniers, en I J deux autres sorties, en K une volière, en L une terrasse, en M une autre salle verte. Les fleurs forment des corbeilles V. Le morcellement des pièces est le principal défaut de ce parc.

Ce manque d'ampleur et de simplicité dans le dessin ne se trouve pas seulement dans les jardins paysagers français. Nous les avons vus caractériser également la méthode actuelle des architectes-paysagistes allemands (p. 393, fig. 172). J'en trouve un autre exemple dans la figure 453, repro-

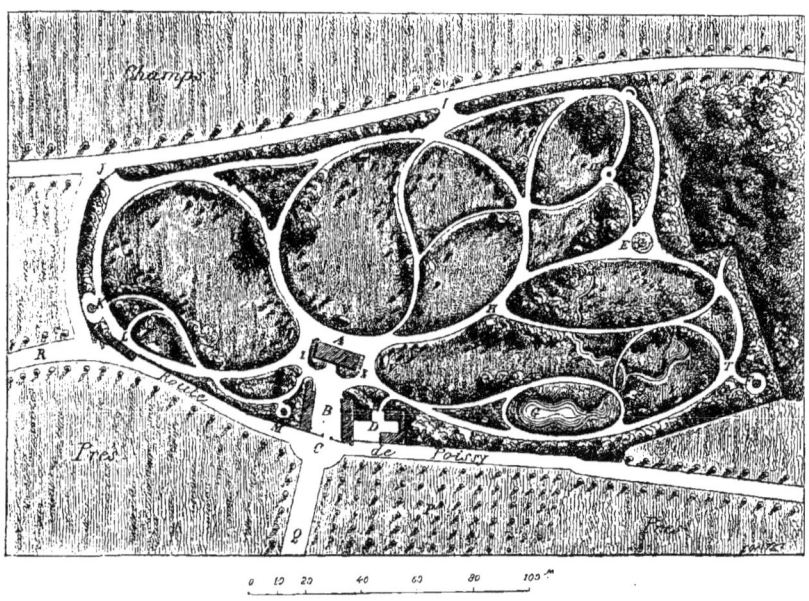

Fig. 452. — Parc de la Brunetterie d'Orgeval (Seine-et-Oise). — Ed. André, architecte.

duite d'après G. Meyer[1]. Le tracé des allées, on le voit, n'obéit pas au principe adopté en France. Les abords de l'habitation A présentent des lignes droites et des dessins de parterres mélangés aux sinuosités du style paysager. Ainsi, pendant que la maison est entourée de toutes parts de plantations épaisses, le parterre D, le gazon à bords rectilignes G, la corbeille composée C, se mêlent étroitement aux tracés irréguliers des autres parties du jardin. Les communs sont bien placés en B ; les entrées de la propriété, que j'ai déjà indiquées (p. 363, fig. 119), sont en H E. Du banc F on a une agréable perspective sur la pièce d'eau I. Les plantations de ce jardin sont bien distribuées, et la multiplicité des allées serait moins apparente si

1. *Lehrbuch d. sch. Gartenk.*, pl. XVIII, plan I.

le copiste, en reproduisant ce plan, n'avait un peu augmenté leur largeur.

Le plan suivant (fig. 454) procède d'une école analogue. Il a été dessiné par M. Van Hulle. C'est une propriété de 10 hectares, appartenant à M. Wauters Van Kerchove, à Melle (Belgique). L'ancien tracé vicieux a été modifié dans la mesure du possible et développé jusqu'à la ligne du chemin de fer, en incorporant dans l'enclos une superficie nouvelle de trois hectares. Le

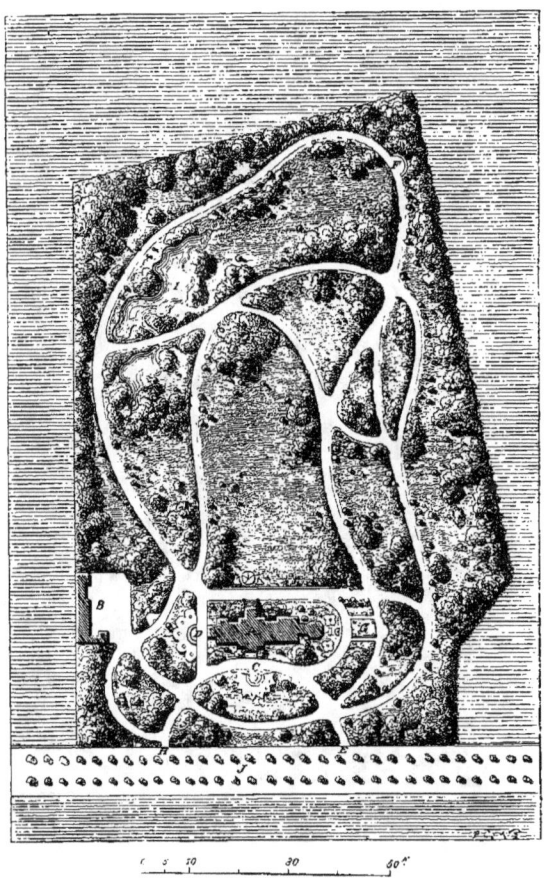

Fig. 453. — Résidence de moyenne étendue. — M. G. Meyer, architecte.

terrain est accidenté, avec d'agréables points de vue. La légende se lit ainsi : A, château; B, écuries; C, potager; D, parterre; E, basse-cour; F, jardin fruitier; G, place de jeux; H, entrée principale; I, grande avenue; J, fossé extérieur; K, allée de hêtres; L, pavillon; M, lac; N, cascade; O, allée en berceau; P, chemin de fer; Q, écluse; R, glacière; S, rampes.

M. Van Hulle a adopté, dans ce plan, le système de représentation des arbres en élévation, habitude assez générale en Belgique.

EXEMPLES DE PARCS ET JARDINS. 797

J'ai recommandé avant tout la simplicité du tracé et la variété dans les autres détails, plantations, fleurs, ornements divers. Dans la planche VI, le jardin paysager de M. Boivin, à Courcelles (Haute-Marne), dont j'ai donné le dessin, il y a une douzaine d'années, est basé sur ce principe. Une grande allée de ceinture en côtoie les limites, masquées par des massifs touffus. Le point culminant de ce côté de la vallée est occupé par un kiosque G et des rocailles d'où jaillit un ruisseau qui va se jeter dans la Treyre par quelques

Fig. 454. — Jardin paysager, à Mello (Belgique). — M. Van Hulle, architecte.

cascatelles. Les allées sont plus multipliées auprès de la rivière, les eaux sont fort belles, et de grands arbres les ombragent. Le jardin fleuriste J et le potager K, voisins de l'habitation, sont reliés par un pont orné. La planche en couleur, numéro X, donne une vue à vol d'oiseau de ce jardin.

Sur de plus petites dimensions, le plan du jardin de M. C. L..., à Fontainebleau (fig. 455), avec une vue sur le viaduc d'Avon, et son terrain descendant par une pente assez forte jusqu'au bassin, offre une disposition satisfaisante. L'entrée D donne sur la route. Le château A, entouré de massifs toujours verts, est accompagné des communs BB, qui limitent la cour d'entrée; la maison du jardinier est en C, le potager en E, sur le plateau. A partir de la serre F, le terrain descend, les eaux s'échappent des rocailles G, passent sous le pont H et s'épanouissent dans le bassin en face du kiosque J. En K, dans l'épaisseur du massif, est le gymnase des enfants. Près de la sortie des piétons L, au carrefour M, est un vase entouré de fleurs (faute que l'on doit commettre le moins possible), et plus haut le banc I, d'où la vue sur les eaux et sur le jardin est bien encadrée.

Parmi les propriétés qui présentent la double condition d'un plateau et d'une vallée avec pente rapide, je puis citer la partie du parc de M. de

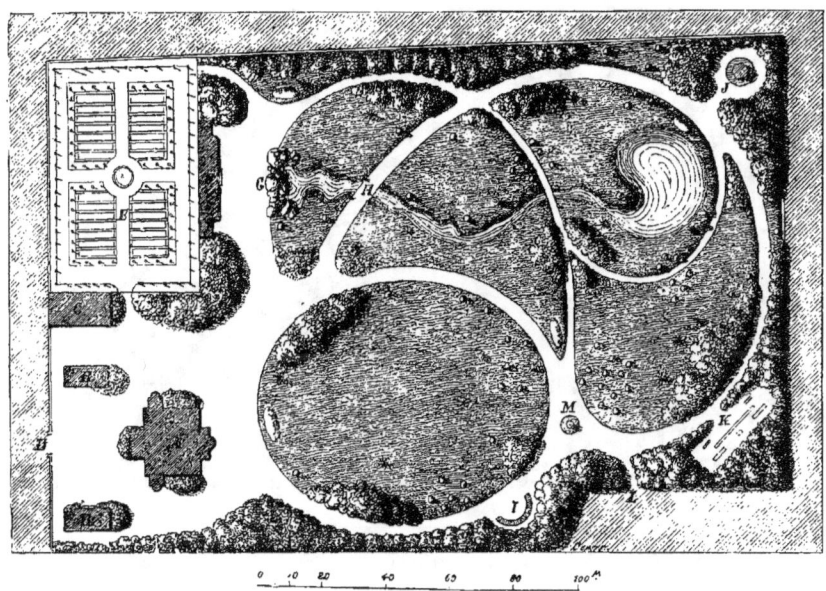

Fig. 455. — Jardin paysager de M. C. L..., à Fontainebleau (Seine-et-Marne). — Ed. André, architecte.

Lauverjat, au Coteau, près Azay-sur-Cher (Indre-et-Loire), reproduite par la figure 456. Entre le château A, les communs B, l'ancienne avenue P et l'entrée K, se trouve un terrain plan. On a affecté au potager une partie cachée derrière les massifs, avec un bassin central C, la maison du jardinier D, les serres EG et les bâtiments et cours de service FH. La partie déclive commence brusquement dans la partie allongée du plan, près du château, et, à cet effet, les allées ont été développées obliquement en pente douce. Une source I laisse échapper, entre les rocailles O, des eaux limpides qui servent à former la pièce d'eau N, et le ruisseau M, dont le trop plein se déverse dans le Cher en L. Une sortie sur les prés se trouve en J. Ce plan a reçu des modifications à l'exécution.

EXEMPLES DE PARCS ET JARDINS. 799

Le parc d'Allerton Priory, près Liverpool (Angleterre), est situé sur une colline boisée qui domine la ville, et d'où la vue est très-étendue sur les coteaux du Cheshire et le cours de la Mersey. Le propriétaire, M. J. G. Morris, me demanda, en 1867, un projet de transformation que des causes diverses empêchèrent de recevoir une complète exécution. J'en publie le plan (fig. 457), pour montrer un exemple du mélange d'un jardin géométrique entourant le château A, avec les contours pittoresques du parc paysager qui l'accompagne. Des dessins symétriques de fleurs sont compris dans le demi-cercle dont la terrasse N forme l'objet principal du côté des plus belles vues. L'allée O, située au bas des pelouses qui descendent de ces

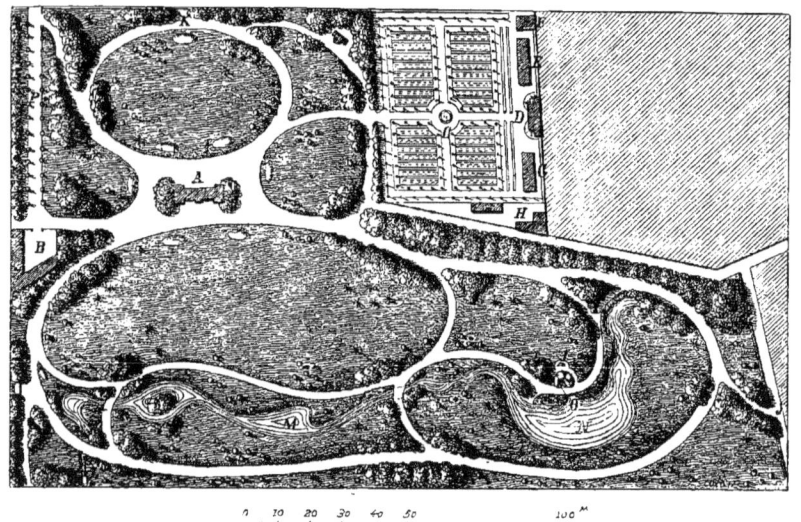

Fig. 456. — Parc paysager du Coteau (Indre-et-Loire). — Ed. André, architecte.

terrasses, sert de transition entre le plateau et le parc. En B sont les communs, un peu éloignés de l'habitation, mais conservés parce qu'ils sont masqués par d'épais massifs. C est un pavillon, non loin de la place destinée au jeu de croquet D. Le potager E est pourvu de serres F. Les entrées principales sont en JK; deux portes de service se trouvent en ML. Des kiosques s'élèvent en H, G ; un beau point de vue est placé en I. Des massifs forestiers R constituent le cadre de la propriété ; aux essences qui les composent s'ajoutent des espèces exotiques dans ceux marqués STU. En P s'étalent deux grandes corbeilles de fleurs. On a conservé une partie de l'ancien dessin du parc sous la forme de sentiers de sous-bois, dont les courbes ne sont pas toutes satisfaisantes, mais qui fournissent une agréable promenade ombragée.

Un petit jardin paysager, dessiné par M. J. Niepraschk pour M. Schulz, à B..., près Cologne (fig. 458), donne l'exemple d'une disposition assez heureuse, se rapprochant beaucoup plus du tracé français que des procédés allemands. Une courte légende fera comprendre la distribution des diverses parties : A, habitation; B, écuries; C, machine hydraulique; D, jardin potager; E, bancs ombragés; F, bassin circulaire (peu explicable dans cette partie d'un jardin paysager); G, bancs découverts; H, corbeille de fleurs; I, sortie; J, entrée principale et avenue de marronniers rouges.

Je dois à M. Van Hulle la communication du plan d'un jardin dessiné par lui à Gand (fig. 459), et dont la contenance est d'environ un hectare. Le

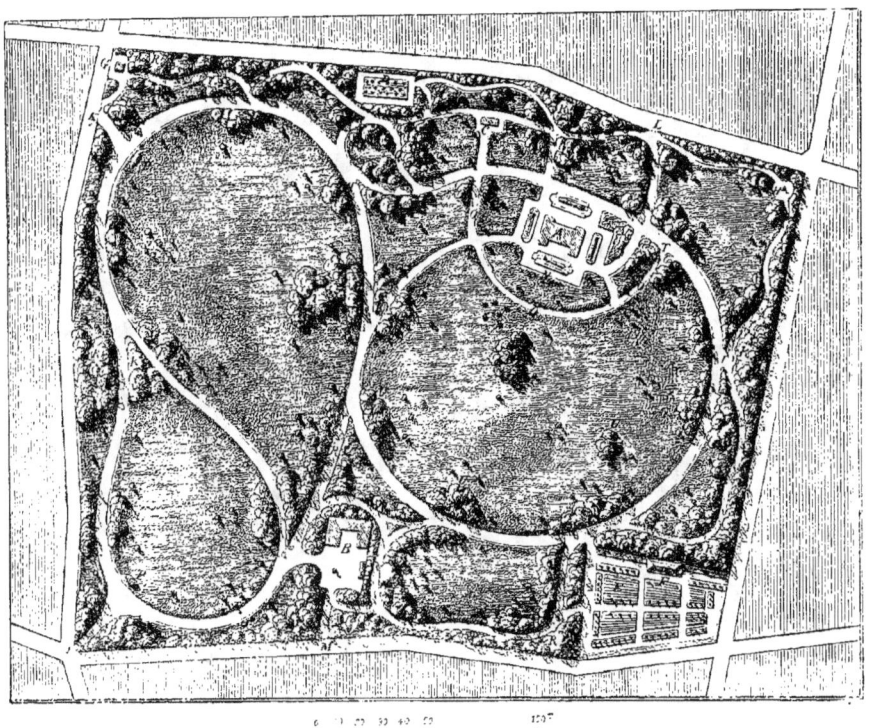

Fig. 457. — Parc d'Allerton Priory, près Liverpool (Angleterre). — Ed. André, architecte.

dessin est copié fidèlement sur l'original transmis par l'auteur, c'est-à-dire suivant le système, très-usité en Belgique, du mélange des projections et des élévations dans les diverses parties du dessin sur le papier.

L'exemple de ce jardin mérite d'être cité. Il procède évidemment d'une combinaison du genre allemand et du genre français : le premier se retrouvant dans les allées à sinuosités fréquentes et accentuées, la décoration florale en dessins variés et la position des ornements; le second, dans les vallonnements et les vues. La légende explicative montrera le détail des diverses parties de cette propriété.

A. Habitation.
B. Dépendances.
C. Dépendances.
D. Serres.
E. Jardin potager.
F. Kiosque.
G. Bancs de repos.
H. Place des jeux.
I. Pièce d'eau.
J. Petite entrée.

K, L, X. Entrées.
M. Allée droite avec fleurs.
N, O, P, Q. Corbeilles de fleurs.
R. Banc.
S. Parterre.
T. Rocher et source.
U. Massifs intérieurs.
V. Massifs extérieurs.
Y. Arbustes toujours verts.

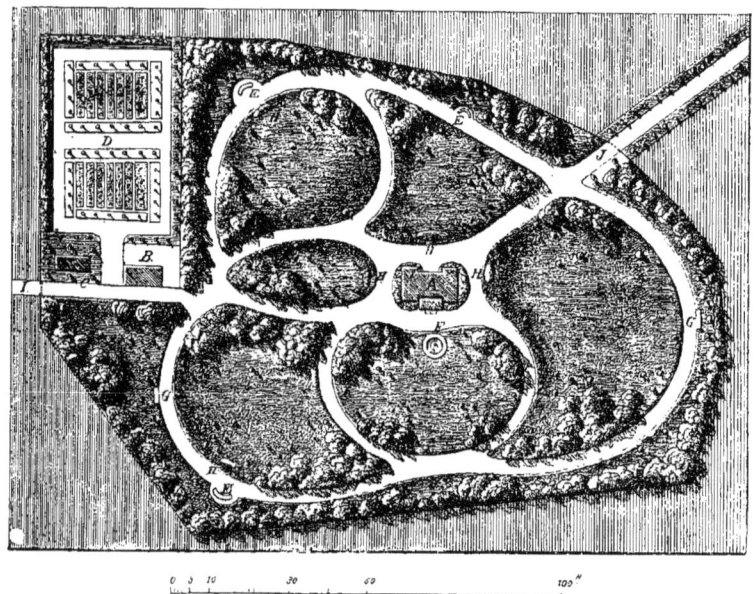

Fig. 458. — Jardin paysager de M. Schulz, près Cologne. — M. J. Niepraschk, architecte.

Jardins du Midi. — Les rivages de la Méditerranée, souvent accidentés de la manière la plus pittoresque, ont reçu, dans leur partie nord-est, ce nom de *Corniche*, qui éveille l'idée, pour les touristes, d'une suite d'admirables paysages sous un ciel enchanteur. La même disposition se retrouve sur les côtes des golfes de Naples, de Salerne, de la Spezzia, les lacs de la haute Italie, etc. Les jardins de ces régions, si riches en végétaux divers, sont l'objet d'un tracé qui diffère absolument de celui des terrains plans ou des pentes régulières. En présence de cette nature à profils heurtés, il a fallu adopter résolument le système en escaliers, superposer les terrasses et imprimer aux jardins un aspect de constructions. Tantôt les terrasses sont assez larges pour être traitées en parterres réguliers, comme aux villas Meuricoffre et Delahante, à

Naples; tantôt on les voit escalader les pentes abruptes, comme aux cultures de citronniers d'Atrani; tantôt ce sont des lacets sur les pentes, entremêlés de points d'arrêt en terrasses, comme dans quelques résidences de Marseille, de Cannes, de Menton, ou à la villa Pallavicini, près de Gênes.

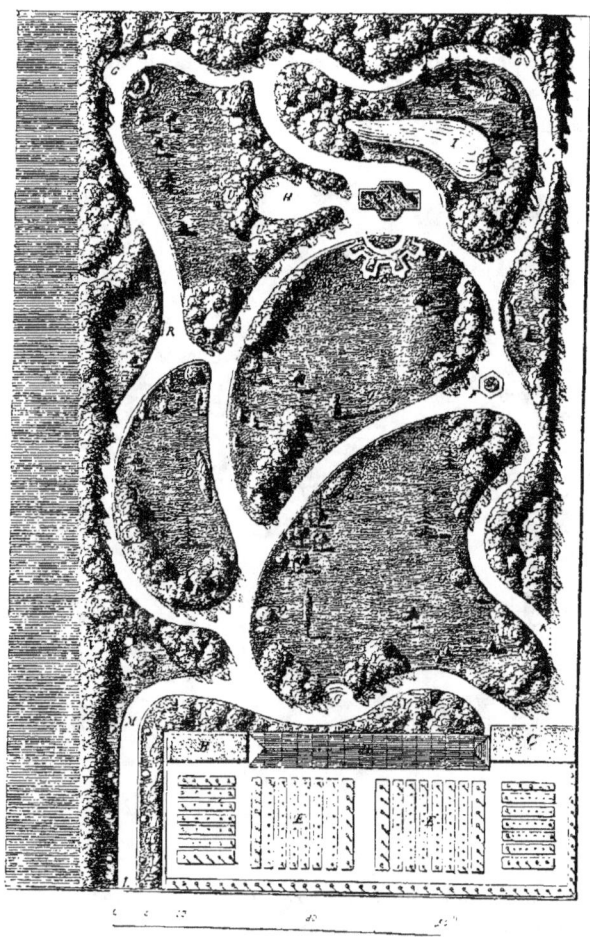

Fig. 459. — Jardin potager de M. Mestdagh, à Gand. — M. Van Hulle, architecte.

Ces jardins revêtent souvent un aspect oriental. Je prendrai pour exemple le coin de terre où un grand artiste, M. Charles Garnier, architecte de l'Opéra, a bâti sa maison, comme l'aire d'un aigle, sur un rocher couvert de palmiers. C'est à Bordighera, au pied des Alpes-Maritimes, dominant la Méditerranée, que se dressent la tour carrée et les élégantes colonnes des dattiers de cette résidence (fig. 461). En examinant le plan de la villa

Garnier (fig. 460), où les cotes de niveau ont été indiquées, on verra qu'entre la route départementale qui longe le chemin de fer et le sommet de la propriété, on compte une différence de 43^m,40. Le rez-de-chaussée de la maison se trouve à 30^m,88 au-dessus du niveau de la mer. Il a donc fallu, pour donner accès aux diverses parties de ce terrain escarpé, diviser la hauteur totale en rampes, escaliers, terrasses, qui donnent un ensemble pittoresque des plus bizarres.

L'entrée principale est située près de la cote 30^m,88, sur le terre-plein où s'élève la maison. De la cour on descend dans la première partie du jardin, où commence une série de pentes, de contre-pentes, de terrasses, de

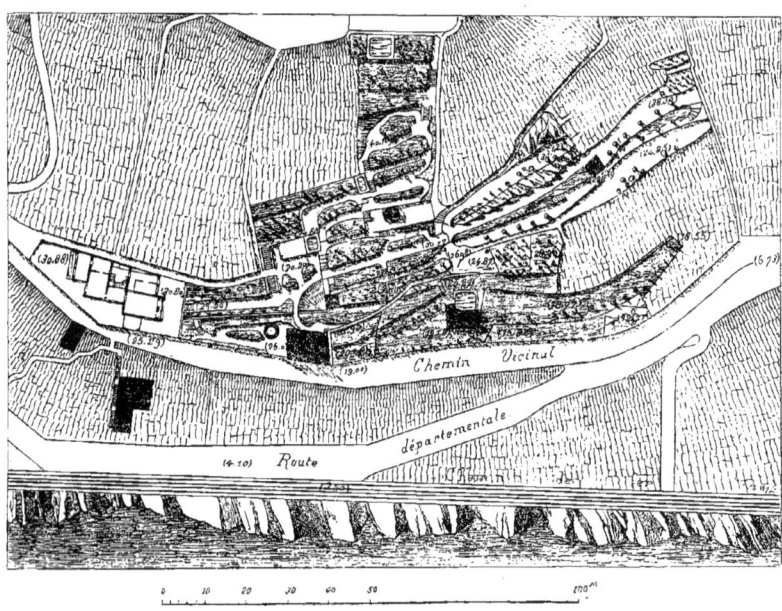

Fig. 460. — Jardin en terrasse au bord de la mer, à Bordighera (Italie). — M. Ch. Garnier, architecte.

murailles ornées de plantes, de *pergolati* couverts de vignes. Les arbres qui impriment à Bordighera et à San Remo un caractère oriental, les oliviers et les palmiers-dattiers, sont représentés par de forts exemplaires, et le tout est entremêlé d'opuntias, de figuiers et d'agaves qui complètent l'aspect méridional de cette plantation. Les feuilles des dattiers, liées pour être blanchies, sont cueillies chaque année pour être envoyées et vendues à Rome, où elles forment les palmes cardinalices du dimanche des Rameaux.

Jardins de ville. — Les petits jardins de ville, quand leur superficie ne dépasse pas quelques centaines de mètres, doivent être traités avec simplicité. Multiplier les allées et les ornements sans raison serait faire preuve de mauvais goût. Leur variété est infinie. Si l'on dispose d'un terrain légèrement accidenté dont le périmètre, entouré de murs, peut être masqué par d'épais massifs de grands arbres et par des arbustes à feuilles persistantes, on laissera le milieu en pelouses vallonnées, ornées et fleuries, et même on y introduira des eaux, comme dans le plan représenté par la figure 462. En A est la maison, séparée de la rue par une cour, et autour de laquelle on peut passer par les couloirs B B. Sur la façade du jardin, un trottoir C garantit les murs de l'humidité. En D est un grand banc circulaire ombragé. E est le bassin,

Fig. 461. — Vue de la villa de M. Ch. Garnier, à Bordighera (Italie).

alimenté par une source sortant d'un groupe de rocailles surmontées, en F, d'une place de repos avec table et chaises. On descend au bassin par l'escalier de rocailles J. Le kiosque I sert de cabane aux outils et abrite le réservoir des eaux. En H on a ménagé un gymnase pour les enfants, et en G est une corbeille de fleurs, semblable à celles qui ornent le devant de la maison. Les pelouses sont vallonnées avec modération, et des arbustes toujours verts se mélangent aux espèces à feuilles caduques.

La figure 463 montre un autre jardin urbain, également de petites

EXEMPLES DE PARCS ET JARDINS.

dimensions, et dont j'ai déjà indiqué le mode de plantation (pag. 622). Les arbustes à feuilles persistantes y dominent et accompagnent toute l'année, de leur verdure, les diverses parties du jardin, dont la légende suivante indique la composition :

A. Habitation.
B. Serre.
C. Volière.
D. Butte et kiosque.

E. Gymnase.
F. Banc.
G. Entrée.
H. Sortie.

L'administration municipale de Paris possède, près du bois de

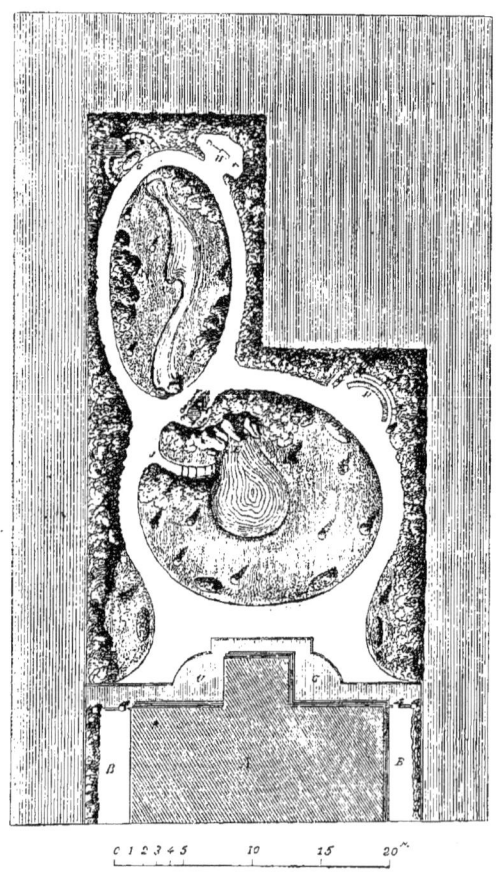

Fig. 462. — Petit jardin de ville de M. G. Halphen, rue Chaptal, à Paris. — Ed. André, architecte.

Boulogne, un vaste établissement destiné à la culture des plantes qui ornent pendant la belle saison les promenades publiques. Devant la maison du directeur, on a dessiné un petit jardin (fig. 464) d'aspect pittoresque, dans lequel prennent place, chaque année, les plantes nouvelles ou

806   L'ART DES JARDINS.

intéressantes qui sont essayées pour la décoration estivale, avant de prendre définitivement leur place dans les jardins publics municipaux. Une pelouse en constitue la partie principale; elle est vallonnée, et son point bas est occupé par un bassin au pied des rocailles D, plantées de plantes pittoresques. La maison A est entourée de plates-bandes de rosiers et de plantes variées. Des châssis de culture sont situés en BB. Les bureaux de l'administration sont en C. Une série de petites serres de culture est

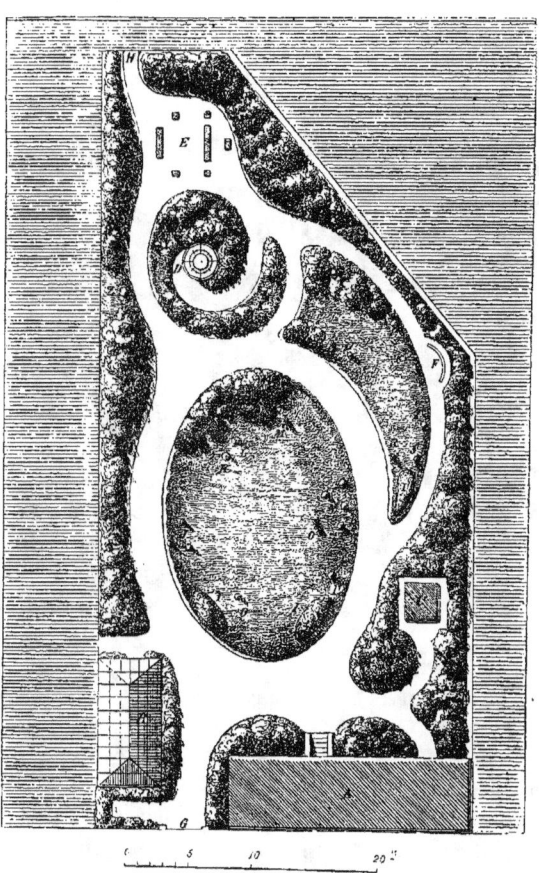

Fig. 463. — Petit jardin de ville, à Passy-Paris. — Ed. André, architecte.

placée en E, et du côté F se trouve l'allée qui conduit au terrain principal de l'établissement, où se trouvent les grandes serres, les châssis et les cultures de pleine terre. Les corbeilles G H J reçoivent des plantes variées destinées aux expériences d'ornementation, et en L, des massifs épais servent d'encadrement au jardin et sont eux-mêmes bordés de fleurs.

EXEMPLES DE PARCS ET JARDINS. 807

Les petits jardins des villes peuvent encore recevoir un tracé régulier, si la forme du terrain commande cette disposition. Souvent même ce genre de dessin est plus rationnel et plus agréable qu'un tracé compliqué et prétentieux. Nous avons vu, en traitant des parterres, divers modèles applicables à de telles situations. Je ne veux donner ici que deux exemples de jardins contigus, existant à Paris, et servant de démonstration à cette théorie.

Le premier de ces jardins (fig. 465) est pourvu de pelouses bizarrement découpées, sans fleurs, sur lesquels de maigres arbustes, des conifères squelettes dépérissent sous l'ombrage des grands arbres et présentent le plus misérable aspect.

Le second (fig. 466) a été tracé simplement, suivant un dessin régulier.

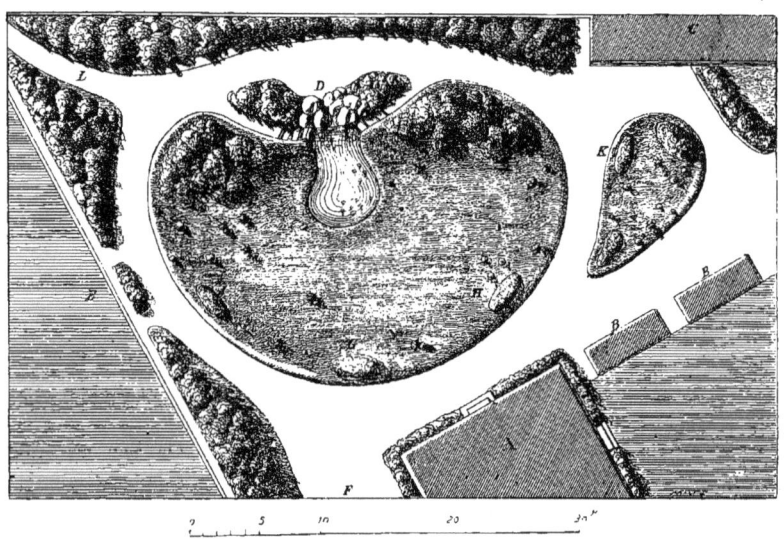

Fig. 464. — Petit jardin d'ornement, au Fleuriste de la Muette, à Paris.

Il se compose d'un grand rectangle bordé de plates-bandes de fleurs variées, rosiers, yuccas, pélargoniums, fuchsias, chrysanthèmes, et d'un bassin central avec jet d'eau. L'extrémité, en demi-cercle, est occupée au centre par un vase élégant placé sur un socle, et le pourtour est entouré d'autres vases, garnis de fleurs. Des bancs sont distribués sur le bord des allées et près de l'habitation. Grâce à un entretien soigné et cependant peu dispendieux, l'aspect de ce jardin reste constamment agréable, sur sa surface exiguë, de 300 mètres. Les murs sont treillagés et couverts de plantes grimpantes sur toute leur hauteur, et des arbustes à feuilles persistantes : fusains du Japon, aucubas, troënes, entretiennent dans ce cadre une verdure perpétuelle.

En Angleterre, le tracé des petits jardins de ville diffère essentiellement de ceux du continent. Au lieu de chercher l'effet paysager, ou de se maintenir dans des formes architecturales, par des dessins symétriques bien étudiés, on mêle ces deux genres de la manière la plus disparate. Les

Fig. 465. — Petit jardin de ville, rue Blanche, à Paris. Mauvais dessin.

plantes y sont bien choisies et témoignent en faveur d'un peuple aimant les fleurs et sachant les cultiver, mais un peu réfractaire aux goûts délicats et au sentiment de l'harmonie des lignes et des couleurs. Le plus souvent, sur une petite pelouse, appuyée au mur même de la maison, des arbustes et

Fig. 466. — Petit jardin de ville, rue Blanche, à Paris. Bon dessin.

des plantes à fleurs sont placés pêle-mêle, et accompagnés d'ornements sans grâce : meubles rustiques en fonte d'un dessin lourd, rocailles dont j'ai cité de curieux exemples, bordures en cailloux blancs, en faïence criarde, sentiers de bitume avec mosaïques, vases et statues ridicules, le tout invariablement recouvert d'une épaisse couche noire, lentement déposée par la fumée de la houille. Sur des pelouses bizarrement contournées, les fleurs seront disposées au hasard, imitant des virgules, se tordant comme des vers, ou bouclées en nœud de cravate. La figure 467 donne

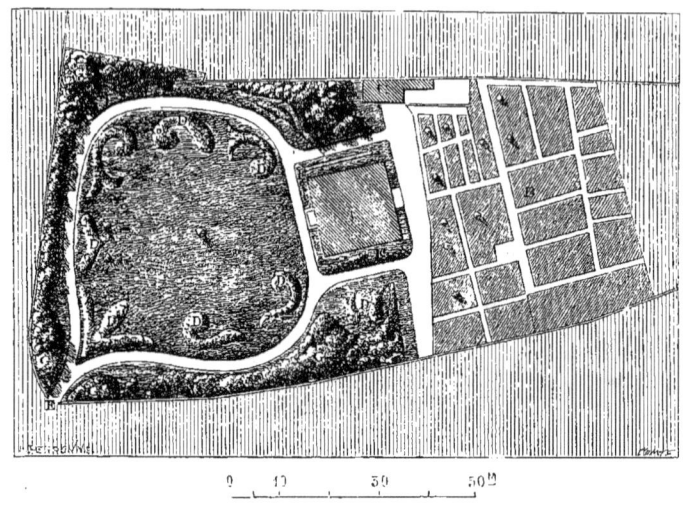

Fig. 467. — Plan d'un jardin de ville, près Londres. (Tracé et ornementation défectueux.)

l'image de l'un de ces jardins, copié dans les environs de Londres, et qui n'est pas choisi parmi les plus mauvais. On y verra que le jardin po-

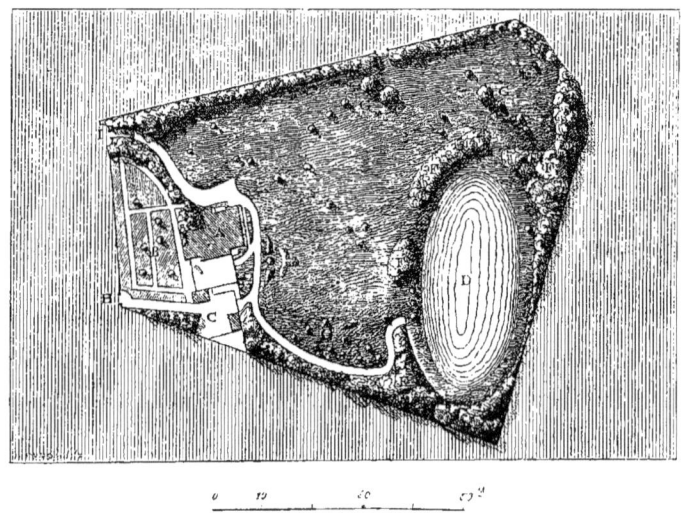

Fig. 468. — Plan d'un jardin de ville, à Sheffield (Angleterre).

tager B, placé derrière la maison A, et près des dépendances C présente un tracé irrégulier, sans intérêt et incommode pour la culture. Depuis l'entrée E, une allée contourne la pelouse, sur laquelle s'étalent, près à près, les corbeilles de fleurs D, D, avec leurs formes mal étudiées.

Parfois un joli dessin fait exception à cette règle et apporte un sourire au milieu de cette triste décoration, mais cette bonne fortune est rare et n'infirme guère le jugement que l'on peut porter sur le tracé des petits

Fig. 469. — Petit jardin au bord de la mer. M. P. Dalloz, à Cabourg. — Ed. André, architecte.

jardins urbains en Angleterre, ce qui ne veut pas dire que le bon goût appartienne exclusivement à la France et même au continent. Je tiens seulement à établir que l'Angleterre, si haut placée dans la science horticole, dans la culture d'ornement surtout, est restée jusqu'à présent, à quelques exceptions près, dans un état d'infériorité notoire, dans l'art de dessiner les jardins de faible étendue.

SERRES ET JARDINS D'HIVER. 811

Dès que la superficie d'un terrain prend un peu d'importance, les jardins, en Angleterre, offrent de meilleurs dessins. La figure 468 représente un de ces effets paysagers obtenus sur un espace restreint, mais suffisant pour charmer le regard, malgré les défaillances dans les détails. Une seule allée, reléguée sur le côté de la pelouse, s'approche de la pièce d'eau, et tout le reste du jardin se réduit à une pelouse irrégulièrement plantée d'arbres et d'arbustes d'essences choisies. Les corbeilles de fleurs sont sobrement distribuées et ne dépassent pas le front de l'habitation A. En B est le chemin de service desservant la cour des écuries C. La pièce d'eau D est bien entourée de plantations variées et sa forme ovale, trop régulière, ne s'aperçoit pas des parties éloignées du jardin. En résumé, ce tracé est plein de qualités, malgré les défauts qu'on pourrait lui reprocher.

Nous avons vu comment les jardins du bord de la mer pouvaient être plantés, dans leurs diverses parties (p. 584), soit au moyen de quelques

Fig. 470. — Jardin d'hiver de San Pancrazio (Italie). — Ed. André, architecte.

espèces seulement en première ligne, soit avec un plus grand nombre d'essences, lorsqu'une protection suffisante leur est accordée. Leur dessin n'a rien qui se distingue de celui des autres jardins. On doit seulement recommander de ne cultiver qu'un petit nombre d'espèces reconnues susceptibles de résister à l'air salin et aux conditions particulières des plages maritimes. La composition de l'un de ces jardins (fig. 469) peut servir d'exemple pour planter une de ces résidences de petites dimensions.

A. Habitation. — BB. Concierge et atelier. — C. Grille sur la plage. — D. Bancs ombragés. — E. Salle verte. — F. Banc ombragé. — Nᵒˢ 1. Corbeille de Giroflées. — 2. Corbeille de silène arméria. — 3. Corbeille de mauves mariées. — 4. Corbeille d'alysse maritime. — 5. Lavatères en arbre. — 6. Gynerium argenteum. — 7. Pin mugho. — 8. Yucca gloriosa. — 9. Yucca pendula. — 10. Ligularia Kæmpferi. — 11. Pyrethrum carneum. — 12. Erianthus Ravennæ. — 13. Statice limonium. — 14. Evonymus japonicus. — 15. Cratægus Oxyacantha punicea. — 16. Quercus Ilex. — 17. Rhus typhina. — 18, 19, 20. Massifs d'Atriplex Halimus, Cupressus macrocarpa, Pinus austriaca, Evonymus japonicus, Hippophae rhamnoides, Suæda fruticosa, Tamarix gallica, etc. — 21, 22, 23. Massifs d'Evonymus japonicus et Hydrangea Hortensia. — 24, 30, 38. Yucca flaccida. — 25. Cerasus Padus. — 26, 35. Ilex Aquifolium var. — 27. Cupressus macrocarpa. — 28. Indigofera Dosua. — 29. Cytisus albus. — 31. Lavatera arborea. — 32. Tamarix indica. — 33. Styphnolobium japonicum. — 34. Arundo conspicua. — 36. Arbutus Unedo. — 37. Elæagnus angustifolia. — 39. Statice tatarica.

Jardins couverts. — Les jardins couverts ou serres d'ornement, appelés aussi jardins d'hiver ou conservatoires (*Conservatory* en Angleterre) sont devenus, nous l'avons vu (pp. 191-192), un accessoire obligé de la vie à la cam-

Fig. 471. — Coupe d'un jardin d'hiver planté suivant le style naturel.

pagne, et, dans les villes mêmes, ils sont de plus en plus appréciés. L'art de construire les serres a fait de grands progrès depuis un quart de siècle. En France, on leur donne le plus souvent une forme voisine de celle que représente la figure 470, c'est-à-dire un pavillon central pour les grands végétaux, et deux compartiments latéraux, dont l'un est ordinairement consacré aux plantes de serre chaude, et l'autre aux plantes de serre froide.

Mais la disposition intérieure de ces constructions laisse bien souvent à désirer. La culture des plantes a dominé depuis longtemps toute autre considération, en Angleterre et sur le continent, et l'art de les grouper suivant leur effet ornemental a réalisé peu de progrès. Il serait facile, cependant, avec un peu de goût, de varier la disposition des plantes dans les serres, de remplacer la plantation en lignes régulières par des arrangements pittoresques et de créer, sur une petite échelle, de véritables paysages tropicaux. On en trouve çà et là des exemples, mais ils sont rares, et l'on ignore généralement qu'ils peuvent être imités même sur des proportions très réduites. La figure 449, page 739, se rapporte à une serre de dimensions moyennes où cette méthode a été employée avec succès. En 1872, j'ai essayé, dans une suite d'articles détaillés, d'appeler l'attention sur les moyens de planter les jardins d'hiver suivant le style naturel[1]. J'ai proposé des exemples à appliquer soit aux serres chaudes, soit aux serres tempérées froides, et j'espère revenir sur cette intéressante question.

Le plan de la serre sera commode s'il représente un rectangle sans

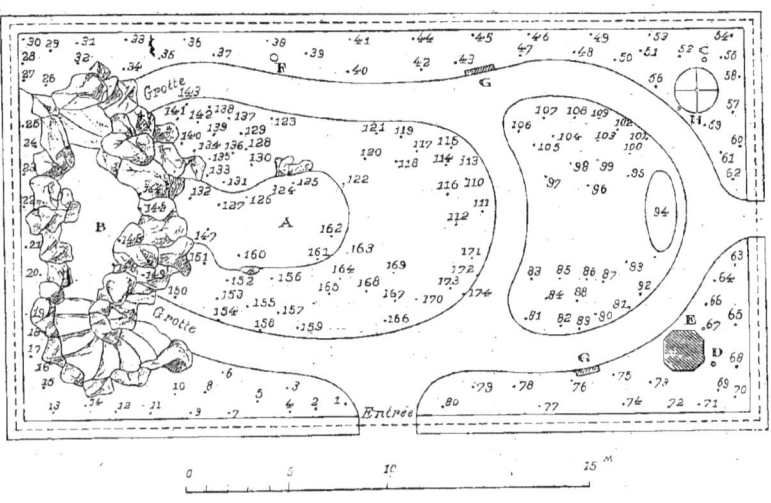

Fig. 472. — Plan d'un jardin d'hiver planté dans le style naturel.

séparation. La hauteur devra être suffisante pour permettre à quelques palmiers d'élever leurs troncs élégants jusqu'à un âge assez avancé. Dans le plan ci-joint (fig. 472) la largeur étant de 19^m,50, on devra porter la hauteur à 15 mètres environ. Le sol sera vallonné de toutes parts, jusqu'au point bas occupé par le bassin A. Un rocher formant grotte et dont le sommet sera occupé par une plate-forme B dominant la serre sera orné des plantes de rocailles les plus variées. En C D F seront plantés des troncs d'arbres que l'on couvrira de plantes grimpantes et épiphytes. Une volière

---

[1]. *Illustration horticole*, 1872, n. 20, 101, 130, 165, 181, avec figures.

d'oiseaux des tropiques sera construite en E. On placera en G quelques bancs de repos et en H une corbeille de fleurs. Si l'on a un mur de fond, il sera rocaillé et percé de poches pleines de terre, où pourront être cultivées un grand nombre de plantes. Pour varier les aspects, il faut pouvoir planter autant d'espèces au-dessus du sol que dedans.

Les tuyaux de chauffage doivent être placés dans des caniveaux sous les allées, et leur chaleur se répandra à travers les grilles. S'ils sont insuffisants, on en installera d'autres près des murs, en protégeant les plantes, par un léger treillage, contre l'irradiation directe du calorique. Le mieux serait de placer ces tuyaux le long des murs, au-dessous du sol, avec des grilles pour le passage de la chaleur (fig. 306, p. 520).

Le sol, bien drainé par un fond de platras, défoncé à un mètre de profondeur, sera composé d'abord de débris de bois, racines de bruyères, etc., bien tassés, sur 50 centimètres d'épaisseur. Puis on recouvrira par le compost suivant : un tiers de terre de bruyère, un tiers de terreau de feuilles, un tiers de bonne terre d'alluvion déjà travaillée. On ajoutera 10 litres de poudrette par mètre cube. La terre de bruyère doit être grossièrement concassée et le terreau non criblé. Les allées seront ensuite vidées et remplies de détritus végétaux grossiers, de manière à former drainage et à permettre aux racines voraces de s'étendre sous toute la serre sans détruire les espèces délicates.

Le sol des pelouses sera planté en lycopodes (*Selaginella denticulata*, Link.). Le long des colonnes, sur les roches élevées et les troncs d'arbres dispersés, on placera les végétaux grimpants qui suivent (voir le plan) :

Nos 1. Aristolochia cordiflora. — 3. Thunbergia Harrisii. — 5. Argyreia argentea. — 7. Ipomæa Horsfalliæ. — 9. Tecoma stans. — 12. Plumbago scandens. — 17. Hoya carnosa. — 19. Smilax marmorea. — 21. S. macrophylla. — 23, 25. S. marmorea. — 27. Hoya imperialis. — 28. Stephanotis floribunda. — 30. Passiflora Decaisneana. — 31. Quisqualis indica. — 33. Passiflora racemosa. — 36. Aristolochia leuconeura. — 38. Hexacentris mysorensis. — 41. Centrostema multiflorum. — 44. Passiflora kermesina. — 45. Aristolochia clypeata. — 49. Tacsonia mollissima. — 53. Quisqualis pubescens. — 54. Passiflora trifasciata. — 58. Meyenia erecta. — 60. Thunbergia laurifolia. — 62. Euphorbia Jacquiniæflora. — 63. Passiflora marmorea. — 65. Bougainvillea lateritia. — 68. Aristolochia labiosa. — 71. Bignonia incarnata. — 72. Tropœolum Lobbianum *spit fire*. — 74. Allamanda nobilis. — 77. Clerodendron Thomsonæ. — 80. Cissus discolor.

La suite des numéros du plan comprend les espèces suivantes :

Nos 2. Musa paradisiaca. — 4. Oreopanax dactylifolium. — 6. Alsophila australis. — 10. Stadmannia australis. — 15. Anthurium acaule. — 16. Rhopala organensis. — 20. Saurauja sarapiquensis. — 22. Dracæna arborea. — 24. Rhopala Jonghei. — 26. Clavija macrophylla. — 32. Musa sapientum. — 34. Hedychium Gardnerianum. — 35. Cyathea medullaris. — 37. Chamærops excelsa. — 39. Artocarpus incisa. — 40. Musa violacea. — 42. Hedychium coccineum. — 43. Carludovica palmata. — 46. Cibotium regale. — 47. Ficus elastica. — 48. Anthurium cordatum. — 50. Dracæna fragrans. — 51. Calathea Lindeni. — 55. Musa paradisiaca. — 56. Chamærops stauracantha. — 59. Ficus bengalensis. — 61. Oreopanax platanifolium. — 64. Sciadophyllum pulchrum. — 66. Astrapœa Wallichii. — 67. Anthurium regale. — 70. Cereus mexicanus. — 73. Theophrasta (?) imperialis. — Cyathea dealbata. — 76. Cocos flexuosa. — 78. Ficus macrophylla. — 79. Areca lutescens.

La corbeille n° 94 sera composée de fleurs aux couleurs vives, Primevères de la Chine (*Primula sinensis*, Lindl.), etc. Les deux groupes de chaque côté de la petite pelouse comprendront les numéros suivants :

100. Balantium antarcticum. — 104. Areca Verschaffelti. — 95. Coccoloba pubescens. — 97. Caryota sobolifera. — 105. Ficus elastica. — 109. Franciscea eximia. — 101. Pteris argyrea. — 102. Medinilla magnifica. — 103. Asplenium macrophyllum. — 105. Cycas circinalis. — 108. Dracæna terminalis. — 107. Clivia miniata. — 106. Anthurium leuconeurum. — 98. Attaccia cristata. — 97. Crinum amabile. — 99. Acalypha Wilkesiana. — 81. Cyathea Beyrichiana. —

Fig. 473. — Serre-galerie, à Somerleyton (Angleterre).

84. Oreodoxa regia. — 85. Chamædorea mexicana. — 87. Clavija macrophylla. — 90. Rhopala corcovadensis. — 92. Scaforthia elegans. — 93. Amorphophallus nivosus. — 82. Cordyline australis. — 89. Codiæum undulatum. — 91. Colocasia macrorhiza. — 88. Asplenium Nidus. — 93. Dracæna cannæfolia. — 86. Anthurium magnificum.

Dans la grande pelouse, on pourra placer les numéros :

110 Syagrus botryophora. — 112. Pandanus ornatus. — 115. Latania rubra. — 114. Hedychium coronarium. — 116. Chamædorea Martiana. — 111. Anthurium Scherzerianum. — 110. Blechnum brasiliense. — 113. Globba nutans. — 117. Codiæum undulatum. — 118. Dracæna gloriosa. — 119. Cibotium princeps. — 120. Pteris argyrea. — 121. Pleroma elegans. — 122. Bambusa Thouarsii. — 124. Philodendron pinnatifidum. — 128. Phajus Wallichii. — 129. Phœnicophorium

scychellarum. — 130. Curculigo recurvata. — 121. Pandanus elegantissimus. — 135. Codiæum maximum. — 134. Lomaria gibba. — 133. Carludovica imperialis. — 144. Hoya bella, Carludovica palmata. — 142. Clivia miniata. — 140. Clusia rosea. — 136. Ficus Cooperi. — 139. Musa paradisiaca. — 143. Pteris cretica var. — 138. Adiantum concinnum. — 137. Vriesea gigantea. — 132. Thalia dealbata. — 147. Philodendron pertusum. — 127. Pontederia cordata. — 126. Nymphæa gigantea. — 125. N. Ortgiesiana rubra. — 163. N. cœrulea. — 162. Philodendron Lindeni. — 161. Cyperus Papyrus. — 100. Nymphæa dentata. — 156. Musa Ensete. — 157. Crescentia regalis. — 159. Tillandsia sp. — 158. Dracæna Youngii. — 154. Carludovica plicata. — 155. Balantium Culcita. — 153. Blechnum corcovadense. — 152. Billbergia zebrina. — 151. Cespedesia Bonplandi. — 141. Musa sinensis. — 148. Cocos coronata. — 146. Adiantum trapeziforme. — 145. Platycerium grande. — 166. Cocos Weddelliana. — 165. Arundinaria falcata. — 164. Colocasia nymphæfolia. — 168. Cypripedium barbatum. — 169. Seaforthia elegans. — 170. Dioon edule. — 171. Cyanophyllum magnificum. — 172. Dracæna Baptisti. — 173. Sciadocalyx digitaliflora. — 174. Codiæum Andreanum. — 175. Dracæna amabilis.

Des orchidées et des broméliacées fixées sur les branches des arbres, appliquées aux rochers ou suspendues à des lianes sur des plaques de liége garnies de *Sphagnum*, de nombreuses fougères et lycopodiacées, des plantes à fleurs brillantes, tulipes, primevères, bruyères, cinéraires, calcéolaires, renouvelées de temps en temps, un peu de goût et d'imagination,

Fig. 474. — Un jardin d'hiver sur les toits (États-Unis).

il n'en faut pas davantage pour faire de ce jardin d'hiver un endroit enchanteur, en maintenant la chaleur hivernale entre + 15 et 18 degrés centigrades.

Si la température descend à + 10 degrés, on a le jardin d'hiver tempéré-froid. Les plantes changent, et l'on a recours alors aux camellias, palmiers des régions froides, fougères australiennes, mimosées, agaves, myrtacées, éricacées nombreuses, cactées, solanées, etc., qui ne le cèdent guère en beauté et en variété aux espèces des listes précédentes. Dans l'un et dans l'autre cas, l'arrangement pittoresque peut devenir, pour l'amateur des belles plantes, une source de plaisirs toujours renaissants.

Arrangements divers. — L'emploi des plantes de serre, dans les galeries, vestibules et vérandas des résidences luxueuses, peut également

PLANCHE X

PARC DE COURCELLES (Haute-Marne).

Vue a vol d'oiseau. (Voir le plan, pl. VI.)

Jardin paysager sur un sol en pente des deux côtés de la vallée de la Treyre. Indication sommaire des dispositions principales données aux massifs, aux eaux, et au tracé des allées. Les détails ne peuvent être figurés au moyen des procédés, encore très limités, de la chromo-lithographie; le plan seul peut donner la position exacte des objets auxquels se réfère la légende (planche VI).

apporter un élément décoratif de premier ordre. Les plantes sont partout à leur place. Les magnifiques serres-corridors de Somerleyton (Angleterre) en offrent un remarquable exemple. Le mélange de l'architecture, des statues, des objets d'art, y est relevé par des guirlandes de feuillage et de fleurs d'un aspect saisissant et charmant (fig. 473).

L'Angleterre et l'Amérique du Nord ont le monopole des idées excentriques, mais souvent heureuses. On voit, dans quelques grands hôtels de Chicago, la toiture de la maison convertie en jardin d'hiver. Un ascenseur conduit les clients de l'hôtel à ce parterre planté au sixième étage, nouvelle édition de jardins suspendus auxquels l'antiquité n'avait pas songé (fig. 474). Ces jardins sur les toits, chauffés en partie par la chaleur des cheminées, qui est généralement perdue, seraient un lieu de repos, de récréation et d'hygiène, et l'on ne saurait trop en recommander l'adoption aux habitants aisés des cités populeuses.

Vergers et Jardins fruitiers. — L'arboriculture fruitière, objet de la prédilection bien justifiée des horticulteurs de tous les pays, mais spécialement de la France et de la Belgique, a été l'objet de nombreux traités dus à des auteurs de mérite, parmi lesquels les Dalbret, les Hardy, les du Breuil sont restés populaires. Nous n'avons pas à considérer les jardins destinés aux arbres à fruits sous le rapport de leur plantation et de leur culture; mais l'architecte-paysagiste, dont le savoir peut être aidé par l'expérience des spécialistes, a le devoir d'analyser les vergers et les jardins fruitiers au point de vue de leur situation et de leur tracé.

Vergers. — L'emplacement des *Vergers* doit, avant toutes choses, être favorable à la croissance et à la fructification des arbres; la connaissance des plantations analogues, dans le pays, sera le meilleur critérium. On choisit généralement une bonne terre de pré, riche et profonde. Il faut avoir soin de dissimuler la tige des arbres, au moyen de massifs de 2 ou 3 mètres de hauteur. Je puis citer, dans cet ordre d'idées, le verger de Mariemont (Belgique), chez M. A. Warocqué, où l'architecte-paysagiste a très-habilement masqué la trace des arbres d'un verger par des massifs qui ne le laissent pas soupçonner, bien qu'il soit placé assez près du château.

Le tracé des vergers se fait en carré ou en quinconce. On préfère généralement ce dernier modèle, qui ne laisse aucun espace perdu. Les distances entre les arbres sont de 10 à 15 mètres. On doit conseiller, pour tracer les lignes, de commencer par la plantation des piquets autour du champ en mesurant les distances à la chaîne, de couper la première base à angle droit par la seconde, et de terminer par l'intérieur, non en mesurant, mais en jalonnant les lignes. On obtient ainsi la position des arbres par des intersections dans les alignements.

Un troisième mode de tracé très-recommandable est la plantation hexagonale, que nous avons vu préconiser il y a quelques années en Angleterre. Son aspect est plus pittoresque et s'accorde mieux avec le voisinage des

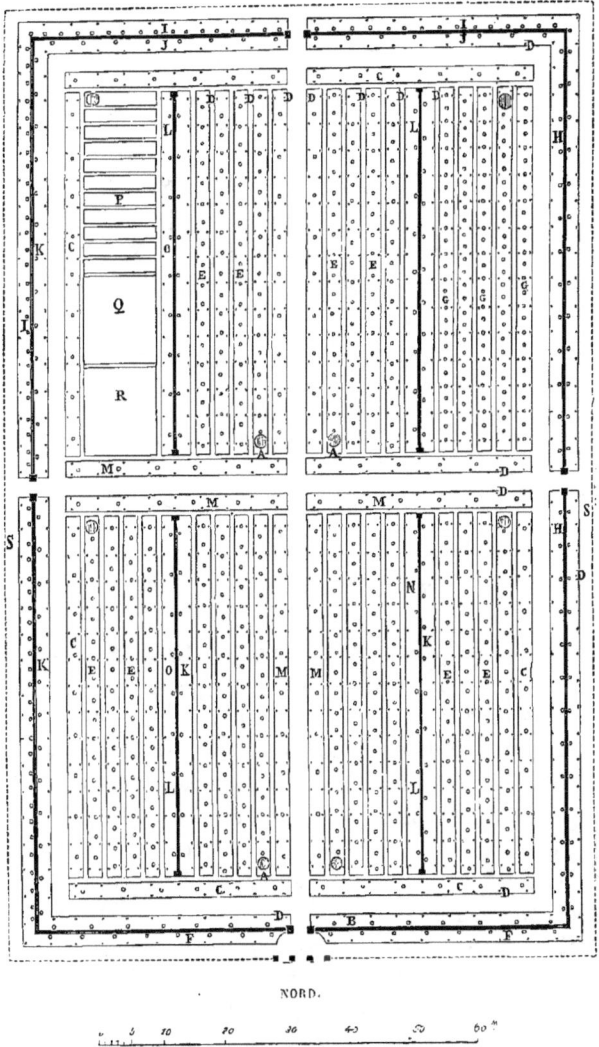

Fig. 475. — Plan d'un jardin fruitier avec murs de refend.

Fig. 476. — A, bassins d'arrosage; B, mur du Sud avec pêchers en éventail, palmette et candélabre; C, poiriers en palmette; D, cordons horizontaux de pommiers en bordure; E, poiriers en colonne à 3 mètres de distance; F, mur au Nord, avec espaliers de cerisiers; G, pommiers en buisson, à 2 mètres; H, mur à l'Est avec poiriers Doyenné d'hiver, Crassane et Saint-Germain; I, mur au Sud, pêchers en palmette-Verrier, à 2^m,60; J, mur au Nord avec cerisiers en palmette, à 5 mètres; K, mur à l'Ouest pour poiriers d'été et d'automne; L, murs intérieurs du jardin; M, poiriers pyramides à 0^m,50; N, mur à l'Est, avec abricotiers espalier; O, mur à l'Est, avec pruniers espalier; P, groseilliers épineux; Q, groseilliers à grappes; R, framboisiers; S, treillage de clôture couvert de vignes.

plantations irrégulières des parcs, et les arbres sont plus également distribués sur le terrain[1]. Chaque sujet est au milieu d'un cercle (fig. 475) et entouré par six autres à distances égales. Pour le tracé, on divise d'abord un

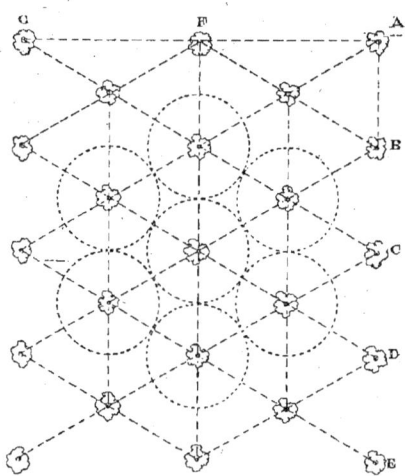

Fig. 476. — Plantation hexagonale des vergers.

côté du champ en parties semblables ABCDE représentant l'écartement entre chaque arbre. Il s'agit de trouver les distances AF G. Le triangle BAF étant rectangle, le carré de BA (10 mètres), soustrait du carré de BF (qui a 20 mètres), donnera le carré de AF, dont la racine carrée fournira les distances de AF, FG, soit $17^m,35$. On mesurera d'un côté, par exemple, des distances de 10 mètres, de l'autre de $17^m,35$, on les jalonnera obliquement comme l'indique la figure, et les intersections des lignes donneront la position des arbres. Pour d'autres écartements, le mode de procéder sera proportionnellement le même.

Jardins fruitiers. — Le *jardin fruitier*, que nous avons également appelé *verger mixte*, n'est pas aussi répandu qu'il mériterait de l'être. Il y aurait un grand avantage à séparer la culture des arbres à fruits de celle des légumes; mais, malgré toutes les recommandations, on restera longtemps encore fidèle à la vieille méthode du mélange, en dépit de tous les inconvénients.

Examinons toutefois le tracé d'un jardin spécialement consacré à la culture des arbres à fruits, d'après le modèle employé par l'ancien établissement Jamin et Durand, à Bourg-la-Reine, près Paris. Ce jardin, de 1,200 mètres de superficie, est entouré de murs de 3 mètres de haut (fig. 476). La légende ci-contre donne l'explication des diverses parties du plan.

1. *The Garden*, 1874, p. 577.

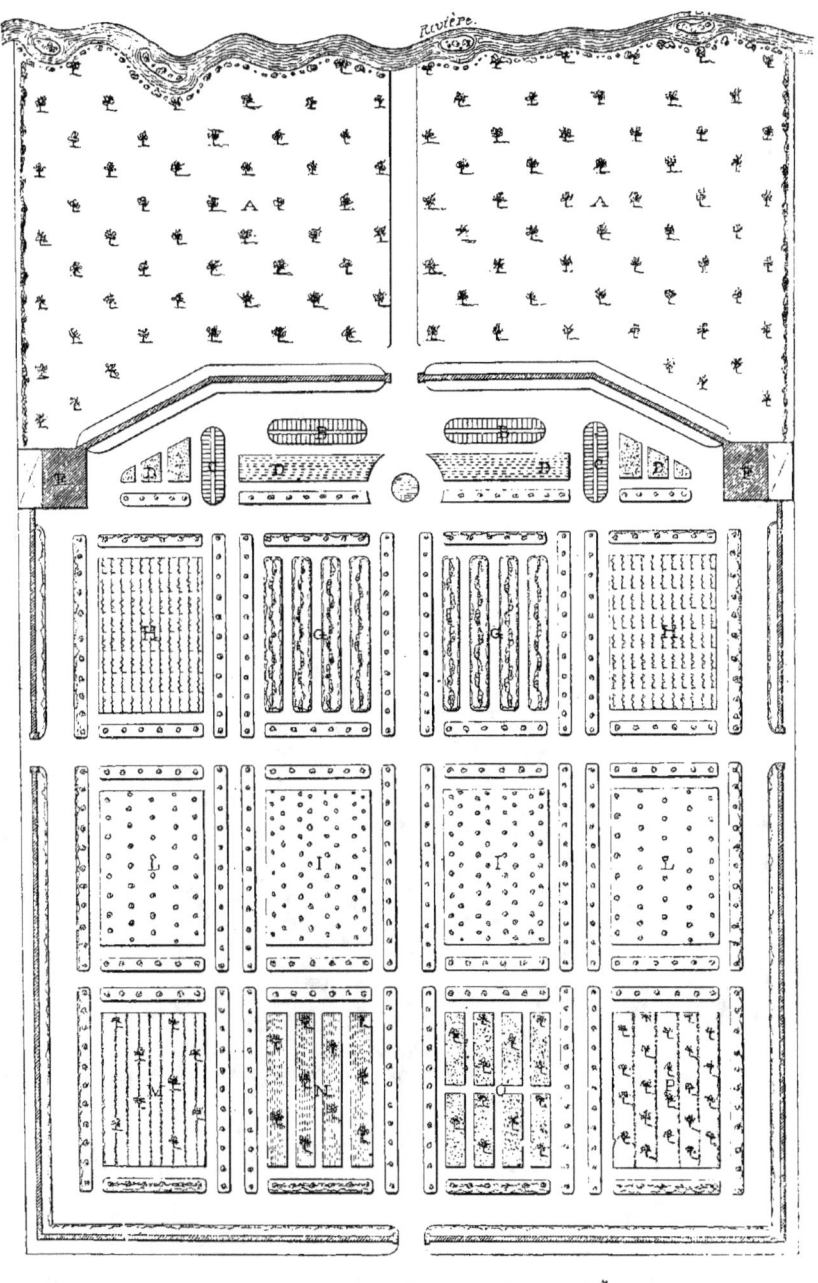

Fig. 477. — Jardin fruitier dessiné par M. Ch. Baltet.

La figure 477 représente un jardin-fruitier créé par M. Ch. Baltet, dont le nom est justement estimé parmi les arboriculteurs et les pomologues. En A A est le verger, complanté d'arbres à haute tige. Les serres à cultures forcées B et les bâches à primeurs C sont placées auprès de la pépinière fruitière D et des pavillons contenant le fruitier et les hangars E F. Des poiriers en contre-espalier et des palmiers en cadre horizontal sont figurés dans les carrés G G, et les vignes en treilles en H. Des pommiers en gobelet I forment deux carrés en *Normandie;* en L, sont des poiriers pyramide ; en M, des abricotiers à plein vent avec dessous en groseillers; en N, des pêchers à plein vent sur un sol garni de fraisiers ; en O, des cerisiers tige et des framboisiers ; en P, des pruniers tige et des groseilliers cassis. Les plates-bandes des allées ont reçu des poiriers en pyramide, en fuseau, en palmette ou en candélabre. Les espaliers ont été ainsi distribués sur les murs : Nord, poiriers ; Est, pêchers ; Sud, pêchers et abricotiers ; Ouest, vignes. L'allée du pourtour est bordée d'un cordon horizontal de pommiers. La rivière est entourée de cognassiers, néfliers, noisetiers. Une haie fruitière forme la clôture du verger.

Potagers-fruitiers. — Parmi les jardins *potagers-fruitiers* ou jardins *mixtes*, on peut citer celui de Nades, que l'un des plus habiles arboriculteurs

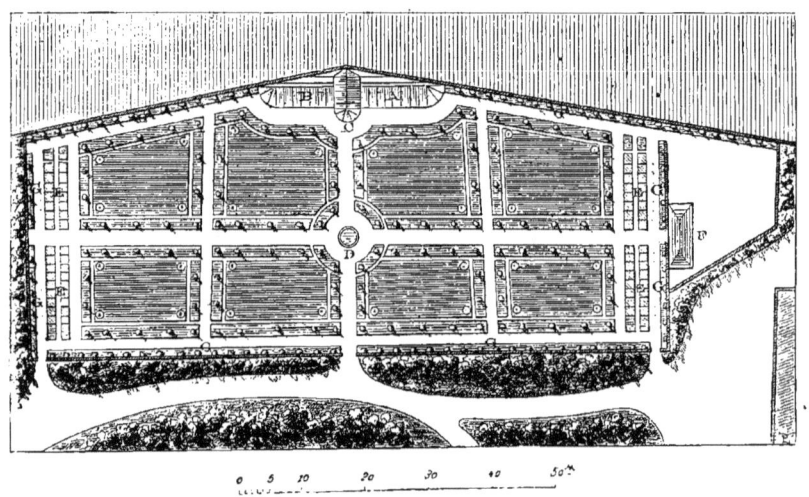

Fig. 478. — Jardin potager du parc d'Ébenrain (Suisse). E. André, architecte.

de France, M. J.-L. Jamin, créa en 1855-56, en Auvergne, pour le duc de Morny. La planche IX en montre l'organisation. La contenance de ce jardin est de deux hectares environ. A l'une de ses extrémités une rangée de serres exposées au midi a été construite pour le forçage des vignes et arbres divers à fruits de primeur. La légende explicative placée en face de la figure dounera les détails se rapportant à cette remarquable création, qui peut être imitée seulement dans une propriété de luxe.

Un des modèles de jardins potagers-fruitiers les plus usités en France est représenté par la figure 478. Il est situé en Suisse, à Sissach, entre Bâle et Lucerne, où je l'ai dessiné en 1873. Des murs l'entourent sur trois faces seulement; le côté du parc est occupé par un treillage de fils de fer sur lequel on a palissé des poiriers en contre-espalier G. Les autres murs G G ont reçu des espaliers de pêchers au sud, et de poiriers au nord. Le mur du fond forme au milieu un angle obtus dont on a racheté l'effet disgracieux en y plaçant une serre, au midi, avec pavillon central élevé C, compartiment

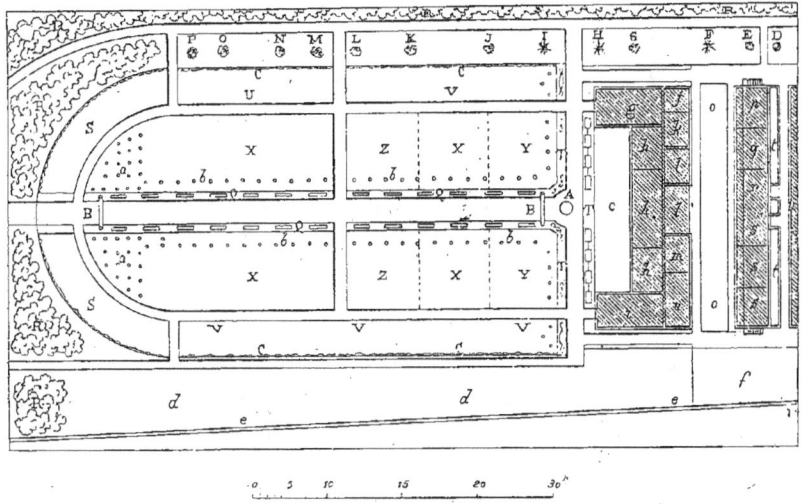

Fig. 479. Jardin potager-fruitier de Berry-Hill (Angleterre). M. R. Marnock, architecte.

A. Corbeille de fleurs avec vase. — B B. Arches de verdure (hêtres pleureurs). — C. Contre-espaliers. — D. *Ilex Aquifolium argenteum*. — E. *I. A. aureum*. — F. *Juniperus sinensis*. — G. *Abies Pinsapo*. — H. *Sciadopytis verticillata*. — I. *Thuiopsis dolabrata*. — J. *Ilex Aquifolium*. — K. *Wellingtonia gigantea*. — L. *Cratægus Oxyacantha punicea*. — M. *Cupressus glauca*. — N. *Fagus sylvatica pendula*. — O. *Abies nobilis*. — P. *Cedrus Deodara*. (Tous ces arbres sont isolés sur une plate-bande de gazon du côté du parc.) — Q. Plates-bandes de fleurs. — R. Massifs d'arbres et d'arbustes d'ornement. — S. Framboisiers. — T. Plates-bandes de fleurs. — U. Groseilliers cassis. — V. Groseilliers à grappes. — X. Légumes. — Y. Fraisiers. — Z. Asperges. —— a. Pommiers en gobelet. — b. Poiriers en cône. — c. Plate-bande nourricière pour les vignes en serre. — d. Légumes de printemps, sur ados. — e. Mur d'espalier. — f. Carré des salades de primeur. — g. Serre à fruits. — h. Serre à vignes pour quatre saisons. — i. Serre froide. — j. Bureau. — k. Outils. — l. Rempotages. — m. Champignons. — n. Hangar. — o. Pépinière d'attente. — p. Bâche à melons. — q. Bâche à vignes. — r. Bâche à concombres. — s. Bâche à ananas. — t. Serres à fougères pour appartements. — u. Serre à pêchers.

chaud A, un autre froid B. En D est un bassin assez vaste, qui alimente les tonneaux placés aux coins des carrés de légumes. Quatre séries de châssis E servent à la culture des légumes de primeurs et aux semis de fleurs. Adossé à la cour des terreaux est le hangar F destiné aux outils et aux rempotages. Les bâtiments de la ferme sont voisins, et les massifs du parc sont plantés de telle sorte que la vue sur le potager fasse le moins possible disparate avec les effets paysagers de la propriété.

L'uniformité dans le dessin des jardins potagers-fruitiers révèle une pauvreté que l'on est heureux de voir relevée parfois par une composition originale. De ce nombre est la propriété de Berry-Hill, à Taplow (Angleterre), où M. R. Marnock a tracé le jardin représenté par la figure 479. Il a été placé le long des limites du parc, pour laisser les vues intérieures libres, et n'est bordé par un mur que du côté du chemin. La disposition des serres est remarquable, et dénote une entente parfaite des exigences de la culture forcée. Le tracé a été varié par des lignes courbes à l'extrémité; des fleurs ont été ajoutées près des serres et sur les plates-bandes; des arches d'arbres taillés s'arrondissent aux deux extrémités de la grande allée du milieu; l'ensemble est d'un effet charmant. La simple lecture de la légende ci-jointe donnera la composition des diverses parties de ce jardin.

Pour ne pas multiplier outre mesure ces citations et ces exemples de vergers, potagers, jardins fruitiers, etc., je renvoie le lecteur à l'examen détaillé des divers plans de parcs et jardins publiés dans cet ouvrage, notamment aux pages 271, 351, 601, 613, 753, 755, 761, 765, etc., etc., où les potagers et jardins fruitiers occupent, dans chaque propriété, des emplacements choisis avec soin, et montrent les tracés employés par divers architectes-paysagistes.

Jardins botaniques. — Les jardins botaniques dont nous avons indiqué, page 198, les principaux caractères, varient d'autant plus dans leur tracé, que la plupart d'entre eux datent de longtemps. Les premiers jardins botaniques ont été créés, vers le milieu du XVIe siècle, à Padoue et à Pise. Leur dessin, réduit d'abord aux lignes régulières, ne s'est modifié que pour les transformations en lieux de promenade, lorsqu'une partie fut attribuée à des plantations d'ornement. Citons parmi les modèles du genre, en Europe, les jardins botaniques de Kew et de Regent's Park à Londres, de Dublin, d'Édimbourg; du Muséum, à Paris; de Bordeaux; de Saint-Pétersbourg, etc.

Dans la figure 480, on a un jardin botanique d'un modèle assez nouveau, exclusivement consacré à la flore indigène du Grand-Duché de Luxembourg. Pas un arbre, un arbuste, ni une plante herbacée d'origine exotique n'y sont entrés, et les plantations de l'école de botanique, rangées suivant le système linéaire, de même que celles du jardin, ont été empruntées aux champs, aux bois, aux prés, aux rochers de ce pays. Cette idée, que je crois nouvelle, de présenter au public le tableau complet, vivant, des plantes indigènes et d'en faire connaître les noms, la classification, les usages, l'intérêt ornemental, a été présentée par moi en 1871 au gouvernement du Grand-Duché, qui m'a chargé de la mettre à exécution dans une partie du parc public. Ce travail a été exécuté avec l'aide de la Société de botanique de Luxembourg.

824 L'ART DES JARDINS.

A Liverpool, le jardin botanique était, depuis de longues années, établi dans un quartier populeux où les conditions sont défavorables à la culture.

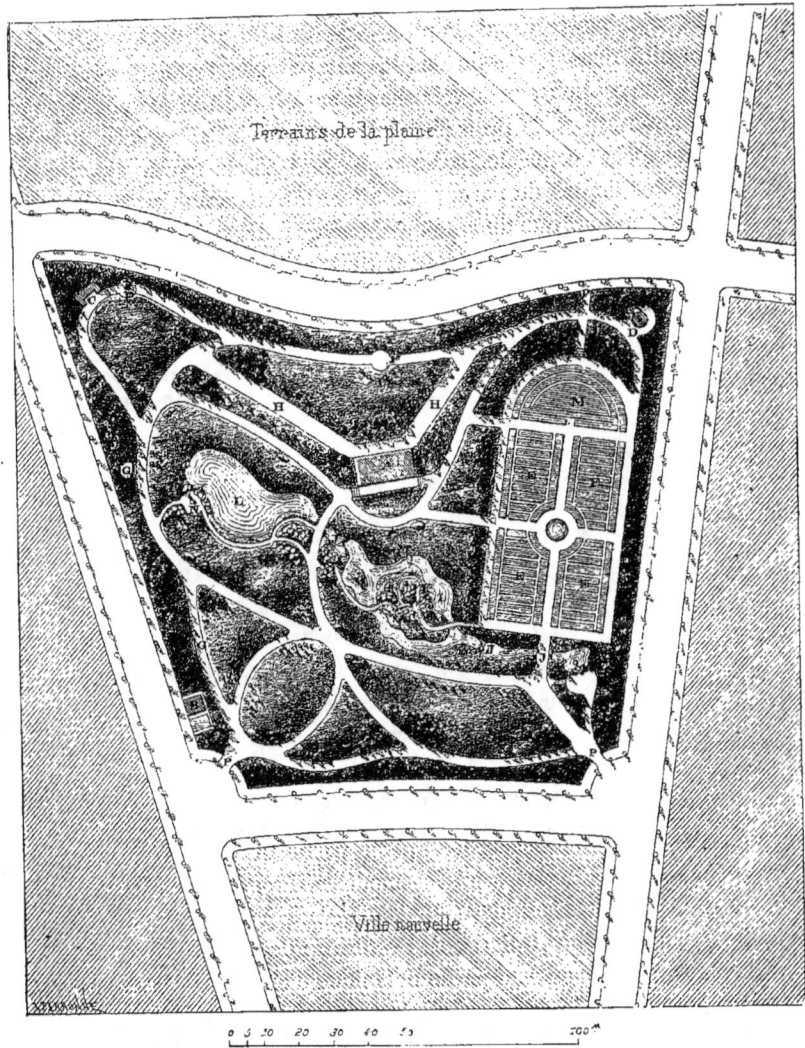

Fig. 480. — Jardin botanique de Luxembourg (Grand-Duché). Ed. André, architecte.

A. Musée d'histoire naturelle et salle de conférences. — B. Maison de garde. — C. Volière d'oiseaux indigènes. — D. Kiosque de repos. — E. École de botanique. — F. Salles vertes. — G. Bancs de repos. — H. Anciennes allées d'ormes. — I, J. Barrages de rocailles. — K. Butte et rocher principal. — L. Ruisseau et bassins des plantes aquatiques. — M. École des plantes utiles et ornementales. — N. Salle de repos avec vue sur l'eau. — P. Entrées du jardin.

Le plan d'un nouveau jardin faisait partie du programme du concours ouvert par la corporation de cette ville lorsqu'elle en décida, en 1866, la translation dans le Sefton Park, en réservant la mise à exécution pour quelques années plus tard. La légende suivante donne l'explication de ce plan (fig. 481) :

A, Statue de Linné.
B, Grand jardin d'hiver.
C, Grande allée des parterres.
D, Grande allée des fontaines.
E, Bassins et jets d'eau.
F, Allée des serres.
G, École des plantes officinales.
H, École des plantes alimentaires.
I, École générale de botanique.
K, École fruitière.
L, Laboratoire des cultures.
M, Muséum d'histoire naturelle.
N, Maison du directeur.
O, Maison du jardinier en chef.

P, Arboretum paysager.
Q, Rocher et plantes alpines.
R, Pièce d'eau et plantes aquatiques.
S, École expérimentale.
T, Loge du concierge.
U, Kiosque de météorologie.
V, Urinoirs.
X, Kiosque.
Y, Fontaines de bronze orné.
a, Petits parterres mosaïques.
b, Parterres à compartiments.
c, Parterres avec plantes isolées.
d, Entrées principales.
e, Bancs ornés.
f, Entrées secondaires.
g, Ruisseau et rocailles.

h, Rocher et source.
i, Parterre de broderie.
j, Parterre de plantes bulbeuses.
k, Pelouses bordées de fleurs.
l, Vases et fleurs.
m, Terrasse bordée de fleurs et plantes grimpantes.
n, Serres chaudes.
o, Serres froides.
p, Serres à fougères.
q, Serres à orchidées.
r, Serres à multiplication.
s, Châssis fixes.
t, Parterres variés pour les plantes vivaces.
u, Parterres à festons et pelouses.

Jardins d'acclimatation. — Parmi les jardins d'acclimatation les plus renommés, on peut désigner celui du bois de Boulogne, à Paris, dont la réputation est universelle. Le tracé en est dû à M. Barillet-Deschamps. Il a subi, depuis sa fondation, des modifications nombreuses, motivées surtout par l'extension du nombre des animaux qui y sont élevés. Le jardin de Ghézireh, créé par le khédive d'Égypte sur les bords du Nil, serait un remarquable exemple, s'il avait pu être complété comme il avait été projeté. Les jardins coloniaux, parmi lesquels on peut citer ceux de Saint-Pierre (à la Martinique), de Saïgon (en Cochinchine), de Buytenzorg (à Java), de Peyradenia (à Ceylan), de Calcutta, de Melbourne, de Sydney (en Australie), etc., sont à la fois des jardins botaniques et de véritables jardins d'acclimatation, dont le dessin varie suivant les contrées et suivant les plantes à cultiver.

Jardins d'hospices, collèges, etc. — Le dessin des jardins d'hospices, d'hôpitaux, casernes, collèges, usines, etc., doit présenter une grande simplicité. Les jardins fruitiers, potagers, vergers, doivent y être séparés, afin que chaque partie puisse donner le maximum de son produit. On tracera les portions consacrées à l'utilité en compartiments symétriques, pour faciliter la culture. Si des carrés doivent être attribués séparément aux vieillards, aux infirmes, aux enfants, qui trouveront un puissant élément d'hygiène dans un travail modéré, on peut en livrer le dessin à la fantaisie de chacun ; mais tous ces jardins doivent être entourés d'un treillage, haut d'un mètre au moins, et couvert de plantes grimpantes pendant la belle saison.

Le jardin destiné à la promenade en commun, dans ces institutions

Fig. 481. — Jardin botanique dans le parc public de Sefton, à Liverpool. Projet d'ensemble. Ed. André, architecte.

humanitaires, doit être conçu de telle façon que la santé des pensionnaires en reçoive le plus grand bien. C'est dire que de vastes promenoirs rectilignes sont nécessaires, les uns à l'ombre pour les jours d'été, les autres en plein soleil, sortes de « petites Provences » pour les promenades hivernales. Le jardin de l'hospice de la « fondation Pescatore », à Luxembourg (fig. 443, p. 779), reproduit une de ces combinaisons ; des orientations diverses ont permis d'y varier les promenades découvertes ou abritées, de telle sorte que les malades y trouvent chacun l'objet de leurs préférences. Des jeux de boules, croquet, gymnases, etc., peuvent augmenter l'attrait de ces jardins et devenir en même temps des éléments de récréations hygiéniques.

Jardins d'Expositions. — Les Expositions d'horticulture, sur lesquelles nous avons appelé l'attention, en blâmant les compositions de mauvais goût qui leur servent souvent de cadre, ont été l'objet depuis 1864 de grandes solennités internationales exigeant des dispositions particulières dans les locaux destinés à les recevoir. La première en date, celle de Bruxelles, en 1864, se composait de groupes artistement dessinés avec des lignes sinueuses. Celle d'Amsterdam, en 1865, dont la figure 482 donne le plan, avait lieu dans le nouveau palais de l'Industrie, et était disposée suivant un tracé symétrique, qui n'excluait pas des courbes assez variées.

A l'Exposition universelle de 1867, à Paris, on a beaucoup admiré le « jardin réservé ». Ce jardin, situé dans le Champ-de-Mars, auprès de l'École militaire, était remarquable par sa surface vallonnée avec goût, et l'excellente disposition des serres et constructions diverses, placées sur la périphérie, laissant la vue libre sur le paysage intérieur. La grande serre centrale formait l'élément important de cette décoration. La légende du plan (fig. 483) peut fournir un utile document pour la formation de jardins d'Expositions dans des conditions analogues.

A Hambourg, en 1869, une Exposition internationale d'horticulture avait été installée sur l'emplacement d'une partie des anciens fossés, dont les profils abrupts avaient été utilisés avec goût pour former un jardin pittoresque (fig. 484). Ce jardin a été en grande partie conservé depuis lors et fait partie des nouveaux embellissements de la ville. Le tracé peut en sembler bizarre au premier abord, mais il faut songer qu'il se rapporte à des pentes rapides et que la pièce d'eau occupe le fond des anciens fossés qui vont se déverser dans l'Elbe, dans la direction du point G. Les principaux caractères de ce jardin d'Exposition sont détaillés dans la légende placée sous la figure 484.

Un spécimen assez curieux de ce style allemand, dont il a été précédemment parlé, mélange parfois heureux, souvent trop compliqué, de dessins symétriques et de tracé paysager, a été exposé dans une partie du parc de l'Exposition universelle de 1867, voisine du jardin réservé. J'en ai donné

828 EXEMPLES DE PARCS ET JARDINS.

autrefois une description détaillée[1]. Ce dessin (fig. 485) fournit un exemple intéressant des tendances allemandes en matière de jardins, et il témoigne d'une recherche dans les détails où l'art des arabesques et le rôle de la règle

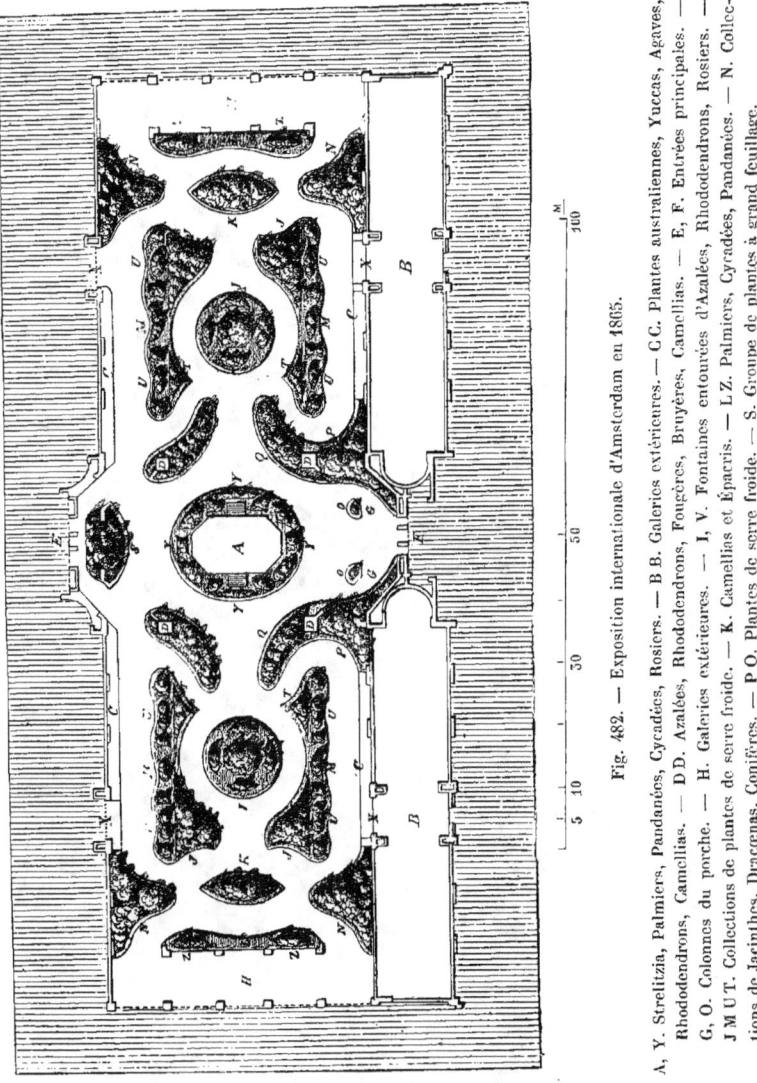

Fig. 482. — Exposition internationale d'Amsterdam en 1865.

A, Y. Strelitzia, Palmiers, Pandanées, Cycadées, Rosiers. — B B. Galeries extérieures. — C C. Plantes australiennes, Yuccas, Agaves, Rhododendrons, Camellias. — D D. Azalées, Rhododendrons, Fougères, Bruyères, Camellias. — E, F. Entrées principales. — G, O. Colonnes du porche. — H. Galeries extérieures. — I, V. Fontaines entourées d'Azalées, Rhododendrons, Rosiers. — J M U T. Collections de plantes de serre froide. — K. Camellias et Épacris. — L Z. Palmiers, Cycadées, Pandanées. — N. Collections de Jacinthes, Dracœnas, Conifères. — P Q. Plantes de serre froide. — S. Groupe de plantes à grand feuillage.

et du compas tiennent la première place. Les parterres AB plantés en espèces bulbeuses, au premier printemps, ont reçu ensuite une décoration estivale très-soignée. La pelouse C, légèrement vallonnée, se terminait par la pièce

1. *Revue horticole*, 1868, p. 350.

d'eau H, au-dessus de laquelle, sur un soubassement de rochers I, s'élevait

Nos 1, 13, 17, 24, 26, 27, 37, 42, 66, 86, 87, 88, 91, 92, 93, 94, 95, 97, 99, 107, 108, 109, 110, Conifères en collections ou en groupes. — 3, 14, 38, 39, 46, 47, 48, 49, 52, 53, 89, 90, Rhododendrons en massifs ou isolés. — 2, 4, 7, 8, 29, 44, 65, 72, 73, 74, 79, 81, 83, 101, 102, Serres. — 9, Diorama historique. — 11, 16, 19, 21, 33, 45, 57, 62, 85, 96, Tentes-abris. — 12, 22, 30, 40, 55, 64, 77, 82, Kiosques variés. — 15, 32, 41, 56, 61, 68, 98, Magnolias forts. — 20, Grand Abies Pinsapo. — 23, Massifs d'araucarias. — 25, 34, 35, 36, 112, 113, 114, 115, 116, 117, Ponts variés. — 28, Pavillon rustique. — 31, Galerie des fruits et légumes. — 43, Grand vase de fonte. — 50, Pavillon de l'Impératrice. — 51, Pavillon de la Musique. — 53, Massifs de kalmias. — 58, Palais des colibris. — 60, Restaurant. — 63, Araucarias variés. — 67, Bureaux du jardin. — 69, Cabinets. — 70, Chalet-bureau de tabac. — 71, Porte d'entrée. — 75, 76, 78, Grands houx. — 80, Arbustes en collection. 100, Aquarium marin. — 102, Serre monumentale. — 103, Aquarium d'eau douce. — 104, Rochers et cascades. — 106, Exposition des arbres fruitiers. — 111, Galerie des industries horticoles.

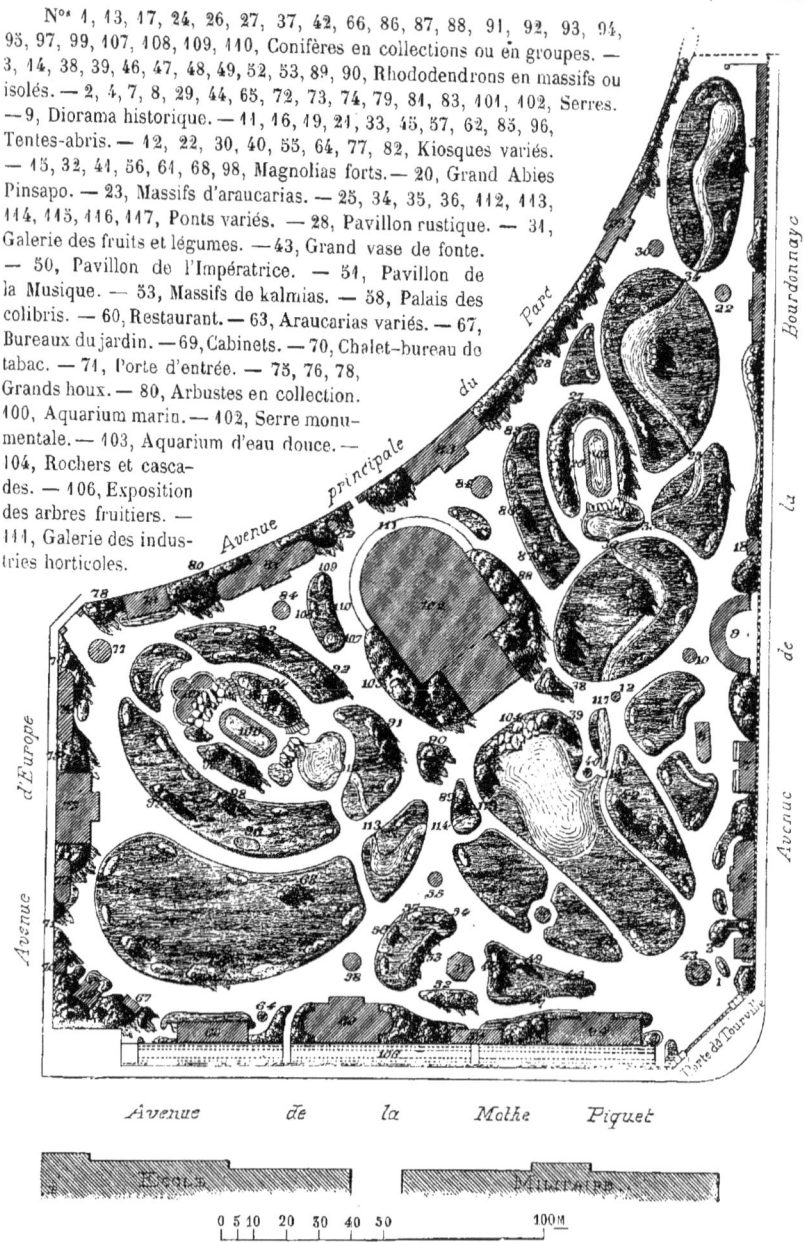

Fig. 483. — Le jardin réservé de l'Exposition universelle de 1867, à Paris.

le kiosque mauresque E entouré de sa collerette festonnée de fleurs D. Le reste du jardin servait à encadrer de massifs et de fleurs le bureau F, la statue O,

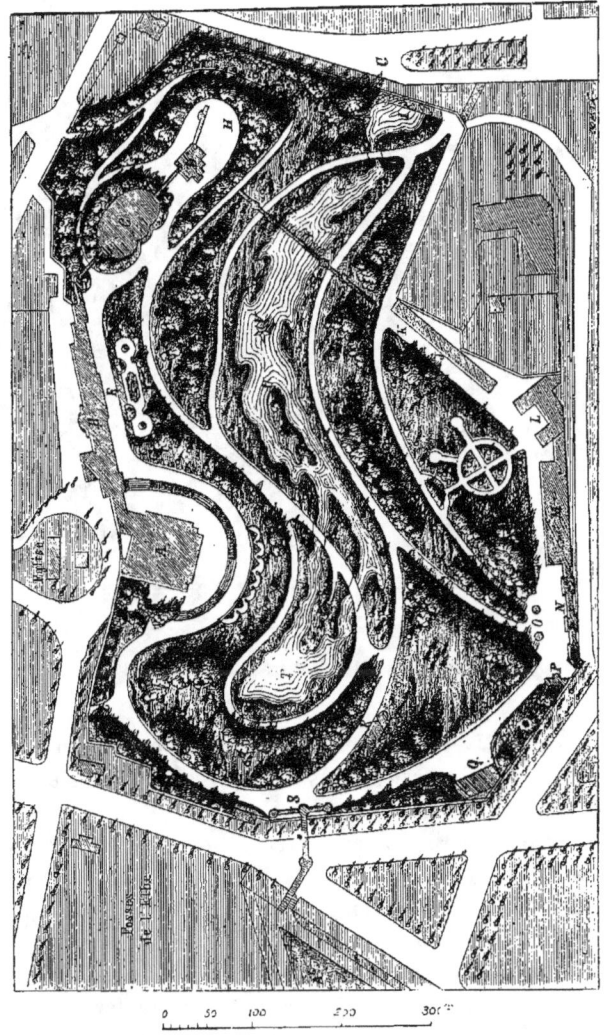

Fig. 484. — Jardin d'Exposition sur un terrain accidenté. Exposition internationale d'horticulture, à Hambourg, en 1869.

A. Restaurant principal. — A'. Annexe de l'Exposition. — C. Serre froide. — D. Brasserie suisse. — E. Terrasse. — F. Pont en fil de fer. — G. Voie publique et chaussée. — H. Galerie des légumes. — I. Déversoir du lac. — J K. Galerie du matériel et des produits divers. — L. Brasserie. — M. Galerie des instruments. — N. Entrée principale. — O. Kiosques des siéges et du catalogue. — P. Contrôle. — Q. Restaurant. — R. Pavillon. — S. Pont de communication. — T. Bassin. — U. Ile fleurie. — V. Corbeille de fleurs flottante. — Y. Parterre mosaïque. — Z. Entrée des abonnés.

et l'ornement principal de ce côté se trouvait dans les cadres de fuchsias à haute tige JJ, plantés en lignes régulières. La maison d'école M, et son jardin

Fig. 485. — Jardin dessiné par M. G. Meyer, à l'Exposition universelle de Paris, en 1867.

N, les bassins J'J', les statues d'animaux K, le petit aquarium L, s'encadraient également dans les massifs d'arbres et d'arbustes bien plantés et entretenus avec soin.

Les jardins de l'Exposition universelle de Paris en 1878 ont différé considérablement de ceux de sa devancière de 1867. L'administration n'a pas accordé d'emplacement spécial pour l'horticulture, dont les produits se sont trouvés dispersés sur toute la surface des parcs du Champ-de-Mars et du Trocadéro. Dans ces conditions, il était difficile d'attribuer une large part à l'art des jardins, et les dessinateurs durent se contenter de créer des pelouses et des massifs coupés d'allées de promenade, sur les pentes du Trocadéro, et d'établir deux jardins vallonnés avec goût, ornés d'eaux et de rochers, près de la façade principale du Champ-de-Mars. Le plan de ces jardins (fig. 486), dont la réduction ci-jointe a été faite d'après les documents officiels qui m'ont été communiqués par M. A. Hardy, l'habile organisateur de la partie horticole de l'Exposition, montre que le principal mérite de ces sortes de compositions réside surtout dans l'art de prévoir de vastes dégagements pour la promenade et de soigner les détails, plutôt que de tenter inutilement de créer un ensemble de grandes lignes et de combinaisons harmonieuses.

La légende suivante donnera la position des plus importantes constructions et des situations principales des jardins :

PARTIE DU TROCADÉRO.
(MM. Davioud et Bourdais, architectes du Palais).
A. Salle des fêtes.
B. Cascade et bassin.
C. Galeries de l'art rétrospectif.
D. Ruisseau et rocailles pittoresques.
E. Ruisseau inférieur.
F. Source et ruisseau supérieur.
G. Restaurant français.
H. Aquarium d'eau douce.
I. Restaurant espagnol.
J J. Serres.
K. Palais algérien.
L. Exposition orientale.
M. Pavillon de la bacologie.
N. Pavillon des forêts.
O. Pavillon de l'entomologie.
P. Parterres de plantes à feuillage.
Q. Ferme et jardin japonais.
R. Palais tunisien.
S. Pavillon égyptien.
T. Pavillon persan.
U. Palais chinois.
V. Pavillon du Maroc.
X. Annexes du génie civil, etc.

PARTIE DU CHAMP-DE-MARS.
X. Annexes de la navigation des ports, etc.
Y. Bureau du groupe de l'horticulture.
Z. Galerie des fruits, légumes et arts horticoles.

a. Fontaine de M. Durenne.
b. Pavillon des secours aux blessés.
c. Pavillon de Monaco.
d. Pavillon de l'Espagne.
e. Restaurant belge.
f. Bureau de la douane.
g. Annexes anglaises.
h. Bassins et rochers.
i. Massifs de rhododendrons.
j. Serres variées.
k. Pavillon du Creuzot.
l. Forges de Terre-Noire.
m. Compagnie parisienne du Gaz.
n. Ministère des travaux publics.
o. Chauffage et éclairage.
p. Annexes de la galerie des machines.
q. Angleterre et États-Unis.
r. Gare du chemin de fer de l'Ouest.

Pépinières. — Après avoir énuméré un certain nombre d'exemples de parcs et de jardins appliqués aux situations les plus diverses, il peut paraître intéressant de connaître le mode de tracé à employer pour l'établissement des pépinières. Il n'entre point dans ma pensée de donner ici des conseils aux horticulteurs-pépiniéristes de profession qui ont fait leurs preuves d'expérience et de savoir. Mais s'il est question d'établir une pépinière pour de grandes plantations futures, il sera bon de savoir que les règles usitées dans les établissements marchands bien tenus peuvent servir à la création des pépinières privées. L'étude, l'ordre, le goût, sont partout nécessaires, et, quand l'expérience s'y ajoute, les conditions de production sont parfaites, si le sol est favorable et si les travaux sont conduits avec les ressources pécuniaires suffisantes.

On choisit, pour la pépinière, un emplacement abrité des grands vents, et protégé du nord autant que possible. Un terrain peu ou point accidenté, profond, dit « terre franche », depuis longtemps travaillé, est nécessaire pour les arbres et arbustes d'ornement; les terrains des champs, bien défoncés, suffisent le plus souvent pour les arbres fruitiers. Les moyens pratiques de préparer le sol sont du domaine de la culture, qui ne peut être étudiée dans ce livre. L'eau des arrosages doit être abondante, et le voisinage d'un cours d'eau est un grand avantage. On clôt la pépinière par des

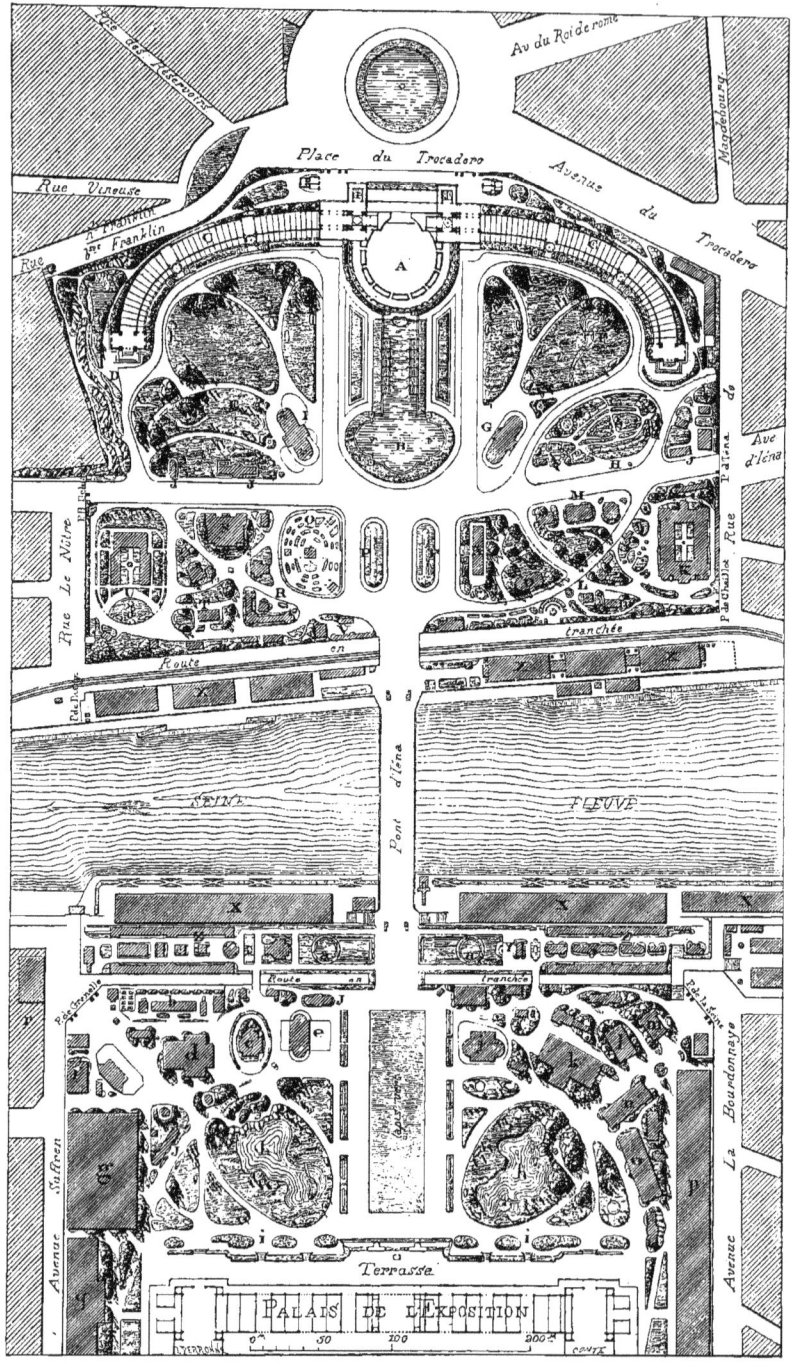

Fig. 486. — Plan des jardins de l'Exposition universelle de Paris, en 1878, dessinés sous la direction de M. A. Hardy.

murs, des haies, des contre-espaliers, des fossés, suivant les conditions locales et les raisons d'économie.

La distribution des végétaux dans une pépinière doit être soumise à certaines règles qu'il serait inutile à un propriétaire de connaître en détail, à moins qu'il ne se décide à tenter une exploitation commerciale.

Dans ce cas, il fera sagement de visiter avec soin les grands centres de pépinières marchandes : Angers et Orléans en France, Gand en Belgique, Boskoop en Hollande, Hambourg en Allemagne, Londres et ses environs, Édimbourg, Worcester en Angleterre. Il y verra mettre à profit les méthodes expéditives et économiques de la culture en grand et sans aucun doute il en retirera le meilleur profit, même s'il réduit ses premiers essais à une superficie modeste. Il fera bien, d'ailleurs, de s'adjoindre un contre-maître expérimenté.

Pour donner une idée de la disposition d'une pépinière, un exemple vaudra toutes les descriptions (fig. 487). Ce plan est celui de l'établissement horticole de MM. Baltet frères, à Troyes (Aube).

1. Plantes bulbeuses.
2. Parterre.
3. Plantes ornementales.
4. Plantes annuelles.
5. Conifères nouvelles.
6. Dahlias.
7. Conifères.
8. École fruitière.
9. Conifères.
10. École fruitière.
11. Arbrisseaux toujours verts.
12. École fruitière.
13. Poiriers cordons (sur franc).
14. Pêchers nains (sur amandier).
15. Poiriers cordons (sur cognassier.
16. Pêchers nains (sur prunier).
17. Pommiers cordons (sur paradis).
18. Pêchers basse tige.
20. Abris (terre de bruyère).
21. Poiriers (nouveautés).
22. Parterre.
23. Poiriers palmettes (sur fr.).
24. Plantes fleuries.
25. Poiriers palmettes (sur cognassier).
26. Plantes vivaces.
27. Pommiers pyramides ou palmettes.
28. Arbustes nains.
30. Arbrisseaux panachés.
31. Poiriers inédits (jeunes semis).
32. Wellingtonias.

33. Poiriers pyram. (sur franc).
34. Pêchers brugnons.
35. Poiriers pyramides (sur cognassier).
36. Pêchers à tige (sur prunier).
37. Pommiers à haute tige.
38. Cerisiers à haute tige.
40. Serre à multiplication.
41. Poiriers inédits (semis anciens).
42. Bâches-châssis.
43. Poiriers à haute tige.
44. Arbustes nouveaux.
45. Poiriers à cidre.
46. Arbustes greffés.
47. Pommiers à cidre.
48. Arbustes élevés.
50. Arbrisseaux à 1/2 tige.
52. Ifs et Thuias.
54. Pêchers à tige (sur amand.).
56. Abricotiers à haute tige.
58. Cerisiers formés.
60. Vignes en treille.
62. Vignes de chasselas.
64. Bouturage de vignes.
66. Arbustes sarmenteux.
68. Arbustes verts.
70. Repiquage de conifères.
72. Pins.
74. Pêchers francs, amandiers.
76. Abricotiers à basse tige.
78. Semis d'arbres fruitiers.
80. Abris (sujets en pots).
82. Abris (sujets non en pots).
84. Marcottage d'arbustes.
86. Semis d'arbustes.

88. Bouturage d'arbustes.
90. Semis de conifères.
92. Sapins.
94. Pêchers formés (en espalier).
96. Abricotiers formés (en espalier).
117. Pommiers sur doucin.
118. Pruniers formés.
119. Rosiers à tige.
120. — — (nouveautés).
122. Rosiers nains (greffés).
124. Groseilliers.
127. Arbres d'ornement à haute tige.
129. Tilleuls et marronniers.
131. Framboisiers.
137. Arbres de routes.
138. Pruniers à haute tige.
139. Arbres forestiers.
140. Poiriers formés (sur franc).
142. Arbrisseaux fruitiers.
146. Arbres fruitiers d'ornem.
147. Noyers, châtaigniers.
159. Pruniers à basse tige.
160. Poiriers formés (sur cognassier).
162. Pommiers formés.
164. Marcottage d'arbres fruitiers (cépées).
178. Bouturage d'arbres fruitiers.
180. Plants repiqués d'arbres fruitiers.
182. Semis d'arbres fruitiers.
184. Semis d'asperges, fraisiers.

Fig. 487. — Plan de la pépinière de MM. Baltet frères, à Troyes (Aube).

A. Habitation.
B. Hangar aux emballages.
C. Bureau.
D. Remise aux outils.
E. Fruitier.
F. Serre à multiplication.
G. Bassin du sulfatage.
H. Bâches et châssis.
I. Bassin d'arrosage.

CHAPITRE XII

CONSTRUCTIONS ET ACCESSOIRES D'UTILITÉ ET D'ORNEMENT

Si les arbres, les arbustes, les gazons, les fleurs, les eaux et les rochers constituent les ornements naturels des parcs et des jardins, l'ornementation artificielle et les services d'utilité appartiennent à l'art de bâtir. En examinant l'influence de l'emplacement des constructions et des ornements pittoresques dans le choix d'un site (p. 175 et suiv.), nous avons développé quelques considérations générales qui doivent guider l'architecte et le propriétaire.

Des préceptes nous pouvons passer actuellement aux applications, et, sans empiéter sur le domaine de l'architecture proprement dite, nous ajouterons quelques réflexions pratiques sur l'association des bâtiments avec le paysage.

L'habitation principale ou maison de maître doit être envisagée d'abord, nous l'avons dit, au point de vue de l'utilité. « Les maisons, disait Bacon, sont faites pour vivre dedans plutôt que pour être regardées. » Que de fois c'est le contraire qui a lieu! Sans rien sacrifier cependant au confortable intérieur, l'architecte doit avoir présent à l'esprit que son travail est, d'une part, en relation avec les exigences de la vie humaine, et, de l'autre, avec la nature extérieure. Il devra donc se préoccuper d'adapter sa composition au paysage environnant. Quatre espèces de sites se présenteront souvent à lui : le pays montagneux, le pays plat, le pays boisé et les scènes maritimes. En étudiant précédemment les divers genres et scènes au milieu desquels l'architecte-paysagiste est appelé à exercer son talent, j'ai indiqué les principaux rapports sous lesquels on peut considérer ces situations. J'ajouterai que l'objectif de l'artiste sera toujours de traiter les constructions de telle sorte qu'elles forment le complément du paysage et non pour qu'elles contrastent avec lui. Sans doute, l'habitation principale pourra rompre un instant la déclivité d'une colline sans changer le mouvement général du sol, aider la perspective d'une plaine sans dépasser beaucoup son niveau, se détacher comme un point lumineux sur le fond sombre d'une forêt ou se dresser comme une sentinelle vigilante sur les falaises abruptes d'une plage maritime. Mais, en tout lieu, cette construction sera un accident heureux, qui ne devra pas dénaturer l'effet d'ensemble du pays.

Dans ses relations avec les arbres, l'architecture sera gothique ou Renaissance, si les formes arrondies du feuillage contrastent avec elle; classique au contraire, au milieu des arbres à flèches élevées et sur une surface de terrain légèrement ondulée, où la ligne horizontale repose et fixe agréablement la vue.

Les anciens Grecs, couronnant de leurs temples les sommets de l'Attique, étaient dans des conditions de lumière et de pittoresque qui se rencontrent rarement sous d'autres climats. N'essayons pas de les imiter. Dans la pratique, on trouvera les formes élancées et les silhouettes variées mieux à leur place sur les montagnes qu'en plaine. Au bord de la mer, la maison d'habitation devra donner le sentiment de la sécurité, être construite pour résister aux vents, la simplicité des profils et la solidité des murailles en seront les principaux caractères; il faudra proscrire le style chalet, si malheureusement répandu dans de telles situations et qui devrait être réservé aux parties riantes des pays de montagnes.

On doit conseiller l'emploi des matériaux du pays, qui forment le ton dominant du paysage. Le contraste dans les détails et l'harmonie dans l'ensemble, c'est la loi souvent mise en avant dans cet ouvrage et dont on ne doit jamais se départir, même lorsqu'il s'agit de l'habitation.

Communs. — Les applications de l'architecture pittoresque trouvent naturellement leur place dans la construction des *communs*, nom générique donné aux bâtiments de service d'une propriété, écuries, remises, dépendances diverses, qui ne font pas partie de l'habitation de maître proprement dite. Ces bâtiments utiles peuvent jouer un rôle important dans l'ornementation d'un parc, et l'architecte-paysagiste sera consulté pour indiquer leur place et leur forme générale au point de vue paysager; il devra même s'occuper de leur installation, si ses connaissances sont suffisamment étendues pour qu'il en puisse aborder la construction.

Les bâtiments des communs doivent généralement être distants de 50 à 100 mètres de l'habitation principale; trop proches, ils sont une gêne pour la vue; trop éloignés, ils rendent le service difficile. Une recommandation importante consiste à masquer la base des bâtiments des communs par des massifs compactes entourant le mur d'appui de la cour de clôture, et généralement plantés en arbustes à feuilles persistantes. Le travail quotidien des écuries, remises, lavage des voitures, enlèvement des fumiers, transport des approvisionnements, etc., n'est pas d'un aspect agréable. On doit donc entourer ces constructions d'une cour spéciale, et en masquer le pied de l'extérieur de manière à ne laisser voir que la partie ornée de bâtiments. Il n'y a d'exception à cette règle que pour une cour intérieure, dissimulant le service, et avec des communs dont la façade peut être maintenue très-soignée. La même observation s'applique aux petites fermes d'agrément que l'on introduit dans les parcs.

La figure 488 représente la vue d'ensemble des communs du parc de Bois-Renault (voir le plan général, page 761) dont j'ai donné le dessin en 1872, et dont les travaux de construction ont été exécutés en collaboration avec M. P. Déchard. Les bâtiments sont adossés au mur du jardin potager et sont divisés en deux parties principales. Une cour d'honneur très-vaste, recouvrant les grandes citernes qui approvisionnent d'eau une partie de la propriété, est circonscrite par un mur bas, en demi-cercle, avec des ornements à jour, recouvert d'une dalle et pourvu au milieu d'une vasque-abreuvoir surmontée d'un vase.

Le point central des bâtiments est occupé par la maison du jardinier, plus élevée que les combles d'alentour et accompagnée d'une tourelle à toit aigu conique. Cette tourelle contient : dans le sous-sol, une soute au charbon ; au rez-de-chaussée, une machine à vapeur faisant mouvoir les pompes élévatoires du puits ; au premier, le réservoir de distribution des eaux, traversé par la cheminée qui est dissimulée entièrement dans les ornements d'un poinçon à girouette ornée.

A gauche de la maison du jardinier, qui possède une sortie sur le potager, se trouvent les écuries, la sellerie et les remises, disposées suivant une ligne courbe et précédées d'une large marquise vitrée que supportent des colonnes de fonte. A gauche du porche, des écuries de passage et des hangars, donnant sur une cour de service, permettent de reporter dans cette partie cachée les travaux peu attrayants des écuries et des remises.

Auprès de la tourelle, la petite ferme est séparée par un mur d'appui surmonté d'une grille de fantaisie. On y trouve une écurie, une vacherie, le pressoir, la buanderie avec ses séchoirs, le chenil, les hangars, les ateliers et les caves à vin. En arrière, une grande cour entourée de treillage renferme les poulaillers, la lapinerie, la porcherie, la faisanderie, les places aux terreaux pour la culture, l'atelier de rempotages, etc. Le groupement commode de ces divers services est le point saillant des communs de Bois-Renault, qui rentrent dans le genre pittoresque.

En d'autres circonstances, il m'a été donné de varier le style de ces constructions en les appropriant au mode de bâtir usité dans la contrée. C'est ainsi que j'ai dessiné les communs de San-Pancrazio, près Lucques (Italie), couverts de toits aplatis, ornés de faïences colorées dans les frises, pourvus des moyens réfrigérants que les régions méridionales exigent, etc. Au château des Pressoirs-du-Roy, près de Fontainebleau, je me suis efforcé, au contraire, de donner une silhouette variée et élancée aux combles, afin de les mettre en rapport avec les pentes rapides des bois épais qui bordent ce côté de la rive droite de la Seine.

Fig. 488. — Parc de Bois-Renault (Indre-et-Loire). — Vue générale des communs (prise du château). — Ed. André et P. Déchard, architectes.

D'autres bâtiments de ce genre, construits d'après mes dessins (fig. 489) dans la propriété de M. le baron de Gargan, à Luxembourg (Grand-Duché), montrent une des dispositions qui peuvent être données aux communs d'une résidence privée, dans une ville où la place est mesurée.

Le pavillon sert de demeure au jardinier; il se projette en avant du corps principal des bâtiments, qui contient l'écurie, la remise, la sellerie et les services divers. L'entretien de cette partie de la propriété est assez soigné pour qu'une clôture spéciale, l'isolant du jardin, ait été jugée superflue. Une serre à trois compartiments, serre chaude, serre tempérée et pavillon central pour jardin d'hiver, est placée auprès des

Fig. 489. — Vue prise dans le jardin de M. le baron de Gargan, à Luxembourg (Grand-Duché). Écuries, remises, serre, etc. Ed. André, architecte.

communs et se trouve sous la main du jardinier. L'ensemble se détache en lumière sur le fond épais et sombre d'une partie boisée du parc public de la ville de Luxembourg.

Constructions diverses. — Les habitations de jardiniers, de régisseurs, de conservateurs des parcs publics, placées à proximité de leurs services respectifs, peuvent devenir des ornements précieux dans les scènes paysagères artificiellement créées. Ces constructions doivent être riantes, sans excès de légèreté, sans abus des découpures de bois, sans couleurs trop éclatantes. On devra se préoccuper surtout de les encadrer agréablement par des feuillages qui les fassent valoir. La figure 490 représente l'habitation du conservateur du parc des Buttes-Chaumont. Elle est située de manière à dominer le panorama du parc, et la vue d'une grande partie de Paris s'ouvre devant elle. Une terrasse ornée de bois treillagés pour recevoir des plantes grimpantes occupe un angle au rez-de-chaussée. Le petit jardin privé est protégé, par des massifs d'arbres et d'arbustes à feuilles persistantes, contre les regards indiscrets du dehors.

Fig. 490. — Parc des Buttes-Chaumont. Habitation du conservateur. M. Davioud, architecte.

La maison représentée par la figure 491, au contraire, destinée à servir de résidence au conservateur de Sefton Park, à Liverpool, est conçue

Fig. 491. — Future habitation du conservateur du parc public de Sefton, à Liverpool. Ed. André et L. Hornblower, architectes.

d'après le style cottage anglais, avec toits saillants, vérandas couvertes, *bow-windows*, campanile pour point de vue, etc. Le terrain sera libre autour d'elle, et des perspectives étendues se développeront de divers côtés.

Ce genre de construction, fort usité en Angleterre, est commode, riant et varié à l'infini. Il mériterait d'être plus répandu sur le continent, pour remplacer un grand nombre de maisonnettes disgracieuses ou construites sur un modèle vulgaire et uniforme. Les loges de garde-portier, à l'entrée des parcs, sont particulièrement indiquées pour ce style. On a vu, dans les passages consacrés aux entrées (p. 368 et suiv.), les dispositions variées qu'elles peuvent prendre en plan et les moyens de les accompagner par des plantations appropriées (p. 624 et suiv.).

En Suisse, on peut trouver des modèles charmants de ces habitations, que l'industrie du bois découpé a portées à un niveau artistique élevé.

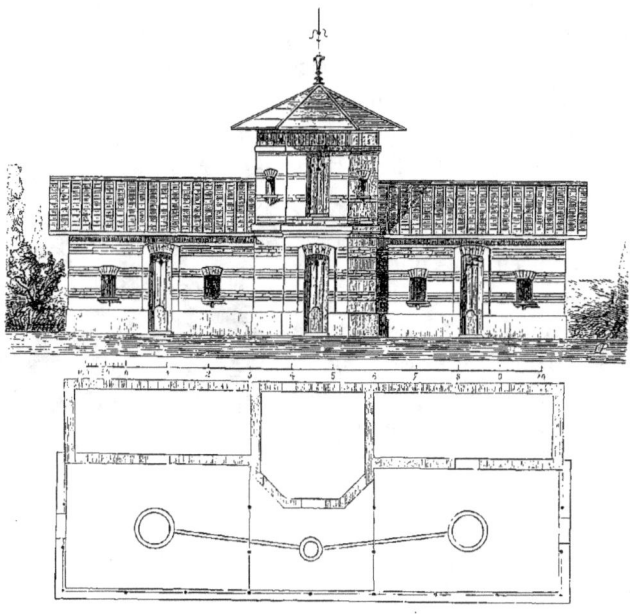

Fig. 492. — Poulailler du parc des Pressoirs-du-Roy, près Fontainebleau.
M. O. de Clermont, propriétaire. Ed. André, architecte.
Élévation et plan.

Les hangars, les cabanes aux outils, les ateliers divers de travail pour les jardiniers, les réservoirs, constructions essentiellement d'utilité, peuvent également être ornés avec goût. Il suffit parfois d'un lambrequin placé à propos pour relever la vulgarité de ces petits édifices.

Poulaillers. — On a varié à l'infini la construction des poulaillers. Souvent on emploie la forme circulaire, le bâtiment principal étant situé au centre, et les cabanes rayonnant autour, avec leur première petite cour réservée et une plus grande servant de parc, et plantée de mûriers et d'arbustes donnant de l'ombre. Mais ces installations s'appliquent généralement à des poulaillers de grande dimension. Celui dont la figure 492 représente le plan et l'élévation est d'une disposition commode. Le pavillon central est consacré aux couveuses; au-dessus est situé le pigeonnier. Les deux chambres latérales, fermées par des portes et des fenêtres à coulisses, donnent sur des cours séparées, où des bassins avec ruisselet d'eau courante ont été disposés. Des mûriers blancs et rouges fournissent aux volailles de l'ombre et des baies dont elles sont friandes.

Dans les Flandres, en Hollande, dans diverses contrées septentrionales de l'Europe, on place les pigeonniers au sommet de grands poteaux supportant une logette en bois avec ornements découpés. On peut donner à ces petites constructions un aspect rustique, comme on l'a fait avec succès dans les parcs publics des États-Unis, notamment dans le Central Park de New-York et dans le Washington Park, à Albany.

Cabanes pour bateaux et oiseaux d'eau, embarcadères. — Les maisons-abris pour les bateaux, nommées en Angleterre *boat houses*, demandent une construction particulière. Elles sont ouvertes du côté de l'eau et fermées du côté du parc. Des quais en pierre ou en bois doivent permettre aux promeneurs d'embarquer facilement, et le bateau, entré dans la cabane, est protégé contre les intempéries. On dispose, sur les murailles latérales, les crampons et crochets nécessaires pour supporter les avirons, mâts, gaffes,

Fig. 493. — Cabane aux canards. Parc de Saumarez (Guernesey).

gouvernails, etc. Il est bon de réserver dans la construction, pour contenir les objets plus délicats et les outils de pêche, un compartiment fermant à clef.

Les embarcadères pour les bateaux de plaisance doivent être formés, ou d'un quai de pierre avec des boucles d'attache, ou d'une table de bois saillante avec appuis pour faciliter l'entrée et la descente des embarcations. On les accompagne généralement de kiosques élégants, comme ceux du bois de Boulogne, où l'on peut attendre, convenablement abrité, le retour des promeneurs sur le lac. Dans certains parcs publics de l'Amérique du Nord, notamment à Buffalo, ces ornements ont été l'objet d'un dessin très étudié, du plus agréable aspect.

Les cabanes destinées aux oiseaux d'eau peuvent être également le motif de dessins très-variés, de pure fantaisie. Celle que représente la figure 493 a été construite en bois rustique, d'après mon croquis, dans le parc de Saumarez (île de Guernesey).

Ruchers. — Les ruchers, source de produit pour ceux qui se livrent assidûment à la culture des abeilles, seront placés dans une partie de la propriété où ces insectes ne seront pas dérangés, et où leurs piqûres ne seront pas à craindre pour les promeneurs. On choisira, autant que possible, une exposition au soleil levant. Nous avons vu, dans le plan de la Chaumette (pl. VII), un emplacement réservé aux ruches. J'ai publié, en revenant de Russie, la vue d'un rucher très important, d'une forme très-originale, établi dans le parc d'Otrada près de Moscou[1].

Lorsque l'on opère sur une petite échelle, la forme ordinaire des ruchers et le groupement des ruches se rapprochent de la disposition indiquée par la figure 494. Un plateau en bois, isolé du sol de peur de l'humidité et des rongeurs, reçoit la ruche en paille tressée, couverte d'une chemise de paille, sur laquelle on place un pot renversé. C'est le procédé élémentaire.

Il existe un grand nombre de moyens ingénieux pour faciliter la culture des abeilles, notamment les ruches à compartiments, qui permettent d'enlever

Fig. 494. — Ruches rustiques, avec couvertures de paille.

les rayons de miel sans danger, et celles dont l'aménagement facilite la conservation, la reproduction et l'essaimage des abeilles. En France le nom de M. Hamet, en Angleterre ceux de MM. Munn, Bagster, Wighton, en Amérique celui de M. Milton, sont populaires, et je recommande la lecture de leurs ouvrages à ceux qui s'occupent d'apiculture.

Volières. — Les volières des grands jardins zoologiques ne peuvent nous intéresser que comme des objets d'étude et parfois d'ornement, construits sur de grandes dimensions et que des résidences privées peuvent rarement imiter. On les divise ordinairement suivant les classes d'oiseaux qui ont une manière de vivre identique : rapaces (diurnes ou nocturnes), granivores, perroquets, oiseaux chanteurs, etc. Cependant on peut employer avec succès les volières dans les parcs privés et l'on peut combiner leur installation de manière à en faire à la fois des objets d'utilité et d'agrément. La figure 495 donne une de ces installations de forme circulaire. Au centre est une tour

---

1. Ed. André, *Un mois en Russie*, page 167, fig. 32.

dans laquelle vivent et prospèrent de nombreux pigeons dont on visite les nids au moyen d'une échelle tournante. Des cases réservées l'entourent et reçoivent une collection variée d'oiseaux aux belles couleurs et aux chants harmonieux. Ces constructions doivent être solides et assez protégées pour défier les incursions des animaux sauvages qui en détruiraient les gracieux

Fig. 495. — Volière d'oiseaux chanteurs et pigeonnier combinés.

habitants. Située au milieu d'un massif, ou au carrefour de plusieurs allées, une telle volière est une distraction charmante pour le promeneur et surtout pour la châtelaine.

On doit conseiller, pour la construction des volières, l'emploi de la pierre, de la brique et du fer, à l'exclusion du bois qui favorise la propagation des insectes parasites, si nuisibles aux oiseaux.

Si l'on désire élever des oiseaux exotiques, surtout ceux des pays chauds, la volière pourra être vitrée et chauffée l'hiver. Ce sera une sorte de serre ornithologique. Une chambre centrale, où l'on installera le calorifère, et où les approvisionnements seront placés pour être distribués quotidiennement à la population ailée, servira à surveiller les divers compartiments rayonnants, vitrés sur trois faces, qui contiendront la nombreuse famille de ce qu'on a nommé les « oiseaux des îles ». On en possède aujourd'hui des centaines d'espèces dont la plupart sont faciles à élever dans une demi-liberté. On a beaucoup admiré, dans le jardin réservé de l'Exposition universelle de Paris, en 1867, le *palais des colibris* (fig. 496), serre-volière de ce genre, où les murs et les treillages étaient remplacés par des glaces derrière lesquelles s'ébattaient joyeusement de nombreux oiseaux des régions chaudes du globe.

Faisanderies. — Les faisanderies occupent une place assez importante dans les accessoires des parcs et des jardins. S'il nous fallait décrire les célèbres parcs aux faisans de Ferrières, où MM. les barons de Rothschild ont

Fig. 496. — Le palais des colibris, à l'Exposition universelle de 1867.

fait installer ce service d'une manière vraiment royale, on trouverait que de pareils exemples ne sont guère utiles à citer, puisqu'ils peuvent rarement être reproduits. Il paraît préférable de signaler le moyen d'établir la faisanderie dans des conditions plus modestes et plus pratiques.

La première condition est de choisir, dans le parc, un emplacement assez éloigné de la circulation pour que les faisans ne soient pas effarouchés et puissent élever en paix leurs couvées. Si l'on peut adosser les constructions à un mur, avec une façade au midi, diviser les cases de manière à isoler les couveuses, apparier les couples suivant les besoins de la reproduction et les expériences des croisements que l'on veut poursuivre ; si, de plus, un assez grand parc planté en taillis, taillé chaque année à un mètre de hauteur, coupé d'allées droites pour inspecter facilement les faisans, peut être établi derrière les cases, loin des regards indiscrets, et protégé contre la bête puante par des grillages maillés, légers et solides, on aura les éléments principaux d'une faisanderie installée suivant des principes rationnels. On y trouvera de quoi lâcher chaque année un bon nombre de faisans pour la chasse, et l'on pourra y ajouter, pour l'ornement, quelques-unes des espèces rares, faisans vénérés, vers icolores, de lady Amherst, argentés, dorés, qui sont classés parmi les plus beaux oiseaux connus. La figure 497 représente une installation de ce genre.

Les chenils ne doivent pas être proches des poulaillers et des faisanderies ; le bruit effarouche les oiseaux et fait tort aux couveuses. La construction des chenils est une spécialité : on doit seulement recommander le grand air, l'exposition au midi, une cour au nord pour l'été, des constructions en

Fig. 497. — Faisanderie du parc d'Ébenrain (Suisse). Ed. André, architecte.

briques, faciles à *flamber* pour détruire la vermine, et des « lits de camp » en pente, un peu élevés au-dessus du sol.

Kiosques, pavillons, etc. — La nombreuse série des kiosques, pavillons, tourelles, etc., suit de près les constructions qui viennent d'être énumérées. Ici la variété est sans limites. Il serait superflu de chercher à classer les diverses variétés de ces constructions d'agrément.. Elles varient considérablement suivant le temps et le pays, à ce point que l'on considère volontiers comme des œuvres de mauvais goût, en bloc, tout ce qui provient d'une époque éloignée. Les livres de Kraft, de Grohmann et Baumgartner, volumineux amas de plans et vues de constructions de ce genre à l'usage des jardins, en sont la preuve. On n'oserait recommander aujourd'hui aucun des dessins qu'ils contiennent et qui paraissent tous ridicules.

Cependant les constructions qui dénotent du style seront toujours appréciées. Ainsi le pavillon (fig. 498), érigé en 1867, à l'Exposition universelle de Paris, par MM. Penon frères, était un modèle de goût et de pure architecture Louis XVI. Il ne présentait que le défaut d'avoir coûté cher.

De semblables dépenses sont souvent peu abordables, et l'on a recours au bois, au fer, à la brique, au treillage, et aux divers mélanges de ces substances, pour élever la plupart des structures servant d'abri et d'ornement, dans les parcs et les jardins. Une fantaisie peu limitée peut se faire place dans ces sortes de constructions, et le suffrage des gens de goût dira seul si le dessinateur a fait preuve d'une heureuse faculté d'invention.

Fig. 498. — Pavillon construit par MM. Penon frères, architectes. Exposition universelle de 1867.

Une forme de kiosque des plus simples et des plus commodes qui s'emploient aujourd'hui est représentée par la figure 499. Il consiste en une armature de fer rond, à la fois solide et légère, se démontant facilement au moyen de pièces à goujons soigneusement repérées, et que l'on garnit à l'extérieur d'une couverture et de côtés de toile grise ou de coutil rayé. On peut orner le sol, à l'extérieur, au moyen de jardinières bordées de petits treillages de bambous, remplies de fleurs, et formant un cadre charmant à la salle libre du milieu. Une table et des chaises rustiques meublent cette retraite fort appréciée pendant les ardeurs du soleil, et que l'on peut déplacer à volonté.

Avec un peu plus de travail, il est possible d'élever, sur une butte servant de point de vue, des kiosques dont la silhouette est plus cherchée,

PLANCHE XI

PARC D'ÉBENRAIN, près SISSACH (Suisse).

M. A. Hübner, *propriétaire*. — Ed. André, *architecte*.

Partie d'un parc située sur un terrain primitivement plat, occupé par une luzerne et bordé par la ligne du chemin de fer de Bâle à Lucerne.

Vue de la pièce d'eau, créée artificiellement et entourée de plantations. La reproduction chromo-lithographique ne peut donner qu'un aspect de l'ensemble de la scène et les détails en sont forcément exclus. Les rochers et le kiosque sont actuellement entourés d'une verdure épaisse; le village de Sissach a été dissimulé derrière les massifs d'arbres, et les bords du lac sont irrégularisés et rendus pittoresques par les touffes d'arbustes et de plantes aquatiques qui se projettent sur les eaux.

Pl. X

ACCESSOIRES D'UTILITÉ ET D'ORNEMENT.

comme celui que j'ai construit, en 1875, dans la propriété de M. H. Oppenheim, à Sèvres (fig. 500). La base est en pierre avec assises alternes de briques, le reste est en bois travaillé, avec balcon, salle fermée et vitrée en plomb, lambrequin de bois découpé, toiture de fines ardoises diversement colorées et imbriquées en écailles de poisson. L'intérieur du kiosque sert de fumoir; il est de plain-pied avec le balcon, auquel un escalier tournant

Fig. 499. — Kiosque ou tente-abri mobile.

donne accès derrière le kiosque. La vue s'étend sur Paris, le cours de la Seine, les ombrages du parc de Saint-Cloud et ceux du bois de Boulogne; elle embrasse un vaste et admirable panorama.

Une des plus agréables situations qui se puissent trouver pour installer un kiosque d'architecture légère est l'extrémité d'une terrasse, dans une encoignure, d'où le regard dominera un paysage étendu. Le pittoresque de ces situations permet de rechercher, dans la construction, plus de fantaisie que de style. Les fers dits rustiques, imaginés, il y a quelques années, par

Ed. ANDRÉ.

M. Jacquemin et mis en œuvre par M. Méry-Picard, peuvent trouver là une application dont la figure 501 montre un exemple. Ces petites constructions, entièrement à jour pour que la vue passe librement de tous côtés, doivent leurs qualités principales à ce qui serait un défaut en d'autres circonstances, la gracilité des matériaux.

Fig. 500. — Kiosque, dans le parc de M. H. Oppenheim, à Sèvres.
Ed. André, architecte.

Une construction analogue, dont la différence consiste en ce que le côté du fond reste fermé, est offerte par la figure 502. Elle est formée de matériaux semblables, sur les dessins du même constructeur. Cette forme de kiosque peut se nommer exèdre. On la place à l'extrémité d'un lac, adossée à un massif, et servant d'abri après les promenades en bateau. Des plantes grimpantes, courant autour des balustrades, peuvent voiler l'ossature en fer sans masquer les vues, et l'ensemble, reflété de loin, donne d'agréables aspects sur les eaux.

De pareils kiosques à jour, dont l'exèdre des îles du bois de Boulogne, entouré d'arbres, donnait autrefois un exemple excellent, peuvent être placés sur tous les points d'où la vue est belle.

Les pavillons et kiosques en bois rustique se rencontrent fréquemment dans les parcs et dans les jardins, mais ils se distinguent rarement par le bon goût. La plupart sont de bizarres fantaisies où le constructeur s'est

Fig. 501. — Kiosque en fer rustique terminant une terrasse.
M. Méry-Picard, architecte.

évertué à compliquer les dessins, à enchevêtrer les bois d'écorces diversement colorées, à multiplier ce qu'il appelle les ornements. Quelques règles, fort simples, suffiraient cependant pour éviter ces fautes :

Les constructions en bois rustique doivent présenter une grande simplicité de dessin et d'ornement ;

Les bois qui les constituent doivent être de dimensions plutôt fortes et lourdes que trop faibles ;

Les couvertures, en paille ou en roseau, doivent être épaisses, unies, sans aucun ornement.

Le bois en grume fait le meilleur effet à la mise en place, mais il devient laid en peu de temps, lorsque l'écorce se soulève et pourrit. Il est préférable d'employer des bois écorcés et passés à l'huile bouillante ou au sulfate de fer.

Un bon exemple de ces sortes de constructions, servant à la fois d'abri pour les bateaux par la saillie de sa plate-forme, et de cabane pour les instruments de pêche, est fourni par la figure 503. Un petit escalier avec palier servant d'embarcadère complète cet ensemble, dont l'effet est très agréable lorsque des plantes grimpantes, lierres, vignes-vierges, etc., courent sur les

Fig. 502. — Exèdre, ou kiosque demi-circulaire à la tête d'un point de vue.
M. Méry-Picard, architecte.

bois rugueux. Mais ces plantes hâtent la décomposition des bois, et l'on ne doit les employer qu'avec modération.

Un des modèles les plus simples de kiosques rustiques est celui qu'on a nommé *champignon*. Il se compose d'un mât fixé dans le sol, surmonté d'un parasol de paille, de roseau ou de zinc, formant un toit conique. Souvent même on emploie comme support le tronc d'un arbre, ce qui produit des effets assez pittoresques. Le dessin figure 504, pris dans le Central-Park, à New-York, est à recommander comme exemple de ces kiosques, parce qu'il est construit de fortes pièces de bois, solidement ajustées. La toiture elle-même peut être revêtue de rondins de bois méplats, et, pour que l'eau ne passe pas entre leurs joints, on les fixe sur une couverture de zinc.

Le modèle le plus commun de ces sortes de champignons, ordinairement situés au sommet d'une butte et auquel on accède par un escalier rustique, est représenté par la figure 505. Un banc est placé autour du mât central,

Fig. 503. — Kiosque en bois rustique, avec embarcadère. M. V. Petit, architecte.

plus élancé que dans le dessin précédent. Des plantes saxatiles sont dispersées

Fig. 504. — Kiosque-champignon, dans le Central-Park à New-York. M. C. Vaux, architecte.

entre les rocailles qui l'accompagnent. On peut remplacer ce banc circulaire par une table et installer autour de lui des siéges mobiles.

On a essayé de remplacer ces kiosques-champignons par des constructions similaires, au moyen des fers rustiques dont j'ai déjà parlé. La figure 506 en représente un exemple, entouré d'un banc formé des mêmes matériaux. Ces kiosques sont élégants, mais d'un aspect un peu grêle, et s'ils peuvent être admis dans les jardins publics ou privés, de petites dimensions, leurs formes trop artificielles doivent les faire éloigner des parcs paysagers. On peut varier de bien d'autres manières le dessin et la construction des kiosques, les construire en fil de fer ou en treillage, les réduire à de simples supports de

Fig. 505. — Kiosque-champignon conique, en bois, avec toit en chaume.

plantes grimpantes ou leur donner l'importance d'un véritable édifice. Appliqués aux pavillons destinés aux musiciens jouant en plein air, dans les promenades publiques, ils peuvent revêtir des formes élégantes. Les grandes villes en offrent des exemples variés. Dans toutes les situations, on se préoccupera plutôt de la pureté de leur architecture que de la recherche dans les ornements; c'est ordinairement par le défaut de simplicité que pèchent ces constructions.

Vérandas, pergolas. — L'emploi des galeries treillagées, fréquent dans les pays du nord, est peu répandu en France, mais il se retrouve en Italie, où l'on rencontre partout la constrution nommée *pergolato* ou *pergola*. On la couvre de plantes grimpantes et généralement de vignes. Depuis les simples assemblages de bâtons de la campagne de Naples jusqu'aux coûteuses galeries de bois travaillé des lacs de la haute Italie, on trouve ces pergolas d'une grande variété de dessin, formant parfois de longues galeries ombragées et chargées de raisins appétissants

ACCESSOIRES D'UTILITÉ ET D'ORNEMENT.

On peut les construire en fer et les couvrir de plantes grimpantes d'orne-

Fig. 506. — Kiosque-champignon en fer rustique, avec toit en zinc.

ment. La figure 507 représente une des ces pergolas avec pavillon central d'après un dessin fait pour un propriétaire du Grand-Duché de Luxembourg.

Fig. 507. — Pergola en fer avec pavillon central. M. O. André, architecte.

Chaque pilastre est destiné à une espèce particulière de plante grimpante ; seul le kiosque du milieu est couvert de vignes-vierges.

A côté des vérandas peuvent se placer les colonnades, formées de supports en bois ou en fer reliés par des chaînes sur lesquelles on palisse des plantes grimpantes, clématites à grandes fleurs, rosiers multiflores, etc. Ces ornements, de même que les arceaux de verdure, peuvent produire un bon effet dans les jardins symétriques.

Fig. 508. — Treillage avec baies ornées couronnant un mur, à Paris.

Balustrades-Treillages. — Les murs des terrasses, lorsqu'ils ne sont pas réduits à un simple appui ou à une balustrade au-dessus desquels la vue doit passer librement, peuvent être ornés de diverses manières, principalement lorsqu'ils sont situés dans les villes et doivent garantir des regards indiscrets.

Un des meilleurs arrangements de ce genre est celui de la maison de M. Lefuel, l'architecte du Louvre, rue du Rocher, à Paris. Il est simple et se compose de travées ouvertes, dessinées par des arcades de treillage couvertes de plantes grimpantes. On peut encore recommander le dessin de la fig. 508, dont un modèle approchant se voit à Paris, rue de Vienne. En Allemagne, l'usage en est très répandu, et souvent les maisons sont pourvues, à chaque étage, d'un retrait formant salon à jour, treillagé d'une manière élégante et couvert de jolies plantes grimpantes, surtout de vignes-vierges et de vases suspendus. Les végétaux sont contenus dans des caisses fixes ou mobiles, remplies de terre. Les installations de ce genre, que j'ai vues à Leipzig, en 1869, seraient dignes d'être reproduites. On voit aussi des arrangements de ce genre à Londres, et surtout à Bruxelles, où l'art d'établir des fenêtres-jardins, dans des caisses ornées de faïences colorées, est depuis longtemps en honneur et récrée partout la vue des passants.

Fig. 509. — Pont en bois de charpente, dans un parc de Touraine.

Ponts. — Les ponts, en outre de leur utilité marquée, sont classés parmi les plus agréables ornements du paysage. Ils doivent être d'un dessin peu compliqué, présenter une solidité suffisante, et être peints en blanc ou cou-

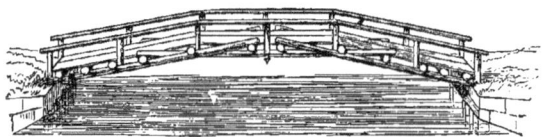

Fig. 510. — Pont rustique, à tablier sans clous, tenons ni mortaises.

leur de bois. En bois de charpente, ils peuvent présenter de jolies formes, comme celui de la figure 509, construit dans un parc de la Touraine. Si l'on emploie les bois courbes, ce sera dans de rares circonstances et seulement pour servir de buttoirs (fig. 511).

Une autre sorte de ponts en bois, d'une construction originale, est représentée par la figure 510, qui s'explique d'elle-même. Ce pont est assemblé d'une façon simple et ingénieuse, sans aucun clou, cheville, tenon ni mortaise. Le secret consiste uniquement dans la disposition des pièces de bois à résistances contrariées. Le tout est renforcé par le poids même de la construction. Il suffit de quelques crans dans les rondins formant à la fois traverses et clefs pour que la solidité de cette construction soit à toute épreuve.

Les ponts en bois rustique sont fort usités. Ils sont pittoresques, faciles à construire, inspirés par les ponts naturels formés par les arbres tombés en travers des cours d'eau. Ils produisent le meilleur effet dans le paysage s'ils sont bien placés. On doit conseiller de les simplifier autant que possible. Deux poutres reliées par des traverses sur lesquelles on place des planches épaisses, et de simples parapets sans ornements, des arcs-boutants reposant sur les culées, si le pont a une grande portée, seront suffisants. Un

Fig. 511. — Pont en bois de charpente. Parc des Touches (Indre-et-Loire). M. Bühler, architecte.

des meilleurs modèles de ponts rustiques est celui qui relie entre elles les deux îles du bois de Boulogne.

Nous avons vu (pag. 508, fig. 295) comment on peut construire des ponts élégants, solides et très-pittoresques, au moyen de rochers bien disposés.

L'art de l'ingénieur et de l'architecte s'applique également à la construction des ponts, mais les développements de pareils travaux nécessitent des études spéciales. Parmi les ponts à citer dans les parcs publics, se placent en première ligne ceux que M. C. Vaux a dessinés pour le Central-Park de New-York, et dont le total dépasse quarante.

Les ponts en fer surtout ont pris une place importante dans les parcs, depuis qu'à une solidité à l'épreuve on s'est préoccupé d'ajouter des formes agréables et des ornements d'un véritable mérite artistique. Ces ponts sont fabriqués maintenant à des prix très-modérés et de nombreux constructeurs à Paris se sont adonnés à cette spécialité.

Gymnases, jeux, etc. — Les places consacrées aux gymnases pour les enfants se rencontrent fréquemment dans les propriétés privées. Un espace

ACCESSOIRES D'UTILITÉ ET D'ORNEMENT.

rectangulaire, de 6 à 8 mètres de largeur sur 15 de longueur, suffit ordinairement pour l'installation du matériel.

Dans quelques parcs, comme à la villa Pallavicini, près de Gênes, les balançoires et jeux divers sont établis avec un grand luxe.

Parmi les autres jeux à installer dans les propriétés privées, on peut encore citer le tir à l'arc sur les pelouses, le tir au pistolet, que l'on place entre deux murs parallèles, avec abri, pour éviter les accidents, les jeux de boules, sur un terrain uni et creusé latéralement en cuvette, etc.

Dans les parcs publics, ces objets ont une plus grande importance. On commence à s'en préoccuper en Europe, surtout en Angleterre, mais l'Amé-

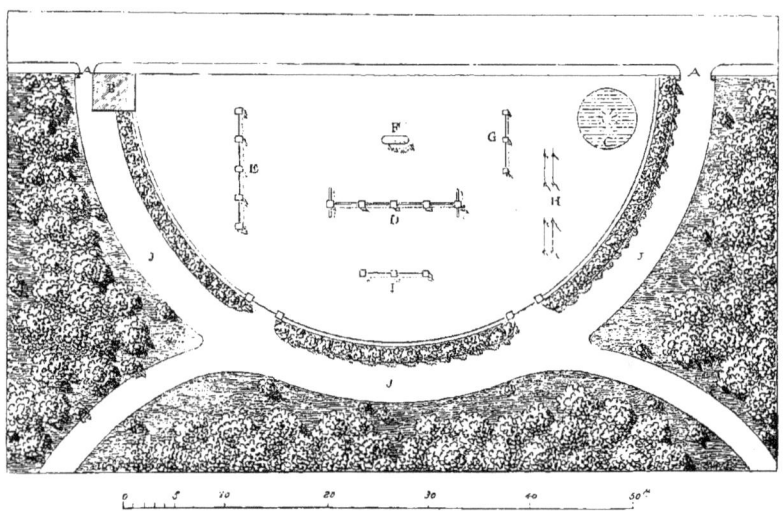

Fig. 512. — Plan du gymnase public dans le Philip's Park, à Manchester (Angleterre).

rique du Nord nous a dépassés sous ce rapport, et nulle part les gymnases publics en plein air n'ont été aussi soignés que dans le Central-Park de New-York, où des emplacements spéciaux sont choisis à cet effet. On y a séparé les balançoires destinées aux petits garçons de celles des petites filles, que les parents et les gardiens viennent accompagner à ces endroits de divertissements et d'exercices hygiéniques. D'autres jeux, très-variés, sont épars sous le couvert de grands arbres : tous sont gratuits et placés sous la surveillance de la police du parc. L'affluence de la population enfantine de New-York à ces jeux est considérable.

A Manchester (Angleterre), on a installé un gymnase public dont le plan ci-joint (fig. 512) donnera l'idée. Il est circonscrit par l'allée J du Philip's Park, et entouré d'une petite grille. Un garde-portier, dont le logement est situé en D, est chargé de veiller au bon ordre. Les divers instruments de gymnastique sont distribués à des distances calculées. En C est le mât tournant, en D E, les poutres auxquelles pendent les trapèzes, cordes à nœuds, échelles de cordes, barres de perroquets, cordes lisses, anneaux, etc. Le cheval de bois est placé en F, en G I sont les barres fixes, en H les doubles barres. Sur le sol on a répandu de la sciure de bois pour amortir les chutes. L'espace est assez vaste pour permettre les ébats des enfants, et souvent les adultes ne dédaignent pas de prendre part à ces exercices salutaires.

Les vastes parcs publics de l'Angleterre contiennent des pelouses réservées au jeu national du *cricket*, qui tient le premier rang parmi les *sports* à la mode. Cet exercice consiste à lancer des balles de cuir au moyen de longues battes de bois, conformément à des règles plus ou moins variées. Le terrain destiné aux parties de cricket ne demande aucune préparation préalable, si ce n'est d'effacer les aspérités du sol qui pourraient

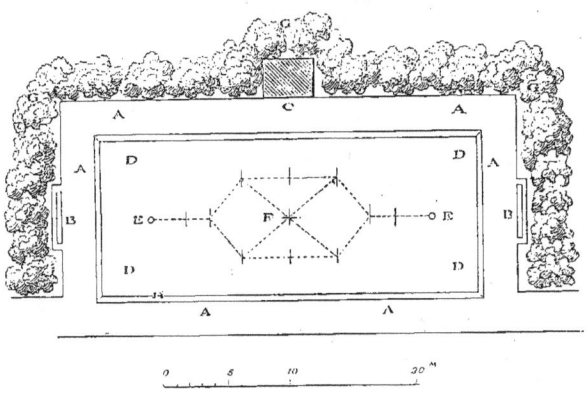

Fig. 513. — Plan d'un terrain destiné au jeu du « croquet ».

faire trébucher les joueurs. Quelquefois on peut réserver un espace spécial pour cet objet, et c'est ce que j'ai fait dans le Sefton Park, à Liverpool, où le terrain consacré au cricket (pl. VIII), très vaste, a été entouré de plantations et circonscrit par une enceinte elliptique.

Le jeu de *croquet*, très répandu maintenant dans les familles, peut se placer même dans les petits jardins. Il a passé d'Angleterre sur le continent, et il serait originaire de France, au dire d'un certain nombre d'Anglais qui fondent cette opinion sur le nom d'aspect français. Au lieu de jouer le croquet sur une surface vague, on peut lui préparer dans le jardin un emplacement réservé, bien nivelé, sur un terrain solide, roulé, plaqué de gazon fin. Le croquet que j'ai installé dans le parc de Saumarez, dans l'île de Guernesey (fig. 513), est entouré d'arbres et d'arbustes formant un abri et donnant de l'ombrage. En A est une allée gazonnée, en B des bancs de repos. C'est un kiosque où l'on serre les jouets. Le terrain D est enfoncé de 0^m,40 au-dessous du sol environnant. En E sont les piquets de départ;

ACCESSOIRES D'UTILITÉ ET D'ORNEMENT.

en F, la sonnette du milieu, et les barres placées à des distances calculées (mesurer avec l'échelle) indiquent la position des arceaux.

Glacières. — Les glacières sont un objet de première nécessité dans les résidences de luxe. De tout temps la glace a été recherchée pour les usages domestiques. Hippocrate en recommandait l'emploi, 460 ans avant l'ère chrétienne ; les anciens Romains en faisaient souvent usage et les *nivatæ potiones* étaient fort appréciées chez eux. Ils connaissaient le moyen de conserver la glace, et savaient qu'en répandant de l'eau bouillante dessus lorsqu'on l'empile, on chasse l'air contenu dans l'eau et l'on fait congeler le tout d'une manière plus uniforme. Du temps de lord Bacon, on savait déjà qu'en mêlant du sel marin ou du salpêtre avec la glace ou la neige, on pouvait en abaisser encore la température.

Mais, depuis qu'au XIXe siècle la glace est entrée dans la consommation générale, on s'est attaché à perfectionner les moyens de la recueillir et de la conserver, et même d'en fabriquer facilement, économiquement, d'artificielle. Nulle part on n'a attaché autant d'importance à cette question qu'aux États-Unis, où l'eau glacée est appelée, à juste titre, « la boisson nationale ». Dans les endroits publics, monuments, places, rues, gares, dans les wagons de chemins de fer, dans les parcs et les squares de toutes les villes, se trouvent des fontaines remplies d'une eau glacée offerte

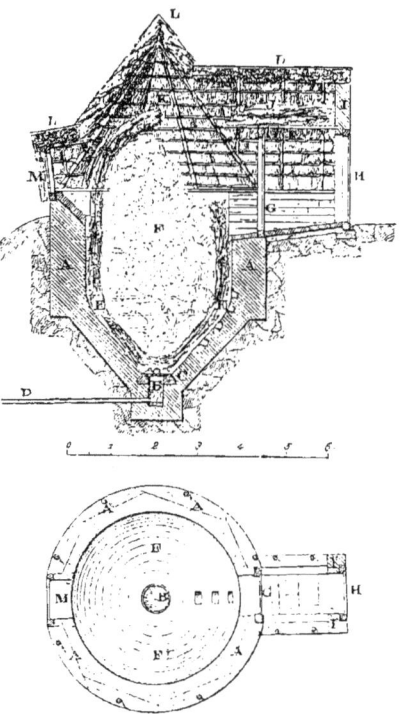

Fig. 514. — Glacière américaine. M. Tony Dutreux, architecte.
Coupe et plan.

gratuitement à tout venant. On s'est donc préoccupé, dans ce pays plus qu'ailleurs, des procédés de conservation pour la glace venue chaque hiver en blocs énormes des lacs Supérieur, Michigan, Ontario, etc. Aussi la glacière américaine a-t-elle prédominé partout. C'est une variante de la forme usitée en Amérique que donne la figure 514. Je la dois à l'obligeance de M. Dutreux, qui l'a installée avec succès dans son parc de Kockelscheuer, près de Luxembourg. La légende ci-jointe en expliquera la construction.

A. Mur vertical, en cône renversé à la base.
B. Puisard central pour recueillir l'eau.
C. Grille du puisard.

D. Canal de décharge du puisard.
E. Enveloppe de paille.
F. Glace amoncelée.

G. Tambour isolateur à l'entrée.
H. Porte d'entrée extérieure.
I. Maçonnerie de l'entrée extérieure.
J. Toit du tambour isolant.

K. Charpente en bois de grume.
L. Toiture épaisse en roseaux.
M. Fenêtre d'aération et d'éclairage.

Statues, vases, etc. — Les vases et les statues ont leur place naturellement indiquée dans les jardins symétriques, soit dans les axes, au milieu des pelouses régulières, soit au centre des corbeilles de fleurs ou dans les encoignures. L'art de les placer fait partie de l'architecture proprement dite.

Dans les jardins paysagers, on doit en user avec modération. Des statues au milieu d'un vallonnement ou près d'allées curvilignes s'accordent mal

Fig. 515. — Parc public de Luxembourg. Monument de la princesse Amélie des Pays-Bas.
M. Bélanger, architecte.

avec le paysage. Même dans les jardins publics, ces disparates sont choquantes. Il n'en est pas de même, cependant, quand ces ornements sont adossés à un fond de massifs et forment l'extrémité d'une perspective.

La statue de la feue princesse Amélie des Pays-Bas, dans le parc de Luxembourg, présente une de ces situations. La figure 515 en donne l'élévation, et la figure 516 le plan. En A s'élève le monument, au milieu d'un exèdre surélevé par quelques marches, au pied desquelles on a placé un massif d'arbustes toujours verts D, et des plantes à belles fleurs. Sur la grande pelouse en face, on a disposé en C des corbeilles de fleurs, et, à l'extrémité de cette partie du parc, une des grilles d'entrée s'ouvre à la fois dans l'axe de la statue et de l'avenue Marie. Les plantations du fond, dans la partie du parc naturellement boisée et coupée par plusieurs allées pour faciliter la circulation de promeneurs, sont en épicéas d'un ton sombre relevé par la silhouette claire du tronc de quelques bouleaux.

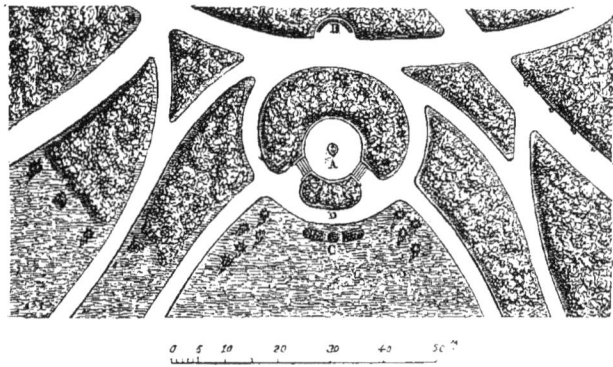

Fig. 516. — Parc public de Luxembourg. Monument de la princesse Amélie des Pays-Bas. Plan des abords. Ed. André, architecte.

Sur les pelouses, au milieu de la verdure, les vases font également bon effet lorsqu'ils sont placés dans des jardins symétriques. On peut citer ceux

Fig. 517. — Vase en faïence avec piédestal de granit. Parterre de Saumarez (Guernesey).

qui ornent les jardins du Louvre, des Tuileries, du Luxembourg, de Versailles, etc. Ils forment d'excellents ornements des grands parterres (fig. 517), surtout lorsque l'on étudie leur piédestal dans le style du vase même et qu'on les garnit de plantes au pied et à leur sommet.

Siéges. — Les siéges, fixes ou mobiles, peuvent encore attirer l'attention de l'architecte-paysagiste dans la formation des parcs et des jardins. Dans les tracés symétriques, leur place sera commandée par les axes et les extrémités. Dans les jardins paysagers, on les disposera, soit aux têtes des points de vue, soit dans les endroits ombragés, soit encore au sommet d'une montée rapide. Leur dessin peut être très variable : on fait des bancs et des chaises en pierre, en bois, en fer, en bois rustique. Le bon goût conseille de chercher, à l'exception des chaises fixes, les modèles les plus simples, légers, et se détériorant le moins possible par les intempéries.

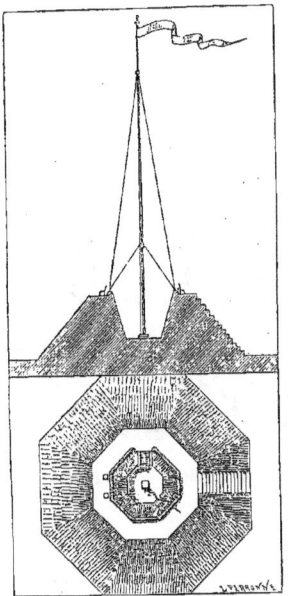

Fig. 518. — Abri en terre, au sommet du Queen's Park, à Glasgow (Écosse).

Abris en terre. — Parmi les ornements de parcs d'un dessin peu commun, je signalerai celui que j'ai observé dans les jardins des stations de chemins de fer à travers les grandes plaines de la Russie centrale. Dans ces steppes, le vent souffle avec une telle force qu'on a imaginé d'élever des buttes de terres creusées au centre, et dans lesquelles on entre pour trouver un abri et de la fraîcheur pendant les grandes chaleurs de l'été. On y pénètre par une galerie souterraine en communication avec le fond de la dépression. La figure 518 représente une butte de ce genre que j'ai vue, à Glasgow, en 1869, dans le Queen's Park, dessiné par Paxton. De la plate-forme supérieure, on jouissait d'une vue magnifique sur la ville et sur la vallée de la Clyde; un mât de pavillon flottait au centre de cette étrange construction.

Grilles d'entrée et clôtures. — La question des entrées dans les parcs et les jardins s'impose par des considérations de premier ordre dont nous avons exposé les principales dans les pages 367 et suivantes. Il resterait à les examiner actuellement au point de vue du dessin même des portes et des grilles, qui touchent de plus près à l'architecture sans dépasser toutefois la compétence d'un architecte-paysagiste digne de ce nom.

En effet, il n'est pas indifférent de concevoir le dessin d'une porte d'entrée d'une manière ou d'une autre. Pour une résidence de luxe, en face d'une avenue rectiligne et d'un château grandiose, des grilles de fer, d'un dessin ferme en rapport avec le style de l'édifice, des pilastres mâles et des parties dormantes assez étendues, seront naturellement motivés. Auprès d'une petite ferme d'agrément, au contraire, un mur de séparation pourra être couronné d'une grille de fer léger, d'un dessin fantaisiste, et la communication sera établie par une porte à cadre de bois ornée au sommet de la même grille que la partie dormante (fig. 519).

Le mélange du bois et du fer travaillé produit souvent d'excellents résutats, au point de vue utile et ornemental, pour les entrées de parcs et de jardins. Souvent il arrive que la grille en fer serait trop lourde et trop dispendieuse s'il fallait la mettre en rapport avec les dimensions massives d'un château important, ou trop grêle et de mauvais goût si l'on économisait le poids du fer. D'autre part, le bois rustique, qui convient surtout pour les entrées des parcs de chasse et pour les propriétés où l'élément pittoresque l'emporte sur le style, manque de noblesse et d'aspect architectural. On peut donc, avec succès, combiner le bois et le fer, l'un formant le cadre et l'autre l'ornement; le premier présentant des pleins qui s'accordent bien avec des

Fig. 519. — Porte d'entrée de la petite ferme, à Bois-Renault (Indre-et-Loire).
Ed. André et P. Déchard, architectes.

pilastres d'un volume convenable et le second offrant des détails élégants et ajoutant de la solidité au bois en le décorant (fig. 520).

Les portes d'entrée des parcs et des jardins d'un aspect plus simple sont fréquentes en Angleterre; le pittoresque en fait tous les frais. Un cadre de bois avec quelques traverses et des écharpes à silhouettes bizarres s'y rencontrent fréquemment. La fantaisie n'est limitée en ce sens que par le bon goût. On emploie également le bois rustique pour les entrées des parcs de chasse, ou des bois de charpente équarris, avec les extrémités supérieures taillées à tête de diamant. On ajoute des *lisses* ou parties dormantes, pour appuyer ces sortes de barrières, et l'on peint le tout en blanc, pour le détacher sur le fond vert des bois.

Les clôtures des parcs sont également très variées. On les met généralement en rapport avec le dessin des grilles d'entrée, au moins dans le voisinage de celles-ci. Nous avons déjà parlé des sauts de loup au point de vue de leurs profils (p. 133) et de leur plantation (p. 676). On peut ajouter que les dimensions ordinaires de ces clôtures sont de 3 mètres (au minimum à l'ouverture supérieure, 2 mètres de hauteur, 1m,50 de largeur au fond, et que le mur, bâti *à fruit*, doit être recouvert de gazon au sommet, de manière à être caché de l'intérieur de la propriété.

Les grilles qui entourent les parcs sont dispendieuses; on les remplace le plus souvent par des murs ordinaires, hauts de 2 mètres à 2m,50 dans les endroits où la pierre abonde, et, dans les régions forestières, par des palissades de bois que l'on sulfate, et dont on enduit la base de goudron, après l'avoir à demi carbonisée. Ces clôtures finissent toujours par pourrir, après quelques années. Depuis quelque temps on les remplace assez généralement par des clôtures en fil ou en corde de fer, ou en *ronce artificielle* (fils

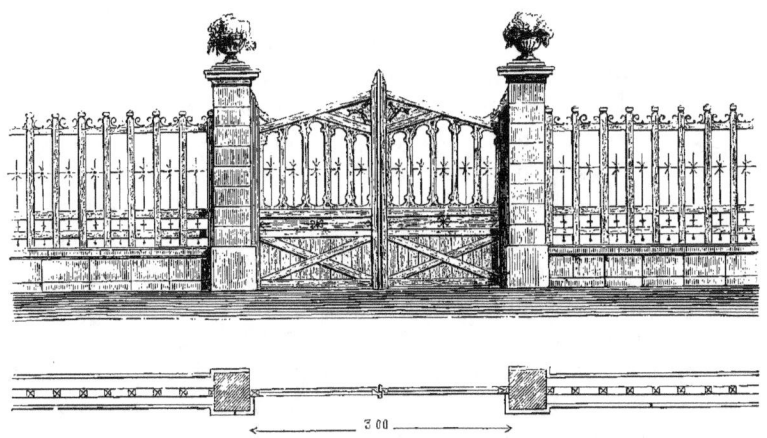

Fig. 520. — Grille d'entrée en bois et fer, pour le parc de M. J. Frichon de Vorys, au Tertre (Indre). Ed. André, architecte. Élévation et plan.

de fer hérissés de clous). Ces cordes sont fixées à des supports en fer à T, et sont très-efficaces, même contre le gros bétail.

COUP D'OEIL SUR LES JARDINS ACTUELS.

En résumant, au commencement de cet ouvrage, l'histoire de l'art des jardins, j'ai rapidement examiné les conditions dans lesquelles s'est développé le style actuellement prédominant en France, en passant sous silence les pays étrangers. Cette omission n'est qu'apparente; de nombreuses citations, dans le cours de ce livre, témoignent de l'importance que j'ai attachée à tous les travaux intéressants, de quelque nationalité qu'ils fussent. Mais il était naturel que, dans un traité destiné à faire connaître les moyens employés dans mon pays pour la création de ces jardins dont la réputation s'est étendue au loin depuis vingt-cinq ans, je fisse la part plus large aux descriptions de ce que je connaissais le mieux.

Ce sentiment ne doit pas rendre exclusif. D'autres noms que ceux des architectes-paysagistes français ont été justement populaires, d'autres œuvres que les leurs ont attiré l'attention des contemporains. Sans prétendre juger dans son ensemble l'œuvre d'artistes encore vivants, ou dont le souvenir est récent parmi nous, il est permis, avant de citer les noms de plusieurs d'entre eux et de signaler quelques-uns des plus beaux jardins de ce temps-ci, d'ajouter à ce que nous avons dit précédemment quelques notes complémentaires.

Le plus célèbre parmi les dessinateurs modernes de jardins fut Paxton, l'architecte du Palais de cristal, qui, de simple apprenti jardinier à Chatsworth (chez le duc de Devonshire), mérita d'être anobli par la reine d'Angleterre, et devint sir Joseph Paxton. Il fit de Chatsworth un parc admirable, créa les jardins de Sydenham, les parcs publics de Birkenhead, de Glasgow, d'Édimbourg, etc., fut appelé en France par M. de Rothschild, à Ferrières et à Boulogne, et occupa sans conteste la première place parmi les architectes-paysagistes de son temps. Après lui, M. R. Marnock acquit à juste titre la faveur du public en Angleterre, et ses créations sont justement appréciées, particulièrement le jardin botanique de Regent's Park, à Londres. M. Nesfield, qui paraît s'être adonné, jusqu'à sa mort, avec une prédilection marquée, au style géométrique, est surtout connu par sa création du jardin de South-Kensington, appartenant à la Société royale d'horticulture de Londres.

En Allemagne, le nom de Lenné, qui vient après celui du prince Pückler-Muskau, est encore vivant dans toutes les mémoires, comme celui d'un grand artiste en jardins. Il débuta dans le beau parc de Laxenburg, près de Vienne, puis exerça sa profession à Bonn, sa ville natale, jusqu'à ce qu'il fût appelé à diriger les travaux de Sans-Souci, à Potsdam. Parmi ses principales œuvres on cite les parcs royaux de Potsdam, une partie de Glienicke, les jardins zoologiques de Carlsruhe, Cologne, Dresde, Berlin, le parc de Magdebourg, les résidences de Babelsberg, Bornstedt, le jardin touchant l'église de la Paix à Potsdam, les bains de Hambourg, les jardins publics de Leipzig, de Lubeck, de Breslau, etc. Lenné mourut à soixante-dix-sept ans, en 1866, comblé d'honneurs, après avoir exercé une heureuse influence sur les jardins allemands de son époque. Parmi ceux qui lui ont succédé, nous avons plusieurs fois cité le nom de M. G. Meyer, un de ses élèves, auteur d'un bon livre que nous avons signalé à plusieurs reprises (*Lehrbuch der schönen Gartenkunst*).

Les jardins publics de l'Italie sont en progrès, et l'influence française s'est fait sentir dans les nouveaux parcs de Milan, de Turin, à la promenade des *Cascine* et des *Colli* à Florence, dans les nouveaux arrangements du Pincio à Rome, dans les squares de Naples, etc. Quelques propriétés privées, dans la haute Italie, sur le bord des grands lacs, sont également dignes d'éloges, notamment les villas Franzozini, Melzi, Serbelloni, l'isola

Madre, sans oublier la belle et extravagante villa Pallavicini, près Gênes.

En Suisse, de nombreuses résidences ont été remaniées, ou créées récemment, mais il en est peu qui soient remarquables pour leurs effets paysagers, si ce n'est à Prégny, Arenemberg, Ouchy, Zurich, et aux environs de Bâle et de Berne.

Les nouveaux jardins de la Russie, à l'exception de ceux de Livadia et du prince Woronzoff, à Aloupka, en Crimée, ne révèlent rien qui soit comparable aux créations de Peterhoff et de Tzarskoé-Sélo, au siècle dernier. L'influence des paysagistes allemands se fait sentir dans la plupart des parcs modernes de la Russie.

Sur d'autres points de l'Europe, de nombreuses créations se sont fait heureusement apprécier, notamment les nouveaux embellissements des parcs publics de Vienne, où des artistes français ont été appelés; puis les parcs de Munich, de Dresde, de Leipzig, de Brême, de Hambourg, de Francfort et d'autres villes de l'Allemagne et de l'Autriche-Hongrie. La ville de Luxembourg a transformé en parc public son ancienne forteresse.

En Hollande, le défaut d'espace empêche l'extension des grands parcs; cependant La Haye, Amsterdam, Rotterdam, ont reçu de récents embellissements.

La Belgique, depuis longtemps à la tête de l'horticulture de luxe sur le continent, a développé considérablement, sous la direction d'habiles architectes-paysagistes, ses promenades publiques, à commencer par le bois de la Cambre, à Bruxelles, pour finir par les récents parcs d'Anvers. Les propriétés privées, bien dessinées et remplies de beaux arbres, n'y sont pas rares.

Si nous franchissons l'Atlantique, sans nous attarder aux jardins des pays chauds, plus remarquables par la beauté des végétaux que par l'art de leurs dessins, nous trouverons aux États-Unis, après avoir cité feu Downing, le véritable créateur de l'art des jardins paysagers en Amérique, un nom populaire souvent cité dans cet ouvrage, M. Law-Olmsted. Ses créations de parcs publics, seul ou en collaboration avec M. C. Vaux, dans les villes de New-York, Brooklyn, Chicago, Buffalo, Montréal, ont porté sa réputation jusqu'en Europe. Un autre artiste, M. Strauch, est en rapport plus direct avec la formation de ces cimetières paysagers, dont le Spring Grove Cemetery, qu'il dirige à Cincinnati, est le type le plus parfait dans le monde entier. Les noms de M. Weidenmann et de M. Scott peuvent encore être ajoutés avec honneur à ceux qui précèdent.

Après ce coup d'œil rapide et volontairement incomplet, il ne sera pas sans intérêt de donner les noms de quelques parcs et jardins actuels des plus remarquables, soit anciennement plantés, mais entretenus avec soin et richesse, soit de formation récente.

PARCS ET JARDINS PUBLICS.

FRANCE.

Bois de Boulogne, à Paris.
Parc de Vincennes, —
— des Buttes-Chaumont, à Paris.
— Monceau, —
Champs-Élysées, —
Jardin des Tuileries, —
— du Luxembourg, —
Jardins publics divers.
Parc de Versailles.
— de Saint-Cloud.
— du Petit Trianon.
— de Fontainebleau.
— de la Tête d'Or, à Lyon.
— Borelly, à Marseille.
Jardin public de Bordeaux.
Jardin des Plantes (Muséum), à Paris.
— d'Acclimatation, —
Jardins publics de Lille, Rouen, Tours, Angers, Nantes, Troyes, Montpellier, Caen, Rennes, Toulouse, Nîmes, Avignon, etc.

GRANDE-BRETAGNE.

Hyde-Park et Kensington Gardens, à Londres.
Richmond Park, —
Regent's Park, —
St James' Park, —
Victoria Park, —
Battersea Park, —
Alexandra Park, —
Jardin de la Soc. roy. d'hortic., à Londres.
Greenwich Park, à Londres.
Jardins de Kew.
— de Sydenham (Crystal Palace).
Sefton Park, à Liverpool.
Prince's Park, —
Birkenhead Park, près Liverpool.
Kelvingrove Park, à Glasgow.
Queen's Park, —
Jardin botanique d'Édimbourg.
— — de Glasnewin (Écosse).
— — de Sheffield.
— — de Hull.

Phœnix-Park, à Dublin.
Parcs publics à Manchester.
Cannon Hill Park, à Birmingham.

ALLEMAGNE ET AUTRICHE.

Prater, à Vienne.
Auegarten, —
Schœnbrünn —
Grosser Garten, à Dresde.
Englischer Garten, à Munich.
Thiergarten et Charlottenburg, à Berlin.
Rosenthal et Johanna-Park, à Leipzig.
Jardins de Herrenhausen, à Hanovre.
Parcs publics de Gotha et de Weimar.
Herrengarten, à Darmstadt.
Flora, à Cologne.
Stückgarten, à Heidelberg.
Schwetzingen, près Heidelberg.
Wolksgarten, à Prague.
Kaisersgarten, —
Parc public de Francfort.
Palmen garten, —
Jardins publics, à Stuttgart.
— et île Marguerite, à Pesth.
Parc Kisselef, à Bucharest (prov. danub.).
Jardins creux, à Hambourg.
Parcs des résidences royales de nombreuses villes (demi-publics) et jardins botaniques.

RUSSIE.

Jardin botanique, à Saint-Pétersbourg.
Parc Alexandre, à Moscou.
Jardin Alexandre, à Saint-Pétersbourg.
Parc public, à Kiev.
— , à Varsovie.

DANEMARK.

Jardin public, à Copenhague.

HOLLANDE.

Le Bois (Het Bosch), à La Haye.

Nieuw-Park, à Rotterdam.
Jardin zoologique, à Amsterdam.

GRAND-DUCHÉ DE LUXEMBOURG.

Parc public, à Luxembourg.

BELGIQUE.

Bois de la Cambre, à Bruxelles.
Parcs publics, à Anvers.
Jardin zoologique, à Anvers.

ITALIE.

Parc du Pincio, à Rome.
Villa Borghèse — (demi-publiq.)
Jardins Boboli, à Florence.
— des Cascine, à Florence.
Viale dei Colli, —
Villa Reale et Jardin public, à Milan.
Promenade de l'Acqua-Sola, à Gênes.
Parc public de Livourne.
— de Turin.
Parc royal de Caserte.
Jardins botaniques de Pise, Florence, Padoue, Rome, Naples, etc.

ESPAGNE.

Le Prado, à Madrid.
Alaméda de Grenade.
La Florida, à Vitoria.

PORTUGAL.

Passeios da Estrella et d'Alcantara, à Lisbonne.
Jardin botanique de Coimbre.

MEXIQUE, BRÉSIL, PÉROU.

Alaméda, à Mexico.
Jardins de Chapoltepec, —
Jardin d'acclimatation, à Lima.
Alaméda de los Descalzos, —
Jardins publics, à Buenos-Ayres.
Passeio publico, à Rio de Janeiro.
Jardin botanique de Botafogo, —

Jardins botaniques de Saint-Pierre (Martinique), Saïgon, la Réunion, Calcutta, Buytenzorg, à Java, Ceylan, Singapore, Melbourne, Sydney, cap de Bonne-Espérance, jardin du Hamma, à Alger, etc.

PARCS ET JARDINS PRIVÉS.

FRANCE.

Ferrières (Seine-et-Marne), à Mme la baronne J. de Rothschild.
Grosbois (Seine-et-Oise), à M. le prince de Wagram.
Armainvilliers (Seine-et-Oise), à la famille Pereire.
Dampierre (S.-et-Oise), à M. le duc de Luynes.
Saint-Gratien (Seine-et-Oise), à S. A. I. la princesse Mathilde.
Rocquencourt (Seine-et-Oise), à Mme Heine.
Le Val (Seine-et-Oise), à M. Fould.
La Celle-Saint-Cloud (Seine-et-Oise), à M. Dutreux.
Chantilly (Seine-et-Oise), à S. A. R. le duc d'Aumale.

Bagatelle (bois de Boulogne), à sir R. Wallace.
Boulogne (sur-Seine), à la Mme la baronne J. de Rothschild.
Mouchy (Oise), à M. le duc de Mouchy.
Ancy-le-Franc (Yonne), à M. le duc de Clermont-Tonnerre.
Saint-Fargeau (Yonne), à M. le marquis de Boisgelin.
Maintenon (Eure-et-Loir), à M. le duc de Noailles.
Radepont (Eure), à M. Levasseur.
Anet (Eure-et-Loir), à M. Moreau.
Verveine (Orne), à M. Crapelet.
Broglie (Eure), à M. le duc de Broglie.
Lasson (Calvados), à Mme la marquise de Livry.
Bolbec (Seine-Inférieure), à Mme Fauquet-Lemaître.

Orcher (Seine-Inférieure), à M. le duc de Mortemart.
La Source, près Orléans (Loiret).
Le Magnet (Indre), à M. Simons.
Les Touches (Indre-et-Loire), à M. A. Mame.
Loconulay (Morbihan), à M. le vicomte de Perrien.
Lagrange (Gironde), à M. Duchâtel.
Grenade (Gironde) à M. Carayon-Latour.
Candé (Indre-et-Loire), à MM. Drake del Castillo.
Villandry (Indre-et-Loire, à M. Hainguerlot.
Bois-Renault (Indre-et-Loire), à M. E. Dalloz.
Mello (Oise), à M. le baron Seillière.
Le Lude (Sarthe), à M. le marquis de Talhouët.
Le Mortier (Indre-et-Loire), à M. le comte de Flavigny.
Villa Vallombrosa, à Cannes (Var), à M. le duc de Vallombrosa.
Villa Thuret, à Antibes (Var), à l'État.
Saint-Didier, au Mont-d'Or, près Lyon, à Mme Ferrand Holstein.
Carvin, près Lille (Nord), à Mme de Clerc.
Charbonnières, près Lyon, à M. Desgrand.
Lagny (Seine-et-Marne), à M. Ed. André.
Courcelles (Somme), à M. le comte de Gomer.
Lézigny (Seine-et-Marne), à Mme Ardan.
Ognon, à Mme Labaume.
Valençay (Indre), à M. le duc de Valençay.
Cour-Cheverny (Loir-et-Cher), à M. le marquis de Vibraye.
Mouchy (Oise), à M. le duc de Mouchy.
Chagny (Oise), à Mme de Watry. Etc., etc.

ANGLETERRE.

Windsor, près Londres, à S. M. la reine d'Angleterre.
Osborne (île de Wight), à S. M. la reine d'Angleterre.
Balmoral (Écosse), à S. M. la reine d'Angleterre.
Chatsworth, à M. le duc de Devonshire.
Cliveden, à Mme la duchesse de Sutherland.
Eaton-Hall, à M. le marquis de Westminster.
Knebworth, à sir Ed. Bulwer-Lytton.
Enville Hall, à M. le comte de Stamford.
Alton Towers, à M. le comte de Shrewsbury.
Trentham, à M. le duc de Sutherland.
Castle-Howard, à M. le comte de Carlisle.
Elvaston Castle, à M. le comte de Harrington.
Bowood, à M. le marquis de Landsdowne.
Dropmore, à M. Fortescue.
Bicton-Park, à lady Rolle.
Knowsley, à lord Derby.
Hatfield-Park, à M. le marquis de Salisbury.
Chiswick-House, à M. le duc de Devonshire.
Sion-House, à M. le duc de Northumberland.
Blenheim, à M. le duc de Marlborough.
Shrubland Park, à sir Middleton.
Longleat, à M. le marquis de Westminster.
Studley royal, à M. le comte de Grey et Ripon.
Luton Hoo Park, à Mme Gérard Leigh.
Woburn Abbey, à M. le duc de Bedford.
Wrest Park, à M. le comte Cooper.
Bearwood Park, à M. le duc de Somerset.
Latimers, à lord Chesham.
Mentmore, à lord Roseberry.
Biddulph Grange, à M. Heath.
Panshanger, à M. le comte Cooper.
Canford-Manor, à sir Ivor Guest.
Mount Edgecumbe, à lord Mount Edgecumbe.
Welbeck Abbey, à M. le duc de Portland.
Heckfield Place, à lord Eversley.
Downton Castle, à M. Knight.
Holme Lacy, à sir Henry Stanhope.
Eastnor Castle, à lord Somers.
Kimbolton Castle, à M. le duc de Manchester.
Coleorton Hall, à sir George Beaumont.
Caen Wood, à lord Mansfield.
Sandringham, à S. A. R. le prince de Galles.
Belvoir Castle, à M. le duc de Rutland.

ÉCOSSE.

Inverary Castle, à M. le duc d'Argyll.
Drumlanrig, à M. le duc de Buccleuch.
Dalkeith-Park, —
Hopeton House, à M. le comte d'Hopeton.
Drummond Castle, à lord Willoughby.
Dunkeld House, à M. le duc d'Athol.
Castle Kennedy, à M. le comte de Stair.

IRLANDE.

Castle Martyr, à M. le comte de Shannon.
Clandeboyer, à lord Dufferin.
Kilkenny Castle, à M. le marquis d'Ormond.

Woodstock Park, à M. Tighe.
Mount Shannon, à M. le comte de Clare.
Powerscourt, à M. le vicomte Powescourt.
Etc., etc.

ALLEMAGNE ET AUTRICHE.

Muskau, à S. A. le prince Frédéric des Pays-Bas.
Eisgrub, à S. A. le prince de Lichtenstein.
Miramar, près Trieste, résidence de feu S. A. l'archiduc Maximilien.
Babelsberg, à S. M. le roi de Prusse.
Glienicke, à S. A. le prince Charles de Prusse.
Schwerin, à S. A. le grand-duc de Mecklembourg-Schwerin.
Oldenbourg, à M. le grand-duc d'Oldenbourg.
Laxenbourg, à S. M. l'empereur d'Autriche.
Nymphenbourg, — —
Branitz, dernière résidence du feu prince de Pückler-Muskau.
Bockenheim, près Francfort, à M. le baron de Rothschild.
Niederwald, à M. le comte de Bassenheim.
Donaueschingen, à S. A. le prince de Fürstenberg.
Auhof, à M. le comte de Stahrenberg.
Jardins de Mœlk.
Lotzen, à M. le comte de Sarntheim.
Mirabel, près Salzbourg.
Effenheim, à S. A. le prince de Schwarzenberg.
Ebensweier, ayant appartenu à feu S. A. l'archiduc Maximilien.
Buchwald, à Mme la comtesse de Rheden.
Bughta (Hongrie), à S. A. le prince Stirbey.
Bruch (Hongrie), à M. le comte de Hanach.
Parc royal de Sans-Souci, à Potsdam.
— de Charlottenhof, —
Ile des Paons, —
Parc royal de Wilhelmshöhe, près Cassel.
— de Carlsruhe.
La Wilhelma, à Stuttgart.
Parc d'Ansbach.

RUSSIE.

Tzarskoë-Sélo, à S. M. l'empereur de Russie.
Péterhof, à S. M. l'empereur de Russie.
Strelna, à S. A. I. le grand-duc Constantin.
Oranienbaum, à S. A. I. la grande-duchesse Hélène.
La Tauride, à S. A. le prince Potemkin.
Livadia (Crimée), à S. M. l'empereur.
Pawlosk, à S. A. I. le grand-duc Constantin.
Aloupka (Crimée), à S. A. le prince Woronzoff.
Rianda (Crimée), à S. A. I. le grand-duc Constantin.
Sopiewka, à S. M. l'empereur.
Otrada, près Serpukhoff, à M. le comte Orloff.

BELGIQUE.

Laeken, à S. M. le roi des Belges.
Enghien, à Mgr le prince d'Arenberg.
Belœil, à Mgr le prince de Ligne.
Mariemont, à M. Warocqué.
Perk, à M. le comte de Ribeaucourt.
Trois-Fontaines, à M. Van Volxem.
Parc de M. Van Haute, près de Bruges.
— de Defœr-Bey, près Jodoigne.
Wondelghem, à M. de Ghellink de Walle.

ITALIE.

Monza, près Milan, à S. M. le roi d'Italie.
Racconigi, près Novare, à S. M. le roi d'Italie.
San Donato, près Florence, à Mgr le prince Demidoff.
Jardin Torrigiani, à Florence.
Isola Madre (lac Majeur), à S. A. le prince Borromeo.
Villa Franzozini, à Intra (lac Majeur).
— Troubetzkoy, — —
— Melzi, à Bellagio (lac de Côme).
— Serbelloni, à Bellagio (lac de Côme).
— Carlotta, à Cadenabbia (lac de Côme).
— Casa Ramboldi, près Vicence.
— Giusti, à Vérone.
— Pallavicini, à Pegli, près Gênes.
— Albani, près Rome.
— Pamphili, —

Villa Ludovisi, à Rome.
Jardins du Quirinal et du Vatican, à Rome.
— de Chiara, près Brescia.
Capo di Monte, à Naples, à S. M. le roi d'Italie.
Villa Floridiana, à Naples, à M. le marquis S. Angelo.
Villa Brasiliana, à Naples, à M. Delahante.
— Rothschild, à la Chiaja, Naples.

ESPAGNE.

La Granja, à S. M. le roi d'Espagne.

PORTUGAL.

Cintra, à S. M. le roi de Portugal.

PERSE.

Jardins du Sérail, à Ispahan.

TURQUIE.

Jardins du Sérail, à Constantinople.

INDE.

Jardins royaux de Cachemyr et de Lahore.

CHINE.

Jardins impériaux du palais d'été.

JAPON.

Jardins impériaux, à Yédo.

BRÉSIL.

Jardins de S. M. l'empereur, à Pétropolis.

ÉGYPTE.

Jardins de S. A. le khédive, au Caire, à Ghézireh, etc.

ÉTATS-UNIS.

Wellesby, près Boston, à M. H. Hunnewell.
Brooklyne, — à M. Ch. Sargent.
Hyde-Park, sur la rivière Hudson.
Waltham-House, près Boston.
Wodenethe, près New-York, à M. H.-W. Sargent.
Woodlawn, près Philadelphie, à M. R. S. Field.
Rockwood, près Tarrytown, à M. Ed. Bartlett.
Parc du colonel Perkins, près Boston.
— de M. Lyman, près Boston.
Bartram Gardens, près Philadelphie.
Swanscot, près Lynn, à M. Mudge.
Linmere, à M. R.-S. Fay.
Beachclyffe, à Newport, à M. Delancy Kane.
Malbone Place, à M. J. Prescott Hall.
Jardin de M. Wetmore, à Newport.
Idlewild, sur l'Hudson, à M. N.-P. Willis.
Jardin de M. Shaw, à Saint-Louis (Missouri).
Brookvood, à M. C.-H. Fisher.
Alverthorpe, à M. J.-F. Fisher.
Fern Hill, à M. J. Pratt Mac-Kean.
Clifton Park, résidence de feu M. J. Hopkins, à Baltimore.
Jardins du colonel Fallon, à Saint-Louis.
Riverside, près Chicago, au professeur Jenney.
Hamilton, près Baltimore, à J. Rigdley.
Kenwood, près Salem, à M. Peabody.
Montgomery Place, près Barrytown.
Ellerslie, près Rhinebeck.
Villa Probasco, à Cincinnati.
Manor of Livingston, près Hudson.
Stenton, près Germantown.
Etc., etc.

TABLE MÉTHODIQUE DES MATIÈRES.

PREMIÈRE PARTIE.

L'ART DES JARDINS.

DÉDICACE.	I
PRÉFACE.	III

ESSAI HISTORIQUE.

CHAPITRE Ier.

LES JARDINS DANS L'ANTIQUITÉ.	3
Résumé historique des jardins dans l'antiquité.	4
Jardins de l'extrême Orient. — Jardins égyptiens.	6
— babyloniens.	8
— des Hébreux. — Jardins des Perses.	9
— des Grecs.	10
— de Rome.	11

CHAPITRE II.

LES JARDINS DEPUIS LA CHUTE DE L'EMPIRE ROMAIN JUSQU'AU XVIIe SIÈCLE.	20
Anciens jardins de l'Europe :	
Jardins espagnols.	23
— italiens.	24
— français.	27
Théorie des jardins français au xviie siècle :	
Parterres.	38
Allées et palissades.	40
Bois et bosquets.	42
Boulingrins.	43
Portiques, berceaux, cabinets, vases et ornements divers.	44
Plantations.	48
— flamands et hollandais.	51
— allemands.	54

Jardins danois et suédois. 58
— russes et polonais. 59
— anglais. 61

Anciens jardins de l'Orient et de l'Amérique :

Jardins turcs. 66
— chinois. — Jardins mexicains et péruviens. 67

CHAPITRE III.

Les jardins paysagers. 69

Développement du style actuel des jardins en France. 87

CHAPITRE IV.

Esthétique. 91

De l'idée du beau et de l'origine du goût. 91

Notion et sentiment du beau. 91
Historique de l'idée du beau. 92
Définition du beau ; objectivité et subjectivité. — Signes divers de la beauté. 95
Perception du beau par les sens :
    L'ouïe. — La vue : 1° couleur. 98
                  2° forme. 99
Caractères du beau :
    Harmonie. — Utilité, convenance. 100
    Inspiration. — Variété. 101
    Du goût. 102

CHAPITRE V.

Du sentiment de la nature. 104

De la littérature descriptive appliquée a la nature. 104
De la nature exprimée par la peinture 107
De la reproduction de la nature par les jardins 110

L'unité et la variété. 111
Le beau et le pittoresque. 113

CHAPITRE VI.

Principes généraux de la composition des jardins 120

Utilité, Proportion, Lumière, Lois de la vision. 120

Forme 130
Couleur. — Combinaison ou séparation. — Vraisemblance. — Appropriation. 131
Étendue naturelle ou fictive. 132

Des Genres 136

Genre noble. 137
— gai. 138
— pittoresque. 139

Des Scènes. 140

Scènes sylvaines. — Scènes pastorales. 141

TABLE MÉTHODIQUE DES MATIÈRES.

Scènes montagnardes. 142
— aquatiques. 143
— maritimes. — Scènes agricoles. 144
— urbaines. 145
— tropicales. 146

Du Style. 148

Style géométrique. 149
— paysager. 150
— composite. 151

Amélioration des résidences rurales 153

Du choix d'un site. 157
Paysage environnant. 160
Altitude et facilité d'accès. 162
Climat et orientation. 165
Forme et nature du sol 166
Abris, arbres, vues. 170
Eaux. 172
Constructions. 175
Ornements pittoresques. 179
Ressources financières. 181

CHAPITRE VII.

Division et classification des jardins. 184

Parcs.
- privés.
  - paysagers. 184
  - forestiers ou de chasse. 185
  - agricoles 185
- publics
  - de promenade ou de jeux. 187
  - des villes d'eaux. 187
  - percement et lotissement des villes. 188
  - funéraires (cimetières). 188

Jardins.
- privés
  - d'agrément
    - paysagers de 1 à 10 hectares 189
    - — de moins de 1 hectare. 190
    - géométriques (parterres). 190
    - urbains (cours, hôtels, terrasses). 191
    - au bord de la mer. 191
    - couverts (serres, jardins d'hiver) 191
  - d'utilité
    - fruitiers
      - vergers. 192
      - mixtes. 192
    - potagers
      - maraichers. 193
      - bourgeois. 193
    - mixtes (potagers, fruitiers) 193
- publics
  - d'agrément
    - oasis (squares). 194
    - places. 194
    - promenades et voies plantées. 195
    - des chemins de fer. 195
  - d'utilité
    - botaniques 196
    - zoologiques. 196
    - d'acclimatation. 197
    - d'institutions, jardins, écoles, etc. 197
    - d'hôpitaux, fondations, etc. 197
    - gymnases. 198
    - d'Expositions. 198

— anciens à restaurer. — Jardins des régions chaudes. 199

Tableau synoptique de la classification des jardins. 200

TABLE MÉTHODIQUE DES MATIÈRES.

DEUXIÈME PARTIE.
LA PRATIQUE.

CHAPITRE VIII.

EXAMEN DU TERRAIN. — LEVER DU PLAN. 203
- CHOIX DE L'ARCHITECTE. 203
- VISITE DU TERRAIN. 204
- LE PLAN. 205
  - Plan existant. 205
  - Plan neuf. — Lever du plan. 206
  - Arpentage. 214
  - Nivellement. 216
    - — Opération. 219
    - — Carnet. 221
- REPRÉSENTATION GRAPHIQUE DU NIVELLEMENT. 222
  - Profils. 222
  - Plans cotés. 224
- VISITES ET ÉTUDES PRÉPARATOIRES. 225
  - Objet des travaux, style, ressources naturelles, moyens d'exécution 226
  - Signes conventionnels. 228
- DESSIN DU PLAN. 233
  - Plan-étude. 239
  - Rendu. 240
  - Modelage. 241
  - Profils. 243
- LE DEVIS. 244
  - Travaux en régie. 244
  - — à l'entreprise. 245
  - Dispositions générales. 246
  - Division du devis. 249
    - Terrassements. 249
    - Série de prix de la ville de Paris. — Terrasse. 253
    - Drainage. 257
    - Constructions. 260
    - Canalisation. 262
    - Plantations. 264
    - — au chariot. 267
  - Rédaction du devis. — Contrat. 268
  - Devis estimatif général de travaux. 270
    - — de drainage. 283
    - — de canalisation et travaux d'eau. 286
      - Captation des sources. 287
      - Emploi des eaux de drainage. — Citernes. 289
      - Machines élévatoires. 290
      - Canalisation et distribution d'eau. 291
      - Modèles de devis de canalisation. 292
      - — des constructions. 297
      - Bassins et rochers. — Serres. 298
      - Constructions diverses. 300

CHAPITRE IX.

TRAVAUX D'EXÉCUTION. 301

TRACÉ SUR LE TERRAIN. — INSTRUMENTS. 301
   Tracé. 301
      Vues. 302
      Eaux. 304
      Constructions et objets pittoresques. — Allées. 305
   Personnel. 305
   Matériel du tracé. 306
   Opérations du tracé. 307
      Tracé des axes 310
         —   massifs. 313
         —   arbres isolés et groupes 314
         —   jardins réguliers, parterres, potagers, etc. — Tracés élémentaires 315

CHAPITRE X.

TRAVAUX D'EXÉCUTION (*suite*). 321
  VUES ET PERCÉES. 321
    Notions de perspective. 321
    Applications diverses. 324
    Du respect des vieux arbres. 341
    Procédés d'exécution 342
      Abatage. 342
      Défrichement. 345
  LES CHEMINS. — GÉNÉRALITÉS. 346
    Chemins d'accès. 347
      Avenues rectilignes.. 347
         —   curvilignes 357
      Entrées. — Propriétés privées.. 367
      Parcs et jardins publics. 373
    Allées de promenade 376
      Jardins paysagers. — Allées de ceinture. 376
      Dessin des allées. 378
      Allées secondaires. 381
         —   superposées. 382
      Orientation. — Parallélisme. — Impasses. — Largeur des allées. 383
      Arrêts et garages. 384
      Allées couvertes. — Allées en pente; sentiers. 385
      Sentiers au bord des eaux. 386
      Promenades extérieures. 388
    Chemins de service. 389
    Allées des jardins géométriques. 390
    Applications. — Tracé allemand. 393
      Tracé anglais. — Tracé français. 395
    Formation des chemins. — Parcs publics. 396
      Parcs et jardins privés. 399
      Égouts et puisards. 402
      Bordures 403
      Allées herbées. — Places, plateaux, etc. 406
  LES TERRASSEMENTS. — GÉNÉRALITÉS. 406
    Lois des vallonnements. 408
    Parcs et jardins paysagers. 412
    Terrassements artificiels 415
    Dressement et règlement. 418
    Jardins symétriques. 419
    Matériel des terrassements. 420
      Terrassement à la hotte. — Terrassement à la brouette. 421
         —   au camion. — Terrassement au tombereau 423
         —   au wagon. 424

TABLE MÉTHODIQUE DES MATIÈRES.

Métré des terrassements. 432

Les eaux 437

Parcs et jardins paysagers. 437
   Eaux courantes. — Généralités 437
      Iles 437
      Ruisseaux 440
      Cascades et chutes d'eau. 441
   Eaux dormantes. — Généralités. 445
      Scènes paysagères. 450
      Jardins géométriques. 452
Moyens pratiques d'exécution. — Creusement. 458
   Berges. 463
   Déversoir. 464
   Vannes. 465
   Bétonnage. 466
   Barrages. 467
   Bassins réguliers. 468
   Jets d'eau. 470
Irrigations. 471
Dessèchement. 471
   Puits absorbants. — Canaux ouverts ou fossés. 474
   Drainage 475
Canalisation pour l'arrosage 476
   Réservoirs. 480
   Conduites et distribution 482

Les rochers. — Généralités. 483

Les rochers dans la nature. 486
Description et emploi. 490
Construction. 495

Les plantations 521

Études scientifiques 521
   — artistiques. 523
   Forme des arbres et des arbustes. 524
   Couleur des arbres et des arbustes 530
Groupement naturel des végétaux. — Arbres. 534
   Groupes détachés. 535
   Massifs. 537
   Futaies. 538
   Parc ouvert. 539
   Arbrisseaux et arbustes. 539
   Plantes herbacées. 540
Emploi des végétaux ligneux. 541
   Massifs indigènes forestiers 542
   Bord des percées et des allées des bois. 542
   Éclaircies sur les pentes. 549
   — dans les prairies plantées. 550
   Groupes spontanés ou plantés. 551
Listes des espèces ligneuses indigènes. 556
   — — — de la France du Centre-Nord. 558
   — — — du Sud et du Sud-Est. 560
Groupement des espèces suivant leurs situations naturelles 562
Liste des espèces ligneuses exotiques et des variétés indigènes cultivées. 564
   Arbres forestiers et d'ornement. 565
   Arbustes et arbrisseaux. 571
Distribution des espèces ligneuses suivant leurs qualités utiles ou ornementales. (Voir les détails de vingt et une listes diverses). 580

TABLE MÉTHODIQUE DES MATIÈRES.

Distribution des plantations dans les parcs et dans les jardins	597
Connaissance des terrains	599
Parcs privés	602
Parcs paysagers	616
Jardins paysagers	621
Petits jardins	623
Jardins publics	625
Entrées	627
Carrefours	627
Plantations d'alignement	640
Talus des chemins de fer	641
Transplantation des gros arbres	646
Les plantations dans le Midi	651
Liste d'espèces ligneuses pour plantations dans le Midi	656
Liste d'espèces ligneuses pour plantations dans l'Ouest	660
Opérations matérielles de la plantation	660
Devis	661
Distribution théorique	662
Livraison	663
Époques de la plantation	663
Plantation des massifs	664
Massifs forestiers — Massifs de jardins	666
— sous bois. — Groupes d'arbustes sur pelouses. — Mise en place	667
Plantation des arbres isolés	668
— en terre de bruyère	671
— des talus	671
— d'alignement	671
— des haies	674
Les gazons	677
Prairies	677
Semis des prés	678
Placage	681
Pelouses	682
Les fleurs et les feuillages d'ornement	687
Les fleurs	687
Végétaux herbacés de la flore française du Centre-Nord	692
Effets paysagers des plantes vivaces	698
Plantes des tourbières	700
Plantes aquatiques	702
Plantes de rocailles	705
Listes des plantes d'ornement, de plein air, classées suivant leur emploi	709
Les fleurs et leurs combinaisons symétriques dans les jardins	717
Harmonie et contraste des couleurs	717
Les fleurs dans les jardins paysagers	719
Corbeilles	719
Bordures des massifs	721
Les parterres ou jardins-fleuristes	722
Plates-bandes	722
Dessins variés	724
Distances de plantation	730
Barême pour la plantation. — Corbeilles élevées	732
Corbeilles funéraires. — Dessin des parterres	733
Rosarium	741
Les plantes a feuillage ornemental	743
Choix de plantes à feuillage pour diverses situations	748
Espèces ligneuses pour garniture hivernale des corbeilles et plates-bandes	749
Exemples d'emploi des planches à feuillage ornemental	750

CHAPITRE XI.

EXEMPLES ET DESCRIPTIONS DE PARCS ET DE JARDINS CLASSÉS SUIVANT LEUR DESTINATION... 752

Parcs paysagers... 752
— forestiers... 762
— agricoles... 768
— publics... 768
Jardins des chemins de fer... 788
Lotissement des terrains... 790
Parcs funéraires... 790
Petits parcs et jardins paysagers... 791
Jardins du Midi... 801
— de ville... 803
— couverts... 812
Vergers... 817
Jardins fruitiers... 819
Potagers-fruitiers... 821
Jardins botaniques... 823
— d'acclimatation... 825
— d'hospices, collèges, etc... 825
— d'Expositions... 827
Pépinières... 832

CHAPITRE XII.

CONSTRUCTIONS ET ACCESSOIRES D'UTILITÉ ET D'ORNEMENT... 836

GÉNÉRALITÉS... 836

Communs... 837
Constructions diverses... 840
Poulaillers... 842
Cabanes pour bateaux et oiseaux d'eau, embarcadères... 843
Ruchers... 843
Volières... 844
Faisanderies... 846
Kiosques, pavillons, etc... 847
Vérandas, pergolas, etc... 854
Balustrades-treillages... 856
Ponts... 857
Gymnases, jeux, etc... 858
Glacières... 861
Statues, vases, etc... 862
Siéges... 864
Abris en terre... 864
Grilles d'entrées; clôtures... 864

COUP D'OEIL SUR LES JARDINS ACTUELS... 866

PARCS ET JARDINS PUBLICS :

France, Grande-Bretagne, Allemagne et Autriche, Russie, Danemark, Hollande... 869
Grand-Duché de Luxembourg, Belgique, Italie, Espagne, Portugal, Mexique, Brésil, Pérou, Jardins botaniques divers... 870

PARCS ET JARDINS PRIVÉS :

France... 870
Angleterre, Écosse, Irlande... 871
Allemagne et Autriche, Russie, Belgique, Italie... 872
Espagne, Portugal, Perse, Turquie, Inde, Chine, Japon, Brésil, Égypte, États-Unis d'Amérique... 873

TABLE DES GRAVURES

	Pages
1. Jardin égyptien au temps des Pharaons.	7
2. *Casa* antique dans un jardin de Rome.	14
3. *Pergula* antique.	14
4. Plan de la villa de Pline le Jeune, en Toscane.	16
5. Le Paradis terrestre, d'après Andréini (xve siècle).	26
6. Parterre de broderie (Renaissance française).	30
7. Un grand labyrinthe avec cabinets et fontaines, d'après Le Blond.	35
8. Parterre à l'anglaise, sous Louis XIV.	39
9. Vue perspective d'un parterre dans le style du xviie siècle, conservé à Castres (Tarn).	41
10. Bois de moyenne futaie, avec étoile et cabinets, sous Louis XIV.	42
11. Boulingrin avec palissade à arcades, sous Louis XIV.	43
12. Boulingrin simple, de gazon, sous Louis XIV.	44
13. Grand portique de treillage, sous Louis XIV.	45
14. Palissade d'arbres taillés à Chantilly (xviie siècle).	46
15. Parterre avec caisses et vases d'orangerie, sous Louis XIV.	47
6. Salle ou cloître de verdure, sous Louis XIV.	50
17 et 18. Parterre hollandais (xve siècle).	52
19. Les Jardins de Schwetzingen.	57
20. Anciens jardins de Holland-House, à Londres.	62
21 et 22. Lois de la vision; dimensions	121
23. Théorie de la vision. Angle optique.	122
24. Amplitude de l'angle optique au-dessus de l'horizon.	124
25. Position de l'habitation. Angles visuels bons.	125
26. Position de l'habitation. Angles visuels mauvais.	126
27. Du relief du sol par rapport à la vision.	127
28. Rapports de l'angle optique avec les eaux.	128
29. Effets de la lumière. — Le matin (d'après Repton).	129
30. Effets de la lumière. — Le soir (d'après Repton).	129
31. Limite cachée par un saut de loup. — Profil.	133

	Pages
32. Profil d'une allée dissimulée.	134
33. Profil des pentes douces rectifiées.	168
34. Profil des pentes abruptes rectifiées.	168
35. Jalon.	206
36. Tronçon de chaîne d'arpenteur. — Fiche.	206
37. Stadia.	206
38. Équerre d'arpenteur (élévation et coupe).	207
39. Planchette.	207
40. Graphomètre.	207
41. Pantomètre. (Élévation et coupe.).	208
42. Boussole d'arpenteur. (Vue de face et de profil.).	208
43. Lever du plan et nivellement d'une propriété.	209
44. Lever détaillé du bord des eaux.	211
45 et 46. Mesurage des points inaccessibles.	212
47. Lever d'un terrain par l'extérieur.	213
48. Calcul des surfaces.	214
49. Mesurage des polygones.	215
50. Niveau d'eau.	217
51. Portion d'une mire et son voyant. — (Face et profil).	218
52. Mire parlante (haut et bas).	218
53. Niveau à bulle d'air.	219
54. Niveau d'Égault.	219
55. Opérations du nivellement.	219
56. Nivellement d'un terrain ondulé.	220
57. Modèle de profil en long.	222
58. Modèle de profil en travers.	223
59. Emplois des signes conventionnels pour l'étude d'un plan.	229
60. Échelle graduée au 10e de millimètre.	239
61. Profil naturel et profil rectifié.	243
62. Plan du drainage de la propriété de Masquetux, d'après Weidenmann.	261
63. Plan de situation des travaux d'un parc.	271
64. Plan de captation des sources.	287
65. Amplitude horizontale de l'angle visuel.	303
66. Vue à côtés parallèles.	303
67. Vue en X.	303
68. Piquets pour tracer le bord des eaux.	304
64 *bis*. Tracé des courbes par stationnement.	309
65 *bis*. Tracé des courbes par cheminement.	309
66 *bis*. Tracé simplifié des courbes paraboliques.	310
67 *bis*. Tracé des contre-courbes.	310
68 *bis*. Moyen de doubler le tracé des allées.	311
69. Tracé des axes. Mauvais.	312
70. Tracé des axes. Bon.	312
71. Tracé des massifs.	313

TABLE DES GRAVURES.

72. Tracé des bordures de massifs. 314
73. Tracé des arbres isolés et groupes. . . 314
74, 75, 76. Tracé élémentaire des triangles. 315-316
77. Tracé élémentaire des rectangles. . . 316
78. Tracé élémentaire des polygones réguliers. 317
79, 80, 81. Tracé élémentaire des ellipses. 317-318
82. Tracé d'un parterre. 319
83. Application des lois de la perspective. 323
84. Combinaison des lignes de vue. . . . 326
85. Vues diverses à travers bois. 328
86. Vue de la « Surprise », à Fountains'Abbey. 329
87. Vue encadrée, à la Chassagne. 330
88. Vue du Lœwenburg. 331
89. Vue de villas, à Newport 332
90. Vues rayonnantes, à Hopeton House. . 333
91. Ouverture des vues sur l'extérieur. . 334
92. Percée de Vélars, à la Chassagne. *Avant* 336
93. Percée de Vélars, à la Chassagne. *Après* 337
94. Vues obliques, à Vernou. 338
95. Percées angulaires et percées courbes. 339
96. Parc de La Croix. Éclaircies sous bois. 340
97. Diable forestier suisse 344
98. Chevalet à fagots 344
99. Avenue rectiligne simple 347
100. Avenue rectiligne double. 348
101. Avenue défectueuse, plantée au milieu. 348
102. Plan de l'avenue de Ch. 349
103. Profil de l'avenue de Beauvais. . . . 349
104. Profil du Park-way de Brooklyn. . . . 350
105. Parc de la Siffletière. 351
106. Profil de l'avenue de la Porte-Neuve, à Luxembourg. 352
107. Plantations en carré et en quinconce. . 352
108. Profil de l'avenue du bois de Boulogne. 353
109. Avenue de groupes irréguliers. 354
110. Allée d'arrivée entre les terrasses. . . 355
111. Voie d'accès en pente, à Marnes. . . 356
112. Contre-courbe et obstacles. 358
113. Allée d'arrivée, modèle français. . . . 360
114. Allée d'accès, d'après Mac Intosh. . . 361
115. Allée d'accès, d'après Hughes. 361
116. Allée d'accès, d'après Kemp. 361
117. Allée d'accès, d'après Scott. 362
118. Allée d'accès, d'après L. Abel. 362
119. Allée d'accès, d'après G. Meyer. . . . 363
120. Allée d'accès, d'après Siebeck. 363
121. Allée d'accès, d'après L. Abel. 364
122. Tracés (bon et mauvais) d'une allée d'arrivée. 366
123. Tracé correct d'une allée d'arrivée. . . 366
124. Allée d'arrivée à Creuzeau. 367
125. Entrée dans l'axe du chemin extérieur. 368
126. Entrée parallèle au chemin extérieur. 368
127. Entrée en angle aigu   —   — 368
128. Évasement d'entrée. Mauvais. 369
129. Évasement d'entrée. Bon. 369
130. Évasement d'entrée. Bon. 369
131. Évasement d'entrée. Mauvais. 369
132. Entrée du parc de Leugny. 370
133. Rond-point et grille de la Mormaire. . 370

134. Entrée du parc de la Chaumette. . . . 371
135. Entrée du parc de Bagatelle. 371
136. Entrée du parc de M. de Bussières. . 372
137. Entrée d'angle. Mauvaise. 372
138. Entrée d'angle. Bonne. 372
139. Entrée double. Mauvaise. 373
140. Entrée double. Bonne. 373
141. Une entrée de Sefton Park (Liverpool). 374
142. Une entrée du parc de Luxembourg. . 374
143. Entrée principale du Central Park. . . 375
144. Allées de ceinture. Bon et mauvais tracés. 377
145, 146. Allées. Bon et mauvais tracé. . . 378
147, 148, 149, 150. Bifurcations. Bonnes et mauvaises. 379
151, 152. Carrefours avec triangles et cercles. Mauvais. 379
153. Grand carrefour, à Sefton Park. . . . 380
154. Intersection des allées. Mauvaise. . . 380
155. Intersection des allées. Bonne. 381
156, 157. Pelouses aux entrées. Bon et mauvais tracés. 381
158. Branchement des allées secondaires. . 382
159. Allées superposées. 383
160. Sentiers parallèles aux allées 384
161. Arrêt ou « Concourse » 384
162, 163. Allées sur monticules. Bonnes et mauvaises 385
164. Sentiers escarpés, aux Buttes-Chaumont. 386
165. Escaliers en roches, aux Buttes-Chaumont. 387
166. Sentiers aux bords des eaux. 387
167. Allées auprès des ponts. Tracés bon et mauvais. 388
168. Sentiers aux bords des eaux. 388
169. Tracé du parc de Masquetux. 389
170. Parterre de San Pancrazio. 391
171. Jardin d'Agden Hall. 392
172. Tracé moderne allemand. 393
173. Tracé moderne anglais. 394
174. Tracé moderne français. 396
175. Profil d'une route (système Mac Adam). 397
176. Remblai avec mur de soutènement . . 398
177. Profil d'une route (système Telford). . 399
178. Profil d'allée avec drains latéraux. . . 400
179. Profil d'allée sur pente rapide. 401
180. Puisard. 402
181. Arrêt des eaux sur pentes rapides. . . 402
182. Profils d'allées. Bons et mauvais. . . . 404
183. Contre-marche en bois rustique. . . . 405
184. Bordure en arceaux de fonte. 405
185. Profil d'un vallonnement. 408
186. Explication des vallonnements. 410
187. Thalweg des vallonnements. 411
188. Modification des profils du sol naturel. 413
189. Déblai ouvrant des points de vue. . . 414
190. Vallée à bords accidentés. 414
191. Wagon de terrassements, vu de face. . 424
192. Wagon de terrassements, vu de côté. . 424
193. Installation d'une voie ferrée. 426
194. Installation multiple de voies ferrées. . 427

TABLE DES GRAVURES.

195. Attaque des terrassements en cunette. 428
196. Terrassement en galerie souterraine. . 429
197. Terrassement d° (coupe en travers). . 430
198. Transport par voie ferrée. 431
199, 200, 201. Cubature des terrasses. . . . 434
202. Calcul des terrassements sur profils. . 434
203. Grande pelouse de Maubuisson. 435
204. Profil de terrassements. 435
205, 206. Profils de terrassements. 436
207. Cours d'eau dans les montagnes. . . . 437
208. Rivière sur pente modérée. 438
209. Fleuve à pente très douce. 438
210. Confluent de deux cours d'eau égaux. 439
211. Confluent de deux cours d'eau inégaux 439
212. Élargissement antinaturel. 440
213. Élargissement naturel. 440
214. Formation naturelle des îles. 440
215. Formes naturelles des îles. 441
216. Position naturelle des îles. 441
217. Chute de ruisseau dans un lac. 442
218. Ruisseau et bassin de la Chaumette. . 443
219. Ruisseau du Sefton Park. 443
220. Réflexion dans l'eau. 444
221. Formation de cascades par dérivation. 445
222. Cascade de Virginia Water. 446
223. Cascade de la Grotte, aux Buttes-Chaumont. 447
224. Grande cascade du bois de Boulogne. . 448
225. Cataracte et végétation. 449
226. Passage à gué d'un ruisseau. 450
227. Lac de Genève. Contours arrondis. . . 451
228. Lac Majeur. Contours accidentés. . . 451
229. Grand lac du bois de Boulogne. 452
230. Lac du Prospect Park, à Brooklyn. . . 453
231. Ruisseau transformé en lac. 454
232. Lac de Berry Hill. 455
233. Eaux dans un jardin de ville. Mauvais tracé. 456
234. Eaux dans un jardin de ville. Bon tracé. 457
235. Eaux dans un jardin de ville avec chutes 458
236. Lac d'Ebenrain. 459
237. Bassin de l'église de la Trinité. 460
238. Canal avec bassin et gerbe. 460
239. Mauvais tracé de bassin réguliers. . . 461
240. Bassin de style gothique. 461
241 à 246. Modèles divers de bassins réguliers 462
247. Construction des berges (pièce d'eau). 465
248. Vanne d'étang et vannelle. 466
249. Cran de retenue des eaux. 468
250. Coupe d'un bassin bétonné. 468
251. Barrage à mur droit. 469
252. Barrage à glacis. 469
253. Profil du barrage d'un ruisseau. . . . 469
254. Profils divers de bassins réguliers. . . 470
255. Trop-plein et vidange d'un bassin. . . 471
256. Plan d'arrosage par infiltration. 472
257. Coupe du plan précédent. 472
258. Coupe d'un canal d'irrigation. 472
259. Vannelle mobile pour irrigation. . . . 473
260. Buse en bois pour irrigation 473
261. Jardin moderne irrigué, au Caire. . . 474
262. Coupe d'un puits absorbant. 475

263. Coupe d'un fossé de desséchement . . 475
264. Drain avec branches en croix. 476
265. Drain en fascines. 476
266. Drain de pierres des champs 477
267. Drain de pierres plates. 477
268. Drain de tuiles creuses 477
269 à 272. Outils de draineur : bêches, curette, posoir 478
273. Pose des tuyaux de drainage 479
274. Réservoir d'eau sur des roches. . . . 481
275. Arrosage à la lance. 483
276. Tuyau-arroseur. 484
277. Plan de canalisation souterraine . . . 485
278. Rochers artificiels à Londres. Mauvais. 486
279. Rocailles au bord des eaux. Mauvais. 487
280. L'arc de triomphe du mauvais goût . 487
281. Le musée des horreurs. 489
282. Escarpement garni de rocailles 495
283. Défilé du mont Rose. 496
284. Roches détachées. 497
285. Rochers sur pentes et près des eaux. 497
286. Roches bordant un sentier 498
287. Mauvais entassement de rochers. . . 499
288. Ravin aux Buttes-Chaumont 500
289. Cascade double dans les Vosges. . . . 502
290. Cascade dans les terrains schisteux . 503
291. Cascade près de Llanberis. 504
292. Rochers à la chute d'un ruisseau. . . 505
293. Grotte dans les tufs calcaires. 506
294. Aquarium de l'Exposition universelle de 1867. 507
295. Pont de rochers pittoresques 508
295 bis. Rochers artificiels. Mauvais. . . . 515
296. Rochers artificiels. Bons. 515
297. Disposition rationnelle et fausse des fissures 515
298-299. Fissures obliques. Bonnes et mauvaises. 516
300-301. Fissures verticales. Bonnes et mauvaises. 516
302. Coupe d'un rocher pour plantes alpines 517
303. Fissures verticales pour plantes alpines 517
304. Roche couverte de végétation. 518
305. Grotte-fougeraie 519
306. Jardin d'hiver dans le style naturel. . 520
307. Poche pour plantes de rocailles. . . . 520
308. Forme capitée des arbres 527
309. Forme buissonneuse des arbres. . . . 527
310. Plan du parc de Prye. 544
311. Plantation du bord des bois. 545
312. La poignée de sable 546
313. Éclaircies sur les pentes. Avant. . . . 549
314. Éclaircies sur les pentes. Après. . . . 550
315. Éclaircies dans les plantations rectilignes 550
316. Vue des prairies après éclaircies . . . 551
317. Massifs détachés. Mauvais. 552
318. Massifs détachés. Bons. 552
319. Positions des arbres dans les groupes. 553
320. Peupliers et touffe de saule. 554

TABLE DES GRAVURES.

321. Scène paysagère artificielle. 556
322. Scène paysagère rendue naturelle. . . 557
323. Appareil pour analyser les terres. . . 598
324. Plan du parc de Montertreau 601
325. Abies nobilis 603
326. Plantations d'isolés sur terrains plans 609
327. Plantation d'une vallée à bords escarpés. 610
328. Vue d'une vallée, en Normandie. . . . 611
329. Plantation sur les bords d'un lac. . . 612
330. Plan de situation des plantations. . . 613
331. Groupes et isolés sur la lisière d'un bois. 615
332. Groupes et isolés selon les points de vue. 615
333. Transformation d'un terrain plat. . . 616
334. Jardin paysager d'un hectare 617
335. Groupes simples 621
336. Plantation d'un petit jardin de ville . 622
337. Plantation d'un petit jardin public. . 624
338-339. Plantation des entrées. 625
340. Plantation d'une voie d'accès curviligne. 626
341-342. Plantations de carrefours (groupes et massifs). 627
343. Plantations d'alignement urbaines . . 628
344. Forme adulte de Cycas ou de Dattier. 632
345. Avenue plantée en groupes irréguliers 633
346. Première section du boulevard Humboldt 634
347. Deuxième section du boulevard Humboldt 635
348. Profil d'un boulevard, à Saratoga. . . 635
349. Une section de l'avenue Louise. . . . 636
350. Profil du quai de la Tamise. 636
351. Avenue d'entrée du parc de Druid Hill, à Baltimore. 636
352. Développement complet d'un orme d'avenue 637
353. Plan et profil du Viale dei Colli. . . . 638
354. Profil de l'Alaméda de los Descalzos . 639
355. Transplantation en bacs économiques. 644
356. Presse à cercler les bacs. 645
357. Caisse mobile à transplantation. . . . 646
358. Pin Pignon d'Italie. 648
359. Jardins de Monte Carlo. 649
360. Vue de la villa Melzi. 650
361. Araucaria imbricata. 655
362. Plan d'une villa, en Vénétie. 658
363. Plantation à espacements réguliers. . 664
364. Plantation sur butte artificielle. . . . 664
365. Distribution des arbres et arbustes dans les massifs. 665
366. Ouverture des trous de plantation. . 667
367. Tuteurage des arbres. 668
368. Plantation des talus en rigoles 670
369. Ouverture des tranchées. 671
370. Tuteurage d'un arbre d'alignement . . 672
371. Plantation sur banquettes enfoncées. . 674
372. Haie sur le bord d'un fossé. 675
373. Haie au fond d'un fossé. 675
374. Haie multiple au fond d'un fossé. . . 675
375. Haie d'ajonc (Bretagne) 676
376. Haie avec mur (Guernesey) 676
377. Haie avec mur (Malvern). 676
378. Saut de loup fleuri, à Milan 676
379. Placage par carrés alternes (greffe du gazon). 681
380. Placage par bandes de gazons roulées . 685
381. Tondeuse mécanique de gazons. . . . 686
382. Emploi pittoresque des plantes indigènes 691
383. Une scène de plantes vivaces 698
384. Bordure paysagère de plantes vivaces (plan). 699
385. Bordure paysagère de plantes vivaces en fleurs. 700
386. Scène paysagère aquatique 702
387. Plantation des espèces aquatiques . . 704
388. Plantes de rocailles, en terre de bruyère 705
389. Plantes gazonnantes, sur rocailles . . 705
390. Plantation de rocailles sèches. 706
391. Plantation de rocailles artificielles . . 706
392. Plantation pittoresque de vieux murs 707
393. Ipomées sur une maison. 708
394. Modèles divers de corbeilles elliptiques. 720
395. Corbeilles de fleurs, à la Villa Reale (Milan) 725
396. Corbeille, à Kew (Londres). 725
397. Corbeille, à Hambourg. 725
398. Grande corbeille, à Schœnbrunn. . . . 726
399. Grande corbeille, à Leipzig 726
400. Grande corbeille, à Baden-Baden . . . 727
401. Entourage d'un kiosque, à Metz. . . . 727
402. Corbeille en étoile, à Hambourg . . . 727
403. Corbeille-mosaïque, à Londres. 728
404. Corbeille-mosaïque sinueuse. 729
405-406. Corbeilles-mosaïques, aux Champs-Élysées. 729
407. Corbeille élevée (Allemagne). 733
408. Parterre oblong (jardin du Luxembourg). 733
409. Premier parterre de Knowsley. 734
410. Deuxième parterre de Knowsley. . . . 734
411. Parterre Bauer, à Flottbeck 734
412. Parterre, à South-Kensington 735
413. Partie du parterre de Dalkeith 735
414. Parterre Zariphi, à Odessa. 735
415. Parterre de Glienicke 736
416-417. Parterres hollandais à plantes bulbeuses. 736
418. Parterre d'Ebenrain 737
419. Plan du parterre et des serres de Montertreau. 739
420. Parterre italien de Holland House . . 740
421. Reproduction d'un parterre antique, à Glienicke. 741
422. Grand parterre italien de Woodland . 742
423. Rosarium de Pesth. 742
424. Eryngium Lassauxii. 743
425. Montagnæa elegans. 744
426. Solanum Warscewiczii. 745

TABLE DES GRAVURES.

427. Effet paysager des plantes à feuillage. 746
428. Scène tropicale, en plantes à feuillage 746
429. Jardins de Monte Carlo 747
430. Jardin où dominent les plantes à feuillage. 750
431. Plan du parc de Wondelghem. . . . 753
432. Plan du parc de L..., près Wissembourg 755
433. Plan d'un parc de 14 hectares, près Bruges 757
434. Plan du parc de Melrose-Rosaire. . . . 759
435. Plan du parc de Bois-Renault. 761
436. Plan du parc de Wilhelmshöhe. . . . 763
437. Plan d'un grand parc paysager, d'après G. Meyer. 765
438. Plan du parc d'Otrada. 767
439. Plan du parc de Chesnaye. 769
440. Central Park, à New-York 773
441. Parc de la Tête-d'Or, à Lyon. 775
442. Forteresse de Luxembourg. 778
443. Nouveau parc de Luxembourg. . . . 779
444. Parc de Montsouris. 781
445. Parc Alexandra, à Londres. 784
446. Parc de la Flora, à Cologne. 785
447. Parc de Chaumont. 787
448. Parc de Finsbury. 788
449. Jardin d'une petite gare. 789
450. Jardin de M. R. Avant. 792
451. Jardin de M. R. Après. 793
452. Parc de la Brunetterie. 795
453. Résidence moyenne, d'après G. Meyer 796
454. Jardin paysager, à Melle. 797
455. Jardin de M. L., à Fontainebleau. . . 798
456. Parc du Coteau. 799
457. Parc d'Allerton Priory. 800
458. Jardin de M. Schulz 801
459. Jardin de M. Metsdag 802
460. Villa Garnier. Plan. 803
461. Villa Garnier. Élévation. 804
462. Jardin de M. Halphen. 805
463. — de ville, à Passy. 806
464. — du fleuriste de la Muette. . . . 807
465. — de ville. Mauvais dessin. . . . 808
466. — — Bon dessin. 808
467. — — près Londres. 809
468. — — à Sheffield. 809
469. — au bord de la mer. 810
470. — d'hiver de San Pancrazio. . . . 811
471. Coupe d'un jardin d'hiver dans le style naturel. 812
472. Plan d'un jardin d'hiver dans le style naturel. 813
473. Serre-galerie de Somerleyton. 815

474. Serre sur les toits. 816
475. Plan d'un jardin fruitier avec murs de refend. 818
476. Plantation hexagonale des vergers. . . 819
477. Jardin fruitier de M. Baltet. 820
478. Potager-fruitier d'Ebenrain. 822
479. — de Berry Hill. 823
480. Jardin botanique de Luxembourg. . . 824
481. Jardin botanique de Sefton Park. . . 826
482. Exposition d'horticulture d'Amsterdam (1865). 828
483. Exposition universelle de Paris (1867) 829
484. — — de Hambourg (1869). 830
485. Jardin d'Exposition, d'après Meyer. . 831
486. — de l'Exposition universelle de 1878. 833
487. Pépinière de MM. Baltet. 835
488. Communs de Bois-Renault. 839
489. — de M. de Gargan. 840
490. Maison du conservateur, aux Buttes-Chaumont. 841
491. — du conservateur, à Sefton Park 841
492. Poulailler des Pressoirs du Roy. . . . 842
493. Cabane aux canards. 843
494. Ruches rustiques. 844
495. Volière et pigeonnier. 845
496. Palais des colibris. 846
497. Faisanderie d'Ebenrain. 847
498. Pavillon de MM. Penon. 848
499. Tente-abri mobile. 849
500. Kiosque de M. Oppenheim. 850
501. Kiosque en fer rustique. 851
502. Exèdre. 852
503. Kiosque rustique. 853
504. Kiosque-champignon. 853
505. Kiosque-champignon conique. 854
506. Kiosque-champignon en fer rustique. 855
507. Pergola en fer. 855
508. Treillage avec baies ornées. 856
509. Pont en bois de charpente. 857
510. Pont sans assemblage 857
511. Pont des Touches 858
512. Gymnase de Manchester. 859
513. Plan d'un terrain pour « croquet ». . 860
514. Glacière américaine (coupe et plan). . 861
515. Monument de la princesse Amélie des Pays-Bas. Élévation. 862
516. Monument de la princesse Amélie des Pays-Bas. Plan des abords. 863
517. Vase et piédestal. 863
518. Abri en terre, à Glasgow. 864
519. Porte de ferme, à Bois-Renault. . . . 865
520. Grille en bois et fer, au Tertre. . . . 866

TABLE DES AUTEURS CITÉS

Ait. — Aiton.
All. — C. Allioni.
Éd. And. — André (Édouard).
Andrews (Henry).
Ard. — P. Arduini.
Arn. — W. Arnott.
Aubl. — F. Aublet.
Baill. — H. Baillon.
Banks et Sol. — Banks et Solander.
Barr. — J. Barrelier.
Bartr. — Bartram.
J. Bauh. — J. Bauhin.
Benth. — G. Bentham.
Bernh. — Bernhardt.
Bert. — Bertero.
Bieb. — M. von Bieberstein.
Blume.
Boiss. — Ed. Boissier.
Bojer.
Booth.
Bosc (L. A. G.)
Bot. Mag. — Botanical Magazine.
Al. Braun.
A. Brongt. — Ad. Brongniart.
Bunge (A. de).
Carr. — E. A. Carrière.
Cass. — H. Cassini.
Cav. — A. J. Cavanilles.
Cerv. — Cervantes.
Chaix.
Cham. — Chamisso.
Cham. et Schlecht. — Chamisso et Schlechtendal.
Coll. — Colla.
Cr. — Crantz.
Cunn. — A. Cunningham.
Curt. — Curtis.
Cyr. — D. Cyrillo.
Dcne. — J. Decaisne.

Dec. et Planch. — Decaisne et Planchon.
A. DC. — Alphonse De Candolle.
DC. — Aug. Pyr. De Candolle.
Delaun. — M. Delaunay.
Delile (A. R.)
De Lannoy.
Desf. — R. L. Desfontaines.
Desv. — Desvaux.
D. et G. Don.
Don (D.).
Dougl. — D. Douglas.
Dum. Cours.—Dumont de Courset.
Dun. — M. F. Dunal.
Duroi (J. P.)
Dur. — Durieu de Maisonneuve.
Eaton.
Ehrh. — Ehrhart.
Ehrenb. — Ehrenberg.
Ell. — Elliot.
E. Mey. — Ernest Meyer.
Endl. — S. Endlicher.
Eng. — Engelmann.
Eschsch. — S. Eschscholtz.
Ferr. — J. B. Ferrari.
Fisch. et Mey. — Fisher et Meyer.
Fisch. — Fischer.
Forbes.
Forsk. — P. Forskahl.
Forst. — J. et G. Forster.
Fort. — R. Fortune.
Foug. — Fougeroux.
Fraser (J.)
Freyer.
Funck.
Gardn. — Gardner.
Gaud. — Gaudichaud.
J. Gay.
Gawl. — Gawland.
Gærtn. — J. Gærtner.

Gill. et Hook. — Gillies et W. Hooker.
Glox. — Gloxin.
Gmel. — J. G. Gmelin.
Gord. — G. Gordon.
Gr. et God. — Grenier et Godron.
A. Gray. — Asa Gray.
Grah. — Graham.
Guss. — Gussone.
Hamilt. — Hamilton.
Hartw. — Th. Hartweg.
Hænk. — Hænke.
Haw. — Haworth.
Hensl. — Henslow.
Herb. — Herbert.
Henders. — Henderson.
Hochst. — Hochstetter.
Hook. et Arn. —Hooker et Arnott.
D. Hook. — Sir J.-D. Hooker.
Hook. et Thoms. — J.-D. Hooker et Thomson.
Hook. — Sir W. Hooker.
Hoppe.
Hort. — Hortulanorum (c'est-à-dire des horticulteurs).
Hort. Lugd.-Bat. — Hortus Lugduno-Batavus.
Hort. Par. — Hortus Parisiensis.
Hort. Aur. — Horti Aureliani.
Hort. Petr. — Hortus Petropolitanus.
Hort. belg. — Horti belgici.
Hort. Verch. — Hortus Verschaffeltianus.
Horsf. et Ben. —Horsfall et Bennet.
Hort. Berol. — Hortus Berolinensis.
Hort. Veitch. — Hortus Veitchianus.

TABLE DES AUTEURS CITÉS.

Hort. angl. — Horti anglici.
Host (N. T.).
Huds. — Hudson.
H. B. K. — Humboldt, Bonpland et Kunth.
Jacq. — N. J. Jacquin.
Jacq. fil. — Jacquin fils.
Juss. — A. L. de Jussieu.
A. Juss. — Adrien de Jussieu.
Koch.
K. et Bouc. — Kunth et Bouché.
Knight.
Kunth (C. S.)
Labill. — J. J. Labillardière.
Lag. — Lagasca.
Lamb. — A. B. Lambert.
Lamk. — J. B. M. de Lamarck.
Lapeyr. — P. de Lapeyrouse.
Lavall. — Alph. Lavallée.
Laxm. — Laxmann.
Ledeb. — A. Ledebourg.
C. Lem. — Ch. Lemaire.
Lemoine.
Lewis.
L'Hér. — C. L. L'Héritier.
Lind. et And. — J. J. Linden et Édouard André.
Lindl. — J. Lindley.
Link.
L. — C. Linné.
Lin. f. — Linné fils.
Lour. — J. Loureiro.
Lois. — J. L. A. Loiseleur-Deslongchamps.
Lodd. — Loddiges.
Loud. — J. C. Loudon.
Mart. — Von Martius.
Manetti.
Maxim. — Maximowicz.
Meissn. — Meissner.
Mert. et K. — Mertens et Koch.
C.-A. Mey. — C.-A. Meyer.
Michx. — André Michaux.
Mich. f. — A. F. Michaux fils.
Mill. — P. Miller.
Miers.
Miq. — Miquel.
Mirbel (Brisseau-).

Moris.
Mœnch.
Müll. arg. — Müller argoviensis.
Muell. — F. von Mueller.
Murr. — A. Murray.
Naudin (C.)
Nees. — Nees ab Esenbeck.
Nutt. — Nuttall.
Otto.
Oud. — Oudemans.
Pal. Beauv. — Palisot de Beauvois.
Pall. — P. S. Pallas.
Parry.
Parker.
Pavon (J.).
Paxt. — Sir J. Paxton.
Pers. — C. H. Persoon.
Poir. — Poiret.
Poit. — Poiteau.
Planch. — J. É. Planchon.
Presl.
Pursh (F.).
Pœpp. — Ed. Pœppig.
Rafin. — Rafinesque.
Ram. — Rameau.
R. Br. — Robert Brown.
Red. — P. J. Redouté.
Reg. — Ed. Regel.
Reich. — Reichenbach.
Retz. — Retzius.
Risso.
L. C. Rich. — Louis Claude Richard.
Roth (A. W.).
Roxb. — W. Roxburgh.
Ruiz et Pav. — Ruiz et Pavon.
Rœlz (B.).
Sab. — J. Sabine.
Salisb. — R. A. Salisbury.
Sav. — G. Savi.
Scheidw. — Scheidweiler.
Schied. et Depp. — Schiede et Deppe.
Schleus.
Schmidt (F.)
Schott.
Schrad. — H. A. Schrader.
Schrank.

Schreb. — J. C. von Schreber.
Schum. — Schumacher.
Schultz (Bip.)
Scop. — J. A. Scopoli.
Sendtn. — Sendtner.
Ser. — N. C. Seringe.
Sibth. — Sibthorp.
Sieb. et Zucc. — Siebold et Zuccarini.
Sieb. — Von Siebold.
Sims. (Bot. Mag.).
Smith (J. E.).
Sol. — Solander.
Sow. — J. Sowerby.
Spach (Éd.).
Spreng. — K. Sprengel.
Steud. — Steudel.
Stev. — Steven.
Suter.
Sweet (R.).
Sw. — Swartz.
Ten. — M. Tenore.
Thore.
Thouin. — André Thouin.
Thunb. — C. P. Thunberg.
Torr. — Torrey.
Torr. et Gr. — Torrey et Asa Gray.
Trin. — Trinius.
Turcz. — Turczaninow.
Vahl (M.)
J. G. Veitch.
Vent. — Ventenat.
V. Hout. — L. Van Houtte.
Vill. — D. Villars.
Vig. — Viguier.
Wald. et Kit. — Waldstein et Kitaibel.
Wall. — Wallich.
Walt. — Walter.
Walp. — G. G. Walpers.
Wats. — Watson.
Wang. — Wangenheim.
Webb (B.).
Willd. — C. L. Willdenow.
Wimm. — Wimmer.

PARIS. — Impr. J. CLAYE. — A. QUANTIN et Cⁱᵉ, rue St-Benoît. — [751]

www.ingramcontent.com/pod-product-compliance
Lightning Source LLC
Chambersburg PA
CBHW070800020526
44116CB00030B/925